BERTHOLD ALTANER – ALFRED STUIBER

PATROLOGIE

BERTHOLD ALTANER
ALFRED STUIBER

PATROLOGIE

LEBEN, SCHRIFTEN UND LEHRE
DER KIRCHENVÄTER

HERDER
FREIBURG · BASEL · WIEN

SONDERAUSGABE

Imprimatur. – Freiburg i. Br., den 21. Juli 1978
Der Generalvikar: Dr. Schlund
Herstellung: Freiburger Graphische Betriebe 1993
ISBN 3-451-23273-1

IN DANKBARKEIT GEWIDMET
DER KATHOLISCH-THEOLOGISCHEN FAKULTÄT
DER UNIVERSITÄT TÜBINGEN

VORWORT

Das vorliegende Buch hat wie so manche Lehrbücher eine lange Geschichte. Diese beginnt 1903 mit dem „Grundriß der Patrologie“ von G. Rauschen; 1921 besorgte J. Wittig eine neue Auflage. Aber erst B. Altaner hat dem Werk, das er 1931 noch unter dem Namen Rauschen-Altaner veröffentlichte, zu seiner führenden Stellung verholfen. 1938 gab Altaner die „Patrologie“ in einer völlig neubearbeiteten Fassung heraus; diese fand große Anerkennung und wurde auch in andere Sprachen übersetzt. Wegen der Schwierigkeiten während des Krieges und in der Nachkriegszeit konnte er erst 1950 eine erweiterte Neubearbeitung veröffentlichen, die 1951 und 1955 nachgedruckt wurde. Die letzte von Altaner bearbeitete Ausgabe erschien 1958, in der viele Schriftsteller neu aufgenommen sind und die Bibliographie nach dem Stand von 1956/57 erneuert wurde.

Ein unglücklicher Sturz zwang 1962 Altaner auf das Krankenbett, bis er am 30. Januar 1964 starb. Er fand seine letzte Ruhe im Grab von Herman Schell in Würzburg (Nekrolog von Th. Freudenberger, HJB 1964, 251/6). Mehr als Grabmal und rühmende Nachrufe wird Altaners Andenken seine „Patrologie“ wachhalten, durch die er sich bleibende Verdienste um die altchristliche Literaturgeschichte erworben hat.

Im Frühjahr 1959 hat mir Altaner die weitere Sorge um sein Werk anvertraut. Die Bedrängnisse der Hitlerzeit und die trostlosen Nachkriegsverhältnisse hatten seine Gesundheit so angegriffen, daß er der Arbeitslast einer Neubearbeitung nicht mehr gewachsen war. Ich habe 1960 eine Auflage der „Patrologie“ besorgt, die so weit verbessert und ergänzt wurde, als es ohne Änderung der Seitenzahlen möglich war.

Die nun vorliegende Auflage ist völlig neubearbeitet, sie bleibt aber im Rahmen dessen, was Altaners Werk zu seinem Erfolg verholfen hat. Den ältesten christlichen Schriften habe ich ihren rechten Platz ganz am Anfang gegeben und deswegen die Apokryphen auf eine spätere Darstellung verwiesen; sonst habe ich die Disposition des Stoffes nur geringfügig geändert. Vieles Neue mußte aufgenommen werden, von dem ich hier nur auf die koptisch-gnostischen Texte und mancherlei Papyri verweisen kann.

Eine wesentliche Neugestaltung hat die Bibliographie erhalten. Textausgaben und Untersuchungen erscheinen gesondert; die Ordnung der Bibliographie folgt dem Alphabet der Verfassernamen. Ich glaube, daß dadurch Übersicht und Auffinden wesentlich erleichtert werden können. Überall ist die Bibliographie gründlich erneuert; an vielen Stellen ist vom Alten fast nichts mehr stehengeblieben.

In der übernommenen Darstellung habe ich nur das Nötigste geändert; ich weiß selbst, daß noch weitere Änderungen wünschenswert bleiben.

Ich habe meine Arbeit ohne Hilfe von Assistenten und anderen Kräften getan. So habe ich nur Frau Justine Haupt zu danken, die mit Sorgfalt und Geduld alle Schreibmaschinenarbeiten ausgeführt hat und beim Lesen der Korrekturen behilflich war.

Dem Verlag Herder danke ich für rasche und sorgfältige Arbeit bei der Herstellung des schwierigen Satzes.

Bochum, 31. Juli 1966 Alfred Stuiber

VORWORT ZUR ACHTEN AUFLAGE

Da der Verlag Herder den Preis der „Patrologie" von Altaner niedrig halten wollte, ist der Text der siebten Auflage von 1966 unverändert nachgedruckt worden, abgesehen von Verbesserungen einiger offenbarer Fehler.

Der gegenwärtige Forschungsstand ist der im Anhang bis 1977 weitergeführten Bibliographie zu entnehmen.

Frau Evelyn Kersten danke ich für die sorgfältige Schreibarbeit bei der Sammlung und Zusammenstellung der bibliographischen Angaben.

Bochum, im Juli 1978 Alfred Stuiber

INHALT

EINLEITUNG

ERSTER TEIL

Die christliche Literatur vom Ende des 1. bis zum Anfang des 4. Jahrhunderts

I. Die ältesten christlichen Schriften (Apostolische Väter)

II. Die griechischen Apologeten des 2. Jahrhunderts

III. Schriften aus dem Gemeindeleben des 2. und 3. Jahrhunderts

IV. Die gnostischen Schriften und die antihäretische Literatur des 2. Jahrhunderts

V. Die christlichen apokryphen Schriften

VI. Die Literatur des 3. Jahrhunderts (bis 325)

A. Die Abendländer des 3. Jahrhunderts

B. Die Schriftsteller des griechischen Ostens

VII. Historiker, Chronisten, Hagiographen, Synodal- und Liturgietexte der altchristlichen Zeit

ZWEITER TEIL

Die patristische Literatur
vom Konzil von Nizäa (325) bis zum Konzil von Chalcedon (451)

I. Die Orientalen

A. Alexandriner und Ägypter

B. Kleinasiaten

C. Antiochener und Syrer

D. Die syrische und armenische Literatur

II. Die abendländischen grossen Väter und Schriftsteller

DRITTER TEIL

Der Ausgang der patristischen Literatur

I. Lateinische Schriftsteller

II. Griechische Schriftsteller

ABKÜRZUNGSVERZEICHNIS

Die biblischen Bücher werden mit den üblichen Sigeln bezeichnet. In Verbindung mit dem Namen eines Kirchenschriftstellers bedeuten diese Sigel Homilien oder Kommentare zu den betreffenden Büchern, z. B. Bas. Ps. 14: Homilie des Basilius über den 14. Psalm. Die anderen Väterschriften werden mit einem abgekürzten Stichwort des Titels bezeichnet.

Festschriften und Gedächtnisschriften werden mit dem Namen des Geehrten und dem Erscheinungsjahr in [ ] kenntlich gemacht; ähnlich gesammelte Arbeiten mehrerer Verfasser mit dem Titel und dem Erscheinungsjahr in [ ].

In der Bibliographie stehen an erster Stelle die Textausgaben und die Übersetzungen. Dann folgen, durch ** getrennt, die Untersuchungen in der alphabetischen Reihenfolge der Verfassernamen.

Abkürzungen für Verlagsorte

A	Amsterdam
At	Athen
B	Berlin
Ba	Barcelona
Br	Breslau
Bru	Bruxelles
C	Cambridge
Ca	Catania
Ch	Chicago
E	Escorial
Fi	Firenze
Fr	Freiburg i. Br.
FrSch	Freiburg (Schweiz)
G	Gütersloh
Gie	Gießen
Gö	Göttingen
H	Hamburg
Hei	Heidelberg
Hel	Helsingfors
I	Innsbruck
K	Kempten
L	Leipzig
Lei	Leiden
Lo	London
Lou	Louvain
Ma	Madrid
Mi	Milano
Mn	München
Mr	Münster i. W.
Mund	Mundelein (Illin.)
N	Nijmegen
Na	Napoli
NY	New York
O	Oxford
P	Paris
Pa	Paderborn
Ph	Philadelphia
Pr	Princeton
R	Roma
Rb	Regensburg
St	Stuttgart
Str	Strasbourg
T	Tübingen
Th	Thessaloniki
To	Torino
Up	Uppsala
Ut	Utrecht
W	Wien
Wa	Washington
War	Warszawa
Wü	Würzburg
Zü	Zürich

Abkürzungen

Für Zeitschriften, Lexika, Sammelwerke, Bücher und einzelne Wörter

AB	Analecta Bollandiana, Bru
Abh	Abhandlung(en)
AbhB	Abh der Preußischen Akademie der Wissenschaften, Phil.-hist. Klasse, B
AbhMn	Bayerische Akademie der Wissenschaften, Abh der Philos.-philol.-hist. Klasse, Mn
AC	F. J. Dölger, Antike und Christentum, 1/6, Mr 1929/50
ACl	Antiquité classique, Lou
ACW	Ancient Christian Writers, ed. Quasten-Plumpe, Westminster (Maryland) 1946 ff
Aeg	Aegyptus, Rivista italiana di egittologia e di papirologia, Mi
AER	The American Ecclesiastical Review, Wa
Aev	Aevum, Rassegna di scienze storiche-linguistiche-filologiche, Mi
AGP	Archiv für Geschichte der Philosophie, B
AHD	Archives d'histoire doctrinale et littéraire, P
AIPh	Annuaire de l'Institut de philologie et d'histoire orientales et slaves, P
AJPh	American Journal of Philology, Baltimore
AKK	Archiv für katholisches Kirchenrecht, Mainz
AL	Archivum latinitatis medii aevi (Bulletin Du Cange), P
Al-M	Al-Machriq, Beyrouth
ALW	Archiv für Liturgiewissenschaft, Rb
Amand, Fatalisme	D. Amand de Mendieta, Fatalisme et liberté dans l'antiquité grecque. Recherches sur la survivance de l'argumentation morale antifataliste de Carnéade chez les philosophes grecs et les théologiens chrét. des IV premiers siècles, Lou 1945
Ang	Angelicum, R
Ant	Antonianum, R
AnTh	L'Année théologique augustinienne, Lormoy-P
APh	Archives de philosophie, P
AR	Archivum Romanicum, Fi
ARW	Archiv für Religionswissenschaft, B-L
ASS	Acta Sanctorum, 1643 ff
AST	Analecta sacra Tarraconensia, Ba
AT, atl.	Altes Testament, alttestamentlich
AThR	Anglican Theological Review, Evanston (Ill.)
AtTor	Atti dell'Accademia delle scienze di Torino, To
Aug	Augustiniana, Lou
AugMag	Augustinus Magister, Congrès international augustinien (P 1954), 1/3, P 1954 f
B.	Bischof
Bauer, Rechtgl.	W. Bauer, Rechtgläubigkeit und Ketzerei im ältesten Christentum, 1934, ²1964

Baumstark, Gesch.	A. Baumstark, Geschichte der syrischen Literatur, 1922
Baz	Bazmavep, Venezia (Mechitaristen)
BBI	Bulletin of the Byzantine Institute, Boston
BBR	Bulletin de l'Institut historique belge de Rome
Bess	Bessarione, R
BFC	Bolletino di filologia classica, To
BGDS	Beiträge zur Geschichte der deutschen Sprache, T
Bi	Biblica, R
BiNJ	Bijdragen van de Philosophische en Theologische Faculteiten der Nederlandsche Jezuiten, N-Brugge
BiZ	Biblische Zeitschrift, Pa
BJ	Bursians Jahresbericht über die Fortschritte der klassischen Altertums-Wissenschaft, L
BJR	Bulletin of John Rylands Library, Manchester
BKV	Bibliothek der Kirchenväter, hg. von Reithmayr-Thalhofer, 1860 ff
BKV²	Bibliothek der Kirchenväter, hg. von Bardenhewer-Weymann-Schermann-Martin-Zellinger, 1911 ff
BLE	Bulletin de littérature ecclésiastique, Toulouse
BM	Benediktinische Monatsschrift, Beuron
BNJ	Byzantinisch-neugriechische Jahrbücher, At
BTAM	Bulletin de théologie ancienne et médiévale (suppl. de RTA), Lou
BullAcadBelgClLett	Académie royale de Belgique. Bulletin de la Classe des lettres et des sciences morales et politiques, Bru
Byz	Byzantion, Bru
BZ	Byzantinische Zeitschrift, L-Mn
CBQ	The Catholic Biblical Quarterly, Wa
CC	Civiltà Cattolica, R
CCL	Corpus Christianorum, ser. lat., Turnhout 1953 ff
CD	La Ciudad de Dios, Ma
CH	Church History, Ch
Chalkedon	A. Grillmeier - H. Bacht, Das Konzil von Chalkedon, 1/3, Wü 1951/54; Ndr. mit Ergänzungen 1962
CHR	The Catholic Historical Review, Wa
CJ	Classical Journal, Ch
CM	Classica et Mediaevalia, Kopenhagen
ClPh	Classical Philology, Ch
Courcelle, Lettres	P. Courcelle, Les lettres grecques en Occident. De Macrobe à Cassiodore, P 1948
CPL	E. Dekkers - A. Gaar, Clavis patrum latinorum, ²1961 (SE 3)
CQ	Classical Quarterly, Lo-O
CQR	The Church Quarterly Review, Lo
CR	The Classical Review, Lo-O
CRI	Comptes rendus de l'Académie des Inscriptions et Belles-Lettres, P
CSCO	Corpus scriptorum christianorum orientalium, Lou

CSEL	Corpus scriptorum ecclesiasticorum latinorum, W 1866 ff
CTh	Collectanea Theologica, Lwów
DAL	Dictionnaire d'Archéologie chrétienne et de Liturgie, P
DAp	Dictionnaire d'Apologétique, P
DB	Dictionnaire de la Bible, P
DBS	DB, Supplément
De Labriolle, Réact.	P. de Labriolle, La réaction païenne. Étude sur la polémique antichrétienne du Ier au VIe siècle, 1934
DG	Dogmengeschichte
DHG	Dictionnaire d'Histoire et de Géographie ecclésiastiques, P
Did	Didaskaleion, To
Diss.	Dissertation
Diss.-Ma.	Diss. nur in Maschinenschrift
DLZ	Deutsche Literaturzeitung, L
DOP	Dumbarton Oaks Papers, C (Mass.)
DR	Downside Review
DSp	Dictionnaire de Spiritualité, P
DSt	Dominican Studies, O
DTh	Divus Thomas, FrSch
DThC	Dictionnaire de Théologie catholique, P
DThP	Divus Thomas, Piacenza
E	'Ελπίς, War
Edsman, Baptême	C.-M. Edsman, Le baptême de feu, L-Up 1940
EE	Estudios eclesiásticos, Ma
EEBS	'Επετηρὶς τῆς 'Εταιρείας Βυζαντινῶν Σπουδῶν, At
EL	Ephemerides liturgicae, R
Emonds, Aufl.	H. Emonds, Zweite Auflage im Altertum, 1941
EO	Échos d'Orient, P
Eos	Eos. Commentarii societatis philologicae Polonorum, Leopoli
EPh	'Εκκλησιαστικὸς φάρος, Alexandrien
Er	Eranos, Göteburg
EtByz	Études Byzantines, P 1943/45
EThL	Ephemerides theologicae Lovanienses, Lou
Ev., Evv.	Evangelium, Evangelien
ExT	The Expository Times, Edinburgh
FathCh	Fathers of the Church, NY 1947 ff
Folia	Folia, Studies in the Christian Perpetuation of the Classics, NY (jetzt Classical Folia)
FP	Florilegium Patristicum, Bonn
FrSt	Franciscan Studies, St. Bonaventura, NY
FZPT	Freiburger Zeitschrift für Philosophie und Theologie, FrSch
GA	Göttingische Gelehrte Anzeigen, Gö
GAb	Abh der Gesellschaft der Wissenschaften zu Göttingen

GCS	Die griechischen christlichen Schriftsteller, B 1897 ff
Gn	Gnomon, B-Wiesbaden
GN	Nachrichten von der Gesellschaft der Wissenschaften zu Göttingen, phil.-hist. Klasse
Gr	Gregorianum, R
Graf, Gesch.	G. Graf, Geschichte der christlichen arabischen Literatur, 1/5, ST 118; 133; 146 f; 172, 1944/53
GTT	Gereformeerd Theologisch Tijdschrift, Aalten
H.	Heft
HA	Handes Amsorya, Monatsschrift für armenische Philologie, W
Ha	Hermathena. A series of papers on literature, science and philosophy, Dublin-Lo
Haase, KG	F. Haase, Altchristliche KG nach orientalischen Quellen, 1925
Hel	Helmántica, Salamanca
Hennecke	E. Hennecke, Ntl. Apokryphen, ²1924 (³1959/64 = NtlA)
Her	Hermes, B
hg.	herausgegeben
HJ	The Hibbert Journal, Lo
HJB	Historisches Jahrbuch der Görres-Gesellschaft, Mn-Köln
Hs., Hss.	Handschrift(en)
hsl.	handschriftlich
HThR	The Harvard Theological Review, C (Mass.)
HVS	Historische Vierteljahrschrift, Dresden
HZ	Historische Zeitschrift, Mn
IER	Irish Ecclesiastical Record, Dublin
IKZ	Internationale kirchliche Zeitschrift, Bern
Ir	Irénikon, Chevetogne
IThQ	The Irish Theological Quarterly, Maynooth
JA	Journal Asiatique, P
Jb, Jbb	Jahrbuch, Jahrbücher
JbAC	Jahrbuch für Antike und Christentum, Mr
JBL	Journal of Biblical Literature, Boston-New Haven
JDAI	Jahrbuch des Deutschen Archäologischen Instituts, B
JEH	Journal of Ecclesiastical History, Lo
Jh.	Jahrhundert
JL	Jahrbuch für Liturgiewissenschaft, Mr
JLH	Jahrbuch für Liturgik und Hymnologie, Kassel
JQR	Jewish Quarterly Review, Phil
JR	The Journal of Religion, Ch
JSOR	Journal of the Society of Oriental Research, Ch
JTS	The Journal of Theological Studies, Lo
K	Kommentar oder kommentierende Anmerkungen
KA	Kyrkohistorisk Aarskrift, Stockholm
KlT	Kleine Texte für Vorlesungen und Übungen, hg. von H. Lietzmann, B

Karpp, Anthropol.	H. Karpp, Probleme altchristlicher Anthropologie, G 1950
KG	Kirchengeschichte
Lat	Latomus, Revue des études latines, Bru
Lit.	Literatur
LJ	Liturgisches Jahrbuch, Rb
Ludwig, Primatw.	J. Ludwig, Die Primatworte Mt. 16, 18/19 in der altkirchlichen Exegese, 1952
MA, mal.	Mittelalter, mittelalterlich
MAH	Mélanges d'Archéologie et d'Histoire, R-P
Mansi	J. D. Mansi, Sacrorum Conciliorum nova et amplissima collectio, 1757 ff
Mar	Marianum, R
MC	Mondo classico
Mercati, OM	G. Mercati, Opere minori, 1/4, ST 76/79, 1937
MG	Migne, Patrologia, ser. graeca
MGH	Monumenta Germaniae historica
MGSS	Monumenta Germaniae historica, Scriptores
MGWJ	Monatsschrift für Geschichte und Wissenschaft des Judentums, Br
MiA	Miscellanea Agostiniana, 1/2, R 1930 f
MiscStLCA	Miscellanea di studi di letteratura cristiana antica, Ca
ML	Migne, Patrologia, ser. lat.
MLS	ML, Supplementum, P 1958 ff
Mn	Mnemosyne, Bibliotheca philologica Batavorum, Lei-L
Ms., Mss.	Manuskript(e)
MSR	Mélanges de Science religieuse, Lille
MThZ	Münchener theologische Zeitschrift, Mn
Mu	Le Muséon, Lou
NA	Neues Archiv der Gesellschaft für ältere deutsche Geschichtskunde, B
NAKG	Nederlandsch Archief voor Kerkgeschiedenis, Den Haag
NClio	La Nouvelle Clio, Bru
NewSch	The New Scholasticism, Baltimore
NDid	Nuovo Didaskaleion, Ca
Ndr.	Nachdruck
NKZ	Neue kirchliche Zeitschrift, L
NovTest	Novum Testamentum, Lei
NRTh	Nouvelle Revue Théologique, Tournai
NS	Νέα Σιών, Jerusalem
NT, ntl.	Neues Testament, neutestamentlich
NtlA	E. Hennecke - W. Schneemelcher, Ntl. Apokryphen in deutscher Übersetzung, 1/2, [3]1959/64
NTS	New Testament Studies, C
NTT	Nieuw Theologisch Tijdschrift, Haarlem
OC	Oriens Christianus, L-Wiesbaden
OCh	Orientalia christiana, R

OCP	Orientalia christiana periodica, R
OLZ	Orientalistische Literaturzeitung, L
Opitz, Überlief.	H. G. Opitz, Untersuchungen zur Überlieferung der Schriften des Athanasius, 1935
Opitz, AW	H. G. Opitz, Athanasius' Werke, 1934 ff
Or	Orientalia, R
Orph	Orpheus, Rivista di umanità classica e cristiana, Ca
OrSyr	L'Orient syrien, P
OstkSt	Ostkirchliche Studien, Wü
ParPass	La Parola del Passato, Rivista di studi classici, Na
PC	Paraula Christiana, Ba
Peterson, Frühk.	E. Peterson, Frühkirche, Judentum und Gnosis, 1959
Phil	Philologus, L
PhJB	Philosophisches Jahrbuch der Görres-Gesellschaft, Mn
PhWo	Philologische Wochenschrift, L
PO	Patrologia orientalis, hg. von Graffin-Nau, P
Poschmann, Paenit.	B. Poschmann, Paenitentia secunda, Bonn 1940
Preuschen, Antileg.	E. Preuschen, Antilegomena, ²1905
PrO	Proche-Orient chrétien, Jerusalem
PTS	Patristische Texte und Studien, B 1963 ff
PWK	Pauly-Wissowa-Kroll, Realencyklopädie der classischen Altertumswissenschaft, St
QLP	Questions liturgiques et paroissiales, Lou
RAC	Rivista di Archeologia Cristiana, R
RACh	Reallexikon für Antike und Christentum, hg. von Th. Klauser, St
RAL	Rendiconti della Reale Accademia nazionale dei Lincei, Classe di scienze mor., stor. e filol., R
RAM	Revue d'ascétique et de mystique, Toulouse
RAp	Revue pratique d'apologétique, P
Rb	Revue biblique, P
RB (Bull)	Revue Bénédictine (Bulletin), Maredsous
RBPh	Revue belge de philologie et d'histoire, Bru
RC	Religión y Cultura, Ma
RCC	Revue des cours et conférences, P
RDC	Revue de droit canonique, Str
REA	Revue des Études arméniennes, P
REAug	Revue des Études augustiniennes, P
REB	Revue des Études Byzantines, P
REG	Revue des Études Grecques, P
REL	Revue des Études Latines, P
RechAug	Recherches Augustiniennes, 1/3, P 1958/65
Rel	Religio, hg. von E. Buonaiuti, R

RET	Revista Española de Teología, Ma
Reuß, Kat.	J. Reuß, Matthäus-, Markus- und Johannes-Katenen, Mr 1941
RevEA	Revue des Études anciennes, Bordeaux
RevR	Review of Religion, NY
RevSR	Revue des Sciences religieuses, Str-P
RF	Razón y Fe, Ma
RFC	Rivista di filologia e d'istruzione classica, To
RFE	Revista de filología española, Ma
RFN	Rivista di filosofia neoscolastica, Mi
RH	Revue Historique, P
RHE	Revue d'histoire Ecclésiastique, Lou
RHEF	Revue d'Histoire de l'Église de France, P
RHL	Revue d'Histoire et de Littérature religieuses, P
RhM	Rheinisches Museum für Philologie, Frankfurt a. M.
RHPh	Revue d'Histoire et de Philosophie religieuses, Str
RHR	Revue de l'Histoire des religions, P
Riedinger, Astrol.	U. Riedinger, Die Heilige Schrift im Kampf der griechischen Kirche gegen die Astrologie von Origenes bis Johannes von Damaskus, 1, 1956
RILSL	Rendiconti, Istituto Lombardo di Scienze e Lettere, Mi
RLM	Revue liturgique et monastique, Maredsous-Mont-César-St-André
RML	Revue du Moyen-âge latin, Lyon-Str
ROC	Revue de l'Orient chrétien, P
Routh	M. J. Routh, Reliquiae sacrae, O ^{2}1846 ff
RPh	Revue de Philologie, P
RQ	Römische Quartalschrift, Fr
RR	Ricerche religiose, R
RSCI	Rivista di storia della Chiesa in Italia, R
RSPhTh	Revue des sciences philosophiques et théologiques, P
RSR	Recherches de science religieuse, P
RStR	Ricerche di storia religiosa, R
RTA	Recherches de théologie ancienne et médiévale, Abbay du Mont-César, Lou
RTh	Revue Thomiste, P
RTr	Revista trimestrale di studi filosofici e religiosi, Perugia
RUO	Revue de l'Université d'Ottawa
SbB	Sitzungsberichte der Preußischen Akademie der Wissenschaften, Phil.-hist. Klasse, B
SbHei	Sitzungsberichte der Heidelberger Akademie der Wissenschaften, Phil.-hist. Klasse
SbMn	Sitzungsberichte der Bayerischen Akademie der Wissenschaften, Philos.-philol.-hist. Klasse, Mn
SbW	Sitzungsberichte der Wiener Akademie der Wissenschaften, Phil.-hist. Klasse
Sc	Scriptorium, Bru
SC	Scuola Cattolica, Mi
SCh	Sources chrétiennes, P 1947 ff

Sch	Scholastik, Fr
SchAC	E. Schwartz, Acta Conciliorum oecumenicorum, B
Schiwietz, Mönchtum	S. Schiwietz, Das morgenländische Mönchtum, 1/3, 1904/38
SE	Sacris erudiri, Steenbrugge
Siegmund, Überlief.	A. Siegmund, Die Überlieferung der griechischen christlichen Literatur in der lateinischen Kirche bis zum 12. Jh., Mn 1949
SIF	Studi italiani di filologia classica, Fi
SM	Studien und Mitteilungen zur Geschichte des Benediktinerordens und seiner Zweige, Mn
SMR	Studia Montis Regii, Montreal
So	Sophia, Mi-Padova
SO	Symbolae Osloenses, Oslo
Souter, Comm.	A. Souter, The earliest Latin Commentaries on the Epistles of St. Paul, 1927
SP	Studia patristica, 1/6, TU 63/64; 78/81, 1957/62
Sp	Speculum, C (Mass.)
ST	Studi e Testi, R
Staab, Paulus-komm.	K. Staab, Pauluskommentare aus der griechischen Kirche, 1933
Stählin, Lit.	O. Stählin, Die altchristliche griechische Literatur, 1924
StAns	Studia Anselmiana, R
StBNeoell	Studi Bizantini e Neoellenici, R
StC	Studia catholica, N
StPat	Studia Patavina, Padova
StTh	Studia Theologica, Lund
T	Text
Θ	Θεολογία, At
Th	Theology, Journal of Historic Christianity, Lo
ThBl	Theologische Blätter, L
TheolV	Theologia Viatorum, B
ThGl	Theologie und Glaube, Pa
ThJB	Theologische Jahrbücher, hg. von Barnikol
ThLBl	Theologisches Literaturblatt, L
ThLZ	Theologische Literaturzeitung
ThQ	Theologische Quartalschrift, St
ThR	Theologische Revue, Mr
ThRu	Theologische Rundschau, T
ThSt	Theological Studies, Woodstock (Md.)
ThStK	Theologische Studien und Kritiken, Gotha
ThZ	Theologische Zeitschrift, Basel
Tkr.	Textkritik
TP	Transactions and Proceedings of the American Philol. Association, Boston (Mass.)
Tr	Traditio, NY
TrThZ	Trierer theologische Zeitschrift, Trier
TU	Texte und Untersuchungen, L-B

Ü	Übersetzung
UnivTor	Università di Torino, Pubblicazioni della Facoltà di Lettere e Filosofia, To
Vaccari, Scritti	A. Vaccari, Scritti di erudizione e di filologia 1, R 1952
VC	Vigiliae Christianae, A
VD	Verbum domini, R
Viller-Rahner, Asz.	M. Viller - K. Rahner, Aszese und Mystik in der Väterzeit, Fr 1939
VizVrem	Vizantijskij Vremennik, Leningrad
VS	Vie spirituelle, Juvisy
WS	Woodbrooke Studies, Manchester
WSt	Wiener Studien, Zeitschrift für klassische Philologie, W
WüJB	Würzburger Jahrbücher für klassische Altertumswissenschaft, 1947 ff
ZAM	Zeitschrift für Aszese und Mystik, I
ZatW	Zeitschrift für atl. Wissenschaft, Gie
ZBW	Zentralblatt für Bibliothekswesen, L
ZDADL	Zeitschrift für deutsches Altertum und deutsche Literatur, Wiesbaden
ZKG	Zeitschrift für Kirchengeschichte, St
ZkTh	Zeitschrift für katholische Theologie, I
ZMW	Zeitschrift für Missionswissenschaft, Mr
ZMR	Zeitschrift für Missions- und Religionswissenschaft, Mr
ZntW	Zeitschrift für ntl. Wissenschaft und die Kunde der älteren Kirche, Gie-B
ZRGG	Zeitschrift für Religions- und Geistesgeschichte, Marburg
ZS	Zeitschrift für Semitistik und verwandte Gebiete, L
ZSG	Zeitschrift der Savigny-Stiftung für Rechtsgeschichte, Germanistische Abteilung, Weimar
ZSK	Zeitschrift der Savigny-Stiftung für Rechtsgeschichte, Kanonistische Abteilung, Weimar
ZSR	Zeitschrift der Savigny-Stiftung für Rechtsgeschichte, Romanistische Abteilung, Weimar
ZThK	Zeitschrift für Theologie und Kirche, T

EINLEITUNG

§ 1. Begriff und Aufgabe der Patrologie

Die Patrologie ist eine theologische Wissenschaft, die alle als Zeugen für die kirchliche Lehre aufgerufenen Schriftsteller der altchristlichen Zeit als Einheit erfaßt und nach den methodischen Grundsätzen der Geschichtswissenschaft behandelt. Wenn auch der in ihr enthaltene Begriff der „Väter-Zeugen“ durch die kirchliche Tradition, d. h. durch theologisch-dogmatische Gründe, nicht durch literaturgeschichtliche Gesichtspunkte, bestimmt worden ist, so deckt sie sich doch tatsächlich stofflich und zeitlich mit der Geschichte der altchristlichen Literatur.

Der Name Patrologie wurde erstmals vom lutherischen Theologen Johannes Gerhard († 1637) gebraucht, dessen „Patrologia“ 1653 erschien. Damit wurde teilweise noch bis in das 19. Jh. hinein die Geschichte der kirchlich-theologischen Literatur bis ins Mittelalter oder sogar bis zur Reformation bezeichnet. Nachdem man aber begonnen hatte, die Christianisierung der griechisch-römischen Welt als einen besonderen Zeitraum zu begreifen, schränkte man allmählich das Gebiet der Patrologie auf diese Zeit ein.

Die Patrologie muß nach dem Vorgang des hl. Hieronymus ebenso wie die altchristliche Literaturgeschichte auch die Werke der außerkirchlichen Schriftsteller in ihren Interessenbereich einbeziehen. Dies geschieht nicht bloß deshalb, weil zwischen den Schriften der Väter und denen der häretischen Autoren enge, kultur- und literargeschichtlich aufschlußreiche Wechselbeziehungen bestehen, sondern vor allem auch deshalb, weil die Väter im Rahmen der Theologie- und Dogmengeschichte nicht selten durch die Gegenseite sehr stark angeregt und in der wissenschaftlichen Erfassung und Lösung der Probleme beeinflußt wurden. Die mehr unpersönlichen altchristlichen Schriftdenkmäler (liturgische Texte, Konzils- und Märtyrerakten, Heiligenleben, Mönchsregeln, Symbole, Inschriften, unliterarische Papyrusfunde) gehören nur mittelbar zum Bereich der Patrologie.

Dem Namen Patrologie wird mitunter der Name Patristik gleichgesetzt oder erweiternd beigefügt. Dieser ist aus dem Titel Theologia patristica entstanden, unter dem die Dogmatiker seit dem 17. Jh. die Lehre der Väter im Unterschied zu der Theologia biblica, scholastica, symbolica und speculativa behandelten. Aus der Theologia patristica hat sich die Dogmengeschichte entwickelt, die weit über die von der Patrologie gepflegte Berücksichtigung der Väterlehre hinausgeht und die von der Liturgie- und Konziliengeschichte dargebotenen Quellen ebenso fleißig ausschöpft wie die Väterschriften. Die Patrologie kann trotz der nahen Verwandtschaft und engen Verbindung mit diesen beiden Wissenschaften weder Dogmengeschichte noch Konziliengeschichte sein, wenngleich sie mit der Darstellung des Lebens und der schriftstellerischen Wirksamkeit der Väter auch die Würdigung ihrer Bedeutung für das synodale Leben der Kirche und für den Fortschritt der Glaubenserkenntnis verbinden muß.

Die Bezeichnung „Vater" ist kirchlichen Ursprungs und wurde Bischöfen und Lehrern von der ehrerbietigen Liebe der Gemeinde gegeben. Besonders im Orient begründete das Verhältnis zwischen Lehrer und Schüler eine Vater-Sohn-Beziehung. Im AT galten die Prophetenschüler als Prophetensöhne (z. B. 3 Kg. 20, 35); auch der Weisheitslehrer wurde als Vater seiner Schüler betrachtet (Spr. und Sir.; vgl. auch Didache 3, 1 / 4, 1). Die Rabbinen galten wegen ihres Thoraunterrichtes als Väter ihrer Schüler. Vor überheblichen Ansprüchen auf Lehrer- und Vatertitel warnt Jesus (Mt. 23, 8 f). Paulus schreibt an die Korinther: „Hättet ihr auch zehntausend Erzieher in Christus, so habt ihr doch nicht viele Väter; denn ich habe euch in Christus Jesus durch das Evangelium gezeugt" (1 Kor. 4, 15). Irenäus nennt unter den Möglichkeiten der Vaterschaft die secundum doctrinae magisterium: „Qui enim ab aliquo edoctus est verbo, filius docentis dicitur, et ille eius pater" (haer. 4, 41, 2; ähnlich Clem. Al. strom. 1, 1, 3).

Heiden und Juden nennen, allerdings gehässig, Polykarp von Smyrna „den Lehrer Asiens (den Lehrer der Gottlosigkeit?), den Vater der Christen" (mart. Polyc. 12, 2). In dem Schreiben der Märtyrer von Lyon (177/8) an den Bischof von Rom wird dieser als πάτερ 'Ελεύθερε angesprochen (Eus. h. e. 5, 4, 2); Bischof Cyprian nennt man häufig papa: Cypr. ep. 8; 30; 31; 36; acta Cypr. 3. Auch verstorbenen Bischöfen wird der Vatertitel nicht entzogen (Eus. h. e. 7, 7, 4). Bischof Alexander von Jerusalem erwähnt in seinem Brief an Origenes rühmend seine Lehrer und Freunde Pantänus und Clemens von Alexandrien und bezeichnet sie als Väter (Eus. h. e. 6, 14, 9). In der Disputation des Origenes mit Heraklides wurden die Bischöfe Heraklides und Demetrius mit πάπα angeredet (disput. 1, 20; 24, 20); ein Bischof hingegen sprach den Origenes mit ἀδελφός an (disput. 24, 19).

Schon im 2./3. Jh. benützten theologische Schriftsteller die Schriften ihrer Vorgänger, aber meist ohne ihre Quellen zu nennen, so z. B. Irenäus, Tertullian und Hippolyt. Erst im 4. Jh. wurde die ausdrückliche Berufung auf Bischöfe der Vergangenheit als Zeugen der kirchlichen Lehre häufiger; „Väter“ heißen insbesondere die Bischöfe der Synode von Nicaea (Athanas. ep. encycl. 1; de synod. 6; Basil. ep. 52, 1; 140, 2; Greg. Naz. or. 33, 15); sie verkörperten wie im Judentum das Traditionsprinzip (Sir. 8, 9; Jos. antiqu. 13, 297). Immer mehr wurden die früheren Bischöfe als Zeugen der kirchlichen Überlieferung eine bestimmte Größe, „die Väter“, als welche zunächst nur Bischöfe galten; erst Augustinus hat auch den gelehrten Presbyter Hieronymus zu den Vätern gerechnet als Zeugen für die kirchliche Lehre von der Erbsünde (c. Julian. 1, 7, 31. 34). Sogar der Laie Prosper von Aquitanien steht im Verzeichnis der Väterschriften des sog. Decretum Gelasianum (2, 12). Auch vornizänische Theologen wurden gelegentlich „Väter“ genannt (Athanas. ep. ad Afros episc. 6; Theodoret. ep. 145). Im 4. Jh. blieb aber die patristische Argumentation noch spärlich, da die älteren Schriftsteller für die arianische Kontroverse wenig Geeignetes zu bieten schienen und die christlichen Bibliotheken nicht genügend Bücher enthielten. Erst im nestorianischen Streit wurde der Väterbeweis voll entfaltet und fand besonders in der Florilegienliteratur seinen Niederschlag, die aus den Schriften des vorhergehenden Jh. reiches Material beziehen konnte (Joh. Cassian. incarn. dom. 7, 24/30 mit patrist. Stellensammlung; Cyrill. Al. ad dominas 10/18: SchAC 1, 1, 5, 65/8 mit 30 patrist. Texten; Capitula Caelestini; Theodoret. eran. mit 238 Testimonien aus 88 Schriften; Gelas. de duab. naturis; Sever. Antioch. mit 1250 Väterzitaten *Gegen den gottlosen Grammatiker*). Im 6. Jh. verfiel die patristische Florilegienliteratur, weil sie nicht mehr aus den Originalen schöpfte und Fälschungen aufnahm. Mit der *Doctrina patrum* und den an patristischen Zeugnissen so reichen Werken des Johannes von Damaskus ist im Osten ein gewisser Abschluß erreicht worden. Im Westen ging das patristische Beweismaterial als sententiae patrum in die frühmittelalterliche Theologie ein.

Den von Augustin erweiterten Begriff übernahm Vinzenz von Lerin in seinem Commonitorium von 434, deutete ihn aber schärfer auf jene Schriftsteller, „qui suis quisque temporibus et locis in unitate communionis et fidei permanentes magistri probabiles exstitissent“ (41). Er war es auch, der unter Hinweis auf das Konzil von Ephesus (431) erstmals sozusagen eine Theorie des Väterbeweises vorlegte (41 f). Das früheste Verzeichnis der als Väter anerkannten und nicht anerkannten christlichen Schriftsteller bietet das sog. Gelasianische Decretum de libris recipiendis et non recipiendis unter schärferer Betonung der Gemeinschaft mit der römischen Kirche:

„Qui in nullo a sanctae ecclesiae Romanae consortio deviarunt nec ab eius fide vel praedicatione seiuncti sunt, sed ipsius communicationis per gratiam Dei usque in ultimum diem vitae suae fuere participes" (4, 3).

Seitdem der Kreis der Lehrzeugen auch auf Nichtbischöfe ausgedehnt ist, gelten als Merkmale der Väter: 1. doctrina orthodoxa, aber nicht im Sinne völliger Irrtumsfreiheit, sondern treuer Lehrgemeinschaft mit der rechtgläubigen Kirche; 2. sanctitas vitae, im Sinne der altchristlichen Heiligenverehrung; 3. approbatio ecclesiae, aus kirchlichen Verhandlungen und Kundgebungen erkennbar, nicht notwendigerweise approbatio expressa; 4. antiquitas, im Sinne von „kirchlichem Altertum".

Mit dem von Hieronymus (vir. ill., prol.; ep. 112, 3) geprägten Namen Kirchenschriftsteller können alle theologischen Schriftsteller des Altertums, auch die ohne das Merkmal der doctrina orthodoxa und sanctitas, bezeichnet werden. Gerade diesen Männern wird im Unterschied von den Vätern der Name Kirchenschriftsteller schlechthin gegeben.

Der Kreis der Kirchenväter deckt sich zum Teil mit dem Kreise der Kirchenlehrer, die nicht alle das Merkmal der antiquitas, dafür aber die weiteren Merkmale der eminens eruditio und expressa ecclesiae declaratio aufweisen.

Zum erstenmal nannte Vinzenz von Lerin die Kirchenväter magistri probabiles (Comm. 41); Johannes von Antiochien bittet den Nestorius, τοῖς ἐν τῇ Ἐκκλησίᾳ τοῦ Θεοῦ εὐδοκιμήσασι διδασκάλοις zu folgen (SchAC 1, 1, 1, 96, lin. 3 f); in einem an Gregor d. Gr. gerichteten Briefe des B. Licinianus von Cartagena werden die Väter Hilarius, Ambrosius, Augustin und Gregor von Nazianz doctores defensoresque ecclesiae genannt (Greg. ep. 1, 41 a). In einem an den Kaiser gerichteten Synodalschreiben nennt der Mailänder B. Mansuetus (680) neben vier griechischen Vätern (Athanasius, Basilius, Chrysostomus und Cyrill von Alexandrien) auch vier Lateiner (Hilarius, Ambrosius, Hieronymus und Augustinus) als Glaubenszeugen (Mansi 11, 206 f), und um 800 preist ein Mönch Johannes die jetzt noch als die vier großen abendländischen Kirchenväter bezeichneten Ambrosius, Augustin, Hieronymus und Gregor als doctissimi in utraque scientia und als „die vier Paradiesesströme". Amtlich wurden diese vier Väter erstmals von Papst Bonifaz VIII. als egregii doctores ecclesiae hinter den Aposteln und Evangelisten angeführt (corp. iur. can. lib. sext. lib. 3, tit. 22, cap. un.), wie schon Gregor I. die Apostel doctores ecclesiae und die Kirchenväter expositores sequentes genannt hatte (hom. ev. 30, 7; mor. 27, 8).

Der Name der großen abendländischen Kirchenlehrer blieb seitdem auf diese vier Väter beschränkt, während der einfache Name des Doctores ecclesiae auch den Abendländern Hilarius von Poitiers, Petrus Chrysologus, Leo d. G., Isidor von Sevilla und den Morgenländern Athanasius, Ephräm (erst seit Benedikt XV.), Basilius, Cyrill von Jerusalem, Chrysostomus und Cyrill von Alexandrien, später auch Schriftstellern der mittleren und neueren Zeit kirchenamtlich gegeben wurde.

Eine ähnliche Entwicklung vollzog sich in der morgenländischen Kirche, deren liturgische Bücher, wahrscheinlich im Hinblick auf die Trinität, drei Väter als οἰκουμενικοὶ μεγάλοι διδάσκαλοι ehren: Basilius, Gregor von Nazianz und Johannes Chrysostomus. Wohl der Symmetrie halber und wegen der engen Beziehungen des hl. Athanasius zum Abendlande (Rom und Trier) hat die abendländische Kirche und insbesondere die kirchliche Kunst jenen drei Kirchenlehrern noch den hl. Athanasius beigesellt, und Papst Pius V. hat zum ersten Male, beeinflußt von dem Interesse der Humanisten für die griechische Literatur, diese vier morgenländischen Väter in seinem Brevier von 1568 mit dem Titel Kirchenlehrer ausgezeichnet.

Die Autorität der Kirchenväter innerhalb der katholischen Kirche beruht nicht bloß auf ihrer literarischen Bedeutung, sondern vor allem auf der Lehre der Kirche von der Tradition als Glaubensquelle. Kein einzelner Kirchenvater ist für sich allein unfehlbar, außer wenn er Papst war und ex cathedra lehrte oder wenn und soweit einzelne Sätze seiner Schriften von einer allgemeinen Synode gutgeheißen wurden.

Alle andern Auffassungen und Aussprüche der Väter gelten nur als Durchgangspunkte der Lehre, nicht als endgültige Prägung. Die Väter haben sich manchmal selbst korrigiert und sind in ernstem Ringen zu größerer Klarheit und einer tieferen wissenschaftlichen Erfassung der überlieferten Lehre gelangt. Ihr weit ausgedehntes Schrifttum liefert darum dem Dogmenhistoriker zum guten Teil das Material zur Darstellung der oft heiß umkämpften allmählichen Herausarbeitung der kirchlichen Lehre. Das Ansehen des einzelnen Vaters richtet sich nach seiner Gelehrsamkeit und Heiligkeit, nach seiner Beziehung zu angesehenen Vätern und nach seiner hierarchischen Stellung. Die Stimmen der Väter muß man wägen, nicht zählen (August. c. Julian. 2, 10, 35).

Die übereinstimmende Lehre der Väter, der unanimis consensus patrum, gilt in der Kirche als unfehlbare Norm der Glaubenslehre. In der Begründung der These vom consensus patrum, der kein zahlenmäßiger, sondern nur ein moralischer zu sein braucht, sind die Theologen geteilter Meinung. Die Frage, in welchem Sinn von einer „Inspiration" der Väter gesprochen werden darf, ist noch nicht geklärt.

Neben ihrer kirchlichen Bedeutung nehmen die Kirchenväter auch in der allgemeinen und besonders in der griechisch-römischen Literaturgeschichte eine hervorragende Stelle ein. Sie sind die letzten Vertreter der Antike, deren literarische Kunst in ihren Werken nicht selten hell aufleuchtet, und haben alle späteren Literaturen beeinflußt. Von den besten Lehrern des klassischen Altertums geschult, stellen sie Wort und Schrift in den Dienst des christlichen Gedankens. Abgesehen von einzelnen rhetorischen Leistungen in Apologetik und Predigt und von den Kunstbriefen, wollen sie freilich in erster Linie nicht Literaten, sondern Verkünder der christlichen Lehre und Sitte sein. Aber angeborene und erworbene Kunst wird ihnen doch ein Mittel zu diesem Zweck. Wer in ihren Werken prickelnden Geistesreichtum und Wortwitz sucht, den befriedigen sie meistens nicht. Die Sprache der Väter reden hieß im frühen Mittelalter christlich reden. Der Leser muß ihnen ein offenes, gutwilliges, der christlichen Wahrheit zugeneigtes Herz entgegenbringen. Dann werden sie ihm eine Quelle des Lichtes, der Freude und der geistlichen Erbauung.

E. Amann, DThC 12, 1192/1215 (Pères de l'église). – Bacht, Catholica 1959, 128/39 (Inspirat. der Konzilien?). – Bakhuizen van den Brink, VC 1959, 65/86 (Traditio). – Bardy, RSR 1952, 7/26 (inspiration des pères). – G. Blum, Tradition und Sukzession. Studien zum Normbegriff des Apostolischen von Paulus bis Irenäus, 1963. – Y. Congar, La tradition et les traditions, 1/2, 1961/63. – Emonds, RACh 1, 45/55 (Abt). – D. van den Eynde, Les normes de l'enseignement chrét. dans la litt. patristique des trois premiers siècles, 1933. – E. Flessemann-van Leer, Tradition and scripture in the early church, Assen 1954. – Geraets, BiNJ 1957, 1/18 (traditio bei Iren.). – Grant, JTS 1960, 13/24 (appeal to the early fathers). – Hägglund, StTh 1958, 1/44 (regula fidei als Grundlage theol. Aussagen). – R. P. C. Hanson, Tradition in early church, Lo 1962. – Lacoque, RHPh 1960, 2/18 (trad. dans le Bas-Judaïsme). – De Lubac, RSR 39 f, 1951 f, 27/40 (Harmonisierung der Väteraussagen). – Mandouze, SP 3, 3/19 (mesure et démesure de la patristique). – Du Manoir, RSR 1935, 441/61; 531/59 („Vater"). – Milburn, SP 1, 240/5 (διαδοχή). – Overbeck, HZ 1882, 417/72, Ndr. Darmstadt 1954 (Anfänge der patrist. Lit.). – Quell-Schrenk, Theol. Wb. z. NT 5, 946/1024 (πατήρ). – Ranft, RACh 3, 778/84 (Depositum). – Reynders, RTA 1933, 155/91 (Paradosis bis Iren.). – Salaverri, RET 1945, 107/19 (argumento de tradición). – Schneemelcher, Ev. Theol. 1950 f, 207/22 (Wesen und Aufgabe der Patristik innerhalb der ev. Theol.). – Simovic, France francisc. 1938, 193/222; 245/64 („pater" bei Tert. und Cypr.). – K. E. Skydsgaard-L. Vischer, Schrift und Tradition, Zü 1963. – Smulders, RSR 1952, 41/62 (Begriff der Trad. bei den griech. Vätern). – Tetz, Ev. Theol. 1961, 354/68 (Anfänge des expliziten Väterbeweises). – Wenger-Oepke, RACh 1, 99/112 (Adoption: Vater im geistl. Sinn).

Die Sprache der Christen war zunächst die griechische, die im ganzen Osten, aber auch in Rom und in den großen Städten des Westens wenigstens von den Gebildeten verstanden wurde; da in der Frühzeit die im Abendland lebenden Bekenner des christlichen Glaubens in der Hauptsache aus dem Osten eingewanderte, griechisch sprechende Gläubige waren, war das Griechische natürlich die Sprache der westlichen Kirchen, insbesondere auch der römischen, in Predigt, Katechese und Liturgie. Die griechische Sprache war wegen ihrer hohen Entwicklung, ihres Wort- und Begriffsreichtums das geeignete Organ für die Ideenfülle des Christentums, vorbereitet durch die griechische Übersetzung des AT, die sich das Diasporajudentum geschaffen hatte.

Im Osten wurde die griechische Sprache zum Teil von den einzelnen Landessprachen, besonders vom Syrischen, Koptischen und Armenischen, abgelöst; durch eine ausgedehnte Übersetzungstätigkeit wurde der Zusammenhang mit der vorhergehenden und der gleichzeitigen griechisch-christlichen Literatur gewahrt. Im Westen wurde die griechische Sprache seit dem 3. Jh. durch das Lateinische ersetzt; die Anfänge der Latinisierung reichen aber tief in das 2. Jh. hinein (s. S. 145 f).

G. Bardy, La question des langues dans l'église ancienne 1, P 1948. – Mohrmann, MThZ 1956, 99/114 (Bedeutungswandel im altchristl. Griech. und Latein). – Ch. Mohrmann - J. G. A. Ros, Graecitas christianorum primaeva, N 1962 ff (Reihe von Studien zum christl. Griechisch). – Montevecchi, Aeg 1957, 41/59 (christl. Griech. in Papyri). – E. Norden, Die antike Kunstprosa 2, 1918. – Opelt, JbAC 1959, 70/85 (Christianisierung heidn. Etymologien). – Schneemelcher [Das Problem der Sprache in Theol. und Kirche, B 1959] 55/67 (Sprachproblem in der alten Kirche). – J. Stiglmayr, Kirchenväter und Klassizismus, 1913.

Die Zeit der Kirchenväter, die nach dem ersten Zeitalter der Kirche bestimmt ist, teilt man am besten in drei Abschnitte ein:

1. die Zeit der Grundlegung (bis zum Konzil von Nicaea 325);
2. die Zeit der Blüte (von 325 bis zum Konzil von Chalcedon 451);
3. die Zeit des Ausgangs (im Abendland bis zum Tod Isidors von Sevilla 636, im Morgenland bis zum Tod des Johannes Damascenus um 750).

Danach richtet sich im allgemeinen die Einteilung dieses Buches. In einzelnen Fällen empfiehlt es sich aber, diese Zeitgrenzen zu durchbrechen, um größere Schriftengruppen, z. B. die Apokryphen, die Kirchenordnungen, die geschichtlichen Werke und Legenden, in einheitlichem Zuge darstellen zu können.

§ 2. Geschichte der Patrologie

Bereits Eusebius wollte in seiner KG nicht nur die kirchengeschichtlichen Ereignisse darstellen, sondern auch über die großen Lehrer und die Häresien berichten. Daher bringt er immer wieder Nachrichten über die kirchlichen und häretischen Schriftsteller und bietet Aufzählungen von Buchtiteln, Inhaltsangaben und Textauszügen.

Erst Hieronymus hat eine von der KG losgelöste altchristliche Literaturgeschichte geschaffen. Angeregt von seinem Freunde Dexter, verfaßte er 392 in Bethlehem den ersten christlichen Schriftstellerkatalog unter dem Titel *De viris illustribus*, um dem stolzen Hinweis der Heiden auf ihre hohe literarische Kultur zu begegnen.

Als Vorbild diente ihm das gleichnamige Werk des Sueton (1. Hälfte des 2. Jh.), als Quelle besonders die Kirchengeschichte des Eusebius. Über die Schriftsteller des 4. Jh. berichtet er meist aus eigener Kenntnis. Das Werk gibt einen Überblick über Leben und Schriften von 135 christlichen Schriftstellern mit Einschluß der häretischen, der Juden Philo und Josephus und des Heiden Seneca und zählt im letzten (135.) Kapitel die Schriften des Verfassers selbst bis 392 auf. Trotz mancher Beanstandung, die es zuerst bei Augustin (ep. 40: wegen lückenhafter Aufzählung und mangelnder Scheidung häretischer und orthodoxer Schriften) und dann nach einmütiger Bewunderung des Mittelalters bei heutigen Quellenkritikern wegen Eilfertigkeit, Parteilichkeit und zahlreicher Ungenauigkeiten fand, ist es eine treffliche Leistung von dauerndem Quellenwert und blieb bis ins 18. Jh. die Vorlage der Vätergeschichte.

ML 23.– C. A. Bernoulli, 1895.– G. Herding, L 1924.– E. C. Richardson, TU 14, 1, 1896. ** A. Feder, Studien z. Schriftstellerkatalog des hl. H., 1927.– Nautin, RHE 1961, 33/5 (vir. ill. erst a. 393).

Das Werk des Hieronymus fand unter seinem ursprünglichen Titel drei Fortsetzungen. Die erste schrieb um 480 Gennadius, Priester in Marseille. Ihm folgte zwischen 615 und 618 Isidor von Sevilla, der besonders Spanien berücksichtigte. Die dritte Fortsetzung stammt von Ildefons von Toledo († 667), der über 14 Kirchenmänner berichtet, darunter 8 Schriftsteller.

Gennadius: ML 58, 1059/1120.– Bernoulli-Herding-Richardson (s. o.). ** Feder, Sch 1928, 238/43; 1933, 380/99.

Isidor: ML 83, 1081/1106.– C. Codoñer Merino, Salamanca 1964 (T, krit. Stud.). ** Koeppler, JTS 1936, 16/34.– Villada-De Aldama [Misc. Isidoriana, 1936] 37 f; 64 f; 86/8.

Ildefons: ML 96, 195/206. ** A. Braegelmann, The life and writings of St.

Ildefonsus of T., Wa 1942.– G. v. Działowski, Isidor u. Ildefons als Literarhistoriker, Mr 1898 (m. Text des Isid. u. Ildef.).– J. Madoz, S. Ildefonso de T., Ma 1943.

Im 9. Jh. verfaßte Photius das *Myriobiblon* (oder *Bibliotheca*), einen Bericht über 280 heidnische und christliche Bücher mit biographischen Notizen und Auszügen, besonders aus weniger bekannten Werken, deren Kenntnis wir zum Teil nur ihm verdanken.

MG 103/4 (Codd. 1/249; 250/80).– I. Bekker, 1/2, 1824.– R. Henry, Photius, Bibliothèque, 1/3, 1959/62 (Codd. 1/83; 84/185; 186/222; TÜK).

Im übrigen ruhte die patrologische Berichterstattung nach Ildefons fast ein halbes Jahrtausend. Als sie Ende des 11. Jh. von Sigebert von Gembloux († 1112) wiederaufgenommen und um 1122 von Honorius von Augustodunum, um 1135 von dem Anonymus Mellicensis und 1494 von Trithemius weitergeführt wurde, begnügte sie sich für das Altertum mit Notizen aus Hieronymus und Gennadius.

J. A. Fabricius, Hamburg 1718 (Literaturhistoriker von Hieronymus bis Trithemius).– ML 160, 547/92 (Sigeb.).– ML 172, 197/234 (Honor.).– E. Ettlinger, Der sogen. Anonymus Mellicensis De script. eccl., Karlsruhe 1896 (T, Quellenkritik).

Von den älteren Werken der nachreformatorischen Zeit waren am angesehensten das des Kardinals Bellarmin und des Benediktiners Ceillier. Sie leiteten zu der Periode wissenschaftlicher Behandlung der Patrologie über, zu der vor allem die Verhandlungen des Konzils von Trient einen starken Anstoß gegeben hatten.

Im 16. und 17. Jh. entstanden die ersten großen Vätersammlungen und mustergültige Einzelausgaben, deren Prolegomena und quellenkritische Apparate die Patrologie von der einfachen Berichterstattung auf die Höhe wissenschaftlicher Forschung erhoben. Zu dem genannten 23bändigen Werke Ceilliers gesellte sich unter vielen anderen die noch heute unentbehrliche 16bändige Sammlung wissenschaftlicher Väterbiographien von Tillemont.

R. Bellarmin, De scriptoribus eccl. liber unus, 1613 (bis 1500 reichend).– R. Ceillier, Histoire générale des auteurs sacrés et ecclésiastiques, 1/23, 1729/63 (bis 1250 reichend).– L. S. le Nain de Tillemont, Mémoires pour servir à l'histoire ecclésiastique des six premiers siècles, 1/16, P 1693/1712.

Einen neuen Aufschwung brachte das 19. Jh. mit seinen zahlreichen Entdeckungen verschollener Werke, besonders aus ältester Zeit und aus den syrischen, armenischen, georgischen und koptischen Sprachgebieten.

Universitäten errichteten besondere Lehrstühle für Patrologie, Akademien übernahmen die Herausgabe großer Gruppen von Väterwerken. An die Stelle der vielbändigen Vätergeschichten traten unzählige Einzeluntersuchungen, Monographien und kurzgefaßte Handbücher. Mit dem Beginn des 20. Jh. vertiefte sich das Studium der Väter, indem es den Lehrgehalt der einzelnen Väter immer reichlicher auszuschöpfen suchte und der Geschichte einzelner Gedanken, Begriffe und Worte nachzugehen begann. Auch die Zahl der durch rege Bibliotheksforschung, vor allem in dem jetzt besser erschlossenen Orient, und durch glückliche Papyrusfunde in Ägypten der Wissenschaft geschenkten neuen Texte bekannter, aber auch unbekannter oder verschollener Stücke der altchristlichen Literatur ist gerade in jüngster Zeit in erfreulicher Weise gestiegen.

Aland, Misc. hist. eccl. Stockholm 1960 (Lou 1961) 119/36 (gegenwärt. Stand der patrist. Arbeit in Deutschland).– Domínguez del Val, RET 1962, 409/25 (estado actual de la patrología española).– J. de Ghellinck, Patristique et Moyen Age, 2/3, P 1947 f (Gesch. der patrist. Forschung in den letzten 5 Jh.).– D. Gorce, Petite introduct. à l'étude des Pères, [2]1951.– M. D. Knowles, Transact. Royal Hist. Soc. London 5, 8, 1958, 147/66; 9, 1959, 169/87 (Bollandists, Maurists).

§ 3. Neuere zusammenfassende Darstellungen der altchristlichen Literaturgeschichte und Väterlehre

Zusammenfassende Darstellungen der altchristlichen Literaturgeschichte betrachten entweder die gesamte patristische Literatur oder nur die Schriften einer einzelnen bestimmten Sprache (griechische, lateinische, orientalische Literaturgeschichte). Einzelne Darstellungen beschränken sich zeitlich oder örtlich. In Gesamtdarstellungen der Literatur einer einzelnen Sprache finden meistens auch die christlichen Schriften gebührende Berücksichtigung.

B. Altaner, Patrologie, [7]1966.– Ü: H. Chirat, Précis de Patrologie, 1962.– H. C. Graef, Patrology, 1960.– E. Cuevas - U. Domínguez - del Val, Ma 1962 (mit span. Anhang).– O. Bardenhewer, Patrologie, [3]1910; Geschichte der altkirchlichen Literatur 1, [2]1913 (1.—2. Jh.); 2, [2]1914 (3. Jh.); 3, 1912 (4. Jh.); [2]1923 = Ndr. mit Nachträgen; 4, 1924 (5. Jh. und syr. Lit. des 4. Jh.); 5, 1932 (letzte Periode und armen. Lit.).– F. Cayré, Patrologie et Hist. de la Théologie, 1/3, [3]1945/55 (bis zur Gegenwart).– F. L. Cross, The early christian fathers, Lo 1960.– M. Dibelius, Gesch. der urchristl. Literatur, 1926.– A. Dirksen, Elementary patrology, St. Louis 1959.– J. Feßler, Institutiones patrologiae, 1/2, hg. von B. Jungmann, I [2]1890/96 (bes. dogmat. Fragen).– E. J. Goodspeed, A history of early christ. literature, Ch 1942.– A. Harnack, Geschichte der altchristl. Literatur bis Eusebius, 1, 1.2/2, 1.2, L ²1958, hg. von K. Aland.– H. Jordan, Geschichte der altchristlichen Literatur, 1911 (versucht die Geschichte der einzelnen literar. Formen darzustellen).– H. Kihn, Patrologie, 1/2, 1904/8.– G. Krüger, Geschichte der altchristl. Literatur in den ersten drei Jhh., ²1898 mit Nachtrag.– U. Mannucci - A. Casamassa, Istituzioni di patrologia, 1/2, R ⁶1948 bis 1950.– J. A. Möhler, Patrologie, hg. von Reithmayr, Rb 1840 (1.–3. Jh.).– J. Quasten, Patrology, 1/3, Ut 1950/60; franz. Ü von J. Laporte, Initiation aux Pères de l'église, 1/3, 1956/63 (mit Nachträgen).– B. Steidle, Patrologia, Fr 1937.– J. Tixeront, Précis de Patrologie, 1923.

G. Bardy, Littérature grecque chrétienne, 1928.– H. G. Beck, Kirche und theol. Literatur im byzantin. Reich, 1959.– J. M. Campbell, The greek fathers, Lo 1929.– H. v. Campenhausen, Griechische Kirchenväter, St ²1956.– W. Christ - W. Schmid, Gesch. der griech. Lit. 2, 2, ⁶1924 (100—530 n. Chr.; altchristl. Lit. bearb. von O. Stählin).– A. Ehrhard - J. M. Hoeck, Überlieferung und Bestand der hagiograph. und homilet. Literatur der griechischen Kirche, 1/3, 1936/52, TU 50/52.– K. Krumbacher, Geschichte der byzant. Lit., ²1897 (theol. Lit. bearb. von A. Ehrhard).– M. Pellegrino, Letteratura greca cristiana, R 1956.– A. Puech, Histoire de la littérature grecque chrétienne jusqu'à la fin du 4ᵉ siècle, 1/3, 1928/30.– A. Sizoo, Geschiedenis der oud-christelijke griekse Letterkunde, Haarlem 1951.– B. Tatakis, La contribution de la Cappadoce à la pensée chrétienne, At 1960 (en grec).

A. G. Amatucci, Storia della letteratura latina cristiana, ²1955.– E. Bickel, Lehrbuch der Geschichte der röm. Literatur, ²1961.– H. v. Campenhausen, Lateinische Kirchenväter, St 1960.– U. Domínguez Del Val, Patrología española, Ma 1956.– E. S. Duckett, Latin writers of the fifth century, NY 1930.– A. Kappelmacher - M. Schuster, Die Lit. der Römer bis zur Karolingerzeit, 1935.– P. de Labriolle, Histoire de la littérature latine chrétienne, 1/2, hg. v. G. Bardy, ³1947.– M. Manitius, Geschichte der lat. Lit. des MA 1, 1911 (beg. mit dem 6. Jh.).– P. Monceaux, Hist. littéraire de l'Afrique chrét., 1/7, 1901/23; Histoire de la littérature latine chrétienne, 1924.– U. Moricca, Storia della letteratura latina cristiana, 1/3, 1924/34.– M. Pellegrino, Letteratura latina cristiana, R ²1963.– F. J. E. Raby, A history of christian latin poetry from the beginnings to the close of the middle ages, O ²1953.– L. Salvatorelli, Storia della letteratura latina cristiana, Mi 1936 (bis 550).– M. Schanz - C. Hosius - G. Krüger, Geschichte der röm. Literatur 3, ³1922 (bis Konstantin); 4, 1, 1914 (4. Jh.); 4, 2, 1920 (5./6. Jh.).– N. Terzaghi, Storia della letteratura latina da Tiberio a Giustiniano, Mi 1934.– W. S. Teuffel, Geschichte der röm. Lit. 3, ⁶1913, hg. von W. Kroll und F. Skutsch (christl. Autoren bearb. von E. Klostermann).

A. Baumstark, Geschichte der syrischen Literatur, 1922.– J.-B. Chabot, Littérature syriaque, 1935.– I. Ortiz de Urbina, Patrologia syriaca, R 1958; bibliographische Ergänzungen dazu OCP 1961, 425/33.– O'Leary, DAL 9, 1599/1635 (Litt. copte).– J. Karst, Geschichte der armen. Literatur, L 1930.– Leclercq, DAL 9, 1576/99 (Litt. arménienne).– A. Sarkissian, A brief introduction to Armenian christian literature, Lo 1960.– H. Thorossian, Hist. de la litt. armén., P 1951.– J. Karst, Litt. géorgienne chrét., 1934.– K. Kekelidze, Georg. Literaturgesch. 1, Tiflis ³1951 (georg.); bearb. von M. Tarchnisvili - J. Assfalg, Geschichte der georg. Literatur, ST 185, 1955.– K. Kekelidze, Hist. de la littérature géorgienne 1, Tiflis ⁴1960.– E. Cerulli, Storia della letteratura etiopica, Mi ²1961.– I. Guidi, Storia della letteratura etiopica, 1932.– J. M. Harden, An introduction to Ethiopic christian literature, 1926.– G. Graf, Geschichte der christl. arabischen Literatur 1/5, 1944/53, ST 118; 133; 146 f; 172.

Die Lehre der Väter, die auch in manchen der genannten Werke mehr oder weniger ausführlich behandelt wird, kommt zu zusammenfassender Darstellung in der dogmengeschichtlichen Literatur.

Als Begründer der Dogmengeschichte kann man den Jesuiten Dionysius Petavius († 1652) ansehen, der in seinem großen Werk „De theologicis dogmatibus" (1643/50) den Traditionsbeweis für die katholische Lehre zuerst eingehend und im Gegensatz zur Scholastik vorwiegend vom geschichtlichen Standpunkt aus führt. Aus dem folgenden Jahrhundert ist das Werk des Protestanten Ch. W. F. Walch „Entwurf einer vollständigen Historie der Ketzereien" (1762/85) zu nennen. Das erste „Handbuch der christlichen Dogmengeschichte" gab 1797 ff der Protestant W. Münscher heraus (nur bis 600); 1811 veröffentlichte er ein Lehrbuch der christlichen Dogmengeschichte. Das Eindringen des Entwicklungsgedankens in die Theologie förderte das Studium der Dogmengeschichte. Kardinal Newman schrieb damals seinen „Essay on the development of Christian Doctrine". Im Sinne des Petavius verfaßte J. Schwane 1862/90 seine Dogmengeschichte, der das kleinere Werk von Zobl „Dogmengeschichte der katholischen Kirche" (1865) folgte. Seitdem erschien eine große Zahl von Arbeiten über dogmengeschichtliche Einzelfragen. Die Erkenntnis, daß noch zahlreiche Vorarbeiten notwendig waren, erklärt es, daß erst 1905 ff J. Tixeront es wieder wagte, eine zusammenfassende „Histoire des dogmes" zu veröffentlichen.

Aland, DG: RGG^{3} 2, 230/4.– Auer, DG: LThK^{2} 3, 463/70.– D. Balanos, Εἰσαγωγὴ εἰς τὴν ἱστορίαν τῶν δογμάτων, 1919.– J. F. Bethune-Baker, Introduction to the early history of christian doctrine to the time of Chalcedon, Lo ^{9}1957.– N. Bonwetsch, Grundr. der DG, ^{2}1919.– J. Creusen - F. van Eyen, Tabulae fontium traditionis christ. ad annum 1926, Lou 1926.– A. Cuchmann-McGiffert, Hist. of christian thought, 1/2, 1931 f.– J. Daniélou, Histoire des doctrines chrétiennes avant Nicée, 1/2, 1958/61.– R. Draguet, L'évolution des dogmes, ^{2}1948.– J. F. de Groot, Conspectus historiae dogmatum ab aetate pp. apostolicorum usque ad saec. XIII, 1/2, R 1931.– A. Harnack, Lehrb. der DG, 1/3, ^{4}1909/10, Ndr. 1931/2; Grundr. der DG, ^{6}1922.– W. Köhler, Dogmengeschichte als Geschichte des christl. Selbstbewußtseins, 1, ^{3}1961.– J. N. D. Kelly, Early christian doctrines, Lo ^{3}1965.– F. Loofs, Leitfaden zum Studium der DG, 1/2, Tü ^{6}1959.– F. Marin-Sola, L'évolution homogène du dogme catholique, 1/2, ^{2}1924 (grundsätzl. Fragen; ohne geschichtl. Verständnis).– W. Münscher, Handb. der christl. DG, 1/4, 1797 (bis 600).– J. H. Newman, Essay on the development of christian doctrine, Ü von Th. Haecker, 1922.– B. J. Otten, A manual of the history of dogmas, 1/2, 1917.– D. Petavius, De theologicis dogmatibus, 1/4, 1643/50.– R. Seeberg, Lehrb. der DG, 1/4, ^{3}1922 ff, Ndr. 1960; Grundr. der DG, ^{7}1936.– M. Schmaus - J. Geiselmann - H. Rahner, Handb.

der DG, 1951 ff. – R. M. Schultes, Introductio in historiam dogmatum, 1924 (grundsätzl. Fragen). – J. Schwane, Dogmengeschichte, 1/4, 1862/90, [2]1892 ff. – J. Tixeront, Histoire des dogmes dans l'antiquité chrétienne, 1/3, [11]1930 ff (bis 800). – J. Turmel, Hist. des dogmes, 1/6, 1931/6. – Ch. W. F. Walch, Entwurf einer vollständ. Historie der Ketzereien, 1/11, 1762/85. – M. Werner, Die Entstehung des christl. Dogmas, Tü [2]1954; gekürzt St 1959. – F. Wiegand, Dogmengeschichte, 1/2, 1919/28. – R. R. Williams, A guide to the teachings of the early church fathers, Grand Rapids 1960.

Elze, ZThK 1964, 421/38 (Begriff des Dogmas in der Alten Kirche). – Grant, JR 1959, 120/8 („development"). – Grillmeier, Sch 1958, 321/55; 528/58 (Hellenisierung - Judaisierung). – Meinhold, Saeculum 1959, 1/20 (Grundlegung der DG). – Schneemelcher, ZThK 1951, 63/89 (Problem der DG). – Stephenson, ThSt 1958, 481/532 (Entwicklung und Unveränderlichkeit der christl. Lehre).

Neben den Werken der allgemeinen Kirchengeschichte, auf die hier nicht hingewiesen werden soll, berücksichtigt auch die allgemeine Geschichte der Philosophie die Lehre der Väter.

H. Eibl, Augustin und die Patristik, 1923; Die Grundlegung der abendländ. Philosophie. Griech. und christl.-griech. Philosophie, 1934. – É. Gilson - Ph. Böhner, Gesch. der christl. Philosophie, Pa [2]1952 ff. – J. Hirschberger, Geschichte der Philosophie 1, Fr [6]1962. – C. J. Logothetis, Ἡ φιλοσοφία τῶν πατέρων καὶ τοῦ μέσου αἰῶνος, 1930. – H. Meyer, Gesch. der abendländ. Weltanschauung 2, 1953. – O. Perler, Patrist. Philosophie, Bern 1950 (Bibliographie). – A. Rivaud, Hist. de la philosophie 1, 1948. – B. Romeyer, La philosophie chrét., 1/2, 1936 (bis Augustin). – F. Sassen, Geschiedenis der patrist. en middeleeuwsche Wijsbegeerte, [4]1950. – F. Ueberweg - B. Geyer, Die patrist. und scholast. Philosophie, [11]1928.

§ 4. Systematische Bibliographie neuerer Untersuchungen

In der folgenden systematisch geordneten Bibliographie werden jene Untersuchungen genannt, die einzelne Probleme behandeln und sich dabei auf mehrere oder alle altchristlichen Autoren beziehen, so daß es unmöglich ist, die hier verzeichneten Arbeiten bei den betreffenden altchristlichen Schriftstellern nochmals zu nennen.

ANTIKE UND CHRISTENTUM: KULTURGESCHICHTE

Andresen, ZKG 1961, 217/62 (Kritik am Tanz). – Becker, RACh 3, 104/25 (Cicero). – Buchheit, RACh 3, 712/35 (Demosthenes). – Carlson, ClPh 1948, 93/104 (pagan examples of fortitude bei lat. Vätern). – Ch. N. Cochrane, Christianity and Classical Culture, NY 1940, Ndr. Lo 1960 (bis Augustinus). – P. Le Cour, Hellénisme et christianisme, 1951 (Einfluß auf das westl. Christentum). – P. Courcelle, Les lettres grecques en Occident: De Macrobe à Cassiodore, 1948. – J. Daniélou, Message évangélique et culture hellénistique, 1961. – F. J.

Dölger, Antike und Christentum, Kultur- und religionsgeschichtl. Studien, 1/6, 1929/50. – Downey, Sp 1957, 48/61 (Education in the christian roman empire). – G. L. Ellsperman, The Attitude of the Early Christ. Latin Writers toward Pagan Literature and Learning, Wa 1949 (Tertullian bis Augustin). – H. J. Frings, Medizin und Arzt bei den griech. Kirchenvätern bis Chrysostomus, Diss. Bonn 1959. – H. Fuchs, RACh 5, 365/98 (Enkyklios paideia). – Th. Gérold, Les Pères de l'Église et la musique, 1931. – A. T. Geoghegan, The Attitude towards Labour in Early Christianity and Ancient Culture, Wa 1945. – H. Hagendahl, Latin fathers and the classics, Göteborg 1958. – W. Jaeger, Early christianity and Greek paideia, 1961 (dtsche Ü von W. Eltester, B 1963). – W. Jentsch, Urchristliches Erziehungsdenken. Die Paideia Kyriou im Rahmen der jüd.-christl. Umwelt, 1951. – Th. Klauser, Reallexikon für Antike und Christentum, L 1941 ff, St 1950 ff. – W. Laistner, Christianity and Pagan Culture in the Later Roman Empire, Ithaca (NY) 1951. – Madoz, RET 1950, 275/87 (Väter als Vermittler antiker Kultur); Folia 1, 1952, 40/52 (Lukrez). – H. I. Marrou, Hist. de l'éducation, [5]1960. – P. Riché, Éducation et culture dans l'occident barbare, 1962 (6.-8. Jh.). – R. Stob, Christianity and Classical Civilization, Grand Rapids 1950. – Vischer, ThZ 1956, 320/36 (Rechtfertigung der Schriftstellerei). – A. Wifstrand, L'église ancienne et la culture grecque, P 1962.

ANTIKE UND CHRISTENTUM: PHILOSOPHIEGESCHICHTE

R. Arnou, De „Platonismo" patrum, R 1935 (Textus); DThC 12, 2258/2392 (Platonisme des Pères). – E. Benz, Der gekreuzigte Gerechte bei Plato ... und in der alten Kirche, Mainz 1950; ZntW 43, 1950 f, 194/224 (Sokrates und die alte Kirche). – F. Billicsich, Das Problem der Theodizee im philos. Denken des Abendlandes 1, 1, 1935. – Callahan, DOP 1958, 29/57 (kappadok. Kosmologie). – Courcelle, REAnc 1957, 108/18 (Pythagorisme et christianisme). – A. J. Festugière, L'idéal relig. des Grecs et l'Évangile, 1932, 221/63 (Aristote... jusqu'à Théodoret). – Hadot, RHPh 1957, 236/51 (philos. comme hérésie trinitaire). – Hammerschmidt, OstkSt 1959, 202/20 (philos.-theol. Termini). – E. Hatch, The influence of greek ideas on christianity, NY 1957. – Henry, ZkTh 1960, 428/39 (Theol. und Philos.). – J. Hessen, Griech. oder bibl. Theol.? Probleme der Hellenisierung des Christentums, L 1956. – E. von Ivánka, Hellenisches und Christl. im frühbyzant. Geistesleben, W 1948; Plato christianus. Übernahme und Umgestaltung des Platonismus durch die Väter, 1964. – G. Lazzati, L'Aristotele perduto e gli Scrittori crist., 1939. – P. Milburn, Early Christ. Interpretations of History, 1954. – Ch. Moeller, Sagesse grecque et paradoxe chrét., 1948. – Mühl, Arch. f. Begriffsgesch. 1962, 7/56 (λόγος ἐνδιάθετος u. προφορικός). – J. Pépin, Mythe et allégorie, P 1958. – F. Rüsche, Blut, Leben und Seele ..., 1930. – Seeberg, ZKG 1941, 390/431 (altchristl. Geschichtsvorstellungen). – M. Spanneut, Le stoïcisme des Pères de l'Église, de Clément de Rome à Clément d'Alexandrie, P 1957. – C. Tresmontant, La métaphysique du Christianisme et la naissance de la philosophie chrétienne, P 1961. – L. Ventura, La pedagogia del Cristianesimo 1, [2]1934; 2, 1936. – G. Verbecke, L'évolution de la doctrine du pneuma, du Stoïcisme à s. Augustin, Lou 1945. – Waszink, Entr. sur l'antiquité classique, 1957, 139/79 (Platonismus); [Mél. Ch. Mohrmann, 1963] 41/56 (philosophy of the barbarians); VC 1965, 129/62 (Platonismus im frühen Christentum). – H. A. Wolfson, The philosophy of the church fathers. 1. Faith, trinity, incarnation, C (Mass.) 1956 (dazu Romanides, GrOrthThR 1959, 55/82); Harv. Div. School 22, 1956/57, 5/40 (immortality and resurrection); DOP 1958, 3/28 (Philos. implications of Arianism and Apollinarism); Religious philosophy, C (Mass.) 1961; HThR 1964, 119/31 (patristic philosophy).

ANTIKE UND CHRISTENTUM: RELIGIONSGESCHICHTE

D. Amand, Fatalisme et liberté dans l'antiquité grecque, Lou 1945. – Arbesmann, Tr 1949/51, 1/71 (Fasten und Prophetie in Antike und Christentum). – P. Aubin, Le problème de la „conversion". Étude sur un terme commun à l'Hellénisme et au Christianisme des trois premiers siècles, 1963. – E. L. Backman, Religious Dances in the Christ. Church and in Popular Medicine, Lo 1952. – K. Baus, Der Kranz in Antike und Christentum, 1940. – Benz, AkWiss Mainz 1951, 3 (Indische Einflüsse auf die frühchristl. Theologie). – H. Bergema, De Boom des levens in Schrift en Hist., 1938. – L. Bieler, Θεῖος ἀνήρ, 2 Hefte, W 1935/6. – Courcelle, AHD 1955/6, 5/74 (enfers virgiliens); RevEtAnc 1957, 294/319 (IVᵉ églogue). – F. Cumont, Lux perpetua, P 1949. – F. J. Dölger, ΙΧΘΥΣ, 1/5, 1910/41 (1, ²1928). – E. Fascher, Vom Anfang der Welt und vom Ursprung des Menschengeschlechts, B 1961. – R. M. Grant, Miracle and Natural Law in Graeco-Roman and Early Christ. Thought, A 1952. – H. Hanse, „Gott haben" in der Antike und im frühen Christentum, 1939. – Hermann, JbAC 1959, 30/69 (Der Nil und die Christen). – O. Kern, Die Religion der Griechen III: Von Platon bis Kaiser Julian, 1938. – Th. Klauser, Die Cathedra im Totenkult der heidn. und christl. Antike, 1927. – J. Kroll, Gott und Hölle, 1932. – L. Koep, Das himmlische Buch in Antike und Christentum, Bonn 1952. – Leisegang, Eranos-Jb 1939, 151/250 (Mysterium der Schlange). – De Lubac, Aspects du Bouddhisme, 1951 (93/141; 172/91: Beziehungen zur Religiosität der Väterzeit). – C. Marot, Refrigerium, Szeged 1937. – A. D. Nock, Conversion, The Old and the New in religion from Alexander the Greate to Augustine of Hippo, 1933 (Justin, Arnobius, Augustinus); RACh 2, 105/18 (Bekehrung); Mn 1952, 177/213 (hellen. Mysterien und christl. Sakramente). – A. Parrot, Le 'refrigerium' dans l'au-delà, P 1937. – E. Pax, Epiphaneia, Mn 1955. – Pepin, RevSR 1955, 105/22 (Wettkampf von Homer bis Moses). – Pfister, RACh 4, 944/87 (Ekstase); RACh 5, 455/7 (Enthusiasmos). – Plumpe, Tr 1, 1943, 1/14 (Vivum saxum, vivi lapides). – K. Prümm, Der christl. Glaube und die altheidnische Welt, 1/2, 1935; Christentum als Neuheitserlebnis, 1939; Religionsgeschichtl. Handbuch für den Raum der altchristl. Umwelt, R ²1954. – H. Rahner, Griech. Mythen in christl. Deutung, Zü ²1957; ZkTh 1932, 231/53 (die Weide als Symbol der Keuschheit); Eranos-Jb 1944, 305/404 (Mysterium von Sonne und Mond). – K. H. Rengstorf, Die Anfänge der Auseinandersetzung zwischen Christusglaube und Asklepiusfrömmigkeit, 1953. – U. Riedinger, Die hl. Schrift im Kampf der griech. Kirche gegen die Astrologie, I 1956. – M. Simon, Hercule et le christianisme, 1955. – F. Sühling, Die Taube als religiöses Symbol im christl. Altertum, 1930. – K. H. Schelkle, Virgil in der Deutung Augustins, 1939. – Schilling, RevSR 1961, 113/29 (Vestales et vierges chrét.). – Schmid, RACh 2, 528/64 (Brautschaft). – C. Schneider, Geistesgeschichte des antiken Christentums 1/2, 1954 (scharfe Kritik durch Stommel, JbAC 1958, 119/27). – H. J. Schoeps, Aus frühchristl. Zeit. Religionsgeschichtl. Untersuchungen, 1950. – W. Staerk, Die Erlösererwartung in den östl. Religionen, 1938. – Waszink, VC 1949, 107/12 (Mors immatura). – H. Ch. Weiland, Het oordeel der Kerkvaders over het orakel, 1935. – F. Wiesehöfer, Das Weihwasser in der Frühzeit des Christentums und bei den klass. Völkern des Altertums, 1933. – W. Wittmann, Das Isisbuch des Apuleius, 1938, 163/86 (über die afrik. Väter von Tert. bis Augustin).

ANTIKE UND CHRISTENTUM: STAAT, RECHT, GESELLSCHAFT, GESCHICHTE

G. Bardy, L'Église et les derniers Romains, 1948. – Bakhuizen van den Brink, Episcopalis audientia, A 1956. – H. Berkhof, Kirche und Kaiser, Zü 1947. – B. Biondi, Il diritto romano cristiano, 1/3, 1952/4. – G. Bovini, La proprietà ecclesiast. e la condizione giuridica della Chiesa in età precostantiniana, Mi 1949. – P. Brezzi, Le dottrine politiche dell'età patristica, Mi 1949. – E. Bruck, Kirchenväter und soziales Erbrecht, Hei 1956. – v. Campenhausen, Tradition und Leben, T 1960, 203/15 (Kriegsdienst). – P. Charanis, Church and State in the Later Roman Empire (491–518), Madison 1939. – Cherel, RHEF 1941, 129/64; 1942, 9/50 (l'idée de tolérance). – P. Courcelle, Hist. littéraire des grandes invasions germaniques, [3]1964. – A. Ehrhardt, Politische Metaphysik von Solon bis Augustin, 1/2, T 1959. – J. Gaudemet, L'église dans l'empire Romain (s. IV–V), 1958; [P. Petot, P 1959] 223/9 (Parents et enfants). – I. Giordani, Il messaggio sociale di Gesù, 3/4: I Padri, Mi 1947. – C. J. Henning, De eerste Schoolstrijd tusschen Kerk en Staat onder Jul. den Afv., 1937. – Hermann-Herter, RACh 3, 1149/1213 (Dirne). – Herter, JbAC 1960, 70/111 (Soziologie der Prostitution). – J. M. Hornus, Évangile et Labarum, Genève 1960 (Stellung zu Staat, Krieg und Gewalt); Communio viat. 1960, 41/60 (excommunication des militaires). – Jaeger, Rev. hist. de droit franç. 1960, 214/62 (audientia episcopalis bei Justinian). – Karpp, EvTheol 1957, 496/515 (Kriegsdienst und Krieg). – Kesich, SP 4, 465/71 (Empire-Church relations and the third temptation). – M. Maeder, La liberté et l'esclavage dans l'église primitive, Thèse, Neuchâtel 1951. – A. D. Momigliano, Paganism and christianity in the fourth century, 1962. – E. Peterson, Der Monotheismus als polit. Problem, 1935; Frühk. 51/63 (Problem des Nationalismus). – H. Rahner, Kirche und Staat im frühen Christentum, Mn 1961 (griech. und lat. T, Ü). – M. Robertig - E. Bussi - G. Vismara, Cristianesimo e diritto romano, Mi 1935. – V. H. Rutgers, De invloed van het Christ. op het Rom. recht, 1940. – Ryan, ThSt 1952, 1/32 (Ablehnung des Militärdienstes). – Saumage, Rev. internat. des droits de l'ant. 1960, 437/78; 257/79 (Corpus christianorum). – K. M. Setton, The Christ. Attitude tow. the Emperor, NY 1941. – E. Stein, Hist. du Bas-Empire 1, [2]1959; 2, 1949. – Talamo, La schiavitù sec. i Padri della Chiesa, [2]1927. – Ville, MAH 1960, 273/335 (Les jeux de gladiateurs). – Wenger [Misc. Mercati 1] 569/607 (Christentum und röm. Recht).

ARCHÄOLOGIE, KUNST

Bauer, ZkTh 1957, 457/66 (Hasensymbol). – v. Campenhausen, Tradition und Leben, 1960, 216/52 (Bilderfrage als theol. Problem). – C. Capizzi, Pantokrator, R 1964. – J. Daniélou, Les symboles chrétiens primitifs, 1961. – E. Dinkler, Die ersten Petrusdarstellungen, 1939; ThRu 1959, 189/230; 289/335; 1961, 33/64 (Forschungsbericht zur Petrus-Rom-Frage; literar. und archäol. Quellen); JbAC 1962, 93/112 (Kreuzzeichen und Kreuz); ZThK 1965, 1/20 (Kreuz als Siegeszeichen). – McDonald, The Phoenix 1960, 187/206 (Phoenix). – Dölger, AC 6, 1941, 161/95 (Kirche = Kultbau); JbAC 1958, 5/19; 1959, 15/29; 1960, 5/16; 1961, 5/17; 1962, 5/22 (Beitr. zur Geschichte des Kreuzzeichens 1/5). – Eizenhöfer, JbAC 1960, 51/69 (Clem. Al. zu Siegelbildern). – W. Elliger, Zur Entstehung und frühen Entwicklung der altchristl. Bildkunst, L 1923; Die Stellung der alten Christen zu den Bildern, 1930. – U. Fabricius, Die Legende im Bild des 1. Jahrtausends der Kirche, 1956. – Florovsky, CH 1950, 3/22 (Origenes und Eusebius im Bilderstreit). – Griffe, BLE 1951, 193/209 (Translation der Apostelleiber „Ad Catacumbas"). – A. Grillmeier, Der Logos am Kreuz. Zur christl. Symbolik des älteren Kreuzigungsbildes, Mn 1956. – L. H. Grondijs, L'iconographie byzant. du crucifié mort sur la croix, Bru [2]1947. – Th. K. Kempf, Christus der Hirt, R 1942. – Th. Klauser, Die röm. Petrustradition im Lichte der neuen Ausgrabungen unter der Peterskirche, 1956. – H. Koch, Die altchristl. Bilderfrage nach den literar. Quellen, 1917. – Kollwitz, ThGl 1947, 95/117 (Christus-König); RACh 2, 318/41 (Bild, christl.); RQ 1953, 1/20 (Frühgeschichte der Bilderverehrung). – Ladner, DOP 1953, 3/34 (Bilderbegriff der griech. Väter und der byzantin. Bilderstreit). – Leclercq, DAL 15, 2, 1778/1811 (symbolisme). – Mohlberg [A. Dold, 1952] 52/74 (zur sog. Memoria Apostolorum). – Mohrmann, RevSR 1962, 155/74 (Bezeichnungen für das Kirchengebäude). – Norwood, Journ. Hist. Ideas 1947, 431/48 (vornizän. Väter und griechische Kunst). – Quasten [Misc. Mercati, 1] 373/406 (der Gute Hirte, frühchristl. Totenlit. und Grabeskunst). – H. Rahner, Sch 1957, 410/16 (Darstellung des Gekreuzigten; zu Grillmeier). – Ruysschaert, RHE 1957, 791/831 (documents littéraires des tombes apostoliques). – A. Stuiber, Refrigerium interim. Die Vorstellungen vom Zwischenzustand und die frühchristl. Grabeskunst, Bonn 1957. – Stommel, RACh 4, 109/128 (Domus aeterna). – Voelkl, RAC 1949, 155/70 (Orientierung). – A. Visser, Die Entwicklung des Christusbildes, 1934. – J. Ziegler, MThZ 1952, 385/402 (Ochs und Esel an der Krippe).

ASZESE, MÖNCHTUM, FRÖMMIGKEIT, MYSTIK

G. Bardy, La vie spirituelle d'après les Pères des trois premiers s., 1935. – L. Bouyer, La spiritualité du NT et des Pères, 1960. – Th. Camelot, Virgines Christi, P 1944; Mystique et Continence, Bruges 1952, 273/92 (Traktate De virginit. des 4. Jh.). – v. Campenhausen, Tradition und Leben, 290/317 (asket. Heimatlosigkeit); 114/56 (Askese im Urchristentum). – Chadwick, RACh 5, 343/65 (Enkrateia). – Dekkers, Coll. Ord. Cist. ref. 1960, 120/37 (early monks liturgical?). – H. Dörries [J. Jeremias, 1960] 235/59 (Beichte im alten Mönchtum). – Dumon, SE 1, 1948, 206/24 (Verehrung der Menschheit Christi im Altertum). – A. J. Festugière, Les moines d'Orient, 1. Culture ou sainteté, 1961, deutsche Ü 1963. – S. Frank, Angelikos bios, Mr 1964. – Gómez, Collect. Ord. Cist. ref. 1961, 232/52 (compunctio lacrymarum). – I. Hausherr, OCh 30, 3, 1933 (De doctrina spirituali Christianorum orientalium quaestiones et scripta); OCP 1936, 351/62 (Ignorance infinie); OCP 1935, 114/38 (Les grands courants de la spiritualité orientale); Penthos. La doctr. de la componction dans l'Or. chrét., R 1944; RAM

1947, 3/37 (dogme et spiritualité orient.); OCP 1947, 195/218 (opus Dei); [Mél. Cavallera, 1948] 231/59 (l'imitation de Jés.-Chr.); Direction spirit. en Orient autrefois, R 1955; RAM 1956, 33/56; 284/97 (Comment priaient les Pères?); Noms du Christ et voies d'oraison, 1960.– Hopfner, PWK, Suppl. 7, 50/64 (Askese).– Hödl, ZkTh 1961, 325/44 (Zölibat, Lex continentiae).– Illiez, OCP 1947, 299/354 (Der königliche Weg).– H. Koch, Quellen zur Gesch. der Askese und des Mönchtums in der alten Kirche, 1933.– Kretschmar, ZThK 1964, 27/67 (Ursprung der frühchristl. Askese).– J. Leipoldt, Griech. Philosophie und frühchristl. Askese (Ber. Sächs. AW 106, 4) B 1961. – Lemaître, RAM 1950, 121/72 (Kontemplation bei den Griechen und anderen orient. Christen).– J. Loosen, Logos und Pneuma ... bei Maximus Confessor, 1941 (XII/XXII: Bibliogr. zur Lit. über patrist.-griech. Frömmigkeit).– E. E. Malone, The monk and the martyr, Wa 1950; StAns 38, 1956, 201/28 (the monk and the martyr).– M. Marx, Incessant Prayer in Ancient Monastic Literature, R 1947.– J. Mayer, Monumenta de viduis diaconissis virginibusque tractantia, FP 42, 1938.– R. Metz, La consécration des vierges dans l'Égl. romaine, 1954.– Musurillo, Tr 1956, 1/64 (ascetical fasting).– R. Nugent, Portrait of the Consecrated Woman in Greek Christ. Lit. of the First Four Cent., Wa 1941.– Ph. Oppenheim, Das Mönchskleid im christl. Altertum, 1931; Symbolik und religiöse Wertung des Mönchskleides im christl. Altertum, 1932.– Penco, StudMon 1960, 79/93 (vita ascetica come „filosofia").– Penna, Rev. de Qumran 1958 f, 345/64 (reclutamento).– E. Peterson, Frühk. 209/20 (Anfänge der Askese).– A. J. Phytrakis, Ὁ κλαυθμὸς τῶν μοναχῶν, At 1946; Μαρτύριον καὶ μοναχικὸς βίος, At 1948.– F. Schultze, OCP 1952, 319/43 (Jesusgebet).– J. E. Stewart, The Influence of the Idea of Martyrdom in the Early Church, Diss. St. Andrews, 1951.– Strathmann-Keseling, RACh 1, 749/95 (Askese).– G. Turbessi, Ascetismo e monachesimo prebenedettino, R 1961.– M. Viller - F. Cavallera - J. de Guibert, Dictionnaire de spiritualité ascétique et mystique, doctrine et histoire, 1932 ff.– M. Viller - K. Rahner, Aszese und Mystik in der Väterzeit, Fr 1939.– A. Vööbus, History of ascetism in the Syrian orient, 1/2, 1958/60.– Wenger, REB 1955, 140/95 (Rezension von mehr als 100 Schriften zu Spirit. und Theol. des Ostens).– Il monachesimo orientale, Atti del convegno di studi orientali, R 1958.– Théologie de la vie monastique. Ét. sur la tradition patristique, 1961.

BEGRIFFS- UND BEDEUTUNGSGESCHICHTE

Adam, ZKG 1953 f, 209/39 (mönchische Termini).– Altaner, ZKG 1939, 132/41 (paganus).– Bauer, ZkTh 1959, 224/8 (laicus).– Beckmann, Humanitas, Mr 1952; dazu W. Schmid, Gn 1956, 589/601.– Bernardi, VC 1954, 174 f (τρόπαιον).– Bickel, RhM 1954, 1/74 (pagani).– Bolleli, RFIC 1950, 117/41 (caritas).– J. van den Bosch, Casa, basilica, monasterium, et le culte de S. Martin de Tours, N 1959.– Botte, OrSyr 1963, 213/26 (Pascha).– Bouyer, JTS 1953, 188/203 (Gnosis).– Brlek, Ant 1963, 263/87 (catholica).– Coppo, EL 1957, 225/67 (missa).– Courcelle [Mél. É. Gilson, 1959] 203/10 (trames veritatis).– Demougeot [Calderini-Paribeni, 1, 1956] 337/50 (paganus).– W. Diezinger, Effectus in der röm. Liturgie, Bonn 1961.– Downey, Historia 4, 1955, 199/208 (philanthropia im 4. Jh.).– Dörrie, GN 3, 1955, 35/92 (ὑπόστασις).– W. Dürig, Imago, 1952; Pietas liturgica, 1958; ThQ 1949, 385/98 (pignus in der röm.

Liturgie); RACh 3, 1024/35 (dignitas).– Engels, Graecitas et lat. ... Supplem. 1, 1964, 97/141 (fiducia dans la Vulgata).– F. Erdin, Das Wort Hypostasis, 1939.– E. Fascher, RACh 4, 415/58 (Dynamis); RACh 5, 4/51 (Energeia); ThLZ 1960, 7/20 (ökumenisch und katholisch).– Gamber, EL 1960, 48/52 (missa).– Garitte [Misc. J. Gessler, 1948] 522/25 (dominicum).– de Ghellinck, AL 1939, 95/105 (originale et originalia); AL 1941, 151/9 (imitari, imitatio); AL 1942, 77/112 (essentia, substantia); [Mél. A. Pelzer, 1947] 23/59 (pagina, sacra pagina); [Stud. Mediev. R. J. Martin, 1948] 39/59 (iuventus, gravitas, senectus).– Goldammer, ZntW 1957, 77/101 (Kerygma).– Grégoire-Orgels [Mél. G. Smets, 1952] 363/400 (paganus).– Grégoire, Byz 22, 1952 f, 333/35; 539 (paganus).– Hanssens, OCP 1960, 29/41 (nonnus).– A. Harnack, Militia Christi, 1905, Ndr. 1964 (mit Anhang: H. Emonds, Christl. Kriegsdienst).– Hermann, JbAC 1961, 77/107 (das steinharte Herz).– A. van Herten, Θρησκεία, εὐλάβεια, ἱκέτης, A 1934.– M. Herz, Sacrum commercium, Mn 1958.– O. Hiltbrunner, Latina Graeca. Semasiol. Stud. über latein. Wörter im Hinblick auf ihr Verhältnis zu griech. Vorbildern, Bern 1958; VC 1951, 55/60 (exterior homo).– H. A. M. Hoppenbrouwers, Recherches sur la terminologie du martyre de Tertullien à Lactance, N 1961.– Jaeger, SP 1, 221/39 (Παρρησία et fiducia).– Jungmann, ZkTh 1940, 26/37 (missa).– Kaufmann-Bühler, RACh 6, 985/1052 (Eusebeia).– Kraft, ZKG 1954 f, 1/24 (ὁμοούσιος).– de Labriolle [Mél. F. Martroye, 1941] 59/72 (salvator).– Ladner, RACh 4, 771/86 (Eikon).– S. Laeuchli, The language of faith. An introduction to the semantic dilemma of the early church, NY 1962.– Lampe, JTS 1948, 58/73 (βασιλεία τοῦ θεοῦ).– de Lubac, RSR 1939, 257/302; 429/40; 1940, 40/80; 191/226 (corpus mysticum).– A. M. Malingrey, Philosophia, P 1961 (Semasiol., Begriffsgesch.).– Marrou, AL 1934, 5/25 (doctrina, disciplina).– Mattingly, JTS 1958, 26/37 (christianus).– De Mayol de Lupé, REL 1940, 29/31 (sacramentum).– Mendizábal, EE 1956, 147/96 (el homoousios preniceno extraecles.).– Milburn, SP 1, 240/5 (διαδοχή).– Ch. Mohrmann, Études sur le latin des chrétiens 1², R 1961 (rationabilis-logikos; credere in deum; pascha, passio, transitus; divina mysteria; sacramentum; epiphania; doxa); VC 1952, 109/21 (paganus); VC 1953, 1/15 (praefatio-praefari); VC 1953, 221/45 (statio); Maison-Dieu 39, 1954, 97/107 (praedicare, tractare, sermo); VC 1954, 154/73 (tropaeum-nomen); VC 1958, 67/92 (missa).– Morel, RACh 3, 1213/29 (Disciplina).– de Mouxy, AtTor 91, 1956 f, 204/36 (christianus).– Olivar, AST 1952, 209/20 (sol intaminatus).– Ortiz de Urbina, OCP 1942, 194/209 (ὁμοούσιος preniceno).– Pax, RACh 5, 832/909 (Epiphanie).– Peterson [R. Seeberg, 1929] 283/97 (Παρρησία); Frühk. 64/87 (Christianus).– H. Petré, REL 1937, 316/25 (haeresis, schism); Caritas, Lou 1948.– de la Potterie, NRTh 1958, 840/53 (laïc.).– Prümm, ZkTh 1937, 391/425; 1939, 207/25; 350/9 (mysterion von Paulus bis Origenes; bei Hippolyt und Athanasius).– Reumann, NovTest 1959, 282/92 (Oikonomia).– Rheinfelder, Die Sprache 1, 1949, 56/67 (confiteri, confessio, confessor).– Schmid, RhM 1953, 160/65 (paganus).– Schmeck, VC 1951, 129/47 (infidelis).– Segovia, Gr 1938, 3/36 (ἀπάτωρ, ἀπαράλλακτος).– Skard, SO 1947, 26/30 (vexillum).– Smothers, Tr 1947, 1/57 (καλός in acclamation).– M. Steinheimer, Die δόξα τοῦ θεοῦ in der röm. Liturgie, 1951.– Spicq, Rb 1947, 321/39 (bénignité, mansuétude).– Svennung, ZntW 1933, 294/308 (statio-Fasten).– Tailliez, OCP 1947, 299/354 (βασιλικὴ ὁδός).– Theiler, RACh 3, 694/711 (demiurgos).– Turck, RSPhTh

1963, 361/72 (katechein, katechizein). – A. J. Vermeulen, The semantic of gloria in early-christ. latin, N 1956; Graecitas et lat. ... Suppl. 1, 1964, 7/44 (développement sémasiol. d'ἐπιφάνεια). – Ph. Vielhauer, Oikodome. Das Bild vom Bau in der christl. Lit., vom NT bis Clemens Alex., 1939. – Waszink, VC 1947, 13/41 (pompa diaboli). – Wilks, JTS 1962, 290/317 (apostolicus). – H. Wilms, Εἰκών. 1. Philon v. Alex., 1935. – Winkler-Stuiber, RACh 3, 849/62 (Devotio). – Zeiller, CRI 1940, 526/43 (paganus). – C. Zijderveld jr., Τελετή, Diss. Ut 1934.

BIBEL: KANON, INSPIRATION, STELLUNG ZUR BIBEL

S. Amsler, L'Ancien Testament dans l'église, Neuchâtel 1960. – Bacht, Catholica 1958, 16/36 (Tradition bei der Kanonbildung); Sch 19, 1944 = ThQ 1944, 1/18 (prophet. Inspiration in vormontanist. Zeit). – Bardy, Bible et Vie chrét. 1953, 25/39; 1954, 40/52 (Bibellektüre und Verbreitung der Bibel). – Benoit [H. de Lubac, 1, 1963] 169/87 (l'inspiration des Septante). – v. Campenhausen, Aus der Frühzeit des Christentums, 1963, 152/96 (AT als Bibel der Kirche bis zur Entstehung des NT). – Y. Congar, La tradition et les traditions, 1/2, 1961/63. – Dahl [O. Cullmann, 1962] 261/71 (the particularity of the Pauline epistles). – E. Flesseman-v. Leer, Tradition and Scripture in the early church, Assen 1954. – R. P. C. Hanson, Tradition in the early church, Lo 1962. – Hägglund, StTh 1958, 1/44 (regula fidei). – J. L. Koole, De overname van het O. T. door de christ. Kerk, 1938. – Leipoldt, ZntW 44, 1952 f, 118/45 (Frühgesch. der Inspirationslehre). – Leclercq, DAL 9, 1791/1835 (Gesch. des Kanons bis zum Decret. Gelas.). – M. J. Lagrange, Hist. ancienne du Canon du Nouv. Test., 1933. – H. Opel, Κανών, L 1937 (Begriffsgesch.). – Sundberg, HThR 1958, 205/26 (AT in der alten Kirche, Kanon). – Turado, Estud. Bíblicos 1949, 287/308 (Väterautorität in Verfasserfragen bibl. Bücher). – van Unnik, VC 1949, 1/36 (Unveränderlichkeit des Kanons); SP 4, 212/27 (ἡ καινὴ διαθήκη). – Th. Zahn, Forschungen zur Gesch. des ntl. Kanons und der altkirchlichen Literatur, 1/10, 1881/1929.

BIBEL: PRINZIPIEN DER EXEGESE, ALLEGORESE

Alexander, Interpr. 1958, 272/80 (Übersicht über Exegese vor 325). – Audet, Rb 1963, 381/405 (L'hypothèse des Testimonia). – Bardy, Rb 1932, 210/36; 341/69; 515/37; 1933, 14/30; 211/29; 328/52 (Quaestiones et responsiones). – Den Boer, VC 1947, 150/67 (hermeneutic Problems till Origenes). – Bultmann, ThLZ 1950, 205/12 (Typologie). – Crouzel, BLE 1964, 161/74 (La distinction de la typologie et de l'allégorie). – J. Daniélou, Sacramentum futuri. Études sur les origines de la typologie biblique, 1950; engl. Ü: From shadows to reality, Lo 1960; EThL 1948, 119/26 (verschiedener Schriftsinn); Maison-Dieu 1949, 7/33 (Typen der Eucharistie). – N. Y. Homes, Het Testimoniaboek, Studien over O. T. Citaten in het N. T. en bij de Patres, 1935. – Loewe, SP 1, 492/514 (midrashim and patrist. exeg.). – H. de Lubac, Exégèse médiévale 1, 1959 (171/219: patrist. Ursprünge der Literalexegese); RSR 1947, 180/226 (Typologie und Allegorese); [Mél. Cavallera, 1948] 347/66 (vierfacher Schriftsinn); RSR 1949, 542/76 (geistiger Sinn); RSR 1959, 5/43 (allégorie). – Iglesias, Estud. Bíblicos 1949, 213/47 (Geschichte und Väterexegese). – J. Pépin, Mythe et allégorie. Les origines grecques et les contéstations judéo-chrétiennes, 1958; SP 1, 395/413 (absurdité, signe d'allégorie).– Pohlenz, GN 1942, 409/87 (Philo von Alex.).– Pollard, Journ. rel. hist. 1961, 138/47 (origins of exegesis).– Prigent, ThZ 1959, 419/30 (testimonia).– Puzo, Estud. Bíblicos 1950, 407/39 (literar. Arten und Väterautorität).– Schelkle, ThQ 1952, 129/51 (Auslegung als Symbolverständnis),– K. Staehle, Die Zahlenmystik bei Philo v. Alex., 1932.– E. Stein, Die allegorische Exegese des Philo v. Alex., 1929; CTh 1935, 38/83 (atl. Bibelkritiken späthellenist. Zeit).– S. ferner S. 188/90 (Schulen von Alexandrien und Antiochien).

BIBEL: TEXT, ÜBERSETZUNGEN

Ayuso Marazuela, La Vetus Latina Hispaña 1, Ma 1953.– B. Fischer, Vetus Latina, 1 ff, 1949 ff; 1, 1, ²1963 (Verzeichnis der Sigel für Kirchenschriftsteller).– A. Jülicher-W. Matzkow-K. Aland, Itala, 1/4, 1938/63 (4 Evv. in altlatein. Überlief.).– P. Sabatier, Bibliorum sacrorum versiones antiquae, 1/3, P 1749 und 1751.

G. J. D. Aalders, Tertullianus' citaten uit den Evangelien en de oudlatijnsche Bibelvertalingen, A 1932.– S. Berger, Histoire de la Vulgate, 1893.– Boismard, Rb 1950, 388/408 (bibl. Textkritik und Väterzitate).– Botte, DBS 4, 777/82 (Itala); 5, 334/47 (versions antérieures à S. Jérôme).– Botte-Leloir-van Puyvelde, DBS 5, 807/84 (versions orientales de la Bible).– Duplacy, RSR 1959, 391/400 (citations patristiques et critique textuelle du NT).– Fischer, ZntW 1955, 178/96 (Vulgatatext des NT).– H. Frede, Untersuchungen zur Geschichte der lat. Übers. des Epheserbriefes, Diss. Bonn 1958; Pelagius, der irische Paulustext, Sedulius Scottus, Fr 1961; Altlatein. Paulushandschriften, Fr 1964.– Jouassard, SP 1, 307/27 (Septante); REAug 1956, 93/9 (la position de S. Augustin relativement aux Septante).– Karpp [G. Dehn, 1957] 103/17 (Septuaginta in der Alten Kirche).– E. Massaux, Influence de l'Év. de St. Matth. sur la littérature chrét. avant St. Irénée, Lou 1950.– E. Nellessen, Untersuchungen zur altlat. Überlieferung des 1. Thessalonicherbriefes, Bonn 1965.– K. Th. Schäfer, Die altlatein. Bibel, Bonn 1957.– J. Schmid, Studien zur Gesch. des griech. Apokalypse-Textes, 1/2, Mn 1955/56.– Stenzel, ThR 1953, 97/103 (Frühgeschichte der lateinischen Bibel); ZntW 1955, 31/66 (altlat. Cantica im Dodekapropheton).– F. Stummer, Einführung in die lat. Bibel, 1928.– Suggs, NTS 1957 f, 139/47 (patristic evidence in the search for a primitive NT text).– F. H. Tinnefeld, Untersuchungen zur altlateinischen Überlieferung des 1. Timotheusbriefes, Wiesbaden 1963.– A. Vööbus, Studies in the Gospel text in Syriac, CSCO 128, 1951; Early versions of the NT, 1954; BiblResearch 7, 1962, 48/56 (Vetus Syra project).– J. Ziegler, HJB 1958, 347/57 (Schriftzitate in Väterausgaben); Antike und moderne latein. Psalmenübersetzungen, SbMn 1960, 3; BiZ 1961, 94/115 (altlatein. Psalterien).– H. Zimmermann, Untersuchungen zur Geschichte der altlatein. Überlieferung des zweiten Korintherbriefes, Bonn 1960.

BIBEL: KOMMENTARE, KATENEN, AUSLEGUNGSGESCHICHTE

Affeldt, Tr 1957, 365/406 (Verzeichnis der Römerbriefkommentare der latein. Kirche bis zu Nikolaus v. Lyra).– de Aldama, RSR 1963, 5/29 (Ps. 21, 10a: naissance du Seigneur).– E. Aleith, Das Paulusverständnis in der alten Kirche,

1937.– Arbesmann, Tr 1958, 17/31 (Ps. 90, 6b: „daemonium meridianum").– Asensio, Gr 1949, 490/520; 1950, 35/62; 162/91; 362/90 (Tradition von der Paradiesessünde als sexuellem Vergehen).– R. Balducelli, Il concetto teolog. di carità... di 1 Cor. 13, Wa 1951 (Patristik und MA).– Bardy, Rb 1926, 496/509; 1927, 25/45 (Melchisédech); DBS 2, 73/103 (Patrist. Bibelkomm.); Ét. Carm. 1956, 131/58 (Elias bei griech. Vätern).– Barnikol [E. Klostermann, 1961, TU 77] 65/133 (Rom. 13, 1/7).– U. Becker, Jesus und die Ehebrecherin, B 1963.– Bellis, Ric. di storia relig. 1, 1, 1954, 9/39 (1 Tim. 2, 8).– W. Bieder, Die Apostelgeschichte in der Historie, Zü 1960.– Blumenkranz [L. Halphen, P 1951] 11/17 (Lc. 15, 16).– J. P. Bock, Die Brotbitte des Vaterunsers, Pa 1911.– Boismard, Rb 1958, 523/46 (Joh. 7, 38).– Bonsirven [Mél. Cavallera 1948] 47/63 (Mt. 19, 9).– F. M. Braun, Jean le théologien et son évangile dans l'église ancienne, 1959.– Burdach, Der Gral, 1938, 49/105 (Joh. 19, 33/37: Lanzenstich).– Burleigh, AustralBiblRev 1, 1951, 75/85 (atl. Weisheitsliteratur und altchristl. Lehre).– Cerfaux [Misc. Mercati] 1, 107/26 (Act. 15).– E. A. Cerney, Firstborn of Every Creature: Col. 1, 15, Baltimore 1938.– Cerutti, Mar 1957, 185/221 (Mt. 12, 46/50).– F. H. Chase, The Lords prayer in the early church, C 1891.– Clavier, SP 1, 253/62 (Mt. 16, 18a).– F. G. Cremer, Die Fastenansage Jesu (Mk. 2, 20), Bonn 1965.– Csanyi, StudMon 1960, 5/78 (Luc. 13, 38/42).– Daniélou, RSR 1946, 402/30 (Durchgang durch das Rote Meer und die Taufe); Dieu Vivant 8, 1947, 97/112 (déluge-baptême); Bi 1947, 363/93 (typologie d'Isaac); RSR 1948, 382/411 (typologie de la semaine); Ir 1949, 26/45 (Rahab, figure de l'Église); Bibel und K. 1952, 53/67 (Abraham); SP 1, 262/79 (Laubhüttenfest); VC 1958, 121/38 (l'étoile de Jacob); Richesses et déficiences des anc. psautiers latins, R 1959, 189/211 (Ps. 22); [J. R. Geiselmann, 1960] 22/34 (Dt. 28, 66).– R. Devreesse, Les anciens commentateurs grecs de l'Octateuque et des Rois, ST 201, 1959 (Katenentexte); DBS 1, 1084/1233 (Chaînes exégét. grecques).– Dhôtel, RSR 1959, 515/43 (Hebr. 2, 11).– Doignon, SP 4, 71/7 (Exod. 15, 20 f).– L. Drewniak, Die mariolog. Deutung von Gen. 3, 15 in der Väterzeit, Br 1934.– Dubarle, Rb 1959, 514/49 (Judith in altjüd. und altchristl. Literatur).– J. E. Eschenbach, Die Auffassung der Stelle Isaias 6, 3 f bei den Kirchenvätern und ihre Verwendung in der Liturgie, Wü 1927.– E. Fascher, Jesaja 53 in christl. und jüd. Sicht, B 1958.– Fischer, ZkTh 1958, 421/9 (Auslegungsgeschichte von Ps. 90 in der Quadragesima).– Galdós, EE 1945, 221/46 (Melchisedech).– J. Gennaro, Exegetica in Prologum S. Joannis sec. maximos Ecclesiae doctores antiquitatis latinae, R 1952.– Gewiess, ThQ 1948, 463/87 (Phil. 2, 5/11).– J. Gnilka, Ist 1 Kor. 3, 10/15 ein Schriftzeugnis für das Fegefeuer?, Diss. Wü 1955.– Grant, HThR 1947, 1/17 (Dekalog).– Haendler, ThLZ 1956, 361/4 (Mt. 16, 18 f).– V. E. Hasler, Gesetz und Evangelium in der alten Kirche bis Origenes, 1953.– Jansma, Oudtest. Stud. 1958, 69/182 (syr. Genesiskomm.).– J. Jervell, Imago Dei. Gen. 1, 26 f im Spätjudentum, in der Gnosis und in den paulin. Briefen, Gö 1959.– F. Keienburg, Die Geschichte der Auslegung von Römer 13, 1/7, Diss. Basel 1956.– K. P. Köppen, Die Auslegung der Versuchungsgeschichte, T 1961.– J. Kremer, Was an den Leiden Christi noch mangelt, Bonn 1956 (Col. 1, 24b).– De Lavalette, RSR 1960, 543/63 (Ps. 1, 5 chez les pères „misericordeaux" latins).– Leder, ZntW 1961, 156/89 (paradies. Apfelbaum).– D. Lerch, Isaaks Opferung, christl. gedeutet, T 1950; ZThK 1957, 257/77 (Cant.).– Levene, SP 1, 484/91 (Pentateuch-Exegese in syr. und rabbin. Quellen).– Linton, SP 4, 143/56 (interpret. of the Psalms in the early church).–

W. v. Loewenich, Das Johannes-Verständnis im 2. Jh., 1932.– Louf, VD 1960, 262/77 (caper emissarius).– J. Ludwig, Die Primatsworte Mt. 16, 18.19 in der altkirchl. Exegese, Mr 1952.– Lyonnet, Bi 1955, 436/56 (Rom. 5, 15 bei den griech. Vätern).– A. A. Maguire, Blood and water. The wounded side of Christ in early christian literature, Wa 1958.– J. Mehlmann, Natura filii irae, R 1957 (Eph. 2, 3).– Ménard, RUO 1954, 5/25 (Vätererklärung von Joh. 7, 38).– C. Menchini, Il discorso di S. Stefano protomart. nella letteratura e nella predicazione crist. primitiva, R 1951.– Michl, Bi 1952, 371/401; 476/505 (Gen. 3, 15).– G. Mitosiuka, Patrum Graec. interpretationes Ex. 3, 14, Pragae 1939.– F. Ohly, Hohelied-Studien, Wiesbaden 1958 (abendländ. bis 1200).– A. Orbe, La unción del verbo, R 1961 (Taufe Jesu).– Pétré, RSR 1952, 63/79 (panem n. quotidianum).– Pettirsch, ZkTh 1947, 257/327; 417/44 (Verbot der opera servilia).– Plumpe, ThSt 6, 1945, 509/23 (Tit. 1, 25); [Mél. De Ghellinck 1, 1951] 387/403 (Apc. 2, 11).– Polland, NTS 1957, 334/49 (Joh. 10, 3 im trinit. Streit).– P. Prigent, Apocalypse XII. Histoire de l'exégèse, T 1959.– Rahner, Bi 1941, 269/302; 367/403 (Joh. 7, 37 f).– J. Reuss, Matthäuskommentare aus der griech. Kirche, 1957, TU 61.– Riesenfeld, Svensk Exegetisk Arsbok 1952, 106/18 (Joh. 7, 53 / 8, 11).– F. E. Robbins, The Hexaemeral literature, Chicago 1912 (griech. und lat. Komm. zur Genesis).– Fernes Ros [B. Ubach, 1953 (1954)] 31/48 (Erschaffung der Eva bei den griech. Vätern bis Chrysost.).– Saunders, ThSt 1948, 536/53 (Teufel und Gottheit Christi).– P. Sciascia, Lapis reprobatus, R 1959.– Sickenberger, ThQ 1946, 361/74 (Apc. 12).– E. J. Siedlecki, Patristic synthesis of John VI, 54–55, Mundelein 1957.– Simke, ThZ 1962, 256/67 (Cant. 1, 7 f).– Simon, RHPh 1936, 58/93 (Melchisedek).– M. Simonetti, Note su antichi commenti alle benedizioni dei Patriarchi, Cagliari 1961.– Skrinjar, Bi 1935, 1/24; 113/40 (Apc. 1, 4 usw.: spiritus septiformis).– Somers, Folia 9, 1955, 63/101 (the riddle of a plural: Gn. 1, 21 bis Augustin).– A. Souter, The Earliest Commentaries on the Epistles of Paul, O 1927 (Viktorinus v. Pettau, Ambrosiaster, Hieron., Augustin, Pelag.).– Schelkle, ZntW 44, 1952 f, 223/36 (Rom. 13, 1/7); ThQ 1954, 290/318 (Kirche und Synagoge in der Exegese v. Rom.); Paulus, Lehrer der Väter. Die altkirchl. Auslegung von Röm. 1—11, Düsseldorf ²1959; [O. Michel, 1963] 405/16 (Judasbrief).– H. Schlingensiepen, Die Wunder des NT. Wege und Abwege ihrer Deutung in der alten Kirche bis zur Mitte des 5. Jh., 1933.– K. Schlütz, Isaias 11, 2 (die sieben Gaben des Heiligen Geistes) in den ersten vier christl. Jhh., Fr 1932.– H. Schneider, Bi 1949, 28/65; 239/72; 433/52 (bibl. Oden im christl. Altertum).– B. Schneider, CBQ 1953, 163/207 (Paul's antithesis „the letter and the spirit"; auch bei den Vätern).– Simke, ThZ 1962, 256/67 (Cant. 1, 7 f).– K. Staab, Pauluskommentare aus der griech. Kirche, aus Katenenhandschriften gesammelt und hg., 1933.– R. P. Steiner, La tentation de Jésus dans l'interprétation patristique de Saint Justin à Origène, 1962.– N. B. Stonehouse, The Apocalypse in the Ancient Church, 1929.– A. Vaccari [A. Dold, 1952] 34/39 (Gn. 3, 15); Scritti 2, R 1958 (storia del testo e dell'esegesi biblica).– P. G. Verweijs, Evangelium und neues Gesetz in der ältesten Christenheit bis auf Marcion, Ut 1960.– L. Vischer, Die Auslegungsgeschichte von 1. Kor. 6, 1–11. Rechtsverzicht und Schlichtung, T 1955.– C. Vona [Convivium domin., Ca 1959] 215/55 (la quarta petitio dell'Or. domin.).– Völker, ZKG 1952 f, 1/33 (Weisheitsliteratur bei den Alexandrinern).– Walther, TU 40, 3 (griech. Vaterunserexegese).– Wikenhauser, RQ 1937, 1/24; ThQ 1947, 399/417 (1000jähr. Reich in der Jo.-Apok.).– U. Wilckens, Weisheit und Torheit, T 1959 (1 Cor. 1/2). – M. F. Wiles, The spiritual gospel. The interpretation of the fourth Gospel in the early church, C 1960; Scott. J. of Th. 1958, 287/301 (exeges. of the parables). – Wilson, SP 1, 420/37 (Gen. 1, 26). – H. W. Wolff, Jesaja 53 im Urchristentum, B [3]1952. – Zeller, ZkTh 1949, 385/465 (Mt. 27, 52 f). – Ziegler, MThZ 1952, 385/402 (Ochs und Esel an der Krippe).

Siehe auch die Bibliographie in der Zeitschrift Biblica unter „Historia scientiae biblicae patristica" und in der Bibliographia patristica unter „Patrum exegesis V. et NT".

BUSSE, KRANKENSALBUNG

D'Alès, DBS 1, 261/72 (Letzte Ölung). – J. Fernández Alonso, Hispania sacra 4, 1951, 243/311 (Bußdisziplin im röm.-westgot. Spanien). – Amann, DThC 12, 748/845 (pénitence-sacrament). – Aramean, Baz 1939, 8/13; 202/13; 1940, 33/8 (Letzte Ölung in der armen. Kirche). – Braun, ZThK 1953, 243/58 (Umkehr in spätjüd.-häret. und frühchristl. Sicht). – A. Chavasse, L'Étude sur l'onction des infirmes dans l'Église latin, Lyon 1942. – Emonds-Poschmann, RACh 2, 802/14 (Buße, Bußkleid, Bußstufen). – P. Galtier, L'Église et la rémission des péchés aux premiers siècles, 1932; Aux origines du sacrament de pénitence, R 1951; Gr 1948, 288/94 (Bußkanones von Nicaea); RSR 1954, 58/85 (Buße in Irland); DThC 14, 1137/95 (satisfaction). – Gaudemet, RevSR 1949, 64/77 (Arten der Exkommunikation). – S. Gonzales Rivas, La penitencia en la primitiva Iglesia española, 1950. – J. Grotz, Die Entwicklung des Bußstufenwesens in der vornizän. Kirche, 1955. – Janini-Cuesta, RET 1947, 337/63 (penitencia medicinal, sec. 3/4). – J. A. Jungmann, Die lateinischen Bußriten, 1932. – Leclercq, DAL 14, 186/215 (pénitence). – F. Lehr, Die sakramentale Krankenölung im ausgehenden Altertum und im Früh-MA, 1934. – R. C. Mortimer, The Origins of Private Penance, O 1939. – Paladini, EL 1949, 208/11 (de unctione infirm.). – F. de S.-Palais d'Aussac, La réconciliation des hérétics dans l'Église lat., 1943. – B. Poschmann, Paenitentia secunda, 1940 (bis Origenes); Buße und Letzte Ölung, 1951 = Hdb. der DG 4, 3. – Rondet, DSp 4, 2189/2200 (extrême-onction); NRTh 1958, 561/84 (histoire du sacrament de pénitence). – C. Vogel, La discipline pénitentielle en Gaule, 1952 (bis zum 7. Jh.); RevSR 1956, 1/26; 157/86 (Discipline pénit. en Gaule des origines au 9e s. Le dossier hagiographique).

CHRISTOLOGIE, ERLÖSUNG

A. d'Alès, Le dogme d'Éphèse, 1931. – Amann, DThC 15, 505/12 (Theopaschit.). – Andresen, RACh 6, 54/219 (Erlösung). – J. Barbel, Christos Angelos, Bonn 1941 (1965, mit Anhang). – P. Beskow, Rex gloriae. The kingship of Christ in the early church, Stockholm 1962. – Brezzi, Accad. Lincei. Rend. ser. 8, 2, 1947, 222/58 (la teopoiesi crist. dei primi sec.). – Bouyer [Mél. A. Robert, 1957] 519/30 (Fils de l'homme dans la patristique grecque). – H. v. Campenhausen, Die Jungfrauengeburt in der Theologie der alten Kirche, SbHei 1962, 3. – L. Capéran, Le problème du salut des infidèles 2, 1934, 33/168 (Lehre der Väter). – Casey, JTS 1958, 253/77 (the earliest christologies). – Casey-Thomson, JTS 1955, 49/65 (dialogue betw. Christ and Devil; 4./5. Jh.). – Crehan, JTS 1955, 87/90 (verbum Dei incarn. und verb. Dei script.). – Delaruelle, BLE 1952,

161/72 (menschl. Person im 3. Jh.). – H. M. Diepen, Les Trois Chapitres au Concile de Chalcédoine, Oosterhout 1958. – Elert, ZSystTh 1954, 1/15 (Christusbild und Christusdogma). – Favre, RHE 1937, 687/724 (Grabesruhe Christi). – M. Feitsma, Het Theopaschitisme. En dogma-hist. Studie..., Diss. A, Kampen 1956. – Gaudel, RevSR 1937, 186/234; 1938, 45/71; 201/17 (assumptus homo). – Gesché, RHE 1959, 385/425 (l'âme de Jésus). – P. Glorieux, Prénestorianisme en Occident. Dossier patristique, 1960. – A. Grillmeier - H. Bacht, Das Konzil von Chalkedon, 1/2, 1951/4, Ndr. 1962 m. Ergänz. – Grillmeier, ZkTh 1949, 1/53; 184/203 (Gottessohn im Totenreich); HJB 1958, 151/66 (Neu-Chalkedonismus). – Lamme, JTS 1948, 58/73 (Reich Gottes und Reich Christi bei griech. Vätern). – Lebourlier, RSPhTh 1962, 629/49; 1963, 161/80 (l'état du Christ dans la mort). – Lelong, VS 1959, 17/28 (la descente aux enfers). – Leroy, DSp 4, 1, 344/57 (Egkataleipsis, la déréliction chez les Orientaux). – J. Liébaert, Das christologische Dogma bis zum Konzil von Chalcedon, 1964. – F. Loofs, Theophilus von Ant. adv. Marcionem, 1930 (101/210: Geistchristologie vor Irenäus). – López Oreja, Hel 1951, 129/60 (Terminologie der Inkarnation bis Cyrill). – A. Luneau, L'histoire du salut chez les Pères de l'église, P 1964. – A. A. Maguire, Blood and water. The wounded side of Christ in early christ. lit., Wa 1958. – Nédoncelle, RevSR 1948, 277/99 (prosopon und persona im klass. Altertum). – F. Nikolasch, Das Lamm als Christussymbol, Wien 1963. – Repges, TrThZ 1964, 161/77 (Namen Christi). – Richard, MSR 1945, 5/32; 243/70 (hypostasis von Apollinaris von L. bis Chalcedon). – J. Rivière, Le dogme de la rédemption après S. Augustin, 1930; Le dogme de la rédemption. Études critiques et documents, Lou 1931, 59/240; Le dogme de la rédemption au début du Moyen-âge, 1934; RevSR 1947, 53/89 (le mérite du Christ). – I. Rucker, Das Dogma von der Persönlichkeit Christi und das Problem der Häresie des Nestorius, Oxenbronn 1934. – H. J. Schoeps, Vom himmlischen Fleisch Christi, 1951 (5/24: patrist. Zeit). – R. V. Sellers, Two Ancient Christologies, 1940 (Schule von Alex. und Antioch.). – B. Skard, Die Inkarnation, St 1958. – Smulders, BiNJ 1961, 357/425 (Entwicklung des christol. Dogmas). – A. Spindler, Cur verbum caro factum?, R 1938 (4./5.Jh.). – Theodorou, Kerygma und Dogma 1961, 283/310 (Vergottungslehre). – E. W. Turner, The Patristic Doctrine of Redemption, Lo 1952. – Wiles, JTS 1961, 284/91 (eternal generation). – A. Wintersig, Die Heilsbedeutung der Menschheit Jesu in der vornizän. griech. Theologie, 1932.

EHE

L. Anné, La conclusion du mariage dans la tradition et le droit de l'Église lat. jusqu'au 6e siècle, Lou 1935; EThL 1935, 513/50. – A. L. Ballini, Il valore giuridico della celebrazione nuziale crist. dal primo sec. all'età giustiniana, Mi 1939. – L. Bopp, Das Witwentum als organische Gliedschaft im Gemeinschaftsleben der alten Kirche, 1950. – Delling, RACh 4, 666/731 (Ehebruch, Ehegesetze, Ehehindernisse, Eheleben, Ehescheidung, Eheschließung). – G. d'Ercole, Stud. et Documenta hist. et iuris 6, 1939, 18/75 (Ehekonsens im röm. Recht bei den Vätern). – D'Izarny, VS, Suppl. 6, 1953, 92/118 (mariage et consécrat. virgin. au 4e s.). – J. Köhne, Die Ehe zwischen Christen und Heiden in den ersten christl. Jhh., 1931. – B. Kötting, Die Beurteilung der 2. Ehe im heidnischen und christl. Altertum, Diss. Bonn 1943 (ungedruckt). – J. Leipoldt, Die Frau in der antiken Welt und im Urchristentum, L [2]1959. – A. de Manaricua, El matrimonio de los esclavos, R 1940. – Oepke, RACh 4, 650/66 (Ehe). – R. Orestano, La struttura giuridica del matrimonio rom. dal diritto classico al diritto giustiniano, 1, Mi 1951. – A. Raes, Le mariage, sa célébration et sa spiritualité dans l'église d'Orient, Chevetogne 1959. – K. Ritzer, Formen, Riten und religiöses Brauchtum der Eheschließung in den christl. Kirchen des 1. Jahrtausends, Mr 1962.

ESCHATOLOGIE

F. Acaniz, Ecclesia patrist. et millenarismus, Granada 1934 (bis 5. Jh.). – Bauer, RACh 2, 1073/78 (Chiliasmus). – Botte, RTA 1948, 5/17 (prima resurrectio in den abendländ. Liturgien). – Cabaniss, VC 1953, 65/74 (Ps. 24 und Plinius d. J., Ep. 10, 96; z. Descensuslehre). – Cullmann, RHPh 1938, 174/86 (2. Jh. bis 150). – F. Cumont, Lux perpetua, P 1949. – McCullogh, The Harrowing of Hell, 1930. – Daniélou, VC 1948, 1/16 (la typologie millénariste de la semaine). – C. M. Edsman, Le baptême de feu, L-Up 1940. – J. A. Fischer, Studien zum Todesgedanken in der alten Kirche 1, 1954. – Galot, DSp 4, 1020/59 (Eschatologie). – Goguel, RHR 1946, 124/69 (pneumatisme et eschatologie). – Kötting, HJB 1958, 125/39 (Endzeitprognosen zwischen Lactantius und Augustinus). – Leclercq, DAL 11, 1181/95 (Millénarisme). – Lenz, RACh 1, 510/6 (Apokatastasis). – Martínez Gómez, EE 1935, 505/39 (Einwohnung des Heiligen Geistes und Auferstehung). – Michel, DThC 13, 1191/1237 (Purgatoire); DThC 13, 2520/44 (résurrection). – Peterson, Frühkirche 92/6 (Schiff als Symbol der Kirche in der Eschatologie). – Philipps, EThL 1947, 521/56 (les justes de l'Anc. Test.). – A. Recheis, Engel, Tod und Seelenreise, R 1958. – Refoulé, RHR 1963, 11/52 (immortalité de l'âme et résurrection de la chair). – A. C. Rush, Death and Burial in Christian Antiquity, Wa 1941. – Schelkle [F. X. Arnold, 1958] 1/15 (bibl. und patrist. Verkündigung der Eschatologie). – Staerk, ZntW 1936, 83/95 (Eschatologie im 2. Jh. bis Iren.). – A. Stuiber, Refrigerium interim, Bonn 1957.

ETHIK, MORALTHEOLOGIE

Armstrong, DR 1961, 105/21 (Platonic eros and christian agape). – Bacht, RACh 4, 821/40 (Einfalt). – R. Balducelli, Il concetto teologico di carità attraverso le maggiori interpretazioni patrist. e medievali di 1 Cor. 13, R 1951. – Barrosse, ThSt 1954, 355/88 (Einheit der Gottes- und Nächstenliebe b. Orig., Didym., Cyr. v. Alex., Joh. Chr.). – Chadwich, RACh 5, 343/65 (Enkrateia). – P. Christophe, L'usage chrétien du droit de proprieté dans l'Écriture et la tradition patristique, P 1964. – A. Dihle, Die Goldene Regel. Eine Einführung in die Geschichte der antiken und frühchristlichen Vulgärethik, Gö 1962; RACh 3, 735/78 (Demut); 6, 646/796 (Ethik). – A. T. Geoghegan, The Attitude tow. Labor in Early Christ. and Anc. Culture, Wa 1945. – Giet, RSR 1948, 55/91 (la doctrine de l'appropriation des biens). – A. Heitmann, Imitatio Dei. Die ethische Nachahmung Gottes (1./2. Jh.), R 1940. – H. Holzapfel, Die sittl. Wertung der körperl. Arbeit im christl. Altertum, 1941. – Ispanki, De impotentia morali hominis Ecclesiae doctrina in saeculo V, Budapest 1946. – D. Lang, Geist und

Leben 1951, 209/22; 284/99 (die Lehre von der Geduld bei Tert., Cypr., August., Thomas v. Aquin). – J. Leipoldt, Der soziale Gedanke in der alten Kirche, L 1952. – W. S. Mackowiak, Die ethische Beurteilung der Notlüge in der altheidn., patrist., scholast. und neueren Zeit, Gniezno 1933. – Marty, RHPh 1939, 288/97 (hospitalité aux 3 premiers siècles). – M. Müller, Ethik und Recht in der Lehre von der Verantwortlichkeit, 1932. – Murphy, Studia moralia 1, 1963, 49/85 (The background to a history of patristic moral thought). – A. Nygren, Eros und Agape, ²1956. – Th. Rüther, Die sittl. Forderung der Apatheia in den beiden ersten christl. Jhh. und bei Klem. v. Alex., 1949. – B. Schöpf, Das Tötungsrecht bei den frühchristl. Schriftstellern bis zur Zeit Konstantins, Rb 1958. – J. Stelzenberger, Die Beziehungen der frühchristl. Sittenlehre zur Ethik der Stoa, 1933; RACh 1, 83/7 (Adiaphora); Syneidesis, conscientia, Gewissen, Pa 1963. – Vögtle, RACh 1, 74/9 (Achtlasterlehre); ThQ 1941, 217/37 (Schema der Hauptsünden). – G. della Volpe, La morale religiosa nell'età patristica e medievale, Messina 1941. – F. Wagner, Der Sittlichkeitsbegriff in der Hl. Schrift und in der altchristl. Ethik, 1931. – Winkler, RACh 3, 206/31 (Clementia). – Wilpert, RACh 1, 844/54 (Ataraxie).

EUCHARISTIE

A. Adam, KlT 5, ³1960 (Gesch. der orient. Messe im 2. und 4. Jh.); ThLZ 1963, 9/20. – Audet, Rb 1958, 371/99 (bénédiction juive et eucharistie chrét.). – J. Betz, Die Eucharistie in der Zeit der griech. Väter 1, 1, 1955; [B. Neunheuser, Opfer Christi und Opfer der Kirche, 1960] 99/116 (Prosphora in der patr. Theologie); [K. Adam, 1952] 109/37 (Abendmahlskelch im Judenchristentum). – P. Batiffol, Études d'hist. et de théolog. positive 2: L'eucharistie, ⁹1930. – P. Browe, De frequenti communione in eccles. occidentali documenta, R 1950 (bis zum Jahr 1000). – Camelot, Divinitas 1957, 71/92 (l'eucharistie dans l'école d'Alexandrie). – Casel, JL 1936, 99/150 (Neue Zeugnisse für das Kultmysterium). – Coppens, DBS 2, 1146/1215 (l'eucharistie). – Diaz de Cerio, RF 145, 1952, 454/67 (euchar. Theologie bei den Dichtern der ersten 4 Jhh.). – Dekkers [Misc. Mohlberg 1, 1948] 231/57 (Abendmesse in der Alten Kirche); [G. v. d. Leeuw, 1950] 141/56 (Aufbewahrung der Eucharistie); SE 1955, 99/130 (la messe à la fin de l'antiquité et au moyen-âge). – W. Elert, Abendmahl und Kirchengemeinschaft in der Alten Kirche, hauptsächl. des Ostens, 1954. – W. Goossens, Les origines de l'eucharistie, sacrament et sacrifice, 1931. – Hanson, VC 1961, 173/6 (liberty to improvise prayer in the eucharist). – J. A. Jungmann, Missarum sollemnia, 1/2, ⁵1962. – Laager, RACh 5, 577/99 (Epiklesis). – Lécuyer, OrSyr 1961, 385/413 (la théol. de l'anaphore d'après les pères de l'école d'Antioche). – J. Lacchello, L'eucar. nei primi tre Concili di Toledo, To 1939. – Leclercq, DAL 11, 513/774 (la messe); DAL 14, 2385/89 (réserve eucharistique). – A. Michell, Euch. Consecration in the Primitive Church, Lo 1948. – Milburn, JEH 1957, 1/16 (Symbolism and realism in post-nicene representations of the eucharist). – J. Quasten, Monumenta eucharist. et liturg. vetustissima, 7 partes, FP 7, 1935/37. – Ratcliff, SP 2, 64/82 (institution narrative of the canon missae). – B. Reicke, Diakonie, Festfreude und Zelus in Verbindung mit der altchristl. Agapenfeier, Up 1951. – J. H. Rohling, The Blood of Christ in Christ. Latin Literature before Year 1000, Wa 1932. – Ruch-Gaudel, DThC 10, 864/85 (la messe). – J. Solano,

Textes eucarísticos primitivos, 1/2, Ma 1952 und 1957 (4.–8. Jh.).– W. de Vries, Sakramententheologie bei den Nestorianern, R 1947; Sakramententheologie bei den syr. Monophysiten, R 1940.

GOTT, TRINITÄT

G. Aeby, Les missions divines de S. Justin à Origène, FrSch 1958.– Andresen, ZntW 1961, 1/39 (trinitar. Personbegriff).– Armstrong, VC 1954, 234/38 (Plotins Lehre vom Nus in der Patristik).– Barbel, ThR 1958, 49/58; 103/112 („Engel-Trinitätslehre").– Camelot, Russie et Chrétienté 1950, 179/92 (das Filioque bei M. Vict., Hil., Ambr., Augustin); RSPhTh 1956, 443/71 (théologie de l'image de Dieu).– Daniélou, RSR 1957, 5/41 (Trinité et angélologie).– Gómez, EE 1946, 347/98 (Einheit und Dreiheit).– R. M. Grant, Miracle and natural law in Graeco-Roman and early christian thought, 1952.– Hammerschmidt, ThR 1955, 145/54 (theol. Begriffsentwicklung zw. 325/381).– Hadot, RHPh 1957, 236/51 (Philosophie comme hérésie trinitaire).– M. Jugie, De processione Spiritus S. ex fonte revelationis et sec. Orientales dissidentes, R 1936.– Kraft, ZKG 66, 1954/55, 1/24 (Homousios).– G. Kretschmar, Studien zur frühchristl. Trinitätstheologie, 1955.– J. Lebreton, Hist. du dogme de la Trinité 1: Origines, [6]1927; 2: De S. Clément à S. Irénée, 1928.– Meinhold, PWK 21, 1066/1101 (Pneumatomachen).– R. A. Markus, JTS 1958, 89/102 (Trinitarian theology and the economy).– W. Marcus, Der Subordinatianismus, Mn 1963.– H. Opitz, Ursprünge frühkatholischer Pneumatologie, B 1960.– A. Orbe, Hacia la primera Teología de la Procesión del Verbo, R 1958.– Ortiz de Urbina, OCP 8, 1942, 194/209 (homousios preniceno).– Pannenberg, ZKG 1959, 1/45 (philos. Gottesbegriff).– Pera, Ang 1942, 39/95 (Begriff der Theol. bei Klem. Al., Porphyrius, Eusebius Caes., Basilius, Dionys. Areop.).– Pollard, SP 2, 282/7 (Logos and Son).– G. L. Prestige, God in Patristic Thought, Lo [2]1952 (franz. Ü, P 1955).– Th. Rüsch, Die Entstehung der Lehre vom Hl. Geist bei Ign. v. Ant., Teoph. v. Ant., Iren., Zü 1952.– Rodzianko, SP 2, 295/308 (Filioque).– Segovia, Gr 1938, 3/36 (Trinitar. Terminologie im 4. Jh.); EE 1947, 435/78 (griech. und lat. trinitar. Formeln); RET 1948, 385/407 (ewige Zeugung des Sohnes); [Mel. De Ghellinck 1, 1951] 375/86 („sine differentia discretionis sentimus" und die Väter).– Simonetti, Aevum 1952, 33/41 (process. Spiritus S. bei Orig., Athan., Basil., Didym., Cyrill. Al.); Maia 1954, 201/17; 1955, 308/24 (processio Spiritus S. bei latein. Vätern).– G. Verbeke, L'évolution de la doctrine du Pneuma du Stoïcisme à St. Augustin, 1945.– Wiles, JTS 1957, 92/106 (origins of the doctrine of the trinity).– H. A. Wolfson, The philosophy of the church fathers 1. Faith, trinity, incarnation, C (Mass.) 1956; HThR 1957, 145/56 (Negative attributes).

HEILIGENVEREHRUNG, RELIQUIEN, WALLFAHRT

Bardy, AB 1949, 224/35 (Rompilgerfahrten gegen Ende des 4. Jh.).– Cecchelli, Rend. Pont. Acc. Rom. Arch. 1939, 97/106 (culto delle reliquie nell'Afr. Rom.).– Ewig, ZKG 1960, 215/51 (Petrus- und Apostelkult im spätröm. und fränk. Gallien).– A. Frolow, La relique de la vrai croix, P 1961.– Gagov, Miscell. Francesc. 58, 1958, 484/512 (reliquie, „patrocinia" e „pignora").– A.

Grabar, Martyrium, 1/3, P 1946 (Reliquienkult und christl. Kunst).– Th. Klauser, Christl. Märtyrerkult, heidn. Heroenkult und spätjüd. Heiligenverehrung, Köln 1960.– B. Kötting, Peregrinatio religiosa, Mr 1950 (Wallfahrten in Antike und Christentum); TrThZ 1958, 321/34 (Reliquienverehrung, ihre Entstehung und ihre Formen).– F. Rütten, Die Viktorverehrung im christl. Altertum, 1936, 16/32.– Savramis, OstkSt 1960, 174/92 (abergläub. Mißbrauch der Bilder in Byzanz).– Séjourné, DThC 13, 2318/51 (Reliquienkult); DThC 14, 886/939 (Heiligenkult).– Simon, RHPh 1954, 98/127 (les saints d'Israel dans la dévotion de l'Égl. anc.).

JUDENTUM UND CHRISTENTUM

Bardy, RHE 1948, 179/91 (Flavius Josephus).– Bietenhard, ThZ 1948, 174/92 (Kirche und Synagoge).– B. Blumenkranz, Juifs et chrétiens dans le monde occidental (430–1096), 1960; Les auteurs chrétiens latins du moyen-âge sur les juifs et le judaïsme, 1963.– Braude, Judaism 9, 1960, 112/9 (church fathers and the synagogue).– E. Bréhier, Les idées philos. et relig. de Philon d'Al., 1950.– Frend, JEH 1958, 141/58 (the persecutions: some links between Judaism and the early church).– J. Giblet, L'homme image de Dieu (bei Philo), Lou 1949.– Leipoldt, RACh 1, 469/76 (Antisemitismus).– Molland, NorskThTidskr 1956, 65/83 (Judenchristentum und Aposteldekret).– Munck, NTS 6, 1959/60, 103/116 (Jewish christianity in postapostolic times).– Quispel, ThZ 1949, 429/36 (Philo und die altchristl. Häresie).– H. J. Schoeps, Theologie und Geschichte des Judenchristentums, 1949; DHG 14, 1314/9 (Ébionites).– Schubert, ZkTh 1952, 1/62 (jüd. und judenchristl. Sekten im Lichte der Hss. von Qumran).– M. Simon, Verus Israel, 1948, [2]1964 (Beziehungen von Christen und Juden zwischen 135/425; dazu Blumenkranz, REtJuives 9, 1948 f, 3/67: Forts. bis Gregor I); SP 1, 526/39 (les sectes juives); Recherches d'histoire judéo-chrétienne, 1962.– Strecker, RACh 4, 487/500 (Ebioniten).– Tison, VD 1961, 97/108 (salus Israel apud patres I[1] et II[1] s.).– W. Völker, Fortschritt und Vollendung bei Philo v. Alex., 1938.– E. Werner, The sacred bridge. The interdependence of liturgy and music in Synagogue and Church during the first millennium, Lo 1959.– R. Wilde, The Treatment of the Jews in Greek Christ. Writers of the First Three Cent., Wa 1949.– A. L. Williams, Adv. Judaeos. A bird's-eye view of christ. apologiae until the Renaissance, 1935.– H. A. Wolfson, Philo, 1/2, C (Mass.) 1947.

KIRCHE, KIRCHENRECHT, ÄMTER, ORDINATIONEN

E. Altendorf, Einheit und Heiligkeit der Kirche, 1932 (Tertull. bis Augustin).– Bakhuizen van den Brink, NAKG 1957/8, 194/226 (Credo sanctam ecclesiam).– G. Bardy, La théol. de l'église de s. Clém. de Rome à s. Irénée, 1945; La théol. de l'église de s. Irénée au Concile de Nicée, 1947.– V. J. Bartlet, Church life and Church order during the first four centuries, Lo 1943.– W. Bieder, Ekklesia und Polis im NT und in der alten Kirche, Zü 1941.– G. G. Blum, Tradition und Sukzession, 1963 (bis Irenäus).– Botte, Ir 1956, 5/28 („presbyterium“ et „ordo episcoporum“); OrSyr 1957, 285/96 („la grace divine“, formule d'ordination); Das apost. Amt, hg. von Guyot, 1961, 68/91 (Kollegialcharakter des Priester- und Bischofsamtes). – Camelot, NRTh 1961, 367/81 (sens de l'église chez les pères lat.). – H. v. Campenhausen, Kirchl. Amt und geistl. Vollmacht in den ersten 3 Jhh., [2]1963; Tradition und Leben, 272/89 (Anfänge des Priesterbegriffs); 157/59 (Problem der Ordnung). – C. Chavasse, The Bride of Christ. An Enquiry into the Nuptial Element in Early Christianity, Lo 1940. – J. Colson, L'évêque dans les communautés primitives, 1951 (bis Irenäus); La fonction diaconale aux origines de l'église, 1960. – Cristiani, Cah. d'hist. mondiale 1959, 71/93 (tolérance et intolérance). – Croce, ZkTh 1948, 257/314 (niedere Weihen). – Daniélou, Maison-Dieu 61, 1960, 70/96 (ministère des femmes). – J. Daniélou - H. Vorgrimler, Sentire ecclesiam [H. Rahner, Fr 1961]. – J. Dauvillier, Histoire de droit et des institutions de l'église en occident II: L'antiquité, 1959. – Davies, JEH 1963, 1/15 (Deacons, deaconesses, minor orders). – G. Dix, Le ministère dans l'église ancienne, Neuchâtel 1955. – A. Erhardt, The apostolic succession in the first two centuries, 1953. – H. E. Feine, Kirchl. Rechtsgeschichte 1, [4]1964. – Futrell, IThQ 1958, 305/29 (monarchical episcopate). – A. García Diego, Katholike ekklesia, Mexiko 1953 (v. Ignatius v. Antioch. bis Origenes). – J. Gaudemet, La formation du droit séculier et du droit de l'église aux IVe et Ve siècles, P 1957. – Gil Atrio, RET 1949, 59/103; 1950, 227/73 (die Kirche in den alten liturg. Texten des Ostens). – Goldammer, ZntW 40, 76/86 (navis ecclesiae). – González, Miscell. Comillas 1943, 273/93 (Klerusbildung in westgot. Zeit). – Graffin, OrSyr 1958, 317/37 (l'église-épouse). – S. L. Greenslade, Schism in the early church, [2]1964; JTS 1943, 162/75 (geistl. Amt); JTS 1961, 210/26 (sede vacante procedure). – J. Guyot [Das apostol. Amt, Mainz 1961]. – J. Hajjar, Le synode permanent (σύνοδος ἐνδημοῦσα) dans l'église byzantine des origines au XIe siècle, R 1962. – G. F. Hollinghurst, The ministry of teaching in the Christ. Church, O 1951 (bis Augustinus). – Hornus, CV 3, 1960, 41/60 (excommunication des militaires). – R. Honig, Beiträge zur Entwicklung des Kirchenrechts, Gö 1954 (4.–8. Jh.). – A. M. Javierre, El tema literario de la sucesión en el judaísmo, helenismo y cristianismo primitivo, Zü 1963. – Jonkers, Mn 1942, 286/302 (Sklaven und Freigelassene als Priester). – K. E. Kirk, The Apostolic Ministry, 1946. – Klauser, RACh 3, 888/909 (Diakon). – G. Klein, Die zwölf Apostel. Ursprung und Gehalt einer Idee, Gö 1961. – B. Kleinheyer, Die Priesterweihe im röm. Ritus, Trier 1962. – Kohlmeyer, ZSK 1952, 1/36 (Charisma und Recht). – Lécuyer, DSp 4, 1, 884/98 (épiscopat). – H. Lietzmann, Kleine Schriften 1, 141/85 (altchristl. Verfassungsgeschichte). – Linton, RACh 4, 905/21 (Ekklesia). – de Lubac, RSR 1939, 257/302; 429/40; 1940, 40/80; 191/226 (corpus mysticum). – L. Marchal, DBS 2, 1297/1333 (origine de l'épiscopat). – Michel, DThC 15, 2000/15 (unité de l'église: les pères grecs). – Molland, RHPh 1954, 1/29 (Idee der apost. Sukzession). – A. Müller, Ecclesia-Maria, FrSch [2]1955. – Nauck, ZntW 1957, 200/220 (frühchristl. Amtsverständnis). – W. M. Plöchl, Gesch. des Kirchenrechts 1, Wien [2]1960. – J. C. Plumpe, Mater Ecclesia, Wa 1943 (1.–3. Jh.). – H. Rahner, Symbole der Kirche. Die Ekklesiologie der Väter, 1964. – K. Rahner - H. Vorgrimler, Diaconia in Christo, Fr 1962. – E. Rößer, Göttliches und menschliches, unveränderliches und veränderliches Kirchenrecht von der Entstehung der Kirche bis zu Mitte des 9. Jh., 1934. – A. Schebler, Die Reordinationen in der „altkatholischen" Kirche, 1936. – H. M. Schenke, Der Gott „Mensch" in der Gnosis. Ein religionsgeschichtl. Beitrag z. Diskussion ü. d. Anschauung v. d. Kirche als dem Leibe Christi, 1962. –

Schlier, RACh 3, 437/53 (corpus Christi).– J. Schmid, RACh 2, 528/64 (Brautschaft).– W. Schmithals, Das kirchl. Apostelamt, Gö 1961.– Schneemelcher, Studium 1953, 60/101 (diakonischer Dienst und das Diakonamt der Kirche).– Seumois, Euntes Docete 5, 1952, 126/53 (Laienapostolat im Altertum).– M. A. Siotis, Die klassische und christl. Cheirotonie, Diss. Marburg (gedr. in Θ 20/22 [1949/51]).– Snijders, SE 1957, 163/98 (Acolythus).– Steinwenter, ZRK 23, 1934, 1/116 (der antike kirchl. Rechtsgang und seine Quellen bis Justinian).– Stommel, MThZ 1952, 17/32 (bischöfl. Cathedra).– Torrance, ScottJTheol 1958, 225/52 (Consecration and ordination).– E. W. Turner, The Pattern Christ. Truth, 1954 (Orthodoxie und Häresie in der alten Kirche).– U. Valeske, Votum ecclesiae 2, Mn 1962 (interkonfessionelle ekklesiologische Bibliographie).– Vischer, ZKG 1959, 201/17 (Zehntforderung).– Vogel [L'épiscopat et l'église universelle, P 1962] 591/636 (unité de l'église et pluralité des formes historiques).– de Vries, OCP 1951, 95/132 (Kirchenbegriff der nestorianischen Theologen); Theol.-prakt. Quartalschr. 1963, 263/77 (Episkopat auf den Synoden vor 325).– Walls, SP 2, 83/92 (apostolic claim in the church order literature).– Welsersheimb, ZkTh 1948, 393/449 (Kirche in griech. Hohelied-Kommentaren).– Williams, Greek and byzant. Studies, San Antonio, 1, 1958, 9/42 (The role of the laymen in the ancient church).– De Zwaan [Mél. M. Goguel, 1950] 270/78 (Kirchenidee im 2. Jh.).– S. auch unter Antike und Christentum: Staat, Recht, Gesellschaft.

LITERARISCHE GENERA

Alfonsi - W. Schmid, RACh 4, 1026/61 (Elegie).– Bardy, Rb 1932, 210/36; 341/69 (quaestiones et responsiones).– Brok, VC 1951, 101/110 („Festbriefe" unter Freunden: Theodoret, Avitus v. Vienne).– Capelle - Marrou, RACh 3, 990/1009 (Diatribe).– P. Courcelle, Les „Confessions" de Saint Augustin dans la tradition littéraire, antécédents et postérité, 1963.– H. Dörrie–H. Dörries, RACh 6, 342/70 (Erotapokriseis).– Ch. Favez, La consolation lat. chrét., 1937.– Hermann–Bardy, RACh 3, 928/55 (Dialog).– M. Hoffmann, Der Dialog bei den christl. Schriftstellern der ersten vier Jhh., Diss. Hei 1960.– Leclercq, DAL 8, 2683/85 (lettres chrét. bis zum 9. Jh.).– E. de Martino, Morte e pianto rituale nel mondo antico. Dal lamento pagano al pianto di Maria, 1958.– Opelt, RACh 5, 944/73 (Epitome).– Payr, RACh 5, 332/43 (Enkomion).– S. Prete, Il „Commonitorium" nella letteratura cristiana antica, Bologna 1962.– F. J. E. Raby, A history of christian latin poetry from the beginnings to the close of the middle ages, [2]1953.– Richard, DSp 5, 475/512 (Florilèges spirituels [grecs]).– Schäfer, RACh 4, 862/904 (Eisagoge).– Thraede, JbAC 1961, 108/27; 1962, 125/57 (Ursprung der christl. Poesie); RACh 5, 983/1042 (Epos).– Wyss, RACh 4, 197/210 (Doxographie).

LITURGIEGESCHICHTE

A. Baumstark (-B. Botte - F. L. Cross), Comparative liturgy, Lo [3]1958.– J. Beckmann, Quellen zur Gesch. des christl. Gottesdienstes, G 1956.– Bellis, RStR 1, 1954, 9/39 („levantes puras manus" nell'antica lett. crist.).– Boeckh,

JbLitHymnol 1960, 1/45 (Entwicklg. der altkirchl. Pentekoste). – B. Botte, Les origines de la Noël et de l'Épiphanie, Lou 1932. – Capelle, RTA 1954, 5/22 (autorité de la liturgie chez les Pères). – O. Cullmann, Der Ursprung des Weihnachtsfestes, ^{2}1960. – P. Dabin, Le Sacerdoce royal des fidèles dans la tradition ancienne et moderne, Bru 1950. – J. Daniélou, Bible et Liturgie. La théologie des sacrements et des fêtes d'après les Pères de l'Égl., ^{2}1958; Liturgie und Bibel. Die Symbolik der Sakramente bei den Kirchenvätern, Mn 1963. – Dekkers, CollOrdCistRef 1960, 120/37 (Were the early monks liturgical?). – F. J. Dölger, Sol Salutis, ^{2}1925; JbAC 1958, 5/19; 1959, 15/29; 1960, 5/16; 1961, 5/17 (Geschichte des Kreuzzeichens). – W. Dürig, Pietas liturgica, Rb 1958 (Frömmigkeitsbegriff und Gottesvorstellg.). – Engberding, OC 37, 1953, 56/88 (Stil in der liturg. Frömmigkeit des christl. Ostens). – Frank, SE 1952, 193/225 (patrist. Quellen von Weihnachtstexten). – Grumel, REB 1960, 163/78 (date pascale). – Ph. Hofmeister, Die christl. Eidesformeln, Mn 1957. – H. Huber, Geist und Buchstabe der Sonntagsruhe, Salzbg. 1958. – J. A. Jungmann, Die Stellung Christi im liturgischen Gebet, Mr ^{2}1962 mit Nachträgen. – Th. Klauser, Kleine abendländische Liturgiegeschichte, Bonn 1965. – Kretschmar, JbLitHymnol 1960, 75/9 (neue Arbeiten zur Geschichte des Osterfestes). – Mohrmann, RSPhTh 1953, 644/70 (Epiphanie). – M. P. Nilsson, Opuscula selecta 1, Lund 1951, 214/311 (Vorgesch. des Weihnachtsfestes). – Perler, RACh 1, 667/76 (Arkandisziplin). – Peterson, Frühk. 15/35 (Das Kreuz und das Gebet nach Osten). – Pinell, ScriptDoc 1958, 1/119 (benedicció del ciri pasqual). – J. Quasten, Monumenta eucharist. et liturg. vetustissima, 7 partes, FP 7, 1935/37; CHR 1941, 3/19 (liturg. singing of women). – P. Radó, Enchiridion liturgicum, 1/2, 1961. – Riesenfeld, Religion och Bible 1959, 52/70 (Sabbat und Herrentag). – W. Rordorf, Der Sonntag, Gesch. des Ruhe- und Gottesdiensttages im ältesten Christentum, Zü 1962. – H. Schmidt, Introductio in liturgiam occidentalem, Fr 1959. – Stadlhuber, ZkTh 1949, 129/83 (Stundengebet des Laien). – Strobel, ThLZ 1962, 183/94 (frühchristl. Festjahr). – Stuiber, JbAC 1958, 153/9 (Amen); JbAC 1960, 155/9 (Apophoreton). – H. Urner, Die außerbiblische Lesung im Gottesdienst, Gö 1952 (dazu AB 1954, 134/66). – van de Vyver, RHE 1957, 5/25 (Entwicklung des Computus). – E. Werner, The sacred bridge. The interdependence of liturgy and music in Synagogue and Church during the first millennium, Lo 1959. – Zur ältesten Geschichte des Paschafestes s. S. 108.

MARIA

De Aldama, Salmant. 1962, 113/53 (La virginidad [in partu] en la exégesis patrística). – K. Algermissen u. a., Lexikon der Marienkunde, 1957 ff. – O. Bardenhewer, Marienpredigten aus der Väterzeit, 1934. – Bardy, BibleVieChrét 7, 1954, 32/41 (Maria im Hohenlied). – Barre, RSR 1939, 129/62; 303/34 (la royauté de Marie). – Botte, SE 1949, 11/22 (Theotokosfest im armen. Lektionar). – Bover, EstudMarian 7, 1948, 91/104; 8, 1949, 185/256 (geistige Mutterschaft Mariens bei den griech. Vätern). – W. J. Burghardt, The testimony of the patristic age concerning Mary's death, Westminster (Maryland) 1961. – H. v. Campenhausen, Die Jungfrauengeburt in der Theol. der alten Kirche, 1962. – Capelle, Mu 1943, 1/39 (Marienfest in Jerusalem); Marianum 15, 1953, 241/76 (Himmelaufnahme und die Liturgie). – Caprile, DThP 1960, 216/21 (Tod und

Grab Marias in Jerusalem). – L. Carli, La morte e l'assunzione di S. Maria nelle omelie grecche dei secoli VII e VIII, R 1941. – Congar, RSPhTh 1954, 3/38 (Maria und die Kirche). – W. Delius, Gesch. der Marienverehrung, 1963; KlT 178, 1956 (Texte zur Marienverehrung). – F. Drewniak, Die mariologische Deutung von Gn 3, 15 in der Väterzeit, 1934; dazu Lennerz, Gr 1946, 300/18. – Dufourcq, Comment s'éveilla la foi à l'Immaculée Concept. et à l'Assompt. aux Ve et VIe s., 1946. – O. Faller, De priorum saeculorum silentio circa Assumpt. B.M.V., R 1946; dazu Altaner, Th 1948, 129/40. – H. Frévin, Le mariage de la S. Vierge dans l'hist. de la théologie, Thèse, Lille 1951; vgl. Didier, MSR 1952, 135/38. – Gianelli, REB 1953, 106/19 (patr. Zeugnisse f. d. Erscheinen des Auferstandenen vor Maria). – H. Graef, Maria. Eine Geschichte der Lehre und Verehrung, 1964. – M. Gordillo, Mariologia orientalis, R 1954. – Grillmeier, Geist und Leben 1957, 101/15 (Maria Prophetin). – M. Jugie, La mort et l'assumption de la s. vierge, R 1944; dazu Altaner, ThR 1949, 129/42; 1950, 5/20. – M. Jugie, L'immaculée conception dans l'écriture sainte et la tradition orientale, R 1952. – H. Koch, Adhuc virgo, 1929; Virgo Eva – Virgo Maria, 1937; vgl. K. Adam, ThQ 1938, 171/89. – R. Laurentin, Court traité de théologie mariale, ^{4}1960. – Leal, EE 1951, 475/508 (Mariens äußere Gestalt in der altchristl. Literat.). – A. Müller, Ecclesia Maria. Die Einheit Marias und der Kirche, ^{2}1955. – Madoz, EE 1949, 291/306 (Beginn der marian. Auslegung von Gn. 3, 15); EE 1951, 361/74 (Mariens Tod bei span. Vätern). – F. S. Mueller, OCh 1934, 157/92 (Immacul. bei den Kopten und Äthiopiern); Sch 1934, 161/201 (Immacul. bei den Syrern und Armeniern); Gr 1935, 74/96; 225/50; 1936, 82/115 (Immacul. in der griech. Kirche). – Plumpe, ThSt 1948, 567/77 (virginitas in partu). – K. Rahner [R. Geiselmann, 1960] 52/80 (virginitas in partu). – Rivera, EstudMar 1960, 157/82 (perfecta virginidad de María). – Rush, AmEcclRev 116, 1947, 3/31 (assumption in the apocrypha). – Sibum, Christ. Oosten en Hereeniging 8, 1955, 56/76 (Immacul. in der griech. Tradition). – Söll, ThQ 1951, 163/88; 288/319 (Mariologie der Kappadozier). – Terbovich, Eastern Churches Quart. 1958, 228/42 (Mary's last end in byz. tradition). – Ortiz de Urbina, OCP 1940, 40/82 (mariologia nella patrologia orient.). – A. Wenger, L'assomption de la S. Vierge dans la tradition byzant. du IVe au Xe s., 1955 (5 neue griech. und mehrere lat. Texte; dazu Capelle, RB 1958, 173/86).

PAPYROLOGISCHES, UNLITERARISCHES

Ausenda, Aeg 1940, 43/7 (omiletica crist.). – G. Björk, Der Fluch des Christen Sabinus, Pap. Up., Up 1938. – A. Calderini, Papiri. I. Guida allo studio della papirologia antica, greca e romana, Mi 1962. – O'Callaghan, Aeg 1961, 26/36 (lettere cristiane del V. secolo); StPap 1, 1962, 71/119 (El papiro en el lenguaje de los Padres). – Cavassini, Aeg 1954, 266/82 (lettere crist. nei papiri greci). – Derouaux, NRTh 1935, 810/43 (littérature chrét. et papyrologie). – G. Ghedini, Lettere cristiane dai papiri greci del III e IV sec., Mi 1923; SC 1935, 500/12 (nuovi framm. pap.); Atti del IV Congresso Internaz. di Papirologia 1936, 333/50 (Verzeichnis sämtl. christl. Briefe); Aeg 1937, 98/100; 334/7 (echi di eresie); Aeg 1954, 266/82 (christl. Briefe auf Papyri). – J. de Ghellinck, Patristique et moyen-âge 2, 299/344 (Papyr. Überlief.). – C. del Grande, Liturgiae, preces, hymni christianorum e pap. coll., Na ^{2}1934. – Leclercq, DAL 8, 2778/94;

13, 70/112; 1370/1520 (lettres chrét.).– Metzger, Schweizer Beiträge zur allgem. Gesch. 10, 1952, 199/208 (frühchristl. Welt im Lichte der Papyri).– Modena, BullSocArchéolAlexandrie 1937, 254/69; 1939, 293/310 (il cristianesimo ad Osirinco).– Montevechi, Aeg 1956, 3/13 (progetto di papirologia cristiana).– Naldini, Aeg 1958, 139/46 (papiri cristiani della raccolta fiorentina).– Pedretti, Aeg 1955, 292/8; 1956, 247/53; 1957, 23/31 (papiri cristiani liturgici).– K. Preisendanz, Papyruskunde, 1950.– P. Sanz, Griech. liter. Pap. christl. Inhalts, W 1946 (bes. Origenes).– Stegmüller, Aeg 1937, 452/62 (christl. Texte aus der Berliner Sammlung).– J. O. Tjäder, Die nichtliterar. latein. Papyri in Italien, Lund 1955.– C. Wessely, Les plus anciens monuments du christianisme écrits sur papyrus: PO 4, 2; 18, 3 (1907, 1924).– J. v. Haelst bereitet einen Catalogue raisonné der christl. Papyri vor (Gn 1961, 735).

PRIMAT

R. P. N. Afanasieff u. a., La primauté de Pierre dans l'église orthodoxe, Neuchâtel 1960.– K. Aland, Kirchengeschichtl. Entwürfe, 1960, 35/104 (Tod des Petrus in Rom).– P. Batiffol, Cathedra Petri. Ét. d'hist. anc. de l'Égl., 1938.– Botte [Le concile et les conciles, 1960] 1/18 (collégialité).– v. Campenhausen, ZKG 63, 1950/51, 133/44 (Jakobus und das urchristl. Kalifat).– E. Caspar, Geschichte des Papsttums, 1/2, 1930/33.– Colson, VS Suppl. 4, 1950, 181/205 (Rom und die Bischöfe des 1. und 2. Jh.); VerbCaro 1961, 138/72 (succession apostolique).– O. Cullmann, Petrus. Jünger - Apostel - Märtyrer, [2]1960.– Dinkler, ThRu 1959, 189/230; 289/335; 1961, 33/64 (Forschungsbericht zur Petrus-Rom-Frage).– Dvornik, AmEcclRev 144, 1961, 289/312 (Byzantium and the Roman primacy).– J. A. Eisele, Die Rechtsstellung des Papstes im Verhältnis zu den Allgem. Konzilien, 1938.– Fascher, PWK 19, 1335/61 (Petrus).– E. Giles, Documents Illustrating Papal Authority (96—454), 1952.– Gilg, ThZ 1955, 185/206 (Petrus-Frage).– Glez, DThC 13, 247/94 (Primauté du pape, bis Gregor d. Gr.).– U. Gmelin, Auctoritas, Röm. Princeps und päpstl. Primat, 1937; DArchGeschMA 1938, 509/31.– Guggisberg, ZKG 1935, 276/300 (Mt. 16, 18 f in der KG).– F. Heiler, Altkirchl. Autonomie und päpstl. Zentralismus, 1941.– L. Hertling, Communio. Chiesa e Papato nell'antichità cristiana, R 1961 = MiscHistPont 7, R 1943, 1/48 (Communio und Primat).– K. Heussi, Die röm. Petrustradition in krit. Sicht, 1953.– T. G. Jalland, The Church and the Papacy, 1946.– Ch. Journet, Primauté de Pierre dans la perspective protestante et dans la perspective cath., P 1953 (gegen Cullmann).– Jugie, DThC 12, 344/91 (Primauté dans les Églises séparées).– B. J. Kidd, The Roman primacy to A. D. 461, 1936.– Krüger, OC 1961, 54/69 (Primat Petri und des Papstes im Frühnestorianismus).– J. Ludwig, Die Primatworte Mt. 16, 18/19 in der altkirchlichen Exegese, 1952.– M. Maccarone, Vicarius Christi. Storia del titolo papale, 1953; La dottrina del primato papale dal IV all' VIII secolo nelle relazioni con le chiese occidentali, Spoleto 1960.– Madoz, RET 1942, 229/55 (päpstl. Primat in Spanien im 7. Jh.).– Th. O. Martin - E. Herman - A. Michel, Chalkedon 2, 433/58; 459/90; 491/562 (Chalcedon - Byzanz und der Primat).– Moeller, RSPhTh 1951, 413/23 (das 5. Konzil 553 und das Magisterium ordinarium).– Molland, NorskThTidskr 54, 1953, 63/9 (apostol. Sukzession).– H. A. Moreton, Rome et l'Église primitive, 1938.– Monachino [Saggi storici intorno al papato, R 1959] 17/90 (Il primato nella controversia ariana).– Ortiz de Urbina, OCP 1963, 95/154 (patres graeci de sede Romana).– Chr. Papadopulos, Τὸ πρωτεῖον τοῦ ἐπισκόπου Ῥώμης, At 1930.– H. Rahner, ZkTh 1947, 1/35 (navicula Petri).– Ribera de Santana, The Thought of the Fathers on St. Peter's Denial, R 1951 (Diss. Gregor.).– Rush, ThSt 1950, 570/76 (Petri Primat in ntl. Apokryphen).– Schultze, OCP 1951, 203/17 (Petrus und Johannes und der Primat).– Stauffer, ZKG 62, 1943/4, 3/34 (zur Vor- und Frühgesch. des Primates Petri); ZRGG 1952, 193/214 (zum Kalifat des Jakobus).– H. E. Symonds, The Church Universal and the See of Rome, Lo 1939.– H. Vogels, Textus antenicaeni ad primatum Rom. spectantes, FP 9, 1937.– de Vries, OCP 1952, 52/88 (Primat, Communio und Kirche bei den syr. Monophysiten).– Wuyts, OCP 1951, 265/82 (Kan. 28 von Chalcedon und Rom).

RECHTFERTIGUNG, GNADE, PRÄDESTINATION

C. H. Dodd, Gospel and Law ... in Early Christ., C 1951.– P. Galtier, Le S. Esprit en nous d'après les pères grecs, R 1946.– Gaudel, DThC 12, 275/606 (péché originel).– J. Groß, Geschichte des Erbsündendogmas 1 (bis Aug. incl.), 1960.– V. E. Hasler, Gesetz und Evangelium in der alten Kirche bis auf Origenes, Zü 1953.– Lot-Borodine, RHR 1932/33, 105/7 (déification dans l'église grecque).– E. Mersch, Le corps mystique du Christ, 1/2, Lou 1936; La théologie du Corps mystique, 1/2, Bru 1944; NRTh 1938, 681/702 (filii in filio).– Michel, DThC 12, 1261/9 (persévérance).– K. Rahner, ZkTh 1935, 333/418 (Gottesgeburt im Herzen der Gläubigen); ZkTh 1936, 471/510 (Sünde als Gnadenverlust).– H. Rondet, Gratia Christi. Essai d'hist. du dogme et de théologie dogmatique, 1948.– Simonin–Saint-Martin–Garrigou-Lagrange, DThC 12, 2832/901 (prédestination).– A. Slomkowski, L'état primitif de l'homme dans la tradition de l'Église avant S. Augustin, 1928.– B. Stoeckle, Gratia supponit naturam, R 1962.– W. Telfer, The forgiveness of sins, Lo 1960.– Theodoru, KerygDogma 1961, 283/310 (Vergottung des Menschen bei den griech. Kirchenvätern).– P. G. Verweijs, Evangelium und neues Gesetz in der ältesten Christenheit bis auf Marcion, Ut 1960.

SCHÖPFUNG, GEISTER, MENSCHEN

G. Borgenstierna, Försyntanken i gammalgrakisk teologi, Up 1948 (Vorsehungsglaube bei Nemesius v. Emesa, Joh. Chrys., Theodoret, Joh. Damascenus).– Camelot, RSPhTh 1956, 433/71 (théologie de l'image de Dieu).– Courcelle, RBPh 1958, 72/95 (La colle et le clou de l'âme).– J. Daniélou, Les Anges et leur mission d'après les Pères de l'Église, Chevetogne 1957.– Duchesne-Guillemin-Dörrie, RACh 4, 334/50 (Dualismus).– Eltester, NTS 1956/57, 93/114 (Schöpfungsoffenbarung und natürl. Theologie).– E. Fascher, Vom Anfang der Welt und vom Ursprung des Menschengeschlechtes, B 1961.– E. L. Fortin, Christianisme et culture philosophique au cinquième siècle. La querelle de l'âme humaine en occident, 1959.– P. Glorieux, Autour de la spiritualité des anges. Dossier scripturaire et patristique, 1960.– H. Hommel, Schöpfer und Erhalter, B 1956.– H. Karpp, Probleme altchristl. Anthropologie, 1950 (Seelenlehre bei Tert.,

Klemens A., Arnob., Lakt., Orig.).– B. Krivoshein, The Angels of Light and the Powers of Darkness, ed. by E. L. Mascall, Lo 1954, 22/46.– Marcus, PhJB 1957, 106/19 (Typen altchristl. Kosmologie).– Merki, RACh 4, 459/79 (Ebenbildlichkeit).– J. Michl-Th. Klauser, RACh 5, 53/322 (Engel I/X).– C. D. G. Müller, Die Engellehre der kopt. Kirche, Wiesbaden 1959.– E. Peterson, Das Buch von den Engeln, 1935.– E. des Places, Syngeneia. La parenté de l'homme avec Dieu, d'Homère à la patristique, 1964.– Quispel, NAKG 1949, 1/15 (Menschenbild im alten Christentum); EranosJb 21, 1952, 109/68 (Mensch und Energie im alten Christentum).– L. Scheffczyk, Schöpfung und Vorsehung, 1963.– Simonin, DThC 13, 914/60 (Vorsehung bei den griechischen Vätern).– Theiler, RACh 3, 694/711 (Demiurgos).– Termes Ros, EE 1960, 421/59 (formación de Eva).– C. Tresmontant, La métaphysique du christianisme et la naissance de la philosophie chrétienne. Problèmes de la création et de l'anthropologie des origines à Saint Augustin, 1961.– I. de Vuippens, Le paradis terrestre au troisième ciel, P 1925.– H. Wey, Die Funktionen der bösen Geister bei den griech. Apologeten des 2. Jh., Winterthur 1957.

SEELSORGE, KATECHESE, PREDIGT

Bardy, RevSR 1932, 1/28 (L'église et l'enseignement pendant les trois premiers siècles); RevSR 1934, 524/49; 1935, 1/27 (L'église et l'enseignement au IV siècle); [Mél. F. Cavallera, 1948] 191/214 (L'église et l'enseignement en occident au Ve siècle).– G. J. Beck, The Pastoral Care of Souls in Southeast France during the Sixth Cent., R 1950.– Y. Brilioth, Predikans-historia, Lund 1946.– S. Czerwick, Homilia paschalis apud patres usque ad saeculum quintum, R 1961.– K. Delahaye, Erneuerung der Seelsorgsformen aus der Sicht der frühen Patristik, Fr 1958.– D. van den Eynde, Les normes de l'enseignement chrét. dans la litt. patrist. des trois premiers s., 1933.– J. Fernández Alonso, La cura pastoral en la España romanovisigoda, R 1955.– H. Kerr, The Preaching in the early Church, NY 1942.– V. Monachino, La cura pastorale a Milano, Cartagine e Roma nel sec. IV, R 1947.– C. D. G. Müller, Die alte kopt. Predigt, 1954.– Nautin, Homélies pascales I/III, SCh 27, 1950; 36, 1953; 48, 1957.

STILISTIK

Bartelink, VC 1956, 1/13 (Ellipse und Bedeutungsverdichtung bei griech. Vätern).– F. di Capua, Il ritmo prosaico nelle lettere dei Papi, 1/3, 1937/46.– Ehrhardt, HThR 1945, 177/93 (vir bonus quadrato lapidi comparatur).– Kleberg, Er 1940, 47/54 („Weinfälschung" als stilist. Klischee).– Memoli, Aev 1954, 419/44 (Rhythmus und Bibeltexte in der lat. christl. Kunstprosa).– Ch. Mohrmann, Études sur le latin des chrétiens 1, R [2]1961; VC 1955, 222/46 (problèmes stylistiques, von Tertull. bis August.).– Müller, Mu 1956, 53/72 (Kopt. und griech. Rhetorik).– Musurillo, ThSt 1957, 357/86 (form in early christian literature).– Opelt, RACh 6, 947/64 (Euphemismus).– K. Pohlheim, Die latein. Reimprosa, 1952, 210/324.– Stummer, ALW 1954, 233/83 (Satzrhythmus in der Bibel und Liturgie).

TAUFE UND FIRMUNG

A. Adam, KlT 5, ³1960 (zur Gesch. der oriental. Taufe und Messe im 2. und 4. Jh.). – K. Aland, Die Säuglingstaufe im Neuen Testament und in der alten Kirche, eine Antwort an J. Jeremias, Mn ²1963. – W. M. Bedard, The Symbolism of the Bapt. Font in Early Christ. Thought, Wa 1951. – A. Benoît, Le baptême chrét. au 2ᵉ siècle, 1953. – Bevier, Bibl. Sacr. 1959, 136/44; 230/40; 317/21 (Wassertaufe in der alten Kirche). – Botte, Maison-Dieu 54, 1958, 5/12 (Le vocabulaire ancien de la confirmation). – J. H. Crehan, Early Christ. bapt. and the Creed, Lo 1950. – Daniélou, RevSR 1958, 335/46 (Le symbolisme de l'eau vive). – G. Delling, Die Zueignung des Heils in der Taufe, B 1961. – Dick, ZkTh 1939, 1/49 (Pateninstitut). – J. C. Didier, Le baptême des enfants dans la tradition de l'église. Dossier patristique, 1960. – M. Dujarier, Le parrainage des adultes aux trois premiers siècles de l'église, 1962. – Elfers, ThGl 1942, 334/41 (Salbung mit Chrisam). – van den Eynde, RTA 1939, 97/109 (2. Kan. v. Orange 441); Ant 1939, 257/76 (rites postbaptismaux). – A. Hamman, Le baptême d'après les pères de l'Église, 1962 (Texte in Ü). – J. Jeremias, Die Kindertaufe in den ersten vier Jhh., Gö 1958; engl. Ü, 1960; Nochmals: Die Anfänge der Kindertaufe, Mn 1962 (gegen Aland). – Kantorowicz, DOP 1956, 203/51 (Fußwaschung der Apostel als Taufe). – H. Kirsten, Die Taufabsage, B 1960. – H. Kraft, KlT 174, 1953 (Texte zur Geschichte der Taufe bis Augustin). – W. H. Lampe, The Seal of the Spirit, Lo 1951. – Lecuyer, Maison-Dieu 54, 1958, 23/53 (La confirmation chez les Pères). – P. Lundberg, La typologie baptismale dans l'anc. Église, Up 1942. – F. C. Macdonald, A Hist. of Confirmation, 1938. – Th. Maertens, Histoire et pastorale du rituel du catéchuménat et du baptême, 1962. – A. Mostaza-Rodríguez, Il problema del ministro extraordinario de la confirmación, Ma 1952. – W. Nauck, Die Tradition und der Charakter des 1. Johannesbriefes. Zugleich ein Beitrag zur Taufe im Urchristentum und in der alten Kirche, T 1957. – B. Neunheuser, Taufe und Firmung, Hdb. der DG, Fr 1956. – Peterson, Frühk. 310/332 (die Taufe im Acherusischen See). – Quasten, ThSt 1946, 309/13 (Weihe des Taufwassers im syr. Ritus des 4. Jh.). – Raes, Liturg. Jb. 1959, 46/51 (Taufriten im Orient). – H. Rahner, ZkTh 1931, 239/73 (pompa diaboli). – Segelberg, SP 5, 117/28 (baptismal rite according to some of the coptic-gnostic texts of Nag-Hammadi). – A. Stenzel, Die Taufe. Eine genet. Erklärung der Taufliturgie, I 1958. – Stommel, JbAC 1959, 5/14 (Taufriten und antike Badesitten). – Strobel [O. Perels, Begründung und Gebrauch der heiligen Taufe, 1963] 7/69 (Säuglings- und Kindertaufe; zu Jeremias und Aland). – Weigandt, NovTest 1963, 49/74 („Oikosformel"). – B. Welte, Die postbaptismale Salbung, 1938. – E. C. Whitaker, The documents of the baptismal liturgy, Lo 1960. – J. Ysebaert, Greek baptismal terminology. Its origins and early development, N 1962.

ÜBERLIEFERUNGSGESCHICHTE, TEXTKRITIK

Aland, JTS 1961, 39/49 (anonymity and pseudonymity). – Bardy, RB 1935, 345/80 (éd. et rééditions d'œuvres patrist.); RHE 1936, 5/23; 275/302 (faux et fraudes littéraires); Vivre et Penser 1944, 242/67 (doppelsprachige Schriften u. Mss.). – Burr, RACh 4, 597/610 (Editionstechnik). – Dekkers [A. Dold, 1952] 128/39 (Autographien lat. Väter); SE 1953, 193/233 (griech.

Übersetzungen lat. Väterschriften). – R. Devreesse, L'Introduction à l'ét. des Mss. grecs, 1954. – A. Ehrhard, Überlieferung und Bestand der hagiogr. und homilet. Lit. der griech. Kirche, 1/2; 3, 1.2 = TU 50, 1/5; 51, 1/5; 52, 1, 1/5; 52, 2, 1/2 (1937/52). – H. Emonds, Zweite Auflage im Altertum, 1941. – B. Gerhardsson, Memory and manuscript, Up 1961. – Hagendahl, Er 1947, 114/28 (Zitationsweisen bei Min. Felix, Lactant. und Salvian). – H. Hunger, Geschichte der Textüberlieferung der antiken und mittelalterl. Literatur. 1. Antikes und mittelalterl. Buch- und Schriftwesen, Zü 1961. – Koep-Morenz-Leipoldt, RACh 2, 664/731 (Buch). – P. Maas, Textkritik, [4]1960. – E. A. Parsons, The Alexandrian Library, Houston (Tex.) 1952. – G. Pasquali, Storia della tradizione e critica del testo, Fi [2]1952. – M. Richard, Répertoire des bibliothèques et des catalogues de manuscrits grecs, [2]1958; Suppl. 1, 1964; Byz 20, 1950, 191/222 (Bedeutung des hsl. 'Ἀπὸ φωνῆς). – A. Siegmund, Die Überlieferung der griech. christl. Lit. in der latein. Kirche bis z. 12. Jh., 1948. – J. A. Sint, Pseudonymität im Altertum, I 1960; dazu Gn 1961, 440/5. – Wendel, Handbuch der Bibliothekswissenschaft 3, [2]1953, 51/143; RACh 2, 231/74 (Bibliotheken). – H. Willrich, Urkundenfälschung in der hellenistisch-jüd. Literatur, 1924.

§ 5. Textausgaben und Hilfsmittel

1. Die besten älteren Drucke der Väterschriften besorgten im 16. Jh. die Philologen Robertus und Henricus Stephanus (Étienne) zu Paris; weniger gut sind die Ausgaben der beiden Brüder Frobenius zu Basel, für die auch Erasmus von Rotterdam sehr tätig war. Dagegen sind zum Teil noch heute unübertroffen die Folioausgaben der Mauriner, d. h. der Benediktiner aus der französischen Kongregation des hl. Maurus (gegr. 1618 in Paris), zu denen bedeutende Männer, wie Mabillon, Maran, Montfaucon und Ruinart, gehörten. Diese haben im Laufe des 17. und 18. Jh. viele Vätertexte meisterhaft veröffentlicht. Ihre Ausgaben der griechischen Väter haben neben dem griechischen Text auch die lateinische Übersetzung und vorzügliche Indices.

Die größte Sammlung patristischer Schriften veranstaltete zu Paris Abbé J. P. Migne († 1875): Patrologiae cursus completus. Sie zerfällt in eine Series Latina (bis Innozenz III., † 1216) in 221 Quartbänden (218/221: Indices) und eine Series Graeca (bis 1439) in 161 Quartbänden (mit lateinischer Übersetzung). Die Platten des 162. Bandes verbrannten 1868 kurz vor dem Druck; der Inhalt des Bandes fand zum großen Teil in der Patrologia graeca latine tantum edita Platz. Die ganze Sammlung ist ein nicht selten fehlerhafter Abdruck der bis dahin erschienenen besten Ausgaben. Für die wissenschaftliche Forschung kommen häufig nur die von Migne benützten älteren Ausgaben oder die inzwischen in neuerer kritischer Bearbeitung erschienenen Vätertexte in Betracht. Die Mängel der lateinischen Serie werden einigermaßen durch das von A. Hamman herausgegebene Supplement behoben (Veröffentlichung der bei ML fehlenden Texte, Ergänzungen und bibliographische Hinweise).

F. Cavallera, Migne, Patrologiae cursus completus, Series graeca. Indices digessit, P 1912.– Th. Hopfner, Migne, Patrologiae cursus completus, Series graeca. Index locupletissimus, 1/2, P 1928/45.– M. Vattasso, Initia Patrum, 1/2, R 1906/08 (für lat. Texte).– Chr. Baur, Initia Patrum Graecorum, 1/2, 1955 (ST 180/81).– Leclercq, DAL 11, 941/57 (Migne).– Cotter, ThSt 1946, 46/71 (Migne).– P. Glorieux, Pour revaloriser Migne (MSR 9, 1952, Cahiers supplém.).– A. Hamman, Patrologiae lat. supplementum 1 ff, P 1958 ff.

2. Während sich die älteren Sammlungen besonders mit ihren Anmerkungen und Indices ganz in den Dienst der Theologie stellten, herrscht in den neueren Sammlungen der philologische Gesichtspunkt vor.

a) Corpus scriptorum ecclesiasticorum latinorum, hg. von der Wiener Akademie d. Wissenschaften, 1866 f.

b) Corpus Christianorum, hg. von E. Dekkers bzw. der Abtei St. Peter in Steenbrugge. Zur Vorbereitung dient das Verzeichnis aller altchristlichen lateinischen Schriften „Clavis patrum latinorum“ (bis zum 8. Jh.). Wenn gute Editionen zum Nachdruck fehlen, werden neue kritische Ausgaben geschaffen. Seit 1953 sind schon zahlreiche Bände lateinischer Texte erschienen.

Chirat, RevSR 1960, 62/73 („Corpus Christianorum“ en marche).– E. Dekkers - A. Gaar, Clavis patrum latinorum, SE 3, 1957, ²1961.

c) Monumenta Germaniae historica, Auctores antiquissimi, 1/13, 1877/98 (wichtig auch für spätere latein. Väter).

d) Einzelne Väterschriften fanden Aufnahme in die Leipziger Bibliotheca Teubneriana.

e) Die griechischen christlichen Schriftsteller der ersten drei Jahrhunderte werden seit 1897 mit deutschen Einleitungen und Registern hg. von der Preußischen Akademie der Wissenschaften (Kirchenväterkommission, jetzt Kommission für spätantike Religionsgeschichte der Deutschen Akademie der Wissenschaften zu Berlin, die jetzt auch Schriftsteller des 4.–6. Jh. berücksichtigt).

f) Sources chrétiennes, hg. von H. de Lubac und J. Daniélou, P 1941 ff (T, franz. Ü, K).

g) Die syrisch-altchristliche Literatur wurde einst, soweit sie damals bekannt war, auszugsweise veröffentlicht von dem Maroniten J. S. Assemani in der Bibliotheca orientalis, 1/4, 1719/28; jetzt erscheinen gleichzeitig (1903 ff) zwei Sammlungen, nämlich eine Patrologia orientalis unter Leitung von R. Graffin und F. Nau und ein Corpus scriptorum christianorum orientalium, hg. von J. B. Chabot, J. Guidi, H. Hyvernat, B. Carra de Vaux, J. Forget (jetziger Leiter R. Draguet); dieses Corpus hat 6 Serien: syrische, koptische, arabische, armenische, georgische und äthiopische Texte; dazu Subsidia.– Patrologia syriaca, ed. R. Graffin, 1/3, P 1894/1926.

3. Kleinere Sammlungen: SS. patrum opuscula selecta von H. Hurter, 1. Serie, 1/48, 1868/85; 2. Serie, 1/6, 1884/92 (die griechischen Schriften nur in lateinischer Übersetzung).– Florilegium patristicum, zuletzt von J. Zellinger u. B. Geyer hg. und auf mittelalterliche Texte ausgedehnt, 1904 ff (teilweise mit neuem kritischem Text, die griechischen Texte mit lateinischer Übersetzung).– Textes et documents

pour l'étude hist. du christianisme, hg. von H. Hemmer u. P. Lejay, 1/20, P 1904/12 (TÜ). – Cambridge Patristic Texts, hg. von A. J. Mason, C 1899 ff. – Sammlung ausgewählter kirchen- und dogmengeschichtlicher Quellenschriften, hg. von G. Krüger, 1891 ff (1. Reihe 12 Hefte, 2. Reihe 9 Hefte, N. F. 6 Hefte). – Kleine Texte, hg. von H. Lietzmann, 1902 ff. – Corona Patrum Salesiana, ital. Ü, To 1936 ff. – Textus et documenta in usum exercitationum et praelectionum academicarum, Ser. theol., hg. von der Universitas Gregoriana, R 1932 ff. – Corpus Scriptorum latin. Paravianum, To. – The Loeb Classical Library, Lo-NY (enthält auch zahlreiche patristische Texte). – Stromata patristica et mediaevalia, hg. von Ch. Mohrmann u. J. Quasten, Ut-Bru 1950 ff. – Monumenta Christiana, Ut-Bru 1948 ff. – Verba Seniorum, hg. von M. Pellegrino, 1954 ff; NS 1961 ff. – Biblioteca de autores cristianos, Textos del cristianismo primitivo y santos padres (TÜ).

4. Übersetzungen. a) Deutsch: Reithmayr–Thalhofer, Bibliothek der Kirchenväter, 1/80, Kempten 1869/1888. – O. Bardenhewer, Th. Schermann, C. Weyman, J. Zellinger, J. Martin, Bibliothek der Kirchenväter, 1/61 u. 2 Bde Register (1931), Kempten 1911/30. Die 2. Reihe umfaßt 20 Bde, hg. von Bardenhewer, J. Zellinger u. J. Martin, 1932/39.

b) Englisch: Edinburgher Sammlung: The Ante-Nicene Christian Library, 24 Bde u. 1 Erg.-Bd (von A. Menzies, 1897), 1866/72. – Buffaloer Sammlung: Neudruck der Edinburgher, 10 Bde, 1884/86; ergänzt durch: A Select Library of Nicene and Post-Nicene Fathers, 28 Bde, 1886/1900. – Translations of Christian Literature, hg. von der Society for Promoting Christian Knowledge (SPCK), Lo 1917 ff (bringt in 4 Serien griech., latein., liturg. u. oriental. Texte). – Ancient Christian Writers, ed. by J. Quasten and J. C. Plumpe, Westminster, Maryland u. London 1946 ff. – The Fathers of the Church, ed. by L. Schopp, G. Walsh and R. J. Deferrari, 1947 ff.

c) Französisch: H. de Lubac - J. Daniélou, Sources chrétiennes, 1941 ff. – Ichthys, Littératures chrétiennes, ed. A. Hamman, 1957 ff. – Les écrits des Saints, Namur.

d) Italienisch: Testi cristiani con versione, ed. G. Manacorda, Fi 1930 ff. – I classici cristiani, ed. P. Misciatelli, Siena 1928 ff. – Corona Patrum Salesiana, To 1936 ff.

e) Spanisch und Katalanisch: Biblioteca de autores griegos y latinos, ed. L. Segala u. C. Parpal, Ba 1916 ff. – Collección Excelsa, Ma 1940 ff. – Biblioteca de Sant Pacia, Ba 1931 ff. – Biblioteca de La Paraula cristiana, Ba 1933 ff. – Biblioteca de autores cristianos. – Vgl. Madoz, RET 1951, 437/72 (Übersicht über alle in span. Übersetzung erschienenen Texte).

f) Holländisch: H. U. Meyboom, ed. Lei 1906 ff.

g) Polnisch: Biblioteka Ojców Kościola, ed. J. Sajdak, Poznań 1924 ff.

h) C. Kern, Les traduct. russes des textes patrist., Chevetogne 1957 (Bibliogr.).

5. Enchiridien und Anthologien. M. J. Rouët de Journel, Enchiridion patristicum, [23]1965. – H. Denzinger - C. Rahner, Enchiridion symbolorum, [33]1965. – C. Kirch - L. Ueding, Enchiridion fontium historiae ecclesiasticae, [8]1960. – J. Stevenson, A new Eusebius. Documents illustrative of the history of the church to A. D. 337, Lo 1957. – M. J. Rouët de Journel et J. Dutilleul, Enchiridion asceticum, [5]1958. – F. Cavallera, Thesaurus doctrinae catholicae ex documentis magisterii ecclesiastici ordine methodico dispositus, P [2]1937. – J. de Guibert, Documenta ecclesiastica christianae perfectionis studium spectantia, R 1931. – E.

Amann, Le dogme catholique dans les Pères de l'Église, P 1922. – C. Mirbt, Quellen zur Geschichte des Papsttums und des römischen Katholizismus, ^{5}1934. – J. Madoz, La Iglesia de Jesucristo. Fuentes y documentos para el estudio de su constitución e historia, Ma 1935; El Primado romano. Fuentes y documentos para el estudio de su constitución e historia, Ma 1936 (Texte in spanischer Übersetzung). – A. Heilmann - H. Kraft, Texte der Kirchenväter, 1/5, 1963 ff. – G. Bardy, En lisant les Pères, ^{2}1933. – Anregungen und Anleitung zur Lesung ausgewählter Vätertexte gibt J. de Ghellinck, Un programme de lectures patristiques, Gr 1933, 303/36; 414/47; Lectures spirituelles dans les écrits des Pères, NRTh 1934, 5/29; 140/57; wieder abgedruckt: Patristique et Moyen-âge 3, 1948.

6. Lexika und Nachschlagewerke. a) Sprachwörterbücher: W. Bauer, Griech.-deutsches Wörterbuch zu den Schriften des NT und der übrigen urchristl. Literatur, ^{5}1958. – Ch. Du Cange, Glossarium ad scriptores mediae et infimae graecitatis, 1/2, 1688; 1890 ff; Ndr. 1958. – G. W. H. Lampe, A Patristic Greek Lexicon, O 1961 ff. – Liddell-Scott, A Greek-English Lexicon, 1/2, O ^{9}1925/40. – E. A. Sophocles, Greek Lexicon of the Roman and Byzantine periods (146 a. Chr. – 1000), 1/2, NY ^{3}1888. – H. Stephanus, Thesaurus graecae linguae, 1/9, 1831/65; Ndr. 1954.

F. Arnaldi - M. Turriani - P. Smiraglia, Latinitatis italicae ... lexicon imperfectum (476–1022): AL 1935, 5/240; 1937, 65/152; 1947/8, 65/206; 1949/50, 193/360; 1958, 31/95; 1959, 111/59. – A. Blaise - H. Chirat, Diction. latin-français des auteurs chrét., ^{2}1962. – Ch. Du Cange, Glossarium mediae et infimae latinitatis, 1/3, 1678; 1/10 ed. Favre, 1883/7; Ndr. 1954. – E. Forcellini, Lexicon totius latinitatis, 1858/79. – A. Souter, A glossary of later Latin to 600 A. D., O ^{2}1957; dazu Baxter, AL 1955/56, 102/41. – Thesaurus linguae latinae, 1900 ff (hg. von fünf deutschen Akademien).

C. Brockelmann, Lexicon syriacum, ^{2}1928. – R. Köbert, Vocabularium syriacum, R 1956.

b) Sachwörterbücher: A. d'Alès, Diction. apologétique de la foi catholique, ^{4}1909/31. – A. Baudrillart - A. de Meyer - E. van Cauwenbergh, Diction. d'histoire et de géographie ecclésiastiques, 1912 ff. – F. Cabrol - H. Leclercq, Diction. d'archéologie chrétienne et de liturgie, 1/15, 1903/53. – U. Chevalier, Répertoire des sources hist. du moyen-âge, bio-bibliographie, P 1877/86 u. Suppl. 1888; 1/2, 1903/7. – F. L. Cross, The Oxford dictionary of the Christian Church, Lo 1957. – Enciclopedia Cattolica, 1/12, 1948/54. – K. Galling, Die Religion in Geschichte und Gegenwart, ^{3}1957 ff. – J. Hastings, Dictionary of the Apostolic Church, 1/2, 1915/18. – A. Hauck, Realenzyklopädie für prot. Theologie u. Kirche, 1/14, ^{3}1896/1913. – J. Höfer - K. Rahner, Lexikon f. Theol. u. Kirche, ^{2}1957 ff. – G. Kittel - G. Friedrich, Theol. Wörterbuch zum NT, 1933 ff. – Th. Klauser, Reallexikon für Antike und Christentum, 1941 ff. – R. Naz, Diction. de droit canonique, 1935 ff. – Pauly-Wissowa-Kroll, Realencyklopädie der class. Altertumswissenschaft, 1893 ff. – L. Pirot - A. Robert - H. Cazelles, Diction. de la Bible, Supplément, 1928 ff. – H. Siegert, Griechisches in der Kirchensprache. Ein sprach- u. kulturgeschichtl. Wörterbuch, 1950. – W. Smith - H. Wace, A dictionary of christian biography, literature, sects and doctrine, 1/4, Lo 1877/87. – Vacant-Mangenot-Amann, Diction. de théologie catholique, 1/15; Tables gén., 1903/51. – Viller-Baumgartner, Diction. de spiritualité ascétique et mystique, 1932 ff.

c) Nachschlagewerke. E. Dekkers - A. Gaar, Clavis patrum latinorum, SE 3, ^{2}1961. – M. C. Díaz y Díaz, Index scriptorum latinorum medii aevi Hispanorum, 1/2, Ma 1959 (beginnend mit dem 6. Jh.). – B. Fischer, Verzeichnis der Sigel für Kirchenschriftsteller, [2]1963; Erg.-Lief. 1, 1964. – G. W. H. Lampe, A Patristic Greek Lexicon, O 1961 ff (XI–XLV: authors and works, ausführliches Verzeichnis griechischer christl. Schriftsteller und ihrer Schriften). – Ch. Mohrmann - F. van der Meer, Atlas de l'antiquité chrétienne, 1960; deutsch hg. v. H. Kraft, Bildatlas der frühchristlichen Welt, 1959. – F. Stegmüller, Repertorium biblicum medii aevi, 1/7, 1950 ff.

7. Bibliographien. Über die laufenden patristischen Neuerscheinungen orientieren die periodisch erscheinenden Bibliographien. Viele Zeitschriften bieten von Zeit zu Zeit Übersichten und Forschungsberichte zur patristischen Literatur insgesamt oder zu einzelnen Themen und Schriftstellern. Die Bibliographien einzelner Gelehrter finden sich meistens in den ihnen gewidmeten Fest- und Gedächtnisschriften, in Sammlungen ihrer Abhandlungen oder gelegentlich auch in Zeitschriften. Das wichtigste bibliographische Hilfsmittel der patristischen Forschung ist jetzt die Bibliographia patristica (beginnend mit den Erscheinungen des Jahres 1956), die unter internationaler Mitarbeit zahlreicher Gelehrter von W. Schneemelcher herausgegeben wird.

Bibliographia patristica, B 1959 ff. – Biblica, Elenchus bibliographicus. – Bulletin de théologie ancienne et médiévale (mit Inhaltsangabe und Kritik). – Byzantinische Zeitschrift, Bibliographie (griech. Patristik, bes. byzantinischer Zeit; mit Inhaltsangabe und Kritik). – Gnomon. – Jahrbuch für Liturgik und Hymnologie (mit Inhaltsangabe). – Internationale Zeitschriftenschau für Bibelwissenschaft und Grenzgebiete (mit Inhaltsangabe). – J. Marouzeau - J. Ernst, L'année philologique (mit Inhaltsangabe). – New Testament Abstracts, Weston/Mass., 1956 ff (mit Inhaltsangabe). – Orientalia, Bibliographie (bes. kopt. Literatur). – Revue Bénédictine, Bulletin d'ancienne littér. latine. – Revue d'hist. ecclésiastique, Bibliographie. – Theol. Literaturzeitung. – Theol. Revue. – Theol. Rundschau.

Bibliographische Hilfsmittel für die Zeit vor Erscheinen der Bibliographia patristica (1956): F. Dölger - A. M. Schneider, Byzanz, Bern 1952. – F. Drexel, Zehn Jahre griech. Patristik (1916/25), 1. Teil, 2./3. Jh.: BJ 220, 1929, 131/263; 2. Teil, 4./5. Jh.: BJ 230, 1931, 163/273. – A. Ehrhard, Die altchristl. Literatur und ihre Erforschung seit 1880, 1894; Die altchristl. Literatur und ihre Erforschung von 1884–1900, Erste Abt.: Die vornizänische Literatur, 1900. – H. Hurter - F. Pangerl, Nomenclator literarius theologiae catholicae 1, [4]1926. – G. Krüger, A decade of research in early christian literature (1921/30): HThR 1933, 173/321. – J. Madoz, RET 1941, 919/62 (patrist. Studien in Spanien von 1931–40); Segundo decenio de estudios sobre patríst. Española 1941–50, Ma 1951; SE 1952, 355/71 (über die Zeit von 1930–51). – J. Martin, BJ 221, 1929, 65/140 (christl.-lat. Dichter). – B. M. Metzger, Index of articles on the NT and the early church published in „Festschriften", Philadelphia 1951. – Ortiz de Urbina, HJB 1958, 484/92 (syr. Lit. von 1946/55). – Pellegrino, SC 1952, 424/52 (20 Jahre patrist. Studien in Italien). – O. Perler, Patrist. Philosophie, Bern 1950. – Tarchnišvili, Mu 1958, 173/89 (litt. géorgienne). – G. Thils, Theologia e miscellaneis, Lou 1960.

ERSTER TEIL

Die christliche Literatur vom Ende des 1. bis zum Anfang des 4. Jahrhunderts

I. Die ältesten christlichen Schriften (Apostolische Väter)

§ 6. Allgemeines

Die ältesten christlichen Schriften außerhalb des NT sind — wie auch die ältesten ntl. Schriften — Briefe, die über den unmittelbaren Anlaß und die eigentlichen Empfänger hinaus auch anderen Gemeinden zur Belehrung und Ermunterung dienen sollten und deshalb überliefert und gesammelt wurden. In Inhalt und Form schließen sie sich eng an die apostolischen Briefe an; die Verfasser suchen den Gläubigen in einfachen Worten die Bedeutung des in Christus erschienenen Heils zu zeigen und sie in ihrer Hoffnung auf die Wiederkunft des Herrn zu bestärken. Sie fordern Gehorsam gegen die Hirten der Gemeinden und warnen vor Häresien und Schismen. Eine wissenschaftliche Begründung des Christentums oder einzelner Glaubenslehren, wie sie im 2. Jh. die Apologeten versuchen, liegt ihnen ferne. Als Denkmäler urchristlichen Geistes und als älteste Zeugen der Glaubenstradition haben diese Schriften einen außerordentlichen Wert; einzelne von ihnen kamen zeitweise sogar als kanonisch in Frage. Als Mittelglieder zwischen der apostolischen Zeit bzw. den ntl. Schriften und den späteren christlichen Schriften sind sie so bedeutsam, daß der Patristiker J. B. Cotelier (1672) fünf dieser Schriftsteller unter der Bezeichnung *Patres aevi apostolici* herausgab.

Cotelier zählte dazu Barnabas, Klemens von Rom, Ignatius, Polykarp und Hermas. Später wurde es üblich, auch noch Papias und den *Diognetbrief* hinzuzunehmen, so daß sieben Apostolische Väter gezählt wurden. In der neuesten Zeit wurde z. T. auch die *Didache* in die Ausgaben aufgenommen. Die *Martyria* des hl. Ignatius und des hl. Polykarp sind schon in den ältesten Ausgaben ihren Schriften angehängt; das erstere wird aber, weil später entstanden, neuerdings nicht mehr mitgedruckt. Die Didache, der apokryphe Barnabasbrief, der *Hirt* des Hermas und der

Brief an Diognet gehören nach Form, Inhalt und Ansehen zu andern Schriftengruppen. Wenn man zu den Apostolischen Vätern nur jene Schriftsteller zählt, die wirklich oder wahrscheinlich noch mit Männern der apostolischen Zeit in Verbindung standen oder die auch ohne diese persönliche Bekanntschaft in den von ihnen verkündeten Lehren sprachlich und inhaltlich dem Geist des NT am nächsten stehen, so wird man zum Schrifttum dieser Gruppe nur den Klemensbrief, die 7 Ignatiusbriefe, den Polykarpbrief und das Quadratus-Fragment rechnen. Diese berechtigte Abgrenzung und Scheidung finden wir erstmals in der Edition von J. A. Fischer (1956) durchgeführt.

K. Bihlmeyer, Die ap. Väter 1, 1924; ²1956 m. Nachtr. von W. Schneemelcher.– J. A. Fischer, Mn ³1959 (1 Clem.; epp. Ignat.; ep. Polyc.; Quadrat.; TÜ).– F. X. Funk, Patres apostolici, 1/2, 1901; 2, ³1913, hg. von F. Diekamp (TÜ lat.).– O. Gebhardt - A. Harnack - Th. Zahn, Patrum apost. op., 1/3, 1875/7; ²1876/8; ed. minor ²1920.– K. Lake, The Ap. fathers, 1/2, 1930 (TÜ).– L. Th. Lefort, CSCO Copt. 17 f, 1952 (kopt. Ü).– J. B. Lightfoot, The Apost. fathers, 1/5, 1886/90; 3/5, ²1890 (Clem., Ign., Polyc.).– R. M. Grant, The Apostolic Fathers. I: An introduction, NY 1964. ** E. J. Goodspeed, Index patristicus sive clavis Patrum apost., 1907; verbessert, 1960.– H. Kraft, Clavis Patrum apostolicorum. Konkordanz zu den Ap. Vätern, 1964.

Ü: L. Bouyer - C. Mondésert - F. Louvel, Les écrits des Pères apostoliques, P 1963 (ÜK).– Glimm-Walsh-Marique, FathCh, NY 1947.– J. A. Kleist, ACW 1, 1946; ser. min. 6, 1957.– H. Lietzmann, Hdb. zum NT, Erg.-Bd, 1920/23 (ÜK).– F. Zeller, BKV² 35, 1918. ** G. Bardy, La vie spirituelle d'après les Pères des trois premiers siècles, 1935; La théologie de l'Église de s. Clément à s. Iréné, 1945.– G. J. M. Bartelink, Lexicologisch-semantische studie over de taal van de Apost. Vaders, N 1952.– A. Benoît, Le baptême au 2ᵉ siècle, 1953 (von Didache bis Iren.).– Flesseman-van Leer, NTT 1955, 230/44 (AT bei den Ap. Vätern und Apologeten).– F. X. Gokey, The terminology for the devil and evil spirits in the apostolic fathers, Wa 1961.– A. Heitmann, Imitatio dei. Die ethische Nachahmung Gottes nach der Väterlehre der 2 ersten Jhh., R 1940.– G. Jouassard, MSR 1957, 129/34 (groupement des pères dits apost.).– Kittel, ZntW 1950/1, 54/112 (Jakobusbrief und die Ap. Väter).– J. Klevinghaus, Die theol. Stellung der Ap. Väter zur atl. Offenbarung, Gütersloh 1948.– H. Köster, Synoptische Überlieferung bei den Apost. Vätern, TU 65, 1957.– E. Massaux, Influence de l'Év. de s. Matth. sur la littér. chrét. avant s. Iréné, Lou 1950.– Starck, NRTh 1953, 337/64 (foi à la résurrection de J.-Chr.).– T. F. Torrance, The doctrine of grace in the Apostolic fathers, Grand Rapids 1959.– Van Unnik, ZntW 1952/3, 250/55 (ταπεινοῦν τὴν ψυχήν).– Walke, AThR 1950, 39/50 (the use of ecclesia in the Apost. fathers).

§ 7. Klemens von Rom

Klemens von Rom genoß im christlichen Altertum sehr hohes Ansehen, obwohl nur eine einzige Schrift aus seiner Feder erhalten ist: der Korintherbrief, der von der syrischen Kirche zur Hl. Schrift gerechnet wurde und auch dem biblischen Codex Alexandrinus beigefügt ist.

Er wird von Origenes (Jo. 6, 36) und Eusebius (h. e. 3, 15) mit dem Phil. 4, 3 genannten Mitarbeiter Pauli gleichgesetzt und war nach Irenäus (haer. 3, 3, 3) der dritte Nachfolger Petri zu Rom (Petrus, Linus, Anenkletus, Klemens); nach Tertullian aber (praescr. 32) noch vom hl. Petrus selbst ordiniert. Epiphanius (haer. 27, 6) vereinigt die beiden Nachrichten so, daß Klemens zwar von Petrus geweiht worden sei, aber um des Friedens willen sein Amt an Linus abgetreten habe. Auf eine falsche Nachricht der Pseudoklementinen gestützt, hat man Klemens auch für den Konsul Titus Flavius Klemens, den Vetter des Domitian, gehalten. Die Nachrichten über seine Verbannung nach dem Taurischen Chersones und über seinen Martertod in den Fluten des Schwarzen Meeres sind Legenden (4. Jh.). Gedächtnis am 23. November; die Basilika San Clemente in Rom steht angeblich über den Fundamenten seines Wohnhauses.

1. *Der Brief an die Korinther* (sog. *1. Klemensbrief*) ist in den letzten Jahren des Kaisers Domitian (um 96) geschrieben und wird schon im Brief Polykarps benützt. Den vollständigen Text dieses und des sog. *2. Korintherbriefes* hat uns erst der Cod. Hierosol. vom Jahre 1056 vermittelt (s. S. 79); bis dahin hatte man nur den Cod. Alexandrinus der Bibel, in dem c. 58/63 des 1. Briefes und fast die Hälfte des 2. (12/20) fehlen. In neuerer Zeit sind Übersetzungen in lateinischer Sprache (wohl aus dem 2. Jh.), in syrischer und koptischer Sprache entdeckt worden.

Den Anlaß zur Abfassung des ersten Korintherbriefes gaben Wirren in der Christengemeinde zu Korinth; einige jüngere Mitglieder der Gemeinde hatten sich gegen die Presbyter erhoben und sie aus ihrer Stellung verdrängt; als die römische Kirche davon Kenntnis erhielt, richtete sie das Schreiben nach Korinth. Daß Klemens der Verfasser ist, sagt Dionysius von Korinth (Eus. h. e. 4, 23, 11).

1. Teil (1/36): allgemeine Ermahnungen; 2. Teil (37/61): geht auf die Streitigkeiten der Korinther ein und fordert unter Hinweis auf die Gliederung eines Heeres und des menschlichen Leibes sowie auf die atl. Hierarchie Unterordnung unter die von den Aposteln oder ihren Nachfolgern eingesetzten kirchlichen Vorsteher. Der Schluß (62/65) spricht die Hoffnung aus, daß die Überbringer des Briefes recht bald mit der Nachricht von der Wiederherstellung des Friedens zurückkehren werden.

Lehre

1. Die Vorsteher heißen in dem Briefe ἐπίσκοποι καὶ διάκονοι; an anderen Stellen (z. B. 44, 5 und 57, 1) werden sie unter dem einen Namen πρεσβύτεροι zusammengefaßt. Deutlich wird gesagt, daß sie von der Gemeinde nicht abgesetzt werden dürfen, weil sie ihre Gewalt nicht von dieser haben. Ihre Vollmachten haben sie unmittelbar von den Aposteln übertragen erhalten, die ihrerseits gemäß der Weisung Jesu Christi, des „Gesandten Gottes", gehandelt haben (42/44). Als ihr wichtigstes Amt wird die „Darbringung der Opfergaben" (44, 4) genannt.

2. Ein wohl in der Liturgie gebrauchtes Gemeinde- und Dankgebet (59, 4/61, 3) bezeugt den Glauben an die Gottheit Jesu, der „oberster Priester und Führer unserer Seelen" (61, 3) genannt wird, und an die Vorsehung und Barmherzigkeit Gottes. In c. 20 lesen wir eine ansprechende Schilderung der Zweckmäßigkeit, Schönheit und Ordnung der Welt, die stoische Einflüsse verrät. C. 24 f handelt unter Hinweis auf die Phönixsage von der Auferstehung der Toten.

3. In c. 5/6, 4 finden wir das älteste Zeugnis für die Neronische Christenverfolgung und das Martyrium der Apostelfürsten Petrus und Paulus und vieler Christen in Rom (ἐν ἡμῖν). Zugleich erfahren wir, daß Paulus ἐπὶ τὸ τέρμα τῆς δύσεως (nach Spanien) gekommen sei. Um diesen Bericht richtig zu verstehen, ist zu berücksichtigen, daß er von der stoischen Diatribe beeinflußt ist (vgl. c. 20).

C. Th. Schäfer, FP 44, 1941 (T; altlatein. Ü).– Funk-Diekamp 2, ³1913, 50/80: Passio S. Clementis (4./5. Jh.). ** Altaner, ThR 1936, 41/5 (Primatsfrage); HJB 62/9, 1950, 25/30 (5, 1 ff: Petrus und Paulus in Rom).– O. Andrén, Rättfärdighet och Frid. Righteousness and Peace, Stockholm 1960 (Clem. 30/32).– G. Bardy, DHG 12, 1089/93.– Barnikol, ThJ 1936, 61/80 (Christol.).– Boismard, Rb 1948, 376/87 (Joh.-Ev. bei Klemens).– Botte, REAug 1956, 67/71 (Irenäus und ep. Clem.).– W. Brandt, Jb theol. Schule Bethel 1930, 145/76 (λειτουργεῖν).– Chadwick, SP 4, 281/5 (Justification and hospitality).– H. v. Campenhausen, Kirchl. Amt, 1953, 91/103.– van Cauwelaert, RHE 1935, 267/306; 765 f; dazu Zeiller, ebd. 762/4 (Primatsfrage).– O. Cullmann, Petrus, ²1960, 101/23 (Petrus).– H. Delehaye, Ét. sur le légendrier rom., Bru 1936, 96/115 (Passio s. Clement.).– Dutilleul, REB 1958, 85/98 (Reliquien im Chersones aufgefunden).– Franchi de' Cavalieri, ST 27, 1915, 1/40 (Passio s. Clem.).– Giet, RevSR 1955, 123/36 (Klemens über Petrus in Rom); 1955, 333/45 (Christenverfolgung).– Griffe, BLE 1955, 3/22 (Anfänge des Christentums in Gallien und Klem.-Legenden).– Hertling, Bi 1939, 276/83 (1, 42: ἀπαρχία). – Jaubert, VC 1964, 74/84 (militärische Vergleiche aus jüdischer Tradition); 193/203 (Thèmes lévitiques).– E. Junyent, Il titolo di S. Clemente, R 1932.– Jaeger, RhM 1959, 330/40 (Tragikerfragment).– A. M. Javierre, La prima „diadoche" de la patrística y los „ellogimoi" de Clemente Romano, To 1958.– O. Knoch, Eigenart und Bedeutung der Eschatologie im theol. Aufriß des ersten Clemensbriefes, Bonn 1964; ThQ 1961, 385/407 (kirchl. Verfassung). – Katzenmayer, IKZ 1942, 28/37 (Primatsfrage). – Kwa Joe Liang, Het begrip deemoed in I Klemens, Diss. Ut 1951. – Lebreton, Gr 1925, 369/404 (trinité). – Mohrmann, VC 1949, 67/106 (Sprachgeschichtl. z. altlat. Übers.). – Meinhold, ZKG 1939, 82/129 (Geschehen und Deutung). – Nielsen, CH 1962, 131/50 (moralism). – Oikonomos, Θ 1962, 600/26 (AT). – Peterson, Frühk. 129/36 (Praescriptum). – Poschmann, Paenit. 112/24. – Ponthot, EThL 1959, 339/61 (‚nom'). – L. Sanders, L'hellénisme de s. Cl. de Rome et le Paulinisme, Lou 1943. – Schuler [Festschr. Bornewasser, 1950] 94/116 (Petrus und Paulus in Rom). – M. Smith, NTS 1960 f, 86/8 (ep. 5, 4: Petrus). – Stuiber, RACh 3, 188/97. – Tailliez, Neophilol. 1951, 46/50 (lat. Klemensbrief). – Thierry, VC 1960, 235/44 (c. 20: ἐλάχιστα τῶν ζώων); NAKG 1962, 1/13 (Jesus der Herr). – Van Unnik, VC 1950, 181/9 (c. 20 purely stoic?); 1951, 204/48 (c. 34, 6 f nicht auf „Sanctus" der Eucharistiefeier bezogen); RHPh 1962, 237/46 (nombre des élus). – Wickert, ZntW 1958, 270/5 (Übers. von 19, 2). – A. W. Ziegler, Neue Studien zum 1. Klemensbrief, Mn 1958; HJB 1958, 39/49 (prophet. Erkenntnis und Verkündigung).

2. Die zwei pseudoklementinischen *Briefe Ad virgines* bilden ein einziges Rundschreiben an Aszeten beiderlei Geschlechts und sind wohl erst im 3. Jh. verfaßt. Sie bekämpfen das Syneisaktentum, d. h. das außereheliche Zusammenwohnen geistlicher Männer und Frauen. Vom griechischen Originaltext sind uns nur größere Fragmente als Zitate des Mönchs Antiochus im Sabaskloster bei Jerusalem (s. S. 519 f) erhalten. Der vollständige Text ist durch eine syrische Übersetzung überliefert. In einer koptischen Übersetzung von ep. 1, 1/8 wird Athanasius als Verfasser genannt (s. S. 276).

Funk-Diekamp, Patr. apost. 2, ³1913, 1/49 (griech. Fragm. und lat. Ü des syr. T von Th. Beelen). – S. Wenzlowsky, Briefe der Päpste 1, BKV, 1875, 55/97 (Ü). ** Duensing, ZKG 63, 1950/51, 166/88. – Lefort, Mu 1927, 249/64; 1929, 197/274 (kopt. Überlief.); BullInstFrançArchOrCaire 1931, 509/11. – Rothenhäusler, BM 1948, 148/51. – A. Vööbus, OC 1959, 54/8 (Pentateuchtext).

Der sog. *2. Klemensbrief* stammt nicht von Klemens; er ist in Wirklichkeit die älteste erhaltene Homilie (s. S. 88).

Die *Pseudoklementinen* sind ein Apostelroman, in dem Klemens über das berichtet, was er als Begleiter des Petrus erlebt hat; sie gehören also zu den apokryphen Apostelgeschichten (s. S. 134 f).

§ 8. Ignatius von Antiochien († um 110)

Ignatius, Bischof von Antiochien, wurde zur Zeit des Kaisers Trajan von Syrien nach Rom geschleppt und in der Arena von wilden Tieren zerrissen (Eus. h. e. 3, 22; Hieron. vir. ill. 16). Auf der Reise nach Rom schrieb der Heilige sieben *Briefe*, und zwar vier zu Smyrna und drei in Troas. In Smyrna schrieb er an die kleinasiatischen Gemeinden von Ephesus, Magnesia und Tralles, um ihnen zu danken, daß sie ihn durch Abgesandte auf seinem Leidensweg hatten begrüßen lassen, sodann an die Römer, damit sie nicht etwa beim Kaiser für seine Befreiung Schritte täten. In Troas erhielt er die Nachricht, daß die Verfolgung in Antiochien aufgehört habe; darum schrieb er von hier an die Gemeinden von Philadelphia und Smyrna und an Polykarp, den Bischof von Smyrna, und bat, durch Gesandtschaften die Brüder in Antiochien zu dem erlangten Frieden zu beglückwünschen.

Die sieben Briefe des Ignatius sind etwa um 380 überarbeitet und durch Zusätze erweitert worden; auch wurden ihnen damals sechs weitere Briefe beigefügt; über den Interpolator der Briefe s. S. 256. Im Mittelalter wurden noch vier weitere kurze Briefe in lateinischer Sprache hinzugefügt. Die längere Rezension wurde 1498 lateinisch, 1557 griechisch gedruckt und allgemein für echt gehalten, bis 1646 sechs Briefe und 1689 der Römerbrief in ihrer ursprünglichen, kürzeren Gestalt veröffentlicht wurden; jetzt war man bald darüber einig, daß die längere Rezension unecht ist. Eine noch kürzere syrische Rezension von drei Briefen, die 1845 von Cureton veröffentlicht wurde, erwies sich als ein Auszug aus den echten Briefen.

Die Echtheit der Briefe ist gut bezeugt; schon der hl. Polykarp spricht in seinem Schreiben von Briefen des Ignatius und sagt: „Sie enthalten Glauben und Geduld und alle auf unsern Herrn bezügliche Erbauung." Diese Charakteristik paßt genau auf die uns erhaltenen Briefe, die auch durch Irenäus, Origenes und Eusebius bezeugt sind. Ihr Stil ist von unnachahmlicher Originalität: eine merkwürdige Mischung von kraftvoll-kühner Formlosigkeit und kunstvoller Rhetorik. Hier spricht zu uns eine von leidenschaftlicher, mystischer Christusliebe und heißer Sehnsucht nach dem Martyrium erfüllte, tiefreligiöse Persönlichkeit.

Lehre

1. Christus wird genannt γεννητὸς καὶ ἀγέννητος, καὶ ἐκ Μαρίας καὶ ἐκ θεοῦ (Eph. 7, 2) und ἄχρονος, ἀόρατος (ad Polyc. 3, 2). Das Warten der Propheten ist wirklich erfüllt: Christus wurde ihnen (im descensus ad inferos?) παρών (Philad. 5, 2; 9, 1; Magn. 9, 2). Die Eucharistie ist ihm σὰρξ Ἰησοῦ Χριστοῦ παθοῦσα (Smyrn. 7, 1), φάρμακον ἀθανασίας und ἀντίδοτος τοῦ μὴ ἀποθανεῖν (Eph. 20, 2).

2. Die Kirche nennt er θυσιαστήριον (Eph. 5, 2; Trall. 7, 2; Phil. 4) und erinnert so an das Wort θυσία der Didache. Die Briefe setzen an der Spitze der Gemeinden Einzelbischöfe voraus und sehen den monarchischen Episkopat als eine selbstverständliche Einrichtung an. Eph. 3, 2 spricht Ignatius von „Bischöfen, die selbst in den fernsten Ländern eingesetzt sind". In allen Briefen, außer dem an die Römer, mahnt der Verfasser zur Einheit innerhalb der Gemeinde und findet sie in dem engen Anschluß an die Hierarchie, die bei ihm regelmäßig aus dem Bischof, den Priestern und den Diakonen besteht. Eng verbunden sind ihm Christus, Bischof und Kirche (Smyrn. 8).

Das Wort „katholische Kirche" für die Gesamtheit der Gläubigen begegnet hier zum erstenmal (Smyrn. 8, 2).

3. Die römische Christengemeinde zeichnet er vor allen andern durch eine besonders feierliche und ungewöhnlich viele Epitheta ornantia enthaltende Anschrift aus. Ignatius rühmt hier der römischen Gemeinde, wohl in Abhängigkeit von Rom. 1, 8 und 1. Klem. 5 f, nach, daß sie im Glauben und in der Liebe führend ist, und dabei wird der Glaube noch mehr als die Liebe hervorgehoben, und es wird von ihr u. a. gesagt: ἥτις καὶ προκάθηται ἐν τόπῳ χωρίου Ῥωμαίων, und sie wird genannt: προκαθημένη τῆς ἀγάπης. In Rom. 3, 1 ist, wahrscheinlich in Anspielung auf den 1. Klemensbrief, von einer „Lehrtätigkeit" der römischen Gemeinde anderen Gemeinden gegenüber die Rede (ἄλλους ἐδιδάξατε). Das besondere Ansehen und eine tatsächliche Vorrangstellung der römischen Gemeinde ist bereits deutlich zu spüren. Die vielfach übliche Übersetzung von προκαθημένη τῆς ἀγάπης mit „Vorsteherin des Liebesbundes" (= „Gesamtkirche") ist jedoch unter Berücksichtigung des Zusammenhanges und der sonstigen Gedankenwelt des Ignatius nicht richtig. Zutreffender ist es, wenn man übersetzt: „die den Vorrang auch in der Liebe hat", und unter ἀγάπη all das Neue versteht, „das mit Christi Liebe in die Welt trat und das Wesen des Christentums ausmacht" (J. Thiele). Gegen die erstgenannte Übersetzung sprechen u. a. die alten lateinischen, syrischen und armenischen Versionen und vor allem auch Rom. 9, 3.

Rom. 4, 3 werden Petrus und Paulus in ihrer autoritativen Stellung zu den Römern genannt und damit indirekt auch ihr Aufenthalt in Rom bezeugt.

4. Die Jungfräulichkeit wird im Sinne des hl. Paulus empfohlen; die Ehe soll μετὰ γνώμης τοῦ ἐπισκόπου geschlossen werden (Polyc. 5, 2).

Funk-Diekamp, Patr. apost. 2, ³1913, 83/396 (Ps.-Ignatiana und Martyria). – Th. Camelot, SCh 10, ³1958 (Ignat.; Brief und Mart. des Polykarp). ** D'Alès,

RSR 1935, 489/91 (Polyc. 5, 2).– McArthur, SP 4, 298/304 (Bischofsamt).– Bareille, DThC 7, 685/713.– Barnard, VC 1963, 193/206 (background).– H. W. Bartsch, Gnost. Gut und Gemeindetradition bei Ign. v. A., 1940.– W. Bauer, Rechtgläubigkeit, 65/73; 81/5; 112/4. – Bieder, EvTheol 1956, 75/97 (Eucharistie); ThZ 1956, 28/43 (kirchl. Schweigen bei Ign.).– Bolhuis, VC 1953, 143/53 („Martyrium" des Ign.; Parallele zur altchristl. Apologetik).– M. P. Brown, The authentic writings of I., 1963; JBL 1964, 146/52 (Ps.-I.).– N. Brox, Zeuge und Märtyrer, 1961, 203/25; ZkTh 1963, 218/20 (Rom. 2, 2).– Bultmann [J. de Zwaan, 1953] 37/51 (Ign. und Paulus).– Burghardt, ThSt 1940, 1/26; 130/56 (Ign. und Jo.-Ev.).– Cecchini, Mar 14, 1952, 373/83 (Maria).– Chadwick, HThR 1950, 169/72 (silence of bishops in Ign.).– J. Colson, Agapè (charité) chez S. Ignace d'Antioche, 1961.– V. Corwin, St. Ignatius and christianity in Antioch, New Haven 1960.– Chrestos, Θ 1950, 618/37; 1951, 82/107 (ζωὴ ἀληθινή).– Daube, JTS 1965, 128 f (Eph. 19, 1).– Dölger, AC 4, 1933, 73/80 (Christophoros); AC 5, 218/23 (Phil. 7, 1).– F. X. Funk, Die Echtheit der I.-Briefe, 1883.– Grant, CBQ 1963, 322/35 (scripture and tradition).– Hannah, JBL 1960, 221/38 (long recension).– Jouassard [Mém. Chaine, 1950] 213/21 (Abfassungszeit der 3 Troasbriefe).– Katzenmayer, IKZ 1951, 104/7 (Stellung des Bischofs); IKZ 1953, 65/72 (zu Rom. 4, 3).– Köster, ZThK 1957, 56/69 (Geschichte und Kultus).– Lusk, ScottJournTheol 3, 1950, 255/77 (zur Gesch. des Episkopats).– Ch. Maurer, Ign. und das Jo.-Ev., Zü 1949.– Meinhold [J. Lortz 2, 1958] 467/90 (schweigende Bischöfe); HJ 1958, 50/62 (Ethik); Saeculum 1963, 308/24 (Episkope, Pneumatiker, Märtyrer).– Moffat, HThR 1936, 1/38 (Trall.).– Molland, JEH 1954, 1/16 (Häretiker bei Ign.).– Musurillo, ThSt 1961, 103/110 (zu Corwin).– Nordberg, Arctos 3, 1962, 119/41 (Bibeltext).– Perler, DTh 1944, 413/51 (Ign. und die röm. Christengemeinde); RAC 1949, 47/72 (Makk. 4 und Ign.); HJB 1958, 73/82 (Ps.-Ign. und Eusebius v. Emesa).– C. C. Richardson, The Christianity of Ign. of A., NY 1935; JR 1937, 428/43 (Kirche).– Riesenfeld, SP 4, 312/22 (style and theology).– Romanides, GrOrthodThRev 1961 f, 53/77 (ecclesiology).– Th. Rüsch, Die Entstehung der Lehre vom Hl. Geist bei I., ... und Irenäus, Zü 1952.– H. Schlier, Religionsgeschichtl. Untersuchungen zu den I.-Briefen, 1929.– Schoedel, JTS 1964, 308/16 (Trall. 1, 1).– Snyder, BiblResearch 8, 1963, 3/12 (the historical Jesus). – Estradé, Hel 1, 1950, 310/18 (Rom. 5, 1; 6, 1).– Woollcombe, SP 6, 269/73 (ps.-ignat. letters).

§ 9. Polykarp von Smyrna († 156)

Polykarp sah und hörte in seiner Jugend noch den Apostel Johannes und wurde von ihm zum Bischof von Smyrna bestellt (Tert. praescr. 32, 2; Eus. h. e. 5, 20, 5 f). Mit Papst Anicet verhandelte er um 155 zu Rom über Tag und Festgegenstand der Osterfeier, konnte sich aber mit ihm nicht einigen. Dem von seinem Bischof gebannten Marcion antwortete er auf die Frage, ob er ihn kenne: „Freilich kenne ich dich, du Erstgeborener Satans" (Iren. haer. 3, 3, 4). Nach dem Zeugnis des Irenäus (Eus. h. e. 5, 20, 8) schrieb er mehrere Briefe an Gemeinden und einzelne Brüder. Erhalten ist nur der Brief an die Philipper. Seinen Namen tragen vier Schriftstücke, Zeugen seines Lebens und Sterbens.

1. *Der Brief des hl. Ignatius an Polykarp.* Ignatius belehrt Polykarp über seine Hirtenpflicht, mahnt ihn, ein Athlet zu sein und festzustehen wie ein Amboß unter den Schlägen des Hammers. Er soll nach Antiochien einen „Gottesläufer" senden und den andern Kirchen schreiben, dasselbe zu tun (kirchliche Organisation durch Botenverkehr).

2. *Der Brief des Polykarp an die Philipper.* Die Gemeinde zu Philippi hatte Polykarp um eine Abschrift der Briefe gebeten, die der hl. Ignatius an ihn und verschiedene kleinasiatische Kirchen gerichtet hatte. Diese Briefe schickte er ihr nun, „so viele er deren hatte", und fügte ein eigenes Begleitschreiben bei. Der Brief gibt unter Benutzung des ersten Klemensbriefes allerlei Mahnungen zu rechtem Glauben und christlichem Wandel und schärft gelegentlich den Gehorsam gegen „die Presbyter und Diakone" ein (5, 3); eines Bischofs zu Philippi geschieht keine Erwähnung, so daß man eine presbyteriale Verfassung der Kirche von Philippi vermuten könnte. Vollständig ist der Brief nur in lateinischer Übersetzung erhalten, die griechischen Hss. bieten 1/9, 2; bei Eusebius (h. e. 3, 36, 13/15) noch 9 und 13.

Eine hohe Wahrscheinlichkeit kommt der von Harrison vertretenen Auffassung zu, wonach in dem uns vorliegenden Brief zwei verschiedene von Polykarp verfaßte Schreiben zu einem einzigen zusammengearbeitet wurden. In c. 13 liegt der erste kurze, noch während der Todesreise des Ignatius (um 110) verfaßte Brief vor, der das Begleitschreiben zu den übersandten Ignatiusbriefen darstellt. Das 2. Schreiben (c. 1/12), in dem in c. 9 bereits der Tod des Ignatius vorausgesetzt wird, wurde wesentlich später (um 135) abgefaßt, als die Philipper, die anscheinend durch das Auftreten Marcions (c. 7) beunruhigt wurden, sich den Rat des inzwischen zu hohem Ansehen gelangten Polykarp erbaten. C. 14 paßt als Postscriptum sowohl zu dem ersten wie zum zweiten Brief.

H. v. Campenhausen hat nachzuweisen versucht, daß Polykarp oder ein von ihm Beauftragter die kanonischen Pastoralbriefe verfaßt hat.

3. *Das Martyrium Polycarpi.* Dieser älteste uns erhaltene, im wesentlichen echte und zuverlässige Leidensbericht über den Tod eines Märtyrers hat die Form eines Schreibens der Gemeinde von Smyrna an die Kirche von Philomelium in Phrygien und ist bald nach dem Tode Polykarps von einem gewissen Marcion verfaßt (c. 20). Der Brief ist später am Schluß mit mehreren Zusätzen versehen worden. An die Passion Christi erinnernd, schildert er das Blutzeugnis des Bischofs, der dem Prokonsul Statius Quadratus auf den Befehl, Christus zu verfluchen, erwiderte:

„Sechsundachtzig Jahre diene ich ihm, und er hat mir nie ein Leid getan; wie könnte ich meinen König lästern, der mich erlöst hat?" Dem auf dem Scheiterhaufen festgebundenen Märtyrer legt der Berichterstatter ein Gebet in den Mund (c. 14), das auch für die Geschichte des altchristlichen Gebetes wichtig ist. Da sich die Flamme des Scheiterhaufens nur wie ein Segel um ihn wölbte, ohne ihn zu töten, durchbohrte ihn der Konfektor mit dem Dolche. Das war wahrscheinlich am 22. Februar 156 (E. Schwartz); in der lateinischen Kirche wird Polykarp am 26. Januar verehrt. Seine Gefährten „sammelten seine Gebeine, kostbarer als Edelsteine und wertvoller als Gold, und setzten sie an geeignetem Orte bei, damit man dort alljährlich an seinem Todestag zusammenkomme" (c. 18).

4. Die *Vita Polycarpi* von Pionius ist ein unbedeutendes, völlig legendäres Machwerk, wahrscheinlich um 400 zur Ergänzung des alten Leidensberichts verfaßt. Der Presbyter Pionius von Smyrna, Märtyrer unter Decius (250), kommt als Verfasser nicht in Betracht.

Knopf-Krüger, Ausgew. Märtyrerakten, [3]1929, 1/7 (Mart. Pol.). – Th. Camelot, SCh 10, [3]1958 (Brief und Mart. Pol.). – Funk-Diekamp, Patr. ap. 2, [3]1913, 402/50 (Vita Pol. von Pionius). ** Bardy, AnTh 1953, 175 (Datierung). – Barnard, CQR 1962, 421/30 (ep. ad Phil.). – Camelot, RSPhTh 1952, 492/4 (Datierung). – H. v. Campenhausen, Bearbeitungen und Interpolationen des Polykarpmartyriums, SbHei 1957, 3; dazu Marrou, ThLZ 1959, 361/3. – Dahl [E. Haenchen, 1964] 70/84 (ad Phil. 7, 1). – H. Delehaye, Les passions des martyrs, 1921, 11/59. – Grégoire-Orgels, AB 1951, 1/38 (23. 2. 177 Todesdatum). – Grégoire-Orgels-Moreau, BullAcadRBelg 1961, 72/83 (chronol. Probleme). – Griffe, BLE 1951, 170/7 (zu Grégoire). – P. N. Harrison, Polycarp's two Epistles to the Philippians, 1936; dagegen Puech, RHR 119, 1939, 96/102. – Headlam, CQR 1945, 1/25 (Philipperbrief). – Katzenmayer, IKZ 1951, 146/56. – Marrou, AB 1953, 5/20 (zwischen 161 und 168/69; vgl. Griffe, BLE 1953, 178/81). – Meinhold, PWK 21, 2, 1662/93. – Ramsay, JahreshÖsterreichArchInst 1932, 245/8 (Todesjahr 155). – W. Reuning, Zur Erklärung des Polykarpmartyriums, 1917. – Schmidt, TU 43, 1919, 705/25 (Pionius, vita Pol.). – Simonetti, GiorFil 1956, 328/44 (martirio). – Sordi, RSCI 1961, 277/85 (data del martirio). – H. W. Surkau, Martyrien in jüd. und frühchristlicher Zeit, 1938, 126/34 (mart. Pol.). – Telfer, JTS 1952, 79/83 (Todesjahr 168).

Pseudo-Polycarpiana: Bover, EE 1935, 5/19. – Harnack, SbB 1921, 266/84; 834 f. – Meinhold, PWK 21, 1690 f (gegen Echtheit des Fragm. nr. 3 bei Funk-Diekamp 2, 398 f).

§ 10. Papias von Hierapolis

Papias war Hörer des Johannes und Genosse des Polykarp (Iren. haer. 5, 33, 4) und Bischof von Hierapolis (nach Eus. h. e. 3, 36, 2; 2, 15, 2). Er schrieb um 130 fünf Bücher Λογίων κυριακῶν ἐξηγήσεις, eine Sammlung von Nachrichten über Worte und Taten des Herrn und seiner Jünger, hauptsächlich nach mündlichen Mitteilungen von Apostelschülern; von ihnen nennt er Aristion und den πρεσβύτερος Johannes, ferner die Töchter des Philippus.

Nur kleinere Fragmente des Werkes sind erhalten, darunter eines über die Herkunft der Evangelien nach Mt. und Mc., Bemerkungen über Johannes und Nachrichten über das Ende des Judas. Die Deutung der wichtigen Fragmente ist umstritten und ihre historische Zuverlässigkeit fraglich. Eusebius nennt den Papias beschränkten Geistes (h. e. 3, 39, 13: σφόδρα γάρ τοι σμικρὸς ὢν τὸν νοῦν) wegen seiner chiliastischen Tendenzen; es scheint jedoch, daß Papias auch sonst statt echter Überlieferungen vorwiegend legendäres und spätjüdisch-apokalyptisches Gut aus dem Kreise kleinasiatischer Presbyteroi gesammelt hat.

Funk-Bihlmeyer, Die apost. Väter 1, 133/40 (Papiasfragmente). – M. Buccellato, Papias di H., Frammenti e testimonianze nel testo greco, Mi 1936 (TÜK). – Kleist, ACW 6, 1948, 105/24 (Ü). ** Bardy, DThC 11, 1944/47. – Beyschlag, SP 4, 268/80 (Herkunft und Eigenart der P.-Fragmente). – Bligh, ThSt 1952, 234/46 (Prolog des P.). – Dix, Th 1932, 8/20. – Gry, Rb 1946, 197/206 (Henoch 10, 9 bei P.). – Gutwenger, ZkTh 1947, 385/416 (Chronol.: um 90). – N. J. Hommes, Het Testimonialboek, 1935, 230/55. – Jourjon, DBS 6, 1104/9. – Kürzinger, BiZ 1960, 19/38 (P. zum Mt.-Ev.). – Lambot, RB 1931, 116/23 (Presbytres). – Lawlor, Ha 1922, 167/222 (Eusebius on P.). – F. Loofs, TU 46, 2, 328/38 (P. bei Iren.). – Mullins, VC 1960, 216/24 (P. on Mark's gospel). – Munck, HThR 1959, 223/43 (Presbyters and disciples of the lord); [O. Cullmann, 1962] 249/60 (Mt.-Ev.). – Perrella, DThP 1940, 47/56 („Giovanni l'anziano"). – Rigg, NovTest 1956, 161/83 (P. on Marc). – Ryan, The Theologian 1957, 1/10 (Marcan Gospel). – Stauffer [J. Schmid, 1963] 283/93 (Methurgeman des Petrus). – Vaccari, Bi 1939, 413 f (un preteso scritto perduto di P.). – P. Vanutelli, De presbytero Ioanne apud Papiam, R 1933; SC 1935, 202/9 (Presbyter Johannes). – Wotke, PWK II 18, 2, 966/76.

§ 11. Der Barnabasbrief

Der Barnabasbrief wird von Klemens v. Alex. u. Origenes ebenso wie in der handschriftlichen Überlieferung dem Apostel zugesprochen, aber von Eusebius (h. e. 3, 25, 4) und Hieronymus (vir. ill. 6) zu den Apokryphen gerechnet; griechisch, vollständig im Cod. Sinaiticus und (zusammen mit der Didache) im Cod. Hieros. von 1056. Bis 1859 waren die ersten Kapitel bis 5, 7 nur aus einer alten lateinischen Übersetzung (3. Jh.?) bekannt, in ihr fehlten aber c. 18/21.

1. Teil (dogmatisch), 1/7: Wert und Bedeutung des AT. Die Anord-

nungen Gottes über Opfer, Beschneidung und Speisen seien in einem höheren, geistigen Sinne gemeint gewesen; statt äußerer Opfer habe Gott ein zerknirschtes Herz, statt der Beschneidung des Fleisches vielmehr die von Herz und Ohren verlangt. Die Juden aber hätten, durch einen bösen Engel verleitet, den Willen Gottes verkehrt und das Gesetz wörtlich verstanden und erfüllt. Demgemäß findet der Verfasser in allen Tatsachen und Einrichtungen des AT „die Herrlichkeit Jesu" angedeutet: z. B. die 318 Knechte, die Abraham beschnitt, bedeuten ihm Jesus (ιη = 18) am Kreuze (τ = 300). Der 2. Teil (moralisch), 18/21, beschreibt, ganz wie die Didache (1/6), die zwei Wege, die hier nach Licht und Finsternis benannt werden.

Es steht heute fest, daß der Apostel Barnabas nicht der Verfasser dieses Schreibens sein kann. Denn der hl. Paulus, dessen Begleiter Barnabas war, sah in den Einrichtungen des Alten Bundes, besonders in der Beschneidung, ein Gotteswerk, während der Verfasser die Beschneidung der Betörung eines bösen Engels zuschreibt (9, 4). Wahrscheinlich war er heidenchristlicher Lehrer, der seinen Brief — in Wirklichkeit eine lehrhaft-erbauliche Abhandlung — nach der Zerstörung Jerusalems (16) schrieb. Mit ihrer radikal judenfeindlichen Einstellung steht die Schrift in der urchristlichen Literatur einzig da. Die allegorische Schriftauslegung, die einen Einfluß Philos erkennen läßt, weist wohl auf Alexandrien als Heimat des Verfassers hin.

Abfassungszeit. Aus 4, 4, wo eine Weissagung Daniels (7, 24) für das Weltende wiedergegeben wird, kann kaum eine sichere zeitgeschichtliche Deutung gewonnen werden, die einen Anhaltspunkt für die Datierung (96—98) böte. Falls in 16, 3 ff auf den Tempelbau Hadrians in Jerusalem (130) angespielt wird, nicht auf den Bau des geistigen Tempels der Kirche, wäre der Brief kurz nach 130 zu datieren. Wenn in 11, 9 die etwa 115/16 abgefaßte griechische Baruchapokalypse (6, 10, 7) zitiert ist, wäre 115/16 der Terminus post quem. Sicher ist 140 der Terminus ante quem. Über das Verhältnis zur Didache s. S. 80.

Th. Klauser, FP 1, 1940 (T, lat. Ü).– J. M. Heer, Die Versio latina des Barnabasbriefes..., Fr 1908.– H. Windisch, Der Barnabasbrief, Hdb. z. NT, Erg.-Bd., 1920 (ÜK).– Zeller, BKV² 35, 1918, 76/105 (Ü).– K. Thieme, Kirche und Synagoge, Olten, 1945 (Ü); dazu Thieme und Oesterreicher, ZkTh 1952, 63/70. ** Barnard, JEgyptArch 1958, 101/17 (Datierung); CQR 1958, 211/30; 1959, 320/34 (problems); AThR 1959, 177/90 (B. and the Tannaitic catechism); ScottJTheol 1960, 45/59 (B. and the Dead Sea scrolls); NTS 1960 f, 31/45 (early Alexandrian christianity); VC 1961, 8/22 (paschal homily?); SP 4, 263/7 (Barn. 6, 8/17).– Braun, NTS 1957 f, 119/24 (B. und Joh.-Ev.).– Dahl [Mél. M. Goguel, 1950] 62/70 (Barn. 6, 8/19: lait et miel).– Daniélou, RSR 1962,

389/99 (12, 1: xylon). – Hermans, EThL 1959, 849/76 (B. est-il millénariste?). – Kraft, JBL 1960, 336/50 (Is.-Text und Testimonia); JBL 1961, 371/3 (Is.-Text und Melito). – Lowy, JJewishSt 1960, 1/33 (confutation of Judaism). – Meinhold, ZKG 1940, 255/303 (Geschichte und Exegese im Barnabasbrief). – P. Prigent, Les testimonia dans le christianisme primitif: L'épître de Barnabé 1–16 et ses sources, 1961; dazu Stegemann, ZKG 1962, 142/53. – Schille, ZntW 1958, 31/52 (Tauflehre). – Schmid, RACh 1, 1207/17. – Williams, JTS 1933, 337/46 (Datierung).

§ 12. Hermas

Der Hirt (Ποιμήν) des Hermas, nach dem Vorbild jüdischer Apokalypsen (bes. 4 Esra) verfaßt, trägt seinen Buchtitel nach der Hirtengestalt des Engels, der nach der Kirche (vis. 1/4) als Offenbarungsträger und Schutz- und Bußengel auftritt (vis. 5 / sim. 10). Als Apokalypse gewann das Hirtenbuch kanonisches Ansehen bei Irenäus (haer. 4, 20, 2), dem vormontanistischen Tertullianus (or. 16 gegen pud. 10), Clemens Al. und Origenes (in Rom. comm. 10, 31; princ. 4, 11); der Canon Muratori gestattet jedoch nur die private Lesung und lehnt die Zugehörigkeit zu den prophetischen und apostolischen Schriften ab, da Hermas, der Bruder des römischen Bischofs Pius, erst kürzlich den *Hirten* in Rom geschrieben habe. Zu Unrecht betrachten Origenes und Spätere den Hermas des Römerbriefes (16, 14) als Verfasser des Hirtenbuches; die Erwähnung von Clemens (vis. 2, 4, 3) läßt sich nicht zwingend deuten. Was Hermas selbst über sich und seine Familie berichtet, ist nicht autobiographisch, sondern typisch für die sündige Gemeinde zu verstehen. Der Verfasser ist ein kleiner Geschäftsmann mit beschränktem Gesichtskreis, aber aufrichtig fromm und gewissenhaft, demütig und fröhlich. Seine volkstümliche Sprache ist stark von der griechischen Bibel geprägt; er benützt und verchristlicht hellenistische Elemente, vor allem aber spätjüdische Traditionsstoffe, wobei mancherlei Unordnung und Widersprüche entstehen.

Als Abfassungszeit kommt das Jahrzehnt vor 150 in Betracht, da die gnostische Bewegung noch unbedeutend (sim. 5, 7, 2), der monarchische Episkopat noch unentwickelt (vis. 2, 4, 3; 3, 5, 1) und der Montanismus noch unbekannt erscheint; diese Datierung empfiehlt sich auch nach dem Canon Muratori.

Der griechische Text ist in drei unvollständigen Hss. und zahlreichen kleineren Papyrusfragmenten überliefert. Die Bibel-Hs. des Cod. Sinaiticus enthält nur das erste Viertel bis mand. 4, 3, 6; in der relativ vollständigen Athos-Hs. fehlt der Schluß von sim. 9, 30, 3 an. Der Papyruskodex in Michigan bietet etwa ein Viertel des gesamten Textes (ein Stück von mand. 2/3 und eine Reihe von Fragmenten der sim. 2/9). Vollständig ist die Schrift in zwei lateinischen Übersetzungen erhalten (2. bzw. 4./5. Jh.); eine äthiopische Übersetzung ist oft sehr frei. Ferner gibt es Bruchstücke einer koptischen und mittelpersischen Übersetzung. In den neuen kritischen Editionen von M. Whittaker und R. Joly sind alle bekannten Textzeugen verwertet, ferner wurde eine fortlaufende Kapitelzählung eingeführt; R. A. B. Mynors bereitet eine kritische Edition der lateinischen Übersetzungen vor.

Der Inhalt der Schrift besteht vor allem in der Verkündigung der Buße für die gesamte sündige Christenheit; das Apokalyptische ist nur Rahmenwerk und hat wenig mit überirdischen Geheimnissen zu tun. In der herkömmlichen Gliederung zerfällt das Werk in 5 Gesichte (visiones), 12 Gebote (mandata) und 10 Gleichnisse (similitudines), was nicht immer dem Inhalt entspricht. Wie der Michigankodex, die altlateinische Übersetzung und weitere Hinweise zeigen, besteht die Schrift aus Teilen, die wahrscheinlich nicht gleichzeitig veröffentlicht worden sind; vis. 1/4 ist die Kirche als immer mehr sich verjüngende Frau die Offenbarungsträgerin, vis. 5 bis sim. 10 der Hirt. Hermas soll alle Christen zu sofortiger Buße aufrufen, für die jetzt die letzte Möglichkeit geboten werde; dies ist der Inhalt eines von der Kirche übergebenen Himmelsbriefes. In der 3. Vision sieht Hermas einen Turmbau, der die Kirche symbolisiert: die in den Turm eingefügten Steine sind die guten Christen, die unbrauchbaren und beiseite geworfenen sind die Sünder, die durch die Buße behauen werden müssen, wenn sie dem Turm eingefügt werden sollen. Das 5. Gesicht mit der Erscheinung des Hirten leitet die Gebote ein, die zusammen mit den Gleichnissen 1/5 eine christliche Sittenlehre darstellen: Glaube, Furcht, Enthaltsamkeit, Lauterkeit, Wahrheit und Keuschheit im Gegensatz zu Jähzorn, Zweifel und Traurigkeit. Die folgenden Gleichnisse 6/9 befassen sich mit dem Vollzug und dem Erfolg der Buße. Das neunte, erst später eingefügte Gleichnis bringt eine Wiederholung und Ergänzung der Vision vom Turmbau; dabei ist neu, daß der Bau vor der Vollendung unterbrochen wird, um die zuerst scharf begrenzte Bußfrist zu verlängern, da die nahe erwartete Parusie ausblieb. Im Schlußgleichnis 10 erscheint der Gottessohn in Engelsgestalt selbst und wiederholt die Bußmahnungen insbesondere für die Reichen.

S. Giet nimmt drei verschiedene Verfasser an: Hermas schrieb nur die Gesichte 1/4, ein weiterer Verfasser das Gleichnis 9 mit der Offenbarung des Hirten, ein dritter mit judenchristlichen und adoptianischen Tendenzen die Gebote 1/12 und die Gleichnisse 1/8 und 10.

Lehre

1. Das Hirtenbuch kennt weniger eine allgemeingültige Bußlehre als eine besonders aufgetragene aktuelle Bußverkündigung: bis zu einem bestimmten Zeitpunkt vor der Wiederkunft des Herrn können alle Sünden nach der Taufe vergeben werden. Unklar bleibt, ob auch die Sünde des Glaubensabfalles verziehen wird (sim. 8, 6, 4; 9, 19, 1); wer nach der Buße wieder sündigt, wird schwerlich gerettet werden (mand. 4, 1, 8; 4, 3, 6). Die Buße besteht in Sinnesänderung und Sühneleistung. Gott vergibt, wenn er die Buße für genügend hält; eine kirchliche Rekonziliation kann erschlossen werden. Umstritten ist, ob Hermas gegenüber einem älteren Rigorismus die Bußmöglichkeit als etwas Neues und ausnahmsweise Zugestandenes verkündigt oder ob er sie als selbstverständliche Einrichtung voraussetzt und nur das bevorstehende Ende der Bußmöglichkeit ankünden will. Wahrscheinlich spiegeln sich in solchen Unklarheiten und Widersprüchen Richtungen innerhalb der Gemeinde und Diskussionen der Lehrer (mand. 4, 3), so daß man die tatsächliche Bußpraxis nur mit Vorsicht erschließen kann; dies gilt noch mehr, wenn das Hirtenbuch von mehreren Verfassern stammt.

2. Hermas spricht nie von Jesus Christus oder vom Logos, sondern nur vom Sohne Gottes; dieser hat als heiliger Geist im Fleisch Wohnung genommen, die menschliche Natur gilt als Gottes Adoptivsohn (sim. 5). Daneben erscheint der Gottessohn als höchster Engel über anderen sechs (sim. 9, 12, 7 f).

3. Diese bedenkliche Theologie hat man im Altertum ohne Anstoß hingenommen, weil man das Hirtenbuch nur als Mahnung zu Buße und christlicher Lebensführung lesen wollte, was auch der Absicht des Hermas gemäß ist, der immer wieder, dabei noch stark von der Enderwartung bestimmt, vom Halten der Gebote spricht. Darüber hinaus kennt er wie das Spätjudentum überschüssige Werke (opera supererogatoria), wie etwa das Fasten zum Zwecke der Wohltätigkeit (sim. 5, 2 f; vgl. dagegen Luc. 17, 7/10). Im Unterschied zu manchen älteren Autoren hält Hermas die zweite Ehe für erlaubt (mand. 4, 4, 1 f). Ehebruch der Frau, die in ihrer Sünde verharrt, verpflichtet den Mann zur Entlassung, berechtigt ihn jedoch nicht zur Wiederverheiratung. Wenn die Frau Buße tut, muß sie der Mann wieder aufnehmen, jedoch nur einmal; diese Regel gilt gleicherweise für Mann und Frau (mand. 4, 1, 4/8).

R. Joly, SCh 53, 1958 (TÜK). – M. Whittaker, GCS, 1956. – M. Dibelius, 1923 (ÜK). ** Audet, Rb 1953, 41/82 (Beziehungen zur Sektenregel von Qumran). – Barberet, RSR 1958, 379/407 (ζῆν τῷ θεῷ). – Bareille, DThC 6, 2268/88. – Chadwick, JTS 1957, 274/80 (zu Whittaker). – Clark, Early christian origins, Ch 1961, 102/119 (sins of H.).– R. van Deemter, Der Hirt des Hermas, Apokalypse oder Allegorie?, Delft 1929.– S. Giet, Hermas et les pasteurs, 1963; SP 3, 214/8 (Buße).– Grobel, Vanderbilt Stud. in Hum. 1, 1951, 50/55 (sim. 2).– O'Hagan, SP 4, 305/11 (the great tribulation to come).– Hamman, SP 4, 286/90 (σφραγίς).– Joly, NClio 1953, 394/406 (Judaïsme, christianisme et hellénisme); RHR 1955, 32/49 (doctrine pénitentielle).– P. Knorz, Die Theologie des Hirten des Hermas, Theol. Diss. Hei 1958.– Lantschoot, Byz 32, 1962, 93/5 (äthiop. Ü).– Leclercq, DAL 6, 2265/90.– Lluis-Font, RAM 1963, 83/98 (sources de la doctrine sur les deux esprits).– H. Opitz, Ursprünge frühkath. Pneumatologie, B 1960.– Peterson, Frühk. 254/270 (Visionen); 271/84 (vis. 5); 285/309 (Begegnung mit dem Ungeheuer, vis. 4, 1).– Poschmann, Paenit. 134/205.– K. Rahner, ZkTh 1955, 385/431 (Bußlehre).– de Savignac, Ét. théol. et rel. 1960, 159/70 (problèmes).– Schmid [K. Ziegler, 1954] 121/30 (Arkadia, sim. 9, 1, 4).– Schwartz, Rb 1965, 240/7 (survivances littéraires païennes).– Seitz, JBL 1944, 131/40 (Beziehungen zum Jakobusbrief); JBL 1947, 211/19 (δίψυχος).– Åke v. Ström, Der Hirt des Hermas, Allegorie oder Wirklichkeit?, L 1936.– Svennung, ZntW 1933, 294/308 (Statio = „Fasten").– Van Unnik, ZntW 1952/3, 250/55 (ταπεινοῦν τὴν ψυχήν).– Vielhauer, NtlA 2, 444/54.– Wilson, HThR 1927, 21/62 (career of the prophet H.).

II. Die griechischen Apologeten des 2. Jahrhunderts

§ 13. Allgemeines

Im Laufe des 2. Jh. nahm das christliche Schrifttum infolge neuer Verhältnisse das Gepräge wissenschaftlicher Begründung in der Form apologetischer Auseinandersetzungen an. Wissenschaftlich gebildete Männer traten in größerer Anzahl in die Kirche ein. Die neuerkannte Wahrheit zwang sie von selbst zur Auseinandersetzung mit der heidnischen Philosophie. Mit der literarischen Tätigkeit der Apologeten verließ das Christentum mit vollem Bewußtsein die bisherige Enge und Weltabgeschlossenheit und unternahm den ersten entschiedenen Versuch, in geschickter Anpassung an die philosophischen Strömungen der Zeit, seine neuen Ideen als Vollendung und Krönung des höchsten kulturellen Strebens der gebildeten Welt vorzutragen.

MG 6.– J. C. Th. de Otto, Corpus apologetarum, 1/9, Jena 1847/72; 1/5, ³1876/81.– E. J. Goodspeed, Die ältesten Apologeten, 1914 (ohne Theophil.); Index apologeticus, sive Clavis Justini Martyris operum aliorumque apologetarum pristinorum, 1912.– BKV² 12; 14; 33 (1913/7).– B. Widmer, Griech. Apologeten des 2. Jh. (Auswahl), Einsiedeln 1958. ** F. Andres, Die Engellehre der griechischen Apologeten, 1914.– Bareille, DThC 1, 1580/1602.– A. Benoît, Le baptême au IIᵉ siècle, 1953.– A. Casamassa, Gli apologisti greci, 1944.– J. Daniélou, Message évangélique et culture hellénistique au IIᵉ et

IIIe s., 1961.– Dölger, AC 4, 188/228 (sacramentum infanticidii).– van Es, GTT 1934, 113/42; 282/310; 1937, 305/30; 385/96 (De grond van het Schriftgeloof bij de Apologeten).– J. Geffcken, Zwei christliche Apologeten, 1907 (Aristides und Athenagoras).– J. Giordani, La prima polemica crist., Brescia ²1943.– Grant, VC 1955, 25/33 (the chronology of the Greek apologists); HThR 1958, 123/34 (Studies in the apologists).– A. Hauck, Apologetik in der alten Kirche, 1918.– V. A. S. Little, The Christology of the Apologists, 1934.– J. Lortz, Tertullian als Apologet 1, 1927.– Losacco, ArchStorFilosIt 1935, 85/108 (Dialektik).– E. Massaux, Influence de l'év. de Matth. sur la littér. chrét. avant s. Irénée, Lou 1950.– Monachino, Gr 1951, 5/49; 187/222 (intento pratico e propagandistico).– M. Pellegrino, Gli apologetici greci, R 1947; Studi sull'antica apologetica, R 1947 (107/207 auch über Cyprian und Laktanz); Il cristianesimo del 2. sec. di fronte alla cultura class., To 1954.– A. Puech, Les apologistes grecs du 2e s., 1912.– H. Roßbacher, Die Apologeten als politisch-wissenschaftl. Schriftsteller, 1937.– E. Scharl, Recapitulatio mundi bei Irenäus, 1941, 120/31.– Shepherd, JR 1938, 60/79 (christ. worship).– H. Wey, Die Funktionen der bösen Geister bei den griech. Apologeten des 2. Jh. n. Chr., Winterthur 1957.– B. Wyss, RACh 4, 197/210 (Doxographie).

Waren bisher nur im heidnischen Volke böse Reden über die Christen umgegangen (thyesteische Mahlzeiten und ödipodeische Verbindungen), so traten im 2. Jh. heidnische Philosophen gegen das Christentum auf. Von ihren Schriften sind nur einige bekannt:

1. die Rede des berühmten Rhetors Fronto von Cirta, des Lehrers Mark Aurels, gegen die Christen (Min. Fel. Oct. 9, 6; 31, 2).

2. Lukian von Samosata verspottet die Christen wegen ihrer Bruderliebe und Todesbereitschaft in seiner Satire auf Peregrinus Proteus, der eine Zeitlang Mitglied einer christlichen Gemeinde gewesen war (*De morte Peregrini* 11/16, um 170).

C. Jacobitz, Luciani opera 3, 1904, 271/87.– K. Mras, Die Hauptwerke des Lukian, gr.-dtsch, Mn 1954, 470/505.– W. Nestle, Lukian, Tod des Peregrinos, 1925 (TÜ).– J. Schwartz, Luc. de Sam., Philopseudès et De morte Peregrini, 1951 (TK). ** Bagnani, Historia 1955, 107/12 (Peregr. and the christians).– H. D. Betz, Lukian v. Samosata und das NT, TU 76, 1961; NovTest 1959, 226/37 (Lukian und das Christentum).– M. Caster, Lucien et la pensée rel. de son temps, 1937.– Curti, MiscStLCA 1954, 86/109 (Luciano e i cristiani).– Rießler, ThQ 1933, 64/72 (L. und die Hl. Schrift).

3. die Angriffsschrift des Platonikers Celsus: Ἀληθὴς λόγος (um 178), zum größten Teil in der Gegenschrift des Origenes erhalten (s. S. 203 f).

R. Bader, Der Ἀληθὴς λόγος des Kelsos, 1940 (Rekonstr. des Celsustextes).– W. den Boer, Scripta paganorum I–IV saec. de Christianis testimonia, Lei 1948.– O. Glöckner, Celsi Ἀληθὴς λόγος, KlT 151, 1924. ** C. Andresen, Logos und Nomos. Die Polemik des Kelsos wider das Christentum, B 1955.– Cataudella, NDid 1, 1947, 28/34 (Celsus und die christl. Apologeten).– W.

den Boer, De eerste bestrijder van het Christendom, Groningen 1950.– J. Geffcken, Der Ausgang des griech.-röm. Heidentums, [2]1929.– Kraft, ThLZ 1958, 333/40 (Der mittlere Platonismus und das Christentum).– P. de Labriolle, La réaction païenne. Étude sur la polémique antichrét. du 1er au 6e s., 1934.– Lods, RHPh 1941, 1/33 (jüd. Quellen des Celsus).– Merlan, RACh 2, 954/65.– A. Miura-Stange, Celsus und Origenes, 1926.– Nestle, ARW 1941, 51/100 (Hauptargumente der Philosophen gegen das Christentum).– Schroeder, Die Welt als Geschichte 1957, 190/202 (Celsus und Porphyrius als Christengegner).– Schwartz, RHPh 1960, 126/45 (Du Testament de Lévi au discours véritable de Celse).– W. Völker, Das Bild vom nichtgnostischen Christentum bei Celsus, 1928.– Wifstrand, K. Human. vetenskapessanfundets i Lund 1941/42, V, 391/431 (Die Wahre Lehre des Kelsos).– Weitere Lit. s. unten S. 203 f.

Die christenfeindliche Tradition der Philosophen setzte sich bis in spätere Jahrhunderte fort, besonders bei den Neuplatonikern, z. B. Porphyrius (s. S. 221 f; 332 f), Hierokles und Kaiser Julian.

A. Harnack, Porphyrius, Gegen die Christen, AbhB 1916, 1 (T und Zeugnisse); SbB 1921, 1, 266/84; 2, 834 f (neue Fragmente).– Nautin, Rb 1950, 409/16 (3 neue Fragmente). ** Benoît, Rb 1947, 543/72.– Beutler, PWK 22, 1, 275/323.– J. M. Cantat, Le christianisme vu par Porphyre, P 1958 (Diplôme).– den Boer [Varia hist. aangeb. van Prof. Byvanck, 1954] 83/96 (P. als Historiker).– Frasinetti, RILSL 86, 1953, 194/210 (Porfirio esegeta del profeta Daniele).– A. B. Hulen, Porphyry's work against the christians, Scottdale 1933.– Moffat, ExT 1931, 72/8.– Pezzella, Eos 52, 1, 1962, 87/104 (il problema del Κατὰ Χριστιανῶν).– Vaganay, DThC 12, 2555/90.

Wohl waren die ersten Kaiser des 2. Jh. bemüht, die Wut des aufgehetzten Volkes zurückzuhalten; aber sie gaben ordnungsmäßigen Klagen statt und bestätigten Verurteilungen um des „nomen christianum" willen. Kaiser Mark Aurel erließ 176 ein Reskript, das die Einführung neuer Religionen verbot und leicht auf die Christen bezogen werden konnte. Außerdem stand noch das Judentum in feindseliger Haltung da. Seine Lehre und Sitte drang immer wieder in christliche Kreise ein, so daß auch hiergegen eine Abwehr und Aufklärung not tat.

Die apologetischen Schriften des 2. Jh. sind vorwiegend in der Form der Rede oder des Dialogs abgefaßt, ausgearbeitet nach den Regeln griechischer Rhetorik und zum Teil dazu bestimmt, den Kaisern übergeben zu werden. Sie weisen die heidnischen Verleumdungen zurück, decken die Ungereimtheiten und die Unsittlichkeit der Göttermythen auf und verteidigen namentlich den Monotheismus und die Lehre von der Auferstehung. Sie wollen zeigen, daß die heidnische Philosophie, die sich bloß auf die durch das Treiben der Dämonen verdunkelte menschliche Vernunft stütze, nur einen Teil der Wahrheit, mit Irrtümern vermischt, erkannt habe, daß aber das Christentum die ganze Wahrheit biete, weil in Christus der Logos, d. i. der göttliche Vernunftgeist selbst, auf Erden erschienen sei.

Da die Apologeten auch auf die gebildeten heidnischen Leser Einfluß gewinnen wollten, macht sich bereits in ihren Schriften der später immer stärker werdende Gebrauch fachphilosophischer Ausdrücke und Überlegungen bemerkbar. Doch wurde damit der religiös-theologische Gehalt des christlichen Glaubens nicht in wesentlichen Punkten umgeformt oder „paganisiert". Das vielgebrauchte und mißbrauchte Schlagwort von der Hellenisierung des Christentums durch den Einbruch der antiken Philosophie in die christliche Spekulation unterscheidet zuwenig zwischen dem biblischen Inhalt und der hellenistischen Form der Darstellung.

Einzelbeweise für die Wahrheit des Christentums:

1. der Beweis aus den sittlichen Wirkungen des Christentums, vor allem der Nächstenliebe; 2. der Beweis aus den Vorhersagungen Christi und der Propheten; wahrscheinlich lag den Schriftstellern des 2. Jh. schon eine schriftliche Zusammenstellung der atl. Weissagungen vor; 3. der Altersbeweis: Betonung der inneren Einheit und des Zusammenhangs zwischen dem Alten und Neuen Testament; der Inhalt der prophetischen Bücher des AT erfülle sich im NT, und das Christentum sei keine junge und neue Religion, weil Moses schon vor den griechischen Dichtern und Weisen gelebt habe; 4. der Beweis aus den Wundern Christi, nur selten angewandt, da nach Tertullian (Marc. 3, 3), Origenes (Cels. 3, 26/38) und Laktanz (Inst. 5, 3) auch Pseudo-Christi und Magier mit Hilfe von Dämonen Wunderkraft hätten.

Die beste und älteste Handschrift der griechischen Apologeten des 2. Jh. ist der Arethaskodex zu Paris, geschrieben 914 für den Erzbischof Arethas von Cäsarea in Kappadozien, ursprünglich ein Corpus apologetarum der ersten drei Jhh. einschließlich Eusebius; auf diesen Kodex gehen die meisten Hss. griechischer Apologeten zurück (ausgenommen Justin, Theophil, der Diognetbrief und Hermias).

§ 14. Quadratus, Ariston, Miltiades, Apollinaris, Melito (Nachrichten und Fragmente)

1. Der wohl in Kleinasien lebende Apostelschüler Quadratus, von Hieronymus (vir. ill. 19; ep. 70, 4) irrtümlich mit dem späteren Bischof Quadratus von Athen (Eus. h. e. 4, 23, 3) gleichgesetzt, überreichte 123/24 oder 129 anläßlich einer Bedrängung der Christen dem Kaiser Hadrian während seines Aufenthaltes in Kleinasien eine *Apologie*.

Ein Bruchstück ist erhalten bei Eusebius (Eus. h. e. 4, 3, 1/2). Hier ist die Rede von den Zeugen der Werke Christi, besonders von den zum Teil noch lebenden Geheilten und Auferweckten. Der Versuch von R. Harris, in dem Roman *Barlaam und Joasaph* (s. S. 529), in der Verteidigungsrede der hl. Katharina (MG 116, 276 ff) und anderen Dokumenten die Benützung einer verschollenen Apologie des 2. Jh., die vielleicht die Apologie des Quadratus sein könnte, nachzuweisen, ist nicht geglückt. P. Andriessen sammelt bemerkenswerte Argumente für seine These, daß die Apologie des Quadratus mit dem Diognetbrief identisch sein soll.

Amann, DThC 13, 1429/31.– Andriessen, RTA 1946, 5/39; 125/49; 237/60; 1947, 121/56; VC 1947, 129/36; SE 1949, 44/54; BiNJ 1950, 140/50.– Bardy, AIPh 9, 1949, 75/86.– Harris, ExT 1921, 147/60; BJR 1923, 355/82; 1924, 284/92; dagegen E. Klostermann - E. Seeberg, Die Apologie der hl. Katharina, 1924.

2. Ariston von Pella, der Verfasser eines verlorengegangenen *Dialogs zwischen Jason und Papiskus über Christus,* ist wohl der früheste literarische Verteidiger des Christentums im Kampfe gegen das Judentum. Er schrieb etwa um 140; jedenfalls ist die Schrift bereits Celsus bekannt (Orig. c. Cels. 4, 52). Die gleichfalls verschollene lateinische Übersetzung ist durch eine fälschlich unter Cyprians Namen überlieferte Vorrede (CSEL 3, 3, 119/32) bezeugt. Auch Hieronymus (in Gal. ad 3, 13 f u. quaest. Hebr. in Gn. 1, 1) kannte diese Schrift. Der vom Judenchristen Jason geführte Weissagungsbeweis aus dem AT hat den Erfolg, daß der Jude Papiskus die Taufe begehrt.

Hulen, JBL 1932, 58/70 (dialogues with the Jews).– A. L. Williams, Adversus Iudaeos, 1935, 28/30.

3. Der Rhetor Miltiades aus Kleinasien schrieb unter Mark Aurel außer einer antimontanistischen und einer antivalentinischen Schrift (Eus. h. e. 5, 28, 4; Tert. adv. Val. 5) drei Apologien, die alle verloren, aber von Eusebius (h. e. 5, 17, 5) bezeugt sind: 2 Bücher gegen die Hellenen, 2 Bücher gegen die Juden und eine Schutzschrift für die „christliche Philosophie“ an „die weltlichen Machthaber“, das sind wohl der Kaiser Mark Aurel (161—180) und sein Mitregent Verus (161—169).

4. Apollinaris, Bischof von Hierapolis, der Stadt des Papias, schrieb 4 Apologien (Eus. h. e. 4, 26, 1; 27, 1): eine Schutzschrift für den christlichen Glauben an Mark Aurel (172), 5 Bücher gegen die Hellenen, 2 Bücher über die Wahrheit und 2 Bücher gegen die Juden; außerdem noch ein Sendschreiben gegen die Montanisten (mit andern Bischöfen) und eine Schrift über das Osterfest. Sämtliche Schriften sind verloren.

MG 5, 1297/1300.– Otto, Corpus apol. 9, 486 f. ** Bauer, Rechtgl. 146 f.– C. Schmidt, TU 43, 623/8 (Fragment Περὶ τοῦ πάσχα).

5. Melito, Bischof von Sardes in Lydien, als Prophet verehrt und von Bischof Polykrates von Ephesus um 190 zu den heimgegangenen „großen Sternen" Kleinasiens gezählt (Eus. h. e. 5, 24, 5), entfaltete eine vielseitige schriftstellerische Tätigkeit.

In seiner an Mark Aurel gerichteten *Apologie* (um 172) findet sich vielleicht erstmals der Gedanke ausgesprochen, daß ein friedliches Verhältnis zwischen Staat und Kirche das Normale und für beide Teile Segenbringende sei (Eus. h. e. 5, 24, 7/11); vgl. auch Athenag. suppl. 37.

Bis vor kurzem besaßen wir nur wenige Fragmente und kannten durch Eusebius (h. e. 4, 26, 1/14) und Anastasius Sinaita (viae dux 12/13) kaum die genauen Titel der Schriften. Erst seit 1940 wurden Papyri gefunden, aus denen der vollständige Text einer *Paschapredigt* Melitos gewonnen werden konnte (s. S. 88 f).

Die Titel der andern Schriften sind: 2 Bücher *Über das Osterfest* (um 166/67). M. verteidigt hier die quartadezimanische Praxis; je ein Buch *Über die Taufe, Über die rechte Lebensweise und die Propheten* (wohl antimontanistisch), *Über die Kirche, Über den Sonntag, Über die Schöpfung, Über Seele und Leib, Über Gastfreundschaft, Über den Teufel, Über die Körperlichkeit Gottes,* 6 Bücher *Auszüge aus Gesetz und Propheten* (mit dem ältesten Verzeichnis der atl. Bücher), *Über Glaube und Geburt Christi,* 3 Bücher *Über die Fleischwerdung Christi* (gegen Marcion) u. a.

Routh, 1², 111/53.– A. Harnack, Marcion, ²1924, TU 45, 421*/23* (Fragm. über die Taufe).– I. Rucker, Florileg. Edessenum anonym., SbB 1933, 12/6; 67/73 (syr. Fragm.). ** Amann, DThC 10, 540/7.– Delius, TheolV 4, 1952, 181/204 (Ps.-Justin, Über die Auferstehung, vielleicht ein Werk Melitos).– Grant, VC 1950, 33/6 (M. on baptism).– Zeiller, REAug 1956, 257/65 (persécution contre les chrétiens, Eus. h. e. 4, 26, 5 f).

Unechte Schriften: 1. Eine wohl original-syrisch geschriebene *Apologie,* wahrscheinlich zur Zeit des Caracalla verfaßt. 2. Die *Clavis scripturae,* eine lateinische Kompilation, besonders aus Augustinus und Gregor d. Gr. 3. *De transitu B. Mariae Virg.* Unter diesem Titel (ἡ κοίμησις ἧτς θεοτόκου) ist ein apokrypher Bericht über den Tod und die Himmelfahrt Mariens, der in den verschiedensten oriental. und abendländ. Versionen und Bearbeitungen Verbreitung fand, erhalten. In einer der latein. Fassungen, die vielleicht dem 5. Jh. angehört, wird die Schrift fälschlich Melito zugeschrieben (s. S. 139).

Otto, Corpus apol. 9, 497/512 (syr. T der Apologie); 9, 419/32 (lat. Ü).– Pitra, Anal. sacra 2, 1884 (Clavis). ** F. Haase, Altchristl. KG nach oriental. Quellen, 1925, 133 f (Apologie).

§ 15. Aristides

Der Philosoph Aristides aus Athen, zugleich mit Quadratus von Eusebius (h. e. 4, 3, 3) als Verfasser einer Schutzschrift an Hadrian (117–138) genannt.

Die *Apologie* als Ganzes blieb verschollen, bis der Amerikaner Rendel Harris sie in syrischer Übersetzung in einer Handschrift des Katharinenklosters auf dem Sinai auffand und daraufhin J. A. Robinson die überraschende Entdeckung machte, daß man schon früher den größten Teil des griechischen Textes, allerdings in freier Bearbeitung, in c. 26 und 27 der *Vita Barlaam et Joasaph* besaß, die unter den Schriften des hl. Johannes von Damaskus überliefert ist (s. S. 529). Bereits 1878 hatten die Mechitaristen von S. Lazzaro ein Bruchstück einer armenischen Übersetzung der Apologie veröffentlicht. Dann wurden zwei größere griechische Papyri-Fragmente (c. 5, 4; 6, 1 f; 6/16, 1) aus den Beständen des Britischen Museums veröffentlicht. Die Anschrift der syrischen Übersetzung heißt zwar: „An Adrianus Antoninus", aber innere Gründe sprechen für die von Eusebius bezeugte Anschrift (an Ael. Hadrianus).

Die Apologie zerfällt in 2 ungleiche Teile: Die c. 1/14 enthalten die Polemik gegen die Religion der drei „Geschlechter" der Barbaren, Griechen und Juden. In c. 15/17 wird von der Lehre und vom Leben des 4. „Geschlechts" der Christen gehandelt. In c. 1 gelangt Aristides durch naturphilosophische Überlegungen (Betrachtung der Bewegung und Harmonie des Kosmos) zum Begriff eines ewigen und ungeschaffenen Gottes. Der so gewonnene Begriff ist für ihn der Maßstab zur Beurteilung aller anderen Religionen. Die Barbaren (Chaldäer) verehren vergängliche Elemente: Erde, Wasser, Feuer, die Sonne und die Winde, als Götter und erweisen auch Menschen göttliche Ehren (c. 3/7). Die Hellenen haben ihre Götter mit menschlichen Schwächen und Leidenschaften ausgestattet (c. 8/11 u. 13; c. 12 gegen den Tierkult der Ägypter). Die Bekenner des Judentums verehren zwar mehr die Engel als Gott und beobachten Neumonde, Speisegesetze und andere Äußerlichkeiten, verdienen aber Anerkennung wegen ihrer tätigen Menschenliebe (c. 14). Die Christen haben den wahren Gottesbegriff und zeichnen sich durch ihre Sittenreinheit aus, die hier (15/17) begeistert geschildert wird, ähnlich wie in dem Briefe an Diognet, den manche deshalb dem Aristides zuschreiben möchten.

Eine armenisch überlief. Homilie über Lc. 23, 42 f ist sicherlich unecht, ebenso wie ein armen. Fragment „ex epistula Aristidis".

J. Geffcken, Zwei griech. Apologeten, 1907, 1/96.– E. J. Goodspeed, Die ältesten Apologeten, 1914, 2/23.– J. R. Harris - J. A. Robinson, Aristides, C ²1893 (syr. und griech. T).– E. Hennecke, Die Apologie des Aristides, TU 4, 3, 1893.– G. Krüger, ThLZ 1924, 47 f (griech. Fragmente).– Milne, JTS 1923 f, 73/7 (griech. Fragm.).– R. Seeberg, Die Apologie des Aristides untersucht und wiederhergestellt, 1893; Der Apologet Aristides, 1894.– C. Vona, Aristides, R 1950 (Ü des syr. Textes, griech. Fragm. und Ü des armen. Fragm.).– J. de Zwaan, HThR 1925, 109/11 (griech. Fragm.).– K. Julius, Aristides, BKV² 12, 1913 (Ü). ** Altaner, RACh 1, 652/4.– v. d. Boer, VC 1947, 155 f (apol. 13, 7).– O'Ceallaigh, HThR 1958, 227/54 (Apologie ursprüngl. jüdisch).– Fermi, RR 1925, 541/5 (Verhältnis zum Diognetbrief).– Friedrich, ZkTh 1919, 31/77 (Lehrgehalt).– Hunger, Sch 20/24, 1949, 390/400 (Apologie eine Konversionsschrift).– Lazzati, SC 1938, 35/51 (cap. 1).– Pape, TU 12, 2, 1894 (Predigt und Brieffragm.).– van Unnik, ThZ 1961, 166/74 (Gotteslehre).

§ 16. Justinus

Justinus († um 165), „Philosoph und Märtyrer", erstmalig so von Tertullian (adv. Val. 5, 11) genannt, gilt als der bedeutendste Apologet des 2. Jh. Er entstammte einer heidnisch-griechischen Familie zu Flavia Neapolis (heute Nablus), dem alten Sichem, in Palästina.

Er selbst erzählt (Dial. 2/8), wie er als Jüngling in seinem Wissensdurst mit einem Lehrer der stoischen, peripatetischen und schließlich pythagoreischen Philosophie in Verbindung trat. Doch wurde er teils von den Lehren dieser Philosophenschulen, teils von der Persönlichkeit ihrer Vertreter abgestoßen. Ein Lehrer der platonischen Philosophie führte ihn tiefer in die Gedankenwelt Platos ein. Durch einen ihm zufällig, wahrscheinlich bei Ephesus bekannt gewordenen Greis wurde ihm die Unzulänglichkeit aller philosophischen Lösungsversuche, die das Wesen und die Unsterblichkeit der Seele ergründen wollen, dargetan, und zugleich wurde er auf die „Propheten" und damit auch auf das Christentum aufmerksam gemacht: nur anhaltendes Gebet eröffne schließlich den Weg zu Gott und zu Christus. Von nun an war sein Leben ausschließlich der Verteidigung des Glaubens, der „allein zuverlässigen und brauchbaren Philosophie" (Dial. 8), gewidmet. Im Pallium, dem griechischen Philosophenmantel, zog er als Wanderlehrer umher und gründete in Rom eine Schule; hier hatte er den Tatian zum Schüler, fand aber einen heftigen Gegner in dem kynischen Philosophen Kreszenz (Tatian. or. 19, 4). Über sein Ende haben wir einen alten, treuen Bericht in dem *Martyrium s. Iustini et sociorum;* nach diesem wurde er um 165 in Rom unter dem Stadtpräfekten Junius Rusticus mit sechs andern als Christ enthauptet.

Von seinen 8 Schriften, die Eusebius (h. e. 4, 18, 1 ff) gekannt hat, besitzen wir in einer einzigen, schlechten Hs. von 1364 zusammen mit neun unechten oder unsichern nur drei, und zwar die zwei Apologien gegen Heiden und den Dialog mit dem Juden Tryphon. Als Schriftsteller ist Justin nicht besonders gewandt. Oft schweift er von seinem Gegenstand ab, um Exkurse einzulegen; Zerstückelungen und Wiederholungen stören den Gedankenfortschritt. Im Satzbau ist er ungeschickt und in der Ausdrucksweise matt, aber manchmal wird er warm und schwungvoll; immer ist er jedoch von ehrlicher Offenheit.

Knopf-Krüger, Ausgewählte Märtyrerakten, [3]1929, 15/8 (Acta Iustini). – Lazzati, Aev 1953, 473/97 (Acta I.). ** Bardy, DThC 8, 2228/77. – Enslin, JQR 1943, 179/205 (an appreciation). – Grant, JTS 1956, 246/8 (Aristotle and the conversion of J.). – M. J. Lagrange, S. Justin, [3]1914. – J. Smit Sibinga, The Old Testament text of J. M.: I. The Pentateuch, Lei 1963. – Vysoki, Listy filologicke 1938, 435/40 (un prétendu souvenir autobiographique de s. J.).

1. *Die Apologien.* Eusebius (h. e. 4, 18) berichtet, Justin habe zwei Apologien verfaßt und die eine dem Kaiser Antoninus Pius, die andere seinem Nachfolger Mark Aurel und Lucius Verus übergeben. Wir besitzen nun auch von Justin zwei Apologien, deren größere (68 Kap.) in der Hs. an Antoninus Pius, die kleinere (15 Kap.) an den römischen Senat adressiert ist. Aber die neueste Kritik sucht meist zu erweisen, daß beide Apologien in Wahrheit an Antoninus Pius (138–161) gerichtet sind.

a) In der *1. Apologie* (um 150/155 verfaßt) lassen sich 2 Teile unterscheiden, von denen der 1. (1/12) vornehmlich negativer Art ist und die gegen die Christen erhobenen Beschuldigungen widerlegt, der 2., mehr positiv und breiter angelegt, den Inhalt der christlichen Religion darlegt und rechtfertigt; den meisten Raum nimmt der Beweis für die Gottheit Christi aus den Weissagungen des AT ein (30/53). Der 1. Apologie ist ein Schreiben des Kaisers Hadrian an Minucius Fundanus, den Prokonsul von Asien, angehängt, in dem ein geregeltes Verfahren gegen die Christen verlangt wird (c. 68).

b) Die *2. Apologie* wird gewöhnlich als Anhang oder Nachtrag der größeren bezeichnet. Nach E. Schwartz bildete sie ursprünglich den Schluß der 1. Apologie und wurde in Hss., wahrscheinlich unter dem Einfluß von Eusebius' Bericht über zwei Apologien des Justinus, willkürlich als selbständige Schrift vorangestellt; K. Hubik sieht in ihr eine selbständige Antwort auf den Angriff des Redners Fronto aus den Jahren

164/65. Ähnlich urteilt G. Bardy, der sie nach 161 abgefaßt sein läßt; A. Ehrhardt nimmt zwei selbständige Apologien an und datiert die erste auf das Jahr 150.

S. Frasca, S. Giustino M., Apologie. S. Teofilo Ant., To 1938 (TÜ). – G. Krüger, [4]1915. – J. M. Pfättisch, 2 Teile, 1912 (TK). – G. Rauschen, FP 2, [2]1911; BKV[2] 13, 1913 (Ü). ** Alfonsi, VC 1962, 77f (apol. 1, 2, 4). – Bardy, RSR 1923, 491/510; 1924, 33/45 (J. und stoische Philos.; 2. Apol. nach 161). – Beran, DThP 1936, 46/55 (apol. 1, 67). – Carrington, Th 1949, 448/52 (confirmation). – Ehrhardt, JEH 4, 1953, 1/12 (zwei Apol.; 150 und 156 verf.). – Heard, NTS 1, 1954, 122/34 („Apomnemoneumata" b. Papias, Justin und Irenäus). – Hofmans, EThL 1954, 416/39 (Moses in den Ap.). – Holte, StTh 1958, 109/68 (Logos spermatikos). – K. Hubik, Die Apologien des hl. Just., 1912. – Hüntemann, ThGl 1933, 410/28 (Kompositionstechnik der 1. Apol.). – Jalland, SP 5, 83/5 (apol. 1, 65. 67: προεστώς). – W. Jehne, Die Apologie Justins, 1914. – Keresztes, VC 1964, 204/14 (Law and arbitrariness in the persecution); 1965, 99/110 (literary genre). – Perler, DTh 1940, 296/316 (Logos und Euch., apol. 1, 66). – Ratcliff, Th 1948, 133/9 (confirmation). – Richardson, HThR 1936, 89/91 (apol. 65, 1). – Schmid, ZntW 40, 1941/3, 87/138 (Überlief. der Ap.); Maia 7, 1954, 1/10 (zu apol. 68; frühere Datierung der fiktiven Antoninenreskripte); HJB 1958, 358/61 (apol. 31, 2); [Th. Klauser, 1964] 312 (zwei Ausgaben der Apol.). – Story, VC 1962, 172/8 (apol. 1, 62/4: baptism). – Waszink [Th. Klauser, 1964] 380/90 (Logos spermatikos).

2. *Der Dialog mit Tryphon.* Der umfangreiche, jedoch unvollständig (ohne Eingang und eine große Lücke in c. 74) überlieferte Dialog berichtet über eine zweitägige Unterredung Justins mit einem gelehrten Juden, unter dem wahrscheinlich der bekannte Rabbi Tarphon, ein Zeitgenosse Justins, zu verstehen ist. In der Einleitung (2/8) schildert er den geistigen Werdegang Justins. Im 1. Teil (9/47) zeigt er, daß das jüdische Zeremonialgesetz nur vorübergehende Geltung hatte, im 2. (48/108), daß die Anbetung Jesu dem Monotheismus nicht widerstreitet, im 3. (109/142), daß auch die Heiden zur Kirche Christi berufen sind.

Die Schrift ist nach der 1. Apologie verfaßt, da diese in ihr (120) zitiert wird. Der Dialog ist literarische Form; es ist jedoch möglich, daß der Abfassung der Schrift wirkliche Disputationen, die dann in Ephesus noch während des Bar-Kochba-Aufstandes (132–35) stattgefunden hätten, vorausgingen (c. 1 u. 9). Wie bereits früher, wurde auch in neuester Zeit, allerdings ohne durchschlagende Gründe, die Echtheit des Dialogs bestritten.

G. Archambault, 1/2, 1909 (TÜK). – Ph. Haeuser, BKV[2] 33, 1917 (Ü). – A. L. Williams, Lo 1931 (Ü). ** Bellinzoni, VC 1963, 65/70 (Agraphon dial. 47, 5). – Gershenson-Quispel, VC 1958, 19/26 (Meristae: dial. 80, 4). – A. Harnack, Judentum und Judenchristentum in Justins Dialog mit Tryphon, 1913. – Hulen, JBL 1932, 58/70 (Dial. als Quelle der jüd. antichristl. Polemik). –

Hyldahl, StTh 1956, 77/90 (Tryphon und Tarphon).– Keseling, RhM 1926, 223/6 (Dial. 1/10 und der platonische „Protagoras").– Mercati, Bi 1941, 339/66 (frammento nuovo del Dialogo).– Sagnard [Mél. de Ghellinck, 1, 1951] 171/82 (Disposition des Dialogs).– Schläger, NTT 1924, 117/43 (Dial. unecht).– Schmid [O. Regenbogen, 1952] 163/82 (Platonismus bei Just.; Dial. 2 ff).– Simon, RHPh 1938, 54/8 (J. sur deux hérésies juives).– Weis, JTS 1944, 199/205 (Samaritanism).

3. Verlorene, zweifelhafte und unechte Schriften. Von den übrigen Schriften Justins sind uns meist nur die Titel oder kleinere Fragmente erhalten.

a) Umfangreiche, in ihrer Echtheit nicht unbestrittene Bruchstücke besitzen wir nur von der Schrift *Über die Auferstehung*, die uns in der Hauptsache in den Sacra Parallela des Johannes von Damaskus erhalten sind.

Delius, TheolV 1952, 181/204 (Verfasser vielleicht Melito von Sardes).– F. Loofs, TU 46, 2, 211/57; 281/99 (für die Echtheit).– Hitchcock, ZntW 36, 1937 f, 35/60 (gegen die Echtheit).

b) *Gegen Marcion,* von Irenäus benützt und von Eusebius bezeugt (h. e. 4, 11, 8 f).

Barnikol, ThJB 6, 1938, 17/19.– F. Loofs, TU 46, 2, 225 f.– Marta Müller, Unters. z. Carmen adv. Marcionitas, Diss. Wü 1936, 74/87 (abhängig von Just. adv. Marc.).– Robinson, JTS 31, 1929 f, 374/8.

c) Unter den unechten Schriften ragen drei hervor, deren Titel sich mit denen echter, aber verlorener Werke decken. Die umfangreichste ist die *Cohortatio ad gentiles;* sie weist besonders auf die vielen Widersprüche der griechischen Philosophen hin, die nur Wahres bieten, wenn sie aus Moses und den Propheten schöpfen. Die kurze *Oratio ad Graecos* führt sich als Rechtfertigungsschrift eines zum Christentum übergetretenen Griechen ein. Die 3. Schrift *De monarchia (Über die Einheit Gottes)* will die Wahrheit des Monotheismus auf Grund von z. T. gefälschten Zitaten aus griechischen Dichtern beweisen. — Über weitere pseudojustinische Schriften s. S. 318; 340.

Otto, Corpus apolog. 3/4.– Ph. Haeuser, BKV² 33, 1917 (Ü der cohort. ad gent.). ** Alfonsi, VC 1948, 65/88 (Aristoteles in der cohort. ad gent.).– J. Geffcken, Zwei griechische Apologeten, 1907, 267/72 (cohort. ad gent.).– Goodenough, HThR 1925, 187/200 (or. ad Graec.); vgl. Harnack, ThLZ 1925, 441/3.– Grant, HThR 1958, 128/34 (cohort. ad gent.).

Lehre

1. Gott ist nach Justin und nach anderen Apologeten ursprungs- und namenlos. Seine substantielle Allgegenwart in der Welt wird geleugnet; er wohnt in den Gegenden über dem Himmel, kann seinen Platz nicht verlassen und darum auch in der Welt nicht erscheinen (Dial. 60; 127). Vater heißt Gott vor allem deshalb, weil er πατὴρ τῶν πάντων ist (2. Ap. 6).

2. Mit der Theorie vom λόγος σπερματικός schlägt Justin eine Brücke zwischen der alten Philosophie und dem Christentum. In Christus ist der göttliche Logos in seiner ganzen Fülle erschienen; aber jeder Mensch besitzt in seiner Vernunft einen Keim (σπέρμα) des Logos. Dieser Anteil am Logos und damit die Befähigung für die Wahrheit war aber in einigen Menschen besonders groß, so bei den jüdischen Propheten und unter den Griechen bei Heraklit und Sokrates. Manche Wahrheitselemente, meint er, sind den griechischen Dichtern und Philosophen aus der alten jüdischen Literatur zugeflossen; denn Moses war der älteste Schriftsteller überhaupt. Die Philosophen waren also, sofern sie nach der Vernunft gelehrt und gelebt haben, in gewissem Sinne schon Christen vor Christus; die Christen aber nach dem Erscheinen Christi haben die ganze und ungetrübte Wahrheit (1. Ap. 46; 2. Ap. 8; 13). In seinem theologischen Denken ist Justin stark von der platonischen und auch stoischen Philosophie beeinflußt.

3. In der Frage nach dem Verhältnis des Logos zum Vater denkt Justin subordinatianisch. Erst zum Zweck der Weltschöpfung und Weltregierung wurde der Logos-Sohn nach außen hin selbständig, d. h. eine göttliche, allerdings dem Vater untergeordnete Person (2. Ap. 6; Dial. 61).

4. Die Engel haben eine luftartige Leiblichkeit und nehmen eine wirkliche Speise, das Manna, zu sich (Dial. 57). Die bösen Geister haben fast grob-materielle Leiber; Satan, ihr Haupt, fiel, als er in Schlangengestalt die Eva verführte (Dial. 100; 124); andere Engel haben sich mit Menschenweibern versündigt und mit ihnen die Dämonen erzeugt (2. Ap. 5). Die Teufel sind zum Höllenfeuer verurteilt, werden aber erst nach dem Letzten Gericht mit den schlechten Menschen in das Feuer eingehen (1. Ap. 28); bis dahin sind die Teufel in den niederen Luftschichten und suchen die Menschen zum Bösen zu verführen und die Ausbreitung des Christentums auf alle Weise zu verhindern (1. Ap. 26; 54; 57 f; 62).

5. Auch der Menschenseele kommt eine gewisse Körperlichkeit zu; sie lebt, nicht weil sie Leben ist (wie Gott), sondern weil sie teilhat am Leben (Dial. 6). Nach dem Tode kommen die Seelen, mit Ausnahme der Märtyrer, zunächst in den Hades, wo sie bis zum Ende der Welt bleiben; die

Guten sind schon hier von den Schlechten getrennt und beide Klassen in der Vorahnung ihres künftigen Geschickes glücklich oder unglücklich (Dial. 5). Justin setzt ausdrücklich (Dial. 80) den Glauben, die Seelen kämen sofort nach dem Tode in den Himmel, der Leugnung der Auferstehung der Toten gleich. In den Hades, und zwar zu den verstorbenen Gerechten des Alten Bundes, stieg Christus nach seinem Tode hinab (Dial. 45; 72, 4; 99). Justin war, wie Papias, Chiliast, sagt aber, daß auch manche orthodoxe Christen diese Lehre nicht teilen; solche hält er jedoch nicht „für in jeder Hinsicht vollkommene Christen“ (Dial. 80 f).

6. In der 1. Ap. 66 und Dial. 100 wird das Vorhandensein der „Denkwürdigkeiten der Apostel“ (ἀπομνημονεύματα), d. h. der kanonischen Evangelien, bezeugt. Im Dialog (100) wird Maria erstmalig in der altchristlichen Literatur Eva gegenübergestellt.

7. Von unschätzbarem Wert sind die Mitteilungen über Taufe (1. Ap. 61) und Gottesdienst (1. Ap. 65/67), den Justin „das eucharistische Opfer von Brot und Kelch“ nennt (Dial. 117). Klar ist der Glaube an die reale Gegenwart Christi in der Eucharistie bezeugt, und in der 1. Ap. 66 liegt der erste Versuch vor, die Transsubstantiationslehre zu formulieren. Kein gewöhnliches Brot und kein gewöhnlicher Trank sei die Speise, von der unser Fleisch und Blut genährt und umgewandelt wird; sie ist das Fleisch und das Blut des menschgewordenen Jesus, und wir verdanken sie einem von ihm kommenden Gebetswort. Dieser liturgische Gebetslogos, der von Christus, dem menschgewordenen Logos, kommt, nimmt an seiner göttlichen Kraft und schöpferischen, umgestaltenden Wirksamkeit teil.

8. Die Frage, ob Justin den Opfercharakter der Eucharistie erkannt hat, ist umstritten. Er sagt (Dial. 117), auf ein Wort Tryphons eingehend, daß Gebete und Danksagungen die einzigen vollkommenen und Gott genehmen Opfer seien. Aber er spricht (Dial. 41) ausdrücklich davon, daß das Opfer des Weizenmehls ein Vorbild des eucharistischen Brotes sei; Gott habe die Opfer (θυσίαι), welche die Heidenvölker ihm allerorten darbringen, d. h. das eucharistische Brot und den eucharistischen Kelch, durch Malachias vorausgesagt. Deutlich bezeugt er die Konsekrationsworte (1. Ap. 66). Die Speise wird δι' εὐχῆς λόγου τοῦ παρ' αὐτοῦ gesegnet. Dieser λόγος wird einige Zeilen später genannt: „Tuet dies zu meinem Gedächtnis. Dies ist mein Leib ...“

Amand, Fatalisme 195/207. – C. Andresen, Logos und Nomos, 1955, 308/400 (Kelsos und Justin); ZntW 1952 f, 157/95 (Just. und der mittlere Platonismus). – Bacht, Sch 1951, 481/95; 1952, 12/33 (prophetische Inspiration). – J. Barbel, Christos Angelos, 1941, 50/63. – Barnard, Vet. Test. 1964, 395/406 (The O. T. and Judaism); VC 1965, 86/98 (eschatology). – Braun, ZThK 50, 1953, 39/43

(Berichte über die Taufe Jesu von Mc. bis Just.). – Buckley, JTS 1935, 173/6 (außerkanon. Evv.). – L. Feder, Justins Lehre von Jesus Chr., 1906. – Gervais, RUO 1943, 129/46; 193/208 (messian. Weissagung). – Giordano, Asprenas 1963, 155/71 (millenarismo). – E. R. Goodenough, The theology of J. Martyr, Jena 1923. – Jouassard, BibleVieChrét 7, 1954, 19/31 (Eva und Maria in der ältest. Patristik). – B. Kominiak, The theophanies of the Old Test. in the writings of St. J., Wa 1948. – Leclercq, AnTh 1946, 83/95 (la royauté du Christ). – W. v. Loewenich, Das Johannesverständnis des 2. Jhs., 1932, 39/50. – Loofs, TU 46, 2, 339/74 (Einfluß auf Irenäus). – Massaux, EThL 1952, 411/28 (Mt.-Text der Bergpredigt bei J.). – Piper, JR 1961, 155/68 (nature of Gospel). – Porter, AThR 1957, 24/33 (eucharistic piety). – P. Prigent, J. et l'Ancien Testament, 1964. – Pycke, EThL 1961, 52/85 (connaissance rationnelle et conn. de grâce). – Romanides, GrOrthThR 4, 1958/9, 115/34 (4. Ev.). – Seeberg, ZKG 1939, 1/81 (Geschichtstheologie). – Staerk, ZntW 1934, 97/104 (Eva–Maria).

§ 17. Tatianus

Tatian, „im Lande der Assyrier" geboren, studierte Philosophie, machte weite Reisen und kam schließlich nach Rom, wo er Christ und Schüler des Justinus wurde. Nach dessen Tode trennte sich Tatian von der römischen Gemeinde (wahrscheinlich 172) und kehrte in den Osten zurück (Syrien, Mesopotamien). Dort wirkte er als Enkratit, der jede Ehe und den Wein- und Fleischgenuß völlig verwarf, aber deswegen nicht als eigentlicher Gnostiker gelten muß (Iren. haer. 1, 28, 1; Clem. Al. strom. 3, 12, 80f; Tert. ieiun. 15). Nach Epiphanius ersetzte er den Wein der Eucharistiefeier durch Wasser (Aquarii) und war in Syrien, Kilikien und Pisidien tätig (haer. 46, 1).

1. *Rede an die Hellenen* (λόγος πρός Ἕλληνας) im Arethaskodex erhalten. Diese Abhandlung ist weniger eine Apologie des Christentums als eine an die Gebildeten (Ἕλληνες), gerichtete Werbeschrift (Protreptikos), in der die Abkehr von der griechischen Philosophie und die Hinwendung zur „barbarischen Philosophie" des Christentums gerechtfertigt wird. Tatian will den Erweis der christlichen Wahrheit führen aus der christlichen Lehre von Gott, Welt und Mensch (4/30) im Gegensatz zum Griechentum (22/28); er berichtet über seine Bekehrung (29f) und führt den Altersbeweis (31/41). Im Streben nach der einen Wahrheit lehnt Tatian die in Schulen gespaltene griechische Philosophie ab, bleibt aber doch der Popularphilosophie und dem mittleren Platonismus verpflichtet. Er bekämpft die Mythologie, Poesie, Rhetorik und bildende Kunst in leidenschaftlicher Weise. Alles, was die griechische Kultur an Gütern auf-

weist, verdankt sie den Barbaren (Altersbeweis); das meiste ist jedoch wertlos und töricht und fördert die Unmoral, so auch die Werke der Plastik, die vornehmlich der Lüsternheit dienen; der 33/35 gebotene Künstlerkatalog ist archäologisch wertvoll. Die Abfassungszeit der Schrift ist schwer zu bestimmen (wahrscheinlich nach 165); auch wenn sie als Eröffnungsrede einer Schule (διδασκαλεῖον) gehalten sein sollte, so war sie doch von Anfang an für die Öffentlichkeit bestimmt.

E. Schwartz, TU 4, 1, 1888. – R. C. Kukula, BKV[2] 12, 1913 (Ü). ** Alfonsi, Convivium 14, 1942, 273/81 (zur or.); REAug 1956, 251/6 (Aristoteles bei T.). – Bardy, DThC 15, 59/66. – Blond, Science religieuse 1944, 157/210 (enkratit. Häresie gegen Ende des 4. Jh.). – Botti [P. Ubaldi, Mi 1937] 87/97 (or. keine Schulrede). – den Boer, VC 1947, 150/67 (hermeneutic problems). – M. Elze, Tatian und seine Theologie, Gö 1960. – Fascher, PWK II 4, 2, 2468/71. – Grant, VC 1949, 225/9; HThR 1953, 99/101 (Datum der orat.); JTS 1954, 62/8 (Häresie des Tat.); HThR 1958, 123/8 (theological method); SP 1, 297/306 (T. and the Bible); JTS 1964, 65/9 (or. 30 and the Gnostics). – Hawthorne, HThR 1964, 161/88. – Kalkmann, RhM 1887, 489/524 (Nachrichten über Kunstwerke). – Leone, OCP 1961, 27/37 (due date della vita di T.). – Orbe, OCP 1963, 305/30 (pecado de Eva). – Vööbus, History of ascetism, 1, 1958, 31/45.

2. *Das Diatessaron* (τὸ διὰ τεσσάρων [εὐαγγέλιον]), eine Evangelienharmonie, die aus den vier Evangelien eine einheitliche Darstellung schuf, indem die synoptischen Berichte in den chronologischen Rahmen des Johannesevangeliums eingefügt wurden. Die Vorlagen sind ziemlich frei benützt, auch apokryphes Material ist aufgenommen, und die enkratitische, antijüdische und mäßig doketische Tendenz Tatians hat deutliche Spuren hinterlassen. Wegen seiner Brauchbarkeit für die gottesdienstliche Evangelienlesung benützte es die syrische Kirche bis ins 5. Jh. (Theodoret. haer. fab. comp. 1, 20). Der Originaltext des D. ist verloren und kann nur annähernd rekonstruiert werden. Dafür dienen die D.-Zitate bei Afrahat und Ephrem, der auch einen D.-Kommentar geschrieben hat (in einer armenischen Übersetzung des 6. Jh. erhalten, 1957 auch originalsyrisch bekannt geworden). Die in arabischer und persischer Sprache erhaltenen Übersetzungen syrischer D.-Vorlagen zeigen starke Überarbeitungen. Die sehr alte lateinische D.-Übersetzung ist verloren; ihre Stoffanordnung hat im 6. Jh. dem Cod. Fuldensis zur Herstellung einer Evangelienharmonie mit Vulgatatext gedient. Als Ersatz für das verlorene lateinische D. dienen ferner eine mittelniederländische Übersetzung (bes. Ms. von Lüttich), eine venezianische und eine toskanische Übersetzung. 1933 wurde in Dura-Europos ein 14 Zeilen umfassendes D.-Fragment in griechischer Sprache aus der Zeit vor 254 gefunden.

Umstritten ist immer noch, ob Tatian das D. noch in Rom oder erst in

Syrien verfaßt hat, ob es ursprünglich griechisch oder syrisch war (syrisch vielleicht unter Benutzung einer schon vorhandenen altsyrischen Übersetzung) und ob das D. die Quelle des sogenannten westlichen Evangelientextes (altlateinische Lesarten, Cod. Bezae, Marcion) oder nur ein alter Zeuge dafür ist. Sicher ist der direkte Einfluß des D. auf den Evangelientext in Syrien.

Alle anderen Schriften des Tatian sind verloren; dem Titel nach sind nur fünf oder sechs bekannt.

A. Ciasca, Tatiani evangeliorum harmoniae arabice, R 1888, Ndr. R 1938 (arab.-lat.). – C. H. Kraeling, A greek fragm. of T.'s Diatessaron from Dura, Lo 1935. – L. Leloir, S. Éphrem, Commentaire de l'Évangile concordant, version arménienne, CSCO 137.145, 1953 f (D.-Kommentar in armen. Überlieferung, mit lat. Ü); L'Évangile d'Éphrem d'après les œuvres éditées, CSCO 180, 1958 (Textsammlung, Zeugnisse f. D.); S. Éphrem. Commentaire de l'Évangile concordant. Texte syriaque (Ms. Chester Beatty 709), Dublin 1962 (syr. T, Ü). – A. S. Marmadji, Diatessaron de Tatien, Beyrouth 1935 (arab. T, franz. Ü, weitere Vergleichstexte); dazu RSR 1937, 91/7. – A. Merk, Bi 1936, 234/41 (griech. Fragm.). – G. Messina, Diatessaron persiano, 1/2, R 1951; dazu Metzger. – D. Plooij - C. C. Phillips - A. H. A. Bakker - A. J. Barnouw, The Liège Diatessaron, 1/6, 1929/63. – E. Preuschen - A. Pott, T.s Diat. aus dem Arab. übers., Hei 1926. – E. Ranke, Cod. Fuldensis, Marburg-L 1868. – E. Sievers, Tatian. Lat. und altdeutsch, Pa ²1960. – V. Todesco - A. Vaccari - M. Vatasso, Il diatessaron in volgare ital., ST 81, 1938. ** Baarda, NTS 1961 f, 287/300 (syr. fragm. of Ephraem's comm. on D.). – Baumstark, OC 1930, 165/74; 1933, 1/12; 1934, 165/88; 226/39; 278 f; OC 3, 10, 1935, 244/51 (Fragm. von Dura); Bi 1935, 257/99 (syr. Titus v. Bostra und D.; Hebr.-Ev. im D.); OC 1936, 80/96 (niederdeutsches D.); OC 3, 14, 1939, 19/37 (Luc. 24, 13); OC 3, 14, 1939, 225/42 (italien. D.). – G. Baesecke, Die Überlieferung des althochdeutschen Tatian, Halle 1948. – Beston, JournRoyalAsiatSoc 1939, 608/10 (Oxforder arab. D.). – Black, OC 3, 14, 1939, 101/11 und Forts. (D. und die syr. Evv.). – F. Bolgiani, MemAccadScTorino 4, 2, 1962 (Vittore di Capua e il D.). – Casey, JBL 1938, 185/94 (Marcionites and the D.). – Grant, SP 1, 297/305 (Tatian and the Bible). – Higgins, TU 73, 1959, 793/810 (persian and arabic gospel harmonies). – P. E. Kahle, Die Kairoer Geniza, B 1962, 299/331. – L. Leloir, OrSyr 1956, 208/31; 313/35; Bi 1959, 959/70 (l'original syriaque du comm. de S. Éphrem sur le D.); Doctrines et méthodes de S. Éphrem d'après son comm. de l'Év. concordant, CSCO 220, 1961; Le témoignage d'Éphrem sur le D., CSCO 227, 1962; RechBibl 1962, 342/60 (comm. par Éphrem); [E. Tisserant, 1964] 2, 303/31 (divergences entre l'original syriaque et la version armén.). – S. Lyonnet, Les origines de la version arménienne ⟨de la bible⟩ et le Diatessaron, R 1950. – Mariès, RSR 1952, 247/56 (version arménienne); RSR 1956, 228/33 (étude de D.). – Merk, Bi 1939, 294/305 (italien. Ü). – Messina, Bi 1942, 268/305; 1943, 59/106 (D. persiano); Bi 1949, 10/27 (apokr. Lesarten im pers. D.); Bi 1949, 356/76 (Semitismen im pers. D.). – B. M. Metzger, Chapters in the history of N. T. textual criticism, 1963, 97/120 (pers. Evv.-Harmonie). – Orbe, Gr 1961, 401/43 (Gen. 1, 3). – Ortiz de Urbina, OCP 1959, 326/57 (trama e carattere del D.). – C. Peters, Das Diatessaron Tatians. Seine Überlieferung und sein Nachwirken im Morgen- und Abendland sowie der heutige Stand seiner Erforschung, R 1939; Bi 1940, 51/5; 1942, 68/77 (gegen Stegmüller); OCP 1942, 468/76 (D. in der byz. Kirchenpoesie); Bi 1942, 323/32 (Mt. 2, 9); RomanForsch 1942, 181/92 (altital. Evv.-Harmonien). – D. Plooij, A primitive text of the D., Leiden 1923; A further study of the Liège Diatessaron, Leiden 1925; ExT 1935, 471/6 (Fragm. von Dura). – E. Preuschen, Untersuchungen zum Diatessaron Tatians, Hei 1928. – Quecke, Bi 1964, 84/8 (Luc. 1, 34). – van Puyvelde, DBS 6, 855/70. – Stegmüller, ZntW 1938, 223/9 (griech. Fragm.); dagegen Peters (gehört nicht zum D.). – Vaccari, Bi 1931, 326/54 (D. in occidente); Bi 1939, 294/305 (ital. D.); OC 36, 2, 1941, 225/42 (ital. D.); RivStudOr 1957, 433/52 (sezioni evangeliche di Eusebio e il D. nella letteratura siriaca). – H. J. Vogels, Die altsyr. Evv. in ihrem Verhältnis zu T.s Diatess., 1911; Beitr. zur Gesch. des Diatess. im Abendland, 1919; Hdb. der Textkritik des NT, Bonn ²1955, 110/15; 144/52. – A. Vööbus, Studies in the history of the gospel text in Syriac, CSCO 128, 1951; Early versions of the NT, 1954. – Williams, JTS 1942, 37/42 (Mc. und Mt.).

§ 18. Athenagoras

Athenagoras, „christlicher Philosoph aus Athen“, vielleicht derselbe, dem der Alexandriner Boethus seine Schrift *Über schwierige Ausdrücke bei Plato* gewidmet hat (Photius, Cod. 154 f), zeigt sich in Sprache, Stil und Rhythmus gewandter und in der Disponierung des Stoffes klarer als Justin; zur griechischen Philosophie und Kultur nimmt er im Unterschied zu Tatian eine freundlichere Haltung ein, auch wenn wir zugeben müssen, daß er sein literarisches und philosophisches Wissen ebenso wie die anderen Autoren der altchristlichen Zeit fast nur aus Florilegien, die τόποι und δόξαι enthielten, geschöpft hat. Der Fortschritt im philosophischen und theologischen Denken ist unverkennbar.

1. *Bittgesuch für die Christen* (Πρεσβεία περὶ χριστιανῶν). Die Schrift (37 Kap.), etwa 177 an Mark Aurel und seinen Sohn Kommodus gerichtet, entkräftet der Reihe nach die drei den Christen gemachten Vorwürfe: Atheismus (c. 4/30), thyesteische Mahlzeiten und ödipodeische Unzucht (c. 31/36).

2. *Über die Auferstehung der Toten* (Περὶ ἀναστάσεως νεκρῶν). Die Schrift, am Ende der Apologie in Aussicht gestellt, ist wohl das Beste, was die Alten über die Auferstehung geschrieben haben. Zuerst wird die Möglichkeit der Auferstehung aus der Allmacht Gottes gezeigt (1/10). Angemessen oder sogar notwendig sei sie, weil der Mensch als vernünftiges Wesen zur ewigen Fortdauer bestimmt sei, der Leib aber zur Natur des Menschen gehöre und daher die Seele nicht ohne ihn ihre Bestimmung

erreichen könne (11/17); wegen der Notwendigkeit einer jenseitigen Vergeltung, an der auch der Leib teilnehmen müsse (18/23); weil die Bestimmung des Menschen die Glückseligkeit sei, diese aber auf Erden nicht gefunden werden könne (24/25).

J. Geffcken, Zwei griech. Apologeten, 1907, 120/54 (T der suppl.); 155/238 (K). – E. Schwartz, TU 4, 2, 1891 (suppl. und resurr.). – P. Ubaldi - M. Pellegrino, To 1947 (TÜ). – G. Bardy, SCh 3, 1943 (nur Ü der suppl.). – J. H. Crehan, ACW 23, 1956 (Ü). – A. Eberhard, BKV² 12, 1913, 259/375 (Ü). ** Alfonsi, VC 1953, 129/42 (der junge Aristoteles bei Clem. Al. und Athenagoras). – Festugière, REG 1943, 367/75 (zu Bardy, SCh 3). – Grant, HThR 1954, 121/9 (Athenagoras or Ps.-Athen.); VC 1958, 145 f (errors in the Legatio). – Keseling, RACh 1, 881/8. – G. Lazzati, L'Aristotele perduto ... e gli scrittori cristiani, Mi 1938, 69/72. – H. A. Lucks, The philosophy of Athenagoras, Wa 1936. – Preysing, ThQ 1929, 85/110 (Ehezweck und zweite Ehe). – Roasenda, Aev 1934, 523 (suppl. 11, 25). – Scivoletto, GiorFil 1960, 231/48 (Cultura e scolastica in Atenagora).

Lehre

1. Athenagoras ist ein vorzüglicher Zeuge des vornizänischen Trinitätsglaubens. Daß die Christen nicht Atheisten sind, beweist er wie Justin damit, daß sie Vater, Sohn und Geist und die Engel verehren (suppl. 10; vgl. Just., 1. Ap. 6). Vom Sohn sagt er mit Justin und ähnlich wie Theophilus, Tertullian und Hippolyt, daß er von Ewigkeit als νοῦς und λόγος in Gott war und dann zum Zweck der Weltschöpfung aus ihm hervortrat, ohne aber ein Geschöpf zu sein. Die Einheit Gottes sucht Athenagoras erstmalig aus der Vernunft zu beweisen (8).

2. Viele Christen werden grau im jungfräulichen Stande; eine zweite Ehe gilt den Christen als „anständiger Ehebruch" (33).

3. In der herrlichen Schilderung des christlichen Lebens (31/33; vgl. Aristides u. Diognetbrief) findet sich ein eindrucksvolles Bekenntnis des Glaubens an die Gegenwart Gottes.

§ 19. Theophilus von Antiochien

Theophilus von Antiochien, in der Nähe des Euphrat geboren, hellenisch gebildet, wurde erst im Mannesalter Christ (1, 14) und dann Bischof von Antiochien.

1. Die 3 Bücher *An Autolycus*, kurz nach 180 (3, 27 f) verfaßt, können als drei lose zusammenhängende Schriften bezeichnet werden. Im 1. Buch spricht Th., um die Angriffe seines Freundes zu widerlegen, vom Wesen

Gottes, von der Vorsehung, der Bedeutung des Christennamens, vom Auferstehungsglauben und der Torheit des Götterglaubens. Das 2. Buch — eine Ergänzung des 1. Vortrags — stellt die heidnische Mythologie und die widerspruchsvollen Lehren der griechischen Dichter und Philosophen der Lehre der Propheten und dem Genesisbericht über die biblische Vorgeschichte gegenüber. Im 3. Buch weist Theophilus die Anklagen der Heiden, welche die Sittlichkeit der Christen verdächtigen, zurück und charakterisiert die unmoralische heidnische Lebensauffassung. Dazu wird der Altersbeweis für das Christentum und seine heiligen Schriften (des AT) angeführt; Moses müsse 900 bis 1000 Jahre vor dem Trojanischen Krieg gelebt haben (3, 21).

2. Verloren sind folgende Schriften: *Gegen die Häresie des Hermogenes, Rede gegen Marcion;* außerdem verfaßte er ein geschichtliches Werk (Περὶ ἱστοριῶν: 2, 30), katechetische Schriften und Kommentare zu den Prv. und den Evv. (Eus. h. e. 4, 24; Hieron. vir. ill. 25) und schließlich noch eine Evangelienharmonie (Hieron. ep. 121, 6, 15).

Der von F. Loofs 1930 versuchte Nachweis, daß die Schrift gegen Marcion aus Irenäus, der sie adv. haer. benützt haben soll, z. T. rekonstruiert werden könne, ist nicht gelungen (s. auch S. 111 f).

G. Bardy - J. Sender, SCh 20, 1948 (TÜ).– S. Frasca, S. Giustino M., Apologie. S. Teofilo Ant., To 1938 (TÜ).– A. di Pauli, BKV² 14, 1913 (Ü).– E. Rapisarda, To 1937 (Ü). ** Aguado, EstudBibl 1932, 176/91; 281/90; 1933, 3/11 (ntl. Kanon).– Alfonsi, NDid 1948, 71/3.– Bardy, DThC 15, 1, 530/36.– de Gaiffier [M. Andrieu, 1956] 173/9 (harmonie évangélique).– Grant, HThR 1947, 227/56; 1950, 179/96 (the problem of Th.); VC 1952, 146/59 (textual trad.); VC 1958, 136/44 (Text); VC 1959, 33/45 (scripture, rhetoric and theology).– J. Lebreton, Hist. du dogme de la Trinité 2, 1928, 508/13.– Richard, Rb 1938, 387/97 (Katenenfragm.).– F. Loofs, Theophilus v. A. Adv. Marcionem und die anderen theol. Quellen bei Irenäus, TU 46, 2, 1930, 10/100; 397/431 (dagegen RSR 1931, 596/601; RHE 1930, 675/9); PWK II, 5, 2149.– P. Nautin, VC 1957, 212/25 (Textkrit. zu Ad Autol. II).– Ogara, Gr 1944, 74/102 (Beziehungen zu Aristides und Ep. ad Diognet.).– Rapisarda [P. Ubaldi, Mi 1937] 381/400 (Leben und Werk).– Th. Rüsch, Die Entstehung der Lehre vom Heiligen Geist, Zü 1952.

Lehre

1. Th. ist der erste kirchliche Zeuge, der das Wort τριάς (trinitas) von der Gottheit gebraucht. Die göttlichen Personen bezeichnet er regelmäßig mit den Worten: Gott, Logos und Weisheit (2, 15). Im übrigen gebrauchte bereits der Valentinianer Theodotus (bei Clem. Alex. exc. ex Theod. 80, 3) den Begriff in demselben Sinne.

2. Gott hat den Logos, den er in sich hatte (λόγος ἐνδιάθετος), vor der Weltschöpfung gezeugt; dieser Logos hat mit Adam im Paradiese gesprochen (λόγος προφορικός: 2, 10. 22).

3. Die Menschenseele ist weder sterblich noch unsterblich erschaffen, aber fähig zur Sterblichkeit und Unsterblichkeit, je nachdem sich der freie Wille entscheidet (2, 27; vgl. Just. dial. 5 und Iren. haer. 4, 4, 3).

4. Während Justin die Evangelien nur „Denkwürdigkeiten" der Apostel nennt, bezeichnet Th. die Evangelisten gerade wie die Propheten als Geistträger und die Evangelien und die Briefe Pauli als „heiliges, göttliches Wort"; er hat zuerst die Inspiration des NT deutlich ausgesprochen (2, 22; 3, 13 f).

§ 20. Der Brief an Diognet; Hermias; Sextussprüche

1. *Der Brief an Diognet*, im Altertum und Mittelalter nie erwähnt und nur in einer einzigen, 1870 in Straßburg verbrannten Hs. unter den Werken Justins des Märtyrers erhalten, ist an einen hochgestellten, sonst unbekannten Heiden Diognet adressiert. In Epistelform wird in schwungvoller Darstellung und glänzender Sprache eine nicht gerade in die Tiefe gehende Apologie des Christentums geboten, die sich inhaltlich mit der Schrift des Aristides berührt, ohne daß eine direkte Abhängigkeit angenommen werden kann. Andriessen sucht mit beachtlichen Gründen die Identität des Diognetbriefes mit der verlorenen Apologie des Quadratus (s. S. 61 f) zu erweisen. Erklärlicherweise kann eine solch kühne These nicht leicht als sicher bewiesen werden. Gewöhnlich wird heute wieder die 2. Hälfte des 2. Jh., nicht das 3. Jh. als Abfassungszeit angenommen (z. B. von Meecham u. Marrou). Die Schlußkapitel 11 und 12, die seit langem als unecht beurteilt und zumeist Hippolyt von Rom zugesprochen werden, verteidigt Marrou, der die Schrift Pantänus, dem Lehrer des Klemens von Alexandrien, zueignen möchte, ohne entscheidende Gründe als echt.

Diognet hatte seinem christlichen Freunde drei Fragen vorgelegt: 1. Welches ist die Gottesverehrung der Christen, und warum verwerfen sie die der Juden und Heiden? 2. Welches ist ihre so gepriesene Nächstenliebe? 3. Warum ist diese Religion so spät in die Welt gekommen? Daraufhin gibt der Verfasser (2/4) eine Kritik des Heiden- und Judentums, um daran (5/6) seine berühmte Schilderung des überirdischen Wandels der Christen, „die in der Welt das sind, was die Seele im Körper ist", anzuschließen. In c. 7/8 wird gezeigt, daß die christliche Religion von Gott stammt, der seinen Sohn zu uns gesandt hat, um uns sein Wesen kundzutun. Auf die 3. Frage antwortet der Verfasser (9), Gott habe den Menschen ihr Unvermögen, sich selbst zu helfen, zum Bewußtsein bringen wollen. Er schließt (10): Wenn Diognet die christliche Lehre annehme, würden auch ihn die Wohltaten Gottes zur wahren Gottes- und Menschenliebe entflammen.

K. Bihlmeyer, Die apost. Väter, 1924, 141/9. – E. H. Blakeney, 1943. – H. I. Marrou, SCh 33, [2]1965 (TÜK). – H. G. Meecham, Manchester 1949 (TÜK). – J. J. Thierry, Lei 1964 (T). – J. A. Kleist, ACW 6, 1948, 125/47 (Ü). – G. Rauschen, BKV[2] 12, 157/73 (Ü). ** Altaner, HJB 1927, 730/2 (Gesch. der Hs.). – Andriessen, RAT 1946, 5/39; 125/49; VC 1947, 129/36 (identisch mit Quadratus); dagegen Meecham, 1949; dafür Telfer, JTS 1949, 223 f. – Bauer, VC 1963, 207/10 (c. 6: jüd. Quelle). – Billet, RSR 1957, 409/18 (lacunes). – Blakeney, JTS 1941, 193/95 (zu 10, 1). – Connolly, JTS 1935, 347/53; 1936, 2/15 (c. 11/12 Schluß der Refut. Hippolyts). – Fermi, RR 1925, 541/7 (Aristides nicht Verfasser). – Geffcken, ZKG 1926, 348/50 (Abfassungszeit 3. Jh.). – Lazzati, SP 4, 291/7 (6, 10: proibizione del suicidio?). – Meecham, ExT 1943, 97/101 (Theologie des Briefes). – Molland, ZntW 1934, 289/312 (Diognet, Lehrer Mark Aurels). – Nautin, Lettres et écrivains, 1961, 167/75 (Tkr.). – Ogara, Gr 1944, 74/102 (Aristides und Diognetbrief im Verhältnis zu Theoph. v. Ant.). – O'Neill, IER 1956, 92/106. – Roasenda, Aev 1934, 522 f (2, 1; 2, 3); 1935, 248/53 (11/12 unecht); 468/73 (paulin. Gedankengut). – E. Schwartz, Zwei Predigten Hippolyts, 1936, 33 A. 1; 47 A. 1 (c. 11/12 gehören zu einem der beiden Traktate Hippolyts über das Osterfest). – Skard, SO 1952, 92 (1, 1). – Tibiletti, AtTor 96, 1961 f, 343/88; 1962 f, 105/19; 210/48.

2. *Die Spottschrift des Hermias* (Διασυρμός τῶν ἔξω φιλοσόφων) charakterisiert mehr grob als witzig, ohne irgendwelche didaktischen Zwecke zu verfolgen, in 10 kurzen Kap. die verschiedenen einander widersprechenden Versuche der heidnischen Philosophen, das Wesen Gottes, der Seele und der Welt zu erkennen. Der unbekannte Verfasser, dessen Schrift in der altchristlichen Literatur nirgends erwähnt wird, verdankt sein philosophisches Wissen nicht einem tieferen Studium der alten Philosophen, sondern den damals verbreiteten landläufigen philosophischen Kompendien. Er scheint der 2. Hälfte des 2. oder dem 3. Jh. anzugehören. Der Neuplatonismus wird von ihm noch nicht erwähnt. Vgl. die Philosophenkritik bei Tatian (orat. 25 f).

MG 6, 1169/80. – H. Diels, Doxographi graeci, [2]1929, 649/56. – A. di Pauli, BKV[2] 14, 1913 (Ü). – E. A. Rizzo, Ermia, Livorno 1931 (ÜK). ** L. Alfonsi, Ermia filosofo, Brescia 1947; VC 1951, 80/3 (Platos Theätet bei H.). – S. Gennaro, Sullo „Scherno“ di Ermia filosofo, Ca 1950. – A. di Pauli, Die Irrisio des Hermias, 1907.

3. *Die Sprüche des Sextus.* Eine umfangreiche Sammlung von Sprüchen (451) unter dem Namen des Sextus (Σέξτου γνῶμαι) wurde zwischen 180

und 210 vermutlich in Alexandrien von einem offensichtlich christlichen Kompilator bearbeitet, der ethische Maximen neupythagoreischer, stoischer und platonischer Herkunft christianisieren wollte; wahrscheinlich sollte seine Spruchsammlung in dieser Überarbeitung bei Heiden apologetisch und für das Christentum werbend wirken. Daß sie bei Christen viel Anklang gefunden hat, berichtet bereits Origenes (c. Cels. 8, 30; comm. in Mt. 15, 3) und zeigen zwei syrische und eine armenische Übersetzung. Um 400 hat Rufinus von Aquileia die griechische Spruchsammlung ins Lateinische übertragen und in der Vorrede eine Überlieferung erwähnt, nach der der römische Bischof und Märtyrer Xystus (Sixtus II., 257/8) der Verfasser sei. Hieronymus wandte sich scharf gegen diese Meinung und überhaupt gegen die Spruchsammlung, die er einem heidnischen pythagoreischen Philosophen Sextus zuschreiben wollte (comm. in Ezech. 6; in Jerem. 4, 41; ep. 133, 3).

Die Sprüche mahnen zu sittlicher Selbsterkenntnis, Distanzierung von der Welt, Gottverähnlichung und Enthaltsamkeit; die Ehe wird sehr gering eingeschätzt (Spr. 230; 13 und 273 Rat zur Selbstentmannung?). Ähnlich wie Klemens von Alexandrien versuchen die Sextussprüche eine Harmonisierung hellenistischer Ethik und Askese mit christlicher Sittenlehre; so sind sie für die Geschichte der christlichen Ethik wichtig.

H. Chadwick, The Sentences of Sextus, C 1959 (gr. und lat. T, K). ** Chadwick, JTS 1960, 349 (sentences of S. and of the Pythagoreans). – Delling [E. Klostermann, TU 77, 1961] 208/41 (Hellenisierung des Christentums). – Garitte, Mu 1959, 355/63 (22 georg. Spr.). – Hermann, ZKG 1938, 217/26 (armen. Ü). – Ryssel, ZWissTheol 1895, 617/30 und Forts. (syr. Ü).

III. Schriften aus dem Gemeindeleben des 2. und 3. Jahrhunderts

§ 21. Die Didache

Die kurz als *Didache* oder *Apostellehre* bezeichnete Schrift entdeckte 1873 Ph. Bryennios in der konstantinopolitanischen Bibliothek des griechischen Patriarchen von Jerusalem in einer Hs. aus dem Jahre 1056 (jetzt Cod. 54 in der Bibliothek des griechischen Patriarchen in Jerusalem, der auch den vollständigen Text des Barnabasbriefes und die beiden Clemensbriefe enthält). Ferner wurden bekannt griech. Textfragmente (Pap. Ox. 1782),

Fragmente einer koptischen und äthiopischen Übersetzung und eine vollständige georgische Übersetzung.

Eine sehr alte lateinische Übersetzung (Doctrina apostolorum, entsprechend D. 1/6 ohne 1, 3b/2, 1) hat nicht den christlichen Didachetext als Vorlage, sondern den griech. Text einer spätjüdischen Zweiwegelehre, deren Gedanken sich in der Weisheitsliteratur und auch in Schriften der Rabbinen und der Qumransekte finden. Diese Lehre war für die sittliche Unterweisung von Heiden bestimmt, die sich als Gottesfürchtige der Synagoge anschließen wollten, und trug daher zu Recht den Titel Διδαχὴ κυρίου τοῖς ἔθνεσιν. Durch Einfügung von διὰ τῶν δώδεκα ἀποστόλων in den Titel und die Interpolation 1, 3b/2, 1 wurde sie verchristlicht; in der lateinischen Übersetzung steht am Anfang der christliche Titel „De doctrina apostolorum" und am Schluß eine trinitarische Doxologie, der Text selber ist ohne christliche Bearbeitung geblieben. Bereits vor Entdeckung dieser lateinischen Übersetzung hatten mehrere Forscher für Did. 1/6 eine jüdische Grundschrift angenommen; die Doctrina bestätigt diese Ansicht, aber auch weitere altchristliche Schriften, in denen nur die selbständige Zweiwegelehre (ohne christliche Interpolation) benützt worden ist: der Barnabasbrief (18/20), Hermas (mand. 2, 4/6), die Apostolische Kirchenordnung (4/13), das Syntagma und die Fides Nicaena des Ps.-Athanasius (PG 28, 835/46; 28, 1637/44) und die Vita des Schenute v. Atripe (in arab. Übers.).

Die ganze D. ist der Didascalia bekannt; in den Apostol. Konstitutionen (7, 1/32) dient sie geradezu als Grundtext einer paraphrasierenden Erweiterung. Bei weiteren nicht sehr häufigen Nennungen und Benützungen der D. läßt sich nicht immer entscheiden, ob dabei nur die Grundschrift der Zweiwegelehre oder die ganze christliche Didache in Betracht kommt. Eusebius (h. e. 3, 25, 4) rechnete sie zu den Apokryphen; weitere Zeugnisse: Clem. Al. strom. 1, 20, 100, 4 (3, 5); Athanas. ep. paschal. 39; de virginitate 13 (D. 9, 3f); im Westen Ps.-Cypr. adv. aleator. 4 (14, 2); gesta ap. Zenophilum (CSEL 26, 192 Z. 6f: Did. 2, 7); Optat. c. Parmen. 1, 21 (4, 3); Aug. en. in Ps. 146, 17 u. ö. (1, 6); ep. Titi (SbB 1925, 195: Did. 3, 1).

Entgegen dem Titel Διδαχὴ κυρίου διὰ τῶν δώδεκα ἀποστόλων τοῖς ἔθνεσιν (verkürzt Διδαχὴ τῶν [δώδεκα] ἀποστόλων) bringt die Schrift nichts von einer christlichen Glaubenspredigt; der Titel ist mit der jüdischen Grundschrift übernommen und dem ganzen Schriftchen gegeben worden. Dem verchristlichten Text der Zweiwegelehre (1/6) sind weitere rein christliche Texte angefügt worden: liturgische Anweisungen über Taufe, Fasten und Beten, Agapegebete (7/10); Bestimmungen über Lehrer,

Wanderapostel und Propheten, über die Sonntagsfeier und die Bestellung von Bischöfen und Diakonen (11/15). Mahnungen zur Wachsamkeit im Hinblick auf das bevorstehende Ende (wohl ebenfalls nach jüdischer Vorlage) bilden den Schluß (16).

D. 6, 2f gehört wohl noch zum jüdischen Grundtext und betrifft das Ritualgesetz, das man Gottesfürchtigen nur empfiehlt, aber nicht auferlegt. Gottesfürchtigen und Christen erschien die Enthaltung vom Fleisch der Opfertiere gleicherweise geboten.

D. 7, 3 gestattet für den Notfall die Taufe durch Aufgießen; es ist das einzige Zeugnis für die Infusionstaufe in den ersten zwei Jhh.; für das 3. Jh. vgl. Cypr. ep. 69, 12ff. Did. 8, 1: Fasten am Mittwoch und Freitag, nicht am Montag und Donnerstag mit den „Heuchlern" (Juden). Did. 8, 2f: Dreimal täglich soll das Gebet des Herrn gesprochen werden, vermutlich in Anlehnung an jüdische Gebetszeiten. Did. 9/10: Es ist unwahrscheinlich, daß hier älteste „Eucharistie"-Gebete erhalten sind; vielmehr sind es Benediktionen (Tischgebete) nach dem Muster der jüdischen Beraka (griech. εὐλογία, εὐχαριστία). Von der Eucharistiefeier ist Did. 14, 1 die Rede; sie wird nach Malach. 1, 10f als θυσία bezeichnet. Das Myrongebet des kopt. Fragments und der Apostol. Konstitutionen (7, 27) im Anschluß an D. 10, 7 ist wohl eine spätere Interpolation nach dem Muster der vorhergehenden Gebete; der Vorschlag von A. Adam, den kopt. Ausdruck nicht als „Salböl", sondern als „Erquickung" (durch die Agape) zu deuten, muß einen syrischen D.-Text voraussetzen.

Die ständigen Vorsteher der Gemeinde heißen ἐπίσκοποι und διάκονοι wie öfters in Paulusbriefen und im Korintherbrief des Clemens von Rom. Aber zugleich wirken in den Gemeinden auch ansässige oder wandernde Propheten; sie haben einen hohen Rang und erhalten als „Hohepriester" den Zehnten; sie zu bekritteln gilt als Sünde gegen den Heiligen Geist, obwohl man sich vor falschen Propheten hüten muß.

Als Heimat der D. darf Syrien-Palästina gelten, als Entstehungszeit die erste Hälfte des 2. Jh., noch vor dem Auftreten des Montanismus. Dieses hohe Alter wird vor allem durch die in der Schrift vorausgesetzten kirchlichen Verhältnisse nahegelegt: durch die Stellung der Propheten, Lehrer, Apostel, Bischöfe und Diakone, durch die Form der D. 9/10 überlieferten Gebete, die Bezeichnung Jesu als „Knecht Gottes". Besonders englische Forscher haben aber den Archaismus der D. als Fiktion betrachtet und für die Abfassung die zweite Hälfte des 2. Jh. angenommen (Robinson, Connolly, Muilenburg, Vokes). Audet hingegen will für die Abfassung (in zwei aufeinanderfolgenden Stadien) die Zeit zwischen 50 und 70 annehmen, hat aber dafür wenig Zustimmung gefunden.

J. P. Audet, La Didachè. Instructions des apôtres, 1958 (TÜK).– K. Bihlmeyer, Die apost. Väter, 1, 1924.– Th. Klauser, FP 1, 1940 (T, lat. Ü).– H. Lietzmann, KlT 6, [6]1962.– J. Schlecht, Doctrina XII ap., 1900; Die Apostellehre in der Liturgie der kath. Kirche, 1901 (lat. Doctrina).– R. Knopf, Hdb. zum NT, Ergbd. 1, 1920 (ÜK).– J. A. Kleist, ACW 6, 1948 (Ü).– F. Zeller, BKV[2] 35, 1918 (Ü).– A. Agnoletto, La Didache, Mi 1959 (ÜK).– ** Adam, ZKG 1957, 1/47 (Herkunft).– Altaner, VC 1952, 160/7 (lat. Doctrina).– Bammel, SP 4, 253/62 (Did. 16).– J. Bligh, VD 1958, 350/6 (gegen Zweiteilung der D).– Botte, RHE 1959, 515/23 (gegen Audet).– Broek-Utne, ZKG 1935, 576/81 (Did. 11, 11).– Burkitt, JTS 1932, 25/7 (D. und Barnab.).– Butler, JTS 1961, 27/38 (‚Two Ways' in the D.); JTS 1960, 265/83 (Did. 16).– Cerfaux, Bi 1951, 943/58 (Did. 9, 4).– Connolly, JTS 1932, 237/53 (D. und Barnab.; zu Muilenburg); JTS 1937, 364/79 (1, 3 b / 2, 1 nicht interpoliert); DR 1937, 477/89 (D 9 f: Agape, nicht Euchar.); DR 1937, 339/47 (D. und Montanismus).– Dibelius, ZntW 1938, 32/41 (Mahlgebete).– Creed, JTS 1938, 370/87 (Spätdatierung).– Glover, NTS 1958 f, 12/29 (synopt. Zitate).– E. J. Goodspeed, AThR 1945, 228/47 (D., Barnabas and the Doctrina); The Apostolic Fathers, NY 1950, 285/310 (lat. Doctrina).– Gribomont, RTA 1960, 20/8 (ecclesiam adunare).– Klauser [F. J. Dölger, 1939] 157/64 (D. 7, 1/3: lebendiges Wasser).– Knox, JTS 1939, 146/9 (D. 3, 4). Leclercq, DAL 4, 772/98 (m. Bibliogr. bis 1913).– Middleton, JTS 1935, 259/67 (euch. prayers).– Moule, JTS 1955, 240/3 (D. 9, 4).– J. Muilenburg, The literary relations of the epistle of Barnabas and the Teaching of the twelve apostles, Marburg 1929.– Nautin, RHR 1959, 191/214 (composition, titre); VC 1959, 118/20 (D. 11, 3/5).– Peterson, EL 1944, 3/13 (christol. Hymnus, D. 9/10); Frühk. 146/82 (D.-Überlief.).– Philbin, IER 1941, 11/39 (krit. Referat).– Ponhot, EThL 1959, 339/61 (‚Nom').– Riedmatten, Ang 1959, 410/29 (zu Audet).– Riesenfeld, Er 1956, 142/50 (D. 9, 4).– Robinson, JTS 1934, 113/46; 225/48 (zu Muilenburg).– Saß [E. Lohmeyer, St 1951] 233/9 (‚Apostel').– Schmid, RACh 3, 1009/13.– Stommel, RQ 1953, 21/42 (D. 16, 6).– Stuiber, SP 4, 323/9 (D. 6, 2 f).– Telfer, JTS 1946, 141/51 (The ‚plot' of the D.).– F. E. Vokes, The riddle of the Didache. Fact or fiction, heresy or catholicism?, Lo 1938; TU 88, 1964, 427/36 (canon of the NT).

§ 22. Die Apostolische Überlieferung des Hippolytus

Die Apostolische Überlieferung des Hippolyt, im Schriftenverzeichnis der Hippolytstatue (s. S. 164) als Ἀποστολικὴ παράδοσις bezeichnet, ist erst durch E. Schwartz (1910) und unabhängig von diesem durch R. H. Connolly (1916) wieder entdeckt worden. Bis dahin waren fünf Dokumente bekannt, die offensichtlich miteinander verwandt erschienen, deren Abhängigkeitsverhältnisse jedoch unklar und umstritten waren: das 8. Buch der Apostolischen Konstitutionen, dessen Epitome, die sogenannte Ägyptische Kirchenordnung (in lateinischer, sahidischer, bohairischer, arabischer und äthiopischer Überlieferung), das Testamentum domini und die Canones Hippolyti (nur arabisch erhalten); s. S. 257.

Als gemeinsame Vorlage dieser zum Teil sehr stark kirchenrechtlich umgearbeiteten Texte muß die Apostolische Überlieferung Hippolyts gelten, die daher annähernd rekonstruiert werden kann, vor allem mit Hilfe der sogenannten ägyptischen Kirchenordnung. R. H. Connolly, B. S. Easton, G. Dix und B. Botte haben mit Geduld und Scharfsinn diese Rekonstruktionsarbeit geleistet.

Die Apostolische Überlieferung, um 215 in Rom von Hippolyt verfaßt, verteidigt die liturgische Tradition und beschreibt daher zum Teil Zustände aus früherer Zeit. Sie ist für unsere Kenntnis der älteren römischen Liturgie grundlegend, weil sie zum erstenmal genaue Beschreibungen und Gebetstexte der Liturgie bietet. Behandelt werden zuerst die Ämter und Dienste in der Gemeinde: Wahl und Ordination des Bischofs, der Presbyter, Diakone; die Bestellung der Witwen, Vorleser, Jungfrauen, Subdiakone und der mit der Krankenheilung Begabten. Als liturgische Texte werden geboten die Ordinationsgebete für Bischof, Presbyter und Diakone, das Eucharistiegebet und Benediktionen für Öl, Käse und Oliven. Dann folgen die Bestimmungen über die Aufnahme neuer Gemeindemitglieder: Prüfung der sich Meldenden, Aufzählung der verbotenen Beschäftigungen, Art und Dauer des Katechumenats; Taufe, Firmung und Eucharistieempfang der Neugetauften. Zum Schluß kommen mancherlei Einzelbestimmungen über das Fasten, die abendliche Lichtbenediktion, das gemeinsame Mahl, die Erstlingsfrüchte, das Paschafasten, die Aufgabe der Diakone, die sorgfältige Behandlung der Eucharistie, das Begräbnis auf dem Gemeindefriedhof, die Gebetszeiten und das Kreuzzeichen.

B. Botte, La tradition apostolique de Saint Hippolyte. Essai de reconstitution, Mr 1963.– R. H. Connolly, The so-called Egyptian Church order and derived documents, 1916.– G. Dix, 'Αποστολικὴ παράδοσις. The treatise on the Apostolic Tradition of St. Hippolytus of Rome, Lo 1937.– B. S. Easton, The Apostolic Tradition of Hippolytus, C 1934.

Quellen für die Rekonstruktion des Textes: E. Tidner, Didascaliae apostolorum, Canonum ecclesiasticorum, Traditionis apostolicae versiones latinae, TU 75, 1963.– W. Till - J. Leipoldt, Der kopt. Text der Kirchenordnung Hippolyts, TU 58, 1954.– J. et A. Périer, Les 127 Canons des apôtres, PO 8, 4, 1912 (arab.).– H. Duensing, Der äthiopische Text der Kirchenordnung des Hippolyt, Gö 1946. ** Bauer, ZkTh 1952, 71/5 (Früchtesegnung).– Blanc, RTA 1955, 173/92 (Lexique comparé des versions).– Botte, RTA 1947, 241/51 (épiclèse); 1949, 177/85 (authenticité, gegen Engberding); [Mél. J. de Ghellinck, 1, 1951] 189/200 (symbole baptismal, gegen Nautin); RTA 1955, 161/72 (texte); [S. Salaville, REB 1958] 162/5 (trad. ap. 16: ψελλιστης — ψαλιστης); RTA 1960, 5/19 (le signe de croix); OrSyr 1960, 331/50 (les plus anciennes collections canoniques); [Ch. Mohrmann, 1963] 196/201 (sputation).– Callewaert, SE 1949, 95/110 (Epiklesenfrage).– Capelle, RTA 1933, 129/54 (l'introduction du catéchuménat à Rome).– Casel, ALW 1952, 115/30 (Kirchenordnung).– Connolly,

JTS 1923f, 131/9 (baptismal creed); 1939, 350/69 (eucharistic prayer).– H. Elfers, Die Kirchenordnung Hippolyts von Rom, Pa 1938; [K. Adam, 1952] 169/211 (gegen Engberding).– Engberding [C. Mohlberg, 1, 1948] 47/71 (trad. ap. unecht).– van den Eynde [C. Mohlberg, 1, 1948] 407/11 (Fortleben in der röm. Liturgie).– Hamel, ZntW 1937, 238/50 (für Echtheit).– J. M. Hanssens, La liturgie d'Hippolyte, R 1959; Gr 1961, 290/302 (assentiments et dissentiments).– Jungmann, ZkTh 1929, 583/5 (Fortleben); ZkTh 1964, 321/6 (Doxologien).– Lecuyer, RSR 1953, 30/50 (épiscopat et presbytérat).– R. Lorentz, De Egyptische Kerkordening en Hipp. v. Rome, Lei 1929.– Magne, OstkSt 1965, 35/67 (nicht v. H.).– Martimort, BLE 1959, 57/62 (rituel baptismal).– P. Nautin, Je crois à l'Esprit Saint dans la Sainte église pour la résurrection de la chair, 1947.– Richardson, HThR 1947, 101/8 (epiclesis); AThR 1948, 38/44 (Datierung); RTA 1948, 357/9 (epiclesis).– Salles, RHR 1955, 181/213 (témoin de la liturgie romain?).– E. Schwartz, Über die pseudoapostol. Kirchenordnungen, 1910 = Ges. Schr. 5, 192/273.– van Unnik, VC 1947, 77/100 (cheveux défaits).– Walls, Th 1958, 336/9 (harvest thanksgiving); SP 3, 155/62 (latein. Text); SP 2, 83/92 (apostolic claim in the church order literature).– Zwi Werblowsky, SP 2, 93/105 (baptismal rite).

§ 23. Die Didaskalia

Die *Didaskalia*, mit vollem Titel *Katholische Didaskalia der zwölf Apostel des Erlösers*, bei Epiphanius Διατάξεις τῶν ἀποστόλων genannt. Der Verfasser ist ein Bischof mit beachtlichen medizinischen Kenntnissen; er schrieb sein Werk höchstwahrscheinlich in der ersten Hälfte, vielleicht schon in den ersten Jahrzehnten des 3. Jh. im nördlichen Syrien für eine heidenchristliche Gemeinde. Scharf wendet er sich gegen Christen, die das jüdische Zeremonialgesetz noch für verbindlich halten. Gegen die Sünder zeigt er sich, im Gegensatz zu seinen abendländischen Zeitgenossen (Tertullian, Hippolyt, Cyprian), milder. Alle Sünden, auch Ehebruch und Apostasie, nicht jedoch die Sünde wider den Heiligen Geist, können nachgelassen werden. Eine längere Bußzeit nach der Exkommunikation wird vorausgesetzt. Bevor jedoch der Bischof seine Entscheidung über die Rekonziliation trifft, solle er nach Prüfung des bis dahin bewiesenen Bußeifers des Sünders noch ein 2—7 Wochen dauerndes Fasten fordern. Die Wirkung der Rekonziliation wird geradezu auf eine Stufe mit der Wirkung der Taufe gestellt. Außer den kanonischen Schriften hat der Verfasser die Didache, das Petrusevangelium, die Paulusakten, Ignatius, Hermas und Irenäus benutzt.

Die Didaskalie ist, abgesehen von geringen Fragmenten, im griechischen Urtext verloren, aber vollständig in syrischer, teilweise (etwa drei Achtel des Ganzen) auch in lateinischer Übersetzung erhalten. Sie enthält eine

Kirchenordnung, bei der besonders die Eheleute, der Bischof und die Vermögensverwaltung, der Stand der Witwen, dann Taufe, Gottesdienst und Buße Berücksichtigung finden; vor Ostern wird ein sechstägiges Fasten verlangt.

Die in arabischer und äthiopischer Überlieferung als *Didaskalia* bezeichnete Schrift ist eine Bearbeitung der Apostolischen Konstitutionen.

R. H. Connolly, Didascalia apostolorum, O 1929 (Ü des syr. T, lat. Textfragmente). – F. X. Funk, Didascalia et Constitutiones apostolorum, 1, 1905, 2/384 (lat. Ü). – E. Tidner, Didascaliae apostolorum, Canonum ecclesiasticorum, Traditionis apostolicae versiones latinae, TU 75, 1963. – H. Achelis - J. Flemming, TU 25, 2, 1904 (Ü der syr. Didascalia). ** Bardy, DSp 3, 863/65. – Beaucamp, BLE 1949, 26/47 (Buße). – Burkitt, JTS 1930, 258/65. – Colson, VS Suppl. 1951, 271/90 (l'évêque). – Cuesta, RET 1947, 337/44 (penitencia medicinal). – Galtier, RHE 1947, 315/51 = Aux origines du sacrement de pénitence, R 1951 (1. Hälfte des 3. Jh.). – Graf, Gesch. 1, 564/9 (arab. Didaskalia). – K. Holl, Ges. Aufsätze 2, 1928, 204/24 (Paschafasten). – Poschmann, Paenitentia 476/8. – K. Rahner, ZkTh 1950, 257/81 (Bußlehre und Bußpraxis). – Strecker [W. Bauer, Rechtgläubigkeit, [2]1964] 248/60 (Häresie). – E. Tidner, Sprachl. Kommentar zur latein. Didascalia apostolorum, Stockholm 1938. – van Unnik, NAKG 1939, 65/100 (mosaisches Gesetz).

§ 24. Alte Taufsymbole

In den ntl. Schriften finden sich zahlreiche mehr oder weniger formelhafte Bekenntnisse des Glaubens an Jesus als den Christus (Act. 8, 37) oder den Kyrios (1 Cor. 12, 13; Rom. 10, 9; Phil. 2, 11), und sein Heilswerk (1 Cor. 15, 3 f), ferner Bekenntnisse, die Gott den Vater und Jesus Christus zusammen nennen (1 Cor. 8, 6) und vereinzelt auch den Heiligen Geist umfassen (2 Cor. 13, 14; 1 Cor. 12, 4). Diese Texte sind aber keineswegs Zeugnisse für ein festformuliertes „apostolisches Ursymbol". Die frühestens seit Mitte des 2. Jh. nachweisbaren Glaubensbekenntnisse im engeren Sinn gehen auf den trinitarischen Taufbefehl Mt. 28, 19 zurück, der das Bekenntnis des Glaubens an Vater, Sohn und Heiligen Geist verlangt. Dieses wurde in der Form abgelegt, daß der Taufende drei dem Taufbefehl entsprechende Fragen stellte, die der Täufling mit „ich glaube" beantwortete; daher haben die Taufbekenntnisse Frageform, nicht Aussageform (Iustin. apol. 61; Iren. epideix. 3; Tert. spect. 4; bapt. 2; cor. 3; adv. Prax. 26; Hippol. trad. ap. 21; Cypr. ep. 69, 7; Dionys. Al. bei Eus. h. e. 7, 9; später noch Ambros sacram. 2, 7, 20; Sacram. Gelas. n. 449). Diese drei Fragen des Taufbekenntnisses wurden durch Zusätze erweitert, besonders stark im zweiten Teil durch christologische und heilsgeschichtliche Aussagen. Das bei der Taufe abzufragende Symbol wurde im Katechumenenunterricht erklärt (später expositio, traditio und redditio symboli); aus dieser Praxis stammt die Aussageform des Symbols.

Am frühesten bezeugt und in seiner Geschichte am besten überschaubar ist das altrömische Taufsymbol, das erstmals gegen Ende des 4. Jh. als *Symbolum apostolorum* bezeichnet wird (Ambros. ep. 42, 5; Rufin. comm. in symb. apost.); dieser Name entstammt der Vorstellung, als sei dieser Text unmittelbar von den Aposteln verfaßt worden. Im 6. Jh. wurde sogar jedem der Apostel je ein Artikel zugewiesen (ML 39, 2189). Auf dem Konzil von Ferrara (1438) erklärte der griechische Erzbischof von Ephesus, Marcus Eugenicus, daß man in der Ostkirche nichts von einem apostolischen Glaubensbekenntnis wisse. Bald darauf bestritt der Humanist Laurentius Valla († 1457) den apostolischen Ursprung des Symbols; aber erst G. J. Voss (1642) und Erzbischof J. Ussher (1647) leiteten die moderne Symbolforschung ein.

Als zusammenhängender Text ist das altrömische Symbol zuerst bei Hippolyt zu finden (trad. ap. 21). Aber dieser Text ist noch nicht ein derartig offizieller Einheitstext, daß er nicht der persönlichen Theologie Hippolyts Raum geben könnte. Wir haben daher das Symbol Hippolyts nur als eine der in der zweiten Hälfte des 2. Jh. möglichen Fassungen des römischen Symbols zu betrachten. Unklar bleibt das Verhältnis des römischen zum afrikanischen Symbol, das aus Tertullians Schriften erschlossen werden kann.

Erst in der 1. Hälfte des 3. Jh. hat das altrömische Symbol seine endgültige fixierte Gestalt erhalten; es ist noch original griechisch abgefaßt, daneben existiert aber auch eine lateinische Übersetzung. Der griechische Text ist bezeugt durch einen Brief des Marcellus von Ankyra an Papst Julius (um 340; bei Epiphan. haer. 72, 3) und im Psalterium Aethelstani; der lateinische Text in Rufins Symbolkommentar und in zwei Hss. in Oxford bzw. London.

Die lateinische Übersetzung des römischen Symbols ist seit Mitte des 3. Jh. von den Kirchen der westlichen Provinzen übernommen worden und erhielt Zusätze und Änderungen. Erhalten sind solche provinziellen Symbole aus Mailand, Ravenna, Aquileia, Turin; Remesiana; Karthago, Hippo, Ruspe; Riez, Arles, Toulon; Spanien.

Die noch heute übliche Form des apostolischen Symbols (textus receptus) geht auf einen provinziellen Abkömmling des römischen Symbols zurück, der für Arles, Toulon und Riez und in gallischen Liturgiebüchern bezeugt ist. Der genaue Text findet sich zuerst bei Pirmin, dem Gründer von Reichenau (um 724). Zunächst wurde der textus receptus im Frankenreich durch die Liturgiereform Karls d. Gr. offiziell, dann kam er mit den gallisch-römischen Liturgiebüchern nach Rom und verdrängte das dortige altrömische Symbol.

Im Gegensatz zum Westen, wo seit Mitte des 3. Jh. das römische Symbol mit seinen zahlreichen provinziellen Abkömmlingen in der Vorherrschaft ist, lassen sich die östlichen Taufsymbole nicht auf eine einzige Ausgangsform zurückführen. Gemeinsam ist ihnen natürlich die Dreiteilung gemäß Mt. 28, 19 und die Verwendung biblischer Formulierungen. Aus dem 3. Jh. sind nur wenige östliche Taufsymbole überliefert; die meisten stammen aus dem 4. und 5. Jh. Erhalten sind Symbole von Caesarea, Jerusalem, Antiochien, Mopsuestia und aus Ägypten. Diese östlichen Glaubensbekenntnisse sind lokal und entsprechen der Vielzahl von apostolischen Kirchen des Ostens mit gesonderten Traditionen. Charakteristisch ist die Betonung des Kosmisch-Metaphysischen im Gegensatz zum heilsgeschichtlich-christologischen Zug des westlichen Symbols und die große Produktivität und Vielfalt der Formulierungen.

A. Hahn - G. L. Hahn, Bibliothek der Symbole und Glaubensregeln der Alten Kirche, Br [3]1897, Ndr. 1962.– H. Lietzmann, Symbole der alten Kirche, KlT 17/18, [5]1961. ** F. J. Badcock, The history of the creeds, Lo [2]1938.– Bakhuizen van den Brink, NAKG 1958, 194/226 (Credo in sanctam ecclesiam cath.).– W. Bieder, Die Vorstellung von der Höllenfahrt Jesu Christi, Zü 1949.– Capelle, RB 1927, 33/45 (symbole romain au IIe s.); RTA 1930, 5/20 (origines du symbole romain).– J. Crehan, Early christian baptism and the creed, 1950.– Camelot, RSR 1951, 323/37 (Forschungsbericht).– Carpenter, JTS 1942, 1/11 („Symbolum"); JTS 1943, 1/11 (Creeds and baptismal rites).– O. Cullmann, Die ersten christl. Glaubensbekenntnisse, [2]1948.– Davies, VC 1955, 218/21 (Symb. v. Jerusalem).– Dölger, AC 1934, 138/46 (Taufsymbol und Taufvollzug).– E. v. Dobschütz, Das Apostolicum in bibl.-theol. Beleuchtung, 1932.– C. Eichenseer, Das Symbolum apostolicum beim hl. Augustinus, St. Ottilien 1960.– H. Elfers, Die Kirchenordnung Hippolyts v. Rom, 1938.– Elert, ThLZ 1949, 577/86 (sanctorum communio).– J. de Ghellinck, Patristique et moyen âge I: Les recherches sur les origines du symbole des apôtres, Bru-P [2]1949.– G. Hedley, The symbol of the faith. A study of the apostles' creed, 1948.– R. P. C. Hanson, Tradition in the early church, Lo 1962.– F. Kattenbusch, Das apostolische Symbol, 1/2, 1894/1900.– J. N. D. Kelly, Early christian creeds, Lo [2]1960.– Lietzmann, Kl. Schriften 3, TU 74, 163/281 (Gesch. des Symbols).– P. Nautin, Je crois à l'Esprit Saint dans la sainte église pour la résurrection de la chair, 1947.– Stephenson, SP 3, 303/13 (Text of Jerusalem Creed).– C. H. Turner, The history of the use of creeds and anathemas, Lo [2]1910.

§ 25. Älteste Homilien

1. Der sogenannte *2. Klemensbrief*. Eusebius (h. e. 3, 38, 4) spricht davon, daß es noch einen zweiten Klemensbrief gebe, von dem aber die Alten, soviel er wisse, keinen Gebrauch gemacht hätten. In der hsl. Überlieferung folgt dem echten Klemensbrief (s. S. 47) ein Text mit der Briefadresse Πρὸς Κορινθίους. Dieser ist aber kein Brief, und er stammt nicht von Klemens, wie die sprachlichen Unterschiede zeigen, sondern er ist die älteste erhaltene christliche Homilie. Dieses wertvolle Zeugnis aus dem altkirchlichen Gemeindegottesdienst ist wahrscheinlich vor 150, wohl in Korinth entstanden (Funk, G. Krüger). Harnack nimmt als Verfasser den römischen Bischof Soter um 170 an, R. Harris und Streeter denken an Alexandrien.

Die Homilie schildert die überragende Größe der Wohltat Christi, der die Heiden berufen hat. Zum Dank dafür soll das Bekenntnis zu Christus durch die Tat erfolgen, indem wir Gott mehr als die Menschen fürchten, die Welt geringachten und auch das Martyrium nicht scheuen. Die Taufgnade verpflichtet zu Buße und Reinheit des Fleisches, das entgegen gnostischer Leugnung auferstehen wird. Weitere Bußmahnungen und der Ausblick auf die künftige Herrlichkeit beschließen die schlichte Predigt.

T. W. Crafer, Lo 1921.– H. Hemmer, P 1926.– R. Knopf, Hdb. z. NT, Erg.-Bd. 1920, 151/84 (ÜK). ** Harris, ZntW 1924, 193/200.– Krüger, ZntW 1932, 204 f (zu 14, 2).– J. C. Plumpe, Mater Ecclesia, Wa 1943, 22 f.– Poschmann, Paenit. 124/33.

2. *Die Paschahomilie* des Melito. Durch Papyrusfunde besitzen wir jetzt wieder den vollständigen Text der Paschahomilie des Melito, von dem sonst nur Fragmente erhalten sind (s. S. 63). Als Textgrundlage dienen ein Papyrus-Codex des 4. Jh. und der Papyrus Bodmer XIII. Die letzten noch vorhandenen Lücken schloß H. Chadwick mit einer lateinischen Übersetzung. Ferner sind Fragmente der Homilie in griechischer, koptischer und syrischer Sprache vorhanden.

Es handelt sich nicht, wie man früher annahm, um eine Passionspredigt, etwa am Karfreitag, sondern um eine Paschahomilie für die quartadezimanische Paschanachtfeier vom 14. auf den 15. Nisan. Nach der Vorlesung von Ex. 12 deutet die Homilie das atl. Pascha und den Auszug aus Ägypten als Typus der Erlösung durch Christus (Adams Erschaffung und Fall, die Herrschaft der Sünde, die Weissagungen der Propheten, Christi Tod und Auferstehung). In heftiger Anklagerede wird den Juden unterschiedslos Undank und Unrecht gegen Christus vorgeworfen (72/99);

hier begegnet zum erstenmal die Formel vom „Gottesmord" der Juden, mit der später Christen Haß und Missetaten gegen Juden rechtfertigen wollten.

Wichtig sind die Aussagen über die Gottheit und Menschheit Christi nach Art der späteren Zweinaturenlehre; freilich klingt einiges modalistisch, was über das trinitarische Verhältnis von Vater und Sohn gesagt wird. Bei allem ist jedoch zu bedenken, daß es der Stil der Homilie schwierig macht, zu unterscheiden, was inhaltlich gelehrt oder nur rhetorisch wirkungsvoll dargeboten werden soll. Melito predigt nämlich nach der Manier der asianischen Kunstprosa mit Kaskaden von Anaphern und Antithesen; Tertullian hat also mit Recht Melitos „elegans et declamatorium ingenium" kritisiert (Hieron. vir. ill. 24). Dieser Einbruch der etwas berüchtigten asianischen Kunstprosa ist auch für die Geschichte der christlichen Predigt bemerkenswert.

C. Bonner, The homily on the passion by Melito bishop of Sardis, Lo 1940.– B. Lohse, Die Passa-Homilie des Bischofs Meliton von Sardes, Lei 1958.– M. Testuz, Pap. Bodmer XIII. Méliton de Sardes, Homélie sur la Pâque, Cologny-Genève 1960 (T, franz. Ü).– J. Blank, 1963 (ÜK).

Fragmente: Pap. Ox. 1600 (griech. hom. 57/63).– ML 54, 493 f = 56, 1134/6 (lat. Epitome, s. Chadwick).– W. E. Crum - H. I. Bell, Coptica III, Kopenhagen 1922, 47/9 (kopt. Ü, hom. 12/16, s. Bonner 1939).– Otto, Corpus apolog. 9, 274/8; 497/511 (syr. Exzerpte, hom. 70/104).– Pitra, Anal. sacra 4, 199 f; 433 (syr. Fragm., hom. 94/8, dem Alexander von Alexandrien zugeschrieben). ** Bonner, HThR 1939, 141 f (coptic fragment); 1943, 316/9 (opening of homily); VC 1949, 184 f (Tkr.)– Cabaniss, NTS 8, 1961 f, 70/2 (Univ. of Mississippi coptic papyrus).– Cantalamessa, RSR 1963, 1/26 (christologie antignostique du IIe siècle).– Chadwick, JTS 1960, 76/82 (latin epitome).– Daniélou [O. Cullmann, 1962] 282/92 (Figure et événement).– Grillmeier, Sch 1949, 20/24; 481/502 (das Erbe der Söhne Adams); ZkTh 1949, 5/14 (Descensus Christi).– Kahle, JTS 1943, 52/6 (vielleicht syrisch geschr.).– Kraft, JBL 1961, 371/3 (Is.-Text).– Nautin, Le dossier d'Hippolyte et de Méliton, 1953, 57 f; 62/4 (mit neuen Argumenten gegen die Echtheit).– O. Perler, Ein Hymnus zur Ostervigil von Meliton?, FrSch 1960 (dazu Daniélou, RSR 1960, 622/5); RSR 1963, 407/21 (Hom. De anima abhängig von M.).– Peterson, Frühk. 137/45 (gegen Nautin, für Echtheit).– Racle, RSR 1962, 400/8 (Christ-Père).– Schneemelcher [G. Dehn, 1957] 141 f (für Echtheit der Hom.).– Wellesz, JTS 1943, 41/52 (source of Byzantine hymnography).– Wifstrand, VC 1948, 201/23 (Stilkrit. für Echtheit).– Zuntz, HThR 1943, 299/315 (opening sentence); VC 1952, 193/201 (nicht syrisch, gegen Kahle).

§ 26. Märtyrerberichte

Die zeitgenössischen und im wesentlichen historisch zuverlässigen Berichte über altchristliche Martyrien zeigen zwei Formen, den Bericht (Martyrium, Passio) und das Verhandlungsprotokoll (Acta). Die Berichte erzählen die Ereignisse und geben dabei nur die wichtigsten Teile der Gerichtsverhandlungen wörtlich wieder. Da solche Berichte andere Gemeinden von den Geschehnissen unterrichten und im Glauben stärken sollen, werden sie auch als Briefe abgefaßt und verschickt (Mart. Polycarpi, Brief der Gemeinden von Vienne und Lyon). Die Acta bieten nur am Anfang und Ende kurze Notizen über die Ereignisse und bestehen im wesentlichen aus dem Protokoll des Gerichtsverfahrens in Frage und Antwort. Im allgemeinen handelt es sich hier um eine literarische Form, nicht um die wirklichen amtlichen Gerichtsprotokolle.

Die seit dem 4. Jh. entstandenen Märtyrerlegenden sind teilweise oder völlig frei erfundene Erzählungen.

Th. Ruinart, Acta primorum martyrum sincera, P 1689, Rb 1859.– E. Le Blant, Les actes des martyrs. Suppl. aux Acta sincera de D. Ruinart, P 1882.– R. Knopf-G. Krüger, Ausgewählte Märtyrerakten, ³1929.– D. Ruiz Bueno, Actas de los martires, Ma 1951 (TÜ).– O. Hagemeyer, Ich bin Christ. Frühchristl. Martyrerakten, Düsseld. 1961 (ÜK).– A. Hamman, La Geste du sang, P 1951; Das Heldentum der frühen Märtyrer, 1958 (Ü).– G. Rauschen, BKV² 14, 1913, 289/369. ** Bellucci, Asprenas 1958, 25/46; 1959, 152/88 (martiri damnati ad metalla nella Spagna e nella Sardegna).– N. Brox, Zeuge und Märtyrer, Mn 1961.– H. v. Campenhausen, Die Idee des Martyriums in der alten Kirche, ²1964.– H. Delehaye, Les passions des martyrs et les genres littéraires, 1921; Sanctus. Essai sur le culte des saints dans l'antiquité, 1927; Les origines du culte des martyrs, ²1933.– C. M. Edsman, Ignis divinus, 1949, 166/78.– P. Franchi de' Cavalieri, Note agiografiche, ST 8 f; 19; 22; 24; 27; 33; 49; 65; Scritti agiografici, 1/2, ST 221 f, 1962; Indici, ST 223, 1964.– E. Günther, Μάρτυς. Die Geschichte eines Wortes, 1941; Zusammenfassung: ZntW 1956, 145/61.– Hamman, ThGl 1955, 35/43 (dogmatische Bedeutung der Märtyrerakten).– Th. Klauser, Christlicher Märtyrerkult, heidnischer Heroenkult und spätjüdische Heiligenverehrung, 1960.– H. I. Kotsones, At 1952 (Enthusiasmus der Märtyrer; vgl. BZ 1954, 215).– G. Lazzati, Gli sviluppi della letteratura sui martiri nei primi quattro secoli, To 1956.– H. Leclercq, DAL 1, 373/446 (Acta martyrum).– Poschmann, Paenit. 270/83 (Bußprivileg der Märtyrer).– M. Simonetti, Studi agiografici, R 1955 (Mart. Pionii, Acta Carpi, Phileae, Irenaei Sirm. etc.); REAug 1956, 39/57 (Märtyrerakten nicht von heidnischen Akten abhängig); GiornItalFilol 1957, 147/55 (luoghi comuni negli atti dei martiri).– Strathmann, ThWbNT 4, 477/520 (μάρτυς).– Stuiber, JbAC 1960, 24/33 (röm. Märtyrerverehrung erst seit 3. Jh.).– H. W. Surkau, Martyrien in jüdischer und frühchristlicher Zeit, 1938.– Vergote, ZntW 1938, 239/50; BBR 1939, 141/63 (Folterarten).– Weitere Textsammlungen und Abhandlungen s. S. 236/8.

1. *Das Martyrium Polycarpi* (s. S. 51 f).

2. *Das Martyrium des Ptolemaeus und Lucius,* erhalten in der 2. Apologie Justins (s. S. 66).

3. *Die Acta Justini* und seiner Gefährten (s. S. 66).

4. *Die Acta der Carpus, Papylus und der Agathonike,* die in Pergamon wahrscheinlich in der Zeit des Mark Aurel, nicht in der Verfolgung des Decius, starben. Die beiden erstgenannten Märtyrer wurden zum Feuertod verurteilt, Agathonike stürzte sich selbst in die Flammen.

Delehaye, AB 1940, 142/76 (neue Rezension aller griech. und latein. Texte). ** Leclercq, DAL 8, 680/5.– Lietzmann, Kl. Schriften 1, 239/50 (älteste Gestalt).– A. M. Schneider, JDAI 1934, 416/8.

5. *Der Brief der Gemeinden von Vienne und Lyon* an die Gemeinden in Asien und Phrygien über die Christenverfolgung in Lyon (177/78), erhalten bei Eus. h. e. 5, 1, 1/5, 2, 8. Der Brief schildert die Liebe und Brüderlichkeit in den Gemeinden, die Freude über den Mut der Märtyrer, den Schmerz über den Abfall einzelner, die Sorge der Kirche und der Märtyrer um die Gefallenen.

A. Chagny, Les martyrs de Lyon de 177, Lyon 1936.– Leclercq, DAL 10, 72/115.– P. Nautin, Lettres et écrivains, 1961, 33/64 (vielleicht schon 175).– Zeiller, AB 1949, 49/54.

6. *Die Acta der Märtyrer von Scili.* Die ersten Märtyrer der nordafrikanischen Gemeinden waren sechs Christen aus Scili in Numidien, die 180 in Karthago vom Prokonsul Saturninus verurteilt und mit dem Schwert hingerichtet wurden. Dieser Text ist die älteste datierte christliche Schrift in lateinischer Sprache, die wir besitzen. Die Acta sind auch in griechischer Übersetzung erhalten.

Alfonsi, Convivium 1957, 732/4.– Bonner, JEH 1956, 141/6.– Corsaro, NDid 1956, 5/40. Hanslik [Mél. Ch. Mohrmann, 1963] 165/8 (secretarium, tribunal).– Karpp, VC 1961, 165/72 (Zahl der scilitan. Märtyrer: sechs).

7. *Die Acta des Apollonius,* die bereits Eusebius in seine Sammlung alter Märtyrerakten aufgenommen hatte (h. e. 5, 21, 2/5), berichten über einen Prozeß, der vor dem Praefectus praetorio Perennis gegen den vornehmen und gebildeten Römer Apollonius geführt wurde (183/85).

Die Reden, mit denen Apollonius vor dem Richter seinen Glauben beredt verteidigt, klingen an die in der apologetischen Literatur üblichen Gedankengänge an; es handelt sich wohl um eine bei Acta nicht seltene literarische Bearbeitung. Der Text des Martyriums ist griechisch und armenisch überliefert.

Griffe, BLE 1952, 65/76 (base juridique). – E. Th. Klette, TU 15, 2, 1897. – Max Prinz zu Sachsen, Der hl. Märtyrer A. von Rom, 1903. – Zeiller, RSR 1952, 153/7.

8. *Die Passio Perpetuae et Felicitatis* (202/03) berichtet über die letzten Tage der vornehmen Vibia Perpetua, ihrer Sklavin Felicitas — beide junge Mütter — und dreier Katechumenen. Eigenhändige Aufzeichnungen, besonders über Visionen im Kerker, bieten die Kapitel 3/10 und 11/13, die von Perpetua bzw. Saturus stammen. Der Redaktor der Passio war vielleicht Tertullianus; der lateinische Text scheint original, die griechische Fassung eine spätere Übersetzung zu sein.

J. van Beek, Passio ss. Perpetuae et Felicitatis, 1, N 1936; ed. minor FP 43, 1938. – W. H. Shewring, The Passion of ss. Perpet. and Fel., Lo 1931 (T lat. m. Ü auch der 4 augustinischen Sermones). ** Amatucci [Calderini-Paribeni, 1, 1956] 363/7 (Tertull. Verfasser). – Campos, Hel 1959, 357/81 (Tertull. nicht Verfasser, vielleicht Diakon Pomponius). – Dölger, AC 2, 1/40 (Dinocratesvision c. 7); AC 3, 177/91 (Martyrium als Kampf mit dem Teufel). – J. Klein, Tertullian, 1940, 274/313 (Ethik des Martyriums). – Lazzati, Aev 1956, 30/5 (Tkr.). – Quasten, Byz 1940 f, 1/9 (kopt. Gegenstück zur Vision); The Jurist 1941, 1/6 (Roman law of Egyptian origin); HJB 1953, 50/5 (Mutter und Kind in der Passio). – V. Reichmann, Die röm. Literatur in griech. Übersetzung, L 1943, 101/30 (ursprüngl. Text lateinisch). – Rupprecht, RhM 1941, 177/92 (Tertull. nicht Verfasser und Übersetzer).

9. *Das Martyrium der Potamiaena* und des Soldaten Basilides (202/03) in Alexandrien; Text bei Eus. h. e. 6, 5.

10. *Das Martyrium des Pionius* ist in seiner vorliegenden Form auf Grund echter Berichte stark überarbeitet, griechisch seit 1896 bekannt. Pionius, ein gebildeter und weitgereister Presbyter, litt in Smyrna unter Decius, nicht unter Mark Aurel, wie Eusebius sagt (h. e. 4, 15, 46 f).

Sordi, RSCI 1961, 277/85 (P. in Verfolgung des Decius). – Wohleb, RQ 1929, 173/7 (lat. Text sekundär).

11. *Die prokonsularischen Acta Cypriani* (s. S. 172 f).

12. *Die Acta Maximiliani*, eines jungen Christen in Numidien, der sich weigerte, Soldat zu werden (295).

M. de Lupé, REL 1939, 90/104 (Sprach- und Kulturgeschichtliches). – Dölger, AC 2, 268/80 (sacramentum militiae).

13. *Die Acta Marcelli*, eines Centurio zu Tanger, der an den Gelagen und Opfern zur Geburtstagsfeier des Kaisers nicht teilnehmen wollte.

Delehaye, AB 1923, 257/87. – G. Villada, Hist. ecl. de Esp. 1, 1, 1929, 377/9. ** Boniauri, Did 1930, 1, 1/27. – De Sanctis, RFC 1924, 64/79.

14. *Die Acta Felicis,* eines afrikanischen Bischofs, der verurteilt wurde, weil er die heiligen Bücher nicht ausliefern wollte (303).

Seston [Mél. M. Goguel, Neuchâtel 1950] 239/46.

15. *Das Martyrium Dasii,* eines Soldaten, ist religionsgeschichtlich interessant wegen der Beschreibung des im Heer gefeierten Saturnalienfestes (303/04).

Mercati, OM 4, 1937, 318/36 (storia dell'urna). – Weinstock [Th. Klauser, 1964] 391/400.

16. *Die Acta des Phileas,* B. von Thmuis (306), in lateinischer Übersetzung erhalten. Die im Pap. Bodmer XX überlieferte *Apologie des Phileas* bietet das Protokoll des letzten Prozeßtages und bestätigt die Zuverlässigkeit der Acta (s. auch Eus. h. e. 8, 9 f).

V. Martin, L'Apologie de Philéas. Pap. Bodmer XX, Genève 1963. – Halkin, RHE 1963, 136/9; AB 1963, 5/27 (griech. T des Pap. Bodmer und neue Rezension der lat. Acta).

17. *Das Testament der vierzig Märtyrer,* die unter Licinius um 320 in Sebaste in Armenien gemeinsam den Tod erlitten und in ihrem Testament eine gemeinsame Bestattung erbaten. Die *Acta* der vierzig Märtyrer sind in der vorliegenden Form unglaubwürdig.

Franchi de'Cavalieri, ST 49, 1928, 155/84. – Peeters, AB 1938, 118/43 (Syméon de Séleucie). – Simon, Or 1934, 174/6 (Kult in Ägypten).

18. *De martyribus Palaestinae,* eine Schrift des Eusebius von Caesarea über die Martyrien der Jahre 303–311. Die von Eusebius veranstaltete Sammlung alter Märtyrerberichte ist verlorengegangen, aber zum großen Teil in der Kirchengeschichte benützt (h. e. 4, 15, 47; 5 prooem.).

E. Schwartz, GCS Eus. 2, 2, 1908, 907/50. – G. Bardy, SCh 55, 1958 (TÜ). – A. Bigelmair, BKV² 9, 1913, 273/313 (Ü).

19. *Akten persischer Märtyrer* aus der Verfolgungszeit unter Sapor II (339–379), in syrischer Sprache verfaßt und von unbekannter Seite gesammelt. Die syrischen *Akten edessenischer Märtyrer* über Blutzeugen aus römischen Christenverfolgungen sind legendär.

P. Bedjan, Acta mart. et sanct. 2, 57/396. – H. Delehaye, PO 2, 4, 1905 (griech. Ü der Akten pers. Märt.). – O. Braun, BKV² 22, 1915 (pers. Märtyrerberichte in syr. Sprache, Ü). ** ASS, Propylaeum Decembr., Martyrologium Romanum ... scholiis historicis instructum, 1940. – Devos, AB 1946, 87/131 (S. Sirin). – Vööbus, Bi 1952, 222/34 (Evv.-Zitate). – F. C. Burkitt, Euphemia and the Goth with the Acts of Martyrdom of the confessors of Edessa, 1913.

Weitere, hier nicht erwähnte Märtyrerberichte: Corsaro, Orph 1957, 33/62 (Martyrium Eupli). – Delehaye, AB 1937, 201/25 (Théodote de Nicée). – Franchi de' Cavalieri, AB 1946, 132/75 (martirio dei s. notari). – Jullian, RevEA 1921, 305/23 (Passio Victoris). – M. Simonetti, Orph 1957, 76/82 (Passio Mariani und Aug. sermo 284). – Katalog lateinischer Märtyrerberichte: CPL 2049/58.

§ 27. Das Muratorische Fragment; Prologe zu den Evangelien und Paulusbriefen

1. *Das Muratorische Fragment.* Von großer Bedeutung für unsere Kenntnis der Geschichte des Kanons sind die im Kampfe gegen gnostisch-apokryphes Schrifttum entstandenen alten Kanonverzeichnisse. Das älteste auf uns gekommene Verzeichnis der Schriften des NT wurde 1740 von L. A. Muratori nach einer Hs. (8. Jh.) der Ambrosiana in Mailand veröffentlicht. Vier kleine Fragmente desselben Textes wurden auch in Hss. des 11. und 12. Jh. von Monte Cassino gefunden. Das in barbarischem Latein und in einer verwilderten Orthographie geschriebene Fragment von 85 Zeilen ist am Anfang und wahrscheinlich auch am Schluß verstümmelt.

In der auch die Entstehungsverhältnisse berücksichtigenden Aufzählung der heiligen Schriften, die mitten im Bericht über Mc. beginnt, fehlen Hebr., Jac. und 1 u. 2 Petr. Neben der Apc. des Jo. wird auch die Sapientia Salomonis und außerdem, allerdings nur mit Vorbehalt, die Petrus-Apc. angeführt. Als marcionitische Fälschungen werden abgelehnt der Alexandriner- und der Laodiceerbrief des Paulus und mehrere andere häretische Schriften. Der Pastor Hermae wird nur als empfehlenswerte Leseschrift anerkannt.

Gegen die Annahme eines griechischen Grundtextes ist das Wortspiel „fel enim cum melle misceri non congruit“ (67) wohl kaum als durchschlagendes Argument anzuerkennen. Die Bemerkung (73 ff), daß der Pastor des Hermas nuperrime temporibus nostris zu Rom vom Bruder des Papstes Pius I. (etwa 142–55) in dessen Amtszeit verfaßt worden sei, gestattet sicherlich nicht, die Entstehung in die Zeit nach 200 zu datieren. Die Zuweisung an den jungen Hippolyt (Lightfoot, Zahn, Lagrange) ist unbeweisbar; die Annahme von Harnack, es handle sich um ein amtliches Dokument der römischen Kirche, ist nicht haltbar (H. Koch).

H. Lietzmann, KlT 1, [4]1933. – Ritter, RAC 1926, 215/67. – Schneemelcher, NtlA 1, 18/20 (Ü). ** Aland, Neue Z. f. syst. Theol. 4, 1962, 220/42. – Bardy, DBS 5, 1399/1408 (mit T). – Campos, Hel 1960, 485/96 (Ende 4. Jh.; griech. Original). – Dahl, ZntW 1961, 39/53 (Ordnung der Paulusbriefe). – Ehrhard, OstkSt 1953, 121/38 (Evangelien). – Koch, ZntW 1926, 154/60 (Can. Mur. kein offizielles Dokument, gegen Harnack, ZntW 1925, 1/16; 1926, 160/3). – M. L.

Lagrange, Histoire ancienne du Canon du NT, 1933, 66/84; Rb 1933, 161/86 (Hippol. und Can. Mur.). – Stendahl [O. A. Piper, 1962] 239/45 (Apoc. Joh. und Paulusbriefe). – Zahn, NKZ 1922, 417/36.

2. Prologe zu den Evangelien und Paulusbriefen. In zahlreichen Hss. der Vulgata sind Einleitungen oder Prologe zu den einzelnen Büchern der Heiligen Schrift überliefert.

B. Fischer, Verzeichnis der Sigel für Kirchenschriftsteller, [2]1963, 411/36 (Prologe in Bibel-Hss.). – F. Stegmüller, Repertorium biblicum 1, 1949, 280/306 (Prologi NT). – H. Frede, Altlatein. Paulushandschriften, 1964, 168/78 (alte Paulusprologe).

Die neuere Forschung hat sich mit drei Gruppen solcher Prologe, die schon früh entstanden sind, besonders beschäftigt:

a) Die sogen. *antimarcionitischen Prologe* zu Mc., Luc. und Joh. sind nach De Bruyne und Harnack 160–180 entstanden; diese drei Prologe sind in lateinischer Übersetzung erhalten, nur der Prolog zu Luc. liegt auch griechisch vor. Aber wahrscheinlich gehören diese Prologe von Haus aus nicht zusammen (ein Mt.-Prolog fehlt) und sind nicht gegen Marcion gerichtet.

Huck-Lietzmann, Synopse, VIII. – K. Th. Schäfer, Grundriß der Einleitung in das NT, 1938, 2*. ** Bandstra, GTT 1957, 83/7 (antimarcionite prol. to Luke). – De Bruyne, RB 1928, 193/214; vgl. Lagrange, Rb 1929, 115/21; dagegen De Bruyne, RB 1929, Bull. 2 nr. 22. – Gutwenger, ThSt 1946, 393/409. – E. Haenchen, Die Apostelgeschichte, [13]1961, 8/10 (gegen marcionitische Herkunft). – Harnack, SbB 1928, 322/41; dagegen Bacon, JBL 1930, 43/50 (Joh.-Prolog 3. Jh.). – Heard, JTS 1954, 1/16 (Mc.-Prol. Ende 2. Jh.; Luc.-Prol. 3./4. Jh.; Joh.-Prol. 5. oder 6. Jh.). – Howard, ExT 1935/6, 534/8 (Bedenken).

b) Die lateinischen *Prologe zu den Paulusbriefen* sind zum größten Teil marcionitischer Herkunft.

K. Th. Schäfer, Grundriß der Einleitung in das NT, 1938, 1*. ** Bardy, DBS 5, 877/81. – De Bruyne, RB 1907, 1/16. – Harnack, ZntW 1925, 204/18; dagegen Mundle, ZntW 1925, 56/77; Harnack, ZntW 1926, 160/3. – Lagrange, Rb 1935, 161/73 (gegen marcionitische Herkunft).

c) Die sogen. *monarchianischen Prologe* zu den Evangelien, die jetzt fast allgemein nicht mehr in die ersten Jahrzehnte des 3. Jh., sondern in das ausgehende 4. oder beginnende 5. Jh. datiert werden, sind Produkte priscillianistischer Kreise.

H. Lietzmann, KlT 1, [4]1933. ** Baumstark, JL 1932, 194/7 (röm. Ursprung, 3. Jh.). – P. Corssen, Monarchianische Prologe zu den vier Evangelien, TU 15, 1, 1896.

§ 28. Dichtungen

1. Anfänge der Hymnendichtung. Die ältesten christlichen Hymnen, die uns im NT überliefert sind, knüpfen an die atl. und spätjüdischen Vorbilder an (Psalmen Salomos, Loblieder von Qumran). Hier sind zu nennen das *Magnificat, Benedictus* und *Nunc dimittis* (Luc. 1, 46/55; 1, 68/79; 2, 29/32); ferner das „neue Lied" Apoc. 5, 9f und das „Lied des Moses und des Lammes" Apoc. 15, 3f. Ein Hymnusfragment findet sich 1 Tim. 3, 16. Die Mahnungen des Apostels Paulus zeigen, wie die christliche Gemeindeversammlung und der Einzelne neu geschaffene, oft nur improvisierte und daher nicht aufgezeichnete Hymnen schätzen sollten (1 Cor. 15, 26; Eph. 5, 19; Col. 3, 16). Klemens von Alexandrien dichtete einen Christushymnus (paed. 3, 12, 101, 3), Hippolyt eine nicht mehr erhaltene Odensammlung. Bei Agapen wird man aufgefordert, aus der Bibel oder aus eigenem Können Gott zu singen (Tert. apol. 39, 18). Paulus von Antiochien wird beschuldigt, neuere Christushymnen unterdrückt zu haben (Eus. h. e. 7, 30, 10). Da die Gnostiker ihre Lehren besonders wirksam in Hymnen darzustellen verstanden, konnte die Hymnendichtung verdächtig werden; nachweisbar wurde diese aber erst im 4. Jh. zugunsten der atl. Psalmen zurückgedrängt (Conc. Laodic. can. 59). Gnostische Hymnen sind in apokryphen Apostelgeschichten erhalten: das Reigentanzlied der Johannesakten (94f), das Hochzeitslied und das Perlenlied der Thomasakten (6f; 108/13). Der Naassenerpsalm (Hippol. refut. 5, 10, 2) ist dagegen ein rein heidnisches Lied, nur durch den Namen Jesu äußerlich verchristlicht.

Von der umfangreichen christlichen Hymnendichtung der älteren Zeit sind nur wenige Texte erhalten: das Abendlied Φῶς ἱλαρόν und der Morgenhymnus Δόξα ἐν ὑψίστοις θεῷ, unser *Gloria in excelsis deo* (const. apost. 7, 47; s. S. 255). Papyrusfunde haben weitere altchristliche Hymnen zutage gefördert, darunter ein mit Musiknoten versehenes Lied (Pap. Oxyrh. 1786).

C. del Grande, Liturgiae, preces, hymni christianorum e papyris coll., Na ²1934.– C. Wessely, PO 4, 2, 205/9; 18, 3, 506/8; Dölger, AC 5, 1936, 11/26 Φῶς ἱλαρόν, TÜK). ** Mercenier, Mu 1939, 229/33 (marian. Antiphon, 3. Jh.?).– J. Kroll, Die christliche Hymnodik bis Klemens v. A.: Verzeichnis der Vorlesungen zu Braunsberg 1921 und 1921/22; [E. Hennecke, Ntl. Apokryphen] ²1924, 435f; 596/601.– M. Pellegrino, La poesia greca cristiana dei primi secoli, To 1952.– O. Perler, Ein Hymnus zur Ostervigil von Meliton?, FrSch 1960.– M. Simonetti, Atti Accad. Naz. Lincei, Mem. ser. 8, 4, 1952, 342/58 (älteste griechische Hymnen).– Smothers, RSR 1929, 266/83 (Φῶς ἱλαρόν).– Wellesz, CQ 1945, 34/45 (älteste christliche Hymnen).

2. *Die Oden des Salomo.* Eine gnostische Hymnensammlung des 2. Jh. mit 42 Liedern (davon fehlt jetzt noch Ode 2) wird im Wortlaut bezeugt durch ein Zitat bei Laktanz (inst. 4, 12, 3), die Pistis Sophia (5 Oden in koptischer Übersetzung), 2 syrische, nicht vollständige Hss. (1909/12 veröffentlicht) und den Pap. Bodmer XI (Ode 11 erstmals im griechischen Text). Viele treten für griechische Originalsprache der Oden ein, andere mit guten Gründen trotz der griechischen Ode 11 für einen semitischen Grundtext. Gnostisch sind die Oden nur im weiteren Sinn und in unterschiedlichem Maß. Bardesanes oder gar Valentin kommen als Verfasser nicht in Betracht.

Die Themen der Oden sind sehr mannigfaltig: Der Herr als Kranz (1), Vermählung mit dem Herrn (2), Gnosis (6), Menschwerdung (7), die Pflanzung des Höchsten (11), das Wort (12), Preis des Schöpfers (16), der erlöste Erlöser (17), die geistliche Milch und die Jungfrauengeburt (19), der Himmelsbrief (23), das Kreuzeszeichen (27), die Himmelfahrt der Seele (35), der Triumph des Erlösers (42).

W. Bauer, KlT 64, 1933 (kopt.-syr. T, Ü); NtlA 2, 576/625 (Ü).– J. R. Harris - A. Mingana, The Odes and Psalms of Solomon, 1/2, Manchester 1916/20 (TÜK).– M. Testuz, Papyrus Bodmer X–XII, Cologny-Genève 1959, 47/69 (onzième Ode de S.). ** R. Abramowski, ZntW 1936, 44/69 (Christus).– Adam, ZntW 1961, 141/56 (Originalsprache semitisch).– Baumgartner [Bertholet, 1950] 50/7 (Od. 28, 4).– Braun, Jean le Théologien et son évangile dans l'église ancienne, 1959, 224/51.– Carmignac, RevQumran 1961, 71/101 (Od. 11 und Qumran; hebr. Urtext); 1963, 429/32 (vielleicht hebräisch).– Daniélou, DBS 6, 677/84.– Fabbri, Ciencia y Fe 1958, 483/98 (Cristo vivificante); 1960, 383/98 (Od. 24); 1961, 273/87 (Milch).– M. Philonenko, Les Odes de S., Thèse Strasbourg 1960.– Omodeo, ParPass 1946, 84/118.– Rudolph, RevQumran 1964, 523/55 (Verfasser kein Qumran-Christ).– van Unnik, JTS 1936, 172/5 (Od. 34, 4).– Vööbus, Mu 1962, 275/90 (Originalsprache).

3. Grabgedichte des 2. und 3. Jahrhunderts. Die Behandlung der altchristlichen Inschriften ist Aufgabe der Epigraphik. Die Grabgedichte des Aberkios und Pektorios gehören jedoch durch Form und Inhalt auch zum altchristlichen Schrifttum in ähnlicher Weise wie die Inschriften, die von späteren christlichen Schriftstellern verfaßt worden sind (Ambrosius, Damasus).

a) *Die Grabinschrift des Aberkios* von Hieropolis bei Synnada im östlichen Phrygien ist nur mit 18 Zeilen im Original erhalten auf zwei Fragmenten der Aberkios-Stele, die W. Ramsay 1883 fand (jetzt im Lateran-Museum). Ein ziemlich vollständiger Text der Inschrift war schon vorher bekannt durch die legendäre griechische Vita des Aberkios aus dem 4. Jh., welche die Angaben der Inschrift zu einer Lebensgeschichte ausspinnt. Als drittes Hilfsmittel der Rekonstruktion dient die Inschrift der von Ramsay 1882 gefundenen Alexander-Stele vom Jahre 216, welche die Aberkios-Inschrift benützt hat.

Lange Zeit war der christliche Charakter der Inschrift wegen ihrer Geheimsprache umstritten. Nach der Vita war Aberkios Bischof von Hieropolis, nach der Inschrift „Schüler des heiligen Hirten". Er ist vielleicht jener Avircius Marcellus, dem ein Ungenannter drei antimontanistische Bücher gewidmet hat (Eus. h. e. 5, 16, 3). Aberkios, der mit 72 Jahren die Inschrift unter seiner Aufsicht anfertigen ließ, sagt, er sei vom Hirten nach Rom gesandt worden, habe dort ein Reich und eine Königin und das Volk mit glänzendem Siegel gesehen. Er sei auch nach Syrien gekommen und über den Euphrat bis nach Nisibis. Überall fand er Glaubensbrüder, erhielt den „Fisch" und Mischwein mit Brot.

Abel, Byz 3, 1926, 321/411 (406/11: Bibliogr.).– Burzachechi, RAC 1955, 261/7.– Calder, JRomStud 1939, 1/4; Anatolian Studies 1955, 25/38.– F. J. Dölger, Ichthys 2, 454/507.– Ferrua, RAC 1943, 279/305.– Grabka, AmerEcclRev 131, 1954, 145/55 (Euchar. bei A. und Pektorios).– Grasso [Convivium dominicum, Ca 1959] 357/68.– Grégoire, Byz 25/27, 1955/57, 363/8 (Bardesanes und A.).– Leclercq, DAL 1, 66/87.– Th. Nissen, S. Abercii vita, L 1912.– Strathmann-Klauser, RACh 1, 12/17.– P. Testini, Archeologia cristiana, R 1958, 423/7.

b) *Die Grabinschrift des Pektorios* wurde 1839 auf 7 Bruchstücken einer Marmortafel in einem alten Friedhof bei Autun gefunden. Die Verse 1/5 ergeben als Akrostichon IXΘYC. Die ersten 3 Distichen (1/6) unterscheiden sich deutlich von den folgenden 5 Hexametern (7/11) und gehen auf eine ältere Vorlage zurück. Epigraphisch wird die Inschrift dem 3.–5. Jh. zugewiesen.

Die Inschrift spricht von der Taufe als der „unsterblichen Quelle göttlicher Wasser" und nennt die Eucharistie „des Erlösers der Heiligen honigsüße Speise" oder den „Fisch, den du in Händen hältst". Dann bittet Pektorios, der Sohn des Aschandios, seine verstorbenen Eltern um Gedenken „im Frieden des Fisches".

F. J. Dölger, Ichthys 1, 12/15; 177/83; 2, 507/15.– Leclercq, DAL 1, 2, 3213/6.– Perler [G. Belvederi, 1954] 199/208 (mit Ü).– P. Testini, Archeologia cristiana, R 1958, 422 f.

IV. Die gnostischen Schriften und die antihäretische Literatur des 2. Jahrhunderts

§ 29. Die gnostische Literatur (Nachrichten und Fragmente)

Der Ursprung des Gnostizismus als Gesamterscheinung ist nicht geklärt, obwohl die Herkunft seiner einzelnen Elemente aus dem babylonisch-astrologischen, dem iranischen, ägyptischen, spätjüdischen, hellenistischen und christlichen Bereich gut erforscht ist. Manche halten den Gnostizismus für eine synkretistische Umbildung des Christentums, andere nehmen eine vorchristliche Gnosis an, die im heterodoxen Spätjudentum oder allgemein in der vielschichtigen Welt des Hellenismus entstanden und erst dann im Christentum des 2. Jh. seine größte Wirksamkeit entfaltet habe. Wieder andere halten die Ursprungsfrage für unlösbar, da sich der Gnostizismus weder zeitlich noch örtlich eindeutig festlegen lasse, sondern als eine besondere Art des Welt- und Selbstverständnisses immer wieder in einer ähnlichen geistigen Bewegung hervortreten könne.

Charakteristisch für den Gnostizismus ist entweder ein absoluter Dualismus von Gott und Welt, Geist und Materie, Gut und Böse, oder eine Folge von Emanationen, die vom höchsten transzendenten Gott bis in die niedrige Welt der Materie und des Übels führen. Auch der Mensch ist in den Kampf von Licht und Finsternis oder in den Fall in die Vergänglichkeit hineingerissen; daraus kann ihn nur die Erkenntnis (γνῶσις) der wahren Zusammenhänge erlösen.

Die gnostische Literatur hat im 2. Jh. die kirchliche nach Umfang und Form weit übertroffen. Abgesehen von ntl. Apokryphen sind die gnostischen Schriften bis auf Fragmente verloren gewesen, bis sie in koptischer Überlieferung zu einem beachtlichen Teil wieder bekannt geworden sind (s. S. 102f).

Die antignostische Literatur des 2. Jh. ist zum größten Teil verloren. Agrippa Castor schrieb gegen Basilides (Eus. h. e. 4,7,6/8); gegen Marcion wandten sich Philippus von Gortyna, Modestus (Eus. h. e. 4, 25) und Rhodon, ein Tatianschüler aus Kleinasien (Eus. h. e. 5, 13). Musanus bekämpfte die Enkratiten (Eus. h. e. 4, 28). Wahrscheinlich auch gegen die Gnostiker schrieben Candidus, Apion, Sextus und Heraklit (Eus. h. e. 5, 27), ferner Hegesipp (s. S. 109f). Nur von Irenäus, Klemens v. Al., Tertullian und Hippolyt sind vollständige antignostische Werke erhalten geblieben.

R. M. Grant, Gnosticism. A source book of heretical writings from the early christian period, NY 1961. – W. Völker, Quellen zur Geschichte der christlichen Gnosis, 1932. ** R. Ambelain, La notion gnostique du démiurge dans les écritures et les traditions judéo-chrétiennes, 1959. – Bareille, DThC 6, 1434/67. – Bergh von Eysinga, NTT 1939, 301/31 (Hebr. in der Gnosis). – Bousset, PWK 7, 1503/47. – Bouyer, JTS 1953, 188/203 (le sens orthodoxe de l'expression „Gnosis"). – Cerfaux, DBS 2, 659/701. – C. Colpe, Die Religionsgeschichtliche Schule, 1961. – Duchesne-Guillemin, RACh 4, 334/50 (Dualismus). – E. de Faye, Gnostiques et Gnosticisme, ²1925. – Frend, JEH 1953, 13/26 (gnostisch-manichäische Tradition in Nordafrika); JEH 1954, 25/37 (gnost. Sekten und das röm. Reich). – R. M. Grant, Gnosticism and early christianity, NY 1959. – Haenchen, ZThK 1952, 316/49 (vorchristl. Gnosis?); ZThK 1953, 123/58 (Buch Baruch und die christl. Gnosis). – A. Hilgenfeld, Die Ketzergeschichte des Urchristentums, 1884. – H. Jonas, Gnosis und spätantiker Geist. I. Die mythologische Gnosis, ³1964; II, 1. Von der Mythologie zur mystischen Philosophie, ²1958. – H. Jonas, The gnostic religion, ²1963. – H. Leisegang, Die Gnosis, ⁴1955. – G. R. S. Mead, Fragments of faith forgotten. The gnostics, 1960. – Munck, DanskTeolT 1958, 219/30 (Judentum, Christentum, Gnosis). – Nock, HThR 1964, 255/79 (Gnosticism). – Orbe, Gr 1963, 691/730 (gnost. Exegese von Gen. 1, 2b). – Pétrement, RevMétaphysMor 1960, 385/421 (notion de gnosticisme). – G. Quispel, Gnosis als Weltreligion, Zü 1951; EvTh 1954, 474/84 (christl. Gnosis und jüdische Heterodoxie); VC 1965, 65/85 (Gnosticism and NT). – H. M. Schenke, Der Gott „Mensch" in der Gnosis, 1962. – G. G. Scholem, Jewish gnosticism, Merkabah mysticism and Talmudic tradition, NY 1960. – Torm, ZntW 1936, 70/75 (γνωστικός). - van Unnik, VC 1961, 65/82 (jüdische Komponente). – Widengren, ZRGG 1952, 97/114 (iranischer Hintergrund der Gnosis). – R. McL. Wilson, The gnostic problem, Lo 1958. – A. Wlosok, Laktanz und die philosophische Gnosis, Hei 1960. – Zandee, Numen 1964, 12/74 (Gnostic ideas on the fall and salvation).

1. Simon Magus trat in Samaria auf (Act. 8, 9/24) und nach der Angabe des Justinus unter Kaiser Claudius in Rom (apol. 1, 26. 56). Die von Hippolyt benützte *Große Offenbarung* ist kaum als echt anzusehen (refut. 6, 7/20).

Cerfaux, RSR 1925, 480/502; 1926, 5/20; 265/85; 481/503. – Quispel, NTT 1951, 338/45 (Simon und Helena).

2. Basilides, in der 1. Hälfte des 2. Jh. in Alexandrien, schrieb ein *Evangelium* und (zu seinem eigenen Evangelium?) einen *Evangelienkommentar* in 24 Büchern (Ἐξηγητικά), ferner *Psalmen* oder Oden.

P. Hendrix, De Alexandrijnsche Haeresiarch Basilides, Dordrecht 1926. – Foerster, NTS 1962f, 233/55 (System des B.). – Grant, VC 1959, 121/5 (Basilidians of Irenaeus). – Puech, NtlA 1, 257f (Ev. des B.). – Quispel, VC 1948, 115f; Eranos-Jb 16, 1948, 89/139 (Lehre des B.). – Waszink, RACh 1, 1217/25.

3. Isidorus, der Sohn und Schüler des Basilides (Hippol. refut. 7, 20) schrieb eine *Ethik*, ferner eine *Erklärung des Propheten Parchor* und *Über die angewachsene Seele.*

Hendrix, De Alex. Haer. Basilides, 1926, 85/92.

4. Der im Alter von 17 Jahren verstorbene Epiphanes, Sohn des Sektengründers Karpokrates, an dessen Existenz nicht zu zweifeln ist, vertrat in seiner Schrift *Über die Gerechtigkeit* Güter- und Frauengemeinschaft.

Kraft, ThLZ 1952, 434/43 (Existenz des Gnostikers Karpokrates). – H. Liboron, Die karpokratian. Gnosis, 1938.

5. Valentinus lebte, von Alexandrien kommend, etwa 135–160 in Rom. Sein System enthält eine reichentwickelte Äonenlehre. Er verfaßte *Briefe*, *Homilien* und *Psalmen;* umstritten ist, ob er 140/45 das *Evangelium der Wahrheit* verfaßt hat (s. S. 103).

W. Völker, Quellen zur Geschichte der christl. Gnosis, 1932, 57/136 (Texte). ** Festugière, VC 1949, 193/207 (zu den Fragm. des V. bei Clem. Al.). – A. Orbe, Estudios Valentinianos, 1/5, 1955/61 (Anal. Gregor. 65; 83; 99 f; 113); dazu Crouzel, BLE 1960, 138/42. – Orbe, Gr 1959, 467/99; 636/70 (la muerte de Jesús). – Quispel, VC 1947, 43/73 (original doctrine of V.); Eranos-Jb 1947, 249/86 (der Mensch in der val. Gnosis). – F. M. Sagnard, La gnose valentinienne et le témoignage de s. Irénée, 1947.

6. Schüler des Valentinus waren im Westen Ptolemäus, Secundus, Herakleon und Florinus, im Osten Theodorus und Marcus. Ptolemäus schrieb in seinem *Brief an Flora* über die Geltung des atl. Gesetzes (erhalten bei Epiphan. haer. 33, 3/7). Herakleon erklärte Evangelienstellen, besonders des Johannesevangeliums. Vielleicht ist er auch der Verfasser des Traktates *Über die drei Naturen* (s. S. 104).

R. P. Casey, Excerpta ex Theodoto of Clem. Al., 1934. – A. Harnack, KlT 9, 1912 (Ptolem. ep. ad Floram). – Y. Janssens, Mu 1959, 100/51; 277/99 (Héracléon, Commentaire sur l'évangile selon S. Jean, TK). – G. Quispel, Lettre à Flora, SCh 24, 1949 (TÜ). – F. M. Sagnard, Extraits de Théodote, SCh 23, 1948 (TÜ). ** Cesarini, Boll. di studi storico-relig. 1, 1922, 155/71 (Marcus). – F. Fliedner, Die ketzergeschichtl. Angaben des Agapius und das System des Florinus, Diss. Mr 1942. – W. Förster, Von Valentin zu Herakleon, 1928; NTS 1959 f, 16/31 (Grundzüge der ptolem. Gnosis). – Janssens, Sacra Pagina 2, P 1959, 77/85 (la Samaritaine chez Héracléon). – Mousson, EThL 1954, 301/22 (Joh. Bapt. bei Herakleon). – Orbe, EE 1956, 5/36 (Joh. 1, 15/18 bei Herakleon); Gr 1960, 481/5 (exc. ex Theod. 54, 2). – Quispel, NTT 1953/54, 144/48 (Mandäer und Valentinianer). – Visser, VC 1958, 27/36 (Lehrbrief der Valentinianer bei Epiph. panar. 31, 5 ss).

7. Bardesanes (Bar-Daisan) von Edessa († 222) bot seine Lehre mit seinem Sohne Harmonius in 150 *Hymnen* dar, die z. T. aus Ephräm dem Syrer bekannt sind. In syrischem Urtext ist der *Dialog vom Schicksal* oder *Buch der Gesetze der Länder* erhalten, den sein Schüler Philippus redigiert hat. Bardesanes war vor allem Astrologe und Philosoph; neuerdings wird ihm der strenge gnostische Dualismus abgesprochen.

F. Nau, Patrol. Syr. 1, 2, 490/658 (TÜ); Bardesane, Le livre des lois des pays, P 1931.– H. Wiesmann [75 Jahre Stella Matutina 1, 1931] 553/72 (Ü). ** Amand, Fatalisme, 1945, 228/57.– Cerfaux, RACh 1, 1180/86.– Furlani, Arch. Orientalni 1937, 347/52 (Stoizismus des B.).– Rehm, Phil 1938, 218/47 (B. und die Ps.-Klementinen).– Schaeder, ZKG 1932, 21/73.– G. v. Wesendonk, Acta orientalia 10, 1932, 336/63 (B. und Mani).

§ 30. Gnostische Schriften in koptischer Überlieferung

Von den vielen gnostischen Schriften des 2. und 3. Jh. waren in neuerer Zeit nur mehr die Bruchstücke bekannt, die sich in den Widerlegungsschriften kirchlicher Schriftsteller finden; auch ein großer Teil der ntl. Apokryphen ist gnostisch gefärbt oder sogar ursprünglich von Gnostikern verfaßt. Erst nach der Mitte des 19. Jh. wurden drei Mss. ediert, die größere originalgnostische Werke in koptischer Sprache erhalten: der Cod. Askewianus (London, Brit. Museum, Pergament aus dem 4.–5. Jh.), der Cod. Brucianus (Oxford, Bibl. Bodleiana, Papyrus umstrittener Datierung: 3.–10. Jh.) und schließlich der Papyrus Berolinensis 8502 (Ägypt. Abteilung des Berliner Museums, aus dem 5. Jh.). Eine unerwartete Fülle von weiteren koptisch-gnostischen Mss. wurde 1945 oder 1946 in der Nähe von Nag Hammadi (100 km nördlich von Luxor) gefunden, in der Gegend des alten Chenoboskion, wo die Mönche des Pachomius ihre ersten Niederlassungen hatten. In einem Krug fanden sich 13 Papyrus-Codices, die wohl Eigentum einer gnostischen Gemeinschaft waren. Heute sind noch 1130 Seiten und 15 Fragmente des ursprünglichen Bestandes vorhanden, von dem etwa 200 bis 300 Seiten verlorengegangen sind. Die Codices 2/13 werden im Koptischen Museum von Alt-Kairo aufbewahrt, Cod. 1 im C.-G.-Jung-Institut in Zürich (Cod. Jung). Im Jung-Cod. fehlende Seiten sind in Kairo, wohin auch die Züricher Seiten des Evangelium veritatis zurückgegeben wurden. Das Alter der Hss. läßt sich paläographisch nicht sicher bestimmen, die Datierungen schwanken zwischen dem 3. und 6. Jh. Bis jetzt konnten auf den erhaltenen Seiten etwa 51 einzelne Schriften festgestellt werden, von denen aber manche unvollständig sind. Von einigen Schriften gibt es zwei, vom Apokryphon des Johannes sogar drei Fassungen. Ob und in welchem Umfang Übersetzungen aus dem Griechischen oder koptische Originale vorliegen, muß bei jeder einzelnen Schrift geklärt werden. Es ist damit zu rechnen, daß manche Texte das Ergebnis einer Entwicklung und Wucherung sind, die auch noch in der Übersetzung stattfinden konnte und die gerade bei apokryphen und gnostischen Texten besonders nahe lag.

Die gnostischen Schriften in koptischer Überlieferung (Mss. von Chenoboskion, 3 weitere koptische Mss., ferner einige griechische Fragmente) lassen sich in drei Gruppen ordnen: Texte in der Form biblischer Apokryphen, Werke gnostischer Lehrer in der Form einer systematischen Abhandlung, eines Lehrbriefes oder einer Homilie, schließlich hermetische Texte in gnostischem Gebrauch (Cod. 6).

P. Labib, Coptic gnostic papyri in the Coptic Museum at Old Cairo 1, Kairo 1956.– C. Schmidt - W. Till, Kopt.-gnost. Schriften 1, GCS, ³1959.– J. Doresse, The secret books of the Egyptian gnostics, Lo 1960 (Ü).– J. Leipoldt - H. M. Schenke, Kopt.-gnost. Schriften aus den Papyrus-Codices von Nag-Hammadi, H.-Bergstedt 1960 (Ü).– W. C. van Unnik, Evangelien aus dem Nilsand, Frankfurt 1960 (Ü). ** O. Betz, Der Paraklet, 1963, 215/26; [O. Michel, 1963] 24/43 (jüd. Erbe in kopt.-gnost. Schriften).– F. L. Cross, The Jung Codex, Lo 1955.– Doresse, NovTest 1956, 54/69 (Asclépius copte).– Giversen, StTh 1963, 139/87 (Nag Hammadi bibliography 1948–63).– Haenchen, ThRu 1964, 39/82 (Forschungsbericht).– Jonas, JR 1962, 262/73.– Kasser, RTheolPhil 1959, 357/70 (Faits, documents, problèmes).– Krause, Mitt. Dt. Arch. Inst. Abt. Kairo 1962, 121/32 (Inhalt der Codd. von Chenoboskion).– Lefort, Mu 1939, 379/408 (les premières monastères Pachômiens).– H. Ch. Puech, Encyclopédie française 19.42.4/13, 1957 (Katalog der Schriften).– Schulz, ThRu 1960, 237/66 (Gnosisfunde und ntl. Wissenschaft).– Ausführliche Bibliographie zu den kopt.-gnost. Schriften in Orientalia, Bibliographie copte.

1. Die zweite, unvollständig erhaltene Schrift des Cod. Brucianus ist eine *Abhandlung* über die überirdische Welt, die wahrscheinlich von Sethianern aus der Zeit 170–200 stammt.

C. Schmidt - W. Till, Koptisch-gnostische Schriften 1, GCS, ³1959 (Ü).

2. *Das Evangelium der Wahrheit*, nach Irenäus (adv. haer. 3, 11, 9) von Valentinianern geschrieben, läßt sich nur schwer mit dem Text von Cod. 1, 2 identifizieren, aus dessen Anfangsworten man den Titel der Schrift erschlossen hat. Die Form eines Evangeliums ist überhaupt nicht gewahrt; es handelt sich vielmehr um eine Homilie, welche die erlösende Gnosis als die frohe Kunde darlegen will. Die typisch valentinianischen Vorstellungen fehlen, die Christologie ist nur mäßig doketisch. Die Schrift gehört in die Mitte des 2. Jh.; sie ist kanongeschichtlich wichtig durch die Benützung des Hebräerbriefes und der Apokalypse.

M. Malinine - H. Ch. Puech - G. Quispel, Evangelium veritatis, Zü 1956 (TÜ). Dieselben und W. Till, Evangelium veritatis, Supplementum, Zü 1961 (TÜ).– J. E. Ménard, L'évangile de vérité. Rétroversion grecque et commentaire, P 1962.– K. Grobel, The Gospel of truth. A Valentinian meditation on the gospel, Nashville 1960 (ÜK).– H. M. Schenke, Die Herkunft des sogenannten Evangelium veritatis, Gö 1959 (ÜK).– Säve-Söderbergh, SymbBiblUpps 16, 1959, 28/49 (Ü).– Till, ZntW 1959, 165/85 (Ü des vollständigen Textes). ** S. Arai,

Die Christologie des Ev. ver., Lei 1964. – Barret [O. A. Piper, NY 1962] 210/223 (Joh.-Ev.). – Cramer, AnalBiblica, R 1959, 48/56 („Gnosis"). – Dunn, VC 1961, 160/4 („Gospel of truth"). – Fecht, Or 1961, 371/90; 1962, 85/119; 1963, 298/335. – Gärtner, Religion och Bible 1958, 54/70 (NT). – Giversen, StTh 1959, 87/96 (Hebräerbrief). – Haenchen, ThRu 1964, 47/55; 62/81 (Forschungsbericht, Probleme). – Jonas, Gn 1960, 327/35 (zur ed. princeps); SP 6, 96/111 (Valentinian speculation). – Kragerud, NorskThT 1961, 144/71 (Fall und Erlösung). – Lafrance, SMR 1962, 57/82 (γνῶσις). – Leipoldt, ThLZ 1957, 825/34. – Lüddeckens, ZÄgyptSpr 1963, 81/9 (Schrift und Sprache). – McCaughey, AustralBiblR 1958, 87/108 (NT). – Marrou, VC 1958, 98/103 (comput digital). – Ménard, SMR 1962, 185/214 (le „Nom"); 1963, 57/66 (Sitz im Leben); SMR 1964, 3/36 (πλάνη). – Munck, StTh 1963, 133/8 (Homilie ursprünglich titellos, dann nach Anfang zitiert). – Puech, NtlA 1, 160/6. – Ringgren, StTh 1964, 51/65 (valentinian. Gnostizismus). – Robinson, JR 1963, 234/43 (doctrine, character, origin). – Schelkle, BiZ 1961, 90 f (kanongeschichtl. Zeugnis). – Segelberg, OrSuec 1959, 3/42 (a confirmation homily; relation to the Odes of Solomon). – Till, Or 1958, 269/86 (zur ed. princeps). – Van Unnik [F. L. Cross, The Jung Codex, 1955] 79/129 (NT). – McL. Wilson, NTS 1962/63, 295/98 (zu p. 33, 8 f).

3. *Über die Auferstehung*, ein an Rheginos gerichteter Lehrbrief (Cod. 1, 3), deutet die Auferstehung des Fleisches nur mäßig gnostisch; er beruft sich auf Paulusworte, die Verklärung und die Auferstehung Jesu. Durch den Glauben ist der Mensch schon jetzt pneumatisch auferstanden und gelangt sofort nach dem Tode in den Himmel; ein eschatologisches Gericht wird nicht erwähnt. Der Text stammt vermutlich von einem Valentinianer des 2. Jahrhunderts.

M. Malinine - H. Ch. Puech - G. Quispel - W. Till, Codex Jung. De resurrectione. Ep. ad Rheginum, Zü 1963 (TÜ). ** Haenchen, ThRu 1964, 55/58 (zur ed. princ.). – Van Unnik, JEH 1964, 141/67. – Zandee, NedThTijdschr 1961 f, 361/77 (Auferstehung in ep. ad Rheg. und im Phil.-Ev.).

4. *Über die drei Naturen* (Cod. 1, 4; Titel nach Vorschlag von Puech und Quispel) handelt in schwierigem Koptisch und in schwerfälliger Darstellung ein Traktat, der mit einer gnostischen Trinitätslehre (Vater, Sohn, präexistente Kirche) beginnt. Es folgen eine Kosmogonie und eine allegorische Deutung der Paradieseserzählung. Die Geschichte verläuft durch das hylische Stadium über die jüdische Religion zur reinen Geistigkeit; der Erlöser bewirkt die Trennung der drei Naturen, der Pneumatiker, Psychiker und Hyliker. Verfasser ist vielleicht Herakleon (zwischen 150 und 175).

Haenchen, ThRu 1964, 58/61 (Forschungsbericht). – Puech-Quispel, VC 1955, 65/102 (vielleicht von Herakleon). – Quispel, ZRGG 1954, 289/305. – J. Zandee, The terminology of Plotinus and of some gnostic writings, mainly the fourth treatise of the Jung Codex, Istanbul 1961.

5. *Das Philippus-Evangelium* wird von Epiphanius zitiert (panar. 26, 13) und vielleicht auch von der Pistis Sophia (42/44) vorausgesetzt. Die unter den Chenoboskiontexten (Cod. 2, 3) in der Unterschrift als Philippusevangelium bezeichnete Schrift enthält jedoch das Epiphaniuszitat nicht und gibt sich auch nicht als Evangelium aus. Es handelt sich vielmehr um eine abwechslungsreiche Sammlung gnostischer Meditationen (127 Sprüche nach der Zählung von Schenke), in der valentinianische Vorstellungen am häufigsten sind. Adam und das Paradies, Braut, Bräutigam und Brautgemach, die gnostischen Mysterien der Taufe, Eucharistie und Salbung, besonders aber das Mysterium des Brautgemachs sind die hervorragenden Themen.

W. C. Till, Das Ev. nach Philippos, 1963 (TÜ); dazu Krause, ZKG 1964, 168/82 (Verbesserungen). – de Catanzaro, JTS 1962, 34/71 (Ü). – J. E. Ménard, P 1964 (Ü). – Schenke, ThLZ 1959, 1/26 (Ü). – R. McL. Wilson, Lo 1962 (ÜK). ** Bauer, ThLZ 1961, 551/4 (Spr. 109 f); VD 1963, 290/8. – Grant, JBL 1960, 1/11; VC 1961, 129/40 (mystery of marriage). – Helmbold, NTS 1964 f, 90/3 (translation problems). – Ménard, SMR 1963, 67/73; 149/52 (Spr. 53). – Schenke, ThLZ 1965, 321/32 (Forschungsbericht). – Segelberg, Numen 1960, 189/200 (sacramental system). – van Unnik, NTS 1963 f, 465/9 (Spr. 47; 51; 53). – McL. Wilson, NTS 1962 f, 291/4 (NT). – Zandee, NedThTijdschr 1961 f, 361/78 (Auferstehung).

6. *Die Hypostase der Archonten* (Cod. 2, 4) heißt der Traktat eines gnostischen Lehrers über die Entstehung der Archonten, über Adam und Eva und den Bau der Arche; dann berichtet Norea, die Frau des Seth, über die Offenbarungen eines Engels.

H. M. Schenke, ThLZ 1958, 661/70 (Ü); Leipoldt-Schenke, Kopt.-gnost. Schriften aus den Papyrus-Codices von Nag-Hammadi, 1960, 69/78 (verbesserte Ü).

7. *Vom Ursprung der Welt* (Cod. 2, 5; Titel nach Vorschlag von Schenke) ist ein Traktat, der gegen Hesiod und griechische Philosophen zeigen will, daß nicht das Chaos der Uranfang ist, sondern wie aus der Pistis Sophia das Chaos, die Archonten und die übrige Welt hervorgehen und am Ende der Entwicklung Licht und Finsternis wieder geschieden werden. Biblische Grundlage ist Gen. 1/3 in gnostischer Umdeutung; Christliches ist ohne Gewicht. Bunt gemischt erscheint Altgriechisches, Hellenistisches, Spätjüdisches und Ägyptisches (Eros und Psyche, der Phönix, der Gotteswagen, die ägyptischen Stiere und heiligen Krokodile). Die Schrift ist stark kompilatorisch, sie verweist selbst auf weitere gnostische Schriften und zeigt ähnliche Vorstellungen wie die *Sophia Jesu Christi* und die *Hypostase der Archonten*.

A. Böhlig - P. Labib, Die koptisch-gnostische Schrift ohne Titel aus Cod. II von Nag Hammadi, B 1962 (TÜ). – Schenke, ThLZ 1959, 243/56 (Ü, nicht vollständig; ergänzend dazu Quecke, Mu 1959, 349/53). ** Böhlig, WissZUniv-Halle 1961, 1065/69 (Urzeit und Endzeit); 1325/28 (religionsgeschichtliche Probleme).

8. *Der Brief des Eugnostos* (Cod. 3, 3; 5, 1) handelt vom ungezeugten Gott und der Entstehung der oberen Welt (Kosmogonie, Emanationen). Er enthält keine biblischen oder christlichen Elemente; erst in der *Sophia Jesu Christi* ist dieser Brief ganz äußerlich verchristlicht worden (s. S. 131).

Doresse, VC 1948, 137/60; Les livres secrets des gnostiques d'Égypte, 1958, 209/13. – Krause [Th. Klauser, 1964] 215/23 (Verhältnis zwischen Eugnostosbrief und Sophia J. Chr.). – Puech, NtlA 1, 172 f. – Till, TU 60, 1955, 52/55; 200/74.

9. *Die Apokalypse des Adam* (Cod. 5, 5) enthält die Offenbarungen, die Adam empfing und seinem Sohne Seth übergab. Adam erzählt den Verlust seiner Herrlichkeit und Gnosis; drei Männer erscheinen und geben ihm Offenbarungen über die gnostischen Seth-Menschen, die aus der Sintflut und aus Feuer, Pech und Schwefel errettet werden. Dann erscheint der Phoster als gnostischer Erleuchter für die Söhne Chams und Japhets. Ein Exkurs unterrichtet in 14 verschiedenen Aussagen über die Entstehung des Phoster. Die Völker tun Buße und werden durch eine gnostische Taufe gerettet. Die Schrift enthält nichts Christliches und ist ein Zeugnis für eine vorchristliche Gnosis mit jüdischen, iranischen und hellenistischen Elementen.

A. Böhlig - P. Labib, Koptisch-gnostische Apokalypsen aus Cod. V. von Nag Hammadi: WissZUniv. Halle-Wittenberg, Sonderband, 1963 (TÜ). ** MacRae, Heythrop Journ. 6, 1965, 27/35.

§ 31. Marcion

Marcion wurde vom Bischof von Sinope am Schwarzen Meer, seinem Vater, aus der Gemeinde ausgeschlossen, dann in Kleinasien auch von Polykarp abgewiesen, aber gegen 140 in der römischen Gemeinde aufgenommen. Jedoch auch hier wurde er 144 exkommuniziert. Er gründete erfolgreich marcionitische Gemeinden, die im Gegensatz zu gnostischen Konventikeln und Schulen gut organisiert waren und erst im 6. Jh. verschwanden.

Seine Lehre hat Marcion in den *Antithesen* (Gegensätze zwischen AT und NT) niedergelegt. Er verwirft das gesamte AT mit seinem zürnenden und gerechten Schöpfergott (Demiurgos) und stellt ihm den bisher unbekannten Gott der Liebe entgegen, der sich in Jesus Christus geoffenbart hat; dieser lebte und litt in einem Scheinleib, um die Gläubigen aus der Macht des Demiurgen zu befreien. Die christliche Offenbarung findet Marcion in einem von allen judaistischen Fälschungen zu reinigenden NT, das nur das Lukasevangelium (ohne Kindheitsgeschichte) und 10 Paulusbriefe (ohne Hebr. und Pastoralbriefe) umfaßt; auch diese verbliebenen Texte bedürfen einer Verbesserung (vgl. die marcionitischen Prologe, S. 95). Dieser Schriftkanon Marcions hat natürlich die kirchliche Kanonbildung zur Auseinandersetzung gezwungen, sie aber nicht erst veranlaßt, wie manche annehmen wollten.

Mit dem Gnostizismus hat Marcion vor allem die Deutung des atl. Schöpfergottes gemeinsam; aus dem konsequenten Gegensatz zum Demiurgen und seiner jammervollen Schöpfung ergibt sich die Verwerfung der Ehe, eine weltverachtende Aszese und eine auffällige Martyriumsbereitschaft. Von der gnostischen Allegorese, der Äonenspekulation, dem Astralglauben und der Überschätzung der „Erkenntnis“ will Marcion nichts wissen.

Apelles, ein Marcionschüler, schrieb *Syllogismen* (Kritik des AT) und *Offenbarungen* der marcionitischen Prophetin Philumene. Existenz und Inhalt eines *Evangeliums des Apelles* sind zweifelhaft.

A. Harnack, Marcion. Das Evangelium vom fremden Gott, TU 45, ²1924 (Rekonstruktionsversuch); Neue Studien zu Marcion, TU 44, 4, 1923. ** Bardy, DBS 5, 862/77.– E. Barnikol, Die Entstehung der Kirche im 2. Jh. und die Zeit Marcions, ²1933.– E. C. Blackman, Marcion and his influence, Lo 1949.– Braun, Byz 25/7, 1955/57, 631/48 (M. et la gnose simonienne).– Couchoud, HJ 1936, 265/77 (Ev. des M. eines der Synoptiker?); dazu Loisy, HJ 1936, 378/87.– Enslin, AThR 1945, 1/16.– Evans, TU 73, 1959, 699/705 (Tertullian's commentary on the Marcionite gospel).– Higgins, VC 1951, 1/42 (Lukastext).– A. Hollard, Deux hérétiques: Marcion et Montan, 1935.– Kayser, ThSK 1938, 370/86 (Taufformel).– J. Knox, Marcion and the NT, Ch 1942.– Lagrange, Rb 1932, 5/30 (S. Paul ou Marcion?).– Puech, NtlA 1, 258 f (Ev. des M.); 259 f (Ev. des Apelles).– Salles, VC 1958, 197/224 (Simon ou Marcion).– Scherer, JJurPapyr 1950, 229/33 (zu 2 Cor. 12, 19 bei M.).– Schüle, ZRGG 1964, 23/42 (Ursprung des Bösen).– Vogels [A. Wikenhauser, 1954] 278/89 (M. und Tatians Einfluß auf das NT).– Williams, JTS 1944, 65/73.– R. S. Wilson, Marcion, Lo 1933.

§ 32. Montanismus, Paschastreit, Monarchianismus; Gemeindebriefe des 2. Jh. (Nachrichten und Fragmente)

1. Montanus und seine Anhänger verkündeten etwa seit 170 die neue Prophetie vom ganz nahen Ende und forderten die unmittelbare Vorbereitung auf die Wiederkunft Christi. Sie fanden aber Widerstand, be-

sonders durch Synoden, die ersten, die wir kennen. Als literarische Gegner traten auf der Apologet Miltiades (s. S. 62), Apollinaris von Hierapolis (s. S. 62), Melito von Sardes (s. S. 63) und ein kleinasiatischer Anonymus, der seine drei Bücher gegen den Montanismus seinem Freunde Avircius Marcellus widmete (wohl Aberkios, s. S. 97f; Eus. h. e. 5, 16 mit Fragmenten). Etwas später schrieben gegen den Montanismus Apollonius (um 196/97; Eus. h. e. 5, 18) und Serapion von Antiochien (190–212).

In Rom soll bereits Soter (etwa 166–174) nach der wenig glaubwürdigen Behauptung des Praedestinatus (26) eine Schrift gegen die Montanisten gerichtet haben. Eleutherus (etwa 174–89) empfing den Presbyter Irenäus als Abgesandten der Märtyrer von Vienne und Lyon (um 177), der in der Frage des Montanismus zu Milde mahnte (Eus. h. e. 5, 3, 4/4, 2). Gegen den in Rom also wohl noch nicht verurteilten Montanismus wandten sich Gaius in einem Dialog mit dem Montanisten Proclus (unter Zephyrin, 198–217; Eus. h. e. 2, 25, 6f mit Zeugnis für die Tropaia der Apostelfürsten; h. e. 3, 28, 1f; 3, 31, 4) und der Kleinasiate Praxeas, der erreichte, daß die römische Gemeinde den montanistischen Gemeinden von Kleinasien die Kirchengemeinschaft entzog (Tert. adv. Prax. 1; s. S. 155)

N. Bonwetsch, KlT 129, 1914.– P. de Labriolle, Les sources de l'hist. du Montanisme, 1913. ** Aland, ZntW 1955, 109/16 (Montanismus und kleinasiat. Theologie).– Bardy, DThC 10, 2355/70.– A. Faggiotto, L'eresia dei Frigi, R 1924; La diasporà catafrigia, R 1924.– Freeman, DSt 1950, 297/316 (Montanismus und phrygische Kulte).– Freeman-Grenville, JEH 1954, 7/15 (date of the outbreak of Montanism).– A. Hollard, Deux hérétiques: Marcion et Montan, 1935.– Kraft, ThZ 1955, 249/71 (altchristl. Prophetie und Montanismus).– Kühnert, ThLZ 1949, 436/46 (der antimontanist. Anonymus bei Eus. h. e 5, 16).– P. de Labriolle, La crise Montaniste, 1913.

2. Der quartadezimanische Paschastreit hat seit etwa 195 einen lebhaften Briefverkehr zwischen den Gemeinden hervorgerufen. Genannt seien die Briefe des Victor von Rom (etwa 189–98), in denen er den Abbruch der Gemeinschaft mit den quartadezimanischen Gemeinden bekanntgab, und das Verteidigungsschreiben des Polykrates von Ephesus an Victor. Auch viele andere Bischöfe lehnten in Briefen an Victor dessen intolerantes Vorgehen ab, unter ihnen besonders Irenäus (Eus. h. e. 5, 23/25).

Dugmore, SP 4, 411/21.– B. Lohse, Das Passafest der Quartadecimaner, 1953.– Mohrmann, VC 1962, 154/71 (conflit pascal).– P. Nautin, Lettres et écrivains, 1961, 65/91 (Briefe).– Richard, OrSyr 1961, 177/212 (question pascale).– Rordorf, ThZ 1962, 167/89 (Osterfest am Sonntag).– Van der Veeken, SE 1962, 461/501 (de primordiis liturgiae paschalis).

3. Der Monarchianismus des Theodot, Gerbers aus Byzanz, wurde durch ein Schreiben Victors verurteilt (Eus. h. e. 5, 28, 6.9). Ob Victor in lateinischer Sprache geschrieben hat (Hieron. vir. ill. 53), bleibt zweifelhaft. Sehr umstritten ist der Sinn dessen, was Zephyrin (etwa 198–217) gegen Sabellius über die Einheit des Wesens in Gott und die Gottheit Christi erklärt haben soll (Hippol. refut. 9, 11, 3). Wenig glaubwürdig ist Optatus (c. Parmen. 1, 9), der von Schriften des Zephyrin gegen Häretiker spricht.

Eine monarchianische Logoslehre (pater passus est, daher Patripassianismus) verbreiteten Noetus aus Smyrna, gegen den Hippolyt schrieb, und Praxeas, den Tertullian bekämpfte.

Capelle, RB 1926, 321/30 (Zephyrin).– Harnack, SbB 1923, 51/7 (Zephyrin).– H. Koch, RR 1929, 50/9 (Zephyrin).– La Piana, HThR 1925, 201/77 (Roman church at the end of the 2nd century).

4. Von den zahlreichen Gemeindebriefen des 2. Jh. mit allerlei Anliegen seien genannt der *Brief* des Soter (etwa 166–74), den er mit einer Liebesgabe nach Korinth sandte (Eus. h. e. 4, 23, 9 f). Sein Zeitgenosse Dionysius von Korinth schrieb *Katholische Briefe* an viele Gemeinden; 7 zählt Eusebius auf, dazu einen Privatbrief (h. e. 4, 23); hier wird auch ein Antwortschreiben des Pinytus von Knossus erwähnt. Auch Serapion v. Antiochien (etwa 190–212) schrieb mehrere *Briefe*, darunter einen nach Rhossus über das Petrusevangelium (Eus. h. e. 6, 12; s. S. 124).

A. Harnack, Die Briefsammlung des Apostels Paulus und die anderen vorkonstantinischen christl. Briefsammlungen, 1926, 36/40.– P. Nautin, Lettres et écrivains, 1961, 13/32 (Briefwechsel des Dionysius).

§ 33. Hegesippus

Hegesipp, aus dem Osten stammend, des Syrischen mächtig, vielleicht jüdischer Herkunft, kam unter Anicet (etwa 154–66) über Korinth nach Rom. Zweck seiner Reise war, in den verschiedenen Gemeinden die unverfälschte Überlieferung der apostolischen Lehre kennenzulernen. Um 180 schrieb er als Ergebnis seiner Nachforschungen und Reisen 5 Bücher *Erinnerungen* (Ὑπομνήματα), die auch mit ihren kirchengeschichtlichen Nachrichten im 5. Buch vor allem gegen die Gnostiker gerichtet waren. Wahrscheinlich war H.s Werk noch im 16./17. Jh. in griechischen Klöstern hsl. vorhanden; jetzt besitzen wir davon fast nur noch die von Eusebius zitierten Textstücke über die frühe Kirchengeschichte Jerusalems (Tod des Jakobus, Simeon von Jerusalem, Verwandte Jesu).

Die umstrittene Stelle bei Eusebius (h. e. 4, 22, 3: γενόμενος δὲ ἐν Ῥώμῃ διαδοχὴν ἐποιησάμην μέχρις Ἀνικήτου) bedeutet wohl nicht, daß H. erst eigens eine Liste der römischen Bischöfe hergestellt habe; diese war in Rom schon fertig vorhanden, wie sie etwas später auch Irenäus vorfand. H. sieht ähnlich wie Irenäus die beste Bürgschaft für die rechte Lehre darin, daß diese von den Aposteln über die aufeinanderfolgenden Bischöfe jeweils weitergegeben (παράδοσις) und empfangen (διαδοχή) wurde (C. H. Turner und E. Caspar). H. will also sagen, er habe sich in Rom davon überzeugt, daß von den Aposteln bis auf die Gegenwart eine ununterbrochene Diadoche der reinen Lehre stattgefunden habe. Reine Konjektur ist der Vorschlag, statt διαδοχήν zu lesen διατριβὴν ἐποιησάμην (ich nahm Aufenthalt).

E. Preuschen, Antilegomena[2] 107/13. – Routh 1, 207/19. – Th. Zahn, Forschungen zur Gesch. des ntl. Kanons 6, 243/6. ** Buonaiuti, Rel 1936, 401/13 (Marcion und H.). – H. von Campenhausen, Kirchl. Amt, [2]1963; [E. Lohmeyer, 1951] 240/9. – E. Caspar, Die älteste röm. Bischofsliste, 1926 [233/7]. – Gustafsson, SP 3, 227/32 (Quellen des H.). – Hermann, RevUnivBrux 1937, 387/94 (la famille du Christ). – Hyldahl, StTh 1960, 70/113. – Javierre, Salesianum 1959, 237/53 (diadochen epoiesamen). – Klauser, BonnerZTheol 1931, 193/213 (Bischofslisten). – Koep, RACh 2, 407/15 (Bischofslisten). – Kohlmeyer, ThSK 1931, 230/43 (Bischofsliste). – Leclercq, DAL 9, 1207/36. – Stauffer, ZRGG 1952, 193/214 (Kalifat des Jakobus). – Telfer, HThR 1960, 143/53 (Was H. a Jew?).

§ 34. Irenäus von Lyon

Irenäus, der bedeutendste Theologe des 2. Jh., stammte aus Kleinasien und war in seiner Jugend Schüler Polykarps von Smyrna gewesen (Eus. h. e. 5, 20, 5/8). Zur Zeit Mark Aurels war er Presbyter in Lyon; er ging als Abgesandter der Märtyrer von Vienne und Lyon nach Rom, um in der montanistischen Frage zur Milde zu mahnen (s. S. 108). Nach dem Märtyrertod des Bischofs Photinus von Lyon (177/78) wurde Irenäus sein Nachfolger. Er mahnte wie viele andere Bischöfe Papst Victor in einem Brief zum Frieden mit den Quartadezimanern (s. S. 108). Über das spätere Leben des Irenäus ist nichts bekannt; erst bei Gregor von Tours taucht die Nachricht auf, Irenäus sei als Märtyrer gestorben (hist. Franc. 1, 27; in glor. mart. 50).

A. Bengsch, Heilsgeschichte und Heilswissen, L 1957. – A. Benoît, Saint Irénée. Introduction à l'étude de sa théologie, 1960. – Bonwetsch, Die Theologie des I., 1925. – Grant, HThR 1949, 41/51 (hellenistic culture). – Leclercq, DAL 10, 127/43. – F. Loofs, Theophilus ... und die anderen theol. Quellen bei Iren., TU

46, 2, 1930; dagegen Hitchcock, JTS 1937, 130/39; 255/66; ZntW 1937, 35/60.– Lyttkens, Svensk teol. kvartalskr. 1959, 222/46; 1960, 13/37 (Gudes pedagogi).– P. Nautin, Lettres et écrivains, 1961, 92/104 (Biographie d'Ir.).– Perrat et Audin, Cahiers d'hist. 1956, 227/51 (S. I. L'hist. et la légende).– Reynders, RTA 1935, 5/27 (Methode der Polemik).– Robinson, JTS 1930, 71/4; 1931, 153/66; 370/93 (armen. Überlief.).– F. Sagnard, La gnose valentinienne et le témoignage de s. I., P 1947.– Thornton, SP 2, 317/30 (I. and contemporary theology).– Vernet, DThC 7, 2394/533.– Widmann, ZThK 1957, 156/73 (I. und seine theol. Väter).

Irenäus schrieb in seiner griechischen Muttersprache mehrere Werke, von denen nur zwei vollständig (in Übersetzung) erhalten sind.

1. Das Werk mit dem Titel *Entlarvung und Widerlegung der falschen Gnosis* (Ἔλεγχος καὶ ἀνατροπὴ τῆς ψευδωνύμου γνώσεως), gewöhnlich *Adversus haereses* genannt, stammt aus der Zeit um 180–185; wir besitzen es vollständig nur in einer sehr wörtlichen lateinischen Übersetzung, deren sichere Datierung bis jetzt noch nicht möglich gewesen ist (Sanday: um 200; H. Koch: vor 250; Souter: 370–420; Altaner: vor 396). Vom griechischen Text liegen jedoch bei späteren Kirchenschriftstellern (Hippolyt, Eusebius, besonders Epiphanius u. a., auch in Katenen) viele Fragmente (z. B. fast das ganze 1. Buch u. a.) vor. Dazu kommen eine getreue, dem Original folgende armenische Übersetzung des 4. und 5. Buches und 23 in syrischer Sprache erhaltene Stücke.

Den Anlaß zur Abfassung gab die Bitte eines Freundes, der das gnostische System des Valentin kennenlernen wollte. Im 1. Buch entwickelt Irenäus dieses System, stellt ihm einen Abriß der Kirchenlehre gegenüber und gibt dann einen Überblick über die Geschichte des Gnostizismus von Simon Magus an. An diese „Entlarvung" der gnostischen Lehren schließt sich in Buch 2/5 die „Widerlegung", die im 2. aus der Vernunft, im 3. aus der Tradition und der Lehre der Apostel und im 4. aus Aussprüchen des Herrn (auch Prophetenstellen des Alten Bundes) geführt wird; das 5. Buch handelt von den Letzten Dingen, besonders von der Auferstehung des Fleisches; hier vertritt der Verfasser den Chiliasmus.

Diese fünf Bücher sind kein Werk aus einem Guß; die einzelnen Teile erwachsen dem Verfasser erst allmählich in Gestalt von Erweiterungen und Zusätzen. Die Kenntnis der gnostischen Theologie hat er zum Teil aus eigener Lektüre gnostischer Schriften, er ist aber auch mit dem älteren kirchlichen Schrifttum wohl vertraut (Klemens von Rom, Ignatius, Polykarp, Papias, Pastor Hermae, Justin, Ps.-Justin *[De resurrectione]*, Hegesipp). Ob die Schrift des Theophilus von Antiochien *Gegen Marcion* (s. S. 76) für sein Wissen und seine Theologie von so tiefgreifender Bedeutung gewesen ist, wie dies F. Loofs zu erweisen sucht, ist sehr fraglich. Alle späteren Ketzerbekämpfer, von Tertullian angefangen, haben für die frühere Zeit aus Irenäus geschöpft.

R. Massuet, P 1710 (MG 7).– A. Stieren, 1/2, L 1848/53.– W. Harvey, 1/2, C 1857.– F. Sagnard, SCh 34, 1952 (haer. III, TÜK), dazu VC 1955, 34/6.– A. Rousseau, SCh 100, 1965 (haer. IV, TÜK).– B. Reynders, Lexique comparé du texte grec et de versions latine, arménienne et syriaque de l'Adv. haer. de Saint-Irénée, 1/2, 1954 (enthält auch griech. Fragm., die bei Harvey fehlen).– E. Ter-Minassiantz, TU 35, 2, 1910 (haer. 4 f armen.).– H. Jordan, TU 36, 3, 1913 (armen. Fragm.).– L. Froidevaux - G. Bayan, ROC 9, 1933/34, 315/77; 10, 1935/36, 47/169; 285/340 (armen. Ü adv. haer.).– PO 12, 5, 732/44 (armen. Fragm.).– M. Hitchcock, 1/2, 1916 (Ü).– E. Klebba, BKV² 3 f, 1912 (Ü). ** de Aldama, SE 1962, 266/80 (Adam, typus futuri).– Altaner, ThQ 1949, 167 f (lat. Ü vor 396).– Benoît, SP 4, 20/7 (haer. 4, 17, 1/5 et les Testimonia).– Bolgiani, AtTor 1956 f, 343/419 (encratismo).– Botte, RTA 1954, 165/78.– Brox, ZKG 1964, 327/31 (haer. 4, 26, 2).– Campos, Salamant. 1962, 609/15 (haer. 3, 3, 2).– Daniélou, RSR 1954, 192/203 (haer. 4, 38, 4: la charrue).– Díaz y Díaz, RET 1954, 393/9 (lat. Ü 2. Hälfte des 4. Jh.; zu 3, 3, 2).– J. Doignon, RSR 1955, 535/44 (haer. 4, 34, 4).– Hemmerdinger, Sc 1956, 267/9 (3 neue griech. Fragm. von Buch III); RSR 1959, 61 f (Fragm. haer. 3, 11, 8 f); SP 3, 68/71 (I.-Ausgabe).– Hitchcock, Ha 1939, 93/100 (St. Patrick und der lat. I.).– Jouassard [H. de Lubac, 1, 1963] 235/46 (Signe de Jonas).– Klostermann, ZntW 1937, 1/34 (lat. Hss.).– Koch, ThSK 1929, 462/9 (lat. Ü vor 250).– H. Lietzmann, TU 67, 1958, 370/409 (Jenaer I.-Papyrus).– S. Lundström, Studien zur lat. I.-Übers., Lund 1943; Neue Studien zur lat. I.-Übers., Lund 1948.– Nautin, RTA 1953, 185/202 (zum 3. Buch).– Olivar, Sc 1949, 11/25 (neue Hs.).– Richard - Hemmerdinger, ZntW 1962, 252/5 (3 neue Fragm.).– W. Sanday - C. H. Turner - A. Souter, Nov. Test. S. Irenaei, O 1923.– Schoedel, VC 1959, 22/32 (Philosophy and rhetoric).– Smulders, VC 1958, 154/6 (haer. 4, 39, 2).– Strobel, ZKG 1957, 139/43 (Katenenfragm. zu haer. 5, 24, 2 f).

2. *Die Darlegung der apostolischen Verkündigung* (Ἐπίδειξις τοῦ ἀποστολικοῦ κηρύγματος) war nur dem Titel nach bekannt (Eus. h. e. 5, 26), bis sie 1904–07 in armenischer Übersetzung wieder zugänglich wurde. Im ersten Teil (1/42) wird der christliche Glaube dargelegt (Gott, Trinität, Schöpfung und Sündenfall, Erlösung), im zweiten (42/100) folgen die Beweise aus dem AT (Jesus als Sohn Davids, Christus, Gottessohn; die Herrlichkeit des Kreuzes, das Gottesreich). Die Schrift benützt ältere unbekannte Arbeiten; sie belehrt, beweist und verteidigt, vermeidet aber Polemik.

TU 31, 1, 1907 (armen. T, Ü).– PO 12, 5, 1919 (armen. T, franz. und engl. Ü).– R. M. Froidevaux, SCh 62, 1959 (ÜK).– J. P. Smith, ACW 16, 1952 (ÜK).– S. Weber, BKV² 4, 1912 (Ü); 1917 (lat. Ü). ** Lanne, RSR 1955, 524/35 (demonstr. 10).– B. Reynders, Vocabulaire de la Démonstration et des fragments de S. Ir., Chevetogne 1958.– Smith, Bi 1957, 24/34 (demonstr. 43).

3. Von anderen Schriften des Irenäus sind wichtige Fragmente erhalten,

besonders solche aus seinen *Briefen* (z. B. Eus. h. e. 5, 20). Die sogenannten *Pfaffschen Fragmente,* die Prof. Chr. M. Pfaff 1715, angeblich aus Turiner Hss., veröffentlicht hat, konnte A. Harnack als Fälschungen erweisen.

H. I. Bell and T. C. Skeat, Fragments of an unknown gospel and other early christ. papyri, 1935 (I.-Fragmente). – A. Harnack, TU 20, 3, 1900 (Pfaffsche Fälschungen). – Martin, RHE 1942, 143/52 (Fragmente).

Lehre

1. Die Bezeichnung des AT als γραφή geht bei I. auch auf die Schriften des NT über, die schon eine abgeschlossene Sammlung bilden und Inspirationscharakter und Beweiskraft mit den Büchern des AT teilen. Kanonbildend ist nicht nur die Apostolizität, sondern auch die kirchliche Überlieferung. Irenäus führt zwei ntl. Schriftengruppen als heilige Schriften auf: die Evangelien und die apostolischen Schriften, zu denen er den „Hirten“ des Hermas, aber nicht den Hebräerbrief zu rechnen scheint. Haer. 3, 11, 8 spricht er von einem εὐαγγέλιον τετράμορφον und erklärt die Vierzahl unter anderem aus den vier Cherubgestalten, wobei er dem Joh.-Ev. den Löwen, dem Luc.-Ev. den Stier, dem Mt.-Ev. den Menschen, dem Marc.-Ev. den Adler zuweist.

P. Ciani, S. I. e il Vangelo, Aversa 1955. – Curran, CBQ 1943, 34/46; 160/78; 301/10 (dates of the Synoptics). – Dulière, NClio 1954, 199/224 (ntl. Kanon und die von I. anerkannten christl. Schriften). – Houssiau, EThL 1953, 328/54 (Mt. 11, 27). – B. Kraft, Die Evv.-Zitate des hl. I., 1924. – Kürzinger, NTS 1963 f, 108/15 (haer. 3, 1, 1 zur Sprache des Mt.-Ev.). – W. von Loewenich, Das Joh.-Verständnis des 2. Jh., 1932, 115/41. – Luckhart, RUO 1953, 65/79 (Mt. 11, 27). – Newman, NTS 1963 f, 133/9 (I. zur Apoc.). – Schäfer [M. Meinertz, 1951] 50/9 (I.-Zitate und ihr Wert für die Textgeschichte des NT). – Stenzel, ThZ 1953, 88/90 (lat. Dodekapropheton).

2. Im 3. Buch adv. haer. entwickelt Irenäus eingehend das Traditionsprinzip ähnlich wie Hegesipp. Glaubensquelle und Glaubensnorm ist ihm die in der Kirche fortlebende Lehrüberlieferung der Apostel. Für die richtige Glaubensüberlieferung kommen aber vornehmlich die von den Aposteln gegründeten Kirchen in Betracht; denn die ununterbrochene Nachfolge der Bischöfe in diesen Kirchen von den Aposteln her verbürgt die Wahrheit ihrer Lehre. Weil es jedoch zu weit führen würde, die Bischofslisten aller von den Aposteln gegründeten Kirchen zu liefern, so wolle er (3, 3, 1 f) bloß „von der größten, sehr alten, allen bekannten und von den glorreichen Aposteln Petrus und Paulus gegründeten Kirche

zu Rom" den Beweis erbringen, daß die Reihe ihrer Bischöfe auf die Apostel zurückgehe und darum auch ihre Lehre apostolisch sei.

Dann folgt der bekannte, leider nicht im Urtext vorliegende Satz: „Ad hanc enim ecclesiam propter potentiorem (potiorem) principalitatem necesse est omnem convenire ecclesiam, hoc est eos, qui sunt undique fideles, in qua semper ab his, qui sunt undique, conservata est ea quae est ab apostolis traditio", und die Sukzessionsliste der römischen Bischöfe (3, 3, 3). Der Relativsatz „in qua semper" usw. wird von den einen auf die römische Kirche (ad hanc), von den andern auf „omnem ecclesiam" bezogen. Im ersteren Fall, der wahrscheinlicher ist, kann man mit A. Ehrhard folgendermaßen übersetzen: „Denn mit dieser Kirche müssen infolge ihrer wirksameren Führerschaft alle (andern) Kirchen allerorts übereinstimmen, da in ihr Christen aller Orte die apostolische Überlieferung unversehrt erhalten haben." Irenäus spricht hier nicht, wie sich aus dem ganzen Zusammenhang ergibt, von der rechtlichen Verpflichtung der übrigen Kirchen, mit der römischen im Glauben übereinzustimmen; er will vielmehr sagen, daß die Feststellung des Glaubens der römischen Kirche zugleich auch das Vorhandensein desselben Glaubens aller anderen apostolischen Kirchen garantiere. Um die Unhaltbarkeit der frei erfundenen gnostischen Spekulationen zu erweisen, würde es Irenäus an sich genügen, die ganz anders lautende Glaubensüberlieferung irgendeiner apostolischen Kirche aufzuzeigen. Um jedoch in einer besonders eindrucksvollen Weise die jeder apostolischen Überlieferung hohnsprechenden gnostischen Lehren zurückzuweisen, hebt er die einzigartige Stellung der römischen Kirche im Kreise der von den Aposteln gegründeten Gemeinden hervor; so betont er die „wirksamere Führerschaft" („potentior principalitas") dieser Kirche, wie sie sich für ihn offenbar aus der sie auszeichnenden doppelten Apostolizität (Petrus und Paulus) ergibt; außerdem hebt er auch die Mitwirkung von Angehörigen vieler anderer durch die dort zusammenströmenden Gläubigen vertretener Kirchen an der Reinerhaltung der apostolischen Überlieferung hervor.

Wenn auch die Stelle nicht direkt und unmittelbar den römischen Primat bezeugt und begründet, zumal Irenäus seine Gedanken nicht auf die kirchliche Verfassungsfrage, sondern auf den Nachweis des allen einzelnen Kirchen gemeinsamen, der Gnosis völlig entgegengesetzten Glaubens konzentriert, so bleibt deshalb doch die Tatsache bestehen, daß hier die erste, theologisch allerdings sehr unvollkommene Begründung der Vorrangstellung Roms vorliegt. Da für Irenäus alles von der Apostolizität der Lehre abhängt, war diese Art der Argumentation die nächstliegende und gegenüber den Gnostikern auch wirksamste.

Bardy, La théol. de l'Église de s. Ir. au concile de Nicée, 1947.– Benoît, RHPh 1960, 32/43 (Écriture et tradition).– Botte, Ir 1957, 156/63 (haer. 3, 3, 2).– Doyle, IER 1939, 298/306 (the Popes and the Heretics); Dolière, NClio 1954, 73/90 (Mt. 16, 18 f kennt I. nicht).– Flessemann-van Leer [K. E. Skydsgaard, Schrift und Tradition, 1963] 45/61 (Tradition, Schrift, Kirche).– Haegglund, StTh 1958, 1/44 (regula fidei).– Hahn, TrThZ 1961, 233/43; 292/302 (Schrift, Tradition und Primat).– Hanson, SP 4, 366/9 (haer. 3, 3, 1).– Holstein, RSR 1949, 122/35 (haer. 3, 3, 2); RSR 1949, 229/70 (apostol. Tradition); RSR 1953, 410/20 (Zeugen der Offenbarung).– Jacquin, AnTh 1948, 95/9; RevSR 1950, 72/87 (haer. 3, 3, 2).– Katzenmayer, IKZ 1948, 12/28 (Petrus, Primat, Kirche).– Knox, JTS 1946, 180/4 (haer. 3, 3, 2).– Lanne, Ir 1952, 113/41 (apostol. Amt).– Lebourlier, RSPhTh 1959, 261/72 (haer. 3, 3, 2).– Mohrmann, VC 1949, 57/61 (haer. 3, 3, 2); dagegen Galtier, RHE 1949, 411 bis 428.– Molland, JEH 1950, 12/28 (successio apostolica).– Nautin, RHR 1957, 35/78 (haer. 3, 3, 2).– J. Ochagavía, Visibile patris filius. A study of I.' teaching on revelation and tradition, R 1964.– Sagnard, SCh 1952, 414/23 (haer. 3, 3, 2 f in der neueren Diskussion).– Wolf Schmidt, Die Kirche bei I., Helsingfors 1934.

3. Gotteslehre. Irenäus ist kein spekulativer Theologe, der neue theologische Erkenntnisse gewinnen will. In der Hauptsache begnügt er sich damit, die aus der Heiligen Schrift zu erhebende Begründung der kirchlichen Glaubenspredigt vorzulegen. Sein durchaus religiös-praktischer Standpunkt wird durch folgenden berühmten Satz charakterisiert (haer. 2, 26, 1): „Es ist besser und nützlicher, wenig oder gar nichts zu wissen und dabei Gott durch die Liebe nahezukommen, als sich einzubilden, viel zu wissen und viele Erfahrungen gesammelt zu haben, und dabei als Lästerer und Feind seines Gottes erfunden zu werden." Besonders bekämpft wird die als Fundamentallehre der falschen Gnosis bezeichnete These, daß der Bildner der Welt ein anderer als Gott sei.

4. Die Christologie seiner Vorgänger hat Irenäus zusammengefaßt und vertieft. Die Erlösung muß eine reale sein und nicht bloß Gnosis vermitteln. Zu einer realen Erlösung ist aber ein Gottmensch notwendig. Christus ist Mensch geworden, damit die Menschheit vergöttlicht werde; das ist die Zusammenfassung, Wiederherstellung und Vollendung der Menschheit und des Alls in Christus (recapitulatio, ἀνακεφαλαίωσις; vgl. Eph. 1, 10; haer. 3, 18, 1. 7). Christus ist durch den Sieg über die Versuchung des Teufels das Gegenstück zu Adam geworden (5, 21, 2); die Jungfrau Maria aber hat durch ihren Gehorsam den Ungehorsam der „jungfräulichen" Eva gutgemacht. Wegen ihres Gehorsams ist sie „advocata Evae" und „causa salutis" für das ganze menschliche Geschlecht (5, 19, 1; 3, 22, 4).

Klar bezeugt Irenäus die katholische Lehre von der Erbsünde. Die ersten Menschen, die nach der imago und similitudo Dei geschaffen waren, haben durch ihre Sünde die similitudo verloren, und diese hat

Christus wiederhergestellt (5, 2, 1; 5, 6, 1; 5, 16, 3). Auch die Kindertaufe ist bei ihm zum ersten Male ganz klar bezeugt (2, 22, 4).

Wie Justin und Tertullian hält auch Irenäus den Hades für den Aufenthaltsort der Seelen bis zur Auferstehung und ist wie sie Chiliast (5, 32, 1).

de Aldama, SE 1962, 266/80 (Adam, typus futuri). – Amand, Fatalisme, 212/23. – Aubineau, RSR 1956, 25/52 (incorruptibilité et divinisation). – J. N. Bakhuizen van den Brink, Incarnatie en Verlossing bij I., 1934. – Bentivegna, OC 1962, 5/48 (Engel). – Cremers, BiNJ 1938, 28/80 (Millénarisme). – Daniélou, RSR 1947, 227/31 (Geschichtstheologie). – Escoula, NRTh 1939, 385/400; 551/67 (le verbe sauveur); RSR 1940, 252/70 (natürl. Gotteserkenntnis). – J. Garçon, La Mariologie de s. Irén., Lyon 1932. – Gaudel, DThC 12, 322/9 (Erbsünde). – Génévois, RTh 1936, 26/51 (maternité universelle). – Holstein, RSR 1947, 454/61 (Symbolformeln). – A. Houssiau, La christologie de s. I., Lou 1955. – Hunger, Sch 1942, 161/77 (Weltplaneinheit und Adameinheit). – Jenkins, SP 6, 91/5 (make-up of man). – E. Klebba, Die Anthropologie des hl. I., 1894. – Koch, ThSK 1925, 183/214 (Urstand und Erlösung); Adhuc virgo, 1929; dazu Jouassard, RevSR 1932, 509/32; 1933, 25/37; Koch, Virgo Eva-Maria, 1937, 17/60; dazu K. Adam, ThQ 1938, 171/89. – Lanne, Ir 1960, 311/20 (la vision de Dieu). – F. Loofs, TU 46, 2, 343/74 (Gottes-, Logoslehre, Christologie, Rekapitulation). – Mambrino, NRTh 1957, 355/70 („les deux mains de Dieu"). – Markus, VC 1954, 193/224 (pleroma and fulfilment). – Markham, SP 6, 141/6 (reparation). – Orbe, Gr 1962, 449/91 (el hombre ideal). – Peterson, SC 1941, 46/55 (Gottesvorstellung); VS 1959, 584/94 (l'homme, image de Dieu). – Potter, DSt 1951, 192/200 (Rekapitulation). – Prümm, Sch 1938, 206/24; 342/66 (göttl. Planung); [F. J. Dölger, 1939] 192/219 (Terminologie und Wesen der christl. Neuheit). – B. Przybylski, De Mariologia s. I., R 1937. – Th. Rüsch, Die Entstehung der Lehre vom hl. Geist bei Ign., Theoph. von Ant. und I., Zü 1951. – Rynders, RTA 1936, 225/52 (optimisme et théocentrisme). – E. Scharl, Recapitulatio mundi. Der Rekapitulationsbegriff des hl. I., 1941. – Siniscalco, SP 3, 380/96 (ἀποκατάστασις fino ad I.). – Staerk, RACh 1, 411/4 (Anakephalaiosis). – Tibiletti, AtTor 1959f, 290/330 (I. e l'escatologia di Tert. test. an.). – van Unnik [O. Cullmann, 1962] 293/304 („in den letzten Zeiten"). – G. Wingren, Man and the incarnation. A study in the biblical theol. of I., Ph 1959.

5. Die Eucharistie nennt Irenäus nach Paulus die Teilnahme am Leibe und Blute des Herrn, und diese, sagt er, habe keinen Sinn, wenn es keine Auferstehung der Toten gäbe (5, 2, 2); wie könnten die Gnostiker das Brot, über welches die Danksagung gesprochen werde, als den Leib ihres Herrn anerkennen und den Kelch als Kelch seines Blutes, wenn sie ihn nicht für den Sohn des Weltschöpfers ansehen? Die Eucharistie „besteht aus zwei Elementen, einem irdischen und einem himmlischen" (4, 18, 4f). Er sieht in ihr das von Malachias (1, 10f) verkündete neue Opfer (haer. 4, 17, 5f): Brot und Wein, Gaben der Schöpfung, sind als Fleisch und Blut Jesu das neue Opfer der Kirche auf der ganzen Welt.

D'Alès, RSR 1923, 24/46 (Eucharistielehre). – A. Benoît, Le baptême au 2e siècle, 1953. – Hochban, ThSt 1946, 525/57 (Buße). – Holstein, RSR 1948, 282/8 (Buße). – Jouassard, RSR 1954, 528/39 (Sakramentenlehre). – Jugie [Mémorial J. Chaine, Lyon 1950] 223/44 (la forme du sacrement de l'eucharistie). – Koole, GTT 1936, 295/303; 1938, 412/7 (Eucharistie). – V. Palashkovsky, SP 2, 277/81 (théologie eucharist.). – Poschmann, Paenit. 211/29 (Buße). – K. Rahner, ZkTh 1948, 450/5 (Sündenvergebung nach der Taufe). – Simonin, RSPhTh 1934, 281/92 (haer. 4, 18, 4: Eucharistie). – van den Eynde, Ant 1940, 13/28 (haer. 4, 18, 4 f: Eucharistie).

V. Die christlichen apokryphen Schriften

§ 35. Allgemeines

Die Gnostiker behaupteten, βίβλοι ἀπόκρυφοι (Geheimbücher) zu besitzen (Clem. Al. strom. 1, 15, 69, 6), darunter besonders Schriften, die angeblich von Verfassern atl. und ntl. Zeit stammten. Da die Kirche solche gnostischen Offenbarungsschriften ablehnte, erhielt ἀπόκρυφος den Nebensinn des Gefälschten (Iren. haer. 1, 20, 1; Tert. pud. 10, 12). In einer weiteren, nicht einheitlichen Entwicklung der Bezeichnung ἀπόκρυφος heißen apokryph alle Schriften, deren Ursprung unbekannt, deren Verfasser falsch benannt oder deren Inhalt häretisch war. Vor allem heißen apokryph jene Schriften, die vom Kanon ausgeschlossen blieben, obwohl sie nach Titel, Form und Inhalt als kanonisch gelten wollten und dies zeitweise auch erreichten (Hieron. ep. 107, 12; prol. gal. in Sam. et Mal.; Aug. civ. d. 15, 23, 4; c. Faust. 11, 2). Eusebius nennt solche Schriften νόθα (h. e. 3, 25, 4). Die Protestanten nennen die atl. Apokryphen Pseudepigrapha, die ntl. oft Antilegomena, da sie mit Apocrypha die deuterokanonischen Bücher des AT bezeichnen.

Seit dem 2. Jh. v. Chr. bis zum Beginn des 2. Jh. n. Chr. entstanden zahlreiche jüdische Schriften, die kanonische Schriften des AT nachahmen oder freie Erfindungen mit dem Namen eines biblischen Verfassers versehen. Viele christliche Schriftsteller haben solche jüdische Schriften als echt, manchmal auch als kanonisch anerkannt. Diese Benützung und Schätzung veranlaßte christliche Einschübe und umfangreiche Erweiterungen der überlieferten jüdischen Apokryphen.

Die meisten christlichen Apokryphen sind naturgemäß neutestamentlich; sie ahmen die literarischen Formen der Evangelien, der Apostelgeschichte, der Briefe und der Apokalypse nach. Neben letzterer wirkten auch die apokalyptischen Schriften des Spätjudentums als Vorbilder. Ein sehr großer Teil der ntl. Apokryphen stammt von Gnostikern; später sind manche solche Schriften auch rechtgläubig überarbeitet worden. Als Verfasser der ntl. Apokryphen werden ntl. Personen angegeben. Dies tun auch zahlreiche gnostische Schriften, die dann aber nach Inhalt und Form keine Verwandtschaft mit biblischen Vorbildern erkennen lassen, so daß man solche Schriften kaum als biblische Apokryphen bezeichnen kann. Ein kleiner Teil der Apokryphen sind Erbauungs- und Unterhaltungsschriften, die volkstümlichen, legendären und romanhaften Einflüssen weit geöffnet sind, insbesondere einer hemmungs- und geschmacklosen Wundersucht. Die apokryphen Ausmalungen biblischer Angaben haben viele ikonographische Einzelheiten geboten, die bereits in der altchristlichen Kunst und über das Mittelalter hinaus bis in die Neuzeit wirksam geworden sind.

Die von den apokryphen Schriften beanspruchte Autorität zwang zur kirchlichen Stellungnahme; diese zeigte sich in der antignostischen Literatur und in den Auseinandersetzungen um den Kanon, sichtbar besonders in den Kanonverzeichnissen. Hier wurde für das Abendland vor allem das *Decretum Gelasianum* wichtig (s. S. 463).

Obwohl auch die meisten altchristlichen Kirchenordnungen auf Grund apostolischer Autorität Geltung verlangen, sind sie nicht zu den eigentlichen apokryphen Schriften zu rechnen.

E. Kautzsch, Die Apokryphen und Pseudepigraphen des AT, 1/2, 1900. – P. Rießler, Altjüdisches Schrifttum außerhalb der Bibel, 1928 (Ü). ** O. Eißfeldt, Einleitung in das AT, [3]1964, 773/864. – B. M. Metzger, An introduction to the Apocrypha, 1957 (atl. Apokryphen in der Kirche).

J. A. Fabricius, Codex apocryphus NT, 1/2, 1703/19; 1, [2]1719; 2, [2]1743. – A. Birch, Auctuarium codicis apocryphi NT Fabriciani, 1, 1804. – A. Hilgenfeld, NT extra canonem receptum, [2]1884. – M. R. James, Apocrypha anecdota, 1893/7. – E. Klostermann - A. Harnack, Apocrypha 1/4, KlT 3. 8. 11 f. – J. C. Thilo, Codex apocryphus NT, 1, 1832. – Syrische T: W. Wright, Contributions to the apocr. literature of the NT, 1865. – Koptische T: E. A. W. Budge, Coptic apocrypha in the dialect of Upper Egypt, 1913. – E. Revillout, PO 2, 2, 1907; 9, 2, 1913. – Äthiopische T: R. Basset, Les apocryphes éthiopiens, 1893. – M. Chaine, CSCO 39/40 (Apocrypha de beata Maria virgine). – L. Guerrier und S. Grébaut, PO 9, 13, 1913; 12, 4, 1919. – Armenische T: Sammlung der Mechitaristen von S. Lazzaro, 1/2, 1898/1904. – Ü: E. Hennecke - W. Schneemelcher, Ntl. Apokryphen, 1/2, [3]1959/64. – W. Michaelis, Die apokryphen Schriften zum NT, [3]1962. – E. J. Goodspeed, The Apocrypha: An American translation, Ch 1938. – M. R. James, The apocryphal New Testament, [2]1950. ** Aescoly, JA 1932, 87/137 (äthiopische Apokryphen). – E. Amann, DBS 1, 460/533. – Cothenet, Maria 1961, 71/156 (Marie dans les apocryphes). – U. Fabricius, Die Legende im Bild des ersten Jahrtausends, 1956. – E. J. Goodspeed,

The story of the Apocrypha, Ch 1939.– W. Grossouw, StC 1933 f, 434/46; 1934 f, 19/36 (atl. und ntl. kopt. Apok.).– E. Hennecke, Handbuch zu den ntl. Apokryphen, 1904.– Lefort, Mu 1939, 1/10 (Fragm. kopt. Apokr.).– F. Stegmüller, Repertorium biblicum 1, 1950, 105/250 (Apocrypha NT).– Turdeanu, RHR 138/39, 1950, 22/52; 176/218 (Apokr. bei den Bogumilen).

§ 36. Jüdisch-christliche Apokryphen

Die christlichen Benützer jüdischer Apokryphen begnügten sich meistens mit kleinen christlichen Interpolationen und Korrekturen; größere Einschübe oder weitgehende Bearbeitungen sind nur in den folgenden Schriften festzustellen.

1. *Die Testamente der zwölf Patriarchen* mahnen und warnen vor Sünden im Anschluß an das aus dem AT bekannte Leben der Patriarchen. In Gedanken und Tendenzen besteht eine enge Verwandtschaft zu den Schriften vom Toten Meer. Umstritten ist aber, ob die Testamente um 200 von einem Christen aus älterem jüdischem Material neu zusammengestellt worden sind oder ob es sich nur um christliche Einfügungen in eine bereits vorliegende Schrift handelt.

R. H. Charles, The greek versions of the Testaments of the twelve Patriarchs, 1908.– M. de Jonge, Testamenta XII patriarcharum, Lei 1964. ** Braun, Rb 1960, 516/49 (christliche Neuredaktion, nicht nur Interpolationen).– Grelot, Rb 1956, 391/406 (testament araméen de Lévi).– M. de Jonge, The Testament of the twelve patriarchs, Gorcum 1953; TU 73, 1959, 546/56 (testam. and the NT); NovTest 4, 1960/61, 182/235 (christian influence); NovTest 1962, 311/9 (gegen Braun).– M. Philonenko, Les interpolations chrétiennes des Testaments des douze Patriarches et les manuscrits de Qoumran, 1960.

2. *Das Martyrium und die Himmelfahrt des Isaias (Ascensio Isaiae)* besteht aus zwei Teilen, dem jüdischen Martyriumsbericht (1/5) und der Vision des Propheten (6/11), die von einem Christen im 2. Jh. verfaßt wurde. Auch im ersten Teil findet sich ein christlicher Einschub (3, 13/5, 1). Das ganze Werk ist nur äthiopisch überliefert, einzelne Teile auch griechisch, lateinisch, koptisch und altslawisch.

E. Tisserant, Ascension d'Isaïe, 1909 (franz. Ü).– J. Flemming - H. Duensing, NtlA 2, 454/68 (Ü). ** Flusser, Bull. of the Israel Exploration Soc. 17, 28/46 (Asc. Is. and the Dead Sea Scrolls).– Lacau, Mu 1946, 453/67 (kopt. T.).– Lefort, Mu 1938, 24/32; 1939, 1/10 (kopt. T.).– E. Schürer, Geschichte des jüdischen Volkes 3, ^{4}1909, 386/93.

3. *Die Sibyllensprüche (Oracula Sibyllina).* Die ursprünglich heidnischen Sibyllensprüche und ihre Sammlungen wurden besonders in Alexandrien von Juden benützt, umgeformt und aufgefüllt, damit sie

bei Heiden auch mit der Autorität von Sibyllen für ihre Sache werben konnten. Denn die Weherufe der Sibyllen über Städte und Länder und ihre Ankündigungen des Weltunterganges hatten manches mit den Drohweissagungen der atl. Propheten gemeinsam. In griechischen Hexametern werden politisch-historische Ereignisse und religiöse Gegenstände behandelt, häufig nur in dunklen Anspielungen und ohne rechte Ordnung, gestört durch Einschübe und Lücken. Einzelne Abschnitte jedoch erheben sich zu wahrer dichterischer Höhe.

Diese jüdisch umgearbeiteten Sibyllensprüche haben Christen übernommen, um damit ähnlich wie die Juden gegen das Heidentum, besonders gegen das christenfeindliche Rom, zu kämpfen (vgl. Orig. c. Cels. 7, 53). Die jüdischen Texte wurden zum Teil überarbeitet und interpoliert; die Bücher 6/8 sind im wesentlichen christliches Erzeugnis. Die Sibyllensprüche heidnischer, jüdischer und christlicher Herkunft galten bei vielen christlichen Schriftstellern als Autorität, die auch oft zitiert wurde: Hermas (vis. 2, 4), Justin (apol. 1, 20, 1; 1, 44, 2); Athenagoras, Theophilus, Tertullian, Klemens von Alexandrien, Commodianus, Laktanz, Eusebius (Konstantins Rede 18 f); Augustinus kennt bereits eine lateinische Übersetzung von 8, 217/43 (civ. d. 18, 23). Der Einfluß des Werkes reicht bis an die Grenze der neueren Zeit (*Dies irae*, Dante, Calderón, Giotto, Michelangelo).

Bis 1817 waren nur 8 Bücher der Sibyllinen bekannt. Das 8. Buch wird in einem Überlieferungszweig in 3 Teile zerlegt und als Buch 8/10 gezählt; daher erhielten die von A. Mai entdeckten Bücher die Nummern 11/14. Zwischen Buch 8 und 11 ist nichts verlorengegangen. Die Bücher 1/5 bieten in der Hauptsache die von hellenistischen Juden geformten Sprüche aus dem 2. Jh. vor bis zum 1. Jh. nach Chr.; allerdings wurden zahlreiche christliche Einschübe hineingearbeitet. Das älteste jüdische Gedicht (3, 97 ff) ist zur Zeit des Antiochus III. Epiphanes bald nach 165 v. Chr. verfaßt und dann durch Einfügung wohl echter Orakel der Erythräischen Sibylle erweitert worden (1. Jh. v. Chr.). Die im wesentlichen christlichen Bücher 6/8 stammen aus der 2. Hälfte des 2. Jh. Das 6. Buch mit nur 28 Versen enthält ein Preislied auf Christus und das Kreuzesholz. Das 7. Buch zeigt gnostisch gefärbte Vorstellungen. Das wichtigste 8. Buch mit 500 Versen (von Laktanz 30mal zitiert) kündigt im 1. Teil (1/216), der auch von einem Juden verfaßt sein könnte, Gottes Strafgericht an und schildert den Untergang des gottlosen Rom. Der 2. Teil (217 ff) beginnt mit einem eschatologischen Triumphlied auf Christus, den Herrn und Richter der Welt; die Anfangsbuchstaben dieser Verse (217/50) bilden das Akrostichon ΙΗϹΟΥϹ ΧΡΕΙϹΤΟϹ ΘΕΟΥ

YIOC CΩTHP CTAYPOC. Dieses Akrostichon wird in der Rede Konstantins an die Versammlung der Heiligen 18 und von Augustinus (civ. d. 18, 23 in lateinischer Übersetzung, ohne die CTAYPOC-Strophe) angeführt. Die folgenden Verse 251 ff handeln von der Person Christi, von Gottes Allmacht, seiner Weltregierung und Strafgerechtigkeit am Ende der Welt. Der 3. Teil (429 ff) bringt einen Hymnus auf Gott den Schöpfer, seinen Sohn, den Logos, der Mensch geworden ist. Am Schluß werden sittliche Lebensregeln geboten. Die von A. Mai entdeckten Bücher 11/14 sind, abgesehen von Interpolationen, wohl jüdischen Ursprungs; sie stammen aus dem 1. bzw. 3./4. Jh. nach Chr. Da ihr Inhalt rein historisch-politisch ist, wurden sie von christlichen Schriftstellern nicht zitiert.

J. Geffcken, Die Oracula Sibyllina, GCS, 1902.– A. Rzach, 1891 (beste kritische Edition).– A. Kurfess, Sibyllinische Weissagungen, Mn 1951 (Buch 1/8 und 11; TÜK); NtlA 2, 498/528 (Ü). ** Altaner, AB 1949, 244/7 (Augustinus und die Sibylle).– Applebaum, JewStud 2, 1950, 26/39 (or. Sibyll. 5, 26/38 und der jüdische Aufstand unter Trajan).– Bauer, Mar 1956, 118/24 (Maria); RhM 1956, 95 f (or. Sibyll. 3, 737); ZntW 1956, 284 f (or. Sibyll. 323 a/b).– Bischoff [J. de Ghellinck, 1951] 121/47 (lat. Ü).– Demougeot, RevEA 1952, 83/92 (Hieron. u. die Sib.).– H. Erbse, Fragmente griechischer Theosophien, 1941.– H. Fuchs, Der geistige Widerstand gegen Rom, 1938.– J. Geffcken, TU 23, 1, 1902.– Jeanmaire, La Sibylle et le retour de l'âge d'or, 1939; AIPh 4, 1936, 297/304 (or. Sibyll. 8, 190/212).– Kurfess, ZRGG 1951, 353/7 (Vergil); 1952, 42/57 (Tkr.); 1953, 70/3 (neue lat. Texte, von Bischoff entdeckt); 1956, 253/6 (Horaz); ThQ 1951, 458/63 (Tkr.); 1953, 80/96 (Latein. Sibyllenverse); [A. Dold, 1952] 75/83 (Tkr.); Aev 1952, 228/35 (Ordnung der Fragmente); SO 1952, 54/77 (Tkr.); RhM 1954, 191 f (drei Sibyllen bei Ausonius); 1956, 225/41 (Tkr. zum 5. Buch); HJB 1954, 120/7 (Vergils 4. Ecl.); 1957, 79/83 (Juvenal); 1958, 328/38 (Dies irae. Zum sog. 2. Buch der or. Sibyll.); Phil 1956, 147/53 (Homer und Hesiod in den or. Sibyll.).– A. Peretti, La Sibilla Babilonese nella propaganda ellenistica, Fi 1943.– A. Rzach, PWK II 2, 2073/2183.– Thomson, RevR 1952, 115/36 (Sibyll. bei den Vätern).

4. *Das 4. und 5. Buch Esra,* auch als Kap. 1/2 und 15/16 des 4. Esra-Buches gezählt, bietet prophetische Mahnungen für Juden und Christen, die wohl aus dem 2. und 3. Jh. stammen; sie sind griechisch abgefaßt, als Ganzes aber nur lateinisch erhalten.

H. Duensing, NtlA 2, 488/98 (Ü).

5. *Das Testament Salomos,* dem 3. oder 4. Jh. angehörend, griechisch geschrieben, berichtet in Romanform nach einem jüdischen Salomobuch über die Geheimnisse der anderen Welt (Engel und Dämonen).

C. C. McCown, The Testament of Solomon, L 1922.– Preisendanz, Eos 48, 3, 1957, 161/7 (Wiener Papyrusfragment).

§ 37. Apokryphe Evangelien nichtgnostischer Herkunft

Im wesentlichen lassen sich drei Typen apokrypher Evangelien unterscheiden: die älteren, sehr fragmentarisch überlieferten Evangelien, die mit den synoptischen Evangelien gemeinsame Traditionen zeigen; ferner Evangelien, welche die kanonischen Evangelien ergänzen wollen mit Berichten über Jesu Kindheit oder die Ereignisse nach seinem Tode (Kindheitsevangelien, Pilatusliteratur); schließlich Evangelien gnostischer Herkunft, die gewöhnlich den Auferstandenen gnostische Offenbarungen verkünden lassen.

C. Tischendorf, Evangelia apocrypha, L ²1876.– G. Bonaccorsi, I Vangeli apocrifi 1, Fi 1948 (griech.-lat. T, Ü).– Ch. Michel-P. Peeters, Évangiles apocryphes, 1/2, P 1911/14.– E. Preuschen, Antilegomena, ²1905 (TÜ).– F. Robinson, Coptic apocryphal gospels, C 1896.– A. de Santos Otero, Los evangelios apócrifos, Ma ²1963 (griech.-lat. T, Ü).– E. Hennecke-W. Schneemelcher, Ntl. Apokryphen, 1. Evangelien. Außerbiblisches über Jesus, ³1959. ** W. Bauer, Das Leben Jesu im Zeitalter der ntl. Apokryphen, 1909.– L. E. Wright, Alterations of the words of Jesus as quoted in the literature of the second century, C (Mass.) 1952.

1. Außerkanonische Evangelienfragmente

Neben den von christlichen Schriftstellern überlieferten außerkanonischen Herrenworten (Agrapha) gibt es Evangelienfragmente auf Papyrus, die keinem der kanonischen Evangelien oder der bisher bekannten apokryphen Evangelien zugewiesen werden können. Die sogenannten Logia Jesu von Oxyrhynchus (Pap. Oxyrh. 1. 654. 655) hat zuerst H. Ch. Puech als Sprüche des Thomasevangeliums erkannt (s. S. 128).

a) Pap. Oxyrh. 840 enthält ein Fragment eines unbekannten Evangeliums synoptischen Stils.

b) Pap. Egerton 2 bietet nebeneinander synoptischen und johanneischen Stoff (vor 150).

c) Pap. Oxyrh. 1224, Pap. Cairensis 10735, ein Fragment von Fajjum und ein Straßburger koptisches Papyrusfragment enthalten Reste von Evangelien, die sich bisher nicht zufriedenstellend einordnen lassen.

H. I. Bell-T. C. Skeat, Fragments of an unknown gospel and other early christ. papyri, Lo 1935.– Gallizia, Aeg 1956, 29/72; 178/234 (Pap. Egerton 2).– J. Jeremias-W. Schneemelcher, NtlA 1, 56/74 (Papyrusfragmente).– J. Jeremias, Unbekannte Jesusworte, ³1963.– E. Klostermann, Apocrypha II, KlT 8, ³1929; Apocrypha III, KlT 11, ²1911.– A. Resch, Agrapha, TU 30, 3 f, ²1906.– J. H. Ropes, Die Sprüche Jesu, TU 14, 2, 1896.– H. B. Swete, KlT 31, ²1924.

2. Judenchristliche Evangelien

Nur der Titel *Evangelium nach den Hebräern* ist ausdrücklich überliefert; daneben hören wir von einem Nazoräerevangelium und einem Ebionäerevangelium. Wie viele selbständige Werke hinter diesen Bezeichnungen stehen, ist sehr umstritten. H. Waitz, M. Dibelius, W. Bauer und Ph. Vielhauer nehmen drei verschiedene judenchristliche Evangelien an.

a) *Das Nazoräerevangelium*, eng verwandt mit dem kanonischen Mt.-Evangelium, wahrscheinlich in der ersten Hälfte des 2. Jh. in aramäischer oder syrischer Sprache abgefaßt, wurde von den syrischen Judenchristen gebraucht. Es ist Hegesipp, Eusebius und Epiphanius bekannt. Hieronymus nennt es öfter Hebräerevangelium, bringt zahlreiche Zitate daraus und sagt, es werde von den meisten für den semitischen Urtext des Mt.-Evangeliums gehalten. Hieronymus will es ins Griechische und Lateinische übersetzt haben (vir. ill. 2). Die literarhistorischen Angaben des Hieronymus unterliegen jedoch starken Zweifeln.

b) *Das Ebionäerevangelium*, griechisch geschrieben, von Irenäus genannt und von Epiphanius mehrmals zitiert, diente der judenchristlichen Sekte der Ebionäer (Ebioniten). Wahrscheinlich ist es mit dem von Origenes (in Luc. 1, 1) erwähnten *Evangelium der Zwölf* identisch.

c) *Das Hebräerevangelium* ist in der ersten Hälfte des 2. Jh. vielleicht in Ägypten entstanden, da es besonders von Klemens und Origenes bezeugt wird. Es zeigt eine deutliche Vorliebe für Jakobus und enthält synkretistische Elemente, die eine starke Abweichung von den kanonischen Evangelien bewirken.

Vielhauer, NtlA 1, 75/108 (Ü). ** Bardy, MSR 1946, 5/36 (gegen Glaubwürdigkeit des Hieronymus). – J. B. Bauer, BiZ 1960, 122/28 (Hieronymus und das Nazoräerev.). – Fabbri, Rev. de Teol. (La Plata) 6, 22, 1957, 36/55 (Taufe Jesu). – L. Goppelt, Christentum und Judentum im 1. und 2. Jh., G 1954. – Leancy, VC 1955, 212/7 (Hebräerev. von Heracleon oder Origenes verfaßt). – Quispel, VC 1957, 139/44 (Hebräerev. im Ev. nach Maria). – Schmidtke, ZntW 1936, 24/44 (Hebräerev.). – Strecker, RACh 4, 487/500 (Ebioniten). – Waitz, ZntW 1937, 60/81 (Forschungsstand).

3. *Das Ägypterevangelium*, im 2. Jh. in gnostisch-enkratitischen Kreisen Ägyptens benützt, ist uns fast nur durch Nachrichten und Zitate bei Klemens von Alexandrien bekannt; ein Satz des Ägypterevangeliums steht auch 2 Clem. 12, 1 f. Klemens, Origenes, Hippolyt und Epiphanius lehnen es als häretische Beweisquelle der Enkratiten, Naassener und Sabellianer ab.

Klostermann, KlT 8, 12 f. – W. Schneemelcher, NtlA 1, 109/17 (Ü). ** Hornschuh, VC 1964, 6/13 (Deutung des Titels). – Quispel, ThZ 1949, 157 f (Reue des Schöpfers).

4. *Das Petrusevangelium,* um 200 durch Serapion von Antiochien bezeugt (Eus. h. e. 6, 12, 3/6), ist 1886/87 in Akhmim (Oberägypten) fragmentarisch aufgefunden worden. Der Bericht reicht von der Händewaschung des Pilatus bis zur ersten Erscheinung des Auferstandenen am See von Tiberias; als Grundlage der Erzählung dienen die vier kanonischen Evangelien, die sehr frei benützt werden. Nur die Juden und Herodes gelten als Schuldige für den Tod Jesu, Pilatus wird ganz entlastet. Einzelne doketische Züge, die wunderreiche Schilderung der Auferstehung und der Mangel an Verständnis für Tod und Auferstehung Jesu machen den Verfasser noch nicht zum Gnostiker, zeigen aber die drohenden Gefahren der Entwicklung. Als Heimat der Schrift wird Syrien, als Entstehungszeit die Mitte des 2. Jh. angenommen.

E. Klostermann, KlT 3, 1933.– Ch. Maurer, NtlA 1, 118/24 (Ü).– L. Vaganay, L'évangile de Pierre, 1930. ** Klijn, NedThTijdskr 1960 f, 264/70 (Petrusev. und westlicher Evangelientext).– Perler, Rb 1964, 584/90 (P.-Ev. ist Melito bekannt).

5. *Der Apostelbrief (Epistula apostolorum),* ursprünglich griechisch, ist vollständig nur äthiopisch, teilweise auch koptisch und in kleinen lateinischen Resten erhalten. Die elf Apostel teilen in einem katholischen (an alle Christen gerichteten) Brief Gespräche mit, die sie mit Jesus nach der Auferstehung führten. Die Briefform dient nur der Einleitung, in Wirklichkeit handelt es sich um Offenbarungen des Auferstandenen, wie sie sonst in gnostischen Evangelien üblich sind.

Die Elf beginnen mit einem Bekenntnis zu Gott als dem Schöpfer und zu Jesus Christus, dessen Wundertaten nach den vier Evangelien zusammenfassend geschildert werden (3/5); hier findet sich auch ein altes, kurzes Glaubenssymbol (5). Es folgt ein ausführlicher Auferstehungsbericht zum Erweis der wirklichen Menschheit Jesu (9/12). Die Jünger stellen nun Fragen an den Auferstandenen; er antwortet mit Offenbarungen über die Menschwerdung (13 f), die Befreiung des Petrus in der Paschanacht (15), die Wiederkunft, die Auferweckung des Fleisches, das Endgericht (16/30), das Wirken des Paulus (31/33), die Zeichen und Nöte vor dem Ende (34/42; 43/45: Auslegung der Parabel von den 10 Jungfrauen). Die Zurechtweisung der Sünder soll ohne jedes Ansehen der Person mit größtem sittlichem Ernst vorgenommen werden (46/49). Die Himmelfahrt Jesu (Act. 1, 9) beendigt die Gespräche.

Der Apostelbrief kämpft gegen gnostische Lehren, für ihn verkörpert in Simon und Kerinth; aber bei dieser Auseinandersetzung sind nicht wenige Gedanken der Gegner aufgenommen worden. Der Logos ist in wechselnden Engelsgestalten durch die Himmel herabgestiegen und in der

Gestalt des Gabriel zu Maria gekommen und Mensch geworden (13 f). Das Wort ist fast bis zur Identität eins mit dem Vater (17). Nach seinem Tode ist Jesus zu den atl. Gerechten in den Hades gekommen, um zu predigen und zu taufen (27). Liturgiegeschichtlich wichtig sind die Angaben über Agape und Eucharistiefeier in der Paschanacht, die quartadezimanischen Brauch bezeugen (15).

Viele Benützungen oder wenigstens Berührungen weisen auf Schriften des 2. Jh.: Ignatiusbriefe, Barnabasbrief, Hirt des Hermas, Himmelfahrt des Isaias, Petrusapokalypse und Kindheitsevangelium des Thomas. Der Apostelbrief stammt also wohl aus der 2. Hälfte des 2. Jh. (um 170?), vermutlich aus Kleinasien.

L. Guerrier, PO 9, 3, 1913 (äth. T). – H. Duensing, Epistula apostolorum, KlT 152, 1925 (Ü); NtlA 1, 126/55 (Ü). – C. Schmidt, Gespräche Jesu mit seinen Jüngern nach der Auferstehung, TU 43, 1919 (kopt. T von Schmidt, äth. T von Wajnberg). ** Delazer, Ant 1928, 369/406; 1929, 257/92; 387/430 (in Syrien vor 150 geschrieben). – Ehrhardt, TU 88, 1964, 360/82. – Gry, Rb 1940, 86/97 (Datum der Parusie). – M. Hornschuh, Studien zur Ep. apost., 1965. – van der Veeken, SE 1963, 5/33 (Paschafeier). – de Zwaan [R. Harris, Lo 1933] 344/55 (syr. Ursprache).

Die apokalyptische Rede Jesu an seine Jünger in Galiläa ist ein jüngerer äthiopischer Text, der die Ep. apost. zur Schilderung der endzeitlichen Wehen benützt, die der Auferstandene seinen Jüngern gibt.

C. Schmidt, Gespräche Jesu, TU 43, 358/61; 48*/66* (Ü des äthiopischen Textes, den Guerrier [PO 9, 3] ediert hat).

6. Kindheitsevangelien

a) Das sogenannte *Protoevangelium* des Jakobus, mit seinem richtigen alten Titel *Geburt Marias* (Γένεσις Μαρίας) genannt, ist in vielen griechischen Handschriften, darunter Pap. Bodmer V aus dem 4. Jh., und in Übersetzungen syrischer, armenischer, georgischer, koptischer, äthiopischer und auch lateinischer Sprache überliefert. Unbeweisbar ist, daß die Schrift bereits Justin vorlag; aber schon Klemens von Alexandrien kennt sie, und Origenes bezeugt sie zuerst ausdrücklich (in Mt. 10, 17). Die Schrift ist gegen 200 entstanden, vielleicht in Ägypten. Der Verfasser stammt sicher nicht aus Palästina oder Syrien, da er in der palästinensischen Geographie und in jüdischen Sitten grobe Unwissenheit zeigt. Seit langem begegnet die literarische Einheit des Werkes Bedenken.

Der angebliche Verfasser Jakobus erzählt die Geburt Marias, der Tochter des reichen Joachim und seiner Frau Anna, ihre Kindheit am Tempel in Jerusalem, ihre Verlobung mit dem Witwer Joseph und die Verkündigung und Geburt Jesu. Mit dem Kindermord von Bethlehem und der

Ermordung des Zacharias schließt der erfindungsreiche Bericht, der für die Ausbildung weiterer Marienlegenden sehr einflußreich war, obwohl die Schrift nie anerkannt und im Westen sogar scharf verurteilt worden war (Hieronymus, Decretum Gelasianum).

E. de Strycker, La forme la plus ancienne du Protévangile de Jacques, Bru 1961 (mit Ü der armen. Versionen von H. Quecke). – E. Amann, Le protévangile de Jacques et ses remaniements latins, 1910 (TÜ). – G. Garitte, Mu 1957, 233/65 (georg.). – M. Testuz, Nativité de Marie, Cologny-Genève 1958 (Pap. Bodmer V). – Tischendorf, Ev. apocr. ²1/50. – P. Vannutelli, Protoevangelium Jacobi synoptice, R 1940. – O. Cullmann, NtlA 1, 277/90 (Ü). ** de Aldama, Bi 1962, 57/74 (lat. Fragmente aus alten Brevieren); EphMar 1962, 107/30 (Protev. de Santiago). – Klawek, CTh 1936, 327/37 (Unbeweglichkeit der Natur). – L. M. Peretto, La mariologia del Protev. di Giacomo, R 1955; Teildruck: Mar 1954, 228/65; 1960, 176/96; Mar 1962, 57/74 (Forschungsbericht). – Perler, FZPT 1959, 23/35 (Pap. Bodmer V). – Quecke, Bi 1963, 499/520 (Luc. 1, 34). – van Stempvoort, TU 88, 1964, 410/26 (sources, style, date). – de Strycker, TU 88, 1964, 339/59 (problèmes).

b) *Die Kindheitserzählung des Thomas* ist in stark abweichenden Fassungen in griechischer, syrischer und lateinischer Sprache und in weiteren orientalischen Versionen überliefert. Sie erzählt nach Motiven buddhistischer Legenden und allerlei Märchen naive Geschichten von verblüffenden Wundern, die der Jesusknabe zwischen fünf und zwölf Jahren vollbracht hat. Eine Episode (6, 3; 14, 2) findet sich auch in einer Schrift der Markus-Gnostiker (Iren. haer. 1, 13, 1) und im Apostelbrief (ep. ap. 4); solche Bestandteile gehen also in das 2. Jh. zurück, ohne daß man die ganze Kindheitserzählung genauer datieren könnte (Ende 2. Jh.?).

Tischendorf, Ev. apocr. 140/80 (griech.-lat. T). – P. Peeters, Ev. apocr. II: L'év. de l'enfance, rédactions syriaques, arabes et armén., 1914 (ÜK). – O. Cullmann, NtlA 1, 290/99 (Ü). – Garitte, RHE 1956, 513/20 (georg. T in lat. Ü). ** Ferri, Studi Medioevali e Volgari 1, 1953, 119/21 (lat. T). – Richard [J. Chaine, 1950] 297/308 (l'év. de l'enfance et le décret impérial de recensement).

c) *Die Geschichte von Joseph dem Zimmermann* ist um 400 in Ägypten griechisch verfaßt worden, aber nur koptisch und arabisch erhalten; einzelne Zusätze stammen aus späterer Zeit. Das Werk erzählt unter dem Einfluß der vorstehend genannten Kindheitsgeschichten Ereignisse vor der Geburt Jesu, seine Geburt und frühe Kindheit (1/11); dann folgt ein Bericht über Krankheit, Tod und Begräbnis Josephs (12/32), letzteres entsprechend altägyptischen Mythen und den Riten des Osiriskultes, die christlich umgedeutet werden.

P. de Lagarde, Aegyptiaca, 1883, 1/37 (kopt. T); Lefort, Mu 1953, 201/23 (neue kopt. Fragm.). – G. Wallin, L 1722 (arab. T). – S. Morenz, Die Geschichte von Joseph dem Zimmermann, TU 56, 1951 (Ü); dazu Engberding, OC 37, 1953, 56/88 (gegen religionsgeschichtl. Ableitungen). ** Graf, Gesch. 1, 234/6.– Klameth, Angelos 3, 1930, 6/31.

d) Spätere Kindheitserzählungen sind in Abhängigkeit vom Jakobus- und Thomastext entstanden, unter anderen ein arabisches und ein armenisches Kindheitsevangelium, im Westen das Pseudo-Matthäusevangelium. Nach P. Peeters gehen alle diese Kindheitsevangelien auf eine gemeinsame syrische Quelle vor 400 zurück.

A. E. W. Budge, Legends of our Lady Mary the perpetual virgin and her mother Hanna, 1933; One hundred and ten miracles of our Lady Mary, transl. from Ethiopic Mss., 1933.– O. Cullmann, NtlA 1, 302/11 (Ü); vgl. 1, 274/6; 1, 299/302.– M. R. James, Latin infancy gospels, 1927.– P. Peeters, Évangiles apocr. 2, 1914.– Tischendorf, Ev. apocr. ²1876.

7. *Das Nikodemus-Evangelium* (1/16 auch getrennt unter dem Titel *Pilatus-Akten* überliefert) hängt wahrscheinlich zusammen mit den Angaben Justins (apol. 1, 35. 48) und Tertullians (apol. 5, 21) und den unter Maximin Daza 311 oder 312 amtlich verbreiteten Pilatusakten, die zur Hetze gegen die Christen gefälscht worden waren (Eus. h. e. 9, 5, 1). Die Schrift berichtet im 1. Teil (1/11) über Prozeß, Kreuzigung und Begräbnis Jesu, im 2. Teil (12/16) von Verhandlungen des Synedriums über die Tatsächlichkeit der Auferstehung. Der 3. Teil (17/27) unter dem Sondertitel *Descensus Christi ad inferos* berichtet von den Aussagen zweier von den Toten auferstandener Zeugen der Höllenfahrt Christi. Das Werk ist erst im Anfang des 5. Jh. unter Benützung älteren Materials entstanden und in zwei griechischen Fassungen und in lateinischer, syrischer, armenischer, koptischer und arabischer Übersetzung erhalten. Es will, wie das Petrusevangelium und ein in den Acta Petri et Pauli erdichteter Pilatusbrief, den Pilatus als Zeugen für das Christentum gegen das Judentum ausspielen. Die koptische Kirche verehrt Pilatus als Heiligen und Märtyrer. In diesem Sinne ist auch das koptische *Gamaliel-Evangelium* geschrieben (5./6. Jh.).

Andere Pilatustexte, wie die *Anaphora Pilati* (Bericht an den Kaiser), die *Paradosis Pilati* (Verurteilung des Pilatus durch den Kaiser), ein Brief des Pilatus an Tiberius, ein Briefwechsel zwischen Herodes und Pilatus u. a., gehören erst dem MA an.

Tischendorf, Ev. apocr. ²210/486.– E. Revillout, PO 9, 2, 1913 (kopt. T); ergänzend dazu Barns, Bull. of Byzant. Inst. 2, 1950, 245/50 (Fragm. einer anderen kopt. Fassung).– F. Scheidweiler, NtlA 1, 330/58 (Ü).– A. de Santos Otero, Evangelios apócrifos, 1956, 418/569 (TÜ).– M. A. van den Oudenrijn, Gamaliel. Äthiopische Texte zur Pilatusliteratur, FrSch 1959.– P. Vannutelli, Actorum Pilati textus synoptici, R 1938.– F. Stegmüller, Repertorium bibl. 1

nr. 179. ** J. Kroll, Gott und Hölle, 1932, 83/95. – O'Ceallaigh, HThR 1963, 21/58 (nach 555 entstanden). – van den Oudenrijn, NtlA 1, 376 f (Gamaliel-Evangelium). – Vitti, VD 1927, 138/44; 171/81 (descensus Christi).

§ 38. Apokryphe Evangelien gnostischer Herkunft

Vollständige Texte gnostischer Evangelien sind nur in koptischer Überlieferung erhalten: im Cod. Askewianus und Cod. Brucianus; im Papyrus Berolinensis 8502; in den Codices von Chenoboskion (Cod. 1/13; s. S. 102 f).

1. *Das Evangelium nach Thomas* ist der wichtigste und am besten untersuchte Text der bisher edierten Schriften von Chenoboskion (Cod. 2, 2; nicht zu verwechseln mit dem altbekannten Kindheitsevangelium des Thomas). Es besteht aus ungefähr 114 Sprüchen Jesu (Logia), die ohne verbindenden und erzählenden Text aneinandergereiht sind, gelegentlich durch Stichwortzusammenhang verknüpft. Diese Sprüche sind verschieden stark gnostisch gefärbt; manche zeigen keine ausgesprochene gnostische Tendenz, manche sind extrem gnostisch umgeformt. Die Erlösung kommt durch die Erkenntnis, die Jesus als Offenbarer gebracht hat, nicht aus dem Heilswirken eines Erlösers. Alles Geschichtliche kann deshalb ausgeschlossen werden. Irdischer und göttlicher Bereich, Armut und Reichtum sind wichtige Gegensatzpaare für einen Dualismus, der der Welt, der Ehe und allem Vergänglichen feind ist.

Besonders umstritten ist das Verhältnis des Thomasevangeliums zu unseren synoptischen Evangelien. Es besteht allerdings geringe Aussicht, auch nur für wenige Sprüche eine vorsynoptische Tradition nachzuweisen. Neben den synoptischen Evangelien oder gleichartigen Quellen sind auch apokryphe Evangelien benützt worden. Beziehungen bestehen zu den Thomasakten, vielleicht auch zu den pseudoklementinischen Schriften. Die griechischen Logia Jesu von Oxyrhynchus (Pap. Oxyrh. 654; 1; 655) finden sich im Thomasevangelium in etwas abweichender koptischer Übersetzung; dies beruht wohl auf Benutzung einer älteren gemeinsamen griechischen Vorlage.

Das Thomasevangelium ist um die Mitte des 2. Jh. in griechischer Sprache geschrieben worden, wahrscheinlich in Syrien, wo der Apostel Judas Thomas besonders geschätzt war, vielleicht auch in Ägypten. Die ältesten Erwähnungen finden sich bei Hippolytus (refut. 5, 7, 20: Naassener) und bei Origenes (in Luc. hom. 1); nach Cyrill von Jerusalem benützten es Manichäer (cat. 4, 36; 6, 31).

A. Guillaumont - H. Ch. Puech - W. Till - Y. 'Abd Al-Masīḥ, Evangelium secundum Thomam, Lei 1959 (kopt. T, Ü).– Houghton, Aeg 1963, 107/40 (kopt. T, Ü).– J. Doresse, The secret books of the Egyptian gnostics, Lo 1960 (ÜK).– S. Giversen, Thomasevangeliet, Kopenhagen 1959 (ÜK).– R. M. Grant - D. N. Freedman, The secret sayings of Jesus according to the Gospel of Th., Lo 1960 (ÜK).– E. Haenchen, Die Botschaft des Th.-Evangeliums, 1961 (ÜK).– R. Kasser, L'Évangile selon Th., Neuchâtel 1961 (Rekonstruktion des griech. T, Ü, theol. K).– J. Leipoldt - M. Schenke, Koptisch-gnostische Schriften, 1960 (Ü).– T. Säve-Söderbergh, SymbBiblUpps 16, 1959, 28/49 (Ü).– R. Schippers - T. Baarda, Het Ev. van Th., Kampen 1960 (ÜK).– W. C. van Unnik, Evangelien aus dem Nilsand, 1960 (Ü). ** Adinolfi, StudBiblFrancLibAnn 1962 f, 33/52 (le parabole della rete e del livieto).– Bartsch, NTS 1959 f, 249/61 (Th. und die synopt. Evv.; zu Quispel).– Bauer, ThZ 1959, 446/50 („Wer mir nahe ist"); Mu 1961, 435/9 (Spr. 101; 55); VD 1962, 123/30 (Spr. 28; 98; 107); BiZ 1962, 283/88 (Parallelen und überlieferungsgeschichtl. Beobachtungen); TU 88, 1964, 314/7 (synoptic tradition).– Brown, NTS 1962 f, 155/77 (Th. und Joh.-Ev.).– Cornélis, VC 1961, 83/104 (Th. und Naassener).– Cullmann, HJ 1962, 117/24 (significance for research into the canonical gospels); Interpretation 1962, 418/38 (age of the tradition contained in the Gospel of Th.).– Fitzmyer, ThSt 1959, 505/60 (Oxyrhynchos-Logoi and Th.).– B. Gärtner, The theology of the Gospel of Thomas, Lo 1961.– Garitte, Mu 1960, 151/72; 334/49 (Logoi von Oxyrh.; gegen Guillaumont).– Giversen, Acta Orient. 1960, 332/8 (pl. 81, 14/8; 83, 14/27).– Grobel, NTS 1961, 367/73 (nicht in toto gnostisch).– Guillaumont, JA 1958, 113/23 (Semitismen); Mu 1960, 325/33 (Logia von Oxyrh. nicht aus dem Koptischen übersetzt; gegen Garitte); BullInstFrançArchCopte 1962, 15/29 (Pap. Oxyrh. 1, verso 1, 5/6).– Haenchen, ThRu 1961, 147/78; 306/38 (Literaturbericht); Mu 1962, 19/29 (Spruch 68).– Hammerschmidt, OC 1962, 120/3 (Th.-Ev. bei Manichäern).– Harl, REG 1960, 464/74 (Spr. 22: μοναχός).– Higgins, NovTest 1960, 292/306 (nichtgnostische Worte Jesu).– Hofius, EvTheol 1960, 21/42; 182/92 (Pap. Oxyrh. und Th.).– Hunzinger, ThLZ 1960, 843/6 (außersynopt. Traditionsgut); [J. Jeremias, 1960] 209/20 (Gleichnisse).– Janssens, Mu 1962, 301/25 (caractère gnostique).– Kee, JBL 1963, 307/14 („becoming a child").– Klijn, VC 1961, 146/59 (Th. und das altsyr. Christentum); JBL 1962, 271/8 („Single-One").– Kraft, HThR 1961, 253/62 (Pap. Oxyrh. 655).– Krogmann, ZntW 1960, 255/68; VC 1964, 65/73 (Heliand, Tatian und Th.).– Kuhn, Mu 1960, 317/27.– Leipoldt, ThLZ 1960, 795/8 (zur Ü des Th.).– H. Montefiori - H. E. W. Turner, Thomas and the Evangelists, Lo 1962.– Munck, StTh 1960, 130/47.– MacRae, CBQ 1960, 56/71 (Logia Jesu?).– Nagel, VC 1960, 1/8 („neuer Wein in alten Schläuchen").– North, CBQ 1962, 154/70 (Chenoboskion and Q.).– Prigent, ThZ 1958, 416/29 (Spruch 17); RHPh 1959, 39/45 (Forschungsbericht).– Puech, NtlA 1, 199/223.– Quecke, RechBibl 1962, 217/41 (Forschungsbericht); Mu 1963, 47/53 („Sein Haus seines Königreiches").– Quispel, VC 1958, 181/96 (Th. und Klementinen); VC 1959, 87/117 (Th. und Diatessaron); NTS 1959, 276/90; VC 1960, 204/15 (Th. und westl. Text des NT); [O. Cullmann, 1962] 243/8 (Th. und AT); VC 1962, 121/53 (Heliand und Th.; gegen Krogmann).– Rengstorf [J. Jeremias, 1960] 106/29 („Die Stadt der Mörder").– Roques, RHR 1960, 187/218 (édition et identification); Ir 1960, 29/40 (gnosticisme et christianisme).– Schäfer, Bibel und Leben 1960, 62/74.– W. Schrage, Das Verhältnis des Thomas-Evangeliums zur synopt. Tradition,

1964; [E. Haenchen, 1964] 251/68 (Oxyrh.-Logien und Th.). – Schoedel, VC 1960, 224/34 (Naassene themes). – Schürmann, BiZ 1963, 236/60 (Th. und lukanisches Sondergut). – Sevenster, NorskThT 1962 f, 21/31 (Pap. Egerton und Th.: „Gebt dem Kaiser…"). – Stead, TU 88, 1964, 390/402 (reflections). – Strobel, VC 1963, 211/24 (Spr. 86, Textgeschichte). – Trencsémyi-Waldapfel, Acta Oriental. 1962, 139/43 („der Hund in der Krippe"). – Vielhauer [E. Haenchen, 1964] 281/99 (ἀνάπαυσις). – Walls, NTS 1961, 266/70 (references to apostles); VC 1962, 71/6 („stone" and „wood"). – R. McL. Wilson, Studies in the Gospel of Thomas, Lo 1960; ExT 1960 f, 36/9 (Th. and the synoptic gospels); HThR 1960, 231/50 (the growth of the gospels); TU 88, 1964, 447/59.

2. *Das Apokryphon des Johannes* (Geheimbuch, Geheimlehre) enthält die vom Apostel Johannes aufgezeichneten Offenbarungen, die ihm der Auferstandene über die gnostische Kosmologie und Anthropologie mitgeteilt hat. Es handelt sich um ein relativ einfaches System, das vor 180 in griechischer Sprache entstanden sein muß (vorvalentinianisch, 1. Hälfte des 2. Jh.?), da es Irenäus (haer. 1, 29) für die Darstellung der Barbelo-Gnostiker benützt hat. Das offensichtlich sehr geschätzte Apokryphon ist in vierfacher koptischer Textüberlieferung erhalten. Pap. Berol. 8502 und Cod. 3, 1 bieten eine kürzere, Cod. 2, 1 und 4, 1 eine längere Fassung.

S. Giversen, Apocryphon Johannis, 1963 (TÜ von Cod. 2, 1; K). – M. Krause - P. Labib, Die drei Versionen des Apokryphon des Johannes, 1962 (TÜ). – W. C. Till, Die gnostischen Schriften des kopt. Pap. Berolin. 8502, TU 60, 1955 (TÜ). ** Giversen, StTh 1963, 60/76 (A. und Genesis). – Kasser, Mu 1964, 5/16 (differentes formes textuelles coptes); RTheolPhil 1964, 140/50 (Titel). – H. Ch. Puech, NtlA 1, 229/43. – Schenke, ZRGG 1962, 57/63; 352/61 (literarisches Problem; gnostisches System). – van Unnik, NTS 1962/3, 86/94 (formula describing prophecy); [E. Haenchen, 1964] 269/80 (die geöffneten Himmel).

3. *Der Brief des Jakobus* begleitet die Übersendung eines Geheimbuches *(Apokryphon des Jakobus)*, in dem Jakobus, der als Führer der Apostel auftritt, die Belehrungen des Auferstandenen vor seiner Himmelfahrt (550 Tage nach der Auferstehung) in hebräischen Buchstaben niedergeschrieben haben will. Dieses aus dem 2. Jh. stammende Schriftchen ist nur mäßig gnostisch-heterodox (Cod. 1, 1; nicht identisch mit Cod. 5, 3/4).

Puech-Quispel, VC 1954, 7/22. – Puech, NtlA 1, 245/9. – van Unnik, VC 1956, 149/56. – Zandee, NedThTijdschr 1962 f, 401/22.

4. *Das Evangelium nach Maria* ist nur fragmentarisch überliefert; vom koptischen Text (Pap. Berol. 8502) ist knapp die Hälfte erhalten, vom griechischen Originaltext (Pap. Rylands 463) 2 Seiten. Zuerst spricht der Auferstandene mit seinen Jüngern; erst im zweiten Teil tritt Maria

Magdalena mit Offenbarungen aus einer Traumvision als Wortführerin auf. Das Werk ist aus zwei ursprünglich unabhängigen Schriften zusammengefügt worden und gehört dem 2. Jh. an.

W. C. Till, TU 60, 1955 (TÜ).– Puech, NtlA 1, 251/55. ** Quispel, VC 1957, 139/44 (Hebräerev. im Ev. nach Maria).– McL. Wilson, NTS 1956 f, 236/43 (NT im Ev. nach Maria).

5. *Das Buch des Athleten Thomas* (Cod. 2, 7) enthält Gespräche Jesu mit Thomas vor der Himmelfahrt; es erörtert am Ende besonders eschatologische Themen und ist stark enkratitisch.

Puech, NtlA 1, 223 f.

6. *Die Sophia Jesu Christi* enthält die Belehrungen Jesu über Weltentstehung und Erlösung, die er vor seiner Himmelfahrt in Antworten auf Jüngerfragen gibt. Der Buchtitel meint entweder das gnostische Lichtwesen Sophia oder auch nur die weisheitsvolle Lehre Jesu. Der koptische Text ist ungefähr gleichlautend überliefert im Pap. Berol. 8502 und im Cod. 3, 4; zwei Seiten des griechischen Originaltextes bietet der Pap. Oxyrh. 1081. Die Sophia ist der in Dialogform gebrachte Lehrbrief des Eugnostos (Cod. 3, 3 und 5, 1; s. S. 106), der kaum christliche Elemente enthält. Wir gewinnen so Kenntnis von der Art, wie gnostische Schriften geschaffen werden konnten und wie Heidnisches in Gnostisch-Christliches umzuwandeln war. Als Abfassungszeit kommt das 2./3. Jh. in Betracht.

W. C. Till, TU 60, 1955 (TÜ). ** Doresse, VC 1948, 137/60.– Krause [Th. Klauser, 1964] 215/23 (Verhältnis zum Eugnostos-Brief).– Puech, NtlA 1, 168/73.– Schenke, ZRGG 1962, 263/78 (System).

7. Die beiden *Bücher des Jeû*, die in der *Pistis Sophia* zitiert werden, sind nach C. Schmid im Cod. Brucianus erhalten, wo sie als *Buch vom großen Logos nach dem Mysterium* stehen. Sie sind im Anfang des 3. Jh. von Barbelo-Gnostikern in Ägypten verfaßt.

C. Schmidt - W. Till, Die beiden Bücher des Jeû, GCS, ³1959 (Ü).– Puech, NtlA 1, 183/86.

8. *Pistis Sophia* ist der Titel der drei ersten Bücher des Cod. Askew. (Kap. 1/135), welche die Unterredungen Jesu mit Jüngern und Jüngerinnen (besonders Johannes und Maria Magdalena) im 12. Jahre nach der Auferstehung aufzeichnen. Die ursprünglich griechische Schrift stammt von ägyptischen Gnostikern aus der 2. Hälfte des 3. Jahrhunderts.

Die zweite Schrift des Cod. Askew. (4. Buch = Kap. 136/48) ist ein selbständiges Werk, ebenfalls in der Form von Unterredungen, diesmal am Tage nach der Auferstehung; sie handelt *Über die Metanoia* nach gnostischem Verständnis. Abfassungszeit 200–250.

C. Schmidt, Pistis Sophia, Kopenhagen 1925 (kopt. T).– C. Schmidt - W. Till, Die Pistis Sophia, GCS, [2]1959 (Ü). ** Carmignac, RevQumran 1964, 497/522 (le genre litt. du „Pésher" dans la P. S.).– Jansen, DanskTeolT 1958, 210/18 (Bibeltext).– Leisegang, PWK 40, 1813/21.– Puech, NtlA 1, 174/81.– Van Unnik [O. Michel, 1963] 467/77 (Zahl der vollkommenen Seelen).

9. *Der Dialog des Erlösers* (Cod. 3, 5; Text schlecht erhalten) ist ein gnostisches Evangelium in Dialogform.

Puech, NtlA 1, 173 f.

10. *Das Matthiasevangelium,* von Origenes, Eusebius (h. e. 3, 25, 6) und Späteren als häretisch erwähnt, vielleicht identisch mit den von Klemens von Alexandrien zitierten *Überlieferungen des Matthias,* entstand im 2. Jh. und wurde von ägyptischen Gnostikern um Basilides gebraucht; bis auf kleine Fragmente verloren.

Puech, NtlA 1, 224/28.

11. *Das Bartholomäusevangelium,* erwähnt von Hieronymus (prol. in Mt.) und im Decretum Gelasianum, läßt sich in seiner ursprünglichen Form und in seinem gnostischen Charakter nicht genau bestimmen. Erhalten sind griechische, lateinische und slawische Fassungen von *Fragen des Bartholomäus* mit Offenbarungen des Auferstandenen besonders über seine Niederfahrt zum Hades. Ferner gibt es koptische Bartholomäustexte.

Scheidweiler-Schneemelcher, NtlA 1, 359/76 (Ü). ** J. Kroll, Gott und Hölle, 1932, 71/82.– Vitti, VD 1927, 138/44; 171/81 (descensus Christi).

Von weiteren gnostischen Evangelien sind durch die antignostische Literatur nur die Titel bekannt oder nur wenige Fragmente erhalten. Hier sind u. a. zu nennen *das Evangelium der Eva, des Judas, die Memoria apostolorum, die Fragen Marias, die Genna Marias,* ferner die *Evangelien des Kerinth, Basilides, Apelles, Marcion.*

Siehe ferner S. 103; 105 *(Ev. der Wahrheit, Ev. des Philippus).* Die Codices von Chenoboskion enthalten noch weitere Apokryphen, von denen bisher nicht viel mehr als die Titel bekannt sind.

§ 39. Apokryphe Apostelgeschichten

Die apokryphen Apostelgeschichten sind zum größten Teil nur fragmentarisch überliefert. Sie gehören zur volkstümlichen Unterhaltungsliteratur, in der auch älteres Material verwertet ist und starke hellenistische Einflüsse spürbar sind. Der Zusammenhang mit der kanonischen Apostelgeschichte ist nur lose; diese soll ergänzt werden, indem die persönlichen Schicksale einzelner Apostel erzählt werden. Weder nach Form noch nach Herkunft bilden die apokryphen Apostelgeschichten eine Einheit; jedoch finden sich immer wieder folgende gemeinsame Motive: die Wanderungen des Apostels, seine Wunderkraft, die Wunderwelt (Menschenfresser, redende Tiere), die tendenziöse Predigt, das Erotische, sowohl im eigentlichen Sinne wie in asketisch-enkratitischer Umkehrung (R. Söder).

Ältere und jüngere, häretische und kirchliche Formen der apokryphen Apostelgeschichte lassen sich nicht immer mit Sicherheit unterscheiden; teilweise als gnostische Tendenzschriften entstanden, wurden sie nachträglich orthodox überarbeitet. Kirchengeschichtlich sind sie wertvolle Quellen für die Kenntnis der asketischen Strömungen und des in gnostischen Sekten verbreiteten Synkretismus und Aberglaubens. Als Verfasser wird seit dem 5. Jh. ein gewisser Leucius genannt (bei Photius, cod. 114: Leucius Charinus), vielleicht der literarische Name des Verfassers der gnostischen Johannesakten.

R. A. Lipsius - M. Bonnet, Acta apost. apocr., 1/2, 1.2, 1891/1903. – W. Wright, Apocryphal Acts of the apostles, 1/2, Lo 1871 (syr. T, Ü). – P. Vetter, OC 1901, 217 ff; 1903, 16 ff; 324 ff; ThQ 1906, 161 ff (armen. Ü). – A. Smith Lewis, The mythological acts of the apostles, C 1904 (arab. T). – E. A. W. Budge, The contendings of the apostles, 1/2, Lo 1898/1901 (äthiop. T, Ü). – I. Guidi, Gli atti apocrifi degli apostoli nei testi copti, arabi ed etiopici: Giornale della Soc. Asiatica Italiana 1888, 1/66 (Ü). – O. v. Lemm, Kopt. apokryphe Apostelakten: Bull. de l'acad. des sciences de St. Pétersbourg, NS 1, 33 (1890) 509/81; 3,35 (1892) 233/326. – Hatch [W. E. Grum, 1950] 305/17 (Fragm. kopt. apokr. Apostelgesch.). – C. Khurcikidze, Recensions géorgiennes des Actes apocryphes des Apôtres, d'après des manuscrits des IXᵉ à XIᵉ siècles, Tiflis 1959. ** Amann, DBS 1, 488/514. – Bardy, DSp 1, 752/65 (enkrat. Tendenzen). – M. Blumenthal, Formen und Motive in den apokryphen Apostelgeschichten, TU 48, 1, 1933. – R. A. Lipsius, Die apokryphen Apostelgeschichten, 1/2 und Erg.-Bd., 1887/90. – W. Schneemelcher - K. Schäferdiek, NtlA 2, 110/25 (Allgemeines zu den apokr. Apostelgeschichten). – R. Söder, Die apokryphen Apostelgeschichten und die romanhafte Literatur der Antike, 1932. – C. L. Sturhahn, Die Christologie der apokryphen Apostelakten, 1952.

1. Petrus-Texte

a) *Das Kerygma des Petrus* (Κήρυγμα Πέτρου), in der 1. Hälfte des 2. Jh. vermutlich in Ägypten entstanden, ist nur in einigen Fragmenten bei Clemens Al. erhalten. Diese Verkündigung des Petrus spricht von dem einen Gott, wehrt den heidnischen Polytheismus und falsche jüdische Gottesverehrung ab und betont die Schriftgemäßheit von Tod und Auferstehung Jesu.

E. Klostermann, KlT 3, 1933.– W. Schneemelcher, NtlA 2, 58/63 (Ü). ** E. v. Dobschütz, Das Kerygma Petri, TU 11, 1, 1893.– Quispel-Grant, VC 1952, 31 f.

b) *Die Petrusakten* (Πράξεις Πέτρου), zwischen 180–190 geschrieben, sind als Ganzes nicht erhalten. Folgende Stücke sind noch vorhanden:

α) Die *Actus Vercellenses* in lateinischer Übersetzung (benannt nach der Hs. in Vercelli, von Lipsius *Actus Petri cum Simone* betitelt), ein Bericht über die Kämpfe des Petrus gegen die Wunderkünste des Simon Magus, der bei einem Flugversuch (Himmelfahrt) auf dem Forum in Rom tödlich verunglückt.

Der Bericht über den Tod des Petrus (*Martyrium Petri* 1/12 entsprechend den Actus Vercell. 30/41) ist auch griechisch erhalten und wurde schon früh selbständig überliefert (Quo vadis, Kreuzigung des Apostels mit einer stark gnostisch gefärbten Rede über die Kreuzessymbolik).

β) Die Erzählung von der Tochter des Petrus (erhalten im koptischen Pap. Berolin. 8502) und von der Tochter des Gärtners (bei Ps.-Titus, De dispositione sanctimonii).

γ) Das *Martyrium b. Petri apostoli a Lino conscriptum* ist eine späte, vermutlich vom griechischen Martyrium abhängige lateinische Legende (6. Jh.).

Lipsius-Bonnet 1, 1/22; 45/103.– L. Vouaux, Les Actes de Pierre, P 1922 (TÜ).– C. Schmidt, Die alten Petrusakten, TU 24, 1, 1903 (kopt. T, Pap. Berol. 8502).– W. Schneemelcher, NtlA 2, 177/221 (Ü).– A. H. Salonius, Martyrium b. Petri apostoli a Lino episcopo conscriptum, Helsingfors 1926. ** C. Schmidt, ZKG 1924, 321/48; 1927, 481/513.– Turner, JTS 1931, 119/33 (lat. Petrusakten).

c) *Pseudo-Klementinen, Kerygmata des Petrus. Pseudo-Klementinen* heißen Schriften, die in zwei verschiedenen Fassungen (*Homiliae* und *Recognitiones,* H und R) von den Wanderungen des Petrus in Palästina und Syrien und seinen Kämpfen mit Simon Magus berichten; damit verbunden ist die romanhafte Lebensgeschichte des Klemens von Rom, der als Schüler, Begleiter und Nachfolger des Petrus auch der Berichterstatter ist. Die 20 Homiliae sind griechisch, die 10 Bücher Recognitiones vollständig nur in der lateinischen Übersetzung des Rufinus erhalten; Teile von beiden sind auch in syrischer Übersetzung vorhanden. Ferner gibt es 2 griechische Epitomen von H, eine arabische von R und Fragmente in äthiopischer Übersetzung.

Die Homilien enthalten die Wanderpredigten des Petrus; vorausgeschickt sind zwei an Jakobus, den Bischof von Jerusalem, gerichtete Briefe des Petrus und des Klemens. Die Erzählung ist nur der Rahmen für die judaistisch-gnostischen Erörterungen. „Der wahre Prophet" hat sich in wechselnden Gestalten geoffenbart, in Adam, Moses und Jesus; dieser hat das von den Juden verfälschte Gesetz gereinigt. Petrus predigt dieses Gesetzeschristentum gegen Simon, mit dem in Wirklichkeit Paulus gemeint ist. Die Kirche von Jerusalem wird besonders ausgezeichnet und der Apostel Jakobus Bischof der Bischöfe genannt (ep. Clementis).

Die Recognitiones ('Αναγνωρισμοί), ein Wiedererkennungsroman mit antik-profanen Erzählungsmotiven, leiten ihren Titel davon ab, daß die Familie des Klemens, Eltern und drei Söhne, durch seltsame Umstände in alle Welt zerstreut, sich nach mannigfachen Abenteuern durch das Eingreifen des Petrus wieder zusammenfindet und erkennt. Hier tritt bei wesentlich gleichem Erzählungsstoff das judaistische Lehrelement gegenüber dem christlichen mehr zurück.

Die verwickelten literarhistorischen Probleme sind bis heute nicht zufriedenstellend gelöst. Wahrscheinlich gehen H und R unabhängig voneinander auf eine gemeinsame Grundschrift G zurück, die in der ersten Hälfte des 3. Jh. in Syrien entstanden ist und selbst bereits älteres Material verarbeitet hat (z. B. die *Kerygmata des Petrus*). Die heute vorliegende Fassung von H und R ist im Laufe des 4. Jh. (vor 381) entstanden.

MG 1/2.– B. Rehm, Die Pseudoklementinen, 1. Homilien, GCS, 1953.– B. Rehm - F. Paschke, Die Pseudoklementinen, 2. Rekognitionen, GCS, 1964.– A. R. M. Dressel, Clementinorum epitomae duae, L ²1873.– W. Frankenberg, Die syr. Clementinen mit griech. Paralleltext, TU 48, 3, 1937.– J. Irmscher, NtlA 2, 373/98 (Ps.-Clementinen, Ü).– G. Strecker, NtlA 2, 63/80 (Kerygmata Petrou, Ü).– A. Siouville, Les homélies clémentines, P 1934 (ÜK). ** Cadiou, RSR 1930, 506/28 (Datierungsversuch der Recogn.).– Clavier [A. S. Alibizatu, Athen 1958] 45/55 (primauté de Pierre).– O. Cullmann, Le problème littér. et hist. du roman Ps.-Clémentin, P 1930; [R. Bultmann, 1954] 35/51 (Qumran-Texte und das Judenchristentum der Ps.-Klem.).– Graf, Gesch. 1, 283/92; 302/4; 580/84 (arab. Ü).– W. Heintze, TU 40, 2, 1914.– Molland, StTh 1955, 1/39 (circoncision, baptême, décret apostolique); 1955, 67/85 (2 Petr. 1, 21); [Alibizatu, Athen 1958] 262/5 (hom. 13, 5).– Quispel, VC 1958, 181/96 (Thomasev. und Ps.-Clem.).– Rehm, ZntW 1938, 77/184 (Entstehung); Phil 1938, 218/47 (Bardesanes und Ps.-Clem.); RACh 3, 197/206.– Salles, Rb 1957, 516/51 (diatribe anti-paulinienne); VC 1958, 197/224 (Simon le Magicien ou Marcion?).– C. Schmidt, TU 46, 1, 1929.– H. J. Schoeps, Theologie und Geschichte des Judenchristentums, 1949; Aus frühchristlicher Zeit, 1950, 38/81 (Dämonologie der Ps.-Klem.; hom. 8 f); VC 1951, 88/100 (Astrologisches); Urgemeinde, Judentum, Gnosis, T 1956 (Antwort an Kritiker); ZRGG 1958, 3/15 (Ps.-Clem. und Urchristentum); ZRGG 1959, 72/7 (Judenchristentum); ZntW 1960, 1/10 (Iranisches).– G. Strecker, Das Judenchristentum in den Ps.-Klementinen, TU 70, 1958; RACh 4, 487/500 (Ebioniten).– E. Schwartz, ZntW 1932, 151/99.– Ullman, JTS 1960, 295/317 (ep. Clementis).– H. Waitz, TU 25, 4, 1904; ZKG 1940, 304/41.

d) *Die Petrus- und Paulusgeschichte*, griechisch und lateinisch erhalten, ist eine späte Kompilation, in der das gemeinsame Wirken der beiden Apostel in Rom und ihr Martyrium geschildert wird.

Lipsius-Bonnet 1, 178/234.– L. Vouaux, Les Actes de Pierre, 1922. ** Rimoldi, SC 1955, 196/224 (Petrus in der apokryphen Literatur bis 600).– Schneemelcher, NtlA 2, 402.– M. Sotomayor, S. Pedro en la iconografía paleocristiana, Granada 1962.– van Lantschoot, Mu 1955, 17/46; 219/33 (äthiop. Texte).

2. *Die Paulusakten* (Πράξεις Παύλου) stammen nach Tertullian (bapt. 17) von einem kleinasiatischen Presbyter, der sie „aus Liebe zu Paulus" erdichtete und deswegen sein Amt verlor (vermutlich 185–195). Die Schrift ist nur unvollständig überliefert; erst Papyrusfunde von 1904, 1936 und 1959 lassen jetzt einigermaßen Umfang und Inhalt der Schrift bestimmen, obwohl noch immer keine endgültige Rekonstruktion möglich ist. Außer mehreren lateinischen sind zahlreiche orientalische Übersetzungen erhalten.

Der Reiseweg des Apostels führt von Damaskus über Jerusalem und Antiochien nach Ikonium, Antiochien und Myra, die Schauplätze der *Acta Pauli et Theclae* (Bekehrung der Thekla, Tierkampf und Selbsttaufe, Tod in Seleukia). Paulus kommt dann u. a. nach Ephesus, wo er zum Tierkampf verurteilt wird (Geschichte vom getauften Löwen). Nach seiner Errettung fährt Paulus nach Philippi.

Hier erhält er von den korinthischen Presbytern einen Brief, in dem sie ihn zur Abwehr gnostischer Lehren um Belehrungen über die atl. Propheten, die Schöpfung, die Geburt und Menschennatur Christi und die Auferstehung des Fleisches bitten. Paulus antwortet mit dem apokryphen *3. Korintherbrief*. Nach dem Zeugnis des Heidelberger koptischen Papyrus war dieser Briefwechsel Bestandteil der Paulusakten. Er war aber auch gesondert in Umlauf (Pap. Bodmer X, armenische Bibel, Kommentar Ephräms, lateinische Überlieferung); dies zwingt jedoch nicht zur Annahme, daß der 3. Korintherbrief schon vor den Paulusakten existierte.

Von Philippi kommt Paulus dann nach Korinth und fährt nach Italien (mit Dublette der Quo-vadis-Szene auf dem Schiff nach Mart. Petri 6). In Rom wird Paulus zum Tod durch Enthauptung verurteilt; statt Blut spritzt Milch auf den Soldaten. Dieser Bericht ist schon früh als *Martyrium (Passio) Pauli* verselbständigt worden.

Die Paulusakten predigen vor allem die Enthaltsamkeit und die Auferstehung; sie bezeugen den Gemeindeglauben in vereinfachenden Formeln, mit denen sie gnostische Spekulationen abweisen.

Lipsius-Bonnet 1, 235/72 (griech. T).– Griech. Papyri: W. Schubart-C. Schmidt, Πράξεις Παύλου. Acta Pauli, 1936 (Pap. Hamburg.).– Ergänzend dazu C. Schmidt, SbB 1929, 176/83; 1931, 37/41 (Pap. Berol. 13893).– Sanders, HThR 1938, 73/90 (Pap. Michigan 1317, zu Pap. Berol. 13893 gehörig; Abdruck des Pergamentblattes Pap. Oxyrh. 1602).– Kilpatrick-Roberts, JTS 1946, 196/9 (Pap. Michigan 3788).– C. H. Roberts, The Antinoopolis Papyri 1, Lo 1950 (Pap. Antinoop. 13).– Koptische Papyri: C. Schmidt, Acta Pauli, L [2]1905 (kopt. Pap. Heidelberg. 1); SbB 1909, 216/20 (neues kopt. Fragment).– Kasser, RHPh 1960, 45/57 (Bericht über kopt. Pap. Bodmer).– W. Schneemelcher, NtlA 2, 221/70 (Ü). ** Devos, AB 1951, 119/30 (gegen Peterson, Frühkirche 183 ff).– Kurfess, ZntW 1939, 164/70 (Hamburger Pap.).– Peterson, AB 1947, 57/60 (Acta Xantippae und die Paulusakten); Frühkirche 183/208 (Hamburger Pap.).– Schneemelcher [Th. Klauser, 1964] 316/26 (der getaufte Löwe); ThLZ 1964, 241/54 (neue Funde und Aufgaben); [E. Haenchen, 1964] 236/50 (Apg. und Acta P.).

3. Korintherbrief: M. Testuz, Pap. Bodmer X: Correspondance apocryphe de saint Paul et des Corinthiens, Cologny-Genève 1959 (griech. T, Ü).– A. Harnack, KlT 12, [2]1931 (lat. T).– De Bruyne, RB 1933, 189/95 (lat. T).– Boese, ZntW 1952/53, 66/76 (lat. T).– Schneemelcher, NtlA 2, 258/60 (Ü). ** Klijn, VC 1963, 2/23.– Pink, Bi 1925, 70/91.– Rist, JR 1942, 39/62.– Testuz, Littérature et théologie pauliniennes, 1960, 217/23.

3. *Die Andreasakten*, nach Eusebius (h. e. 3, 25, 6) bei Häretikern verbreitet, stammen aus der 2. Hälfte des 2. Jh. und berichten zuerst über die Reise des Apostels von Pontus bis nach Patrae in Achaea, dann über sein Martyrium. Von diesen alten umfangreichen Akten ist sehr wenig erhalten; es ist schwierig, festzustellen, was in den zahlreichen späteren Bearbeitungen auf die alten Akten zurückgeht. Besonders wichtig ist der Cod. Vat. graec. 808, das koptische Papyrusfragment Utrecht 1 und der *Liber de miraculis b. Andreae* des Gregor von Tours. J. Flamion hat erfolgreich eine Rekonstruktion der ursprünglichen Teile versucht.

Jüngere Bearbeitungen sind die *Taten des Andreas und Matthias bei den Menschenfressern* (6. Jh.?, auch in zahlreichen Übersetzungen vorliegend) und ihre Fortsetzung, die *Taten der Apostel Petrus und Andreas.*

Lipsius-Bonnet 2, 1, 1/127.– Bonnet, AB 1894, 309/78 (Laudatio oder Acta Andreae cum Laudatione contexta; Narratio oder Martyrium Andreae; Passio Andreae: Conversante et docente).– Quispel, VC 1956, 129/48 (Pap. Copt. Utrecht 1).– MG 120, 218/60 (Vita Andreae des Epiphan. Monachus).– MGH, SS rer. Merow. 1, 2, 1885 (Greg. Tur. liber de mir. Andreae).– M. Hornschuh, NtlA 2, 270/97.– F. Blatt, Die latein. Bearbeitungen der Acta Andreae et Matthiae apud anthropophagos, B 1931. ** F. Dvornik, The idea of apostolicity in Byzantium and the legend of the apostle Andrew, C (Mass.) 1958.– J. Flamion, Les actes d'André et les textes apparentés, Lou 1911.– P. M. Peterson, Andrew, brother of Simon Peter, Lei 1958.

4. *Die Johannesakten*, zuerst von Eusebius (h. e. 3, 25, 6) zusammen mit den Andreasakten erwähnt, sind in großen Fragmenten erhalten, die

gut ²/₃ des Ganzen ausmachen. Entstehungsort und Abfassungszeit sind sehr unsicher (3. Jh. unter Verwendung von Johannestraditionen des 2. Jh.). Die Schrift verkündigt eine stark gnostische Theologie, die sich besonders in der großen Offenbarungsrede des Johannes (97/101) mit ihrem Hymnus (94/96) äußert.

Der Anfang der Akten ist verloren (1/17* ed. Bonnet mit Romfahrt, Patmosexil und Rückkehr nach Ephesus sind spätere Erfindung). Die erhaltenen Teile berichten über den Aufenthalt des Johannes in Ephesus (18/37), seine Predigt (87/105), weitere Ereignisse in Ephesus (37/55), die Rebhuhngeschichte (56* f), die Geschichte der Drusiana (58/86) und den Tod (Metastasis) des Apostels (106/15).

Von einer alten lateinischen Übersetzung stehen zwei größere bearbeitete Teile in den *Virtutes Johannis*. Die *Metastasis* ist selbständig in zahlreichen orientalischen Übersetzungen erhalten, auch als Anhang einer originalsyrischen *Geschichte des Johannes*. Späte Bearbeitungen sind die *Johannesakten des Prochorus* (5. Jh.), die *Virtutes Johannis* (6./7. Jh.) und deren Redaktion *(Passio Johannis)*, angeblich von Mellitus von Laodicea.

Lipsius-Bonnet 2, 1, 151/216.– M. R. James, Apocrypha anecdota 2, C 1897, 1/25.– Th. Zahn, Acta Johannis, Erlangen 1880.– K. Schäferdiek, NtlA 2, 125/176 (Ü); vgl. 2, 402 f. ** M. Jugie, La mort et l'assomption de la s. Vierge, 1944, 710/26 (Tod und Himmelfahrt des Apostels Joh.).– Klijn, NovTest 1963, 216/28 (baptismal liturgy in the syr. Acta).– Pallas [Mél. O. et M. Merlier, 2, 1956] 221/64 (Hymnus, Acta 94/7).– Pulver, Eranos-Jb 1942 (Zü 1943), 141/77 (Joh.-Akten über Jesu Leiden).– van Unnik, VC 1964, 1/5 (Acta 94 ff).

5. *Die Thomasakten* wurden in der ersten Hälfte des 3. Jh. syrisch verfaßt und waren ursprünglich rein gnostisch, vielleicht aus dem Kreis um Bardesanes in Edessa stammend. Erhalten sind eine das Gnostische gewöhnlich zurückdrängende syrische Bearbeitung und eine weniger gereinigte griechische Fassung; ferner gibt es Bearbeitungen in lateinischer, äthiopischer und armenischer Sprache.

Die Akten berichten von den Bekehrungs- und Wundertaten des Apostels Thomas und von seinem Märtyrertod in Nordwestindien, also nicht im Gebiet der sogenannten Thomaschristen an der südindischen Malabarküste. Eingestreut in die Akten findet man zahlreiche liturgische Texte, Predigten und Hymnen; am interessantesten sind das Hochzeitslied (6 f) und das Perlenlied (108/13) als Zeugnisse gnostischer Erlösungslehre, die auch sonst in mancherlei symbolischen Ereignissen zum Ausdruck kommen will. Indische, iranische und bei den Manichäern bezeugte Motive machen die Schrift religionsgeschichtlich höchst wertvoll.

Lipsius-Bonnet 2, 2, 99/288 (griech. T).– W. Wright, Apocryphal acts of the apostles, Lo 1871, 1, 171/333 (syr. T); 2, 146/298 (Ü).– A. F. J. Klijn, The acts of Thomas, Lei 1962 (griech. T, Ü nach syr. T; K).– G. Bornkamm, NtlA 2, 297/372 (Ü). ** A. Adam, Die Psalmen des Thomas und das Perlenlied als Zeugnisse vorchristlicher Gnosis, 1959.– G. Bornkamm, Mythos und Legende in den apokryphen Thomasakten, 1933.– Bousset, ZntW 18, 1917/18, 1/39 (Hymnen).– Devos, AB 1951, 119/30 (gegen Peterson, Frühkirche 183/208).– A. Dihle, JbAC 1963, 54/70 (Th. in Nordwestindien).– Hambye, OrSyr 1963, 413/24 (Th. in Indien).– Hoffmann, ZntW 1903, 273/309 (Hymnen).– Klijn, VC 1960, 154/64 (Perlenlied).

6. Thaddäus-Texte, Abgarlegende

a) *Der Briefwechsel zwischen Jesus und Abgar* wurde von Eusebius nach einem angeblichen Dokument aus dem Archiv von Edessa aus dem Syrischen ins Griechische übersetzt (h. e. 1, 13). Abgar V. Ukkama (der Schwarze, 9–46 n. Chr.) bittet Jesus, nach Edessa zu kommen und ihn zu heilen. Jesus antwortet brieflich und verspricht nach seiner Auffahrt einen seiner Jünger zu senden. Der Apostel Thomas hat später, so erzählt Eusebius weiter, den Thaddäus (Addai), einen der 72 Jünger, geschickt, der den Abgar heilte und die Kirche von Edessa gründete.

b) Die syrische *Doctrina Addai,* um 400 in Edessa geschrieben, bringt den aus Eusebius bekannten Bericht mit erheblichen Erweiterungen. Abgars Bote hat ein Bild Jesu gemalt, und Jesu Antwort enthält eine Verheißung für die Sicherheit der Stadt. Deshalb hat man den Brief als Phylakterion an Stadttoren und auch sonst benützt (Egeriae peregrin. 17. 19). Der Christusbrief als Phylakterion ist wohl der christliche Ersatz des jüdischen Türphylakterions mit Schrifttexten (Mezuza, Deut. 6, 4/9 usw.), das für Edessa bezeugt ist.

Lipsius-Bonnet 1, 273/83 (griech. Acta Thadd., 6. Jh.).– G. Phillips, The doctrine of Addai, Lo 1876 (syr. T, Ü).– W. Bauer, NtlA 1, 325/29 (Ü). ** E. v. Dobschütz, Christusbilder, TU 18, 1899.– Giversen, Acta Orientalia 1959, 71/82 (kopt. Ü des Abgarbriefes).– Kirsten, RACh 4, 588/93.

7. Aus der Reihe der späten, mehr hagiographisch-legendären als apokryphen Apostelgeschichten seien genannt die *Akten des Barnabas, Bartholomäus, Matthäus, Philippus, Simon und Judas, Timotheus.*

NtlA 2, 404.– T. Atenolfi, I testi meridionali degli Atti di S. Matteo l'Evangelista, R 1958.– Delehaye [W. H. Buckler, Manchester 1939] 77/84 (Actes de S. Timothée).– Kurfess, ZntW 1952/53, 145/51 (Philippusakten ursprünglich lateinisch).– Peterson, OC 1932, 172/9; ZntW 1932, 97/111; ThQ 1933, 289/98 (Philippusakten).

8. *Der Transitus Mariae,* vom Decretum Gelasianum verurteilt, kaum vor 400 entstanden und griechisch, lateinisch und in orientalischen Versionen überliefert, schildert Tod und Aufnahme Marias in den Himmel.

C. Tischendorf, Apocal. apocr., 1866, 124/36.– Capelle, AB 1949, 21/48 (T, Untersuchung eines alten Transitus).– A. Wilmart, L'ancien récit lat. de l'Assumption, ST 59, 1933, 323/62.– M. Haibach-Heinisch, Ein neuer „Transitus Mariae" des Ps.-Melito, R 1962.– Stegmüller, Repertorium bibl. 1 nr. 164. ** Altaner, ThR 1948, 134, Anm. 6 (Literatur).– Capelle, RTA 1940, 209/35 (anc. récits de l'assumption et Jean de Thessal.).– García Castro, CienciaTom 1950, 145/75 (Apócrifos asuncionistas).– Graf, Gesch. 1, 249/51.– M. Jugie, La mort et l'assomption de la s. Vierge, ST 114, 1944, 106/16; 150/4.– Lausberg, HJB 1953, 25/49 (literarische Gestaltung).– Rivière, RTA 1936, 5/23 (le plus vieux Transitus lat. et son dérivé grec).– Rush, AmEcclRev 1950, 93/110 (Assumptio im Transitus).– A. Wenger, L'assomption de la s. Vierge dans la trad. byz. du VIe au Xe s., 1954.

§ 40. Apokryphe Apostelbriefe

1. *Der Laodicenerbrief* ist spätestens im 4. Jh. entstanden; sein lateinischer Text steht in vielen Bibelhandschriften des 6.–15. Jh. Er ist aus Worten und Sätzen echter Paulusbriefe (besonders Phil.) zusammengeflickt, veranlaßt durch Kol. 4, 16. Harnacks These, der uns vorliegende Brief sei eine marcionitische Fälschung des 2. Jh., vermochte nicht durchzudringen.

A. Harnack, KlT 12, [2]1931 (T).– Schneemelcher, NtlA 2, 80/84 (Ü). ** A. Harnack, SbB 1923, 235/45; dagegen Capelle, RB 1924, Bull. 1, nr. 283.– A. Harnack, Marcion, [2]1924, 172 f; 64* ff.– MacKnight, BiblRev 1932, 519/39.– Quispel, NTT 1950, 43/46 (neue Argumente für Harnacks These).

2. Der lateinische *Briefwechsel zwischen Paulus und Seneca,* zuerst von Hieronymus (vir. ill. 12) bezeugt und für echt gehalten, besteht aus 8 Briefen des christlich gewordenen Philosophen und 6 des Paulus (davon sind die Briefe 13/14 spätere Zutat). In dieser meist recht inhaltsleeren Korrespondenz erscheint Seneca als Prediger des Evangeliums am Kaiserhofe; besonders erwähnt wird die Neronische Christenverfolgung. Vermutlich handelt es sich um die Schülerarbeit einer lateinischen Rhetorenschule des 4. Jahrhunderts.

C. W. Barlow, Epistulae Senecae ad Paulum et Pauli ad Senecam, R 1938; MLS 1, 673/78.– A. Kurfess, NtlA 2, 84/89 (Ü). ** P. Benoît, Rb 1946, 7/35 (Sen. et P.).– De Labriolle, La réaction païenne, 1934, 25/28.– Franceschini [Mél. De Ghellinck, 1, 1951] 149/70 (neues Ms.).– Liénard, RBPh 1932, 5/23 (entstanden im Kreis um Symmachus, Ende 4. Jh.).– J. N. Sevenster, Paul and Seneca, Lei 1961, 11/14.

3. *Der Brief des Titus, des Paulusschülers, über den Stand der Keuschheit (Ps.-Titus, De dispositione sanctimonii)* preist in schlechtem Latein den Wert der Jungfräulichkeit und wendet sich scharf gegen die geistlichen Ehen. Die ausgiebige Benützung apokrypher Schriften und der

asketische Enthusiasmus weisen auf priscillianistisches Milieu im Spanien des 5. Jahrhunderts.

De Bruyne, RB 1925, 47/72; dazu Harnack, SbB 1925, 180/213.– MLS 2, 1486 f; 1522/42.– A. de Santos Otero, NtlA 2,90/109 (Ü). ** Bulhart, RB 1952, 297/99 (Tkr.).– H. Koch, ZntW 1933, 131/44 (Cyprian und De singularitate cler. sind benützt).– Morin, RB 1935, 101/13 (unedierte Schrift ähnlicher Tendenz).– De Santos Otero, ZKG 1963, 1/14.

4. *Der Alexandrinerbrief*, vom Muratorischen Fragment zusammen mit einem *Laodicenerbrief* als marcionitische Fälschung bezeichnet, ist sonst spurlos verschwunden.

W. Schneemelcher, NtlA 2, 53/8.

Zum *Barnabasbrief* s. S. 53; zur *Epistula apostolorum* s. S. 124; zum *3. Korintherbrief* s. S. 136; zum *Brief des Jakobus* s. S. 130.

§ 41. Apokryphe Apokalypsen

Apokalypsen und apokalyptische Reden in Evangelien besonders gnostischer Herkunft lassen sich nicht streng unterscheiden. Ein bezeichnendes Beispiel für die Mischung der Gattungen bietet die Epistula apostolorum: sie benützt die Briefform, enthält Reden des Auferstandenen wie ein Evangelium und gibt Offenbarungen über die himmlische Welt und die Endereignisse wie eine Apokalypse.

C. Tischendorf, Apocalypses apocryphae, L 1866.– P. Vielhauer, NtlA 2, 407/54.

1. *Die Petrusapokalypse* ist seit 1910 in einer äthiopischen Übersetzung bekannt, die im ganzen trotz mancher Übersetzungsfehler den ursprünglichen Inhalt der Schrift bietet. Der stark abweichende griechische Text des 1886/87 in Akhmim gefundenen Fragmentes ist wahrscheinlich das Ergebnis einer späteren Bearbeitung. Weitere Textzeugnisse besitzen wir in zwei kleineren griechischen Fragmenten und Zitaten von Kirchenschriftstellern.

Ausgehend von seinen Weissagungen über Wiederkunft, Totenerweckung und Gericht, gibt Jesus den Seinen eine kräftig ausgemalte Schilderung der künftigen Strafen für die einzelnen Gruppen von Sündern, während die Herrlichkeit der Gerechten nur kurz beschrieben wird. Mit dem Bericht über die Verklärung Jesu, die in die Himmelfahrt übergeht, schließt die Apokalypse, die Petrus aufgezeichnet haben will. Diese Schilderungen sind vor allem religionsgeschichtlich wichtig; sie gehen auf jüdisch-apokalyptische, orphische und andere orientalische Vorstellungen zurück und haben noch lange weitergewirkt.

Die Petrusapokalypse war im Osten und Westen weit verbreitet; sie wurde von Clemens Al. zitiert und erläutert (Eus. h. e. 6, 14, 1), von Methodius (sympos. 2, 6) als inspiriert anerkannt und noch im 5. Jh. in Kirchen Palästinas vorgelesen (Sozom. h. e. 7, 19). Der Canon Muratori zählt sie zu den umstrittenen Schriften, Eusebius (h. e. 3, 3, 2) und Hieronymus (vir. ill. 1) lehnen sie ab. Als Entstehungszeit kommt die erste Hälfte des 2. Jh. in Betracht.

E. Klostermann, KlT 3, [2]1908. – E. Preuschen, Antilegomena, [2]1905, 84/88. – S. Grébaut, ROC 1907, 139 ff; 1910, 198 ff; 307 ff; 425 ff (äthiop. T, Ü). – James, JTS 1931, 270/78 (Rainer-Fragment, TK). – Ch. Maurer - H. Duensing, NtlA 2, 468/83 (Ü). ** C. M. Edsman, Le baptême de feu, 1940, 57/66. – Peterson, Frühkirche 88/91 (Martyrium des Apostels Petrus); 310/32 (Taufe im Acherusischen See). – Prümm, Bi 1929, 62/80 (Text).

2. *Die zweite Ankunft Christi und die Auferstehung der Toten* ist ein jüngerer äthiopischer Text, der von der Petrusapokalypse abhängig ist.

S. Grébaut, ROC 1910 (äthiop. T, Ü).

3. *Die Paulusapokalypse* (lateinisch meistens *Visio s. Pauli* genannt) ist griechisch nur in einer verkürzenden Bearbeitung erhalten, die in der Einleitung berichtet, wie im Jahre 388 diese Apokalypse unter dem Haus des Paulus in Tarsus wunderbar aufgefunden worden sei (Sozom. h. e. 7, 19). Vollständiger und älter ist die Textform der lateinischen Übersetzung, die wiederum vielen, meist verkürzenden Bearbeitungen als Grundlage gedient hat. Ferner gibt es Übersetzungen in koptischer, syrischer, armenischer und slawischer Sprache. Origenes erwähnt eine Paulusapokalypse, die aber mindestens eine andere Fassung als unsere Schrift gehabt haben muß; diese nennt als erster Augustinus (in Joh. tract. 98, 8).

Die Entrückung des Apostels Paulus (2 Cor. 12) gab den Anlaß, ihn als Berichterstatter über die himmlische Welt sprechen zu lassen. Vielfältige apokalyptische Traditionen (Petrusapokalypse, spätjüdische Apokalypsen) und griechische Vorstellungen (Tartarus, Acherusischer See, Fährschiff) sind zu einem wenig einheitlichen Werk zusammengetragen worden. Paulus erhält den Auftrag, der Menschheit Buße zu predigen, über deren Sünden die gesamte Schöpfung klagt; aber Gottes Geduld schiebt die Bestrafung noch auf (3/6). Am Abend und am Morgen berichten Engel vor Gott über die Taten der Menschen (7/10). Paulus darf dann im dritten Himmel die Engel der Strafe und der Belohnung sehen und welches das Los der Gerechten und der Sünder beim Sterben ist (11/18).

Im Paradies begrüßen den Apostel Henoch und Elias; dann sieht er das lichterfüllte Land am Ozean, den einstweiligen Ort der Gerechten nach dem Tode. Im Acherusischen See werden die Seelen bekehrter Sünder getauft und in goldenem Schiff zur Stadt Christi gebracht, die ausführlich beschrieben wird (19/30). Es folgt die Besichtigung der Straforte am Feuerfluß, wo auch Presbyter, Bischof, Diakon und Vorleser ihre Strafe erhalten (31/42). Auf Bitten des Michael und Paulus erhalten die Verurteilten jeden Sonntag Erquickung durch Unterbrechung ihrer Qualen (43 f; am Sabbat nach jüdischer Meinung). Paulus kommt wiederum in das Paradies, wo er Maria und vielen atl. Gerechten begegnen darf (45/51).

C. Tischendorf, Apocal. apocr., 1866, 34/69 (griech. T). – M. R. James, Apocrypha anecdota, 1893, 11/42 (lat. T). – Th. Silverstein, Visio sancti Pauli, L 1935 (lat. T). – G. Ricciotti, L'apocalisse di Paolo siriaca 1/2, Brescia 1932 (1: TK; 2: La cosmologia della Bibbia e la sua trasmissione fino a Dante); Apocalypsis Pauli syriace, Orientalia 2, 1933, 1/25; 120/49 (syr. T, lat. Ü). – H. Duensing, NtlA 2, 536/67 (Ü). ** Casey, JTS 1933, 1/32. – Ehrhard, TU 50, 69. – Fischer, VC 1951, 84/87 (Benützung durch Caesarius v. Arles). – L. G. A. Getino, Del gran números que se salvan y de la mitigación de las penas eternas, Ma 1934. – Kraeling, HThR 1931, 209/44. – Silverstein, Harvard Stud. and Notes in Philol. 1937, 231/47 (Dante und die Visio); AHD 1959, 199/248 (new links and patterns in the western tradition; neue Mss.); Mediaeval Stud. 1962, 335/48 (Datierung: 240–50 in Ägypten entstanden; 2. Fassung 420–31).

4. *Die Apokalypse des Paulus* (Cod. Chenobosk. 5, 2; nicht identisch mit der soeben genannten Visio Pauli) berichtet von einer Himmelsreise des Apostels, die ihn vom dritten bis zum zehnten Himmel führt; dabei wird ihm geoffenbart, was dort den durch die Himmelssphären aufsteigenden Seelen geschieht. Vielleicht ist diese Paulusapokalypse das von Kainiten und „Gnostikern" benützte Ἀναβατικὸν Παύλου (Epiph. haer. 38, 2).

A. Böhlig - P. Labib, Koptisch-gnostische Apokalypsen aus Cod. V von Nag Hammadi: WissZUniv. Halle-Wittenberg, Sonder-Bd, 1963 (TÜ).

5. *Die (erste) Apokalypse des Jakobus* (Cod. Chenobosk. 5, 3) ist ein Dialog, der zwischen dem Rabbi Jesus und Jakobus dem Gerechten teils vor dem Tode Jesu, teils nach dessen Auferstehung geführt wird. Dem Jakobus werden Leiden und Tod angekündigt, über den der schlecht erhaltene Schluß der Apokalypse berichtet haben dürfte. Auch die baldige Zerstörung Jerusalems wird prophezeit. Die Gestalt der Achamoth-Sophia läßt valentinianische Herkunft vermuten. Die beim Seelenaufstieg gegenüber den feindlichen Mächten zu sprechenden Antworten kennt auch Irenäus (haer. 1, 21, 5).

A. Böhlig - P. Labib, Koptisch-gnostische Apokalypsen aus Cod. V von Nag Hammadi: WissZUniv. Halle-Wittenberg, Sonder-Bd, 1963 (TÜ).

6. *Die (zweite) Apokalypse des Jakobus* (Cod. Chenobosk. 5, 4) berichtet das Martyrium des Jakobus des Gerechten und enthält in der Hauptsache die lange Predigt des Jakobus, die er von den Tempelstufen aus vor dem Volk hielt. Vor allem verkündigt er die gnostischen Offenbarungen, die er vom Auferstandenen erhalten hatte. Dieser übertrug ihm auch alle Vollmacht, so daß seine Stellung nur wenig geringer als die Jesu ist. Nach der Predigt wird Jakobus wegen Volksverführung verurteilt, von der Tempelzinne gestürzt und dann gesteinigt; ein gnostischer Psalm ist sein letztes Gebet. Die hervorragende Stellung des Jakobus, die genaue Beschreibung der Hinrichtung entsprechend dem jüdischen Gesetz (Sanhedrin VI; vgl. Hegesipp bei Eus. h. e. 2, 23, 4/18) und Übereinstimmungen mit den pseudoklementinischen Rekognitionen lassen vermuten, daß in dieser Jakobusapokalypse älteres judenchristliches Material bearbeitet worden ist.

A. Böhlig - P. Labib, Koptisch-gnostische Apokalypsen aus Cod. V von Nag Hammadi: WissZUniv. Halle-Wittenberg, Sonder-Bd, 1963 (TÜ). ** Böhlig, NovTest 1962, 207/13 (Martyrium des Jakobus).

7. *Die Thomasapokalypse,* im Decretum Gelasianum verworfen, ist im griechischen Urtext verloren, aber in zwei lateinischen Fassungen erhalten. Die ältere kürzere Fassung ist im 5. Jh. durch eine vorangesetzte Einleitung zur längeren Fassung erweitert worden. Die Apokalypse schildert in Anlehnung an die Johannesapokalypse die Zeichen der sieben Tage vor dem Ende. Der sechste Tag bringt die Wiederkunft Christi und die Auferstehung der Gerechten, der achte Tag den Untergang der Welt.

P. Bihlmeyer, RB 1911, 270/82 (lat. T). – M. R. James, The Apocryphal NT, 1924, 555/62 (Ü der beiden Fassungen). – A. de Santos Otero, NtlA 2, 568/72 (Ü).

Aus der Zahl der späten Apokalypsen, die meist erst in neuerer Zeit veröffentlicht worden sind, seien genannt: Zwei *Apokalypsen des Johannes d. T.*, mehrere Formen von *Marienapokalypsen,* eine *Bartholomäus-* und eine *Zachariasapokalypse.* Zur sogenannten *Stephanusapokalypse* s. S. 244.

A. Berendts, Die hsl. Überlieferung der Zacharias- und Johannesapokryphen, 1904. – v. Campenhausen, HJB 1958, 383/6 (Zachariasmartyrium). – Dawkins, BZ 1929/30, 300/4 (Marienapokalypse). – A. Delatte, Anecdota Atheniensia 1, 1927, 272/88 (2 neue Fassungen der Marienapokalypse). – Harris, BJR 1927, 385/412 (neue syr. Vita Joh. d. T.). – A. M. Kropp, Ausgewählte kopt. Zaubertexte 2, 1930/31, nr. 76 (Bartholomäusapokalypse). – J. H. Schoenfield, The lost „Book of the Nativity of John“, 1929.

A. Die Abendländer des 3. Jahrhunderts

§ 42. Die Anfänge der lateinischen christlichen Literatur

Die in den großen Städten des Westens lebenden Christen benützten ganz selbstverständlich auch in der Gemeinde jene Sprache, die ihnen vertraut war, nämlich das Griechische, das bis in das 3. Jh. hinein auch im Westen weit verbreitet war, besonders in den Bevölkerungskreisen, die aus dem Osten zugewandert waren und unter denen das Christentum die erste und stärkste Verbreitung gefunden hatte. Griechisch war daher die Sprache des Gottesdienstes, der Predigt, der Katechese und auch der christlichen Schriftstellerei. Natürlich bestand neben dem Griechischen auch das Lateinische, das zuerst in Nordafrika und dann auch in Rom immer mehr vordrang. Dieses Nebeneinander von Griechisch und Latein zeigt sich noch ziemlich gleichberechtigt bei Tertullianus, der auch griechische Werke verfaßt hat. In Rom waren die letzten griechisch schreibenden Christen Gaius und Hippolytus († 235); um 250 schreibt Novatianus nur noch lateinisch, ebenso die Päpste Cornelius und Stephanus. Alle erhaltenen Grabinschriften römischer Bischöfe des 3. Jh. sind aber immer noch griechisch (zuletzt Gaius, † 296), und das Griechische ist bis tief in das 4. Jh. hinein (Damasus 366–384) auch in der Liturgie üblich, wahrscheinlich neben dem vordringenden Latein.

Den Bedürfnissen der nur Latein verstehenden Gläubigen dienen Übersetzungen. Noch im 2. Jh. wurde wohl zuerst in Nordafrika mit lateinischen Bibelübersetzungen begonnen. Wahrscheinlich stammt auch die lateinische Übersetzung des Klemensbriefes aus dieser Zeit. Die älteste datierbare christliche Schrift lateinischer Sprache besitzen wir in den Acta Scilitanorum vom Jahre 180.

Bardy, Ir 1937, 3/20; 113/30 (latinisation de l'église d'occident).– Baus, TrThZ 1959, 306/15 (Forschungen zur altchristl. Latinität).– C. Becker, Tertullians Apologeticum, 1954, 335/45.– Harnack, Die Mission und Ausbreitung des Christentums, ⁴1924, 817/32.– O. Hiltbrunner, Latina Graeca, Bern 1958.– H. Janssen, Kultur und Sprache, N 1938.– Klauser [Misc. G. Mercati 1, 1946] 467/82 (Übergang von der griech. zur lat. Liturgiesprache in Rom unter Damasus).– G. La Piana, Il problema della chiesa latina in Roma, 1922.– E. Löfstedt, Late Latin, Oslo 1959.– S. Lundström, Übersetzungstechnische Untersuchungen auf dem Gebiet der christl. Latinität, Lund 1955.– Ch. Mohrmann, Latin vulgaire, latin des chrétiens, latin médiéval, P 1955; Liturgical latin: its origins and character, Lo 1959; Études sur le latin des chrétiens 1²/2, R 1961; [Mél. Ch. Mohrmann, Ut 1963] XXI/XXXV (Bibliographie); VC 1948, 89/101; 163/84 (éléments vulgaires du latin des chrétiens); VC 1949, 67/106; 163/83 (origines de la latinité chrét. à Rome); VC 1950, 193/211 (emprunts grecs); ZMR 1954, 103/11 (Sprachproblem in der frühchristl. Mission).– Nober, Bi 1951, 23*/31* (Bibliographie zum christl. Latein).– H. P. V. Nunn, An introduction to ecclesiastical Latin, NY 1928.– M. A. Sainio, Semasiolog. Untersuchungen über die Entstehung der christl. Latinität, Helsinki 1940.– Schick, RILSL 1962, 191/234 (per la questione del latino africano).– J. Schrijnen, Charakteristik des altchrist. Latein, N 1932.– Weiteres s. S. 7; 21; 18/20 (griech. Sprache, Bibelübersetzungen, Begriffsgeschichte).

§ 43. Minucius Felix

Der lateinische Dialog *Octavius* ist nur in der Pariser Arnobius-Hs. (9. Jh.) als 8. Buch des Werkes Adversus nationes überliefert. Verfasser ist der römische Rechtsanwalt Marcus Minucius Felix, der den Dialog zum Gedächtnis seines inzwischen verstorbenen Freundes Octavius geschrieben hat. Er wendet sich apologetisch an gebildete Heiden; daher wird kaum etwas vom christlichen Glauben mitgeteilt oder eine Bibelstelle verwendet. Dieser methodisch richtige Verzicht ist auch in Tertullians Apologeticum und bei Arnobius festzustellen; Cyprian dagegen argumentiert gegenüber dem Heiden Demetrianus laufend mit Schriftstellen, was schon Laktanz gerügt hat (inst. 5, 4, 4/7). Im Dialog erscheint das Christentum vom rein philosophischen Standpunkt aus als Monotheismus, Unsterblichkeitsglaube und sittliche Vollkommenheit. Wenn Caecilius dann am Schluß des Gesprächs „gläubig“ wird, gibt er eigentlich nur seinen Skeptizismus und die gegen die Christen umlaufenden Verleumdungen auf.

Minucius Felix schreibt ein klares und gefälliges Latein, er ist jedoch nicht besonders tief oder originell. Die Form des Gesprächs ist Ciceros philosophischem Dialog De natura deorum nachgebildet, stoische Gedankengänge (Seneca) sind häufig verwertet. Das Gespräch ist wohl fingiert; Gesprächspartner sind der Christ Octavius und der Heide Caecilius; Marcus Minucius Felix ist Schiedsrichter zwischen seinen Freunden. Den oft heftigen Angriffen des Caecilius begegnet Octavius zurückhaltend und ohne verletzende Polemik.

Octavius steht in Gedanken und Formulierungen Tertullians Apologeticum und teilweise auch der Schrift Ad nationes so nahe, daß eine Abhängigkeit sicher ist. Laktanz setzt Minucius Felix zeitlich vor Tertullian (inst. 5, 1, 22f), Hieronymus umgekehrt (vir. ill. 53. 58; ep. 70, 5). Die seit 1868 (A. Ebert) immer wieder mit Eifer und Scharfsinn geführten Untersuchungen über die Priorität Minucius Felix—Tertullian haben noch zu keinem allgemein angenommenen Ergebnis geführt; die Priorität Tertullians scheint jedoch besser begründet, wenn nicht gesichert zu sein.

Zu Beginn des Dialogs am Strand von Ostia bestreitet Caecilius vom Standpunkt der jüngeren Akademie, daß wir etwas Zuverlässiges über Gott, Schöpfung und Vorsehung wissen können. Man soll daher den überlieferten Götterkult beibehalten, der Rom groß gemacht hat. Die Christen sind ungebildete und leichtgläubige Leute, die die Götter verachten und bei ihren Gelagen abscheuliche Unzucht verüben und ein Kind aufessen. Ein unsichtbarer und allwissender Gott ist ein Phantasiegebilde, die Lehre vom Weltuntergang und von der Auferstehung ist unsinnig. Verfolgte Christen überläßt ihr Gott dem Verderben. Man muß Skeptiker bleiben: quod supra nos, nihil ad nos (5/13).

Octavius geht auf alle Schwierigkeiten und Angriffe ein, häufig in der Form der Retorsion. Gott ist aus der Welt und ihrer Ordnung zu erkennen, auch die Volksmeinung, Dichter und Philosophen sind dafür Zeugen. Die Götter sind mit Euhemerus als vergöttlichte Menschen zu erklären; Mysterien und Götterkulte sind voller Anstößigkeiten. Rom ist nicht durch seine Religion, sondern durch Raub und Gewalt groß geworden. Hinter Orakeln und Götterbildern stehen Dämonen, die auch die Verleumdungen gegen die Christen in Umlauf gesetzt haben. Die Lehren über Gott, Weltende und Unsterblichkeit sind nicht unvernünftig. Schließlich ist auch das Leben der Christen selbst ein Beweis der Wahrheit (14/38).

Caecilius erklärt sich für besiegt und wird gläubig.

C. Halm, CSEL 2, 1/71, 1867.– Kerr-Rendall, Lo 1960 (TÜ).– J. Martin, FP 8, 1930.– U. Moricca, R 1933 (TÜ).– M. Pellegrino, To 1950.– G. Quispel, Lei 1949 (TK).– J. van Wageningen, 1/2, Ut 1923 (T, philol. K).– J. P. Waltzing, Lou 1903, Bruges 1909 (TK); L ²1926.– J. Beaujeu, P 1964 (TÜ).– B. Kytzler, Mn 1965 (TÜ).– A. Müller, BKV² 14, 1913.– J. P. Waltzing, Lou 1914 (Ü). ** B. Axelson, Das Prioritätsproblem Tertullian-Minucius Felix, Lund 1941.– H. J. Baylis, M. Fel. and his place among the early Fathers of the Latin church, 1928.– C. Becker, Tertullians Apol., 1954, 309/32 (Tert. vor M. F.).– B. Berge, Exeget. Bemerkungen zur Dämonenauffassung des Min. Fel., 1929.– R. Beutler, Philosophie und Apologie bei Min. Fel., 1936.– Boor, Mn 11, 1943, 161/90 (M. F. und Clem. Al.).– Borleffs, De Tertulliano et Minucio Felice, Groningen 1925.– Büchner, Her 1954, 231/45 (3 Quellennachweise).– Courcelle [Th. Klauser, 1964] 34/42 (Virgile et l'immanence divine).– della Casa, Maia 1962, 26/39 (Datierung; krit. Bemerkungen zu Rossi).– Diller, Phil 1935, 98/114; 216/39 (Prioritätsprobl.).– Frassinetti [A. Beltrami, Varese 1954] 83/96 (Tert. vor M. F.).– Helm, Wiss. Z. der Univ. Rostock 1953, 88/91 (unter Antoninus Pius abgefaßt).– H. J. de Jong, Apologetiek en christendom in den Oct. van Min.

F., 1935.– Kuijper, VC 1952, 202/7 (Tkr.).– Kurfess, Orph 1, 1954, 125/9 (Tert. vor M. F.).– Lavallée [Mél. Saumier, Lyon 1944] 121/38 (Apologetik des M. F.).– Leclercq, DAL 11, 1388/1412.– Lieberg, RhM 1963, 64/71 (röm. Religion).– Opitz, PWK 15, 1816/20 (Tert. vor M. F.).– Paratore, RR 1947, 132/59 (M. F. vor Tert.).– Préaux, Lat 1950, 395/413 (Min. Fel. de fato); Lat 1955, 262/70 (38, 2; Tert. vor M. F.).– Quispel, VC 1949, 113/22 (jewish source of M. F.); Eranos-Jb 18, 1950, 173/82 (anima naturaliter christ.; M. F. vor Tert.); Lat 1951, 163/9 (anima nat. christ.).– Rossi, Giorn. Ital. di filol. 1959, 289/304 (vor 161).– Scheidweiler, Her 1954, 487/94 (Tkr.).– Schuster, WSt 1934, 163/7 (M. F. und die christl. Popularphilosophen).– Speyer, JbAC 1963, 129/35 (Vorwürfe der Heiden).– Tibiletti, AtTor 1956 f, 60/72 (Tert. vor M. F.).– Tomaselli-Nicolosi, MiscStLCA 1, 1947, 67/78 (Lucrez bei M. F.).– H. Wagenvoort [Ch. Mohrmann, 1963] 66/72 (Oct. 3, 1; 29, 2).– J. P. Waltzing, Lexicon Minucianum, 1910.– Waszink, VC 1954, 129/33 (Tkr.).– van Winden, VC 1954, 72/7 (19, 9).– Wotke, WSt 1935, 110/28 (Oct. ein christl. Logos protrept.).

§ 44. Tertullianus († nach 220)

Quintus Septimius Florens Tertullianus wurde um 160 zu Karthago als Sohn eines heidnischen römischen Hauptmanns geboren. Er erhielt eine gute wissenschaftliche, insbesondere juristische Ausbildung und rednerische Schulung. Auch die griechische Sprache war ihm vollständig geläufig. Ob er mit dem in den Pandekten zitierten gleichnamigen Juristen identisch ist, bleibt umstritten. Um 195 ist er aus Rom, wo er Rechtsanwalt war, als Christ in seine Vaterstadt zurückgekehrt. Alsbald begann er eine rege literarische Tätigkeit im Dienste der Kirche. Daß er, wie Hieronymus behauptet (vir. ill. 53), Presbyter war, ist sehr unwahrscheinlich. Spätestens 207 trennte er sich von der Kirche; sein strenger und düsterer, jedem Ausgleich abholder Sinn führte ihn zu den Montanisten. Aber bald wurde er das Haupt einer eigenen Partei, der Tertullianisten (Aug. haer. 86). Er starb in hohem Alter nach 220 in Karthago.

Tertullian ist einer der originellsten und bis auf Augustin der individuellste aller lateinischen Kirchenschriftsteller. Religiös entflammt, besaß er einen durchdringenden Verstand, hinreißende Beredsamkeit, stets schlagfertigen Witz und hervorragende Kenntnisse auf allen Gebieten. Dabei beherrschte er wie kein anderer die lateinische Sprache und gestaltete sie frei zu ganz neuen Formen. Seine Schriften haben nächst der Vetus Latina und Vulgata auf das altchristliche Latein am meisten Einfluß geübt. Ihn als Schöpfer der christlichen Latinität zu bezeichnen, geht jedoch zu weit. Er schreibt einen knappen, markigen, darum aber auch oft dunklen Stil; richtig sagt von ihm Vinzenz von Lerin: Quot paene verba, tot sententiae (c. 18). Wenn aber Vinzenz fortfährt: Quot sensus, tot victoriae, so irrt er; denn Tertullians Dialektik blendet mehr, als sie überzeugt, und das hängt mit seinem Wesen zusammen. Er hatte eine aufgeregte, zu Extremen hinneigende Natur, und er selbst muß einmal gestehen, daß ihm die Tugend, zu deren Lobpreis er eine eigene Schrift verfaßte (pat. 1), vollständig fehle. In seiner Rhetorik spielt das ganze Register von pathetischem Zorn, spöttischem Witz und advokatischer Zungenfertigkeit. Im Streit kennt er keine Rücksichten, fast alle seine Schriften sind Streitschriften. Mit derselben Bitterkeit, mit der er als Katholik das Verfahren der heidnischen Statthalter brandmarkte und die heidnische Religion überhaupt angriff und lächerlich machte, bekämpfte er später als Montanist die angebliche Laxheit der katholischen Kirche und scheute sich nicht, selbst die Agapenfeiern in dunklen Anspielungen zu verdächtigen (ieiun. 17). Wegen seiner schwer verständlichen Sprache, mehr aber noch wegen seines Abfalls zum Montanismus blieb er indes bald ungelesen oder wenigstens, wie schon bei Cyprian, ungenannt.

Die Schriften Tertullians lassen sich zeitlich kaum genau ordnen; mit größerer Sicherheit kann man gewöhnlich nur bestimmen, ob sie der katholischen oder der montanistischen Periode des Verfassers angehören. Die häufigen Rückverweisungen der Schriften aufeinander und innere Gründe gestatten, eine verhältnismäßige Reihenfolge vieler Schriften festzustellen. Auch die Textüberlieferung ist recht mangelhaft. Nicht wenige Schriften gingen verloren; von andern (pud., ieiun.) sind die Hss. untergegangen, nach denen die ältesten Ausgaben gedruckt worden sind; wieder andere liegen in dem einzigen Codex Agobardinus (zu Paris) vor, der vom Erzbischof Agobard von Lyon (814–40) stammt. Nur für das Apologeticum gibt es zahlreiche Hss. Erhalten sind im ganzen 31 Schriften. Tertullian war der fruchtbarste lateinische Schriftsteller der vorkonstantinischen Zeit.

T, Ü, Überlieferung, Bibliographie: ML 1/2.– MLS 1, 29/32.– CCL 1/2, 1954 (Bibliographie: 1, X/XXV).– F. Oehler, Tert. opera, 1/3, 1851/4, ed. min. 1854.– V. Bulhart - J. W. Ph. Borleffs, CSEL 76, 1957; dazu Sciuto, Orph 1958, 164/71; Becker, Gn 1961, 289/91.– H. Hoppe, CSEL 69, 1939.– A. Reifferscheid - G. Wissowa, CSEL 20, 1890.– Ae. Kroymann, CSEL 47, 1906; 70, 1942.– Ü: H. Kellner, 1/2, 1882 (Ü aller T.-Schriften).– H. Kellner - G. Esser, BKV² 7; 24, 1912/5 (Auswahl).– Ch. Mohrmann, Ut 1951 (Auswahl vormontanistischer Schriften).– ACW 13; 24; 28.– FathCh 10; 40. ** Borleffs, VC 1951, 65/79 (nouveau manuscrit).– R. Braun, Deus Christianorum, P 1962, 563/77: Excursus I: La chronologie des ouvrages de T.– V. Bulhart, T.-Studien, SbW 231, 5, 1957 (Tkr. zu CSEL 76).– Dekkers, SE 1952, 372/83 (fragments récemment découverts). – G. Thörnell, Studia Tertullianea I–IV, Up 1918/26. – J. H. Waszink, Tert. De anima, A 1947, 597/620 (Bibliographie).

Sprache, Stil, Wörterverzeichnisse: Borleffs-Dierks-Michiels, SE 1949, 383/6 (Lexicon Tertullianeum). – R. Braun, „Deus christianorum". Recherches sur le vocabulaire doctrinal de T., 1962. – Bulhart, CSEL 76, IX/LVI (de sermone T.). – Campos, SE 1958, 353/8 (Stil; habere). – F. A. Demmel, Die Neubildungen auf -antia und -entia bei T., Diss. Zü 1944. – Evans, CQR 1944/5, 56/77 (theological terminology). – H. Hoppe, Syntax und Stil des T., L 1903; Beiträge zur Sprache und Kritik T.s, Lund 1932. – H. Janssen, Kultur und Sprache, N 1938 (Sprachentwicklung bei T. und Cypr.). – E. Löfstedt, Zur Sprache T.s, Lund 1920. – Siniscalco, AtTor 1958, 386/430 (restituere e restitutio). – St. W. J. Teeuwen, Sprachl. Bedeutungswandel bei T., 1926.

Monographien zu Leben und Lehre: A. d'Alès, La théol. de T., P 1905. – Bardy, DThC 15, 1, 130/71. – L. Bayard, T. et Cyprien, 1930 (moralistes chrét.). – J. Berton, T. le schismatique, P 1928. – Th. Brandt, T.s Ethik, G 1929. – G. Calloni Cerretti, Tertulliano, Modena 1957. – L. Castiglioni, Tertulliano, Mi 1937. – H. Karpp, Schrift und Geist bei T., G 1956. – J. Klein, Tertullian. Christl. Bewußtsein und sittl. Forderungen, Düss. 1940. – Koch, PWK II 9, 822/44, 1934. – J. Kolberg, Verfassung, Kultus und Disciplin der christl. Kirche nach den Schriften T.s, Braunsbg. 1886. – J. Lortz, T. als Apologet, 1/2, 1927/8. – P. Monceaux, Hist. litt. de l'Afrique chrét. 1, 1901. – J. Morgan, The importance of T. in the development of christ. dogma, Lo 1928. – B. Nisters, T. Seine Persönlichkeit und sein Schicksal, Mr 1950. – E. Nöldechen, Tertullian, Gotha 1890. – S. Otto, Natura und dispositio. Untersuchung zum Naturbegriff und zur Denkform T.s, Mn 1960. – F. Ramorino, Tertulliano, Mi 1923. – E. R. Roberts, The theology of T., Lo 1924. – S. F. Sajdak, T. Czasy-zycie-dziela, Poznań 1949. – P. Vitton, I concetti giuridici nelle opere di T., R 1924.

Einzelnes: Barlow, The Theologian 13, 2, 1957, 40/4 (Biblical inspiration). – Décarie, VC 1961, 23/31 (le paradoxe de T.). – Dölger, AC 5, 262/71 (misericordia). – da Fabriano, StPat 1958, 171/93 (la chiusura della rivelazione in T.). – Hanson, JTS 1961, 273/9 (interpretation of scripture). – Harnack, T.s Bibliothek christl. Schriften, SbB 1914, 303/34. – Kuss [J. Schmid, 1963] 138/60 (Hermeneutik). – Langstadt, SP 6, 122/6 (legalism). – Lehmann, Her 1959, 231/46 (T. im Mittelalter). – da Lio, StPat 1955, 358/95; 1956, 185/212 (Wunderbeweis bei T.). – Mohrmann, VC 1951, 111 f (T. bei Hieron. und Aug.). – Otto, MüThZ 1959, 276/82 (Mensch als Bild Gottes). – Restrepo-Jaramillo, Gr 1934, 3/58 (Glaubenssymbol). – Smitz, Th 1943, 127/39 (T. and Montanism). – Stelzenberger [K. Adam, Düss. 1956] 28/43 (Conscientia). – Tescari [Misc. G. Galbiati, Mi 1951] 13/8 (Engellehre).

Tertullian nicht Presbyter: H. Koch, ThSK 1931, 108/14. – J. Schrijnen, Charakteristik des altchristl. Latein, N 1932, 30 Anm. 1. – J. Klein, Tertullian, Christl. Bewußtsein, 1940, 268/73.

Kultur, Staat, Religion: A. d'Alès, REG 1937, 320/62 (T. helléniste). – M. M. Baney, Some reflections of life in North Africa in the writings of T., Wa 1948. – Basanoff, ACl 1950, 463/5 (Fortleben heidn. Vorstellungen bei T. und Aug.). – A. Beck, Römisches Recht bei T. und Cypr., 1930. – Daly, IER 1958, 14/23 (T. on Roman education). – Demougeot, SP 3, 354/65 (Paganus, Mithra et T.). – Hornus, RHPhR 1958, 1/38 (pensée politique). – V. Nemes, T. görög müveltsége, Pannonhalma 1935 (griech. Bildung T.s). – S. Oswiecimski, De scriptorum romanorum vestigiis apud T. obviis quaestiones selectae, Kraków 1951.– H. Pétré, L'exemplum chez T., Dijon 1945.– A. Rölli, T.s Stellung zum röm. Staat, Diss. T 1944.– K. Vysoky, Remarques sur les sources des œuvres de T., Prag 1937.

I. Apologetische Schriften

1. *Ad nationes,* 2 Bücher (197), eine Verteidigung gegen die heidnischen Angriffe und ein Angriff auf das in sittlicher und religiöser Auflösung begriffene Heidentum. Diese Schrift ist als provisorischer Entwurf für die noch in demselben Jahre im *Apologeticum* wesentlich gründlicher durchgeführte Auseinandersetzung mit dem Heidentum anzusehen.

Borleffs, CCL 1; Lei 1929 (mit Index verborum).– M. Heidenthaller, T.s 2. Buch Ad nat. und De test. animae, Pa 1942 (ÜK). ** Evans, VC 1955, 37/44.– Kuijper, VC 1954, 78/82.– A. Schneider, MusHelvet 1962, 180/89 (Tkr.).– van den Hout, Mn 4, 8, 1955, 168 f.

2. Das *Apologeticum* (Ende 197) ist an die Provinzialstatthalter des römischen Reiches gerichtet. Im Unterschied von allen andern alten Apologien berücksichtigt es fast nur die politischen Anschuldigungen gegen die Christen, nämlich Verachtung der Staatsgötter und Majestätsbeleidigung, und leitet die Apologetik von der philosophischen Linie auf die juristische über.

Mit großem Geschick wird dabei das von der heidnischen Staatsgewalt gegen die Christen beliebte Rechtsverfahren getadelt: Das einzige Verbrechen, das zur Verurteilung steht, ist das „nomen christianum". Allen andern Verbrechern gestattet man eine Verteidigung, den Christen aber nicht; bei anderen soll die Folter ein Geständnis erzwingen, bei den Christen eine Ableugnung. Die gegen die Christen ausgestreuten gemeinen Verdächtigungen werden entkräftet, und es wird das Wichtigste über den christlichen Glauben und das Gemeindeleben mitgeteilt. Das Christentum, heißt es am Schluß, ist eine Philosophie, aber die heidnischen Philosophen zwingt man nicht wie die Christen zu opfern, sie können sogar ungestraft die Götter leugnen. Doch werden die heidnischen Grausamkeiten den Christen nicht schaden, im Gegenteil: „Plures efficimur, quotiens metimur a vobis, semen est sanguis christianorum" (50).

Sehr umstritten ist der Text des Apologeticum. Die Schrift ist im heute verlorenen Codex Fuldensis in einer von der gewöhnlichen Überlieferung (Vulgata, mehr als 30 Hss.) vielfach abweichenden Fassung erhalten. Die öfters vertretene Ansicht (H. Schrörs, G. Thoernell), daß es sich um zwei verschiedene, von Tertullian selbst veranstaltete Ausgaben handele, war auch für die Textgestaltung des Büchleins durch die neuesten Herausgeber (H. Hoppe, C. Becker u. E. Dekkers) maßgebend. Dieser Anschauung steht die andere gegenüber, wonach die beiden Überlieferungen, wie gemeinsame Fehler beweisen, auf ein und denselben Archetypus zurückgehen, der sich frühzeitig durch das Eingreifen unerleuchteter Abschreiber in zwei Äste aufgespalten hat. Der Originaltext ist im Codex Fuldensis weniger entstellt als in der Vulgata (J. P. Waltzing, J. Martin, Löfstedt, Mohrmann). – Bereits am Anfang des 3. Jh. ist das Apologeticum ins Griechische übersetzt worden.

E. Dekkers, CCL 1.– C. Becker, Mn ²1961 (TÜK).– S. Colombo, To 1918 (TK), To 1926 (T).– J. Martin, FP 6, 1933.– B. Mayor-A. Souter, C 1917 (TÜ).– J. P. Waltzing, Liège 1914 (Cod. Fuld.); Liège 1919 (Texte établi d'après la double trad. manuscrite, ÜK); Ndr. P 1931.– J. P. Waltzing-A. Severyns, P 1929, ²1961 (TÜ).– P. Henen, Index verborum quae T.i Apologetico continentur, Lou-P 1910.– Ü: Ch. Mohrmann, Ut-Bru 1951.– J. Sajdak, Poznań 1947. ** Alfonsi, Lat 2, 1949, 5/11 (apol. 46, 15).– C. Becker, Tertullians Apologeticum. Werden und Leistung, Mn 1954; ThR 1957, 172/4 (Tkr.).– Beran [Misc. Mohlberg, 1948] 2, 7/32 (de ordine missae).– Bickel [F. J. Dölger, 1939] 54/61 (apol. 18).– Borleffs, VC 1952, 129/45 (Institutum Neronianum).– F. di Capua, Scritti min. 2, 47/55 (apol. 16, 6).– Casamassa, Ang 1943, 184/94 (apol. 37, 4: l'accusa di „hesterni").– Dölger, AC 1929, 271/90 (apol. 21); 1930, 241/51 (apol. 30, 4); 1934, 118/200 (sacram. infanticidii); 1936, 188/200 (apol. 6, 4); 1950, 157/9 (apol. 40, 2).– Emonds, RhM 1937, 180/91 (apol. 46, 16); Zweite Auflage, 1941, 137/87 (apol.).– Frassinetti, RILSL 91, 1957, 3/122 (Text).– Grant, VC 1951, 113 (apol. 47, 6 f).– Griffe, BLE 1949, 129/45 (Christenverfolgungen, juristische Grundlage).– Oswiecimski, Eos 44, 1950, 11/22 (apol. 15).– Paoli, SIF 1956, 318/23 (varianti di autore).– Pellegrino, AtTor 90, 1955 f, 356/70; 371/442 (Semen est sanguis Christianorum); HJB 1958, 370/82 (duplice redazione).– Préaux [L. Herrmann, 1960] 639/54 (apol. 16, 12: deus christianorum, Onocoetes).– Quacquarelli, Gr 1950, 145/74; 562/89 (Christenverfolgungen).– Saumagne, ThZ 1961, 334/55 (Institutum Neronianum).– Schmeck, Gn 1954, 410/12 (Tkr.).– Tescari, RAC 1947/8, 349/52 (apol. 46, 14).– Volterra [C. Ferrini, 1947] 471/88 (apol. 5, 1 f).– Zeiller AB 1949, 49/54 (Christenverfolgungen); RHE 1955, 393/99 (Institutum Neronianum).

3. *De testimonio animae* führt Tertullian einen Satz des Apologeticum (17) näher aus: „O testimonium animae naturaliter christianae!" Die Heiden zeigen in ihren spontanen Ausrufen, daß sie im Grunde ihrer Seele an die Einheit Gottes, die Fortdauer der Seele und die Existenz böser Geister glauben, z. B. wenn sie sagen: Gott sieht es, oder: Der Verstorbene möge sanft ruhen.

G. Quispel, Lei 1952 (T); Lei 1952 (Ü).– C. Tibiletti, To 1959 (TK). ** Lazzati, Atene e Roma 1939, 153/66 (fonti).– Quispel, Lat 1951, 163/9 (anima naturaliter christiana).– Tibiletti, AtTor 1953/4, 84/117 (anima naturaliter christiana); GiornItFil 1959, 258/62 (Tkr.).

4. *Ad Scapulam* (212), ein offener Brief, der dem wütenden Christenfeind Scapula, Prokonsul in Afrika, unter Hinweis auf eine Sonnenfinsternis mit dem Strafgericht Gottes droht.

Bulhart, CSEL 76.– Dekkers, CCL 2.– Quacquarelli, 1957 (TK); dazu Waszink, VC 1959, 60/4. ** Dölger, AC 6, 70 f (ad Scap. 4).– Quacquarelli, Gr 1950, 562/89 (Christenverfolgung).– Waszink, VC 1959, 46/57 (Tkr.).

5. *Adversus Iudaeos* ist noch mehr als Adversus nationes ein bloßer Entwurf geblieben. Auch der 2. Teil (9/14) ist echt und wurde später im 3. Buch *Adversus Marcionem* verwertet. Die Schrift sucht zu zeigen, daß das atl. Gesetz nur so lange gültig war, bis Jesus Christus als der neue Gesetzgeber gekommen ist, vorhergesagt von den Propheten. Auch die Heiden haben Anteil an der Gnade Gottes.

Kroymann, CSEL 70.– H. Tränkle, 1964 (TK). ** G. Quispel, De bronnen van Tert. Adv. Marc., Lei 1943, 61/79 (T. adv. Iud.); dazu Borleffs, VC 1947, 195 f.– Säflund, De pallio, 1955, 122/208 (Verhältnis von Adv. Iud. zu Adv. Marc. III).– M. Simon, Verus Israel, 1948.– A. L. Williams, Adv. Iudaeos, C 1935, 43/52.

II. Dogmatisch-polemische Schriften

6. *De praescriptione haereticorum* (um 200). In freier Übersetzung will der Titel der Schrift besagen, daß gegenüber den Häretikern eine praescriptio geltend gemacht werden kann. Unter praescriptio verstanden die Rechtsgelehrten der Kaiserzeit die Berufung eines Beklagten auf eine gesetzliche Vorschrift, die den Kläger a limine abwies, so daß ein Prozeßverfahren gar nicht stattfinden konnte. Dieser juristische Tatbestand gab Tertullian die Anregung, seine „theologische praescriptio" geltend zu machen.

Im Mittelpunkt seiner z. T. wenig übersichtlichen Darlegungen stehen zwei Feststellungen (praescriptiones): 1. Christus hat die Apostel und sonst niemand anderen zu Verkündern seiner Lehre bestellt. 2. Die Apostel haben diese Lehre niemand anderem als den von ihnen begründeten Gemeinden anvertraut. Damit ist nicht nur das höhere Alter der apostolischen Gemeinden, sondern auch ihrer Lehre im Vergleich zu allen Häresien erwiesen. Die Häresien sind bereits durch diese Feststellung, weil später entstanden, des Irrtums überführt. Von diesem Standpunkt aus hat es Tertullian gar nicht nötig, die gnostischen Lehren im einzelnen zu prüfen und als falsch zu widerlegen. Jede Lehre, die mit der Lehre der apostolischen Kirchen übereinstimmt, ist als wahr anzusehen, weil diese Kirchen ihre Lehre von den Aposteln, die Apostel von Christus empfangen haben und Christus von Gott (21).

Die Kirche ist rechtmäßige Besitzerin des Glaubens, und ihr gehört auch die Hl. Schrift (19). Die Häretiker haben kein Recht, über den Sinn der Hl. Schrift zu urteilen. Die Glaubensregel, d. h. die Lehre der apostolischen Kirchen, entscheidet über den Umfang und Inhalt des Glaubens. Private Schriftauslegung und Disputationen über den Sinn von Schriftstellen führen niemals zum Ziel (16). Die apostolische Tradition garantiert auch die richtige Erklärung der Hl. Schrift (15/19). Nichts gegen die Glaubensregel wissen heißt alles wissen (Adversus regulam nihil scire omnia scire est: 14, 5).

Bakhuizen van den Brink, Haag 1946. – J. Martin, FP 4, 1930. – R. F. Refoulé, SCh 46, 1957 (T mit Ü von P. de Labriolle). – Ae. Michiels, Steenbrugge 1959 (Index verborum). – Ch. Mohrmann, Ut-Bru 1951 (Ü). ** Czuj, CTh 1954, 194/247. – Dölger, AC 1929, 88/91; 1930, 268/80 (praescr. 40). – P. U. Hüntermann, De praescr. haer. libri analysis, Quaracchi 1934. – J. Stirnimann, Die Praescriptio T.s im Lichte des röm. Rechts und der Theologie, FrSch 1949; dazu Steinwenter, ZSK 1952, 507/11. – van Unnik, VC 1949, 1/36 (praescr. 38). – A. Vellico, La rivelazione e le sue fonti nel De praescr. haer. di T., R 1935. – G. Zimmermann, Die hermeneut. Prinzipien T.s, Diss. L 1937.

In der Editio Gangneiana ist der Schrift *De praescriptione* (als Kap. 46/53) unter dem Titel *Adversus omnes haereses* eine Zusammenstellung von 32 Häresien angehängt. Diese ist nach E. Schwartz ein von Viktorin von Pettau übersetzter und antiorigenistisch bearbeiteter griechischer Traktat, der von Papst Zephyrin oder einem seiner Kleriker verfaßt wurde.

Kroymann, CSEL 47, 213/26; CCL 2, 1399/1410. – E. Schwartz, SbMn 1936, 3, 38/45.

7. Die 5 Bücher *Adversus Marcionem* sind das bei weitem umfangreichste Werk. Tertullian hat dieser Schrift drei verschiedene Fassungen gegeben, von denen uns jedoch nur die letzte ausführlichste Bearbeitung erhalten ist. Das uns vorliegende erste Buch ist im 15. Jahre der Regierung des Kaisers Severus, d. h. 207, geschrieben (vgl. 1, 15). In 5, 10 nimmt der Verfasser bereits auf seine Schrift De carnis resurrectione Bezug. Das Werk gehört der montanistischen Periode seines Lebens an (vgl. 1, 19; 3, 24; 4, 22).

In Buch 1/2 wird dargetan, daß der Weltschöpfer von dem guten Gott nicht verschieden sein kann, in Buch 3, daß der erschienene Christus der im alten Bunde geweissagte Messias, nicht ein höherer Äon in einem Scheinleibe war. In Buch 4 und 5 kritisiert Tertullian das von Marcion geschaffene Neue Testament und zeigt, daß zwischen dem Alten und Neuen Testament keine Widersprüche bestehen.

Kroymann, CSEL 47; verbessert CCL 1. ** Aalders, Mn 1937, 241/82 (Luc.-Zitate). - D'Alès, RSR 1936, 99 f; 585 f; 1937, 228/30 (adv. Marc. 3, 18; 4, 21). – E. Bosshardt, Essai sur l'originalité et la probité de Tert. dans son traité contre Marcion, Thèse FrSch 1921. – E. Evans, TU 73, 699/705 (T.'s commentary on the Marcionite gospel). – Grant, VC 1951, 114 f (adv. Marc. 1, 13). – A. Harnack, Marcion, TU 45, [2]1924; Ndr. Darmst. 1960 mit Neue Studien zu Marcion, 1923. – Higgins, VC 1951, 1/42 (Text of Luke in Marc. and T.). – Naumann, ZkTh 1934, 311/63; 533/51 (Problem des Bösen in T.s adv. Marc. 2). – G. Pfligersdorffer, De Tert. adv. Marc. lib. tertii argumento sententiarumque connexu, Diss. W 1939. – G. Quispel, De bronnen van Tert. Adv. Marc., Lei 1943; VC 1947, 42 (Tkr.). – Rist, JR 1942, 39/62 (pseudographic refutations of Marcionism). – M. C. Tenney, The quotations from Luke in Tert., Diss. Harvard-Univ. 1944. – Waszink, Mn 1935/6, 172; 1943, 72/4; 1947, 127/9 (Tkr.).

8. *Adversus Hermogenem*, eine Verteidigung der christlichen Schöpfungslehre gegenüber dem Gnostiker und Maler H. in Karthago.

J. H. Waszink, Ut 1956 (T); ACW 24, 1956 (ÜK). ** Hiltbrunner, VC 1956, 215/28 (Tkr.). – Orbe, Gr 1958, 706/46 (teologia trinitaria). – Quacquarelli [G. Belvederi, 1954] 187/97 (adv. H. 1). – Waszink, VC 1955, 129/47 (Tkr.).

9. *Adversus Valentinianos*, gegen den Gnostiker V. und seine Anhänger gerichtet; benützt stark Irenäus (haer. 1).

Kroymann, CSEL 47; verbessert CCL 2. ** D'Alès, RSR 1935, 496 (adv. Val. 12). – Dölger, AC 1930, 41/56 (adv. Valent. 2 f); AC 1936, 272/4 (adv. Val. 8). – Quispel, NTT 1948, 280/90 (T.s satire in Adv. Val.).

10. *Scorpiace*, ein Heilmittel gegen den Skorpionenstich der gnostischen Irrlehre, verteidigt den sittlichen Wert des Martyriums (213).

Reifferscheid-Wissowa, CSEL 20; verbessert CCL 2. ** Vaccari, Scritti 2, 7/11.

11. *De carne Christi* widerlegt den Doketismus der Gnostiker; hier (9) die Behauptung, das Antlitz Christi sei häßlich gewesen (um 210/12).

Kroymann, CSEL 70; verbessert CCL 2. – E. Evans, Lo 1956 (TÜ).

12. *De carnis resurrectione* verteidigt die Auferstehung des Fleisches gegen die Gnostiker.

Borleffs, CCL 2. – E. Evans, Lo 1960 (TÜK). ** Davies, JTS 1955, 90/4 (res. 63: origins of Montanism). – Gewiess, ThQ 1948, 477 ff (Phil. 2, 5/11 in res. 6). – Quacquarelli, RassScFilos 1956, 77/93 (res. 5, 1: rhetoricari e philosophari).

13. *Adversus Praxean*, die klarste vornizänische Darlegung der kirchlichen Trinitätslehre, gegen den Patripassianer Praxeas gerichtet; hier (3) erstmals das Wort trinitas.

E. Evans, Lo 1948 und 1956 (TÜK); dazu Waszink, VC 1953, 246/53. –

G. Scarpat, To 1959 (TÜK). ** J. Barbel, Christos Angelos, Bonn 1941, 70/9.– Camelot, RSPhTh 1949, 31/3 (adv. Prax. 8).– Cantalamessa, SC 1962, 28/50 (Praxeas und der Monarchianismus).– Evans, SP 3, 196/9 (second thoughts).– Rossi, GiornItFil 1960, 248/60 (citazione dei testi sacri).– Simonetti, RivStorLettRel 1, 1965, 97 f (adv. Prax. 27, 11: persona Christi).– Th. L. Verhoeven, Studien over T.s Adv. Praxean, A 1948, Diss. Ut; VC 1951, 43/8 (monarchia).

14. *De baptismo*, eine Darlegung der kirchlichen Lehre von der Taufe, ihrer Notwendigkeit und ihren Wirkungen. Die Häretikertaufe ist ungültig (15).

Borleffs, CCL 1.– E. Evans, Lo 1964 (TÜK).– B. Luiselli, To 1960 (TK).– R. F. Refoulé-M. Drouzy, SCh 35, 1952 (TÜK); dazu Borleffs, VC 1954, 188/92.– Borleffs, Mn 1931, 50/102 (Index verborum). ** Borleffs, VC 1948, 185/200 (Ms. von Troyes); VC 1954, 188/92 (Tkr.).– Luiselli, RivCultClMed 2, 1960, 209/16 (Bibeltext).– Mohrmann, VC 1951, 49 (bapt. 2, 2).– Quasten [Mél. J. Ghellinck, 1951] 223/34 (Baptismal creed and baptismal act).– Schepens, RSR 1948, 112 f (bapt. 5).

15. *De anima* (210/13), nächst der Schrift gegen Marcion das umfangreichste Werk, gehört in die Reihe der antignostischen Schriften und ist mit der verlorenen gegen Hermogenes gerichteten Abhandlung *De censu animae* verwandt. Tertullian schreibt keine systematische Abhandlung über die Seelenlehre, sondern verfolgt polemische Ziele; er will philosophische und gnostische Irrlehren widerlegen. In der Schrift wird neben anderen Autoren vor allem der Mediziner Soranus von Ephesus benützt.

J. H. Waszink, A 1947 (TÜK; dazu Becker, Gn 1953, 47/56); CCL 2; Index verborum et locutionum quae T.i de anima libro continentur, Bonn 1935. ** G. Esser, Die Seelenlehre T.s, Pa 1893.– Festugière, RSPhTh 1949, 129/61 (composition et l'esprit); Jahresber. der Görresges. 1951 (Köln 1952), 53/68 (Philosophie und Gnosis).– H. Karpp, Probleme altchristl. Anthropologie, 1951, 40/91.– Lievestro, JournHistIdeas 1956, 264/8 (the sensus argument).– Nock, VC 1950, 129/41 (ahori).– Seyr, Commentationes Vindobon. 3, 1937, 51/74 (Seelen- und Erkenntnislehre T.s und der Stoa).– Tibiletti, RFC 1957, 256/60 (an. 41).– Waszink [F. J. Dölger, 1939] 276/8 (eschatolog. Deutung der Siebenzahl); VC 1947, 137/49 (Aristoteles); VC 1949, 107/112 (Mors immatura); 1950, 212/45 (Klauseltechnik).

III. Praktisch-aszetische Schriften

a) Aus der katholischen Zeit:

16. *Ad martyres* will Christen, die im Kerker schmachten, trösten und stärken (197 oder 202/03).

Bulhart, CSEL 76; dazu Sciuto, Orph 1958, 164/71.– A. Quacquarelli, R 1963 (TÜK).– F. Sciuto, Tert., Tre opere parenetiche, Ca 1961 (TÜ). ** Alfonsi [A. Beltrami, Genova 1954] 39/49 (Consolatio, auch Protreptikos und Diatribe).– C. Becker, Tert.s Apologeticum, 1954, 350/4 (Datierung vor Ad nat.

und Apol.).– H. v. Campenhausen, Die Idee des Martyriums, 1936, 17/28.– E. E. Malone, The monk and the martyr, Wa 1950, 30/4.– Schlegel, DR 1945, 125/8 (circumstance of the composition).– Vysoky, Listy Filologicke 72, 1948, 156/66 (Quellen).

17. *De spectaculis* (197–200) verbietet den Besuch jeder Art heidnischer Schauspiele wegen ihrer Sittenlosigkeit und ihres engen Zusammenhangs mit dem Götzendienst.

E. Castorina, Fi 1961 (TÜK).– Dekkers, CCL 1.– J. Marra, To 1954.– P. de Labriolle, 1/2, P 1936 (ÜK).– Ch. Mohrmann, Ut 1951 (Ü). ** C. Becker, T.s Apologeticum, 1954, 348 f (spect. vor Ad nation.).– J. Büchner, T. De spect., Kommentar, Wü 1935.– Couratin, JEH 1951, 19/23 (spect. 25: Sanctus).– J. Köhne, Die Schrift T.s über die Schauspiele in kultur- und religionsgeschichtl. Beleuchtung, Diss. Br 1929.– Turcan, REL 1958, 255/62 (spect. 8: aedes Solis).– van der Nat, VC 1964, 129/43 (the structure).– Waszink, VC 1948, 224/42 (Varro, Livius und T. zum röm. Drama).

18. *De oratione* gibt für Katechumenen Vorschriften über das Gebet im allgemeinen und erklärt das Vaterunser (198–204).

G. F. Diercks, Bussum 1947 (TÜK); CCL 1; Ut 1956.– E. Evans, Lo 1953 (TÜK). ** Alfonsi, Convivium 1961, 641/7.– Dekkers, Tert. en de geschiedenis der Liturgie, 117/26.– Dölger, AC 1936, 116/37 (or. 16).– Higgins, JTS 1945, 179/83 (6. Bitte des Vaterunsers).– Pétré, RSR 1951, 63/79 (4. Bitte des Vaterunsers).– Schäfer, ThGl 1943, 1/6 (Vaterunser).– Simovic, France francisc. 1938, 145/64; 193/222 (Vaterunser).

19. *De patientia*. Tertullian will über diese Tugend, die er selbst nicht besitze, in einer Weise sprechen, wie der Kranke gern den Wert der Gesundheit preise; ihre größte Feindin sei die Rachsucht (200–203).

Borleffs, Haag 1948.– F. Sciuto, T., Tre opere parenetiche, Ca 1961 (TÜ). ** Carlson, ClPh 1948, 93/104 (pagan examples of fortitude in Latin Christ. apologists).

20. *De paenitentia* (wohl 203) handelt über Bußgesinnung und -übung vor der Taufe (1/6) und die einmalige kirchliche Buße, der sich ein Getaufter nach Begehung einer „schweren Sünde“ zu unterziehen hat (7/12).

Borleffs, CCL 1; CSEL 76 (mit reicherem Apparat); Mn 2, 40, 1933, 254/316 (Index verborum).– F. Sciuto, Tertulliano. Tre opere parenetiche, Ca 1961.– Le Saint, ACW 18, 1959 (Ü). ** Lukman [R. Egger, 1952]343/6 (paen. 7, 7/9: Anblasen des Teufels).

21. *De cultu feminarum* (2 Bücher) bekämpft die verschiedenen Formen des Frauenputzes (197–201).

Kroymann, CSEL 70; verbessert CCL 1.– W. Kok, Dokkum 1934 (TÜK).– J. Marra, To ²1951; dazu Thörnell, Gn 1953, 104/6.– A. Gerlo, A 1955 (Ü). ** Braun, SE 1955, 35/48 (Text von 2, 6, 4).– A. Ducheyne, Proeve van vertaling en commentaar (des 1. Buches), Thèse Gand 1941.– Säflund, De pallio, 1955, 106/21 (Chronologie).– Seliga [Munera philol. L. Cwiklinski oblata, Poznań 1936] 262/69 (T. et Cyprian. de feminarum moribus pravis).– van der Nat, VC 1964, 14/31 (c. fem. 2, 2).

22. *Ad uxorem* (2 Bücher) bittet seine Frau, nach seinem Tode Witwe zu bleiben oder nur einen Christen zu heiraten (um 203).

A. Stephan, 's Gravenhage 1954.– Le Saint, ACW 13, 1951 (Ü); dazu Waszink, VC 1952, 183/90. ** Frassinetti, RILSL 2, 88, 1955, 151/88 (scritti matrimoniali di Seneca e T.).– Kujper, VC 1955, 247 f (Tkr.).

b) Aus der montanistischen Zeit:

23. *De exhortatione castitatis* mahnt einen verwitweten Freund, keine zweite Ehe einzugehen, die er geradezu als eine „Art Unzucht" bezeichnet (9) (vor 207).

Kroymann, CSEL 70; verbessert CCL 2.– Le Saint, ACW 13, 1951 (Ü). ** Tibiletti, Maia 1958, 209/20 (exh. cast. 1, 1).

24. *De monogamia,* ein heftiger Ausfall gegen die Erlaubtheit der zweiten Ehe (um 217).

Bulhart, CSEL 76.– Le Saint, ACW 13, 1951 (Ü); dazu Plumpe, ThSt 1951, 557/9 (Tkr.). ** de Aldama, SE 1963, 34/9 (monog. 8, 2).

25. *De virginibus velandis* verlangt die Verschleierung aller Jungfrauen, nicht bloß in der Kirche, sondern auch in der Öffentlichkeit (vor 207).

Bulhart, CSEL 76.– G. F. Diercks, Ut 1956.

26. *De corona* (211) verwirft die Bekränzung der Soldaten als etwas spezifisch Heidnisches und verbietet den Kriegsdienst als mit dem Christenglauben unvereinbar.

Kroymann, CSEL 70; verbessert CCL 2.– J. Marra, To ²1951; dazu Thörnell, Gn 1953, 104/6. ** K. Baus, Der Kranz in Antike und Christentum, 1940.– Dölger, AC 1941, 77 (cor. 12).– Franchi de' Cavalieri, ST 65, 357/86.– Minn, EvQuarterly 1941, 202/13 (T. und der Krieg).– De Plinval [Mél. J. Ghellinck, 1951] 183/8.– Ryan, ThSt 1952, 1/32 (reiection of military service).

27. *De idololatria* fordert strengste Ablehnung des Götzendienstes und aller ihm irgendwie dienenden Berufe (Künstler, Lehrer, staatliche und militärische Beamte).

Reifferscheid-Wissowa, CSEL 20; verbessert CCL 2. ** C. Becker, Tert.s Apol. 1954, 349 f (Datierung).– Dölger, AC 1932, 192/203 (idol. 11).– G. L. Ellsperman, The attitude of early christ. writers toward pagan litterature and learning, W 1949, 23/42.– Koep [Th. Klauser, 1964] 199/208 (idol. 9: Astrologie).– J. L. Schulte, Het Heidendom bij T., Diss. Lei 1923.– van der Nat, VC 1963, 71/84 (Tkr.).

28. *De fuga in persecutione:* Die Flucht in der Verfolgung ist unstatthaft und widerstreitet dem Willen Gottes (um 212).

Bulhart, CSEL 76.– J. Marra, To 1954.– J. J. Thierry, Hilversum 1941 (TÜ); 1947, 233/62 (Index verborum); CCL 2. ** Waszink, Museum 1, 1943, 168/70.

29. *De ieiunio adversus psychicos,* eine Verteidigung der montanistischen Fastenpraxis mit heftigen Ausfällen gegen die ihren Lüsten frönenden Psychiker, d. h. Katholiken (16f); wichtig für die Geschichte der Fastenpraxis.

Reifferscheid-Wissowa, CSEL 20; verbessert CCL 2. ** J. Schümmer, Die altchristl. Fastenpraxis..., Mr 1933.

30. *De pudicitia* streitet im Gegensatz zu früher der Kirche das Recht ab, Sünden nachzulassen. Diese Vollmacht besitzt nicht die rechtlich organisierte „Bischofskirche", sondern haben nur die „homines spiritales", die Geistesmänner („Apostel und Propheten"). Tertullians leidenschaftlicher Kampf richtet sich gegen ein edictum peremptorium eines nicht genauer bezeichneten Bischofs (pontifex maximus quod est episcopus episcoporum), der erklärt hat: „Ego et moechiae et fornicationis delicta paenitentia functis dimitto" (1). Die vielfach vertretene Auffassung, daß hier als Gegner Papst Kallistus (217–22) gemeint sei, ist abzulehnen. Aus De pudicitia kann kein befriedigender Beweis dafür geführt werden, daß Tertullian einen außerhalb Afrikas lebenden Bischof bekämpft, und außerdem liegt dem Bericht Hippolyts (Philos. 9, 12), der Kallistus und seine „laxe" Praxis angreift, eine ganz andere Situation zugrunde, als sie aus der Tertullianschrift erschlossen werden muß. Tertullian wendet sich wohl gegen den Bischof Agrippinus von Karthago (Cypr. ep. 71, 4).

Dekkers, CCL 2.– P. de Labriolle, P 1906 (TÜ).– E. Preuschen, T ²1910.– G. Rauschen, FP 10, 1915.– Le Saint, ACW 28, 1959 (Ü). ** Altaner, ThR 1939, 129/38 (Literatur über den von T. bekämpften Bischof).– Daly, SP 3, 176/82 („Edict of Callistus").– Keseling, PhJB 1947, 256f (Aristoteles in pud. 1, 1).– W. Köhler, Omnis ecclesia Petri propinqua, SbHei 1938; ZKG 1942, 124/35.– Langstadt, SP 2, 251/7 (doctrine of sin and the power of absolution).– Nock, HThR 1939, 83/96 (edictum peremptorium).– Poschmann, Paenit. 348/67.– Quacquarelli, RassScFilos 1949, 16/37 (Buße bei T.).– Stoekkius, AKKR 1937, 24/126 (Primatsfrage bei T.).

31. *De pallio,* die kürzeste aller Schriften Tertullians, ist eine persönliche Verteidigungsschrift; mit bitterem Sarkasmus rechtfertigt er den Mitbürgern gegenüber seine Vertauschung der Toga mit dem Philosophenmantel (um 210).

Bulhart, CSEL 76.– Q. Cataudella, Genova 1947 (TÜ).– A. Gerlo, 1/2, Wetteren 1940 (TÜK).– J. Marra, To 1954.– G. Säflund, De pallio und die stilist. Entwicklung T.s, Lund 1955. ** Albizatti, Athenaeum 1939, 138/49 (Il costume nel De pallio).– C. Becker, T.s Apolog., 1954, 354 f (de pallio 209/11).– van Berchem, MusHelvet 1, 1944, 100/19 (le conflit du christianisme et de l'empire).– J. Klein, T., Christl. Bewußtsein, 1940, 252/68 (pall. 193 abgefaßt).– J. M. Vis, T.s De pallio, Diss. N 1949.– Waszink, Mn 1941, 131/7.

Passio ss. Perpetuae et Felicitatis: s. S. 92.

32. *Verlorene und unechte Schriften.* Aus der stattlichen Reihe verlorener Schriften sind besonders die sieben Bücher *De ecstasi* zu nennen, eine Verteidigung der ekstatischen Reden montanistischer Propheten. Auch von anderen verlorenen Schriften sind Fragmente bekannt, z. B. *De fato* und *Adv. Apelleiacos.* Unecht sind die Schriften *Adv. omnes haereses* (s. S. 154), *De exsecrandis gentium diis* und das *Carmen adv. Marcionitas* (s. S. 410).

A. Harnack, CCL 2, 1331/6 (Fragmente verlorener Schriften).– R. Willems, CCL 2, 1411/5 (Ps.-Tert. De exsecr. gent. diis). ** E. Bickel, RhM 1927, 394/417 (De exsecr. gent. 6. Jh.).– C. Tibiletti, AtTor 95, 1960 f, 122/66 (Un opuscolo perduto di T., Ad amicum philosophum).– Verzeichnis verlorener T.-Schriften: CCL 1, V/VI.

Lehre

1. Angesichts der sich widersprechenden Resultate heidnischen Philosophierens steht Tertullian der Philosophie skeptisch, wenn nicht ganz ablehnend gegenüber, bleibt aber ein Freund naiven, allerdings summarisch verfahrenden Vernunftstrebens. Er bejaht die Philosophie, insofern sie mit der christlichen Wahrheit übereinstimmt (Credo, ut intelligam). Daß das Dasein Gottes und die Unsterblichkeit der Seele durch vernünftige Überlegung erkennbar ist, spricht er deutlich aus (resurr. 3); desgleichen, daß aus der Ursprungslosigkeit Gottes seine absolute Vollkommenheit folgt: „Imperfectum non potest esse, nisi quod factum est" (Herm. 28).

Hammerschmidt, IKZ 1959, 69/102; 161/190; 229/240 (philosoph. Begründung der Gotteserkenntnis).– Labhardt, MusHelvet 1950, 159/80 (T. et la philosophie).– Préaux, RBPh 1957, 333/55 (Deus Socratis).– Refoulé, RevSR 1956, 42/5 (T. et la philosophie).– C. de L. Shortt, The influence of philosophy on the mind of T., Lo 1933.

2. Alles, was besteht, ist ein „corpus", wenngleich ein „corpus sui generis" (carn. Chr. 11), und darum ist auch Gott ein „corpus, etsi spiritus est" (Prax. 7). Daß „corpus" hier soviel wie Substanz bedeutet,

Tertullian also Gott nur Substantialität beilegt, ist nicht ausgeschlossen, aber dann schreibt er der geistigen Substanz Eigenschaften zu, die auch der Körper hat; denn von der Seele sagt er, daß sie „corpus" oder „corporalitas" habe, aber auch Abstammung und Farbe, die Farbe der leuchtenden Luft, besitze (an. 7. 9).

3. Tertullians Trinitätslehre findet in der Schrift Adv. Praxean eine für seine Zeit überraschend scharfe Ausdrucksform: „Connexus Patris in Filio et Filii in Paracleto tres efficit cohaerentes, alterum e altero. Qui tres unum sunt, non unus" (25); „tres unius substantiae et unius status et unius potestatis" (2). Vgl. pud. 21: „Trinitas unius Divinitatis, Pater et Filius et Spiritus Sanctus," Der Fachausdruck persona findet sich erstmalig in seinen Schriften: „Alium ... personae, non substantiae nomine, ad distinctionem, non ad divisionem" (Prax. 12). Der Logos war schon vor der Weltschöpfung eine „res et persona", und zwar „per substantiae proprietatem", aber erst bei der Weltschöpfung wurde sein Heraustreten aus dem Vater eine „nativitas perfecta" (Prax. 7), und die „Weisheit" wurde „Sohn". Der Sohn als solcher ist also nicht ewig (Herm. 3); seine „diversitas" vom Vater wird zwar geleugnet (Prax. 9), aber er ist doch „gradu" (Ursprungsordnung) von ihm verschieden. Der Vater hat die Fülle der Gottheit (tota substantia est), der Sohn nur einen Teil (derivatio totius et portio), und darum sage er auch: Der Vater ist größer als ich (9). Der Sohn geht vom Vater wie der Sonnenstrahl von der Sonne aus (13).

4. Unzweideutig spricht Tertullian die Zweiheit der Naturen in der einen Person Christi aus, er ist in dieser Lehre dem Abendland Wegweiser geworden. Wir finden bei ihm die Ausdrücke: „proprietas utriusque substantiae" (in una persona), „duplicem statum, non confusum, sed coniunctum in una persona, deum et hominem Iesum" (Prax. 27). Die Wunder Jesu zeigen seine wahre Gottheit, die Affekte und Leiden seine wahre Menschheit (carn. Chr. 5).

W. Bender, Die Lehre über den Heiligen Geist bei T., Mn 1961. – R. Cantalamessa, La cristologia di T., FrSch 1962. – Favre, BLE 1936, 130/45 (Idiomenkommunikation). – M. Kriebel, Studien zur älteren Entwicklung der abendländ. Trinitätslehre bei T. und Novatian, Diss. Marburg 1932. – Morel, StC 1940, 194/206 (zu Joh. 16, 13). – Piault, RSPhTh 1963, 181/204 (T. subordinatien?). – Stead, JTS 1963, 46/66 (divine substance). – Verhoeven, VC 1951, 43/8 (monarchia). – B. B. Warfield, Studies in T. and Augustine, O 1930, 1/109. – K. Wölfl, Das Heilswirken Gottes durch den Sohn nach T., R 1960.

5. Tertullian erklärt sich gegen die Jungfräulichkeit Mariens in partu und post partum (carn. Chr. 7. 23; Marc. 4, 19), die uns in der Überlieferung zuerst in dem apokryphen Evangelium Iacobi und in den Oden

Salomos begegnet. Auf die Autorität des Tertullian berief sich später Helvidius (Hier. adv. Helv. 17).

H. Koch, Virgo Eva – Virgo Maria, 1937, 8/17; dagegen K. Adam, ThQ 1938, 171/89.– Madoz, EE 1944, 187/200 (Fortwirken von T.s Mariologie).– Motherway, ThSt 1940, 97/116 (Erschaffung der Eva).

6. Die Seele des Kindes ist ein Ableger (tradux, Traduzianismus) der Seele des Erzeugers, daher erklärt sich auch die Ähnlichkeit der seelischen Anlagen in Eltern und Kind (an. 36/37).

7. Die Erbsünde wird De anima 41 als „vitium originis" gelehrt: Durch die Sünde Adams ist in die menschliche Natur das Gift der bösen Begierde eingedrungen, das „vitium originis", das durch den Teufel zu einem „naturale quodammodo" geworden ist. Die Kindertaufe ist jedoch außer im Notfall nicht ratsam (bapt. 18).

8. Der Kirchenbegriff in fug. 14, pud. 21, 17 ist montanistisch: „Ubi tres, ecclesia est, licet laici" (exh. cast. 7, 3).

9. Der Primat und die Binde- und Lösegewalt sind nach pud. 21, 9/11 dem hl. Petrus persönlich, nicht auch andern Bischöfen gegeben. Petrus und Paulus sind in Rom gestorben (Scorp. 15; Marc. 4, 5). Über die Bezeichnung „pontifex maximus" s. S. 159.

K. Adam, Der Kirchenbegriff T.s, 1907.– Bardy, VS 1939, 109/24 (le sacerdoce chrét.).– Blum, Kerygma und Dogma 1963, 102/21 (Begriff des Apostolischen).– J. Ludwig, Primatworte, 1952, 11/20.– V. Morel, De ontwikkeling van de christl. Overlevering volgens T., Brugge 1946.– Morel, RHE 1939, 243/65; 1944/5, 5/46 (disciplina).– de Pauw, EThL 1942, 5/46 (traditions non écrites).– J. C. Plumpe, Mater Ecclesia, Wa 1943, 45/62.– Seston [O. Cullmann, 1962] 305/12 (citoyenneté romaine de S. Paul).– Zannoni, Euntes docete 1957, 185/210 (sacramento dell'ordine); 1958, 75/97 (T. montanista e il sacerdozio).

10. Die Lehre über die Buße. In seiner katholischen Schrift De paenitentia mahnt Tertullian alle Sünder eindringlich zu der einmaligen, nicht wiederholbaren Kirchenbuße. Die Frage, ob er in dieser Schrift allen auch eine kirchliche Vergebung (Rekonziliation) in Aussicht stelle, ist wohl zu bejahen; vgl. „an melius est damnatum latere quam palam absolvi?" (10). Paen. 9/10 handelt Tertullian ausführlich vom öffentlichen Bekenntnis (exhomologesis). Als Montanist unterscheidet später Tertullian peccata remissibilia und peccata irremissibilia (pud. 2) und beschränkt die kirchliche Buße auf die peccata leviora. Zu den unvergebbaren Sünden gehört vor allem die sogenannte Sündentrias: Ehebruch, Mord und Abfall vom Glauben oder Götzendienst. Die von Christus geübte Gewalt der Sündenvergebung sei eine rein persönliche und nicht

in vollem Umfange auf die Kirche übergegangen (pud. 11). Die Vergebungsgewalt stehe nur dem „spiritalis homo" zu, nicht dem bischöflichen Amte; die Pneumatiker seien Organe des Heiligen Geistes (pud. 21).

Chartier, Ant 1935, 301/44; 499/536 (excommunication ecclésiastique).– Daly, IER 1947, 693/707; 815/21; 1948, 731/46; 832/46; 1950, 156/69 (sacrament of penance).– Joyce, JTS 1941, 18/42 (Privatbuße).– B. Poschmann, Paenit. 283/348.– Quacquarelli, RassScFilos 2, 1, 1949, 16/37.– K. Rahner, ZkTh 1936, 491/507 (Sünde als Gnadenverlust); [K. Adam, 1952] 139/67 (Theol. der Buße).

11. Den eucharistischen Gottesdienst nennt Tertullian „gloriae relatio et benedictio et laus et hymni" und sieht darin die Erfüllung der Prophezeiung von Mal. 1, 10f (Marc. 3, 22; Iud. 5). An andern Stellen spricht er von „orationes sacrificiorum", „munditiae sacrificiorum"; wer zugegen ist, empfängt „den Leib des Herrn", „das Sakrament der Eucharistie" (orat. 19; Marc. 3, 22; pud. 9, 16; cor. 3). Für das konsekrierte Brot findet sich (Marc. 4, 40) der Ausdruck „figura corporis mei", der soviel bedeutet wie: der Leib unter dem Symbol des Brotes. Die Realität des zu genießenden Leibes steht ihm so fest, daß er damit gegen Marcion die Realität des gekreuzigten Leibes beweisen will (3, 19). „Caro corpore et sanguine Christi vescitur, ut et anima de Deo saginetur" (resurr. 8).

Burgos, Hel 1959, 227/56 (sacramentum).– Daly, IER 1960, 136/46 (liturgical worship).– E. Dekkers, T. en de geschiedenis der liturgie, Bru-A 1947 (49/67 Eucharistielehre).– Dölger, AC 1940, 108/17 (dominica sollemnia).– Hitchcock, CQR 1942, 21/36 (sacrament of the Lords supper).– A. Kolping, Sacramentum Tertullianeum, Mr 1948.

12. Tertullian kennt einen Zustand des Sühneleidens nach dem Tode. Mit Ausnahme der Martyrer bleiben die Verstorbenen bis zum Tage des Herrn in der Unterwelt und erleiden dort supplicia, aus denen sie durch fürbittendes Gebet der Lebenden in das refrigerium geführt werden (an. 55. 58; resurr. 43; monog. 10). Tertullian war Chiliast (Marc. 3, 24; spect. 30).

Daniélou, VC 1948, 1/16 (typologie millénariste).– H. Finé, Die Terminologie der Jenseitsvorstellungen bei T., Bonn 1958.– R. Franco, El final del reino de Cristo en T., Granada 1955/6.– Pelikan, CH 1952, 108/22 (Eschatology).– Quacquarelli, RassScFilos 2, 2, 1949, 14/17 (Antropologia ed escatologia).– Sevenster, NTT 1954f, 364/73 (Auferstehung des Fleisches bei T. und im NT).– Siniscalco, AtTor 1960/1, 195/221 (motivo razionale della resurrezione).

§ 45. Hippolytus († 235)

Hippolyt ist nach Person, Lebenslauf und Werken wie wenige altchristliche Schriftsteller umstritten; Eusebius und Hieronymus nennen ihn Bischof, kennen aber seinen Bischofssitz nicht. Papst Damasus bringt ihn in seiner Inschrift an der Via Tiburtina mit dem Novatianischen Schisma in Verbindung. Die folgende Darstellung entspricht mit allen Vorbehalten der am meisten vertretenen Hypothese, die vor allem I. Döllinger nach der Veröffentlichung der sog. *Philosophumena* Hippolyts entwickelt hat.

Hippolyt ist (vielleicht im griechischen Osten) vor 170 geboren, war nach Photius Schüler des Irenäus (den er tatsächlich viel benützt hat) und unter Victor (etwa 189–98) römischer Presbyter. 212 war Origenes Zuhörer einer Homilie des Hippolyt. Als heftiger Bekämpfer der Modalisten (Noëtus, Kleomenes, Sabellius) vertrat Hippolyt selbst eine subordinatianische Logostheologie. Die bereits unter Zephyrin vorhandenen Spannungen führten zum offenen Konflikt, als dessen Nachfolger Kallistus (217–22) wurde, den Hippolyt des Sabellianismus und der allzu großen Milde gegen Sünder beschuldigte. Der ehrgeizige und rigoristische Presbyter Hippolyt wurde gegen Kallistus Bischof einer kleinen schismatischen Gemeinde in Rom und verharrte auch noch unter Urban und Pontian in der Trennung. Im Jahre 235 in der Verfolgung des Maximinus Thrax wurden beide Bischöfe Roms, Pontian und Hippolyt, nach Sardinien verbannt. Pontian verzichtete noch zu Lebzeiten auf sein Amt, so daß man in Rom Antherus als Nachfolger wählen konnte. Vielleicht wurde dadurch auch das Schisma beseitigt; denn wahrscheinlich haben sich auch die beiden Kirchenhäupter in Sardinien versöhnt, wo sie noch 235 gestorben sind. Im 3. Jh. wurden die Überreste beider nach Rom gebracht, wo Hippolyt an der Via Tiburtina beigesetzt und als Märtyrer verehrt wurde (13. August).

Eine 1551 in Rom gefundene Marmorplastik (jetzt in der Vatikanischen Bibliothek) zeigt in der üblichen Darstellung einen Lehrer, Philosophen oder Gebildeten, der auf einer Kathedra sitzt (die obere Hälfte des Sitzenden fehlt, vermutlich hielt er eine Rolle); auf den Seiten der Kathedra sind eine Ostertabelle und Titel von Schriften eingemeißelt, die von Hippolyt stammen müssen. Wo diese im ganzen christlichen Altertum ungewöhnliche Statue ursprünglich stand, ist schwer zu sagen.

Hippolyt war ein vielseitiger und fruchtbarer Schriftsteller, aber mehr ein gelehrter und fleißiger Sammler als ein selbständiger theologischer Denker. Da er als einer der Letzten im Westen griechisch schrieb, fiel hier sein Werk dem Sprachwechsel zum Opfer, obwohl es Ambrosius, Hieronymus und Gregor von Elvira noch benützten. Im Osten blieben Hippolyts Werke bekannt, das Andenken des Mannes aber ist erloschen.

P. Nautin möchte die Werke Hippolyts auf zwei Verfasser verteilen. Ein in der Literaturgeschichte unbekannter Autor Josip, der in der Statue dargestellt sei, habe die Philosophumena, De universo und die Chronik verfaßt; dem anderen, einem Hippolyt unbekannter Nationalität, der wohl aus dem Osten stamme, gehören an: Danielkommentar, Über den Antichrist, Gegen Noëtus, Apostolische Überlieferung, Segnungen Jakobs usw. Gegen diese aufsehenerregenden Thesen wandte sich vor allem M. Richard.

MG 10; 16, 3.– G. N. Bonwetsch - H. Achelis - P. Wendland - A. Bauer - R. Helm, GCS Hippol. 1, 1.2; 3/²4, 1897/1955. ** Amann, DThC 6, 2487/2511.– Amore, RAC 1954, 63/97 (Quellenlage); Ant 1961, 3/28 (personalitá).– Bardy, MSR 1948, 63/88 (gegen Nautin).– Beyschlag, ThZ 1964, 103/24 (Kallist und H.).– Botte, RTA 1949, 177/85; 1951, 5/18 (gegen Nautin).– G. Bovini, S. Ippolito, dottore e martire del III s., R 1943.– Capelle, RTA 1950, 145/74; 1952, 193/202 (gegen Nautin).– Giet, RevSR 1950, 315/22; 1951, 75/85 (gegen Nautin).– Josi, RAC 1936, 231/6 (Fragment des Damasus-Titulus).– P. Nautin, Hippolyte et Josipe, 1947; Le dossier d'H. et de Méliton dans les florilèges dogmatiques et chez les historiens modernes, 1953; RSR 1954, 226/57; MSR 1954, 215/18 (Verteidigung gegen alle Einwendungen).– Richard, RSR 1955, 379/94 (letzte Auseinandersetzung mit Nautin nach zahlreichen früheren Artikeln).– Palachowsky, SP 3, 97/107 (hagiograph. Tradition).

1. Widerlegung aller Häresien (Κατὰ πασῶν αἱρέσεων ἔλεγχος, jetzt meist *Refutatio omnium haeresium*, früher auch *Philosophumena* genannt) in 10 Büchern. Diese Schrift wird merkwürdigerweise weder auf der Statue noch bei den alten Schriftstellern als Hippolytwerk erwähnt. Das 1. Buch ist seit 1701 bekannt, ging aber unter dem Namen des Origenes, Buch 2 und 3 sind auch heute noch verschollen, 4/10 wurden 1842 von Minoïdes Mynas in einer griechischen Hs. des Athosklosters, die heute in Paris ist, entdeckt und 1851 zum erstenmal von E. Miller als Schrift des Origenes herausgegeben. Als Schluß des Werkes werden verschiedentlich 11. u. 12. Kap. des Diognetbriefes angesehen (s. S. 77 f).

Der 1. Teil (1/4), auf den allein der Titel *Philosophumena* paßt, will nachweisen, daß die Häretiker ihre Lehren nicht aus der christlichen Offenbarung, sondern „aus der Weisheit der Heiden" geschöpft haben. Das 1. Buch gibt einen Abriß der griechischen Philosophie nach minderwertigen Quellen; im 4. ist von Astrologie und Magie die Rede, und diese nebst den Mysterien müssen auch den Gegenstand der verlorenen Bücher 2 und 3 gebildet haben.

Der 2. Teil (5/9) ist eine Darstellung der Häresien, unter denen hier

33 gnostische Systeme verstanden werden. Außer Adversus haereses des Irenäus werden als Quellen auch Schriften, insbesondere häretische Werke, benutzt, die heute z. T. in den Papyrusfunden, die uns gnostische Originalschriften in koptischer Übersetzung beschert haben, erhalten sind. Das Werk wurde, da Kallistus (vgl. 9, 11/13) bereits verstorben ist, nach 222 geschrieben.

P. Wendland, Hippol. GCS 3, 1916.– J. Legge, Lo 1921 (Ü).– K. Preysing, BKV² 40, 1922.– A. Siouville, 1/2, P 1928 (Ü). ** Filliozat, RHR 130, 1945, 59/91 (Brahmanen nach H.).– R. Ganschinietz, TU 39, 2, 1913 (ref. 4, 28/42).– Haenchen, ZThK 1952, 316/49 (vorchristl. Gnosis).– Janáček, Eunomia 3, 1, 1959, 19/21 (H. und Sextus Empiricus).– Marcovich, RhM 1964, 139/58; 305/15 (Refut., Tkr.); JTS 1964, 69/74.– Peterson, Frühkirche 221/35 (Behandlung der Tollwut bei den Elchasaiten).– Quispel, VC 1948, 115 f (Basilides).– Reinhardt, Her 1942, 1/27 (Heraklits Lehre vom Feuer).– Smith, HebrUnCollAnn 1958, 273/313 (Essener bei Josephus und H.).

2. *Die Chronik* beginnt mit der Erschaffung der Welt und endigt mit 234 n. Chr., griechisch nur zum kleineren Teil, ganz in drei voneinander unabhängigen lateinischen Bearbeitungen, den sog. *Excerpta latina Barbari* und den beiden *Libri generationis* erhalten; dazu kommt noch eine armenische Übersetzung.

Hippolyt schrieb seine Weltchronik, um zu zeigen, daß die unter den Christen noch immer weitverbreiteten Hoffnungen auf das Kommen des 1000jährigen Reiches töricht seien.

Von seiner Ἀπόδειξις χρόνων τοῦ πάσχα ist der wichtigste Rest die auf der Statue eingemeißelte *Ostertabelle* für die Jahre 222/33.

A. Bauer - R. Helm, GCS Hippol. 4, ²1955. ** Abuladze, Moambe d'Inst. des Manuscrits, Tiflis 1961, 223/43 (georg. Ü der Chron.).

3. Von den zahlreichen exegetischen und homiletischen Schriften Hippolyts, die seiner Gelehrsamkeit und Erklärungskunst ein rühmliches Zeugnis geben, ist verhältnismäßig wenig erhalten, und auch dieses wie die Bruchstücke anderer Schriften zu einem großen Teil nur in Übersetzungen (lateinisch, syrisch, koptisch, arabisch, äthiopisch, armenisch, georgisch, altslawisch).

a) Vollständig griechisch besitzen wir eine der ältesten Schriften Hippolyts mit dem Titel *Über den Antichrist,* um 200 geschrieben. Sie handelt in teilweiser Abhängigkeit von Irenäus von der Person und den Erkennungszeichen des Antichrists und den Ereignissen der Endzeit.

b) *Danielkommentar* in 4 Büchern, um 204 geschrieben; sein Verfasser steht unter dem Eindruck der eben erlebten Christenverfolgung des Septimius Severus; altslawisch ganz und zum größten Teil auch griechisch erhalten. Der Verfasser benützt die griechische Übersetzung des Theodotion und hat die deuterokanonischen Stücke des Buches ebenfalls erläutert. Hippolyts Danielerklärung ist der älteste Kommentar zu einem biblischen Buch, der uns aus der alten Kirche erhalten ist. In Buch 4, 23 wird erstmals in der patristischen Literatur ein genaues Datum des Geburts- und Todestages Jesu angegeben. Danach ist Christus Mittwoch, 25. Dezember, im 42. Jahre der Regierung des Kaisers Augustus geboren und am Freitag, 25. März, im 18. Jahre der Regierung des Kaisers Tiberius gestorben. Die Stelle ist jedoch sicher, allerdings schon sehr früh, interpoliert worden.

c) *Der Kommentar zum Hohenlied* (nur bis 3, 7) wurde von Bonwetsch nach einer georgischen Übersetzung herausgegeben.

d) *Abhandlungen über den Segen Jakobs* (Gn. 49), *den Segen des Moses* (Dt. 33) und eine *Homilie* über die Erzählung von David und Goliath (1 Sam. 17), alle drei armenisch und georgisch, die erste auch griechisch erhalten.

e) Eine *Psalmenhomilie* hat Nautin fast vollständig aus Katenen-Hss. zurückgewinnen können.

f) Ὑπὲρ τοῦ κατὰ Ἰωάννην εὐαγγελίου καὶ ἀποκαλύψεως verteidigt die Abfassung des Evangeliums und der Apokalypse durch den Apostel Johannes gegen die Aloger bzw. den römischen Presbyter und Montanistengegner Gaius (s. S. 109). Diese verlorene Schrift ist vielleicht identisch mit den Κεφάλαια κατὰ Γαΐου, von der syrische Fragmente erhalten sind.

G. N. Bonwetsch - H. Achelis, GCS Hippol. 1, 1.2, 1897 (exeget. und homilet. Schriften). – Bonwetsch, TU 23, 2, 1902 (Komm. zum Hohenlied, Ü des grusin. Textes); TU 26, 1a, 1904 (georg. erhaltene Texte). – G. Bardy - M. Lefèvre, SCh 14, 1947 (Danielkommentar, TÜK). – M. Brière - L. Mariès - B. Ch. Mercier, H. de Rome, Sur les Bénédictions d'Isaac, de Jacob et de Moïse, PO 27, 1/2, 1954 (TÜ). – P. Nautin, Le dossier d'H. ... 1953, 166/83 (Psalmenhomilie). – V. Gröne, BKV 1873 (De antichr., Ü). ** Belet, Sefarad 6, 1946, 355/61 (kopt. Fragment zu Mt. 24, 15/34). – Edsman, SP 2, 35/40 (in Dan. 1, 16). – Garitte, Mu 1963, 277/318 (armen. Fragm. in David et Gol.). – Jouassard, RevSR 1937, 2/17 (Samuelkommentar). – Mariès, RSR 1951, 381/96 (le Messie issu de Lévi). – Mercati, ST 142, 1948 (Proemi del Salterio di Origene, Ippolito ...). – Ogg, VC 1962, 1/18 (introduction of the christian era). – Richard, Mu 1964, 137/54 (Paraphrase grecque résumée du comm. sur le cant.). – M. Simonetti, Note su antichi commenti alle Benedizioni dei Patriarchi, Cagliari 1961 (vor allem zu Hippol.). – Welsersheimb, ZkTh 1948, 400/4 (Kirche im Hohenlied-K). – J. Ziegler, GN 1952, 8, 163/99 (Bibeltext im Dan.-K).

4. *Die Apostolische Überlieferung* wird heute in der Hauptsache als echt anerkannt (s. S. 82/4; hier und S. 257 auch über die *Canones Hippolyti*).

5. Fragmente, verlorene und unechte Schriften. Ein größeres Bruchstück

von *Contra gentes* (Πρὸς Ἕλληνας καὶ πρὸς Πλάτωνα ἢ καὶ περὶ τοῦ παντός), in den Sacra Parallela des Johannes von Damaskus erhalten, weist auf Widersprüche bei Plato hin.

Gegen die Häresie des Artemon, von Theodoret von Cyrus *Das kleine Labyrinth* genannt, bekämpft die Monarchianer (ein Bruchstück bei Eus. h. e. 5, 28); die Echtheit wird heute meist bestritten.

Das *Syntagma* oder Πρὸς ἁπάσας τὰς αἱρέσεις, bereits längere Zeit vor der Refutatio verfaßt, ist im Original verloren. Nach Lipsius läßt es sich jedoch aus anderen Schriften (Pseudo-Tertullian, De praescript. 46/53 [s. S. 154], Epiphanius und Philastrius) rekonstruieren; es behandelt 32 Häresien, deren letzte die des Noëtus war. Unklar ist, zu welchem Werk der erhaltene Text *Gegen Noëtus* gehört.

Die zuletzt von E. Schwartz edierte Homilie *Gegen die Juden* erweist P. Nautin als unecht. Ch. Martin versuchte den Nachweis, daß eine Osterpredigt des Pseudo-Chrysostomus (MG 59, 735/46), die auch Proklus von Kopel benützt hat, Eigentum des Hippolyt sei. Gesichert ist aber nur, daß in dieser Homilie die verlorene Hippolytschrift *Über das heilige Pascha* benützt wurde.

Über Hippolyt und das Muratorische Fragment s. S. 94; Kap. 11/12 des Diognetbriefs (s. S. 77f), die einige Hippolyt zuschreiben wollen, stammen wohl kaum von ihm.

K. Holl, TU 20, 2, 1899, 137/43 (Fragm. C. gent.). – Malley, JTS 1965, 13/25 (4 uned. fragm. of De universo; general plan). – P. Nautin, H., Contre les hérésies, 1949; Homélies pascales. I. Une homélie inspirée du Traité sur la Pâque d'H., SCh 27, 1950 (TÜ); dazu Richard, RHE 1951, 727/9. – E. Schwartz, SbM 1936, 3 (Fragm. gegen Noët und Gegen die Juden; 49/51: Gegen Artemon unecht). – Casel, JL 1938, 25/8 (Ü der Paschahom.). ** Botte, RTA 1951, 5/8 (C. gentes echt). – Connolly, JTS 1948, 73/9 (Gegen Artemon echt). – Daniélou, Dieu Vivant 1951, 45/56 (Paschahomilie, Symbolismus des Osterfestes). – Froidevaux, RSR 1962, 32/73 (Questions et Réponses sur la sainte Trinité in einem armen. Fragment gehören dem H. von Eus. h. e. 6, 20). – Giet, RevSR 1950, 315/22 (Fragm. c. Noët.). – Hulshoff, Sc 1952, 33/8 (Fragm. bei Anastasius Sin.). – R. A. Lipsius, Zur Quellenkritik des Epiphanius, 1865. – Martin, AIPh 1936, 321/63; RHE 1937, 255/76 (Paschahom.); dagegen Connolly, JTS 1945, 195/8. – Martin, RHE 1941, 1/23 (C. Noëtum gehört zum Syntagma). – P. Nautin, Le dossier d'H. ... 1953 (Gegen Artemon und Gegen die Juden unecht). – Vergote, OCP 1938, 47/64 (neues kopt. Fragment von C. gentes?; Gegen Artemon unecht).

Lehre

1. Hippolyt bezeugt die kirchliche Lehre von der Schriftinspiration (Fragm. bei Eus. h. e. 5, 28).

2. Die Eucharistie ist ein Opfer: die Malachiasstelle 1, 10 f wird wie in der Didache auf die Eucharistie bezogen (in Dan. 4, 35, 3).

3. Das Verhältnis des Logos zum Vater faßt Hippolyt so wie auch frühere Apologeten (Justin, Athenagoras, Theophil, Tertullian) subordinatianisch, unterscheidet wie bereits Theophil einen λόγος ἐνδιάθετος und προφορικός und meint, der Logos sei erst später als Person hervorgetreten, und zwar „zu der Zeit und in der Weise, wie der Vater es wollte"; ja er glaubt, Gott hätte, wenn er gewollt, auch einen Menschen zu Gott machen können (refut. 10, 33). Mit Recht nennt ihn also sein Gegner, Papst Kallistus, einen Ditheisten.

4. Hinsichtlich der Behandlung der „schweren Sünden" vertrat Hippolyt rigoristische Grundsätze. Papst Kallistus hatte, wie er berichtet, den Unzuchtsündern Wiederaufnahme in die Kirche zugestanden. Hippolyt trat ihm entgegen und verlangte auch größere Strenge in der Behandlung straffälliger Bischöfe und in der Zulassung von Bigamisten zum Kirchendienst. Ebenso leugnete er die kirchliche Gültigkeit von Ehen zwischen freien Frauen und Sklaven (refut. 9, 12). In seinem ethischen Rigorismus strebte er schließlich trotz der von ihm anerkannten hierarchischen Ämter in der Kirche (vgl. seine Trad. apostol.) nicht nur, wie bald nach ihm Novatian, eine Kirche der „Reinen" und „Heiligen" an, sondern machte vor allem die Funktion der Amtsträger von ihrer persönlichen Heiligkeit abhängig (refut. 9, 12; Dan. 1, 17; 2, 5; Antichr. 59).

A. d'Alès, La théologie de s. H., ²1929.– Blum, ZntW 1964, 95/110 (apostol. Tradition und Sukzession).– Capelle, RTA 1937, 109/24 (Logoslehre).– Cullmann, RHPh 1936, 1 ff (la sainte cène).– Gaudemet [U. E. Paoli, Fi 1956] 333/44 (Konkubinat).– A. Hamel, Die Kirche bei H. von Rom, 1951.– Lécuyer, RSR 1953, 30/50 (Episkopat und Presbyterat).– Poschmann, Paenitentia 348/67.– Prümm, ZkTh 1939, 207/25 (mysterion).– H. Rahner, ZkTh 1936, 73/81; 577/90 (theotokos); dagegen Dölger, AC 5, 152; RSR 1936, 204 Anm. 25.

§ 46. Papstbriefe des 3. Jahrhunderts

1. Über die Tätigkeit des Kallistus (217–22) berichtet in einseitiger Polemik Hippolyt (refut. 9, 12: Bußprobleme, Sklavenehen, Ausschluß des Sabellius). Über das angebliche Bußedikt des Kallistus s. S. 159.

2. Pontianus (230–35) hat wahrscheinlich in einem verlorenen Schreiben die Beschlüsse einer römischen Synode von 231 oder 232 (Hieron. ep. 33, 5), die gegen Origenes Stellung nahm, dem Bischof Demetrius von Alexandrien mitgeteilt.

3. Cornelius (251–53) schrieb an Cyprian von Karthago sieben Briefe, davon finden sich jedoch nur zwei in der cyprianischen Briefsammlung (ep. 49 f); ferner drei griechische Briefe an Bischof Fabius von Antiochien, der dritte in längeren Auszügen bei Eusebius erhalten (h. e. 6, 43). Hier polemisiert Cornelius gegen Novatian; wichtig sind seine Mitteilungen über Umfang und Organisation der römischen Gemeinde.

4. Lucius I. (253–54) schrieb an Cyprian (ep. 68, 5) in Sachen der Gefallenen.

5. Stephanus I. (254–57) schrieb an die Gemeinden von Syrien und Arabien (Eus. h. e. 7, 5, 2), an die Bischöfe Kleinasiens in Sachen der Häretikertaufe (Cypr. ep. 75, 25) und an Cyprian. Hier verteidigte er die römische Praxis, Häretiker nicht wieder zu taufen, mit dem Festhalten an der Tradition: „Nihil innovetur, nisi quod traditum est" (Cypr. ep. 74, 1).

6. Xystus II. (257—58) verfaßte wahrscheinlich ein Schreiben über die Häretikertaufe. S. ferner S. 78 f (Sprüche des Sextus).

7. Dionysius (259–68) schrieb einen Trostbrief an die Gemeinde von Caesarea in Kappadokien (Basilius, ep. 70) und zwei Briefe an Bischof Dionysius von Alexandrien über Sabellianismus und Subordinatianismus. Vom ersten findet sich eine längere Stelle über Trinität und Inkarnation bei Athanasius (ep. de decr. Nic. syn. 26).

Beyschlag, ThZ 1964, 103/24 (Hippolyt und Kallist). – H. Lietzmann, Apollinaris v. L. und seine Schule, 1904, 162; 318/21 (von Apollinaristen am Anfang des 5. Jh. dem Papst Felix I. unterschobener Brief). – G. Roethe, Zur Geschichte der röm. Synoden im 3. und 4. Jh., 1937.

§ 47. Novatianus

Novatian war um 250 ein angesehener Presbyter der römischen Gemeinde, wie mehrere Briefe zeigen, die er während der Sedisvakanz von 250/51 im Namen des römischen Presbyterkollegiums schrieb. Die von Cornelius gegen Novatian vorgebrachten Beschuldigungen werden bezweifelt (Eus. h. e. 6, 43: Taufe in schwerer Krankheit ohne nachfolgende Firmung, Ordination gegen den Willen des ganzen Klerus und vieler Laien und anderes). Novatian besaß eine gute rhetorische Bildung, wie seine Schriften zeigen, die er als erster römischer Theologe in lateinischer Sprache veröffentlichte. In der Decischen Verfolgung teilte Novatian bezüglich der Buße der Gefallenen zunächst den maßvollen Standpunkt Cyprians gegen Felicissimus. Als Cornelius im März 251 römischer Bischof wurde und Milde gegen die Gefallenen zeigte, ließ sich Novatian als Haupt einer starken rigoristischen Gruppe in Rom zum Bischof ordinieren. Cyprian und die nordafrikanischen Bischöfe stellten sich auf die Seite des Cornelius; Novatian wurde auf einem römischen Konzil von 60 Bischöfen ausgeschlossen. Das novatianische Schisma blieb nicht auf Rom beschränkt; in Italien, Gallien, Spanien, Nordafrika und im Osten (hier auch unter dem Namen καθαροί bekannt) fanden sich rigoristisch Gesinnte zu novatianischen Sondergemeinden zusammen, die z. T. bis in das 6. Jh. bestanden. Nach Sokrates (h. e. 4, 28) soll Novatian als Märtyrer gestorben sein, vermutlich in der Valerianischen Verfolgung. Auf der 1932 in Rom gefundenen Inschrift (Novatiano beatissimo martyri Gaudentius diac. fec.) fehlt der Bischofstitel, so daß es fraglich bleibt, ob hier unser Novatian gemeint ist.

1. Von Briefen Novatians sind die beiden *Briefe an Cyprian* erhalten (Cypr. ep. 30. 36; nach B. Melin ist Novatian auch an ep. 31 beteiligt).

2. Von den vielen Abhandlungen Novatians (Hieron. vir. ill. 70 nennt 9 mit Titel) sind unter dem Namen Tertullians und Cyprians nur 4 erhalten.

a) *De trinitate,* wohl vor 251 in rhythmischer Prosa geschrieben, verteidigt gegen Marcion, die Doketen, die Adoptianer und die Modalisten die Einheit des Schöpfergottes und den Sohn als wahren Gott und Menschen, der aber vom Vater verschieden ist; dem Heiligen Geist ist nur ein kurzer Abschnitt gewidmet.

b) *De cibis Iudaicis* zeigt, daß die Christen nicht mehr an die jüdischen Speisegesetze gebunden sind und nur Götzenopferfleisch zu meiden haben. Novatian richtete diese Schrift in Briefform an seine Gemeinde in Rom, von der er damals räumlich getrennt war. Eine Warnung vor dem Frühtrunk (6) scheint wie anderes Seneca (ep. 122, 6) entlehnt zu sein.

c) *De spectaculis* wendet sich ähnlich wie Tertullians Schrift gleichen Titels gegen den Besuch heidnischer Schauspiele.

d) *De bono pudicitiae* handelt über die drei Stufen der Keuschheit (Jungfräulichkeit, Enthaltsamkeit in der Ehe, Bewahrung der ehelichen Treue).

ML 3.– CSEL 3, 2 (Briefe); 3, 3 (spect.; bon. pat.).– A. Boulenger, Tert. spect., Ps.-Cypr. spect., P 1933.– G. Landgraf-C. Weymann, ArchLatLexikogr 11, 1898/1900, 221/49 (cib. Iud.).– H. Weyer, N., De trin., 1962 (TÜK). ** Amann, DThC 11, 816/49.– A. d'Alès, Novatien, 1924.– Barbel, TrThZ 1958, 96/105 (Engelchristologie, gegen Scheidweiler).– N. Cathelinaud, L'église novatienne de Rome. Ét. topographique, archéol. et prosopogr., P, Diplôme d'études supérieures de Lettres 1960/1.– Daly, IThQ 1952, 33/43 (N. und Tertull.).– Dölger, AC 2, 258/67 (Taufe N.s); AC 6, 61/4 (Eus. h. e. 6, 43, 16).– Ferrua,

CC 1944, 4, 232/9 (Inschrift). – Gewieß, ThQ 1948, 463/87 (zu Phil. 2, 5/11). – Josi, RAC 1933, 21 f (Inschrift). – Koch, PWK 17, 1, 1138/56; ZntW 1935, 303/6 (Echtheit von Cypr. ep. 30); Rel 1935, 320/32 (N., Cyprian und Plin. d. J.); Rel 1936, 245/65 (De spect. echt); Rel 1937, 278/94 (Sprache und Stil); Rel 1938, 192/8 (Inschrift). – M. Kriebel, Stud. zur älteren Entwicklung der abendländ. Trinitätslehre bei Tert. und N., Diss. Marburg 1932. – B. Melin, Studia in Corpus Cyprianeum, Up 1946, 67/122. – Mohlberg [A. Dold, 1952] 58/61 (Inschrift). – Scheidweiler, ZKG 1954 f, 126/39 (Engelchristologie); Her 1957, 58/86. – Simonetti [A. Monteverdi, Modena 1959] 2, 771/83 (trin.). – van den Eynde, RHE 1937, 792/4 (Inschrift).

§ 48. Cyprianus († 258)

Über die Bekehrung des Thascius Caecilius Cyprianus ergibt sich einiges aus der Schrift *Ad Donatum;* die wichtigsten Nachrichten über das bischöfliche Wirken Cyprians bieten seine Briefe. Über Verbannung, letzten Prozeß und Tod berichten die *Acta proconsularia Cypriani* ziemlich zuverlässig. Dagegen ist die *Vita Cypriani,* angeblich von Cyprians Diakon Pontius bald nach den Ereignissen verfaßt, ein Panegyrikus, dessen historische Angaben oft unrichtig oder zweifelhaft sind.

Geboren 200/10 wahrscheinlich zu Karthago als Sohn reicher heidnischer Eltern, wurde Cyprian zuerst Rhetor, dann um 246 durch den Priester Caecilianus zu Karthago für das Christentum gewonnen und getauft und 248/49 Bischof seiner Vaterstadt. Seine eifrige Hirtentätigkeit wurde bald durch die Decische Verfolgung (250) unterbrochen; während dieser hielt er sich in der Nähe der Stadt verborgen, blieb aber in regem Verkehr mit seiner Gemeinde. Die Wiederaufnahme der Vielen, die in der Verfolgung ihren Glauben verleugnet hatten, veranlaßte ein Schisma.

Da nämlich Cyprian die Anmaßung der Bekenner, die für die Gefallenen sofortige Rekonziliation verlangten, zurückwies, bildete sich eine Partei von Unzufriedenen unter dem Diakon Felicissimus. Ihr traten auch fünf Priester bei, die Cyprians Bischofsweihe widerstrebt hatten: einer von ihnen, Novatus, begab sich bald darauf nach Rom und unterstützte das Schisma des Novatian. Im Frühjahr 251 konnte Cyprian nach Karthago zurückkehren. Er schloß jetzt auf einer Synode daselbst die Häupter der Gegenpartei aus der Kirche aus und bestimmte, daß die sacrificati und thurificati, auch wenn sie sich bekehrten, strenge Buße tun müßten; wenn jedoch eine neue Verfolgung ausbräche, könnten sie schon vor Ablauf ihrer Bußzeit durch die Eucharistie zum Kampf gestärkt werden. Obwohl noch 252 in der Person des Fortunatus ein Gegenbischof aufgestellt wurde, blieb das Schisma ohne große Bedeutung.

Die furchtbare Pest, die das Römische Reich heimsuchte (252/54), brachte auch für die Christen Afrikas neue Leiden und Verfolgungen. Cyprian organisierte heldenmütig den Krankendienst seiner Gemeinde und beeinflußte günstig die Stimmung der heidnischen Mitbürger. Seine letzten Jahre (von 255 an) trübte der Häretikertaufstreit.

Cyprian hielt, wie früher Tertullian und wie die Bischöfe Kleinasiens, die Häretikertaufe für ungültig, und unter seinem Vorsitz sprachen sich drei Synoden zu Karthago 255 und 256 für die Ungültigkeit der Häretikertaufe aus. Obwohl Papst Stephanus den Standpunkt der afrikanischen Kirche verwarf, verharrte Cyprian bei seiner Anschauung. Dies hinderte später Augustinus nicht (De bapt. 3, 3, 5), ihn den Donatisten gegenüber, die sich auf seine Autorität beriefen, als catholicus episcopus und catholicus martyr mit Nachdruck zu verteidigen und zu entschuldigen.

In der Valerianischen Verfolgung wurde Cyprian am 14. September 258 nahe bei Karthago enthauptet. Später wurde sein Bild mit der Gestalt des sagenhaften Zauberers und Martyrers Cyprian von Antiochien verschmolzen.

M. Pellegrino, Vita Cypriani, Alba 1955 (TÜ). – R. Reitzenstein, Die Nachrichten über den Tod Cyprians, SbHei 1913, H. 14 (Acta proconsularia, T). ** H. Delehaye, Les passions des martyrs, 1921, 82/104. – Reitzenstein, GN 1919, 177/219. – Martin, HJB 1919, 674/712.

Nach seiner Veranlagung hat es Cyprian als Schriftsteller weder auf Neuheit und Tiefe der Gedanken noch auf Ursprünglichkeit der Form abgesehen; denn er war vor allem ein Mann der Praxis, und mit dieser war auch seine Schriftstellerei eng verknüpft. In seinen Gedanken zeigt er sich vielfach von Tertullian, seinem „Meister" (Hier. vir. ill. 53), beeinflußt, hält sich jedoch von dessen Übertreibungen und Einseitigkeiten frei. Im Unterschied zu ihm schreibt Cyprian in leicht verständlicher und doch formvollendeter Sprache. Am selbständigsten erscheint er in der Schrift *De ecclesiae unitate.* Bis auf Augustin blieb er der maßgebende lateinische Kirchenschriftsteller. Seine Schriften wurden im Altertum und MA viel gelesen und sind uns in sehr vielen Hss. überliefert (z. B. sind die Briefe in mehr als 150, allerdings nicht vollständigen Mss. erhalten). Drei dem Altertum angehörende Verzeichnisse nennen uns ihre Titel.

G. Hartel, CSEL 3, 1/3, 1868/71. – MLS 1, 41/72 (hier auch die Schriftenverzeichnisse). – S. Colombo, Corona patr. Sales. lat. 2, To 1935 (tractatus mit Ü). – J. Baer, BKV[2] 34; 60, 1918/28 (Ü). – FathCh 36, 1958 (Ü). ** J. N. Bakhuizen van den Brink, Cyprianus van Carthago, A 1958. – M. T. Ball, Nature and the Vocabulary of Nature in the Works of St. Cypr., Wa 1946. –

DSp 2, 2661/9.– A. Beck, Röm. Recht bei Tertullian und Cypr., 1930.– E. W. Barbero, RivStudClass 1962, 16/23 (Seneca e la conversione di C.).– Bardy, Benson, Cyprian. His life, his times, his work, Lo 1897.– M. Bévenot, The tradition of manuscripts. A study in the transmission of St. Cypr.s treatises, Lo 1961.– Colombo, Did 1928, 1/80 (C. als Mensch und Schriftsteller).– Coman, SP 4, 363/72 (Les deux Cyprien de S. Grég. Naz.).– Ehrhardt, CQR 1941/42, 178/96 (C. the Father of Western Christianity).– Favez, REL 1941, 191/201 (C.s Flucht).– J. Grasmüller, Koordin., subord. und fragende Partikel bei C., Diss. Erlangen 1933.– Harnack, ZntW 1902, 177/91 (C. als Enthusiast).– H. Janssen, Kultur und Sprache in der alten Kirche, N 1938 (v. Tert. bis C.).– P. C. Knook, De overgang van metrisch tot rhythmisch Proza bij Cypr. en Hieron., A 1932.– H. Koch, Cyprianische Untersuchungen, 1926.– Krestan-Hermann, RACh 3, 67/77 (Cyprianus, Magier).– J. Ludwig, Der heilige Märtyrerbischof C. von Carthago, 1951.– B. Melin, Studia in Corpus Cyprianeum, Up 1946.– J. Merkx, Zur Syntax der Kasus und Tempora in den Tractaten C.s, N 1939.– P. Monceaux, Hist. litt. de l'Afrique chrét. 2, 1902; kürzer P 1914.– Mongelli, MiscFrancisc 1959, 104/201 (La chiesa di Cartagine contro Roma).– Stuiber, RACh 3, 463/6 (Cypr. von C.).– D. D. Sullivan, The Life of the North Africans as Revealed in the Works of St. C., Wa 1933.– Trisoglio, Lat 1961, 342/63; 549/67 (C. un governatore di anime).

1. Die kleine Schrift *Ad Donatum,* in der Form eines an seinen Freund D. gerichteten Monologs bald nach der Taufe verfaßt, schildert in apologetischer Absicht voll Begeisterung die vom Rhetor erlebte beglückende Umwandlung durch das Sakrament der Wiedergeburt, ein Vorklang der Confessiones Augustins.

2. Die inhaltlich unbedeutende, von Hieronymus (ep. 70, 5) zu Unrecht gepriesene, in ihrer Echtheit öfters angezweifelte Schrift *Quod idola dii non sint* setzt sich ebenso wie die Abhandlung *Ad Demetrianum* mit dem Heidentum auseinander: die über die Welt hereingebrochenen Drangsale, Pest, Hungersnot und Krieg haben nicht die Christen verschuldet. Da in dem an zweiter Stelle genannten, apologetisch wertvollen Werk Cyprian häufig mit Schriftstellen argumentiert, darf vielleicht angenommen werden, daß diese Schrift auch zur Ermunterung für glaubensschwache christliche Leser bestimmt ist.

3. *Testimoniorum libri III ad Quirinum* (249/50) bieten eine Sammlung von Schriftstellen (1. Polemik gegen die Juden, 2. Christologie, 3. christlicher Tugendspiegel). Die Abhandlung *Ad Fortunatum de exhortatione martyrii* (253 oder 257) sammelt Bibelstellen, die geeignet scheinen, die Christen auch in der Verfolgungszeit zu stärken. Beide Traktate sind wichtig für die Kenntnis des altlateinischen Bibeltextes.

J. N. Bakhuizen van den Brink, Den Haag 1946 (Ad Donatum).– M. Lavarenne, Clermont-Ferrand 1940 (C. Demetr.). ** Axelson, Er 1941, 67/74 (Quod idola unecht).– Daniélou, RSR 1951, 335/52 (Zitat aus den Lament.

Jer. in Ad Quir.).– Diller, Phil 1935, 98/114; 216/39 (Quod idola).– N. J. Hommes, Het Testimonialboek, A 1935 (Kap. 6: Ad Quir.).– M. Pellegrino, Su l'antica apologetica, 1947, 107/49 (Ad Fortun.; Ad Demetr.).– Simonetti, Maia 1950, 265/88 (Quod idola echt).– A. L. Williams, Adv. Judaeos, C 1935, 56/64 (testimon. I).

4. In *De ecclesiae unitate* bekämpft Cyprian wohl zur Zeit der Synode von Karthago im Mai 251 in erster Linie das Schisma Novatians in Rom und zugleich auch die von Felicissimus in Karthago geführte Partei. Er betont und beweist die für jeden Christen bestehende Pflicht, um seines Seelenheiles willen in der katholischen Kirche, d. h. in Verbindung mit einem rechtmäßigen katholischen Bischof, zu bleiben: „habere non potest Deum patrem qui ecclesiam non habet matrem" (6). Cyprian ist gleich Tertullian der Überzeugung, daß die cathedra Petri sich nicht nur in der römischen Kirche, sondern in jeder anderen Kirche befindet, der ein rechtmäßiger katholischer Bischof vorsteht. Mt. 16, 18 ist für ihn die Stiftungsurkunde für den monarchischen Episkopat (ep. 33, 1). Im Interesse der Bekämpfung des Novatianischen Schismas sandte er seine Schrift alsbald nach Rom (ep. 54, 4).

Das 4. Kapitel dieser Schrift ist uns in einer doppelten Textrezension erhalten. Die neueren Forschungen von Van den Eynde, O. Perler und Bévenot haben es mehr als wahrscheinlich gemacht, daß beide Fassungen des Textes von Cyprian selbst stammen. Der früher allgemein als interpoliert geltende Text ist der ursprüngliche, während die als textus receptus geltende Fassung eine von Cyprian vorgenommene, aus der Zeit des Häretikertaufstreites stammende Überarbeitung ist. Man beurteilte die erstere, angeblich primatfreundlichere Fassung in der Hauptsache deshalb als gefälscht, weil die hier vorkommenden Sätze: „primatus Petro datur", und: „qui cathedram Petri super quem fundata ecclesia deserit, in ecclesia se esse confidit?", zu Unrecht als Beweistexte für den päpstlichen Primat angesehen wurden. In Wirklichkeit ist jedoch in das Wort „primatus" nicht mehr hineinzulegen als der Gedanke der zeitlich früheren Berufung (quem Deus primum elegit et super quem aedificavit ecclesiam suam: ep. 71, 3). In dem an zweiter Stelle zitierten Satz (qui cathedram ... confidit?) wird keine Beziehung zur römischen Kirche zum Ausdruck gebracht.

M. Bévenot, The tradition of manuscripts. A study in the transmission of St. C.s treatises, Lo 1961; ACW 25, 1957 (laps.; unit.; Ü). ** Bévenot, JTS 1954, 68/72; 1955, 244/8 („in solidum"); 1954, 19/35 (primatus Petro datur).– Butler, DR 1939, 452/68.– Le Moyne, RB 1953, 70/115 (der angeblich primatfreundliche Text ist nachcyprianisch; s. Perler).– J. Ludwig, Primatworte, 1952, 20/36.– Perler, AugMag 2, 1954, 835/58 (hier 836 f gegen Le Moyne);

RQ 1936, 1/44; 151/68; Z. f. Schweiz. Kirchengesch. 1936, 49/57.– Schepens, RSR 1948, 288 f.– van den Eynde, RHE 1933, 5/24; dagegen Lebreton, RSR 1934, 456/67; dafür Franses, StC 1934, 214/9.

5. In *De lapsis,* 251 zusammen mit *De ecclesiae unitate* den römischen Konfessoren zugesandt, wird der Abfall so vieler Brüder während der Verfolgung beklagt, aber auch erklärt, daß nur nach ernster, der Schwere des Vergehens entsprechender Buße die Wiederaufnahme erfolgen könne.

6. *De habitu virginum* (249) warnt die gottgeweihten Jungfrauen, die „Blumen des kirchlichen Gartens" (3), vor Putzsucht und Weltsinn; man spürt die Begeisterung für den Stand der Jungfräulichkeit. Hier wie in *De dominica oratione* und in *De bono patientiae* (256, eine Predigt, veranlaßt durch die eigene Lage im Taufstreit) klingen nicht selten Gedanken und mitunter auch Ausdrücke aus den gleichnamigen Schriften Tertullians durch. Ein Seitenstück zu der Abhandlung Über die Geduld ist das im Predigtton verfaßte Schriftchen *De zelo et livore (Über Neid und Eifersucht;* 251/52 oder 256/57).

7. *De mortalitate* (252 oder später), ein Hirtenschreiben, das die Christen während der schrecklichen Pestzeit trösten und aufrichten soll. Aus derselben Zeit stammt *De opere et eleemosynis,* eine warme Aufforderung zum Wohltun.

Bakhuizen van den Brink, Den Haag 1946 (hab. virg.).– M. G. E. Conway, Wa 1957 (bon. pat., TÜK).– M. L. Hannan, Wa 1933 (mortal., TÜK).– A. E. Keenan, Wa 1932 (hab. virg., TÜK); Wa 1933 (mortal., TÜK).– J. Martin, FP 21, 1930 (laps.).– E. V. Rebenack, Wa 1962 (op. et eleem., TÜK).– M. Reveillaud, P 1964 (orat. dom., TÜK).– G. Stramondo, Ca 1956 (mortal., TÜ).– M. Bévenot, ACW 25, 1957 (laps.; unit.; Ü).– FathCh 36, 1958 (hab. virg.; mortal.; bon. pat.; Ü). ** Blakeney, ExT 57, 1945/6, 279 (dom. orat.).– Donna, Tr 1946, 399/407 (hab. virg.).– Higgins, JTS 1945, 179/83 (Varianten der 6. Bitte von De domin. orat.).– Janssen, StC 1940, 273/86 (literar. Wert von De domin. orat.).– Lang-Hinrichsen, Geist und Leben 1951, 209/22; 284/99 (die Geduld bei Tert., Cypr., August. und Thom. v. Aquin).– de Margerie, ScEccl 1963, 199/211 (L'intérêt théologique du De mortalitate de S. C.).– Simovic, La France franc. 1938, 245/64 (domin. orat.).– G. Stramondo, Saggio sul De mortalitate di Cipriano, 1962; Orph 1963, 159/85 (De mortal., riflessi classici).

8. *Die Briefsammlung,* von Hieronymus und Augustinus hochgeschätzt und für die Zeitgeschichte überaus wertvoll, umfaßt 81 Schriftstücke, davon 65 aus Cyprians Feder, 16 an ihn oder an den Klerus von Karthago geschrieben, darunter zwei des römischen Klerus, die von Novatian verfaßt wurden (Ep. 30; 36), und des Papstes Kornelius aus den Jahren 250/53.

27 Briefe richtete Cyprian in der Decischen Verfolgung von seinem

Versteck aus an Klerus und Volk. 12 enthalten den Schriftwechsel mit Rom während der gleichen Zeit (Januar 250 bis März 251). 12 Briefe (44/55) behandeln das Novatianische Schisma. 9 Briefe (67/75) stammen aus der Zeit des Häretikertaufstreits. Ep. 4 bekämpft das Unwesen des Syneisaktentums, ep. 63 richtet sich gegen die in einigen Gemeinden eingerissene Unsitte, die Eucharistie mit Wasser statt mit Wein zu feiern.

Die *Sententiae episcoporum*, denen C. ein Einleitungsschreiben vorangestellt hat, protokollieren die Meinungen, die auf der karthagischen Synode von 256 zur Häretikertaufe abgegeben wurden.

L. Bayard, 1/2, [2]1961/62 (TÜ; chronol. Tabelle).– Bévenot, BJR 1944, 76/82 (Brieffragment; MLS 1, 41):– H. von Soden, GN 1903, 3, 247/307 (sententiae episcop.); auch CSEL 3, 1, 435/61. ** Ferrua, CC 1939, 436/45 (S. Saturnino martire).– Mercati, OM 2, 226/40 (ep. 49 f).– Ch. Mohrmann, Études 1, 1958, 289/98 (word-play).– Saumage, Byz 32, 1962, 1/29 (persécution de Dèce en Afrique).– J. Schrijnen - Ch. Mohrmann, Studien zur Syntax der Briefe C.s, 1/2, N 1936 f.– H. von Soden, Die Cypr. Briefsammlung, TU 25, 3, 1904.

9. Unechte Schriften

a) *Ad Novatianum*, eine Polemik gegen Novatian in der Gefallenenfrage. Der Verfasser scheint ein afrikanischer Bischof zu sein, der hinsichtlich der Häretikertaufe auf dem Standpunkt Cyprians steht. Abfassungszeit: 253/57.

b) *De rebaptismate*, wahrscheinlich noch zur Zeit Cyprians in Afrika nach 256 verfaßt, verteidigt recht unglücklich die Gültigkeit der Häretikertaufe gegen Cyprian; es wird die Wassertaufe von der durch die Handauflegung des Bischofs vollzogenen Geistestaufe unterschieden.

c) *De singularitate clericorum*, d. h. über die Ehelosigkeit der Geistlichen, ist von cyprianischen Gedanken ganz durchtränkt und noch im 3. Jh. von einem katholischen Bischof verfaßt.

d) *Adversus aleatores*, eine vulgärlateinische Predigt gegen das Würfelspiel, das die wildesten Leidenschaften entfache: wer spielt, treibt Götzendienst und ist nicht mehr Christ, sondern Heide. Verfasser ist vielleicht ein katholischer Bischof in Afrika, der etwa um 300 schreibt.

e) *De pascha computus* will mit Hilfe von Schriftstellen den fehlerhaften Osterzyklus des Hippolyt verbessern (243).

f) Über die dem Novatian zuzusprechenden Abhandlungen *De spectaculis* und *De bono pudicitiae* s. S. 171. Weitere pseudo-cyprianische Schriften: *De montibus Sina et Sion* (vor 240), *De laude martyrii* (3. Jh.), *Adversus Iudaeos* (3. Jh.); *Ad Vigilium episcopum de iudaica incredulitate* ist die Vorrede zu der verlorenen lateinischen Übersetzung des Dialogs Aristons von Pella (s. S. 62; wohl noch aus dem 3. Jh.); ferner einige *Briefe, Gedichte* und *Gebete. De duodecim abusivis saeculi* ist im 7. Jh. in Irland entstanden.

g) *Exhortatio de paenitentia* (4./5. Jh.), *Caena Cypriani* (5. Jh.); *De centesima, sexagesima, tricesima,* d. i. *Über den dreifachen Lohn der Märtyrer, Aszeten und gerechten Christen,* wohl im 4. Jh. in Nordafrika entstanden, ist vom Gedanken- und Sprachgut Cyprians stark beeinflußt.

G. Rauschen, FP 11, 1916 (Ps.-Cypr. rebapt.). – R. Reitzenstein, ZntW 1914, 60/90 (Ps.-Cypr. De centesima ...); auch MLS 1, 53/67. ** Duhr, RHE 1952, 274/82 (Verf. der ps.-cypr. ep. 4 ist Bachiarius; gegen Melin). – Heer, RQ 1914, 87/186 (centes.). – Hellman, TU 34, 1, 1909 (duod. abus. saec.). – Koch [K. Müller, 1922] 58/67 (adv. aleat.); IKZ 1924, 134/64 (rebapt.); Cypr. Unters., 1926, 426/72 (sing. cler.); 358/420 (ad Novat.); ZntW 1932, 248/72 (centes.). – Lapôtre, RSR 1912, 497/596 (Caena Cypriani); dazu Wilmart, RB 1923, 255/63 (mal. Kommentar zu dieser Schrift). – Leclercq, DAL 12, 2324/45 (Oratio Cypriani). – B. Melin, Studia, 215/32 (sing. cler. und ep. 4 [CSEL 3, 3, 274/82] von demselben Verfasser). – G. Ogg, The Pseudo-Cyprianic De pascha computus, Lo 1955. – Peterson, Frühk. 137/45 (Melito v. Sardes in adv. Iud. benützt). – Schepens, RSR 1922, 178/210; 297/327; 1923, 47/65 (sing. cler.). – Seeberg, NKZ 1914, 472/94 (centes.). – Stuiber, JbAC 1959, 86/9 (mont. Sina 14).

Lehre

Cyprian war bis in die Zeiten Augustins und Gregors d. Gr. die theologische Autorität der abendländischen Kirche. Ähnlich wie Ambrosius mehr Mann der Tat als des Gedankens, ist er trotz hastiger und unvollständiger theologischer Bildung ein besonders hochgeschätzter Zeuge der kirchlichen Lehre geworden. Er bezeugt in selbständiger Begründung insbesondere den alten Einheitsgedanken der katholischen Kirche nach seinem damaligen Entwicklungsstande, und überhaupt beeinflußte er nachhaltig die Lehre von der Kirche. Die Kirchendisziplin hielt er mit starker Hand auf der goldenen Mitte zwischen Laxismus und Rigorismus.

1. Die Einheit der Kirche wird nach Cyprian dadurch erreicht, daß jeder sich an seinen Bischof anschließt; wer nicht mit dem Bischof ist, der ist auch nicht in der Kirche (ep. 43, 5; 69, 3). Die Bischöfe ihrerseits sind miteinander, außer durch den Zusammenhang mit dem gemeinsamen Ursprung, durch die „lex individuae caritatis et concordiae" verbunden (ep. 54, 1; 68, 5). Indem Christus einem, dem Petrus, zuerst und zuerst allein die Binde- und Lösegewalt übertrug, hat er damit für alle Zeiten kundgetan, daß die Kirche nach seinem Willen eine sein und bleiben soll. Cyprian vergleicht ferner die Kirche mit dem ungeteilten Gewand Christi (eccl. un. 7); Christ kann man nur in der Kirche Christi sein (ep. 55, 24 gegen Novatian). Die vielzitierte Formulierung „Salus extra ecclesiam

non est" (ep. 73, 21) bezieht sich im Zusammenhang auf die Ungültigkeit der Häretikertaufe; wenn dem Häretiker nicht einmal die Bluttaufe des Martyriums nützt, dann noch weniger seine Wassertaufe, da er außerhalb der Kirche steht.

2. Cyprian und der römische Primat. Durch die zuerst dem Petrus verliehene Regierungsgewalt in der Kirche (Mt. 16, 18) wurde der Apostel nicht bloß Symbol oder Typus der Einheit, sondern auch und in erster Linie Realgrund der Einheit, die durch ihn und von ihm her innerlich begründet wird. Die Bestallung Petri ist nämlich auch Rechtsgrund für jede bischöfliche Gewalt, d. h. jeder Bischof steht in realem, direktem Zusammenhang mit Petrus. Nach Cyprians Auffassung bedeutet die später erfolgte Bevollmächtigung der übrigen Apostel (Jo. 20, 21 f; eccl. un. 4), daß nach dem Willen Christi alle Apostel an dem schon bestehenden, in Petrus bereits errichteten „unus episcopatus" Anteil erhielten (episcopatus unus est, cuius a singulis in solidum pars tenetur; eccl. un. 5). Aus dieser Bedeutung Petri hat Cyprian noch keine weiteren Folgerungen gezogen, d. h., eine aktive Jurisdiktionsgewalt Petri über die andern Apostel hat Cyprian nicht anerkannt: „hoc erant utique et ceteri apostoli quod fuit Petrus, pari consortio praediti et honoris et potestatis" (eccl. un. 4); der dem Petrus zukommende Primat (ep. 71, 3) ist ein Ehrenvorrang im Sinne eines primus inter pares.

Mit Petrus hat sich die „Urkirche" (ecclesia principalis) in Rom niedergelassen, und von hier aus ist zur Zeit, da Petrus in Rom Bischof war, auch die unitas sacerdotalis ausgegangen (exorta est: ep. 59, 14). Daß jedoch Cyprian damit der römischen Kirche seiner Zeit noch keine besondere Bedeutung für die Erhaltung der Einheit im Sinne eines Jurisdiktionsprimats zuspricht, ergibt sich klar aus seinen unmittelbar anschließenden Ausführungen, wo er u. a. im Hinblick auf Rom den Satz niederschreibt: „cum singulis pastoribus portio gregis sit adscripta, quam regat unusquisque et gubernet rationem sui actus Domino redditurus"; ebendeshalb erwarte er auch, daß sich Rom nicht in die Streitigkeiten seiner Diözese einmische. Dieser seiner Auffassung entspricht auch vollkommen sein Verhalten im Häretikertaufstreit. Auf der am 1. September 256 unter seinem Vorsitz tagenden afrikanischen Synode, die sich entsprechend seiner Lehre (ep. 69 ff) für die Ungültigkeit der Häretikertaufe trotz der bereits ergangenen gegenteiligen Entscheidung Papst Stephans erklärte, fallen aus seinem Munde in deutlicher Frontstellung gegen Rom die scharfen Worte: „neque enim quisquam nostrum episcopum se episcoporum constituit aut tyrannico terrore ad obsequendi necessitatem collegas suos adigit ... sed expectemus universi iudicium Domini nostri Jesu Christi, qui unus et solus habet potestatem et praeponendi nos in ecclesiae suae gubernatione et de actu nostro iudicandi" (sentent. episc. prol.).

Adam, ThQ 1928, 203/56.– E. Altendorf, Einheit und Heiligkeit der Kirche, 1932, 44/116.– Bardy, La théologie de l'église de s. Irénée au concile de Nicée, 1947, 171/251.– Bévenot, RSR 1951, 379/415 („A bishop is responsible to God alone").– J. P. Brisson, Autonomisme et christianisme, 1958, 33/121 (Ekklesiologie).– Butler, DR 1953, 1/13; 119/34; 258/72.– Caspar, ZSK 1927, 253/331.– Demoustier, RSR 1964, 554/88 (l'ontologie de l'église).– Hardowirjono, BiNJ 1958, 1/21; 137/61 (Heil in der Kirche).– Klein, ZKG 1957, 48/68 (Kirchenlehre).– H. Koch, Cathedra Petri, 1930.– Ludwig, Primatworte, 1952, 20/36.– Palmquist, Ny kyrklig tidskr. 1959, 152/72 (Primatfragen).– J. C. Plumpe, Mater Ecclesia, Wa 1943, 81/108.– Portioli, StPat 1958, 3/27 (l'episcopalismo).– Poschmann, Ecclesia principalis, Br 1933; ThR 1933, 425/32.– Zapelena, Gr 1934, 500/23; 1935, 196/224.

3. Die Überlieferung hält Cyprian nur so weit für göttlich, als sie nicht über die Heilige Schrift hinausgeht (ep. 71, 3; 74, 2). Trotzdem schätzt er private Offenbarungen und Gesichte sehr hoch (ep. 11, 3f; 16, 4).

4. Die Taufe der Kinder soll nicht nach atl. Vorbild der Beschneidung bis zum achten Tage aufgeschoben werden, sondern wegen des contagium mortis antiquae bereits am zweiten oder dritten Tag erfolgen (ep. 64, 2/6); Kleinkinder empfingen auch die Eucharistie (laps. 9; 25).

5. Des Priesters Opfer ist die Wiederholung des Opfers Christi beim Abendmahl, beides die Darstellung des einmaligen Opfers am Kreuze. Die eucharistische Feier besteht in oblatio und sacrificium (ep. 37, 1; 63, 9; 66, 2); die oblatio ist Brot und Wein und wird zum „sacrificium Christi" kraft des Heiligen Geistes (eccl. un. 17). „Jesus Christus ... sacrificium patri se ipsum obtulit" (ep. 63, 14). Cyprian ist der erste, der den bisher implicite bekannten Glauben, daß Leib und Blut Christi Opfergaben seien, deutlich und klar ausspricht (ep. 63, 14). Das Opfer wird auch für Märtyrer dargebracht (ep. 39, 3). Die Eucharistie außerhalb der katholischen Kirche ist ungültig (ep. 72, 2).

6. Die Buße vollzieht sich in der Exomologesis, d. i. dem Bekenntnis der Sünden und dem öffentlichen Bußritus, in der dem Maß der Sünde entsprechenden Genugtuung und in der nach beendeter Bußzeit gewährten Rekonziliation (ep. 16, 2). Das eigentliche sündentilgende Moment liegt in der Bußleistung (laps. 17; ep. 59, 13 u. ö.); die Rekonziliation ist aber „pignus vitae" (ep. 55, 13), insofern das Lösen auf Erden die Voraussetzung für das Lösen im Himmel ist (ep. 57, 1; laps. 28/30; 36).

7. Cyprian lehrt (anders als die meisten kirchlichen Theologen vor ihm und viele nach ihm), daß alle verstorbenen Gerechten sofort nach dem Tode ihren Lohn im Himmel erhalten, was sonst nur für die Märtyrer

angenommen wurde. Der Zwischenzustand in der Unterwelt bis zur allgemeinen Auferstehung ist nun auf die Büßer beschränkt, die wegen ihres Todes ihre Buße nicht vollenden konnten und daher in der Unterwelt mit Feuer bestraft werden (ep. 55, 20).

A. d'Alès, La théologie de s. Cyprien, 1922.– S. Barbalato, La dottrina della grazia in s. Cypr., Diss. R 1953.– Bardy, VS 1939, Suppl. 87/119 (christl. Priestertum).– P. Batiffol, Eucharistie, [9]1930, 226/47.– Bévenot, ThSt 1955, 175/213 (Bußsakrament in De lapsis).– J. Capmany, „Miles Christi" en la espiritualidad de s. Cypr., Ba 1956.– Daly, SP 2, 202/7 (absolution and satisfaction).– Hübner, ZkTh 1962, 49/84; 171/215 (Kirchenbuße; gegen Grotz).– E. L. Hummel, The Concept of Martyrdom accord. to St. Cypr., Wa 1946.– Jay, RTA 1927, 133/6 (doctrine du purgatoire).– Joyce, JTS 1941, 18/42 (Privatbuße).– Nicotra, SC 1940, 496/505; 583/7 (Wirksamkeit der Sakramente).– Poschmann, Paenit. 368/424.– K. Rahner, ZkTh 1952, 252/76; 381/438 (Bußlehre).– Réveillaud, SP 6, 181/7 (pneumatologie cyprienne).– Salaville, EO 39, 1941/2, 268/82 (l'épiclèse africaine).– Stenzel, Sch 1955, 372/87 („Taufe im Namen Jesu").– Taylor, ThSt 1942, 27/46 (Rekonziliation der Apostaten).– Wiles, JEH 1963, 139/49 (theological legacy of C.).

§ 49. Commodianus

Persönlichkeit und Lebenszeit des Commodianus sind sehr umstritten. Die einzige Quelle dafür sind seine Schriften; auch Gennadius (vir. ill. 15) hat seine Angaben nur dem 1. Buch der Instructiones entnommen. Dagegen sind die syrische Herkunft des C. und sein Wirken im Westen kaum zu bezweifeln. Nach der traditionellen Ansicht, die vor allem J. Martin wieder mit guten Gründen vertritt, darf C. als der älteste Lateiner unter den christlichen Dichtern gelten. Er hat Cyprians Werke ausgiebig benützt, daneben auffallend häufig auch die Didascalia, und um die Mitte oder in der 2. Hälfte des 3. Jh. geschrieben, vielleicht sogar in Rom.

H. Brewer hat 1906 C. als einen in Südgallien asketisch lebenden Laien aus Gaza erweisen wollen, der um 460 geschrieben habe (instr. 2, 39: Nomen gasei = Gazaei; „mendicus Christi" im Akrostichon). Courcelle suchte die Abhängigkeit von Orosius und Salvianus zu erweisen; Brisson stimmt ihm zu, während Simonetti, Martin und andere die Beweiskraft dieser Abhängigkeitsargumente nicht anerkennen. Sollte C. von Lactantius abhängig sein, so wäre die Zeit nach 300 anzunehmen (Vogt). Die jüngsten Forschungen haben die seit Brewer weithin übernommene Spätdatierung so stark erschüttert, daß man C. am wahrscheinlichsten dem 3. Jh. zuweisen muß.

1. *Instructiones*, eine Sammlung von 80 akrostichisch gebauten Ge-

dichten in zwei Büchern. Das erste (nach bisheriger Zählung 1, 1/2, 4) richtet sich an Heiden, die zur Bekehrung aufgefordert werden; diese erscheint nicht nur durch das Heidentum, sondern auch durch die konkurrierende jüdische Proselytenwerbung gefährdet. Das zweite Buch (2, 5 ff) wendet sich an Katechumenen und Gläubige, bei denen Mißstände getadelt und Anweisungen für die christliche Lebensführung gegeben werden (z. B. Krankenbesuch, Bestattung).

2. *Carmen apologeticum,* in 1060 Hexametern, mit Martin besser als *Carmen de duobus populis* zu bezeichnen. Ähnlich wie im ersten Buch der Instructiones sollen Heiden, die zwischen Heidentum und Judentum schwanken (Gottesfürchtige), zum Christentum geführt werden; denn die Stelle des Volkes Israel nimmt nunmehr das wahre Gottesvolk der heidenchristlichen Kirche ein.

Die Sprache zeigt stark vulgären Einschlag und ist oft recht dunkel, bedingt durch Kürze, aber wohl auch durch die syrische Herkunft des C. Vielfach ist auch das Metrum nicht korrekt beachtet. Theologisch erscheint der Dichter als Sabellianer und Chiliast; wohl deshalb zählt das Decretum Gelasianum seine Dichtungen zu den Apokryphen.

B. Dombart, CSEL 15, 1887.– MLS 1, 74/101 (carm.).– J. Martin, CCL 128, 1960.– A. F. van Katwijk, Lexicon Commodianeum, A 1934. ** H. Brewer, K. von Gaza, 1906; Die Frage um das Zeitalter K.s, 1910; ZkTh 1912, 641/50; 849/63.– Brisson, RSR 1946, 280/316 (soziale Unruhen in Afrika im 3. Jh., nach C.); Autonomisme et christianisme dans l'Afrique romaine, 1958, 378/410; bes. 390 f (folgt der Datierung von Courcelle: um 440/50 in Afrika).– E. Castorina, La poesia di Commodiano nella storia della metrica lat., Ca 1950.– Courcelle, Hist. litt. des grandes invasions germaniques, [3]1964, 319/337 (C. Mitte des 5. Jh.).– J. Durel, Comm., P 1912.– Gagé, RHPh 1961, 355/78 (C. im 3. Jh.).– Gasparetti, Did 1926, 1/48 (C. um 400).– Herrmann, Lat 1961, 312/21 (C. Ende 3. Jh., Anfang 4. Jh.).– H. A. M. Hoppenbrouwers, C., poète chrétien, Graecitas et lat. ... Suppl. 2, 1964.– Krestan, RACh 3, 248/52.– J. Martin, TU 39, 4, 1913 (gegen Brewer); Tr 1957, 1/71.– Perret, Pallas 1957, 27/42 (prosodie et métrique).– Salvatore, Orph 1960, 161/87 (3. Jh.); NDid 1962, 1/37 (Tkr.).– Silvestre, SE 1962, 515/7 (Tkr.).– Simonetti, Aev 1953, 227/39 (gegen Courcelle).– Sordi, RendPontAccRomArch 1962 f, 136/46 (3. Jh.).– Thraede, JbAC 1959, 90/114 (3. Jh.).– Vogt, ParPass 9, 1954, 5/15.

§ 50. Victorinus von Pettau († 304)

Der erste lateinisch schreibende Exeget war Viktorin, Bischof von Poetovio, dem heutigen Pettau in der jugoslawischen Steiermark. Von Geburt wahrscheinlich Grieche, schrieb er in wenig gewandtem Latein hauptsächlich Bibelkommentare. Er ist dabei von Papias, Irenäus, Hippolyt und besonders Origenes abhängig. In der Verfolgung des Diokletian starb er 304 als Märtyrer (Hieron. vir. ill. 74).

Von den Bibelkommentaren (Gen., Ex., Lev., Is., Ezech., Hab., Ecclesiastes, Cant., Mt., Apoc.) ist nur der *Apokalypsekommentar* erhalten, der chiliastische Grundstimmung zeigt. Deshalb hat ihn Hieronymus einer Reinigung und Bearbeitung unterzogen; erst 1916 ist der ursprüngliche Text wieder bekannt geworden.

Ebenfalls chiliastisch ist die kleine Schrift *De fabrica mundi (Über die Weltschöpfung)*. Vielleicht ist Viktorin der Übersetzer und Bearbeiter der ursprünglich griechisch verfaßten Schrift *Adversus omnes haereses*, die als Anhang zu Tert. praescript. 46/53 überliefert ist (s. S. 154). Weitere Viktorin zugeschriebene Texte sind kaum echt.

ML 5, 281/344 (unvollständig). – MLS 1, 102/74. – J. Haußleiter, CSEL 49, 1916 (Bearb. des Hieron. und ursprüngl. T). ** Bardy, DThC 15, 2882/7. – E. Benz, Marius Victorinus, 1932, 23/30 (V. als Origenesübersetzer). – N. J. Hommes, Het Testimonialboek, 1935, 225/30 (V. und Papias). – Schuster, PWK 16, 2081/5. – Schwartz, SbMn 3, 43 f (adv. omnes haer.). – Wilmart, RB Bull. 1911, 35/8 (De decem virginibus). – Wöhrer, Jahresbericht Wilhering, 1927, 2/8; 1928, 3/7 (In Genesim und Ad Justinum Manichaeum vielleicht von V.).

§ 51. Arnobius von Sicca

Arnobius stammte wie alle bedeutenden vornizänischen Schriftsteller der lateinischen Kirche aus Afrika. Er war ein angesehener Lehrer der Rhetorik in seiner Vaterstadt Sicca in Numidien. Durch ein Traumgesicht bewogen, wandte sich der bisherige Bekämpfer des Christentums der Religion Jesu zu. Um die Bedenken des Bischofs von Sicca, der in die Aufrichtigkeit seiner Sinnesänderung Zweifel setzte, zu zerstreuen, verfaßte er zur Zeit der Diokletianischen Verfolgung oder kurz darauf (304–310) seine sieben Bücher *Adversus nationes*. Dieser von Hieronymus (chron. ad 2343) gegebene Bericht verdient jedoch wenig Glauben. Denn es ist kaum anzunehmen, daß ein katholischer Bischof die in vielen Punkten von der orthodoxen Lehre abweichenden Anschauungen des Arnobius, der sich von Vorstellungen der heidnischen Religiosität und Philosophie und von heterodoxen christlichen Lehren (Marcionitismus?) beeinflußt zeigt, als gültiges Glaubensbekenntnis angesehen haben wird.

Das nur durch eine einzige Hs. (Paris, 1661, saec. 9) überlieferte Werk, dem als 8. Buch der *Octavius* des Minucius Felix angehängt ist, hat Arnobius rein als Rhetor geschrieben; nirgends zeigt er sich gründlich in seiner Beweisführung, und im Ausdruck ist er gekünstelt und weitschweifig. Wenn Arnobius 51 verschiedene Philosophen und Schriftsteller zitiert, so schöpft er sein Wissen fast nur aus damals verbreiteten Florilegien und Handbüchern, in denen τόποι und δόξαι gesammelt waren. Da der Verfasser noch kein inneres Verhältnis zum Christentum gewonnen hat, fehlt ihm die Wärme der Empfindung, die er durch deklamatorisches Pathos zu ersetzen sucht. Das sog. Decretum Gelasianum zählt die Schrift zu den Apokryphen.

Im 1. Buch wird das Christentum vor allem gegen den Vorwurf verteidigt, daß es die Schuld an dem Elend der Gegenwart trage; in Wirklichkeit arbeite die neue Religion an seiner Verminderung; denn bei Durchführung der christlichen Grundsätze wären z. B. Kriege unmöglich (1, 6). Im 2. Buch weist A. u. a. darauf hin, daß manche christliche Lehren, die von den Heiden verspottet werden, sich auch bei den großen Philosophen finden, z. B. die Lehre von der Unsterblichkeit bei Plato (2, 13 ff). Die Bücher 2/5 decken den Widersinn und die Unsittlichkeit der Göttermythen, deren allegorische Deutung unzulässig sei, auf; sie sind eine reiche Quelle für unsere Kenntnis der Mythologie. In Buch 6 wird die Götterverehrung durch Errichtung von Tempeln und Götterbildern verworfen, und in dem noch nicht durchgearbeiteten 7. Buch wird der Opferdienst bekämpft.

Die Schrift verrät deutlich, daß der dem Christentum zustrebende Verfasser nicht einmal die christlichen Grundlehren richtig verstanden hat. Gott Vater ist der eigentliche Gott (Deus princeps); daß die Götter des Heidentums nicht existieren, ist ihm nicht erwiesen, doch können sie nur als Untergötter gelten und haben ihr Dasein und ihre Macht vom Christengott. Auch Christus ist ein Gott zweiten Ranges (1, 28; 3, 2).

Die menschliche Seele stammt nicht von Gott, sondern von einem andern höheren Wesen her (2, 36); mit Justin und Theophil von Antiochien nimmt Arnobius an, daß sie nicht von Natur unsterblich sei, daß sie aber durch die Gnade des Christengottes unsterblich werden könne (2, 32; 61). Diese Anschauung war ein Hauptgrund für ihn, sich dem Christentum zuzuwenden.

ML 5.– A. Reifferscheid, CSEL 4, 1875.– R. Laurenti, To 1962 (TÜK).– G. Marchesi, To 1934, ²1953.– G. E. McCracken, ACW 7/8, 1949 (Ü); dazu Festugière, VC 1952, 208/54 (Tkr.). ** B. Axelson, Textkrit. zu Florus, Min. Fel. und A., Lund 1944.– Brunner, JL 13, 1936, 172/81 (7, 32 kein Zeugnis gegen das Weihnachtsfest).– Bulhart, WSt 1958, 168 f.– Colombo, Did 3, 1930, 1/124.– Courcelle, REL 1953, 257/71 (2, 15: viri novi).– Festugière [Mém. Lagrange, 1940] 97/132 (2, 11/66: Seelenlehre).– H. Hagendahl, La prose métrique d'A., Göteborg 1937; Er 1937, 36/40 (Ovid). – H. Karpp, Probleme altchristl. Anthropologie, 1950, 171/85. – de Labriolle, DHG 4, 542/7. – Mazza, Helikon 3, 1963, 111/69 (viri novi nel II. libro). – E. F. Micka, The problem of div. anger in A. and Lactant., Wa 1943. – Plumpe, VC 1949, 230/6 (Tkr.). – E. Rapisarda, Clemente fonte di A., To 1939; Arnobio, 1945. – Scheidweiler, ZntW 1954, 42/67 (A. beeinflußt von Marcion). – Sirna, VC 1964, 37/50 (A. e l'eresia marcionita). – F. Tullius, Die Quellen des A. im 4., 5. und 6. Buch seiner Schrift Adv. nat., 1934. – G. Wiman, Textkritiska Studier till A., Göteborg 1931; Er 1947, 129/52 (Tkr.).

§ 52. Lactantius

L. Caecilius Firmianus Lactantius war nach Hieronymus (vir. ill. 80) Schüler des Arnobius. Kaiser Diokletian berief ihn als Lehrer der lateinischen Beredsamkeit in seine neue Hauptstadt Nikomedien. Bei Ausbruch der Verfolgung sah sich Laktanz, da er Christ geworden war, genötigt, sein Lehramt niederzulegen. Er blieb in dürftigen Verhältnissen in Nikomedien, bis ihn in hohem Alter Kaiser Konstantin um 317 als Erzieher seines Sohnes Crispus an seinen Hof nach Trier berief. Seine weiteren Schicksale sind unbekannt.

Laktanz ist Meister der Form. Seine Sprache fließt leicht und gefällig dahin und nähert sich der des Cicero, den er fleißig gelesen hatte und dem er auch an Weichheit des Charakters glich; die Humanisten haben ihn daher den christlichen Cicero genannt. In der griechischen Literatur war er weniger bewandert. So wie bei Arnobius war seine Kenntnis der christlichen Lehre und Literatur nur mangelhaft. Hieronymus schreibt daher: „Utinam tam nostra adfirmare potuisset, quam facile aliena destruxit" (ep. 58, 10).

ML 6f. – S. Brandt - G. Laubmann, CSEL 19; 27, 1890/97. – H. Kraft - A. Wlosok, Darmstadt 1957 (De ira dei, TÜ). – A. Hartl, BKV² 36, 1919 (Ü). – G. Mazzoni, Siena 1937 (inst., Ü). ** Alfonsi, RILSL 82, 1949, 19/27 (L. abhängig von Justin). – Amann, DThC 8, 2425/44. – Baily, VC 1960, 165/9 (Tkr.). – Bolkestein [F. J. Dölger, 1939] 62/5 (humanitas). – Corlson, ClPh 1948, 93/104 (pagan examples of fortitude). – Fischer, MThZ 1950, 96/101 (Victorin und L. zu Apoc. 5, 2). – Leclercq, DAL 8, 1018/41. – Lietzmann, PWK 12, 351/6. – Loi, VC 1964, 85/107 (sacramentum). – J. Nicolosi, L'influsso di Lucrezio su L., 1945. – Pellegrino, Studi su l'antica apologetica, R 1947, 151/207 (L. abhängig von Min. Felix). – Prete, Gymnasium 63, 1956, 365/82; 486/509 (geschichtl. Hintergrund zu den Werken des L.). – Richard, RevEA 1940, 498 bis 507 (Gewissensfreiheit). – Stevenson, SP 1, 661/77 (life and lit. activity); SP 4, 497/503 (L. and the classics). – Wlosok, SP 4, 234/50 (nichtcyprian. Bibelzitate). – Wuillenmier [Mél. Ernout, 1940] 383/88 (Cato maior bei L.).

1. *Divinae institutiones* in 7 Büchern, das Hauptwerk des Laktanz,

verfaßt 304/13. Es ist eine Apologie des Christentums und zugleich eine Einführung in seine Hauptlehren, veranlaßt durch die Angriffe heidnischer zeitgenössischer Schriftsteller (einer war wohl Hierokles von Bithynien); der erste, allerdings sehr mangelhaft ausgefallene Versuch, in lateinischer Sprache eine Gesamtdarstellung des christlichen Glaubens zu schreiben.

Buch 1/2 decken den Widersinn der heidnischen Religion auf. Der Götterglaube ist durch die Vergötterung verstorbener Menschen entstanden (Euhemerismus); in Wirklichkeit sind die Götter den vom Teufel geleiteten Dämonen gleichzusetzen. Der Heilige Geist ist nicht vom Sohn Gottes verschieden; wohl zeugte Gott neben dem Sohn von Anfang an einen Dritten, aber dieser wurde auf den Sohn neidisch, sündigte und heißt seitdem Teufel (inst. 2, 8). Buch 3 deckt die Widersprüche der heidnischen Philosophie auf. Buch 4 zeigt, daß erst Christus die wahre Weisheit vom Himmel gebracht habe. Das 5. Buch beklagt das Verschwinden der Gerechtigkeit von dieser Erde; sie wird erst zurückkehren, wenn alle Menschen den wahren Gott anerkennen und durch das Band der Gotteskindschaft verbunden sind (5, 8, 6). Die rechte Art und Weise der Gottesverehrung, welche die Christen üben, wird darauf im 6. Buch dargelegt. Diese zwei Bücher sind mit Wärme geschrieben und bilden den besten Teil des Ganzen. Buch 7 handelt von den Letzten Dingen. Laktanz vertritt den Chiliasmus. An den sechstausend Jahren, die die Welt bestehen soll, fehlen noch ungefähr zweihundert Jahre; dann beginnt nach Beseitigung der kurzen Herrschaft des Antichrists das Glück des tausendjährigen Reiches, in dem Christus und die auferstandenen Gerechten herrschen werden. Nach den tausend Jahren werden sich die Gottlosen noch einmal erheben, und das letzte Gericht bringt die endgültige Scheidung zwischen Himmel und Hölle.

Das Werk hat in einigen Hss. dualistische und panegyrische Zusätze; jene enthalten die Lehre, Gott habe das Böse gewollt und geschaffen, diese sind Anreden an Kaiser Konstantin. Sämtliche Zusätze stammen wohl von Laktanz selbst und sind wahrscheinlich später als überflüssig oder anstößig gestrichen worden.

2. *Epitome,* ein von Laktanz verfaßter Auszug aus dem Hauptwerk, wegen mannigfacher Verbesserungen und Änderungen von eigenem Wert (nach 314).

3. In *De opificio Dei* (um 303/04) werden, ganz im Gegensatz zu Arnobius (2, 29. 37. 52), um den Menschen als „Gotteswerk" zu erweisen, die Schönheit und Zweckmäßigkeit seines Organismus und die Vorzüge seiner Vernunft erörtert, aber ohne alle christlichen Anklänge.

4. *De ira Dei* (nicht vor 313) zeigt gegenüber den Epikureern und Stoikern, daß Gott nicht bloß Güte ist, sondern daß es auch eine strafende Gerechtigkeit Gottes geben müsse,

Alfonsi, VC 1960, 170/6 (Ovidio nelle inst.).– J. Dammig, Die Divinae inst. des L. und ihre Epitome, Diss. Mr 1957.– Emonds, Zweite Aufl. 55/72.– v. Ivánka, Anz. der Philos.-hist. Klasse, W 1950, 10, 187/91 (stoische Anthropologie bei L. und Ambros.).– Karpp, Anthropol. 132/71.– G. Kutsch, In L. De ira dei librum quaest. philol., L 1933.– E. F. Micka, The problem of divine anger in Arnob. and L., Wa 1943.– Rapisarda, MiscStLCA 1, 1947, 5/20 (L. contro Epicuro).– E. Schneweis, Angels and demons according to L., Wa 1943.– L. Thomas, Die Sapientia als Schlüsselbegriff zu den Divinae institutiones des L., Diss. FrSch 1959.– K. Vilhelmson, L. und die Kosmogonie des spätantiken Synkretismus, Tartu 1940.– A. Wlosok, L. und die philosophische Gnosis, AbhHei 1960, 2.

5. *De mortibus persecutorum,* in einer einzigen Hs. erhalten, handelt über das traurige Ende der verschiedenen Christenverfolger, verweilt ausführlicher bei der Gegenwart, nämlich bei der Diokletianischen Verfolgung und ihren Fortsetzungen, und berichtet noch den Tod des Maximinus Daza (313) und des Diokletian (wohl 316), nicht aber die Verfolgung des Licinius, die spätestens 321 begann; es ist also vor 321, wahrscheinlich zwischen 314 und 317, entstanden. Abweichend von den übrigen Schriften des Laktanz ist es in gereizter Stimmung geschrieben; in seiner leidenschaftlichen Erregung übertreibt der Verfasser gern und schwelgt in der Ausmalung grausiger Vorgänge. An der früher vielfach bestrittenen Echtheit der Schrift ist trotz mancher auch neuerdings geäußerter Bedenken festzuhalten.

J. Moreau, SCh 39, 1/2, 1954 f (TÜK); dazu Nautin, RHE 1955, 892/9.– G. Mazzoni, Siena 1930 (Ü). ** Borleffs, Mn 1930, 223/92 (unecht).– Marrou [É. Gilson, 1959] 403/14 (monogramme constantinien).– K. Roller, Die Kaisergeschichte in L., De mort., 1927.

6. Das Gedicht *De ave Phoenice,* in welchem die Sage von dem Wundervogel Phönix erzählt wird, ein Motiv, das schon von Herodot (11, 37) und im Klemensbrief (c. 25) verwendet wird. Alle tausend Jahre kommt der Vogel aus dem fernen Osten nach Phönizien und stirbt hier auf einer Palme (φοίνιξ). Der Leichnam entzündet sich von selbst, und aus der Asche entwickelt sich darauf ein Wurm und aus diesem ein Schmetterling; der trägt den Rest der Gebeine in den Sonnentempel zu Heliopolis in Ägypten und kehrt dann in den Orient zurück. Schon Gregor von Tours (De cursu stell. 12) nennt Laktanz als Verfasser und deutet die Sage christlich.

Der alte Streit, ob das Gedicht heidnischen oder christlichen Charakter trägt, ob es von Laktanz selbst (vor oder nach seiner Bekehrung?) oder von einem heidnischen oder späteren christlichen Verfasser stammt, ist bis jetzt noch nicht entschieden. Nicht wenige innere Kriterien sprechen aber für die Echtheit der Schrift.

M. C. Fitz-Patrick, Ph 1933 (TÜK). – E. Rapisarda, Ca [3]1959 (TÜK). ** B. Bianoy, Il carme De ave Phoenice di L., 1931. – Blochet, Mu 1937, 123/44. – G. Crescenti, Gli elementi cristiani del carme De ave Ph. di Firmiano L., Messina 1960. – C.-M. Edsman, Ignis divinus, 1940, 178/203. – Gennaro [Convivium dominicum, Ca 1959] 337/56 (classicismo). – J. Hubeaux - M. Leroy, Le mythe du Phénix dans les litt. grécques et lat., 1939. – Schuster, WSt 54, 1936, 118/28 (De ave Phoen. echt).

7. Verschiedene von Hieronymus genannte Schriften (vir. ill. 80), z. B. mehrere Briefsammlungen und *De motibus animi*, gingen verloren.

Anhang: weitere lateinische Schriften aus konstantinischer Zeit:

1. Reticius von Autun verfaßte zu Beginn des 4. Jh. zwei heute fast ganz verlorene Schriften: einen von Hieronymus sehr abfällig beurteilten *Kommentar zum Hohenlied* (ep. 37, 3) und eine Schrift *Contra Novatianos*. S. ferner S. 405 (Laudes domini).

2. In das erste Viertel des 4. Jh. gehört die von A. M. Amelli 1897 unter dem Titel *Prophetiae ex omnibus libris collectae* herausgegebene, in Afrika entstandene anonyme Sammlung biblischer Prophetien, die für die Kenntnis des altlateinischen afrikanischen Bibeltextes wichtig ist.

ML 44, 644; 178, 1864 (Reticius). – MLS 1, 177/80; 1738/41 (Prophetiae). ** Bardy, DThC 13, 2571 ff (Reticius). – Lokin, DHG 8, 379 f (Prophetiae). – Zahn [A. Hauck, 1916] 52/63 (Prophetiae); dazu Wohlenberg, ThLBl 1916, 65/9.

B. DIE SCHRIFTSTELLER DES GRIECHISCHEN OSTENS

§ 53. Die östlichen theologischen Schulen

Bei den altchristlichen theologischen Schulen handelt es sich meistens nicht um feste und dauerhafte Institutionen oder gar von der Gemeindeleitung autorisierte Einrichtungen, sondern um die privaten Unternehmungen einzelner Lehrer, die einen Hörer- und Schülerkreis um sich sammeln, wie Justinus in Rom, sein Schüler Tatianus und viele andere, insbesondere auch die bekannten gnostischen Sektenhäupter. Erst bei offenbarer Häresie solcher Lehrer griffen die Bischöfe ein und schlossen sie aus der Kirche aus.

In Städten mit besonderer geistiger Regsamkeit fühlten sich philosophisch gebildete Christen zur Auseinandersetzung mit Kultur und Philosophie ihrer Umgebung gedrängt. In Alexandrien trat um 180 als erster namentlich bekannter christlicher Lehrer Pantänus auf, der aus Sizilien stammte. Als zweiter Lehrer dieser Art hat Klemens zu gelten, aber nicht als Schüler oder Nachfolger des Pantänus in der Leitung einer Schule; er wirkte vielleicht gleichzeitig mit Pantänus und anderen. Auch Origenes war zunächst freier christlicher Lehrer; erst 217 erhielt er von Bischof Demetrius den Auftrag, den kirchlichen Katechumenenunterricht zu übernehmen. Origenes überließ bald diese elementare Katechese dem Heraklas und wandte sich dem Unterricht von gebildeten Heiden und Christen in der Art zu, in der er vorher als Lehrer gewirkt hatte. Aber diese philosophisch-theologische Schule war nunmehr ein Institut bischöflichen Rechts. Nach dem Weggang des Origenes 230 scheint in Alexandrien nur noch die elementare Katechumenenschule weiterbestanden zu haben. Wenn bedeutende Theologen, wie Dionysius, Pierius, Petrus, Athanasius, Didymus und Cyrillus, zur „alexandrinischen Schule" gerechnet werden, so ist das wohl nur im weitesten Sinne eine „Schule", insofern charakteristische Tendenzen des Klemens und Origenes weitergegeben wurden.

Nach seinem erzwungenen Weggang von Alexandrien gründete Origenes (232) eine neue Schule zu Cäsarea in Palästina. Hier entstand bald eine ansehnliche christliche Bibliothek, die besonders durch den späteren Leiter der Schule, den Presbyter Pamphilus, erweitert wurde. Gregor der Wundertäter und Eusebius von Cäsarea haben hier ihre wissenschaftliche Ausbildung erhalten. Über die Schule in Cäsarea wirkte die alexandrinische Tradition auf die führenden Männer von Kappadokien, besonders Basilius den Großen und die beiden Gregor, ein, die den Geist von Alexandrien und Antiochien miteinander zu versöhnen suchten (neualexandrinische Schule, s. S. 260).

Bei der Erklärung der Bibel bediente man sich in der alexandrinischen Schule unter dem Einfluß von Klemens und Origenes der allegorischen Methode, die seit langem von griechischen Philosophen bei der Exegese der Mythen und Dichter (z. B. Homer) und von jüdischen Gelehrten, wie z. B. von Aristobul von Alexandrien und dem Religionsphilosophen Philo von Alexandrien, auch bereits bei der Deutung des AT angewandt worden war. Überzeugt, daß eine wörtliche Exegese Gottes Unwürdiges oder Glaubenswidriges ergebe, suchten die alexandrinischen Theologen einen sogenannten tieferen, geheimnisvollen Sinn der biblischen Worte und Ereignisse zu ergründen und machten so nicht selten die Bibel zu einem Rätselbuch und die Exegese zu einem Rätselspiel. Erzwungen wurde diese in ihrer Einseitigkeit unmögliche Methode durch das Festhalten an einem zu engen Inspirationsbegriff.

In ausgesprochenem Gegensatz zu der allegorisierenden und spekulativ-philosophischen Richtung dieser Schule trat noch im 3. Jh. die antiochenische Schule, auch Exegetenschule genannt, weil sie vorwiegend biblische Exegese betrieb. Sie zeichnete sich durch nüchterne Verstandestätigkeit und streng wissenschaftlichen Charakter aus und erklärte die Heilige Schrift meistens nach ihrem wörtlichen und historischen Sinn.

Als Gründer der Schule gilt der Presbyter Lukian aus Samosata, der etwa seit 260 in Antiochien seine Lehrtätigkeit ausübte († 312). Die Glanzzeit der Schule wurde durch Diodor von Tarsus eingeleitet. Von Antiochien wurde die schon in der ersten Hälfte des 3. Jh. entstandene Schule von Edessa beeinflußt, deren größter Lehrer Ephräm der Syrer war († 373). Ferner s. S. 261.

Álvarez Seisdedos, EstBibl 1952, 31/67 (la teoria antiochena). – Bardy, RHE 1932, 501/32 (röm. Schulen im 2. Jh.); RevSR 1932, 1/28 (kirchl. Unterricht in den ersten drei Jhh.); 1934, 525/49 (4. Jh.); RSR 1937, 65/90 (Anfänge der alexandr. Schule); Vivre et Penser 2, 1942, 80/109 (Geschichte der Schule von Al.). – W. Bousset, Jüdisch-christl. Schulbetrieb in Alexandrien und Rom, 1915. – Bouyer, JTS 1953, 188/203 („Gnosis" bis zu den Alexandrinern). – P. Brezzi, La gnosi crist. di Aless. e le antiche scuole crist., R 1950. – R. Cadiou, La jeunesse d'Origène, 1936; RevSR 1936, 474/83 (Caesarea). – De Lubac, RSR 1947, 180/226 (Typologie und Allegorese). – Guillet, RSR 1947, 247/302 (Exegese der Alex. und Antioch.). – Hoffmann-Aleith, PWK 36, 3, 684 f (Pantainos). – Hornschuh, ZKG 1960, 1/25; 193/214 (Origenes und die Schule von Alex.). – Knauber, TrThZ 1951, 243/66 (Katechetenschule oder Schulkatechumenat?). – Marrou, SCh 33, 1952, 266/8 (Pantänus Verfasser des Diognet-Briefs). – E. Molland, The conception of the Gospel in the Alexandrian theology, Oslo 1938. – J. Munck, Untersuchungen über Klemens v. A., 1933, 180/5; 224/9. – P. Nautin, Tome commémoratif du Millénaire de la Bibliothèque d'Alexandrie, Alex. 1953, 145/52 (Pantänus). – H. R. Nelz, Die theolog. Schulen der morgenländischen Kirchen, 1916. – Pericoli-Ridolfini, RivStudOr 1962, 211/30 (le origini della scuola Alessandrina). – Schemmel, PhWo 1925, 1277/80 (Caesarea). – Stauridu, Orthodoxia, Istanbul, 1958, 36/51; 191/8; 305/20; 443/50 (alexandrin. Schule nach Origenes). – Ternant, Bi 1953, 135/58; 354/83; 456/86 (exegetische „Theoria" der Antiochener). – Vaccari, Bi 1920, 4/36; 1934, 94/101 („Theoria" der antiochen. Exegeten); Scritti, 1942, 101/42.

§ 54. Klemens von Alexandrien († vor 215)

Titus Flavius Klemens, von heidnischen Eltern wahrscheinlich in Athen geboren, machte als Christ weite Reisen nach Unteritalien, Syrien und Palästina und ließ sich dann in Alexandrien als freier christlicher Lehrer nieder (Eus. h. e. 5, 11; Clem. Al. strom. 1, 1, 11). Daß er Presbyter war, läßt sich weder der verderbten Stelle paed. 1, 37, 3 noch dem Briefe Alexanders von Jerusalem (Eus. h. e. 6, 11, 6) mit Sicherheit entnehmen.

Schon im Jahre 202 oder 203 bewog ihn die Verfolgung des Septimius Severus zur Auswanderung; er kam nach Kleinasien und starb hier vor dem Jahre 215.

Klemens ist als der erste christliche Gelehrte anzusprechen. Er war nicht nur mit der Hl. Schrift und fast mit der gesamten vor ihm liegenden christlichen Literatur vertraut, sondern besaß auch, wie die aus mehr als 360 verschiedenen profanen Schriftstellern entnommenen Zitate beweisen, eine ausgebreitete, auf selbständigem Studium beruhende Kenntnis der griechischen philosophischen und klassischen Literatur, wenn er auch sehr oft aus gelehrten Handbüchern und Florilegien geschöpft hat. Klemens lehrte die Offenbarung anschauen im Zusammenhang mit aller wahren Erkenntnis, namentlich mit der vorchristlichen Philosophie, und sammelte die Wahrheitselemente der Philosophie, um zu zeigen, daß sie ihre Einheit im Christentum haben und dieses ihre Verklärung und Krönung ist. Und das tat er mit heiliger Begeisterung, die auch seine Sprache zu dichterischer Höhe erhob. In dem Bestreben, den Glaubensinhalt mit der herrschenden Philosophie in Einklang zu bringen, ist er freilich in manche Irrtümer gefallen. Er war ein guter Beobachter und Kritiker des Lebens.

MG 8 f.– O. Stählin-L. Früchtel, GCS Clem. Al. 1/4, 1905/60.– SCh ³2; 23; 30; 38; 70.– G. W. Butterworth, Clem. Al. (Protrept.; Quis dives; Fragm. über die Geduld), Lo 1919 (TÜ).– O. Stählin, BKV² II, 7 f; 17; 19 f, 1934/38 (Ü). ** Alfonsi, Aev 1946, 100/8 (Cl. und Diognetbr.).– Cataudella, SIF 1940, 271/81 (Min. Fel. und Cl.).– Colunga, Hel 1950, 453/71 (Cl. als Schriftsteller).– den Boer, Mn 11, 1943, 161/90 (Cl. und Min. Fel.).– A. Decker, Kenntnis und Pflege des Körpers bei Kl. v. Al., 1, 1936.– Enslin, HThR 1954, 213/41 (Cl. gentleman among the Fathers).– E. de Faye, Clément d'Al., ²1906.– Finan, IrThQ 1961, 83/114 (Hellenism and Judeo-christian history in Cl. of Al.).– Früchtel, PhWo 1937, 591 f (Clem. und Albinus); ZntW 1937, 81/90; PhWo 1939, 765 f (Klemenszitate bei Kirchenvätern); RACh 3, 182/8.– G. Lazzati, Introd. allo studio di Cl. Al., Mi 1939.– Mariotti, Atene e Roma 1940, 48/60 (Cl. und Aristoteles).– J. Meifort, Der Platonismus bei Kl. v. A., 1928.– Molland, SO 1936, 57/85 (Ursprung der griech. Philosophie).– Mondésert, RSR 1954, 258/65 (λογικός).– J. Munck, Untersuch. über Kl. v. Al., 1933.– M. G. Murphy, Nature allusions in the works of Cl. of Al., Wa 1941.– Nautin, Lettres et écrivains, 1961, 138/41 (Biographie de Clément d'Alexandrie).– Oreja, Hel 1950, 402/52 (Cl. und die Schule von Al.).– E. F. Osborn, The philosophy of Clement of A., C 1957.– Oulton, JTS 1940, 177/9 (Cl. u. Didache).– Outler, JR 1940, 217/40 (Platonismus).– Pohlenz, GN 1943, 3, 103/80 (hellenist. Christentum des Cl.).– O. Stählin, BKV² II, 7, 7/67.– Stephenson, SP 1, 142/56 (Cyril of Jerus. and the Alexandrian christ. gnosis).– E. Tengblad, Syntakt.-stilist. Beitr. zur Kritik und Exegese des Kl. v. Al., 1932.– R. B. Tollinton, Clement of Al., 1/2, Lo 1914.– J. Tsermoulas, Die Bildersprache des Kl. v. Al. (Diss. Wü 1933), Kairo 1934.– Valentin, RSR 1958, 27/59 (Héraclite et Cl.).– J. Wytzes, VC 1957, 226/45; 1960, 129/53 (platon. Einflüsse).– K. Ziegler, PWK 20, 2, 1956/97 (Plagiat; 1985/91 Vorwurf der κλοπή bei Cl.).

Vom reichen Schrifttum des gelehrten Alexandriners ist uns, abgesehen von einer Homilie, vollständig nur eine Gruppe von drei zueinander in Beziehung stehenden Schriften erhalten, der Προτρεπτικός, der Παιδαγωγός und die Στρωματεῖς.

1. *Die Mahnrede an die Heiden* (Προτρεπτικὸς πρὸς Ἕλληνας) feiert einleitend Christus als den Sänger und Lehrer der neuen Welt und entwirft nach dem Vorbild der jüdischen und altchristlichen Apologeten ein abschreckendes Bild von der Torheit und Unsittlichkeit der heidnischen Mythen und Mysterienkulte. Hierbei verwendet Klemens vielfach die gleichen Beweismittel, die bereits die hellenistische Popularphilosophie gegen die heidnische Volksreligion mit ihren unwürdigen Gottesvorstellungen und Kultformen ins Feld geführt hat. Wenn er sich (c. 5/7) gegen die Lehre griechischer Philosophen vom Wesen Gottes wendet, so verkennt er nicht, daß die Philosophen, insbesondere Plato und einzelne Dichter, auch manches Wahre über Gott ausgesagt haben. In den letzten Kapiteln schildert er in begeisterten Worten die Erhabenheit der Offenbarung des Logos und den wunderbaren Reichtum der göttlichen Gnade, in der sich alle menschliche Sehnsucht nach Licht, Wahrheit und Leben erfüllt. Angesichts des durch den Logos den Christen geschenkten ewigen Heils sollen sich seine Hörer für Gericht oder Gnade, für Tod oder Leben entscheiden.

2. *Der Pädagoge* (Παιδαγωγός), in 3 Büchern, ist die Fortsetzung der ersten Schrift; der bekehrte Heide soll darüber belehrt werden, wie er in der Praxis des Alltags sein Leben einzurichten habe. Christus ist der Erzieher aller Erlösten. Das 2. und 3. Buch enthalten in bunter Reihenfolge Einzelvorschriften für das Leben, z. B. für Essen und Trinken, Ruhe und Erholung, Körperpflege und Kleidung, Wohnung, Verkehr mit Menschen, Eheleben usw. Alle Ermahnungen haben als Hintergrund das Leben in der üppigen Großstadt Alexandrien, in der alle Arten von Luxus und Ausschweifungen zu Hause waren. In seinen Anweisungen für das Verhalten des wahren Christen predigt Klemens kein asketisches Lebensideal; er fordert vom Christen nicht, daß er auf alle weltlichen Freuden und Genüsse verzichtet, sondern daß er in ihnen nicht aufgeht und in allen Dingen das rechte Maß hält. Der Christ soll gegenüber den Gütern dieser Welt seine innere Unabhängigkeit wahren und mit einem einfachen und natürlichen Leben zufrieden sein. Das Werk schließt mit einem herrlichen Hymnus auf Christus.

O. Stählin, GCS Clem. 1, ²1936 (protr.; paed.). – C. Mondésert - A. Plassart, SCh 2, ³1961 (protrept., TÜ). – H. I. Marrou - M. Harl - C. Mondésert, SCh 70, 1960; 108, 1965 (Paed. I/II, TÜK). – A. Boatti, Il pedagogo, To 1937 (TÜ). – Q.

Cataudella, Clem. Al. Protrept., To 1941 (TÜK). ** Alfonsi, Aev 1942, 83/6 (protrept., Tkr.); SC 1945, 209/16 (Kunstform des Protrept.); VC 1953, 129/38 (Abhängigkeit von Aristoteles, protrept.). – Eizenhöfer, JbAC 1960, 51/69 (paed. 3, 59, 2). – Festugière, RSPhTh 1931, 476/82; 1937, 41 f (protr. 9, 186, 2); REG 1952, 221 f (protr. 2, 14, 2). – I. G. Gussen, Het leven in Alex. volgens de culturhist. gegevens in de Paed. (lib. 2/3), Assen 1955. – H. I. Marrou, Entretiens sur l'antiquité class. 3, Genève 1957, 181/200 (humanisme et christianisme). – Orbe, Gr 1955, 410/48 (paed. 1, 26, 3/27, 2: Tauftheologie). – Pellegrino, SP 3, 267/72 (Hymnus paed. 3, 12, 101, 3).

3. *Teppiche* (Στρωματεῖς, Stromata), 8 Bücher. Der von Klemens gewählte Titel soll das Werk als zu einer in der antiken Literaturgeschichte öfters vorkommenden Literaturgattung gehörend bezeichnen, die es gestattete, die verschiedensten Fragen in bunter Reihenfolge ohne strenge Gliederung und festen Plan zusammenzufassen. Da Klemens in paed. 1, 1 f den Plan entwickelt, eine Trilogie zu schreiben, in der auf den 2. Teil, den der *Pädagoge* darstellte, als Abschluß und Krönung des Ganzen der Διδάσκαλος folgen sollte, wurde vielfach die falsche Auffassung vertreten, daß wir in den Stromata den in Aussicht gestellten *Didaskalos* erblicken dürfen. Tatsächlich hatte Klemens bei Abfassung der *Teppiche*, die vieles von dem, was der *Lehrer* bieten sollte, enthalten, offenbar schon auf die Durchführung seines ursprünglichen Planes verzichtet.

Klemens wendet sich in der Stromata vor allem an ein breiteres Publikum der philosophisch interessierten Heiden. Er will die christliche Gnosis als das jeder anderen Gnosis überlegene Ideal erweisen. Es wird vor allem die Frage nach dem Verhältnis des Christentums zur weltlichen Kultur und besonders zur griechischen Philosophie erörtert. Im Zusammenhang damit stehen ausführliche geschichtliche Darlegungen, die den Nachweis erbringen wollen, daß die griechische Philosophie vieles aus der durch die Propheten des AT verkündeten „barbarischen Philosophie" entlehnt habe. Andere Teile bekämpfen die religiösen und sittlichen Lehren der falschen Gnosis, der das Idealbild des christlichen Gnostikers gegenübergestellt wird. Das Werk blieb unvollendet (vgl. strom. 7, 111, 4). Das 8. Buch enthält nur Skizzen und Vorarbeiten, die schon bei der Ausarbeitung früherer Bücher benützt wurden und wahrscheinlich gar nicht zur Veröffentlichung bestimmt waren.

O. Stählin, GCS Clem. 2/3. – C. Mondésert - M. Caster, SCh 30, 1951 (strom. 1, TÜ); dazu Nautin, RHE 1952, 618/31. – Th. Camelot - C. Mondésert, SCh 38, 1954 (strom. 2, TÜ); dazu Nautin, RHE 1954, 835/41. – J. A. Hort - J. B. Mayor, Lo 1902 (strom. 7, TÜK). – F. Overbeck, ed. C. A. Bernoulli - L. Früchtel, Die Teppiche, 1936 (Ü); dazu JTS 1936, 418/22. ** Bernhard [Th. Michels, 1963] 11/8 (strom. 3, 82, 6). – Dihle [Th. Klauser, 1964] 60/70 (indische Philosophen). – Früchtel, WüJb 1947, 148/51 (strom. 1, 7). – Lewy,

RevEA 1935, 5/8 (strom. 1, 21, 105).– Lucassen, Mn 1956, 332f (strom. 2, 16, 1/4).– Méhat, REG 1956, 41/9 (zu strom. 2).– Ogg, JTS 1945, 59/63 (strom. 1, 144, 1ff).– Osborn, JTS 1959, 335/43 (Logos als Lehrer).– Prümm, Sch 1937, 17/57 (Glaube und Erkenntnis in strom. 2).– Vergote, Mu 1939, 199/222; Chronique d'Égypte, 1941, 21/38 (strom. 5, 4, 20f: l'écriture égypte).– Walter [E. Klostermann, 1961, TÜ 77] 177/92 (angebl. Chronograph Julius Cassianus).

4. *Welcher Reiche wird gerettet werden?* (Τίς ὁ σωζόμενος πλούσιος; *Quis dives salvetur?*), eine Homilie über Mc. 10, 17/31. Diese Schrift will zeigen, daß auch der Reiche selig werden kann. Vom Himmelreich ist nicht der Reiche ausgeschlossen, sondern der Sünder, der nicht Buße tut. Zum Beweis dafür erzählt Klemens die Legende vom Apostel Johannes und dem Jüngling, der ein wilder Räuberhauptmann geworden war, jedoch schließlich vom Apostel zur Sinnesänderung gebracht und in die Kirche wiederaufgenommen wurde.

5. Die *Excerpta ex Theodoto* (valentinianischer Gnostiker) und *Eclogae propheticae* sind ebenso wie das 8. Buch der Stromata Vorarbeiten und Auszüge aus fremden Schriften für eigene Arbeiten.

6. Verlorene Schriften und Fragmente.

a) Am wichtigsten sind die Ὑποτυπώσεις (in 8 Büchern), Skizzen, kommentierende Bemerkungen zu ausgewählten Stellen der ganzen Bibel. Davon sind griechische Fragmente erhalten bei Eusebius (h. e. 6, 14), Ps.-Caesarius, Isidor von Pelusium und anderen; die Erklärungen zu 1 Petr., Jud. und 1 und 2 Joh. sind in lateinischer, auf Cassiodor (um 540) zurückgehender Übersetzung überliefert *(adumbrationes)*.

b) Unbedeutende Bruchstücke sind von folgenden Schriften bekannt: *Über das Pascha, Kirchlicher Kanon oder gegen die Judaisierenden, Über die Vorsehung, Ermahnung zur Geduld oder an die Neugetauften.* Der strom. 6, 32, 1 versprochene *Traktat über die Engel* liegt vielleicht in einer Paraphrase bei Ps.-Caesarius vor. Ferner nennt Eusebius (h. e. 6, 13) in seinem Schriftenverzeichnis noch Predigten über das Fasten und Predigten über die üble Nachrede. Palladius (hist. Laus. 139) erwähnt eine Schrift über den Propheten Amos.

O. Stählin, GCS Clem. 3; Quis dives, 1908.– R. P. Casey, The Excerpta ex Theodoto of Cl. of Al., 1934 (TÜK).– F. Sagnard, SCh 23, 1949 (exc. ex Theod., TÜ); dazu Festugière, VC 1949, 193/207. ** Echle, Tr 1945, 365/8 (Fragm. der Hypotyp. bei Ioh. Mosch.).– Fantini, Hel 1950, 472/507 (sintaxis participal in Quis dives).– Festugière, VC 1949, 193/207 (exc. ex Theod.).– Fleisch, MélUnivBeyrouth 27, 1947, 67/71 (arab. Fragm. zu Mt. 5, 7. 28; 10, 39; 19, 3/5; Jo. 1, 8. 11).– Heseler, PhWo 1935, 1189/92 (Fragm. 59, GCS 3, 227 zu streichen).– S. Krawczynski-U. Riedinger, BZ 1964, 6/25 (Hypotyposen bei Isidor und Ps.-Kaisarios).– Mondésert, RSR 1949, 580/4 (zu GCS 3, 218f, nr. 36).– Orbe, Greg 1960, 481/5 (exc. ex Theod. 54, 2).– Recheis, Tr

1953, 419 f (fragm. de paen. gehört zu Quis dives).– Riedinger, ZntW 1960, 154/96 (Neue Hypotyposenfragm.); ZKG 1962, 253/71 (Paraphrase des Engeltraktates bei Ps.-Kaisarios?).– van Unnik, NAKG 1941, 49/61 (Canon eccles.).– Wickert, ZntW 1959, 123/32 (Quis dives 19. 42).

Lehre

1. Klemens legt der griechischen Philosophie, deren Inhalt allerdings zum größten Teil aus der atl. Offenbarung „entwendet" worden sei, in gewissem Sinne einen übernatürlichen Charakter bei. Wie das Gesetz die Juden, so habe die Philosophie die Heiden für Christus erzogen, ja sie habe, ähnlich wie das Gesetz, eine gewisse rechtfertigende Kraft gehabt (strom. 1, 28 ff; 1, 99).

2. Während die Gnostiker behaupteten, daß Glaube und Wissen in absolutem Gegensatz zueinander ständen, wollte Klemens beide in ein richtiges, harmonisches Verhältnis bringen. Grundlage (θεμέλιος) und Ausgangspunkt alles Philosophierens ist ihm der Glaube. Die Philosophie kann jedoch dem Christen, der mit Hilfe der Vernunft den Glaubensinhalt erkennen will, die wichtigsten Dienste leisten. Sie macht die christliche Wahrheit nicht wahrer, offenbart aber die Haltlosigkeit der gegnerischen Angriffe; jeder Gläubige kann durch sie ein Wissender und damit ein „christlicher Gnostiker" werden (strom. 1, 99, 1 ff). Das Erkennen ist mehr als das Glauben (6, 18, 114). Wohl können alle Gläubigen das Heil erlangen (4, 114, 1), die Gnosis ist jedoch eine Art von Vervollkommnung des Menschen als Menschen (7, 55, 1 f). Nicht alle können zum Ziel des wahren Gnostikers gelangen, denn der Weg dahin ist nicht leicht und bequem. Die Mühen des Gnostikers liegen nicht in erster Linie auf intellektuellem Gebiet, so nötig auch die geistige Schulung ist, um von der Sinnenwelt zur Erfassung der geistigen Dinge emporzusteigen. Zu seinem Ziel kann er nur durch das Streben nach sittlicher Vollkommenheit gelangen. Seine Seele muß frei sein von jeder bösen Regung; denn nur wer reinen Herzens ist, kann Gott anschauen (5, 7, 7; 6, 102, 1 ff; 7, 13 ff; 7, 56, 5; 7, 68, 4). Der Weg zu dieser Seelenruhe ist der Weg der Liebe zum Nächsten und der Liebe zu Gott. So wie dem Körper der Schatten folgt, so folgen der Erkenntnis die guten Werke (7, 82, 7). Wenn auch die wahre Heimat des Gnostikers im Himmel ist, so sieht er doch das irdische Leben als eine ihm von Gott gestellte Aufgabe an (7, 70, 6/8; 7, 82, 7).

3. Wohl vertrat Klemens nach dem Zeugnis des Photius in den Hypotyposen mit Vertretern der griechischen Philosophie die Lehre von der Ewigkeit des Weltstoffes, nannte jedoch später (paed. 1, 62) Gott die Seinsursache aller Dinge.

4. Nach seinem im Kampf gegen den Gnostizismus geformten Sündenbegriff, der in erster Linie die Materialisierung des Bösen ausschließen wollte, kann den Menschen nur eine persönliche Tat beflecken (strom. 2, 62/66; 4, 93). Adams Sünde bestand darin, daß er sich der Erziehung Gottes entzog. Diese Sünde, die schlimme Folgen für die Menschen mit sich brachte, hat sich nicht durch Zeugung, sondern durch das schlechte Beispiel fortgeerbt (adumbr. in Jud. 11; strom. 3, 100/104; protr. 111).

5. Wenn Klemens (strom. 7, 14) gegenüber der heidnischen Opferauffassung betont, daß die Christen „Gott, dem Bedürfnislosen", kein Opfer darbringen, so spricht dies nicht gegen seinen Glauben an das eucharistische Opfermahl (vgl. strom. 4, 161, 3: das Opfer des Melchisedek als Vorbild der eucharistischen Gaben). Paed. 2, 19f schreibt er: „Zweifach ist aber das Blut des Herrn; das eine ist fleischlich, durch das wir vom Verderben erlöst sind, das andere aber geistlich; dieses ist es, durch das wir gesalbt sind. Und das Blut Jesu trinken heißt an der Unvergänglichkeit des Herrn Anteil bekommen." Das eucharistische Getränk ist eine Verbindung mit dem Logos, eine rühmenswerte und herrliche Gnadengabe; wer ihrer im Glauben teilhaftig wird, der wird an Leib und Seele geheiligt.

6. „Es gibt nur eine einzige jungfräuliche Mutter; Kirche will ich sie nennen" (paed. 1, 42). Die dreigliedrige kirchliche Hierarchie (Bischöfe, Priester, Diakone) ist der Engelhierarchie nachgebildet (strom. 6, 107).

7. Klemens nimmt mit Plato an, daß die Strafen Gottes nur zur Läuterung dienen. Plato sage: „Wer Strafe erleidet, erfährt eine Wohltat" (paed. 1, 67). Dieses Wort wendet Klemens aber nicht ausdrücklich auf die Höllenstrafe an. Auch die platonische Trichotomie des Menschen (σῶμα, ψυχή, νοῦς) vertritt Klemens.

Amand, Fatalisme 258/74. – G. Békés, De continua oratione Cl. Al. doctrina, R 1941. – Bierbaum, MThZ 1954, 246/72 (Geschichte als Paidagogia Gottes). – Bolgiani, AtTor 96, 1961 f, 537/664 (la confutazione dell'encratismo). – F. Buri, Cl. Al. und der paulinische Freiheitsbegriff, Zü 1939. – Th. Camelot, Foi et gnose. Introd. à l'étude de la connaissance mystique chez Cl. d'Al., 1945. – J. Daniélou, Message évangélique et culture hellénistique au IIe et IIIe siècles, 1961; SP 4, 50/7 (typologie et allégorie). – Dölger, AC 5, 87/94 (Taufsymbol). – Donahue, Tr 1963, 438/46 (stoic indifferents and christian indifference). – Dumortier, MSR 1954, 63/70 (idées morales). – Echle [O. Casel, 1951] 54/65 (initiation as christian mystery-initiation). – Fascher [E. Klostermann, TU 77, 1963] 193/207 (Logos-Christus als Lehrer). – Gaudel, DThC 12, 329/32 (Erbsünde). – J. Héring, Étude sur la doctrine de la chute et de la préexistence des âmes chez Cl. d'Al., 1923. – Hermaniuk, EThL 1945, 5/60 (Parabel bei Cl.). – Hitchcock, CQR 1939, 57/70 (holy communion and creed). – Hofmann [K. Adam, 1956] 11/27 (Kirche). – Karpp, ZntW 43, 1950 f, 224/42 (Bußlehre). –

Lebreton, RSR 1947, 55/76; 142/79 (Trinitätslehre).– Marrou, SP 2, 538/46 (morale et spiritualité).– Marsh, JTS 1936, 64/80 (mysterium).– A. Mayer, Das Gottesbild im Menschen nach Cl. v. Al., R 1942.– Méhat, SP 2, 351/7 (ordres d'enseignement chez Cl. et Sénèque); VC 1954, 225/33 (Bußlehre).– Moingt, RSR 1950, 195/251; 381/421; 537/64; 1951, 82/118 (Verhältnis der Gnosis zum Glauben und zur Philosophie).– E. Molland, The conception of the Gospel in the Alex. theology, Oslo 1938.– Pire, RSPhTh 1938, 427/31 (Apatheia).– Poschmann, Paenit. 229/60.– Th. Rüther, Die Lehre von der Erbsünde bei Kl. v. Al., 1922; Die sittl. Forderung der Apatheia in den ersten christl. Jhh. und bei Cl. Al., 1949.– Ruwet, Bi 1948, 77/99; 240/68; 391/408 (Kanon und Apokryphen); 1949, 133/60 (Agrapha).– Seesemann, ThSK 1936, 312/46 (Paulusverständnis).– Stelzenberger, MThZ 1953, 27/33 (Syneidesis).– R. B. Tollinton, Alexandrine teaching on the universe, NY 1932.– Treu, SP 4, 191/211 (Etymologie und Allegorie).– W. Völker, Der wahre Gnostiker nach Kl. v. Al., TU 57, 1952; ZKG 64, 1952/3, 1/33 (Weisheitsliterat. bei Cl.).– Wolfson, CH 1951, 72/81 (generation of the Logos).– Wytzes, VC 1955, 146/58 (Paideia und Pronoia).

§ 55. Origenes († 253/54)

Origenes, der fruchtbarste Gelehrte des christlichen Altertums, ist der erste Kirchenschriftsteller, über dessen Lebensweg wir genauere Kunde haben: durch Eusebius (h. e. 6), durch das lateinisch erhaltene 1. Buch der Apologie des Presbyters Pamphilus, durch die Dankrede, die ihm Gregor der Wundertäter gehalten hat, durch Hieronymus (vir. ill. 54; 62; ep. 33; 44, 1) und durch Photius (bibl. cod. 118). Leider ist der panegyrische Bericht des Eusebius historisch nicht sehr zuverlässig.

Origenes ist um 185 wahrscheinlich zu Alexandrien geboren. Durch den Märtyrertod seines Vaters Leonides 201/2 geriet er mit seiner Familie in große Not, fand Aufnahme bei einer reichen Häretikerin und suchte für sich und seine Angehörigen durch Grammatikunterricht den Lebensunterhalt zu finden. Er war in dieser Zeit Schüler des Neuplatonikers Ammonius Sakkas und Mitschüler des Porphyrius. Dadurch, daß sich gebildete Heiden und Häretiker an den Christen O. wandten, kam er zur philosophisch-theologischen Lehrtätigkeit. Er lebte streng aszetisch und hat sich in falscher Auffassung von Mt. 19, 12 selbst entmannt. Um 212 reiste er nach Rom, „um die sehr alte Kirche der Römer zu sehen" (Eus. h. e. 6, 14, 10). Damals wurde er wohl mit dem Presbyter Hippolytus bekannt. Als Kaiser Caracalla 215 durch seine Truppen in Alexandrien ein furchtbares Blutbad anrichten ließ und besonders die Philosophen und ihre Schulen verfolgte, verließ O. die Stadt und ging nach Cäsarea in Palästina, wo er auf Wunsch des Bischofs Theoktistus und des Jerusalemer

Bischofs Alexander in den Gemeindeversammlungen predigte. O. wurde um 217 von Bischof Demetrius nach Alexandrien zurückgerufen und zum Leiter der Katechumenenschule gemacht. Aber O. überließ bald den elementaren katechetischen Teil dieser kirchlichen Schule dem Gehilfen Heraklas, damit er selbst die Fortgeschrittenen und Gebildeten in Philosophie, Theologie und besonders Bibelexegese unterrichten konnte. Als O. auf einer Reise nach Griechenland durch Palästina kam, ordinierten ihn seine dortigen bischöflichen Freunde 230 in Cäsarea trotz seiner Selbstverstümmelung zum Presbyter, vermutlich auch deswegen, um ihn gegenüber Demetrius zu stützen. Aber dieser nahm das so übel, daß er O. auf zwei Synoden 230/31 aus Alexandrien verbannen, wegen unrechtmäßiger Ordination seines Lehr- und Presbyteramtes entsetzen und sogar exkommunizieren ließ. Diesem Urteil traten die anderen großen Gemeinden bei, ausgenommen die von Palästina, Arabien, Phönizien und Achäa. Unkirchliche Lehren wurden O. erst später vorgeworfen (Hieron. ep. 33, 5; Eus. h. e. 6, 36, 4). O. siedelte jetzt endgültig nach Cäsarea über und blieb dort bis zur Regierung des Decius. Hier gründete er eine der alexandrinischen ähnliche Schule. Gregor der Wundertäter war dortmals sein Schüler. Seine wissenschaftlichen Leistungen hatten ihn längst auch in heidnischen Kreisen bekannt gemacht. Julia Mammäa, die Mutter des Kaisers Alexander Severus, ließ ihn (wohl zwischen 218 und 222) nach Antiochien kommen, um seine Vorträge zu hören. Um 244 reiste er nach Arabien und brachte den Bischof Beryllus von Bostra von seinem patripassianischen Irrtum ab. Unter Decius wurde er wahrscheinlich in Cäsarea ins Gefängnis geworfen und grausam gefoltert. An den Folgen der Folterung starb er im 70. Lebensjahr, wahrscheinlich 253/54 in Tyrus, wo man noch lange sein Grab zeigte.

Schon zu seinen Lebzeiten sah man in O. den bedeutendsten Theologen der griechischen Kirche. Seinem Einfluß konnte sich niemand entziehen, weder in Freundschaft noch in Feindschaft. Kein Name war im christlichen Altertum umstrittener als der seine, keiner wurde mit so großer Begeisterung und Entrüstung genannt. Edle und gelehrte Männer schlossen sich ihm an. Manche Irrlehrer beriefen sich auf ihn, aber auch die rechtgläubigen Lehrer lernten von ihm. O. wollte orthodoxer Christ sein, was sich schon daraus ergibt, daß er auf die Lehrverkündigung der Kirche großen Wert legte und daß er einen Irrtum in der Lehre für schlimmer hielt als eine sittliche Verirrung.

Er ist aber durch seine Vorliebe für allegorische Schriftauslegung und unter dem Einfluß der platonischen Philosophie zu schwerwiegenden dogmatischen Irrtümern gelangt. Streitigkeiten über seine Rechtgläubigkeit brachen schon bald nach seinem Tode aus und erregten besonders heftig die Gemüter um 400, als Epiphanius und der Patriarch Theophilus von Alexandrien seine Hauptgegner waren; sie fanden im 6. Jh. dadurch ihren Abschluß, daß zunächst Kaiser Justinian I. in einem Edikt (543) 9 Sätze des Origenes verurteilte. Diesem Verdikt stimmten bald alle Bischöfe des Reiches, vor allem der Patriarch Mennas von Konstantinopel und der damalige Papst Vigilius (537–555), zu.

An schriftstellerischer Fruchtbarkeit hat O. alle altchristlichen Väter übertroffen. Nach Hieronymus zählte das leider nicht erhaltene, von Eusebius angefertigte Verzeichnis seiner Schriften nicht weniger als 2000 „Bücher“ (adv. Ruf. 2, 22). Eine allerdings unvollständige Liste bei Hieronymus (ep. 33) bietet kaum 800 libri. Eusebius (h. e. 6, 14, 10) nennt ihn 'Αδαμάντιος (Mann von Stahl) und berichtet, daß sein reicher Schüler Ambrosius, den er von der valentinischen Gnosis zum katholischen Christentum geführt hat, für ihn sieben Schnellschreiber und ebenso viele Reinschreiber nebst einigen Schönschreiberinnen besoldet habe (Eus. h. e. 6, 23).

Viele seiner Schriften sind aber nur Erzeugnisse des Augenblicks, d. h. Predigten und Vorträge, die von Schnellschreibern aufgenommen wurden: nur so erklärt sich die große Masse seines Schrifttums, aber auch manche Eigenheit in Sprache und Stil. Ein großes schriftstellerisches Talent ist O. nicht gewesen.

Von seinen größtenteils bibelwissenschaftlichen (textkritischen und exegetischen) Werken ist nur eine geringe Anzahl auf uns gekommen, und auch davon das meiste nicht im griechischen Urtext, sondern in lateinischer Übersetzung erhalten. Außerdem besitzen wir die *Philocalia*, eine Blütenlese aus seinen Schriften, die Basilius d. Gr. und Gregor von Nazianz gemeinsam angefertigt haben.

Der Papyrusfund von Tura (1941) brachte zwei bisher unbekannte Origenestexte, die *Disputation mit Heraklides* und die Texte *Über das Pascha*. Aber auch die anderen Origenesfragmente von Tura sind textgeschichtlich wertvoll (Fragmente des Römerbriefkommentars, der Schrift c. Celsum und der Homilie über die Hexe von Endor).

MG 11/17 = Ch. de la Rue, 1/4, 1733/59. – C. H. E. Lommatzsch, 1/25, 1831/48. – P. Koetschau - E. Klostermann - E. Preuschen - A. W. Baehrens - M. Rauer - E. Benz - L. Früchtel, GCS Orig. 1/12, 1899/1959. – SCh 7; 16; 29; 37; 67; 71; 87 (36). – J. A. Robinson, The Philocalia of Origen, C 1953. – Ü: BKV² 48; 52; 53, 1926 f. – H. U. v. Balthasar, O., Geist und Feuer, ²1951; Origène, Esprit et Feu, 1/2, P 1959/60 (Ü, Auswahl). – L. Oulton - H. Chadwick, Alexandrian christianity, 1954 (exhort., orat., disput. c. Her.; ÜK). ** G. Bardy, Origène, 1931; DThC 11, 1489/1565. – R. Cadiou, Introduction au système d'O., 1932; La jeunesse d'Origène, 1936.– Caramella, NDid 1948, 62/70 (Cristianesimo di Amm. Sacca).– Colon, RevSR 1940, 1/27 (Philocalia).– H. Crouzel, Origène et la philosophie, 1962; BLE 1956, 193/214 (O. et Plotin, élèves d'Am. Saccas); BLE 1958, 3/7 (O. und Ammon. Saccas); BLE 1961, 3/15; 105/13 (Forschungsbericht); BLE 1963, 195/203 (Flucht des O. 235–38 nach Kappadokien?).– J. Daniélou, Origène, P 1948, Lo 1955 (engl. Ü); RSR 1947, 359/61 (Origène et Maxime de Tyr).– Dörrie, Her 1955, 468/71 (O. der Heide).– Doutreleau, RSR 1955, 161/93 (Papyrusfund von Tura, Übersicht).– E. Elorduy, Ammonio Sakkas 1, Burgos 1959, 351/74.– E. de Faye, O., sa vie, son œuvre, sa pensée 1/3, 1923/8 (vgl. D'Alès, RSR 1930, 224/68); Esquisse de la pensée d'Or., 1925.– Fritz, DThC 11, 1565/88 (Origénisme).– M. Harl, Origène et la fonction révélatrice du verbe incarné, 1958.– A. Harnack, Der kirchengeschichtl. Ertrag der exeget. Arbeiten des Or., TU 42, 3/4, 1918 f.– Hornschuh, ZKG 1960, 1/25; 193/214 (Leben des Or.).– Jourjon, MSR 1958, 45/8 („dossier d'ordination" d'O.).– Klostermann, ZntW 1938, 52/61 (Definitionen).– Hal Koch, Pronoia und Paideusis. Studien über O. und sein Verhältnis zum Platonismus, 1932; PWK 18, 1, 1036/56.– Puech, RHPh 1951, 293/329 (Papyrusfund von Tura, Übersicht).– E. R. Redepenning, Origenes, 1/2, 1841/6.– K. O. Weber, Origenes, der Neuplatoniker, Mn 1962.

1. *Die Hexapla.* Dieses großartig angelegte Unternehmen, das nur durch die reichen Geldmittel des Konvertiten Ambrosius ausgeführt werden konnte, wollte einen genauen LXX-Text, der damals als wörtlich inspiriert angesehen wurde, herstellen und dessen Verhältnis zum hebräischen Urtext veranschaulichen.

Deshalb waren in 6 Kolumnen nebeneinandergestellt: der hebräische Text in hebräischen Buchstaben, der hebräische Text in griechischer Schrift, die griechischen Übersetzungen des Aquila, Symmachus, der LXX und des Theodotion. Im Text der LXX waren alle Wörter und Abschnitte, die im Hebräischen fehlen, mit einem Obeliskus (÷) versehen, alle Lücken aber aus einer der anderen Übersetzungen, meistens aus Theodotion, ausgefüllt und mit einem Asteriskus (*) gekennzeichnet. War in der LXX falsch übersetzt, so wurde die richtige Lesart entweder allein oder hinter der obelisierten falschen eingesetzt. Im Psalter kamen zu diesen 6 Kolumnen, welche dem Werk den Namen *Hexapla,* d. h. sechsfache Bibel, verschafften, noch weitere Spalten für eine fünfte, sechste und teilweise sogar siebente Übersetzung hinzu.

Von diesem Riesenwerk des Origenes wurde nur der hexaplarisch revidierte LXX-Text oft abgeschrieben. Weniger oft wurden Auszüge aus Aquila, Symmachus, LXX und Theodotion verbreitet *(Tetrapla).* In Cäsarea wurde das ganze Werk aufbewahrt und von wissenschaftlich Interessierten, wie Pamphilus und Hieronymus, eingesehen. Die Bibelübersetzungen des Hieronymus sind eine noch fast unberührte Fundgrube hexaplarischer Lesarten in lateinischer Sprache.

F. Field, Origenis Hexaplorum quae supersunt, 1/2, 1871/5.– G. Mercati, ST 5, 28/46 (Hexaplafragm.); Psalterii hexapli reliquiae 1, Bibl. Vaticana 1958. ** Emerton, JTS 1956, 79/87 (purpose of the second column of the Hexapla).– Gottstein, Bi 1956, 162/83 (neue Syrohexaplafragm.).– B. Johnson, Die hexaplarische Rezension des 1. Samuelbuches der Septuaginta, Lund 1963.– Kahle, JBL 1960, 111/8 (Überlief. der LXX, Schreibung des Gottesnamens).– Klijn, NTT 1953, 296/302 (de kerk op Or. Hexapla).– Mercati, ST 95, 1941, 1/48 (sottoscriz. a cod. esaplari e siroesapl.); 85/91 (onomast. delle siroesaplare); 139/50 (testo esapl.); ST 142, 1948, 9/28 (proemi del salterio di O.).– Orlinsky, JQR 1936, 137/50 (Hexapla).– Procksch, ZatW 1935, 240/69; 1936, 61/90 (Tetraplarische Stud.).– E. Schwartz, Ges. Schr. 5, 183/91 (Geschichte der Hexapla).– Staples, JAmerOrSc 1939, 71/80 (2. column of Hexapla).

2. Scholien, Homilien und Kommentare. Origenes hat zu fast allen biblischen Schriften, zu sehr vielen in zwei, zu manchen sogar in drei verschiedenen literarischen Formen, Erklärungen geschrieben: teils *Scholien* (σχόλια), d. h. kurze Bemerkungen zu schwierigen Stellen oder Wörtern nach dem Vorbild der alexandrinischen Grammatiker, teils *Homilien* (ὁμιλίαι, tractatus), d. h. oft unvorbereitet gehaltene, volkstümliche und erbauliche Lehrvorträge oder Predigten, die von Stenographen nachgeschrieben und später, nach erfolgter Durchsicht, z. T. erst nach dem Tode des Origenes, herausgegeben wurden, teils gelehrte *Kommentare* in unserem heutigen Sinne (τόμοι, volumina), deren Erläuterungen manchmal von langen theologischen Abhandlungen durchsetzt waren.

a) Vollständige *Scholienkommentare* sind überhaupt nicht erhalten. Manche Sätze sind in der Philocalia und in Katenen verborgen. Der von Diobouniotis-Harnack veröffentlichte *Scholienkommentar zur Apokalypse Johannis* ist sehr wahrscheinlich ein Teil einer Katene, die origenisches Gut enthält.

b) Folgende *Homilien* sind im griechischen Original erhalten: 20 zu Jr., 1 zu Sam. 28, 3/25 (Hexe von Endor); in der lateinischen Übersetzung des Rufinus (unten S. 392): 16 zu Gn., 13 zu Ex., 16 zu Lv., 28 zu Nm., 26 zu Jos., 9 zu Idc., 9 zu Ps.; in der Übersetzung des Hieronymus: 2 zu Ct., 8 (9?) zu Is., 14 zu Jr., 14 zu Ez., 39 zu Lc.; in der Übersetzung des Hilarius von Poitiers: Fragmente der 22 Homilien zu Job; in der Übersetzung eines lateinischen Anonymus 1 zu 1 Sam. 1–2 (Übersetzer wahrscheinlich Rufinus). Außerdem sind noch Fragmente aus Homilien zu Job, Sam. 1–2, Rg. 1–2, 1 Cor., Hebr. u. a. herausgegeben worden.

Von den etwa 574 Homilien des Origenes liegen heute nur 21 im griechischen Original vor, und von den ins Lateinische übersetzten Homilien sind 388 verloren. Diese im Dienste der Seelsorge und Erbauung gehaltenen Predigten haben großen Einfluß auf die spätere Frömmigkeitslehre und Mystik ausgeübt.

c) Von den meist sehr umfangreichen *Kommentaren* ist kein einziger vollständig erhalten. Von den 25 Büchern des *Mt.-Kommentars* besitzen wir acht Bücher, 10/17 griechisch, und einen noch größeren Teil in einer anonymen lateinischen Übersetzung (zitiert als *Commentariorum in Mt. series*) über Mt. 16, 13/27, 63; griechisch 8 von 32 Büchern des *Jo.-Kommentars;* lateinisch in der Übersetzung des Rufinus Buch 1/4 des *Kommentars zum Hohenlied* und eine Bearbeitung des *Kommentars zu Rom.* (10 statt 15 Bücher des Originals). Groß ist auch hier die Zahl der Bruchstücke, die durch die *Philocalia* und vor allem durch Katenen überliefert sind. — Ein lateinisch erhaltener Jobkommentar in 3 Büchern ist unecht; vgl. S. 270.

E. Klostermann, GCS Orig. 3, 1901 (Jeremiahom.; Klageliederkomm.; Erklärung der Samuel- und Königsbücher).– E. Preuschen, GCS Orig. 4, 1903 (Johanneskomm.).– W. A. Baehrens, GCS Orig. 6f, 1920f (Hom. zum Hexateuch); GCS Orig. 8, 1925 (Hom. zu Sam. 1, zum Hohelied und zu den Propheten; Komm. zum Hohelied).– M. Rauer, GCS Orig. 9, ²1959 (Hom. zu Lukas und Lukaskomm.).– E. Benz - E. Klostermann - L. Früchtel, GCS Orig. 10/12, 1933/55 (Mt.-Erklärung).– H. Crouzel - F. Fournier - P. Périchon, Orig., Hom. sur Luc., SCh 87, 1962 (TÜ).– A. Jaubert, Orig., Hom. sur Josué, SCh 71, 1960 (TÜ).– O. Rousseau, Orig., Hom. sur le Cantique, SCh 37, 1954 (TÜ).

Fragmente: R. Cadiou, Commentaires inédits des Psaumes, 1935; dazu RevSR 1936, 474/83.– R. Devreesse, Les anciens commentateurs grecs de l'Octateuque et des Rois, ST 201, 1959.– C. Diobouniotis - A. Harnack, Der Scholienkommentar des O. zur Apokal. Joh., TU 38, 3, 1911; dazu Skard und Turner.– Goffinet, Mu 1963, 145/63 (Fragm. des K zum Ps. 1).– Gregg, JTS 1901f, 233/44; 398/420; 554/76 (Fragm. comm. in Eph.).– Guéraud, RHR 1946, 85/108 (Tura-Pap. der Hom. über die Hexe von Endor).– Jenkins, JTS 1907/08, 231/47; 353/72; 500/14; 1908/09, 29/51 (Fragm. comm. in 1 Cor.); dazu Turner, JTS 1909, 270/6.– E. Klostermann, KlT 4, ²1914 (3 Hom.); KlT 83, 1912 (Hexe von Endor).– P. Nautin, Homélies pascales II: Trois hom. dans la tradition d'Orig., SCh 36, 1953 (TÜ).– Ramsbotham, JTS 1911f, 209/24; 357/68; 1912f, 10/20 (Fragm. comm. in Rom.); MG 14, 837/1292 (comm. in Rom.: sehr zweifelhafte Texte; vgl. TU 17, 4; 44, 3; Rb 1920, 229/41).– J. Scherer, Le commentaire d'Origène sur Rom. III, 5–V, 2, Le Caire 1957.– Skard, SO 15f, 1936, 204/8 (Schol. in Apoc.).– Staab, BiZ 1927/29, 72/82 (Fragm. comm. in Rom.).– Turner, JTS 1911f, 386/97; 1924, 1/16 (Schol. in Apoc.).

Ü: R. Gögler, Origenes, Das Evangelium nach Johannes (Auswahl), 1959.– R. P. Lawson, The song of songs. Commentary and homilies, ACW 26, 1957.– H. de Lubac - L. Doutreleau, Orig., Hom. sur la Genèse, SCh 7, 1944.– H. de Lubac - J. Fortier, Orig., Hom. sur l'Exode, SCh 16, 1947.– J. Méhat, Orig., Hom. sur les Nombres, SCh 29, 1951. **

v. Balthasar, ZkTh 1939, 86/106; 181/206 (Sel. in Ps. et in Prv.; Eigentum des Evagrius). – Bardy, DBS 2, 85/94 (Bibelkommentare). – Brouwer, RB 1949, 202 f (K zu Ct. 1, 19). – Chadwick, HThR 1956, 145/51 (Pap. Egerton 3); JTS 1959, 10/42 (Rufinus and the Tura papyrus of Origen's commentary on Romans). – Früchtel [E. Klostermann, 1961, TU 77] 246/52 (Tura-Pap. f. Textkrit. des comm. in Rom.). – Grant, VC 1948, 161 f (Fragm. ed. Pighi, stammt von Origenes, hom. 35 in Luc. und hom. in Mt.); VC 1948, 243/7 (Pap. Egerton 3). – Kim, JBL 1949, 125/39 (Mt.-Text im Mt.-K). – E. Klostermann, Epilog zu O.' Kommentar zu Mt., Sb Deutsche Ak. Wiss. B 1964, 4. – Läuchli, ThZ 1950, 151 (Joh. 8, 1/11). – Leany, VC 1955, 212/7 (Pap. Egerton 3). – Peri, Aev 1956, 115/33 (hom. 14 und 11 in Jerem.); Aev 1957, 205/29 (hsl. Überlief. der Isaiashom.). – Pighi, VC 1948, 109/12 (fragm. comm. in Mt.; Verfasser unbekannt; s. Grant: von Origenes). – Reuß, Bi 1939, 401/4 (Fragm. des Mt.-K). – Richard, RHE 1937, 44/6 (Schol. in Jac. 1, 13 = MG 12, 288 f). – Ruwet, Bi 1949, 517/9 (zu 1 Cor. 2, 9). – P. Sanz, Griech. liter. Papyri, W 1946, 87/104 (Gen.-K). – Simonetti, Aev 1962, 370/81 (Gen. 2, 7; 3, 21). – Skard, SO 15 f, 1936, 204/8 (Scholien-K zu Apc.). – Stenzel, ZatW 61, 1945/48, 30/43 (Hom. zu 1 Sam. 1/2). – Tasker, JTS 1936, 146/55 (Joh.-Text); 1937, 60/4 (Mt.-Text). – Temple, IThQ 1954, 367/75 (Or. and the Ellipsis in Luc. 2, 49). – Vogliano, BNJ 1939, 130/6 (Fragm. von 2 Hom.).

3. *Gegen Celsus* (8 Bücher), die bedeutendste, wenn auch nicht immer gründliche vornizänische Apologie.

Origenes schrieb sie im Alter von über 60 Jahren auf Bitten seines Freundes Ambrosius zur Widerlegung des 'Ἀληθὴς λόγος des platonischen Philosophen Celsus (s. S. 59 f). Dieser hatte Christus als gemeinen Betrüger hingestellt und alles Außerordentliche in seinem Leben auf Erdichtung seiner ersten Anhänger, die rasche Ausbreitung des Christentums aber auf den Eindruck zurückgeführt, den die Schreckbilder des Jüngsten Gerichts und des Höllenfeuers auf die ungebildete Menge machten.

Der Schrift des Celsus folgt die Widerlegung des Origenes Satz für Satz. Die Beweisführung ist manchmal schwächlich, aber sie macht Eindruck durch ihren ruhigen würdevollen Ton und durch überlegene Gelehrsamkeit. Für die Wahrheit des Christentums beruft sich Origenes auf die Heilungen von Besessenen und Kranken, die noch fort und fort von Christus gewirkt würden, und auf die Sittenreinheit der Gläubigen, die wie Himmelslichter (φωστῆρες) in der Welt seien.

P. Koetschau, GCS Orig. 1/2, 1899; auch als Einzelausgabe, 1899. – J. Scherer, Extraits des livres I et II du „Contre Celse" d'Origène, d'après le pap. no. 88747 du Musée du Caire, Kairo 1956. – H. Chadwick, C 1953 (Ü). – P. Koetschau, BKV² 52 f, 1926. ** C. Andresen, Logos und Nomos. Die Polemik des Kelsos wider das Christentum, 1955. – den Boer, VC 1950, 61/4 (c. Cels. 3, 44 ff). – Chadwick, JTS 1947, 23/49 (Or., Celsus, Stoa); HThR 1948, 83/102 (Or., Celsus and the resurr. of the body); JTS 1953, 215/9 (Tkr. zu c. Celsum); SP 2, 331/9 (evidences of christianity in the apologetic of O.). – Früchtel [E. Klostermann, TU 77, 1961] 243/52. – Kim, JTS 1953, 42/9 (Mt.-Text c. Cels.). –

Mercati, OM 4, 1937, 89/97 (Georg. Scholarios e i libri c. Celso). – A. Miura-Stange, Celsus und Origenes, 1926. – Romaniuk, Aeg 1961, 44/73 (Platonzitate). – Weiteres s. S. 59 f.

4. *Über die Hauptlehren* (Περὶ ἀρχῶν, *De principiis*), abgefaßt 220/30, versucht in die wichtigsten Probleme des christlichen Glaubens einzuführen, will aber keine definitiven Lösungen in systematischer Darstellung geben. Trotz aller Mängel, auf die besonders die Gegner des Origenes in den origenistischen Streitigkeiten hingewiesen haben, ist das Werk eine bedeutende Leistung, wenn man bedenkt, wie schwierig und gefährlich es war, zur Darlegung des christlichen Glaubens Hilfsmittel der platonischen Philosophie zu benützen.

Vollständig ist das Werk nur in der freien, von den Irrtümern möglichst gereinigten Übertragung Rufins erhalten; griechische Fragmente in der Philocalia und in zwei Schreiben des Kaisers Justinian I. Die im Kampfe gegen Rufin von Hieronymus besorgte Übersetzung ist nicht erhalten. Das Werk besteht aus ungefähr 15 ziemlich selbständigen Traktaten, die Einteilung in Bücher ist nicht ursprünglich.

Das 1. Buch handelt von Gott dem Dreieinigen, den Engeln und deren Sündenfall, das 2. von der Erschaffung der Welt, von dem Menschen als einem in den Körper eingeschlossenen gefallenen Geist, vom Sündenfall und der Erlösung durch Jesus Christus und von den Letzten Dingen. Das 3. Buch handelt von der Willensfreiheit, der Sünde und der Wiederherstellung aller Dinge in Gott, das 4. von der Hl. Schrift als Glaubensquelle und von dem dreifachen Schriftsinn.

P. Koetschau, GCS Orig. 5; auch als Einzelausgabe, 1913. – G. W. Butterworth, 1936 (Ü). ** G. Bardy, Recherches sur l'histoire du texte et des versions latines du De princ. d'Or., 1923. – Harl, SP 3, 57/67 (Kapiteleinteilung). – v. Ivánka, Sch 1960, 481/502 (de princ. zwischen Neuplatonismus, Gnosis und christl. Rechtgläubigkeit). – Jonas, Gnosis und spätant. Geist 2, 1954, 171/223; dagegen Crouzel, O. et la philosophie, 181/3. – Marty, RAM 1958, 147/64; 253/74 (discernement des ésprits). – Richard, RHE 1937, 793/6 (Florilegien-Zit. aus Princ. 2, 6, 2 f). – Simonetti, RFC 1962, 273/90 (struttura). – Steidle, ZntW 1942, 236/43 (De princip. nur 3 Teile; antimarcionit. Tendenz).

5. *Über das Gebet* (Περὶ εὐχῆς, *De oratione*): belehrt über das Gebet im allgemeinen und erklärt das Vaterunser; ein schönes Zeugnis von der tiefen Frömmigkeit des Verfassers.

6. Die *Ermunterung zum Martyrium*, 235 in Cäsarea zu Beginn der Verfolgung unter Maximinus Thrax geschrieben, ist an zwei Freunde, den Diakon Ambrosius und den Priester Prototektus, gerichtet, die bereits gelitten haben; mahnt zum standhaften Ausharren.

7. Von den zahlreichen Disputationen des Origenes ist nur die *Dispu-*

tation mit Heraclides erhalten, die wahrscheinlich zwischen 244 und 249 in Arabien stattfand und stenographisch aufgezeichnet wurde (Pap. von Tura). Gesprächsthema ist das Verhältnis von Vater und Sohn und wie dieses im Eucharistiegebet zum Ausdruck kommen müsse. Weiterhin beantwortet Origenes die Fragen, ob die Seele das Blut sei und in welcher Hinsicht die Seele als unsterblich bezeichnet werden könne.

8. Der Papyrusfund von Tura enthält zwei Traktate oder Homilien *Über das Pascha,* die aber sehr schlecht und unvollständig erhalten sind.

9. Von den vielen *Briefen,* die in vier verschiedenen Sammlungen vereinigt waren, von denen die eine mehr als hundert Briefe zählte, sind nur zwei erhalten: der erste an Gregor den Wundertäter, der zweite an Julius Africanus (s. S. 209 f).

P. Koetschau, GCS Orig. 1 (exh.; mart.); 2 (orat.); auch als Einzelausgabe 1899; Des Greg. Th. Dankrede; Brief des O. an Greg. Th., 1894. – J. Scherer, Entretien d'Or. avec Héraclide et les évêques ses collègues sur le Père, le Fils et l'âme, Le Caire 1949; dazu K. Mras, Erasmus 4, 1951, 400/3; Entretien avec Héraclide, SCh 67, 1960 (TÜ). – MG 11, 48/85 (Brief an Jul. Africanus).

Ü: G. Bardy, Origène, De la prière. Exh. au martyre, P 1932. – E. G. Jay, Origen's Treatise on Prayer, Lo 1954 (mit Unters. über altchr. Gebet). – P. Koetschau, BKV² 48, 1926 (Orig. orat.; exhort.). – J. J. O'Meara, Origen, Treatises on Prayer and Martyrdom, ACW 19, 1954. **

Capelle, JEH 1951, 143/57 (disp. c. Her.); RHE 1952, 163/71 (disp. c. Her.: l'oblation à faire au Père par le Fils). – Crehan, ThSt 1950, 368/72 (disp. c. Her. and Joh. 20, 17). – Doutreleau, RSR 1955, 161/93 (Turapapyrus, Paschatexte). – Fischer, MThZ 1952, 256/71 (disput. c. Her.). – Guéraud, JournEgyptArch 1954, 63/7 (Zitate aus de pascha bei Prokop v. Gaza). – O. Guéraud - P. Nautin, BullInst FrançArchOr 1960, 1/8 (de pascha). – Hartmann, EThL 1958, 773/824 (théologie du martyre). – Kretschmar, ZThK 1953, 258/79 (disp. c. Her.). – Lomiento, Vetera Christ. 1, 1964, 91/111 (exhort., „topoi"). – Nautin, SCh 36, 33/41 (de pascha); Lettres et écrivains, 1961, 221/32 (O. et l'anaphore euchar.); 233/65 (Briefe des O.). – Puech, RHPh 1951, 315/7 (Paschatexte). – Puech-Hadot, VC 1959, 204/34 (disp. c. Her. benützt von Ambrosius im Lukaskom.). – Tasker, JTS 1935, 60/5 (synopt. Ev. in exhort.; mart.).

Lehre

1. Origenes unterscheidet im Anschluß an die platonische Trichotomie einen dreifachen Schriftsinn, den somatischen (buchstäblichen, historisch-grammatischen), den psychischen (moralischen) und den pneumatischen (allegorisch-mystischen). Sein Inspirationsbegriff — er vertritt eine strenge Verbalinspiration — zwang ihn, seine Zuflucht zur allegorischen Methode in der Exegese zu nehmen, um auf diese Weise den „höheren und geistigen Sinn" der Hl. Schrift zu erforschen. Denn die historische

Erklärung der Texte schien ihm oft Unmögliches, Anstößiges, ja Blasphemisches zu ergeben. So erklärt es sich, daß er die Auffassung vertrat, in der Hl. Schrift habe alles einen „geistigen", aber nicht alles einen historischen Sinn. Diese seine Lehre vom geistigen Sinn betrifft nicht nur das AT, sondern auch das NT, das in gewissem Sinn ebenfalls nur „Buchstabe" ist (princ. 4, 16 ff). Daß das Genie eines Origenes in seiner wissenschaftlichen Sorge und Gewissensnot sich zu diesem einseitigen Suchen nach dem „geistigen Sinn" der biblischen Bücher gedrängt fühlte, ist um so leichter verständlich, weil bereits die antike und ebenso die jüdisch-hellenistische Texterklärung (Philo) diese Methode praktizierte und ihm anderseits erklärlicherweise die zeit- und kulturbedingte Darstellung der Hl. Schrift nicht bekannt sein konnte. Sein Beispiel war für die Folgezeit direkt oder indirekt Vorbild und Signal für die vielen Exzesse der späteren typologischen und allegorischen Exegese bis in die Gegenwart, die nicht erkennen kann, daß der „Wortsinn" in erster Linie der „geistige", vom inspirierenden Gottesgeist gemeinte Sinn ist.

J. Daniélou, Sacramentum futuri. Ét. sur les origines de la typologie bibl., 1950; RevSR 1948, 27/56 (l'unité des deux Testaments). – den Boer, VC 1947, 150/67 (hermeneut. Probleme). – R. Gögler, Zur Theologie des biblischen Wortes bei Origenes, Düsseldorf 1963. – R. M. Grant, The earliest lives of Jesus, NY 1961. – R. P. C. Hanson, Origen's doctrine of tradition, Lo 1954; Allegory and event. A Study of the sources and significance of O.'s interpretation of Scripture, Lo 1959; VC 1956, 103/23 (interpret. of Hebrew names). – Kim, JTS 1950, 78/84 (Johannestext in or., comm. in Mt., c. Cels.); JBL 1950, 167/75 (Codd. 1582, 1739 u. O.). – Klostermann, ThLZ 1947, 203/8 (Formen der exeget. Arbeiten). – Läuchli, ThZ 1954, 175/97 (Objektivität der Exegese des O.). – H. de Lubac, Hist. et Esprit. L'intelligence de l'Écriture d'après O., 1950; Exégèse médiévale 1, 1959, 198/304 (Exegese des O.). – Metzger [R. P. Casey, 1963] 78/95 (variant readings in N. T. manuscripts). – E. Molland, The conception of the Gospel in the Alexandrian theology, Oslo 1938, 85/164. – Ruwet, Bi 1942, 18/42; 1943, 15/58 (Antilegomena bei O.); 1944, 143/66; 311/34 (Apokryphen). – Wilkinson, SP 6, 264/8 (A defense of origenist allegory).

2. Die Schöpfung wird als ewiger Akt aufgefaßt. Die Allmacht und Güte Gottes können nie ohne ein Objekt der Betätigung sein. In ewiger Ausstrahlung geht von Gott der Sohn aus und von diesem der Heilige Geist (in Jo. 2, 6). Der gegenwärtigen sichtbaren Welt ist eine Welt von gleich vollkommenen Geistern vorangegangen. Ein Teil ist von Gott abgefallen — dazu gehörten auch die präexistenten Menschenseelen — und deshalb in die erst jetzt geschaffene Materie gebannt worden. Die Verschiedenheiten der Menschen auf Erden und das Maß der Gnaden, die Gott einem jeden gibt, richten sich nach der vorweltlichen Verschuldung (Cels. 1, 32/33; princ. 2, 8 f).

3. Das Verhältnis der drei Personen in Gott hat Origenes subordinatianisch bestimmt. Obgleich er die Ewigkeit des Sohnes Gottes betont und ihn ὁμοούσιος nennt, ist nur der Vater αὐτόθεος, der Logos ist δεύτερος θεός, er ist nicht wie der Vater ἁπλῶς ἀγαθός, sondern εἰκὼν ἀγαθότητος (Cels. 5, 39; princ. 1, 2, 13). Der Heilige Geist ist geringer als der Sohn (princ. praef. 4).

4. Der Logos hat einen wahren Leib angenommen und ist Gottmensch (θεάνθρωπος). Origenes hat diesen Ausdruck erstmals gebraucht (hom. in Ez. 3, 3). Die Verbindung der beiden Naturen in Christus ist eine überaus innige (Cels. 2, 9), und darum lehrt er auch die Idiomenkommunikation (princ. 2, 6, 3). Nach Sokrates (h. e. 7, 32, 17) hat Origenes Maria Gottesgebärerin genannt; vgl. hom. in Lc. 6, 7 (Rauer 44, 10; 50, 9). Der Ausdruck θεοτόκος stammt jedenfalls aus der alexandrinischen Schule und ist z. B. dem hl. Athanasius ganz geläufig.

5. Origenes bezeugt die Erbsünde; jede Seele, die im Fleische geboren wird, ist mit dem Schmutz der Sünde behaftet; darum ist es apostolische Überlieferung, die Kinder zu taufen.

6. Das eucharistische Fleisch und Blut denkt sich Origenes durch Beeinflussung der natürlichen Elemente durch den Logos Gottes und die Epiklesis der Menschen entstanden. Er nennt den eucharistischen Leib „munus consecratum", von dem nichts verlorengehen dürfe (hom. in Ex. 13, 3). An manchen Stellen deutet er „Leib und Blut Christi" allegorisch. So sagt er einmal (hom. in Nm. 16, 9), man könne das Blut Christi auf doppelte Weise trinken, nämlich „auf sakramentale Weise" (sacramentorum ritu) und „wenn wir seine Worte, in denen das Leben ist, aufnehmen". Den Glauben an die reale Gegenwart Christi bezeichnet er als „gemeinchristlich" (κοινοτέρα), jedoch als Glauben der parvuli, die symbolische Auffassung werde von den prudentiores festgehalten (in Mt. ser. 86; in Mt. 11, 14). Deutlich bezeugt Origenes den Opfer- und Sühnecharakter der eucharistischen Feier (in Jes. Nave 2, 1; Lv. 13, 3).

7. Die von Origenes als „unheilbar" bezeichneten Kapitalsünden oder „Sünden zum Tode" (or. 28, 8. 10) sind für ihn trotzdem nicht absolut unheilbar. Sie sind der kirchlichen Vergebungsgewalt nicht vollständig entzogen, nur können sie nicht wie die weniger schweren Sünden gleichsam durch einen Gnadenakt vergeben werden; sie müssen vielmehr in der öffentlichen, lange dauernden Exkommunikationsbuße gesühnt werden (Cels. 3, 51). Die kirchliche Privatbuße ist bei Origenes nicht bezeugt.

8. Ein Hauptpunkt seiner Lehre war die ἀποκατάστασις πάντων: die Seelen derjenigen, die auf Erden gesündigt haben, kommen nach dem Tode in ein Läuterungsfeuer, aber allmählich steigen alle, auch die Teufel,

von Stufe zu Stufe höher und werden schließlich, ganz gereinigt, in ätherischen Leibern auferstehen, und Gott ist wieder alles in allem. Diese Wiederherstellung (ἀποκατάστασις) bedeutet jedoch nicht das Weltende, sondern nur einen vorläufigen Abschluß. Vor dieser Welt waren andere Welten und nach ihr werden andere sein. Mit Plato lehrte er, daß in endlosem Wechsel eine Welt auf die andere folge. Origenes leugnete also die Ewigkeit der Hölle.

9. Origenes war für die folgenden Jahrhunderte der einflußreichste Lehrer des asketischen Lebens und damit auch der Wegbereiter des Mönchtums. Das erste Erfordernis für die Nachfolge Christi und das Streben nach Vollkommenheit ist die Selbsterkenntnis. Der Christ muß wissen, was er tun und lassen soll, um auf dem Weg zur Vereinigung mit Gott und Christus fortzuschreiten (in Ct. 2, 143/45). Ständiger Kampf gegen die Leidenschaften (πάθη) und den Geist der Welt, der zur Sünde führt, ist die erste Bedingung und die Voraussetzung der Gottverbundenheit. Durch die Abtötung des Fleisches werden schließlich alle Leidenschaften zurückgedrängt (ἀπάθεια). Darum empfiehlt er, auf die Ehe zu verzichten, und preist das ehelose Leben und das Gelübde der Jungfräulichkeit, die Christus gelehrt hat (hom. in Nm. 24, 2). Ehrsucht und irdischer Besitz gestatten nicht das vacare deo (hom. in Ex. 8, 4). Als asketische Übungen schätzt er hoch: häufige Nachtwachen, Meditation, strenges Fasten (hom. in Ex. 13, 5; hom. in Ps. 34, 13) ebenso wie die tägliche Schriftlesung (hom. in Gn. 10, 3).

Amand, Fatalisme 275/325.– v. Balthasar, RSR 1936, 513/62; 1937, 38/64 (Mysterion).– Banner, DOP 1954, 49/82 (Or. in der Gesch. des Naturrechtsbegriffs).– Bardy, Vie 215/71; MSR 1956, 23/38 (idées morales).– Bauer, ZkTh 1960, 333/41 (Corpora orbiculata).– F. Bertrand, Mystique de Jésus chez O., 1951.– T. Bettencourt, Doctrina ascet. O.is, seu quid docuerit de ratione animae humanae cum daemonibus, 1945.– F. Billicsich, Das Problem der Theodizee im philos. Denken des Abendlandes 1, 1935.– Bonnefoy [Mél. Cavallera, 1948] 87/145 (theol. Methode).– Casel, JL 15, 1941, 164/95 (Glaube und Gnosis); 184/91 (Eucharistielehre).– Cornélis, RSPhTh 1959, 32/80; 201/47 (fondements cosmologiques de l'eschatologie).– H. Crouzel, Théologie de l'image de Dieu chez O., 1956; O. et la „connaissance mystique", Toulouse 1961; O. et la philosophie, 1962; Virginité et mariage selon O., 1963; BLE 1960, 81/110 (incarnation et histoire); [Théologie de la vie monastique, 1961] 15/38 (O. précurseur du monachisme); SCh 87, 1962, 11/64 (théologie mariale); BLE 1962, 81/104 (la structure du sacrement).– Daniélou, RAM 1947, 126/42 (sources bibliques de la mystique); RSR 1951, 132/37 (doctrine des anges des nations).– Daube, SP 2, 109/13 (punishment of adultery in jewish law).– B. Drewery, O. and the doctrin of grace, Lo 1960.– Dölger, AC 6, 1950, 273/75 (Christus als himmlischer Eros); AC 4, 95/109 (Epilepsie und Mondsucht).– Edsman, Baptême 1/15.– F. Faessler, Der Hagios-Begriff bei O., FrSch 1958.– Festugière, RSPhTh

1959, 81/86 (corps glorieux sphéroïde). – Gaudel, DThC 12, 332/9 (Erbsünde). – G. Gruber, ΖΩΗ, Wesen, Stufen und Mitteilung des wahren Lebens bei O., Mn 1961. – M. Harl, O. et la fonction révélatrice du verbe incarné, 1958. – C. V. Harris, O.'s Interpretation of the Teacher's Function in the Early Christ. Hierarchy and Community, Diss. Duke-Univ. 1952. – V. E. Hasler, Gesetz und Evangelium in der Alten Kirche bis O., Zü 1953. – Hitchcock, CQR 1941, 216/39 (Eucharistie). – von Ivánka, BZ 1951, 291/303 (geistesgeschichtl. Einordnung des Origenismus). – Javierre, RET 1949, 359/411 (espiritualidad en Or.). – H. T. Kerr, The first systematic theologian, O. of Al., Princeton 1958. – Knox, JTS 1938, 247 f (Auferstehung). – S. Läuchli, Probleme des Geschichtlichen bei O., Diss. Union Theol. Sem., NY 1950; AThR 1952, 102/16 (conception of Symbolon); Ch 1953, 253/68 (interpretation of Judas Iscar.). – A. Lieske, Theol. der Logosmystik bei O., 1938. – Lowry, JTS 1936, 225/40; 1938, 39/42 (Trinitätslehre). – M. Martínez, Misc. Comillas 1962, 5/120; 1963, 69/208 (teología de la luz). – Méhat, VC 1956, 196/214 (Apocatastasis). – Müller, ThZ 1958, 174/90 (Apokatastasis). – P. Némeshégyi, La paternité de Dieu chez O., P 1960. – Orbe, EstBibl 1955, 191/221 (la excelencia de las profetas). – Peri, SP 6, 155/80 (the Holy Trinity in the hom. of O. translated by St. Jerome). – Pétré, RSR 1954, 40/57 (ordinata caritas). – Poschmann, Paenit. 425/80. – Puech [Mél. M. Goguel, 1950] 180/94 (trinitar. Exegese von Ps. 50, 12/14). – H. Rahner, Eranos-JB (1947), 1948, 197/248 (Menschenbild). – K. Rahner, RSR 1950, 47/97; 252/86; 422/56 (Buße). – Rauer [E. Klostermann, TU 77, 1961] 253/9 (Paradies). – Riedinger, Astrol. (O. als Quelle der spät. Polemik gegen die Astrol.). – Rivière, BLE 1944, 3/12 (Soteriol.). – F. Rüsche, Das Seelenpneuma. Seine Entwicklung von der Hauchseele zur Geistseele, 1933. – Simonetti, RivCultClass-Med 1962, 165/208 (angelologia). – Simonin, DThC 12, 282/8 (Prädestination). – J. Stelzenberger, Syneidesis bei O., Pa 1963. – G. Teichtweier, Die Sündenlehre des O., Rb 1958. – R. B. Tollinton, Alexandrine teaching on the universe, NY 1932. – C. Vagaggini, Maria nelle opere di Origene, R 1942; SC 1954, 169/200 (Orthodoxie der Dogmatik des O.). – C. Verfaillie, La doctrine de la justification dans O., 1926. – W. Völker, Das Vollkommenheitsideal des O., 1931. – Weltin [D. M. Robinson, St. Louis 1953] 2, 1015/22 (Or.'s „Church").

§ 56. Alexandriner und Freunde des Origenes

1. (Sextus) Julius Africanus († nach 240), in Jerusalem geboren, lebte später (nicht als Bischof) in Emmaus-Nikopolis. In Alexandrien hörte er den Heraklas, war mit Origenes befreundet und unterhielt Beziehungen zum Fürstenhaus von Edessa und zum Kaiser Alexander Severus, in dessen Diensten er in Rom die im Pantheon untergebrachte öffentliche Bibliothek einrichtete.

a) Die erste christliche *Weltchronik* (Χρονογραφίαι, bis 217 [221?]) in fünf Büchern, nur Bruchstücke sind erhalten. Es ist eine Weltgeschichte in Form einer synchronistischen Zusammenstellung der durch die profane, atl. und christliche Geschichte überlieferten Daten. Die Welt besteht 6000 Jahre. Im Jahre 5500 ist Christus geboren. Das 7. Jahrtausend fällt mit dem 1000jährigen Reich zusammen. Das Werk war lange Zeit vorbildlich für ähnliche Arbeiten.

b) *Stickereien* (Κεστοί), ein Titel, der wie Στρωματεῖς die Verschiedenartigkeit des Inhalts hervorheben will, in 24 Büchern, in größeren Fragmenten erhalten, ein dem Kaiser Alexander Severus gewidmetes Sammelwerk mit Auszügen über Fragen der Naturwissenschaften, Medizin, Magie, Landwirtschaft und des Kriegswesens. Das Christentum des Verfassers, der an Magie und Zauberei glaubt, erscheint hier in merkwürdigem Lichte (Synkretismus).

c) Zwei *Briefe:* einer an Origenes bestreitet die Echtheit der Susannageschichte, der zweite, fragmentarisch erhalten, an einen sonst unbekannten Aristides über die Differenzen in den Stammbäumen Christi bei Mt. und Lc.

MG 10, 63/94.– Routh 2, 238/309.– W. Reichardt, TU 34, 3, 1909 (Briefe).– J. R. Vieillefond, Jules Africain, Fragm. des Cestes, P 1932; REG 1933, 197/203; BZ 1935, 145/9.– Grenfell-Hunt, Pap. Ox. 3, 1903, nr. 412 (Kestoi-Fragm.). ** Amann, DThC 8, 1921/25.– Bauer, Rechtgl. 11 f; 162/7 (Kritiklosigkeit).– H. Gelzer, S. J. Africanus und die byzantinische Chronographie, 1/2, 1880/98.– Grant, VC 1949, 227 (nicht Sextus, sondern A. ὁ Κεστός).– Kroll-Sickenberger, PWK 10, 116/25.– Lamert, BZ 1951, 362/9 (Kestoi).

2. Ammonius, Verfasser einer Abhandlung *Über die Übereinstimmung zwischen Moses und Jesus* (Eus. h. e. 6, 19, 10; von Eusebius mit dem Neuplatoniker Ammonius Sakkas verwechselt), war wohl ein Zeitgenosse des Origenes. Wahrscheinlich ist er identisch mit dem von Eusebius erwähnten Ammonius, der dem Mt.-Ev. die parallelen Abschnitte der anderen Evangelien beigeschrieben hat (Eus. ep. ad Carpian.).

Zahn, ZKG 1920, 1/22.– Elorduy, EstudBibl 1957, 187/217.

3. Dionysius von Alexandrien, der Große († 264/65), ein Schüler des Origenes, folgte 231/32 dem Heraklas in der Leitung der Katechetenschule und 247/48 auch als Bischof von Alexandrien. Durch sein mutiges und charaktervolles Verhalten in vielen Kämpfen und Nöten hat er sich den Beinamen des Großen erworben. Der Decischen Verfolgung entzog er sich durch die Flucht, unter Valerian wurde er jedoch nach Libyen verbannt. An den Auseinandersetzungen um Novatian, die Häretikertaufe, trinitarische und chiliastische Probleme war er führend beteiligt.

Von seinen zahlreichen Schriften haben sich nur geringe Reste erhalten; vgl. Eus. h. e. 7. Zu erwähnen sind hier: eine Schrift *Über die Natur,* seinem Sohne Timotheus gewidmet, bekämpfte die atomistischen Theorien der Epikureer (Fragm. bei Eus. praep. ev. 14, 23/7); seine vier Bücher *Widerlegung und Verteidigung*, an Bischof Dionysius von Rom (259/68) gerichtet, sollten seine Orthodoxie in der Trinitätslehre darlegen (Fragm. bei Eus. praep. ev. 7, 19 und bei Athanasius, De sententia Dionysii episc. Alex.); in den zwei Büchern *Über die Verheißungen* bestritt Dionysius im Kampf gegen den chiliastisch gesinnten Bischof Nepos von Arsinoë die Abfassung der Apokalypse durch den Apostel Johannes (Eus. h. e. 7, 24 f). Von seinen vielen *Briefen* sind nur zwei vollständig erhalten (an Novatian bei Eus. h. e. 6, 45; an B. Basilides über die Dauer des österlichen Fastens). Von seinen *Osterfestbriefen* besitzen wir nur Bruchstücke.

MG 10, 1237/1344; 1577/1602. – Ch. L. Feltoe, Διονυσίου λείψανα, C 1904; Ü, Lo 1918. ** J. Burel, D. d'Al., P 1910. – Colson, JTS 1924, 364/77 (D. zur Apoc.). – Del Ton, SC 1942, 37/47 (Eus. h. e. 6, 44). – Ph. Sh. Miller, Studies in D. the Great of Al., Diss. Erlangen 1933. – Opitz [K. Lake, 1937] 41/53 (D. und die Libyer). – Ch. Papadopulos, Ὁ ἅγιος Δ. ὁ Μ., Alex. 1918. – Richard, RHE 1937, 44/46 (Origenesscholion fälschlich D. zugeschrieben). – E. Schwartz, SbMn 1927, 3 (2 unechte Briefe). – Sordi, RendPontAccRomArch 1962 f, 123/46. – W. Till, Osterbrief und Predigt in achmim. Dialekt, L 1931 (unbekannter Verf. 3. Jh.).

4. Gregor der Wundertäter (Θαυματουργός) entstammte einer vornehmen heidnischen Familie zu Neocäsarea in Pontus und war 5 Jahre mit seinem Bruder Athenodorus Schüler des Origenes zu Cäsarea. Hier wurden die beiden Brüder für das Christentum gewonnen. Bald nach seiner Rückkehr in die Heimat (238) wurde G. Bischof seiner Vaterstadt und wirkte erfolgreich für die Ausbreitung des Christentums in Pontus († um 270); noch in der Zeit des Basilius beherrschte G. die kirchlichen Überlieferungen von Kappadokien.

a) Beim Weggang von Cäsarea hielt G. seinem Lehrer Origenes eine *Dankrede*, die über die Lehrmethode des Meisters erwünschte Auskunft gibt (Εἰς Ὠριγένην προσφωνητικὸς καὶ πανηγυρικὸς λόγος).

b) Ein trinitarisches *Glaubenssymbol* (Ἔκθεσις τῆς πίστεως) überliefert Gregor von Nyssa in seiner Vita des Thaumaturgen.

c) Der sogen. *Kanonische Brief*, an einen unbekannten Bischof gerichtet, ist für das damalige kirchliche Bußverfahren aufschlußreich.

d) *Die Metaphrase zum Prediger*, eine kurze umschreibende Wiedergabe des biblischen Textes, die in den Hss. meist Gregor von Nazianz beigelegt wird.

e) *An Theopompus über die Leidensunfähigkeit und Leidensfähigkeit Gottes*, ein nur syrisch erhaltenes, philosophisch-apologetisches Gespräch.

f) *An Philagrius über die Wesensgleichheit* legt kurz die Trinitätslehre dar; syrisch unter Gregors Namen, griechisch als Werk Gregors von

Nazianz und Gregors von Nyssa erhalten, darf als echt angesehen werden.

g) Eine *Disputation mit Aelianus* erwähnt Basilius d. Gr. (ep. 210, 5).

h) Von zweifelhafter Echtheit sind die *Kurze Abhandlung über die Seele an Tatian,* die auch Maximus Confessor zugeschrieben wird, und sechs armenisch überlieferte Homilien.

Über Gregors Leben berichten vier legendäre *Viten,* darunter eine von Gregor von Nyssa.

MG 10, 963/1232; 37, 383/6 und 46, 1101/8 (ad Philagr.); 46, 893/958 (Greg. Nyss. vita). – P. Koetschau, Des Greg. Thaum. Dankrede an Origenes. Brief des Orig. an Greg. Th., 1894. – SchAC 1, 6, 146/51 (unechte Schrift Περὶ τῆς τοῦ θεοῦ λόγου σαρκώσεως). – H. Bourrier, BKV², 1911 (Ü). ** Crouzel, RSR 1963, 422/31 (Dialog mit Aelian nicht sicher echt); [H. de Lubac, 1963] 1, 269/79 (An Theopompus); SciencesEccl 1964, 59/91 (Dankrede). – Froidevoix, RSR 1929, 193/247 (Symbol des G.). – B. Marx, Procliana 1940, 62 f (Neujahrspred. MG 10, 1197/1204 von Proklus von Konst.?). – V. Ryssel, G. Thaumaturgos, 1880 (73/99: Ü der Schrift an Theopompus). – Simonetti, RILSL 86, 1953, 101/17 (Ad Philagrium echt). – Telfer, JTS 31, 1929/30, 142/55; 354/63 (lat. Vita Gregors, abhängig von der Vita G.s v. Nyssa); HThR 1936, 225/344 (Geschichte des Kultus).

5. Firmilian, Bischof von Cäsarea in Kappadokien († um 268), war gleich Gregor ein Schüler des Origenes. Von ihm ist nur ein ins Lateinische übersetztes *Schreiben an Cyprian* erhalten, in dem er Papst Stephan wegen der Häretikertaufe scharf angreift (Cypr. ep. 75).

Michell, JTS 1954, 215/20 (F. and eucharistic consecration, Cypr. ep. 75, 10).

6. In Alexandrien schrieb Theognostus zwischen 250–280 origenistisch orientierte *Hypotyposen* in 7 Büchern, die verloren sind. Pierius (281/2 bis 300; nach 309 wohl in Rom gestorben) ragte als Exeget und Prediger hervor; Photius las von ihm noch 12 Λόγοι (wohl Predigten).

MG 10, 235/46. – Routh 3, 405/35. – C. de Boor, TU 5, 2, 1888, 165/84 (Pierius). ** Fritz, DThC 12, 1744/46 (Pierius). – L. B. Radford, Three teachers of Al.: Th., P. and Peter, 1908.

7. Petrus von Alexandrien, seit 300 Bischof dieser Stadt, floh in der Verfolgung des Diokletian (303); während seiner Abwesenheit maßte sich Melitius, Bischof von Lykopolis, Ordinationsrechte in Ägypten an. Deshalb und wegen der milden Behandlung der Gefallenen durch Petrus kam es zu dem Jahrhunderte währenden Melitianischen Schisma. P. starb 311 als Märtyrer.

Von seinen Schriften (Briefe und Abhandlungen) sind nur Fragmente erhalten. Am wichtigsten sind die 14 *Bußkanones,* wohl exzerpiert aus einem *Osterfestbrief* über die Buße (306), die in Rechtssammlungen überliefert wurden. Drei Schriften richteten sich gegen origenistische Lehren: *Über die Gottheit (Jesu Christi)*, wohl identisch mit *Über die Ankunft unseres Erlösers*, *Über die Auferstehung*, *Über die Seele*. Eine weitere Schrift hieß *Über das Pascha*; ferner schrieb P. einen *Brief an die Alexandriner* über Melitius. Die in verschiedenen Sprachen erhaltenen Akten seines Martyriums stammen aus wesentlich späterer Zeit und sind legendär.

MG 18, 467/522.– Routh 4, 21/82.– J. B. Pitra, Anal. sacra 4, 187/95; 425/30.– C. Schmidt, TU 20, 4b, 1901.– PO 1, 383/400; 3, 353/61 (Biographisches). ** Amann, DThC 10, 531/6.– H. I. Bell, Jews and Christians in Egypt, 1924, 38/99.– Dölger, AC 4, 245/65 (Gottesdienst der Melit.).– Fritz, DThC 12, 1802/4.– Kemp, JEH 1955, 125/43 (bishop and presbyters at Alex.).– Kettler, PWK 19, 2, 1281/8.– L. B. Radford, Three teachers of Alex., 1908.– Richard, MSR 1946, 357f (Christologie); SO 38, 1963, 76/83 (Fragment).– Schwartz, AbhMn 32, 6, 1927, 98 nr. 4f (Fragm. bei Timoth. Aelurus).– Telfer, AB 1949, 117/30 (P. and Arius); HThR 1955, 227/37 (Melet. of Lycopolis and episcop. succession).

8. Der gelehrte Presbyter Pamphilus, Schüler des Pierius, verdient um die theologische Schule und Bibliothek in Cäsarea (s. S. 189), wurde unter Maximinus Daza ins Gefängnis geworfen (307) und schrieb als Gefangener eine *Apologie des Origenes* in fünf Büchern, ein sechstes fügte später sein Schüler Eusebius hinzu; erhalten ist nur das 1. Buch in der lateinischen Übersetzung des Rufinus. Sehr wichtig waren seine Bemühungen um die Herstellung eines korrekten Bibeltextes. Eine von Eusebius verfaßte Biographie des Pamphilus (drei Bücher) ist verloren. 309 (310?) starb er als Märtyrer.

MG 17, 521/616.– Lommatzsch, Orig. opera 24, 293/412. ** Bardy, DThC 11, 1839/41.– Mercati, ST 95, 1941, 91 (unechtes Fragment).– Murphy, HThR 1959, 119/31 (Bibeltext).

9. Hesychius, wohl Alexandriner, hat nach Hieronymus, der seine Arbeit tadelt, etwa um 300 die LXX und auch den ntl. Text revidiert. Das Decretum Gelasianum nennt seinen Evv.-Text apokryph. Zweifelhaft bleibt, ob H. mit dem unter Diokletian gestorbenen Bischof und Märtyrer (Eus. h. e. 8, 13, 7) identisch ist.

Jellicoe, JBL 1963, 409/18 (H. recension reconsidered).– Kenyon [Mém. Lagrange, 1940] 245/50 (Text des NT).– Lietzmann, PWK 8, 1327f.– Vaccari, Bi 1965, 60/6.

§ 57. Antiochener und Gegner des Origenes

1. Paul von Samosata, so nach seinem Geburtsort benannt, Statthalter der Königin Zenobia von Palmyra und seit etwa 260 auch Bischof von Antiochien, wurde auf einer Synode von Antiochien (268) wegen trinitarischer (dynamistischer Monarchianismus) und christologischer (Vorläufer des Nestorius) Irrtümer verurteilt. Über sein Leben und seine Lehre werden wir hauptsächlich unterrichtet durch Fragmente: a) aus der stenographisch aufgenommenen *Disputation* zwischen ihm und dem Presbyter Malchion, b) aus dem im Anschluß an die Synode verfaßten *Synodalbrief* (Eus. h. e. 7, 30), c) durch den sog. *Hymenäusbrief*. Die fünf Fragmente aus Pauls *Logoi an Sabinus* sind unecht, ebenso wie das Symbolum von Antiochien und der Brief an Felix. Die Fragmente der *Prozeßakten* (ed. De Riedmatten, 135/58) sind in der Hauptsache in dogmatischen Testimoniensammlungen des 5. und 6. Jh. überliefert und bis heute nicht allgemein als gesicherte Grundlage zur Feststellung der wirklichen Lehre Pauls von Samosata anerkannt. Die Echtheit der Fragmente vorausgesetzt, wird der „Häretiker" Paul von Samosata weithin entlastet, weil er dann von Gegnern verurteilt wurde, die in der Christologie das sog. Logos-Sarx-Schema lehrten, während er selbst wohl jenen Theologen zuzuordnen ist, die das Schema Logos-Mensch in Christus vertreten haben.

Routh 3, 287/367.– F. Diekamp, Doctrina patrum, 1907, 303 f.– Lawlor, JTS 19, 1917 f, 20/45; 115/20. ** G. Bardy, P. de Sam., ^{2}1929; DThC 12, 46/51.– Dalmau, MiscComillas 34 f, 1960, 323/40 (ὁμοούσιος vom J. 268).– Dumoutet, RAp 1930, 192/200.– Grillmeier, Chalkedon, 1, 5/202 (Christologie vor 451).– Harnack, SbB 1924, 129/51 (Christologie).– F. Loofs, P. v. Sam., TU 44, 5, 1924.– Milburn, JTS 1945, 65/68 (ὁ τῆς ἐκκλησίας οἶκος).– Richard, EThL 1951, 325/38 (Malchion et P.).– H. de Riedmatten, Les Actes du procès de P. de Sam., Étude sur la christologie du IIIe au IVe s., FrSch 1952 (T im Anhang).– Scheidweiler, ZntW 1955, 116/29 (Fragmente).– Schwartz, AbhMn 32, 6, 1927, 102 ff (4 neue Fragmente?); SbMn 1927, 3 (fingierte Korrespondenz mit P.).– Stommel, JbAC 1958, 52/78 (Bischofsstuhl und hoher Thron).

2. Lukian von Antiochien, Begründer der antiochenischen Exegetenschule (s. S. 190), vertrat eine stark subordinatianische Logoslehre und hat so, da Arius sein Schüler war, den Arianismus vorbereitet. Lange Zeit stand er außerhalb der rechtgläubigen Gemeinde, vor seinem Tod als Märtyrer 312 scheint er wieder aufgenommen worden zu sein. Jedoch finden die spärlichen Nachrichten über Lukian keine einhellige Deutung; selbst seine textkritische Tätigkeit an der Bibel (LXX und NT) ist umstritten. Die von Rufin (h. e. 9, 6) überlieferte Verteidigungsrede vor dem Richter ist kaum echt.

G. Bardy, Recherches sur saint Lucien d'Antioche et son école, P 1936 (2 verschiedene L.); dagegen d'Alès, Mél. Univ. Beyrouth 21, 1937 f, 185/202 (ein L.).– Bardy, DThC 9, 1024/31.– D. Barthélemy, Les devanciers d'Aquila, Lei 1963, 126 f (keine LXX-Rezension von L.).– Dörrie, ZntW 39, 1940, 57/110 (LXX).– Fischer, StAns 27 f, 169/77 (L.-Lesarten in der Vetus Latina).– P. E. Kahle, Die Kairoer Geniza, B 1962, 241/8 (Bibeltext).– Mercati, Bi 1943, 1/17 (gegen Dörrie).– B. M. Metzger, Chapters in the history of N. T. textual criticism, 1963, 1/41 (recension).– Spanneut, SP 4, 171/90 (version lucianique).– Ziegler, Bi 1959, 210/29 (L.-Rezension des Sirach).

3. Methodius. Über sein Leben ist nichts Sicheres bekannt. Die ältesten bei Hieronymus (vir. ill. 83) und Sokrates (h. e. 6, 13) vorliegenden Nachrichten, daß er Bischof von Olympus in Lycien und später in Tyrus gewesen und in Chalcis als Märtyrer gestorben sein soll, können nicht als zuverlässig anerkannt werden. Andere Zeugnisse weisen ihm die Städte Patara, Myra, Side und Philippi als Bischofssitze zu. Wenn wir auf Grund seiner Schriften urteilen, besitzen wir überhaupt kein zuverlässiges Zeugnis dafür, daß er Bischof gewesen ist. Vieles spricht dafür, daß er als freier Lehrer und Asket in Lycien und vielleicht auch in Pamphylien lebte und in privaten Zirkeln Philosophie gelehrt und die Hl. Schrift ausgelegt hat. Auch die Tatsache und der Ort seines Martyriums sind nicht sicher bezeugt.

M. bekämpft den Spiritualismus des Origenes, ist aber sonst in vielem von ihm abhängig. Von seinen zahlreichen, meist in der Form des platonischen Dialogs mit relativ großer Gewandtheit verfaßten Schriften ist nur eine einzige vollständig im griechischen Original erhalten.

a) *Das Gastmahl oder über die Jungfräulichkeit* (Συμπόσιον ἢ περὶ ἁγνείας). Platons Symposion war für die Anlage und viele Einzelheiten Vorbild. Zehn Jungfrauen preisen nacheinander die jungfräuliche Keuschheit; zum Schluß stimmt Thekla, eine von ihnen, einen begeisterten Hymnus (24 Strophen) auf den Bräutigam Christus und seine Braut, die Kirche, an.

Den mehr oder weniger vollständigen Text anderer Schriften besitzen wir nur in altslawischer Übersetzung.

b) *Aglaophon oder über die Auferstehung* (griechisch nur in Bruchstücken erhalten) bekämpft die Lehre des Origenes von der Präexistenz der Seele und verteidigt gegenüber dem Spiritualismus des Alexandriners die Identität des Auferstehungsleibes mit dem irdischen.

c) *Über die Willensfreiheit* (Περὶ τοῦ αὐτεξουσίου), gegen den Dualismus und Determinismus der valentinianischen Gnosis gerichtet; größere griechische Fragmente sind erhalten.

d) Nur altslawisch überliefert ist eine Ermahnung zur Genügsamkeit:

Über das Leben und die vernünftige Handlung, und mehrere kurze exegetische Schriften, die Nm. 19, 2. 3; Lev. 13; Prv. 30, 15 ff; Ps. 18, 2. 5 allegorisch erklären. Eine gegen die Streitschrift des Neuplatonikers Porphyrius gerichtete Gegenschrift ist verloren.

MG 18.– N. Bonwetsch, GCS, 1917 (griech. T; slaw. in deutscher Ü).– H. Musurillo-V. H. Debidour, SCh 95, 1963 (Le banquet, TÜK).– M. Pellegrino, L'inno del simposio di S. Metodio, To 1958 (TÜK).– A. Vaillant, PO 22, 5, 1930 (De autexusio, mit Rückübers. ins Griech. und franz. Ü).

Ü: J. Farges, 1929 (autex.); 1932 (sympos.).– L. Fendt, BKV² 2, 1911 (Gastmahl).– H. Musurillo, ACW 27, 1958 (Sympos., ÜK).– A. Zeoli, Fi 1952 (sympos.). ** Amand, Fatalisme 326/41.– Amann, DThC 10, 1606/14.– F. Badurina, Doctrina s. M. de Ol. de peccato originali, R 1942.– N. Bonwetsch, Die Theologie des M., 1903.– V. Buchheit, Studien zu M. von Ol., TU 69, 1958; RhM 1956, 17/36 (Homer bei M.).– J. Farges, Les idées morales et relig. de M., 1929.– Kmosko, Byz 6, 1931, 273/96 (Revelationes des Ps.-M.).– Lazzati [P. Ubaldi, Mi 1937] 117/24 (Dialogtechnik im Sympos.).– Margheritis [P. Ubaldi, 1937] 401/12 (Einfluß Platos).– J. Martin, Symposion. Die Geschichte einer literarischen Form, 1931, 285 ff.– K. Quensell, Die wahre Stellung und Tätigkeit des fälschlich sog. Bischofs M. von Ol., Diss. Hei 1952.– Stocks, BNJ 15, 1939, 29/57 (Ps.-M. und die babylon. Sibylle).

4. Der Dialog *De recta in deum fide* ist unter dem Namen des Origenes überliefert, da der Name des Wortführers Adamantius auch Beiname des Origenes war. Rufinus versuchte durch seine lateinische Übersetzung den Dialog in die Zeit der Verfolgung und damit des Origenes zurückzuversetzen. Aber der griechische Originaltext ist wohl erst nach 325 entstanden und der anonyme Verfasser ein Gegner des Origenes wie Methodius, dessen Schriften er ausplündert *(Über die Auferstehung, Über die Willensfreiheit)*. Adamantius überwindet in der Disputation die Anhänger des Marcion, Bardesanes und Valentin; diese Gegner lassen Syrien oder Kleinasien als Herkunftsort vermuten.

MG 11.– W. H. van de Sande Bakhuyzen, GCS, 1901 (griech.-lat. T). ** Buchheit, BZ 1958, 314/28 (Rufin als Fälscher des A.-Dialogs).– A. Harnack, Marcion, ²1924, 56*/67*; 181*; 344*/8*.

VII. Historiker, Chronisten, Hagiographen, Synodal- und Liturgietexte der altchristlichen Zeit

§ 58. Eusebius von Cäsarea († 339); Schüler und Nachfolger

Eusebius steht an der Wende zweier Zeitalter. Mit seiner Bildung, seinen Interessen und seinen den Ertrag der Vergangenheit zusammenfassenden Werken gehört er noch der vornizänischen Zeit an, als Bischof und Kirchenpolitiker steht er inmitten der kampfdurchtobten neuen konstantinischen Epoche. Um 263 in Palästina, vielleicht in Cäsarea, geboren, erhielt er am Sitz der von Origenes gegründeten Schule und berühmten Bibliothek durch Pamphilus seine gelehrte Bildung. Seine früh beginnende schriftstellerische Arbeit wurde durch die große, 303 einsetzende Christenverfolgung unterbrochen. Nach dem Tode seines Lehrers, dem er durch eine Biographie ein Denkmal setzte (s. S. 213), flüchtete er nach Tyrus und nach Ägypten, wo er eingekerkert wurde. Vielleicht schon 313 wurde er Bischof von Cäsarea und gewann großen Einfluß auf Kaiser Konstantin wegen seiner Gelehrsamkeit, aber auch wegen der Mittelstellung, die er als Anhänger des origenistischen Subordinatianismus im arianischen Streit einnahm, da er kein Kämpfer, sondern mehr ein Gelehrter war.

Auf der Synode von Antiochien (325) wurde er wegen Ablehnung des gegen Arius gerichteten Glaubensbekenntnisses exkommuniziert. Auf dem Konzil von Nizäa (325) legte er ein vermittelndes Glaubensbekenntnis vor, unterschrieb mit innerem Vorbehalt die Konzilsbeschlüsse, beteiligte sich aber dann an dem Vorgehen gegen die nizänische Partei; so auch an der Synode von Tyrus (335), die Athanasius absetzte. Anläßlich der Einweihung der vom Kaiser erbauten Grabeskirche in Jerusalem (335) widmete er dem Kaiser eine apologetisch gehaltene Einführung in das Christentum und hielt im selben Jahre gelegentlich des dreißigjährigen Regierungsjubiläums des Kaisers die offizielle Festrede in Konstantinopel.

Die Welt- und Kirchengeschichte sieht E. mit höfischem Optimismus; als kaiserfrommer Staatsbischof entwickelt er ein christliches Kaiser- und Reichsideal, das stark und lange nachgewirkt hat, auch im Westen.

MG 19/24. – GCS Eus. 1/8, 1902/56. ** Aland, Kirchengeschichtl. Entwürfe, 1960, 202/39 (relig. Haltung Konst.s). – Amand, Fatalisme, 342/81. – Balanos [S. Lambros, At 1935] 515/22 (Charakterbild); ThQ 1935, 309/22 (Logoslehre). – H. Berkhof, Die Theologie des Eus. v. C., A 1939; Kirche und Kaiser,

Zü 1947. – A. Bigelmair, BKV² 9, 1913, V/LXI. – Cranz, HThR 1952, 575/611 (kingdom and polity). – H. Doergens, Eus. v. C. als Darsteller der phöniz. Religion, 1915; Eus. v. C. als Darsteller der griech. Religion, 1922. – Dörries, Das Selbstzeugnis Kaiser Konst.s, GAb 3, 34, 1954. – Eger, ZntW 1939, 97/115 (Kaiser und Kirche in der Geschichtstheologie). – Ferguson, JEH 1962, 139/44 (E. and ordination). – I. Gillmann, SP 4, 422/8 (Constantine's „apostolic consciousness"). – Katzenmayer, IKZ 1948, 153/71 (päpstl. Primat). – H. Kraft, Kaiser Konstantins religiöse Entwicklung, T 1955. – J. R. Laurin, Orientations maîtresses des apologistes chrét. de 270 à 361, R 1954. – Moreau, DHG 15, 1437/60; RACh 6, 1052/88. – Opitz, ZntW 1935, 1/19 (E. als Theologe). – E. Peterson, Der Monotheismus als polit. Problem, 1935. – Rondeau-Kirchmeyer, DSp 4, 2, 1687/90. – G. Ruhbach, Apologetik und Geschichte. Unters. zur Theol. Eusebs v. Caes., Diss. Hei 1962. – Salaverri, Gr 1932, 211/40; 1933, 219/47; 1935, 349/73 (Tradition und apostol. Sukzession). – Schwartz, PWK 6, 1370 bis 1439. – J. Sirinelli, SP 6, 47 (Melchisedech). – J. Stevenson, Studies in Euseb, C 1929. – J. Straub, Vom Herrscherideal in der Spätantike, 1933, 113/29. – J. Vogt, RACh 3, 306/76 (Constantinus); Constantin der Gr. und sein Jahrhundert, ²1960. – D. S. Wallace-Hadrill, Eusebius of Caesarea, Lo 1960. – M. Weis, Die Stellung des Eus. von C. im arian. Streit, 1920. – Winkelmann, Acta antiqua Acad. Scient. Hung. 1961, 239/56 (Konst.s Religionspolitik).

1. Historische Schriften

E. war weniger ein großer Theologe als ein bedeutender Historiker, der durch seine geschickte und gewöhnlich auch kritische Quellenbenützung die Grundlagen für die Kirchengeschichtsschreibung des Altertums geschaffen hat.

a) *Die Chronik* (Χρονικοὶ κανόνες καὶ ἐπιτομὴ παντοδαπῆς ἱστορίας Ἑλλήνων τε καὶ βαρβάρων) bietet in ihrer Einleitung oder im ersten Teil kurze Übersichten über die Geschichte der alten Völker (Chaldäer, Assyrer, Hebräer, Ägypter, Griechen, Römer) in Auszügen aus ihren ältesten, E. zugänglichen Schriften. Der Hauptteil besteht aus synchronistischen, in Kolumnen nebeneinandergestellten Tabellen, die, angefangen mit dem Jahr der Geburt Abrahams (2016/15 v. Chr.), von Angaben über die wichtigsten geschichtlichen Ereignisse begleitet sind.

Das um 303 veröffentlichte Werk ist griechisch nur in Fragmenten, aber ganz in einer im 6. Jh. entstandenen armenischen Übersetzung erhalten; den 2. Teil besitzen wir außerdem noch, fortgeführt bis zum Jahre 378, in der freien lateinischen Bearbeitung des Hieronymus. In dieser Gestalt hat das Buch die Chronologie des MA beherrscht und viel wertvolles geschichtliches Material vor dem Untergang bewahrt. Eusebius will, gleich Iulius Africanus (s. S. 209 f), zeigen, daß die jüdisch-christliche Überlieferung älter als die irgendeines anderen Volkes ist.

b) *Kirchengeschichte* (Ἐκκλησιαστικὴ ἱστορία) in 10 Büchern von der Gründung der Kirche bis zum Siege Konstantins über Licinius (324).

Das Werk ist von einem apologetischen Grundgedanken beherrscht: Die Geschichte des Christentums und insbesondere sein endlicher Sieg über die feindliche Staatsgewalt ist der beste Beweis seiner göttlichen Stiftung und seine Rechtfertigung. Eusebius vermag noch kein genetisch entwickeltes Geschichtsbild zu zeichnen; in der Hauptsache bietet er eine Materialiensammlung, in der Ereignisse, Literaturauszüge und Aktenstücke in bunter, meist aber chronologischer Folge aneinandergefügt sind.

Schon vor Beginn der Diokletianischen Verfolgung (303) wurde das Werk in sieben Büchern veröffentlicht. Die sich rasch ablösenden neuen, weltgeschichtlich so entscheidenden Ereignisse zwangen Eus. jedoch, mehrere Erweiterungen und Fortsetzungen anzufügen; die letzte Ergänzung kam bald nach 324, nach dem Sturz des Licinius, hinzu. Die Kirchengeschichte wurde wohl noch im 4. Jh. ins Syrische und danach später ins Armenische übersetzt. 403 fertigte Rufinus eine lateinische Übersetzung an und führte die Darstellung bis 395 fort.

c) Die Schrift *Über die Märtyrer von Palästina* ist in zwei verschiedenen Ausgaben erhalten; nur die ältere, kürzere ist als Beilage zum 8. Buch der Kirchengeschichte griechisch überliefert (s. S. 93).

GCS Eus. 2, 1/3, 1903/9 (h. e. mit lat. Ü des Rufin, ed. Th. Mommsen; mart. Pal.); ed. minor [5]1952.– G. Bardy - P. Périchon, SCh 31; 41; 55; 73, 1952/60 (h. e. und Mart. Pal., TÜK).– H. J. Lawlor - J. E. L. Oulton, 1/2, [4]1952 f (h. e., TÜ).– Ph. Haeuser, BKV[2] II 1, 1937 (h. e., Ü).– R. Helm, GCS Eus. 7, 1/2, 1913/26 (Hieron. Chronicon); neue Ed. 1956.– J. Karst, GCS Eus. 5, 1911 (Chronik, aus dem Armen. übers.).– A. Schoene, 1/2, 1866/75 (Chronik).– J. K. Fotheringham, O 1905, L 1923 (Chronik); vgl. R. Helm, SbB 1929, 371/408.– B. Violet, TU 14, 4, 1896 (Mart. Pal.; Ü aus dem Syr.). ** Baltzer-Koester, ZntW 1955, 141 f (h. e. 2, 23, 7: ὠβλιάς).– Bardy, RHE 1955, 5/20 (Theologie der h. e., Subordinatianismus).– Delehaye, AB 1932, 241/83 (Mart. Pal.).– A. Ehrhard, TU 50, 1/18, 1936 (Märtyrerakten).– B. Gustafson, SP 4, 429/41 (Quellenbehandlung h. e. 1/7).– Garitte, Mu 1953, 245/66 (mart. Pal. 1, georgische Ü).– Grégoire, Byz 13, 1938, 557/60 (h. e. 8, 14, 10).– R. Helm, Phil, Suppl. 21, 2, 1929 (Zusätze des Hieron. in der Chronik).– Kühnert, ThZ 1949, 436/46 (h. e. 5, 16 f: antimontanist. Anonymus).– R. Laqueur, E. als Historiker seiner Zeit, 1929.– Liebermann, AIPh 7, 1939/49 (the martyrs of Caesarea).– P. Nautin, Lettres et écrivains des IIe et IIIe siècles, 1961 (Briefe der h. e. 4/6).– Oulton, JTS 1929, 150/74 (Rufin als Übersetzer der h. e.).– Richard, EThL 1959, 325/38 (h. e. 7, 29, 2).– Scheidweiler, ZKG 1958, 123/9 (h. e.).– Schmid, RhM 1954, 190 f (h. e. 4, 13, 5).– Schöne [F. Dölger, 1939] 252/65 (h. e. 5, 28, 13/19).– J. Sirinelli, Les vues historiques d'Eusèbe de C. durant la période prénicéenne, Dakar 1961.– Sordi, Epigraphica 1957, 104/12 (h. e. 5, 21, 2/5).– Villain, RSR 33, 1946, 164/210 (Rufin und Eus. h. e.).– Völker, VC 1950, 157/80 (Tendenzen der h. e.).– Wallace-Hadrill, JTS 1955, 248/53 (Abfassungszeit der Chronik).– Zuntz, VC 1951, 50/4 (Textkrit. h. e. 6, 41, 15). Ferner s. S. 225 (Kirchengeschichtsschreibung) und S. 108 (Paschafeststreit).

2. Die panegyrischen Schriften auf Konstantin gehören nicht zu den eigentlichen historischen Werken.

a) *Die Vita Constantini* in 4 Büchern ist ein maßlos übertreibender Panegyrikus auf den Kaiser, den „Freund des allmächtigen Gottes" und „neuen Moses". Die Echtheit der in die Vita aufgenommenen Urkunden ist als erwiesen anzusehen, die Echtheit des Gesamtwerkes ist dagegen sehr umstritten.

b) Unter dem irreführenden Titel *Laus Constantini* werden zwei Stücke zusammengefaßt: c. 1/10 die Festrede, die Eusebius anläßlich des 30jährigen Regierungsjubiläums (335) hielt; c. 11/18 eine dem Kaiser gewidmete, für heidnische Leser bestimmte apologetische Einführung in das Christentum.

I. A. Heikel, GCS Eus. 1, 1902 (v. Const.; or. ad coet.; laus Const.).– A. Bigelmair - J. M. Pfättisch, BKV² 9, 1913 (v. Const., Ü).– H. Kraft, Kaiser Konstantins religiöse Entwicklung, T 1955, 160/272 (Ü der Briefe Konstantins und der or. ad coet.). ** Baynes [Mél. Bidez, 1, 1934] 13/8 (laus Const. 1/10).– Berkhof, NAKG 1943, 24/8 (v. Const. 4, 24).– I. Daniele, I documenti Constantiniani della Vita Constantini di Eusebio di C., R 1938.– Downey, DOP 1951, 53/80 (v. Const. interpoliert).– Franchi de' Cavalieri, ST 171, 1953, 51/65 (v. Const. echt).– Grégoire, Byz 1938, 561/83 (v. Const. unecht); dagegen Baynes, BZ 1939, 466/9; Zeiller, Byz 14, 1935, 329/39; Grégoire, Byz 1935, 341/51 (Erwiderung); BullAcadBelgClLett 1953, 462/79 (v. Const. unecht).– Heichelheim-Schwarzenberger, SO 1947, 1/19 (study of interpolations).– I. A. Heikel, Krit. Beiträge zu den C.-Schriften des Euseb., TU 36, 4, 1911.– Jones, JEH 1954, 196/200 (Pap. Lond. 878: v. Const. 2, 27/9; neue Ed. des Pap. von Skeat).– Moreau, RevEA 1953, 307/33 (Vision des Konst.); Historia 1955, 334/45 (v. Const. wahrscheinlich echt).– Orgels, AIPh 1952, 575/611 (v. Const. unecht, gegen Vogt und de' Cavalieri).– Pallas, Θ 1954, 470/83 (Exedrae in den palästin. Kirchen).– Petersen, Dansk Teol. Tidsskrift 1956, 25/64 (stimmt Grégoire zu).– Petit, Historia 1950, 562/82 (Libanius et la v. Const.).– Picard, OCP 1947, 266/81 (v. Const. 3, 49).– Piganiol, Historia 1950, 82/95 (v. Const.); AIPh 1950, 513/8 (v. Const., gegen Grégoire).– Scheidweiler, BZ 1953, 293/301 (v. Const. um 430 verfaßt); BZ 1956, 1/32 (v. Const. unecht; 24/32 Tkr.).– Straub, SP 1, 678/95 (Konst. als ἐπίσκοπος τῶν ἐκτός).– Telfer, SP 1, 157/67 (the authors purpose in the v. Const.).– Vincent, Rb 1957, 48/71 (v. Const. 3, 41, 3: Éléona).– Vittinghoff, RhM 1953, 330/73 (v. Const. echt).– Voelkl, RAC 1953, 49/66 (Kirchenbauten Konst.s).– Vogt, Her 1953, 111/7 (Apostelkirche in Konstantinopel); Historia 1953, 463/71 (v. Const.); Relazioni X. Congr. internaz. scienze stor. 6, 1955, 733/79 (v. Const. echt).– Wendel, ZBW 1939, 165/75 (v. Const. 4, 36).– F. Winkelmann, Die Textbezeugung der Vita Constantini des Eusebius von Caesarea, TU 84, 1962; Klio 1962, 187/243 (Geschichte des Authentizitätsproblems der v. Const.).– Wistrand, Acta Univ. Gotoburg. 55, 1, 1952 (Grabeskirche).

c) Als Anhang zur *Vita Constantini* hat Eusebius als Probe der Beredsamkeit des Kaisers eine Karfreitagspredigt *Ad coetum sanctorum* (An die Versammlung der Heiligen) folgen lassen. An der Echtheit der wahrscheinlich um 323 wohl mit Hilfe von theologischen Sekretären ursprünglich lateinisch verfaßten Rede ist kaum zu zweifeln.

A. Bolhuis, Vergils 4. Ecloga in der orat. Const. ad sanct. coetum, Diss. A 1950 (griech. Original); VC 1956, 25/32 (or. ad coet. und Laktanz). – H. Dörries, Das Selbstzeugnis Kaiser K.s, 1954, 129/61 (or. ad coet. echt). – Kurfess, ThGl 1949, 167/74; ThQ 1950, 145/65; ZRGG 1952, 42/57 (K. und die erythräische Sibylle). – J. M. Pfättisch, Die Rede K.s des Gr. an die Versammlung der Heiligen, 1908. – Piganiol, RHPh 1932, 370/2 (or. ad coet. gehalten 7. 4. 323; echt, von Laktanz redigiert). – Vogt, RACh 3, 364/7 (or. ad coet. unecht).

3. Die apologetischen Schriften des E. sind Zeugnisse der umfassenden Belesenheit des gelehrten Verfassers und wichtig wegen der zahlreichen Auszüge aus verlorenen Schriften der antiken Literatur.

a) *Die Praeparatio evangelica* (Εὐαγγελικὴ προπαρασκευή) in 15 Büchern, verfaßt 312/22, will zeigen, daß die Christen gut daran getan haben, das Judentum dem Heidentum vorzuziehen. Die „Philosophie der Hebräer" ist der Kosmogonie und Mythologie der Heiden überlegen. Die heidnischen Weisen, vor allem Plato, haben überdies aus dem AT geschöpft.

b) *Die Demonstratio evangelica* (Εὐαγγελικὴ ἀπόδειξις) in 20 Büchern — erhalten sind nur Buch 1/10 und ein Stück von Buch 15 — ist eine Weiterführung des vorausgehenden Werkes; sie zeigt, daß das mosaische Gesetz nur vorbereitenden Charakter hatte und daß die Weissagungen in Christus erfüllt sind.

c) Die nur syrisch erhaltene Schrift *Über die Theophanie,* d. h. über die Erscheinung Gottes im Fleische, ist eine populäre, stark rhetorische Apologetik (fünf Bücher), die aus der Praeparatio und Demonstratio schöpft.

d) Von der zuerst verfaßten apologetischen Schrift, der *Allgemeinen elementaren Einleitung* (mindestens 10 Bücher), sind nur Buch 6/9 erhalten; sie bieten unter dem Titel Περὶ τοῦ Χριστοῦ προφητικαὶ ἐκλογαί Erklärungen der messianischen Weissagungen des AT.

e) Verlorengegangen ist bis auf unbedeutende Fragmente die 25 Bücher umfassende Polemik gegen den Neuplatoniker Porphyrius, ebenso die Schrift *Widerlegung und Verteidigung* (2 Bücher), die auf heidnische Einwände antwortete.

f) *Gegen Hierokles,* den Statthalter von Bithynien, wendet sich Eusebius, weil dieser in einer Streitschrift Apollonius von Tyana über Christus stellte.

K. Mras, GCS Eus. 8, 1/2, 1954/6 (praep. ev.). – I. A. Heikel, GCS Eus. 6, 1913 (dem. ev.). – H. Greßmann, GCS Eus. 3, 2, 1904 (Ü der syr. Theophanie mit griech. Fragm.). – Th. Gaisford, O 1842 (eclogae proph.); O 1852 (c.

Hierocl.).– E. H. Gifford, 1/4, O 1903 (praep. ev., TÜ). ** des Places [Mél. Diès, P 1956] 69/77 (Plato in der praep. ev.).– Eißfeldt, WSt 1957, 94/9 (Philo Byblius in der praep. ev.).– P. Henry, Rech. sur la Prép. év. d'Eusèbe et l'éd. perdue des œuvres de Plotin publ. par Eustochius, 1935; Les états du texte de Plotin, 1938, 77/124 (praep. ev. 15, 10. 22).– Kraus, RHR 113, 1936, 207/18 (Plotinzitate in praep. ev.).– J. B. Laurin, Orientations maîtresses d'apologistes chrét. de 270 à 361, R 1954.– G. Mercati [Mém. L. Petit, 1948] 1/3 (eclog. proph.).– Mras, Anz. Österr. Akad. 93, 1956 [57], 209/17 (praep. ev. im antiken Schrifttum).– Murphy, JBL 1954, 162/8 (NT in dem. ev.).– Peters, OC 33, 1936, 1/25 (Mt-Zitate im syr. Text der Theoph.).– Tasker, HThR 1935, 61/7 (Ev.-Text der dem. ev.).– Wallace-Hadrill, JTS 1950, 168/75 (Mt-Zitate der dem. ev.); JTS 1953, 41 f (dem. ev. 7, 1, 28).– J. Wieneke, Ezechielis Iudaei poetae Alexandrini fabulae quae inscribitur 'Ἐξαγωγή fragmenta rec., Mr 1931 (praep. ev. 9, 28 f).

4. Die biblischen Arbeiten des E. bewegen sich zwar in den Bahnen der origenistischen Allegorese, bieten aber auch beachtliche textkritische und historisch-positive Leistungen.

a) Von dem gelehrten *Psalmenkommentar,* den Hilarius von Poitiers und Eusebius von Vercelli ins Lateinische übersetzten, sind sehr umfangreiche Fragmente erhalten. Eine fast vollständige Rekonstruktion des Werkes ist mit Hilfe der Katenenüberlieferung zu erhoffen.

b) *Der Isaiaskommentar* kann mit Hilfe von Katenen und eines Hs.-Fundes fast vollständig zurückgewonnen werden.

c) Das in einer Epitome und in Fragmenten erhaltene Werk *Evangelienfragen und Lösungen* (Περὶ τῶν ἐν εὐαγγελίοις ζητημάτων καὶ λύσεων) behandelte in 3 Büchern die Unterschiede in den evangelischen Kindheits- und Auferstehungsberichten.

d) Von der Schrift *Über das Paschafest* ist ein großes Fragment erhalten, das die Eucharistieauffassung des E. bezeugt.

e) *Die Evangelien-Kanones,* einem gewissen Karpianus gewidmet, wollen auf zehn Tabellen einen schnellen Überblick über die Parallelstellen der vier Evangelien ermöglichen.

f) *Das Onomastikon* (Περὶ τῶν τοπικῶν ὀνομάτων) ist der 4., einzig erhaltene Teil eines vierteiligen biblisch-geographischen Werks. Es ist ein alphabetisches Verzeichnis der in der Bibel vorkommenden Ortsnamen, verbunden mit Notizen über Lage und Geschichte der Örtlichkeiten. Hieronymus gab das Werk in verbesserter lateinischer Bearbeitung heraus.

MG 23; 24, 9/76 (Psalmenkomm.); 24, 89/526 (Isaiaskomm.); 24, 693/706 (Fragm. De sol. pasch.).– MG 22, 879/1006 (Evangelienfragen); 22, 1275/92 (Evv.-Kanones).– E. Klostermann, GCS Eus. 3, 1, 1904 (Onomasticon).– G. Bayer, OC 1922/4, 30/70; 1, 1927, 80/97; 284/92; 2, 1927, 57/69 (Evangelienfragen, syr. Fragm., Ü). ** Bardy, Rb 1932, 228/36 (Quaestiones, zu Evangelienfragen). – Beyer, ZDtschPalVer 1933, 218/53 (Onomastikon). – Devreesse, DBS 1, 1928, 1122/4 (Psalmenkomm.); Rb 1933, 540/55 (Is.-K). – Hebbelynck, Mu 1928, 81/120 (ep. ad Carpian. koptisch). – Klauser, GN 1961, 191/208 (Ciborium in den Kanontafeln). – G. Mercati, Osservazioni ai proemi del Salterio ..., ST 142, 1948. – Möhle, ZntW 1934, 87/9 (Is.-K). – C. Nordenfalk, Die spätantiken Kanontafeln, Göteborg 1938. – Noth, ZDtschPalVer 1943, 32/63 (topograph. Angaben im Onomast.). – Oliver, NovTest 1959, 138/45 (ep. ad Carpian.; Ü). – Suggs, HThR 1957, 307/10 (gospel text). – Vaccari, Rev. di studi or. 32, 1957, 433/52 (sezioni evangeliche). – Wallace-Hadrill, HThR 1956, 105/114 (Bibeltext von Caesarea).

5. In zwei dogmatischen Schriften *(Contra Marcellum* und *De ecclesiastica theologia)* bekämpft Eus. (336 und später) den Bischof Marcellus von Ancyra, einen Vorkämpfer des nizänischen Glaubens, und sucht seine origenistische Logoslehre als die „kirchliche Theologie“ zu erweisen.

6. Von *Briefen* und *Predigten* ist nur weniges erhalten. Erwähnt seien: ein Brief an seine Gemeinde (325) über seine Auffassung des ὁμοούσιος (bei Athanasius, De decr. Nic. syn.); Fragmente eines Briefes in den Akten des 2. Konzils von Nizäa (Act. 5/6: Glaubensbekenntnis des Arius); Fragmente eines Briefes an Constantia, die Schwester des Kaisers (gegen die Bilderverehrung; Concil. Nicaen. 2). Eine Predigt zur Einweihung der Basilika in Tyrus (314/15) ist h. e. 10, 4 erhalten.

E. Klostermann, GCS Eus. 4, 1906 (c. Marcell.; eccl. theol.; Fragm. Marc.); MG 20, 1545/9 (ep. ad Const.); Mansi 13, 316 f (Glaubensbek. des Arius); Opitz, AW 2, 1, 28/31 (Brief an Gemeinde).

Lehre

1. Die Trinitätslehre ist im wesentlichen origenistisch. E. wollte bei den biblischen Ausdrücken über die Gottheit des Sohnes stehenbleiben und lehnte zeitlebens das ὁμοούσιος ab. Die Lehre des hl. Athanasius hielt er für Sabellianismus. Der Vater ist der oberste Gott und ungezeugt. Der Sohn ist nur nach dem Willen des Vaters geworden; er ist der zweite Gott und dem Vater untergeordnet. Das ἐξ οὐκ ὄντων der Arianer lehnte er ab. Den Heiligen Geist hielt er für ein Geschöpf des Vaters; er wirke nur auf die Heiligen.

2. Eucharistie. „Wir, die Söhne des Neuen Bundes, feiern an jedem Sonntag unser Passah, werden allezeit gespeist mit dem Leib des Heilandes, nehmen allezeit Anteil an dem Blut des Lammes ... Jeden Sonntag werden wir belebt durch den geheiligten Leib desselben erlösenden Passahlammes, wird unsere Seele besiegelt durch sein kostbares Blut“ (De solemn. pasch. 7, 12). Gott wünscht „rauchlose, unblutige Opfer, deren

Darbringung der Erlöser des Alls in der ganzen Welt zu seinem Gedächtnis durch gewisse mystische Worte angeordnet hat" (theoph. 3, 71).

3. Bilderverehrung. In seinem Brief an Constantia lehnte er im Sinn des origenistischen Spiritualismus jede Bilderverehrung, auch die Anfertigung von Bildern Christi, ab, „damit wir nicht wie die Heiden unsern Gott im Bild herumtragen" (vgl. h. e. 7, 18).

Schüler und Nachfolger des Eusebius

1. Acacius von Cäsarea, Schüler und Nachfolger des Eusebius als Bischof († 366), Haupt der Homöer im Orient. Seine zahlreichen Schriften sind bis auf geringe Reste verloren; Hieronymus (vir. ill. 98) und Sokrates (h. e. 2, 4) nennen Schriften von ihm. Ein Fragment aus einer *Streitschrift* gegen Marcellus von Ancyra bei Epiphanius, haer. 72, 6/10. A. war ein tüchtiger Exeget, der die alexandrinische Methode ablehnte.

R. Devreesse, ST 201, 1959, 105/22 (Oktateuchfragm.). – K. Staab, Pauluskomm. 53/6 (Katenenfragm.).

2. Eusebius von Emesa war ebenfalls ein Schüler des Eusebius, Homöusianer († um 359). Von seinen zahlreichen Schriften sind in letzter Zeit immer mehr bekannt geworden, darunter besonders 30 *Predigten* (29 in lateinischer Übersetzung, eine im griechischen Original), und in griechischer, syrischer und armenischer Überlieferung Fragmente von *Predigten* und *Kommentaren* zum Heptateuch, Römer- und Galaterbrief.

MG 24, 1047/1208; 86, 1, 535/62; 31, 1476/88 (de paenit.; neu ediert von Buytaert, L'héritage; dazu Richard, MSR 1951, 116/9). – E. M. Buytaert, Eusèbe d'Émèse. Discours conservés en latin I: La collection de Troyes (I–XVII); II: La collection de Sirmond (XVIII–XXIX), Lou 1953/57; L'héritage littéraire d'Eusèbe d'Émèse. Ét. critique et historique, Textes, Lou 1949. – R. Devreesse, ST 201, 1959, 55/103 (Oktateuch-Fragm.; zum Teil neu ediert, mit scharfer Kritik an Buytaert, L'héritage). – N. Akinian, HA 1956, 289/300; 385/416; 1957, 97/130; 257/66; 1958, 1/22; 161/82; 449/74 (Reden). – K. Staab, Pauluskomm. 46/52 (Fragm. zu Rom. und Gal.). – CPL 966 (Ps.-Eus.). ** Amand, RHE 1955, 777/820 (virginité). – Bulhart, RB 1959, 86/9 (Tkr.). – Buytaert, RHE 1948, 5/89 (Echtheitsfragen); FrSt 14, 1954, 34/48 (Trinitätslehre). – Devreesse, Rb 1936, 201/11 (atl. Komment.). – Griffe, BLE 1960, 27/38 (Collectio Gallicana du Ps.-Eus.). – Grillmeier, Chalkedon 1, 130/5 (Christologie). – Leroux, DSp 4, 1690/95. – Muyldermans, Mu 1958, 51/56 (Homilien in armen. Überlieferung). – Perler, HJB 1958, 73/82 (Ps.-Ignat. und E.).

3. Einer der Nachfolger dieses Eusebius, Nemesius von Emesa, schrieb um 400 ein im MA viel benutztes, im wesentlichen neuplatonisch gerichtetes Werk *Über die Natur des Menschen* (Περὶ φύσεως ἀνθρώπου).

MG 40, 508/818.– E. Orth, N. von E., Anthropologie, Maria-Martental 1925 (Ü).– W. Telfer, Cyr. of Jer. and Nem. of Em., Lo 1955, 224/453 (Ü). ** Amand, Fatalisme 549/69.– Amann, DThC 11, 62/7.– Arnou, Gr 1936, 116/31 (Nestorianismus und Neuplatonismus).– Bradý, FrSt 1948, 275/84 (Remigius und N.).– W. Jaeger, Nemesius von E., B 1914.– Klinge, ZKG 1939, 363/73 (Psychologie des N. bei Mose bar Kepha).– H. A. Koch, Quellenuntersuchungen zu Nemesius von E., B 1921.– Lammert, Phil 1940, 125/41 (Medizin bei Ptolemaeus und N.); Her 1953, 488/91 (Kap. 5); Pepragmena tu Th' Diethnus Byz. Synhedriu 3, 1959, 169/77 (zu Neuausgabe).– F. M. März, Anthropol. Grundlagen der christlichen Ethik bei N. von E., Phil. Diss. Mn 1959.– Skard, PWK Suppl. 7, 562/6; SO 1936, 23/43; 1937, 9/25; 1939, 46/56; 1942, 40/48 (N. abhängig von Origenes und Galenus).

§ 59. Kirchengeschichten und Chroniken nach Eusebius

Die literarhistorischen Schriften der patristischen Zeit sind bereits in der Einleitung berücksichtigt worden (s. S. 8 f). Die übrigen Schriften historischen Inhalts sollen hier im Anschluß an den ersten Kirchenhistoriker Eusebius zusammenhängend bis zum Ausgang des kirchlichen Altertums behandelt werden.

H. Valesius (de Valois), 1/3, P 1659/73 (Kirchenhistoriker von Eus. bis Evagrius); verbessert von W. Reading, 1/3, C 1720. ** F. Ch. Baur, Die Epochen der kirchl. Geschichtsschreibung, 1852.– den Boer, SP 4, 248/62 (beginnings of christ. historiography).– Gentz-Aland, ZntW 42, 1949, 104/41 (Quellen der KG des Nicephorus und der älteren Kirchenhistoriker).– Leclercq, DAL 6, 2533/735 (historiens du christianisme).– G. Loeschke, Zwei kirchengeschichtl. Entwürfe, 1913.– W. Nigg, Die Kirchengeschichtsschreibung, 1934.– F. Overbeck, Über die Anfänge der Kirchengeschichtsschreibung, 1892.– Scheidweiler, BZ 1957, 74/98 (Quellenkritik griech. Kirchenhistoriker).

I. Kirchengeschichten

1. Gelasius von Cäsarea († 395), der zweite Nachfolger des Eusebius im Bischofsamt, schrieb eine *Kirchengeschichte* als Fortsetzung des Werkes von Eusebius, die nur in Fragmenten erhalten ist. Umstritten ist, ob Rufins Kirchengeschichte in den Büchern 10/11 von Gelasius abhängig ist.

In einem nur aus wenigen Fragmenten bekannten dogmatischen Werk behandelte Gelasius wohl ähnlich wie sein Oheim Cyrill von Jerusalem in seinen Katechesen die Grundlehren der Kirche.

F. Diekamp, Anal. patristica, R 1938, 16/49 (17 z. T. uned. dogmat. Fragm.).– A. Glas, Die KG des Gelasios v. K., die Vorlage für die beiden letzten Bücher der KG Rufins, L 1914.– Heseler, BNJ 9, 1932, 113/37; 320/37; 12, 1936, 347/51 (Rufin abhängig von G.).– Honigmann, BullAcadBelgClLett 40, 1954, 122/61

(G. schon gestorben, als Rufin nach 401 Übers. der h. e. des Euseb. begonnen hat). – Scheidweiler, BZ 1953, 277/301 (gegen Rufin als Verf. der Bücher 10/11); BZ 1955, 162/4 (gegen Honigmann [1954], der die Existenz eines griech. Autors mit Namen Rufin behauptet); BZ 1957, 74/98 (Quellenkrit.). – van den Ven, Mu 1915, 92/115; 1946, 281/94 (gegen Glas); La légende de s. Spyridon, Lou 1953, 195/200 (gegen Scheidweiler, 1953). – Winkelmann, Forsch. und Fortschr. 1964, 311/4 (Rekonstruktion der h. e.).

2. Rufin von Aquileia (s. S. 393) hat als erster dem lateinischen Westen eine *Kirchengeschichte* dargeboten. Er übersetzte 403, vielfach kürzend und mit rhetorischen Zutaten erweiternd, die Kirchengeschichte des Eusebius in 9 Büchern ins Lateinische und fügte zwei weitere Bücher hinzu (bis 403), die im wesentlichen eine Übersetzung und Bearbeitung des Werkes des soeben genannten Gelasius sein dürften.

Th. Mommsen, GCS Eus. 2, 1/3, 1903/9. ** Oulton, JTS 1929, 150/74 (Rufin's translation). – Peeters, BullAcadBelgClLett 17, 1931, 10/45 (h. e. 10/11); vgl. Byz 7, 1932, 635/9. – Villain, RSR 1946, 164/210 (Rufin und die KG).

3. Zwischen 434 und 439 veröffentlichte *Philippus von Side* (in Pamphylien), Priester in Konstantinopel und Freund des Chrysostomus, eine 36 Bücher umfassende Χριστιανικὴ ἱστορία; nur Bruchstücke sind erhalten. Photius war der letzte Autor, der noch etwa 2/3 des umfangreichen Werkes kannte.

C. de Boor, TU 5, 2, 165/84, 1888 (Fragm.). – E. Bratke, TU 19, 3, 153/64, 1899 (Fragm.). ** Heseler, Byz 10, 1935, 440. – Honigmann, ST 173, 1953, 82/91. – Opitz, PWK 19, 2350 f.

4. Zwischen 425 und 433 wurde die bis 425 reichende *Kirchengeschichte* (12 Bücher) des in Konstantinopel lebenden Eunomianers Philostorgius vollendet; sie ist vor allem in Auszügen des Photius erhalten. Die Profangeschichte wird besonders berücksichtigt und der arianische Standpunkt scharf hervorgekehrt.

J. Bidez, GCS, 1913. ** Bidez, Byz 10, 1935, 403/37 (Fragm.). – Fritz, DThC 12, 1495/8. – Heseler, Byz 10, 1935, 399/402 (Fragm.). – Opitz, Byz 9, 1934, 535/93 (v. Constantini des Cod. Ang. 22 mit Phil.-Fragmenten).

5. Die beste aller Fortsetzungen des Eusebiuswerkes sind die sieben Bücher *Kirchengeschichte* des Rechtsanwalts (scholasticus) Sokrates (* um 380, † nach 439) zu Konstantinopel, welche die Zeit von 305 bis 439 behandelt. In seine Darstellung hat er vielfach originale Aktenstücke, wie Konzilsbeschlüsse, Kaiser- und Bischofsbriefe, wörtlich aufgenommen. Er strebt nach Objektivität und nennt die meisten der von ihm benützten Quellen ausdrücklich. Besondere Sympathie bringt er den Novatianern entgegen.

MG 67, 29/872.– R. Hussey, 1/3, O 1853. ** Baynes, JTS 1948, 165/8 (h. e. 1, 15); dagegen Telfer, JTS 1949, 187/91.– E. Bihain, Byz 32, 1962, 81/91 (Socrat. h. e. 2, 38, 2 und Cyr. Jerus.).– Eltester, PWK II 3, 893/901.– F. Geppert, Die Quellen des Kirchenhistorikers S., 1898.– Heseler, Byz 10, 1935, 438/41 (S. hat Gelasius benützt).– Opitz, Überlief. 155/7 (Tkr.).– Peeters [Mél. Bidez, 2] 647/75 (zur armen. Ü).– Périchon, RSR 1965, 112/20 (Textüberlieferung; bereitet neue Ed. vor).– Stephanides, EEBS 1956, 57/129 (histor. Berichtigungen zur h. e.).

6. Die *Kirchengeschichte* (neun Bücher) des Rechtsanwalts Sozomenus in Konstantinopel, die über die Jahre 324 bis 425 berichtet (zwischen 439 und 450 verfaßt), ist sehr stark von der KG des Sokrates abhängig. Daneben hat jedoch Sozomenus auch neues urkundliches Material reichlich herangezogen. Literarisch und stilistisch ist er Sokrates überlegen, dafür ist er weniger kritisch; viele ausgesprochen legendäre Berichte wurden von ihm aufgenommen.

MG 67, 844/1630.– J. Bidez-G. Ch. Hansen, GCS, 1960. ** Bardy, DThC 14, 2465/71.– Bihain, Mu 1962, 331/55 (S. abhängig von Theod. v. Mopsv.).– Eltester, PWK II 3, 1240/8.– G. Schoo, Die Quellen des Kirchenhist. S., 1911.

7. Theodoret von Cyrus (s. S. 341) schrieb drei historische Werke.

a) *Die Kirchengeschichte*, 449/50 geschrieben und die Zeit von 325–428 umfassend, ist von einer apologetisch-antihäretischen Tendenz beherrscht. Die Darstellung ist oft flüchtig und in der Chronologie ungenau. Die häufige Übereinstimmung mit Sokrates und Sozomenus erklärt Parmentier aus der Benützung gemeinsamer Quellen.

b) *Die Mönchsgeschichte (h. religiosa)* beschreibt das Leben von Aszeten bei Antiochien und Cyrus.

c) *Die Häretikergeschichte (haereticarum fabularum compendium)* beschreibt die Häresien bis Eutyches; das 5. Buch ist eine systematische Darstellung der Glaubenslehre von dogmengeschichtlichem Wert.

MG 82, 882/1280 (h. e.); 82, 1283/1496 (h. relig.); 83, 335/556 (haer. fab. compend.).– L. Parmentier-F. Scheidweiler, GCS, ^{2}1954 (h. e.).– K. Gutberlet, BKV^2 50, 1926 (h. rel., Ü).– A. Seider, BKV^2 51, 1926 (h. e., Ü). ** Honigmann, ST 173, 1953, 92/100 (h. rel.).– Leroy-Molinghen, Byz 34, 1964, 27/47 (h. rel., Mss.).– Nautin, VC 1963, 24/7 (h. e. 1, 6, 2).– Richard, MSR 1946, 147/56 (Th. et les moines d'Orient).– Schiewitz, Mönchtum 3, 238/53 (h. rel.).

8. Von der *Kirchengeschichte* des Hesychius von Jerusalem († nach 450) ist nur das auf dem Konzil von 553 zur Vorlesung gelangte Kapitel über Theodor von Mopsvestia erhalten.

MG 92, 948; 86, 1031.

9. Gelasius von Cyzikus verfaßte seine *Kirchengeschichte* (3 Bücher) bald nach 475 in Bithynien. Das Werk liefert eine Geschichte des kirch-

lichen Orients unter Konstantin d. Gr. Zum großen Teil ist es eine Kompilation aus andern uns bekannten Quellen. Die Echtheit der von ihm allein mitgeteilten Aktenstücke ist umstritten.

G. Loeschke-M. Heinemann, GCS, 1918 (h. e.). ** BNJ 10, 1933/4, 137.– Mercati, OM 4, 1937, 56 f (neues Ms.).– Opitz, Überlief. 74.

10. Johannes Diakrinomenus, wohl ein Monophysit, schrieb zwischen 512 und 518 in 10 Büchern eine *Kirchengeschichte* über die Zeit von 429 bis auf Kaiser Anastasius I. (491–518). Fragmente sind bei byzantinischen Historikern erhalten.

Honigmann, ST 173, 178.– Jülicher, PWK 9, 1806.

11. Basilius Cilix, ein Monophysit aus Kilikien, schrieb u. a. in 3 Büchern eine verlorene *Kirchengeschichte* über die Zeit von etwa 450 bis 540.

Jülicher, PWK 3, 54 f.

12. Zacharias Rhetor (früher monophysitisch, dann neuchalkedonisch, † vor 553 als Bischof von Mytilene) schrieb eine *Kirchengeschichte*, die im griechischen Original verloren, aber als Buch 3/6 einer anonymen syrischen Weltchronik (12 Bücher bis 568/69) erhalten ist. Sie berichtet über die Ereignisse von 450–491. Z. verfaßte ferner eine *antimanichäische Schrift* (griech. Fragment ed. Pitra) und einen griechisch erhaltenen Dialog *Amonius*, der gegen die heidnische Philosophie die Geschöpflichkeit der Welt beweist. Außerdem schrieb Z. *Biographien* über Severus von Antiochien, Petrus den Iberer und den Aszeten Isaias († 488).

E. W. Brooks, CSCO 83 f, 1919/21; 87 f, 1924 (h. e., syr. T, Ü); 7 f, 1907 (v. Severi).– K. Ahrens-G. Krüger, L 1899 (h. e., Ü).– M. A. Kugener, PO 2, 1, 1903 (v. Severi; syr. T, Ü).– MG 85, 1011/44 (Amonius).– Pitra, Anal. sacra 5, 1, 1888, 67/70 = lat. MG 85, 1143 f (antimanichäisches Fragm.).– MG 40, 1105/1206 (20 Lehrvorträge des Isaias, lat. Ü, 16. Jh.).– MG 65, 179/84 (Abt Isaias).– A. Guillaumont, L'Ascéticon copte de l'abbé Isaïe, Le Caire 1956 (TÜ). ** Bardy, DThC 15, 3676/80.– Colonna, Annali della Fac. di lett. e fil. 6, Napoli 1956, 107/18 (Ammonio).– Guillaumont, AB 1949, 350/60 (neuer syr. T).– Honigmann, ST 173, 194/204.– Mercati, Aeg 1953, 464/73 (griech. Fragm. der orat. 21 des Is.).– Nissen, BZ 1940, 15/22 (Amonius).– Petit, DThC 8, 79/81 (Isaias).

13. Theodorus Lector arbeitete um 530 die Kirchengeschichten des Sokrates, Sozomenus und Theodoret zu einer *Historia tripartita* (4 Bücher) zusammen, von der die ersten 2 Bücher im Cod. Marc. 344 erhalten sind. Wertvoller ist die nur in Bruchstücken erhaltene, selbständig verfaßte *Kirchengeschichte* (4 Bücher), welche die Hist. tripart. bis 527 fortsetzte. Einen gewissen Ersatz für den Verlust der Kirchengeschichte bietet eine

im 7./8. Jh. entstandene kirchengeschichtliche *Epitome*, die in größeren Auszügen bei byzantinischen Chronographen erhalten ist.

De Boor, ZKG 6, 1883 f, 487/91; 573/7. – Opitz, PWK II 5, 1869/81 (grundlegend). – J. V. Sarrazin, Comment. philol. Jenenses 1, 1881, 163/238.

14. Johannes von Ephesus (s. S. 234 f; 241) verfaßte eine *Kirchengeschichte* in 3 Teilen zu je 6 Büchern von Julius Caesar bis 585. Nur der 3. Teil (571–585) ist in direkter Überlieferung syrisch erhalten.

E. W. Brooks, CSCO 105 f, 1935/6 (h. e., syr. T, Ü); vgl. Honigmann, Byz 14, 1939, 615/25. – J. M. Schönfelder, 1862 (h. e., Ü).

15. Evagrius Scholasticus, Rechtsanwalt in Antiochien, später kaiserlicher Quästor und Ehrenpräfekt, † um 600, verfaßte als streng Orthodoxer eine *Kirchengeschichte* in 6 Büchern über die Zeit von 431 bis 594, die für die Geschichte der nestorianischen und monophysitischen Streitigkeiten wichtig ist. In der Berichterstattung ist er wahrheitsliebend und unparteiisch, dabei jedoch leichtgläubig und nicht frei von Wundersucht.

MG 86, 2, 2415/2886. – J. Bidez - L. Parmentier, Lo 1898. ** Peeters, AB 1947, 35/40. – Visser, NAKG 1962, 14/24.

16. Die Arbeit des Rufin (s. S. 226) hat Cassiodor († um 580; s. S. 486 f) für das Abendland wiederaufgenommen und fortgesetzt. Cassiodor ist der Verfasser einer *Weltchronik* und einer nur im Auszug des Jordanes erhaltenen *Gotengeschichte*. Er ließ ferner durch den Mönch Epiphanius die Kirchengeschichten des Sokrates, Sozomenus und Theodoret ins Lateinische übersetzen und diese nach dem Vorbild des Theodorus Lector zu einer *Historia tripartita* in 12 Büchern zusammenarbeiten. Dieses Werk wurde eines der wichtigsten kirchengeschichtlichen Hilfsmittel des lateinischen Mittelalters.

ML 69, 879/1296 (h. trip.). – W. Jacob - R. Hanslik, CSEL 71, 1952 (h. trip.). – Th. Mommsen, MGH Auct. ant. 5, 1. 11 (Gotengesch.; Weltchron.). ** F. A. Bieter, The syntax of the cases and propos. in C. h. e. tripart., Wa 1938; vgl. Gn 1939, 376/82; ZntW 1939, 191/6. – Bulhart, AL 1954, 5/17 (Tkr. zur h. trip.). – Cappuyns, DHG 15, 631 f (Epiphan.). – Hanslik, VC 1954, 176/81 (h. trip. 7, 40, 4 ff und 7, 40, 43 ff). – W. Jacob, Die hsl. Überlief. der sog. Hist. tripart. des Epiphan.-Cass., TU 59, 1954. – Laistner, HThR 1948, 51/67 (h. trip.). – Lundström, Lunds Univ. Arsskrift 49, 1, 1953 (h. trip.); AL 23, 1953, 19/34 (sprachl. Bemerkungen zur h. trip.).

II. Chroniken und andere historische Sammelwerke des Westens

Die Chroniken führen eine große Zahl von geschichtlichen Ereignissen und anderen Einzelheiten zeitlich geordnet auf, verzichten aber im Unterschied zu den Geschichtsschreibern auf eine zusammenhängende Darstellung. Die Weltchroniken des Julius Africanus, des Hippolyt und des Eusebius haben als Grundlagen und Vorbilder solcher Arbeiten lang und stark nachgewirkt.

Th. Mommsen, Chronica minora saec. IV–VII, 1/3, MGH auct. ant. 9. 1. 13, 1891/98.– C. Frick, Chronica minora, L 1892. ** H. Gelzer, S. Jul. Africanus und die byzantin. Chronographie, 1/2, 1880/98.– A. Bauer, Beitr. zu Euseb. und den byzantin. Chronographen, 1909.

1. Eine *Aktensammlung* zum donatistischen Streit, zwischen 330 und 347 entstanden, hat Optatus von Mileve seinem antidonatistischen Werk als Anhang beigegeben (s. S. 371).

Hoogterp, AL 1940, 39/112.– G. Roethe, Zur Gesch. der röm. Synoden des 3. und 4. Jh., 1937, 118/23 (gegen Echtheit des Aktenanhangs).– Turner, JTS 1925/6, 283/96.

2. Der römische *Chronograph vom Jahre 354* ist ein um 354 zusammengestelltes Handbuch bunten Inhalts, das vielleicht von Furius Dionysius Filocalus, dem späteren Kalligraphen des Papstes Damasus, stammt. Es enthält einen Staatskalender, Konsularlisten, Ostertafeln, eine Liste der Stadtpräfekten, eine Beschreibung der 14 Stadtregionen, eine *Weltchronik (Chronica Horosii)*, eine Chronik der Stadt Rom, ferner eine *Liste* der Todestage römischer Bischöfe und Märtyrer (s. S. 235) und eine *Liste* der Päpste bis Liberius (352–366) mit genauer Angabe der Amtsdauer *(Catalogus Liberianus)*. Die Weltchronik ist eine lateinische Bearbeitung und Fortsetzung der Chronik des Hippolyt (bis 334).

Mommsen, Chron. min. 1, 13/196 (T). ** Bijvank, Mn 8, 1939 f, 177/98 (Chr. und die Notitia dignitatum).– A. Ferrua, Epigrammata Damasiana, R 1942, 21/45 (Filocalus).– Leclercq, DAL 9, 527/30 (Catal. Liberian.).– C. Nordenfalk, Der Kalender vom Jahre 354 und die lat. Buchmalerei des 4. Jh., Göteborg 1936.– Seeck, PWK 3, 2477/81.– H. Stern, Le calendrier de 354. Ét. sur son texte et sur ses illustrations, 1953.

3. Der kurze chronographische Abriß *De cursu temporum*, 397 von dem chiliastisch gesinnten afrikanischen (?) Bischof Quintus Iulius Hilarianus abgefaßt, ist ein origineller Versuch, den Ablauf der Weltgeschichte zu sehen.

C. Frick, Chron. min. 1, 153/74. ** H. Gelzer, S. Jul. African.... 2, 1, 1885, 121/9.– P. Monceaux, Hist. litt. de l'Afrique chrét. 6, 249/58.

4. *Breviculus collationis cum Donatistis*, ein 413 von Augustin hergestellter Auszug aus den Akten des Religionsgesprächs von Karthago im Jahre 411.

ML 43, 613/50.

5. *De gestis Pelagii,* ein aktenmäßiger Bericht Augustins über die Anfänge des pelagianischen Streits aus dem Jahre 417.

ML 44, 319/60. – CSEL 42, 49/122.

6. Die *Collectio Avellana,* eine Sammlung von 243 Papst- und Kaiserbriefen von 367–553, darunter viele von Hormisdas (514–523), so benannt nach einer früher dem umbrischen Kloster S. Croce di Fonte Avellana gehörenden Hs. (jetzt Vat. lat. 4616); sie wurde in der zweiten Hälfte des 6. Jh. in Rom wohl nur zu Privatzwecken zusammengestellt.

O. Günther, CSEL 35, 1895/98. ** W. M. Peitz, Das Register Gregors I, 1917, 110 ff. – Schwartz, AbhMn, NF 10, 1934, 280/7.

7. Hieronymus bearbeitete und setzte die *Chronik* des Eusebius fort (s. S. 218).

8. Sulpicius Severus, † um 420, aus vornehmer aquitanischer Familie, suchte die Einsamkeit auf, veranlaßt durch den frühen Tod seiner Gemahlin und die Mahnungen seines Freundes Martin von Tours.

a) Seine nicht umfangreiche *Weltchronik* in zwei Büchern führt die Geschichte von der Weltschöpfung bis 400 n. Chr.; sie hat nur für die letzten Jahrzehnte, die der Verfasser miterlebt hat, selbständigen Wert. Besonders wird die Geschichte des Priszillianismus, der seine Zeit und Heimat erregte, berücksichtigt. Das Werk ist mit kritischem Sinn und in knappem, klassischem Stil in Anlehnung an Sallust und Tacitus geschrieben; veröffentlicht nicht vor 403.

b) Im Gegensatz zur Weltchronik hat S. in seinen beiden Martinschriften dem Legendären weiten Raum gegeben, da er zeigen wollte, daß Martin selbst die ägyptischen Aszeten an Heiligkeit und Wundermacht übertroffen habe. Die *Vita Martini* († 397) nebst drei *Briefen* und die *Dialogi* in 2 Büchern, welche die Vita ergänzen, zeigen Martin als Apostel Galliens und ersten abendländischen Mönchsvater.

C. Halm, CSEL 1, 1866. – A. Lavertujon, Chron., 1/2, 1895/9 (TK). – P. Bihlmeyer, BKV² 20, 1914 (Ü der Martin-Schr.). – P. Monceaux, Dialogi 1/2, 1926/7 (Ü). ** Bardy, DThC 14, 2760/2. – De Wit, VC 1955, 45/9 (Tkr.). – Griffe, BLE 1961, 114/8 (Chronol. Martins). – Grosjean, AL 1954, 117/26 (dial. 1, 27, 1/6); AB 1954, 270/5. – P. Hyltén, Studien zu Sulp. Severus, Lund 1940; Tr 1963, 447/60 (Tkr. der Chron.). – S. Prete, I Cronica di Sulpicio Severo, Saggio storico-critico, R 1955. – S. Martin et son temps. Mémorial du XVIᵉ cent. des débuts du monachisme en Gaule, StAns 46, 1961.

9. Paulus Orosius, ein in Braga (Nordportugal) geborener Priester, überreichte 414, vor den Vandalen flüchtend, dem hl. Augustinus in Hippo sein *Commonitorium de errore Priscillianistarum et Origenistarum* und

verfaßte dann während seines Aufenthaltes in Palästina (415; Besuch bei Hieronymus in Bethlehem) seinen *Liber apologeticus contra Pelagianos.* 417/18 schrieb er auf Veranlassung Augustins in Afrika seine sieben Bücher *Historiae adversus paganos.*

Sie sollen die Ergänzung von Augustins Werk *De civitate Dei* sein, nämlich im einzelnen den Nachweis führen, daß die vorchristliche Welt noch mehr von Krieg und Elend heimgesucht wurde als die jetzt lebende Menschheit, daß also das Christentum an der Drangsal der Zeit unschuldig sei. Orosius gibt zu diesem Zweck einen Abriß der Weltgeschichte von Adam bis zum Jahre 417 n. Chr. Er teilt die Weltgeschichte nach Dn. 7 in 4 Perioden ein und hat damit die Periodisierung bis ins 18. Jh. beeinflußt.

Für etwa die letzten 40 Jahre besitzt das Werk selbständigen Wert. Wenn es auch flüchtig, nach den angegebenen Gesichtspunkten einseitig und in rhetorisch übertreibender Sprache geschrieben ist, so ist es doch eine anerkennenswerte Leistung. Im MA wurde es als Lehrbuch der Universalgeschichte viel gebraucht.

C. Zangemeister, CSEL 5, 1882 (hist. und liber apol.); ed. minor der hist. 1889.– G. Schepß, CSEL 18, 1889, 149/57 (Commonitor.).– I. W. Raymond, NY 1936 (hist., TÜ). ** Amann, DThC 11, 1602/11.– Bately-Ross, Sc 1961, 329/34 (hist., Hss.).– Coffin, CJ 31, 1935/6, 235/48 (O. und Vergil).– P. Courcelle, Histoire littéraire des grandes invasions germaniques, ^{3}1964.– J. A. Davids, De Orosio et s. Augustino Priscill. adversariis comment. hist. et phil., Haag 1930.– De Carvalho, RevPortFilosof 11, 1955, 142/53 (Augustinus abhängig von O.?).– De Castro, CuadEstudGallegos 9, 1954, 193/250 (el hispanismo de O.).– G. Fink, RevArchBiblMus 1952, 271/322 (Rech. bibliograph. sur O.).– H. Hagendahl, Or. und Justinus, Göteborg 1941.– Ross, Sc 1955, 33/56 (Tkr. der hist.).– Schnitzer, Rel 1937, 336/43 (O. und Pelag.).– K. A. Schöndorf, Die Geschichtstheol. des O., Diss. Mn 1952.– J. Svennung, Orosiana, Up 1922.– Torres Rodríguez, CuadEstudGallegos 9, 1948, 23/48 (Leben und Geschichtsauffassung).

10. Tiro Prosper aus Aquitanien (s. S. 450 f) schrieb eine *Weltchronik* von der Erschaffung der Welt bis 455 n. Chr. Sie ist für die Zeit bis 412 ein flüchtiger Auszug aus der Chronik des Hieronymus und andern bekannten historischen Schriften. Erst von dem genannten Zeitpunkt ab bringt Prosper auf Grund eigenen Erlebens wertvolle neue Nachrichten.

Mommsen, Chron. min. 1, 341/499.

11. Das *Chronicon* des spanischen Bischofs Hydatius (Idacius) setzt die Weltchronik des Hieronymus fort und reicht, für die Jahre von 428 ab von selbständigem Wert, bis 468.

Mommsen, Chron. min. 2, 13/36. ** Courtois, Byz 1951, 23/54 (Textrekonstruktion). – Seeck, PWK 9, 40/3. – Torres Rodríguez, CuadEstudGallegos 1956, 181/203; Compostell. 1956, 401/48; 765/801; Rev. de Archivos, Ma 1956, 755/94.

12. Der Illyrier Marcellinus Comes behandelt in seiner in Konstantinopel in lateinischer Sprache verfaßten *Chronik* die Jahre 379–534 mit fast ausschließlicher Berücksichtigung Ostroms.

Mommsen, Chron. min. 2, 37/108.

13. Die schon erwähnte *Weltchronik* des Cassiodor (s. S. 229) reicht bis 519. Auch die *Frankengeschichte* Gregors von Tours († 594) bietet im 1. Buch einen Abriß der Weltgeschichte (s. S. 477).

14. Von der *Weltchronik* des afrikanischen Bischofs Viktor von Tunnuna († nach 566) ist nur der 2. Teil (über die Jahre 444–566) erhalten. Eine ähnlich trockene Aneinanderreihung von zusammenhanglosen Daten bieten auch die Fortsetzungen, die der Abt Johannes von Biclaro († um 621) für die Jahre 567/90 und, vom Ende der Chronik Prospers beginnend, der Bischof Marius von Avenches (Lausanne; † 594) für die Jahre 455/81 schrieben.

Mommsen, Chron. min. 2, 163/206 (Victor); 207/20 (Joh.); 225/39 (Marius). – J. Campos, Juan de Biclaro, obispo de Gerona, Ma 1960 (TK). ** Arias, CuadHistEsp 10, 1948, 129/41 (Chron. des Joh.). – Díaz y Díaz, AST 1962, 57 (Joh., Textüberlief.). – Eltester, PWK 14, 1822 f (Marius). – Morera, AST 1936, 59/84 (Joh. von B.).

15. Der letzte lateinische Historiker der patristischen Zeit ist der hl. Isidor von Sevilla (s. S. 496). Er schrieb eine kurze *Weltchronik (Chronicon)*, die bis 615 reicht, und eine *Historia Gothorum*, eine Chronik der Westgoten bis 625 mit zwei kurzen Anhängen über die Vandalen und Sueven.

Mommsen, Chron. min. 2, 241/304 (hist. Goth.); 391/506 (Chron.). – D. Coste, L 1909 (hist. Goth. Ü). ** Jiménez Delgado, Hel 1961, 227/59 (Laus Hispaniae). – Rodríguez, Hel 1961, 177/226 (Laus Hisp.). – Steidle, BM 1936, 425/34 (Westgoten). – Zeiller [Misc. Isidoriana, R 1936] 287/92 (les origines chrét. des Goths et des Suèves).

III. Chroniken des Ostens

1. Zu Beginn des 5. Jh. schrieben zwei alexandrinische Mönche, Panodorus (zw. 395 u. 408) und Anianus (412), *Weltchroniken*, die beide nur durch spätere byzantinische Chronisten bekannt sind. Etwa um dieselbe Zeit entstand, gleichfalls in Alexandrien, eine anonyme, nur in einer

lateinischen Übersetzung des 7./8. Jh. erhaltene, bis 387 reichende Chronographie, die sog. *Excerpta latina Barbari* (s. S. 166).

Frick, Chron. min. 183/371 (excerpta lat. Barbari). ** Honigmann, AIPh 12, 1953, 178/82 (Anianus). – Jacoby, PWK 6, 1566/76 (exc. lat. Barb.). – Jülicher, PWK 1, 2194 (Anian.). – Seel, PWK 18, 2, 632/5 (Panod.).

2. Johannes Malalas (d. h. Rhetor od. Scholasticus), wahrscheinlich mit dem 565 zum Patriarchen von Konstantinopel ernannten Johannes Scholasticus († 577) identisch, schrieb seine Χρονογραφία in 17 Büchern in monophysitischem, später ein 18. Buch in orthodoxem Sinn. Der erhaltene Text reicht nur bis 563 (ursprünglich bis 574). Das in volkstümlichem Griechisch verfaßte Werk, das auch inhaltlich dem Geschmack der breiteren Massen entgegenkam, übte einen weitreichenden Einfluß auf die orientalische und abendländische Annalistik aus.

L. Dindorf, 1831. – MG 97, 9/790. – A. Schenk Graf von Stauffenberg, Die röm. Kaisergeschichte bei Mal., 1931 (T von Buch 9/12). – M. Spinka - G. Downey, Chron. of J. M. VIII–XVIII. Transl. from the Church Slavonic, Ch 1940. ** Bikerman, Byz 1951, 63/83 (les Maccabées de Mal.). – G. Downey, A history of Antioch, Pr 1961, 37/40; TP 1935, 55/72 (Inschriften bei M.); BZ 1938, 1/15 (Bauten); AmJournArch 1938, 106/60 (seleucid. Ära). – Krappe, RevEA 1933, 146/52. – M. Weingart, Byz. Chroniken in der kirchenslav. Lit. 1. Teil, Schr. d. philos. Fak. der Univ. Preßburg Nr. 2, 1922. – Wolf, PWK 9, 2, 1795/9.

3. Bald nach 540 wurde in syrischer Sprache die *Edessenische Chronik* von einem orthodoxen Anonymus, der Sympathien für den Nestorianismus zeigt, abgefaßt. Sie berichtet unter Benützung von Archivalien der Heimatstadt über die Zeit von 133/32 v. Chr. bis 540 n. Chr.

I. Guidi, CSCO 1 f, 1903 (TÜ). – Hallier, TU 9, 1, 1893 (TÜ). ** Ortiz de Urbina, Gr 1934, 82/91 (origini del cristianesimo in Edessa).

4. Die *Chronik von Arbela*, zwischen 540 (oder 551) und 569 von dem Syrer Mĕšihazék[h]a verfaßt, bringt eine Reihe von Biographien nach Art der Märtyrerakten aus der Zeit von 100–550. Die Geschichtlichkeit der Berichte über die ältere Zeit unterliegt starken Bedenken.

A. Mingana, Sources syriaques 1, L 1907 (T). – E. Sachau, AbhB 1915, 6 (Ü). – F. Zorell, OCh 8, 4, 1927, 142/204 (lat. Ü). ** Messina, Or 6, 1937, 234/44 (das Fest šahar-abagam-wad in Adiabene). – I. Ortiz de Urbina, Die Gottheit Christi bei Afrahat, R 1933, 28/30; OCP 1936, 5/32 (Geschichtswert). – Peeters, AB 1925, 261/304 (Chronik wenig glaubwürdig).

5. *Die Chronik* des Pseudo-Dionysius von Tell-Mahre — Kompilator ist vielleicht Josua Stylites aus dem Kloster Zuqnin bei Amida — ist eine Universalgeschichte, die bis 754/5 reicht und um 775 entstanden ist. Durch Aufnahme in diese Kompilation sind erhalten geblieben: zum Teil die

Edessenische Chronik (o. Nr. 3), ferner eine ausgezeichnete monophysitische *Chronik* über die Jahre 495–507 und Auszüge aus dem 2. Teil der Kirchengeschichte des Johannes von Ephesus (s. S. 229).

J. B. Chabot-E. W. Brooks, CSCO 91; 104; 121, 1927/1949 (TÜ). ** R. Abramowski, D. v. T., jakobit. Patriarch von 818–845, L 1940.

6. Aus der 1. Hälfte des 7. Jh. stammt ein umfangreiches chronologisch-historisches, wohl in Konstantinopel entstandenes Werk, das sog. *Chronicon Paschale,* die Osterchronik, die von Adam bis 629 reicht; nur für die letzten Jahrzehnte besitzt das Werk selbständigen Wert. Den Namen hat ihm Du Cange gegeben, weil für den Verfasser die Berechnung des Osterfestes im Vordergrund des Interesses steht.

L. Dindorf, 1/2, 1832.– MG 92, 67/1028. ** Andrés, Rev. de Archivos, Ma, 5/28 (Ms.).– Mercati, OM 2, 1937, 462/79 (hsl. Überlief.); 3, 1937, 46/9 (hexaplar. Fragm.).– Schissel, Byz 9, 1934, 269/95 (Hss.).– Schwartz, PWK 3, 2460/77.

7. Die um 700 wahrscheinlich koptisch, nicht griechisch verfaßte *Weltchronik* des monophysitischen Bischofs Johannes von Nikiu (Stadt auf einer Nilinsel) ist nur in einer äthiopischen Übersetzung erhalten; wichtig für die Geschichte des 7. Jahrhunderts.

H. Zotenberg, P [2]1935 (T).– R. H. Charles, Lo 1916 (engl. Ü). ** Graf, Gesch. 1, 470/2.

§ 60. Märtyrerverzeichnisse und Kalender

Das älteste Märtyrerverzeichnis ist die römische *Depositio martyrum,* erhalten im *Chronographen von 354;* hier steht auch die *Depositio episcoporum.* Später werden Gedächtnistage von Märtyrern, Bischöfen und Heiligen in gemeinsamen Listen notiert. Dieser Art ist das *Kalendarium von Karthago,* das die Zeit von 258 bis 505 und die Gedächtnistage in Nordafrika, gelegentlich auch in Italien berücksichtigt. Umfangreicher ist das dem Orient zugewandte *Martyrologium syriacum,* das vor 400 in Nikomedien wohl von einem Arianer griechisch geschrieben wurde, aber nur syrisch in einer Hs. von 411/12 erhalten ist. Noch umfassender ist das sogen. *Martyrologium Hieronymianum,* das um die Mitte des 5. Jh. in Oberitalien durch Vereinigung der genannten Verzeichnisse von Rom, Karthago, Nikomedien und mehrerer italienischer Städte entstanden ist. Erhalten ist nur die Fassung, die das Martyrologium um 592/600 in Auxerre (nach Duchesne und Quentin) oder um 627/28 in Luxeuil (nach

Krusch) erhalten hat. Ferner sind zu nennen das Fragment eines *gotischen Kalenders*, das *Verzeichnis* bei Gregor von Tours (hist. Franc. 10, 31) und die *Liste von Oxyrhynchos* (535–66). Aus dem 6./7. Jh. stammt der *Marmorkalender von Carmona*.

Diese Listen, die fast nur Datum, Name und Bestattungsort notieren, wurden durch historische Angaben aufgefüllt und führten im Westen zu den *Martyrologien*, im Osten zu den *Menologien (Menäen)* und *Synaxarien*, die längere oder kürzere Märtyrer- und Heiligenviten enthalten. Am bekanntesten ist das *Synaxarium ecclesiae Constantinopolitanae*. Die umfangreiche hagiographische und homiletische Literatur der griechischen Kirche hat vor allem A. Ehrhard erschlossen (s. S. 38).

H. Achelis, ZntW 1900, 308/35 (gotischer Kal. um 400, TK). – H. Delehaye, Synaxarium eccles. Constantinop. (Propylaeum ad ASS Nov.), 1902; AB 1924, 83/99 (Kal. von Oxyrh.; TK). – J. P. Kirsch, Der stadtröm. christl. Festkalender im Altertum, 1924. – H. Lietzmann, KlT 2, ²1911 (Depositiones; Mart. Carth.; Mart. syr.). – H. Quentin - H. Delehaye, Mart. Hieron., ASS Nov. 2, 2, 1931 (mit Kommentar). – G. B. de Rossi - L. Duchesne, Mart. Hieron., ASS Nov. 2, 1, 1894. – R. Valentini - G. Zucchetti, Codice topografico 2, R 1942, 1/28 (depositiones, TK). – J. Vives, Inscripciones cristianas de la España romana y visigoda, B 1942, 112 f (Marmorkal. von Carmona). ** H. Achelis, Die Martyrologien, ihre Geschichte und ihr Wert, 1900. – de Gaiffier, AB 1961, 40/59 (lecture du martyrologe); 1964, 5/36 (Mart. Hieron., abrégé hispanique). – Grosjean, AB 1947, 139/56 (additions au Mart. Hieron.). – Hennig, SP 1, 104/11 (Mart. Hieron. in irischer Überlief.); SP 5, 69/82 (Martyrologium und Kalendarium). – Laporte, Rev. Mabillon 1939, 1/16 (Mart. Hieron.). – Leclercq, DAL 8, 627/67 (Kalend.); 10, 2523/2619 (Martyrol.); 11, 419/30 (Menolog.). – H. Lietzmann, Petrus und Paulus in Rom, ²1927. – Marcon, Studi Gorziani 17, 1955, 77/93 (Mart. Hieron. in Aquileia entstanden). – Stuiber, JbAC 1960, 24/33 (Heidnische und christliche Gedächtniskalender).

§ 61. Märtyrerlegenden und Heiligengeschichten

Den zeitgenössischen und im allgemeinen zuverlässigen Märtyrerberichten reihten sich seit dem 4. Jh. die Märtyrerlegenden an, so wie sich an die ntl. Schriften die apokryphe Literatur anschloß. In diesen Märtyrerlegenden sind manchmal nicht einmal die Personen und Namen der Märtyrer historisch. Das richterliche Verhör wird zu rhetorisch kunstvollen Reden der Märtyrer ausgeweitet, in denen sie ihren Glauben verteidigen, die Götter angreifen und verhöhnen, mit Strafgerichten drohen und die Widersacher doch noch bekehren möchten. Eine große Rolle spielen Träume und Visionen, besonders aber zahllose und unerhörte Wunder; schließlich werden die Qualen der Hinrichtung gräßlich ausgemalt.

Auch die Berichte über die bekanntesten römischen Märtyrer sind solche Legenden, abgesehen von den *Acta Iustini* und den *Apolloniusakten*, die aber bereits eine Bearbeitung erlitten haben. Genannt seien von römischen Märtyrern Klemens, Hippolyt, Laurentius und Sixtus, Cäcilia, Agnes, Felicitas, Sebastian, die „Vier Gekrönten", Johannes und Paulus.

Als zu dem Heiligkeitsideal der Märtyrer das der Bischöfe und Aszeten hinzukam, entstanden die Heiligenleben. Nur ein Teil von ihnen ist als historisch-biographische Quelle ernst zu nehmen; die große Masse der hagiographischen Schriften gehört zu den Legenden, die dieselben Tendenzen und Motive wie die Märtyrerlegenden zeigen.

Vorlage und Muster wurde die bald über die ganze Christenheit verbreitete *Vita Antonii* des Athanasius, die in der Übersetzung des Antiocheners Evagrius dem Abendland vermittelt wurde. In zahlreichen Predigten des Ostens und Westens fanden die Märtyrerlegenden und Heiligenleben ihre homiletische Verwertung. Kirchenhistoriker schrieben oder sammelten Heiligenleben oder nahmen sie in ihre Kirchengeschichten auf. Im Vergleich mit der Fülle des Ostens hat der Westen viel weniger geschichtlich brauchbare Heiligenleben hervorgebracht. Fast alle lateinischen Schriftsteller, die hagiographische Werke hinterließen, haben außerdem andere wichtigere Leistungen aufzuweisen, so daß ihre Heiligenleben im Ganzen ihrer Schriftstellerei aufgeführt werden müssen. Genannt seien hier Paulinus von Nola, Hieronymus, Sulpicius Severus, Eucherius von Lyon, Eugippius, Gregor von Tours, Venantius Fortunatus und Gregor I. der Große.

J. Bollandus et socii, Acta Sanctorum, 1/66, 1643/1925; Propyl. Dec., AASS 67, 1940. – Bibliotheca hagiographica lat., 1/2, 1898/1901; Suppl., 1911. – Bibl. hag. graeca, 1/3, ³1957; Bibl. hag. orientalis, 1910. – Die Zeitschrift Analecta Bollandiana bringt laufend Ergänzungen und eine lückenlose Bibliographie zur Hagiographie.

S. E. Assemani, Acta sanctorum mart. orient. et occident. 1/2, R 1748. – I. Balestri - H. Hyvernat, CSCO 43 f; 86; 125 (kopt. Acta mart.). – P. Bedjan, Acta martyrum et sanctorum, 1/7, P 1890/97 (syr.). – C. A. W. Budge, The Book of the saints of the Ethiopian church, 1/4, 1928. – Esteves Pereira, CSCO 37 f (äthiop. Acta mart.). – A.-J. Festugière, Les moines d'orient 1/4, P 1961/64 (Ü). ** R. Aigrain, L'hagiographie. Ses sources, ses méthodes, son histoire, 1953. – Bardy, DSp 1, 1624/34. – H. G. Beck, Kirche und theol. Lit., 1959, 267/75; 402/13. – Chirat, RevSR 1953, 134/46 (patristique et hagiographie). – Delehaye, Les légendes hagiographiques, ⁴1955 (deutsch von E. A. Stückelberg, 1907); Les légendes grecques des saints militaires, 1909; Cinq leçons sur la méthode hagiographique, 1934; Étude sur le légendrier romain. Les saints de novembre et de décembre, 1936. – P. Dörfler, Die Anfänge der Heiligenverehrung nach den röm. Inschriften und Bildwerken, 1913. – A. Dufourcq, Étude sur les Gesta martyrum roman., 1/4, 1900/10. – Festugière, WSt 1960, 123/52 (lieux communs littéraires et thèmes de folk-lore). – H. Günter, Legendenstudien, 1906; Die christl. Legende des Abendlandes, 1910; Die Psychologie der Heiligenlegende, 1949. – J. P. Kirsch, Die röm. Titelkirchen im Altertum, 1918. – F. Lanzoni, Genesi, svolgimento e tramonto delle legende storiche, ST 43, 1925. – J. Lasso de la Vega, Héroe griego y santo cristiano, Ma 1962. – E. Lucius, Die Anfänge des Heiligenkultes in der christl. Kirche, 1904. – E. E. Malone, The Monk and the Martyr, Wa 1950; [O. Casel, 1951] 115/34 (martyrdom and monastic profession). – L. Reau, Iconographie de l'art chrétien 3, 1/3: Icon. des Saints, 1958 f. – G. Wiessner, Untersuchungen zu einer Gruppe syr. Märtyrerakten aus der Christenverfolgung Schapurs II., 1961.

1. Palladius, ein Schüler des Evagrius Ponticus, lebte von 388–399 als Mönch in Ägypten und war später Bischof von Helenopolis in Bithynien († vor 431).

a) *Die Historia Lausiaca*, eine für die Geschichte des älteren Mönchtums wichtige Quelle, widmete er 419/20 dem Kammerherrn Lausos. Literarisches Vorbild war die *Vita Antonii* des Athanasius; ob P. auch schriftliche Quellen benützt hat, ist nicht sicher. Das Werk wurde früh ins Lateinische und in mehrere orientalische Sprachen übersetzt.

b) Bald wurde die Historia Lausiaca auch mit einer um 400 angeblich vom Archidiakon Timotheus von Alexandrien verfaßten Schrift verwandten Inhalts zusammengearbeitet, der *Historia monachorum in Aegypto*, die von einer Reise zu ägyptischen Mönchen 394/95 berichtet. Rufin hat diese Schrift ins Lateinische übersetzt.

C. Butler, The Lausiac History of P., 1/2, 1898/1904. – A. Lucot, P 1912 (h. Laus., TÜ). – MG 34, 997/1262 (interpol. T der h. Laus.). – ML 74, 249/342; 343/82 (lat. Ü der h. Laus.). – G. Gottardi, Siena 1961 (Ü der h. Laus). – S. Krottenthaler, BKV² 5, 1912 (Ü der h. Laus.). – A. J. Festugière, Historia monachorum in Aegypto, 1961 (T); Les moines d'Orient, 4, 1, 1964 (h. mon., Ü). – ML 21, 387/462 (hist. mon. in Ü des Rufin). – T. Rufinus, Mönchsgeschichten, 1/2, W 1927/30 (Ü der h. mon.). ** Amann, DThC 11, 1823/30 (Pall.). – Calvi, Salesianum 1939, 269/79; 1940, 204/23; 1941, 129/56 (h. Laus.). – Chaîne, ROC 5, 1925/6, 232/75 (kopt. Fragm.). – Chitty, JTS 1955, 102/10 (gegen Draguet, Mu 1950). – Diekamp, Anal. patristica 1938, 23/7 (Rufin Verfasser der h. mon.). – Draguet, Mu 1944, 53/145; 1945, 15/95 (h. Laus. 32: kopt. Quelle; unhistorisch); 1947, 227/55 (h. Laus. 8); 1950, 205/30 (Text der h. Laus.); 1955, 239/58 (gegen Verteidigung des Butler-Texts durch Chitty); RHE 1946, 321/64; 1947, 5/49 (h. Laus. im Geiste des Evagrius Pont. geschrieben); AB 1949, 300/8 (neues Ms. des Textes G der h. Laus.); RSR 1952, 107/15 (Ms. der h. Laus.). – Festugière, Her 1955, 257/84 (problème litt. de l'Hist. mon.). – Hausherr, OCP 1938, 497/520 (h. Laus. 35). – Hergt, Bayer. Bl. f. d. Gymnasialschulw. 1935, 64/71 (h. Laus. 29). – Heussi-Kurfess, PWK 18, 3, 203/7 (Pall.). – Honigmann, ST 173, 104/22 (Heraklidas v. Nyssa und die h. Laus.). – Leclercq, DAL 13, 912/30 (Pall.). – S. Linnér, Syntakt. und lexikogr. Stud. zur h. Laus. des P., Up 1943. – Meyer, SP 1, 44/52 (lexical problems in h. Laus.). – Morenz, Z. f. äg. Sprache 77, 1941, 52/4 (h. Laus. 35). – Murphy, Tr 1947, 59/77 (Mclania die Ältere). – Muyldermans, RSR 1955, 395/401 (h. Laus. 35). – Nagl, PWK Suppl. 7, 365 f (Lausos). – Peeters, AB 1936, 359/81 (h. Laus. 35, kopt.). – R. Reitzenstein, Historia Monachorum und Historia Lausiaca, Gö 1916. – Schwartz, ZntW 1937, 161/204 (Palladiana). – Tappert, TP 1937, 264/76 (Ms. h. Laus. und Apophth.). – Telfer, JTS 1937, 379/83 (h. Laus. 35).

c) In Verbindung mit der *Historia Lausiaca* und der *Historia monachorum* ist eine ähnliche dritte Schrift überliefert, die *Apophthegmata patrum*, eine Sammlung von Sprüchen und Beispielen berühmter Mönche, die auch kulturgeschichtlich wertvoll ist. Sie stammt etwa aus dem Ende des 5. Jh. von einem unbekannten Sammler und ist in verschiedenen Anordnungen, Bearbeitungen und Übersetzungen erhalten (alphabetische und anonyme oder systematische Reihenfolge, ferner Mischformen). Lateinische Übersetzungen von verwandten griechischen Apophthegmata-Sammlungen sind die *Verba seniorum;* Übersetzer waren der römische Diakon und spätere Papst Pelagius I. (556–61), der Subdiakon und spätere Papst Johannes III. (561–74) und der Diakon Paschasius von Dumio. Eine von Martin von Braga übersetzte Sammlung heißt *Sententiae patrum Aegyptiorum* (s. S. 493). Rosweyde hat 1615 seiner hagiographischen Sammlung den Titel *Vitae patrum* gegeben, die auch die *Verba seniorum* enthält.

MG 65, 71/440 (apophth. in alphabet. und anonymer Sammlung); ergänzend dazu F. Nau, ROC 1907/9; 1912 f (400 anonyme ap.). Nach ap. 132 ist das Kap. einzufügen, das Nau, ROC 1905, 409/14 ediert hat. – ML 73, 851/991/1024 (Pelagius, Johannes); 1025/66 (Paschasius); 74, 381/94 (Martin von Braga); ferner ML 73, 739/814 (Ps.-Rufin.). – E. A. W. Budge, The wit and wisdom of the christian Fathers of Egypt, O 1934 (syr. Apophth.); Stories of the holy Fathers, O 1934 (Ü). – M. Chaîne, Le manuscrit de la version copte en dialecte sahidique des „Apophthegmata patrum", Le Caire 1960 (kopt. T, Ü). – B. Miller, Fr 1965 (Apophthegm., Ü). ** Battle, StudMon 1, 1959, 115/20 (zur Ed. der lat. Verba sen.). – W. Bousset, Apophthegmata-Studien, 1923. – Dingjan, Ang 1962, 403/15 (discrétion). – Doresse, RHR128, 1944, 84/93 (kopt. Ap.). – Draguet, Mu 1950, 25/46 (le „Paterikon" de l'Add. 22508 du Br. Mus.); BullAcadBelgClLett 1961, 134/49 (problèmes litt.); Byz 1962, 53/62 (la source de deux ap.: PG 65, Jean Colobos 24 et 32). – Garitte [Misc. Mercati, 3] 16/40 (ap.). – Gorce, RLM 1929, 338/99 (Einfluß der Ap. auf Regel Benedikts). – J. C. Guy, Recherches sur la tradition grecque des Apophthegmata patrum, 1962; [Théol. de la vie monastique, P 1961] 73/83 (ap.). – K. Heussi, Der Ursprung des Mönchtums, 1936, 132/280. – Kirchmeyer, RAM 1963, 481/90 (tradition grecque). – Klauser-de Labriolle, RACh 1, 545/50 (Apophthegmata). – von Lilienfeld, SP 5, 382/92 (NT und Ap.). – Morin, SM 1937, 15/8 (Ms. der Vitae patr.). – A. H. Salonius, Vitae patrum. Krit. Untersuchungen, Lund 1920. – Tappert, TP 1937, 264/76 (Ms. hist. Laus. und Ms. der Verba sen.; z. T. uned.). – Wilmart, RB 1922, 185/98 (recueil latin des Ap.); RB 1938, 222/45 (lat. Vita Abrahae, ML 73, 651/90).

d) Wohl schon 408 schrieb P. während seines Aufenthalts in Syene zur Verteidigung seines Freundes Johannes Chrysostomus seinen historisch wichtigen *Dialogus de vita s. Johannis Chrysostomi* in Form eines fingierten Gesprächs nach dem Vorbild des platonischen *Phaidon*.

MG 47, 5/82.– P. R. Coleman-Norton, C 1928 (T). ** Baur, ZkTh 1949, 466/8 (Abfassungsort).– Dumortier, MSR 1951, 51/6 (Chronologie).– Früchtel, PhWo 1942, 621/3.– Honigmann, BullAcadBelgClLett 46, 2, 3/43 (Menanderzitat).

e) Die unter dem Namen des P. gehende Schrift Περὶ τῶν τῆς Ἰνδίας ἐθνῶν καὶ τῶν Βραχμάνων ist wohl nur im ersten Teil sein Eigentum. Eine lateinische Übersetzung *De moribus Brachmanorum* ist ps.-ambrosianisch.

J. D. M. Derret, CM 1960, 64/135 (T). ** Derret, JournAmOrientSoc 1962, 21/31.– Hansen, Klio 43/5, 1965, 351/80 (Kynische Diatribe als Grundlage der christlichen Paraphrase).– Heussi - Kurfess, PWK 18, 3, 203/7 (Pall., Indienschrift).– F. Pfister, Alexander d. Gr. in den Offenbarungen der Griechen..., 1956.

2. Die *Vita s. Melaniae iunioris* († 439), ein kulturgeschichtlich wichtiges Lebensbild, stammt wahrscheinlich von dem Presbyter Gerontius, dem Verwalter der Melania-Klöster auf dem Ölberg († 485). Die griechische Fassung scheint gegenüber der lateinischen das Original zu sein.

M. Rampolla, S. Melania Giuniore, R 1905 (griech.-lat. T, Ü).– D. Gorce, SCh 90, 1962 (griech. T, Ü).– S. Krottenthaler, BKV[2] 5, 1912 (Ü). ** d'Alès, AB 1906, 401/50.– Leclercq, DAL 11, 209/30 (Mélanie la Jeune).

3. Eine kirchengeschichtlich wichtige Quellenschrift ist die *Vita s. Hypatii* († 446), der Abt eines Klosters in der Nähe von Chalkedon war; Verfasser ist sein Schüler Kallinikus.

Sem. philologorum Bonnensis sodales, L 1895 (T).– A. J. Festugière, Les moines d'Orient 2, 1961 (Ü). ** Bartelink, VC 1956, 124/6 (Tkr. und Bibelzitat).

4. Chrysippus aus Kappadokien war zuletzt Presbyter in Jerusalem († 479); von dem rhetorisch geschulten Prediger sind nur vier *Lobreden* (Enkomien) auf den hl. Theodor Teron, den Erzengel Michael, die Gottesmutter und Johannes den Täufer erhalten.

M. Jugie, PO 9, 336/43 (Enkom. auf Maria); dazu Sigalas, BNJ 11, 1934/5, 145/50.– A. Sigalas, ByzArch 7, 1921, 1/16 (Enkom. auf Th. Teron; T auch ASS, Nov. 4, 55/72); EEBS 1926, 85/93 (Enkom. auf Mich.); Texte und Forsch. z. byz.-neugr. Philol. 20, At 1937 (Enkom. auf Joh.); vgl. AB 1937, 337/9; BZ 1937, 408/11. ** Bardy, DHG 12, 784 f.– Ehrhard, TU 50, 74 f (Enkom. auf Teron, Fragm.).– Martin, RHE 1939, 54/60 (Ch. von Hesychius abhängig).

5. Cyrill von Scythopolis, * um 523, 544 Mönch im Euthymiuskloster, 555 Einsiedler in der „Neuen Laura" des hl. Sabas, hier † etwa 558. Er schrieb mehrere, trotz alles Legendären geschichtlich wertvolle Mönchsbiographien: *Vita Euthymii* († 473), *Vita Sabae* († 532), *Vita Joannis Silentiarii* († 558), *Vita Cyriaci* († 556), *Vita Theodosii* († 529), *Vita Theognii* († 522), *Vita Abramii* († 557).

E. Schwartz, Kyrillos v. Skythopolis, TU 49, 2, 1939; dazu BZ 1940, 474/84; Stein, AB 1944, 169/86.– A. J. Festugière, Les moines d'Orient 3, 1/3, 1962/3 (Ü der von Schwartz ed. Vitae). ** Alt, ZDtschPalVer 1940, 111/3 (Ortsnamen).– Draguet, RAM 1949, 213/8 (Palladius bei C.).– Garitte, Mu 1962, 399/440 (V. Cyriaci, version géorgienne); AB 1954, 75/84 (V. Joh. Silent. in georg. Ü erweitert).– Gill, OCP 1940, 114/39 (V. Euthymii im 9. Jh.).– Hausherr, DSp 2, 2687/90.– Hermann, ZKG 1926, 318/39 (Chronologie).

Durch Cyrill v. Scythopolis wurde wahrscheinlich, wohl noch im 6. Jh., ein Anonymus zur Abfassung einer legendären *Vita des hl. Chariton* († um 350), des Begründers des palästinensischen Mönchtums, angeregt.

G. Garitte, BBR 1941, 5/50 (v. Chariton., ed. princeps).– MG 115, 899/918 (v. Chariton. in Bearb. des S. Metaphrastes). ** Garitte, DHG 12, 421/3.

6. Ein *Leben Petrus' des Iberers* (411–491, monophysitisch gesinnter Bischof von Majuma bei Gaza) schrieb nach 518 wahrscheinlich Johannes Rufus, sein Nachfolger. Das Werk ist in einer syrischen Übersetzung und einer kürzeren griechischen Rezension erhalten.

R. Raabe, L 1895 (TÜ); vgl. Schwartz, SbHei 1912, Abh. 16.– F. Nau-M. Brière, Jean Rufus, Plérophories, PO 8, 1 (syr. T, Ü). ** Honigmann, MémAcadBelgClLett 47, 3, 1952 (P. et les écrits du Ps.-Denys l'Aréop.).– Lang, JEH 1951, 158/68 (Peter the Ib. and his biographers); dazu Devos, AB 1952, 385/8.

7. Johannes von Ephesus, * um 507, † 586, eifriger Monophysit und schließlich monophysitischer Bischof von Konstantinopel unter Justinian; 572 wurde er jedoch durch Justinus II. eingekerkert und führte später ein unstetes Wanderleben. Er schrieb syrisch außer einer *Kirchengeschichte* (s. S. 229) 566—568 in der Verbannung eine *Geschichte der morgenländischen Seligen,* 58 kulturgeschichtlich wertvolle Bilder aus dem mesopotamischen Mönchsleben.

E. W. Brooks, PO 17, 1; 18, 4; 19, 2, 1923/5. ** Tisserant, DThC 8, 752 f.

8. Johannes Moschus, * um die Mitte des 6. Jh., Mönch in Jerusalem, Ägypten, auf dem Sinai und in Antiochien; er ging 614 nach der Eroberung Jerusalems durch die Perser mit seinem Freund Sophronius nach Rom, wo er 619 starb. Sein Hauptwerk *Pratum spirituale* (Λειμών) ent-

hält über 300 erbauliche Geschichten und Wunder aus dem Leben meist zeitgenössischer Aszeten. Gemeinsam mit Sophronius verfaßte er eine *Biographie* des alexandrinischen Patriarchen Johannes Eleemosynarius († 619), von der nur ein Bruchstück erhalten ist.

MG 87, 3, 2851/3112 (griech. T); ML 74, 119/240 (lat. Ü des Pratum). – H. Gelzer, Leontios v. Neapolis, 1893, 108/12 (Fragm. der v. Joh. Eleemos.). – Rouët de Journel, SCh 12, 1946 (Ü des Pratum). – Dawes-Baynes, Three Byz. Saints, O 1948 (Ü der beiden Lebensbeschreib. des Joh. Eleemos. von Joh. Moschos-Sophronius und Leontius v. Neap.). ** Amann, DThC 10, 2510/3. – Baynes, OCP 1947, 404/14 (pratum). – Delehaye, AB 1927, 5/74 (uned. Vita des Joh. Eleemos.). – Garitte [E. Tisserant, 1964] 2, 171/85 (version géorg.). – Kriaras, ʽΕλληνικά 1953, 376/9 (Tkr.). – Leclercq, DAL 7, 2190/6. – Mioni, Aev 1950, 83/94 (uned. Text im Cod. graec. Marc. II, 21); OCP 1951, 61/94 (Übersicht über die Mss. des Pratum); StBNeoell 1953, 27/36 (Paterikà del Ps.-Mosco). – Nissen, BZ 1938, 351/76 (unbekannte Texte; zum 361/5 ed. Text: Z. franz. Spr. und Lit. 1939, 393/403). – N. von Wijk, Das gegenseit. Verhältnis einiger Redaktionen der ’Ανδρῶν ἁγίων βίβλος und der Entwicklungsgesch. des Μέγα Λειμωνάριον, A 1933; [Misc. Mercati, 3] 104/15 (arab. Ü).

9. Sophronius, später Patriarch von Jerusalem (s. S. 520 f), verfaßte einen formvollendeten *Panegyrikus* auf die alexandrinischen Märtyrer Cyrus und Johannes (unter Diokletian). Unecht ist die *Vita Mariae Aegyptiacae.*

MG 87, 3, 3379/676 (Panegyrikus auf Cyr. und Joh.); weitere auf C. und J. bezügl. T: MG 87, 3689/96; 3424/3676; 3380/3422. – MG 87, 3, 3697/726, lat. ML 73, 671/90 (unechte v. Mariae Aeg.). ** Nissen, BZ 1937, 66/85 (Tkr. zum Enkom. auf Anastasius); AB 1939, 65/71 (Cyrus und Joh.). – Riedinger, Astrologie 81/6 (Wunder der v. Cyri et Joh.).

10. Leontius von Neapolis auf Cypern († um 650) schrieb eine *Vita des Johannes Eleemosynarius,* welche die seiner Freunde Johannes Moschus und Sophronius ergänzen sollte. Ferner stammt von ihm eine *Vita s. Simeonis Sali* (Simeon der Narr), eines unter Justinian († 565) in der syrischen Wüste lebenden Mönchs.

H. Gelzer, 1893 (v. Joh. Eleemos.). – L. Rydén, Das Leben des heiligen Narren Symeon von Leontios von Neapolis, Stockholm 1963. – MG 93, 1669 bis 1748 (v. Simeonis Sali). ** Grégoire, AIPh 1953, 653 f (z. v. Sim. Sali).

11. Eine wohl gegen Ende des 5. Jh. in jambischen Versen abgefaßte *Vita des hl. Spyridon* v. Trimithus auf Cypern († nach 343) ist verloren. Erhalten ist ein 655 vom B. Theodor von Paphus vor den versammelten Bischöfen verlesener *Panegyrikus.*

P. van den Ven, La légende de s. Spyr., Lou 1953; ergänzend Garitte, RHE 1955, 125/40; Scheidweiler, BZ 1955, 154/64 (textkrit. Beanstandungen); dazu van den Ven, Byz 1956, 19/45. ** Eleutheriadu, Ekklesia, At 1960, 464/6.

12. Heiligenleben von unbekannten Verfassern

a) Syrische *Vita des Bischofs Eusebius von Samosata* († 380), eines Vorkämpfers des nizänischen Glaubens, vielleicht nach griechischer Vorlage eines Zeitgenossen.

P. Bedjan, Acta mart. 6, 335/77. ** Spanneut, DHG 15, 1473/5.

b) *Das Leben des hl. Rabulas* (412–436 Bischof von Edessa), um 450 von einem edessenischen Kleriker syrisch geschrieben. Ferner s. S. 347.

Bedjan, Acta mart. 4, 396/450 (syr. T).– G. Bickell, BKV 1874, 166/211 (Ü). ** Peeters, RSR 1928, 170/204; dazu Rb 1931, 120/9.– Schiwietz, Mönchtum 3, 348/60.

c) Ein griechisches *Leben des hl. Simeon Stylites* († 459) schrieb einer seiner Jünger mit Namen Antonius unter Benützung des von Theodoret (h. relig. 26) gegebenen Berichts. Eine zweite, syrisch geschriebene *Biographie* von zwei sonst nicht näher bekannten Verfassern, Simeon Bar Apollon und Bar Chatar, ist reichhaltiger und zuverlässiger als die griechische Vita.

Bedjan, Acta mart. 4, 507/648 (syr. T).– H. Lietzmann, TU 32, 4, 1908 (griech. T); 79/188 (Ü des syr. T).– G. Garitte, CSCO 171 f, 1957 (georg. Vita); Mu 1963, 79/93 (compléments à l'éd.).– Crum, ZntW 1927, 119/28 (Ü der kopt. Vita).– A. J. Festugière, Les moines d'Orient 2, 1961 (Ü). ** Benz, Kyrios 3, 1938, 1/55 (Symeon und Andr. Salos).– M. Chaine, La vie et les miracles de s. Sym. Styl. L'Anc., Le Caire 1948.– H. Delehaye, Les Saints Stylites, 1928.– Honigmann, ST 173, 92/100.– B. Kötting, ZMR 1953, 187/97 (Missions- und Erbauungspredigten des Sim. Styl.).– Leclercq, DAL 15, 1697/1718 (Stylites).– Peeters, AB 1943, 29/71 (Biographien); dazu Richard, MSR 1946, 147/56.– Schiwietz, Mönchtum 3, 315/47.

d) Aus dem Beginn des 6. Jh. stammt die griechische *Vita des hl. Simeon des Jüngeren* (521–592), die P. van den Ven veröffentlicht hat.

P. van den Ven, La vie ancienne de saint Syméon le Jeune (521–92) 1, 1962 (Einl. und griech. T); Mu 1957, 1/57 (Schriften des Symeon).

e) *Die Vita des Bischofs Porphyrius* von Gaza (395–420), die angeblich sein Diakon Markus verfaßt hat, ist eine stark rhetorische Überarbeitung von echten Aufzeichnungen des Markus, die wohl aus dem 6. Jh. stammt. Das kultur- und religionsgeschichtlich interessante Werk handelt vor allem vom Kampf gegen das Heidentum in Gaza, der teilweise mit militärischer Gewalt durchgeführt wurde.

Soc. philol. Bonn. sodales, L 1895 (T).– H. Grégoire-M. A. Kugener, Vita Porphyrii, P 1930 (TÜK).– Peeters, AB 1941, 65/216 (georg. Ü).– G. Rohde, Vita Porphyrii, 1927 (Ü). ** Gigante [A. de Stefano, Palermo 1956] 227/9 (Tkr.).– Leclercq, DAL 14, 1, 1464/1504.

f) *Das Leben des hl. Alexius,* eines in der ältesten syrischen Fassung (5. Jh.) namenlosen „Mannes Gottes", der zu Edessa gestorben ist.

A. Amiaud, P 1889 (syr. T).– ASS Jul. 4, 251/3; vgl. AB 1941, 301 Anm. 2; de Gaiffier, AB 1945, 48/55; 1947, 157/95 (lat. Vita). ** Herrmann, ACl 1942, 235/41 (A. = Kommodian).

13. Der Presbyter Lukian schrieb 415 einen griechischen Bericht über die Auffindung der Stephanusreliquien (sog. *Stephanusapokalypse*), die auch ins Lateinische übersetzt wurde. Im Decretum Gelasianum wird wahrscheinlich diese *Revelatio* abgelehnt. Nach Menorca verbrachte Stephanusreliquien veranlaßten turbulente Ereignisse, über die Bischof Severus von Menorca in einem *Rundbrief* von 417 berichtet.

Papadopoulos-Kerameus, 'Ανάλεκτος 'Ιεροσολυμικῆς σταχυλογίας 5, St. Petersburg 1898, 25/53 (griech. T).– ML 41, 805/18 (2 lat. Ü); 821/32 (Severus von M.).– Mercier, ROC 30, 1946 (armen. Ü).– G. Seguí-Vidal, La carta encíclica del obispo Severo, R 1937 (TK).– Vanderlinden, REB 1946, 178/217 (Rezens. A des span. Presbyters Avitus von Braga mit Begleitbrief des Avitus; Angaben über 2 weitere Textformen).– G. Seguí-Vidal - J. Hillgarth, La Altercatio y la Basílica paleocristiana de Son Bou de Menorca, Palma de Mallorca 1955; dazu Blumenkranz, RML 1954, 5/159. ** Altaner, ZKG 1941, 456/68 (Avitus v. Braga; weitere griech. Hss.).– B. Blumenkranz, Les auteurs chrét. latins, 1963, 106/10 (Brief des Severus eine Fälschung des 7. Jh.).– Leclercq, DAL 5, 632/47.– Martin, HJB 1958, 419/33 (Revel. und Verwandtes).– P. Peeters, Orient et Byzance, Bru 1950, 49/58.

§ 62. Pilgerschriften

Von Anbeginn finden wir zahlreiche Christen auf weiten Reisen im römischen Reich, die zunächst von Gemeinde zu Gemeinde führen. Dann gelten christliche Besuche auch den Landschaften der biblischen Heilsgeschichte, Palästina und der Sinaihalbinsel. Als die ältesten Palästinabesucher kennen wir Melito von Sardes (Eus. h. e. 4, 26, 14), Klemens und Origenes, den Märtyrer Pionius und Alexander, Bischof von Kappadokien (Eus. h. e. 6, 11, 2).

Eigentliche Palästinapilger gibt es erst seit dem 4. Jh.; sie besuchen meistens auch Märtyrer- und Heiligengräber und die Mönchslandschaften, wo die Aszeten als die lebenden Heiligen viele Pilger anziehen.

Vor allem die aus weiter Ferne kommenden Pilger benötigen Pilgerführer (Itineraria) oder schreiben selber Pilgerberichte, die anderen wiederum als Wegweisung dienen können. Bekannt und erhalten sind nur abendländische Pilgerschriften.

P. Geyer, CSEL 39, 1898.– O. Cuntz, Itineraria Romana 1, 1929.– CCL 175 f, 1965. ** B. Kötting, Peregrinatio religiosa, Mr 1950.– Kubitschek, PWK 9, 2352/9.– Leclercq, DAL 14, 65/176 (Pèlerinages).

1. *Itinerarium a Burdigala Hierusalem usque* vom Jahre 333, eine Aufzählung von Stationen einer Pilgerreise von Bordeaux nach Jerusalem und zurück.

2. *Das Itinerarium Egeriae* wurde von Egeria aufgezeichnet, einer Klosterfrau aus Südfrankreich oder Nordspanien (auch Aetheria oder Eucheria genannt). Ihre mehr als drei Jahre dauernde Reise (Ende des 4., Anfang des 5. Jh.) führte nach der Sinaihalbinsel, Ägypten, Palästina, Mesopotamien und Kleinasien. Wichtig sind ihre Beschreibungen der Jerusalemer Liturgie (Leidens- und Osterwoche) und die Angaben über Kirchen und Heiligengräber.

CSEL 39, 35/101.– MLS 1, 1045/92.– A. Franceschini - R. Weber, 1958 (exc. e CCL 175).– O. Prinz, Hei [5]1960; dazu AL 1960, 143/53.– H. Pétré, SCh 21, 1948 (TÜ); deutsche Ü von K. Vretska, Klosterneuburg 1958.– W. van Oorde, Lexicon Aetherianum, A 1930. ** A. A. R. Bastiaensen, Observations sur le vocabulaire liturgique dans l'itinéraire d'Égérie, N 1962.– A. Bludau, Die Pilgerreise der Aetheria, 1927.– Davies, VC 1954, 93/100 (Zeit: nicht vor 400).– Dekkers, SE 1948, 181/205 (Zeit: 415–18).– Erkell, Er 1958, 41/58.– Ernout, Emerita 20, 1952, 289/307 (mots grecs).– Férotin-Leclercq, DAL 5, 552/84 (E.); 7, 2374/92 (Liturgie in Jerusalem).– Klein [G. Rohlfs, Halle 1958] 243/58 (Latinität).– Lambert, RevMabillon 1936, 71/94 (Namenfrage); 1937, 1/42 (E., sœur de Galla); 1938, 49/69 (Zeit: 414–16).– E. Löfstedt, Philol. Kommentar zur Peregrinatio Aetheriae, Up 1936.– Le Cour Grandmaison et B. Billet, RSR 1960, 460/65 (Zeit: 363–87).– Mateos, OCP 1961, 281/312 (vigile cathédrale).– Nicolella, Asprenas 1958, 187/93 (Namensform).– Préaux, VC 1961, 105/15 (28, 4: panis qui delibari non potest).– J. B. Thibaut, Ordre des offices de la Semaine Sainte à Jérusalem du IVe au Xe siècle, 1926.– Vaccari, Bi 1943, 388/97.– E. Wistrand, Textkritisches zur Peregrinatio Aeth., Göteborg 1955.– Wotke, PWK Suppl. 7, 875/85.– Weber, VC 1958, 93/97 (28, 4).– J. Ziegler, Bi 1931, 70/84 (Onomasticon des Eus. in der Übers. des Hieron. benützt, Abfassungszeit also nach 390); Bi 1931, 162/98 (E. und die Bibel).

3. *De situ terrae sanctae* wurde von einem sonst unbekannten Archidiakon Theodosius geschrieben, wahrscheinlich in Nordafrika um 520 bis 530.

4. *Breviarius de Hierosolyma,* eine Aufzählung der Heiligtümer der Stadt aus dem 5. oder 6. Jahrhundert.

5. *Das Itinerarium Anonymi Placentini,* fälschlich *Itinerarium Antonini* genannt, berichtet über eine Palästinawallfahrt mehrerer Bürger von Piacenza in der Zeit von 560–570.

CSEL 39, 159/81 (1. Rezension); 195/218 (2. Rezension). ** De Izarra, Bol. de la Comisión de monum. de Burgos 18, 1939, 232/9; vgl. RHE 1939, 896 f.–

van Galen, Bijdragen ... door de Verenigung Gelre 1955 f, 1/20 (Zuverlässigkeit).

§ 63. Synodalakten, Kanonessammlungen, Symbole

Die zahlreichen altkirchlichen Synoden fanden ihren schriftlichen Niederschlag in Synodalakten, die sich aus Verhandlungsprotokollen, Reden, Briefen, Glaubensbekenntnissen, Anathemata und Kanones zusammensetzen. Unter diesem Material waren als das eigentliche Ergebnis der Beratungen besonders wichtig die Glaubensbekenntnisse und die Beschlüsse, die meist die Form von Kanones haben. Diese und die synodalen Symbole wurden daher häufig losgelöst von den übrigen Aktenstücken verbreitet und überliefert.

Die altkirchlichen Synodaltexte sind handschriftlich meistens in alten Sammlungen überliefert, die weniger dem kirchengeschichtlichen Verlauf als den praktischen Zielsetzungen solcher Sammelwerke entsprechen. Die neueren Ausgaben haben aber die überlieferten Sammlungen nicht in ihrer ursprünglichen Gestalt zum Abdruck gebracht, sondern die Dokumente aus ihrer handschriftlichen Ordnung gelöst und in einer chronologisch möglichst genauen Folge geboten. Erst Eduard Schwartz, der seit 1914 die *Acta conciliorum oecumenicorum* herausgab, geht neue Wege und läßt in seinen Editionen einen klaren Überblick über Inhalt, Umfang, Geschichte und Tendenz der einzelnen Aktensammlungen gewinnen.

S. Baluzius, Nova coll. conciliorum, P 1683.– J. Harduin, Acta conciliorum, 1/12, 1715.– Ph. Labbe-G. Cossart, Sacrosancta concilia, 1/17, 1674; ed. N. Coleti, 1/23, 1728/34.– J. D. Mansi, Sacrorum conciliorum nova et amplissima collectio, 1/53 (59), 1901/27.– E. Schwartz, Acta conciliorum oecumenicorum 1 ff, B 1914 ff.– H. Th. Bruns, Canones apostolorum et conciliorum saec. IV, V, VI, VII, 1/2, Berlin 1839.– E. J. Jonkers, Acta et symbola conciliorum quae s. IV habita sunt, Lei 1954.– F. Lauchert, Die Kanones der wichtigsten altkirchlichen Concilien nebst den apost. Kanones, Fr 1896. ** H. G. Beck, Kirche und theol. Literatur, 1959, 44/60 (Synoden).– Botte, OrSyr 1960, 331/50 (les plus anciennes collections canoniques).– Le Bras, RHistDroitFrÉtr 1960, 309/12 (Miettes pour une nouvelle édition de l'histoire des collections canoniques).– E. Honigmann, Trois mémoires posthumes d'histoire, 1961, 49/83 (Geschichte der Synodalsammlungen).– H. Lietzmann, Kl. Schr. 1, 348/64 (Kirchenrechtl. Sammlungen).– J. B. F. Pitra, Iur. eccles. Graecorum historia et monumenta, 1864 ff.– E. Schwartz, Ges. Schr. 4, 111/58 (Reichskonzilien von Theodos. bis Justinian); Ges. Schr. 4, 159/275 (Kanonessammlungen der alten Reichskirche).

1. Das sonst unbekannte, von Gelasius v. Cyzikus (s. S. 227 f) benützte *Urkundenbuch* des Konzils von Nicaea *(Buch des Erzbischofs Dalmatius*

von Cyzikus) ist wahrscheinlich nicht echt. Ein nur koptisch erhaltenes, wohl Ende des 4. Jh. zusammengestelltes Korpus von Dokumenten zur Geschichte desselben Konzils enthält meist unechtes Material.

Der mazedonianische Bischof Sabinus von Heraklea (Thrakien) gab 373/78 eine mit dem Nicaenum beginnende Sammlung von Synodalakten mit verbindendem Text heraus, die von Sokrates und Sozomenus benützt wurde, aber jetzt verloren ist.

Aus Alexandria stammendes Aktenmaterial bietet die *Sammlung* des Theodosius Diaconus (Cod. Veron. LX), die 367/68 (Schwartz, GN 1904, 357 ff) oder um 385 (Batiffol, BZ 1901, 143) zusammengestellt wurde; hier ist die *Historia acephala (Historia Athanasii)* erhalten.

Viele Aktenstücke bieten auch die Werke des Athanasius: *Apologia contra Arianos* (MG 25, 247/410), die *Ep. de decretis Nicaenae synodi* (Opitz, AW 2) und die *Ep. de synodis* (MG 26, 681/794).

Batiffol, BZ 1898, 265/84 (Sabinus v. H.).– A. E. Burn, The council of Nicaea, 1925.– De' Cavalieri, AB 1946, 132/75 (Auszug aus dem griech. Text der Hist. aceph.).– Chadwick, HThR 1960, 171/95 (faith and order, Nicaea can. 6).– Cross, JTS 1961, 227/47 (African canons).– H. Fromen, Athanasii hist. acephala, 1914.– Gaudemet, DHG 15, 312/48 (Elvire).– Griffe, BLE 1953, 75/83 (zu 3 can. von Arles 314); BLE 1961, 131/4 (Elvira, can. 58).– F. Haase, Die koptischen Quellen zum Konz. von N., 1920.– Honigmann, Byz 1939, 17/76; 16, 1942/3, 20/80 (Bischofslisten der Syn. von 325, 449, 451); Byz 1950, 63/71 (uned. Teilnehmerliste v. Nicaea); ST 173, 1/5 (Syn. von Ancyra 314 und Caesarea in Kappad.).– Jubany, AST 1942, 237/56 (can. 10 v. Ancyra: Zölibat).– King, SP 1, 635/41 (Konstantinopel 381, Bischofslisten).– J. Lammeyer, Die sog. Gnomen des Concils v. Nicaea, Beirut 1912.– Lebon, Mu 1938, 89/132 (Syn. von Cäsarea um 319).– M. a Leonissa, RassStudEtiop 1942, 3/18 (äthiop. Ü der apokr. Kan. von Nicaea).– H. Marot, L'Église et les Églises 1, Chevetogne 1955, 209/40 (les conciles romains du 4ᵉ et 5ᵉ s.).– Nyman, SP 4, 483/9 (Antiochien 324/5 und Nicaea).– I. Ortiz de Urbina, Nicée et Constantinople, P 1963.– Richardson, CH 1947, 32/6 (can. 13 v. Ancyra).– G. Roethe, Zur Geschichte der röm. Synoden des 3. und 4. Jh., 1937.– G. Schoo, Die Quellen des Kirchenhistorikers Sozomenus, 1911, 95 ff (Sabinus v. H.).– Schwartz, ZntW 1936, 1/23 (Cod. Veron. LX).– Telfer, HThR 1943, 169/246 (Cod. Veron. LX).

2. Eigentliche Konzilsakten sind zuerst für die Synode von Ephesus (431) erhalten. Die Akten dieses Konzils sind in folgenden Sammlungen überliefert: Originalgriechische Texte bringen, abgesehen von zwei kleineren Sammlungen: 1) die *Collectio Vaticana* (Cod. 830) mit 172 Stücken (SchAC I, vol. 1, pars 1—6), 2) *Collectio Seguieriana* mit 146 sämtlich in der Coll. Vat. enthaltenen Stücken, 3) *Collectio Atheniensis* mit 177 Stücken; 58 Stücke fehlen davon in den zwei anderen Sammlungen (SchAC I, vol. 1, pars 7). Die diesen Sammlungen vorausgehende Grund-

form ist von einem Anhänger Cyrills von Alexandrien verfaßt und später (7. Jh.) in verschiedener Weise vermehrt und umgearbeitet worden. Vat. Nr. 140/64 ist zum größten Teil der nestoriusfreundlichen *Sammlung* des Comes Irenäus († um 450 als Erzbischof von Tyrus) entnommen.

Sämtliche in lateinischen Übersetzungen erhaltenen Sammlungen sind anscheinend im 6. Jh. im Zusammenhang mit dem Dreikapitelstreit (Konzil von 553) entstanden. Die umfangreichste und wichtigste ist die *Collectio Casinensis* (1. Teil: SchAC I, vol. 3; 2. Teil: ebd. vol. 4). Die hier vereinigten Dokumente sammelte und übersetzte der römische Diakon Rusticus 564/65 in Konstantinopel, um den Beweis zu erbringen, daß die Drei Kapitel 553 zu Unrecht verurteilt worden seien. Seine Hauptquelle war die aktenreiche *Tragoedia des Irenäus*, aus der von 236 Stücken 216 entnommen sind. Der 1. Teil der Sammlung reproduziert im wesentlichen eine kurz vorher in Konstantinopel gefertigte lateinische Übersetzung von ephesinischen Akten *(Coll. Turonensis)*.

Der Sammler der *Collectio Veronensis* (SchAC I, vol. 2) ist wahrscheinlich in Rom zu suchen. Er läßt besonders durch stärkere Heranziehung der Briefe Cölestins I. die Mitwirkung des Papstes in Erscheinung treten. Die *Collectio Palatina* (Vat. Pal. 234; SchAC I, vol. 5, pars 1), welche die Schriften des Marius Mercator und zahlreiche andere Dokumente (z. B. Schriften Cyrills, Exzerpte aus Diodor, Theodor, Theodoret) enthält, ist vielleicht das Werk eines skythischen Mönchs in Konstantinopel oder Thrazien, mit „neuchalkedonischer" Tendenz, wohl erst nach 533 verfaßt. Wenig umfangreich ist die *Collectio Sichardiana* (nach 553; SchAC I, vol. 5, 245/318) und die nicht genauer datierbare *Collectio Winteriana* (ebd. 341/81).

J. Flemming - G. Hoffmann, Akten der ephes. Synode vom J. 449, GAb NS 15, 1917 (syr.-deutsch).– I. Rucker, Ephesin. Konzilsakten in armen.-georg. Überlieferung, SbMn 1930, H. 3; Ephesin. Konzilsakten in lat. Überlieferung, Oxenbronn 1931; Ephesin. Konzilsakten in syr. Überlieferung, 1935. ** A. d'Alès, Le dogme d'Éphèse, 1931.– Bover, AST 1931, 139/69 (Gottesmutter).– Th. Camelot, Éphèse et Chalcédoine, P 1962.– Cremers, EO 1931, 420/45 (Dogma von Ephes.).– Diepen, RTh 1955, 300/88 (die 12 Anathematismen vom Konz. von Ephes. bis 519).– Disdier, EO 1931, 314/33 (Pelagianismus).– Féron, EO 1931, 399/419 (Nestorius).– Franses, StC 1931, 369/98 (Cyrill).– Galtier, RSR 1931, 186/99; 269/98 (Konzil und Primat).– E. Gerland et V. Laurent, Les listes conciliaires: Corp. notitiarum episc. eccl. orient. graecae 1, 1936 (Konstantinop. a. 394 und Ephes. a. 431).– Grumel, EO 1931, 293/313 (Konzil und Primat).– Jugie, EO 1931, 257/70 (Dekret über die Glaubensformel).– Lebon, EThL 1931, 393/412 (Glaubensdefinition).– Liébart, DHG 15, 561/74 (Conc. d'Éphèse); 574/9 (Räubersynode).– Madoz, RF 1932, 168/78 (Symbol).– De Mieres, EstFrancisc 1932, 257/320 (Konzil und Primat).– Neyeut, DThP 1931, 531/40 (Pelagianismus).– Ortiz de Urbina, REB 1953,

233/40 (il dogma di Efeso). – Papadopulos, Θ 1932, 267/82 (Lit.-Übersicht zum Verhältnis von Konzil und Primat); At 1932 und Lo 1933 (Konzil und Primat); dagegen Stephanou, EO 1933, 57/78; 203/17. – Puig de la Bellacasa, AST 1931, 81/93 (Menschheit Christi ohne Personalität). – Quera, AST 1931, 3/55 (Gesch. des Konz. v. Ephes.). – Schwartz, Phil 1933, 245/53 (Zweisprachigkeit in den Konzilsakten). – Smits, EO 1931, 446/56 (Pelagianismus). – Vives, AST 1931, 215/33 (Cod. Barcinon.; bringt Ergänzungen zur Coll. Veron.). – Weitere Lit. unter Cyrill. v. Al. und Nestorius.

3. *Akten des Konzils von Chalcedon (451).* Im griechischen Original erhalten sind: a) Drei einander ergänzende, um 451 entstandene *Briefsammlungen,* von denen die zwei ersten als Vorakten des Konzils gelten können (SchAC II, vol. 1, pars 1—2). Die 1. Sammlung ist im Interesse des Patriarchen Anatolius von Konstantinopel angelegt worden. Der 2. Sammlung gehört die griechische Übersetzung des *Tomus Leonis* (ep. 28) an. b) Die *Berichte über die 17 Konzilssitzungen (Actiones)* nebst weiteren (14), anhangsweise überlieferten Dokumenten (SchAC II, vol. 1, pars 1—3), die sämtlich bald nach dem Konzil veröffentlicht wurden.

In lateinischer Übersetzung bzw. als original-lateinische Akten liegen vor: a) die *Collectio Novariensis de re Eutychis,* die 12 vielleicht auf Veranlassung Leos d. Gr. im Jahre 450 veröffentlichte Aktenstücke bringt (SchAC II, vol. 2, pars 1; hier u. Nr. 5 die krit. Ed. des Tomus Leonis); b) die *Collectio Vaticana* (erhielt ihre letzte Form in Rom unter Hormisdas [514/23]), *Canones et symbolum* (SchAC II, vol. 2, pars 2); c) die lateinische Übersetzung der oben genannten drei Briefsammlungen und der Berichte über die 17 Konzilssitzungen, die in drei verschiedenen, zur Zeit des Dreikapitelstreites entstandenen Rezensionen erhalten ist; die wichtigste ist die Übertragung des Diakons Rusticus (o. Nr. 2; SchAC II, vol. 3, pars 1—3). d) *Leonis papae I epistularum collectiones* (im ganzen 15) enthalten 114 hierher gehörende Briefe; sie gehen zum Teil auf eine von Leo selbst 458 veranstaltete Sammlung zurück. Die *Collectio Grimanica* (um 553 entstanden) enthält 104 Nummern. e) *Codex encyclicus. Collectiones epistularum et libellorum de schismate Acaciano* (*Collectio Sangermanensis;* SchAC II, vol. 5); der 2. Teil der Sammlung bietet das *Breviarium* des Liberatus.

Collectio Sabbaitica contra Acephalos et Origenistas destinata; dazu gehören auch die *Akten* der Synoden von Konstantinopel (536) und Jerusalem (536) (SchAC III).

Bittermann, Sp 1938, 198/203 (can. 4 von Chalc.). – Brinktrine, ThGl 1951, 449/56 (Primat). – Th. Camelot, Éphèse et Chalcédoine, 1962; RSPhTh 1951, 505/19 (griech. und lat. Theologie in Chalc.). – Chadwick, JTS 1955, 17/34 (Exil und Tod des Flavian von Konst.). – H. M. Diepen, Les trois chapitres au concile de Chalcédoine, Oosterhout 1958; RTh 1953, 573/608 (l'assumptus homo à Chalc.). – A. Grillmeier - H. Bacht, Das Konzil von Chalkedon, Geschichte und Gegenwart, 1/3, 1951/54; Ndr. 1962 mit Ergänzungen. – Fortin, SP 5, 489/98 (definitio fidei and its philosophical sources). – Grillmeier, Chalkedon 2, 765/9 (Gesch. der lat. Übers. der Konzilsakten). – Hatch, HThR 1926, 377/81 (Fragm. einer Dioskur-Vita). – Laurent, BullSectHistAcadRoumaine 25, 1944, 152/73 (afrikan. Bischöfe auf dem Konzil v. Chalc.); 26, 1945, 33/46 (Zahl der Konzilsväter). – McArthur, CQR 1952, 201/9 (das Papsttum in Chalk.). – Du Manoir, NRTh 1951, 785/803 (15e centen. du concile); AnTh 1951, 291/304 (Leo I. und die Definit. des Konz.). – Marshall, AThR 1960, 117/25 (christology). – Monachino, Gr 1952, 261/91 (can. 28); 321/65 (can. 28 und Leo I.). – Mouterde, Mél. de l'univ. S. Joseph, Beyrouth, 15, 1930/1, 35/50 (Fragm. der Synode von Konstantinop. 450). – F. X. Murphy, Peter speeks through Leo. The council of Chalcedon, Wa 1952. – Papadopulos, Θ 1934, 193/217 (Flavian and Leo I.). – Peterson, Frühk. 333/45 (Ephesus 449, geheime Praktiken eines syr. Bischofs). – Petru, Ang 1952, 130/4 (can. 14). – I. Rucker, Florilegium Edessenum anonymum (syriace ante 562), SbMn 1933, H. 5. – Th. Šagi-Bunić, Duo perfecta et duae naturae in definitione dogmatica Chalcedonensi, R 1964; Deus perfectus et homo perfectus a concilio Ephesino ad Chalcedonense, R 1965. – Th. Schnitzler, Im Kampf um Chalcedon, R 1938 (Cod. encyclicus). – Schönmetzer, Chalkedon 3, 826/65 (Bibliographie zum Konzil von Chalc.). – E. Schwartz, Der Prozeß des Eutyches, SbMn 1929, H. 7 (dazu Draguet, Byz 6, 1931, 441/57); Publizist. Sammlungen zum acacian. Schisma, SbMn 1934; AbhMn 1937, 1 (Bischofslisten); vgl. Honigmann, Byz 1936, 429/49; 1937, 323/47. – Segarra, EE 1936, 407/13 (zu SchAC II 1, pars 2, 61, lin. 20/4: Primat). – R. V. Sellers, The council of Chalcedon, 1953. – Steidle, BM 1951, 471/9 (Chalc. und das Mönchtum). – Steinwenter [Μνημόσυνα Παππούλια, 1934] 245/51 (Konzilsakten als Quelle profanen Rechts). – Walz, Ang 1952, 110/29 (Papst und Kaiser in Chalc.). – Wuyts, OCP 1951, 265/82 (can. 28).

4. *Akten zur Geschichte des Konzils von Konstantinopel 553. Johannis Maxentii libelli. Collectio cod. Novariensis 30. Coll. cod. Parisini, 1682. Procli tomus ad Armenos. Johannis papae II ep. ad viros ill.* (SchAC IV, vol. 2).

5. Die seit Beginn des 4. Jh. auf verschiedenen Synoden des griechischen Ostens erlassenen Gesetze, Synodalkanones, wurden vor 378 wahrscheinlich in Antiochien zu einem Gesetzbuch zusammengefaßt und noch vor 400 um einige Stücke erweitert. Dem Konzil von Chalcedon (451) lag diese Sammlung mit fortlaufender Zählung der Kanones vor. Das heute nicht mehr erhaltene griechische *Corpus canonum* kann auf Grund einer 500/501 angefertigten syrischen Übersetzung von 193 Synodalkanones und der in der sog. *Collectio Isidoriana* älterer Fassung (Cod. Monacensis 6243 und Cod. Würzburg. Mp. theol. fol. 146) vorliegenden lateinischen Übersetzung rekonstruiert werden. Die älteste, in direkter Überlieferung erhaltene griechische Sammlung ist die um 550 entstandene συναγωγὴ κανόνων des Johannes Scholasticus, welche die Kanones in 50

Titeln, systematisch geordnet, zusammenstellt und als Anhang noch eine *Collectio 87 capitulorum* aus den Novellen Justinians hinzufügt (MG 104).

V. N. Beneševic, Ioannis Schol. Synagoga 50 titulorum..., Mn 1937.– F. Schultheß, Die syr. Kanones der Synoden von Nizäa bis Chalcedon, GAb 10, 2, 1908.– E. Schwartz, SbMn 1933, H. 3 (Joh. Scholast.); Ges. Schr. 4, 159/203 (Joh. Schol.).

6. Vielleicht schon unter Julius I. (337–352) wurden in Rom die ins Lateinische übersetzten nizänischen Kanones mit den originallateinischen Kanones von Sardica zu einem ungetrennten Ganzen vereinigt. Damit war die älteste lateinische *Kanonessammlung* geschaffen. Durch Herübernahme und Übersetzung aller im griechischen Corpus zusammengefaßten Kanones (bis 381) wurde kurz vor 430 in Rom (Turner, früher auch Schwartz) oder in Nordafrika (so jetzt Schwartz) unter Hinzufügung originallateinischer Dokumente (Akten über den Jurisdiktionsstreit zwischen Rom und Nordafrika 419) die erste größere lateinische Sammlung zusammengestellt.

Cross, JTS 1961, 227/47 (African canons).– H. Hess, The canons of the council of Sardica, A. D. 343, 1958.– Leclercq, DAL 9, 159/78 (Liber can. eccl. Afric.).– May, ThQ 1960, 163/205 (Karthago 419).– Schwartz, Ges. Schr. 4, 208/43 (lat. Kanonessammlungen).

7. Wohl unter Gelasius I. (492–96) entstand in Rom die *Prisca canonum editio latina*. Um 500 verfaßte ein südgallischer oder römischer Kanonist die nach dem ersten Herausgeber P. Quesnel († 1719) genannte *Collectio Quesnelliana*.

Voel-Justellus, ed. 1661 (Prisca; 2. Bearbeitung: ML 56, 747/816).– ML 56, 359/746 (Quesnell.).– Lefebvre, DictDroitCan 7, 434/40 (Quesnell.).– Schwartz, ZSK 1936, 96/108 (Prisca).

8. Die größte Bedeutung für die Rechtsentwicklung im Abendland kommt der um 500 in Rom entstandenen *Sammlung* des Dionysius Exiguus zu, die in zwei Bearbeitungen erhalten ist (eine dritte ist verloren). Hier sind auch die ersten 50 *Apostol. Kanones* aufgenommen. Ein Nachtrag oder der 2. Band dieses Werkes ist die Sammlung von Papstbriefen *(Decretalia)* von Siricius (384–399) bis Anastasius II. (496–498).

A. Strewe, Die Canonessammlung des Dionysius Ex. in der ersten Redaktion, 1931.– ML 67, 139/316 (2. Ausgabe). ** W. M. Peitz-H. Foerster, Dionysius Exiguus-Studien. Neue Wege der philol. und histor. Text- und Quellenkritik, 1960; dagegen Munier, SE 1963, 236/50; Schäferdiek, ZKG 1963, 353/68.– Schwartz, Ges. Schr. 4, 269/75.– H. Wurm, Stud. und Texte zur Dekretalensammlung des D. E., 1939; Apollinaris 12, 1939, 40/93 (ed. 2 Dekretalen).

9. Aus der großen Zahl späterer Sammlungen ragt hervor die *Collectio Isidoriana (Hispana),* die besonders spanische Synoden berücksichtigt. Sie ist etwa um 600 wohl in Spanien, nicht in Südfrankreich (Arles) entstanden.

ML 84, 25/846.– A. Ariño Alafont, Colección canónica Hispana, Ávila 1941; RevEspDerechoCan 1, 1946, 195/201 (Prolegomena dazu).– G. García Goldáraz, El Codice Lucense de la Colección canónica Hispana, 1/3, Ma 1954.– G. Martínez Díez, El Epítome Hispánico, Comillas 1961; Misc. Comillas 1961, 3/90; 1962, 337/480.– J. Vives, Concilios visigóticos e hispano-romanos, Ma 1963. ** A. Ariño Alafont, AnalUnivMurcia 1948 f, 380/453 (Cod. 15/17 Toled. zur Coll. Hisp.).– Le Bras, RevSR 1930, 230/42 (gegen Isidor als Sammler).– Martínez Díez [G. Le Bras, 1, 1965] 263/72 (Prolegomenos a la ed. crít.).– Pinedo, AnHistDerechoEsp 1956, 767/70 (Ms.).– Tarré [Mél. P. Fournier, 1929] 705/24.

10. Zahlreiche andere kirchenrechtliche Sammlungen in lateinischer Sprache berücksichtigen die Synoden einzelner Kirchenprovinzen oder stammen aus der Sammelarbeit späterer Zeiten.

Ch. Munier, Concilia Galliae (314–506), CCL 148, 1963.– C. de Clercq, Concilia Galliae (511–695), CCL 148 A, 1963.– C. H. Turner, Eccl. occid. mon. iur. antiqu., O 1899/1939. ** P. et G. Ballerini, De antiquis collectionibus et collectoribus canonum: ML 56, 11/354.– P. Fournier - G. Le Bras, Hist. des collections can. en Occident, 1/2, 1931 f.– C. García Goldáraz, Los concilios de Cartago de un codice Soriense, 1961 (Textrekonstruktion der ersten 6 Konzilien von Karthago und des Konzils von Mileve).– Leclercq, DAL 9, 85/178 (lat. Kanonessammlungen).– Lietzmann, PWK 11, 488/501 (lat. Kanonessammlungen).– F. Maaßen, Gesch. der Quellen und der Lit. des kan. Rechts im Abendlande 1, 1870.– Schwartz, ZSK 1936, 1/114.– H. Wurm, Stud. und Texte zur Dekretalensammlung des Dionys. Ex., 1939.– CPL 1764/94.– Weiteres auch S. 246.

11. Die älteren *Synodalsymbole* entstanden durch antihäretische Zusätze und Erläuterungen zu lokalen Taufsymbolen (s. S. 85/7). Sie sollten dadurch dem Nachweis der Orthodoxie dienen, daß sie den Bischöfen zur Unterschrift vorgelegt wurden; so verfuhr man bereits bei den Synoden von Antiochien 268 und 325. Die Synode von Nicaea 325 schuf auf der Grundlage von lokalen syrisch-palästinensischen Taufsymbolen durch antiarianische Zusätze das erste für die ganze Reichskirche gültige *Symbolum Nicaenum,* das aber zunächst wenig beachtet blieb, da man sich immer wieder in neuen Symbolformulierungen versuchte.

Bleibende Bedeutung gewann erst das *Symbolum Constantinopolitanum,* das seit dem 17. Jh. als *Nicaeno-Constantinopolitanum* bezeichnet wird. Es wurde 451 in Chalcedon nach dem Nicaenum vorgelesen und blieb im Osten (ohne filioque) und Westen bis heute anerkannt, hat bei der Taufe zum größten Teil die älteren Taufsymbole verdrängt und wurde in die eucharistische Liturgie aufgenommen. Umstritten ist, wie das Constantinopolitanum mit dem Konzil von Konstantinopel 381 zusammenhängt, da vor 451 niemand von einem Symbolum Constantinopolitanum spricht.

Weitere Synodalsymbole sind erhalten von den Konzilien von Chalcedon 451, Konstantinopel 681 und zahlreichen kleineren Synoden der altchristlichen Zeit. Oft kann man zwischen einem eigentlichen Symbol und einer Symbolerklärung (ἔκθεσις πίστεως, expositio fidei oder symboli) nicht mehr unterscheiden. Dies gilt besonders von den ungewöhnlich zahlreichen Glaubensbekenntnissen, die Einzelne zu ihrer Rechtfertigung abgegeben haben, z. B. Gregor Thaumaturgus, Arius, Athanasius, Damasus.

Abramowski, ZntW 1930, 129/35 (Symbol des Amphiloch.). – Akinian-Casey, HThR 1931, 143/51 (zwei armenische Symbole). – J. A. de Aldama, El símbolo Toledano I, R 1934; RHE 1933, 74/81 (Bischof Pastor); Gr 1933, 485/500 („Clemens trinitas"). – D'Alès, RSR 1936, 85/92; 579/84. – F. J. Badcock, The history of the creeds, [2]1938. – Camelot, OCP 1947, 425/33 (Symb. Nicaen.). – Cavallera, BLE 1938, 94/7 (Symb. Tolet. I). – González, Gr 1938, 130/34 (Greg. v. Nyssa). – Harnack, ZntW 1925, 202 (Symb. Nicaen. und Const.). – Karmiris, Θ 1951, 617/33 (Symb. Nicaeno-Const.). – Lebon, RHE 1936, 537/47; 809/76 (Les anciens symboles à Chalcédoine). – Lietzmann, ZntW 1925, 193/202 (Symb. Nicaen.). – J. Madoz, Les symbole du XIe conc. de Tolède, Lou 1938; El símbolo del Conc. XVI de Toledo, Ma 1946; RHE 1938, 5/20; Greg 1938, 161/93 (Symbole von Toledo 633 bzw. 638); RET 1944, 457/77 (Trinität in den Symb. von Toledo); RET 1947, 363/72 (Hl. Geist in den Symb. von Toledo). – C. Maly, De verbis symb. Nicaeno-Const. „Cuius regni non erit finis", Mn 1939. – Du Manoir, Gr 1931, 104/37 (Symb. Nic. au concile d'Éphèse). – Morin, RB 1923, 233/45 (afrikan. Symb. des 5./6. Jh.); RB 1934, 178/89 (Caesarius v. A.). – I. Ortiz de Urbina, El símbolo Niceno, Ma 1947; OCP 1946, 275/85 (Symb. Const.); Chalkedon 1, 398/418 (Symb. v. Chalkedon). – J. de J. Pérez, La Cristologia en los Símbolos Toledanos IV, VI y XI, R 1939. – Pollard, ScottJTh 1960, 278/300 (Antioch., Caesarea, Nicaea). – Schwartz, ZntW 1926, 38/88 (Symb. Nicaen. und Const.). – Villada, Hist. 2, 2, 274/80 (span. Symb. 7./8. Jh.). – Eine vollständige Übersicht über die lateinischen Symbole und Symbolerklärungen findet sich CPL 1744 a/1763 und im Index p. 556: Symbola fidei earumque explanationes.

Das *Symbolum Athanasianum*, nach seinem Anfang auch *Quicunque (vult)* genannt, stammt nicht von Athanasius, sondern aus dem lateinischen Westen und ist mehr eine expositio symboli als ein bloßes Symbol. Wegen seiner klaren Darlegung der Trinitäts- und Zweinaturenlehre hat es großes Ansehen gewonnen und ist auch in die Liturgie übernommen worden. Erst seit dem 7. Jh. wurde es allmählich Athanasius zugeschrieben. Im 17. Jh. erkannte man, daß es sicher jünger und ursprünglich lateinisch geschrieben ist. Keiner der Versuche, einen bestimmten Autor zu nennen, hat sich durchsetzen können (Ambrosius, Eusebius von Vercelli, Vinzenz von Lerinum, Hilarius von Arles, Cäsarius von Arles, Martinus von Braga, Fulgentius von Ruspe). Der wirkliche Verfasser dürfte sich nicht mehr feststellen lassen; ziemlich sicher ist nur, daß das *Quicunque* gegen Ende des 5. Jh. im südlichen Gallien entstanden ist.

ML 88, 585 f; CSEL 78, 58*/60* (Text nach H. Brewer); Turner, JTS 1910, 401/11. – J. N. D. Kelly, The Athanasian Creed, Lo 1964 (TÜK). ** De Aldama, EE 1950, 237/9 (nicht von Nicetas). – Fischer, ThLZ 1952, 288 (nicht von Ambros.). – Hughes, ExT 57, 1945/46, 184 f (im 5. Jh. in Frankreich oder Spanien). – Laurent, EO 1936, 385/404 (Qu. in der byz. Kirche). – Morin, RB 1932, 207/19 (Qu. dem Caesarius v. Arles bekannt, in Südgallien verfaßt). – J. Madoz, Excerpta Vincentii Lirinensis, Ma 1940, 65/90 (lenta elaboración de Qu). – Pasté, SC 1932, 142/7 (von Euseb. v. Vercelli). – Ryan, The Eccl. Rev. (Philadelphia) 88, 1933, 625/7 (Qu. vor 451). – Schiltz, EThL 1948, 440/54 (la comparaison du Qu.). – Schepens, RHE 1936, 548/69 (von Ambros.).

12. Staatliche Gesetzessammlungen, die vielfach kirchliche Angelegenheiten betreffen: a) Der *Codex Theodosianus*, im Jahre 438 vom Kaiser Theodosius II. publiziert, wurde auch vom weströmischen Kaiser Valentinian III. angenommen; er enthält die Gesetze Konstantins d. Gr. und seiner Nachfolger bis 438.

b) Der *Codex Iustinianus* wurde 534 von Kaiser Justinian I. als Gesetzbuch veröffentlicht; er umfaßt auch die Kaiserzeit vor Konstantin und reicht bis 534; die *Novellae* bringen dazu Ergänzungen (535–565).

Th. Mommsen - P. M. Meyer, Theodos. libri XVI, 1/2, 1905, ²1954. – P. Krüger, 1923/6 (nur Buch 1/8). – C. Pharr, The Theodosian Code. Transl. with commentary, glossary and bibliography, Pr 1952. – O. Gradenwitz, Heidelberger Index zum Theodosianus, Erg.-Bd, 1929. – Th. Mommsen - P. Krüger - R. Schöll - W. Kroll, Corpus iuris civilis 1, ¹⁶1954; 2, ¹²1959; 3, ⁷1959. ** B. Biondi, Giustiniano I principe e legislatore cattolico, Mi 1936. – Enßlin, ZSR 1937, 367/78 (novellae 17 und 18); SbMn 1953, 2 (Religionspolitik Theodosius' d. Gr.). – Gaudemet, DictDroitCan 7, 1215/46 (Cod. Theod.). – C. Hohenlohe, Einfluß des Christentums auf das Corpus iuris civilis, W 1937; dagegen Leifer, ZSR 1938, 185/201. – Martin, AmerEcclRev 123, 117/36 (Theodos. laws on heretics). – Vogt [L. Wenger, 1945] 2, 118/48 (christl. Einfluß auf die Gesetzgebung Konstantins). – L. Wenger, Die Quellen des röm. Rechts, Wien 1953, 298/304.

§ 64. Kirchenordnungen und liturgische Texte

1. *Die Apostolische Kirchenordnung*, seit 1843 bekannt, ist eine kurze griechische Schrift, die wahrscheinlich zu Beginn des 4. Jh. in Ägypten entstanden ist und die von ihr in der ersten Hälfte benutzte Didache er-

setzen sollte (4/14: Sittenvorschriften). Sie zeigt fortgeschrittenere Zustände, als sie in der Didache vorausgesetzt werden. In der zweiten Hälfte (15/29) werden Vorschriften über die Wahl des Bischofs, der Presbyter, Lektoren, Diakone und Witwen gegeben. Sie ist auch in lateinischer, syrischer, koptischer, arabischer und äthiopischer Fassung erhalten.

F. X. Funk, Doctrina duodecim apost., 1887. – A. Harnack, TU 2, 2. – Th. Schermann, Die allgem. Kirchenordnung 1, 1914, 12/34. – E. Tidner, Didascaliae ... canonum ecclesiasticorum ... versiones latinae, TU 75, 1963. ** F. X. Funk, Didascalia ... 2, XLII/XLIV (Einleitung und Bibliographie). – Hennecke, ZntW 1921, 241/8; 254/6.

2. *Die Apostolischen Konstitutionen* (Διαταγαὶ τῶν ἁγίων ἀποστόλων), acht Bücher, die größte kirchenrechtlich-liturgische Sammlung des früheren Altertums; in 6, 18, 11 wird der apostolische Ursprung der Schrift behauptet und hinzugefügt, die Schrift sei „durch unsern Amtsgenossen Klemens" (von Rom) an die Bischöfe und Priester versandt worden. Die ersten sechs Bücher decken sich mit der *Didaskalie* bis auf einzelne Änderungen und Erweiterungen, die sich aus den fortgeschrittenen Zeitverhältnissen erklären; z. B. wird hier die Kindertaufe empfohlen (6, 15, 3 f), die Taufe der Häretiker und Gottlosen für unwirksam erklärt (6, 15, 1 f) und ein vierzigtägiges Fasten vor Ostern verlangt (5, 13); die Didaskalie kennt nur ein Fasten in der Karwoche. Das Lesen heidnischer Schriften wird gänzlich verboten (1, 6). Im Gegensatz zur Didaskalie, die nur den Lektorat als niederes Kirchenamt erwähnt, ist in den Konstitutionen auch vom Subdiakon, Ostiarius und Psaltes die Rede. Das Kirchengebäude soll mit der Apsis nach Osten gerichtet sein und zu beiden Seiten der Apsis Pastophorien, d. h. Sakristeien, haben. 6, 30 enthält eine Begräbnisordnung. Das 7. Buch ist in seiner ersten Hälfte eine Erweiterung der *Didache* und enthält in der zweiten Hälfte Gebetsformulare und Vorschriften über den Unterricht der Katechumenen und die Taufe. Unter den Gebetsformularen steht ein Morgengebet (7, 47), die μεγάλη δοξολογία, die in den östlichen Liturgien, wenn auch in unterschiedlichen Formen, Verwendung findet und in der römischen Meßfeier als *Gloria* bekannt ist. Der Text in den Apostolischen Konstitutionen ist jedoch stark arianisiert, wie der Vergleich mit dem Text der byzantinischen Liturgie ergibt, der sich zuerst im Cod. Alexandrinus der Bibel findet.

Den wertvollsten Teil des ganzen Werkes bildet das 8. Buch, dem (c. 4 ff) die *Kirchenordnung* Hippolyts als Quelle diente. Es handelt zunächst von den Charismen (1/2) und bietet dann Formulare für die einzelnen Weihen (3/22); hier ist unter die Gebete und Zeremonien der Bischofsweihe die ganze Meßliturgie, die sogenannte Klementinische

Liturgie, eingefügt (6/15), die älteste vollständige Messe, die wir besitzen. Dann folgen Bestimmungen über die Bekenner, Jungfrauen, Witwen und Exorzisten (23/26), Proselyten, Feiertage u. a. (27/46). Im letzten (47.) Kapitel stehen die 85 *Apostolischen Kanones* (s. unten).

Sämtliche acht Bücher stammen wohl von demselben Verfasser und sind etwa um 380 in Syrien oder Konstantinopel entstanden. Der Verfasser Pseudo-Klemens war Arianer und dürfte mit dem Verfasser der unechten längeren Rezension der Ignatiusbriefe identisch sein. Die Apostol. Konstitutionen wurden, mit Ausnahme der *Apostol. Kanones* (Kap. 47), von der Trullanischen Synode von 692 als „von den Häretikern verfälscht" verworfen. Ihr Einfluß auf Leben und Praxis der griechischen Kirche war nicht groß. Sie fanden nur auszugsweise den Weg in die kirchlichen Rechtssammlungen des Orients. Vom 8. Buch der Apostol. Konstitutionen ist noch eine etwas abweichende Fassung überliefert, die bald als *Epitome*, bald als *Constitutiones per Hippolytum* bezeichnet wird.

F. X. Funk, Didascalia et Constitutiones apostolorum 1/2, Pa 1905.– Ü: F. X. Boxler, BKV 1874; R. Storf, BKV^2 5 (nur Buch 8 ohne 8, 47). ** Bousset, GN 1915, 449/79 (jüd. Gebetssammlung im 7. Buch).– Capelle, RHE 1949, 439/57 (Gloria).– van den Eynde, RSR 1937, 196/212 (baptême et confirmation).– Galtier, RSR 1937, 464/6 (const. ap. 7, 42 f).– E. R. Goodenough, By light, light, 1935, 306/58 (Const. ap. 7 und 8, jüd. Grundlagen).– J. M. Hanssens, La liturgie d'Hippolyte, 1959, 47/52.– J. A. Jungmann, Missarum sollemnia 1, ^{5}1962, 446/49 (älteste Textform des Gloria).– Mercati, OM 3, 338 f (Hss.); OM 4, 337/9 (Papyrusfragm.).– Peterson, Frühk. 36/42 (Const. ap. 7, 33: Henoch).– Pitt, JEH 1958, 1/7 (institution narrative).– Spanier, MGWJ 1937, 71/5 (Const. ap. 7, 33/38).– Treu, VC 1957, 208/11 (Fragm.).– Turner, JTS 15, 1913 f, 53/65; 16, 1914 f, 54/61; 1920, 160/8; 1929 f, 128/41 (Arianismus des Kompilators).

Die *85 Apostol. Kanones*, die in den Apostol. Konstitutionen 8, 47 stehen und anscheinend von dem Bearbeiter des Werkes herrühren, betreffen fast ausschließlich Wahl, Weihe und Obliegenheiten des Klerus und haben ganz die Gestalt von Konzilskanones. Sie gleichen auch großenteils den Beschlüssen von Antiochien 341 und Laodicea (zwischen 343 und 381). In Kan. 85 werden die kanonischen Bücher aufgezählt, unter ihnen drei Makkabäerbücher, zwei Briefe und die Konstitutionen des Klemens, aber es fehlt die Apokalypse. Die ersten 50 Kanones übersetzte der römische Mönch Dionysius Exiguus († um 545) ins Lateinische und fügte sie seiner größeren Kanonessammlung bei. So wurden diese 50 Kanones im Abendlande bekannt.

F. X. Boxler, BKV 1874 (Ü). ** Graf, Gesch. 1, 572/7.– Turner, JTS 16, 1914/15, 523/38.

3. Die *Canones Hippolyti* beruhen auf der Kirchenordnung des Hippolytus und sind wahrscheinlich bereits um die Mitte des 4. Jh. entstanden, nicht erst um 500. Sie sind nur arabisch erhalten.

H. Achelis, Die Canones Hippolyti, TU 6, 4, 1891 (lat. Ü).– W. Riedel, Die Kirchenrechtsquellen des Patriarchats Alexandrien, 1900, 193/230 (Ü). ** Botte [Mél. M. Andrieu, 1956] 53/63 (Mitte 4. Jh.).– J. M. Hanssens, La liturgie d'Hippolyte, 1959, 73/5.

4. *Das Testament unseres Herrn Jesus Christus,* zwei Bücher, griechisch abgefaßt, aber nur syrisch, koptisch, äthiopisch und arabisch überliefert, ist eine Umarbeitung und Erweiterung der Kirchenordnung Hippolyts, der eine Einleitung, die einer sonst unbekannten Apokalypse entnommen ist, vorausgeschickt wird. Buch 1 teilt Belehrungen mit, die der Herr den Jüngern vor seiner Himmelfahrt gab. Jesus spricht von den Zeichen des Weltendes und gibt Aufschluß darüber, wie ein Kirchenvorsteher beschaffen sein und wie er das Gotteshaus einrichten müsse. Buch 2 regelt das Leben des Christen von Katechumenat (noch nicht in Klassen eingeteilt) und Taufe bis zum Begräbnis. Abendmahlsfeier, Liebesmahl und Begräbnis werden genau beschrieben. Als Verfasser nennen sich die Apostel Johannes, Petrus und Matthäus; in Wirklichkeit ist die Schrift in der zweiten Hälfte des 5. Jh. wahrscheinlich in monophysitischen Kreisen Syriens entstanden.

I. E. Rahmani, Testamentum domini nostri Jesu Christi, Mainz 1899 (syr.-lat. T). ** F. X. Funk, Das Testament unseres Herrn und die verwandten Schriften, 1901.– Amman, DThC 15, 194/200.– Graf, Gesch. 1, 569/72.

5. Serapion, B. von Thmuis (s. S. 280), schuf eine Sammlung von 30 liturgischen Gebetstexten *(Euchologium),* in denen seine persönlichen theologischen Spekulationen deutlich hervortreten, vor allem in der Anaphora.

G. Wobbermin, TU 17, 3b, 1898.– Brightman, JTS 1900, 88/113; 247/77.– F. X. Funk, Didascalia et constitutiones apost. 2, 1905, 158/203 (T, lat. Ü).– J. Wordsworth, B. Sarapion's Prayer-book, Hamden (Conn.) 1964.– J. Quasten, FP 7, 1935, 48/67 (eucharist. Gebete).– R. Storf, BKV² 5, 1912, 135/57 (Ü). ** Capelle, Mu 1946, 425/43 (l'anaphore).– Rodopoulos, Θ 1957, 252/75; 420/39; 578/91; 1958, 45/54; 208/17.– Wilcken, AbhB 1933, Nr. 6, 31/6.

6. Der von M. Andrieu und P. Collomp 1928 veröffentlichte Papyrus der Universitätsbibliothek Strasbourg enthält ebenfalls ein Fragment einer ägyptischen *Anaphora,* und zwar die Fürbitten der Markusliturgie in der Fassung des 4. Jahrhunderts.

M. Andrieu - P. Collomp, RevSR 1928, 489/515.– J. Quasten, Monumenta euchar. et liturg. vetustissima, FP 7, 1935, 44/8.

7. Der *Papyrus Dêr-Balizeh* wurde 1907 gefunden und bald veröffentlicht, aber erst 1949 vollständig und kritisch herausgegeben. Er bietet Fragmente eines griechischen Euchologiums, besonders den Teil einer Anaphora (Ende 6. Jh.) und ein älteres kurzes Glaubensbekenntnis.

C. H. Roberts - B. Capelle, An early euchologium. The Dêr-Balizeh Pap. enlarged and reedited, Lou 1949 (TK). – Bugnini, EL 1951, 157/70 (lat. Ü). ** Gamber, OstkSt 1958, 48/65 (Eucharistiegebet).

ZWEITER TEIL

Die patristische Literatur vom Konzil von Nizäa (325) bis zum Konzil von Chalcedon (451)

§ 65. Allgemeines

Mit der Anerkennung und Begünstigung der Kirche durch Kaiser Konstantin (Mailand 313) entwickelt sich im Imperium Romanum die Reichskirche, und es kommt dadurch immer wieder zum Eingreifen der absolutistischen Staatsgewalt in die inneren Angelegenheiten der Kirche; das donatistische Schisma im Westen und die arianischen Streitigkeiten im Osten wurden die ersten Beispiele dafür, die zugleich erwiesen, daß staatlicher Zwang kirchliche Schwierigkeiten zwar vorübergehend beseitigen kann, aber doch nur neuen Streit veranlaßt und eine sachgemäße Lösung aufschiebt. Auch die allgemeinen Konzilien, die Kaiser und Bischöfe veranstalten, um die kirchliche Einheit zu retten, haben nur beschränkte Erfolge bringen können. Man erreichte zwar die Feststellung der orthodoxen Lehre, aber zugleich wurden die Gegensätze für unabsehbare Zeit verhärtet und große Teile der östlichen Christenheit abgespaltet (Nestorianer, Monophysiten).

Diese theologischen Streitigkeiten und Kämpfe wirkten sich auch in der christlichen Literatur sehr stark aus. Die kirchlichen Schriftsteller machen nun mehr als früher von ihren profanen Bildungsgütern Gebrauch, im Osten unbedenklicher als im Westen. Die höhere Bildung dieser Zeit umfaßt vor allem Rhetorik und Philosophie, ferner eine beachtliche Vertrautheit mit der antiken Literatur. Weniger umfangreich und gründlich sind die Kenntnisse in Geschichte und in den Realien. Die christlichen Schriftsteller fahren fort, den überlieferten Glauben biblisch zu begründen; aber die oft von philosophischen Voraussetzungen ausgehenden Streitigkeiten zwingen auch zu einer philosophischen Betrachtungsweise der theologischen Probleme. Dabei machen sich nicht selten die Schwächen griechischen Philosophierens bemerkbar, Streitlust, Spitzfindigkeit und Intellektualismus.

Die rhetorische Ausbildung der meisten christlichen Schriftsteller verleiht ihnen sprachliche Gewandtheit, ja Meisterschaft in der literarischen Darstellung. Fast alle Literaturgattungen finden eifrige Pflege. Apologetische Schriften wehren heidnische Angriffe ab (Porphyrius, Kaiser Julianus) und leisten wichtige Beiträge zur Auseinandersetzung von Antike und Christentum. Dogmatisch-polemische Traktate beschäftigen sich mit den strittigen Problemen; im Osten sind dies vor allem die Trinitätslehre und Christologie (Arianismus, Nestorianismus, Monophysitismus), im Westen die Kirchen- und Gnadenlehre (Donatismus, Pelagianismus). Die von Eusebius begonnene Kirchengeschichtsschreibung findet zahlreiche Fortsetzer; außer Kirchengeschichten und Chroniken entstehen biographische Darstellungen, die fast ausschließlich hervorragenden Mönchen gelten. Für die genauere Kenntnis großer Persönlichkeiten aufschlußreich sind die Briefsammlungen, die von vornherein für die Veröffentlichung bestimmt sind und daher auch literarischen Ansprüchen zu genügen trachten. Die ältere Art christlicher Dichtung verschwindet zugunsten klassizistischer Schöpfungen. Besonders umfangreich und bedeutend ist die Predigtliteratur der Zeit, die davon Zeugnis gibt, wie die großen Prediger die Regeln der antiken Rhetorik auch in der lebendigen Rede beachtet haben.

Am stärksten hat auf die Theologie natürlich die Bibelauslegung gewirkt, die im Osten von der alexandrinischen und der antiochenischen Richtung eifrig betrieben wurde. Zur alexandrinischen Richtung gehören Eusebius von Cäsarea, Athanasius, Didymus der Blinde, Cyrill von Alexandrien, die drei Kappadokier und Hesychius von Jerusalem. Unter dem Einfluß der antiochenischen Schule haben diese aber die allegorische Schriftdeutung fast nur mehr für erbauliche Zwecke gebraucht, während sie in polemischen und wissenschaftlichen Darlegungen meistens den wörtlichen und historischen Sinn des Bibelwortes bevorzugt haben (neualexandrinische Schule).

Die seit dem 4. Jh. besonders fruchtbare antiochenische Exegetenschule erlebte seit der Tätigkeit des Diodor von Tarsus ihre ruhmvollste Zeit. Seine bedeutenderen Schüler waren Meletius von Antiochien, Johannes Chrysostomus und Theodor von Mopsvestia; auch Nestorius und Theodoret von Cyrus gehörten zur antiochenischen Richtung. Einzelne ihrer Vertreter gerieten durch eine einseitige Anwendung der historisch-grammatischen Methode zu Irrlehren, die z. T. durch eine rationalistische Geisteshaltung bedingt war (Arianismus, Mazedonianismus, Apollinarismus, Nestorianismus, Pelagianismus), während die mehr mystischen Häresien des Monophysitismus und Monotheletismus z. T. in der allegorischen Schrifterklärung der Alexandriner ihren Nährboden gefunden haben.

Die national-syrische Schule von Edessa in Mesopotamien erlebte im 4. Jh. ihre Blüte und ihren größten Meister, Ephräm den Syrer. Die von B. Barsumas (450–95) gegründete nestorianische Schule von Nisibis fand in Narses ihren ersten großen Lehrer.

E. R. Hayes, L'école d'Édesse, Thèse P 1930.– Hermann, ZntW 1926, 89/122 (Nisibis).– Nestle, ZKG 1898, 211/29 (Statuten der Schule von Nisibis).– van Roy, DHG 14, 1430/32 (Edessa).

Das Mönchtum war von seinem Ursprung her der weltlichen Kultur abgewandt, fand aber unter dem Einfluß und dem Beispiel hervorragender Bischöfe wenigstens zur theologischen Schriftstellerei eine freundlichere Einstellung. Im Laufe der Zeit schrieben Mönche selber nicht nur Klosterregeln, Homilien, aszetische Traktate, Lebensbeschreibungen und Briefe, sondern auch gelehrte theologische und historische Werke. Viele Klöster wurden Pflanzstätten theologischer Wissenschaft, und so mancher Bischof und Schriftsteller hat sich hier nicht nur seine aszetische, sondern auch seine wissenschaftliche Ausbildung geholt.

Bardy [J. de Ghellinck, 1, 1951] 293/301 (écoles monastiques en Orient); SE 1953, 86/104 (écoles monastiques en Occident). — S. ferner S. 17 f (Aszese, Mönchtum).

I. Die Orientalen

A. Alexandriner und Ägypter

§ 66. Ägyptische Mönche

1. Antonius († 356 im Alter von 105 Jahren) lebte zuletzt unweit des Roten Meeres auf dem Berg Kolzim, an dessen Fuß sich eine ansehnliche Kolonie von Einsiedlern ansiedelte. Er war ein Mann ohne tiefere Schulbildung, aber voll religiöser und aszetischer Weisheit, schrieb oder diktierte seine Briefe koptisch, die dann ins Griechische übersetzt wurden. Als wahrscheinlich echt dürfen nach den Untersuchungen von F. Klejna die schon von Hieronymus (vir. ill. 88) erwähnten 7 *Briefe* angesehen werden, die vollständig nur in einer lateinischen Übersetzung vorliegen. Sie zeugen für eine gesunde kernige Aszese ihres Verfassers, die noch keinen mystischen Einschlag verrät. Der 1. Brief bietet einen Einführungsunterricht für

Novizen des Mönchtums. Eine zweite Sammlung von 20 *Briefen* (darunter die 7 Briefe) ist in einer aus dem Arabischen geflossenen neueren lateinischen Übersetzung erhalten. Hier finden sich keine weiteren echten Stücke; jedoch treten Garitte und Hertling für die Echtheit beider Antonius-Briefsammlungen ein. Sicher echt ist ein kleiner an Abt Theodor und seine Mönche gerichteter Brief *Über die aufrichtige Reue.* Unecht sind die 20 *Sermones ad filios suos* und die sogenannte *Regel des hl. Antonius.*

Von seinem Schüler und Nachfolger in der Leitung der Mönchskolonie Pispir, Ammonas, besitzen wir in griechischer Fassung 7 *Briefe,* während in der besseren und reicheren syrischen Überlieferung 15 *Briefe* vorliegen; Brief 15 ist nach Klejna unecht. In der hier zutage tretenden Mystik, die sich deutlich von der späteren Mystik des Evagrius unterscheidet, spielt die Vorstellung von der „Himmelsreise der Seele" eine große Rolle.

MG 40, 972/1000 (7 Briefe Ant.); 40, 999/1066 (2. Briefsammlung); 40, 1065 (Brief über die Reue); 40, 961/78; 1065/74 (Sermones und Regel, nicht von Ant.). – G. Garitte, BBR 1939, 165/70 (griech. Predigtfragm. Ant.); CSCO 148 f, 1955 (georg. Ü der Briefe des Ant. und kopt. Fragm.); Mu 1951, 267/78; Mu 1942, 97/123 (griech. Brief, nicht von Ant.); OCP 1943, 100/31; 330/65 (kopt. Panegyrikus auf Ant. von Joh. von Hermopolis). – F. Nau, PO 11, 1916, 432/54 (7 Briefe des Amm.). – M. Kmosko, PO 10, 1915, 555/639 (15 syr. Briefe des Amm.). ** Bardy, DSp 1, 702/8 (Ant.); [Mém. Lagrange, 1940] 203/16 (Anfänge des kopt. Christentums). – L. Bouyer, La vie de saint Antoine, S.-Wandrille, 1915. – David, DHG 3, 726/34 (Ant.). – Garitte, Mu 1939, 11/32 (beide Briefsammlungen des Ant. echt). – Graf, Gesch. 1, 456/9. – Hausherr, OCh 30, 3, 1933, 212/6 (unechte Schrift des Ant.). – L. von Hertling, A. der Einsiedler, 1929. – K. Heussi, Der Ursprung des Mönchtums, 1936, 78/108. – Klejna, ZkTh 1938, 309/48 (Briefe des Ant. und Amm.). – Kraus [Festschr. z. 50jähr. Bestandsjubiläum des Missionshauses St. Gabriel, 1939] 117/34 (Hl. Geist in den Briefen des Ant.). – H. Queffébe, S. Ant. du désert, 1950. – B. Steidle, Antonius Magnus Eremita, StAns 38, 1956. – Über die Vita Antonii des Athanasius s. ferner S. 276.

2. Pachomius, Stifter des cönobitischen Mönchtums, gründete um 320 ein Kloster in Tabennisi in der Thebais und später noch 8 Männer- und 2 Frauenklöster, die er als Generalabt leitete; er verfaßte die erste *Mönchsregel* in koptischer Sprache († 346). Sie ist uns vollständig nur in der von Hieronymus 404 nach dem Griechischen gefertigten lateinischen Übersetzung erhalten; dazu kommen größere Fragmente des koptischen und griechischen Textes. Die längere Rezension der Regel ist die originale. Angehängt sind der Regel Aussprüche und Mahnworte des Heiligen an seine Brüder und 11 *Briefe,* davon 2 in Geheimsprache. Pachomius hat einen Typ mönchischen Lebens geschaffen, dem die Zukunft gehörte. Seine Stiftung stellte er von vornherein auf ein solides wirtschaftliches Funda-

ment. Die Regel des Pachomius hat auf direktem oder indirektem Weg die Regeln des Basilius, Kassian, Cäsarius von Arles und Benedikt von Nursia beeinflußt.

Über das Leben des P. berichten mehrere in verschiedenen Sprachen überlieferte *Biographien*, deren gegenseitiges Verhältnis noch nicht vollständig geklärt ist.

A. Boon - L. Th. Lefort, Pachomiana latina, Lou 1932 (mit kopt. und griech. Fragm.). – L. Th. Lefort, Œuvres de s. P. et de ses disciples, CSCO 159 f, 1956 (TÜ). – P. B. Albers, FP 16, 1923 (Regeln; Horsiesi, Doctr.). – Bacht, Mu 1962, 5/18 (Fragm. der Regel). – Lefort, Mu 1935, 76/80; 1941, 111/38 (neue kopt. Regelfragm.). – O. Löfgren, KA 1948, 163/84 (äthiop. Regel, Ü). – F. Halkin, S. Pachomii vitae graecae, Bru 1932. – Lefort, CSCO 99 f, 1933 f (vitae sahidice scriptae, T); dazu 1936, 219/30 (neue Fragm.); CSCO 89; 107, 1925/36 (vita bohairice scripta; TÜ); dazu Mu 1931, 115/35; Les vies coptes de s. P. et ses premiers successeurs, Lou 1943 (Ü); dazu Peeters, AB 1946, 258/77. – Draguet, Mu 1957, 267/306 (ältestes griech. Fragm. der vita). – Peeters, Mu 1946, 399/412 (Fragm. einer arab. vita). – H. Mertel, BKV^2 31, 1917 (Ü einer vita). ** Amand de Mendieta, RHR 1957, 31/80 (le système cénobitique basilien comparé au système cénobitique pachômien). – Bacht, ZkTh 1950, 308/26 (Einfluß der Regel); Geist und Leben 1955, 360/73 („Meditatio“); StAns 1956, 66/107 (Antonius und P. Von der Anachorese zum Cönobitentum); [Théologie de la vie monastique, P 1961] 39/71 (Pakhome et ses disciples); Rev. Mabillon 1961, 6/25 (l'idéal monastique pachômien). – Chitty, JEH 1954, 38/77 (griech. vita I am wichtigsten); SP 2, 379/85 (chronology of the Pachomian foundations); SP 5, 266/9 (on the sources for the Life of P.). – De Clercq [Mél. L. Halphen, 1951] 169/76 (Einfluß der Regel im Abendland). – Draguet, Mu 1944, 53/145; 1945, 15/95 (Quellenkritik). – Gnolfo, Salesianum 1948, 569/96 (Pädagogik der Regel). – Graf, Gesch. 1, 459/61 (arab. vitae). – P. Ladeuze, Étude sur le cénobitisme pakhomien pendant le IVe siècle et la Ière moitié du Ve, 1898. – Leclercq, DAL 13, 499/510 (Pakhome). – Lefort, Mu 1933, 1/33 (P. von Athanasius abhängig); Mu 1939, 379/408 (Topographie der Klöster); Mu 1954, 217/29 (gegen Chitty; für kopt. Quellen). – Lehmann, ZSK 1951, 1/94 (Freiheitsstrafen in den P.-Klöstern). – J. Leipoldt, Bull. Soc. Arch. Copte 16, 1961 f, 191/229 (Pachôm). – Peeters, AB 1934, 286/320; 1946, 258/77; Mu 1946, 17/34; 41/62 (zu den von Lefort ed. vitae). – Řezáč, OCP 1957, 381/414 (forma unionis monasteriorum P.). – van Cranenburgh, Mu 1963, 165/94 (Regula Angeli dans la Vie latine).

3. Horsiesi († um 380), der zweite Nachfolger des Pachomius, schrieb eine *Doctrina de institutione monachorum*, erhalten in der Übersetzung des Hieronymus. Von seinem Stellvertreter Theodor († 368) hat uns Hieronymus einen *Brief* über das Osterfest gerettet.

A. Boon, Pachomiana, 1932 (Doctrina). – L. Th. Lefort, CSCO 159 f (Fragm. von Briefen, Katechesen und Regeln des H.). – ML 103, 453/76 = MG 40, 869/94 (Doctrina); ML 23, 99 f (Brief Theodors). – W. E. Crum, Der Papyruscodex s. VI—VII der Philippsbibl. in Cheltenham, Straßburg 1915 (Brief an

H.; Gespräch mit 2 alex. Diakonen). ** Bacht, HJB 1958, 98/124 (Liber Orsiesii). – Hengstenberg [A. Ehrhard, 1922] 228/52 (zu Crum).

4. Makarius der Ägypter, auch der Ältere oder der Große genannt († um 390), lebte 60 Jahre in der sketischen Wüste. Weder Palladius (h. Laus. 17) noch Rufin (h. monach. 28) berichten etwas von seiner literarischen Tätigkeit.

a) Homiliensammlungen. Unter dem Namen des Makarius sind hsl. neben einigen kleineren Werken vor allem mehrere *Sammlungen geistlicher Homilien* überliefert (Ὁμιλίαι πνευματικαί). Diese fordern den Kampf gegen das Böse in beständigem Gebet und den Geist, der zur Vereinigung mit Christus führt. Die seit 1595 bekannten 50 Homilien wurden 1918 durch Marriott um weitere 7 und in neuerer Zeit um viele andere vermehrt. Villecourt entdeckte 1920, daß gewisse Sonderlehren der Homilien mit Sätzen der Messalianer übereinstimmen, die im messalianischen Hauptwerk *Asketikon* standen und 431 in Ephesus verurteilt wurden. Die Forschungen von H. Dörries brachten wesentlich neue Einsichten über Entstehung und Überlieferung dieser in messalianischen Kreisen zwischen 390 und 431 entstandenen Dokumente mystischer Frömmigkeit. Nach der Verurteilung von 431 wurde das auffällig Messalianische gemildert oder unterdrückt, so daß diese Schriften mit ihrem gemäßigten und verfeinerten Messalianismus als einwandfreie Lektüre zu hohem Ansehen gelangten.

Die Erforschung der hsl. Überlieferung, besonders in ihrem syrischen und arabischen Zweig, brachte weitere Homilien ans Licht, die in Homiliensammlungen mehrerer Typen enthalten sind: *Typus I* mit 64 Reden, *Typus II* mit den 50 altbekannten Homilien, *Typus III* mit 43 Stücken und weitere Sammlungen gemischter Art. H. Dörries konnte so die wahrscheinliche Urform des Asketikon und zwei seiner Erweiterungen rekonstruieren. Manches spricht dafür, daß der Verfasser Symeon von Mesopotamien ist, der von Theodoret (h. e. 4, 11, 2) unter den messalianischen Führern genannt wird.

b) M. werden ferner mehrere kleinere Schriften zugeeignet. Von den *Briefen* (8 syrisch, mehrere griechisch, ep. 1 auch lateinisch erhalten) ist der erste *Ad filios dei* gerichtet. Der sog. *Große Brief* ist eine Kompilation aus Ps.-Makarius, *Homilie 40*, und dem 2. Teil von *De instituto christiano* des Gregor von Nyssa (Jaeger; dagegen Staats).

MG 34, 235/62; 405/968 (ungenügend); 406/10 (ep. 1 ad fil.); 409/41 (Großer Brief). – G. L. Marriott, Macarii Anecdota, seven unpublished homilies of M., C (Mass.) 1918. – H. Dörries - E. Klostermann - M. Kroeger, Die 50 geistlichen Homilien des Makarios, 1964 (Typus II, T). – E. Klostermann - H. Berthold, Neue Homilien des Makarius-Symeon. 1. Aus Typus III, TU 72, 1961 (T der 28 bisher unveröffentl. Hom.). – W. Jaeger, Two rediscovered works of anc.

christ. lit.: Greg. of Nyssa (De instituto christ.) and Macarius ('Ἐπιστολὴ πρώτη πρὸς μονάχους), Lei 1954.– Wilmart, RAM 1920, 361/77 (ep. 1: Ad fil. dei, lat. T).– D. Stiefenhofer, BKV² 10, 1913 (Ü).– M. Kmosko, Patrol. syr. 3, 1926 (Liber graduum). ** Amann, DThC 9, 1452/5; 10, 792/5.– Baker, VC 1964, 215/25 (M. abhängig vom Thomas-Ev.); StudMonast 1964, 381/7 (The Great letter and Greg. of Nyssa).– Berthold [E. Klostermann, 1961, TU 77] 311/22 (Typ I).– F. Dörr, Diadochus von Phot. und die Messalianer, 1938.– H. Dörries, Symeon v. Mesopotamien. Die Überlieferung der messalian. „Makarios"-Schriften, TU 55, 1, 1941 (Typ I, Inhaltsangabe bzw. Ü); [E. Klostermann, 1961] 260/93 (Weihnachtshomilie, ed. Marriott 24/8); ZntW 1964, 78/94 (Messalianer).– Edsman, Baptême 147/54.– Graef, VS 15, 1947, 455/68 (doctrine des homélies).– Graf, Gesch. 1, 389/95.– Hausherr, OCP 1935, 328/60 (Messalianismus); OCP 1935, 495/502 (Datierung des Liber grad.).– A. Kemmer, Charisma maximum, Lou 1938 (Joh. Cass. und Messal.); StAns 38, 1956, 268/82 (Ps.-M. und Greg. von Nyssa); RB 1962, 278/306 (Messalianismus bei Gregor v. Nyssa und M.).– E. Klostermann, AbhB 1943, 11 (Symeon und Makarius); R. A. Klostermann, Die slav. Überlieferung der M.-Schriften, Göteborg 1950.– Louf, CollOrdCistRef 1962, 52/9 (ep. ad fil.).– Peterson, OC 29, 1932, 172/9 (Messalianismus der Philippus-Akten).– Quispel, VC 1964, 226/35 (M. abhängig vom Thomas-Ev.).– K. Rahner, ZkTh 1937, 258/71 (MG 40, 847 ff).– U. Schulze, Das Verhältnis der „Geistl. Homilien" des Ps.-Makarios zu den übrigen Schriften Symeons von M., Diss. Gö 1962.– Staats, StTh 1963, 120/8 (Großer Brief und De inst. christ.).– J. Stiglmayr, Sachliches und Sprachliches bei M. von Äg., 1912.– W. Strothmann, Die arab. Makariustradition, 1934.– Treu [E. Klostermann, 1961] 294/310 (Hsl. zu den opuscula).– Villecourt, CRI 1920, 29/53 (la date et l'origine).

5. Makarius der Jüngere oder der Alexandriner († um 394 mit 100 Jahren) war wie Makarius der Ägypter Einsiedler in der sketischen und nitrischen Wüste. Die unter seinem Namen veröffentlichten Schriften sind unecht.

MG 34, 261/3; 385/92; 967/78. ** Amann, DThC 9, 1440 f.

6. Evagrius Ponticus (346/99), gebürtig aus Pontus, von Gregor von Nazianz zum Diakon geweiht, erntete als Prediger in Konstantinopel reichen Beifall, verließ jedoch 382 um seines Seelenheils willen die Hauptstadt und lebte fortan unter den Mönchen des nitrischen Gebirges. Hier wurde er Schüler und Freund Makarius' des Ägypters. Durch Abschreiben von Büchern verdiente er seinen Lebensunterhalt (Pallad. hist. Laus. 38).

Da er 553 und ebenso auf den folgenden Konzilien zusammen mit Origenes und Didymus dem Blinden mit dem Anathem belegt wurde, sind seine original-griechischen Schriften zum großen Teil verloren; manche seiner Werke sind in lateinischer (von Rufin und Gennadius), syrischer und armenischer Übersetzung oder unter fremdem Namen erhalten. Die weitere Durchforschung orientalischer Hss. wird uns noch manche neue Schrift bescheren. In der Gedankenwelt des Origenes lebend, suchte er die

Mönche in die auf dem Schrifttum des großen Alexandriners fußende Aszetik und Mystik einzuführen. Inwieweit er dabei die origenistischen Irrtümer übernommen hat, kann auf Grund seiner bis jetzt bekanntgewordenen Schriften nicht genau festgestellt werden. Die Anathemata von 553 verurteilen tatsächlich mehr den von E. vertretenen Origenismus als die ursprünglichen Lehrmeinungen des Origenes. Evagrius ist nachweislich der erste Mönch, der eine umfassende literarische Tätigkeit entfaltet und besonders als Vertreter der christlichen Spruchweisheit Großes geleistet hat. Sein Einfluß in der Geschichte der Frömmigkeit ist bedeutend. Die neueste Forschung hat u. a. die Abhängigkeit des Palladius, Johannes Kassian, Maximus Confessor und Petrus von Damaskus (12. Jh.) klar erkennen lassen.

MG 40, 1213/86 (ungenügend). – W. Frankenberg, GAb 1912 (syr. mit griech. Rückübers.: Gnost. Probleme, Antirrh., Gnostikos, Briefe). – J. Muyldermans, A travers la tradition manuscrite d'É. le Pont., 1932; Evagriana syriaca. Textes inédits, Lou 1952. – P. B. Sarghisian, Venedig 1907 (armen. Ü). ** Bacht [K. Wessel, Christentum am Nil, 1963] 142/57 (Pachomius und E.). – W. Bousset, Apophthegmata, 1923, 281/341. – Draguet, RHE 1946, 321/64; 1947, 5/49 (Einfluß auf Pallad. h. Laus.). – Graf, Gesch. 1, 397/9. – A. et C. Guillaumont, DSp 4, 1731/44; RACh 6, 1088/1107. – Hausherr, OCP 1959, 44/52 (ignorance infinie ou science infinie?); OCP 1936, 351/62 (Einfluß auf Maxim. Conf.); Mu 1941, 1/15 (Evagriana de la Vaticane). – Janin, DHG 16, 107/9. – Lefort, BullAcadBelgClLett 36, 1950, 70/9 (E. von Pachomius abhängig). – S. Marsili, G. Cassiano ed E. P. Dottrina sulla carità e contemplazione, R 1936. – Muyldermans, Mu 1938, 191/226 (Vat. Barb. gr. 515); 1963, 271/6 (Evagriana coptica). – Rahner, ZAM 1933, 21/38 (geistl. Lehre). – Refoulé, OCP 1961, 221/66 (Christologie).

a) Der *Antirrhetikos* (Ἀντιρρητικός) bietet eine Sammlung von Bibelstellen, die man gegen die versuchenden Dämonen sprechen soll, in 8 Bücher entsprechend den 8 Hauptlastern eingeteilt; syrisch und armenisch erhalten.

Muyldermans, HA 1961, 441/8 (Bibelzitate in der armen. Ü). – Vögtle, RACh 1, 74/8 (Achtlasterlehre).

b) Der *Monachikos* (Μοναχικός) ist eine Sentenzensammlung, deren 1. Teil (Πρακτικός, d. h. für den noch kämpfenden Mönch bestimmt) griechisch erhalten ist (in 2 Ausgaben mit 71 bzw. 100 Kap.). Der 2. Teil (Γνωστικός, d. h. für den vollkommenen Mönch bestimmt) ist syrisch in 50 Kap. erhalten.

c) Die *Problemata gnostica* (Προβλήματα γνωστικά), eingeteilt in 6 Gruppen von je 100 Sentenzen *(Centuria)*, syrisch und armenisch erhalten, bieten dogmatische und aszetische Belehrungen ohne erkennbare Disposition.

A. Guillaumont, Les six Centuries des „Képhalaia gnostica" d'Évagre le Pontique, PO 28, 1, 1958 (2 syr. T, Ü). ** A. Guillaumont, Les Képhalaia gnostica d'Évagre le Pontique et l'histoire de l'Origenisme chez les Grecs et les Syriens, P 1963.– Hausherr, OCP 1939, 229/33 (neue griech. Fragm. des Gnostikos).

d) Ein *Mönchs- und Nonnenspiegel* mit 50 Sentenzen ist griechisch und lateinisch erhalten.

MG 40, 1277/86 (Rufins Ü).– H. Greßmann, TU 39, 4b, 1913 (Mönchs- und Nonnenspiegel, griech.).– Muyldermans, Mu 1940, 77/88; 1952, 11/6 (armen. Fragm.).– Wilmart, RB 1911, 143/53 (lat. Ü des Nonnenspiegels).– Leclercq, Sc 1951, 195/213 (lat. Ü des Mönchsspiegels); dazu Mühmelt, VC 1954, 101/3.

e) Außer 67 syrisch erhaltenen *Briefen* stammt auch ep. 8 der Basiliusbriefsammlung von Evagrius.

MG 32, 245/68 (Ps.-Basil. ep. 8). ** R. Melcher, Der 8. Brief des hl. Basilius ein Werk des E. P., Mr 1923.

f) Die beiden unter dem Namen des Nilus von Ankyra überlieferten Texte *De oratione* und *De malignis cogitationibus* werden jetzt Evagrius zugewiesen.

MG 79, 1165/1200 (orat.); 1199/1228 (malign. cogit.).– J. Muyldermans, A travers la trad. manuscr. d'É., 1932, 47/55 (malign. cogit.); dazu Peterson, ZkTh 1933, 271.– Hausherr, OCP 1939, 7/71 (orat., syr. und arab.); Les leçons d'un contemplatif. Le Traité de l'Oraison d'Évagre le Pontique, P 1960 (ÜK).

g) Evagrius hat auch *Kommentare* zu den Ps. und Prov. verfaßt; größere Fragmente davon sind unter den *Selecta in Ps.* und den Resten des *Proverbienkommentars* des Origenes erhalten. E. verfaßte wahrscheinlich noch mehrere andere *Kommentare* zu atl. Büchern (sicher zu Job) und zu Lukas.

Mercati, OM 3, 1937, 393/401 (Scholion zu Prov.). ** U. von Balthasar, ZkTh 1939, 86/106; 181/206 (über die „Hiera", d. h. Bibelkommentare).– Devreesse, DBS 1, 1084/1233.– Muyldermans, Mu 1946, 367/79 (syr. und armen. über die Seraphim und Cherubim).– Rondeau, OCP 1960, 307/48 (Ps.-K; Ps.-Orig. selecta in Ps. z. T. von E.).

7. Isidor von Pelusium (um 360 in Alexandrien geboren, † um 435) war wohl nicht Klostervorsteher, sondern Presbyter in Pelusium und Mönch. Von seinen 3000 meist kurzen *Briefen* sind ungefähr 2000 erhalten, die ihn als klassisch und theologisch sehr gebildet erweisen. Diese Briefe behandeln vorwiegend exegetische und aszetische Fragen, nehmen aber im Verkehr mit hochgestellten Adressaten auch zu Vorgängen in Kirche und Welt Stellung. Von einer solchen Bedeutung Isidors ist uns sonst nichts

bekannt. Zahl und Art der Briefe sind in altchristlicher Zeit ohne Beispiel. Es fällt ferner auf, daß die Briefe zum großen Teil aus den in Stücke geschlagenen *Hypotyposen* des Klemens von Al. hergestellt worden sind. So drängt sich die Vermutung auf, daß die Briefsammlung des I. eine aus älterem Material hergestellte Fälschung ist.

Bei diesem Verdacht wird auch die Beurteilung der Christologie des I. fragwürdig. Es kommt I. vor allem darauf an, durch sorgfältige Schriftinterpretation die Gottheit Christi gegen die Arianer zu verteidigen (3, 31. 166. 334; 4, 99. 142. 166). Er lehrt die Trennung der zwei Naturen ebenso entschieden, wie er ihre Vermischung auch gegen Cyrill von A. (aus der Zeit vor 433) ablehnt (1, 310. 323; 4, 99. 419. 496). Über die Art der Vereinigung der zwei Naturen scheint I. noch keine klare Vorstellung gehabt zu haben, auch wenn er der späteren Formulierung von Chalkedon gelegentlich nahe kommt (1, 199. 201. 236). Sollte ein Fälscher am Werke sein, dann scheint er seine Stellung zwischen Nestorianismus und Monophysitismus gesucht zu haben.

MG 78 (ungenügend; enthält 19 Duplikate, vgl. Baur, ThQ 100, 1919, 252/4).– R. Aigrain, Quarante-neuf lettres de s. I., P 1911.– SchAC 1, 4, 9/25 (lat. überlieferte Briefe). ** Altaner, BZ 1942, 91/100 (ep. 3, 253: Λόγος περὶ τοῦ μὴ εἶναι εἱμαρμένην. Ein Λόγος πρὸς Ἕλληνας ist verloren).– Bareille, DThC 8, 84/98.– Bartelink, VC 1958, 227/31 (θεοκάπηλος); VC 1964, 163/80 (observations stylistiques et linguistiques).– L. Bayer, I.s von P. klassische Bildung, 1915.– Früchtel, PhWo 1938, 61/4; 764/8 (I. benützt Klem. v. Al. und andere Quellen).– Redl, ZKG 1928, 325/32 (I. früher Sophist).– Riedinger, ZntW 1960, 154/96 (Hypotyposenfragmente des Klemens bei I.; vgl. ZKG 1962, 253 f); BZ 1964, 16/25 (Clem. Al. bei I.).– A. Schmid, Die Christologie I.s v. P., FrSch 1948.– Smith, HThR 1954, 205/10 (hsl. Überlieferung); [A. S. Alibizatu, At 1958] 429/38 (unpublished life of I.).

8. Schenute von Atripe († 466), seit 385 Klostervorsteher, war neben Pachomius der kraftvollste Organisator des ägyptischen Mönchtums und ist der bedeutendste Schriftsteller des national-koptischen Christentums. 431 begleitete er Cyrill von Alexandrien zum Konzil nach Ephesus. Er hinterließ zahlreiche aszetische *Briefe, Predigten* und mehrere *Apokalypsen* oder *Visionen* in koptischer Sprache. Sein oft schwer auf seine Echtheit zu prüfendes Schrifttum ist z. T. auch in syrischer, äthiopischer und arabischer Übersetzung erhalten.

J. Leipoldt - W. Crum - H. Wiesmann, CSCO 41; 129; 42; 96; 73; 108 (TÜ).– E. Amélineau, Œuvres de Chenoudi, 1/2, 1907/11 (TÜ).– Du Bourget, BullInstFrançArchOr 57, 1958, 99/104 (Teil der Briefe und Gespräche des Sch.).– Burmester, Mu 1932, 21/70 (10 Homilien, TÜ).– K. H. Kuhn, CSCO 157 f, 1956 (Briefe und Predigten des Besa, eines Schülers von Sch.); CSCO 206 f, 1960 (Ps.-Shenoute on christian behaviour, TÜ). ** Graf, Gesch. 1, 461/4.– Lefort, Mu 1935, 55/73 (Sch. abhängig von Athanas.); NClio 1954, 225/30 (la chasse aux reliques).– J. Leipoldt, TU 25, 1, 1903.– Kuhn, SP 2, 427/34 (observance of the „two weeks").– D. G. Müller, Die alte kopt. Predigt, Diss. Hei 1955.– van Lantschoot [W. E. Crum, 1950] 339/63 (zweifelhaft, ob Sch. den Physiolog. kennt).– Treu, Phil 1957, 325/8 (Aristophanes bei Sch.).

§ 67. Alexander von Alexandrien; Arius und seine Freunde

1. Unter Bischof Alexander (313/28) kam der große arianische Streit zum Ausbruch. Auf einer von ihm einberufenen Synode zu Alexandrien (318) wurden Arius und seine Anhänger exkommuniziert. Eine Anfang 325 in Antiochien abgehaltene Synode trat diesem Urteil bei. Auf der in demselben Jahre tagenden Reichssynode von Nizäa erwirkte er mit Athanasius die abermalige Verurteilung des Arius.

a) Von einer 70 *Briefe* umfassenden Sammlung sind drei für die älteste Geschichte des arianischen Streites sehr wichtige Sendschreiben erhalten; das eine bei Theodoret (h. e. 1, 4), das zweite bei Sokrates (h. e. 1, 6) und Gelasius v. Cyzikus (h. e. 2, 3).

b) Von *Predigten* ist durch eine koptische und syrische Übersetzung vollständig erhalten die Homilie *De anima et corpore deque passione domini,* die Melitos Paschapredigt benützt hat. Sonst sind nur Predigtfragmente vorhanden. Ein koptisch überlieferter Panegyrikus auf Petrus von Alexandrien ist unecht.

Opitz, AW 3, 1 (5 Briefe).– MG 18, 585/604 (de an. et corp., syr. T, lat. Ü).– E. A. W. Budge, Coptic homilies in the dialect of Upper Egypt, 1910, 247/62.– H. Hyvernat, Les actes des martyrs de l'Égypte 1, 1886, 247/62.– Lefort, Mu 1929, 256/9 (kopt. Fragm. einer A. zugeschriebenen Predigt).– I. Rucker, SbMn 1933, 5, 74/8. ** Perler, RSR 1963, 407/21 (Hom. De anima abhängig von Melito).– Schneemelcher [G. Dehn, 1957] 119/43 (De anima vielleicht echt).

2. Arius († 336), ein Schüler des berühmten Lukian von Antiochien, Priester in Alexandrien, ist literarisch wenig hervorgetreten. Bekannt sind: ein von Eusebius von Nikomedien Hilfe erbittender *Brief* bei Epiphanius (haer. 69, 7) u. Theodoret (h. e. 1, 4); ein in Form eines Briefes an Alexander von Alexandrien übersandtes *Glaubensbekenntnis* (Athan. de syn. 16; Epiph. haer. 69, 7; Hilar. trin. 4, 12 f; 6, 5 f); ein dem Kaiser Konstantin (330/31) überreichtes *Glaubensbekenntnis,* auf Grund dessen er 336 in die Kirche aufgenommen werden sollte (Socr. h. e. 1, 26; Sozom. h. e. 2, 27). Von seiner Schrift Θάλεια *(Gastmahl),* die z. T. in Versen abgefaßt war, sind nur geringe Fragmente erhalten.

G. Bardy, Recherches sur Lucien d'Antioche, 1936, 216/78 (Arius-Fragm.); RPh 1927, 211/33 (Thalia).– Opitz, AW 3, 1. ** Arnou, Gr 1933, 269/72 (trinitar. Relationen).– Bardy, RHE 1930, 253/68 (Fragm.); RevSR 1940, 28/63 (l'Occident et les documents de la controv. arienne).– Barnes, ExT 1934, 18/24 (A. and Arianism).– Baynes, JTS 1948, 165/8 (Sozom. h. e. 1, 15); dagegen Telfer, JTS 1949, 187/91.– Boularand, BLE 1964, 175/203 (Les débuts d'A.).– de Ghellinck [Misc. Mercati 1, 1946] 127/44 (Brief des A. an Alexander).– Haugaard, CH 1960, 251/63 (A. and the human soul of J. Chr.).– Mönnich, NedThTijdschr 1949, 378/412 (arian. Christologie).– Nautin, AB 1949, 131/41 (Interpolationen in einem Ariusbrief).– Pollard, JTS 1958, 103/11 (origines of Arianism); BJR 1958 f, 414/29 (exegesis of scripture).– Schneemelcher, ThLZ 1954, 393/400 (Chronologie des arian. Streites).– Stead, JTS 1964, 16/31 (the platonism of A.).– Telfer, AB 1949, 117/30 (Petrus v. Al. und Arius).– Tuilier, SP 3, 421/30 (homousios bei A. und in der antiochen. Schule).– Wolfson, DOP 1958, 3/28 (philosophical implications).

Die neuere Forschung hat mehrere von unbekannten Arianern verfaßte Schriften entdeckt. Zu nennen sind hier der in lateinischer Übersetzung erhaltene *Jobkommentar* (s. S. 202), eine Athanasius zugeschriebene *Homilie über den Teufel*, der Traktat *De virginitate* mit enkratitischer Tendenz, der vielleicht vor 325 anzusetzen ist, und zwei unedierte *Homilien* im Cod. 212 der Bibl. Nat. in Athen.

Lommatzsch, Orig. 16, 3/24 (Job-K).– Amand-Moons, RB 1953, 18/69; 211/38 (De virginitate, TÜ).– Casey, JTS 1935, 1/10 (Hom. über den Teufel).– Scheidweiler, ZKG 1955 f, 132/40 (Hom. über den Teufel). ** Amand, Fatalisme 533/48 (Job-K).– Draguet, RHE 1924, 38/65 (Job-K).– De Ghellinck [A. de Meyer 1, 1946] 159/80 (verlorene arian. Schriften).– Richard, Bull. Inst. Rech. et d'Hist. des Textes 1, 1952, 76 (2 Hom. eines unbekannten Arianers).– Tetz, ZKG 1952 f, 299/307; 1956, 5 f (Hom. über den Teufel).

3. Eusebius von Nikomedien († 341/42), der einflußreiche Freund des Arius am Kaiserhof, hat zahlreiche *Briefe* in Sachen des arianischen Streites geschrieben: ein an Bischof Paulin von Tyrus adressiertes Schreiben bei Theodoret (h. e. 1, 5) und bei Marius Victor (adv. Arium, prol.). Der bei Sokrates (h. e. 1, 14) und Sozomenos (h. e. 2, 16) ihm und dem Bischof Theognis von Nizäa († um 342) zugeschriebene *Bittbrief* an die Konzilsväter von Nizäa ist wohl als echt anzusehen.

Opitz, AW 3, 1 (3 Briefe, T). ** G. Bardy, Recherches sur s. Lucien, 1936; RSR 1933, 430/50 (Bittbrief unecht).– Bareille, DThC 5, 1539/52.– De Bruyne, ZntW 1928, 106/10 (2 Briefe des Theogn.).– Enßlin, PWK II, 5, 1984 f (Theogn.).– A. Lichtenstein, Eus. von N., 1903.– K. Müller, ZntW 1925, 290/2 (Bittbrief).

4. Asterius der Sophist, Rhetor († nach 341), ein Schüler Lukians von Antiochien, verfocht seine arianische Theologie in seinem nur aus Fragmenten bei Athanasius und Marcellus von Ancyra bekannten *Syntag-*

mation, das er wohl schon vor dem Konzil von Nizäa verfaßt hat. Der Arianer Philostorgius (h. e. 2, 15; 4, 4) beschuldigt ihn, den echten Arianismus, wie ihn Lukian vertrat, verfälscht zu haben. Offenbar gehörte Asterius später, wie wir dies auch aus einzelnen seiner Homilien erkennen können, einer gemäßigten Richtung des Arianismus an. E. Skard und M. Richard haben einen großen Teil des homiletischen Nachlasses von A. zutage gefördert. In kritischer Edition besitzen wir nun 31 *Homilien* und 27 Fragmente eines *Psalmenkommentars.* Zahlreiche Homilien sind unvollständig, mehrere nicht sicher echt (1. 10. 14. 24. 26f). Außer den Homilien 30/31 gehörten diese Texte zu einer homiletischen Psalmenerklärung. Neun der Homilien waren Predigten in der Woche nach Ostern. Wahrscheinlich hat A. auch Homilien über Evangelientexte und den Römerbrief hinterlassen. Teile dieser Homilien werden unter Ps.-Chrysostomustexten vermutet. Die jetzt bekannten Texte lassen erkennen, wie man in der Schule des Lukian Exegese betrieben und für die Predigt ausgewertet hat.

M. Richard, Asterii Soph. commentari in Ps. quae supersunt, Oslo 1956.– E. Skard, Index Asterianus, Oslo 1962.– G. Bardy, Recherches sur s. Lucien, 1936, 316/57 (Fragm.). ** Auf der Maur, LJ 1962, 72/85 (Osterhomilien).– Didier, MSR 1949, 233/46 (Kindertaufe).– Eitrem, SO 1960, 127 (hom. 22).– Richard, SO 1951, 24/33 (Homiliensammlung); SO 1958, 54/7 (neue Zeugen für hom. 5 und 20); SO 1960, 96/8 (hom. 31, Tkr.).– Skard, SO 1940, 86/132 (Psalmen-Homilien); 1947, 80/2; 1949, 54/69; 1955, 138/40 (Rechtsgeschichtliches); SO 1958, 58/66 (Form und Inhalt).

§ 68. Athanasius (295–373)

Athanasius, der berühmteste der alexandrinischen Bischöfe, war der Hauptverteidiger des nizänischen Glaubens im Kampf gegen seine arianischen Widersacher und die so oft hinter ihnen stehende rücksichtslose Staatsgewalt. Fünfmal verbannt, verbrachte A. insgesamt 17 Jahre fern von Alexandrien. Es ist verständlich, daß er mit Energie und manchmal unter Ausnützung aller verfügbaren Machtmittel sich seiner vielen mächtigen Gegner zu erwehren suchte.

Im Jahre 295 in Alexandrien geboren, wurde er frühzeitig in die klassische Bildung eingeführt. Als Diakon und Sekretär seines Bischofs Alexander wohnte er dem Konzil von Nizäa (325) bei, wo er bereits mit Arianern disputierte (Socr. h. e. 1, 8). Schon 328 wurde er der Nachfolger Alexanders.

Als er sich weigerte, Arius in die Kirche wieder aufzunehmen, wurde er auf falsche Anklagen der Melitianer hin von der Synode von Tyrus (335) abgesetzt und von Kaiser Konstantin nach Trier verbannt (1. Exil). Nach dessen Tode konnte er 337 nach Alexandrien zurückkehren. Bald darauf wurde er auf einer Synode von Antiochien (339) von neuem abgesetzt. Athanasius floh (340) zu Papst Julius I. nach Rom (2. Exil). Erst 346 wurde ihm auf Antrag der Synode von Sardika (343) vom Kaiser Konstantius die Rückkehr nach Alexandrien gestattet, nachdem 345 sein Gegenbischof Gregor gestorben war.

Als unter dem Druck des persönlich anwesenden Kaisers Konstantius die Synode von Mailand (355) abermals seine Absetzung aussprach, flüchtete er (356) zu den Mönchen in die ägyptische Wüste (3. Exil); sein Nachfolger wurde der Kappadozier Georg (361 ermordet). Von Kaiser Julian mit den übrigen verbannten Bischöfen zurückgerufen, wirkte er eifrig, besonders durch die Beschlüsse einer alexandrinischen Synode (362), für eine Aussöhnung der Semiarianer und der Anhänger des Nizänums. Noch in demselben Jahre wurde er deshalb als „Friedensstörer und Feind der Götter“ vertrieben (4. Exil), konnte aber nach dem Tode Julians (363) zurückkehren. Die 5. Verbannung traf ihn unter Valens (365), aber infolge der drohenden Haltung des Volkes wurde er schon nach 4 Monaten zurückgerufen (366). Seitdem konnte er sein Bistum in Ruhe bis zu seinem Tod leiten († 373).

Seine umfangreiche schriftstellerische Tätigkeit steht zum großen Teil im Dienst der theologischen Überzeugungen, um derentwillen er während seines langen Lebens gelitten hat. Auf die Form legt Athanasius meist wenig Wert; wohl zeigt er überall Klarheit und Schärfe des Gedankens, seine Schriften weisen jedoch Mängel in der Anordnung des Stoffes auf und leiden unter vielfachen Wiederholungen und Weitschweifigkeiten.

MG 25/8. – H. G. Opitz, Athanasius' Werke 2, 1; 3, 1, 1934 ff; dazu Chadwick, JTS 1949, 168 f; Scheidweiler, BZ 1954, 73/94 (Tkr.). – G. Müller, Lexikon Athanasianum, 1944/52. – J. Fisch, BKV, 1/2, 1872/5 (Ü). – A. Stegmann - J. Lippl - H. Mertel, BKV² 13; 31; 1913/17 (Ü). ** Altaner, BZ 1941, 45/59 (altlatein. Ü von A.-Schriften); dazu Bardy, RSR 1947, 239/42. – Le Bachelet, DThC 1, 2143/78. – G. Bardy, Saint A., ³1925; DHG 4, 1313/40. – M. J. Basten, Ath. Wirtschaftliches aus seinen Schriften, 1928. – B. Beck, Die griech. Lebensbeschr. des A., 1912. – M. Constantinides, Ὁ μέγας Α., At 1937. – Eustratiades, Ῥωμανός 1, 1932 f, 55/8 (Todesdatum). – H. Fromen, Athan. hist. acephala, 1914. – Gentz, RACh 1, 860/6. – Graf, Gesch. 1, 310/6. – K. F. Hagel, Kirche und Kaisertum in Lehre und Leben des A., 1933. – F. Lauchert, Leben des hl. A. des Gr., 1911. – Lefort, Mu 1956, 233/41 (Athanasiana coptica). – Lorimer, JTS 1939, 37/46 (critical notes). – J. A. Möhler, Ath. der Gr., ²1844. – H. G. Opitz, Untersuchungen zur Überlieferung der Schriften des A., 1935. – Peeters, AB 1945, 131/44 (Synode von Tyrus 335); BullAcadBelgClLett

30, 1944, 131/77 (Flucht aus Tyrus).– Schneemelcher, ZntW 1950f, 242/56 (A. als Theologe und Kirchenpolitiker).– E. Schwartz, Ges. Schriften 3: Zur Geschichte des A., 1959.– Seel, Klio 32, 1939, 175/88 (A. und Julian Apost.).– Tetz, ZKG 1955f, 1/28 (zur Edition der dogmat. Schriften des A.).– Thomson, SP 3, 142/5 (Syriac Corpus of Athanasiana); [R. P. Casey, 1963] 250/64 (syriac Athanas. corpus).

I. Apologetische und dogmatische Schriften

1. Die *Oratio contra gentes* und die *Oratio de incarnatione Verbi* bilden ein zusammengehöriges Ganzes (um 318). Der 1. Teil legt die Torheit des Polytheismus und das Recht des Monotheismus dar, der 2. Teil begründet den Glauben an die Menschwerdung Christi gegenüber Juden und Heiden.

Das Verhältnis der längeren Fassung dieses Werkes zu der erst vor kurzem bekanntgewordenen kürzeren Ausgabe konnte bislang nicht eindeutig bestimmt werden. Vielleicht darf man mit R. P. Casey annehmen, daß die kürzere Fassung wohl als spätere Rezension des Athanasius selbst oder eines Bearbeiters aus seinem engeren Kreis anzusehen ist.

G. J. Ryan - R. P. Casey, The De incarnatione of Athan., 1945f (T der längeren und kürzeren Rezension).– A. Robertson, Lo ²1893.– Th. Camelot, A., Discours contre les païens. De l'incarnation du Verbe, SCh 18, 1947 (ÜK).– F. L. Cross, A., De incarn., Lo 1957 (T). ** Kannengießer, RSR 1964, 91/100 (zwischen 335 und 337); RSR 1964, 589/96; 1965, 77/111 (kürzere Rezension kaum echt).– Nordberg, SP 3, 262/6 (zwischen 362 und 363); A.' Tractatus c. gentes and De incarn. An attempt at redating, Hel 1961.– Richard, MSR 1949, 125f.– Tetz, VC 1955, 159/75 (Tkr.).– Thomson, Mu 1964, 17/28 (syr. Ü).

2. Die bedeutendste dogmatische Schrift sind die 3 *Orationes contra Arianos* (um 335 oder 356ff). Das 1. Buch verteidigt die nizänische Lehre vom ewigen Ursprung des Sohnes aus dem Vater und von der wesenhaften Einheit des Sohnes mit dem Vater, das 2. und 3. Buch behandeln die von den Arianern angerufenen Bibelstellen, z. B. Prv. 8, 22. Später wurde dem Werk eine von einem Anonymus verfaßte 4. Oratio angehängt.

A. Vaillant, Discours contre les Ariens de St. A. Version slave, Sofia 1954 (slav. T, Ü). ** Gaudel, RevSR 1929, 524/39 (um 339 verfaßt); vgl. Lebon, RHE 1935, 324/9.

3. Die in ihrer Echtheit schon lange angezweifelte Schrift *De incarnatione et contra Arianos* ist wahrscheinlich ein Werk des Marcellus von Ankyra (s. S. 289); das beargwöhnte εἷς Θεὸς ἐν τρισὶν ὑποστάσεσιν ist wohl spätere Interpolation.

Lebon, RHE 1925, 528/30 (pour une éd. crit.).– J. Rucker, Das Dogma von der Persönlichkeit Christi, 1934, 108/10.– Simonetti, NDid 1952, 5/19 (unecht).– Tetz, ZKG 1964, 217/70 (Marcellus Verfasser).

4. Eine Reihe anderer unter des A. Namen überlieferter Schriften sind als unecht anzusehen. Hierzu gehören: 2 Bücher *De incarnatione contra Apollinarem;* 12 Bücher (lateinisch) *De trinitate,* die jetzt teilweise dem Eusebius von Vercelli zugewiesen werden; eine *Expositio fidei* und ein *Sermo maior de fide* werden dem Eustathius von Antiochien oder dem Marcellus von Ankyra zugeschrieben. Ferner sind zu nennen eine *Interpretatio in symbolum,* 2 *Dialogi contra Macedonianos* und 5 *Dialogi de sancta trinitate.*

V. Bulhart, CCL 9, 1957, 1/205 (trin. 1/12).– R. P. Casey, The armen. version of the Ps.-Athan. Letter to the Antiochenes (Sermo maior) and of the Expositio fidei, Lo 1947; vgl. MSR 1949, 130/3.– Moss, OCP 1938, 65/84 (c. Apoll. 1, syr. Ü).– H. Nordberg, Athanasiana. Five homilies, Expos. fidei, Sermo maior. Part I: The Text, Helsinki 1962 (echt).– E. Schwartz, SbMn 1924, 6 (Sermo maior, T).– M. Simonetti, Ps.-Athanasii De trinitate X—XII (T), Bologna 1956; RivCultClassMed 1961, 108/13 (auch zur Ed. von Bulhart). ** Bardy, Rb 1933, 328/32 (ps.-athanas. Quaestiones).– Dimitropulos, Θ 1953, 442/61 (c. Apoll. echt).– A. Günthör, Die 7 ps.-athanas. Dialoge, ein Werk des Didymus, R 1941.– Lebourlier, RSPhTh 1960, 470/6 (c. Apoll. I: union selon l'hypostase); RSPhTh 1962, 629/49 (c. Apoll.: l'état du Christ dans la mort).– Meinhold, PWK 21, 1066/1101 (Pneumatomachen).– Mercati, OM 3, 1937, 49 f (MG 26, 1338/42: De azymis).– Scheidweiler, BZ 1954, 333/57 (expos. fidei u. sermo maior von Marcellus von Ankyra); Her 1955, 220/57 (Philologisches zum Sermo maior).– Segovia, Gr 1938, 3/36 (Dial. I c. Maced.; Trinität); Arch. Teol. Granadino 1938, 87/107 (Dial. c. Maced. I, Mss.); EE 1943, 303/17 (Dial. c. Maced.).– Simon, RHPh 1937, 58/93 (Tract. de Melchisedec).– Simonetti, NDid 1949, 57/72 (De trin. 1/8 in 3 Schichten aus dem Ende des 4. Jh.; 5/12 aus dem 5. und 6. Jh.); Maia 1951, 239/48 (Nicetas und Ambros. von Ps.-Ath. De trin. abhängig).

II. Historisch- und dogmatisch-polemische Schriften

In zahlreichen Briefen und Abhandlungen wandte sich A. in Angriff und Abwehr gegen seine Feinde. 5. *Epistola ad episcopos encyclica* protestiert gegen seine Absetzung (340). 6. *Apologia contra Arianos* (mit reichem Aktenmaterial) berichtet (um 357) über die Verhandlungen und Entscheide der voraufgegangenen Synoden. 7. *Epistola de decretis Nicaenae synodi* verteidigt (350/51) die nizänischen Ausdrücke ἐκ τῆς οὐσίας und ὁμοούσιος; Aktenmaterial ist angehängt. Vielleicht ein Nachtrag hierzu ist die *Epistola de sententia Dionysii episcopi Alexandrini,* den die Arianer für sich in Anspruch nahmen.

8. *Ep. encyclica ad episcopos Aegypti et Libyae* (356). 9. *Apologia ad*

Constantium imperatorem (357) weist in rhetorisch glänzender Diktion die Verdächtigung zurück, daß er dessen Bruder Konstans gegen ihn aufgewiegelt habe. 10. In der *Apologia de fuga* verteidigt er sich gegen den Vorwurf der Feigheit (357). 11. *Historia Arianorum ad monachos* (um 358); das erhaltene Bruchstück berichtet über die Jahre 335/57. Hierzu gehört ein *Brief an Bischof Serapion* von Thmuis über den Tod des Arius. 12. *Epistola de synodis Arimini in Italia et Seleuciae in Isauria celebratis* (359). 13. Drei Briefe sind im Auftrag von Synoden abgefaßt: *Tomus ad Antiochenos* (362), *Ep. ad Jovianum imperatorem* (363), *Ep. ad Afros*, d. i. an die Bischöfe Westafrikas (369). 14. Vier *Briefe an Bischof Serapion;* wichtig für die Lehre von der Gottheit des Heiligen Geistes (358/62). 15. Drei ebenfalls dogmatische Briefe behandeln das christologische Dogma: *Ep. ad Epictetum episcopum Corinthi, Ep. ad Adelphium episcopum, Ep. ad Maximum philosophum.* Der Brief an Epiktet hat in der Folgezeit großes Ansehen gewonnen (Konzil von Chalcedon).

J. Szymusiak, A. d'Al., Apologie à Empereur Constance. Apologie pour sa fuite, SCh 56, 1958 (TÜK).– G. Ludwig, Ep. ad Epictetum, Jena 1911.– Casey, HThR 1933, 127/50 (arm. Ü der ep. ad Epict.).– J. Lebon, Athanas., Lettres à Sérapion, SCh 15, 1947 (Ü).– R. B. Shapland, The Letters of S. Ath. concerning the Holy Spirit, Lo-NY 1951 (ÜK). ** Jerphanion, RSR 1930, 529/44 (ep. ad monachos, MG 26, 1185/8).– Jones, JTS 1954, 224/7 (apol. c. Arian. 367/70 verfaßt).– Lebon, RHE 1935, 713/61 (syr. Ü der ep. ad Epict. ist apollinaristisch verfälscht).– R. Seiler, A.' Apologia c. Arianos. Ihre Entstehung und Datierung, 1932; dazu Opitz, Unters. 158 A. 3.– Weijenborg, SP 3, 324/30 (Apollinaristic interpolations in the Tomus ad Antiochen.).

III. Exegetische, aszetische und homiletische Schriften

16. Von exegetischen Werken sind nur Fragmente aus Katenen bekanntgeworden. Im *Brief an Marcellinus* schreibt A. über die Auslegung und Bedeutung der Psalmen; von seiner allegorischen *Psalmenerklärung* sind größere Fragmente erhalten, ebenso von seinem *Genesiskommentar.*

Devreesse, Rb 1935, 180 (Gen., Ex.); DBS 1, 1109; 1125; 1187; 1200 u. ö.– Reckeis, Ant 1953, 219/60 (K zu Gen. 1/3).– Smythe, JTS 1950, 158/68 (Am. 4, 13 bei A. und Didymus).

17. Die von Hieronymus (vir. ill. 87) überlieferte Nachricht, daß Athanasius wiederholt über die Jungfräulichkeit geschrieben habe, bestätigen neue Funde und Untersuchungen. Die Echtheit der im folgenden genannten Schriften bzw. Fragmente konnte bis jetzt nicht sicher bewiesen werden, doch sprechen gute Gründe dafür, daß es sich mindestens in einzelnen Fällen um echtes Gut handeln wird. Sehr umstritten ist der Λόγος

σωτηρίας πρὸς τὴν παρθένον. Dagegen sind wahrscheinlich echt der *Brief an die Jungfrauen*, der von Schenute und Ambrosius benützt wurde, und der *Traktat über die Jungfräulichkeit* (vollständig in armenischer Übersetzung erhalten, ferner kopt. Fragm.). Ferner sind zu nennen ein syrisch erhaltener *Brief an Jungfrauen*, ein koptischer *Brief über Liebe und Selbstbeherrschung*, koptische Fragmente über die Jungfräulichkeit, griechische Fragmente einer aszetischen Schrift *Über Krankheit und Gesundheit* und koptische Fragmente einer *Abhandlung über Ehe und Weingenuß*. Die ps.-klementinische *Ep. 1 ad virgines* wird A. zugeschrieben in einer koptischen Übersetzung, die fast 2/3 dieses Briefes umfaßt.

Casey, SbB 1935, 1022/45 (De virgin., armen.). – E. von der Goltz, Λόγος σωτηρίας πρὸς τὴν παρθένον, TU 29, 2a, 1905. – F. Diekamp, Anal. Patristica, 1938, 5/8 (Fragm. „Über Krankheit und Gesundheit"). – Van Lantschoot, Mu 1927, 265/92 (kopt. Brief über Liebe und Selbstbeherrschung). – Lebon, Mu 1927, 205/48 (syr. Fragm. De virgin.); Mu 1928, 169/216 (Brief an die Jungfrauen, die nach Jerusalem gingen ...). – L. Th. Lefort, Mu 1927, 249/64; 1929, 265/9; CSCO 135, 1952, 32/43 (Ps.-Clem. ep. 1 ad virg.); Mu 1929, 197/275; CSCO 150, 1955, 73/99 (kopt. Fragm. des Briefes an die Jungfrauen); AB 1949, 142/52; [Mél. De Ghellinck 1, 1951] 215/21; CSCO 150, 99/106 (2 kopt. Fragm. über die Jungfräulichkeit); 110/20 (kopt. Brief über Liebe und Selbstbeherrschung); 121/38 (kopt. Fragm. eines Traktats über Ehe und Weingenuß). ** Aubineau, RAM 1935, 144/51 (les écrits sur la virginité). – K. Lake - R. P. Casey, HThR 1926, 173/190 (Tkr. zu TU 29, 2a). – Lefort, Mu 1933, 1/33 (A. écrivain copte); Mu 1935, 55/73 (Brief an die Jungfrauen). – J. Mateos, OCP 1962, 173/80 (Stundengebet).

18. Um 357 schrieb A. eine legendenhafte *Vita s. Antonii*, den er in seiner Jugend persönlich kennengelernt hatte (s. S. 262). Dadurch förderte er die Kenntnis des Mönchtums und die Verbreitung seiner Lebensweise, besonders im Westen, wo es zwei lateinische Übersetzungen der Vita gab, deren jüngere Evagrius von Antiochien gefertigt hatte.

MG 26, 835/976; ML 73, 125/70 (lat. Ü des Evagrius). – G. Garitte, Un témoin important du texte de la Vie de S. Ant. par S. Athanase, Bru 1939 (ältere lat. Ü); CSCO 117 f, 1949 (kopt. T, Ü). – R. T. Meyer, ACW 10, 1950 (Ü). ** Baynes, JournEgyptArcheol 1954, 7/10 (Dämonologie). – Dörries, GAb 1949, 359/410 (V. Ant. als Geschichtsquelle). – Festugière, REG 1937, 470/502 (v. Ant. dépend d'un modèle païen). – Garitte, BBR 22, 1942 f, 5/29 (Geschichte des gedruckten griech. Texts). – Giardini, TeolEspiritual 4, 1960, 377/412 (doctrina espiritual). – K. Heussi, Der Ursprung des Mönchtums, 1936, 78/108. – H. Hoppenbrouwers, La plus ancienne version latine de la vie de S. Antoine par S. A., Étude de critique textuelle, N 1960. – L. Th. Lorié, Spiritual terminology in the latin translations of the Vita Antonii, N 1955. – R. Reitzenstein, SbHei 1914, 8. – Spanneut, DHG 16, 102/7 (Evagr.). – Steidle, StAns 38, 1956 (mit krit. Bibliographie). – S. ferner S. 262.

19. Eine genauere Untersuchung der vielen von A. Ehrhard verzeich-

neten *Predigten,* die A. zugeschrieben werden, dürfte einige davon als echt erweisen; auch unter den koptisch überlieferten Homilien befinden sich wohl echte Predigten des Athanasius.

Bernardin, JTS 1937, 113/29; AmJournSemitLang 194[illegible], 2[illegible]/90 (kopt. Homilien). – Burmester, Mu 1932, 44/8 (3 kopt. Homilien). – Van Lantschoot, Ang 1943, 249/53 (allocution à des moines en visite chez s. Ath.). – Lefort, Mu 1958, 5/50; 209/39 (Homil. aus Turiner Papyr.). – H. Nordberg, Athanasiana. Five homilies..., Helsinki 1962 (5 echte Hom.). ** Capelle, EL 1949, 5/26 (3 ps.-athanas. Predigten). – A. Ehrhard, TU 50/2. – Jugie, EO 39, 1940 f, 283/9 (ps.-athanas. Predigten: MG 28, 917/48).

20. Nach dem alten Brauch schrieb Athanasius nach Möglichkeit jedes Jahr bald nach Epiphanie einen sog. *Festbrief* (Ἐπιστολὴ ἑορταστική) an die ihm unterstehenden ägyptischen Kirchen, in dem der Tag des Osterfestes und der Beginn der Fastenzeit angezeigt und dabei auch andere Fragen zur Sprache gebracht wurden (Fastenhirtenbrief). Abgesehen von den griechischen Fragmenten, sind 13 solcher Festbriefe aus den Jahren 329/48 in syrischer Übersetzung vollständig erhalten.

Besonders wertvoll ist der aus griechischen, syrischen und koptischen Fragmenten fast ganz wiederhergestellte 39. Festbrief von 367, der ein Verzeichnis der kanonischen Schriften enthält. Athanasius schließt die deuterokanonischen Bücher des AT aus dem Kanon aus, nur als Erbauungsbücher läßt er sie gelten; dagegen werden hier zum ersten Male die 27 Bücher des heutigen NT als die allein kanonischen hingestellt.

Mit diesem Kanon stimmt in Inhalt und Reihenfolge der Bücher der Cod. Vaticanus der Hl. Schrift aus dem 4. Jh. überein, der vielleicht jene Hs. ist, die 340 während des Aufenthaltes des hl. Athanasius in Rom von alexandrinischen Schreibern für Kaiser Konstans hergestellt wurde.

L. Th. Lefort, CSCO 150 f, 1955 (Lettres festales et pastorales en copte, TÜ). – J. Lebon, CSCO 101, 293/5 (syr. Fragm. der Festbriefe 27; 29; 44). – Pieper, ZntW 1938, 73/6 (Festbr. von 364, kopt. T, ÜK). – P. Merendino, Düsseldorf 1965 (Osterfestbriefe, Ü). ** Garitte, HA 1961, 425/440 (Citations armén. des Lettres festales). – Lefort, BullAcadBelgClLett 39, 1953, 643/56; 41, 1955, 183/5; Mu 1954, 43/50 (neue Festbriefe in kopt. Ü; Chronologie von Schwartz ist nicht haltbar). – Mercati, ST 95, 1941, 78/80 (canon bibl.). – Nordberg, Arctos 1962, 119/41 (Bibeltext des A. entspricht fast immer den Cod. Alex. und Vat.). – Peri, Aev 1961, 28/86 mit Tabelle (neue Chronologie gegen Duchesne und Schwartz). – Ruwet, Bi 1952, 1/29 (Kanon des A.). – Schwartz, ZntW 1935, 129/37 (Chronol. der Festbriefe).

Das sogenannte *Symbolum Athanasianum,* nach seinem Anfang auch *Quicunque* genannt, wurde seit dem 7. Jh. allmählich A. zugeschrieben, obwohl es sicher nicht von ihm stammt (s. S. 253 f).

Lehre

1. Die dogmengeschichtliche Bedeutung des A. liegt vor allem in der Darstellung und Erklärung der kirchlichen Trinitätslehre und besonders der Logoslehre. A. hat nicht nur die Homousie des Sohnes mit dem Vater siegreich verteidigt, sondern ebenso auch die Natur und die Zeugung des Logos klarer als die früheren Theologen dargelegt.

Sein Gegner Arius lehrte wie Philo und Origenes, Gott habe zur Schöpfung der Welt des Logos als eines Mittelwesens bedurft. Athanasius entgegnet darauf, Gott sei weder so ohnmächtig, daß er ohne ein Mittelwesen nicht schaffen könne, noch so hochmütig, daß er ohne dasselbe nicht schaffen wolle (or. Ar. 2, 24. 25). Arius nannte den Sohn ein Geschöpf des Vaters, ein Produkt des Willens des Vaters. Athanasius: Der Name Sohn schließe den Begriff des Gezeugtsein in sich; gezeugt sein aber heiße nicht aus dem Willen, sondern aus dem Wesen des Vaters hervorgehen. Der Sohn Gottes könne darum nicht ein Geschöpf des Vaters genannt werden, er habe mit ihm die ganze Fülle der Gottheit gemeinsam (1, 16; 3, 6). Die Zeugung sei bei Gott aber nicht einer menschlichen gleich; denn Gott sei als Geist unteilbar. Seine Zeugung sei also zu denken wie das Ausstrahlen des Lichtes aus der Sonne und das Hervorgehen des Gedankens aus der Seele; der Sohn Gottes sei daher ewig wie der Vater (3, 62. 66f). Vater und Sohn seien also zwei, aber dasselbe (ταὐτόν), d. h., sie haben dieselbe Natur (φύσις). Wenn der Sohn sage: „Der Vater ist größer als ich", so heiße das: Der Vater ist der Ursprung, der Sohn die Ableitung (3, 3; 4).

2. Die Logoslehre des Athanasius wurzelt vor allem in dem Erlösungsgedanken, nämlich in dem Satz: Wir wären nicht erlöst worden, wenn nicht Gott selbst in die Menschheit eingegangen, Christus also nicht Gott wäre. Indem der Logos als Gott eine menschliche Natur mit sich vereinigte, hat er die Menschheit selbst vergöttlicht, und indem er für sich den Tod überwand, hat er ihn für uns alle überwunden; hätte er aber den Vorzug, Gott zu sein, nicht von Natur, sondern durch Mitteilung gehabt, so hätte er ihn nicht weitergeben können (or. Ar. 1, 39; ep. de syn. 52).

3. Die Gottheit und Homousie des Heiligen Geistes hat Athanasius in seinen Briefen an Serapion und auf der Synode zu Alexandrien 362 ausgesprochen. Für die unmittelbare Quelle des Heiligen Geistes hält er mit den drei großen Kappadoziern den Sohn; ihre Formel lautet: Der Heilige Geist geht aus dem Vater durch den Sohn aus (ἐκ πατρὸς διὰ υἱοῦ: ep. Ser. 3, 1 und inc. Ar. 9).

4. Um 362 wandte sich Athanasius auch den christologischen Fragen zu.

Christus ist nach ihm einer, d. h. eine Person. Was er tat, gehörte nicht gesondert der menschlichen Natur oder der Gottheit an, sondern beiden zugleich (ep. Ser. 4, 14 f; Nic. 14); was sein Leib litt, das nahm der in ihm wohnende Logos auf sich, so daß auch er litt und doch nicht selbst litt (Epict. 5 f). Maria ist als Gottesgebärerin (or. Ar. 3, 14. 29), und Christus ist auch seiner menschlichen Seite nach anbetungswürdig (Adelph. 3). Auch sind in Christus zwei Willen (inc. Ar. 21). Zu einer konsequenten Anerkennung und Betonung der Lehre, daß der Logos die ganze menschliche Natur, d. h. auch die menschliche Seele, angenommen habe, ist er jedoch noch nicht gekommen.

5. Die von Arianern gespendete Taufe hält er für ungültig, weil sie nicht auf die wahre und wirkliche Trinität taufen (or. Ar. 2, 42; ep. Ser. 1, 30). Ebenso haben Basilius, Cyrill von Jerusalem, die Apost. Kanones (46. 47) und die Apost. Konstitutionen (6, 15), ja in gewissem Sinn auch das Nizänum (Kan. 19) gelehrt, das die Wiedertaufe der Paulianisten, d. h. der Anhänger Pauls von Samosata, verlangt.

6. Daß Athanasius eine rein symbolische Auffassung der Eucharistie vertrete (namentlich ep. Ser. 4, 19), ist mit Unrecht behauptet worden. Eindeutig sagt er: „Dieses Brot und dieser Wein sind vor den Bitten und Gebeten gewöhnlicher Art; wenn aber die großen, herrlichen Bitten emporgesandt sind, dann wird aus dem Brot der Leib und aus dem Trank das Blut unseres Herrn Jesus Christus."

Berchem, EO 1934, 316/30 (l'incarnation); Ang 1938, 201/32 (créat. et sanctif. par le Verbe). – R. Bernard, L'image de Dieu d'après s. A., 1952. – L. Bouyer, L'incarn. et l'église-corps du Christ dans la théol. de s. A., 1943. – Ortiz de Urbina, OCP 1954, 27/43 (Seele Christi). – P. Dimitropulos, The anthropology of the Gr. Ath., At 1954. – Florovsky, SP 6, 36/57 (concept of creation). – Galtier, Gr 1955, 553/89 (Seele Christi). – Gaudel, RevSR 1931, 1/26 (Logoslehre). – Grillmeier, Chalkedon 1, 81/91 (Christol.). – J. R. Laurin, Orientations maîtresses des apologistes chrét. de 270 à 361, R 1954. – Lebon, RHE 1935, 307/29 (ὁ κυριακὸς ἄνθρωπος); RHE 1952, 485/529 (le sort du consubstantiel nicéen). – P. Merendino, Paschale sacramentum, Mr 1964 (Osterkatechese). – E. Mersch, Le corps mystique du Christ 1, ²1936, 374/409. – G. L. Prestige, JTS 1933, 258/65 (ἀγέν[ν]ητος); Fathers and Heretics, Lo 1948. – Pollard, NTS 1957, 334/49 (Exegesis of John X 30). – Richard, MSR 1947, 5/54 (psychologie du Christ). – Schoemann, Sch 1941, 335/50 (Eikon). – Stead, SP 3, 397/412 (homousios). – Unger, FrSt 6, 1946, 30/53; 171/94 (Soteriologie). – A. van Haarlem, Incarnatie en Verlossing bij A., Wageningen 1961. – E. Weigl, Untersuch. zur Christologie des hl. A., 1914.

§ 69. Andere Ägypter des 4. und 5. Jahrhunderts (bis 451)

1. Serapion von Thmuis war Klostervorsteher und seit 339 Bischof von Thmuis in Unterägypten († nach 362). Athanasius richtete an ihn mehrere Briefe (s. S. 275). Erhalten sind von S. eine *Streitschrift gegen die Manichäer*, eine Sammlung von 30 liturgischen Gebeten (*Euchologion;* s. S. 257) und 3 *Briefe* aus einer Briefsammlung des Serapion.

MG 40, 923/42 (2 Briefe). – R. P. Casey, S. of Th. against the Manichees, C (Mass.) 1931 (erste krit. Ausgabe). – Draguet, Mu 1951, 1/25 (Brief an Schüler des Antonius vom J. 356, syr. und armen. T, ÜK). – Devreesse, ST 201, 104 (3 Fragm. in Gen.). ** Bardy, DThC 14, 1908/12. – Dörrie, PWK Suppl. 8, 1260/7. – Peters, SE 1949, 55/94 (Traktat gegen die Manichäer). – Zum Euchologion s. S. 257.

2. Didymus der Blinde (313–398), mit ungefähr 5 Jahren erblindet, war in Alexandrien Laien-Aszet und berühmter Lehrer; u. a. waren Hieronymus und Rufinus seine Schüler. D. verteidigte den nizänischen Glauben gegen Arianer und Mazedonianer, scheint aber die Ansichten des Origenes über die Präexistenz der Seelen und die Apokatastasis geteilt zu haben. Aber erst die Synode von Konstantinopel 553 hat ihn des Origenismus beschuldigt und ihn verurteilt; dadurch ist der größte Teil seiner vielen Schriften verlorengegangen. 1941 brachte der Papyrusfund von Tura bei Kairo neben Origenestexten vor allem Schriften zutage, die sicher oder wahrscheinlich von D. stammen.

a) Von den zahlreichen *Bibelkommentaren* sind in Katenen viele noch nicht gesichtete Bruchstücke erhalten, die umfangreichsten zu den *Psalmen.* In den Tura-Papyri finden sich auch ein *Genesis-* und ein *Jobkommentar;* ob der *Kommentar zum Ecclesiastes* und zu den *Psalmen 20/44* von D. stammen, muß erst geklärt werden. Sicher echt ist der fast vollständig erhaltene *Zachariaskommentar* in 5 Büchern (387 geschrieben), den Hieronymus ausgiebig benützt hat. D. geht in seinen Kommentaren nur kurz auf den wörtlichen Sinn ein, dagegen sehr ausführlich auf die allegorische Erklärung. Die Echtheit der in einer von Cassiodor veranlaßten lateinischen Übersetzung erhaltenen *Brevis enarratio in Epistolas canonicas* darf jetzt als gesichert gelten.

b) Von dogmatischen Werken besitzen wir in der lateinischen Übersetzung des Hieronymus 3 Bücher *De Spiritu sancto,* ferner eine kurze Schrift *Contra Manichaeos.* Sehr umstritten ist die Echtheit der 3 Bücher *De trinitate,* die gegen die Arianer und Mazedonianer gerichtet sind. Unter dem Namen des Basilius (Contra Eunomium 4/5) sind 2 Bücher *De dogmatibus et contra Arianos* wahrscheinlich von D. erhalten.

MG 39 (ungenügend).– L. Doutreleau, Didyme l'Aveugle, Sur Zacharie, 1/3, SCh 83/5, 1962 (TÜK).– F. Zoepfl, Did. Al. in ep. canonicas brevis enarratio, Mr 1914.– Devreesse, ST 201, 167/73 (Fragm.).– Staab, Pauluskomm. 1/45 (exeget. Fragm.). ** G. Bardy, D. l'Aveugle, P 1910; DSp 3, 868/71.– L. Béranger, Études sur la christologie du De trin. attribué à D. l'Aveugle, Thèse Lyon 1960; RSR 1962, 1/47 (De trin.: l'âme humaine de Jésus); RevSR 1963, 255/67 (De trin.).– Bogaert, RB 1963, 9/16 (Fragm. in lat. Ü).– Chavoutier, VC 1960, 9/14 (tract. c. Origenem de visione Isaiae).– W. Dietsche, D. von Al. als Verfasser der Schrift über die Seraphimvision, Fr 1941 (= Morin, Anecd. Maredsol. 3, 3, 103/22); dagegen Altaner, ThR 1943, 147/51 (Verf. vielleicht Theophil. von Al.).– Doutreleau, RSR 1955, 161/93 (Pap. de Toura); RSR 1957, 514/57 (De trin. unecht); SP 3, 183/95 (Abhängigkeit des Hieron.; De trin. unecht; Titel von Werken); RSR 1963, 383/406 (De spir. s. et ses éditeurs).– W. J. Gauche, D. the Blind, an educator of the fourth century, Diss. Wa 1934.– A. Gesché, La christologie du „Commentaire sur les Psaumes" découvert à Toura, Gembloux 1962; SP 3, 205/13 (Ps.-K von Tura).– A. Günthör, Die 7 ps.-athanas. Dialoge, ein Werk des D., R 1941; dagegen H. Rahner, ZkTh 1941, 111 f; dafür Dietsche, RSPhTh 2, 1941 f, 380/414.– E. L. Heston, The spiritual life... as described in the works of D. of Al., R 1938.– Koenen, Arch. f. Papyrusforschung 1960, 61/105 (K zu Zach. 9, 11 und 16; De trin. echt).– Lebon, Mu 1937, 61/83 (De dogmat. echt).– J. Leipoldt, D. der Blinde von Al., TU 29, 3, 1905.– Puech, RHPh 1951, 293/329 (Pap. de Toura).– Quattrone, Regnum dei 8, 1952, 82/8; 140/52; 1953, 81/8 (pneumatologia).– van Roey, DHG 14, 416/27.– Smythe, JTS 1950, 158/68 (Am. 4, 13 bei Athan. und D.).– E. Staimer, Die Schrift „De spiritu sancto" von D. dem Blinden v. Al., Diss. Mn 1960.– Staab, Bi 1924, 314/8 (Brevis en. in ep. can. echt).

3. Die zahlreichen Schriften des streitbaren und gewalttätigen Bischofs Theophilus von Alexandrien (385–412), der besonders durch seinen Kampf gegen Johannes Chrysostomus unrühmlich bekannt geworden ist, sind bis auf geringe Reste verloren. Erhalten sind u. a. mehrere *Briefe* (in der Sammlung der Hieronymusbriefe Nr. 87. 92. 96. 98. 100), *Homilien*, z. T. nur in Fragmenten, und das Bruchstück einer dem Kaiser Theodosius um 388 überreichten *Ostertafel* (von 380–479). Zweifelhaft ist die Echtheit der sogenannten *Vision über die Flucht der heiligen Familie nach Ägypten.*

MG 65, 33/68.– Reuß, TU 61, 1957, 151 f (Fragm. des Mt.-K).– H. de Vis, Homélies coptes de la Vaticane 2, 1929 (kopt. Hom.); dazu OLZ 1930, 871/81.– Fleisch, ROC 10, 1946, 371/419 (arab. Hom. auf Petrus–Paulus, TÜ).– Mingana, WS 3, 1, 1931 (syr. T der Vision). ** Astruc, Sc 1, 1946 f, 162/4 (Mss.).– Chavoutier, VC 1960, 9/14 (Tract. c. Orig. de visione Isaiae von Th. verfaßt, von Hieron. übersetzt).– Dölger, AC 3, 189/91 (Vision).– A. Favale, T. d'A. To 1958.– Graf, Gesch. 1, 225/32.– G. Lazzati, Teofilo d'A., Mi 1935.– Lefort, Mu 1933, 31 (unedierter kopt. Traktat).– Opitz, PWK II 5, 2149/65 (mit Schriftenverzeichnis).– Richard, RHE 1937, 46/56 (MG 77, 1017/29: Hom. über die Euchar.); Rb 1938, 387/97 (exeget. Fragm.); Mu 1939, 33/50 (Schriftenverzeichnis, vollständiger als bei Opitz); DThC 15, 523/30.

4. Synesius von Cyrene (370/75–413/14) entstammte einer vornehmen heidnischen Familie zu Cyrene in Libyen. Seine Studien machte er in Alexandrien, wo er Schüler der neuplatonischen Philosophin Hypatia war. Als Gesandter in Konstantinopel (399–402) konnte er seiner verarmten Heimat Steuererleichterungen erwirken. Während des 405 beginnenden erfolgreichen Abwehrkampfes gegen eindringende berberische Volksstämme stellte er sich an die Spitze der Bürgerschaft. Die dankbaren Landsleute wählten ihn 410 zum Bischof von Ptolemais und zum Metropoliten der Pentapolis, obwohl er vermutlich noch nicht getauft war und dem Christentum innerlich ablehnend gegenüberstand. Nach längerem Zögern ließ er sich von Bischof Theophilus von Alexandrien unter der Bedingung weihen, daß er als Bischof seine Ehe fortsetzen und seine philosophischen Ansichten über die Präexistenz der Seele, die Ewigkeit der Welt und die Auferstehung des Fleisches, die er allegorisch deutete, beibehalten dürfe (ep. 105). Wenn er auch als Bischof sein Amt ernst nahm und dem christlichen Glauben näherzukommen suchte, hat er sich doch niemals, zumal da er früh starb, zu einem vollen Christentum durchgerungen.

a) In seinen Abhandlungen, die alle aus der Zeit vor seiner Bischofsweihe stammen, spiegelt sich seine vom Neuplatonismus geformte Gedankenwelt wider. Genannt seien *Ägyptische Erzählungen oder über die Vorsehung;* in philosophisch-mythologischer Einkleidung werden Zustände und Kämpfe am Kaiserhof in Konstantinopel geschildert. Seine Stellung zur Sophistik und zum Mönchtum enthält sein *Dion (Chrysostomus) oder über seine Lebensweise.* Ein sophistisches Scherzstück ist das *Lob der Kahlköpfigkeit.* Die Schrift *Über die Träume* will die Träume als Offenbarungen Gottes erweisen.

b) *Reden und Predigten;* darunter seine mutige Rede *Über das Königtum,* in der er dem jungen Kaiser Arkadius das Idealbild des Königs vor Augen stellt.

c) Seine 10 (9) *Hymnen* in dorischem Dialekt zeigen eine merkwürdige Mischung von neuplatonischen und christlichen Gedanken.

d) Seine 156 *Briefe* sind nicht nur eine wertvolle Quelle für die Zeitgeschichte, sondern auch Dokumente seiner feinen Bildung und Gesinnung.

MG 66, 1021/1578.– R. Hercher, Epistolographi graeci, P 1873, 638/739 (Briefe).– N. Terzaghi, S., Hymni et opuscula, 1/2, R 1939/44; dazu BZ 1941, 176/88.– K. Treu, Synesios v. K., Dion Chrysostomus oder Vom Leben nach seinem Vorbild, 1959 (TÜ).– M. M. Hawkins, Der 1. Hymnus des S. von K., Diss. Mn 1939 (TK).– C. Lacombrade, Le Discours sur la royauté de S., P 1951 (ÜK).– A. Fitzgerald, 1926 (Briefe, Ü); 1/2, 1930 (Abh. und Hymnen, Ü).– A. Meunier, P 1947 (Ü der Hymnen). ** Bonadies-Nani, Aev 1952,

385/409 (Verhältnis des Proklus zu S.). – G. Bettini, L'attività pubblica di S., Udine 1938. – Bizocchi, Gr 1942, 91/115; 202/37 (Chronologie der Hymnen, gegen Terzaghi); 1944, 130/70; 1946, 261/99 (Bischofsweihe); 1951, 347/87 (gl'inni filosofici). – von Campenhausen, PWK II 4, 1362/5. – Coster, Byz 15, 1940f, 10/38 (S. „curialis"); CJ 1960, 290/312 (Christianity and the invasions). – Cocco, So 1948, 199/202; 351/6 (1. Hymnus). – Dulière, Le Flambeau 1952, 233/50; 382/405 (S. analyste du rêve et inventeur du densimètre). – Festugière, REG 1945, 208/77 (les hymnes). – Garzya, RAL 1958, 200/17 (per l'edizione delle Epistole); EEBS 1960f, 214/80 (scoli inediti alle Epistole). – G. Grützmacher, S. von K., 1913. – J. Hermelin, Zu den Briefen des Bischofs S., Up 1934. – Karlsson, Er 1952, 144f (ep. 158 ed. Hercher unecht). – Keydell, Her 1956, 151/62 (Hymnen). – C. Lacombrade, S. de Cyrène, hellène et chrétien, P 1951 (dazu Theiler, Gn 1953, 195/7); RevEA 48, 1946, 260/6 (l'énigme du loup); REG 1956, 62/72; 1961, 439/49 (Hymnen). – W. Lang, Das Traumbuch des S. von K., 1926. – Latte, CM 1956, 91/7 (Tkr.). – Marrou, REG 1952, 474/84 (la „conversion" de S.); [A. Momigliano, The conflict between paganism and christianity, 1963] 126/50 (S. and Alexandrian neoplatonism). – Pepzulos, EEBS 1937, 305/52; 1938, 342/92 (Hymnen); 1939, 288/351 (ps.-plutarch. Schrift über Homer stammt von S.). – X. H. Simeon, Unters. zu den Briefen des Bischofs S. von K., 1933. – Strohm, Her 1965, 47/54 (Hymnen). – Terzaghi, BZ 1938, 289/98 (10. Hymnus). – W. Theiler, Die chaldäischen Orakel und die Hymnen des S., 1942. – K. Treu, S. von Kyrene. Ein Kommentar zu seinem „Dion", TU 71, 1958. – Visser, NAKG 1952, 67/80 (Gesamtbeurteilung).

5. Nonnus von Panopolis in der Thebais war berühmt als Dichter des umfangreichen Epos *Dionysiaka,* das den mythischen Zug des Gottes Dionysos nach Indien besingt; trotz christlicher Anspielungen ist dieses Werk positiv heidnisch. N. hat aber auch eine *Paraphrase des Johannesevangeliums* in Hexametern (nach 431) verfaßt, so daß man annehmen muß, er sei Christ geworden; sonst ist über ihn nichts Genaueres bekannt.

A. Scheindler, L 1881 (Paraphrase). – R. Keydell, Nonni Pan. Dionysiaca, 1/2, B 1959. – Th. v. Scheffer, Die Dionysiaca des N. von P., 1/2, 1929/33 (Ü). ** Amann, DThC 11, 793/5. – Bogner, Phil 1934, 320/33 (Konversion). – Cataudella, SIF 1934, 15/33 (cronologia). – Costa, Bilychnis 1931, 143/50 (Abfassungszeit um 431). – J. Golega, Studien über die Ev.-Dichtung des N. von P., 1930. – R. Janssen, TU 23, 4, 1903 (Text des Joh.-Ev., der der Paraphrase zugrunde liegt). – Keydell, PWK 17, 904/21; BZ 1933, 243/54 (Bibeldichtungen des Apollinaris und N.).

§ 70. Cyrill von Alexandrien († 444)

Cyrill von Alexandrien, Neffe des Patriarchen Theophilus, wurde 412 dessen Nachfolger. Sein stürmisch-rücksichtsloses Vorgehen gegen die Novatianer und Juden von Alexandrien brachte ihn in Gegensatz zum Statthalter Orestes. Eine Schuld an der Ermordung der Philosophin Hypatia (415) kann ihm nicht nachgesagt werden.

In der Kirchen- und Dogmengeschichte lebt C. vor allem fort durch seinen Kampf gegen Nestorius. Allerdings fehlte ihm dabei nicht selten die gerade hier nötige Vorsicht und abwägende Zurückhaltung.

Schon 429 nahm Cyrill in seinem Osterfestbrief gegen den Bischof der Hauptstadt des Ostens Stellung und ging alsbald, ebenso wie auch Nestorius, Papst Cölestin I. um eine Entscheidung an. Eine römische Synode entschied gegen Nestorius (430). Im Auftrag des Papstes forderte Cyrill seinen Gegner unter Androhung des Bannes und gleichzeitiger Übersendung von 12 Anathematismen auf, seine Irrtümer binnen 10 Tagen zu widerrufen.

Auf der unter dem Vorsitz Cyrills in Ephesus zusammengetretenen Synode, die den Rang des 3. allgemeinen Konzils erhielt (431), wurde Nestorius bereits in der ersten Sitzung (22. 6.) für abgesetzt erklärt, exkommuniziert und seine Christologie (Ablehnung des Θεοτόκος-Titels) verurteilt.

Der mit seinen Suffraganen erst 4 Tage später eingetroffene Patriarch Johannes von Antiochien hielt eine Gegensynode ab, die über Cyrill das Absetzungsurteil aussprach. Kaiser Theodosius II. bestätigte die Beschlüsse beider Synoden und ließ sowohl Cyrill wie auch Nestorius gefangensetzen. Nach längeren Verhandlungen wurde schließlich Cyrill aus der Haft entlassen, Nestorius dagegen in ein Kloster in Antiochien verwiesen. Das Konzil von Ephesus wurde aufgelöst.

Die 431 in Erscheinung getretene Spaltung wurde erst 433 durch die beiderseitige Annahme des von den Antiochenern schon in Ephesus aufgestellten, wahrscheinlich von Theodoret von Cyrus verfaßten Symbolums behoben. Auch weiterhin mußte Cyrill bis zu seinem Tod seine christologische Lehre und das Unionssymbol gegen zahlreiche Angriffe und Mißdeutungen verteidigen.

Die Schriften Cyrills, die kirchen- und dogmengeschichtlich sehr wichtig sind, nehmen literarisch keinen sehr hohen Rang ein. Ihre Sprache und Darstellung ist wenig anziehend, oft formlos und ermüdend breit.

MG 68/77.– P. E. Pusey, 1/7, O 1868/77.– J. Lebon, CSCO 93 f; 101 f (Fragmente bei Severus).– SchAC 1, 1/5 (antinestor. Schriften).– H. Hayd, BKV, 1879 (Ü).– O. Bardenhewer, BKV² II 12, 1935. ** Bardy, DHG 13, 1169/77.– Devreesse, RevSR 1931, 543/63 (C. gegen Theod. und Ibas).– Fraigneau-Julien, RSR 1961, 188/211; 386/405 (Un traité anonyme de la s. trinité attr. à C.).– Graf, Gesch. 1, 358/65.– Hintze-Morenz, ZÄgSpr 79, 1954, 125/40 (MG 76, 249/56: unechter Dialog).– Honigmann, ST 173, 52 f (Brief an die Mönche von Fua).– Jouassard, RACh 3, 499/516; [Mél. E. Podechard, 1945]

159/74 (Chronologie der Schriften bis 428). – J. Kopallik, C. von Al., 1881. – Kyrilliana (444–1944), Le Caire 1947 (10 biograph. und dogmengeschichtl. Beiträge; vgl. RHE 1948, 205/7). – Liébaert, MSR 1955, 5/26 (C. et la culture antique). – J. Mahé, DThC 3, 2476/527. – Ch. Papadopulos, Ὁ ἅγιος Κ. Ἀλ., Alexandrien 1933. – Pericoli-Ridolfini, RivStudOrient 29, 1954, 187/217 (C. und Joh. von Ant. in den Briefen des Andreas von Samosata). – Rucker, HA 1927, 699/714 (C. in der armen. Kirche). – E. Schwartz, C. und der Mönch Victor, SbW 208, 4, 1928. – Vaccari [P. Ubaldi, Mi 1937] 27/39 (grecità). – van Roey, Mu 1942, 87/92 (B. Succensus an C.).

1. Den breitesten Raum nehmen die exegetischen Schriften ein. Die Erklärung, zumal der atl. Bücher, ist stark allegorisch, während bei den ntl. Schriften der Literalsinn mehr berücksichtigt wird.

a) Mit der Erklärung des AT beschäftigen sich 17 Bücher *De adoratione et cultu in spiritu et veritate* und die sie ergänzenden 13 Bücher *Glaphyra* (zierliche Erklärungen), die eine allegorisch-typologische Exegese ausgewählter Stellen des Pentateuch bieten. Ferner liegt vor ein *Kommentar zu Isaias* und zu den *Kleinen Propheten.* In Katenen erhalten sind z. T. umfangreiche Bruchstücke zu andern atl. Büchern (z. B. zu Ps. 1/119).

b) Von ntl. Kommentaren besitzen wir noch den größten Teil des *Kommentars zu Jo.* (vor 429 verfaßt), einen Zyklus von 156 in syrischer Übersetzung erhaltenen *Homilien zu Lc.* (nach 429) und Fragmente zu Mt., Rom., 1 u. 2 Cor. und Hebr.

J. Reuß, TU 61, 1957, 103/269 (Fragmente). – J. B. Chabot - R. M. Tonneau, CSCO 70; 140, 1912/53 (Comm. in Luc., syr. T, Ü). – Lebon, Mu 1931, 69/114; 1933, 237/46 (armen. Fragm. zu Hebr.). – A. Mingana, WS 4, 47 (syr. Fragm. zu Hebr.). ** Abel, Vivre et Penser 1, 1941, 94/119; 212/30 (C. abhängig von Hieron.). – Burghardt, Tr 1944, 484/6 (Wolle und Leinen: De adorat. 9, 390). – Devreesse, DBS 1, 1134 (Ps.). – Dupré la Tour, RSR 1960, 521/43; 1961, 68/94 (La „doxa“ du Christ dans œuvres exégétiques de C.). – A. Kerrigan, St. C. of Al., interpreter of the Old Testament, 1952; SP 1, 354/74 (literal and spiritual senses of the NT). – Lyonnet, Bi 1951, 25/31 (zu 2 Cor. 3, 17). – Mercati, ST 142, 1948 (Proemi del Salterio . . .). – Reuß, Bi 1944, 207/9 (Joh.-K). – A. Rücker, Die Lukashom. des hl. C., 1911. – P. Sanz, Griech. lit. Papyri, W 1946, 111/24 (9. Buch De adorat.).

2. Dogmatisch-polemische Werke

a) 2 umfangreiche Schriften sind gegen den Arianismus gerichtet: *Thesaurus de sancta et consubstantiali trinitate* und *De sancta et consubstantiali trinitate,* welche in 7 Dialogen mehr nach positiver Darlegung der Lehre strebt. In der Christologie vertritt Cyrill in diesen wohl zwischen 423 und 425 verfaßten Schriften wie Athanasius das sog. „Logos-Sarx-Schema“, in dem auf die menschliche Seele gar nicht Bezug genommen wird. Bezeichnend ist die von Athanasius (c. Arian. 3, 30) übernommene Formulierung: Der Logos ist Fleisch geworden, ist aber nicht in einen Menschen eingegangen (Dialog 1; MG 75, 681 C).

b) Zahlreich sind die antinestorianischen Streitschriften: 3 bereits 430 verfaßte Denkschriften *De recta fide*, eine an Kaiser Theodosius II., die 2 andern, einander ergänzenden *Ad reginas* (an die theologisch interessierten 3 Schwestern und an die Gemahlin des Kaisers) gerichtet; 12 *Anathematismen* und 3 *Apologien* dieser Sätze (430/31); 5 Bücher *Adv. Nestorii blasphemias* (430), gegen eine 429 veröffentlichte Predigtsammlung des Nestorius gerichtet; *Apologeticus ad imperatorem*, eine Rechtfertigung seines Verhaltens in Ephesus (431); *Scholia de incarnatione Unigeniti;* der schon im Altertum berühmte Dialog *Quod unus sit Christus;* ein Traktat *Adv. nolentes confiteri s. Virginem esse Deiparam;* von einer Schrift *Contra Diodorum* (v. Tarsus) *et Theodorum* (v. Mopsvestia) sind größere Fragmente erhalten.

3. Das große apologetische Werk *Adv. libros athei Iuliani* widerlegt die 3 Bücher von Kaiser Julians Schrift *Gegen die Galiläer.* Vollständig erhalten sind von 30 Büchern Cyrills nur die ersten 10, aus denen sich das 1. Buch Julians fast ganz wiederherstellen läßt.

4. Außer 29 *Osterfestbriefen* moral-praktischen Inhalts (für die Jahre 414/42) sind noch etwa 90 zumeist dogmatisch wichtige *Briefe* erhalten; einzelne sind auch geschichtlich und kirchenrechtlich bedeutungsvoll. Von der für Kaiser Theodosius II. bestimmten, jedoch verlorenen *Ostertafel* für 403–512 liegt heute nur das Begleitschreiben armenisch vor.

5. Von seinen vielen *Predigten* besitzen wir nur etwa 20 (z. T. nur fragmentarisch), darunter einige ephesinische Konzilshomilien, zu denen auch der *Lobpreis der Theotokos* gehört, eine berühmte Marienpredigt des Altertums, deren Echtheit allerdings starken Bedenken begegnet.

G. M. de Durand, SCh 97, 1964 (Dial. de incarn. unigen. = De recta fide; Quod unus sit Chr., TÜK). – Euringer, Or 1943, 113/27 (2 äthiop. Homilien über Melchisedech, Ü). ** Charlier, RHE 1950, 25/81 (Thesaurus de trin.); SP 2, 187/93 (Hl. Geist im Thesaurus). – Früchtel, ZntW 1937, 88/90 (Zitate aus Contra Iul.). – P. Henry, Les états du texte de Plotin, 1938, 125/40 (C. Julian. 8). – Papadopulos [S. Lampros, At 1935] 35/41 (Himmelfahrtspredigt); dagegen Ch. Martin, RHE 1936, 345/50. – Richard [Mél. F. Grat 1, 1946] 99/116 (C. gegen Diodor und Theod.); RSR 1952, 116/28 (Scholia de incarnat. unig.). – Scanzillo, DThP 1956, 218/29 (Dialog „Quod Christus sit unus"); Asprenas 1959, 257/87 (Scholia de incarn. unig.). – SchAC 1, 1, 2, 102 (Theotokos-Homilie unecht).

Lehre

Die Christologie und Mariologie Cyrills. Die Vereinigung der beiden Naturen Christi nennt Cyrill ἕνωσις φυσική oder auch ἕνωσις καθ' ὑπόστασιν oder κατὰ φύσιν, während die Nestorianer ἕνωσις σχετική, συνάφεια oder ἐνοίκησις dafür gebrauchten.

Cyrill wollte damit die Verbindung beider Naturen als eine ganz enge, wahrhafte und wirkliche bezeichnen. Dieser Gedanke, der noch stärker betont wurde, wenn er von der „einen Natur des fleischgewordenen Logos" (μία φύσις τοῦ λόγου σεσαρκωμένη) sprach (ep. 46, 2), mußte bei seinen Gegnern, den antiochenischen Theologen, um so mehr Anstoß erregen, als er nicht, wie Cyrill glaubte (rect. fid. ad reg. 1, 9), von Athanasius, sondern von Apollinaris geprägt war (MG 28, 25/30). Nicht weniger Bedenken wurden auch dadurch erregt, daß Cyrill nicht selten von δύο φύσεις vor der Vereinigung und μία φύσις nach der Vereinigung sprach (ep. 40). Dabei aber lehrte Cyrill unter Ablehnung des Apollinarismus nicht nur die Unversehrtheit der menschlichen Natur, zu der die ψυχὴ λογική gehört, sondern auch eine Vereinigung, die keine Vermischung der zwei Naturen (ἀσύγχυτος ἕνωσις) zur Folge hat (ep. 39). Als treffendste Analogie zu der Verbindung der beiden Naturen in Christus gilt ihm die Vereinigung des Fleisches mit der vernünftigen Seele im Menschen; auch die glühende Kohle (vgl. Is. 6, 6), das brennende Holz und die gefärbte Wolle zieht er zum Vergleich heran.

Eine Quelle von Mißverständnissen und Ursache für die gegen ihn erhobene Anklage auf Apollinarismus bzw. Monophysitismus war die Tatsache, daß die griechische Theologie keinen feststehenden Ausdruck zur Bezeichnung der beiden Naturen in der einen Person Christi hatte und daß Cyrill nicht hellhörig und empfindsam genug war, um die Unzulänglichkeit der von ihm gebrauchten Termini zu erkennen. Bei den Lateinern hatte schon Tertullian von „proprietas utriusque substantiae in una persona" gesprochen. Cyrill dagegen gebrauchte φύσις und ὑπόστασις unterschiedslos sowohl zur Bezeichnung von Natur als auch von Person. Zwar hatte Basilius für die heilige Dreifaltigkeit die Formel geprägt: τρεῖς ὑποστάσεις, μία φύσις, und Cyrill sprach zuerst auch von τρία πρόσωπα bei Gott, bei Christus wagte man jedoch nicht recht von μία ὑπόστασις zu reden, weil man in der Trinität die individualisierte Natur ὑπόστασις nannte, die beiden Naturen in Christus aber ihre Eigentümlichkeiten unversehrt bewahrt haben. Erst das Konzil von Chalcedon hat auf begriffstechnischem Gebiet Klarheit geschaffen, indem es von δύο φύσεις spricht, die εἰς ἓν πρόσωπον καὶ μίαν ὑπόστασιν vereinigt sind.

Aus der ἕνωσις φυσική ergibt sich für Cyrill ohne weiteres die Anwendbarkeit der communicatio idiomatum: Der Sohn Gottes ist geboren worden und gestorben (Nest. 1, 2; 5, 5, 7). Daher muß auch Maria θεοτόκος genannt werden; ja er sagt: Zu einem rechten und untadelhaften Bekenntnis unseres Glaubens genügt das θεοτόκον λέγειν καὶ ὁμολογεῖν τὴν ἁγίαν παρθένον (ep. 1; hom. 15 incarn.).

L. M. Armendáriz, El nuevo Moisés. Dinámica cristocéntrica en la tipología de C. de A., Ma 1962. — Blanchette, Sciences eccl. 1964, 455/80 (idea of redemption). – W. J. Burghardt, The image of God in man according to Cyril of A., Wa 1957. – H. M. Diepen, Aux origines de l'anthropologie de S. Cyrille, 1957; RTh 1955, 300/38 (12 Anathematismen auf dem Konzil von Ephesus bis 519); Euntes docete 1956, 20/63 (Christologie de C. et l'anthropologie néoplatonicienne); Divinitas 1, 3, 1957, 479/527 (nouvelle comparaison entre C. et Apollinaire); Douze dialogues de christologie ancienne, R 1960. – Dubarle, EThL 1939, 11/20 (L'ignorance du Christ); RSPhTh 1948, 359/62 (les conditions du salut avant la venue du Sauveur). – Du Manoir, RSR 1935, 531/59 (Väterbeweis); 1937, 385/407; 549/96 (le problème de Dieu); Gr 1938, 573/603; 1939, 83/100 (l'Église, corps du Christ); DSp 2, 2672/83. – A. Eberle, Die Mariologie des hl. C. von Al., 1921. – Fraigneau-Julien, RevSR 1956, 135/56 (l'inhabitation de la s. Trinité dans l'âme). – Galtier, Chalkedon 1, 345/87 (Christologie C.s und Leo I.); Gr 1952, 351/98 (hypostat. Union); 1956, 584/609 (C. et Apollinaire). – Hulsbosch, StC 1949, 65/94 (hypostat. Union). – Janssens, EThL 1938, 233/78 (Gotteskindschaft). – Jouassard, REB 1953, 175/86 (Christologie des frühen C.); RSR 1955, 361/78 (Anthropologie und Christologie); 1956, 234/42 (le schéma Verbe-chair); 1957, 209/24 (impassibilité du Logos et imp. de l'âme humaine); SP 6, 112/21 (communication des idiomes avant 428). – J. Liébaert, La doctrine christologique de s. C. d'Al. avant la querelle nestorienne, Lille 1953. – Monsegú, RET 1947, 161/220 (Hl. Geist); 1948, 1/57; 275/328 (Trinität). – Richard, MSR 1945, 243/52 (Hypostasis). – I. Rucker, Das Dogma von der Persönlichkeit Christi und das Problem der Häresie, 1934; C. und Nestorius im Lichte der Ephesus-Enzyklika, 1934. – Stead, DSt 1953, 12/20 (Perichorese in Ps.-Cyrill, De trinitate). – A. Struckmann, Die Eucharistielehre des hl. C. von Al., 1910. – Trooster, BiNJ 1957, 375/97 (Hl. Geist bei der Menschwerdung). – J. van der Dries, The formula of St. C. of Al. μία φύσις τοῦ θεοῦ Λόγου σεσαρκωμένη, R 1939. – E. Weigl, Die Heilslehre des C. von Al., 1905; Die Christologie vom Tode des Athanasius bis zum Ausbruch des nestor. Streites, 1925. – J. B. Wolf, Comment. in s. C. Al. de Spiritu S. doctrinam, R 1934.

B. KLEINASIATEN

§ 71. Marcellus von Ankyra; Basilius von Ankyra

1. Marcellus, B. von Ankyra († um 374), trat in Nizäa (325) und auch später als eifriger Mitkämpfer des Athanasius gegen die Arianer hervor. In seiner gegen den Arianer Asterius (s. S. 270 f) gerichteten *Streitschrift* (um 334; 129 Fragmente in der Gegenschrift des Eusebius erhalten) vertrat er eine sabellianische Trinitätslehre, derentwegen er 336 abgesetzt und verbannt wurde. Eine römische Synode (340) erklärte ihn auf Grund seines *Glaubensbekenntnisses* (erhalten bei Epiphanius, haer. 72, 2f) für orthodox, ebenso die Synode von Serdica (343/44); erst die Synode von Konstantinopel 381 verurteilte ihn endgültig. Von den späteren Verteidigungsschriften des M. ist nichts erhalten. Jedoch ist ihm mit guten Gründen die Schrift *Über die heilige Kirche* zuzuweisen, die unter dem Namen des Anthimus von Nikomedien überliefert ist. Auch die ps.-athanasianische Schrift *De incarnatione et contra Arianos* ist wahrscheinlich ein Werk des M. (s. S. 273).

E. Klostermann, GCS Eus. 4, 1906, 185/215 (Fragmente).– G. Mercati, ST 5, 1901, 87/98 (De sancta ecclesia). ** C. Andresen, ZntW 1961, 32/4.– Chenu, DThC 9, 1993/8.– J. M. Fondevila, Ideas trinitarias y cristologicas de M. de A., Diss. Greg., Excerpta Ma 1953; EE 1953, 21/64.– W. Gericke, M. von A., der Logos-Christologe und Biblizist, Halle 1940.– Lampe, JTS 1948, 169/75 (Ps. 96).– Richard, MSR 1949, 5/28 (De sancta eccl. stammt von M.).– Scheidweiler, ZntW 1956, 202/14 (Tkr. und Erläuterung der Fragm.); BZ 1956, 33/57 (M. wahrscheinl. Verfasser des Sermo maior und der Expos. fidei; s. S. 274).– Tetz, ZKG 1964, 217/70 (Theologie des M.; De incarnat. von M.).– Th. Zahn, M. von Ancyra, 1867.

2. Basilius, B. von Ankyra, ursprünglich Arzt, wurde 336 Nachfolger des abgesetzten Marcellus von Ankyra, 358 (Synode von Ankyra) mit Georg von Laodicea Führer der homöusianischen Partei und 360 auf der von Akacius (Homöer) beherrschten Synode zu Konstantinopel nach Illyrien verbannt († um 364). Erhalten ist eine mit Georg von Laodicea verfaßte *Denkschrift zur Trinitätslehre* (Epiphan. haer. 73, 12/22). Vielleicht ist ihm auch die unter dem Namen Basilius' d. Gr. überlieferte Schrift *De virginitate* zuzusprechen.

MG 30, 669/810 (De virg.).– A. Vaillant, De virg. de s. Basile, Texte vieux slave, 1943. ** Cavallera, RHE 1905, 5/14 (De virg.).– Janin, DHG 6, 1104/7.– Janini Cuesta, Misc. Comillas 14, 1950, 187/97 (dieta y virginidad; B. und Greg. Nyss.).– Olphe-Galliard, DSp 1, 1283 f.– J. Schladebach, B. von Ancyra, 1898.

§ 72. Basilius der Große (* um 330, † 379)

Der durch Athanasius vertretenen neualexandrinischen theologischen Richtung gehören auch die drei großen Kappadozier an, Basilius, sein jüngerer Bruder Gregor von Nyssa und sein Freund Gregor von Nazianz, die nicht nur durch gemeinsame geistige Interessen, sondern auch durch Freundschaft miteinander verbunden waren. Ihr Einfluß auf die kirchliche Entwicklung und besonders auch auf die Stellung der Kirche zur spätantiken Kultur kann nicht leicht überschätzt werden.

B. entstammte einer durch ererbten Glaubenseifer ausgezeichneten Familie, in der besonders die Großmutter Makrina die Ältere, die Mutter Emmelia, die Brüder Basilius, Gregor von Nyssa und Petrus, B. von Sebaste, und die Schwester Makrina die Jüngere hervorragten. B. war der Sohn des angesehenen Rhetors und Großgrundbesitzers Basilius in Cäsarea in Kappadokien und erhielt seine Ausbildung in den Rhetorenschulen der Heimatstadt, in Konstantinopel und zuletzt in Athen, wo er mit seinem Landsmann Gregor von Nazianz bleibende Freundschaft schloß.

In seine Heimat zurückgekehrt (um 356), lehrte Basilius kurze Zeit Rhetorik, entschloß sich jedoch bald, der Welt zu entsagen. Er empfing die Taufe und besuchte, um den Geist des Mönchtums kennenzulernen, die berühmtesten Aszeten von Syrien, Palästina, Ägypten und Mesopotamien. Darauf lebte er mit Gleichgesinnten in einer Einöde in der Nähe von Neocäsarea in Pontus. Als ihn hier Gregor von Nazianz (um 358) besuchte, stellten sie in gemeinsamer Arbeit die *Philokalia* zusammen und schrieben die zwei *Mönchsregeln,* die für die Weiterentwicklung und Ausbreitung der gemeinschaftlichen mönchischen Lebensweise im Orient bis heute wichtig geworden sind.

Um 364 gewann Bischof Eusebius B. als Presbyter für Cäsarea; 370 wurde er hier Bischof und damit nicht nur Metropolit von Kappadokien, sondern auch Exarch der politischen Diözese Pontus.

Besonders wichtig war sein erfolgreicher Kampf gegen den unter Kaiser Valens mächtigen Arianismus. Nur der äußeren Stellung des B. vermochte der Kaiser Abbruch zu tun durch Teilung von Kappadokien in zwei Provinzen, wodurch auch sein Metropolitanbereich (etwa 50 Suffragane) geteilt wurde (371). Um die im Orient gefährdete Orthodoxie dauernd zu sichern, suchte B. durch Vermittlung des Athanasius und durch direkte Fühlungnahme mit Papst Damasus bessere Beziehungen und ein einmütiges Vorgehen der abendländischen und morgenländischen Bischöfe zu erreichen. Das Haupthindernis der ersehnten Einigung zwischen Orient und Okzident war das sog. Meletianische Schisma in Antiochien (seit 362). Basilius' Versuche, die Anerkennung des Meletius im Abendland zu erreichen, blieben ergebnislos; Papst Damasus wollte Bischof Paulinus nicht fallenlassen (Synode von Antiochien 379). Trotzdem hat die vermittelnde und ausgleichende Tätigkeit des B. nicht unwesentlich dazu beigetragen, den bald (381) offenkundig werdenden Zusammenbruch des Arianismus herbeizuführen.

B. entfaltete ein bis in die höchsten Kreise reichendes Wirken, das der Fürsorge für Bedrängte ebenso zugute kam wie der Reichtum, der aus dem Großgrundbesitz seiner Familie stammte. Im Unterschied zu den meisten spekulativ gerichteten griechischen Kirchenvätern zeigt B. auch in seinen Schriften eine starke Hinwendung zu den ethischen und praktischen Anliegen des christlichen Lebens, wie diese sonst das Abendland kennzeichnet.

J. Garnier-P. Maran, 1/3, P 1721/30.– MG 29/32.– A. Stegmann, BKV² 46 f, 1925 (Ü). ** P. Allard-J. Besse, DThC 2, 441/59.– P. Allard, S. Basile, P ⁴1903.– Altaner, HJB 61, 1941, 208/12 (Rufins lat. Ü).– Amand, RHE 1954, 507/21 (tradition manuscrite); [R. P. Casey, 1963] 122/66 (B. et Damase de Rome).– Bardy, DSp 1, 1273/83; DHG 6, 1111/26; RACh 1, 1261/5.– Driessen, Mu 1953, 65/95 (armen. Mss.).– M. M. Fox, The Life and Times of St. Bas. the Gr. as revealed in his Works, Wa 1939.– S. Giet, Sasimes. Une mépris de s. Bas., 1941; Les idées et l'action sociales de s. Bas., P 1941; JTS 1955, 94/9 (B. und das Konzil von Konstantinopel 360); RHE 1965, 429/44 (B. kein Senator).– Graf, Gesch. 1, 319/29.– Gribomont, Mu 1954, 51/69; Sc 1954, 298/304 (trad. manuscrite); RHE 1959, 115/24 (les voyages du jeune B.).– R. Janin, S. Basile, P 1929.– P. Calasanctius (J. Joosen), De beeldspraak bij den hl. Bas. d. Gr., N 1941.– Morelli, RFC 1963, 182/96 (Il Solone di B.).– Richard, AB 1949, 178/202 (B. und der röm. Diakon Sabinus).– Rousseau, OrSyr 1957, 261/84; 1958, 73/91 (la rencontre de s. Éphrem et de s. B.).– S. Y. Rudberg, Ét. sur la tradition manuscrite de s. B., Up 1953.– Schwartz, ZntW 1935, 158/213 (Meletian. Schisma).– Theiler, BZ 1941, 171/4 (Porphyrius bei B.).– L. Vischer, Bas. d. Gr., Basel 1953.– J. Wittig, Die Friedenspolitik des Papstes Damasus I., 1912.

1. Dogmatische Schriften

a) Drei Bücher *Gegen Eunomius* (s. S. 310), den Wortführer der strengen Arianer (Anhomöer), um 364 geschrieben. Die Bücher 4/5 (in den Ausgaben angefügt) stammen wahrscheinlich von Didymus.

b) *De Spiritu sancto*, 375 dem Bischof Amphilochius von Ikonium gewidmet, behandelt die Gottheit des Heiligen Geistes. B. zeigt, daß neben der Doxologie διὰ τοῦ υἱοῦ ἐν τῷ ἁγίῳ πνεύματι auch die andere von ihm beim Gottesdienst gebrauchte Formel μετὰ τοῦ υἱοῦ σὺν τῷ πνεύματι ἁγίῳ in Schrift und Tradition wohlbegründet ist.

c) *Philokalia:* s. S. 199; 290.

C. F. H. Johnston, De spir. s., O 1892 (T). – B. Pruche, SCh 17, 1947 (De spir. s., TÜK). – Amand de Mendieta, JTS 1965, 129/42 (κήρυγμα and δόγμα). – Aubineau, JTS 1964, 75 f (De bapt. attribué à B.). – H. Dehnhard, Das Problem der Abhängigkeit des B. von Plotin, B 1964 (De spiritu am Ende von C. Eunom. lib. V wahrscheinlich echte, frühe Schrift von B.). – H. Dörries, De Spiritu s. Der Beitrag des B. zum Abschluß des trinit. Dogmas, GAb 39, 1956; dazu Jaeger, ThLZ 1958, 255/8. – P. Henry, Les États du texte de Plotin, 1938, 159/96 (B. und Plotin); 162/70 (De spir. s. echt, schon um 360 verfaßt). – Pruche, RSPhTh 1948, 207/21; RSR 1964, 204/32 (De spir. s.).

2. Aszetische Schriften. Unter dem Titel *Ascetica* werden mehrere Schriften zusammengefaßt, deren Echtheit z. T. sehr zweifelhaft ist. Die wichtigsten echten Stücke sind: a) *Moralia,* 80 Sittenvorschriften (regulae), die durch ntl. Aussprüche begründet werden. b) Die beiden *Mönchsregeln* (s. S. 290): Die längeren Regeln *(Reg. fusius tractatae)* mit 55 Nummern und die kürzeren Regeln *(Reg. brevius tractatae)* mit 313 Nummern sind in der Hauptsache ein Katechismus der Pflichten- und Tugendlehre in Form von Fragen und Antworten. Die Regeln sind z. T. das geistige, bis dahin nur mündlich überlieferte Eigentum des Eustathius von Sebaste, der sich als der ältere Freund des Basilius bereits vorher um die Verbreitung des Mönchtums verdient gemacht hatte. Beide Sammlungen haben erst allmählich in wiederholten Redaktionen ihre endgültige Gestalt erhalten. Auch der hl. Benedikt hat diese Regeln benutzt und empfohlen. Über *De virginitate* s. S. 289.

MG 31, 620/1428. – W. K. L. Clarke, The ascet. works of St. B., Lo 1925 (Ü). – E. Leggio, L'ascetica di S. B., To 1934 (Ü). ** D. Amand, L'ascèse monast. de s. B., 1949 (XXVI: Liste der echten aszet. Schriften; vgl. Giet, RevSR 1949, 333/42); RHR 1957, 31/80 (le système cénobit. basilien comparé au système cénobit. pachômien). – H. Dörries, Symeon von Mesopotamien, 1941, 451/65 (Regeln). – J. Gribomont, Hist. du texte des Ascétiques de s. B., Lou 1953; vgl. RHE 1954, 507/13; VS Suppl. 1952, 192/250 (obéissance et l'évang.); SP 2, 416/26 (les règles morales de s. B. et le NT); DSp 4, 1708/12; DHG 16, 26/33 (Eustathius v. S.). – F. Laun, ZKG 1925, 1/61 (Regeln). – Mercati, OM 4, 1937, 372/6 (Cod. Vat. gr. 428: Ascetica). – M. G. Murphy, St. Bas. and Monasticism, Wa 1930. – Th. Pichler, Das Fasten bei Bas. d. Gr. und im antiken Heidentum, 1955.

3. Homilien und Reden

a) Die neun langen Homilien *Über das Hexaëmeron* wollen nur den Wortsinn des biblischen Berichts erklären; sie enthalten herrliche Schilderungen der Schöpfermacht Gottes und der Naturschönheit. Basilius zeigt sich hier auf der Höhe des philosophischen und naturwissenschaftlichen Wissens seiner Zeit. Ambrosius hat diesen Kommentar zum Schöpfungsbericht in seinen Predigten über das Hexaëmeron bearbeitet.

Ein sonst wenig bekannter Eustathius hat die Homilien wohl kurz vor 400 ins Lateinische übersetzt.

Unecht sind die beiden Homilien *De hominis structura* und *De paradiso.*

b) Von 18 erbaulich gehaltenen *Psalmenhomilien* mögen wohl 13 echt sein; sie sind stark von Eusebius (s. S. 222) abhängig. Wahrscheinlich unecht ist der gleichfalls aus Eusebius schöpfende, weitläufige *Kommentar zu Is. 1–16.*

c) Etwa 23 *Reden,* thematische Predigten und Lobreden auf Martyrer, können als echt anerkannt werden. Sie sind für die Kultur- und Sittengeschichte der Zeit lehrreich, z. B. die Rede über das Fasten (Nr. 1), gegen die Reichen (Nr. 7), gegen die Trunkenbolde (Nr. 14).

MG 29, 209/494 (echte Hom. in Ps.). – MG 30, 10/62; 61/72 (De hom. struct., unecht; De paradiso). – MG 31, 163/618; 1429/1514 (Reden). – S. Giet, SCh 26, 1950 (Hex.-Hom., TÜK). – E. Amand de Mendieta - S. Y. Rudberg, Eustathius. Ancienne version lat. des neuf hom. sur l'Hexaëmeron de B. de Caes., TU 66, 1958. – Y. Courtonne, S. B. Homélies sur la richesse, 1935 (TK). – S. Y. Rudberg, L'homélie de Basile de Césarée sur le mot „Observe-toi toi-même", 1962 (T); Mu 1959, 301/22 (Ps.-Bas. hom. consolatoria ad aegrotum, TK). – P. Trevisan, S. Bas. Commento al prof. Isaia, 1/2, To 1939 (TÜK). – Amand, RB 1947, 12/81 (altlat. Ü der 2 Homil. MG 31, 217 ff; 237 ff). – H. de Vies, Homélies coptes, 1929. ** Altaner, ZntW 39, 161/70 (zur lat. Ü der Hex.-Hom.). – Amand de Mendieta, SP 3, 38/43 (zur künftigen krit. Edition der Hex.-Hom.). – Benito y Durán, SP 5, 446/72 (filosofía de S. B. en sus Homilías sobre los Psalmos). – Bernardi, SP 3, 165/9 (Hex.-Hom. vom Jahre 378). – Bidez, ACl 1938, 19/31 (Hex. 6, 6). – J. M. Campbell, The Influence of the Second Sophistic on the style of the Sermons of St. Bas., Wa 1922. – Y. Courtonne, S. Bas. et l'Hellénisme, 1934 (K zu den Hex.-Hom.). – Giet, RevSR 1953, 131/3 (danses liturgiques: hom. 14, 1). – Gribomont, OCP 1955, 375/98 (MG 31, 625/48: Exhort. de renunt. unecht). – K. Gronau, Poseidonius und die jüd.-christl. Genesis-Exegese, 1914, 7/112 (Hexaëm.); 281/93 (Or. 2). – W. Hengsberg, De ornatu rhetorico, quem Bas. Magnus in diversis homiliarum generibus adhibuit, Diss. Bonn 1957. – Huglo, RB 1954, 129/32 (Mss. von 13 ins Lat. übersetzten Hom.). – Humbertclaude, RevSR 1930, 47/68; La doctrine ascét. de s. Bas., 1932, 4/27 (für Echtheit des Is.-K); dagegen Amand, L'ascèse monast. de s. B., 1949, 30 A. 1.). – G. Lazzati, L'Aristotele perdutto ... 1938, 34/43 (hom. 22). – H. Merki, Ὁμοίωσις θεῷ, FrSch 1952, 165/73 (De hominis structura unecht). – O. Ring, Drei Homilien aus der Frühzeit Bas. d. Gr., 1930; ZKG 1932, 365/83 (Basiliusproblem). – Rouillard, SP 3, 116/23 (trad. manuscrite des Hom. diverses). – Rudberg, Er 1952, 60/70 (Überlieferung der Hom. mit Ausnahme der Hex.-Hom.); dazu Amand, RHE 1954, 514/21; Gribomont, Mu 1954, 51/69; Sc 1954, 298/304. – Rudberg, SP 3, 124/8 (manuscript tradition of the moral homilies). – J. Wittig, Des hl. Bas. d. Gr. geistl. Übungen, 1922 (Is.-K).

4. Die Abhandlung *Mahnworte an die Jugend über den nützlichen Gebrauch der heidnischen Literatur* (Πρὸς τοὺς νέους) will seine studieren-

den Neffen dazu anleiten, ihr geistiges Auge an der heidnisch-klassischen Literatur zu schärfen, bis sie fähig geworden sind, den tieferen Sinn der Heiligen Schrift zu erfassen. Man solle beim Studium diejenigen Stücke auswählen, die für die sittliche Erziehung von Wert sein können. Dabei müsse man es machen wie die Bienen, die nur den Honig suchen und das Gift fliehen; Lehren und Beispiele seien dort in reicher Fülle geboten. Unter diesem pädagogischen Gesichtspunkt werden aus der griechischen Literatur, besonders aus Dichtern, Belege dafür geliefert, daß auch die Heiden für das Gute Zeugnis ablegen und der Tugend die Palme reichen. Die für jene Zeit ungemein weitherzigen Darlegungen sind für die Stellungnahme der Kirche zum antiken Bildungsgut von größtem Einfluß gewesen.

MG 31, 563/90 (Πρὸς νέους).– A. Dirking, Mr 1934.– F. Boulenger, P [2]1952.– A. Nardi, To 1931.– P. Lehmann, SbMn 1955, 7 (Admonitio B. ad fil. spiritualem; Adam, DLZ 1957, 579/82 für Echtheit). ** Amatucci, RFC 1949, 191/7.– A. Benito y Durán, El discurso de S. B. a los jóvenes sobre el modo de leer con utilidad los libros de los gentiles, Cuenca 1959.– B. Exarchos, At 1938; vgl. BZ 1940, 261 (Pädagogik).– M. Goemans, Het tract. v. Bas. d. Gr. over de klass. studie, N 1945.– Ph. Kukules, At 1951 (B., Greg. Naz., Joh. Chrys. als Pädagogen); vgl. BZ 1952, 450.– L. V. Jacks, Bas. and Greek Literature, Wa 1922.

5. Die von den Maurinern gesammelten 365 *Briefe* (z. T. an Basilius) geben eine lebendige Vorstellung von der vielseitigen Tätigkeit und der feinen Bildung ihres Verfassers und enthalten kostbares Material zur Zeit- und Kulturgeschichte. Man kann historische, dogmatisch-polemische, moralisch-aszetische, kirchenrechtliche (dazu gehören u. a. die für die Bußdisziplin wichtigen 3 kanonischen Briefe 188; 199; 217), Trost-, Empfehlungs- und Freundschaftsbriefe unterscheiden. Als unecht scheidet u. a. der Briefwechsel mit Apollinaris (ep. 361/4) aus. Auch einzelne Stücke des Briefwechsels Basilius–Libanius (ep. 335/59) sind unecht oder verdächtig. Über ep. 8 s. S. 267.

R. J. Deferrari-McGurie, S. Basil. The Letters, 1/4, Lo 1926/34 (TÜ).– Y. Courtonne, S. Basile, Lettres, 1/2, 1957/61 (TÜ).– Rudberg, Études sur la tradition manuscrite de S. B., 1953 (T der ep. 2; 150; 173).– G. L. Prestige, St. B. the Great and Apollinaris of L., 1956 (Briefwechsel, echt).– A. C. Way, FathCh 13; 28, 1951/5 (Ü). ** Bonis, BZ 1951, 62/78 (zu den 3 kanon. Briefen); GrOrthTheolRev 1959, 27/44 (faith and knowledge in the letters to Amphilochius).– Cadiou, REG 1957, 500/5 (B. dans sa correspondance).– C. Cavallin, Stud. zu den Briefen des hl. B., Lund 1944 (ep. 38 von Greg. Nyss.; ep. 44 unecht; so auch Rudberg, Études 1953, 136/8); Er 43, 1945, 136/49 (2. Teil der Ep. 197 unecht).– de Riedmatten, JTS 1956, 199/210; 1957, 53/70 (la correspondance entre B. et Apollinaire).– Jurgens, HThR 1960, 251/60 (Bas. ep. 120).– G. Pasquali, Greg. Nyss. Epp., 1925, p. LIX–LXI, 70 f (ep. 10 unecht).– Schwartz, ZSK 1936, 22/7

(Quellen der kanon. Briefe). – Tadin, RSR 1950, 457/68 (Adressat der ep. 91). – B. Treucker, Politische und sozialgeschichtl. Studien zu den Bas.-Briefen, Bonn 1961. – Völker, VC 1953, 23/6 (ep. 366 unecht, Mosaik aus Clem. Al.). – A. C. Way, The Language and Style of the Letters of St. B., Wa 1927. – R. Weijenborg, Ant 1958, 197/240; 371/414; 1959, 245/98 (zur Echtheit von Briefen des Bas. und Apollinaris von L.).

6. Wie Gregor von Nazianz (or. 43, 34) und Spätere bezeugen, hat sich B. um die Ordnung des Gottesdienstes verdient gemacht. Er hat insbesondere eine überlieferte *Anaphora* bearbeitet und erweitert, wie ein jetzt veröffentlichter Text erkennen läßt; die spätere Gestalt der *B.-Liturgie,* die noch heute an wenigen Tagen gebraucht wird, ist das Ergebnis tiefgreifender Umformungen.

MG 31, 1629/56 (B.-Liturgie). – F. E. Brightman, Liturgies Eastern and Western 1, 1896, 309/44; 400/11 (B.-Liturgie). – H. Engberding, Das euchar. Hochgebet der B.-Liturgie, 1931. – J. Doresse-E. Lanne, Un témoin archaique de la liturgie copte de s. Basile; B. Capelle, Les liturgies „basiliennes" et s. Basile, Lou 1960 (TÜ). – S. Euringer, Die äthiop. Anaphora des hl. B., R 1936 (äth. T, ÜK). – Strittmatter, Tr 1943, 79/137 (älteste lat. Ü der B.-Liturgie). – R. Storf, BKV² 5, 1912, 263/78 (B.-Liturgie, Ü). ** S. Antoniadis, Place de la liturgie dans la trad. des lettres grecques, Lei 1939. – Capelle, OrSyr 1962, 69/77 (la procession du Saint-Esprit d'après la liturgie grecque de S. B.). – de Meester, DAL 6, 1596/1604 (B.-Liturgie). – Gelsinger, EastChurchQuart 10, 1954, 243/8 (epiklesis of s. B.). – Lubatschiwskyj, ZkTh 1942, 20/38 (liturg. Kampf gegen den Arianismus). – Moraitu, Epist. Epeteris Thessalon. 1957, 1/38 (ältere Form der Bas.- und Chrysostomusliturgie). – Pitt, JEH 1961, 1/13 (origin of the anaphora of the liturgy of St. B.). – Raes, REB 1958, 158/61 (l'authenticité de la liturgie de s. B.); OCP 1960, 401/11 (un nouveau document de la lit. de S. B.). – S. Salaville, Liturgies orientales, 1932.

Lehre

1. Natürliche Gotteserkenntnis. Gegen Eunomius, der das Wesen Gottes einzig in seiner Agennesie finden wollte und daher behauptete, wir könnten dasselbe begreifen, führt Basilius aus: Wir können Gott nur aus seinen Werken erkennen, also auch nur so viel von ihm wissen, wie er in seinen Werken ausgeprägt hat; hätte er aber auch seine ganze Macht bei seinen Werken aufgeboten, so könnten wir doch nur diese Macht, nicht aber sein Wesen adäquat aus ihnen erfassen. Die verschiedenen Eigenschaften Gottes leiten wir mit unserer Vernunft von den sinnlichen Dingen ab; sie sind also wohl in gewissem Sinn subjektiv, aber doch nicht leerer Schall; denn es entspricht ihnen etwas Reales in Gott. Nicht einmal in der Ewigkeit werden wir Gott begreifen können, sonst wäre er ja endlich. Die Agennesie aber ist nur eine von Gottes Eigenschaften, sogar nur eine negative, und drückt keineswegs das ganze göttliche Wesen aus (Eun. 1, 5. 11; ep. 233/5).

2. Trinitätslehre. Der hl. Athanasius hatte ebenso wie die älteren Väter die Wörter οὐσία und ὑπόστασις fast immer für Gott in derselben Bedeutung gebraucht; auch die Synode von Alexandrien (362) gestattete noch, von einer und drei Hypostasen in Gott zu sprechen. Basilius ist der erste, der nur die Formel μία οὐσία und τρεῖς ὑποστάσεις in Gott gelten lassen will; er versteht nämlich ὑπόστασις im Sinne des für sich subsistierenden und durch besondere Eigentümlichkeiten (ἰδιότητες) umschriebenen Wesens, d. h. im Sinne von Individuum oder Person nach der Rechtssprache der Lateiner (persona). Den Anstoß zu dieser genaueren Begriffsbestimmung gab das Meletianische Schisma, wo Paulinus als Altnizäner von einer göttlichen Hypostase (= οὐσία) sprach, während der Jungnizäner Meletius drei Hypostasen (nicht = οὐσία) bekannte. Als persönliche Eigentümlichkeiten in Gott nennt Basilius die Vaterschaft, Sohnschaft und Heiligung (ep. 38, 3; 236, 6).

3. Die Lehre vom Heiligen Geist. Athanasius (epp. ad Serap.) und Basilius waren die Schöpfer einer Theologie des Heiligen Geistes und haben die Definition des Konzils von Konstantinopel (381) vorbereitet. Die Gottheit und Homousie des Heiligen Geistes hat Basilius der Sache nach in seinen Schriften entschieden gelehrt, ohne jedoch ausdrücklich das Prädikat ὁμοούσιος τῷ πατρί zu gebrauchen (vgl. Eun. 3, 4: τὸ θεῖον τῆς φύσεως; 3, 5: θεότης αὐτοῦ). Da er sich in seinen Predigten nicht ebenso klar ausdrückte, wurde er deshalb, wie Gregor von Nazianz (ep. 48) berichtet, von gewissen übereifrigen Bischöfen heftig getadelt. Gregor weist diese gegen seinen Freund gerichteten Angriffe u. a. durch den Hinweis darauf zurück, daß Basilius mit Recht so vorsichtig vorgegangen sei, um nicht die damals mächtigen Arianer zu reizen. Basilius wäre sonst vertrieben worden und seine kirchlich so wichtige Metropole der Orthodoxie verlorengegangen; denn „nicht in den Ausdrücken, sondern in der Sache liegt das Heil" (or. 43, 68). Das NT habe die Gottheit des Heiligen Geistes nur angedeutet, und es sei ein großes Wagnis gewesen, solange die Gottheit des Sohnes nicht allgemein anerkannt gewesen sei, die des Heiligen Geistes den Menschen gleichsam aufzubürden (or. 31, 27).

Mit den meisten griechischen Vätern läßt auch Basilius den Heiligen Geist „aus dem Vater durch den Sohn" ausgehen. Er mißbilligt entschieden, daß Eunomius den Sohn als seine einzige Quelle bezeichnete; der Sohn hat vielmehr alles mit dem Vater gemeinsam, und der Heilige Geist heißt in der Heiligen Schrift nicht bloß Geist des Vaters, sondern auch des Sohnes (Eun. 2, 34; 3, 1; spir. 18, 45). Daß der Heilige Geist auch vom Sohn ausgeht, ist aus Eun. 2, 32 zu erschließen, auch wenn es nicht direkt ausgesprochen wird.

4. Kirchenbuße und Sündenbekenntnis. B. bezeugt für Cäsarea vier Klassen von öffentlichen Büßern (ep. 217). Von dieser üblichen kirchlichen Buße ist das mönchische Sündenbekenntnis zu unterscheiden, bei dem dem Vorsteher oder seinem Stellvertreter auch die inneren Sünden bekannt werden sollen (reg. fus. tr. 26; 45). Hier ist aber keine Rede davon, daß der Vorsteher ein Presbyter sein müsse oder daß eine Rekonziliation erfolgt.

5. Päpstlicher Primat. Im römischen Bischof sieht Basilius noch nicht die jurisdiktionelle Spitze der Gesamtkirche, auch wenn er ihm in allen dogmatischen Fragen die maßgebende Rolle zuerkennt. Die Einheit und Einigkeit soll in einer durch steten Brief- und Botenverkehr verbundenen Gemeinschaft gleichgesinnter Bischöfe bestehen, zu denen er auch den Bischof von Rom, aber mitten unter den andern und als Führer der abendländischen Bischöfe, zählt.

6. Aszetische Grundgedanken. Von Basilius, der nächst Pachomius unter Ablehnung des Anachoretentums (MG 31, 928/33) der Schöpfer des östlichen Mönchtums war, wird der Mensch mit der Seele gleichgesetzt. Der Leib ist nur akzidentell mit der Seele vereinigt, und die Seele ist an ihn gefesselt. Wenn sie ihrer geistigen Natur treu bleiben will, muß sie sich von der Fessel des Leibes befreien. Durch die Aszese, d. h. den Verzicht auf die Befriedigung der schlummernden Leidenschaften und im Kampf gegen sie, wird die Seele frei und unterwirft sich den Leib. Basilius begründet alle seine rigoristischen Anweisungen, die den vollkommenen Christen, d. h. den Mönch, formen sollen, in seinen *Regeln* und in anderen Schriften mit einer Unzahl von Schrifttexten. Die menschliche Person, das Abbild Gottes, ist mit Erkenntniskraft und der Fähigkeit zu lieben ausgerüstet (in Ps. 48, 8; MG 29, 37/40). Vernunft und freier Wille sind ihre auszeichnenden Merkmale. „Erkenne dich selbst“ und „Achte auf dich selbst“ sind die wichtigsten Lebensregeln für das Vollkommenheitsstreben (MG 31, 197 ff). Der Christ und a fortiori der Mönch muß alle Gebote Gottes erfüllen und darf kein Gebot außer acht lassen. Er ist auch imstande, alle Gebote zu beobachten. Die Übertretung eines einzigen Gebotes bedeutet zugleich auch die Übertretung aller anderen Gebote Gottes und verdient den ewigen Tod (MG 31, 661/76). In seiner Anschauung besonders über das Leib-Seele-Verhältnis ist Basilius stark vom Neuplatonismus (Porphyrius) beeinflußt.

Amand, Fatalisme 383/400.– Arnou, Gr 1934, 242/54 (Trinitätslehre der Jungnizäner).– Bartelink, VC 1963, 85/104 (bibl. und theol. Sprache).– Batiffol, EO 1922, 9/30 (Lehre von der Kirche); dagegen Diamantopulos [Ch. Papadopulos, At 1931] 38/51.– de Boer, NedThTijdschr 1964, 362/80 (Homousie des Hl. Geistes).– E. Bruck, Kirchenväter und soziales Erbrecht, Hei 1956 (soziales Erbrecht bei den 3 Kappadoziern und Joh. Chrys.). – Callahan, DOP 1958, 29/58 (Greek philosophy and Cappadocian cosmology). – Daniélou, RSR 1948, 382/411 (la typologie de la semaine au 4e s.). – de Ghellinck, Patristique et Moyen-âge 3, 1948, 311/38 (Hl. Geist). – Dirking, ThQ 1954, 202/12 (Apatheia). – Drack, FZPT 1960, 296/309; 1961, 93/108 (beschauliches und tätiges Leben im Mönchtum). – Giet, Science rel. 1944, 95/128 (Zinsverbot bei B. und Ambrosius). – Gribomont, Ir 1958, 282/307; 460/75 (le renoncement au monde). – Gribomont [H. de Lubac, 1963, 1] 281/94 (L'origenisme de B.). – K. Gronau, Das Theodizeeproblem in altchristl. Auffassung, 1922. – P. Humbertclaude, La doctrine ascétique de s. B., 1932. – Karmiri, EpistEpetTheolScholAthen 1958, 101/39 (Ekklesiologie). – Lebon, RHE 1953, 632/82 (consubstantialis bei B.). – J. Maier, Die Eucharistielehre der Kappadozier, 1915. – F. Nager, Die Trinitätslehre des hl. B., 1912. – Nothomb, PrO 1954, 309/21; 1955, 3/13 (la charité envers le prochain). – Otis, DOP 1958, 95/124 (Cappadocian thought as a coherent system). – Th. Papakonstantinu, 'Ο μέγας Β., ἡ δογματικὴ αὐτοῦ διδασκαλία, At ³1931. – F. Reilly, Imperium and Sacerdotium accord. to St. B., Wa 1945. – B. Schewe, Bas. d. Gr. als Theologe, N 1943 (theol. Erkenntnislehre). – Söll, ThQ 1951, 161/88; 288/319; 426/57 (Mariologie der Kappadozier). – Th. Spidlik, La sophiologie de S. B., R 1961. – W. A. Tieck, Bas. of Caes. and the Bible, Diss. Columbia-Univ., NY 1953. – K. Weiß, Die Erziehungslehre der drei Kappadozier, 1903.

§ 73. Gregor von Nazianz (* 329/30, † um 390)

Gregor wurde auf dem Landgut Arianz bei Nazianz in Kappadozien als Sohn des Bischofs Gregor d. Ält. von Nazianz (329/30) geboren. Seine fromme Mutter Nonna, unter deren Einfluß ihr Gatte (325) Christ geworden war, beeinflußte ihn entscheidend in seinen Jugendjahren. Seine Ausbildung erhielt er zunächst auf der Rhetorenschule zu Cäsarea in Kappadozien; er weilte darauf kurze Zeit auf den christlichen Schulen in Cäsarea in Palästina und in Alexandrien, um schließlich die heidnische Hochschule von Athen zu besuchen, wo er bis etwa 356/57 blieb und mit Basilius Freundschaft fürs Leben schloß. Die Taufe empfing er wahrscheinlich erst nach seiner Rückkehr in die Heimat. Eine Zeitlang wollte er damals Mönch werden.

Um 362 wurde er gegen seinen Willen auf Drängen der Gemeinde von seinem bischöflichen Vater zum Priester geweiht. Unmutig über die ihm angetane „Gewalt", floh er in die Einöde und schrieb zu seiner Rechtfertigung seinen *Apologeticus de fuga*. Bald jedoch kehrte er nach Nazianz zurück und stand seinem Vater in Verwaltung und Seelsorge zur Seite. Als dann Basilius zur Festigung seines durch die Teilung Kappadoziens verminderten Einflusses als Metropolit neue Bischofssitze gründete und deshalb seinen auch jetzt widerstrebenden Freund Gregor zum Bischof der kleinen Stadt Sasima weihte, trat dieser sein neues Amt in dem „verwunschenen und elenden Flecken“ niemals an. Eine Zeitlang verwaltete er nach dem Tode seines Vaters (374) die verwaiste Diözese Nazianz, um sich bald wieder dem beschaulichen Leben in Seleucia (Isaurien) zu widmen.

379 folgte er dem an ihn ergangenen Ruf und übernahm die Leitung und Neuordnung der damals sehr zusammengeschmolzenen nizänischen Gemeinde von Konstantinopel. Damit betrat er für kurze Zeit die Bühne der großen Kirchenpolitik. Nachdem er 380 vom Kaiser Theodosius I. feierlich in die Apostelkirche der Stadt eingeführt war, wurde er 381 von dem in Konstantinopel tagenden 2. allgemeinen Konzil als Bischof bestätigt. Mancherlei Wirren und Intrigen — u. a. wurde die Rechtmäßigkeit seines bischöflichen Amtes bestritten — verleideten ihm seine neue Stellung so sehr, daß er, um allem Streit ein Ende zu machen, nach wenigen Tagen, schnell entschlossen, abdankte. Vor seinem Weggang hielt er seine berühmt gewordene *Abschiedsrede* (or. 42) an die Bischöfe und an das Volk. Zwei Jahre lang betreute er jetzt die noch immer verwaiste heimatliche Diözese, um sich dann während seiner letzten Lebensjahre in Muße auf seinem Landgut in Arianz mit literarischen Arbeiten zu beschäftigen und der Aszese zu leben († um 390).

Gregor von Nazianz, von empfindsamer Natur, hatte im Unterschied zu Basilius nur geringe Begabung und Neigung zu praktischer Tätigkeit. Am liebsten gab er sich gelehrt-beschaulicher Muße hin, ließ sich aber zeitweise im Vollgefühl seiner geistigen Kraft und in dem edlen Streben, der bedrängten Kirche oder den Freunden zu nützen, in die Öffentlichkeit und zu praktischer Tätigkeit hinziehen. Seine Kränklichkeit hatte Gereiztheit und namentlich gegen Ende seines Lebens auch Bitterkeit gegen andere im Gefolge, die jedoch durch seine versöhnliche Gesinnung gemildert wurden. Sein Lebenselement war die Rhetorik, deren Gesetze und Kunstmittel er in Prosa und Poesie mit vollendeter Meisterschaft handhabte; keiner der großen Prediger des 4. Jh. ist ihm an Gewandtheit der Rede und an Belesenheit gleichgekommen.

Gregor schloß sich ebenso wie Basilius — beide ohne Neigung zu selbständiger spekulativer Vertiefung — in seinen theologischen Darlegungen streng an Schrift und Tradition an und kann darum als guter Zeuge des Glaubensstandes in der damaligen griechischen Kirche gelten.

Ch. Clémencet - A. B. Caillau, 1/2, 1778 und 1840. – MG 35/8. – Ph. Haeuser, BKV² 59, 1928; II 3, 1939 (Ü). – P. Galley, Grég. de N., 1/2, Poèmes et lettres; Discours théol., 1941 (Ü). – I. Hausherr, Anaphora Gregorii Naz., R 1940 (syrisch). ** Benavent Escuín, Misc. Comillas 1960, 51/86 (valoración de la cultura).– K. G. Bones, Γρηγόριος ὁ Θ., At 1953 (Genealogie des G.); dazu Werhahn, BZ 1954, 414/8 und Bones, BZ 1955, 211 f.– Chrestu [A. S. Alibizatu, At 1958] 507/15 (Flucht des G.).– R. de L. Henry, The late greek optative and its use in the writings of G. of N., Wa 1943.– Devos, AB 1961, 91/101 (G. et Hellade de Césarée).– Disdier, EO 1931, 485/97 (Lit. von 1918–31).– Dölger, AC 5, 44/75 (Nonna).– E. Fleury, Hellénisme et Christianisme. S. G. de N. et son temps, 1930.– P. Gallay, La vie de s. G. de N., Lyon 1943.– Graf, Gesch. 1, 330/2.– M. M. Hauser-Meury, Prosopographie zu d. Schriften G.s von N., 1960.– Keenan, Bull. Hist. of Medicine 9, 8/30 (G. of N. and early Byz. medicine).– Keydell, BZ 1950, 334/7 (exhort. ad virg. unecht).– Leclercq, DAL 6, 1667/1711; 12, 1054/65 (Nazianz).– F. Lefherz, Studien zu G. von N., Mythologie, Überlieferung, Scholiasten, Diss. Bonn 1958 (mit Übersicht über Editionen und Bibliographie).– J. Lercher, Die Persönlichkeit des hl. G. von N., Diss. I 1949 (Stellung zur klass. Bildung); vgl. BZ 1953, 381/3.– F. Martroye, Le testament de s. G. de N., P 1924.– Meehan, IThQ 1951, 203/19 (Editions).– Nautin, RHE 1961, 33/5 (Todesjahr 390).– Ruge, PWK 16, 2099/101 (Geschichte der Stadt Nazianz).– J. Sajdak, Hist. crit. scholiastarum et commentatorum G. N., Krakau 1914.

1. Die besten Leistungen des G. sind seine 45 *Reden,* die nur eine Auswahl seiner rhetorisch-literarischen Arbeit darstellen. Unter den dogmatischen Reden ragen die sogenannten 5 *theologischen Reden* hervor (or. 27/31), die er 380 zu Konstantinopel gehalten hat, um die orthodoxe Trinitätslehre gegen Eunomianer und Mazedonianer zu verteidigen. Sie haben ihm den Beinamen G. der Theologe verschafft.

Am zahlreichsten sind Gregors *panegyrische Reden,* Predigten für kirchliche Feiertage, Lobreden auf die Makkabäer, Cyprian und Athanasius, *Leichenreden* auf den Tod seines Vaters, seiner Geschwister (Cäsarius und Gorgonia) und seines Freundes Basilius; ferner *Kampf- und Schmähreden* gegen Kaiser Julianus; mehrere Reden knüpfen an Ereignisse seines eigenen Lebens an: *Apologeticus de fuga,* die *Abschiedsrede* in Konstantinopel.

J. Barbel, G. von N., Die fünf theol. Reden, Düsseldorf 1963 (TÜK).– F. Boulenger, P 1908 (or. 7; 43).– A. Engelbrecht, CSEL 46, 1910 (9 Reden in lat. Ü).– Baz 1933, 444/8 (Rede über das heilige Kreuz; armen.).– J. Röhm, BKV 1/2, 1874/7 (Ü).– E. Devolder, S. Grég. de N., Homélies, Namur 1962 (Ü).– Th. Michels, Greg. von N., Macht des Mysteriums. 6 geistl. Reden, Düsseldorf 1956 (Ü). ** Bignone, RFC 1936, 225/37 (Or. 40: Protrett. di Aristotele).– Brou, EL 1944, 14/22 (orat. 39).– Coman, SP 4, 363/72 (les deux Cyprien de s. G.).– A. Donders, G. von N. als Homilet, 1909.– Doubouniotis, Θ 1950, 354/84 (Niketas v. Herakleia, Einleitg. in die Reden des G.).– A. N. Malin, Οἱ ἐπιτάφιοι λόγοι, At 1929.– Mossay, Mu 1964, 175/86 (or. 2; la date de son ordination).– Nersessian, DOP 1962, 195/227 (illustrations of the homilies).– Sakale [A. Gkiala, At 1958] 325/41 (Epitaphia).– Th. Sinko, De traditione orationum G. N., 1/2, Krakau 1917/23.

2. Seine 245 *Briefe*, die fast sämtlich aus der Zeit seiner späteren Zurückgezogenheit in Arianz stammen, betreffen zumeist persönliche Angelegenheiten oder die seiner Freunde, zum Teil sind es nur Empfehlungskärtchen. Gewöhnlich sind sie sorgfältig ausgearbeitet, reich an Sentenzen und nicht selten witzig geschrieben. Ep. 101 u. 102 ad Cledonium und ep. 207 bekämpfen den Apollinarismus.

G. Mercati, ST 11, 1903, 53/6 (neuer Brief). – H. Gerstinger, SbW 208, 3, 1928 (ep. 80; 90). – P. Gallay, 1964 (ep. 1/100, TÜ). ** P. Gallay, Langue et style de s. G. de N. dans sa correspondance, 1943; Les manuscrits des Lettres de S. Grég. de N., 1957. – Davids, VC 1947, 244/6; 1948, 113 f (Ep. 65; 199).

3. Gleichfalls in den letzten Lebensjahren sind seine *Gedichte*, die den Vorwurf der Rückständigkeit der Christen mit entkräften sollen, entstanden. Seine *Poemata dogmatica* und *moralia*, die lehrhafte Ziele verfolgen, sind meist nichts anderes als versifizierte Prosa. In den *Poemata historica* dagegen, die von dem Suchen und Irren, Lieben und Hoffen seiner Seele erzählen, begegnet uns manch echtes Dichterwort voll zarten, meist elegischen Empfindens. Das längste seiner Gedichte, *De vita sua* (1949 iambische Trimeter), ist nicht nur als Quelle seines Lebens, sondern auch als autobiographisches Denkmal wertvoll. Man kann dieses und ähnliche Gedichte den Confessiones Augustins an die Seite stellen. Die unter seinen Werken stehende Tragödie *Christus patiens* ist sehr spät, wahrscheinlich erst im 11. oder 12. Jh. entstanden.

H. M. Werhahn, Greg. Naz. Σύγκρισις βίων, Wiesbaden 1953 (TK). ** Corsaro, MiscStLCA 1956, 1/21 (G. poeta). – H. L. Davids, De Gnomologieën van G. van Naz., N 1940 (poem. moral. 30/4). – Keydell, BZ 1951, 315/21 (ein dogm. Lehrgedicht: MG 38, 397/456); StudBizNeoell 7, 1953, 134/43 (literarhist. Stellg. der Gedichte). – G. Misch, Gesch. der Autobiographie 1, 1931, 383/402. – M. Pellegrino, La poesia di s. G. N., Mi 1932. – A. Salvatore, Tradizione e originalità negli epigrammi de G. N., Na 1960. – Tailler, ActesCongrInternatÉtByz (1948) 1, 1950, 403/9 („Christus patiens" im 4. Jh. verfaßt); dageg. Dölger, BZ 1952, 159. – B. Wyss, G. von N. Ein griechisch-christl. Dichter des 4. Jh., Darmstadt 1962 (auch Mus. Helvet. 6, 1949, 177/210).

Die dem Cäsarius von Nazianz, einem Bruder des G., zugeschriebenen *Erotapokriseis* (fälschlich als *Dialoge* bezeichnet) haben u. a. Texte des Klemens von Al. und Epiphanius verarbeitet und stammen aus der 1. Hälfte des 6. Jahrhunderts.

MG 38, 851/1190 (Erotapokris.; ungenügend). ** Bones, EEBS 1953, 261/79 (Verfasser vielleicht Severus v. Ant.). – V. Casoli, Cesario medico del sec. IV, Modena 1931. – Duprey, PrO 5, 1955, 14/30; 297/315 (Abfassungszeit 1. Hälfte des 6. Jh.). – Riedinger, BZ 1959, 276/96 (Ps.-Caes. und die Akoimeten); ZntW 1960, 154/96 (Hypotyposenfragm. bei Ps.-Caes.); ZKG 1962, 253/71 (Engeltraktat des Clem. Al. in den Erotapokriseis); [Miscell. critica, Festschrift zum 150jähr. Jubiläum des Teubner-Verlages, L 1964] 218/39 (Epiphanius-Paraphrase in den Erotapokriseis). – Seeck, PWK 3, 1298/1300 (Cäsarius von Naz.).

Lehre

1. Trinitätslehre. Gregor bezeichnete als erster die Unterschiede der drei göttlichen Personen untereinander mit den Ausdrücken ἀγγεννησία ἐκπόρευσις und ἔκπεμψις (or. 25. 16). Im Unterschied von Basilius sprach er die Gottheit des Heiligen Geistes klar und formell aus (τὸ πνεῦμα ἅγιον καὶ θεός) und fragt: „Wie lange noch sollen wir das Licht unter den Scheffel stellen und den andern die vollkommene Gottheit (des Heiligen Geistes) vorenthalten?“ (or. 12, 6; s. S. 296).

2. Christologie. Deutlich bezeugt er die Einheit der Person in Christus: Christus sei „Eins aus zwei“, „zwei Naturen vereinigen sich in ihm zu Einem, es sind nicht zwei Söhne“ (or. 37, 2). Gegenüber den Apollinaristen lehrt er die Vollständigkeit der menschlichen Natur Christi, welcher nicht der νοῦς fehlen dürfe. Zur Bestimmung des Wie der Vereinigung der zwei Naturen prägt er den für die Folgezeit wichtigen Ausdruck: Κατ' οὐσίαν συνῆφθαί τε καὶ συνάπτεσθαι. „Wer die hl. Maria nicht Gottesgebärerin (θεοτόκος) nennt, steht der Gottheit fern“ (ep. 101, 4. 5). Von der hl. Justina berichtet er, daß sie die hl. Maria um Hilfe angefleht habe (or. 24, 10f).

3. Erbsünde und Taufe. Gregor spricht klar von den schlimmen Folgen der Adamssünde: „Ich bin ganz gefallen und verurteilt wegen des Ungehorsams des ersten Menschen und der trügerischen List des Teufels“ (or. 22, 13). Aber der Satz (or. 38, 12): „Wehe meiner Schwachheit, denn die des ersten Menschen ist die meine“ bezeugt nicht klar die Erbsünde. Die unmündigen Kinder gelten ihm als schuldlos (ἀπόνηρος).

Wer die Taufe wegen Unmündigkeit oder plötzlichen Todes nicht empfangen könne, komme zwar nicht in die Hölle, aber auch nicht in den Himmel (or. 40, 23). Wenn keine Gefahr dränge, rät er, die unmündigen Kinder erst nach etwa drei Jahren zu taufen (or. 40, 28).

4. Eucharistie und heiliges Opfer. In seiner Osterpredigt (or. 45, 19) sagt er: „Ohne Furcht und Zweifel iß den Leib, trinke das Blut, wenn du Verlangen trägst nach dem Leben.“ Von einer Krankheit genesen, schreibt er an seinen Freund B. Amphilochius: „So lasse nicht nach, frommer Mann, für mich zu beten und zu flehen, wenn du durch das Wort den Logos herabziehst, wenn du mit unblutigem Schnitt durch die Schärfe deines Wortes den Leib und das Blut des Herrn opferst“ (ep. 171).

H. Fuchs, Augustin und der antike Friedensgedanke, 1926, 96/125 (Or. 6). – K. Holl, Amphilochius von Ikon., 1904, 158/96. – Karmire, Ekklesia, Athen, 36, 1959 (Ekklesiologie, Verhältnis zur röm. Kirche). – H. Pinault, Le Platonisme de G. de N., 1925. – J. Plagnieux, S. Grég. de Naz., théologien, P 1951; [Théol. de la vie monastique, P 1961] 115/30. – Portmann, Die göttl. Pädagogie bei G. von N., St. Ottilien 1954. – Rapisarda, MiscStLCA 3, 1951, 136/61; StudBizNeoell 1953, 189/201 (Pessimismus des G.). – J. Sajdak, Die pädagogischen Anschauungen G.s von N., Poznán 1933 (polnisch). – Serra, OCP 1955, 337/74 (carità pastorale in s. G. N.). – L. Stephan, Die Soteriologie des hl. Greg. von N., W 1938. – I. M. Szymusiak, Éléments de théologie de l'homme selon S. G. de N., Diss. R 1963. – E. Weigl, Christologie vom Tode des Athanasius bis zum Ausbruch des nestorian. Streites, 1925, 53/79.

§ 74. Gregor von Nyssa († 394)

Gregor, als jüngerer Bruder des Basilius um 335 geboren, wurde zuerst Rhetor und heiratete, zog sich aber dann, wohl bestimmt durch seinen Freund Gregor von Nazianz, in ein von Basilius in Pontus gegründetes Kloster zurück. Gegen seinen Willen bestellte ihn Basilius 371 zum Bischof der unbedeutenden Stadt Nyssa in Kappadokien, wo er den Schwierigkeiten der kirchlichen Geschäfte nicht gewachsen war. Eine 376 vom Vikar der politischen Diözese Pontus einberufene Synode zu Nyssa beschuldigte ihn verleumderisch der Verschleuderung des Kirchengutes und setzte ihn ab. Nach dem Tod des Kaisers Valens (378) kehrte er wieder als Bischof zurück. Die Synode von Antiochien (379) betraute ihn mit der Visitation der Diözese Pontus, und in dieser Zeit wurde er zum Metropoliten von Sebaste gewählt, wo er sich einige Monate „in babylonischer Gefangenschaft" aufhalten mußte. Auf dem Konzil zu Konstantinopel (381) gehörte er zu den hervorragenden Vertretern der Orthodoxie. Bald nach der von ihm besuchten Synode zu Konstantinopel 394 ist er gestorben.

Gregor war eine in sich gekehrte Natur, ausgezeichnet durch große spekulative Begabung; den andern Kappadoziern als Philosoph und Theologe überlegen, erwarb er sich große Verdienste um die philosophische Durchdringung der Glaubenslehren. Wegen seiner Beredsamkeit wurde er am Kaiserhof sehr geschätzt. Beim Tod der Kaiserin Flaccilla und deren Tochter Pulcheria hielt er 386 die Trauerreden.

MG 44/6 (z. T. ungenügend). – W. Jaeger - H. Langerbeck, Greg. Nyss. opera 1 ff, Lei 1921 ff (kritische Edition aller Schriften). – H. Hayd - J. Fisch, BKV 1874/80 (Ü). – K. Weiß - E. Stolz, BKV² 56, 1927 (Ü). – J. Daniélou - H. Musurillo, From glory to glory, texts from Greg. of Nyssa's mystical writings, NY 1961 (Ü). ** Daniélou, REAug 1958, 71/8 (Le mariage de G. et la chronologie de sa vie); VC 1965, 31/41 (G. à travers les lettres de s. Basile et de s. Grég. de Naz.).– Godet, DThC 6, 1847/52.– T. A. Goggin, The times of St. G. of Nyssa as reflected in his letters and the C. Eunom., Wa 1947.– von Ivánka, Arch. Philologicum 59, 1935, 1021 (Poseidonius bei G.).– Keenan, Bull. Hist. of Medic. 15, 1944, 150/61 (G. and the medical profession).– Pfister, VC 1964, 108/13 (the brothers and sisters of G.).

1. Dogmatische Schriften

a) G. schrieb vier *Werke gegen Eunomius* (s. S. 310), die in den bisherigen Ausgaben als 12 Bücher gezählt wurden; W. Jaeger hat die ursprüngliche Ordnung wiederhergestellt. Im ersten Werk (bisher Buch 1) wendet sich G. gegen das 1. Buch des Eunomius, das dieser gegen Basilius gerichtet hatte (Ὑπὲρ τῆς ἀπολογίας ἀπολογία). Die zweite Schrift (bisher Buch 12b) bekämpft das 2. Buch des Eunomius, eine dritte Schrift in 10 Büchern (bisher Bücher 3/12a) eine neue, gleichfalls gegen Basilius sich wendende Schrift. Das vierte Werk (bisher Buch 2) ist die Wiederlegung der *Expositio fidei* des Eunomius.

b) Drei weitere Schriften wenden sich gegen andere Häretiker: ein von Theophilus von Al. erbetenes Schriftchen *Adversus Apollinarem;* die bedeutendste der erhaltenen Schriften gegen Apollinaris ist der *Antirrheticus adv. Apollinarem;* ferner *Gegen Macedonianer und Pneumatomachen.*

c) Für die Trinitätslehre wichtig sind vier kleinere Abhandlungen: *An Eustathius über die Trinität; Gegen die Heiden; An Ablabius; An Simplicius.*

d) Die vielleicht wichtigste dogmatische Schrift ist die *Oratio catechetica magna,* die eine weniger polemisch gehaltene, für die kirchlichen Vorsteher bestimmte Begründung und Verteidigung der christlichen Hauptdogmen gegen Häretiker, Juden und Heiden bietet.

Der 1. Teil (1/4) handelt von dem einen Gott in drei Personen, der 2. Teil (5/32) von der Sünde, Menschwerdung und Erlösung durch Christus, der 3. Teil (33/40) von der Taufe und Eucharistie.

e) Der *Dialogus de anima et resurrectione,* ein Gegenstück zu Platos Phaidon, ist dem Andenken seiner Schwester Makrina gewidmet, die er, von der Synode von Antiochien heimkehrend (379), dem Tode nahe wiedersah. Gregor läßt die sterbende Schwester die christlichen Anschauungen über Seele, Tod, Unsterblichkeit, Auferstehung und Wiederherstellung aller Dinge (c. 13) aussprechen. Ein zweiter kurzer Dialog *Contra fatum* bekämpft den astrologischen Fatalismus.

W. Jaeger, G. N. opera $1^2/2$, 1960 (C. Eunom. 1/2; 3; Refut. conf. Eunomii).– F. Mueller, G. N. opera 3, 1, 1958 (Opera dogmat. minora 1: 8 Texte, darunter erstmals vollständig Ad Graecos, Adv. Macedonianos, Ad Eustathium).– J. H.

Srawley, The catechetical oration, C 1903 (TÜK). ** Amand, Fatalisme 405/39.– Daniélou, VC 1953, 154/70 (la résurrection des corps).– J. Gaith, La conception de la liberté chez G. de Nysse, P 1953.– Pellegrino, RFN 1938, 437/74 (Platonismo nel De an. et resurr.).

2. Exegetische Abhandlungen und Homilien

a) Zwei Schriften beschäftigen sich mit der Schöpfungsgeschichte: *De opificio hominis* und *In Hexaëmeron.* Beide wollen die Homilien des Basilius über das Hexaëmeron ergänzen bzw. gegen Mißverständnisse schützen. Nur hier wird G. dem wörtlichen Sinn der Bibel noch ziemlich gerecht, während er sonst eine schrankenlose Allegorese übt.

b) *De vita Moysis.* Die Lebensschicksale des Moses veranschaulichen die Stufen der mystischen Erhebung der Seele zu Gott. *In psalmorum inscriptiones;* hier will Gregor zeigen, daß aus der Einteilung und den Überschriften der Psalmen durch allegorische Deutung Lehren für das Streben nach Tugend und Vollkommenheit gewonnen werden können. In seinen 15 Homilien *Über das Hohelied* wird Gott als Bräutigam der menschlichen Seele (Braut) aufgefaßt. Dazu kommen: eine Abhandlung *Über die Hexe von Endor* (1 Sam. 28, 12ff), 8 *Homilien über den Prediger* (1, 1/3, 13), 8 *Homilien über die Seligkeiten* (Mt. 5, 1/10) und 5 *Homilien über das Gebet des Herrn.*

J. MacDonough - P. Alexander, G. N. opera 5, 1962 (In inscript. Pss.; In sextum Ps.; In Ecclesiasten hom.).– H. Langerbeck, G. N. opera 6, 1960 (In cant.); dazu Wifstrand, JTS 1961, 291/8.– H. Musurillo, G. N. opera 7, 1, 1964 (De vita Moysis).– E. Klostermann, KlT 83, 1912 (Hexe von Endor).– C. van den Eynde, La version syr. du comment. de G. de N. sur le cantique des cant., Lou 1939 (TÜ).– H. U. von Balthasar, Der versiegelte Quell, 1939 (Hohelied-K, Ü).– J. Laplace, SCh 6, 1944 (La création de l'homme, Ü).– J. Daniélou, SCh 1bis, 1956 (Vie de Moïse, TÜK).– H. Graef, ACW 18, 1954 (The Lord's Prayer; The Beatitudes, Ü).– M. Blum, G. von Nyssa, Der Aufstieg des Moses, 1963 (Ü). ** Corsini, SP 1, 94/103 (problème des sources de l'Hex.).– Floeri, RevSR 1953, 105/11 (la division des sexes).– Jaeger, Tr 1947, 79/102 (Ms. De opif. hom.).– J. Janini Cuesta, La antropología y medicina pastoral de S. G. de N., Ma 1946 (De opif. hom. und Galenus).– Ladner, DOP 1958, 59/94 (philosophical anthropology).– Levine, HarvardStudClassPhil 1958, 473/92 (Two early latin versions of Περὶ κατασκευῆς ἀνθρώπου).– Musurillo [A. M. Albareda, 1961] 321/6 (In Cant. hom. 4).– Visser, NedTheolTijdschr 1963, 14/29 (in inscript. Psalm.).

3. Aszetische Schriften

Das früheste Werk des G. *De virginitate* schildert die „Brautschaft Christi mit der Seele". In der *Vita Macrinae* bietet er ein erbauliches Lebensbild seiner Schwester. Vier kleinere Traktate handeln *Vom gottgewollten Endziel (De instituto christiano), Über das christliche Bekenntnis, Über die Vollkommenheit, Über die Zurechtweisung.*

W. Jaeger, Greg. N., Macarius. Two rediscovered works of ancient christ. literature: Greg. of N. and Macarius, Lei 1954 (De inst. christ.). – W. Jaeger - J. P. Cavarnos - V. Woods Callahan, G. N. opera 8, 1, 1952 (Opera ascetica: De inst. christ.; De profess. christ.; De perfectione; De virginitate; Vita S. Macrinae). ** Dölger, AC 3, 81/116 (Vita Macr.). – Gribomont, SP 5, 312/22 (De inst. christ. et le Messalianisme de G.). – Keenan, DOP 1950, 167/207 (De prof. christiana and De perfectione, ascetical doctrine). – H. O. Knackstedt, Die Theologie der Jungfräulichkeit beim hl. G. von N., R 1940. – Staats, StTh 1963, 120/8 (De inst. christ. abhängig von Ps.-Makarius).

4. *Die Reden und Predigten* weisen das schwülstige Pathos der zeitgenössischen Rhetorik auf und sind nicht so kraftvoll und lebendig wie die der beiden andern Kappadozier. Behandelt werden moralische und dogmatische Themen (z. B. gegen das Aufschieben der Taufe, gegen Wucherer, über die Gottheit des Sohnes und des Heiligen Geistes); ferner Predigten auf Kirchenfeste und Heilige (Gregor den Wundertäter, die 40 Martyrer) und Trauerreden.

A. van Heck, G. Nyss., De pauperibus amandis, Lei 1964 (TK). – J. A. Stein, Encomium of St. Gregory … on his brother St. Basil, Wa 1928 (TÜK). – MG 44, 257/97 (2 Homil. De hominis structura: s. S. 293). ** Daniélou [O. Casel, 1951] 79/93 (le mystère du culte); RevSR 1955, 346/72 (Chronologie der Predigten). – Gebhardt, Her 1961, 503/7 (Titel und Zeit der Rede MG 46, 544/53). – Sutcliffe, IThQ 1960, 69/71 (hom. 13 in Evangelia).

5. 30 *Briefe*, meist Gelegenheitsschreiben persönlichen Inhalts. Viel beachtet wurde ep. 2, welche die bei Wallfahrten nach Jerusalem vorkommenden Mißbräuche tadelt und vor Überschätzung des Wallfahrens warnt.

G. Pasquali, G. N. opera 8, 2, 1959 (Epistulae). ** Cataudella, Atene e Roma 1959, 4, 193/7 (Pasquali e le epistole di G. N.). – Jaeger [K. Reinhardt, 1952] 161/68 (Ep. an Harmonius). – Kötting, SP 5, 360/7 (ep. 2: Wallfahrtskritik). – Müller, Her 1939, 66/91 (Ep. 20).

Lehre

1. Gotteserkenntnis. Unter dem Einfluß Philos und Plotins lehrt Gregor nicht nur eine vom Sinnlichen zum Übersinnlichen aufsteigende natürliche Gotteserkenntnis, sondern bezeichnet als Höhepunkt der Gotteserkenntnis die Erhebung des menschlichen Geistes zu einem unmittelbaren Schauen Gottes, eine Vorwegnahme der Seligkeit des Himmels, „eine göttliche und nüchterne Trunkenheit“ (beat. 6; Ct. 10). Die bei ihm sich findenden Grundzüge einer „negativen Theologie“, seine Lehre von den göttlichen Namen und seine Auffassung von der Ekstase machen ihn zum Vorläufer des Dionysius Areopagita. Auf direktem oder indirektem Weg (Evagrius oder Dionysius Areop.) beeinflußte er auch Maximus Confessor.

2. Trinitätslehre. Unter dem Einfluß der platonischen Ideenlehre schreibt er den Allgemeinbegriffen Realität zu, wenn er sagt, das Wort Mensch bezeichne die Natur, nicht das Individuum, und man müsse Petrus, Paulus und Barnabas zusammen nur einen, nicht drei Menschen nennen (MG 45, 117. 180). Damit will Gregor, der den Vorwurf des Tritheismus energisch zurückweist, nur die göttliche Trinität anschaulicher machen.

Den Unterschied der göttlichen Personen findet er einzig und allein in ihren Relationen; darum ist jede Tätigkeit Gottes nach außen allen drei Personen gemeinsam. In der Gottheit ist „das Eine Ursache, das Andere aber aus der Ursache, und bei dem, was aus der Ursache ist, nehmen wir wieder einen Unterschied an; das Eine nämlich ist unmittelbar aus dem Ersten, das Andere aber durch das, was unmittelbar aus dem Ersten ist". Gregor läßt also wie auch sonst die griechischen Väter den Heiligen Geist aus dem Vater durch den Sohn ausgehen.

3. Christologie. Gregor lehrt klar den wechselseitigen Austausch der Attribute beider Naturen in Christus, die unvermischt bestehenbleiben (Idiomenkommunikation) (Eun. 3, 3, 63. 66: Jaeger 2, 130f; MG 45, 705). Der Logos hat sich selbst aus dem Fleisch der Jungfrau „ein nicht von Menschenhand gefertigtes Gottesgefäß" gebildet (MG 46, 616). Die Jungfrau ist darum θεοτόκος, nicht, wie Neuerer zu sagen wagen, ἀνθρωποτόκος (ep. 3).

4. Eschatologie. Von Origenes hat Gregor, obwohl er dessen Lehre von der Präexistenz der Seelen entschieden verwirft, die Anschauung von der „Wiederherstellung aller Dinge" übernommen. Der Nichtgetaufte und der Getaufte, der seine späteren Sünden nicht „durch Gebete und Philosophie" getilgt hat, müssen nach ihrem Tod durch das Feuer gereinigt werden, „schneller oder langsamer"; wenn so das Böse aus der Natur ausgeschieden ist, wird alle Kreatur dem Schöpfer Dank sagen, und auch „der Urheber des Bösen" (der Teufel) wird vom Bösen geheilt sein (Cat. 26).

5. Eucharistie. „Mit vollem Recht also glauben wir, daß auch jetzt das Brot in dem Augenblick, da es durch das Wort Gottes geheiligt wird, in den Leib des göttlichen Logos umgewandelt wird" (μεταποιεῖσθαι: Cat. 37, 3).

Armstrong, DSt 1, 1948, 113/26 (platonic elements in the doctrine of man). – H. U. von Balthasar, Présence et pensée. Philos. relig. de G. de N., 1942. – J. Bayer, G.s von Nyssa Gottesbegriff, 1935. – H. F. Cherniss, The Platonism of G. of N., Berkeley 1930. – Crouzel, RAM 1957, 189/202 (G. est-il le fondateur de la théologie mystique?). – J. Daniélou, Platonisme et théologie mystique, [2]1954; RSR 1940, 328/55 (l'apocatastase); DSp 2, 1872/85 (mystique de la ténèbre); RevSR 1953, 219/49 (Begriff der Akoluthia); [J. Lortz 2, 1958] 27/45 (Comble du mal et eschatologie); HJB 1958, 63/72 (l'état du Christ dans la mort); RSR 1960, 119/34 (G. et le Messalianisme); 1961, 161/87 (la notion de confins [μεθόριος]); [Théologie de la vie monastique, 1961] 131/41 (G. dans l'histoire du monachisme); [Th. Klauser, 1964] 43/51 (symbole de la caverne). – F. Diekamp, Die Gotteslehre des hl. G. v. N., 1896. – Dunstone, ScottJournTheol 1962, 235/44 (the meaning of grace). – Gillet, SP 6, 62/83 (l'homme divinisateur cosmique). – M. Gomes de Castro, Die Trinitätslehre des hl. G. von N., Fr 1938. – S. González, La fórmula μία οὐσία τρεῖς ὑποστάσεις en S. G. de N., R 1939; Gr 1938, 130/4 (Symbolum); 280/301 (Trinität); 1939, 189/206 (realismo Platonico). – Gribomont, SP 5, 312/22 (De inst. christ. et le Messalianisme de G.). – K. Holl, Amphilochius von Ikon., 1904, 196/235. – Isaye, RSR 1937, 422/39 (l'unité de l'opération divine). – von Ivánka, StC 11, 1934/5, 45/7 (Gotteslehre); Sch 1936, 163/95 (Theorie der Mystik). – Janini Cuesta, RET 1947, 337 ff (Buße). – Kemmer, StAns 38, 1956, 269/82 (G. und der Messalianismus). – V. Koperski, Doctr. Gregorii Nyss. de process. filii Dei, R 1936. – Ladner [M. A. Friend, Pr 1955] 88/95 (G. and St. Augustine on the symbolism of the cross). – J. Lenz, Jesus Christus nach der Lehre des hl. G. von N., 1925. – R. Leys, L'image de Dieu chez s. G. de N., 1951; SP 2, 495/511 (la théologie spirituelle). – Lieske, Sch 1939, 485/514; ZkTh 1948, 1/45; 129/68; 315/40 (Christusmystik). – Malevez, RSR 1935, 260/80 (l'égl. dans le Christ). – McClear, ThSt 1948, 175/212 (Sündenfall und Erbsünde). – H. Merki, Ὁμοίωσις θεῷ. Von der platon. Angleichung an Gott zur Gottähnlichkeit bei G. von N., FrSch 1952; dazu Jäger, Gn 1955, 573/80. – J. Muckle, Medieval Stud. 7, 1945, 55/84 (the doctrine on man as the image of God). – Nicosia, MiscStLCA 1956, 23/35 (Platonismo e pessimismo). – Schoemann, Sch 1943, 31/53; 175/200 (Anthropologie). – Söll, ThQ 1951, 178/88 (Mariologie; Weihnachtspredigt MG 46, 1127/50 echt). – W. Völker, G. von N. als Mystiker, Wiesbaden 1955; dazu Langerbeck, ThLZ 1957, 81/90; Völker, VC 1955, 103/28 (Gotteslehre). – A. A. Weiswurm, The Nature of Human Knowledge according to St. G. of N., Wa 1952.

§ 75. Amphilochius von Ikonium († nach 394)

Amphilochius, ein Freund der drei großen Kappadozier und Vetter Gregors von Nazianz, in Antiochien unter Libanius gebildet, wirkte etwa sechs Jahre in Konstantinopel als Advokat und wurde auf Veranlassung des hl. Basilius Bischof von Ikonium (373). Besonders eifrig bekämpfte er den Arianismus und verschiedene unter dem Einfluß des Manichäismus stehende, einer überspannten Aszese huldigende Sekten (Apotaktiten, Gemelliten, Messalianer).

Von seinem umfangreichen Schrifttum haben sich nur geringe Reste erhalten. Die 333 *Jamben an Seleucus* wollen zu einem frommen Leben und erfolgreichen Studium anleiten; 251/319 wird ein kanongeschichtlich wichtiges Verzeichnis der biblischen Bücher geboten. Erhalten sind ferner

8 *Predigten* auf kirchliche Festtage und über Schrifttexte, eine *Abhandlung gegen die Apotaktiten und Gemelliten* in koptischer Übersetzung und ein *Synodalbrief* von 376.

MG 37, 1577/1600 (Jamben); 39, 9/130.– G. Ficker, Amphilochiana 1, 1906.– J. Lebon, CSCO 102, 1933, 143 f (neue Fragm.).– Moss, Mu 1930, 317/64 (Homilie, syr. T, Ü).– Rucker, SbMn 1933, 5, 87/91 (Fragment).– Zetterstéen [E. Sachau, 1915] 223/47 (Homilie über Basilius, wohl unecht; syr. T); OC 1934, 67/98 (Ü). ** Bardy, DSp 1, 544.– Bones, StudBizNeoell 1953, 3/10 (Jamben nicht vor 396).– K. Holl, Amphilochius von I. in seinem Verhältnis zu den großen Kappadoziern, 1904.– R. Laurentin, Court traité de théol. mariale, 1953, 160 (Literatur zur Echtheit der 8 Predigten).– B. Marx, Procliana, Mr 1940, 50; 96 (Homilien); OCP 1941, 355 A. 1.– Ortiz de Urbina, OCP 1957, 186/91 (Mariologia).– Richard [Mél. E. Podechard, 1945] 199/210 (Fragm. 22 unecht).– Rivière, BLE 1945, 129/38 (Erlösungslehre).– A. Tonna-Barthet, DHG 2, 1346/8.– Vööbus, OC 1960, 40/5 (Panegyrikus über Basilius).

Ein jüngerer Zeitgenosse des Amphilochius war Asterius, B. von Amasea in Pontus († um 410). Er hinterließ 16 schwungvolle *Homilien* und *Lobreden* auf Märtyrer. Aus anderen Reden hat Photius (Cod. 271) Auszüge mitgeteilt. Or. 4 bekämpft das heidnische Kalendenfest (1. Jan.). Or. 11, in der ein Gemälde mit Szenen aus dem Martyrium der hl. Euphemia geschildert wird, wurde auf dem 2. Konzil von Nizäa (787) als Zeugnis für die Bilderverehrung vorgelesen.

MG 40, 163/390 (14 Homil.).– A. Bretz, Studien und Texte zu A. von Am., TU 40, 1, 1914 (107/21: 2 Homil.). ** Fecioru, Biserica ortod. rum. 55, 1937, 624/94; vgl. BZ 1939, 241.– M. Schmid, Beitr. zur Lebensgeschichte des A. von Am., 1911.

C. ANTIOCHENER UND SYRER

§ 76. Eustathius von Antiochien

1. Eustathius, Bischof von Antiochien, war ein eifriger Bekämpfer des Arianismus in Nizäa (325) und später. Er wurde 326 (oder 331) von Kaiser Konstantin nach Thrazien verbannt, wo er vor 337 starb. Die meisten seiner Schriften sind verlorengegangen. Vollständig erhalten ist nur seine gegen Origenes gerichtete Abhandlung über die Hexe von Endor, 1 Sam. 28 *(De engastrimytho)*, in der scharfe Kritik an der allegorischen Exegese des Alexandriners geübt wird. E. ist jedoch kein grundsätzlicher Gegner der Allegorese.

Bruchstücke liegen vor von *Adv. Arianos* (8 Bücher), *Adv. Photinum*,

De anima; ferner von exegetischen Schriften über die *Psalmen* und *Prv.* 8, 22. Ein aus Katenenfragmenten rekonstruierter *Brief an Bischof Alexander* von Alexandrien behandelt die Melchisedechfrage.

Altaner, BZ 1940, 30/47 (Rekonstruktion des Briefes an Alexander). – MG 18, 613/704; 707/94 (unechter K zum Hexaemeron). – E. Klostermann, KlT 83, 1912 (Hexe von Endor). – M. Spanneut, Rech. sur les écrits d'E. d'Ant., 1948 (vollständige Sammlung der Fragmente); MSR 1952, 215/20 (Fragm. 21). – F. Cavallera, S. Eust., In Lazarum, Mariam et Martham homilia christologica, P 1905 (unecht; hier auch Sammlung von Fragm.) ** W. Brockmeier, De s. E. ep. Ant. dicendi ratione, Diss. Mr 1932. – Chadwick, JTS 1948, 27/35 (Absetzung 326, nicht 330). – Grillmeier, Chalkedon 1, 124/30 (Gegner der Logos-Sarx-Christologie). – Richard, MSR 1950, 305/10 (zur Ed. von Spanneut); 1951, 113 (Absetzung 331). – Salaville, DThC 5, 1574/6. – Scheidweiler, RhM 1953, 319/29 (Tkr. zu De engastrim.); BZ 1955, 73/85 (Tkr. zu den Fragm.). – Schwartz, SbMn 1924, 6 (Ps.-Athan. sermo maior und Expos. fidei von E.); ZntW 1935, 126/213 (Antiochen. Schisma). – R. V. Sellers, Eust. of Ant. and his place in the early hist. of christ. doctrine, 1928. – Spanneut, DSp 4, 1706/8; DHG 16, 13/23; JTS 1954, 215/20 (position théologique); SP 4, 171/90 (la Bible d'E.). – F. Zoepfl, Der Kommentar des Ps.-E. zum Hexaemeron, 1927.

2. Nach der Verbannung des Eustathius war Antiochien ein Mittelpunkt des Arianismus. Diesen verteidigte Aëtius von Antiochien († 366) in seinem *Syntagmation* (erhalten bei Epiphan. haer. 76, 11). Sein Schüler Eunomius, B. von Cyzikus († um 394), war der dialektisch gewandte Führer der Jungarianer; vollständig sind von ihm nur eine *Apologie* und eine *Expositio fidei* erhalten.

MG 30, 835/68 (Apol.). – Mansi 3, 645/9 (Expos.). ** Abramowski, RACh 6, 936/47 (Eunom.). – M. Albertz, Unters. über die Schriften des E., 1908. – Bardy, RHE 1928, 809/27 (Schriften des A.). – Daniélou, REG 1956, 412/32 (E. l'arien et l'exégèse néoplatonicienne du Cratyle). – Grumel, EO 1929, 159/66 (textes monothélites d'A.). – Spanneut, DHG 15, 1399/1405 (Eunom.). – Vandenbussche, RHE 1944 f, 47/72 (Dialektik des E.).

§ 77. Hegemonius; Titus von Bostra

1. Hegemonius, sonst unbekannt, wahrscheinlich aus Syrien stammend, schrieb auf Grund zuverlässiger Überlieferungen vor 350 eine antimanichäische Streitschrift, die *Acta Archelai.* Der katholische Bischof Archelaus führt seine wohl fingierten Streitgespräche siegreich gegen Turbo, einen Schüler Manis, und vor allem gegen Mani selbst. Diese wichtige Quelle zur Geschichte des Manichäismus ist vollständig nur in einer noch dem 4. Jh. angehörenden lateinischen Übersetzung der griechischen Urschrift erhalten.

MG 18, 1069/1264.– Routh 5^2, 1/206.– Ch. H. Beeson, GCS, 1906.– CCL 9, 325/9 (Ps.-Hegemon. adv. haer.). ** Polotzky, Mu 1932, 18/20 (kopt. Zitate).

Die Acta Archelai gehören zu den älteren christlichen Schriften, die den Manichäismus abwehren wollen. Noch aus dem 3. Jh. stammt das Fragment eines ägyptischen *Hirtenbriefs gegen die Manichäer*. Seit dem 4. Jh. haben besonders Serapion, Titus von Bostra, Ephräm, Epiphanius, Augustinus und Theodoret den Manichäismus literarisch bekämpft. Der Manichäismus enthält zwar auch christliche Elemente, kann aber nicht wie der Gnostizismus als christliche Häresie betrachtet werden, obwohl ihn altchristliche Gegner so werten wollten. Es genügt hier also der Hinweis auf zusammenfassende Darstellungen des Manichäismus und auf Untersuchungen über seine Beziehungen zum Christentum.

A. Adam, Texte zum Manichäismus, KlT 175, 1954.– C. H. Roberts, Catalogue of the Greek and Latin Papyri in the John Rylands Library 3, 1938, Nr. 469 (2. Teil eines Briefes gegen die Manichäer aus dem 3. Jh.). ** P. Alfaric, Écritures manichéennes, 1/2, 1918 f (1, 112/9: Verzeichnis der antimanich. Väterschriften).– Bardy, DThC 9, 1954/7 (antimanichäische Väterschriften).– A. Böhlig, Die Bibel bei den Manichäern, Diss.-Ma, Mr 1947.– Frend, JEH 1953, 13/26 (gnostisch-manichäische Tradition in Nordafrika).– Polotzky, PWK Suppl. 6, 240/71.– H. Ch. Puech, Le Manichéisme, son fondateur, sa doctrine, P 1949; [F. König, Christus und die Religionen der Erde 2, ^{2}1956] 499/564.– J. Ries, EThL 1957, 453/82; 1959, 362/409 (Forschungsbericht).– E. Rose, Christologie des Manichäismus, Diss. Marburg 1942.– Schultz, ThRu 1960, 209/37 (Forschungsbericht).– G. Widengren, Mani und der Manichäismus, St 1961.

2. Titus von Bostra († vor 378), Bischof der Hauptstadt der römischen Provinz Arabien, verfaßte bald nach 363 vier Bücher *Gegen die Manichäer*, griechisch bis 3, 7, in syrischer Übersetzung vollständig erhalten. Im Buch 1/2 sucht er die manichäischen Anschauungen rein philosophisch zu widerlegen. Die Bücher 3/4 verteidigen das AT und NT durch genaue Erklärung mißdeuteter Stellen. Titus ist ein rethorisch geschulter Polemiker.

Von seinen *Lc.-Homilien* sind zahlreiche Katenenfragmente erhalten und außerdem auch syrische Bruchstücke einer *Predigt auf Epiphanie*.

MG 18, 1069/1264.– P. A. de Lagarde, B 1859 (C. Man. syr.); Ndr. Hannover 1924.– J. Sickenberger, TU 21, 1, 1901 (Lc.-Hom.).– Rucker, SbMn 1933, 5, 82/7 (Epiph.-Pred.). ** Baumstark, OC 1931, 23/42 (Mani-Zitate der syr. Ü).– Bellet, SP 1, 10/4 (Excerpts in the Coptic Catena on the Gospels).– Casey, PWK II 6, 1586/91; HThR 1928, 97/111 (the text of the antimanichaean writings).

§ 78. Cyrill von Jerusalem († 386)

Cyrill wurde 348 vom arianisch gesinnten Metropoliten Akacius von Cäsarea zum Bischof von Jerusalem geweiht, kam jedoch als Anhänger des Nizänums mit ihm bald in Konflikt. Zweimal wurde er durch synodalen Spruch (357, 360) und das dritte Mal durch Kaiser Valens (367) abgesetzt und verbannt. Sein letztes Exil dauerte 11 Jahre (bis 378). Nach seiner Rückkehr 362 versuchte Kaiser Julian, den Tempel zu Jerusalem wiederaufzubauen. 381 nahm Cyrill am Konzil von Konstantinopel teil.

Berühmt sind seine 24 *Katechesen* (Ansprachen), die er 348 (oder 350) meist in der von Konstantin erbauten Grabeskirche gehalten hat; sie wurden nach dem Stenogramm eines Zuhörers veröffentlicht.

Außer einer einführenden Ansprache sind die ersten 18 in der Fastenzeit gehaltenen Katechesen für die Taufbewerber (φωτιζόμενοι), die letzten 5 in der Osterwoche vorgetragenen für die Neugetauften (νεοφώτιστοι) bestimmt. Die 5 ersten Reden handeln von Sünde, Buße und Glauben; 6/18 sind eine fortlaufende Erklärung des Taufsymbols von Jerusalem, das dem Symbol der Synode von Konstantinopel 381 sehr ähnlich ist. Am wichtigsten sind die letzten 5 kürzeren Ansprachen über die am Osterfest empfangenen Sakramente: 19 und 20 über die Taufe, 21 die Firmung, 22 die Eucharistie und 23 den Gottesdienst der Gläubigen; diese heißen daher *Mystagogische Katechesen.* Die von Swaans neuerdings wieder geltend gemachten ernsten überlieferungsgeschichtlichen Schwierigkeiten reichen nicht aus, um Cyrill mit Sicherheit die Autorschaft der 5 mystagogischen Katechesen abzusprechen und sie seinem Nachfolger, B. Johannes v. Jerusalem (386–417), zuzuweisen.

Von Cyrill besitzen wir noch eine *Homilie über den Gichtbrüchigen* (Jo. 5), einen *Brief an Kaiser Konstantius* über eine wunderbare Kreuzeserscheinung in Jerusalem und vier kleine *Homilienfragmente.*

A. A. Touttée, P 1720.– MG 33.– W. C. Reischl - J. Rupp, 1/2, 1848/60.– F. L. Cross, Lo 1951 (Prokat. und 5 mystag. Kat., TÜ).– Ph. Haeuser, BKV² 41, 1922 (Ü).– W. Telfer, Cyr. of Jer. and Nemesius of Emesa, Lo 1955 (Ü).– E. A. W. Budge, Miscell. Coptic Texts, 1915, 49/73; 183/230 (unechte T).– F. Diekamp, Anal. patrist., 1938, 10/2 (unechtes Fragm.).– A. Raes, Anaphora C. Hieros., R 1944 (unecht). ** Bardy, DSp 2, 2683/87; DHG 13, 1181/85.– Beukers, VC 1961, 177/84 (cat. 23, 8 aus Zeit 383–86).– Bihain, Mu 1962, 331/55 (Theodoret über C.); Byz 1962, 81/91 (Socrat. h. e. 2, 38, 2 über C.).– Bulacu, Studii teol. 7, 1939, 141/78 (christl. Gewissen nach C.).– Dacquino, SC 1962, 291/306 (La Cresima).– Dölger, AC 3, 100/16 (Cat. 10, 19: Kreuzpartikel).– Garitte, Mu 1963, 95/108 (armen. Ü).– Graf, Gesch. 1, 335/7 (unechte arab. Texte).– J. H. Greenlee, The Gospel Text of C. of J., Kopenhagen 1955, vgl.

ThR 1956, 20 f. – A. Heisenberg, Grabeskirche und Apostelkirche, 1908, 47/89. – Kolandjian, Vestnik Matenadarana 5, 1960, 201/38 (neue armen. Fragm.). – Leclercq, DAL 7, 2390/2 (Liturgie von Jerus.). – Moraitis, Greg. Palamas 30, 1948, 57/9; ... 283/6 (C. als Katechet und Pädagoge). – Nautin, RHE 1961, 33/5 (Todesjahr 387). – Stephenson, SP 1, 142/56 (C. and the Alexandrian gnosis); ThSt 1954, 103/16 (Fastenordnung in Jerus.); 573/93 (Einfluß des Klem. v. Alex. und Orig.). – Swaans, Mu 1942, 1/43 (die 5 mystagog. Kat., ein Werk des Joh. von Jerus.); dagegen Peeters, AB 1943, 270 f; Fruytier, StC 1951, 282/8. – Touton, PrO 1, 1951, 265/85 (katechet. Methode bei Cyr. und Theod. von Mopsv.). – Vogt, AIPh 1949, 593/606 (Kreuzeserscheinungen im 4. Jh.).

Lehre

1. Logoslehre. Cyrill vermied bewußt und grundsätzlich das ὁμοούσιος weil ihm dieser Ausdruck nicht in der Heiligen Schrift bezeugt, vielmehr den Sabellianismus zu begünstigen schien; trotzdem bekämpfte er entschieden alle arianischen Hauptsätze und bekennt Christus als θεὸν ἀληθινόν, θεὸν ἐκ θεοῦ (Cat. 11, 14. 18).

2. Eucharistie und Messe. Die reale Gegenwart Christi in der Eucharistie und die Transsubstantiation (μεταβάλλεσθαι) hat Cyrill klarer als alle Väter vor ihm ausgesprochen. Bei ihm finden wir außerdem die Epiklese und das Totengedächtnis bei der heiligen Messe erwähnt (Cat. 22, 2. 3. 9; 23, 7. 9 f).

C. M. Fruytier, Het woord μυστήριον in de Cat. van C. v. Jer., N 1950. – Jenkinson, EThL 1964, 48/71 (the image and the likenes of god in man). – Lebon, RHE 1924, 181/210; 357/86 (Logoslehre). – Rios, Pax 25, 1935, 77/81 (Eucharistie). – Wolfson, DOP 1957, 1/19 (philosophical implications).

§ 79. Apollinaris von Laodicea († um 390)

Apollinaris, um 310 in Laodicea in Syrien als Sohn eines Presbyters gleichen Namens geboren, wurde um 361 Bischof der nizänischen Gemeinde seiner Vaterstadt. Er war ein Mann von außerordentlicher Gelehrsamkeit, als Schriftsteller gewandt und vielseitig. Mit Athanasius befreundet, erwarb er sich durch Bekämpfung des Arianismus große Verdienste; dabei überwand er wohl dessen trinitarischen, jedoch nicht dessen christologischen Irrtum. Als Exeget folgte er den Grundsätzen der antiochenischen Schule.

Apollinaris leugnete unter dem Einfluß des Arianismus die volle menschliche Natur Christi und sprach dem Erlöser im Anschluß an die platonische Trichotomie nicht zwar die ψυχὴ ἄλογος, wohl aber die vernünftige Seele (νοῦς, ψυχὴ λογική) ab. Christus ist weder ein ganzer Mensch noch Gott allein, sondern eine Mischung aus Gott und Mensch. An die Stelle des νοῦς sei der göttliche Logos getreten; zwei vollkommene Wesen (Gott und Mensch) könnten nicht eins werden, und außerdem würde durch das Vorhandensein des νοῦς die Sündenlosigkeit Christi aufgehoben, weil mit dem νοῦς der freie Wille und damit die Sünde gegeben sei. Dadurch würde die Erlösung ausgeschlossen. Da Apollinaris ferner Natur mit Person gleichsetzte und nicht zwei Personen annehmen konnte, lehrte er folgerichtig nur eine Natur in Christus (μία φύσις τοῦ θεοῦ λόγου σεσαρκωμένη). Die Irrlehre wurde von der Synode von Alexandrien (362), von Papst Damasus (377 u. 382) und vom Konzil von Konstantinopel (381) verurteilt.

1. Die Schriften des Apollinaris sind fast nur insoweit erhalten geblieben, als sie orthodoxen Vätern unterschoben wurden. Bis auf meist unbedeutende Bruchstücke verschollen sind nicht nur seine vielen *Kommentare* zu Büchern des AT und NT, sondern auch seine *apologetischen Werke* gegen Porphyrius (30 Bücher) und Kaiser Julian und seine *dogmatisch-polemischen Schriften* gegen Origenes, Dionysius von Alexandrien, Eunomius von Cyzikus, Marcellus von Ancyra, Diodor von Tarsus und Flavian von Antiochien. Wichtig sind die aus Katenen neugewonnenen Reste seines *Römerbriefkommentars* (besonders zu c. 9/16; ed. Staab). Gleich fern liegen ihm die Wortuntersuchungen der Antiochener wie die Allegorese der Alexandriner. Als Dogmatiker sucht er in erster Linie den Lehrgehalt des Briefes herauszustellen.

2. Von den dogmatischen Schriften sind unter fremdem Namen erhalten: a) unter den Schriften des Gregorius Thaumaturgus (s. S. 211 f) ein *detailliertes Glaubensbekenntnis* (ἡ κατὰ μέρος πίστις); b) drei pseudoathanasianische Schriften: eine Predigt *Quod unus sit Christus; De incarnatio Dei Verbi* und ein an Kaiser Jovian gerichtetes *Glaubensbekenntnis;* c) drei Schriften unter dem Namen des Papstes Julius I. (337–52): *De unione corporis et divinitatis in Christo; De fide et incarnatione* und ein *Brief* an einen Presbyter Dionysius.

3. Die dogmatische Hauptschrift Ἀπόδειξις περὶ τῆς θείας σαρκώσεως läßt sich zum großen Teil aus der Schrift *Antirrheticus* Gregors von Nyssa wiedergewinnen. Eine weitere kleine Schrift *(Recapitulatio)* kann man aus dem 5. pseudoathanasianischen Dialog *De s. trinitate* rekonstruieren.

4. Von den poetischen Werken (Lieder und metrische Bearbeitungen atl. Stoffe), die der christlichen Jugend die durch das Schulgesetz Kaiser Julians entzogenen Klassiker ersetzen sollten, ist nichts erhalten. Eine

Psalmenparaphrase in Hexametern, unter dem Namen des A. überliefert, ist, erst nach 460 geschrieben, unecht.

H. Lietzmann, A. von L. und seine Schule 1, 1904.– J. Flemming-H. Lietzmann, GAb 7, 4, 1904 (syr. T).– Devreesse, ST 201, 128/54 (Oktateuch-Fragm.).– J. Reuß, Kat. (Fragmente, vgl. Index); TU 61, 1/54 (Mt.-K).– de Riedmatten, Chalkedon 1, 203/12 (Fragm. des A. im Eranistes des Theodoret).– Rucker, SbMn 1933, 5, 25 f; 47/50.– Souter [Misc. F. Ehrle 1, 1924] 46/9 (antiapoll. Fragm.).– Staab, Pauluskomm. 57/82.– A. Ludwich, L 1912 (Psalmenparaphrase). ** Aigrain, DHG 3, 962/82.– Bardy, Paul de Samosate, ²1939, 139/44.– Bates, JEH 1961, 139/54 (background of eucharistic teaching).– Gentz, RACh 1, 520/2.– J. Golega, Der homerische Psalter, Ettal 1960.– Grillmeier, Chalkedon 1, 102/17 (Christologie).– Jugie, EO 1936, 257/74 (Heiliger Geist).– Keydell, BZ 1961, 286/90 (Tkr. zur Ps.-Paraphrase).– C. E. Raven, Apollinarianism, C 1923.– de Riedmatten, DSt 1, 1948, 239/60 (Christologie); RTh 1951, 553/72 (Gegner des A.: Athanas. und der Verf. von C. Apoll. und Epiphan.); SP 2, 208/34 (Christologie); RSR 1956, 560/6 (fragments exégétiques); JTS 1956, 199/210; 1957, 53/70 (correspondance entre Basile et A.).– G. Voisin, L'Apollinarisme, 1901.– E. Weigl, Christologie vom Tode des Athanasius..., 1925, 6/18.– Wolfson, DOP 1958, 3/28 (philosophical implications).

§ 80. Epiphanius von Salamis († 403)

Epiphanius, um 315 in einem Dorf bei Eleutheropolis in Judäa geboren, ging für kurze Zeit nach Ägypten zu Mönchen und gründete in seiner Heimat ein Kloster, dem er etwa 30 Jahre lang vorstand. Die Bischöfe von Zypern wählten ihn 376 zum Bischof von Salamis (Konstantia) und damit zum Metropoliten der Insel. Er predigte 390 oder 392 in Jerusalem gegen Origenes und leitete damit die ersten origenistischen Streitigkeiten ein, in denen er mit Hieronymus gegen den B. Johannes von Jerusalem und Rufin kämpfte. Theophilus von Alexandrien mißbrauchte den E. für sein hinterlistiges Vorgehen gegen die origenistischen Mönche der nitrischen Wüste und Johannes Chrysostomus (400). Zu spät durchschaute E. die unlauteren Motive des Theophilus; noch vor dem Spruch der Eichensynode (403) verließ er Konstantinopel und starb auf der Rückfahrt nach Salamis.

Die „Gelehrsamkeit“, die E. wohl auch seinen vielen Reisen verdankte, war nicht gründlich. Er verstand neben Griechisch auch Syrisch, Hebräisch, Koptisch und etwas Lateinisch (nach Hieronym. adv. Rufin. 2, 22; 3, 6). In seinen Schriften ist E. oft ungenau, flüchtig, weitschweifig und formlos. Aber wegen der von E. ausgeschriebenen und heute verlorenen Quellen sind seine Werke doch wichtig.

E. vertritt im Gegensatz zu den Kappadokiern und anderen fortschriftlichen Theologen seiner Zeit einen damals wohl weitverbreiteten Traditionalismus, der nicht durchdacht ist, sondern oberflächlich mit der Bibel gerechtfertigt werden soll. Der Kampf des E. gegen die Bilder entspricht älteren Auffassungen, die auch der gelehrte Eusebius verteidigt hatte. Aber E. geht viel weiter, indem er jede historische Kritik und theologische Spekulation unbesehen verwirft; die Auseinandersetzung zwischen Antike und Christentum beschränkt sich auf bloße Negation. Die Philosophie ist als solche schon der Häresie verdächtig, wofür nach Meinung des E. Origenes und Arius als Beispiele dienen könnten.

1. *Ancoratus* (Ἀγκυρωτός, *Der Festgeankerte*) heißt eine Darstellung der kirchlichen Lehre über die Trinität (2/75), die Menschwerdung (78/82) und die Auferstehung (83/100); viele antihäretische Exkurse sind eingestreut. Am Schluß stehen zwei Glaubensbekenntnisse; wahrscheinlich stand als erstes ursprünglich das *Symbolum Nicaenum,* das dann durch das *Nicaeno-Constantinopolitanum* ersetzt wurde (s. S. 252). Die zweite Formel hat E. selbst verfaßt.

2. *Panarion* (auch als *Haereses* zitiert; Πανάριον, *Arzneikasten*) soll den von giftigen Schlangen, d. h. den Häretikern, Gebissenen durch Gegengifte Heilung bieten. Es ist eine 374–77 geschriebene Darstellung von 80 Häresien (nach Cant. 6, 7), die durch die vielen wörtlichen Auszüge aus verlorenen Quellen sehr wertvoll ist. Zu den Häresien zählt E. auch die heidnischen Philosophenschulen und jüdischen Sekten (9/20). Als Quellen dienten für die frühere Zeit Irenäus und Hippolyts *Syntagma.* Am Schluß finden wir eine zusammenfassende Darlegung des kirchlichen Glaubens *(De fide).*

Ein späterer Auszug aus dem Panarion mit dem Titel Ἀνακεφαλαίωσις *(Recapitulatio)* muß bereits vor 428 entstanden sein, da ihn Augustin für seine Schrift *De haeresibus* benützt hat.

3. Eine 392 verfaßte Schrift mit dem wenig genauen Titel *De mensuris et ponderibus* ist eine biblische Realenzyklopädie. Sie handelt von den Büchern und Übersetzungen des AT, von den in der Bibel vorkommenden Maßen und Gewichten und schließlich von der Geographie Palästinas. Nur der 1. Teil ist griechisch, das ganze Werk in syrischer Übersetzung erhalten.

4. Die Schrift *De XII gemmis* erklärt die 12 Edelsteine im Brustschild des Hohenpriesters allegorisch und zählt in Abhängigkeit von antiken Steinbüchern ihre angeblichen medizinischen Wirkungen auf. Die Schrift ist vollständig nur in georgischer Übersetzung erhalten. Mehr als die Hälfte ist auch lateinisch und armenisch erhalten, ferner gibt es griechische, koptische und äthiopische Fragmente.

5. E. war ein Feind heiliger Bilder (Hieron. ep. 51, 9) und hat wenigstens 3 bilderfeindliche Schriften verfaßt, eine *Abhandlung*, einen *Brief an Kaiser Theodosius I.* und ein *Testament* an seine Gemeinde. Die Bilder sind für E. „eine vom Teufel ersonnene und in die Welt gesetzte Idololatrie"; im *Testament* belegt er den mit dem Anathem, „der es unternimmt, das göttliche Bild des Gott-Logos mit Berufung auf seine Menschwerdung in irdischen Farben anzuschauen".

6. Von *Briefen* sind erhalten ein Fragment über den Ostertermin, ein Brief an arabische Christen (haer. 78) und zwei lateinische Briefe.

MG 41/3.– W. Dindorf, 1/5, 1859/62.– F. Oehler, Corpus haereseolog. 2, 1859/61 (Haer. und Ancor.).– K. Holl, GCS Epiphan. 1/3, 1915/33.– R. P. Blake-H. de Vis, Lo 1934 (De gemmis, georg.; mit armen. und kopt. Fragm.); dazu ThR 1935, 329/35; ZMorgenlGes 1936, 209/20; BZ 1937, 400/8.– R. Bleichsteiner, Jahrb. Österr. Leo-Ges. 1930, 232/70 (Ü des georg. T von De gemmis 6/21).– J. E. Dean, Ch 1935 (De mens. et pond.; syr. T, Ü).– K. Holl, Ges. Aufsätze zur KG 2, 1928, 204/24 (Brief-Fragm. zum Ostertermin); 351/98 (bilderfeindl. Schriften).– CSEL 35, 743/73 (De gemmis, lat. Ü).– CSEL 54, 395/412; 55, 145 f (lat. Briefe).– Lebon, CSCO 102, 1933, 325 f (Zitate aus 3 unbekannten Briefen); [Misc. Mercati, 1] 145/74 (8 bisher unbekannte Brieffragm.).– J. Hörmann, BKV² 38, 1919 (Ü). ** Amand, Fatalisme 440/60.– Fraenkel, RevThéolPhil 1962, 175/91 (Histoire sainte et hérésie d'après le tome I du Panarion).– Graf, Gesch. 1, 356/8, 548 f.– Jouassard, Gr 1961, 5/36 (Mariologie bei E. und Ambrosius).– Kelly, Early christian creeds, 1950, 318/22; 335/8 (Glaubensbekenntnisse).– Mercati, OM 1, 1937, 20/92 (De mens. et pond.).– Nautin, DHG 15, 617/31.– G. Ostrogorsky, Stud. zur Gesch. des byz. Bilderstreites, 1929 (geg. Holl); dagegen F. Dölger, GA 1929, 353/72.– Riedinger [Misc. critica, Teubner-Festschrift 1964] 1, 218/39 (E.-Paraphrase des Ps.-Caesarius).– Schneemelcher, RACh 5, 909/27.– Smothers, AmerEcclRev 125, 1951, 355/72 (assumptio B. M. V.).– Tandonnet, DSp 4, 854/61.– Tetz, ThZ 1955, 466 f (2 Fragm. De fide).– Villain, RSR 1937, 5/18 (1. Origenistenstreit).

7. Von den vielen Schriften, die E. unterschoben sind, ist am wichtigsten der *Physiologus*, ein aus dem 4. Jh. stammendes Buch christlicher Natursymbolik, das in zahlreichen Bearbeitungen und Übersetzungen großen Einfluß auf Literatur und Kunst ausgeübt hat.

MG 43, 517/34.– F. Lauchert, Gesch. des Physiol., 1889 (T, Untersuchungen).– F. Sbordone, Physiol., Mi 1936.– F. J. Carmody, Physiol. latinus, 1941.– van Lantschoot, BBI 2, 1950, 339/63 (kopt. Fragm.); Mu 1959, 37/51 (Fragm. syriaques).– E. Peters, Der griech. Physiol. und seine oriental. Übers., 1898 (Ü).– O. Seel, Der Physiol. Frühchristl. Natursymbole, Zü 1960 (ÜK). ** Perry, PWK 20, 1, 1074/1129.– Peterson, Frühk. 236/53 (asket.-enkratitische Spiritualität; 1. Rezension nach 385).– Sbordone, Athenaeum 1949, 246/80 (tradizione manoscritta del Ph. latino).– U. Treu, ZntW 1959, 113/22 („Otterngezücht").– M. Wellmann, Der Physiol., 1930.

E. A. W. Budge, Misc. Coptic Texts, 1915, 120/46; 699/724 (Marienpredigt).– Botte, Mu 1960, 311/5 (Fragm. einer unbekannten E.-Anaphora, 450–692).–

Devreesse, RB 1936, 216f (Hom. in Gn.). – Engberding, Mu 1961, 135/42 (E.-Liturgie). – Martin, RHE 1935, 365/9 (Hom.-Ms.). – P. Nautin, Le dossier d'Hippol. et de Méliton, P 1953, 154/9 (ed. unbek. Hom. des Ps.-Epiph.). – Vaillant, Radovi staroslavenskog instituta 3, Zagreb 1958, 5/100 (L'homélie sur l'ensevelissement du Christ).

§ 81. Diodor von Tarsus († vor 394)

Diodor erwarb sich in seiner Heimatstadt Antiochien und in Athen eine gründliche weltliche und theologische Bildung; dann wirkte er lange Zeit als Klostervorsteher und Lehrer in Antiochien, wo er den Ruhm der dortigen Exegetenschule begründete. Johannes Chrysostomus und Theodor von Mopsvestia waren seine bedeutendsten Schüler. Kaiser Valens verbannte ihn aus Antiochien; nach dem Tod des Kaisers wurde D. 378 Bischof von Tarsus.

Während seines ganzen Lebens galt D. als rechtgläubiger Lehrer und stand als Bekämpfer des Heidentums und verschiedener Häresien in Ansehen. Erst 438 wollte ihn Cyrill von Al. für den Nestorianismus verantwortlich machen, und schließlich verurteilte ihn eine Synode von Konstantinopel 499 in diesem Sinne. Das veranlaßte den Untergang der zahlreichen Schriften des Diodor.

Seine schriftstellerische Tätigkeit war ungewöhnlich vielseitig. Ebedjesu († 1318) gibt die Zahl seiner Schriften mit 60 an. D. hinterließ außer naturwissenschaftlichen Werken zahlreiche dogmatische Abhandlungen, ferner polemisch-apologetische Schriften gegen die Manichäer, Porphyrius, die Juden, gegen mancherlei Häresien wie die Eunomianer, Apollinaristen, Melchisedekiten und vor allem historisch-grammatisch erklärende Schriftkommentare, die in ausgesprochenem Gegensatz zur Allegorese der Alexandriner standen. Nach dem Zeugnis des Theodor Lector bei Suidas hat D. alle Bücher des AT erklärt, vom NT die Evangelien, Apostelgeschichte, Römerbrief und 1 Joh.

Größere Fragmente sind erhalten, außer von seiner Schrift *De fato* (bei Photius, cod. 223), in einer Oktateuchkatene und einer Katene zu Rom. L. Mariès spricht ihm einen noch unedierten, unter dem Namen des Bischofs Anastasius III. von Nizäa vollständig erhaltenen *Psalmenkommentar* zu.

Offenbar zu Unrecht haben Harnack und Fetissof dem D. vier ps.-justinische Traktate zugeschrieben (s. S. 68; 340).

MG 33, 1561/1628 (Fragm.). – P. de Lagarde, Anal. syriaca, 1858, 91/100 (syr. Fragm.). – R. Abramowski, ZntW 42, 1949, 16/69 (Schriftenverzeichnis;

Fragmente und Zitate, TÜ).– Brière, ROC 1946, 231/83 (syr. Fragm.; TÜ).– Devreesse, ST 201, 155/67 (Oktateuch-Fragm.).– Staab, Pauluskomm. 83/112 (Rom.).– SchAC 1, 5, 177/9. ** R. Abramowski, ZntW 1931, 234/62 (theol. Nachlaß).– L. Abramowski, DHG 14, 495/504; ZKG 1955 f, 252/87 (Streit um D. zwischen den beiden ephesin. Konzilien).– Amand, Fatalisme 461/79.– Bardy, DSp 3, 986/94.– P. Doll, Diss. Bonn 1923 (Κατὰ εἱμαρμένης).– A. Harnack, D. von T., TU 21, 4, 1901 (4 ps.-justin. Schriften von D.); dagegen F. X. Funk, Kgl. Abh. 3, 1907, 323/50.– Jugie, Euntes docete 2, 1949, 171/90 (Christologie auf Grund der Fragm.).– Jaeger, RhM 1960, 168/71 (Photius über D.).– Leconte [Mél. A. Robert, 1957] 531/6 (L'ascéterium de D.).– L. Mariès, Études prélim. à l'édition de D. de T. „Sur les Psaumes", P 1933; auch RSR 1932, 385/408; 513/40.– Richard [Mél. F. Grat, P 1946] 1, 99/116 (dogm. Fragm.); Byz 1950, 219/22 (Ps.-K unecht).– Schweizer, ZntW 40, 1942, 33/75 (D. als Exeget).– F. A. Sullivan, The Christology of Theodore of M., R 1956, 181/96 (Christologie des D.).– Vaccari, Bi 1920, 3/36; 1934, 94/101 (la „teoria" eseget. antiochena).

§ 82. Theodor von Mopsvestia († 428)

Theodor, um 352 in Antiochien geboren, war zusammen mit Johannes Chrysostomus Schüler des heidnischen Rhetors Libanius und des Diodor. Mit ungefähr 20 Jahren ging er mit seinem Freunde Johannes in ein Kloster nahe Antiochien; als er plötzlich das Mönchsleben aufgeben wollte, um sich dem juristischen Studium zu widmen und zu heiraten, führte ihn der Mahnbrief des Johannes in das Kloster zurück (s. S. 327). Um 383 wurde Th. Presbyter in Antiochien und 392 Bischof von Mopsvestia in Kilikien, wo er 428 starb.

Mit einem in der alten Kirche ganz ungewöhnlichen kritischen Scharfsinn kommentierte dieser größte Exeget der antiochenischen Schule fast die ganze Bibel. Die nestorianische Kirche beruft sich auf ihn als „den Schrifterklärer" schlechthin. Aber auch viele theologische Fragen seiner Zeit behandelte er in durchaus selbständiger Weise in eigenen Schriften. Ebenso wie sein Lehrer Diodor galt er während seines Lebens als orthodox, und erst nach seinem Tod wurde er während des Kampfes um Nestorius, der sein Schüler war, als christologischer Häretiker angegriffen; gegen ihn schrieb Cyrill von Alexandrien (s. S. 286). Das 5. allgemeine Konzil von Konstantinopel (553) hat mit den „Drei Kapiteln" auch ihn und seine Schriften als nestorianisch verurteilt. Die Folge davon war der Untergang fast seines ganzen Schrifttums. M. Richard, E. Amann, R. Devreesse und A. Grillmeier zeigen, daß Theodor sich große Verdienste im Kampf gegen den Apollinarismus erworben hat und ihm die klare Herausarbeitung der auf dem Konzil von Chalcedon formulierten Zweinaturenlehre (Christus = Logos-Mensch, nicht bloß Logos-Sarx) zu danken ist. Überdies haben Richard und Devreesse dargetan, daß die Texte, auf Grund deren er 553 als Vater des Nestorianismus verurteilt wurde, zumeist als unterschoben zu gelten haben. Seine in jüngster Zeit zumal in syrischer Übersetzung bekanntgewordenen Schriften zeigen, daß er in der Christologie im wesentlichen orthodox lehrte, auch wenn seine Terminologie teilweise noch unzulänglich und mißdeutbar gewesen ist. Man darf von Theodor, den seine in jüngster Zeit entdeckten Schriften weithin entlastet haben, nicht die erst in Chalcedon erarbeitete begriffliche Klarheit erwarten.

MG 66 (ungenügend). – A. Sanda, Severi Philalethes, 1928 (Fragm.). – SchAC 1, 5, 23/5; 173/7 (verschiedene Texte). ** L. Abramowski, ZKG 67, 1955 f, 252/87 (Streit um Diodor und Theodor 431–49); 1961, 263/93 (Theologie). – Amann, DThC 15, 235/79; RevSR 1934, 161/90 (Christologie fast orthodox). – Arnou, Gr 1936, 116/31 (Christologie abhängig vom Neuplaton.). – Carter, VC 1962, 87/101 (Ad Theod. laps. and the early chronology of Th.). – R. Devreesse, Essai sur Th. de M., ST 141, 1948 (dazu Sullivan, ThSt 1951, 179/207); Rb 1946, 207/41 (exeget. Methode). – Grillmeier, Chalkedon 1, 120/59 (Christologie). – R. A. Greer, Th. of M., exegete and theologian, 1961. – Gross, ZKG 65, 1953/4, 1/15 (Th. Gegner der Erbsündenlehre). – McNamara, IThQ 1957, 175/84 (the problem of Th.). – McKenzie, ThSt 1958, 345/73 (Christology). – R. A. Norris, Jr., Manhood and Christ. A study in the christology of Th. of M., O 1963. – Opitz, PWK II 5, 1881/90. – F. A. Sullivan, The Christology of Th. of M., R 1956; ThSt 1959, 264/79 (further notes on Th.). – de Vries, OCP 1941, 91/148 (der „Nestorianismus" in der Sakramentenlehre des Th.; gegen Amann, 1934); 1958, 309/38 (eschatolog. Heil). – Vosté, Rb 1925, 54/81 (chronologie de l'activité littéraire); 1942, 477/81 (syr. Ü der Schriften). – U. Wickert, Studien zu den Pauluskommentaren Th.s von M. als Beitrag zum Verständnis der antiochenischen Theologie, 1962. – Vööbus, CH 1964, 115/24 (theological anthropology).

1. Von den Kommentaren zum AT sind ganz oder zum großen Teil erhalten: a) *Der Psalmenkommentar*, den Th. ungefähr im Alter von 20 Jahren schrieb, konnte von R. Devreesse für die Ps. 32/80 fast vollständig aus Katenen wiederhergestellt werden. Für die Ps. 1/31 liegen nur kleine Fragmente vor. Durch eine altlateinische Übersetzung ist der Kommentar zu Ps. 1/16, 11 vollständig, zu Ps. 16, 12/40, 13 in größeren Fragmenten erhalten. b) *Der Kommentar zu den Kleinen Propheten* ist als einzige Schrift vollständig im griechischen Urtext erhalten.

MG 66, 448/696 (Fragm. des Ps.-K, etwa zur Hälfte unecht). – R. Devreesse, Le commentaire de Th. de M. sur les Psaumes (I–LXXX), ST 93, 1939. – Jansma, Mu 1962, 63/92 (syr. Fragm. des Genesis-K). – Tonneau, Mu 1953, 45/64 (syr. Fragm. des Gen.-K, Ü). ** Brunet, Ét. et rech. 9, 1955, 155/70 (Th. et le cantique des cant.). – Bulhart, WSt 54, 1941, 134/45 (Tkr. zum lat. Ps.-K). – Devreesse, Rb 1936, 364/83 (Oktateuch). – Mercati, OM 2, 66/72 (Ps.-K). –

Vaccari, Bi 1942, 1/17 (Tkr. zum Ps.-K); [Misc. Mercati, 1946] 1, 175/98 (Ps.-K).– Vosté, Bi 1944, 210/35; 261/96 (Ps.-Titel); Ang 1942, 179/98 (Ps.-K).

2. Von den Kommentaren zum NT sind erhalten: a) *Der Kommentar zum Johannesevangelium* in syrischer Übersetzung und in zahlreichen griechischen Katenenfragmenten. b) *Der Kommentar zu den 10 kleinen Paulusbriefen* in einer lateinischen Übersetzung des 5. Jh.; größere Katenenfragmente gibt es von den Kommentaren zu Rom., 1/2 Cor. und Hebr.

J. B. Chabot, P 1897 (Joh.).– Devreesse, ST 141, 1948, 305/419 (Griech. Fragm. des Joh.-K).– Reuß, Kat. (Index); TU 61, 96/150 (Mt.-K).– Staab, Pauluskomm. 113/212 (große Paulusbriefe).– H. B. Swete, 1/2, C 1880/2 (kleine Paulusbriefe; dogmat. Fragm.).– I. M. Vosté, Th. M. commentarius in Ev. Joh., CSCO 115 f, 1940 (syr. T, Ü). ** de Bruyne, Rb 1935, 305 (Ms.-Fragm. von 2 Tim.).– Dekkers, SE 1954, 429/33 (Ms. zum K der Paulusbriefe).– McKenzie, ThSt 1935, 73/84 (Joh.-K).– K. Schäferdiek, Das Johannesverständnis des Th. von M., Diss. Bonn 1958.– U. Wickert, Studien zu den Pauluskomm. Th.s von M. als Beitrag zum Verständnis der antiochenischen Theologie, 1963; ZntW 1962, 51/66 (Persönlichkeit des Paulus in den Paulus-K).

3. Das 1905 in Seert in einer syrischen Hs. entdeckte dogmatische Hauptwerk *De incarnatione* ist in den Wirren des ersten Weltkriegs zugrunde gegangen. Seine 392 in Anazarbus geführte *Disputatio cum Macedonianis* ist syrisch überliefert.

Mingana, WS 7, 1934, 95 f; 109 f (Fragm. De sacerdotio; De perfectione).– F. Nau, PO 9, 5, 1913 (Disput.). ** L. Abramowski, Mu 1958, 97/104 (unbekanntes Zitat aus C. Eunom.).– E. Bihain, Mu 1962, 331/55 (C. Eunom.).– Galtier, RSR 1957, 161/86; 338/60 (vraie pensée sur l'incarnation).– Richard, Mu 1943, 55/75 (Fragm. von Περὶ τῆς ἐνανθρωπώσεως); MSR 1945, 21/9 (Hypostase-Begriff).

4. *Die katechetischen Homilien*, die 1932/33 von A. Mingana in einer syrischen Übersetzung veröffentlicht wurden, sind für die Liturgiegeschichte und die Kenntnis der Theologie des Th. sehr wichtig. Die Homilien erklären das Symbolum (1/10), das Gebet des Herrn (11), die Taufliturgie (12/14) und die Eucharistie (15/16). Wahrscheinlich hat Th. diese Katechesen noch als Presbyter in Antiochien zwischen 388 und 392 gehalten.

A. Mingana, WS 5 f, 1932 f (Katechesen, TÜ).– R. Tonneau - R. Devreesse, Homél. catéch., ST 145, 1949 (Reprod. phototypique, Ü).– A. Rücker, Ritus bapt. et missae, Mr 1933 (lat. Ü). ** Casel, JL 13, 96/126 (Kultmysterium).– Devreesse, RevSR 1933, 425/36.– Dölger, AC 4, 230/2 (Liturgie).– Jugie, EO 1935, 257/71 (Eucharistielehre).– Lécuyer, RSR 1949, 481/516 (Priestertum und Eucharistie).– Lietzmann, SbB 1939, 915/36 (Liturgie).– Quasten, HThR 1942, 209/19 (Exorzismus); ThSt 1954, 431/39 (liturgical mysticism).– F. J. Reine, The Euch. Doctrine and Liturgy of the Mystagog. Cat. of Th. of M., Wa 1942.–

Touton, PrO 1, 1951, 265/85 (katechet. Methode). – van Unnik [Mél. Ch. Mohrmann, 1963] 12/22 (παρρησία). – Vosté, OCP 1943, 211/28.

Polychronius, der Bruder des Th., war Bischof von Apamea in Syrien († um 430) und schrieb als bedeutender Exeget der antiochenischen Richtung *Kommentare* zu atl. Büchern. Durch Katenen sind Bruchstücke zu Jeremias (?), Ezech., Dan. und Job erhalten.

MG 93, 13/470. ** O. Bardenhewer, Polychronius, 1879. – Bertini, Bi 1923, 239/42 (Job-Katene). – Dieu, RHE 1913, 685/701 (Jerem.-K).

§ 83. Johannes Chrysostomus († 407)

Johannes, seit dem 6. Jh. Chrysostomus (Goldmund) genannt, wurde zwischen 344 und 354 in Antiochien als Sohn einer vornehmen Familie geboren und von seiner frommen Mutter Anthusa, die mit 20 Jahren Witwe geworden war, erzogen. Seine Lehrer waren der Philosoph Andragathius und der berühmte Rhetor Libanius (365). Wie andere große Kirchenväter des 4. Jh. empfing auch J. die Taufe erst als Erwachsener (372). Zunächst führte er im Hause seiner Mutter ein aszetisches Leben, dann weilte er 4 Jahre lang unter der Leitung eines alten Eremiten und 2 Jahre lang allein als Mönch in den Bergen bei Antiochien. Schon seit seiner Taufe empfing er zusammen mit Theodor (später Bischof von Mopsvestia) durch Diodor (später Bischof von Tarsus) theologischen Unterricht. Seine geschwächte Gesundheit zwang ihn zur Rückkehr in die Stadt, wo er 381 Diakon und 386 Presbyter wurde. Bis 397 wirkte er als Prediger an der Hauptkirche von Antiochien; hier hielt er seine besten exegetischen Homilien und begründete seinen Ruf als Prediger. Seine Beredsamkeit zeigte sich besonders in den 21 Homilien, die er 387 anläßlich eines wegen Steuererhöhung entstandenen Aufruhrs hielt, bei dem die kaiserlichen Bildsäulen umgestürzt wurden (Säulenhomilien). In der letzten Predigt am Osterfest konnte J. mitteilen, daß Bischof Flavian in Konstantinopel vom Kaiser für die Stadt volle Amnestie erwirkt habe.

Im Jahre 397 wurde J. auf Befehl des Kaisers Arkadius durch eine List nach Konstantinopel entführt und trotz seines Sträubens zum Nachfolger des verstorbenen Patriarchen Nektarius bestimmt; Theophilus von Al. mußte ihn zum Bischof ordinieren (26. 2. 398). In Konstantinopel lebte J. sehr einfach und tat viel für die Armen und Kranken. Er versuchte allerlei kirchliche Mißstände abzustellen; u. a. ließ er auf einer Synode in Ephesus mehrere simonistische Bischöfe absetzen. Durch die politischen Wirren und Intrigen, die dem Sturz des mächtigen Ministers Eutropius (399) folgten, zog er sich auch den Haß der Kaiserin Eudoxia zu. Seine Hauptgegner wurden die Bischöfe Severian von Gabala, Akacius von Beröa, Antiochus von Ptolemais, vor allem aber der machtlüsterne Theophilus von Alexandrien, der die frühere Vormachtstellung seiner Kirche im Osten retten wollte, die seit 381 durch den Bischof der Kaiserstadt gefährdet erschien.

Als sich Theophilus wegen verschiedener von den Mönchen der nitrischen Wüste erhobener Anklagen in Konstantinopel verantworten sollte (402), gab er J. die Schuld und holte zum Gegenschlag aus. Im August 403 hielt er auf der von 36 Bischöfen besuchten Eichensynode — so benannt nach dem Landgut Δρῦς bei Chalkedon — über J. Gericht und ließ ihn wegen seiner dreimaligen Weigerung zu erscheinen, absetzen; J. wurde vom Kaiser verbannt.

Da ein Unfall im Palast die Kaiserin in Schrecken versetzt hatte, wurde J. schon am nächsten Tage zurückgerufen. Nach zwei Monaten fühlte sich die Kaiserin durch eine Predigt des J. beleidigt, so daß seine Gegner von neuem gegen ihn tätig werden konnten. Mit Waffengewalt wurde in der Osternacht die Taufe verhindert und gegen J. ein Mordanschlag versucht. Es mißlang zwar der Versuch, J. durch eine neue Synode absetzen zu lassen, aber die bischöflichen Gegner erwirkten vom Kaiser erneut ein Verbannungsdekret, dem J. alsbald folgte (9. 6. 404), um Ruhestörungen zu vermeiden. Der erste Verbannungsort war Kukusus in Armenien; als J. drei Jahre später nach dem fernen Pityus am Ostufer des Schwarzen Meeres gebracht werden sollte, starb er auf dem Wege in Komana in Pontus (14. 9. 407).

In Konstantinopel verfolgte man unterdessen die Anhänger des J. als Johanniten, weil sie mit den neuen Patriarchen Arsacius († 405) und Atticus († 425) keine Kirchengemeinschaft halten wollten. Auch Papst Innozenz I. und das ganze Abendland traten für J. ein und hoben eine Zeitlang die Kirchengemeinschaft mit Konstantinopel auf.

Kaiser Theodosius II., der Sohn der Eudoxia, ließ die Gebeine des Heiligen am 27. 1. 438 in der Apostelkirche zu Konstantinopel feierlich beisetzen.

Der schriftliche Nachlaß des J. ist umfangreicher als der aller anderen Schriftsteller des Ostens, soweit ihre Werke erhalten sind. Im Westen ist ihm nur Augustinus vergleichbar. Inhaltlich bieten die Schriften des J. nicht nur dem Theologen, sondern auch dem Kulturhistoriker reichliches Material. J. war vor allem Prediger und praktischer Seelsorger; er ist der bedeutendste Homilet der griechischen Kirche. Der größte Teil der Schriften besteht daher aus Homilien und anderen Reden, die häufig von Stenographen aufgezeichnet und danach veröffentlicht wurden; es gibt aber auch Predigttexte, die wahrscheinlich nur geschrieben, aber nicht wirklich vorgetragen wurden. Die Predigten, die oft zwei Stunden dauerten, haben die griechischen Zuhörer infolge ihrer rednerisch wirksamen Darbietung nicht ermüdet. Sie erschienen ihnen meisterhaft belebt durch Bilder und Gleichnisse, Anknüpfungen an Zeitumstände und interessante Abschweifungen.

B. de Montfaucon, 1/13, 1718/38.– H. Savile, 1/8, 1612.– MG 47/64.– Ch. Baur - J. Jatsch - A. Naegle - W. Stoderl, BKV² 23; 25/7; 39; 42; II 15, 1915/36 (Ü). ** Altaner, HJB 61, 1941, 212/26 (altlat. Ü).– D'Alton, IER 1935, 225/38 (J. im Exil).– Balducci, Atti IV. Congr. naz. di studi. rom. 1, 1938, 303/10 (J. und Eudoxia).– Bardy, DThC 8, 660/90.– Ch. Baur, S. J. Ch. et ses œuvres dans l'hist. litt., Lou 1907; Der hl. Joh. Ch. und seine Zeit, 1/2, Mn 1929 f; engl. Ü, 1/2, Lo 1960 f (mit neuerer Bibliographie).– Carter, Tr 1958, 367/71 (kingship and tyranny); Tr 1962, 357/64 (chronology of early life: birth 349, baptism 368).– Cataudella, Athenaeum 1940, 236/43 (Aristophanes bei J.).– Coleman-Norton, ClPh 1930, 305/17 (griech. Philosophen); 1931, 85/9 (Fl. Josephus); 1932, 213/21 (griech. Dichter).– M. Costanza, De heil. J. Chrys., Haarlem 1952.– Demougeot, StBNeoell 1953, 44/54 (Sympathieerklärung f. den Verbannten).– Dumortier, MSR 1953, 53/62 (la culture profane de J.).– Ettlinger, Tr 1960, 373/80 (date of birth in the treatise Ad. vid. iun.: 340–50).– C. Fabricius, Zu den Jugendschriften des J. Chr. Unters. zum Klassizismus des 4. Jh., Lund 1962.– A. J. Festugière, Antioche païenne et chrétienne, 1959 (Libanius, J. Chr., syr. Mönche).– Graf, Gesch. 1, 337/54.– Honigmann, ST 173, 54/8 (Übersetzer Anianus v. Celeda).– Jones, HThR 1953, 171/3 (Abstammung und Erziehung).– Kyriakides, Λαογραφία 1936, 634/41 (Volkskundliches).– L. M. Laistner, Christianity and Pagan Culture in the Later Roman Empire, Ithaca, NY 1951 (hier auch Ü v. De inani gloria).– Lietzmann, PWK 9, 1811/28.– Lyonnet, RSR 1939, 335/51 (J. Chr. et s. Jérôme sur Jacques, le Frère du Seigneur).– Malingrey, SP 3, 81/4 (zu einer krit. Edition).– A. Moulard, J. Chr., sa vie, son œuvre, 1949.– Peradze, OC 1931, 97/107 (georg. Ü).– A. Puech, S. Jean Chr., ⁵1905.– Schiwietz, Mönchtum 3, 254/73; 290/3 (J. als Mönch).– Schwartz, ZntW 1937, 168/81 (Theophilus und J.).– Siegmund, Überlief. 91/101.– M. Striedl, Antiker Volksglaube bei J. Chr., Diss. Wü 1948.– Wilmart, JTS 19, 1917/18, 305/27 (la collect. des 38 homél. lat.).

1. Die exegetischen Homilien. J. hat eine große Zahl biblischer Bücher erklärt. Er sucht den historischen Sinn der Texte nach den Grundsätzen der antiochenischen Schule zu erläutern. Kein Kirchenvater hat den heiligen Text so gründlich und zugleich so praktisch erklärt wie er, und auch heute noch liest man seine Homilien nicht nur mit Frucht und Genuß, sondern, vom exegetischen Standpunkt aus gesehen, auch oft mit voller Zustimmung, was man von den Predigten der andern Väter, Augustinus eingeschlossen, nicht immer sagen kann.

a) 2 *Homilienserien zur Genesis* (9 aus dem Jahre 386; 67, wahrscheinlich 388 gehalten); eine Reihe von *Homilien zu* 58 ausgewählten *Psalmen;*

6 *Homilien zu Isaias 6;* wahrscheinlich ist auch der armenisch überlieferte *Kommentar zu Is. 8/64* echt. Andere Homilienserien zu atl. Büchern sind nicht sicher echt.

b) Von ntl. Homilien sind zu nennen: 90 *Homilien zu Mt.; 7 Homilien zu Lc. 16, 19/31;* 88 *Homilien zu Joh.;* 3 Reihen von *Homilien zu Act.* (55, 4 und 4 Homilien).

Von glühender Begeisterung war J. für den Apostel Paulus erfüllt. In seinen *Homilien zu den Paulusbriefen* hat er sämtliche Paulusbriefe erklärt; die Homilien zum Römerbrief dürften am besten gelungen sein.

F. Field, 1/3, C 1839 (Hom. in Mt.); 1/7, O 1845/62 (Paulusbriefe). – Th. A. Goggin, FathCh 33; 41, 1957/60 (Commentary on St. John, Ü). – Max von Sachsen, 1/2, Rb 1910 f (Mt., Ü); 1/2, Pa 1913 f (Gn., Ü). – C. Piazzino, To 1939 (Homil. zu Col., TÜK). – C. Tirone, Siena 1962 (K zu 1/2 Cor., Ü). ** Akinian, HA 1934, 43/55 (armen. Is.-K). – Auetisean, Sion 9, 1935, 21/4 (Prol. und 1/2, 2 des Is.-K, armen.); vgl. OC 1937, 152. – M. von Bondorf, Zur Predigttätigkeit des J. Chr., Hel 1922 (Entstehungszeit der ntl. Hom.). – Costanza, StC 1952, 145/54 (Entstehungszeit d. Hom. zum Eph.-Brief). – C. D. Dicks, The Mt.-Text of Chr. in his Hom. on Mt., Diss. Ch 1946/7. – J. Förster, Die Exegese des 4. Ev. in den Joh.-Hom. des Chr., Diss. B 1951. – P. W. Harkins, ThSt 1958, 404/12 (Text trad. of Comm. on John). – Hoffmann-Aleith, ZntW 38, 1939, 181/8 (Paulus). – Kaupel, ThGl 1938, 17/24 (AT in Rom.-Hom.). –Markowicz, ThSt 1963, 652/64 (Sermons on Genesis). – A. Méan, Ét. des hom. que J. Chr. a prononcées sur le 1. chap. de l'ép. aux Rom., Neuchâtel 1930. – Mercati, ST 158, 1952 (omelie sui Salmi). – Merzagora, Did 1931, 1/73 (J. als Pauluserklärer). – Naegle, ThQ 1935, 117/42 (Abfassungszeit der Tim.-Hom.). – New, HThR 1931, 121/42 (Mc.-Text). – Prümm, Bi 1948, 161/96; 377/400 (zu 2 Cor. 3, 1–4, 6). – N. M. Robertson, St. J. Chr. as New Test. Commentator, Diss. St. Andrews 1951. – Smothers, RSR 1937, 513/48 (Text der Act.-Hom.); RSR 1951, 416/27 (z. Act. 20, 13 f); HThR 1953, 203/15 (z. Act. 15, 4); SP 1, 53/7 (zur ed. crit. der Hom. in Act.; ungeglättete Rezension ist ursprünglich).

2. Predigten zu besonderen Anlässen. Hier seien genannt die berühmten *Homiliae 21 de statuis* (s. S. 322); 2 *Predigten* über die Vergänglichkeit und Nichtigkeit alles Erdenglücks anläßlich des Sturzes des Ministers Eutropius (399); die *Rede über die Unüberwindlichkeit der Kirche,* kurz vor seinem Gang ins Exil 403 gehalten. In seinen *Lobreden* auf Heilige des AT, Märtyrer, Bischöfe der antiochenischen Kirche feiert er u. a. Job, Eleazar, die makkabäischen Brüder, den hl. Paulus (in 7 Homilien), die Märtyrer Romanus, Barlaam, Pelagia, die Bischöfe Ignatius, Babylas, Eustathius, Meletius, seinen Lehrer Diodor von Tarsus. Dogmatisch-polemische Ziele verfolgen die 12 *Homilien* gegen die Anomöer *über die Unbegreiflichkeit Gottes* und die Wesenseinheit des Sohnes mit dem Vater. In 8 wenig freundlichen *Predigten gegen die Juden* (386/87) warnt J. vor der Teilnahme an jüdischen Festen und Bräuchen. 3 *Predigten*

hielt er über den *Teufel,* 9 über die *Buße,* 1 gegen den *Neujahrsaberglauben,* 1 gegen *Theater und Zirkus.* Liturgiegeschichtlich wichtig sind die 12 *Katechesen für Täuflinge* (in Antiochien), von denen 7 erst durch A. Wenger bekannt geworden sind. Von *Predigten* auf kirchliche Feste seien genannt: auf das Weihnachtsfest (386), von dem er bemerkt, es sei vor kaum 10 Jahren von Rom nach Antiochien gekommen; auf Epiphanie, Ostern, Christi Himmelfahrt.

R. Flaceliere - F. Cavallera - J. Daniélou, SCh 28, 1951 (Sur l'incompréhensibilité de Dieu, TÜK).– A. Wenger, Jean Chr., Huit catéchèses baptismales inédites, SCh 50, 1957 (TÜK).– J. Pantini, J. Chr., Hom. en defensa de Eutropio, Ma 1958 (TK).– Wenger, REB 1961, 110/23 (L'hom. „A son retour d'Asie"; TK).– W. Harkins, S. John Chr., Baptismal instructions, ACW 31, 1963 (Ü).– M. Pellegrino - G. Cris, Ricchezza e povertà, Siena 1938 (8 Hom., Ü).– M. Haidenthaller, J. Chr.: Nachweis der Gottheit Christi. Acht Predigten über atl. Gesetz und Evangelium, Linz 1951 (Ü). ** Bartolozzi [P. Ubaldi, 1937] 125/32 (2 Hom. auf Romanus).– Bickersteth, StBNeoell 1953, 401/4 (J. zum Fest d. Hypapante).– E. F. Bruck, Kirchenväter und soziales Erbrecht, Hei 1956 (kirchl.-soziales Erbrecht; Gesinnung des Schenkers).– M. A. Burns, S. J. Chr. Homilies on the Statues, Wa 1930.– A. Carillo de Albornoz, J. C. y su influencia social en el imperio bizantino, Ma 1934 (u. a. über 52 Mss.).– Green, SP 6, 48/90 (the pre-baptismal seal).– Halton, Tr 1964, 1/24 (6 Hom. De fato, MG 50, 749/74 echt).– Leroux, SP 3, 233/9 (Hom. sur les Statues).– Martin, Mu 1941, 30/3; 48/52 (MG 56, 385/94 echt).– Mitchell, AThR 1961, 397/403 (baptismal rite).– Powell, JTS 1938, 132/40 (Palimpsest der Hom. Adv. Jud.).– Racle, VC 1961, 46/53 (cat. bapt. 7, 17 f).– Simon, AIPh 1936, 403/21 (antijüd. Polemik).– Simonetti, RILSL 86, 1953, 159/80 (struttura dei Panegirici).– M. Sofray, Rech. sur la syntaxe de s. J. Chr. d'après les Hom. sur les statues, 1939.– G. J. Theocharidis, Beiträge z. Gesch. des Profantheaters im 4. und 5. Jh., hauptsächl. auf Grund der Pred. des J. Chr., Th 1940 (Diss. Mn).– Vandenberghe, ZRGG 1955, 34/46 (über die Schauspiele).– Visser, NAKG 1954, 193/206 (antijüd. Polemiker).– Wenger, REB 10, 1953, 47/59 (Teil einer uned. Pred. hg.); REB 1957, 5/47 (Cod. Ath. Stavron. 6 mit 50 Hom.).

3. Abhandlungen

a) Die Schrift *De sacerdotio* (Περὶ ἱερωσύνης) in 6 Büchern wurde um 386 in Form eines fingierten Dialogs zwischen J. und einem unbekannten Basilius geschrieben unter Benützung einer ähnlichen Schrift Gregors von Nazianz (or. 2; apol. de fuga). J. rechtfertigt sich, daß er Basilius zur Annahme des Bischofsamtes bewogen habe, sich selbst aber der auch ihm zugleich angetragenen Würde durch die Flucht entzogen habe. Das eigentliche Thema der Schrift ist die Größe und Verantwortung des Priestertums, d. h. vornehmlich des Bischofsamtes.

b) In der Abhandlung *Über Hoffart und Kindererziehung (De inani gloria)* zeigt J. zuerst kurz die Verderblichkeit von Luxus und Ausschweifung in Antiochien; eine wirkliche Besserung könne nur durch richtige Kindererziehung erreicht werden, die er dann darlegt.

c) Mehrere Abhandlungen empfehlen und verteidigen das Mönchtum: zwei befreundeten Mönchen sind die 2 Bücher *Über die Buße* gewidmet; 3 Bücher wenden sich *Adversus oppugnatores vitae monasticae.* Mit dem Brief *Ad Theodorum lapsum* konnte J. seinen Freund Theodor, den späteren Bischof von Mopsvestia, zur Rückkehr ins Kloster bewegen; der andere *Traktat* gleichen Titels ist an einen unbekannten Mönch gerichtet, der durch die Kurtisane Hermione in Gefahr geraten war.

d) Der Empfehlung und dem Lob des aszetischen Lebens dienen die Schriften *De virginitate, Ad viduam iuniorem, De non iterando coniugio.* Zwei Schriften bekämpfen die in manchen aszetischen Kreisen Konstantinopels verbreitete Unsitte des Syneisaktenwesens.

e) Über Sinn und Bedeutung des Leidens handelt er in drei Trostschriften: *Ad Stagirium a daemone vexatum; Quod nemo laeditur nisi a se ipso; Ad eos, qui scandalizati sunt ob adversitates.*

f) Apologetische Ziele verfolgen zwei nicht zweifellos echte Schriften: *In s. Babylam contra Iulianum et Gentiles* und *Contra Iudaeos et Gentiles, quod Christus est deus.*

MG 47, 277/308 (Traktat Ad Theod.); 309/16 (Brief Ad Theod.); 495/532 (gegen Syneisakt.).– J. A. Nairn, C 1906 (De sacerd., T).– S. Colombo, To 1934 (De sacerd., TÜK).– J. Dumortier, S. J. Chr., Les cohabitations suspectes. Comment observer la virginité, 1955 (ed. crit.).– B. K. Exarchos, J. Chr., Über Hoffart und Kindererziehung, Mn 1955 (TÜ).– A. M. Malingrey, Jean Chr., Sur la providence de Dieu, SCh 79, 1961 (Ad eos qui scandalizati sunt; TÜK).– W. A. Jurgens, NY 1955 (De sacerd., Ü).– Ph. E. Legrand, 1/2, P 1933 (Adv. oppugn. vitae mon.; Ad Theod.; 4 Briefe an Olympias, Ü).– F. Martin, P 1933 (De sacerd.; De non iterand. coniug.; Ad vid. iun., Ü).– E. Negrin, Vicenza 1931 (De sacerd., Ü).– B. H. Vandenberghe, S. Jean Chr., Dialogue sur le sacerd., Namur 1958 (Ü). ** Brunner, ZkTh 1941, 32/5 (Ad viduam iuniorem im Mai 392); Aev 1955, 272/4 (Quod regulares feminae c. 8, Tkr.).– Carter, VC 1962, 87/101 (Ad Theod. lapsum).– Dumortier, RevScHumaines 1947, 222/38 (Kindererziehung); MSR 1949, 247/52 (Abfassungszeit d. Abh. an die „Mönche“ und „Jungfrauen“: 381–3); MSR 1952, 63/72 (principes d'ecdotique concern. les traités de J. Chr.); JTS 1955, 99/102 (z. Verfasserschaft des Corpus ascet.); SP 1, 291/6 (les citations scripturaires des Cohabitations: MG 47, 495/532); BZ 1958, 66/72 (Ad Theod. laps., question d'authenticité); BZ 1959, 265/75 (trad. manuscrite des traités à Th.); SP 4, 78/83 (citations bibliques Ad Theod.).– Fabricius, CM 1959, 68/97 (Adressat und Titel der Schriften an Th.).– Jouassard, HJB 1958, 140/50 (Ad Th. lapsum nicht an Th. von Mopsvestia gerichtet).– Laistner, VC 1951, 179/85 (Ms. von De inani gloria).– W. A. Maat, A Rhetorical Study of... De sacerd., Wa 1944.– Malingrey, Tr 1962, 25/68 (Mss. De providentia).– Ogara, Gr 1946, 145/55 (Hom. de sacerd. VII).– Ruiz Bueno, Hel 1958, 57/85 (De inani gloria).– Sinko, AIPh 1, 1949, 531/45 (De sacerd. vielleicht 404 geschrieben).

4. Briefe. Die meist sehr kurzen 236 *Briefe* des J., die sämtlich aus der Zeit des 2. Exils stammen und an mehr als 100 verschiedene Empfänger gerichtet sind, wollen in erster Linie seine z. T. verfolgten Anhänger und Freunde trösten und ihnen Nachrichten über sein Befinden zukommen lassen. Die bedeutendsten sind die 17 Briefe an seine treueste Anhängerin in Konstantinopel, die Witwe und Diakonissin Olympias; 2 Briefe an Papst Innozenz I.

A. M. Malingrey, SCh 13, 1947 (Lettres à Olympias, TÜK); SCh 103, 1964 (Lettre d'exil à Olympias et à tous les fidèles, TÜK).– G. Zandonella, To 1933 (ausgew. Briefe, TÜ). ** Bardy, MSR 1945, 271/84 (Chronol. der Briefe an Olymp.).– P. Tzortzatos, Joh. Chrys., At 1952 (auf Grund seiner Briefe).– B. H. Vandenberghe, St. J. Chr. and St. Olympias, Lo 1959.

5. Unechte Schriften. Unecht ist die sog. *Chrysostomusliturgie*, die noch heute in der griechisch-katholischen Kirche an den meisten Tagen des Jahres gebraucht wird. Das gleiche gilt von der *Synopsis Veteris et Novi Testamenti*, einem Lehrbuch der biblischen Einleitung. Außerdem sind mehrere hundert gedruckte *Predigten* unterschoben und etwa 500—600 unechte Predigten bis jetzt noch unediert geblieben.

F. E. Brightman, Liturgies Eastern and Western 1, 1896, 309/44; 353/90 (Chrys.-Lit., TÜ).– P. de Meester, Lo ²1930 (T, engl. Ü der Chrys.-Lit.); Mn 1932 (T, deutsche Ü).– Strittmatter, EL 1941, 2/73 und Tr 1943, 79/137 (älteste lat. Ü der Chrys.-Lit.).– BKV² 5, 1912, 198/262 (Chrys.-Lit., Ü). ** Ehrhard, TU 50, 130 ff und ö. (uned. Hom.).– Engberding, OC 1937, 213/47 (z. Vorgesch. der Chrys.-Liturgie); OC 39, 1955, 33/47 (westsyr. Anaphora des J. Chr.).– Franchi de' Cavalieri, ST 65, 1935, 281/303 (2. Pelagia-Hom.).– Holloway, ExT 1935, 238 (The „Prayer of St. Chr."). – Lampe, JTS 1948, 169/75 (Ps.-Chrys. zu Ps. 96).– De Meester, DAL 6, 1596/1604 (Chrys.-Lit.).– G. Mercati [Misc. B. Ubach, 1953] 22/30 (Exzerpt aus d. Jr.-K des Ps.-Chrys.).– Mohrmann [Mél. M. Andrieu, Str 1956] 351/60 (hom. pascale VI).– Raes, OCP 1958, 5/16 (l'authenticité de la lit. byz. de S. Jean Chr.).– Simon, Orientalia 3, 1934, 217/42; 4, 1935, 222/34 (kopt. Michael-Hom.).– J. Weyer, De homiliis, quae Ioanni Chr. falso attribuuntur, Diss.-Ma. Bonn 1952 (2 Hom. üb. d. Gebet).

Lehre

1. Christologie. Klar bezeugt J. den Glauben an zwei unvermischte Naturen in Christus. „Wenn ich sage ein (Christus), so will ich damit eine Vereinigung behaupten, keine Vermischung; die eine Natur wurde nicht in die andere verwandelt, sondern nur mit ihr vereinigt" (7 Hebr. 3). Nach dem „Wie" der Vereinigung (ἕνωσις, συνάφεια, nicht σύγχυσις) solle der Mensch nicht fragen, das wisse Christus allein (11 Jo. 2). So wie andere Antiochener verwendet er gelegentlich das rhetorische Bild, der

Logos habe in dem Menschen Jesus wie in einem Tempel gewohnt (Ps. 44, 3; 4 Mt. 3; 11 Jo. 2). Aber er betont öfters, daß Christus nur einer gewesen sei; so sagt er (1 Mt. 2): „Das (Wesentliche) ist z. B. die Tatsache, daß Gott Mensch geworden ist, daß er Wunder gewirkt hat . . ., daß er der Sohn ist . . ., gleichen Wesens mit dem Vater" (7 Phil. 2/4).

Den von den Antiochenern bekämpften Ehrennamen Θεοτόκος für Maria verwendet er nicht, aber ebensowenig gebraucht er den Ausdruck Χριστοτόκος. Wohl im Zusammenhang mit seiner scharfen Unterscheidung von Gottheit und Menschheit in Christus hat sich J. über Maria auffällig kühl geäußert (4 Mt. 4f; 44 Mt. 1; 21 Jo. 2).

2. Erbsünde. Über die Ansicht des J. betreffs der Erbsünde erhob sich ein Streit zwischen Augustinus und dem Pelagianer Julian von Aeclanum. Julian zitierte aus der Homilie Ad neophytos die Stelle: „Wir taufen die unmündigen Kinder, obschon sie keine Sünden (ἁμαρτήματα) haben", und glaubte darin die Leugnung einer von den Stammeltern ererbten Schuld zu finden. Augustinus entgegnete ihm (Jul. 1, 22), der Plural „Sünden" beweise, daß es sich hier um persönliche Sünden handle; er führte andere Stellen (im ganzen 8) aus den Werken des J. als Beweise für die Erbsünde an. So richtig Augustinus gesehen hatte, daß J. nicht für die pelagianische Irrlehre in Anspruch genommen werden dürfe, so irrig wäre es, zu behaupten, daß die von Augustin angeführten Stellen die später von Augustin selbst erst im Kampf gewonnene Einsicht und klarere Terminologie, wonach nicht bloß die Strafe, sondern auch die Schuld von Adam auf alle Menschen vererbt worden sei, klar bezeugen; vgl. 28 Mt. 3; 11 Rom. 1. 3. J. steht hier ebenso wie die anderen griechischen Väter des 4. Jh. hinter der bereits fortgeschrittenen Lehrentwicklung des Abendlandes zurück. Er sah und predigte die Erbstrafe, wollte jedoch sicherlich nicht die Erbschuld vom Begriff der Erbsünde absichtlich ausschließen.

3. Eucharistie. J. ist der klassische Zeuge des christlichen Altertums für die Eucharistielehre. Er spricht von der Eucharistie an sehr vielen Stellen und mit der größten Bestimmtheit. So sagt er, daß wir in der Eucharistie den Leib in den Händen halten, der auf Erden gewandelt ist, und Christus habe beim Abendmahl sein eigenes Blut getrunken (24 1 Cor. 4; 82 Mt. 1). Christus wird gegenwärtig durch Verwandlung, er selbst bewirkt sie und ist der eigentliche Priester am Altar (82 Mt. 5). Christi Wort: „Das ist mein Fleisch", verwandelt die Gaben (μεταρρυθμίζει τὰ προκείμενα) (1 Prod. Iudae 6). Oft wird die Eucharistie ein Opfer genannt und als identisch mit dem Kreuzesopfer bezeichnet (17 Hebr. 3).

4. Buße und Krankensalbung. J. kommt als Zeuge einer kirchlich geleiteten Privatbuße nicht in Betracht. In der Schrift *De sacerdotio* wer-

den 17 Aufgaben der Priester behandelt, es fehlt dabei aber jeder Hinweis auf die Entgegennahme eines Sündenbekenntnisses. Dagegen empfiehlt J. häufig das Sündenbekenntnis vor anderen und besonders vor Gott allein, wodurch man Vergebung erlangen könne. Die Priester haben die Gewalt der Sündenvergebung auf zwei Arten, durch die Taufe und durch die Salbung der Kranken gemäß Jac. 4, 14 f (De sacerd. 3, 6; vgl. 32 Mt. 6).

5. Päpstlicher Primat. Nirgends ist bei J. eine klare, unzweideutige Anerkennung des römischen Primats zu finden. Dies mag sich zum Teil daraus erklären, daß er als Anhänger des Meletius und des Flavian, die längere Zeit von Rom nicht anerkannt wurden, durch eine Anerkennung sich selbst und seine Bischöfe ins Unrecht gesetzt hätte. Daß Chrysostomus einen Primat des hl. Petrus lehrt, ist sicher (vgl. hom. in illud „Hoc scitote" 4), nirgends jedoch hat er daraus in seinen Schriften die Folgerung gezogen, daß auch dem römischen Bischof die gleiche Stellung in der Gesamtkirche zukäme. Auch aus seinem ersten an Papst Innozenz I. (404) gesandten Schreiben kann nicht die Anerkennung des Papstes als oberste Appellationsinstanz herausgelesen werden, da er genau den gleichen Brief zugleich auch an die Bischöfe von Mailand und Aquileja geschickt hat. J. bittet die drei Bischöfe, auf keinen Fall seine zu Unrecht erfolgte Absetzung anzuerkennen und vor allem nicht die kirchliche Gemeinschaft mit ihm aufzuheben. Die durch den Kampf gegen J. entstandenen Wirren und das Verhalten der streitenden Parteien, die beide mit Rom in Verbindung traten, waren allerdings nicht ohne Bedeutung für die Stärkung der Primatsidee.

6. Der Eid. Wie Justin (1 Ap. 16, 5) hat auch J. die Stelle Mt. 5, 34 so verstanden, daß dem Christen der Eid durchaus verboten sei: „Keiner sage: Ich schwöre in einer gerechten Sache; es ist nicht erlaubt zu schwören, weder in einer gerechten Sache noch in einer ungerechten" (15 Gn. 5; vgl. 5 stat. 7; 7 stat. 5; 9 stat. 5).

Amand, Fatalisme 480/532.– P. Andres, Der Missionsgedanke in d. Schriften des hl. J. Chr., 1935.– I. auf der Maur, Mönchtum und Glaubensverkündigung in den Schriften des hl. J. Chr., FrSch 1959.– Bartelink, RAM 1960, 486/92 („Philosophie" et „philosophe").– E. Boularand, La venue de l'homme à la foi d'après s. J. Chr., R 1939; Gr 1938, 515/42 (Teildruck).– D. Chatziioannu, Αἱ κοσμοθεωρικαὶ ἀπόψεις des J. Chr., At 1949; vgl. BZ 1952, 154.– L. Daloz, Le travail selon s. J. Chr., 1959.– Daniélou, RSR 1950, 176/94 (l'incompréhensibilité de Dieu; geg. Eunomius).– Dumortier, MSR 1955, 27/36 (les idées morales).– Ellero, Mar 1963, 405/46 (Maria).– Fabbi, Bi 1933, 330/47 (Inspirationslehre).– G. Fittkau, Der Begriff des Mysteriums bei J. Chr., Bonn 1953.– Fromm, Das Bild des verklärten Christus beim hl. Paulus nach den Kommentaren des hl. J. Chr., R 1938.– Giet [La Révélation chrét. et le Droit, P 1961] 51/62 (L'argumentation contre la propriété).– B. Giorgiatis, Die Lehre des J. Chr.

über die Heilige Schrift, At 1947; vgl. Bi 1951, 756.– Gorce, Ét. carmélit. 21, 1936, 245/85 (Ehe und Vollkommenheit).– Gröhl, ThGl 1942, 301/7 (Familienerziehung).– J. H. Juzek, Die Christologie des hl. J. Chr., 1912.– Kenny, IThQ 1960, 16/29 (Was J. a Semi-pelagian?).– G. Kopp, Die Stellung des hl. J. Chr. zum weltl. Leben, 1905.– J. Korbacher, Außerhalb der Kirche kein Heil?, Mn 1963 (bei J. Chr.).– Lampen, Ant 1943, 3/16 (doctr. de Christo se offerente in Missa).– Lécuyer, NRTh 1950, 561/79 (le sacerdoce céleste du Christ).– Leroux [Théol. de la vie monastique, 1961] 143/90 (Monachisme et communauté chrét.).– N. Marini, Il primato di s. Pietro e de' suoi successori in s. G. Cris., ²1922; dagegen: Ch. Baur, J. Chr. und seine Zeit, 1, 383/91; 2, 254/8.– R. Mehrlein, De avaritia quid senserit J. Chr., Diss. Bonn 1951.– L. Meyer, S. J. Chr. maître de perfection chrét., 1934.– L. Morins, Eucharistiae promissio sec. J. Chr. in Hom. ad Jo 6, Diss. Propag. R 1949.– A. Moulard, S. J. Chr. le défenseur du mariage et l'apôtre de la virginité, 1923.– A. Naegle, Die Eucharistielehre des hl. J. Chr., 1900.– Ogara, Gr 1943, 62/77 (prophetia typica).– L. J. Ohleyer, The Pauline Formula „Induere Christum" with special reference to the works of John Chr., Wa 1921.– O. Plassmann, Das Almosen bei J. Chr., Mr 1961.– J. Seidlmayer, Die Pädagogik des J. Chr., 1926.– Solano, Misc. Comillas 1941/2, 2; 1943, 91/138 (Wiedergeburt).– Stöcker, SP 2, 309/16 (eucharist. Gemeinschaft).– C. N. Stratiotes, Ἡ ποιμαντικὴ τοῦ ἁγίου Ι. τοῦ Χρ., Saloniki 1935.– B. H. Vandenberghe, S. Jean Chr. et la parole de Dieu, 1961; RET 1956, 475/95 (la théologie du travail); VS 1959, 187/206 (les raisons de souffrir).– S. Verosta, J. Chr., Staatsphilosoph und Geschichtstheologe, 1961.– M. S. Wasylyk, De servitute apud J. Chr., Diss. Propag. R 1948 f.

§ 84. Gegner des Johannes Chrysostomus

Von den bischöflichen Gegnern des Johannes Chrysostomus sind neben Theophilus von Al. (s. S. 281) die folgenden zu nennen, die schriftlichen Nachlaß aufzuweisen haben.

1. Acacius, B. von Beröa (Aleppo), † nach 437; aus seiner umfangreichen Korrespondenz sind nur 5 *Briefe* erhalten. Der syrische Dichter Baläus dichtete auf ihn 5 *Loblieder.*

MG 77, 99/102; 84, 647 f; 658/60.– SchAC 1, 1, 1, 99 f.– CSCO 112, 10* (Zitate bei Severus von A.).– S. Landersdorfer, BKV² 6, 1913, 71/89 (Hymnen des Baläus, Ü). ** Bardy, RevSR 1938, 20/40 (A. dans la controverse nestorienne).– Ermoni, DHG 1, 241 f.– Schiewitz, Mönchtum 3, 182/90.

2. Antiochus, B. von Ptolemais (Akko in Phönizien), † spätestens 408. Zwei von Gennadius genannte Schriften (vir. ill. 20) sind verloren.

CSCO 112, 10* (Predigtzitate bei Severus von A.). ** Aigrain, DHG 3, 709 f.– Martin, Mu 54, 1941, 34/8; 53/7 (2 wahrscheinlich echte Weihnachtspredigten).– J. Zellinger, Die Genesishomilien des Bischofs Severian von Gabala, 1916, 44/7 (unechte Predigt).

3. Severian, Bischof von Gabala in Syrien († nach 408), fand als Prediger in Hofkreisen Konstantinopels Anklang; verteidigte den nizänischen Glauben und eiferte gegen Häretiker und Juden. Von seinem schriftstellerischen Nachlaß sind bis jetzt als echt anerkannt: 14 griechische *Homilien*, dazu 8 in armenischer und eine in äthiopischer Sprache. Unsicher ist die Echtheit von 2 weiteren griechischen Predigten, darunter der *Sermo in dedicatione pretiosae et vivificae crucis*, welcher die Kreuzauffindungslegende noch nicht kennt, und von Homilien, die syrisch, koptisch und arabisch überliefert sind. Severian bevorzugt die Genesis als Stoffquelle. Von einem in doppelter Rezension verbreiteten *Kommentar zu sämtlichen Paulusbriefen* sind umfangreiche Teile, besonders zu 1 und 2 Cor., in Katenen erhalten. B. Marx sucht noch 12 z. T. nur unvollständig erhaltene chrysostomische *Homilien* als Eigentum Severians zu erweisen. Der Prediger verfügte über eine ungewöhnlich gute Kenntnis der Heiligen Schrift.

MG 56, 429/500 (6 Homil. in Gen.).– CSCO 112, 21* (Predigtzitate bei Sever. von A.).– Staab, Pauluskomm. 213/351 (Texte aus Pauluskomm.).– J. Zellinger, Die Genesishom. des B. Severian von G., 1916.– Garitte, Mu 1953, 97/102 (Hom. 9, georg. Fragm.).– Kirchmeyer, AB 1960, 18/23 (L'hom. acéphale sur la Croix).– Ch. Martin, Mu 1935, 311/21 (Hom. In illud: Pater, transeat).– Moss, BullSchoolOrAfricSt 1948, 555/66 (Weihnachtspredigt, syr. T, Ü).– Torossian, Baz 1937, 4/11 (9. Hom.). ** H. D. Altendorf, Untersuchungen zu S. von G., Diss. T 1957; vgl. ThLZ 1958, 583 f.– Bardy, DThC 14, 2000/6.– G. Dürks, De S. Gab., 1917.– Gila, Mar 1964, 113/72 (testi mariani).– R. Laurentin, Court traité de théol. mariale, 1953, 162 f (mariolog. Predigten).– Lietzmann, PWK II 2, 1930/2.– B. Marx, OCP 1939, 281/367 (12 Hom. unter den Spuria Chrysostomi).– A. Olivar, Los sermones de San Pedro Crisologo, 1962, 125/9 (Liste der Werke des S.).– Soares, Mar 15, 1953, 401/11 (Protoev.).– Wenger, REB 10, 1953, 47/59; AugMag 1, 175/85 (eine ps.-chrysost. Homilie gehört S.).– J. Zellinger, Studien zu S. von G., 1926.

4. Makarius Magnes, wahrscheinlich identisch mit dem Bischof von Magnesia (in Karien oder Lydien), der auf der Eichensynode (403) als Ankläger des Bischofs Heraklides von Ephesus, eines Chrysostomusfreundes, aufgetreten ist. Er schrieb um 400 eine *Apologie* in 5 Büchern in Form eines Streitgesprächs (Ἀποκριτικὸς ἢ Μονογενὴς πρὸς Ἕλληνας), von der etwa die Hälfte erhalten ist; sie ist sehr wertvoll, da wir hier wahrscheinlich die Einwürfe der verlorenen Bücher des Neuplatonikers Porphyrius (nicht des Hierokles) besitzen. Makarius hat wohl nur ein überarbeiteter Auszug des Porphyrius vorgelegen. Die unter seinem Namen veröffentlichten Fragmente von *Genesishomilien* sind bis auf ein Bruchstück unecht.

C. Blondel, P 1876. – T. W. Crafer, Lo 1920 (Ü). ** Bardy, DThC 9, 1456/9. – Corsaro, NDid 1957, 1/24 (L'Apocritico e le S. Scritture); [Convivium dominicum, Ca 1959] 67/86 (dottrina eucaristica). – A. Harnack, TU 37, 4, 1911 (s. S. 60). – Mercati, ST 95, 1941, 49/74 (Kapitelüberschriften von Buch 1/3). – J. Palm, Textkritisches zum Apokritikos des Makarios Magnes, Lund 1961.

§ 85. Exegetische und aszetische Schriftsteller

1. Hadrianus, vielleicht Mönch und Presbyter, schrieb wahrscheinlich in der ersten Hälfte des 5. Jh. eine biblische Hermeneutik, für die er als erster den Buchtitel *Einleitung in die heiligen Schriften* (Εἰσαγωγὴ εἰς τὰς θείας γραφάς) wählte.

MG 98, 1273/1312. – F. Gößling, B 1887. ** Mercati, Rb 1914, 246/55. – Schweizer, ZntW 40, 73 f.

2. Hesychius von Jerusalem (s. S. 227), zuerst Mönch, seit etwa 412 Presbyter in Jerusalem († nach 450), bedeutend als Exeget alexandrinisch-allegorisierender Richtung, soll die ganze Heilige Schrift erklärt haben. Seine Theologie ist ganz biblisch eingestellt, der Philosophie steht er mißtrauisch gegenüber. In der Christologie hält er sich an Cyrill von Alexandrien, ohne dessen Terminologie anzunehmen; monophysitischen Anschauungen steht er bedenklich nahe. Für die kirchliche Erbsündenlehre ist er ein wichtiger Zeuge.

Von seinen vielen Schriften sind u. a. erhalten ein *Kommentar zu Lev.* in der lateinischen Übersetzung eines gewissen Hieronymus (6. Jh.); 24 *Homilien über Job* 1/20 in armenischer Übersetzung; auch mehrere Predigten scheinen echt zu sein. Die Psalmen hat H. erklärt in *Glossen*, einem großen *Kommentar*, von dem große Teile erhalten sind, und in einer weiteren *Erklärung* mittleren Umfangs. Er schrieb ferner *Glossen zu Isaias* und zu den *13 Hymnen* des AT und NT. Manches ist noch unediert oder von zweifelhafter Echtheit, einiges sicher unterschoben.

MG 93, 787/1180 (Lev.-K). – Ch. Tscherakian, Venedig 1913 (Jobhomilien). – MG 27, 649/1344 (Ps.-Glossen). – MG 93, 1179/1350; 55, 711/84 (Fragm. des großen Psalmen-K). – V. Jagič, Suppl. psalterii Bononiensis, W 1917 (Ps.-Erklärung; Glossen zu 13 Hymnen des AT und NT). – M. Faulhaber, Fr 1900 (Glossen zu Is.). – MG 93, 1449/80 (Predigten). – MG 93, 1479/1544 (unechte Centurien, Verfasser ist Hesychius im Dornbuschkloster, 6./7. Jh.). ** Bardy, Rb 1933, 226/9 (Quaestiones et responsiones, MG 93, 1391/1448). – Devreesse, Rb 1924, 498/521 (Ps.-Kommentare). – Graf, Gesch. 1, 367/9 (H. = Theodulus?). – K. Jüssen, Die dogmat. Anschauungen des H. von J., 1/2, 1931/4 (1, 10/47: Verzeichnis der Schriften); [M. Schmaus, 1957] 651/70 (Mariologie). – Martin, RHE 1935, 356/9 (marian. Hom.); 1939, 54/60 (Chrysipp von H. abhängig). – Mercati, OCP 10, 1944, 7/22 (H. wahrscheinlich Verfasser der ps.-athan. Schrift De titulis psalmorum); [Misc. P. Paschini, 1951] 205/11 (salterio greco e una catena greca del salterio: von H.). – Santifaller, ZBW 1943, 241/66 (Unzialfragm. des Lev.-K). – Vaccari, Bess 22, 1918, 8/46 (Lev.-K). – Wenger, REAug 2, 1956, 457/70 (Überlieferung des griech. Lev.-K).

3. Nilus von Ancyra († um 430), früher fälschlich N. Sinaita genannt, ein theologisch und literarisch gebildeter Klostervorsteher in Ancyra und Anhänger des Johannes Chrysostomus, ist der Verfasser einer Reihe von moralisch-aszetischen, für Mönche bestimmten *Abhandlungen.* Außerdem hinterließ er zahlreiche, oft nur wenige Sätze umfassende *Briefe* an meist unbekannte Adressaten. Es handelt sich vielfach nur um Lesefrüchte und Auszüge aus Schriften verschiedener Autoren; ihr Briefcharakter ist z. T. nur fiktiv. Unecht sind u. a.: *Narrationes de caede monachorum in monte Sinai,* ein Roman eines unbekannten Verfassers. Über zwei dem Evagrius gehörende Schriften s. S. 267.

MG 79. – P. van den Ven [Mél. G. Kurth, 1908] 2, 73/81 (De magistris et discipulis); dazu Muyldermans, Mu 1942, 93/6. – Muyldermans, Mu 1939, 235/74 (De octo spir. mal., nouvelle recension); 1943, 77/114 (armen. Ü). ** Astruc, Sc 1954, 293/6 (Ms. für MG 79, 589/712). – Davies, HThR 1956, 179/81 (Proclus and Ps.-Nilus). – F. Degenhart, Der hl. N. Sinaita, 1915; Neue Beiträge zur Nilusforschung, 1918. – Disdier, DThC 11, 661/74. – V. Fradinski, Nilus. Sein Leben und seine literar. Tätigkeit, Beograd 1938 (serb.). – Henninger, DBS 6, 475/80 (Nil le sinaïtique); Anthropos 50, 1955, 81/148 (Narrationes ohne Wert für Ethnographie und Religionsgeschichte). – K. Heussi, Untersuchungen zu N. dem Asketen, TU 42, 2, 1917; Das Nilusproblem, 1921; PWK 16, 2186 f. – Martin, RHE 1936, 929/32 (2 unechte Hom.). – Sović, Bi 1921, 45/52; Bogoslovska Smotra 1925, 1/22 (über einen uned. Cant.-K). – Spanneut, DSp 4, 835/7 (Épictète chrétien: Ps.-Nilus). – V. Warnach [Th. Michels, 1963] 65/90 (Theologie des Gebetes).

4. Markus Eremita († nach 430), wahrscheinlich Abt in Ankyra und später Einsiedler in der jüdischen Wüste. Wir besitzen von ihm 7 praktisch-aszetische kurze *Abhandlungen* und zwei dogmatisch-polemische Traktate: *De Melchisedech* und *Contra Nestorianos.*

MG 65, 905/1140. – J. Kunze, M. Eremita, L 1895 (C. Nestor.). – Khalifé, Mél. Univ. St. Jos. Beyrouth 28, 1949 f, 115/224 (arab. Ü). ** Amann, DThC 9, 1964/8. – Dörries, PWK 14, 1867/9; ferner Opitz, PWK Suppl. 6, 281 f. – Jüssen, ZkTh 1938, 76/91 (Erbsünde). – Khalifé, Mél. Univ. St. Jos. Beyrouth 28, 1949 f, 61/6 (de temperantia unecht). – Peterson, ZntW 1932, 273/88 (De bapt. und Messalianer). – K. Rahner, ZkTh 1937, 258/71 (messalian. Fragm. über die Taufe).

5. Diadochus, Bischof von Photice in Epirus, schrieb um die Mitte des 5. Jh. seine für die Geschichte der Mystik und Aszese wichtigen *Capita centum de perfectione spirituali.*

MG 65.– J. E. Weis-Liebersdorf, L 1912 (griech. und lat.).– E. des Places, D. de Photicé, Œuvres spirituelles, SCh 5bis, 1955 (TÜK). ** P. Chrestos, Δ. ὁ Φ., Th 1952.– Darrouzès, REB 1957, 169/74 (Katechese nicht von D., sondern von Simeon).– F. Dörr, D. von Ph. und die Messalianer, 1938.– Horn, RAM 1927, 402/19 (sens de l'ésprit).– Marrou, RevEA 1943, 225/32 (D. und Victor von Vita).– des Places, DSp 3, 817/34; REG 1957, 376/86 (trad. manuscrite des Cent Chapitres).– Rothenhäusler, Ir 1937, 536/53; [I. Herwegen, 1938] 86/95 (Capita).– Stiernon, DHG 14, 374/8.– Viller-Rahner, Asz. 216/28.

6. Der Metropolit Basilius von Seleucia (Isaurien; † um 468), nahm zu Beginn der monophysitischen Wirren eine schwankende Haltung ein, seit Chalcedon (451) stand er treu zur Orthodoxie. Von den bei Migne gebotenen 41 *Predigten* über biblische Personen und Schrifttexte scheiden nach den Untersuchungen von B. Marx die Nr. 38 u. 39 (letztere wird dem Proklus von Konstant. zugesprochen) als unecht aus. Außerdem gehören ihm noch 6 pseudoathanasianische, ferner eine pseudochrysostomische, eine von P. Camelot edierte Hom. *In Lazarum* und 2 weitere unedierte Homilien. Schwülstige Phrasen einer blendenden Rhetorik überwuchern den Gedankengehalt der Reden. Die Homilien sind darum für die Zeitgeschichte ohne Bedeutung, und ebenso gering ist ihr bibelexegetischer Gehalt.

Sein weitschweifiges Werk *De vita et miraculis s. Theclae* (am Schluß verstümmelt) besitzt keinen geschichtlichen Wert. Die Wundertäterin Thekla hat im 2. Buch fast mehr von einer heidnischen Göttin als einer christlichen Heiligen an sich. Eine von ihm in Verse gebrachte Bearbeitung desselben Themas ist nicht erhalten.

MG 85, 27/668; 28, 1047/61; 1073/1108; 64, 417/24 (echte Predigten).– SchAC 2, 5, 46/9 (Brief zugunsten von Chalkedon).– Camelot [Mél. A. M. Desrousseaux, 1937] 34/48 (Hom. in Lazarum).– Naldini, Aeg 1958, 139/46 (Fragm. einer Hom.). ** Delehaye, AB 1925, 49/57 (Thecla).– F. Fenner, De B. Sel. quaestiones selectae, Diss. Marburg 1912.– Honigmann, ST 173, 180 (B. nach 468 gestorben).– B. Kötting, Peregrinatio religiosa, 1950, 141/4; 151/5 (Thecla).– B. Marx, Procliana, Mr 1940, 84/9 (Hom. 39); OCP 1941, 329/69 (homiletischer Nachlaß).

7. Gennadius I., Patriarch von Konstantinopel (458–71), verfaßte zahlreiche Schriftkommentare, u. a. zu sämtlichen paulinischen Briefen. Von den meisten Kommentaren sind nur geringe Reste erhalten. Bedeutend sind die durch Katenen geretteten Fragmente vom *Kommentar zur Gn.* und vor allem zum *Römerbrief*, von dem wir etwa drei Viertel des Textes besitzen. Von verschiedenen dogmatischen Schriften liegen einige beachtliche Fragmente vor, so aus einer ungemein heftigen *Streitschrift gegen Cyrills 12 Anathematismen* (431/32), ferner aus einer mindestens zwei Bücher umfassenden *Abhandlung* Πρὸς Παρθένιον, einen Partei-

gänger des Nestorius, die sehr wahrscheinlich ebenfalls eine anticyrillische Tendenz verfolgte. Seinen orthodoxen, d. h. mit dem Konzil von Chalcedon übereinstimmenden, Standpunkt offenbart ein Fragment aus einem *Enkomion* auf Leos d. Gr. *Tomus ad Flavianum.* In zweifacher Fassung ist ein dem Jahr 458 oder 459 angehörendes *Synodalschreiben* erhalten. Die vielen *Homilien,* von denen Gennadius in vir. ill. 89 spricht, scheinen nicht erhalten zu sein.

MG 85, 1613/1734.– Devreesse, ST 201, 183/5 (Fragm. zum Oktateuch).– F. Diekamp, Analecta patristica, 1938, 54/108 (Fragm.).– Staab, Pauluskomm. 352/422.

8. Marcianus, wahrscheinlich jener Mönch in Bethlehem (410–92), von dem uns besonders Cyrill von Scythopolis berichtet, hat dogmatische und aszetische Werke verfaßt, von denen meistens nur Titel und Fragmente in griechischer und syrischer Überlieferung bekannt sind.

Kirchmeyer, Mu 1962, 357/65 (De vita ascetica, griech. und lat. T).– I. Rucker, SbMn 1933, 5, 60/4 (Fragm. im Florileg. Edessen.). ** Kirchmeyer, SP 5, 341/59 (Le moine Marcien [de Bethléem?]; Verzeichn. der Schriften, Identifikation).– J. Lebon [Misc. A. de Meyer 1, 1946] 181/93.

§ 86. Nestorius, sein Freund Eutherius und sein Gegner Proklus

1. Nestorius, nach 381 von persischen Eltern geboren, war Priestermönch in Antiochien und wahrscheinlich Schüler Theodors von Mopsvestia. Wegen seines hohen rednerischen Ruhms wurde er von Kaiser Theodosius II. auf den Patriarchenstuhl von Konstantinopel befördert (428). Heftig eiferte er gegen Juden und Häretiker, nur die Pelagianer behandelte er mild und schonend.

Als er die antiochenische Christologie auf die Kanzel brachte (Streit um den Theotokostitel), kam er in den Ruf eines Häretikers. Das Konzil von Ephesus (431) verurteilte seine Lehre und erklärte ihn als „gottlosen Lehrer" für abgesetzt; der Kaiser verwies ihn in ein Kloster und 436 in die Verbannung nach Oasis in Ägypten, wo er frühestens 451 starb.

Die Schriften des Nestorius sind nur fragmentarisch erhalten. Die von F. Loofs gesammelten Texte enthalten zum Teil nur in Bruchstücken 15 *Briefe* und 30 *Predigten.* Die dogmatisch wichtigsten Briefe sind die drei Briefe an Papst Cölestin I. und der 2. Brief an Cyrill von Alexandrien. N. schrieb zwei *Apologien,* die sog. *Tragoedia* (nur geringe Reste erhalten) und den sog. *Liber Heraclidis,* der 1910 in syrischer Übersetzung bekannt geworden ist, jedoch viele Interpolationen enthält (Dialog am Anfang, Schlußteil). N. übt Kritik an den Beschlüssen von Ephesus und wendet sich scharf gegen die Lehren Cyrills von Alexandrien und Dioskurs. Weitere *Fragmente* in syrischer Übersetzung sind in Schriften des Severus von Antiochien (s. S. 505/7) ans Licht getreten. Die sog. *Zwölf Gegenanathematismen* gegen Cyrill wurden nicht von Nestorius selbst, sondern von einem seiner Anhänger verfaßt.

Nach der traditionellen Auffassung (Cyrill, Konzil von Ephesus) leugnete N. die hypostatische Union und lehrte zwei nur moralisch in Christus verbundene Hypostasen. Nestorius wehrte sich gegen den Vorwurf, daß er die von der Kirche bereits früher verurteilte Lehre von den „zwei Söhnen" vertrete und die Einheit Christi zerreiße; nach seiner philosophischen (neuplatonischen) Anschauung über die Vereinigung des Körperlichen und Intelligiblen schien die Einheit in Christus nicht verletzt zu sein. Tatsächlich ist jedoch das von ihm gelehrte ἓν πρόσωπον in Christus, zu dem die beiden „Naturprosopa" der Menschheit und Gottheit κατ' εὐδοκίαν vereinigt sind, nicht imstande, den Gedanken an eine bloß moralische Vereinigung der Naturen abzuwehren. So lehnte denn Nestorius auch die Vorstellung einer physischen oder hypostatischen Einheit ausdrücklich ab und wollte wohl Christus, nicht aber den Logos als Subjekt aller göttlichen und menschlichen Attribute und Handlungen anerkennen. Demgegenüber konnte die auf Christus bezogene Anerkennung der communicatio idiomatum, die ihm später sogar die Zulassung des „richtig verstandenen" Theotokostitels gestattete, und sein Schweigen über die gefährliche antiochenische „Bewährungslehre" nicht von ausschlaggebender Bedeutung sein. Nestorius freilich glaubte noch am Lebensende, daß er rechtgläubig sei und auch Leo I. seine Zweiheitslehre verkündet habe.

F. Loofs, Nestoriana, 1905.– P. Bedjan, N., Le livre d'Héraclide de Damas, 1910 (syr. T).– F. Nau, 1910 (Liber Her., franz. Ü).– G. R. Driver-L. Hodgson, 1925 (Liber Her., engl. Ü).– Lebon, Mu 1923, 47/65 (neue syr. Fragm.).– CSCO 112, 20*; 134, 300 (Index der N.-Fragm. bei Severus von Ant.).– SchAC 1, 1 (Briefe u. a.).– Ch. Baur, Tr 9, 101/26 (3 ps.-chrysost. Sermones nestorian. Tendenz; Nr. 2 vielleicht von N.).– Opitz, Überlief. 210/2 (Glaubensbekenntnis Contra Theopaschitas von N. oder Eutherius). ** R. Abramowski, ZKG 1928, 305/24 (Tragödie).– L. Abramowski, Untersuchungen zum literarischen Nachlaß des N., Diss. Bonn 1956; Untersuchungen zum Liber Heraclidis des Nestorius, Lou 1963; ZKG 1956, 252/87 (Chronologie des nestorianischen Streits).– Amann, DThC 11, 76/157; RevSR 1949, 5/37; 207/44; 1950, 28/52; 235/65 (N. von Rom aus beurteilt); dazu Ciccone, DThP 1951, 33/50.– Anastos, DOP 1962, 117/39 (N. was orthodox).– Arnou, Gr 1936, 116/31 (neuplat. Einfluß).– J. F. Bethune-Baker, N. and his Teaching, 1908.– Camelot, Chalkedon 1, 213/42 (Christologie des N. und Eutyches).– Chabot, CRI 1947, 152/5 (Nestorianisme).– Chadwick, JTS 1951, 145/64 (Eucharistie und Christologie im Streit um N.). – L. Fendt, Die Christologie des N., 1910. – Galtier, Gr 1953, 427/33 (N. mal compris et mal traduit). – Grillmeier, Sch 1961, 321/56 (Das scandalum oecumenicum des N.). – Jugie, EO 1935, 5/25 (ecclésiologie). – Lohn, CTh 1933, 1/37 (doctrina Nestorii). – F. Loofs, N. and his place in the history of christ. doctrine, C 1914. – Ristow [Aus der byzantinist. Arbeit der DDR, B 1957] 218/36 (πρόσωπον bei N.). – Rucker, PWK 17, 126/37; Stud. zum Concil. Ephesinum (H. 1, 2, 3, 4 und 4d), Oxenbronn 1930/5; dagegen Deneffe, Sch 1935, 548/60. – E. Schwartz, SbMn 1922, 1 (Gegenanathemat.). – L. J. Scipioni, Ricerche sulla Cristologia del „Libro di Eraclide" di N., FrSch 1956; SP 6, 221/32 (tentativo di una formulazione del dogma cristol.). – R. M. Sellers, Two Ancient Christologies, 1940.

2. Eutherius, B. von Tyana, wurde als eifriger Anhänger des Nestorius 431 in Ephesus exkommuniziert und 434 verbannt. Eine Protestschrift des E. gegen Cyrill und die Seinen (*Antilogie,* früher *Confutationes quarumdam propositionum* genannt) ist im vollen Originaltext unter dem Namen des Athanasius und Theodoret erhalten geblieben. Ferner sind in lateinischer Übersetzung 5 *Briefe* vorhanden.

M. Tetz, Eine Antilogie des E. von T., B 1964. – SchAC 1, 4, 109/12; 144/8; 213/31 (Briefe). ** G. Ficker, E. von Tyana, 1908.

3. Proklus von Konstantinopel († 446), 426 zum Bischof von Cyzikus geweiht, von seiner Bischofsstadt jedoch nicht anerkannt, wurde 434 Patriarch von Konstantinopel, der 2. Nachfolger des Nestorius; in dessen Gegenwart hatte P. 429 eine Homilie über die Theotokos gehalten, gegen die sich Nestorius wandte.

P. wirkte erfolgreich für die Befestigung der 433 geschlossenen Union, die Wiedergewinnung der Johanniten (s. S. 323) und die Beilegung des damals die armenische Kirche beunruhigenden Streites um den verstorbenen Theodor von Mopsvestia († 428). Von ihm wurde das große Trishagion in die Liturgie eingeführt. Proklus vermied es zwar im Unterschied zu Theodoret, sich öffentlich gegen den Theopaschitismus auszusprechen; es ist jedoch kaum richtig, daß er die im 6. Jh. stark umstrittene theopaschitische Formel: „Einer aus der Trinität ist gekreuzigt worden", geprägt hat. Als Prediger gehört er zu den besten Epigonen des Chrysostomus.

Unter seinem Namen sind 27 zum Teil unechte *Predigten* überliefert; ferner 7 *Briefe,* darunter der wichtige *Tomus ad Armenios* über die zwei Naturen in Christus. B. Marx will P. aus der großen Zahl von Spuria des Johannes Chrysostomus auf Grund innerer Kriterien, allerdings oft wenig überzeugend, mehr als 80 weitere Predigten zuweisen; zwei davon sind Inedita. Das unter seinem Namen gehende Fragment *De traditione divinae missae* ist eine Fälschung.

MG 65, 679/888. – SchAC 1, 1, 1, 103/7 (Marienpred.); 4, 2, 65/8; 187/205 (tom. ad Arm.). – Amand, RB 1948, 223/63 (ps.-basilian. Weihnachtspredigt vielleicht von P.); dazu Rudberg, RB 1952, 189/200 (Tkr.).– Lebon, Mu 1933, 167/202 (Homilie MG 59, 707/10 von Atticus und Proclus, syr. T, Ü); auch Brière, ROC 1933 f, 160/87 (syr. T, Ü).– Martin, Mu 1941, 20/30; 40/8 (griech. T der 2 Predigten MG 65, 841/6). ** F. X. Bauer, P. von K., Mn 1919.– Davies, HThR 1956, 179/81 (P. and Ps.-Nilus).– Devreesse, RevSR 1931, 543/65 (tom. ad Arm.); Essai sur Théod. de M., 1948, 125/52 (Tomus).– Ehrhard, TU 50, 132 f und ö. (Homil.-Mss.).– Elert, ThLZ 1950, 195/206 (Geschichte der theopaschit. Formel).– Ensslin, PWK 23, 183/6.– Fritz, DThC 13, 662/70.– Inglisian, OC 1957, 35/50 (P. und Armenien).– Leroy, OCP 1962, 288/99 (De trad. missae eine Fälschung); Byz 33, 1963, 357/84 (hom. 6 echt).– Martin, RHE 1936, 929/32 (Himmelfahrtspredigt); 1937, 255/76 (Osterpredigt MG 65, 796/800 von Hippolyt abhängig).– B. Marx, Procliana. Untersuchungen über den homilet. Nachlaß des Patriarchen P. von K., 1940.– Richard, RHE 1942, 303/31 (P. et le théopaschisme); [Mém. L. Petit, 1947] 393/412 (P. und Armenien).– E. Schwartz, Konzilsstudien, 1914, 18/53.– Trouillard, REG 1957, 102/7 (ὄχημα dans les éléments de théologie de P.).

§ 87. Theodoret von Cyrus († um 466)

Theodoret wurde um 393 in Antiochien geboren und erhielt seine Ausbildung in den dortigen Klosterschulen. Daß Theodor von Mopsvestia sein Lehrer, Nestorius und Johannes von Antiochien seine Mitschüler gewesen sind, ist unwahrscheinlich. Schon 423 wurde er gegen seinen Willen Bischof der kleinen östlich von Antiochien gelegenen Stadt Cyrus; mit größtem Eifer wirkte er für das geistliche und irdische Wohlergehen seiner Diözesanen.

Anfang 431 griff er Cyrill von Alexandrien und das ephesinische Konzil zugunsten des Nestorius mit 2 Schriften an. Der 433 geschlossenen Union, deren Formel wahrscheinlich von ihm selbst verfaßt war, trat er erst 434 bei, ohne jedoch damit Nestorius preiszugeben. Die der nestorianischen entgegengesetzte Irrlehre des Eutyches fand erklärlicherweise in ihm einen entschiedenen Gegner. Er wurde deshalb auf der „Räubersynode" von Ephesus (449) abgesetzt. Daraufhin appellierte er an Papst Leo I. (ep. 113). Nach Abgabe einer gegen die Lehre des Nestorius gerichteten Erklärung durfte er am Konzil von Chalkedon (451) „als orthodoxer Lehrer" teilnehmen. Das 5. Allgemeine Konzil hat später (553) seine gegen Cyrill und das Ephesinum gerichteten Schriften sowie einige seiner Briefe und Predigten unter den „Drei Kapiteln" verurteilt. Dabei ist zu beachten, daß die Schriften Theodorets von Papst Vigilius „secundum subiectos intelligentiae sensus" (constit. 1; ML 69, 102 C) verworfen wurden und daß sie vom Verfasser anders gemeint sind, als sie aufgefaßt wurden. Da Th. die nestorianische Lehre niemals vollständig gebilligt hat, darf man gegen ihn auch nicht den Vorwurf erheben, er habe aus opportunistischen Erwägungen seine theologische Überzeugung preisgegeben. Th. gehört zu den fruchtbarsten Schriftstellern der griechischen Kirche.

J. L. Schultze - J. A. Noesselt, 1/5, 1769/74. – MG 80/4. – SchAC 1, 1, 4/7; 1, 5; 2, 1, 3 u. ö. – J. Lebon, CSCO 112, 21* f (Index: Fragm. bei Severus von A.). – K. Gutberlet - A. Seider, BKV² 50 f, 1926 (Ü). ** Bardy, DThC 15, 299/325. – P. Canivet [Theol. de la vie monastique, 1961] 241/82 (le monachisme syrien); Revue Mabillon 1961, 26/34 (Th. et le Messalianisme). – Diepen, RSR 1956, 243/7 (Th. et le dogme d'Éphèse). – Früchtel, PhWo 1939, 765 f (Klem. Al. bei Th.). – Grillmeier, Chalkedon 1, 183/91 (Christologie). – Honigmann, ST 173, 174/80 (Th. um 466 gestorben). – P. C. da Mazzarino, La dottrina di T. di C. sull'unione ipostatica, R 1941. – McNamara, IThQ 1955, 313/28 (the unity of person in Christ). – Opitz, PWK II 5, 1791/1801. – Richard, RSPhTh 1935, 83/106 (Chronologie der Schriften); 1936, 459/81 (évolution doctrinale). – E. Schwartz, Zur Schriftstellerei Th.s, SbMn 1922, 1.

1. Dogmatisch-polemische Schriften

a) Nur indirekt überliefert ist die *Widerlegung der 12 Anathematismen des Cyrill* (Anfang 431); Fragmente sind erhalten von den *Fünf Büchern gegen Cyrill und das ephesinische Konzil* (431) und von einer *Apologie für Diodor und Theodor.* Ferner schrieb Th. noch vor 431 ein unter dem Namen des Cyrill überliefertes Werk Περὶ θεολογίας καὶ τῆς θείας ἐνανθρωπήσεως, das zweigeteilt mit selbständigen Titeln erhalten ist.

b) *Eranistes seu polymorphus (Der Bettler oder der Vielgestaltige),* ein Dialog zwischen einem Bettler und einem Orthodoxen (um 447). „Der Bettler" soll den Monophysitismus bzw. Eutyches vorstellen, der sich seine Anschauungen aus früheren Häresien sozusagen zusammengebettelt habe. Diese Schrift ist besonders wertvoll, weil hier 238 Vätertestimonien, die 88 verschiedenen Werken entnommen sind, geboten werden.

c) Zwei Werke sind unter Justins Namen überliefert: *Expositio rectae fidei* und *Quaestiones et responsiones ad orthodoxos.* Ferner stammt von Th. ein anonymer *Traktat* über Jesus Christus als den einzigen Sohn auch nach der Menschwerdung. Weitere gegen Arianer und Eunomianer, gegen Mazedonianer, Apollinaristen, Marcioniten und gegen Origenes gerichtete Schriften, ein *Liber mysticus* und *Libri de virginitate* sind verloren.

MG 75, 1147/90; 1419/78 (Ps.-Cyrill. Περὶ θεολ.). – De Otto, Corp. apol. 4 (Expos.; Quaest. et resp.). – Brok, RHE 1950, 487/507 (Fragm. einer nicht sicher echten Schrift gegen die Juden). ** L. Abramowski, SP 1, 61/9 (Reste der Apol. für Diodor und Theodor bei Facundus). – Brok, JTS 1951, 178/83 (Expos. rectae fidei vor 431); MSR 1953, 181/94 (Fragm. gegen die Magier nicht sicher echt). – Lebon, RHE 1930, 523/50 (restitutions à Th.). – Richard, Rb 1934,

88/96 (Fragm. der 5 Bücher gegen Cyrill); RevSR 1934, 34/61 (MG 83, 1433/41: un écrit sur l'unité après l'incarnation).– Sellers, JTS 1945, 145/60 (Expos. rectae fidei).

2. Apologetische Schriften. Die letzte und vielleicht beste der gegen das Heidentum gerichteten Apologien schrieb Th. unter dem Titel *Heilung der heidnischen Krankheiten (Graecarum affectionum curatio).* In 12 Büchern stellt er die heidnischen und christlichen Antworten auf die Grundfragen der Philosophie und Theologie einander gegenüber; über 100 heidnische Autoren werden zitiert. Die stilistisch sorgfältig ausgearbeiteten 10 *Reden über die Vorsehung* hat er zwischen 435–37 vor einem gebildeten Auditorium in Antiochien gehalten.

P. Canivet, Th. de Cyr, Thérapeutique des maladies helléniques, SCh 57, 1958 (TÜK).– Y. Azéma, Th. de Cyr, Discours sur la providence, 1954 (Ü). ** P. Canivet, Histoire d'une enterprise apologétique au Ve siècle, 1957.– Des Places, REG 1955, 171/84 (Platonzitate).– Richard, Chalkedon 1, 723/5 (Testimonien des Eranistes); dazu Nautin, RHE 1951, 681/3.

3. Exegetische Schriften. Th. darf neben Theodor von Mopsvestia als der führende Exeget der antiochenischen Schule und der bedeutendste Erklärer der Heiligen Schrift im Altertum bezeichnet werden. Seine zahlreichen exegetischen Schriften sind sowohl inhaltlich wie formell vortrefflich. Trotz grammatisch-historischer Grundhaltung ist seine Exegese vielfach typologisch und allegorisch.

Th. schrieb vollständige *Kommentare* zu den *Psalmen,* zum *Hohenlied,* zu allen *Propheten* und den 14 *Briefen des Paulus;* außerdem *Abhandlungen* über schwierigere Stellen der geschichtlichen Bücher des AT (Gen. bis Chronik) in Fragen und Antworten.

Von *Predigten* sind nur geringe Reste erhalten.

Devreesse, Rb 1935, 167/70 (Quaest. in Octat.).– A. Möhle, Theodoret v. K., Kommentar zu Jesaia, B 1932. ** Brinktrine, Bi 1949, 520/3 (Gottesname Aia).– Brok, RHE 1949, 522/6 (Ps.-K zwischen 441 und 449).– Cullmann, RHPh 1936, 210/45 (2 Thess. 2, 6 f).– Devreesse, ST 201, 182 f (Octateuch).– Jüssen, ThGl 1935, 438/52 (Christologie des Is.-K).– F. Rossiter, Messianic prophecy according to Th. of C., Diss. Greg. R 1950 f.

4. Briefe. Von den vielen *Briefen* sind ungefähr 230 erhalten geblieben, die eine der wichtigsten Quellen zur Geschichte des 5. Jh. bilden; beachtenswert sind die 14 *Festbriefe,* die meistens erst nach kirchlichen Festtagen an Freunde versandt worden sind.

Y. Azéma, SCh 40, 1955; 98, 1964; 111, 1965 (Correspondance, TÜK). ** Richard, Les Sciences Phil. et Théol. 2, 1941 f, 415/23 (Th. à Jean d'Égée).– Wagner, DOP 1948, 119/81 (Letters, form and style).

Über die historischen Schriften des Th. s. S. 227 *(Kirchengeschichte, Historia religiosa, Haer. fab. compendium).*

D. DIE SYRISCHE UND ARMENISCHE LITERATUR

In engem Anschluß an die besonders reichhaltige griechische Literatur haben sich allmählich auf dem Gebiet des Römischen Reiches und auch bald außerhalb des Imperiums verschiedene nationale christliche Literaturen entwickelt. Theologisch und literarisch selbständige Leistungen haben jedoch in größerer Zahl nur die Syrer und die Armenier aufzuweisen. Das bei andern christlich gewordenen Völkern, nämlich den Kopten, Äthiopiern, Georgiern und Arabern, entstehende Schrifttum beschränkte sich in der ältesten Zeit in der Hauptsache darauf, durch Übersetzung von griechischen Werken die dringendsten praktischen Bedürfnisse zu befriedigen. In erster Linie wurden die Bücher der Heiligen Schrift, ferner liturgische, kirchenrechtliche und exegetisch-homiletische Schriften in die verschiedenen Landessprachen übertragen (s. die Literaturgeschichten S. 11 f).

§ 88. Afrahat († nach 345)

Afrahat (gräzisiert Aphraates) ist der älteste syrisch-christliche Schriftsteller im Perserreich, daher der „Persische Weise“ genannt. Er war Aszet und hatte in der Kirche eine hervorragende Stellung inne, war aber kaum Bischof, wie eine Nachricht des 14. Jh. behauptet. Veranlaßt durch die Anfrage eines Freundes, entstanden 23 *Abhandlungen* in den Jahren 337 (1/10), 344 (11/22) und 345 (23 als Nachtrag). Behandelt werden der Glaube (1), die Liebe (2), das Fasten (3), das Gebet (4), der Krieg (5), die Aszeten (6), die Buße (7), die Auferstehung (8), die Demut (9), die Hirten (10). Die Abhandlungen 11/22 setzen sich vor allem mit den im Perserreich (Babylon) zahlreich lebenden Juden auseinander, die die Gelegenheit der sassanidischen Christenverfolgung zu heftigen Angriffen gegen die Christen benützten; die bezeichnenden Themen sind die Beschneidung (11), das Pascha (12), der Sabbat (13), die Speisen (15), der Messias als Sohn Gottes (17), die Jungfräulichkeit (18). Trotzdem ist die jüdisch-rabbinische Gedankenwelt auch für A. der geistige Hintergrund seiner archaischen Theologie, während die griechische Philosophie, die griechisch-christliche Theologie und auch die arianischen Streitigkeiten kaum beachtet werden.

Weitere syrische Schriften früherer Zeit s. S. 63; 101; 139.

J. Parisot, Patrol. syriaca 1, 1/2, 1894/1907 (TÜ). – G. Bert, TU 3, 3 f, 1888 (Ü). – G. Riciotti, Mi 1926 (ital. Ü). – F. H. Hallock, JSOR 1930, 18/31; 1932, 43/56 (engl. Ü von Abhandl. 2 und 7). – ** Beck, OC 1958, 19/41 (symbolum-mysterium). – E. J. Duncan, Baptism in the Demonstr. of A., Wa 1945. – Elderenbosch, NTT 1949, 161/7 (Sakramentenlehre). – Gavin, JournAmOrSoc 1920, 103/20 (sleep of the soul). – L. Haefeli, Stilmittel bei A., 1932. – Hausherr, DSp 1, 746/52. – Higgins, BZ 1951, 365/71 (Christenverfolgung in Persien). – Jargy, OCP 1951, 304/20 (Bundessöhne und Bundestöchter); PrO 1954, 106/17 (syr. Klosterwesen im 4. Jh.). – Klijn, VC 1958, 57/66 (kejān-φύσις); NedThTijdschr 1959, 29/38 (Taufe). – Maude, AThR 1923, 225/33 (rhythmic patterns). – I. Ortiz de Urbina, Die Gottheit Christi bei A., R 1933; Stud. Missional. 1947, 87/105 (Kontroverse mit den Juden). – Parisot, DThC 1, 1457/63. – Richter, ZntW 1936, 101/14 (antijüd. Polemik). – A. Vööbus, History of ascetism in the Syrian orient 1, 1958; JbAC 1961, 152/5 (Nachtragsart. zum RACh); OC 1962, 25/32 (Methodologisches zum Studium der Anweisungen). – Williams, JTS 1949, 71 f (Petrus bei A.).

§ 89. Ephräm der Syrer († 373)

Ephräm ist um 306 in Nisibis wahrscheinlich als Sohn christlicher Eltern geboren und wurde von Jakob, dem Bischof von Nisibis, unterrichtet; großen Einfluß übte auch der Bischof Vologeses mit der Verbindung von Aszese und Bildung auf ihn aus. E. war kirchlicher Lehrer und Diakon in Nisibis. Nach der persischen Eroberung von Nisibis 363 verließ er mit vielen anderen Christen die Heimatstadt und ließ sich auf römischem Gebiet in Edessa nieder. Mit der Lehrtätigkeit des E. in Edessa hängt wahrscheinlich die Entstehung der „Schule der Perser" zusammen. Spätere Legende ist es, daß E. seinen Bischof zum Konzil von Nizäa begleitet habe, daß er die Mönche Ägyptens besucht habe und gegen Ende seines Lebens mit Basilius in Cäsarea zusammengetroffen sei.

E. gilt als der Klassiker der syrischen Kirche; er ist bedeutend als Exeget, Apologet, Prediger und Dichter. Die große Masse der unter E.s Namen überlieferten Schriften bedarf noch einer gründlichen Prüfung. Schon sehr früh wurden Schriften von E. in das Griechische, das Armenische und in andere Sprachen übersetzt; hier ist die Echtheit besonders schwer festzustellen, da es sich oft um Benützung echten Materials und um freie Nachdichtungen handeln dürfte.

Als dichterische Form benützt E. Memre (metrische Reden, Sermones), die aus beliebig langen Reihen von Versen mit gleicher Silbenzahl bestehen (meistens sieben), und Madrasche (sangbare Lieder, Hymnen), deren Verse zu Strophen zusammengefaßt sind und mit Refrains abwechseln.

J. S. Assemani - S. E. Assemani, 1/6, R 1732/46 (syr.-lat. und griech.-lat.; ungenügend und irreführend). – J. J. Overbeck, O 1865 (opera selecta). - Th. J. Lamy, S. Ephraemi Syri Hymni et Sermones, 1/4, 1882/1902. – Mechitaristen, 1/4, Venedig 1836 (armen. Ü). – L. Mariès - Ch. Mercier, PO 30, 1, 1961 (51 Hymnen in armen. Überlieferung, TÜ). – S. G. Mercati, 1, 1, R 1915 (griech. E.). – S. Euringer - A. Rücker, BKV² 37; 61, 1919/28 (Ü). ** E. Beck, DSp 4, 788/800; RACh 5, 520/31; OCh 1958, 341/62 (Asketentum und Mönchtum); OC 1962, 61/76 (Philoxenos und E.). – Froidevaux, RSR 1963, 558/78 (recueil arménien d'hymnes). – Graf, Gesch. 1, 421/33. – D. Hemmerdinger-Iliadou et J. Kirchmeyer, DSp 4, 800/22 (Éphrem, les versions). – Hemmerdinger-Iliadou, OCP 1958, 371/82 (Dubletten des griech. E. bei Assemani); SP 3, 72/80 (Vers une nouvelle éd. de l'Éphrem grec). – Leloir, DHG 15, 590/7. – Mercati, EEBS 1953, 41/4 (Alphabete im griech. E. wohl unecht). – Polotzky, Or 1933, 269/74 (Reise nach Ägypten). – G. Ricciotti, S. E. Siro, To 1925. – Rousseau, OrSyr 1957, 261/84; 1958, 73/90 (Le rencontre de É. et de Basile). – Schiwietz, Mönchtum 3, 93/165 (Biographie); 166/79 (Abraham von Kidun). – Tomadaki, StBNeoell 1957, 392/404 (E. in der griech. Hymnographie). – A. Vööbus, Literary critical and historical studies in Ephrem the Syrian, Stockholm 1958; History of ascetism 2, 1960, 70/110 (Leben, Schriften, Aszetenwesen); OC 1957, 97/101 (griech. Selbstanklagen des E.); 1958, 41/3 (neuer Text von E. über das Mönchtum); OrSyr 1959, 299/306 (monachisme primitif).

1. Exegetische Schriften. E. erklärt die Bibel ähnlich wie die Antiochener nach ihrem wörtlichen Sinn; die atl. Kommentare sind mehr nüchtern-wissenschaftlich, die ntl. Erklärungen werden zum Teil in Homilienform geboten. Von den vielen Bibelkommentaren sind außer zahlreichen Katenenfragmenten nur wenige vollständig erhalten. Der *Kommentar zur Gen. und zum Ex.* (bis 32, 26) ist syrisch erhalten, armenisch der *Kommentar zum Diatessaron* (s. S. 72/4); dieser ist jetzt aber etwa zur Hälfte auch im syrischen Original gefunden worden. Ferner gibt es einen *Kommentar zur Apostelgeschichte* und *zu den Paulusbriefen* in armenischer Übersetzung (der 3. Korintherbrief gilt dabei als echt, s. S. 136).

R. M. Tonneau, CSCO 152 f, 1955 (Comment. in Gen. et in Exod., TÜ). – L. Leloir, CSCO 137; 145, 1953 f (Commentaire de l'Évangile concordant, armen. T, Ü); S. Éphrem. Commentaire de l'Évangile concordant, Dublin 1963 (syr. T, lat. Ü). – N. Akinian, W 1921 (K zu Act., armen.). ** Bravo, Bi 1950, 390/401 (Comment. al Gen. 1/7). – Devreesse, Rb 1936, 221/3 (Fragm. in Gen. und Num.). – Levene, SP 1, 484/92 (Pentateuchal exegesis). – J. Molitor, Der Paulustext des hl. E. aus seinem armen. erhaltenen Paulinenkommentar, 1938; [Festgabe Kardinal Frings, 1960] 379/90 (kirchl. Ämter und Stände in der Paulusexegese).

2. Dogmatisch-polemische Schriften. E. bekämpft Bardesanes, Marcion und Mani in 3 Prosaschriften *(Contra haereses)* und neben weiteren Häretikern in 56 Madraschen *(Hymnen c. haer.)*. Die 87 *Hymnen über den Glauben* beklagen die trinitarischen Streitigkeiten, die durch die griechische Philosophie entstanden seien; ähnlichen Inhalt haben die *Reden*

über den Glauben. Gegen den Kaiser Julianus wendet sich E. mit 4 Hymnen. Die 15 *Hymnen über das Paradies* schildern die Himmelsherrlichkeit im Bilde des Paradieses Adams.

C. W. Mitchell, S. E.'s Prose refutations of Mani, Marcion and Bardaisan, 1/2, Lo 1912/21 (TÜ). – E. Beck, CSCO 154 f, 1955 (Hymnen de fide, TÜ); 169 f, 1957 (Hymnen contra haereses, TÜ); 174 f, 1957 (Hymnen de paradiso und Contra Julianum, TÜ); 212 f, 1961 (Sermones de fide, TÜ); Ephraems Hymnen über das Paradies, 1951 (ÜK). ** E. Beck, OCP 1948, 398/405 (Paradiesesjungfrauen); Die Theologie des hl. E. in seinen Hymnen über den Glauben, R 1949; Ephraems Reden über den Glauben. Ihr theol. Lehrgehalt und ihr geschichtl. Rahmen, 1953. – Ortiz de Urbina, OCP 1955, 457/72 (Paradis eschatologique).

3. Aszetische Schriften. *Die Hymnen de virginitate* und *de ecclesia* behandeln aszetische Fragen. Zwei Aszeten aus der Zeit des E. verherrlichen die (nicht sicher echten) *Hymnen über Abraham von Kidun* und *Julian von Saba*. Ein *Brief* ist an die Aszeten in den Bergen von Edessa gerichtet. *Das Testament des E.* mit letzten Wünschen und Grüßen an seine Schüler ist nur im Kern echt.

E. Beck, CSCO 223 f, 1962 (Hymnen de virginitate, TÜ); 198 f, 1960 (Hymnen de Ecclesia, TÜ). ** A. Vööbus, A Letter of E. to the Mountaineers, Pinneberg 1947; OC 39, 1955, 48/55 (aszet. Schriften).

4. Liturgische und andere Schriften. Die 16 *Hymnen de nativitate* sind bestimmt für das Geburtsfest des Herrn am 6. Januar, die *Hymnen de ieiunio* für die Fastenzeit, die *Paschahymnen* für Leiden und Auferstehung Christi. Auch *Hymnen* auf Heilige und Märtyrer sind erhalten, *Bußreden* und *Regenbitten.* Historisch wertvoll sind die 77 *Carmina Nisibena* (8 und 22/24 fehlen). 1/21 berichten von den persisch-römischen Kämpfen um Nisibis und den Bischöfen Jakob, Babu und Vologeses; 25/34 über Edessa und Haran; 35/77 behandeln vor allem die Eschatologie. Die 16 *Reden über Nikomedia* (Erdbeben von 358) sind vollständig nur in armenischer Übersetzung erhalten.

E. Beck, CSCO 186 f, 1959 (Hymnen de nativitate [Epiphania], TÜ); 218 f, 1961; 240 f, 1963 (Carmina Nisibena 1/2, TÜ); 246 f, 1964 (Hymnen de ieiunio, TÜ); 248 f, 1964 (Paschahymnen, TÜ). – Graffin, OrSyr 1959, 73/109; 162/92; 285/98 (Mimré sur la Bénédiction de la table, Ü). ** Krüger, OC 1933, 13/62 (Regenbitten).

Lehre

1. Trinitätslehre und Christologie. In den Hymnen und Reden über den Glauben, die gegen den Arianismus gerichtet sind, wird offenbar, wie gering der Einfluß der griechischen Theologie und ihrer von der Philo-

sophie übernommenen Begriffswelt ist. E. ist ähnlich wie Afrahat von jüdisch-rabbinischen Denkweisen abhängig; seine Begriffe sind nach griechischer Auffassung unklar, seine Terminologie ist unausgebildet. Physis (kejān) kann z. B. sowohl Individuum heißen als auch der Bedeutung von Wesenheit sich nähern. Die erst von den Kappadoziern zum Sieg geführte Unterscheidung von Hypostasis und Physis ist erklärlicherweise nicht vorhanden. Es findet sich höchstens ein Ansatz zu einer Gleichsetzung des Wortes quomâ mit hypostasis = persona. Der Heilige Geist wird nie ausdrücklich Gott genannt, wenn auch über seine wesensgleiche Natur für E. auf Grund der Taufformel und der liturgischen Doxologien kein Zweifel bestehen konnte. Merkwürdig ist die Bezeichnung des Heiligen Geistes als „ignis et spiritus", die auch auf die Engel übertragen wird, dann aber auch in den christologischen Aussagen und in seinen über die Eucharistie vorgetragenen Gedanken Verwendung findet.

2. Von Maria sagt E.: „Du allein (Jesus) und deine Mutter, ihr seid viel schöner als alles, kein Makel ist an dir, Herr, und kein Fehl an deiner Mutter" (carm. Nisib. 27, 44 f). Diese Aussage kann jedoch noch nicht im Sinn der „Unbefleckten Empfängnis" verstanden werden; dies verbietet Ephräms Auffassung von der iustitia originalis und der Erbsünde.

3. In der Eucharistie „wird der lebendige und lebenspendende Leib genossen" (ebd. 3, 77). An einer anderen Stelle läßt Ephräm die Stadt Nisibis sprechen: „Laß dich (o Gott) versöhnen durch das Opfer auf meinem Altar" (1, 24). In seinem Testament bittet er: „Sind 30 Tage nach meinem Tod verflossen, so bringt für mich das heilige Opfer dar; denn es wird den Toten geholfen durch die Opfer, welche die Lebenden darbringen."

Beck, OCP 1953, 5/24 (Bild vom Spiegel: 1 Cor. 13, 12); OC 1954, 41/67 (Eucharistie); 1956, 22/39 (Mariologie in den echten Schriften); OrSyr 1956, 112/36 (Taufe); OC 1958, 19/41 (symbolum-mysterium). – Ducros [Mél. Cavallera, 1948] 163/77 (Inspiration). – Edsman, Baptême 93/133. – Euringer [A. Ehrhard, 1922] 141/99 (Mt. 16, 18 bei E.). – L. Hammersberger, Die Mariologie der ephrem. Schriften, 1938. – Hausherr, OCh 31, 1, 1933 (Maria und Martha). – Heffening, OC 1936, 54/79 (gegen das Lachen). – de Jong, SP 2, 29/34 (le rite de la consignation et l'épiclèse). – P. Krüger, ZMR 1941, 8/15 (Missionsgedanken). – L. Leloir, Doctrines et méthodes de S. Éphrem d'après son commentaire de l'Évangile concordant, Lou 1961; SP 1, 289/94 (l'ascendance davidique du Christ); HA 1961, 449/66 (Christologie nach dem Diatess.-K); [Mém. A. Gelin, 1961] 363/74 (symbolisme et parallélisme). – Michl, ThQ 1937, 474/91 (neun Chöre der Engel). – de Moor, GTT 1959, 97/117 (Mariologie). – Murray, OCP 1964, 315/62 (The rock and the house on the rock). – Ortiz de Urbina, EE 1954, 417/22 (immaculata conceptio). – Teixidor, OrSyr 1961, 25/41 (la descente aux enfers); OCP 1961, 82/114 (Muerte, cielo y seol).

§ 90. Andere syrische Dichter und Schriftsteller

1. Cyrillonas, ein echter Dichter, hinterließ sechs *Gesänge*, darunter zwei über das Abendmahl Christi und einen Bittgesang anläßlich einer Heuschreckenplage und eines drohenden Hunneneinfalls (396); hier finden sich Zeugnisse für den Opfercharakter der Eucharistie und die Heiligenverehrung.

G. Bickell, ZDtschMorgenlGes 1873, 566/98 (syr. T).– S. Landersdorfer, BKV² 6, 1913 (Ü). ** Ortiz de Urbina, OCP 1935, 110/3 (Mariologie).

2. Baläus (syr. Balai), † um 460, wahrscheinlich als Chorbischof von Beröa (Aleppo), war ein sehr fruchtbarer Dichter; viele seiner meist kurzen Dichtungen sind verloren. Einige Lieder fanden Aufnahme in das kirchliche Offizium. Über die 5 *Loblieder* auf Acacius s. S. 331.

J. J. Overbeck, S. Ephraemi ... Balaei aliorumque op. sel., O 1865, 251/336 (syr. T).– S. Landersdorfer, BKV² 6, 1913 (Ü).

3. Rabulas (syr. Rabbula, † 436), Bischof von Edessa, wurde um 400 Christ und etwa 412 Bischof, ging kurz nach dem Ephesinum (431) zu Cyrill von Alexandrien über und bekämpfte scharf die an der Schule von Edessa stark vertretenen Anhänger des Nestorius. Die Abfassung der syrischen Übersetzung des NT *(Peschitta)* kann jetzt nicht mehr unbedenklich R. zugesprochen werden (Vööbus, Black). In drei kurzen Traktaten bietet er *Lebensregeln* für Geistliche und Mönche. Von seinen 46 griechisch geschriebenen *Briefen* sind nur Fragmente erhalten, dazu *Hymnen* von zweifelhafter Echtheit und eine *Predigt* gegen Nestorius. Im Auftrag Cyrills übersetzte er dessen Schrift *De recta fide*. Über die *Vita* des R. s. S. 243.

J. J. Overbeck, S. Ephraemi Syri, Rabbulae ... op. sel., O 1865, 159/238 (syr. T).– Mounayer, OCP 1954, 406/15 (syr. T der 34 Mönchsregeln).– A. Vööbus, Syriac and Arabic Documents, Stockholm 1960 (Regeln).– G. Bickell, BKV 1874 (Ü). ** Abramowski, OC 1957, 51/64 (Brief des Andreas von Samosata an R.).– Black, BJR 33, 1951, 203/10 (R. and the Peshitta); [J. de Zwaan, Haarlem, 1953] 20/8 (Peschitta und Diatessaron).– Nau, RHR 103, 1931, 97/135.– Pericoli-Ridolfini, RivStudOr 1953, 153/69 (Brief des Andreas von Samosata an R.).– Vööbus, Investigations into the text of NT used by R. of E., Pinneberg 1947; Studies in the history of the Gospel text in syriac, 1951; OC 38, 1954, 1/10 (Alter der Peschitta).– Ziadé, DThC 13, 1620/6.

4. Ibas († 457), Bischof von Edessa und Nachfolger des Rabulas, schrieb (433–436) einen zum großen Teil in griechischer Übersetzung erhaltenen christologischen *Brief* an den persischen Bischof Maris, auf Grund dessen 449 in Ephesus seine Absetzung erfolgte. 451 wurde er in

Chalcedon restituiert, seine Schrift jedoch 553 unter den „Drei Kapiteln“ verdammt. Seine Übersetzungen von Werken des Theodor von Mopsvestia und des Aristoteles sowie seine Hymnen sind untergegangen.

SchAC 2, 1, 3, 32/4 (Brief). ** D'Alès, RSR 1932, 5/25.– Devreesse, RevSR 1931, 543/65.

5. Isaak von Antiochien schrieb nach dem Zeugnis des Gennadius (vir. ill. 66) mehrere Schriften gegen Nestorianer und Monophysiten und ein *Klagelied* auf die Zerstörung Antiochiens durch ein Erdbeben (459). Von diesen Schriften ist nichts erhalten. Dagegen konnte P. Bedjan 67 unter diesem Namen überlieferte Homilien, die dogmatische und aszetische Fragen behandeln, herausgeben. Die Zuteilung der Homilien an Isaak von Antiochien oder an einen anderen Träger des Namens Isaak ist bis jetzt nur bei wenigen Stücken möglich gewesen. Bischof Jakob von Edessa († 708) erwähnt nämlich drei verschiedene „Lehrer“ mit Namen Isaak, jedoch keinen Isaak von Antiochien: einen angeblich monophysitischen Presbyter Isaak von Amida, der um 404 Rom besucht habe, einen gleichfalls monophysitischen Isaak von Edessa, der zur Zeit des Petrus Fullo (468–488) in Antiochien das noch erhaltene *Gedicht* (2137 Verse) über den Papagei verfaßt habe, welcher das Trishagion mit dem Zusatz: „der für uns gekreuzigt ist“, sprechen konnte, und einen orthodoxen Isaak von Edessa (um 522).

G. Bickell, 1/2, Gie 1873/7.– P. Bedjan, Homiliae s. I., P 1903.– C. Moss, ZS 1929, 295/306; 1930, 61/72 (Homily in the Royal City, TÜ).– Kazan, OC 1961, 30/53; 1962, 87/98; 1963, 89/97 (Homily against the Jews, TÜK).– S. Landersdorfer, BKV² 6, 1913 (Ü).– Furlani, RTr 1923, 257/83 (3 discorsi metrici sulla fede, Ü).– Krüger, OstkSt 1952, 46/54 (Rede über den Glauben, Ü). ** Krüger, OstkSt 1952, 123/31 (Mariologie); 1953, 270/9 (Gehenna und Scheol).

6. Narses (Narsai), einer der bedeutendsten Nestorianer, 437 Leiter der Schule von Edessa, gründete nach seiner Vertreibung (457) auf Einladung des Bischofs Bar Sauma die Schule von Nisibis (s. S. 261); er starb kurz nach 503 im Alter von 103 Jahren. N. war ein bedeutender Dichter von metrischen *Homilien* und *Liedern* (Memre und Madrasche); besonders wichtig sind seine *liturgischen Homilien* und die *Homilie* über die drei Lehrer, Diodor, Theodor und Nestorius.

A. Mingana, 1/2, Mossul 1905 (47 homiliae, 10 carmina, T).– R. H. Connolly, The liturg. homilies of N., 1909 (ÜK).– Guillaumont, OrSyr 1956, 189/207 (hom. 21 de bapt., Ü).– Krüger, OrSyr 1958, 299/316 (Hom. sur le martyre, ÜK); ZMRW 1958, 271/91 (Sermo de memoria Petri et Pauli, ÜK).– Gignoux, OrSyr 1962, 307/37 (Hom. sur la création d'Adam et Ève); 1962, 477/507 (Hom. sur la création du monde). ** Abramowski, ZKG 1954 f, 140/3 (Konzil von Chalkedon).– Krüger, OstkSt 1952, 283/96 (Engellehre); 1953, 110/20 (Mariologie); 1959, 193/210 (Le sommeil des âmes).– Leclercq, DAL 12, 884/8.– Ratcliff [R. P. Casey, 1963] 235/49 (anaphoras described by N.).– Tisserant, DThC 11, 26/30.

7. Jakob von Sarug war Bischof von Batna bei Edessa († 521); über sein Leben und seine Schriften sind drei verschiedene Berichte erhalten. Die ältere Meinung, J. sei monophysitisch gewesen, wird jetzt nicht mehr allgemein geteilt, da vor allem die Briefe, die eine monophysitische Gesinnung erkennen lassen, nicht sicher echt sind. J. werden viele metrische *Homilien* zugeschrieben, deren Echtheit aber nicht immer feststeht, ferner ungefähr 40 *Briefe*. J. übersetzte die 6 *Centurien* des Evagrius Ponticus. Die J. zugeschriebenen *liturgischen Texte* sind nicht sicher echt.

P. Bedjan, J. S. homiliae selectae, 1/5, 1905/10.– Albert, OrSyr 1962, 143/62 (Mimro sur la Synagogue et l'Église, Ü).– Graffin, OrSyr 1960, 225/49 (Jakobs Vision in Bethel, Ü); 1961, 51/67 (Sur les deux oiseaux, Ü).– Jansma, OrSyr 1959, 3/42; 129/62; 253/85 (L'Hexaémeron, Ü).– Krüger, OrSyr 1957, 125/36 (hom. 2 sur la foi du concile de Chalcédoine, Ü).– Moss, Mu 1935, 87/112 (Hom. über die Schauspiele).– Mouterde, Mél. de l'Univ. Beyrouth 26, 1944/6, 1/36 (2 Homil.).– G. Olinder, CSCO 110, 1937 (epistolae, T); The letters of J. of S. Comments on an edition, Lund 1939.– van der Ploeg [E. Tisserant, 1964] 3, 395/418 (Hom. sur la réception de la ste communion, Ü).– Wurmbrand, OrSyr 1961, 255/79 (Hom. sur la mort d'Aaron).– S. Landersdorfer, BKV² 6, 1913 (Ü).– C. Vona, Omelie mariologiche di G. di S., R 1953. ** Black, JTS 1951, 57/63 (Gospel text).– Jansma, NAKG 1960, 18/36 (The Credo of J. A return to Nicaea and Constantinople).– Krüger, OstkSt 1952, 187/207 (Immaculata bei J.?); 1956, 158/76; 225/42 (J. kein Monophysit); 1959, 184/201 (Einheit in Christus); 1961, 301/9 (caractère monophysite de la troisième lettre); OstkSt 1964, 15/32 (J. Monophysit, erst zuletzt chalkedonisch).– Martin, RevSR 1954, 309/52; 385/419 (un évêque poète).– Peeters, AB 1948, 134/98 (J. kein Monophysit).– van Roey, EThL 1955, 46/63 (sainteté de Marie).

8. Philoxenus (Xenaïas) wurde 485 Metropolit von Mabbug (Hierapolis); da er eifriger Monophysit war, wurde er 518/19 nach Gangra und dann nach Thrakien verbannt, wo er 523 starb. Ph. war ein sehr fruchtbarer Schriftsteller. Er veranlaßte die nach ihm benannte Übersetzung des NT in das Syrische *(Philoxeniana)* und schrieb einen *Evangelienkommentar* monophysitischer Tendenz, ferner dogmatische Traktate und Briefe, von denen die 10 *Reden gegen Habib (De uno e s. Trinitate incorporato et passo)* und das *Buch der Sentenzen (tract. tres de Trin.)* am wichtigsten sind. Zahlreiche *Abhandlungen* und *Briefe* behandeln moralische und aszetische Themen.

Albert, OrSyr 1961, 41/51 (une lettre inédite à un Juif converti, Ü); 1961, 243/54 (lettre inédite à l'un de ses disciples, Ü).– M. Brière, PO 15, 4, 1927 (De uno e sancta trin. incoporato et passo; nur 1/2 von den 4 Büchern, TÜ).–

E. A. Budge, The Discourses of Ph., 1/2, 1894 (TÜ).– Graffin, OrSyr 1960, 183/96 (lettre inédite à un avocat, Ü); 1961, 317/52; 455/87; 1962, 77/102 (lettre à un supérieur, Ü).– A. de Halleux, CSCO 231 f, 1963 (lettre aux moines de Senoun, TÜ); Mu 1962, 31/62; 1963, 5/26 (3 Briefe, TÜK).– Krüger, OCP 1954, 153/65 (Sermo de annuntiat., TÜ).– R. Lavenant, PO 30, 5, 1963 (Lettre à Patricius, TÜ).– Lebon, Mu 1930, 17/84; 149/220 (3 Briefe, TÜK).– E. Lemoine, SCh 44, 1956 (Homélies, ÜK).– G. Olinder, A letter of Ph. of M. sent to a novice, Göteborg 1941 (TÜ); A Letter of Ph. of M. sent to a friend, Göteborg 1950 (TÜ).– Tanghe, Mu 1960, 39/71 (Fragm. über den Glauben, TÜK).– A. Vaschalde, CSCO 9 f, 1907 (tract. tres de trin., TÜ); Three Letters of Ph. of M., 1902 (TÜ). ** Beck, OC 1962, 61/76 (Ph. und Ephräm.).– Bergsträsser, Monophysitismus und Paulus-Tradition bei Ph. von M., Diss. Erlangen 1953; [W. Elert, 1955] 43/61 (monophysit. Soteriologie).– Graf, Gesch. 1, 452 f.– Gribomont, OrSyr 1957, 419/32 (les hom. ascétiques et l'écho du Messalianisme).– A. de Halleux, Philoxène de Mabbog. Sa vie, ses écrits, sa théologie, Lou 1963.– Hausherr, RAM 1933, 171/95 (contemplation).– Lebon, RHE 1911, 413/36 (version de la Bible); Chalkedon 1, 425/580 (Christologie).– Lemoine, OrSyr 1957, 351/66 (spiritualité); 1958, 91/103 (physionomie).– Tisserant, DThC 12, 1509/32.– Vööbus [Misc. K. Kundziņš, Eutin 1953] 169/83 (Datierung der Philoxeniana).– de Vries, OCP 1952, 52/88 (Primat, Communio und Kirche bei den frühen syr. Monophysiten).

9. Isaak von Ninive, † Ende des 7. Jh., bedeutender nestorianischer Aszetiker und Mystiker, verzichtete nach fünf Monaten (661) auf sein Bistum Ninive, wurde darauf Einsiedler und zuletzt Mönch in einem Kloster im Gebirge der persischen Susiana. Sein literarischer Nachlaß, der sehr umfangreich war, ist wegen Verwechslung mit anderen Autoren gleichen Namens (s. S. 348) schwer abzugrenzen. Seine Schriften fanden auch bei Jakobiten und Katholiken große Verbreitung.

P. Bedjan, P 1909 (De perfectione relig.).– A. J. Wensinck, A 1923 (Ü des von Bedjan ed. T).– G. Bickell, BKV 1874 (6 Abh., Ü).– MG 86, 811/86 (Kompilation, Is. von Ant. zugeschrieben). ** J. B. Chabot, De S. Is. N. vita, scriptis et doctrina, 1892.– Graf, Gesch. 1, 436/42.– Hausherr, OCP 1940, 221 (zum griech. Text).– L. Petit, DThC 8, 10/2.– van der Ploeg, Mu 1943, 115/27 (De perfectione, lat. Ü).

§ 91. Armenische Schriftsteller

In Armenien, das bereits Ende des 3. Jh. christlich wurde, konnte eine original armenische Literatur entstehen, nachdem Mesrop († 440), früher königlicher Sekretär, dann Mönch und Missionar, ein eigenes armenisches Alphabet geschaffen hatte. Unter Führung des Patriarchen Sahak d. Gr. (390–439) und Mesrops übersetzte eine Gruppe jüngerer Kleriker, die sich ihre Schulung hauptsächlich in Konstantinopel und Edessa geholt hatten — später wurden diese Männer die „Heiligen Übersetzer" genannt —, Schriften hervorragender griechischer und syrischer Autoren. An erster Stelle wurde außer einer armenischen Liturgie die Heilige Schrift in die Landessprache übersetzt. Obwohl wir von einer aus dem Syrischen geflossenen Übersetzung der Heiligen Schrift keine Texte besitzen, sprechen wichtige Gründe dafür, daß die Evangelien zunächst in einer Übersetzung gelesen wurden, die von einem syrischen Tatiantext des Diatessaron abhängig war. Allmählich wurde im Lauf des 5. Jh. die ganze Bibel aus dem Griechischen übersetzt. Gleichzeitig erblühte auch eine originale Literatur.

N. Akinian, Untersuch. z. Gesch. der armen. Lit., 1/4, W 1932/8 (armen. mit deutscher Zusammenfassung); AB 1949, 74/86 (armen. Bischöfe im 3./4. Jh.).– Hausherr, DSp 1, 863/94.– V. Inglisian, Chalkedon 2, 361/417 (Chalkedon und die armen. Kirche); Handbuch der Orientalistik 1, 7, 156/250 (armen. Literatur).– Klinge, RACh 1, 678/89.– Muyldermans, Mu 1963, 109/44 (L'historiographie arménienne).– Toumanoff, Tr 1954, 109/89 (KG Armeniens und Georgiens).– Tournebize, DHG 4, 290/391.– Vööbus, RSR 1950, 581/6 (première traduction armén. de la Bible).– S. ferner S. 11 (armen. Literaturgeschichte).

1. Als echte Schrift des Mesrop kann wahrscheinlich nur die bei Agathangelus erhaltene *Lehre Gregors des Erleuchters* gelten. Die 23 *Reden und Sendschreiben*, die sowohl Mesrop wie Gregor zugeschrieben werden, stammen aus späterer Zeit. Das *Leben Mesrops* beschrieb sein Schüler Koriun.

N. Akinian, W 1952 (Koriun, krit. T).– V. Inglisian [W. Nigg - W. Schamoni, Ausbreiter des Glaubens im Altertum, 1963] (Koriun, Ü).– S. Weber, BKV² 57, 1927 (Koriun; ausgew. Reden des Ps.-Mesrop, Ü). ** Akinian, HA 1935, 505/50 (Lebensbild des M.); HA 1958, 379/81 (Homilienbruchstücke gegen die Zauberer).– Karst, DThC 10, 789/92.– Richard [Mém. L. Petit, 1948] 396/8 (Brief Sahaks).

2. Grundlegend für die Kenntnis der ältesten Geschichte des christlichen Armenien sind die geschichtlichen Darstellungen des Faustus von Byzanz, dessen um 400 griechisch geschriebenes Werk über die Zeit von 344–387 in einer wohl noch dem 5. Jh. angehörenden armenischen Übersetzung erhalten ist. Fortgesetzt wurde dieses Werk durch Lazarus von Pharpi († nach 491), der über die Jahre 388–485 berichtet.

S. Ghesarian, bei Langlois, Coll. des hist. anc. et mod. d'Arménie 2, 1869, 253/368 (Lazarus, Ü).– Lauer, Köln, 1879 (Faust., Ü). ** Akinian, HA 1938, 9/56 (Faustus).– Essabalian, HA 1935, 571/90; 1936, 22/39; 185/95; 338/49 (Laz.).– Leclercq, DAL 9, 1588/90 (Faustus).– Nahabedian, Baz 1930, 367/9; 406/8 (Laz.).– Peeters, AB 1921, 65/88 (Faustus).

3. Agathangelus hat unter diesem wohl fingierten Namen gegen Ende des 5. Jh. eine *Geschichte Gregors des Erleuchters* und der Christianisierung Armeniens geschrieben; neben geschichtlich Wertvollem findet sich viel legendäres Beiwerk.

Tiflis 1914; Venedig 1930 (armen. T). – P. de Lagarde, GAb 35, 1888, 3/164 (griech. Ü). – G. Garitte, Documents pour l'étude du livre d'Agathange, ST 127, 1946 (griech. Rezens.); dazu Garitte, Mu 1946, 413/20; 1948, 89/102; La Narratio de rebus Armeniae, CSCO 132, 1952 (TK); dazu Honigmann, RHE 1953, 150/68. ** Garitte, Mu 1950, 231/47 (arab. Ü des Agath.); Mu 1952, 51/71 (arab. Vita des Greg. Ill.); Mu 1962, 233/51 (ch. 13/19). – Peeters, AB 1942, 91/130 (Gregor. Illum.); Le tréfonds orient. de l'hagiographie byz., 1950, 78/82 (zu Agathang.).

Auf das Geschichtswerk und die andern Schriften des Bischofs Moses von Choren (Chorenaçi; angeblich 5. Jh.) braucht hier nicht näher hingewiesen zu werden, da ihre Entstehungszeit viel später (um 820) angesetzt werden muß.

Adontz, Byz 11, 1936, 97/100. – N. Akinian, Leontius der Priester und M. Khorenatzi, W 1930 (armen.); PWK Suppl. 6, 534/41. – Grosso, ParPass 1957, 177/91 (M. e Corbulone). – Hatsumi, Baz 1935, 55/66; 119/30 (für das 5. Jh.). – H. Lewy, Byz 11, 1936, 81/96; 593/6. – Manandjan, VizVrem 1, 1948, 127/43 (frühestens Anfang des 9. Jh.). – Mlaker, Wiener Z. f. Kunde des Morgenl. 42, 259/94 (2. Hälfte des 9. Jh.). – Toumanoff, HA 1961, 467/76 (Anfang 9. Jh.).

4. Eznik von Kolb, einer der Schüler und Mitarbeiter von Sahak und Mesrop, schrieb um 430 vier Bücher *Über Gott* (*Gegen die Irrlehren:* Heiden, Perser, griechische Philosophen und Marcioniten). Das Werk zeichnet sich durch besondere sprachliche Eleganz aus.

L. Mariès - Ch. Mercier, PO 28, 3 f, 1959 (De deo, TÜ); dazu Froidevaux, RSR 1960, 453/9. – S. Weber, BKV^2 57, 1927 (Ü). ** Adontz, ROC 25, 1926, 309/57. – Akinian, HA 1935, 615/7 (Brief an Mesrop); 1937, 517/32; 1938, 238/58. – Cuendet, REA 1929, 13/40 (E. et la Bible). – Karamanlian, HA 1931/32 (armen. Volksreligion). – L. Mariès, Le De deo d'E. de K., 1925. – Williams, JTS 1944, 65/73 (Marcion bei E.).

5. Johannes Mandakuni, aus altadligem Geschlecht, gehörte zur Schar der „Heiligen Übersetzer", bestieg hochbetagt den Patriarchenstuhl († nach 480). Außer liturgischen Gebeten werden ihm 25 Reden und Sendschreiben über moralisch-praktische Fragen zugesprochen und, allerdings ohne durchschlagende Gründe, als echt verteidigt.

Drei *Homilien* über ntl. Perikopen sind unter dem Namen des zu demselben Kreis gehörenden Mambre Verzanol erhalten.

S. Weber, BKV^2 58, 1927 (Joh. Mand., Reden; Mambre Verz., Lazarus-Hom., Ü).

6. Die Frage der Echtheit der verschiedenen einem andern Schüler Mesrops, dem hl. Elische (Elisäus) Wardapet († um 480), zugeschriebenen Schriften ist noch immer nicht geklärt. Unter seinem Namen sind überliefert ein Zyklus von *Homilien* über das Leben Christi u. a., *Worte der Ermahnung an die Einsiedler*, ferner *Kommentare zu Josue und Richter* und eine *Vaterunser-Erklärung*. Das *Geschichtswerk über den Wardanischen Krieg* (449–451) wird ihm neuerdings mit gewichtigen Gründen abgesprochen und einem Anonymus des 7. Jh. zugewiesen.

S. Weber, BKV² 58, 1927 (Ü). ** Ananian, DHG 15, 232/5.– N. Akinian, Elisäus W. und seine Geschichte des armen. Krieges, W 1932/60 (armen.); HA 1951, 1/43 (Armen. Krieg); HA 1958, 152/6 (zur textkrit. Ausgabe der Geschichte des E.).– Ter-Minassian, Banber Matenadarani 5, 1960, 527/33 (zu Akinians Geschichte von Vardanank).– Thomson, Mu 1962, 367/84 (E. Vardapet in the early Armenian church).

II. Die abendländischen grossen Väter und Schriftsteller

§ 92. Die Päpste des 4. und 5. Jahrhunderts bis auf Leo I.

1. Von den Päpsten Silvester (314–335) und seinem Nachfolger Markus (336) sind keine echten Schreiben erhalten. Der 339 aus Alexandrien nach Rom geflüchtete Athanasius hat in seiner *Apologia contra Arianos* 21/35; 52f zwei griechische Schreiben Julius' I. (337–352) aufbewahrt. Das 1. Schreiben (341) tritt energisch für Athanasius und den nizänischen Glauben ein und tadelt die eusebianisch-arianischen Bischöfe des Ostens, daß sie nicht vorher „wegen der Kirche von Alexandrien Bericht erstattet" hätten, um „alsdann von Rom aus die Entscheidung entgegenzunehmen" (35). Das 2. nach Alexandrien gerichtete Schreiben ist ein Geleitbrief für den 346 in die Heimat zurückkehrenden Athanasius. — Über apollinaristische Fälschungen, die unter dem Namen Julius' I. überliefert sind, s. S. 314.

ML 8, 879/912.– S. Wenzlowsky, BKV 2, 1876 (Briefe der Päpste). ** P. Batiffol, Le Siège apostolique 395–451, 1924.– F. di Capua, Il ritmo prosaico nelle lett. dei papi e nei documenti della cancelleria rom. dal IV al XIV sec., 1/3, R 1937/48 (von Cornelius bis Hormisdas).– Leclercq, DAL 8, 2942/82 (Lettres des papes).– E. M. Pickman, The mind of lat. christendom, 1937, 534/655 (Silvester bis Gelasius).– S. ferner S. 170.

2. Liberius (352–366) mußte wegen seiner standhaften Verteidigung des nizänischen Glaubens längere Zeit (355/58) in der Verbannung zu Beröa (Thrazien) leben. Erst nachdem er die 3. sirmische Formel — vorher hatte er wahrscheinlich bereits die 1. Formel von Sirmium angenommen — unterzeichnet, Athanasius preisgegeben und die Kirchengemeinschaft mit den „orientalischen" Bischöfen aufgenommen hatte, durfte er nach Rom zurückkehren. Seine orthodoxe Gesinnung bekundete er dadurch, daß er in einem Zusatz zu der 3. Formel denjenigen für ausgeschlossen erklärte, der nicht eine Ähnlichkeit zwischen Vater und Sohn im Wesen und „in allem" bekenne.

Von seiner *Korrespondenz* sind 13 Nummern ganz oder in Fragmenten erhalten, darunter 3 Briefe an Bischof Eusebius von Vercelli und die 4 heiß umkämpften, den Papst kompromittierenden sog. *Exilsbriefe,* an deren Echtheit nicht zu zweifeln ist. Die bei Ambrosius (de virg. 3, 1/3) stehende Ansprache des Liberius bei Überreichung des Jungfrauenschleiers an Marcellina, die Schwester des hl. Ambrosius, ist im wesentlichen das Werk des Ambrosius. Über den *Catalogus Liberianus* s. S. 230. Das sog. *Epitaphium Liberii,* eine 54 Hexameter zählende Grabinschrift für einen Märtyrerpapst, wird außer auf Liberius auch auf Felix II. oder Martin I. bezogen.

ML 8, 1345/86.– A. Feder, CSEL 65, 1916 (9 Briefe bei Hilarius).– MLS 1, 200 f (Epitaph. Liberii). ** Amann, DThC 9, 631/59.– B. Botte, Les origines de la Noël et de l'Épiphanie, Lou 1932, 34/7 (Marcellina-Ansprache).– Feder, SbW 162, 1910, 153/83; 325 ff (Exilsbriefe).– Glorieux, MSR 1944, 7/34 (Liberius-Briefe von Arianern gefälscht?).– Goemans [Ch. Mohrmann, 1963] 184/9 (L'exil du L.).– Leclercq, DAL 9, 497/530.– Silva-Tarouca, Gr 1931, 357/86.

3. Damasus I. (366–384), dessen Regierung durch große innerkirchliche Schwierigkeiten belastet war (Gegenpapst Ursinus, verleumderische Anklagen Isaaks), erreichte gleichwohl eine durch Reichsrecht für den Westen anerkannte Erhöhung der jurisdiktionellen Stellung des römischen Bischofs (Dekret Gratians von 378) und wirkte besonders für die Aussöhnung des durch die arianischen Wirren zerrissenen Morgen- und Abendlandes. Ein großes Verdienst bleibt die von ihm befohlene Revision der alten lateinischen Bibelübersetzung durch Hieronymus.

a) Zum literarischen Nachlaß des Papstes gehören etwa 10 z. T. in verschiedenen Rezensionen überlieferte *Briefe* und *Synodalschreiben,* z. B. die Teile 1, 1/3 des sog. *Decretum Gelasianum* (s. S. 463) und die dogmengeschichtlich wichtigen, gegen die Häresien des 4. Jh. gerichteten 24 *Anathematismen (Fides* oder *Tomus Damasi).*

b) Der um die Auffindung und Ausschmückung von Märtyrergräbern in den Katakomben verdiente Papst dichtete zahlreiche *Inschriften (tituli)* und ließ sie von der kunstfertigen Hand des Kalligraphen Philokalus auf Marmortafeln einmeißeln. A. Ferrua erkennt 59 Epigramme als echt an.

c) Nach Hieronymus (ep. 22, 22) hat D. ein *Carmen* und einen *Sermo de virginitate* verfaßt, die beide verloren sind. Ein in mehreren Hss. dem Papst zugeschriebenes Gedicht *De vitiis* ist unecht.

ML 13, 347/424.– MLS 1, 308/24; 2, 283/5 (Ps.-Dam. ep. ad Hieron. de Melchis.).– A. Ferrua, Epigr. Damasiana, 1942 (TK).– M. Ihm, Damasi epigrammata, L 1895.– A. Salvatore, L'epigramma Damasiano „In laudem Davidis", Na 1960 (TÜK). ** Bignami-Odier, MAH 1951, 187/90 (unechter Brief des D. an Hieron. über Melchisedech).– Blanchard, EL 1949, 376/88 (unechte Korrespondenz D.–Hieronymus).– Chadwick [O. Cullmann, 1962] 313/8 (the peculiar claim of Rome to Peter and Paul).– Ferrua, RAC 1953, 231/5 (una dedica Damasiana).– Galtier, RSR 1936, 385/418; 563/78 (Tomus Dam. unter Mitwirkung des Ambrosius 382 verfaßt).– Griffe, BLE 1957, 93/101 (Hic habitasse prius).– Hoepfner, RevEA 1948, 288/304 (les deux procès du pape D.).– Keydell, RACh 5, 539/77 (Epigramm).– Künzle, RSCI 7, 1953, 1/26 (Titulus archivorum di papa D.).– Leclercq, DAL 4, 145/97.– Norton, Folia 4, 1950, 13/31; 5, 1951, 30/55; 6, 1952, 16/39 (prosopography of D.).– Pricoco, MiscStLCA 1954, 19/40 (literar. Wert der Epigramme).– Richard, AIPh 11, 1951, 323/40 (Damasusbrief Confidimus quidem: 368 oder 372).– R. Roethe, Zur Geschichte der röm. Synoden im 3. und 4. Jh., 1936.– E. Schäfer, Die Bedeutung der Epigramme des Papstes D. I. für die Geschichte der Heiligenverehrung, R 1932.– Scheidweiler, AIPh 13, 1953 (1955), 537/86 (Synodalschreiben von 371 nicht lateinisch erhalten).– J. Vives, S. Dam., papa español y los Mártires, Ba 1943; Hispania Sacra 5, 1952, 209/26 (D. y Ursicino).– J. Wittig, Die Friedenspolitik des Papstes Damasus, 1912.

4. Von Siricius (384–399) sind 7 *Briefe* erhalten. Am wichtigsten ist das in der Geschichte der Primatslehre vielbeachtete Dekretale an Bischof Himerius von Tarragona (385), das auf 15 die Kirchendisziplin betreffende Fragen Antwort gibt. In den kanonist. Sammlungen (s. S. 251) ist dieses Schreiben das älteste päpstliche Stück. Ein Rundschreiben (um 390) richtet sich gegen Jovinian und seine Lehre von der Gleichwertigkeit des ehelichen und des jungfräulichen Lebens. Ein von Bischof Anysius von Thessalonich gerichtetes Schreiben verurteilt Bischof Bonosus von Sardica, der die stete Jungfräulichkeit Mariens leugnete.

ML 13, 1131/96. ** Bardy, DHG 9, 1096 f (Bonosus).– H. Getzeny, Stil und Form der ältesten Papstbriefe, 1922.– Göller, RQ 1931, 93/105 (Buße).– Janini, SP 5, 86/103 (Ad virgines sacras von S.).– Lafontaine, Rev. Univ. Ottawa 1958, 31*/48* (le prétendu rigorisme pénitentiel).

5. Von Anastasius I. (399–402) liegen 3 durch die origenistischen Streitigkeiten veranlaßte *Briefe* vor, welche an die Mailänder Bischöfe Simplician und Venerius und an Bischof Johannes von Jerusalem gerichtet sind. Anastasius tritt dem den Origenes verurteilenden Votum des Theophilus von Alexandrien bei, lehnt es jedoch ab, über Rufin als Origenesübersetzer ein Verdikt auszusprechen.

ML 20, 68/80.– MLS 1, 790/2 (ep. ad Vener.). ** van den Gheyn, RHL 1899, 1/12 (Ad Vener.).

6. Von Innozenz I. (402–417), durch dessen kraftvolles Auftreten der römische Primat zielbewußt weiterentwickelt wurde, liegen etwa 36 *Briefe* vor; einige sind als Zeugnisse kirchlicher Lehre besonders wichtig. Ep. 2: Gültigkeit der Ketzertaufe, Zölibat; ep. 6 und 25: öffentliche Buße und Rekonziliation; 6, 7 über den Kanon der Heiligen Schrift und Apokryphen; 25, 3. 8: Firmung nur durch den Bischof, Ölung durch jeden Gläubigen. Ep. 29/31 greifen entscheidend in den pelagianischen Streit ein. 29, 1 wird vom Päpstlichen Stuhl gesagt: a quo ipse episcopatus et tota auctoritas nominis huius emersit; ep. 30, 5: jenseitiges Los ungetaufter Kinder.

ML 20, 463/638.– Wurm, Apollinaris 1939, 46/78 (ep. 6). ** Amann, DThC 7, 1940/50.– Capelle, RTA 1952, 5/16 (Meßkanon).– Demougeot, RH 212, 1954, 23/38 (interventions dans la politique séculière).– Ellard, ThSt 1948, 3/19 (ep. 25 ad Decent.).– Göller, RQ 1931, 105/13 (Buße).– Griffe, BEL 1958, 65/72 (ep. 25).– Macdonald, SP 2, 49/53 (imposition of hands).– Vighetti, Misc. Francisc. 1951, 39/61; 1952, 92/112 (Buße und Ordo).

7. Von Zosimus (417–418) liegen etwa 16 *Briefe* vor. Die wichtige *Epistola tractoria* ist nur in Bruchstücken erhalten. In wenig glücklicher Weise griff der Papst in die pelagianischen Streitigkeiten ein. In ep. 12, 1 wird gesagt, die päpstliche Autorität sei so groß, daß niemand eine römische Entscheidung rückgängig machen könne.

ML 20, 639/704.– MLS 1, 796/8.

8. Bonifatius I. (418–422). 9 *Briefe* sind erhalten. Im Streit um das päpstliche Vikariat Thessalonich (ep. 13/15) betont er besonders in ep. 15 seinen Jurisdiktionsprimat.

ML 20, 749/92.

9. Caelestinus I. (422–432). Die Mehrzahl der 16 *Briefe* des Papstes beschäftigt sich mit dem Streit um Nestorius. In ep. 21 wird Augustinus gegen die von semipelagianischer Seite kommenden Angriffe in Schutz genommen und zu den „magistri optimi“ gerechnet.

ML 50, 417/558.– MLS 3, 18/21.– SchAC 1, 7, 125/37; 142 f; 1, 2, 5/101

(15 Briefe). ** A. M. Bernardini, S. Celestino, R 1938.– Lécuyer, NRTh 1964, 250/9 (Le collège des évêques).– Portalié, DThC 2, 2051/61.

10. Von Sixtus III. (432–440) sind 7 *Briefe* erhalten.

ML 50, 583/618.– SchAC 1, 1, 7, 143/5; 1, 2, 107/10.

11. Leo I., der Große (440–461)

Leo, aus Toscana stammend, war bereits unter Caelestin römischer Archidiakon und wurde 440 Nachfolger von Sixtus III. L. war nicht nur entschiedener Hüter der Rechtgläubigkeit und der Rechte des römischen Stuhls, sondern in der Verfallszeit der westlichen Reichshälfte auch Verteidiger der abendländischen Kultur. Er reiste 452 Attila bis Mantua entgegen und konnte ihn zur Umkehr bewegen. Von Geiserich erwirkte er 455 Schonung Roms vor Brandstiftung und Mord, mußte aber die 14tägige Plünderung der Stadt und ihrer Basiliken dulden.

L. bekämpfte in Italien die Pelagianer und Manichäer, in Spanien die Priszillianisten, deren Irrtümer er in einem ausführlichen Lehrschreiben widerlegte. Um die Wahrung der kirchlichen Ordnung bemüht, griff L. in die hierarchischen Verhältnisse Nordafrikas, Galliens und Illyriens ein. Im Interesse der Einheit und des Friedens der Kirche gab er jedoch gegenüber Alexandrien in der Osterfestberechnung nach. Mit seinem berühmten dogmatischen Schreiben von 449 (ep. 28, tomus ad Flavianum) verwarf er den Monophysitismus des Eutyches; die Synode von Chalkedon (451) benützte dieses Schreiben als Grundlage ihrer Zweinaturenlehre. L. verwarf den Kanon 28 von Chalkedon, der den Rang des Patriarchen von Konstantinopel erhöhte.

L. ist nach Damasus der erste Papst, von dem außer Briefen auch Predigten erhalten sind. Briefe und Predigten zeichnen sich durch feinen Stil, rhythmische Satzausgänge, Prägnanz des Ausdrucks, Reinheit der Sprache und Klarheit der Gedanken aus.

a) Die 96 nicht sehr umfangreichen *Sermones* wurden gehalten an den Festen des Herrn, am 29. Juni, am Jahrestag der eigenen Ordination, an Fasttagen (34) oder an den für Almosensammlung bestimmten Tagen (6); die Sermones 52/70 sind Passionspredigten. Häufig geht L. auch auf die theologischen Streitfragen der Zeit, besonders die Christologie, ein.

b) Unter den 173 Nummern der leoninischen *Briefsammlung* befinden sich etwa 20 unechte und 30 an den Papst adressierte Schreiben. In der Hauptsache handelt es sich um kirchenrechtliche Aktenstücke, die von den vielseitigen Regierungsmaßnahmen und Entscheidungen Leos Kunde geben, oder um Briefe, die in schwebende theologische oder konziliare Fragen eingreifen. Die Briefe sind wohl zum größten Teil Erzeugnisse der Kanzlei (Prosper von Aquitanien).

P. et G. Ballerini, 1/3, 1753/7.– ML 54/56.– MLS 3, 329/50.– C. Silva-Tarouca, R 1932/7 (Briefe).– SchAC 2, 1/4, 1932 (114 Briefe; Verzeichnis: 2, 4, 170 f).– Wurm, Apollinaris 12, 1939, 46/60 (ep. 4).– J. Leclercq - R. Dolle, SCh 22bis; 49; 74, 1949/64 (Sermons, TÜK).– Th. Steeger, BKV² 54 f, 1927 (Predigten, Ü).– E. Hunt, FathCh 34, 1957 (Letters, Ü). ** P. Batiffol, Le Siège apostolique, 1924, 417/589; DThC 9, 218/301.– Campos, Hel 1962, 269/308 (ep. antipriscillianist.).– F. di Capua, Il ritmo prosaico nelle lettere dei papi, 1, 1, 1937; Scritti minori, 1/2, 1959.– Carton, VC 1954, 104/14 (observantia dans les homélies).– Chavasse, RevSR 1964, 154/76 (Briefe).– Dolle, VS 1957, 266/87 (docteur de l'aumône); MSR 1958, 49/84 (les idées morales).– Domínquez del Val, Hel 1962, 193/233 (tom. ad Flavian.).– Duval, MSR 1958, 84/94 (quelques emprunts à S. Augustin); JTS 1960, 82/4 (L. et Gaudence de Brescia).– D. Franses, P. Leo d. Gr. en Hilarius v. Arles, 1948.– Gaidioz, RevSR 1949, 270/301 (Prosper et le tome à Flavien).– de Gaiffier, AB 1941, 34/64 (ep. 15); [C. Mohlberg 2, 1948] 313/6 (unechte Predigt über den hl. Vinzenz).– Granata, RSCI 1960, 263/82 (fonti).– Guilliér, Hel 1962, 309/50 (cursus).– W. J. Halliwell, The style of pope St. L. the Gr., Wa 1939.– F. Hofmann, Chalkedon 2, 13/94 (Chalkedon von L. bis Hormisdas).– T. Jalland, The life and times of St. L. the Gr., 1941.– Jiménez Delgado, Hel 1962, 235/68 (zu einer krit. Edition der Briefe).– Jugie [Misc. P. Paschini, 1948] 1, 77/94 (L. und die oriental. Kirchen).– Klinkenberg, ZSK 1952, 37/112 (Papsttum und Reichskirche).– A. Lauras, RSR 1961, 481/99 (Forschungsbericht).– Lepelley, RevSR 1961, 130/50 (L. et la cité romaine).– Lietzmann, PWK 12, 1962/73.– Monachino, Gr 1952, 531/65 (Can. 28 von Chalkedon).– M. M. Mueller, The vocabulary of pope St. L. the Gr., Wa 1943.– Oroz, Hel 1962, 163/91 (papa de la Romanidad).– Pickman, The mind of latin christendom, 1937, 589/616 (L. und die Monophysiten).– J. Pschmadt, L. der Gr. als Prediger, Elberfeld 1912.– H. Rahner, Chalkedon 1, 323/39 (L., Papst des Konzils).– Richard, RHE 1937, 794/6 (Testimon. von ep. 165).– Ruiz Goyo, EE 1935, 244/56 (ep. 28); 1936, 367/79 (ep. 15).– Silva-Tarouca, Gr 1931, 3/56; 349/425; 547/98 (Überlief. der Briefe); [P. Ubaldi, 1937] 151/70 (trad. manoscritta del Tomus).– Th. Steeger, Die Klauseltechnik L.s des Gr. in seinen Sermonen, Haßfurt 1908.

c) L. hat sicher auch liturgische Texte geschaffen; aber der Nachweis solcher Texte ist umstritten. Das sog. *Sacramentarium Leonianum* (auch *S. Veronense* genannt, weil in Verona aufbewahrt) ist die Privatarbeit eines Sammlers (Ende 6. Jh., Anfang 7. Jh.), der unter Zugrundelegung eines römischen Kalendariums die im 5. und 6. Jh. entstandenen Gebetsformulare aus verschiedenen liturgischen, in römischen Kirchen gebräuchlichen Libelli sacramentorum zusammengestellt hat. Diese noch ungeordnete Materialsammlung ist nur ein erhaltenes Muster verschiedener ähnlicher Versuche und erst eine Vorstufe eines voll ausgebildeten Sakramentars.

C. Mohlberg - L. Eizenhöfer - P. Siffrin, Sacram. Veronense, R 1956; P. Siffrin, Konkordanztabellen zu den röm. Sakram. 1, R 1958.– Magne, EL 1958, 245/67 (Ad virg. sacras). ** E. Bourque, Études sur les sacramentaires Romains, 1,

R 1948.– Cabrol, DAL 8, 2549/73.– C. Callewaert, S. Léon le Grand et les textes du Léonien, Steenbrugge 1954.– Capelle, EL 1935, 201/9 (une messe pour l'Ascension).– Coebergh, SE 1954, 282/326 (L. Verfasser des Textes Ad virg. sacras im Leonian.).– Dekkers, SE 1958, 363/98 (autour l'œuvre liturgique de L.).– A. P. Lang, L. der Gr. und die Texte des Altgelasianums, Steyl 1957; SE 1957, 116/62 (L. und die Dreifaltigkeitspräfation); SE 1958, 43/126 (Anklänge an liturg. Texte in Epiphaniesermonen); SE 1960, 12/135 (L. und liturg. Texte der Epiphanieoktav); SE 1963, 3*/22* (L. und die liturg. Texte des Epiphaniefestes).– A. Stuiber, Libelli sacramentorum Romani, Bonn 1950.

Lehre

1. Christologie. Über die Union der zwei Naturen in Christus schreibt Leo in seiner Ep. dogm. ad Flavianum im Anschluß an Tertullian und Augustinus: Christus ist nur eine Person: „Unus enim idemque est ... vere Dei filius et vere hominis filius“ (4). Die beiden Naturen bestehen ohne jede Vermischung fort „salva proprietate utriusque naturae et substantiae et in unam coeunte personam“ (3). „Agit enim utraque forma cum alterius communione, quod proprium est, Verbo scilicet operante, quod Verbi est, carne exsequente, quod carnis est“ (4). Die Einheit der Person gestattet die Idiomenkommunikation: Der Herr ist darum „invisibilis“ und „visibilis“, „incomprehensibilis“ und „comprehensibilis“, „impassibilis“ und passibilis“ (4).

2. In einem an italische Bischöfe gerichteten Schreiben gebietet er, außer im Notfall, die Taufe nur zu Ostern und Pfingsten zu spenden (ep. 168, 1).

3. Buße. Die kirchliche Vermittlung ist für „Todsünder“ die unerläßliche Vorbedingung der Sündenvergebung; denn „der Vermittler zwischen Gott und den Menschen, der Mensch Jesus Christus“ (1 Tim. 2, 5), hat den Vorstehern der Kirche die Gewalt gegeben, „ut et confitentibus actionem paenitentiae darent et eosdem salubri satisfactione purgatos ad communionem sacramentorum per ianuam reconciliationis admitterent“ (ep. 108, 2). In ep. 168, 2 wendet sich der Papst gegen die an manchen Orten eingerissene Unsitte, wonach auch die geheimgebliebenen Sünden der öffentlichen Büßer ohne deren Zustimmung öffentlich bekanntgegeben wurden. Die Erklärung des Papstes richtet sich nicht gegen die öffentliche Buße an sich, sondern nur gegen die öffentliche Bekanntgabe der vor der Übernahme der öffentlichen „paenitentia“ geheim gebeichteten (confessione secreta) Sünden.

4. Primat. „Durch den seligen Apostelfürsten Petrus besitzt die heilige römische Kirche die Oberhoheit (principatus) über alle Kirchen des gan-

zen Erdkreises“ (ep. 65, 2). Die dem Apostel Petrus verliehene Gewalt und Autorität wirkt und lebt weiter fort in sede sua (sc. Romana), und seine Würde wird auch in einem unwürdigen Erben nicht geschmälert (sermo 3, 3 f).

5. Kirche und Staat. Leo verlangt den staatlichen Schutz im Kampf gegen die Häresie und zur Aufrechterhaltung der kirchlichen Disziplin (ep. 7; 11; 15). Wohl hält er die Berufung von allgemeinen Konzilien und die Ernennung von Synodalvorsitzenden für kaiserliches Recht (ep. 29; 33; 34); er betont aber, daß in Glaubenssachen die kirchliche Autorität allein maßgebend sei (ep. 115). L. ist in diesen seinen Ansichten von der politischen Theologie des Eusebius von Cäsarea wohl stärker beeinflußt, als man im Westen erwarten sollte.

E. M. Burke, The church in the works of L. the Gr., Wa 1945.– Cavallera, BLE 1937, 67/78; 119/35; 167/79 (la doctrine sur le prince chrét. dans les lettres pontif. du 5e s.).– Deneffe, Sch 1934, 543/54 (Tradition und Dogma).– Y. M. Duval, Sacramentum et Mysterium chez S. Léon le Gr., Thèse théol., Lille 1959.– Eizenhöfer [J. A. Jungmann, 1950] 79/107 (Opfer der Gläubigen in den Sermones).– Emmi, Ang 1952, 3/42 (L. und Eutyches).– Galtier, Chalkedon 1, 345/87 (Christologie Cyrills und L.s).– V. Gluschke, Die Unfehlbarkeit des Papstes bei L. d. Gr., R 1938.– U. Gmelin, Auctoritas, St 1937, 111/35 (Primat).– Göller, RQ 1931, 119/53 (Bußlehre).– A. Guillaume, Jeûne et charité dans l'église latine des origines au douzième siècle, en particulier chez S. Léon le Gr., P 1951.– W. Haacke, Die Glaubensformel des Papstes Hormisdas, R 1939, 122/31 (Primat).– Hervé, RTA 1955, 17/55; 193/212 (Gnadenlehre).– Lauras, RSR 1960, 166/84 (L. et la tradition); SP 6, 127/40 (L. et l'Écriture Sainte).– Leclercq, DAL 8, 2532/8.– Mikat [Th Michels, 1963] 46/64 (Lehre vom Almosen in den Kollektenpredigten).– D. Mozeris, Doctrina S. Leonis M. de Christo restitutore et sacerdote, Mund 1954.– Nicolas, RTh 1951, 609/60 (doctrine christologique).– Richard, RSR 1952, 116/28 (L. und die Scholien Cyrills zu De incarn. Unigeniti).– Rivera Racio, RET 1949, 31/58 (L. und Eutyches).– J. Rivière, Le dogme de la rédemption après S. Augustin. I. S. Léon le Gr., 1930.– K. D. Schmidt, ZKG 1935, 267/75 (Primatslehre).– M. B. de Soos, Le mystère liturgique d'après S. Léon le Gr., Mr 1958.– A. Spindeler, Cur verbum caro factum?, Pa 1938, 136/62; MThZ 1959, 116/35 (Mitwirkung Marias bei der Erlösung).– P. Stockmeier, Leo I. d. Gr. Beurteilung der kaiserl. Religionspolitik, Mn 1959 (dazu Beck, BZ 1961, 393/5); SP 3, 413/20 (Imperium).– W. Ullmann, JTS 1960, 25/51 (papal primacy).

§ 93. Firmicus Maternus

Der sizilianische Rhetor Iulius Firmicus Maternus verfaßte wohl 336 vor seiner Bekehrung zum Christentum *Matheseos libri VIII*, ein astrologisches, aber schon von hohem sittlichem Ernst getragenes Werk. Als Christ schrieb er (346–348) *De errore profanarum religionum*, eine an die Kaiser Konstantius und Konstans gerichtete Anklageschrift gegen das absterbende Heidentum.

Die Kaiser werden unter Berufung auf das AT aufgefordert, die Reste des Heidentums mit Gewalt auszurotten und zwangsweise eine Christianisierung durchzuführen. Die Schrift wendet sich in zum Teil leidenschaftlichem Ton und mit ungesundem Übereifer besonders gegen die heidnischen Mysterienkulte, deren Sinnlosigkeit und Unsittlichkeit sie an den Pranger stellt.

W. Kroll - F. Skutsch - K. Ziegler, 1/2, L 1897/1913 (Mathes. libri VIII). – K. Ziegler, 1/2, Mn 1953 (TÜ). – A. Pastorino, Fi 1956 (TK). – A. Müller, BKV² 14, 1913 (Ü). ** Bauer, WSt 1958, 153/60 (Tkr.); Er 1959, 73/5 (Tkr. 5, 4). – Boll, PWK 6, 2365/79. – Chatillon [M. Andrieu, 1956] 95/101 (De error. 2, 5: l'eau baptismale). – Dölger, AC 5, 153/87 (De error. 2). – Forbes, CJ 1960, 146/50 (F. M. and the secular arm). – Hadot, DSp 5, 384/8. – P. Henry, Plotin et l'Occident, Lou 1934, 25/43 (Math. 1; 7). – Riedinger [Th. Michels, 1963] 19/24 (Ps.-Kaisarios zu den Symbola des F. M.). – Vecchi, Convivium, To, 25, 1957, 641/51 (F. e la lettera agli ebrei). – T. Wikström, In F. M. studia critica, Up 1935 (Math.); Er 1942, 37/80 (Hss. und Ausgaben); Er 1955, 172/92 (Tkr.).

Es ist G. Morin nicht gelungen, nachzuweisen, daß auch der anonym überlieferte Dialog *Consultationes Zacchaei et Apollonii* von F. M. stammt. Der unbekannte Verfasser hat sein Werk wahrscheinlich in Afrika nach 411 geschrieben. Im 1. Buch belehrt Zacchäus den heidnischen Philosophen Apollonius über die Grundwahrheiten des Christentums, im 2. Buch über die Trinität und die Irrtümer der Juden und vieler christlicher Häretiker. Das 3. Buch handelt vom christlichen Leben, besonders von der Jungfräulichkeit und dem Mönchtum, dem Antichrist und der Auferstehung.

G. Morin, FP 39, 1935. ** B. Axelson, Ein drittes Werk des Firm. Mat.?, Lund 1937 (gegen Morin). – Cavallera, RAM 1935, 132/46 (vita monast.); DSp 2, 1641/3. – Courcelle, Hist. littéraire des grandes invasions germaniques, ³1964, 261/75 (zwischen 411 und 484 geschrieben). – Heseler, PhWo 1936, 196/203 (Tkr.). – Lawson, RB 1947, 187/95 (benützt von Isidor von S.). – A. Reatz, Das theol. System der Cons. Z. et Ap., 1920. – Vaccari, Gr 1961, 729 f (F. M. nicht Verfasser).

§ 94. Hilarius von Poitiers († 367)

Hilarius, um 315 als Sohn einer vornehmen heidnischen Familie geboren, war mit der rhetorischen und philosophischen Bildung seiner Zeit wohl vertraut. Durch sein Forschen nach dem Sinn des Lebens kam er zum

Studium der Heiligen Schrift und zur Taufe. Um 350 wählte ihn Klerus und Volk seiner Vaterstadt zum Bischof.

Den Synoden von Arles (353) und Mailand (355), die über Athanasius erneut die Absetzung ausgesprochen hatten, blieb Hilarius fern. Dafür organisierte er (355) den Widerstand der gallischen Bischöfe gegen den arianisch gesinnten Metropoliten von Gallien, Saturnin von Arles. Kaiser Konstantius verbannte ihn deshalb nach Kleinasien. Hier brachte er die Jahre 356–359 zu und verfaßte in dieser Zeit sein theologisches Hauptwerk *De trinitate*. Nach der Synode von Seleucia (359), an der er teilnahm, eilte er nach Konstantinopel zum Kaiser. Seiner Bitte, mit seinem Gegner Saturnin öffentlich disputieren zu dürfen, wurde nicht stattgegeben. Auf Betreiben der Arianer, denen er als „Störenfried des Orients" unbequem geworden war (Sulpic. Sev. 2, 45, 4), wurde er nach Gallien zurückverwiesen.

Nach seiner Rückkehr in die Heimat (360) setzte er auf einer Synode zu Paris (361) die erneute Exkommunikation Saturnins durch. Damit war fast ganz Gallien für den katholischen Glauben zurückgewonnen. 364 leitete er zu Mailand eine Versammlung italischer Bischöfe, die beim Kaiser, allerdings vergeblich, die Entfernung des arianischen Bischofs Auxentius von Mailand erreichen wollte.

H. war einer der bedeutendsten Bekämpfer des Arianismus im Abendland, der durch seine Verbannung die verwickelten theologischen Probleme des Ostens kennengelernt hatte; in Denkschriften und Abhandlungen hat er diese dem Westen verständlich gemacht und so den Zusammenbruch des abendländischen Arianismus nach dem Tode des Konstantius (361) vorbereitet.

H. vertrat und befolgte bewußt den Grundsatz, daß die Würde des christlichen Glaubens auch eine entsprechende Form der Darstellung verlangt. Er war jeglicher Phrase abhold, ist aber oft dunkel und schwer verständlich. Gründliche Bibelkenntnis und Vertrautheit mit den Fortschritten der östlichen Theologie machen H. zu einem der ersten bedeutenden Dogmatiker und Exegeten des Westens, dem er wichtige Gedanken des Ostens vermitteln konnte.

S. Maffei, 1/2, Verona 1730.– ML 9/10.– MLS 1, 241/86.– A. Zingerle-A. Feder, CSEL 22; 65, 1891/1916.– Antin, RB 1947, 82/8 (H. gallicano cothurno attollitur).– Bardy, RHEF 1941, 5/25 (humaniste chrétien).– Boularand, BLE 1961, 81/104 (la conversion).– M. F. Buttell, The rhetoric of St. H. of P., Wa 1933.– A. Feder, SbW 162, 4; 166, 5; 1910/12; WSt 1920, 51/60; 167/81 (Studien zu H. von P.).– R. J. Kinnavey, The vocabulary of St. H. of P., Wa 1935.– le Bachelet, DThC 6, 2388/2462.– Pellegrino, SC 1947, 130/6 (geistige Entwicklung).– Wilmart [E. K. Rand, NY 1938] 293/305 (Ms. di s. Pietro).

1. Exegetische Schriften

a) Der erste, schon vor der Verbannung entstandene schriftstellerische Versuch des H. ist der *Mt.-Kommentar*, dem nur ein lateinischer Bibeltext zugrunde liegt. Es soll der tiefere, d. h. der allegorische Sinn (interior significantia) aufgespürt werden.

b) Nach den gleichen hermeneutischen Grundsätzen sind die nur unvollständig erhaltenen *Tractatus super Psalmos* um 365 unter Benützung des lateinischen Texts und der LXX geschrieben (Ps. 1f; 9; 13f; 51/69; 91; 118/50).

c) Der 1887 in Bruchstücken bekanntgewordene *Tractatus mysteriorum* behandelt die Typen (mysteria) oder prophetischen Vorbilder des AT. Ein Job-Kommentar ist verlorengegangen.

2. Dogmatisch-polemische Schriften

a) Die 12 Bücher *De trinitate (De fide, Adv. Arianos)*, das Hauptwerk des Hilarius, sind das Beste, was zur Verteidigung der wahren Gottheit und Konsubstantialität des Sohnes gegen die Arianer geschrieben wurde.

Die von Begeisterung für die von ihm verteidigte Lehre durchglühte Schrift bietet mehr positive als spekulative Theologie. Als Polemiker sieht sich Hilarius gezwungen, dem historisch-grammatischen Sinn der Heiligen Schrift Rechnung zu tragen. Trotz Benützung der Geistesarbeit griechischer Theologen ist das Werk eine bedeutende selbständige Leistung.

b) Kurz vor dem Zusammentreten der Doppelsynode von Seleucia und Rimini (359) verfaßte er ein Doppelsendschreiben *De synodis seu de fide Orientalium*, einen historischen Anhang zur Hauptschrift. C. 1/65 werden verschiedene nach dem Nizänum aufgestellte Glaubensbekenntnisse (zum Beispiel Antiochien 341, Sardica, 1. und 2. sirmische Formel) für die Bischöfe von Gallien und Britannien kommentiert. In c. 66/91 wendet er sich an die homöusianischen Bischöfe des Orients. In entgegenkommender, weitherziger Darlegung sucht er zu zeigen, daß einerseits das ὁμοιούσιος orthodox, anderseits aber auch das ὁμοούσιος falsch verstanden werden könne; recht aufgefaßt, sei jedoch das ὁμοούσιος ungleich zutreffender als das ὁμοιούσιος. Diesen Standpunkt mußte er gegen Luzifer von Calaris in der nur in geringen Bruchstücken erhaltenen Schrift *Apologetica ad reprehensores libri de synodis responsa* verteidigen. Durch seine Stellungnahme hat Hilarius den Zusammenschluß der Nizäner und Homöusianer vorbereitet.

3. Historisch-polemische Schriften

a) Das *Opus historicum adversus Valentem et Ursacium* ist nur fragmentarisch und in einzelnen aus dem ursprünglichen Zusammenhang herausgelösten Stücken erhalten. Es wurde in drei Abschnitten fertiggestellt (356, 359/60 und um 367 oder nach dem Tode veröffentlicht). Ob die einzelnen, zum Teil nur hier aufbewahrten Dokumente alle echt sind und wie sie einst verbunden waren und ob der verbindende Text überall von Hilarius selbst herstammt, ist nicht immer sicher zu entscheiden.

Zum 1. Teil gehörte der sog. *Liber I ad Constantium;* dies ist in Wirklichkeit sehr wahrscheinlich ein Brief der Synode von Sardica (343) an den Kaiser, auf den ein historischer Begleittext folgt. Zum 2. Teil gehören die *Exilsbriefe des Liberius* (s. S. 354). Alle Fragmente sind jetzt als *Collectanea antiariana Parisina* in CSEL 65, 39/193 gesammelt.

b) In seinem *Liber ad Constantium Augustum* bittet er den Kaiser nach der Synode von Seleucia 359 um eine Audienz in Konstantinopel, um seinen alten Gegner Saturnin der Lüge zu überführen. Da seine Bitte nicht erfüllt wurde, schrieb er eine scharfe, an seine Mitbischöfe gerichtete Anklageschrift *Contra Constantium imperatorem.*

c) In dem formell ausgezeichneten und historisch wichtigen Schriftchen *Contra Arianos vel Auxentium Mediolanensem* erstattet er Bericht über seine allerdings erfolglosen Bemühungen, beim Kaiser Valentinian I. die Entfernung des Arianerbischofs Auxentius, des Vorgängers des hl. Ambrosius, durchzusetzen. Der von Hieronymus gerühmte *Libellus contra Dioscorum medicum ad Sallustium praefectum* (Dioscorus war ein Gesinnungsgenosse Julians) ist verloren.

4. Hilarius ist der erste Hymnendichter des Abendlandes gewesen. Die Anregung zur Abfassung geistlicher Lieder mag er als Ohrenzeuge des im Osten gut ausgebildeten griechischen Kirchengesangs empfangen haben. Als echt können wohl drei 1887 von Gamurrini herausgegebene, nur unvollständig erhaltene *Hymnen,* zwei Abecedarien auf Trinität und Taufe und ein Lied auf den Kampf Christi mit dem Teufel bezeichnet werden.

H. war verheiratet und hatte eine Tochter; der Brief *Ad Abram filiam* ist jedoch unecht.

A. Amelli, R 1922 (Faksimile-Ausg. des Cod. Archiv. S. Petri in Vat. D 182: De trin. 1/6). – J. L. Perugi, 1/2, To 1932 (Faksimile-Ausg. De trin.). – W. N. Myers, The Hymns of St. H. of P. in the cod. Aretinus, Ph 1928. – Wilmart, RB 1931, 277/83 (tract. sup. Ps. 150). – F. Blatt [P. Nilsson, Lund 1939] 67/95 (unechter Brief). – J. P. Brisson, SCh 19, 1947 (De myst., TÜ). – A. Antweiler, BKV² II 5 f, 1933 f (De trin., Ü). ** Casamassa, StAns 1951, 27 f; 231/8 (Tract. super Ps.). – Doignon, REL 1960, 116/21 (De trin., prol.). – J. Flemming, Comment. on the so-called Op. hist. of H. of P., Diss. Durham 1951. – Gamber, SP 5, 40/9 (liber mysteriorum). – Gariglio, AtTor 90, 1955 f, 356/70 (Ambros. und H. zum Ps. 118). – Goffinet, RBPh 1960, 30/44 (kritisch-filologisch element in de Psalmencommentaar). – Gussen, VC 1956, 14/24 (Tract. myst. 1,

15/9, Tkr.). – H. Jeanotte, Le psautier de s. H. de P., 1917 (texte); dazu Rb 1917, 61/89. – Klauser, JbAC 1962, 172/4 (tract. in Ps. 1, 10: Bischöfe auf dem Richterstuhl). – Klos, MittInstÖsterrGF 1955, 47/52 (neue Fragm. des Hilarius-Papyruskodex). – H. Lindemann, Des hl. H. v. P. Liber mysteriorum, 1905. – Martínez Sierra, Misc. Comillas 1964, 293/376 (la prueba escriturística de los arrianos). – Pellegrino, VC 1947, 201/26 (poesia). – Simonetti, Vetera Christ. 1, 1964, 35/64 (Mt.-K). – Smulders, SP 3, 129/38 (De trin., Ms.-Tradition).

Lehre

Christologie. Der Glaube an die Gottheit Christi gilt ihm als Fundament der Kirche (trin. 6, 37). Er begründet sie spekulativ aus der ewigen Zeugung (trin. 7, 14 f). Im Laufe der Zeit hat der Sohn Gottes die menschliche Natur angenommen; jedoch war sein Leib kein irdischer, sondern ein himmlischer (corpus caeleste; trin. 10, 18), und zwar deshalb, weil der Herr selbst seinen Leib ohne Zutun eines Menschen im Schoß der Jungfrau gebildet hat. Der natürliche Zustand des Leibes Christi war schon vor seiner Auferstehung der der Verklärung. Die Verklärung und das Wandeln auf dem Meer waren also nicht, wie man gewöhnlich sagt, Wunder, sondern die natürliche Seins- und Betätigungsweise des Leibes Christi. Infolgedessen war dieser auch bedürfnis- und affektlos (trin. 10, 23), wie früher schon Klemens von Alexandrien behauptet hatte (strom. 6, 71, 2). Christus konnte an sich auch nicht sterben; wenn er den Tod und die menschliche infirmitas, aber ohne Schmerz, zuließ, so bedurfte es dazu jedesmal eines Aktes freiwilliger Selbsterniedrigung (trin. 10, 24 ff).

In der Auslegung von Phil. 2, 7 f versteht er unter Selbstentäußerung (evacuatio, annihilatio) keine Depotenzierung des Logos (trin. 9, 14; 11, 14); denn er hebt wiederholt die Unveränderlichkeit Gottes hervor (trin. 9, 72). Die „evacuatio“ des Logos kann also bei Hilarius nur den Sinn haben, daß der Logos für die Zeit seines irdischen Wandels auf die ihm als Gott zukommende Herrlichkeit verzichtete.

Beumer, BiNJ 1, 1942, 151/67 (Einheit des Menschen mit Christus); ThQ 1952, 170/91 (H. christlicher Gnostiker). – Casel, JL 15, 1941, 156/64 (Glaubensmysterium). – Doignon, AL 1953, 123/35 (adsumo, adsumptio). – J. E. Emmenegger, The functions of faith and reason in theology of St. H., Wa 1947. – Favre, Gr 1936, 481/514; 1937, 318/36 (Idiomenkommunikat.). – A. Fierro, Sobre la gloria en San H. Una síntesis doctrinal sobre la noción bíblica de „doxa“, R 1964. – P. Galtier, S. H. de P., le premier docteur de l'église latine, P 1960; RSR 1960, 101/18 (la forma dei et la forma servi). – Giamberardini, DThP 1947, 35/56; 194/205; 1948, 3/18 (De incarnat. Verbi); Misc. Francisc. 1949, 266/300; 514/33; De divinitate Verbi sec. s. H., Piacenza 1951. – Lecuyer, AnTh 1949, 302/25 (Priestertum der Christen). – Limongi, SC 1941, 124/47;

260/73; DThP 1942, 186/201 (peccato orig.).– Löffler, ZKG 1960, 26/36 (Trinitätslehre des H. zwischen Ost und West).– J. F. McHugh, The exaltation of Christ in the arian controversy. The teaching of St. H., 1959.– J. J. McMahon, De Christo mediatore doctrina s. H., Mund 1947.– L. Malunowicz, De voce „sacramenti" apud S. H. Pict., Lublin 1956.– Poxrucker, Die Lehre des hl. H. v. P. von der Heiligung, 1922.– Rondeau, SP 6, 197/210 (l'anthropologie).– P. Smulders, La doctrine trinitaire de s. H. de P., 1944.– P. T. Wild, The divinisation of man acc. to St. H., Diss. Mund 1951.

§ 95. Antiarianische und sonstige Polemiker

1. Ossius (Hosius), B. von Córdoba, war einer der einflußreichsten Verteidiger der nizänischen Orthodoxie und spielte als kirchenpolitischer Ratgeber des Kaisers Konstantin (Nizäa) und auch später (Sardica 343) eine bedeutende Rolle. Auf der Synode von Sirmium 357 wurde dem fast Hundertjährigen die Unterschrift der 2. sirmischen Formel abgenötigt, die arianisch war. Bald nach der Rückkehr in die Heimat ist O. 357/58 gestorben. Von ihm sind erhalten je ein *Brief* an Konstantius und an Papst Julius; O. hat auch entscheidend an den *Canones* der Synode von Sardica mitgewirkt. Zwei von Isidor von Sevilla (vir. ill. 5) erwähnte Schriften des O. sind verloren *(De laude virginitatis* und *De interpretatione vestium sacerdotalium).*

Opitz, AW 2, 1, 207/9 (ep. ad Const.).– Feder, CSEL 65, 126/40 (ep. ad Jul.).– C. Turner, Eccl. occidentalis mon. iur. ant. 1, 2, 3, 1930, 452/544 (Canones). ** Chadwick, JTS 1958, 292/304 (O. and the presidency of the council of Antioch, 325).– V. C. de Clercq, Ossius of Cordova, Wa 1954; SP 1, 601/6 (O. and the origins of Priscillianism).– Domínguez-del Val, RET 1958, 141/65; 261/81.– Llorca, EE 1959, 39/56 (El problema de la Caída de O.).

2. Eusebius, erster Bischof von Vercelli († um 371), wurde wegen seines mutigen Auftretens gegen die Verurteilung des hl. Athanasius auf der Synode von Mailand (355) nach Scythopolis in Palästina verbannt und wirkte später im Verein mit Hilarius von Poitiers gegen den Arianismus in Italien (Auxentius von Mailand). Von E. sind 3 *Briefe* erhalten; umstritten ist die Echtheit der 7 Bücher *De trinitate*. Der von E. ins Lateinische übersetzte Ps.-Kommentar des Eusebius von Cäsarea (Hieron. ep. 61, 2) ist nicht erhalten.

V. Bulhart, CCL 9, 1957. ** Botte, RTA 1958, 365 (De trin. kaum von E.).– Bulhart, SE 1960, 9 f (Tkr.).– de Clercq, DHG 15, 1477/83.– E. Crovella, S. E. di V. Saggio di biografia critica, Vercelli 1961.– Godet, DThC 5, 1553 f.– Jülicher, PWK 6, 1441/3.– Pasté, SC 1932, 142/7 (Verf. des Quicunque); 1952, 341/58 (Evagr. Ant. bei E.).– Schepens, RHE 1936, 561 f (Ps.-Vigilius, De trin. von E.); RSR 1950, 295/9 (Ambrosiaster und E.); dagegen B. Fischer, ThLZ 1952, 288.– Simonetti, RivCultClassMed 1963, 386/93 (De Trinitate attribuito a E.).

3. Luzifer von Calaris (Cagliari) auf Sardinien († 370/71) weigerte sich gleich Eusebius von Vercelli auf der Synode von Mailand (355), den hl. Athanasius preiszugeben, und mußte nach Syrien, Palästina und in die Thebais in die Verbannung wandern. Die durch die Synode von Alexandrien (362) angebahnte Einigung zwischen Nizänern und Homöusianern störte er dadurch, daß er in Antiochien den Presbyter Paulinus zum Bischof weihte und damit das antiochenische Schisma begründete. Er starb in schismatischer Absonderung von der Kirche. Auf seiner Heimatinsel wird er als Heiliger verehrt.

In der Zeit seiner Verbannung schrieb er fünf an Kaiser Konstantius gerichtete, äußerst heftige Streitschriften: *De non conveniendo cum haereticis, De regibus apostaticis* (des AT), *De s. Athanasio, De non parcendo in Deum delinquentibus, Moriendum esse pro Dei filio.* Seine Schriften sind sprachgeschichtlich wegen ihres Vulgärlateins bemerkenswert; dazu bringen sie umfangreiche, für die Geschichte des vorhieronymianischen Bibeltextes wichtige Zitate.

ML 13.– W. Hartel, CSEL 14, 1886.– G. Cerretti, L. di C. ed il suo Moriendum esse pro Dei filio, Pisa 1940 (TK).– Saba [P. Ubaldi, 1937] 109/16 (Fides s. L.). ** Allgeier [A. Miller, R 1951] 286/300 (Bibeltext).– Amann, DThC 9, 1032/44.– Flammini, RivCultClM 1962, 304/34 (De non conven., Tkr.).– P. Juvanon du Vachat, Recherches sur le schisme de L. Cag., Diplôme, P 1961.– F. Piva, L. di C. contro l'imperatore Costanzo, Trento 1928.– G. Thörnell, Studia Luciferiana, Up 1934.– Zedda, DThP 1949, 276/329 (dottrina trinitaria).

4. Faustinus, römischer Presbyter der schismatischen Luciferianer, schrieb um 380 gegen die Arianer *De trinitate seu de fide;* er überreichte dem Kaiser Theodosius I. ein Glaubensbekenntnis *(Fides).* Gemeinsam mit dem Presbyter Marcellinus bat er 383/84 die Kaiser erfolgreich um Schutz gegen die Bedrückung der Luciferianer durch die Katholiken *(De confessione verae fidei).*

ML 13, 37/107.– CSEL 35, 5/44. ** Simonetti, SE 1963, 50/98 (De trin.; Fides Faust.; Fides Luciferi).

5. Phoebadius (Foebadius), B. von Agen in Südfrankreich († nach 392), schrieb 357/58 einen *Liber contra Arianos,* der sich gegen die 2. sirmische Formel richtete.

ML 20, 13/30.– A. Durengues, Le Livre de S. Ph. contre les Ariens, Agen 1927 (TÜ). ** Fritz, DThC 12, 1369/74.

6. C. Marius Victorinus, geboren zwischen 275 und 300 in Afrika, wirkte als gefeierter Lehrer der Rhetorik und neuplatonischen Philosophie in Rom unter Kaiser Konstantius II (337–361). Er schrieb Kommentare zu rhetorischen und philosophischen Schriften Ciceros und übersetzte logische Schriften des Aristoteles sowie die Isagoge des Porphyrius. Ferner übersetzte M. V. neuplatonische Schriften (libri Platonicorum; vielleicht auch Plotinisches: Aug. conf. 8, 2, 3). Von seinen selbständigen philosophischen Schriften ist *De definitionibus* erhalten. Um 355 fand M. V. den Weg zum Christentum, zum Erstaunen Roms, zur Freude der Kirche (Aug. conf. 8, 2, 4). Unter Kaiser Julian mußte er sein Lehramt aufgeben (362); bald darauf ist er gestorben. M. V. bleibt auch als theologischer Schriftsteller neuplatonischer Philosoph, der in abstrakten Darstellungen die aristotelische Logik und die neuplatonische Philosophie der christlichen Trinitätslehre dienstbar machen wollte. Der Mangel theologischer Vorbildung macht sich häufig störend bemerkbar. Die Theologie des M. V. hat daher bei Zeitgenossen und später nur geringe Beachtung gefunden; auch der Einfluß auf Augustinus war unbedeutend, abgesehen vom persönlichen Beispiel und vielleicht der Willensmetaphysik.

a) Die wahrscheinlich von M. V. selbst redigierte Sammlung seiner theologischen Traktate *Adversus Arium (De fide* oder *De homousio)* enthält 12 Stücke, die in der Überlieferung jedoch verwirrt worden sind. 4 Traktate gehören zur Kontroverse mit einem arianischen Freund Candidus: *Candidi ep. I de generatione divina; Ad Candidum; Candidi ep. II; Ad Candidum de homousio (Adv. Arium 1, 1/47).* 4 *Abhandlungen* behandeln die Probleme von ὁμοούσιος *(Adv. Arium 1, 48/64; 2/4).* Ein kleiner Traktat handelt wieder *De homousio recipiendo;* drei *Hymnen* auf die Trinität stehen im *Liber de trinitate.*

b) Die von Hieronymus getadelten *Kommentare* zu Paulusbriefen sind erhalten zu *Gal., Eph., Phil.;* sie bemühen sich unter Vermeidung von Allegorese um Text und wörtlichen Sinn, sind aber stark von abwegigen philosophischen Exkursen durchsetzt.

ML 8, 993/1310. – P. Henry - P. Hadot, M. Vict., Traités théol. sur la trinité, SCh 68 f, 1960 (TÜK). ** E. Benz, M. V. und die Entwicklung der abendländischen Willensmetaphysik, St 1932. – B. Citterio, C. M. Vittorino, Brescia 1948; SC 1937, 505/15 (opere cristiane). – Hadot, SP 1, 194/208 (un vocabulaire raisonné); SP 6, 409/42 (L'image de la Trinité dans l'âme). – P. Henry, Plotin et l'Occident, Lou 1934, 44/62; JTS 1950, 42/55 (Adv. Arium). – K. Janssen, Die Entstehung der Gnadenlehre Aug.s, 1936, 28/38. – W. Karig, Des C. Mar. Vict. Komment. zu den Paulusbriefen, 1924. – de Leusse, RSR 1939, 197/239 (préexistence des âmes). – Séjourné, DThC 15, 2887/2954. – A. Souter, Comm. 8/38. – Travis, HThR 1943, 83/90 (zur Biographie). – Vaccari, Bi 1961, 459/64 (citazioni del V. T.). – G. M. Valveri, La filosofia teologica di C. M. Vittorino,

Palermo 1950. – J. G. Vergara, La teología del Espíritu Santo en Mario Vict., Mexico 1959. – Vogels, RB 1925, 224/38 (Ps.-Mar. De physicis: Bibeltext afrikanisch, 2. Hälfte des 4. Jh.). – Weßner, PWK 14, 1840/48.

7. Zeno, 362–371/72 B. von Verona, aus Mauretanien gebürtig, eifrig im Kampf gegen das absterbende Heidentum, den Arianismus und allerlei Mißstände in seiner Gemeinde, hinterließ 16 längere und 77 kürzere *Predigten (tractatus);* letztere sind überwiegend nur Entwürfe. Der Prediger war ein geschulter Rhetor, dessen Sprache von Apulejus von Madaura, Tertullian, Cyprian und Laktanz stark beeinflußt ist. Wir finden bei ihm schöne Zeugnisse für die kirchliche Trinitätslehre und Mariologie. Besonders häufig spricht er von der Taufe und Osterliturgie.

ML 11, 253/528 (Dubletten: tract. 2, 9 = 2, 20; 39 f = 41; 46 = 47). – A. Bigelmair, BKV² II, 10, 1934 (Ü). ** Bardy, DThC 15, 3685/90. - Dölger, AC 6, 1/56 (Sonnengleichnis tract. 2, 9, 2). – Grazioli, SC 1940, 174/99 (S. Zenone); 290/301 (il culto di Z.). – Pesci, Ant 1948, 33/42 (zur Geschichte christl. Altertümer). – M. Stepanich, The christology of Z. of V., Wa 1948.

8. Filastrius, B. von Brescia († um 397), verfaßte zwischen 385 und 391 einen *Diversarum haereseon liber* mit 156 Häresien. Benützt ist wahrscheinlich nicht Hippolyts *Syntagma,* sondern Irenäus und Epiphanius. Augustinus hat die Schrift in *De haeresibus* ausgeschöpft.

ML 12, 1111/1302. – F. Marx, CSEL 38, 1898. – F. Heylen, CCL 9, 1957. ** Frank, JL 13, 1936, 10/23 (haer. 140). – D. Portarena, Doctrina scripturistica s. F., R 1946. – E. Schwartz, SbMn 1936, 3, 37 f. – J. Wittig, KGAbh 8, 1909, 1/56 (F., Gaudentius und Ambrosiaster).

9. Von Gaudentius († nach 406), B. von Brescia und Nachfolger des vorher erwähnten Filastrius, besitzen wir 21 *Predigten,* von denen die letzte über Filastrius handelt. Von den 10 in der Osterwoche gehaltenen Predigten handelt die erste von der Eucharistie.

ML 20, 827/1002. – A. Glueck, CSEL 68, 1936. ** H. A. Birch, A comparision of the styles of G. of B., the De sacramentis and the Didascalia apost. or Fragm. Veron., Risca (Monmouth) 1924. – Jülicher, PWK 7, 859/61. – F. S. Trisoglio, S. Gaudenzio da Brescia scrittore, To 1960.

10. Pacianus, B. von Barcelona († vor 392), Vater des praefectus praetorio Dexter, dem Hieronymus seinen Schriftstellerkatalog widmete, schrieb drei *Briefe gegen Sympronianus,* einen nicht näher bekannten Novatianer; diese Briefe und die kurze Abhandlung *Paraenesis sive exhortatorius libellus ad paenitentiam* sind wertvolle Quellen für die Bußgeschichte. Die Predigt *De baptismo* spricht von der Erneuerung und Reinigung der Menschen in Glaube und Taufe und bezeugt die Erbsündenlehre.

ML 13, 1051/94.– L. Rubio Fernández, S. Paciano, Obras, Ba 1958 (TÜ). ** Amann, DThC 11, 1718/21.– Borleffs, Mn 7, 1939, 180/92 (gegen Morin).– Domínquez del Val, CD 1958, 5/28 (teología); HJB 1958, 83/90 (doctrina eclesiológica); Salmanticensis 1962, 53/85 (P. escritor, teólogo y exégeta).– Göller, RQ 1928, 245/61 (Bußlehre).– Morin, RB 1913, 286/93 (2 antimanichäische Schriften Ad Justinum von P.).– B. Poschmann, Die abendländ. Kirchenbuße, 1928, 144/7.– L. Rubio Fernández, Emérita 1957, 327/68 (texto).– L. Wohleb, Ges. Aufsätze zur Kulturgesch. Spaniens 1, Mr 1930, 25/35 (Sympronianus).

11. Gregor, B. von Elvira (Eliberis) bei Granada († nach 392), angesehen als Verteidiger der nizänischen Orthodoxie, bekämpfte auch den Priszillianismus. Nach dem Tod des Lucifer von Calaris war G. das Haupt der Luciferianer. Erst die neuere Forschung brachte ihn auch als Schriftsteller zu Ehren, indem sie ihm mehrere unter anderen Namen überlieferte Schriften zuerkannte.

a) *Tractatus XX Origenis de libris s. Scripturarum;* sämtliche Predigten mit Ausnahme von tract. 20 knüpfen an atl. Texte an. b) *Tractatus V de Epithalamio,* Homilien über das Hohelied, in denen erstmals im Westen die Brautmystik auf Christus und die Kirche übertragen wird. c) *De arca Noe,* eine allegorische Deutung auf die Kirche; ferner ein Fragment *In Genesim* und zum *Ps. 91.* d) Die Schrift *De fide orthodoxa* verteidigt das nizänische ὁμοούσιος.

MLS 1, 352/527.– A. C. Vega, España Sagrada 55, Ma 1957. ** Ayuso Marazuela, Bi 1959, 135/59 (El salterio de G.).– F. J. Buckley, Christ and the church according to G. of E., R 1964.– Bulhart, RB 1958, 251/6; 1962, 131 f (Tkr.).– J. Collantes, S. G. de E. Estudio sobre su eclesiología, Granada 1954.– García Villada, Hist. ecl. de España, 1, 2, 1929, 52/73.– Honselmann, ThGl 1959, 50 (Fragment der tract.).– Jülicher, PWK 7, 1864/7.– H. Koch, ZKG 1932, 238/72 (Quellen der 20 Tract.).– F. Regina, Il De fide di G. d'E., Pompei 1942.– Vega, CD 1944, 205/58 (Gesamtwürdigung); Bolet. Acad. Hist. Madrid 1955, 199/216 (tract. echt).

12. Der Presbyter Eutropius (Gennad. vir. ill. 50), dessen Heimat ungewiß ist (Spanien, Aquitanien, Oberitalien), schrieb zwischen 395 und 415 mehrere Abhandlungen, die erst J. Madoz und P. Courcelle als Eigentum des E. identifiziert haben. Die Schrift *De similitudine carnis peccati* wendet sich gegen manichäische Mißverständnisse der Inkarnation. Drei aszetische Traktate handeln *De contemnenda hereditate, De vera circumcisione* und *De perfecto homine.*

ML 30, 45/50; 188/210 (De contemn. her.; De vera circ.); 57, 933/58 (De perfecto hom.).– MLS 1, 527/56 (De simil. carn. peccati).– G. Morin, Études, textes, découvertes, 1, 1913, 81/150 (De simil. carn. pecc.). ** Cavallera, RAM 1948, 60/71 (literar. und geistl. Nachlaß des E.); 1949, 158/67 (De perfecto hom.).– Courcelle, RevEA 1954, 377/90; Hist. litt. des grandes invasions germaniques, [3]1964, 303/17 (De perf. hom.).– Madoz, EE 1942, 27/54 (literar.

Nachlaß des E.); 1944, 187/200 (De perfecto hom.).– Moral, DHG 16, 79/82.– de Plinval, DSp 4, 1729/31.– L. Tria, De sim. carn. peccati. Il suo autore e la sua teologia, R 1936.

13. Bachiarius, spanischer Mönch, nicht identisch mit dem Bischof Peregrinus, mußte wegen seiner priszillianistischen Sympathien Spanien verlassen und schrieb in Rom 383/84 zu seiner Rechtfertigung den *Libellus de fide;* ferner zwischen 394 und 400 die Schrift *De lapso,* mit der er für milde Behandlung eines gefallenen Klerikers eintrat. Nach G. Morin hat B. auch bei der Abfassung von 2 aszetischen *Briefen* einer Nonne mitgewirkt.

ML 20, 1019/63 (1019/36 Lib. de fide in antipelag. Bearbeitung des 5. Jh.).– MLS 1, 1035/44 (2 Briefe).– Madoz, RET 1941, 457/88 (nueva redacción del Libellus).– Morin, RB 1928, 289/310 (2 Briefe). ** de Aldama, Gr 1934, 589/98 (Bach. y Rufino).– Cavallera, BLE 1938, 88/97 (B., Egeria und Symbol. Tolet. I).– J. Duhr, Aperçus sur l'Espagne chrét. du 4e s. ou le De lapso de Bach., 1934; DSp 1, 1187 f; RHE 1952, 530/85 (Ps.-Cypr. ep. 4, CSEL 3, 3, 274/82, vielleicht von B.).– Lambert, DHG 6, 58/68.– Lawson, JTS 1943, 56/8 (Ms. De lapso).– Madoz, EE 1943, 201/11 (neue Redaktion des Libellus bei Ps.-Alcuin); Segundo Decenio de Estudios sobre Patrística Española, Ma 1951, 74/8 (neuere Ergebnisse).– Murphy, Folia 5, 1951, 24/9 (prosopography).

14. Optatus, B. von Mileve in Numidien (gestorben vor 400), schrieb um 365 gegen die literarischen Angriffe des karthagischen Donatistenbischofs Parmenianus 6 Bücher *(C. Parmenianum Donatistam),* in denen er durch eine versöhnliche Darstellung die Donatisten zu gewinnen versuchte. Um 385 fügte er ein 7. Buch hinzu; die hsl. Überlieferung zeigt auch in den vorhergehenden Büchern Zusätze und Änderungen.

Buch 1: Geschichte des von den Donatisten verschuldeten Schismas. Buch 2: Nur die katholische, über die ganze Welt verbreitete Kirche ist die wahre Kirche, geeint durch die cathedra Petri in Rom. Buch 3: Die Katholiken haben die staatlichen Maßregeln gegen die Donatisten nicht veranlaßt. Buch 4: Gegen die donatistische Anwendung von Is. 66, 3 und Ps. 140, 5 auf die Katholiken und ihre Sakramente. Buch 5: Gegen die donatistische Wiedertaufe; die Sakramente sind unabhängig von ihrem Spender wirksam. Buch 6: Die Ausschreitungen der Donatisten gegen die Katholiken. Buch 7: Die traditores der Diokletianischen Verfolgung sind milde zu beurteilen.

Für seine historischen Ausführungen benützt O. eine ältere *Aktensammlung,* die in einer Optatus-Hs. als Anhang überliefert ist (s. S. 230).

Morin und Wilmart schreiben Optatus 5 *Predigten* zu; davon ist wohl nur die Weihnachtspredigt echt.

ML 11.– MLS 1, 287/300 (Predigten).– C. Ziwsa, CSEL 26, 1893.– H. von Soden, KlT 122, 1913. ** Amann, DThC 11, 1077/84.– S. Blomgren, Eine Echtheitsfrage bei O. von M., Stockholm 1959; dazu Altendorf, ThLZ 1960, 599 f. – Blomgren, Er 1939, 85/120; 1960, 132/41 (Tkr.). – J. P. Brisson, Autonomisme et Christianisme dans l'Afrique Romaine, 1958, 123/239 (ekklesiolog. Kontroversen im 4. Jh.). – Dinkler, PWK 18, 1, 765/71 (O.); 18, 4, 1549/1553 (Parmenian). – H. Emonds, Zweite Auflage im Altertum, 1941, 72/82 (Textüberlieferung). – E. L. Grasmück, Coercitio. Staat und Kirche im Donatistenstreit, 1964. – Šagi-Bunić, Laurentianum 3, 1962, 167/209 (Taufkontroverse zwischen Parmenianus und O.). – O. R. Vassall-Phillips, The work of St. O. against the Donatists, Lo 1917. – De Veer, REAug 1961, 389/91 (7. Buch echt). – L. Vischer, Basilius der Gr. (Diss. Basel) 1953, 72 ff (Kirchenbegriff des O.).

§ 96. Häretische Schriftsteller

1. Potamius, B. von Lissabon († um 360), hat nur 2 dogmatische *Briefe* und zwei *Predigten* hinterlassen. Es ist nicht sicher, daß P. zusammen mit Ossius die 2. sirmische Formel von 357 verfaßt hat, die streng arianisch ist.

ML 8, 1411/18. – MLS 1, 202/16 (ep. de substantia patris). – A. C. Vega, Opuscula omnia P., 1934. – Wilmart, RB 1913, 257/85 (ep. ad Athanas.); JTS 1917 f, 289/304 (De Lazaro). ** Domínguez del Val, CD 1959, 237/59 (ortodoxía). – Madoz, RET 1947, 79/109.

2. Der arianische Gotenbischof Wulfila († 383 in Konstantinopel) hat das NT in das Gotische übersetzt; davon sind große Fragmente erhalten. Unsicher ist, wieweit W. auch das AT übersetzt hat. Von den selbständigen Schriften des W. in griechischer, lateinischer und gotischer Sprache ist nur ein lateinisches *Glaubensbekenntnis* im Brief des Auxentius überliefert.

W. Streitberg, Die gotische Bibel, 1/2, ^{4}1960. – MLS 1, 691/728 (Auxent. bei Maxim. c. Ambros.). ** H. van Bakel, Circa sacra, Haarlem 1935, 86/113 (Credo des W.). – Bardy, DThC 15, 2048/57. – H. E. Giesecke, Die Ostgermanen und der Arianismus, Mn 1939, 5/41 (Leben und Lehre). – Heuß, ZntW 1957, 133/41 (Bibel-Ü). – Leclercq, DAL 15, 2858/67. – A. Lippold, PWK II, 17, 512/31. – Steubing, ZKG 1952 f, 137/65 (got. Bibel-Ü).

3. Auxentius, arianischer B. von Dorostorum (Silistria), ein Schüler des Wulfila, schrieb eine *Epistola de fide, vita et obitu Wulfilae;* dieser wichtige Brief ist dadurch erhalten geblieben, daß ihn der arianische B. Maximinus (stark überarbeitet) 383 in die Streitschrift gegen Ambrosius *(Dissertatio contra Ambrosium)* aufgenommen hat. Maximinus trat 427/28 auch dem hl. Augustinus in einer Disputation zu Hippo entgegen, worüber ein *Protokoll* berichtet. M. werden 3 Schriften *Gegen die Juden, Gegen die Heiden, Gegen die Häretiker* zugeschrieben, ferner ungefähr 40 *Predigten.*

ML 42, 709/42 (Collatio in Hippo). – MLS 1, 691/764 (Diss. c. Ambros.; C. haereticos; Serm. 1/15). – Capelle, RB 1926, 5/15; 1928, 49/86 (Hom.). – A. Spagnolo - C. Turner, JTS 1911 f, 19/28; 1914 f, 161/76; 314/22; 1915 f, 225/35; 321/37 (Hom. und Streitschriften). – Turner, JTS 1918 f, 289/310 (C. Iud.). ** Capelle, RB 1922, 81/108 (homiliaire de M.); 224/33 (Brief des Aux.); 1923, 24/6. – H. E. Giesecke, Die Ostgermanen und der Arianismus, 1939, 16/22 (Brief des Auxent.). – F. Kaufmann, Aus der Schule des Wulfila, 1899. – Klein, ZDADL 83, 1951 f, 239/71 (Dissertatio des Max. als Quelle der Wulfila-Biographie); 84, 1953, 99/154 (Aux.-Brief über Wulf.); BGDS 75, 1953, 165/91 (Aux. identisch mit dem Mailänder B. Aux.). – Turner, JTS 1922 f, 71/9 (stimmt Capelle zu). – Zeiller, RH 1934, 535/40 (Maximin in Afrika); RHE 1934, 847/51 (Brief des Aux. über den Montanismus).

4. Das *Opus imperfectum in Matthaeum*, ein anonym überlieferter, verstümmelter lateinischer Kommentar voll origineller Gedanken eines arianischen Bischofs, genoß als angebliches Werk des hl. Johannes Chrysostomus bis ins 16. Jh. großes Ansehen. Das Werk wurde vielfach Wulfila oder dem Gotenbischof Maximin zugeschrieben. G. Morin datiert die Schrift um 550. Der Verfasser, ein arianischer Bischof in Norditalien, ist nach ihm mit dem lateinischen Bearbeiter des Origenes-Kommentars zu Mt. identisch.

MG 56, 611/946. ** Morin, RB 1925, 239/62. – Th. Paas, Das Opus imp. in Mt., 1907. – Wotke, PWK 18, 1, 824/6.

5. Der Donatist Tyconius schrieb um 380 das erste lateinische Kompendium der biblischen Hermeneutik, *Liber regularum;* ein Auszug daraus auch bei Augustinus (doctr. christ. 3, 30/7). Nachhaltig hat T. durch seinen *Apokalypse-Kommentar* gewirkt, der unter Ablehnung aller historischen, aber auch jeglicher chiliastischer Deutung die spiritualistische Exegese zur Anerkennung brachte. Der Kommentar ist als Ganzes nicht erhalten, sondern muß rekonstruiert werden aus Turiner Fragmenten, Bruchstücken bei Primasius, Cäsarius, Beda, vor allem bei Beatus von Liebana, der um 786 einen Apokalypse-Kommentar kompilierte.

ML 18, 15/66 (Liber reg.). – F. C. Burkitt, C 1894 (Liber reg.). – MLS 1, 621/52 (Fragm. des Apoc.-K). – F. Lo Bue, The Turin fragments of Tyconius' commentary on Revelation, C 1963. – H. A. Sanders, Beati in Apocalipsim libri XII, R 1930. ** H. van Bakel, Circa sacra, Haarlem 1935, 114/35. – Bardy, DThC 15, 1932/4. – Dinkler, PWK II, 6, 649/56. – Forster, MThZ 1956, 173/83 (corpus-Begriff im Liber reg.). – Gómez [Misc. B. Ubach, Montserrat 1953] 387/411 (Komm.). – T. Hahn, T.-Studien, 1900. – P. Monceaux, Hist. litt. de l'Afrique chrét., 5, 1920, 165/219. – Morin, RB 1933, 43/61 (T. und die Apoc.-Predigten des Cäsarius). – Pincherle, RR 1925, 443/56 (T. und August.). – Ramsay, RHL 1902, 418/47 (Beatus-K, Quellennachweis). – Ratzinger, REAug 1956, 173/87 (Kirchenbegriff im Liber reg.). – H. J. Vogels, Untersuch. zur Gesch. der latein. Apoc.-Ü, 1920.

6. Priscillianus, ein reicher, gebildeter und sittenstrenger Laie, trat seit 373 im südlichen Spanien als Haupt einer asketischen Bewegung auf, der ihre Gegner gnostisch-manichäische Irrlehren, schwärmerisches Prophetentum, Lektüre apokrypher (häretischer) Schriften und Konventikelwesen vorwarfen. Elf anonym überlieferte und von G. Schepß dem P. zugesprochene Traktate lassen jedoch wenig von einer Häresie des P. erkennen. P. wurde um 380 Bischof von Ávila. Blindwütige Verfolgung durch kirchliche Gegner und politische Umstände führten dazu, daß P. mit sechs Gefährten wegen Magie verurteilt und trotz des Einspruchs Martins von Tours 385 in Trier auf Befehl des Kaiser Maximus enthauptet wurde.

Die 11 *Traktate,* die G. Morin und andere dem B. Instantius zuschreiben, bestehen aus 3 Verteidigungsschriften, 7 Homilien und einem Gebet. Am wichtigsten davon sind der *Liber apologeticus, Liber ad Damasum episcopum* und *De fide (et) de apocryphis.* Die *Canones in Pauli epistulas* stellen Pauluszitate zusammen. Von weiteren anonymen priszillianistischen Texten sei genannt *De trinitate fidei catholicae.*

G. Schepß, CSEL 18, 1899.– MLS 2, 1384/1485 (Can. in Pauli epistolas; tract. 1/11; fragm. Pragense); 1484/1542 (weitere anonyme T). ** J. A. de Aldama, El símbolo Toledano I, R 1934.– D'Alès, Priscillien et l'Espagne chrétienne à la fin du 4e siècle, 1936; RSR 1933, 5/44; 129/75 (für Morin).– Barbero de Aguilera, Cuadernos de historia de España, Buenos Aires, 1963, 5/41 (Priszillianismus: Häresie oder soziale Bewegung?).– Bardy, DThC 13, 391/400.– de Clercq, SP 1, 601/6 (Ossius and the origins of Priscillianism).– J. A. Davids, De Orosio et s. Augustino Priscillianistarum adversariis commentatio, 's Gravenhage 1930.– M. Hartberger, Priscillianea, 1922.– Madoz, RET 1945, 459 (Traktate vielleicht von Instantius oder anderem P.-Schüler?).– J. Martin, HJB 1927, 237/51 (gegen Morin).– Morin, RB 1913, 153/73 (Instantius Verfasser der 11 Traktate).– Perez de Urbel, RET 1946, 589/606 (Trinitätslehre).– J. M. Ramos y Loscertales, Prisciliano. Gesta rerum, Salamanca 1952.– W. Schatz, Stud. z. Gesch. und Vorstellungswelt des frühen abendländ. Mönchtums, Diss.-Ma, Fr 1957.– B. Vollmann, Studien zum Priszillianismus, St. Ottilien 1965.

7. Pelagius, der aus Britannien stammte, kam um 384 nach Rom; hier lebte er bis 410 als Laienaszet und Schrifterklärer und gewann durch seine Strenge großes Ansehen. In seinen theologischen Ansichten über Natur und Gnade, Erbsünde und Kindertaufe wurde P. wahrscheinlich vom Ambrosiaster, von Origenes, Theodor von M. und anderen griechischen Theologen beeinflußt, vor allem aber von Rufin dem Syrer, der 399 aus einem Hieronymuskloster von Bethlehem nach Rom übergesiedelt war. Die Verschärfung dieser Meinungen zum häretischen System des Pelagianismus ist jedoch mehr das Werk des Caelestius und Julianus von Aeclanum als des P. selbst.

Auf der Flucht vor den Westgoten begab sich P. mit seinem Freund Cälestius 410 nach Karthago, reiste aber bald in den Osten weiter. In Karthago begann der Kampf gegen Cälestius 411, Augustinus eröffnete 412 den literarischen Kampf. P. fand im Osten zunächst keine große Gegnerschaft; nachdem aber mehrere afrikanische Synoden und die Päpste Innozenz I. und nach einigem Zögern auch Zosimus die von Augustinus bekämpften Lehren verworfen hatten, trat 431 auch das Konzil von Ephesus dem Urteil des Westens bei.

Die zahlreichen Schriften des P. sind meistens unter falschen Namen oder anonym überliefert. Vor allem G. de Plinval hat durch innere Kriterien (Theologie, Sprache, Stil) etwa 20 Schriften als Eigentum des P. mehr oder weniger sicher erweisen können.

Vollständig erhalten und allgemein als echt anerkannt sind die folgenden Schriften: a) Eine *Erklärung der Paulusbriefe* ohne Hebr. *(Expositiones XIII epp. Pauli)* ist überarbeitet unter dem Namen des Hieronymus und des Primasius erhalten, in ursprünglicher Form in einer Reichenauer Handschrift. b) Ein kurzer *Libellus fidei ad Innocentium papam.* c) *Epistula ad Demetriadem,* eine römische Patrizierin, an die auch Hieronymus (ep. 130) und Augustinus (ep. 150) geschrieben haben.

A. Souter, P.' Expositions of 13 Epistles of St. Paul, 1/2, 1922/26.– J. A. Robinson, P.' Expositions of 13 Epistles of St. Paul: Ps.-Jerome interpolations, 1931.– ML 30, 645/902; 68, 413/686 (Expos.).– MLS 1, 1110/1374 (Expos.).– ML 45, 1716/8 (Libell.); 30, 15/45 (Ad Demetr.).

d) Nach G. de Plinval sind ferner sicher echt: 1. *Liber de vita christiana;* 2. *De divitiis;* 3. *Ep. de malis doctoribus;* 4. *De possibilitate non peccandi;* 5. *Ep. de castitate;* 6. *Ep. ad Marcellam;* 7. *Consolatio ad virginem;* 8. *De divina lege;* 9. *Ep. ad Claudiam de virginitate;* 10. *Ep. ad Oceanum;* 11. *Ep. ad Celantiam;* 12. *Ep. ad Claudiam de ultimo iudicio.*

ML 40, 1031/46 (1).– MLS 1, 1380/1505 (2/5).– CSEL 29, 429/36 (6).– ML 30, 55/60 (7).– 30, 105/16 (8).– CSEL 1, 225/50 (9).– ML 30, 282/8 (10).– CSEL 56, 329/56 (11); 1, 219/23 (12).

e) Nicht sicher echt sind: 1. *De induratione cordis Pharaonis;* 2. *Ep. ad adolescentem;* 3. *Ep. ad Pammachium de renuntiat.;* 4. *Ep. de vera paenitentia;* 5. *Ep. ad virginem devotam.*

MLS 1, 1506/39 (1); 1, 1375/80 (2).– ML 30, 239/45 (3/4); 17, 579/84 (5).

f) Von Schriften des P., die durch Zitate und gesondert überlieferte Fragmente bekannt sind, seien genannt: 1. *De fide trinitatis;* 2. *De libero arbitrio;* 3. *Eclogarum liber;* 4. *De natura;* 5. *Ep. ad Livaniam.*

MLS 1, 1544/60 (1); 1, 1539/43 (2).– ML 48, 593/606 (3/5).

MLS 1, 1101/1704 (Pelag.; Pelagiana anonyma); 2, 1579/81 (testimonia adv. Pelag.). ** Bardy, BLE 1948, 3/20 (Beginn der pelag. Kontroversen). – Birch, HJ 1947, 56/62 (Willensfreiheit). – T. Bohlin, Die Theologie des P. und ihre Genesis, Up-Wiesbaden 1957. – Conette, NRTh 1933, 783/801 (Ep. ad Demetr.). – J. J. Dempsey, P.' Commentary on St. Paul, R 1937. – Dinkler, PWK 19, 226/42. – Eßer [K. Kupisch, 1936] 27/42 (Paulusverständnis des P.). – J. Ferguson, Pelagius. A historical and theological study, Lo 1957. – E. Florkowski, Soteriologia Pelagiana, Kraków 1949. – H. J. Frede, Pelagius, der irische Paulustext, Sedulius Scottus, 1961 (P. kommentiert einen Vulgata-Text); RB 1963, 307/11 (neues Fragm. des Paulus-K). – Gaudel, DThC 12, 382/406. – R. Hedde-E. Amann, DThC 12, 675/715. – H. Koch, RR 1933, 44/62 (vita aeterna und regnum caelorum vor P.); Rel 1935, 21/30 (P. und Hebr.). – Martini, RR 20, 1949, 35/64 (6 Fragm. aus De trinit.). – Michalski, CTh 1936, 143/62 (Christologie). – Morris, JTS 1965, 26/60 (Pelagian literature; gegen Zuweisungen von de Plinval). – Myres, JournRomStud 1960, 21/36 (P. and the end of Roman rule in Britain). – Piault, RSR 1956, 481/514 (Autour de la controverse Pelag.). – R. Pirenne, La moral de P., R 1961. – G. de Plinval, Pélage. Ses écrits, sa vie et sa réforme, Lausanne 1943; Essai sur le style et la langue de P., FrSch 1947; REL 1951, 284/94 (vue d'ensemble de la litt. pélag.); RSR 1958, 227/36 (Points de vue récents sur la théologie de P.). – S. Prete, P. e il Pelagianesimo, Brescia 1961; Aev 1961, 315/22 (De castitate von P.?). – Rivière, RHE 1946, 5/43 (P. in der Erlösungslehre nicht immer häretisch). – Schäfer, StudPaulinCongrIntCath 1961 (1963) 2, 453/60 (Paulustext des P.).

8. Rufinus der Syrer (s. S. 374) schrieb nach 412 einen *Liber de fide* zur Verteidigung der Gottheit des Sohnes und des Hl. Geistes und entwickelte dabei auch die pelagianischen Grundgedanken über Erschaffung und Erlösung des Menschen.

ML 21, 1123/54; 48, 451/88. – M. W. Miller, Rufini presbyteri Liber de fide, Wa 1964 (TÜK). ** Altaner, ThQ 1950, 432/49. – Refoulé, REAug 1963, 41/9 (Aug. De peccat. merit. I bekämpft den Lib. fidei).

9. Der Diakon Anianus von Celeda verfaßte vor 419 eine für den Pelagianismus eintretende, nicht erhaltene *Streitschrift* gegen Hieronymus (Hieron. ep. 143, 2). A. ist ferner im 5. Jh. der einzige namentlich bekannte Übersetzer von Schriften des Johannes Chrysostomus. Er übersetzte 419/21 sehr wahrscheinlich alle 90 Mt.-Homilien und nicht vor 419/20 die 7 Lobreden auf den Apostel Paulus. Es ist nicht sicher, daß A. noch weitere Reden des Johannes übersetzt hat, wie sehr oft angenommen wird.

MG 58, 975/1058 (nur hom. 1/8); 50, 471/514 (7 Lobreden). – Joh. Chrys. opera omnia latina, P 1581, 2, 1/226 (nur hom. 1/25). ** Altaner, HJB 61, 1941, 215/7. – Honigmann, ST 173, 54/8 (A. ist vielleicht identisch mit dem Verfasser einer Weltchronik, s. S. 233). – Siegmund, Überlief. 91/101.

10. Der Umfang und Inhalt des Schrifttums des britannischen, den Pelagianern zugezählten B. Fastidius (1. Hälfte des 5. Jh.) kann trotz eifriger Forscherarbeit bis jetzt nicht eindeutig bestimmt werden. Nach Gennadius (vir. ill. 56) hat er 2 *Abhandlungen (De vita christiana* und *De viduitate servanda*) verfaßt. Die Untersuchungen von De Plinval haben auch hier eine neue Lage herbeigeführt.

J. Kirmer, Das Eigentum des Fastidius im pelagian. Schrifttum, 1938 (K. weist ihm 12 Schriften zu); dazu Altaner, ThR 1938, 232/5; de Plinval, RHE 1939, 5/21.– C. P. Caspari, Briefe, Abhandlungen und Predigten aus den letzten 2 Jhh. des christl. Altertums, Christiania 1890, 352/75.

11. Julianus, B. von Aeclanum bei Benevent, wurde 418 von seinem Sitz vertrieben und hielt sich eine Zeitlang bei Theodor von Mopsvestia und bei Nestorius in Konstantinopel auf († um 454). J. war ein scharfsinniger, stark rationalistischer Systematiker des Pelagianismus, aber auch ein beachtlicher Exeget antiochenischer Richtung. Von seinen gegen Augustinus gerichteten Schriften *Ad Turbantium* (4 Bücher) und *Ad Florum* (8 Bücher) sind uns durch augustinische Gegenschriften sehr umfangreiche Teile erhalten.

Von exegetischen Werken werden J. zugeschrieben ein *Kommentar zu den Kleinen Propheten Osee, Joel und Amos,* ferner ein *Kommentar zu Job.* Der *Psalmenkommentar* des J. ist eine lateinische Übersetzung und Bearbeitung des Psalmenkommentars des Theodor von Mopsvestia (s. S. 320).

ML 21, 959/1104 (K zu Os., Joel, Am.).– MLS 1, 1571/1679 (Job-K).– R. Devreesse, ST 93, 1939 (Ps.-K bis Ps. 40, 13).– G. J. Ascoli, Archivio glottolog. ital. 5, 1878/89, 8/160 (Ps.-K). ** Baxter, AL 21, 1949, 5/54 (die Latinität J.s bestätigt die Zuweisung des Job- und Ps.-K).– G. Bouwman, Des J. von Aecl. Kommentar zu den Propheten Osee, Joel und Amos, 1958; AL 1957, 141/64 (Wortschatz).– Bover, EE 1933, 405/14 (antioch. „Theorie“).– A. Bruckner, J. von Eclanum, 1897; Die vier Bücher an Turbantius, 1910.– Devreesse, DBS 1, 1131 f; RB 1928, 365 f.– Forget, DThC 8, 1926/31.– Hedde et Amann, DThC 12, 702/7.– Marrou, HJB 1958, 434/7 (La canonisation de J.).– Morin, RB 1926, 164/77 (J. und Columba).– de Plinval, RSR 1959, 345/66 (J. devant la Bible).– Refoulé, RSR 1964, 42/84; 233/47 (J., théologien et philosophe).– A. Vaccari, Un commento a Giobbe di Giul. di Ecl., 1915; vgl. d'Alès, RSR 1916, 311/24; Stiglmayr, ZkTh 1919, 269/88 (gegen Vaccari); Vaccari [Misc. Amelli, 1920] 43/51; CC 1916, 1, 578/96; Bi 1923, 337/51; AL 1924, 185 (Ps.-K); [Misc. Mercati 1, 1946] 175/98.

§ 97. Ambrosius von Mailand († 397)

Ambrosius wurde als Sohn einer vornehmen römischen Familie 333/34 oder 339/40 in Trier geboren, wo sein Vater hoher Beamter beim Praefectus praetorio Galliarum war. Nach dem frühen Tod des Vaters kehrte die Mutter mit ihren drei Kindern nach Rom zurück. Hier nahm die Schwester Marcellina den Jungfrauenschleier (s. S. 354); der Bruder Satyrus, der hoher Staatsbeamter gewesen war, starb bereits 378. A. wurde nach rhetorischer und juristischer Ausbildung um 370 Consularis Liguriae et Aemiliae mit Mailand als Amtssitz. Als es nach dem Tod des arianischen Bischofs Auxentius (s. S. 364) in Mailand bei der Bischofswahl zu heftigen Auseinandersetzungen zwischen Katholiken und Arianern kam und A. für Ordnung sorgen wollte, wurde er überraschend von beiden Parteien zum Bischof gewählt und trotz seines Sträubens – er war übrigens erst Katechumene — acht Tage nach seiner Taufe zum Bischof ordiniert (wahrscheinlich am 7. Dezember 374).

Unter Leitung des Presbyters Simplicianus, der später sein Nachfolger wurde, betrieb A. zunächst theologische Studien vor allem mit Hilfe griechischer Väterschriften. Sein großes Vermögen verschenkte er an die Armen und führte selbst ein Leben strenger Askese. Er war für alle jederzeit ohne weiteres erreichbar und daher immer von Hilfesuchenden bedrängt. Außergewöhnliche Erfolge waren ihm als Prediger beschieden, wie Augustinus bezeugt (conf. 6, 4, 6).

Entscheidend war vor allem sein Einfluß auf die kirchliche und politische Lage der Zeit. Furchtlos und unbeugsam kämpfte er für die Alleinberechtigung der Kirche gegenüber dem Heidentum, dem Arianismus und anderen Häresien und nicht zuletzt für ihre Freiheit und Selbständigkeit gegenüber der Staatsgewalt (C. Auxent. 35: „Der Kaiser steht innerhalb der Kirche, nicht über der Kirche").

Es war das Werk des A., daß die 382 durch Gratian aus dem Sitzungssaal des römischen Senats entfernte Statue der Victoria nicht wieder aufgestellt werden durfte, obwohl sich die heidnische Senatsmehrheit unter Führung des Rhetors Symmachus sehr darum bemühte. A. hat auch die Bestrebungen der arianisch gesinnten Kaiserinmutter Justina vereitelt, dem Arianismus durch Überlassung einer Kirche in Mailand wieder Anerkennung zu verschaffen. Auf den Synoden von Aquileia 381 und Rom 382 hat A. dafür gewirkt, daß der Arianismus besonders in den illyrischen Provinzen zurückgedrängt wurde. A., der Freund und Berater dreier Kaiser, war der erste Bischof, den die Herrscher anriefen, um ihren wankenden Thron zu stützen (gegen den Usurpator Maximus und den Franken Arbogast). Selbst gegenüber Kaiser Theodosius I. brachte A. die kirchliche Bußforderung zur Geltung. Als der Kaiser wegen einer Revolte in Thessalonike 7000 Menschen hatte niedermachen lassen, stellte ihm A. in einem freimütigen Brief die Größe der Schuld und die Notwendigkeit der Buße vor Augen (ep. 51). A. hielt diesem Kaiser auch die Leichenrede (395).

A. starb am 4. April 397 und wurde in seiner Basilika beigesetzt.

Von der aufrichtigen und selbstlosen Persönlichkeit des A. ging auf seine Zeit eine große Wirkung aus. A. gehört zu den Bischöfen, die durch ihr geschichtliches Wirken und ihre Gedanken auch für die spätere Zeit Grundlegendes geschaffen haben.

[Ambrosiana, Scritti vari pubblicati nel XV centenario della morte di S. Ambr., Mi 1897].– [S. Ambrogio nel XVI centenario della nascità, Mi 1940] (24 Beiträge).– [Ambrosiana, Scritti di storia, archeologia ed arte, pubbl. nel XVI centenario della nascità di S. Ambr., Mi 1942].– A. Alföldi, A conflict of ideas in the late Rom. Empire, O 1952.– Bardy, DSp 1, 425/8; RSR 1940, 274/81 (A. als Übersetzer).– Biondi [S. Ambrogio, 1940] 337/420 (L'influenza di A. sulla legislazione religiosa del suo tempo).– Brock, Hist. Tijdschr. 1939, 17/35 (Kaiserin Justina).– Calderini [G. Galbiati, Mi 1951] 3, 111/6 (1. Gesandtschaft nach Trier).– H. von Campenhausen, Ambr. v. M. als Kirchenpolitiker, 1929.– Cordiglia, SC 1941, 148/54 (Krankheit und Tod).– Dölger, AC 3, 62/72 (Jugendunterricht).– F. H. Dudden, Life and times of St. A., 1/2, O 1935.– Glaesenen, RHE 1957, 466/88 (Gratien et A.).– Grazioli, SC 1940, 373/9 (giuridizione di Milano a Verona).– Grumel, REB 1951 f, 154/60 (2. Gesandtschaft zu Maximus).– van Haeringen, Mn 5, 1937, 28/33; 229/40 (Valentinian II. und A., 386).– H. Lietzmann, SbB 1940, 11 (Kirche und Staat).– L. Malunowicz, De ara Victoriae in Curia Romana, Wilno 1937.– Moneta-Caglio, Ambros. 32, 1956, 275/90 (dettagli cronologici).– J. R. Palanque, S. A. et l'empire Romain, 1933 (435/79: Chronologie der Schriften).– A. Paredi, S. A. e la sua età, Mi ²1960 (537/45: Chronologie des Lebens und der Schriften).– I. Schuster, S. A. e le più antiche basiliche milanesi, Mi 1940; [Misc. Mercati 5] 48/60 (ältestes Porträt des A.).– Soranzo [S. Ambrogio, 1940] 1/15 (A. e la chiesa Romana).– Wilbrand [J. Hessen, 1949] 156/61 (Verhältnis zu den Juden); RACh 1, 365/73.– J. Wytzes, Der Streit um den Altar der Victoria, A 1936 (TK).– Zavaglio, Boll. Stor. Cremonese 11, 1941, 141/64; 1942, 44/61 (A. e Crema).

Paulinus, Kleriker und ehemaliger Sekretär des A., kam einige Zeit nach dessen Tod als Diakon und Verwalter mailändischen Kirchengutes nach Nordafrika, wo er 422 auf Anregung Augustins und nach dem Vorbild älterer Mönchsviten seine *Vita s. Ambrosii* schrieb. P. läßt Wichtiges unerwähnt, schätzt Wunder und Anekdoten, bringt aber auch wertvolle Einzelheiten.

ML 14, 27/46.– M. Pellegrino, Paolino di M., Vita di S. Ambrogio, R 1961

(TÜK). ** Paredi, SE 1963, 206/30 (Paul. of M.).– Wilmart, RB 1920, 57/63 (ML 20, 715/32: De bened. patriarch. nicht von Paulin.).

A. hat trotz seiner ausgedehnten bischöflichen Tätigkeit noch Zeit gefunden, zahlreiche Schriften zu veröffentlichen. Allerdings sind seine meisten exegetischen Arbeiten aus seiner Predigttätigkeit erwachsen; sie bestehen aus Homilien, die, oft nur leicht überarbeitet, zu Büchern zusammengestellt und veröffentlicht wurden. Auch die übrigen Schriften sind durch praktische Interessen bestimmt. Als Abendländer war A. theologischen Spekulationen wenig zugeneigt, obwohl er philosophisch gebildet und vor allem auch mit dem Neuplatonismus seiner Zeit vertraut war. A. zeigt in seinen moralisch-aszetischen Schriften Selbständigkeit, während er in seinen exegetischen und dogmatischen Werken stark von den griechischen Vätern abhängig ist. Seine Sprache ist nicht selten von rednerischer Kraft und dichterischer Schönheit, namentlich in den Predigten. Seine klassische Bildung, besonders die Vertrautheit mit Vergil, kommt in vielen Anspielungen zum Vorschein.

J. du Frische-N. le Nourry, 1/2, 1686/90.– ML 14/17.– MLS 1, 569/620; 672.– CSEL 32, 1/3; 62; 64; 73; 78 f.– SCh 25 bis; 45; 52.– J. E. Niederhuber, BKV[2] 17; 21; 32, 1914/17 (Ü). ** S. M. Adams, The latinity of the letters of St. A., Wa 1927.– M. F. Barry, The vocabulary of the moral-ascetical works of St. A., Wa 1926.– Courcelle, RPh 1950, 29/56 (Plotin et A.); REL 1956 (1957), 220/39 (Nouveaux aspects du platonisme chez A.); Orph 1962, 21/34 (l'humanisme chrétien).– M. R. Delaney, A study of the clausulae in the works of St. A., Wa 1934.– M. D. Diederich, Vergil in the works of St. A., Wa 1931.– Dörrie [Th. Klauser, 1964] 79/92 (Seelenaufstieg bei Porphyr. und A.).– Hadot, REL 1956 (1957), 202/20 (Platon et Plotin dans trois sermons de s. A.).– M. Martin, The use of indirect discourse in the works of St. A., Wa 1930.– R. T. Otten [Mél. Ch. Mohrmann, 1963] 73/83 (amor, caritas, dilectio).– L. J. Phillips, The subordinate clauses in the works of St. A., Wa 1937.– Rovighi [S. Ambrogio, 1940] 235/58 (idee filosofiche).– Solignac, APh 1955 f, 148/56 (Nouveaux parallèles entre A. et Plotin).– M. Th. Springer, Nature-Imagery in the works of St. A., Wa 1931.– Taormina, MiscStLCA 4, 1954, 41/85 (A. e Plotino); [Convivium dominicum, Ca 1959] 423/37 (dottrina del male come privazione di bene).

1. Exegetische Schriften

A. nimmt mit Philo von Alexandrien und Origenes einen dreifachen Schriftsinn an und pflegt als Prediger die moralisierende und allegorisierende Schrifterklärung; aber auch inhaltlich ist er wie kaum ein zweiter christlicher Schriftsteller von den zwei genannten Exegeten abhängig. Seine Exegese ist darum, wenn auch durch den Einfluß des hl. Basilius etwas gemäßigt, nichts anderes als eine Summe allegorischer und typologischer Deutungen oder Umdeutungen des heiligen Textes. In den unscheinbarsten Tatsachen der biblischen Geschichte findet Ambrosius tiefsinnige Belehrungen über Glauben und Leben; beispielsweise versteht er unter der Arche Noes den menschlichen Leib, erkennt in den menschlichen Gliedern die einzelnen Teile der Arche und vergleicht die Tiere der Arche mit den fleischlichen Begierden. Mit der einzigen Ausnahme des Lukaskommentars hat er nur atl. Bücher und Texte behandelt.

a) Die 6 Bücher *Hexaëmeron* sind literarisch ein Meisterwerk voll glänzender Naturschilderungen, die im Anschluß an das gleichnamige Werk des Basilius nach 388 aus 9 Homilien entstanden sind.

b) Andere fast durchweg aus Homilien hervorgegangene Traktate handeln: *De paradiso, De Cain et Abel, De Noe, De Abraham, De Isaac vel anima, De bono mortis, De Iacob et vita beata, De Ioseph, De patriarchis, De fuga saeculi, De interpellatione Iob et David, De apologia prophetae David, Apologia David altera, De Helia et ieiunio, De Nabuthae, De Tobia.* Dazu kommen Psalmenerklärungen: *Explanatio super Psalmos XII* (1; 35/40; 43; 45; 47 f; 61) und eine sehr breit angelegte *Expositio de Psalmo CXVIII.* Von einer *Isaiaserklärung* sind nur Fragmente erhalten.

c) Das umfangreichste aller Werke des A. ist der *Kommentar zum Lukasevangelium* in 10 Büchern, das etwa 25 Predigten und mehrere Abhandlungen enthält. Buch 1/2 sind ganz von Origenes abhängig.

M. Adriaen - P. A. Ballerini, CCL 14, 1957 (Expos. ev. Luc.; Fragm. in Esaiam). – G. Tissot, SCh 45; 52, 1956/58 (in Luc., TÜK). – M. I. A. Buck, Wa 1929 (De Helia). – J. Huhn, A., Der Tod ein Gut, 1949 (TÜ); Fr 1950 (De Nabuthe, Ü). – P. McGuire, Wa 1927 (De Nabuthe, T). – L. Molle, Brescia 1952 (De Nabuthe, TÜ). – E. Pasteris, To 1937 (L'Esamerone, TÜ). – F. Portalupi, To 1959 (De fuga saec., ÜK); To 1961 (De bono mort., Ü). – L. M. Zucker, Wa 1933 (De Tobia, T). ** Carragliano, Bi 1946, 30/64; 210/40 (Joh.-Text). – Connolly, DR 1947, 7/20; 121/30 (Apol. David altera echt). – Dressler, Tr 1947, 311 f (De Nabuthae). – Gariglio, AtTor 90, 1955 f, 356/70 (Il comm. al Salmo 118 in S. Ambr. et S. Ilario). – Huhn, HJB 1958, 387/96 (Bewertung und Gebrauch der Heiligen Schrift). – M. Klein, Meletemata Ambrosiana, Diss. Königsb. 1927 (de Exaëmeri fontibus). – Marzola, Scrinium theol. 1, 1953, 95/123 (Bibeltext); Anal. Ferrariensia 1958, 143/272 (Bibeltext in Acta, Gefangenschaftsbriefen, 1/2 Thess. und Apoc.). – F. Meyer, Die Seelsorge des hl. A. durch Formung christl. Bewußtseins (n. d. Lukaskomm.), R 1941. – R. W. Muncey, The New Testament text of St. Ambr., C 1959; dazu Lundström, Gn 1960, 640/2. – A. Nohe, Der Mailänder Psalter, 1936. – Orbe, Gr 1961, 107/12 (in Luc. 10, 166). – J. Pepin, Théologie cosmique et théol. chrétienne, 1964 (Exam. 1, 1, 1/4). – Pizzolato, Aev 1963, 211/38 (explan. Pss.). – Puech et Hadot, VC 1959, 204/34 (expos. ev. Luc. benützt Disputation des Origenes mit Heraklides). – Rolando, Bi 1945, 238/76; 1946, 3/17 (Lukas-Text). – Taja, REAug 1962, 127/51 (A. e Agostino a proposito del esegesi de Cant.).

2. Moralisch-aszetische Schriften

a) Die 3 Bücher *De officiis ministrorum,* nach 386 verfaßt und an die Kleriker der Mailänder Kirche gerichtet, sind die erste zusammenfassende Darstellung einer christlichen Ethik, ein Gegenstück zu Ciceros gleichnamigem, stoisch orientiertem Werk, dem A. auch in der Anordnung des Stoffes folgt.

b) In mehreren Schriften preist A. die Jungfräulichkeit und vor allem den Stand der gottgeweihten Jungfrauen: *De virginibus ad Marcellinam sororem* (3 Bücher); *De viduis, De virginitate, De institutione virginis* und *Exhortatio virginitatis.*

A. Cavasin, De officiis min., To 1938 (TÜK). – E. Cazzaniga, De virg. libri III, To 1948; De virginitate, To 1954. – O. Faller, De virginibus, FP 31, 1935. ** Caspar, ZKG 1927, 231/55 (Predigt des Liberius). – E. Cazzaniga, Note Ambrosiane. Appunti intorno allo stile delle omelie virginali, Mi 1948; Lat 1954, 569/76 (De virginibus 3, 5, 25 ff). – Citterio, Ambros. 1956, 157/65; 1957, 71/80 (De off.: spiritualità sacerdotale). – Coyle, FrSt 1955, 222/56 (Cicero, De off. und Ambr. De off. min.). – Deman, RSPhTh 1953, 409/24 (De off. dans l'histoire de la théol. morale). – Dossi, Acme 4, 1951, 241/62 (A. abhängig vom Brief des Athanas. über die Jungfrauen). – Franceschini [S. Ambrogio, 1940] 209/33 (verginità). – R. d'Izary, La virginité sel. s. A., Thèse Lyon 1952. – Keseling, RRGG 1953, 367/72 (De off.: Familiensinn und Vaterlandsliebe). – Lefort, Mu 1935, 62/6 (De virg. von Athanas. abhängig). – Michels, JL 1923, 105/8 (Predigt des Liberius).

3. Dogmatische Schriften

a) In 5 Büchern *De fide ad Gratianum* (1/2: 387; 3/5: 380) verteidigt A. die Gottheit des Sohnes gegen die Arianer. Die 3 Bücher *De spiritu sancto* sind gleichfalls auf Bitten des Kaisers Gratian verfaßt und diesem gewidmet. Gegen den Arianismus wendet sich A. auch mit der Schrift *De incarnationis dominicae sacramento.*

b) *De paenitentia* bekämpft zwischen 387 und Anfang 390 den Rigorismus der Novatianer; nur die katholische Kirche hat die Gewalt der Sündenvergebung, nicht die Häretiker. Das kirchlich geleitete Bußverfahren betrifft nur die peccata graviora und ist nur einmal möglich: nam si vere agerent paenitentiam, iterandum postea non putarent, quia sicut unum baptisma, ita una paenitentia, quae tamen publice agitur (paenit. 2, 10, 95).

c) Die *Expositio fidei,* nur in einem längeren Zitat bei Theodoret von Cyrus (Eranist. 2) erhalten, ist in ihrer Echtheit sehr umstritten.

O. Faller, CSEL 73, 1955 (De paenit.); 78, 1962 (De fide); 79, 1964 (De spir. s.; De incarn.). – Bardy [Misc. G. Mercati 1, 1946] 199/218 (Expos. fidei; unecht). ** Bardy, RHE 1944/5, 171/6 (De fide ad Grat. 2, 9), vgl. dazu Richard, Actes VIe congr. Ét. Byz. 1, 1950, 371 f. – G. Odoardi, La dottrina della penitenza in S. Ambr., R 1941.– Pertusi, Aev 1944, 184/207 (A. in griech. Testimoniensammlung; Expos. fidei unecht); dagegen Richard, Actes VIe Congr. Ét. Byz. 1, 1950, 314/6.– Simonetti, Maia 4, 1951, 239/48 (fonti del De spir. s.).– P. Ramatschi, Die Quellen des A.werkes De fide ad Gratianum, Diss. Br 1923 (verbrannt, von Faller benützt).

4. Katechetische Schriften

a) *De mysteriis* handelt über Taufe, Firmung und Eucharistie und ist ein unbestritten echtes Werk des Ambrosius.

b) Über dieselben Themen und dazu noch über das Gebet des Herrn spricht ein Katechet in den 6 Büchern *De sacramentis,* aber ohne die sog. Arkandisziplin zu beachten, so daß wir liturgiegeschichtlich wichtige Einzelheiten erfahren. Es handelt sich wohl um stenographische Aufzeichnungen von Katechesen, die zunächst nicht veröffentlicht werden konnten. Daher ist es verständlich, daß die Abfassung durch A. seit langem umstritten ist; sie wird aber jetzt kaum mehr abgelehnt.

c) Ähnlich steht es um die *Explanatio symboli ad initiandos,* die eine katechetische Erklärung des Symbolums zur Vorbereitung auf die Taufe darstellt.

B. Botte, SCh 25 bis, 1961 (De sacram.; De myst.; Explan. symb.; TÜK).– O. Faller, CSEL 73 (Explan. symbol.; De sacram.; De myst.).– R. H. Connolly, C 1952 (Explan. symb., TÜK).– H. Chadwick, Lo 1960 (De sacram.). ** Birch, JTS 1950, 175 (sacram. 3, 2).– Borella, EL 1939, 60/110 (missa o dimissio catechum. nelle lit. occident.).– Botte [Ch. Mohrmann, 1963] 196/201 (myst. 2, 7: la sputation).– R. H. Connolly, The De sacramentis, a work of St. A., Downside Abbay 1942; JTS 1946, 185/96 (explan.).– Dölger, AC 1, 317 (sacram. 6, 5, 26); AC 4, 271/5 („missa").– Faller, ZkTh 1929, 41/65 (Echtheit von De sacram. nach den Hss.); JL 9, 1929, 128/32 (myst. 2, 7: Teufelanspeien); ZkTh 1940, 1/14; 81/101 (De sacr. von A.).– Frank [I. Herwegen, 1938] 136/73 (Büßeraussöhnung am Gründonnerstag); ThQ 121, 1940, 67/82 (De sacr. von A.); Pastor bon. 51, 1940, 40/8; 79/90; 120/7; 1941, 11/17 (mailänd. Kirchenjahr nach A.).– Gamber, OstkSt 1958, 153/72; 1960, 123/73; EL 1965, 109/116 (De sacr. nicht von A.).– Hitchcock, CQR 1945, 127/53 (holy communion); Hermathena 1947, 22/38; 1948, 19/35 (De sacram. vielleicht von Venerius).– Jungmann, ZkTh 1940, 26/77 (Bedeutungsgesch. von „missa").– Lazzati, Aev 1955, 17/48 (De sacram.: autenticità e valutazione letteraria).– Michiels, QLP 1953, 109/14; 164/9 (initiation chrét. sel. s. A.).– Mohrmann, VC 1950, 1/19 (De sacr.: stilist. Entw. des Meßkanons); 1952, 168/77 (style orale du De sacr.).– Morin, JL 1928, 86/106 (Pour l'authenticité du De sacr. et de l'Explan.); RB 1939, 101/8 (canon fixe).– A. Paredi, I prefazi ambrosiani, Mi 1937; SC 1935, 3/14 (Taufformeln); [S. Ambrogio, 1940] 69/157 (liturgia); [Ambrosiana, 1942] 125/35 (liturgia).– Petit, RB 1958, 256/65 (sacr. 4, 29).– Pozzi, Italia Medioev. e Umanist. 2, 1959, 57/73 (stemma dei codici del De myst. e del De sacr.).– Quasten [K. Mohlberg 1, 1948] 117/26 (Sobria ebrietas in De sacr.); [Mél. J. de Ghellinck 1, 1951] 223/34 (Baptismal creed and baptismal act).– Rivière, RevSR 1934, 550/3 (sacr. 4, 15).

5. *Reden und Briefe*, wichtig für die Zeitgeschichte und von kunstgemäßer Form. Erhalten sind: 2 *Trauerreden* auf den Tod seines Bruders Satyrus († 378), eine *Rede* anläßlich der Beerdigung des ermordeten Kaisers Valentinian II. († 392), eine *Rede* bei der Leichenfeier für Kaiser Theodosius I. († 395) und ein *Sermo contra Auxentium de basilicis tradendis* (386), als Valentinian II. die Übergabe der Mailänder Kirchen an die Arianer angeordnet hatte. Die von Ambrosius selbst veröffentlichten Briefe sind nur unvollständig erhalten. Es liegen heute nur 91 *Briefe* vor. Ep. 23 ist unecht. Zum großen Teil handelt es sich um amtliche Schreiben, Gutachten, Berichte über Synodalverhandlungen u. a.

T. A. Kelly, Wa 1940 (De consol. Valentini, TÜK).– O. Faller, CSEL 73 (De exc.; De ob. Val.; De ob. Theod.).– M. Beyenka, FathCh 26, 1954 (Letters, Ü). ** De Aldama, Mar 1963, 1/22 (La carta ambros. De Bonoso).– Bellini, Convivium 1935, 614/24 (contenuto polit. dei panegirici).– Carpaneto, Did 1930, 1, 35/156 (opere oratorie).– Courcelle, RPh 1961, 15/28 (Apul., De Platone benützt in De excessu).– Dölger, AC 5, 232/47 (ob. Sat. 1, 43).– Ch. Favez, La consolation lat. chrét., 1937 (Trostreden).– Galtier, RSR 1936, 385/418; 563/78 (Le „tome de Damase"; Confessio fidei an röm. Synode von 382 von A.).– Mamone, Did 1924, 2, 3/164 (Briefe des A.).

6. Im Unterschied zu Hilarius (s. S. 364) waren die Bemühungen des Ambrosius um Einführung des gottesdienstlichen Volksgesangs von Erfolg gekrönt. Er ist der Schöpfer des liturgischen Hymnengesangs in der abendländischen Kirche. 386 war der Hymnengesang und zugleich auch der antiphonische Psalmengesang bereits eine feststehende Einrichtung der Mailänder Kirche. Diese Art des Gesangs hat sich von Mailand aus über das ganze Abendland verbreitet.

Ambrosius war nicht nur Hymnendichter, sondern auch Komponist; in musikalischer Hinsicht war er, wie dies Augustinus ausdrücklich bezeugt (Conf. 9, 7), von der griechischen Kirchenmelodie abhängig. Kirchliche Hymnen wurden seit dem 7. Jh. ambrosianische genannt; die unter seinem Namen überlieferten sind daher nicht immer sein Werk. Schon durch Augustinus werden folgende 4 in metrisch korrekten jambischen Dimetern abgefaßten und in vierzeilige Strophen abgeteilten Hymnen als ambrosianisch bezeugt: *Deus creator omnium* (ein Abendlied; Conf. 9, 12), *Aeterne rerum conditor* (ein Morgenlied; Retract. 1, 21), *Jam surgit hora tertia* (auf den Kreuzestod Christi; De nat. et grat. 63), *Intende, qui regis Israel* (ein Weihnachtslied; Sermo 372). Mindestens noch 8 weitere Hymnen dürfen auf Ambrosius zurückgeführt werden. Dreves hält 14, Walpole 18, Simonetti 9 für echt und 4 weitere für wahrscheinlich echt.

A. hat auch metrische *Inschriften* verfaßt, z. B. für das Baptisterium der Theklakirche in Mailand; ferner *Tituli* zur Erläuterung von Bildern.

C. Blume-G. M. Dreves, Anal. hymnica 50, 1907.– A. S. Walpole, Early latin hymns, 1922, 16/114.– E. Diehl, Inscr. lat. christ. vet. nr. 1800 f; 1841; 2165.– Merkle, RQ 1896, 185/222 (ambrosian. Tituli).– W. Bulst, Hymni lat. ant., 1956, 37/52.– H. Lietzmann, KlT 47/9, 1910.– M. Simonetti, Innologia ambrosiana, R 1956 (TÜ). ** Bayenka, Am. Bened. Rev. 1957, 121/32 (Augustin. and the hymns of A.).– Dölger, AC 4, 153/65 (Inschr. des Thekla-Bapt.).– G. M. Dreves, Ambrosius, der „Vater des Kirchengesanges", 1893.– G. Ghedini, L'innologia ambrosiana, Mi 1940.– Norberg, Human. vetenskapssamfundet i Uppsala, Årsbok 1953, 5/20 (L'hymne ambrosien).– M. Pellegrino, La poesia cristiana latina delle origini a S. A., To 1947.– Perler, RivAC 1952, 145/66 (Inschr. des Theklabapt. und De sacram.).– Simonetti, RAL 3, 4, 6, 1952, 376/430 (innologia popolare cristiana).

7. Unechte Schriften. *Hegesippus sive de bello Iudaico* ist eine lateinische Übersetzung des *Jüdischen Krieges* von Flavius Josephus, die Ende des 4. Jh. entstanden und anonym erschienen ist. Die im Prolog der Schrift genannten *Res gestae Machabaeorum* glaubt Morin in einer *Passio Machabaeorum* nachweisen zu können. Als Verfasser käme Dexter, der Freund des hl. Hieronymus, in Betracht. Die nur unvollständig erhaltene, rechtsgeschichtlich wichtige *Lex Dei sive Mosaicarum et Romanarum legum collatio* stellt das römische Recht als vom atl. Gesetz abhängig hin (um 394/95); über den Verfasser läßt sich nichts Sicheres behaupten.

Die Zuweisung des *Exultet* an A. läßt sich kaum aufrechterhalten. Zum *Te deum* s. S. 391; zum *Symbolum Quicunque* s. S. 253 f.

Capelle [Misc. Mercati, 1946] 1, 219/46 (Exultet von A.).– Chavoutier, SE 1960, 136/92 (Ps.-Ambr., De spir. sancto, T; bald nach 400).– H. Dörrie, Passio ss. Machabaeorum, Gö 1938 (altlat. Ü von 4 Macc.).– Th. Mommsen, Lex dei sive mos. et rom. legum collatio: Coll. librorum iur. anteiustiniani 3, B 1880, 107/98.– J. M. Pinell, Liturgica 2, 1958, 1/119 (La benedicció del ciri pasqual i els seus textos).– V. Ussani-C. Mras, CSEL 66, 1932/60 (Hegesippi hist.). ** Avery [B. Da Costa Greene, Pr 1954] 374/8 (A. und Exultet).– Bareille, DThC 6, 2120/2 (Hegesipp.).– Bouchère, Maison-Dieu 49, 1957, 54/68 (Exultet).– Cervenca, StudDocHistJur 1963, 253/76 (Datierung der Lex dei). W. F. Dwyer, The vocabulary of Hegesippus, Wa 1931.– Fischer, ALW 1952, 61/74 (Exultet nicht von A.).– C. Hohenlohe, Ursprung und Zweck der Coll. legum, W 1935 (Verf. A.); AKK 1939, 352/64 (Lex dei, Ursprung und Zweck); StudDocHistJur 5, 1939, 486/90 (Lex dei).– Huglo, VC 1953, 79/88 (Exultet aus gallischem Ritus).– J. P. McCormick, A study of the nominal syntax and of indirect discourse in Hegesippus, Wa 1935.– Mohrmann, EL 1952, 274/81 (Exultet nicht von A.).– Mras, Anz. Öster. Akad. Wien 95, 1958, 8, 143/53 (Hegesippus-Frage).– Ostersetzer, RevEtJuiv 1934, 65/96 (Lex dei).– O. Scholz, Die Hegesipp.-Ambrosius-Frage, 1913.– F. Schulz, StudDocHistJur 1936, 20/43 (Lex dei, bibl. Texte).– N. Smits, Mos. et rom. leg. coll., Diss. Groningen 1935; vgl. Kübler, ZSR 1936, 336/61.– F. Triebs, Studien zur Lex dei, 1905/7.– Volterra, Mem. Accad. Lincei 3, 1931, 1/123 (Lex dei von einem Juden); RivStorDirIt 1936, 365/80 (Lex dei, indice delle glosse).

Lehre

Mit überraschender Sicherheit hat sich A. nach seiner Taufe aus den von ihm durchgearbeiteten, zum Teil nicht unbedenklichen Quellen (Philo, Origenes) ein von Anfang an im wesentlichen abgeschlossenes, innerlich ausgeglichenes System der christlichen Wahrheit gebildet, das Irrige ausscheidend, das Richtige weitergebend, so daß er der beste Zeuge des morgenländischen und abendländischen Kirchenglaubens in seinem Einklang geworden ist.

1. Trinität. Wie Hilarius bekennt A. das Nizänum mit den nizänischen, aber auch mit anderen rechtgläubigen Formeln. Er ist nach Hilarius der bedeutendste Vorkämpfer der Orthodoxie wider Arianismus und Mazedonianismus. A. lehrt und betont immer wieder die wahre Gottheit des Hl. Geistes und die völlige Gleichheit mit den beiden anderen Personen in der Trinität (spir. s. 2, 11, 118). Wenn er spir. s. 1, 11, 120 schreibt: „Spiritus Sanctus procedit a Patre et Filio", so versteht er das procedere im Sinn einer missio ad extra. Über den innertrinitarischen Ausgang des Hl. Geistes von Vater und Sohn (operatio ad intra) hat sich Ambrosius nicht genauer ausgesprochen.

2. Christologie. Im Unterschied zu Hilarius lehrt er ganz eindeutig die wahre Menschheit Christi gegen Doketen, Manichäer und Apollinaristen. Einmal (de fide 2, 8, 61) spricht er von der „persona hominis" (Christi), ein Nachklang des griechischen πρόσωπον--Begriffs, bekennt aber, daß in beiden Naturen einer sei, in beiden vollständig (excess. Sat. 1, 12).

3. Die Engel sind Vollzugsorgane des göttlichen Heilswillens. Zwischen Engeln und Menschen besteht ein geistiges Verwandtschaftsverhältnis. Die Engel gehören zur „Stadt Gottes" (domicilii caelestis habitaculum; ep. 76, 12). A. glaubt mit Origenes an Schutzengel der einzelnen Kirchen und Stände und scheint auch die Existenz von Schutzengeln der einzelnen Menschen anzunehmen (in Ps. 37, 43; Ps. 38, 8).

4. Ambrosius spricht ausdrücklich von einem sündhaften Zustand, den jeder Mensch erbt und der ihn in Schuld verstrickt (noxiae conditionis hereditas; Ps. 38, 29); daher müssen auch die Kinder getauft werden. Der ungetaufte Mensch ist mit dem Teufel organisch verbunden als sein „membrum" und „semen". An manchen Stellen steht allerdings der Gedanke der Konkupiszenz und ererbten Geneigtheit zum Sündigen so stark im Vordergrund, als ob diese das Wesen der Erbsünde sei (Apol.

David 56). Das von Adam Ererbte scheint mehr ein „lubricum delinquendi“ als ein „peccatum“ zu sein, für das wir am Gerichtstag nicht bestraft werden (Ps. 48, 8). Myst. 6, 32 sagt Ambrosius sogar, durch die Taufe werden nur die „propria“, in der Fußwaschung die „hereditaria peccata“ abgewaschen. Die Begierdetaufe bezeugt er ob. Val. 51/3.

5. Zur Mariologie. Ein Bekenntnis des Kirchenvaters zur Freiheit Mariens von der Erbsünde wird vielfach aus dem Gebet abgeleitet, mit dem die Erklärung des 118. Ps. (expos. in Ps. 118, 22, 30) schließt. Hier erfleht Ambrosius ein Menschsein (suscipe me in carne, quae), das nach dem Vorbild Mariens incorrupta (sc. caro) ab omni integra labe peccati sein soll. Da das erbetene Menschsein sich nicht auf das Freisein von der Erbsünde beziehen kann, ist hier auch nicht Maria als das von der Erbsünde nicht entstellte Vorbild gemeint; vielmehr denkt Ambrosius nur an Maria als Vorbild der Freiheit von allen persönlichen Sünden. Eine mariologische Deutung von Gn. 3, 15 kennt Ambrosius noch nicht. Das Weib ist Eva, ihre Nachkommenschaft sind die Menschen. Gelegentlich bezieht er die Schriftstelle auch auf Christus.

6. Die heilige Messe. Das Wort missa zur Bezeichnung des Gottesdienstes der Gläubigen begegnet uns zum erstenmal bei Ambrosius, ep. 20, 4. Das einzige Mal, wo Augustinus das Wort gebraucht (sermo 49, 8), heißt es Entlassung der Katechumenen (missio = dimissio). Den Opfercharakter der Eucharistie bringt Ambrosius öfters unzweideutig zum Ausdruck, z. B. „Ante agnus offerebatur, offerebatur et vitulus, nunc Christus offertur“ (offic. 1, 48, 238).

7. Die Buße. Ambrosius bezeugt die una paenitentia, d. h. die nach altchristlicher Praxis nur einmal zulässige (sakramentale) öffentliche Buße. Er tadelt diejenigen, welche die Buße öfters übernehmen wollen; denn wenn sie wahrhaft Buße täten, dächten sie nicht an eine Wiederholung, „quia sicut unum baptisma, ita una paenitentia, quae tamen publice agitur“. Grundsätzlich fordert er auch für geheime schwere Sünden (occulta crimina im altchristlichen Sinn) eine öffentliche Buße, der naturgemäß ein geheimes Geständnis vor dem Priester vorangeht. Die zweite Art von Buße, von der Ambrosius spricht, ist die täglich zu übende private Buße für die „delicta leviora“, die ohne kirchliche Vermittlung vor sich geht (paen. 1, 16; 2, 10, 95). Aus der vielberufenen Nachricht des Paulinus (vita Ambrosii 39) kann nichts für die Existenz einer kirchlichen Privatbuße entnommen werden.

8. Der römische Primat. Im Interesse des durch Ursinus gefährdeten Papstes Damasus schreibt er an Kaiser Gratian: „Laß es nicht zu, daß das Haupt der ganzen römischen Welt, die römische Kirche, und der hoch-

heilige apostolische Glaube verwirrt werden; denn von dort gehen die Rechte der ehrwürdigen Kirchengemeinschaft auf alle (Kirchen) über" (ep. 11, 4). Sein Bruder Satyrus hat sich, wie er berichtet, vor Empfang der Taufe erst Gewißheit über die Rechtgläubigkeit des Bischofs, den er um Spendung des Sakraments bat, verschafft: „percontatus ex eo (sc. episcopo) est, utrumnam cum episcopis catholicis hoc est cum Romana ecclesia conveniret" (exc. Satyr. 1, 47). Für die Geschichte der biblischen Begründung der Primatslehre ist es jedoch bezeichnend, wie Ambrosius das Petrusbekenntnis von Cäsarea Philippi (Mt. 16, 15ff) einschätzt: Durch sein Christusbekenntnis habe Petrus den ersten Platz eingenommen: „primatum egit, primatum confessionis utique, non honoris, primatum fidei, non ordinis" (incarnat. 4, 32).

9. Himmel, Fegfeuer, Hölle. Die Seelen aller Verstorbenen müssen durch die Feuerflammen hindurchgehen, mag es selbst Johannes, der Liebesjünger, sein (Ps. 118, sermo 20, 12); die Gerechten gehen hindurch wie Israel durch das Rote Meer, die Ungläubigen wie Pharao, und für sie wird das Feuer zum „ultor ignis" von ewiger Dauer. Bei der dritten Klasse, den Sündern, werden zwei Gruppen unterschieden, je nachdem die guten oder schlechten Werke auf der Gerichtswaage überwiegen. Die zweite Gruppe erleidet das Schicksal der Ungläubigen. Für die erste Gruppe werden die Flammen zum Reinigungsfeuer, dem das Paradies folgt (Ps. 36, 26; apol. David 6, 24; ep. 2, 14. 16). Aber auch für die zweite Gruppe läßt Ambrosius die Hoffnung auf Errettung bestehen. Er erhofft, aber lehrt nirgends die origenistische Apokatastasis für die in der Todsünde verstorbenen Christen (exc. Satyr. 2, 116; Ps. 1, 54).

10. In der Geschichte der Frömmigkeit nimmt Ambrosius einen führenden Platz ein. Er zeichnet ein Idealbild der jungfräulichen Mutter Christi und ihr Leben als Tugendschule (Lc. 2, 1ff; virg. 2, 2. 6ff; inst. virg. 5ff); sie ist die neue heilbringende Eva, die den Teufel besiegt hat (ep. 63, 32; 49, 2). Wenn er die völlige Sündenlosigkeit Marias betont, so ist damit noch nichts über die Freiheit von der Erbsünde ausgesagt (inst. virg. 33; Lc. 10, 42; Ps. 118, sermo 22, 30). Auch der Verehrung der Engel, Heiligen, Märtyrer und ihrer Reliquien hat Ambrosius manchmal in geradezu überschwenglicher Begeisterung Ausdruck gegeben. Kreuz und Nägel Christi hält er für verehrenswert um Christi willen, dem allein die Anbetung gilt; sonst wäre es heidnischer Wahn (ob. Theod. 46). Seine Trauerreden läßt Ambrosius in Fürbitten für die Verstorbenen ausklingen, und er bringt für sie das eucharistische Opfer dar (ep. 39, 4).

Baus, RQ 1954, 21/55 (Origenes und die Christusfrömmigkeit des A.). – S. Calafato, La proprietà privata in S. A., To 1958. – L. Casaril, L'attribuzione dei nomi div. al figlio in S. A., R 1943.– Ceriani [S. Ambrogio, 1940] 159/207 (spiritualità).– Citterio, SC 1940, 491/5 (primato di S. Pietro); [S. Ambrogio, 1940] 31/68 (teologia della chiesa).– P. J. Couvee, Vita beata en vita aeterna bij Lactant., Ambr. en Augustinus, 1947.– Diederich, CJ 1948, 219/22 (Cicero und A. über Freundschaft).– Doignon, REAug 1956, 313/35 (Gervasius und Protasius).– W. J. Dooly, Marriage according to St. A., Wa 1948.– Dossetti [S. Ambrogio, 1940] 431/83 (concetto giurid. dello „status religiosus").– M. Drzecnik, Doctrina S. A. de Christo deo-homine, Maribor 1938.– J. Eger, Salus gentium. Eine patrist. Studie z. Volkstheologie des A. von M., Diss. Mn 1947.– G. Figuerra, The church and the synagogue in St. A., Diss. Wa 1949.– C. Fitzgerald, De sacrificio caelesti sec. S. A., Mund 1944.– J. Gapp, La doctrine de l'union hypost. chez S. A., Issoudun 1938.– Giet, Science rel. 1944, 95/128 (Basil. und A. gegen das Zinsnehmen).– Hermann, ZKG 1958, 197/218 (A. als Trinitätstheologe).– J. Huhn, Die Bedeutung des Wortes Sacramentum bei dem Kirchenvater A., Fulda 1928; Ursprung und Wesen des Bösen und der Sünde nach der Lehre des A., 1933; MThZ 1951, 377/89 (dogmat. Sinn des A.-Wortes: planta Petri abluitur); Das Geheimnis der Jungfrau-Mutter Maria nach A., 1954; AugMag 1, 221/39 (Mariologie bei A. und Aug.); Anima 1955, 136/50 (A. und die Pfarrseelsorge).– Illert, ZKG 1962, 9/15 (die „vollkommeneren Sakramente").– K. Janssen, Die Entstehung der Gnadenlehre Augustinus', 1936, 5/24 (Ambr.).– Jouassard, Gr 1961, 5/36 (Mariologie).– Lavorel, RTA 1957, 205/24 (oblats et corps du Christ sur l'autel); RSR 1958, 251/4 (perfectiora sacramenta).– Lazzati [Convivium dominicum, Ca 1959] 99/131 (motivi eucaristici).– Lécuyer, RUO 1952, 104/26 (le sacerdoce chrét.).– H. Lewy, Neue Philontexte in der Überarbeitung des A., Sb Berlin 1932, 4.– S. Lisiecki, Quid S. A. de ss. eucharistia docuerit, Diss. Br 1910.– D. Löpfe, Die Tugendlehre des hl. A., Sarnen 1951.– A. Madeo, La dottrina soteriolog. di S. A., Bergamo 1943.– J. Mesot, Die Heidenbekehrung bei A. von M., Schöneck-Beckenried 1958.– C. Morino, Chiesa e Stato nella dottrina di S. A., R 1963.– Ch. W. Neumann, The virgin Mary in the works of S. A., 1962.– J. E. Niederhuber, Die Eschatologie des hl. A., Pa 1907.– Perin, DThP 1963, 432/50 (celibato ecclesiastico).– J. Rinna, Die Kirche als Corpus Christi mysticum beim hl. A., R 1940.– Rivière, RTA 1934, 349/67 („318": allegor. Exegese); RevSR 1939, 1/23 (rédemption).– Roberti, SC 1940, 140/59 (Mönchtum).– A. G. Rose, Idee und Gestalt der Kirche beim hl. A., Diss. Br 1942.– K. Schwerdt, Stud. zur Lehre des hl. A. von der Person Christi, 1937.– W. Seibel, Fleisch und Geist beim hl. A., Mn 1958.– Spedalieri, CC 1940, 321/31 (il sacerdotio).– S. Stenger, Das Frömmigkeitsbild des hl. A. nach seinen Schriften De Abrah., De Isaac und De bono mort., Diss. T 1948.– Tosio, Jus Pont. 1940, 65/74 (de bello ac pace).– Violardo [S. Ambrogio, 1940] 485/512 (diritto matrimon.).– Winden, VC 1962, 205/15; 1964, 144 f (concept of matter).

§ 98. Der Ambrosiaster; Nicetas von Remesiana

1. Ein unter dem Namen des Ambrosius überlieferter *Kommentar zu 13 Paulusbriefen* (Hebr. fehlt) wird seit Erasmus dem Ambrosiaster zugeschrieben, d. h. Ps.-Ambrosius. Das Werk ist unter Damasus (366–384)

in Rom entstanden und gilt als hervorragende Leistung; es bietet eine oft scharfsinnige, geschichtlichen Sinn verratende Exegese, die jeglicher allegorischen Spielerei abhold ist, ohne jedoch Typen ganz auszuschließen. Es ist ein wichtiger Zeuge des vorhieronymianischen lateinischen Paulustextes und des voraugustinischen Paulusverständnisses.

Die vieldiskutierte Verfasserfrage ist bis heute noch nicht gelöst. Vielfach wird der als verleumderischer Ankläger des Papstes Damasus bekannte konvertierte, später wieder zum Mosaismus abgefallene Jude Isaak, unter dessen Namen die *Fides Isaatis ex Iudaeo,* ein kurzer Traktat über Trinität und Inkarnation, erhalten ist, als Verfasser angenommen. G. Morin, der Urheber dieser These, brachte im Lauf der Zeit noch drei andere Autoren in Vorschlag: den Prokonsul Hilarianus Hilarius (1903), Evagrius von Antiochien (1914) und schließlich den N. Aem. Dexter (1928).

Mit Sicherheit dürfen dem Ambrosiaster noch die ps.-augustinischen *Quaestiones Veteris et Novi Testamenti* zugesprochen werden, die in buntem Durcheinander 127 exegetische und dogmatische Fragen behandeln. Eine zweite Fassung, die 150 Quaestiones zählt, ist nach Martini (gegen Souter) das Werk desselben Verfassers. Andere Zuweisungen (z. B. Hegesippus, *Lex Dei*) sind sehr wenig gesichert. Aus dem Lehrgehalt des Kommentars und der Quaestiones ist hervorzuheben, daß der Verfasser in der Gnaden- und Erbsündenlehre in gewissem Sinn als Vorläufer der augustinischen Auffassung angesprochen werden darf (gegen Mundle).

ML 17, 45/508.– MLS 1, 590; 652/73; 2, 389/92.– ML 35, 2207/2386 (150 Quaest.).– A. Souter, CSEL 50, 1908 (127 Quaest.).– A. Hoste, CCL 9, 1957, 331/48 (Isaac). ** G. Bardy, DBS 1, 225/41; RB 1932, 343/56.– Bareille et Mangenot, DThC 8, 1/8.– Buonaiuti, RR 1926, 401/27 (Erbsündenlehre).– Courcelle, VC 1959, 133/69 (auf Porphyrius zurückgehende Referate exegetischer und christenfeindl. Kritik).– Dürig, HJB 1958, 174/87 (Herrscher als vicarius dei).– Gaudel, DThC 12, 367/71 (Erbsündenlehre).– O. Heggelbacher, Vom röm. zum christl. Recht, FrSch 1959.– Jäntsch, Sch 1934, 92/9 (führt der A. zu Augustinus oder zu Pelagius?).– Leeming, DR 1955, 263/75 (mysterious A.).– C. Martini, Ambrosiaster. De auctore, operibus, theologia, R 1944; Ant 1947, 23/48 (2 Sammlungen der Quaest.); RStR 1, 1954 (2 Ausg. der Quaest.).– M. Michalski, Problem autorstwa tak swanego „Ambroziastra“w swietle jego nauki christolog., Kraków 1950.– Morin, RHL 1899, 97/121 (A. ist Isaac); RB 1903, 113/31; 1914, 1/34; 1928, 251/5 (A.-Problem).– Mras, CSEL 66, 1960, XXXII bis XXXVII (Isaac).– W. Mundle, Die Exegese der paulin. Briefe im Kommentar des A., 1919.– Schepens, RSR 1950, 295/9 (A. ist Eus. von Vercelli).– Souter, Comment. 39/95 (Paulus-K).– H. J. Vogels, Untersuchungen zum Text paulin. Briefe bei Rufin und A., Bonn 1955; RB 1956, 14/9 (Hieronymus kannte A.); Das Corpus Paulinum des A., Bonn 1957; Die Überlieferung des A.-Kommentars zu den paulin. Briefen, GN 1959, 7.

2. Nicetas, B. von Remesiana (östlich von Nisch), ein Freund des Paulinus von Nola, den er zweimal besuchte, dichtete nach dem Zeugnis des Paulinus Hymnen und bemühte sich um den Kirchengesang († nach 414).

Die 6 Bücher *Competentibus ad baptismum instructionis libelli VI* sind für den Taufunterricht bestimmt; vollständig erhalten ist nur das 5. Buch mit einer symbolgeschichtlich wichtigen Erklärung des apostolischen Glaubensbekenntnisses. Zum 3. Buch gehören wahrscheinlich die Traktate *De ratione fidei* und *De Spiritus sancti potentia.*

Ferner stammen von N. ein kurzer Traktat *De diversis appellationibus (Jesu Christo convenientibus)* und zwei Homilien: *De psalmodiae bono* (auch *De utilitate hymnorum* genannt) und *De vigiliis. Ad lapsam virginem,* von Gennadius (vir. ill. 22) erwähnt, ist vielleicht erhalten in der ps.-ambrosianischen Schrift *De lapsu virginis consecratae (Susannae).*

A. E. Burn, N. of R. His life and works, C 1905.– Turner, JTS 22, 1920 f, 306/20 (De vigil.); 24, 1922 f, 225/52 (De psalmod. bono).– MLS 3, 188/202 (psalmod. bon.).– E. Cazzaniga, Incerti auctoris de lapsu Susannae, To 1948. ** Amann, DThC 11, 477/9.– E. Cazzaniga, La tradizione manoscritta del „De lapsu Susannae“, To 1950; dazu Franceschini, Aev 1952, 467/72; dagegen Cazzaniga, Acme 6, 1953, 165/71.– Coman, Studii teologice (Bucureşti) 9, 1957, 200/32 (literar. Werk des N.).– Gamber, OstkSt 1960, 123/73 (Ad competentes); 1962, 204/6 (N. Verfasser des ps.-ambros. sermo De spiritu s.).– Pippidi, RHSudEstEurope 23, 1946, 99/117 (N. und das Christentum in Rumänien).– Simonetti, Maia 4, 1951, 1/10 (Quellen von De spir. s.).– Zeiller, CRI 1942, 356/69.

G. Morin und A. E. Burn halten Nicetas ohne durchschlagende Gründe auch für den Verfasser (10 irische Hss. nennen ihn als solchen) des Lobgesangs *Te Deum laudamus,* der seit dem 8. Jh. Ambrosius, Hilarius, Augustinus u. a. zugeschrieben wird.

Frost, JTS 1933, 250/7; 1938, 388/91; 1942, 59/68; 192/4. ** Baumstark, OC 1937, 1/26 (Te Deum und griech. Abendhymnen).– A. E. Burn, The hymn Te Deum and its author, 1926.– Jungmann, ZkTh 1937, 105/7.– E. Kähler, Studien zum Te Deum, B 1958.

Laurentius war zu Beginn des 5. Jh. B. von Novae an der Donau im unteren Mösien. Von ihm sind zwei Homilien erhalten: *De paenitentia* (auch *De duobus temporibus* genannt) und *De eleemosyna.* Die Homilie *De muliere Chananaea* ist eine von L. stammende, sehr freie Übersetzung einer Predigt des Johannes Chrysostomus (MG 52, 449/60). Auffallend ist die Meinung des L., die Taufe verleihe dem Christen volle priesterliche Gewalt, so daß er keiner weiteren kirchlichen Vermittlung bedürfe, besonders nicht bei der Buße.

ML 66, 89/124.– Morin, RSPhTh 1937, 307/17.

§ 99. Rufinus von Aquileja († 410)

Tyrannius Rufinus wurde um 345 von christlichen Eltern in Concordia bei Aquileja geboren. Schon während seiner Studienzeit in Rom wurde er mit Hieronymus bekannt. Einige Jahre lebte er als Mönch in einem Kloster in Aquileja, in dem auch Hieronymus vorübergehend weilte. Hier empfing er die Taufe und reiste bereits 371 im Gefolge der vornehmen Römerin Melania d. Ä. nach Ägypten. Nach einem Besuch bei den Mönchen der nitrischen und sketischen Wüste wurde er in Alexandrien mehrere Jahre Schüler des blinden Didymus, durch den er sich für Origenes begeistern ließ. Etwa 378 folgte er seiner Gönnerin nach Jerusalem, lebte als Mönch auf dem Ölberg und empfing von Bischof Johannes von Jerusalem die Priesterweihe.

Mit Hieronymus, der sich 386 im nahen Bethlehem niederließ, unterhielt er weiter freundschaftliche Beziehungen, bis Epiphanius in Jerusalem den Streit um Origenes entfachte. Hieronymus stellte sich auf die Seite des Epiphanius, R. unterstützte Bischof Johannes. Dieser Konflikt wurde zunächst vor der Rückkehr Rufins nach Italien (397) beigelegt. Als jedoch R. eine Übertragung von Origenes' Hauptschrift De principiis ins Lateinische in Rom erscheinen ließ, in der er die heterodoxen, angeblich nur von Häretikern interpolierten Lehren des Werkes möglichst beseitigte und noch dazu in der Vorrede Hieronymus als Bewunderer des Origenes hinstellte, wurde der Zwist in äußerst heftigen Streitschriften ausgetragen. Der Einfall der Westgoten in Italien vertrieb R. um 407 aus Aquileja, wo er seit 400 lebte, und nach dem Süden flüchtend, starb er 410 in Messina.

Rufins Bedeutung für die christliche Literatur beruht in erster Linie auf seiner Übersetzertätigkeit. Da die Kenntnis der griechischen Sprache im Abendland immer mehr abnahm, wollte er der theologisch interessierten Welt wichtige griechische Literaturwerke zugänglich machen. Ein bestimmter Plan in der Auswahl der von ihm übersetzten Autoren ist nicht zu erkennen.

1. Übersetzungsarbeiten

a) Am zahlreichsten sind seine Übertragungen von Origenes-Schriften: *De principiis;* Teile der *Kommentare zum Hohenlied und Rom.;* dazu 17 *Homilien* zu Gn., 13 zu Ex., 16 zu Lv., 18 zu Nm., 26 zu Jos., 9 zu Jdc., 9 zu Ps. Hierzu kommt die Übersetzung des 1. Buchs der *Apologie für Origenes* von Pamphilus; als Anhang schrieb er die Abhandlung *De adulteratione librorum Origenis* (s. S. 213).

b) *Pseudo-Klementinen* (Brief an Jakobus und Rekognitionen, s. S. 134 f); Adamantius, *Dialogus* (s. S. 216); Basilius von Cäsarea; 2 *Mönchsregeln* in eine zusammengezogen, 9 *Homilien* und *Ep. 46;* Gregor von Nazianz: 9 *Reden;* Evagrius Ponticus, mehrere *Sentenzensammlungen; Sextussprüche* (s. S. 78 f).

c) Eusebius von Cäsarea: *Kirchengeschichte* (10 Bücher in 9); Gelasius von Cäsarea, *Kirchengeschichte* (als 10. und 11. Buch; s. S. 225 f); *Historia monachorum* (s. S. 238).

2. Selbständige Schriften

a) Zwei Selbstverteidigungen im Origenistenstreit: *Apologia ad Anastasium, Romanae urbis episcopum* (400); er entschuldigt sein Nichterscheinen vor der römischen Synode, legt ein orthodoxes Glaubensbekenntnis ab und rechtfertigt seine Origenes-Übersetzungen. Als Hieronymus die von Rufin dogmatisch zurechtgestutzte Übersetzung von *De principiis* des Origenes angriff und eine eigene wörtliche Übersetzung veröffentlichte, antwortete Rufin in sehr gereiztem Ton mit seiner *Apologia contra Hieronymum* (401), die von Hieronymus nicht minder scharf und gehässig mit drei Büchern *Apologia adv. libros Rufini* zurückgewiesen wurde.

b) In seinem *Commentarius in symbolum Apostolorum* ist er von den Katechesen Cyrills von Jerusalem abhängig. Die Schrift bietet zum erstenmal den lateinischen Text des Apostolischen Glaubensbekenntnisses und ein Verzeichnis der Bücher der Heiligen Schrift.

c) Die 2 Bücher *De benedictionibus patriarcharum* bieten eine allegorische Auslegung des Jakobssegens (Gen. 49).

Die *Briefe* des R. sind sämtlich verloren.

ML 21.– M. Simonetti, CCL 20, 1961; dazu Vaccari, SE 1963, 231/5.– A. Engelbrecht, CSEL 46, 1910 (9 Reden Gregors).– MG 31, 1723/84 (8 Hom. des Basil.).– L. Hostenius, Codex regul. 1, 1759, 67/108 (Reg. Basilii).– M. Simonetti, Apologia, Alba 1957 (TÜK).– J. N. D. Kelly, ACW 20, 1955 (comm. on the Apostles Creed, ÜK). ** De Aldama, Gr 1934, 589/98 (Symbol).– Altaner, HJB 61, 1941, 208/10 (Basilius-Ü); dazu Huglo, RB 1954, 129/32.– Bardy, DThC 153/60; RSR 1940, 294/301 (R. als Übersetzer).– J. Brochet, Jérôme et ses ennemies, 1906.– Buchheit, BZ 1958, 314/28 (Adamantiusdialog).– Chadwick, JTS 1959, 10/42 (Origen's Commentary on Romans).– Hoppe, Glotta 26, 1937, 132/44 (Griechisches); [P. Ubaldi, Mi 1937] 133/50 (R. als Übersetzer).– F. X. Murphy, R. of Aquileia, His life and works, Wa 1945 (dazu Peeters, AB 1948, 325/31); REAug 2, 1956, 79/93 (R. und Paulinus v. Nola); SP 6, 147/54 (sources of the moral teaching).– Simonetti, RivCultClassMed 1960, 140/72 (note Rufiniane); 1962, 3/44 (De bened. patr.).– Stenzel, Bi 1942, 43/61 (Bibelkanon).– M. Villain, NRTh 1937, 5/33; 139/61 (Leben und Werke); RSR 1937,

5/37; 165/95 (Origenistenstreit); Science rel. 1944, 129/56 (comm. in symb.).– H. J. Vogels, Untersuchungen zum Text paulin. Briefe bei R. und Ambrosiaster, Bonn 1955.– M. M. Wagner, R. the translator, Wa 1945 (Über Greg. von Naz., De fuga).

§ 100. Hieronymus (* um 347, † 419/20)

Sophronius Eusebius Hieronymus wurde zwischen 340 und 350 in Stridon in Dalmatien als Sohn einer wohlhabenden christlichen Familie geboren. Noch sehr jung (vielleicht 354) kam H. nach Rom zum Unterricht in Grammatik, Rhetorik und Philosophie; der berühmte Grammatiker Donatus war einer seiner Lehrer, Rufin aus Aquileia sein Mitschüler und Freund. H. gewann eine ungewöhnliche Vertrautheit mit den lateinischen Klassikern, die ihn nie mehr verließ; auch H. selbst blieb zu einem guten Teil zeitlebens ein antiker Literat mit dessen charakteristischen Vorzügen und Fehlern. In Rom erlag H. schlimmen Einflüssen, wie er voll Reue in späteren Andeutungen bekennt. Gegen Ende der römischen Studienzeit ließ sich H. taufen. Er begab sich nach Gallien, entschloß sich wahrscheinlich unter dem Einfluß von Trierer Aszeten zu einem aszetischen Leben und ging nach Aquileia, wo er eine Zeitlang im Kreise aszetisch lebender Freunde weilte, zu denen auch Rufin gehörte.

Plötzlich entschloß sich H. zu einer Pilgerfahrt nach Jerusalem (373/74); aber eine schlimme Erkrankung hielt ihn längere Zeit in Antiochien fest. Hier hörte er die exegetischen Vorträge des B. Apollinaris von Laodicea und erlernte gründlich die griechische Sprache. Dann lebte er ungefähr 3 Jahre (375–78) als Eremit in der Wüste Chalkis östlich von Antiochien und erlernte durch einen Mönch jüdischer Herkunft die hebräische Sprache. Paulinus von Antiochien, der von Papst Damasus anerkannt worden war, ordinierte H. zum Presbyter. H. begab sich nach Konstantinopel, hörte die Lehrvorträge des Gregor von Nazianz und begeisterte sich für Origenes, von dessen Schriften er einige ins Lateinische übersetzte. Freundschaftliche Beziehungen bestanden damals auch zu Gregor von Nyssa (381).

Zusammen mit Paulinus und Epiphanius von Salamis nahm H. auf Einladung des Papstes Damasus an einer römischen Synode (382) teil, die das meletianische Schisma beilegen sollte. H. wurde Sekretär und Freund des Papstes und blieb 382–385 in Rom. Im Auftrag des Papstes begann er mit der Revision lateinischer Bibeltexte und wurde dadurch seiner künftigen Hauptarbeit zugeführt. H. wurde außerdem der Mittelpunkt eines römischen Aszetenkreises, zu dem besonders Damen des römischen Adels gehörten, wie die Witwen Marcella und Paula und die Tochter der letzteren, Eustochium. Da H. Mißstände im römischen Klerus scharf kritisierte (ep. 22), wurde er nach dem Tod seines Gönners Damasus (384) offen angefeindet und wegen seiner aszetischen Freundinnen verdächtigt. Als die Tochter der Paula, Blesilla, angeblich durch Fasten einen frühen Tod fand, kam der Unwille des aufgehetzten Volkes gegen das detestabile genus monachorum offen zum Ausbruch (ep. 39, 6). H., der fast gehofft hatte, Nachfolger des Damasus zu werden, verließ Rom und begab sich über Antiochien zu den heiligen Stätten Palästinas. Dann reiste er nach Alexandrien, wo er 30 Tage lang mit Didymus verkehrte; nach einem Besuch der Mönche in der nitrischen Wüste kam H. 386 nach Bethlehem, wo er sich für immer niederließ.

Mit Hilfe der hl. Paula wurden drei Frauenklöster und ein Männerkloster errichtet, das Hieronymus leitete; dazu kamen mehrere Pilgerherbergen und eine Klosterschule, an der H. die Klassiker erklärte. Eine stattliche Bibliothek, die sich H. selbst zusammengebracht hatte, stand zur Verfügung. Aber die 34 Jahre in Bethlehem waren keineswegs eine friedliche Zeit. Der erste Origenistenstreit brachte die häßlichen Zerwürfnisse mit B. Johannes von Jerusalem und die bittere Feindschaft mit dem Jugendfreund Rufinus, der bis 397 in Jerusalem weilte. Es folgten die Kampfschriften gegen Jovinian (393) und Vigilantius (404), und schließlich wurde der pelagianische Streit durch das persönliche Erscheinen des Pelagius auch nach Palästina verpflanzt (415). Im Verlauf dieses Streites steckte eine Schar von Pelagianern (416) seine Klöster in Brand, und er selbst geriet in Lebensgefahr. Auch die Schrecken der Völkerwanderung störten die Ruhe des Einsiedlers von Bethlehem; denn hunnische Horden (402), isaurische Bergvölker (405) und plündernde Sarazenen (410/12) kamen in bedrohliche Nähe und zwangen zur schleunigen Flucht. Geistesfrisch und kampfesmutig bis an sein Ende, starb H. am 30. September 419 oder 420.

Das Charakterbild des H. zeigt neben viel Licht nicht wenige Schatten. H. war von Natur aus leicht erregbar; Krankheit und aszetische Belastungen haben seine Reizbarkeit noch verstärkt. Angriffslustig und ungestüm, scharf, ironisch und verletzend war er gegen andere; wenn es um ihn selbst ging, war er für Lob empfänglich, empfindlich bei Tadel, eifersüchtig und nachtragend. Man mag manches als typische Fehler antiker Rhetorik und Polemik erkennen und milder beurteilen; aber trotzdem wird man zugeben müssen, daß es H. nicht selten gegenüber Freund und Feind an Gerechtigkeit und Liebe fehlen ließ. Die Späteren konnten diese Schwächen übergehen, da es ihnen auf die bleibenden Leistungen des H. ankam, die er mit seiner Wissenschaft der Kirche zur Verfügung gestellt hatte. Er war sicherlich der gelehrteste lateinische Kirchenvater, der dem Westen und dem Mittelalter für viele Jahrhunderte ein unersetzliches Erbe hinterlassen hat.

D. Vallarsi, 1/11, Verona 1734/42.– ML 22/30.– MLS 2, 17/328.– CCL 72 (mit Bibliogr.); 73/73A; 74; 75/75A; 78, 1958/64.– F. Stummer, FP 41, 1935 (Monumenta historiam et geographiam terrae sanctae illustrantia); dazu OC 1935, 60/74.– P. Leipelt, BKV 1872/4 (Ü).– L. Schade, BKV² 15; II 16; 18, 1914/37 (Ü).– U. Moricca, 1/2, Mi 1922 (Ü). ** B. Lambert, Bibliotheca hieronymiana manuscripta, 1966.– Miscell. Geronimiana, R 1920.– F. X. Murphy, A Monument to St. Jer., NY 1952.

Abel, Vivre et Penser 1, 1941, 94/119; 212/30 (Cyrill v. Alex. abhängig von H.).– P. Antin, Essai sur s. Jér., 1951; DSp 4, 1715/8 (Eustochium); RB 1959, 342/8 (Rufin in Darstellung des H.); REL 1963, 350/77 (songe de S. Jér.).– Bardy, Ir 1953, 337/62 (Verhältnis zur griech. Theologie). – F. Cavallera, S. Jérôme. Sa vie et son œuvre, 1/2, Lou 1922; BLE 1946, 60/3 (la patrie).– Ch. Favez, Ét. de lettres 1938, 218/32 (Marcella, Fabiola, Paula); Lat 1957, 655/71 (J. peint par lui-même).– Forget, DThC 8, 894/983.– R. Génier, Ste Paule, P 1917.– Gorce, La pensée cath. 12, 1949, 34/66 (J. dans son „affreuse demeure“); DHG 16, 43/5 (Eustochium).– Gordini, Scrinium theol. 1, 1953, 7/58 (vita ascetica a Roma).– G. Grützmacher, Hieronymus, 1/3, 1901/8.– I. d'Ivray, S. Jér. et les dames de l'Aventin, 1938.– J. Kelly, Life and times as revealed in the writings of St. Jer. exclusive his Letters, Wa 1944.– Leclercq, DAL 7, 2235/304.– Lietzmann, PWK 8, 1565/81.– Morin, RB 1935, 101/13; 1945/6, 5/8 (B. Asterius, ein H.-Schüler); Nova et Vetera 2, 1941, 159/67 (Italien, die Heimat des H.?).– Paredi [E. Tisserant, 1964] 5, 183/98 (S. Gerolamo e S. Ambr.).– A. Penna, S. Gerolamo, To 1949.– V. Petrillo, S. Paola Romana e il suo tempo, Na 1950.– Rapisarda, MiscStLCA 4, 1953, 1/18 (Traum des H.).– J. Steinmann, Saint Jérôme, 1958 (Ü, Köln 1961).– Thierry, VC 1963, 28/40 (Traum zwischen 375/7).– Vaccari, S. Girolamo, R 1921.

Sprache, Stil, Stellung zu Literatur und Kultur: G. d'Anna, RILSL 86, 1953, 211/32 (Corn. Nepos als Quelle).– Antin, RSR 1947, 82/99 (J. et son lecteur); Lat 1961, 298/311 (La ville chez J.); RB 1961, 371/81 (simple et simplicité); REL 1961, 232/41 (Les Sirènes et Ulysse).– E. P. Arns, La technique du livre d'après s. Jér., 1953. – Bardy, RSR 1940, 281/94 (H. als Übersetzer). – Courcelle, Lettres 37/115 (Antike und patr. Lit.).– Cuendet, REL 1933, 380/400 (Cicero und H. als Übers.).– Demougeot, RevEA 1952, 83/92 (Jér., les oracles sibyll. et Stilicon).– R. Eiswirth, H.' Stellung zu Lit. und Kunst, Wiesbaden 1955.– Ch. Favez, La consolation lat. chrét., 1937.– A. Ficarra, La posizione di S. Ger. nella storia della cultura, 1/2, Palermo 1916/30.– Fonck, Bi 1920, 481/99 (Naturkenntnis).– Gorce, RAM 1949, 117/39 (comment travaillait s. J.).– H. Hagendahl, Latin fathers and the classics, Göteborg 1958, 91/328.– M. C. Herron, A Study of the clausulae in the Writings of St. Jer., Wa 1937.– Hulley, HarvStudClassPhil 54, 1943, 83/92 (H. on palaeograph. points); 55, 1945, 87/109 (principles of text criticism).– Kloeters, Buch und Schrift bei H., Diss. Mr 1957.– Pope, Clergy Rev. 1946, 237/57 (J. bird-watcher).– Préaux, Lat

1958, 659/64 (Procédés d'invention d'un sobriquet). – Seliga, CTh 16, 1935, 145/81 (de invectiva H.). – Süß, Gießener Beitrag dtsch. Philol. 60, 1938, 212/38 (Formen der Polemik). – Tibiletti, Salesianum 11, 1949, 97/117 (cultura class. e crist.). – G. Violardo, Il pensiero giuridico di S. G., Mi 1937. – D. S. Wiesen, St. Jerome as a satirist, Ithaca 1964.

1. Arbeiten am Bibeltext

Die in den lateinischen Bibelübersetzungen störenden Textverschiedenheiten veranlaßten Papst Damasus, durch H. einen zuverlässigen Text herstellen zu lassen. H. hat keine völlig neue Übersetzung geschaffen, sondern eine in Rom gebräuchliche Übersetzung mit Hilfe des griechischen Textes verbessert, beginnend mit den *Evangelien*. Ungewiß ist, ob auch die Revision der übrigen ntl. Schriften rasch folgte. 384 hat H. auch das *Psalterium* nach den LXX flüchtig verbessert. Es ist nicht ganz sicher, ob dieser verbesserte Psaltertext mit dem *Psalterium Romanum* identisch ist, das bis 1568/70 in der stadtrömischen Liturgie benützt wurde.

Bald nach seiner Ankunft in Bethlehem begann H. mit der Revision des Textes des ganzen AT nach dem von ihm in Cäsarea eingesehenen LXX-Text der *Hexapla* des Origenes, aber auch der hebräische Urtext wurde berücksichtigt. Von diesen Arbeiten ist vollständig nur der Text des Buches *Job* und der *Psalmen* erhalten, das Übrige wurde ihm, ehe es veröffentlicht werden konnte, entwendet (ep. 134, 2). Dieser Psalmentext kam zuerst in Gallien in liturgischen Gebrauch (daher *Psalterium Gallicanum*). Er steht auch heute noch in unseren Vulgata-Ausgaben und wurde von Pius V. im Brevier (1568) und Missale (1570) eingeführt, wo jedoch noch einzelne Stücke (Invitatorium, Antiphonen, Responsorien) nach dem Psalterium Romanum stehenblieben. Das *Psalterium iuxta Hebraeos* wurde gar nicht berücksichtigt und blieb vergessen.

Noch während er mit der Überarbeitung des lateinischen AT beschäftigt war, beschloß Hieronymus um 391, das AT auf Grund des hebräischen bzw. aramäischen Urtextes neu zu übersetzen. Diese gewaltige Arbeit hat sich bis zum Jahre 406 hingezogen. Von den deuterokanonischen Schriften, die er für apokryph hielt, hat er nur Tobias und Judith aus dem Aramäischen übertragen. Die deuterokanonischen Teile von Daniel und Esther sind nach Theodotion bzw. den LXX übersetzt.

Die Übersetzungen sind im allgemeinen treu und sorgfältig, aber nicht sklavisch wörtlich. Verständlichkeit des Textes und Rücksichtnahme auf das Stilgefühl des Lesers waren für Hieronymus leitende Grundsätze; in Rücksicht auf den hergebrachten Text folgte er oft den LXX. Die damals verbreiteten griechischen Bibelübersetzungen dienten Hieronymus gewissermaßen als hebräisch-griechische Lexika. Nicht selten ist in seiner

Übersetzungsarbeit der Einfluß rabbinischer Traditionen feststellbar, und ebenso wirkten auch seine Kenntnisse in der antiken Literatur- und Kulturgeschichte ein. Die später übersetzten Bücher zeigen eine stilistisch bessere Ausdrucksweise. Angesichts der geringen Hilfsmittel, die ihm zur Verfügung standen, verdient seine Leistung Bewunderung und höchste Anerkennung. Das Übersetzungswerk des Kirchenvaters fand zunächst fast nur heftigen Widerspruch, wurde jedoch bald zur Revision altlateinischer Bibelhandschriften herangezogen. Zur Zeit Gregors d. Gr. († 604) galt der Text als gleichberechtigt, und erst im 8. u. 9. Jh. hat er sich vollständig durchgesetzt. Die Bezeichnung *Vulgata (editio)* ist seit dem 13. Jh. allgemein üblich.

Monachi Abbat. S. Hieronymi in Urbe, Biblia sacra iuxta latinam Vulgatam versionem, 1/11, 1926/57; 12, 1964 (Sap. und Sir. nicht von H. übersetzt).– J. Wordsworth-H. J. White-H. F. D. Sparks, NT.. . latine sec. ed. S. H., O 1889/1954.– D. de Bruyne, Sommaires, Divisions et Rubriques de la Bible lat., 1914; Préfaces de la Bible lat., 1920 (beide Werke sind nicht im Buchhandel erschienen).– D. de Bruyne-B. Sodar, Les anciennes traductions lat. des Machabées éditées, Maredsous 1932.– Th. Ayuso Marazuela, Psalterium S. H. de Hebraica veritate interpretatum, Ma 1957/60.– H. de Sainte-Marie, S. H. Psalterium iuxta Hebraeos, 1954.– A. Vaccari, Cantici cant. vetus lat. translatio a S. H. ad graecum textum hexaplarem emendata, R 1959. ** A. Allgeier, Die altlat. Psalterien, 1928; Die Überlieferung der altlat. Psalmenübers. und ihre kulturgeschichtl. Bedeutung, 1931; Die Psalmen der Vulgata, 1940. – Bardy RB 1943, 145/64 (maîtres hébreux).– de Bruyne, Rb 1915, 358/92 (Revision der nichtevangel. Texte des NT).– Cecchetti [Misc. A. Piolanti, R 1964] 2, 77/114 (Prologus galeatus). – J. H. Gaily, Jer.'s Lat. Version of Job from Greek c. 1–26, Diss. Princeton 1945.– Johannessohn, ZntW 44, 1952/3, 92/102 (Vulg. und jüng. griech. atl. Übers.); Glotta 33, 154, 125/65 („et ecce" in der Vulg.).– F. Kaulen, Sprachliches Handbuch z. bibl. Vulgata, ²1904.– Labourt, Bi 1948, 345/52 (the name „Vulgata").– Loewe, Hebrew Union College Annual 22, 1949, 265/306 (rendering of „Olam"); VetTestQuart 2, 1952, 261/72 (treatment of anthropomorphism).– Lyonnet, Bi 1959, 885/901 (expiation et intercession, à propos d'une traduction de S. Jér.).– J. H. Marks, Der textkrit. Wert des Psalterium H.i iuxta Hebraeos, Winterthur 1956.– Perella, DThP 1945 f, 228/35 (die deuterokanon. Schriften des AT). – W. E. Plater and H. H. White, A Grammar of the Vulgate, 1926. – Rehm, Bi 1954, 174/97 (hebr. Wörter bei H.). – Richesses et déficiences des anciens psautiers latins, R 1959. – Stenzel, VC 1952, 20/7 (Wortschatz der ntl. Vulg.); [A. Dold, 1952] 25/33 (Vulg., Text des Cant. Hab.); Bi 1952, 356/62 (Vulg.-Text des Cant. Jonae).– F. Stummer, Einführung in die lat. Bibel, 1928; Bi 1937, 23/50; 174/81 (H. und die Targumim); ZatW 17, 1940/1, 251/69 (antike Bildung und christl. Theol. in der Vulg.); ZatW 62, 1949/50, 152/67 (Exegese der Vulg.).– Sutcliffe, Bi 1948, 112/25 (Aussprache des Hebr.); 195/204 (hebr. Mss.); JTS 1948, 35/42; CBQ 1949, 139/43; 345/52 (Hebr. text).– Vaccari, Scritti 2, 1958, 83/146 (Recupero d'un lavoro critico di S. Girolamo).– Vogels, Vulgatastudien. Die Evv. der Vulgata, 1928.– Ziegler [A. Dold, 1952] 13/24 (LXX des H. in Jer.).

2. Andere Übersetzungsarbeiten

a) Hieronymus, der bis zum Origenistenstreit zu Origenes als dem großen Meister der Exegese emporschaute, übersetzte folgende Werke des Alexandriners: 14 Homilien über Jr., 14 über Ez. (in Konstantinopel 381), für Papst Damasus (383) 2 Homilien zum Hohenlied, für Paula und Eustochium um 390 in Bethlehem 39 Homilien über Lc., nach 392 noch 8 Homilien über Is. Als Origenesgegner übersetzte er 398 die vier Bücher De principiis, um seinen ehemaligen Freund Rufin zu bekämpfen; die Übersetzung ist nicht erhalten. Verlorengegangen ist auch seine Übersetzung der von Theophilus von Alexandrien verfaßten Schmähschriften gegen Johannes Chrysostomus.

b) Außer dem 2. Teil der *Chronik* des Eusebius mit selbständiger Fortsetzung bis 378 übertrug er (380) in freier Bearbeitung mit einigen Ergänzungen noch dessen *Onomastikon* (s. S. 222) unter dem Titel *De situ et nominibus locorum hebraicorum.* Auch der *Liber de nominibus hebraicis* ist eine freie Bearbeitung einer griechischen Vorlage eines fälschlich dem Philo von Alexandrien zugeschriebenen Lexikons der atl. Namen, das nach einer gleichfalls unhaltbaren Überlieferung von Origenes um die ntl. Namen bereichert worden sein soll.

c) Durch seine Übersetzung (392) ist die Schrift *De Spiritu Sancto* des Didymus (s. S. 280) gerettet worden. 404 übersetzte er die *Mönchsregeln* des Pachomius, Theodor und Orsiesius samt ihren *Briefen* (s. S. 262 f).

G. Bardy, Rech. sur l'hist. du texte et des versions lat. du De princ. d'Origène, 1923. – Chavoutier, VC 1960, 9/14 (De vis. Is., übersetzt von H.). – W. Dietsche, Didymus v. Al. als Verfasser der Schrift über die Seraphenvision, 1942 (H. Übersetzer dieser Schrift); dagegen Altaner, ThR 1943, 147/51 (Verfasser wahrscheinlich Theophil. von Al.). – Peri, SP 6, 155/80 (I passi sulla Trinità nelle omelie origiane tradotte da G.). – F. Wutz, Onomastica sacra, L 1914 f.

3. Exegetische Arbeiten und Homilien

Die zahlreichen Bibelkommentare, die an Kenntnis der älteren exegetischen Literatur und an historisch-archäologischem Wissen für ihre Zeit einzig dastehen, sind meist allzu rasch und flüchtig niedergeschrieben und daher unfertig in der Form und inhaltlich oft dürftig.

a) Aus dem AT hat H. im Anschluß an Origenes die *Psalmen (commentarioli)*, den *Prediger* und sämtliche *Propheten* in eigenen Schriften kommentiert (Jerem. nur 1/32). Außerdem schrieb er 381 eine allegorische Abhandlung *De visione Isaiae* (Kap. 6), die als Ep. 18 überliefert ist, und um 397 eine historische *Auslegung* der 10 Gesichte in Is. 13/23.

Die *Quaestiones hebraicae in Genesim* sind durch den Konflikt veranlaßt, in den ihn sein allmählich aufgegebener Glaube an die Inspiration der LXX gebracht hatte.

b) Aus dem NT erklärte H. 387/89 4 *Paulusbriefe* (Phil., Gal., Eph., Tit.) und 398 das *Mt.-Evangelium* (oberflächlich). Unter Tilgung chiliastischer Deutungen bearbeitete er den *Apokalypse-Kommentar* des Victorinus von Pettau (s. S. 183).

c) G. Morin veröffentlichte 1897/1903 zwei Sammlungen von *Psalmenhomilien* (59 und 14 Hom.), ferner *Homilien über das Marc.-Evangelium* und andere *Predigten* über einzelne biblische Texte. Es handelt sich hier um die Homilien, die H. vor seiner Klostergemeinde in Bethlehem gehalten hat und die von Zuhörern nachgeschrieben wurden.

S. Reiter, CSEL 59, 1913 = CCL 74, 1960 (In Hierem.). – P. de Lagarde - G. Morin - M. Adriaen, CCL 72, 1959 (Hebr. quaest.; interpret. Hebr. nom.; Commentarioli in Ps.; Comm. in Ecclesiasten). – M. Adriaen - G. Morin, CCL 73/73 A, 1963 (In Es.; In Es. parvula adbrev.). – F. Glorie, CCL 75, 1964 (Comm. in Hiezech.); CCL 75 A, 1964 (Comm. in Dan.). – G. Morin, CCL 78, 1958 (Tract. in Ps.; in Marc.; aliaque varia); 1/3, 1895/1903 (Commentarioli; Tract. in Ps.; Tract. in Marc.). – P. Antin, SCh 43, 1956 (Sur Jonas, TÜK). ** Auvray, RSR 1939, 594/610 (Streit mit Aug. über Gal. 2, 11 ff). – Davis, Austral. Cath. Record 1956, 103/16 (The scriptural controversy between St. Jer. and St. Aug.). – Ginzberg [Jew. Stud. Cohut, 1935] 279/314 (Haggada b. d. Kirchenvätern VI: Is.-K). – Gozzo, Ant 1954, 241/54 (In lib. Proverb.); Ant 1960, 49/78; 169/214 (Is.-K). – Ker, Medieval. et humanist. 1962, 7/14 (fragments of comment. on Mt.). – Lo Bue, VC 1955, 21/4 (z. Apc.). – Lyonnet, RSR 1939, 344/51 (zu Jakobus, dem Herrnbruder); Bi 1944, 196/206 (Mt. 2, 23). – G. Morin, Études, Découvertes 1, 1913, 220/93 (Ps.-Homilien). – Penna, SP 4, 162/70 (The vow of Jephthah). – Romaniuk, Aeg 1963, 84/106 (controverse entre H. et Rufin à propos de l'ép. de S. Paul aux Éph.). – Simard, RUO 1942, 15/38 (Streit über Gal. 2, 11 ff). – Sofer, WSt 55, 1937, 148/58 (Prolog in Gal. II). – Souter, Comm. 96/138 (Pauluskomment.); HThR 1935, 1/4 (Griech. und Hebr. im Mt.-K); JTS 1941, 171/6 (Mt.-K). – Vaccari [Misc. Galbiati 2, 1951] 157/61 (Gal. 3, 5); Scritti 1, 207/55 (Salteri di Girol. e di s. Agost.). – Vogels, RB 1956, 14/9 (H. kannte den Ambrosiaster).

4. Dogmatisch-polemische Schriften

In diesen Schriften tritt H. als Verteidiger jener Ideale auf, die ihm selbst am Herzen lagen, oder er bekämpft die Irrtümer des Origenes und Pelagius.

a) In dem Dialog *Altercatio Luciferiani et orthodoxi* verteidigt H. u. a. die Gültigkeit der arianischen Taufe.

b) *Adversus Helvidium de perpetua virginitate b. Mariae* (383) wendet sich gegen die Behauptung, Joseph habe mit Maria nach der Geburt Jesu Kinder gezeugt. Mit 2 Büchern *Adversus Jovinianum* verteidigt H.

seine asketischen Ideale gegen Jovinian, der lehrte, die Jungfräulichkeit sei dem Ehestand nicht überlegen, der Getaufte könne nicht mehr zu Fall kommen, das Fasten sei wertlos und der himmlische Lohn für alle gleich. Die Schrift *Contra Vigilantium* (406) nimmt Heiligen- und Reliquienverehrung, das Mönchsideal und einige liturgische Gebräuche in Schutz.

c) Voll von unerfreulichen persönlichen Anschuldigungen sind die während des Streites um Origenes entstandenen Kampfschriften *Contra Ioannem Hierosolymitanum* (396) und die drei Bücher *Apologia adv. libros Rufini* (401/02). Seine umfangreichste und beste polemische Schrift sind die *Dialogi contra Pelagianos libri III* (415).

De Aldama, Eph. Mariol. 1963, 107/19 (condenación de Joviniano).– H. van Bakel, Circa sacra, Haarlem 1935, 136/56 (Jovinian).– W. Haller, Jovinianus, 1897.– Jouassard [Mél. J. Saunier, Lyon 1944] 139/56 (Adv. Helvid.).– G. Nijhoff, Vigilantius, 1897.– J. G. Nolan, Jerome and Jovinian, Wa 1957.– T. Trzciński, Die dogmat. Schriften des hl. H., 1912 (literarhist.).– F. Valli, Public. dell'Univ. di Urbino, ScLettFil 2, 1954 (Gioviniano. Esame delle fonti e dei frammenti).

5. Den historischen Schriften kommt nur verhältnismäßig geringe Bedeutung zu. Außer der schon erwähnten Fortsetzung der *Chronik* des Eusebius (s. S. 218) und seinem *Schriftstellerkatalog* (s. S. 8) schrieb er drei stark legendäre *Mönchsbiographien*, die *Vita des Paulus* von Theben, des *Malchus* aus der Wüste Chalcis und des *Hilarion* aus Palästina. Über das unechte *Martyrologium Hieronymianum* s. S. 235 f.

C. C. Mierow, Class. Bull. (St.-Louis-Univ.) 1946, 31/60 (Vita Malchi, TÜ). ** Coleiro, VC 1957, 161/78 (lives of the hermits).– Jameson, AmPhilAss 69, 411/22 (Vita Malchi).– A. Oldfather, Studies in the text tradition of S. Jer.s Vitae patrum, Urbana 1943.– Schiewitz, Mönchtum 3, 1938, 214/20 (Vita Malchi).

6. *Briefe*. Von den vielen Briefen, die unter dem Namen des H. überliefert sind, sind ungefähr 120 echt; in den Sammlungen sind auch die an H. gerichteten Briefe enthalten. Die echten Briefe verteilen sich auf die ganze Zeit des schriftstellerischen Wirkens des H., also fast auf ein halbes Jahrhundert. Sie sind formell ausgezeichnet, aber auch inhaltlich bedeutsam und waren von Anfang an für die Veröffentlichung bestimmt. Es sind Briefe persönlich-familiären Charakters, aber auch viele Briefe, die sich mit aszetischen, polemischen, apologetischen, exegetischen und didaktischen Fragen beschäftigen.

J. Hilberg, CSEL 54/56, 1910/18 (Briefe).– CPL 620 f; 633 (Verzeichn. der echten und unechten Briefe).– J. Schmid, FP 22, 1930 (Briefwechsel mit Aug.).– J. Labourt, Lettres, 1/8, 1949/63 (TÜ).– D. Gorce, Lettres spir. 1/2, 1932/4 (Ü).– E. Logi, 1/3, Siena 1935 f (Briefe, Ü).– S. Cola, Lettere I, R 1962 (ep. 1/52, Ü).– C. C. Mierow, ACW 33, 1963 (Letters 1/22, Ü). ** Altaner, VC 1950, 246/48 (Ep. 106: 404/10 verfaßt).– Amatucci, Arcadia, Atti e Memorie 3, 2, 3, 1950, 87/94 (Per un'edizione delle ep.).– Antin, RB 1958, 113 (ep. 22, 6, 3 et la Bible); SE 1958, 359/62 (ep. 53, 1, 4); RB 1959, 342/7 (ep. 125, 18, 2 f).– G. lo Cascio, G. da St. studiato nel suo epistolario, 1923.– J. N. Hritzu, The Style of the Letters of St. Jer., Wa 1939.– Levy, AJPh 1948, 62/8 (Ep. 60, 16: Einfluß v. Claudian).– Nautin, VC 1961, 40/5 (ep. 93: ὁμοούσιος).– N. Pronberger, Beiträge zur Chronologie der Briefe des hl. H., 1914.– Quasten, AJPh 1942, 207/15 (Ep. 64, 19).– P. Steur, Het Karakter v. Hier. bestud. in zijn brieven, N 1945.– Zeiller, CRI 1935, 238/50 (Ep. 106, gegen de Bruyne).

Lehre

Hieronymus hatte weder Neigung noch Begabung, sich besonders als spekulativer Theologe zu betätigen. Rein philosophischen Gedankengängen ging er darum gern aus dem Weg. Seine Beweise gründen sich fast nur auf positives Material (Schrift, Tradition, Liturgie, Leben und Praxis). In ethischen Fragen ist er als Theoretiker rigoristisch, als Kasuist dagegen maßvoller und voll Verständnis für die Forderungen und Schwierigkeiten des Lebens.

1. Inspirationslehre. In seinen frühen Werken war er Anhänger der allegorischen Schrifterklärung, allmählich befreundete er sich unter dem Einfluß seiner philologischen Arbeiten immer mehr mit dem historisch-grammatischen Sinn der Schriftworte, ohne sich jedoch vollständig von der Methode der Alexandriner loszusagen. Mit Origenes teilte er auch dessen Axiom, daß eine Erzählung der Heiligen Schrift bei buchstäblicher Erklärung Lächerliches oder Blasphemisches enthalten könne. Da er nicht nach festen hermeneutischen Grundsätzen zu Werke ging, finden sich bei ihm viele Widersprüche und eine inkonsequente Haltung in grundsätzlichen Fragen. Er vertritt die absolute Irrtumslosigkeit der Heiligen Schrift, auch wenn er nicht die Verbal-, sondern nur die Realinspiration des Urtextes lehrt. Von den LXX nahm er anfänglich entsprechend der damaligen Anschauung an, daß sie inspiriert seien (Philem. prol.). Auch an Stellen wie Jr. 28, 10; Helv. 4 redet er nicht von Beeinflussung der Berichte durch irrige Volksmeinungen, sondern nur von Anpassung an den herrschenden Sprachgebrauch. Unter jüdischem Einfluß erkennt er nur die protokanonischen Bücher des AT an (prol. Gal.; praef. Salom.).

2. Freiheit und Gnade sind gleich notwendige Elemente der Heilsordnung. An einigen Stellen scheint er die Notwendigkeit der zuvorkommenden Gnade nicht zu kennen: „Nostrum (est) incipere, illius (sc. Dei) perficere“ (Pelag. 3, 1), und: „Grandis clementia Dei, ut exspectet nostram poenitentiam et donec nos a vitiis convertamur“ (Is. 30, 18); an andern

Stellen aber sagt er: auch unser Wille stützt sich auf Gottes Hilfe (Jr. 24, 1 ff), selbst Buße könnten wir nicht tun, wenn Gott uns nicht bekehre (31, 18 f). „Velle et nolle nostrum est; ipsumque quod nostrum est, sine Dei miseratione nostrum non est" (ep. 130, 12).

Gegenüber Pelagius will er beweisen, daß der Mensch nicht ohne Sünde sein könne; nur Gott könne sündenlos sein, ein Mensch nur für einige Zeit und mit Gottes Gnade (Pel. 2, 16; 3, 4). Von einem Menschen Sündenlosigkeit verlangen heiße, ihn zu Gott machen (2, 4). Auf den Einwand, unter diesen Umständen hätten die Gebote Gottes keinen Zweck, entgegnet er: „Gott hat allerdings nur Mögliches befohlen, das gebe auch ich zu; aber all dieses Mögliche kann nicht jeder von uns vollbringen" (1, 23).

3. Kirche und römischer Primat. Kein Kirchenvater vor ihm hat so ausdrücklich seine Liebe zur Kirche betont wie Hieronymus. Leidenschaftlich kämpfte er für die Kirche, und ihre Gegner betrachtet er als seine persönlichen Feinde (Pel. prol. 2). Die Lehrverkündigung der Kirche ist für ihn die nächste Glaubensquelle, und mit aller Entschiedenheit steht er auf seiten des Römischen Stuhls. An Papst Damasus schreibt er: „Ich folge keinem als Erstem als Christus allein und will deshalb in Kirchengemeinschaft mit dir, d. h. mit dem Stuhl Petri, bleiben. Ich weiß, daß auf diesem Felsen die Kirche gegründet ist" (ep. 15, 2).

4. Verhältnis von Episkopat und Presbyterat. Im Gegensatz zu der Überzeugung anderer Väter seiner Zeit vertritt Hieronymus unter Berufung auf Phil. 1, 1 und Act. 20, 17. 18 die Ansicht, daß der monarchische Episkopat nicht iuris divini sei, sondern daß er vor allem, um nicht die Gefahr einer Spaltung innerhalb der Gemeinden aufkommen zu lassen, durch kirchliches Gesetz eingeführt worden sei. Der Vorrang der Bischöfe beruhe daher „magis consuetudine quam dispositionis dominicae veritate" und „idem est ergo presbyter qui et episcopus" (Tit. 1, 5); die Weihegewalt (ordinatio) habe jedoch der Bischof allein (ep. 146, 1), und die Bischöfe seien die Nachfolger der Apostel (ep. 41, 3).

5. Eschatologie. Ähnlich wie Ambrosius (s. S. 388) schreibt Hieronymus, daß zwar alle Gottesleugner (negantes et impii) ewiger Höllenstrafe verfallen, nicht aber die Christen, auch wenn sie „peccatores" sind; diese werden im Gericht ein Urteil finden, „das gemäßigt und mit Milde gemischt ist" (Is. 66, 24). Noch deutlicher spricht er sich in ep. 119, 7 aus: „Qui enim tota mente in Christo confidit, etiamsi ut homo lapsus mortuus fuerit in peccato, fide sua vivit in perpetuum." Hieronymus ist in seiner barmherzigen Haltung der Anziehungskraft des großen Origenes teilweise erlegen, und dies noch zu einer Zeit, da er seinen früher so hoch-

geschätzten Meister der Exegese seit langem bekämpfte (vgl. Pelag. 1, 28; Jov. 2, 30). Die Höllenstrafen sind nicht, wie viele meinen, nur innerlich und geistig (Eph. 3, 5, 6).

Antin [Mél. Bénédictines, S.-Wandrille 1947] 69/113 (le monachisme sel. s. J.); MSR 1957, 135/50 (idées morales).– Baus, TrThZ 1951, 178/88 Gebet zu Christus).– de Blick, RAM 1949, 146/57 (In Ez.: syndérèse ou conscience).– Y. Bodin, L'ecclésiologie de s. J., Thèse P 1962; SP 6, 6/12 (L'église des gentils).– E. Bruck, Kirchenväter und soziales Erbrecht, 1956, 76/104 (sozial. Erbrecht bei H. und Aug.).– Campbell, AER 1960, 310/20; 384/94 (attitude towards marriage and women).– Dalton, Austral. Cath. Record 1956, 313/20 (inspiration and inerrancy of Scriptures).– Dekkers, HJB 1958, 91/7 (profession – second baptême).– J. J. Fahey, Doct. S. H.i de gratiae div. necessitate, Mund 1937.– Favez [Mél. Marouzeau, P 1948] 173/81 (H. als Pädagoge).– Madoz, EE 1944, 187/200 (Einfluß des Tertullian).– J. Niessen, Die Mariologie des hl. H., 1913.– Nodet, Mystique et continence, Bruges 1952, 308/52 (H. über Sexualprobleme).– J. P. O'Connel, The Eschatology of St. Jer., Mund 1948.– A. Penna, Principi e carattere dell'esegesi di s. Gir., 1950.– Petzäll, SvenskTh-Kvartalskr 29, 1953, 149/62 (Begriff des Gewissens).– L. Schade, Die Inspirationslehre des hl. H., 1910.– E. Schwarzbauer, Die Kirche als Corpus Christi Myst. b. hl. H., R 1939.– S. Visintainer, La dottrina del peccato in S. Gir., R 1962.– Waldmann, ThQ 1938, 332/71 (Lehre v. Gewissen von Cicero bis H.).– M. S. Weglewicz, Doctrina s. Hier. de ss. Euch., R 1931.

§ 101. Christliche Dichter des 4. und 5. Jahrhunderts

Die christliche Poesie, zuerst vor allem in gnostischen Kreisen des Orients gepflegt (s. S. 96), erlebte ihre erste Blütezeit im 4. Jh., und zwar im lateinischen Kulturkreis; der griechische Osten hat, abgesehen von Gregor von Nazianz, keine bedeutenden Dichter hervorgebracht. In die Form des klassischen Epos wurde ein neuer Inhalt gegossen. Den Stoff hierzu lieferten die geschichtlichen Bücher der Heiligen Schrift, oder es wurden Leben und Leiden der Heiligen und Märtyrer besungen (Juvencus, Proba, Prudentius, Cyprian). Besonders mannigfaltig entwickelte sich die neue Lyrik. Dazu kamen apologetisch-polemische Dichtungen, poetische Briefe, Epigramme und andere Formen (Hilarius, Ambrosius, Niceta, Marius Victorinus, Damasus, Prudentius, Paulin von Nola, Carmen adv. Marcionitas).

A. S. Walpole, Early lat. hymns, C 1922.– W. Bulst, Hymni latini antiquissimi LXXV. Psalmi III, 1956 (bis Ende 6. Jh.).– H. Lietzmann, KlT 47/9, 1938.– C. Blume, Unsere liturg. Lieder, 1932 (TÜK). ** N. K. Chadwick, Poetry and letters in early christian Gaul, 1955.– Gladysz, CTh 1937, 63/98 (Konstantin d. Gr. in der Poesie seiner Zeit).– Helm [J. Geffcken, 1931] 1/46 (Heidn. und Christl. bei spätlat. Dichtern).– O. J. Kuhnmuench, Early christ.

lat. poets, Ch 1929 (4.–6. cent.).– J. Martin, BJ 221, 65/140 (Lit.-Bericht).– Mohrmann, REL 25, 1947, 280/97 (La langue et le style de la poésie chrét.).– P. G. van der Nat, Divinus vere poeta. Enige beschouwingen over ontstaan en karakter der Christelijke Latijnse poezie, Leiden 1963.– F. J. E. Raby, A history of christian-lat. poetry, O ²1953; A hist. of secular lat. poetry in the Middle Ages, 1/2, 1934.– U. Sesini, Poesia e musica nella latinità crist. dal III al X sec. (ed. G. Vecchi), To 1949.– Simonetti, AttiAccadNazLincei, Mem. ser. 8, 4, 1952, 339/485 (Hilarius, M. Victorinus, Ambrosius, irische Hymnen, Te deum).– Thraede, JbAC 1961, 108/27; 1962, 125/57 (zum Ursprung und zur Gesch. der christl. Poesie).– C. Weymann, Beiträge zur Geschichte der christl.-latein. Poesie, 1926.

1. *Laudes Domini.* In 148 Hexametern wird von einem zwischen 316 bis 323 im Land der Äduer vorgekommenen Wunder — eine Tote hebt ihre Hand zum Gruß, als ihr Mann neben ihr bestattet wird — berichtet und ein Lobpreis auf Christus, den Weltschöpfer und Erlöser, angeschlossen. Das Gedicht schließt mit einem Segenswunsch für Kaiser Konstantin und sein Haus. Der Dichter hat sich an Vergil gebildet.

ML 61, 1091/4.– W. Brandes, Progr. Braunschweig 1887. ** Bardy, Mém. de l'Acad. ... de Dijon 1933, 36/51 (Reticius von Autun der Held des Wunders?); dazu RSR 1939, 16 f.

2. Juvencus, ein spanischer Priester, verfaßte um 330 eine Evangelienharmonie in 3211 Hexametern, *Evangeliorum libri IV*. Die Berichte der Evv. werden in ziemlich korrekten, nach dem Muster Vergils gebildeten Versen möglichst treu umschrieben. Der Dichter folgt fast ausschließlich dem Italatext des Mt., kaum ein Fünftel der Verse sind den andern Evv. nachgebildet.

J. Huemer, CSEL 24, 1891.– A. Knappitsch, 3 Progr. Graz 1910/12 (Ü). ** N. Hansson, Textkr. zu J. mit einem vollständigen Index verborum, Lund 1950.– Helene, The Class. Bull. 15, 1939, 57/9 (Vergil).– H. H. Kievits, Ad Juvenci Evv. lib. I comment. exeget., Diss. Groningen 1940.– F. Laganá, Giovenco, Ca 1947.– Norton, Folia 1950, 36/42 (Mss.).– L. Strzelecki, Studia prosodica et metrica, Kraków 1949, 14/40.– Thoma, CR 1950, 95 f (The oldest MS).– Vega, CD 1945, 209/47 (Juv. und Prudentius).– J. de Wit, Ad Juvenci ev. lib. II comment. exeget., Groningen 1947; VC 1954, 145/8 (Tkr.).

3. Die vornehme Römerin Proba besang um 360 in einem *Cento* (Flickgedicht) von 694 aus Vergil entlehnten Hexametern die biblische Urgeschichte bis zur Sintflut und die Erlösungsgeschichte. Erklärlicherweise konnte auf diesem Weg der geschichtliche Ablauf nur durch unbestimmte, oft schiefe und manchmal geradezu komisch wirkende Andeutungen zur Darstellung gebracht werden.

C. Schenkl, CSEL 16, 1888, 569/609. ** F. Ermini, Il Centone di Proba e la poesia centonaria lat., 1909.– Opelt, JbAC 1964, 106/16 (Christus).

4. Ein unbekannter Dichter verfaßte zwei unter dem Namen des Tertullian oder Cyprian überlieferte Gedichte, 167 Hexameter *De Sodoma,* 105 Hexameter *De Jona.* Trotz seines engen Anschlusses an den biblischen Bericht bietet der Dichter Schilderungen von Naturtreue und Farbenpracht. Die Entstehungszeit ist ungewiß.

R. Peiper, CSEL 23, 1891, 212/26.

5. Ausonius, * um 310 in Bordeaux, anfangs Lehrer der Grammatik und Rhetorik in seiner Vaterstadt, wo Paulin von Nola sein Schüler war, nach 365 Prinzenerzieher in Trier, 379 Konsul, † nach 393 in seiner Heimat, war ein gewandter, aber gedankenarmer und nüchterner Verskünstler. Erst unter Valentinian I. (364–75) trat er äußerlich zum Christentum über. Er zeigt in seinen Dichtungen eine in religiöser Hinsicht wenig klare und entschiedene Haltung, so daß man darüber streiten kann, ob er Heide oder Christ gewesen ist.

In seinen zahlreichen Opuscula — die bekannteste Dichtung ist die *Mosella,* eine Schilderung der Mosellandschaft und der Stadt Trier — finden sich nur wenige Gedichte, die christliches Gepräge tragen. Es sind dies die *Versus paschales* (31 Hexameter unter seinen Epigrammen), ein *Ostergebet* für Kaiser Valentinian I. mit nizänischem Trinitätsbekenntnis (um 370); *Oratio (matutina),* 85 Hexameter in der *Ephemeris* (Dichtung über das Tagewerk des Verfassers); *Oratio versibus rhopalicis* (14 Strophen zu je 3 Versen), so genannt (rhopalici = keulenförmig), weil die Verse mit einsilbigen Wörtern beginnen und darauf solche in regelmäßiger Steigerung der Silbenzahl folgen lassen.

Unter seinen 25 versifizierten *Briefen* beanspruchen drei nach 390 an Paulin von Nola gerichtete Episteln besonderes Interesse. Ausonius will den Freund von seinem Plan, der Welt ganz zu entsagen, abbringen. Paulin antwortet ablehnend, gleichfalls in 2 metrischen Briefen (Carmen 10/11).

C. Schenkl, MGAuctAnt 5, 2, 1883.– R. Peiper, L 1886.– M. Jasinski, P 1936 (T, franz. Ü).– H. G. E. White, 1/2, Lo 1919/21 (TÜ).– C. Hosius, L ³1926 (Mosella).– W. John, Trier 1932 (Mosella).– E. H. Blakeney, Lo 1933 (Mosella, Ü).– H. Besser, Marburg ²1936 (Mosella, Ü). ** Bieler, RhM 1937, 285/7 (Mosella).– E. Blanchet, Humanisme et christianisme. A. et s. Paulin, Bordeaux 1954.– V. Crisi, De re metrica et prosod. D. M. Ausonii I, Udine 1938.– Della Corte, RivCultClassMed 1960, 21/9 (Tkr.).– Deubner, Phil 1934, 253/8 (Mosella).– H. Emonds, Zweite Auflage, 1941, 82/108.– Favez, Lat 6, 1947, 223/33 (Rhetorenschule in Bordeaux).– Jachmann [Festschr. Universität Köln, 1941] 47/104 (Überlieferungsgeschichte).– Kurfess, PhWo 1935, 1295 f (Mosella).– de Labriolle, DHG 5, 773/9; RACh 1, 1020/23.– F. Marx, PWK 2, 2562/80.– Marx, RhM 1931, 368/92 (Mosella).– Mohrmann, StC 1927 f, 364/91; 1928 f,

23/39 (Verhältnis des A. zum Christentum). – S. Prete, Ricerche sulla storia del testo di A., R 1960. – Thielscher, PhWo 1935, 1102/4 (Mosella).

6. Aurelius Prudentius Clemens berichtet selbst über sein Leben in der Vorrede *(Praefatio)* zur Ausgabe seiner Werke in 8 Büchern, die er gegen Ende seines Lebens besorgt hat. Danach ist er 348 wahrscheinlich in Calahorra geboren, erhielt eine rhetorisch-juristische Ausbildung, war zweimal Statthalter einer spanischen Provinz und bekleidete darauf ein hohes Staatsamt in unmittelbarer Nähe des Kaisers Theodosius I. Schließlich entsagte er dem öffentlichen Leben, um ganz für Christus leben zu können. Er pilgerte 402/3 nach Rom und besuchte die Märtyrergräber. P. ist nach 405 gestorben.

Die Werke des P. werden mit einer *Praefatio* eingeleitet, dann folgt das 1. Buch mit dem Titel *Cathemerinon liber (Tagesliederbuch)*. Es enthält 12 sehr lange, überwiegend lyrische Gedichte, von denen die ersten 6 für die Tageszeiten bestimmt sind *(Ad galli cantum, Ad matutinas, Ante cibum, Post cibum, Ad incensum lucernae, Ante somnium)*. Von den anderen seien genannt 2 Fastenlieder und je ein Lied auf Weihnachten und Epiphanie.

Das 2. Buch *Apotheosis* verteidigt die kirchliche Trinitätslehre gegenüber der Häresie. Im 3. Buch *Hamartigenia (Sündenquell)*, das vom Ursprung der Sünde handelt, wird der gnostische Dualismus bekämpft. Das 4. Buch *Psychomachia (Seelenstreit)* bietet die erste allegorische Dichtung in lateinischer Sprache; christliche Tugenden und heidnische Laster ringen um die Menschenseele.

Die Bücher 5/6 *Contra Symmachum* schildern dichterisch den Kampf zwischen Heidentum und Christentum, den Ambrosius gegen Symmachus († 402) durchgefochten hat. Buch 5 bekämpft das Heidentum im allgemeinen, Buch 6 die *Relatio Symmachi*, die von Symmachus als Führer der heidnischen Senatsmehrheit zugunsten der Victoria verfaßte Bittschrift (s. S. 378). P. schließt sich hier besonders an die einschlägigen Briefe des Ambrosius an (ep. 17 f).

Das 7. Buch *Peristephanon (Über die Kränze)* hat episch-lyrischen, manchmal sogar dramatischen Charakter und verherrlicht Sterben und Sieg meist spanischer oder römischer Märtyrer (Vincentius, Hippolytus, Laurentius, Cyprianus). Diese Märtyrerlegenden mit ihren anschaulichen, oft recht realistischen Schilderungen haben der Märtyrerlegende und Kunst im Mittelalter und besonders in der Barockzeit als Anregung gedient.

Das 8. Buch *Dittochaeon (Doppelte Speise)* ist kunstgeschichtlich wichtig, weil es in 49 Tetrastichen biblische Szenen erläutert.

P. ist unbestritten der größte altchristliche Dichter des Abendlands, der in bewußtem Gegensatz zu heidnischen und häretischen Anschauungen durch sein Schaffen zur Verherrlichung des Glaubens der Kirche beitragen will. Als echter Dichter vermag er selbst die sprödesten Stoffe poetisch zu gestalten; denn ihm steht eine reiche Phantasie, tiefes Empfinden und eine bilderreiche Sprache zur Verfügung. Wenn auch von Vergil (besonders in der Psychomachia und in Contra Symmachum) beeinflußt, so ist er doch sehr vielseitig und ein Meister im Versbau. P. vermochte neue Kunstformen zu entwickeln. Mit der Psychomachia schuf er das allegorische Epos, und die Epigramme wußte er episch-lyrisch fortzuentwickeln. Seine Hymnen sind unliturgisch, rein ästhetisch empfunden. P. war im MA der am meisten bewunderte und gelesene christliche Dichter. Für uns ist sein Werk im wesentlichen nur noch von historischem und ästhetischem Wert.

ML 59/60.– MLS 3, 965/1033 (Glossemata de Prudentio).– J. Bergmann, CSEL 61, 1926.– M. Lavarenne, 1/4, 1945/55 (TÜ).– J. Guillén - I. Rodríguez, Ma 1949 (TÜ).– J. Stam, P., Hamartigenia, A 1940 (TÜK).– U. Engelmann, 1959 (Psychom., TÜ; 24 Bildtaf. nach der Hs. 135 St. Gallen).– E. Rapisarda, 1948 (Apoth., TÜ); Ca 1962 (Psychom., TÜ).– F. Sciuto, Ca 1955 (Cath., TÜ).– G. Stramondo - L. Taormina, Ca 1956 (C. Symmach., TÜ).– H. J. Thomson, 1949/53 (engl. Ü).– M. C. Eagan, FathCh 43, 1962 (Ü).– R. Argenio, Mi 1959 (Cath., Ü). ** R. J. Deferrari - J. M. Campbell, A concordance of P., C (Mass.) 1932.

Alamo, RHE 1939, 750/6 (P. in Calahorra geboren).– Alexander, WSt 1936, 166/73 (Ovid).– Alfonsi, VC 1959, 181/3 („militia“ di P.).– Amatucci, NDid 1, 1947, 35/45 (Cath.).– Argenio, RivStudClass 1960, 267/80 (Psychom.).– Bardy, DThC 13, 1076/9.– J. Bergman, Aurelius Prudentius Clemens, Dorpat 1921.– U. Boscaglia, La Passio S. Laurentii de P. e le sue fonti, Udine 1938.– Brozek, Eos 1954, 107/41; 1958, 123/50 (Pindar. latin.).– Collins, SE 1952, 188/92 (Cath., Tkr.); SE 1957, 44/9 (Apoth.).– Cotogni, RAL 1936, 441/61 (Psychom.).– Cunningham, SE 1962, 5/59 (Mss. zu Cathem., Apoth., Hamart.); 1963, 40/5 (Perist., nature et purpose).– M. Liguori Ewald, Ovid in the Contra Symm. of P., Wa 1942.– García Villada, Hist. ecl. 1, 1929, 155/209.– Ch. Gnilka, Studien zur Psychomachie des P., 1963.– Goossens, Lat 6, 1947, 197/205 (Hamart. 402).– Guillén, Hel 1, 273/99 (P. y la mitología).– Künzle, RSCI 1957, 309/70 (Perist. 12).– Kurfess, PWK 23, 1039/71.– I. Lana, Due capitoli Prud. ... La biografia. La cronologia delle opere. La poetica, R 1962.– M. Lavarenne, La langue du poète P., P 1933 (607/30: Bibliographie).– G. Lazzati, Atti R. Ist. Veneto 101, 1941 f, 217/33 (doppia redazione delle opere).– Lo Porto, RAC 1957, 197/202 (Scoperti i resti mortali di P.?).– A. Mahoney, Vergil in the Works of P., Wa 1934.– Manelli, MiscStLCA 1, 1947, 79/126 (personalità nel Dittoch.).– G. Meyer, Phil 93, 1938, 277/403 (Tkr.).– B. M. Peebles, The Poet P., NY 1951.– E. K. Rand, P. and Christ. Humanism, 1920.– E. Rapisarda, Introduzione alla lettura di P., Ca 1951; MiscStLCA 1, 1947, 45/65 (rappresent. dell'oltre tomba); 2, 1948, 21/59 (P. e la lingua greca);

NDid 2, 1948, 51/61 (Praef.); VC 1950, 46/60 (Einfluß des Lukrez); Orph 1, 1954, 1/13 (2. Praef. zu C. Symmach.); [Convivium dominicum, Ca 1959] 151/77 (Cristo e l'eucarestia).– I. Rodríguez-Herrera, Poeta Christianus. P.' Auffass. vom Wesen und von der Aufgabe des christl. Dichters, Diss. Mn 1936.– Rodríguez, Hel 1, 1950, 85/101 (poeta de la hispanidad).– A. Salvatore, Studi prud., Na 1958; Elementi commodiani nella Praefatio di P., Na 1960.– Schmid, VC 1953, 171/86 (Menschheitsstufen und Probleme der doppelten Redaktion).– Schumacher, Ges. Aufs. zur Kulturgesch. Spaniens 16, Mr 1960, 1/15 (P. an der Via Tiburtina).– C. Schwen, Vergil bei P., 1937.– Strzelecki, Commentat. Horatianae, Kraków 1935, 1, 36/49.– Vega, CD 158, 1946, 193/271 (Gesamtwürdigung); 159, 1947, 421/67; 160, 1948, 5/34; 185/240 (Psychom., Perist.).– Villoslada, RF 116, 1939, 341/70 (patriot. españ.).– Vives, AST 1936, 14/8 (La patria de P.); 17, 1945, 195/304 (Peristeph. 11).– Waszink, Mn 11, 1942, 68/77 (Cath. 3, 95/100).– H. Woodruff, The Illustr. Mss. of P., C (Mass.) 1930.

7. Der hl. Paulinus, Bischof von Nola, * 353 in Bordeaux, gehörte einer sehr reichen Senatorenfamilie an; ein Schüler und Freund des Ausonius, dem er es zu danken hatte, daß er vor 379 Statthalter in Kampanien wurde. In schöngeistiger Muße auf seinen Gütern bei Bordeaux lebend, empfing er um 390 in Bordeaux die Taufe.

Bald darauf entschloß er sich, von schweren Heimsuchungen getroffen, der Welt zu entsagen, und lebte in Spanien, wo er nur widerstrebend zum Priester geweiht wurde, um sich schließlich (395) mit seiner Gemahlin nach Nola (Kampanien) zum Grab seines Schutzpatrons, des hl. Felix, dem er die Rettung von der Anklage des Brudermords zu verdanken glaubte, zurückzuziehen. Er führte hier ohne Ehegemeinschaft ein streng mönchisches Leben. 409 wurde er zum Bischof gewählt. Schon von den Zeitgenossen als Vorbild christlicher Entsagung und opferreichen Wirkens im Dienst des Nächsten angestaunt, ist er 431 gestorben.

a) Die meist in Hexametern abgefaßten 35 *Gedichte* Paulins lassen seinen feinen Geschmack und die formale Gewandtheit erkennen, seinen Dichtungen gehen jedoch die den Prudentius auszeichnende schöpferische Kraft und der Schwung der Phantasie ab. Nicht weniger als 14 inhaltlich ziemlich abwechslungsreiche *Carmina natalicia* widmete er dem hl. Felix zu dessen Festtag am 14. Januar. Die für Ausonius bestimmten Carmina 10 und 11 spiegeln besonders eindrucksvoll den Gegensatz und Kampf zwischen heidnischem und christlichem Kulturwillen wider.

b) Unter den Adressaten seines etwa 50 Nummern umfassenden *Briefwechsels* in Prosa finden wir hochberühmte christliche Zeitgenossen, z. B. Augustinus, Martin von Tours und Sulpicius Severus. Der Inhalt ist für das religiöse Leben, besonders für die liturgische und außerliturgische Frömmigkeit der Zeit, sehr aufschlußreich.

ML 61. – W. Hartel, CSEL 29 f, 1894. – R. C. Goldschmidt, P.'s churches at Nola, A 1940 (TÜK). ** Amann, DThC 12, 68/71. – Blomgren, Er 1940, 62/7. – Chierici, RAC 16, 1939, 59/92; [Ambrosiana, 1942] 315/31 (Ausgrabungen der Bauten des P.). – Courcelle, REL 1947, 250/80 (P. et s. Jér.); VC 1947, 101/13 (carm. 4 von Paulin. von Pella); [Mél. L. Halphen, 1951] 145/53 (P. bei Greg. von Tours); RevEA 1951, 253/300 (Briefwechsel mit Augustin). – P. Fabre, Essai sur la chronologie de l'œuvre de s. P. de N., 1948 (Carm. 32 und 33 und passio Genesii unecht); S. P. de N. et l'amitié chrét., 1949. – Helm, PWK 18, 2, 2331/51. – P. L. Kraus, Die poet. Sprache des P. N., 1918. – Leclercq, DAL 8, 2824/6; 12, 1439/65. – W. Meany, The humanism of St. P. of N., Diss.-Ma. Fr 1956. – Morelli, De S. P.i N.i doctr. christolog., Na 1945. – A. P. Muys, De briefwisseling van P. v. N. en Augustinus, 1941. – Prete [A. M. Albareda 2, 1962] 309/30 (Briefwechsel Ausonius – Paulinus, Textüberlief.). – P. Reinelt, Stud. über die Briefe des hl. P. v. N., 1904. – G. Rizza, P. da Nola, 1947; MiscStLCA 1947, 155/64 (imitaz. bibl. e influenza retor.). – Russo, Asprenas 1960, 158/70 (stile del epistolario). – Sirna, Aev 1961, 87/107 (carm. 32 unecht). – Wiman, Er 1934, 98/130 (Tkr.).

8. Claudius Claudianus († nach 404), der hervorragendste heidnische Dichter und Vertreter der römischen mythologischen Poesie, wohl ein ägyptischer Halbgrieche, der vor seiner Übersiedlung von Alexandrien nach Rom (395) nach dem Selbstzeugnis (Carm. min. 41, 14) nur in griechischer Sprache gedichtet hat, lebte am Hof des Kaisers Honorius als Günstling des Ministers Stilicho. Obwohl er im Herzen Heide blieb, paßte er sich der am kaiserlichen Hof herrschenden christlichen Strömung an und verfaßte als höfischer Scheinchrist wohl dem Kaiser zuliebe auch einmal ein christliches Gedicht. Das 20 Verse zählende *Carmen de salvatore* (carm. min. 32 ed. Birt; ML 53, 788 f) bietet eine kurzgefaßte Christologie. Zwei andere Gedichte, *Laus Christi* und *Miracula Christi*, sind kaum als echt anzusehen. Wenn Augustinus (Civ. 5, 26) von ihm sagt, er sei „a Christi nomine alienus" gewesen, und ihn der sicher übertreibende Orosius (hist. 7, 35) als „paganus pervicacissimus" charakterisiert, so sind solche Urteile im Hinblick auf sein umfangreiches, ganz in der Mythologie lebendes dichterisches Schaffen verständlich. Der sicher echte Christushymnus ist ein eindrucksvolles Zeugnis für den synkretistischen Charakter einer religiösen Übergangsepoche.

Th. Birt, MGAuctAnt 10, 1892. – V. Crépin, 1/2, P 1933. ** P. Fargues, Cl. Ét. sur sa poésie et son temps, 1933. – D. Romano, Claudiano, Palermo 1958; Appendix Claudianea, Palermo 1958. – Schmid, RACh 3, 152/67; SIF 1956, 498/518 (z. Echtheit des Christushymnus). – H. Steinbeiß, Das Geschichtsbild Cl.s, 1936. – Vollmer, PWK 3, 2652/60.

9. Sehr umstritten sind Heimat und Datierung des pseudotertullianischen *Carmen adversus Marcionitas*, das wohl dem 4. Jh. angehört.

M. Müller, Untersuch. zum Carmen adv. Marcion., Ochsenfurt 1936 (vor 325).– R. Willems, CCL 2, 1417/54. ** K. Holl, Ges. Aufsätze 3, 1928, 13/53 (zwischen 475 und 525 entstanden).

10. Cyprian aus Gallien. Eine früher dem Juvencus zugeschriebene, unvollständig erhaltene metrische Bearbeitung der geschichtlichen Bücher des AT, *Heptateuchos,* ein umfangreiches Seitenstück zu Juvencus, ist das Werk eines sonst unbekannten Priesters Cyprian, welcher in der 1. Hälfte des 5. Jh. in Gallien lebte. Vielleicht gehört ihm auch der biblische Cento *Cena Cypriani.*

R. Peiper, CSEL 23, 1891.– ML 4, 925/32 (Cena). ** Harnack, TU 19, 3b, 1899 (Cena).– W. Haß, Studien z. Heptateuchdichter Cyprian, Diss. B 1912.– Krestan, RACh 3, 477/81.– Kuijper, VC 1952, 44/6 (Jud. 547, Tkr.).– Lapôtre, RSR 1912, 497/596 (Cena).

11. Sedulius stammte aus Südgallien oder Italien, war nach Isidor von Sevilla (vir. ill. 20) Priester und dichtete wohl vor 431 in einfacher, lebendiger Sprache und fast klassischer Verstechnik ein *Paschale carmen* in 5 Büchern, einen Sang auf die Großtaten Gottes im AT (1. Buch) und im NT (2./5. Buch). Im Unterschied zu Juvencus verfährt Sedulius mit dem gleichfalls vorwiegend dem Mt.-Ev. entnommenen Stoff viel freier. Dasselbe Werk hat er später erweitert und als *Paschale opus* in rhetorischer Prosa herausgegeben.

Außerdem besitzen wir von ihm noch 2 *Hymnen* auf Christus. Der erste, *Elegie* genannt, bringt in 55 Distichen Parallelen zwischen dem AT und dem NT. Der zweite, ein poetisch wertvollerer *Abecedarius,* besingt in 23 vierzeiligen Strophen das Leben Christi. Zwei Hymnen des Römischen Breviers, *A solis ortus cardine* für Weihnachten (hymn. 1, 1/28) und das Epiphanielied *Crudelis Herodes, Deum,* das bei Sedulius beginnt: *Hostis Herodes impie* (hymn. 1, 29/52), sind diesem Lied entnommen.

J. Huemer, CSEL 10, 1885.– N. Scheps, Sed., Pasch. carmen, 1/2, Delft 1938 (ÜK).– F. Corsaro, L'opera poetica di S., Ca 1948 (ÜK). ** Altaner, ZntW 39, 1941, 162/8 (S. und der Basilius-Übersetzer Eustathius).– F. Corsaro, Sedulio poeta, Ca 1956.– Manton, JTS 1939, 365/70 (Ms. of Pasch. carm.).– McDonald, Sp 1933, 150/6 (Heimat: Südgallien oder Spanien).– Th. Mayer, Stud. zu dem Pasch. carmen des christl. Dichters S., 1916.

12. Claudius Marius Victorius († 425/50), Rhetor in Marseille, ist der Verfasser eines 3 Bücher umfassenden hexametrischen Gedichts *Alethia,* das in kommentierender Paraphrase den Stoff der Genesis bis zum Untergang Sodomas gestaltet. Das Hexaëmeron des hl. Ambrosius ist vielfach benützt.

C. Schenkl, CSEL 16, 1888.– P. F. Hovingh, CCL 128, 1960; M. V. Cl., Alethia. La prière et les vers 1/170 du livre 1, Groningen 1955 (ÜK). ** Hovingh, VC 1956, 43/8 (Al. 2, 219/26); SE 1960, 194/211 (Tkr.).– Hudson-Williams, CQ 1964, 296/310 (Tkr.).– Krappe, Sp 17, 1942, 255/60 (persischer Mythos).– A. Staat, De cultuur beschouwing von Cl. Mar. Vict., A 1952 (K zu Al. 2, 1/202).

13. Paulinus von Pella in Mazedonien (* 376, † nach 459), Enkel des Ausonius, veröffentlichte im Alter von 83 Jahren im Jahre 459 eine Autobiographie in 616 Hexametern mit einer kurzen Vorrede in Prosa, die er *Eucharisticos* (sc. logos) nannte. Die Schilderung seiner leidvollen Lebensschicksale gibt eine anschauliche Vorstellung der trostlosen Verhältnisse im zusammenbrechenden Römerreich.

W. Brandes, CSEL 16, 263/334. ** Courcelle, VC 1947, 101/13; Hist. litt. des grandes invasions germaniques, [3]1964, 293/302 (Paulin. Nol. carm. 4 stammt von Paulin. Pell.).– Helm, PWK 18, 2, 2351/5.– G. Misch, Gesch. der Autobiographie, 1, [2]1931, 445/51.

§ 102. Augustinus (354-430)

I. Leben und Bedeutung

Augustinus wurde 354 zu Thagaste in Numidien geboren. Sein Vater Patricius, der städtischer Beamter war, trat erst in späteren Jahren der Kirche als Katechumene näher und wurde kurz vor seinem Tod (371) getauft. A.s Mutter Monnika war eine eifrige Christin, die sich jedoch in ihrem großen Ehrgeiz, der sie nur an eine glänzende Zukunft ihres Sohnes denken ließ, manche Versäumnisse in der Erziehung des hochbegabten Kindes zuschulden kommen ließ. Als A. in schwerer Krankheit die Taufe begehrte, die Gefahr aber bald vorüberging, meldete ihn die Mutter nach der Sitte der Zeit nur als Katechumenen an.

Seinen ersten Unterricht erhielt A. in Thagaste. Weil er nach dem Willen des Vaters Rhetor werden sollte, setzte A. seine Studien im benachbarten Madaura fort; bereits 371 siedelte er nach Karthago über. Hier ließ sich der junge Student zu sexuellen Ausschweifungen verleiten, und bald ging er einen bis etwa 384 festgehaltenen Konkubinat ein, dem schon 372 der Sohn Adeodatus entsproß († 390). Die Religion seiner Mutter verachtete er als ein Altweibermärchen. Als A. dem Studienplan gemäß 373 Ciceros *Hortensius* las, erwachte in ihm die Sehnsucht nach der philosophischen Weisheit. Kurz darauf schloß er sich als Auditor dem Manichäismus an, der dem wissensstolzen Menschen im Gegensatz zum kirchlichen Christentum als autoritätsfreie Religion der Aufklärung und als wahre Form des Christentums erscheinen mochte. Als sich Augustin (374/75) nach Abschluß seiner Studien in Thagaste als Lehrer der freien Künste niederließ, nahm Monnika den vom Glauben der Eltern Abgefallenen nicht in ihr Haus auf. Bald darauf verlegte A. seine Lehrtätigkeit nach Karthago (375–383). Gegen Ende dieser Zeit wurden die Zweifel an der Wahrheit des manichäischen Systems immer größer. Seine Kosmologie erschien ihm unvereinbar mit der Lehre der griechischen Philosophie, und ebenso erkannte er seinen Dualismus und Gottesbegriff als widerspruchsvoll; dazu enttäuschte ihn vollständig eine Unterredung mit dem vielgerühmten Manichäerbischof Faustus von Mileve, den er als wenig gebildeten Schwätzer durchschaute. Doch auch in Rom, wohin er 383 gegen den Willen seiner Mutter übersiedelte, behielt er Fühlung mit manichäischen Freunden. In seiner inneren Haltlosigkeit gewannen damals, wenn auch nur für kurze Zeit, Gedanken der philosophischen Skepsis über ihn Gewalt.

Anfang 384 erhielt A. durch Vermittlung des heidnischen Stadtpräfekten Symmachus von Rom die städtische Stelle eines Lehrers der Rhetorik in Mailand. Trotz seiner Stellung und obwohl wieder seine Mutter und nahe Verwandte bei ihm weilten, war A. innerlich voller Unruhe, gefesselt von seiner Liebesleidenschaft und unsicher in seinen Zweifeln. Als A. jedoch die Predigten des B. Ambrosius von Mailand hörte, der häufig atl. Texte allegorisch erklärte, zeigte sich ihm ein Weg, die manichäische Kritik am AT zu überwinden. Die Anerkennung Gottes als eines reinen Geistes, die Geistigkeit der Seele und die Willensfreiheit erschienen ihm nun trotz des AT in Übereinstimmung mit der kirchlichen Lehre zu stehen. In manchen dieser Predigten hat Ambrosius wahrscheinlich neuplatonische Gedanken benützt; so konnte A. erkennen, daß die neuplatonische Philosophie den Manichäismus überwinden könne und auch mit dem Christentum vereinbar sei. In dem entscheidenden Jahr 386 wurde A. vermutlich durch den christlichen Neuplatoniker Manlius Theodorus auf Abhandlungen Plotins in lateinischer Übersetzung hingewiesen (conf. 7, 9, 13; de beata v. 4). Die Lektüre dieser Schriften, in denen ihm Gott als rein geistige Substanz und das Böse als ein Nichts bekannt wurden, brachte ihm große intellektuelle Förderung. Der neuplatonisch orientierte Presbyter Simplicianus, der später Nachfolger des Ambrosius als Bischof von Mailand wurde, zeigte ihm, wie die Logosspekulation des Johannesprologs die Lehre Plotins vom Nus vervollständige. Damit wurde ihm durch die Philosophie ein Zugang zum Glauben an den ewigen Logos-Gott eröffnet (civ. 19, 29, 2). Durch denselben Simplicianus wurde er auch auf die Wichtigkeit der Lektüre der Paulusbriefe aufmerksam gemacht (conf. 7, 21, 27). In diesen erfuhr er, daß der Mensch nur durch die Gnade Gottes an sein ersehntes Ziel, die Vereinigung mit Gott im Glauben, die er als Neuplatoniker mit Hilfe philosophischer Meditation zu erreichen gehofft hatte, gelangen könne.

In der Zeit, da der Kampf heftiger denn je in seinem Innern tobte, erzählte ihm Simplicianus, mit welcher Entschlossenheit und ohne Menschenfurcht der berühmte Rhetor Marius Victorinus (s. S. 368) zuletzt alle Hindernisse, die sich seinem Eintritt in die Kirche entgegenstellten, überwunden hat (conf. 8, 2, 3 ff); als eines Tages ihm ein Freund vom entsagungsvollen Leben des Einsiedlers Antonius (s. S. 261) und vieler Mönche und Einsiedler berichtete, war für ihn die Stunde der Entscheidung gekommen. Aufs tiefste ergriffen, eilte er in den Garten und hörte dort eine Kinderstimme wiederholt die Worte sprechen: „Tolle, lege." Er schlug die Paulusbriefe auf, las Röm. 13, 13 f, und „alle Finsternis des Zweifels war geflohen" (conf. 8, 12). Wenige Wochen später, im Herbst 386, legte er sein Lehramt nieder und zog sich nach Cassiciacum, auf ein in der Nähe der Stadt gelegenes Landgut eines Freundes, zurück, um sich zu Beginn der nächsten Fastenzeit zur Taufe zu melden.

Deutliche Anzeichen sprechen dafür, daß Augustinus bereits einige Zeit vor der „Gartenszene" fest entschlossen war, sich unter die Autorität der Kirche als der Vertreterin der von ihm lange gesuchten Wahrheit zu beugen. Aus der erschütternden Schilderung seiner Bekehrung in conf. 8, 6/12 erfahren wir in erster Linie, wie der innerlich bereits glaubenswillige Rhetor dazu gekommen ist, unter Verzicht auf Reichtum und Ehre den schon nach seinem damaligen Empfinden vollkommeneren Weg völliger Enthaltsamkeit zu wählen und auf die Ehe zu verzichten. Der von den Fesseln der Leidenschaft befreite Geist wollte sich in Zukunft ganz der Erforschung der Wahrheit widmen, um so der Glückseligkeit teilhaftig zu werden.

Die Taufe empfing A. in der Osternacht 387 mit seinem Sohn und seinem Freund Alypius aus der Hand des hl. Ambrosius. Einige Monate später trat er über Rom die Rückreise nach Afrika an. Unterwegs starb in Ostia seine Mutter. Nach dem Tod Monnikas blieb er, mit literarischen Arbeiten beschäftigt, noch etwa ein Jahr lang in Rom. Im Herbst 388 traf er wieder in seiner Vaterstadt Thagaste ein. Hier lebte er fast 3 Jahre lang mit einigen Freunden in klösterlicher Abgeschiedenheit. Aber der Ruf seiner Gelehrsamkeit und Frömmigkeit war schon so groß, daß ihn Bischof Valerius von Hippo Regius 391, als er nichtsahnend zum Gottesdienst erschien, mit dem Volk zum Priester begehrte. Der völlig Überraschte fand sich schließlich zum Empfang der Priesterweihe bereit. Damit begann ein neuer Abschnitt seiner geistigen Entwicklung. Das bisher vorherrschende philosophische Interesse und die Beschäftigung mit den artes liberales traten zurück zugunsten einer rein theologischen Orientierung und der ihm jetzt obliegenden kirchlich-praktischen Tätigkeit. 395 ließ ihn Valerius zu seinem Mitbischof weihen. Als der Bischof bald darauf starb, trat A. an seine Stelle.

Wie früher in Thagaste und als Priester mit seinen Freunden, so setzte er auch als Bischof mit seinem Klerus das klösterliche Gemeinschaftsleben fort. Mit besonderem Eifer verwaltete er das Predigtamt und war unermüdlich in der Sorge für die Armen. Einen wesentlichen Teil seiner Kraft aber widmete er der schriftstellerischen Arbeit, und zwar haben ihn in erster Linie die kirchlichen Zeit- und Streitfragen in Anspruch genommen.

Zunächst stand über ein Jahrzehnt lang bis 400 der literarische Kampf gegen den Manichäismus, von dem er sich durch seinen Eintritt in die Kirche eben endgültig losgesagt hatte, im Mittelpunkt seines Schaffens. Daran schloß sich die Zeit, in der A. mit Abhandlungen, Predigten und Disputationen das donatistische Schisma Nordafrikas zu überwinden versuchte. Ein gewisser Höhepunkt dieser Bestrebungen wurde die Disputation zu Karthago 411, zu der 286 katholische und 279 donatistische Bischöfe erschienen waren. Schließlich (412–430) war A. der geistige Führer im Kampf gegen den Pelagianismus.

A. starb zu Hippo am 28. August 430, während die Stadt von den Vandalen belagert wurde.

A. ist der größte Philosoph unter den Kirchenvätern und wohl der bedeutendste Theologe der Kirche überhaupt, dessen Leistungen schon zu seinen Lebzeiten nicht wenige Bewunderer fanden. A. beeinflußte das kirchliche Leben des Westens bis tief in die Neuzeit hinein, nicht nur in der Philosophie, Dogmatik, Moraltheologie und Mystik, sondern auch im sozial-karitativen Leben, in der Kirchenpolitik, im Staatsrecht und in der Gestaltung der mittelalterlichen Kultur. A.s Arbeit galt der Erfassung der christlichen Wahrheit im engsten Anschluß an die kirchliche Autorität, die sich wiederum weitgehend von A. leiten ließ. Dies gilt auch von der Gnadenlehre, wenn man auch nicht behaupten kann, daß hier volle Übereinstimmung besteht.

Nichts kennzeichnet A. als wissenschaftlichen Denker und Forscher und seine große Wahrhaftigkeit besser als seine wiederholte Erklärung, daß er sich freimütige Kritiker seiner Schriften wünsche und keineswegs verlange, daß man ihm ohne Prüfung folge (persev. 21, 55; trin. 3, prooem. 2); er will nicht zu denen gehören, die kein Wort, das sie geschrieben haben, zurückzunehmen brauchten oder zurückzunehmen sich scheuten (ep. 143, 2f). Das einzigartige Denkmal dieser Gesinnung sind seine Retractationes.

Über der schriftstellerischen und theologischen Leistung A.s darf man nicht vergessen, was er seiner Gemeinde und den vielen, mit denen er sonst zu tun hatte, als gütiger Christ und besorgter Seelenhirt gewesen ist.

Gesamtdarstellungen von Leben und Werk: G. Bardy, S. A. L'homme et l'œuvre, [7]1954.– G. Bonner, St. A. of Hippo. Life and controversies, 1963.– D. Burger, S. A., un Père de l'église, Neuchâtel 1948.– Capelle, RACh 1, 981/93.– A. Cresson, S. A., sa vie, son œuvre, [3]1957.– Labriolle, DHG 5, 440/73.– H.-I. Marrou - A.-M. La Bonnardière, S. A. et l'augustinisme, 1955.– H.-I. Marrou, A. in Selbstzeugnissen und Bilddokumenten, H 1958.– F. van der Meer, A. als Seelsorger, Köln [3]1958.– O. Noordmans, A., Haarlem [2]1952.– Portalié, DThC 1, 2208/472.– M. F. Sciacca, S. A. 1/2, Brescia 1949/54.– P. Simon, Aurel. A. Sein geistiges Profil, Pa 1954.– A. Sizoo, A. Leven en werken, Kampen 1957.

Geistige Entwicklung: K. Adam, Die geistige Entwicklung des hl. A., 1931.– P. Alfaric, L'évolution intellect. de s. A., 1918.– J. Barion, Plotin und A., 1935.– Ch. Boyer, Christianisme et néo-platonisme dans la formation de S. A., R [2]1953.– J. Bourke Vernon, A.s quest of wisdom, Milwaukee 1949.– Cilleruelo, CD 1946, 55/74; 337/50 (A. als Manichäer); Arbor 7, 1947, 29/46 (A. als Skeptiker).– Courcelle, Aug 4, 1954, 225/39 (Libri Platonicorum); REL 1956, 220/39 (platonisme chez s. Ambroise).– S. Femiano, Riflessioni crit. sulla conversione di s. A., Na-R 1951.– M. P. Garvey, St. A., Christian or Neo-Platonist?, Milwaukee 1953.– R. Guardini, Die Bekehrung des Aurelius A., [3]1959.– A. Guzzo, A. dal „Contra academicos" al „De vera rel.", Fi 1925.– E. Haenchen, Die Frage nach der Gewißheit beim jungen A., 1932.– P. Henry, JTS 1937, 1/23 (A. und Plotin); Plotin et l'Occident, 1934 (63/145: gegen Theiler); La vision d'Ostie, 1938; vgl. Cavallera, RAM 1939, 181/96; Lebreton, RSR 1938, 457/72.– K. Holl, AbhB 1922, 4.– Körner, SalzbJbPhilos 5 f, 1961 f, 89/134 (C. Acad. 2, 2, 5).– J.-M. Le Blond, Les conversions de s. A., 1950.– van der Lof, NTT 1951, 287/307 (Einfluß des Mar. Victorinus).– Mannucci, MiA 2, 23/47 (Bibliographie zur Bekehrung).– Marrou, RHE 1958, 47/57 (tolle, lege).– Masai, Moyen âge 1961, 1/40 (les débuts du spiritualisme en Occident).– Mathon, REAug 1955, 107/27 (Zeitpunkt der Bekehrung).– Muñoz, Gr 1941, 9/24; 325/52; 1942, 36/65; 291/325 (psicología de la conversión).– A. D. Nock, Conversion. The old and the new in religion from Alexander the Great to A. of Hippo, O 1933.– J. Noerregaard, A.s Bekehrung, 1923.– J. O'Meara, The young A. The growth of St. A.'s mind up to his conversion, 1954; RechAug 1, 1958, 91/111 (A. and Neoplatonism).– A. Pincherle, La formazione teolog. di s. A., 1947; AugMag 3, 71/102 (Les sources platoniciennes de l'augustinisme).– Rief, ThQ 1961, 281/318 (Liebe zur Wahrheit beim jungen A.).– M. Ruch, L'Hortensius de Cicéron, histoire et reconstitution, 1958.– Sejourné, RevSR 1951, 243/64; 333/63 (Bekehrung nach De lib. arb. I).– W. J. S. Simpson, St. A.s conversion, Lo 1930.– W. Theiler, Porphyrius und A., 1933.– A. Vloemans, A. Bekeerling..., 1942.– Weitere Literatur: s. Confessiones.

Biographische Einzelfragen: Bardy, AnTh 1954, 55/79 (Licentius); Aug 5, 1955, 441/58 (conciles d'Hippone au temps de s. A.).– Cabanas, RC 1931, 285/300 (A. in der Kunst).– Casamassa, Scritti patristici 1, 1955, 215/18 (Monnica-Inschrift).– Caserta, Asprenas 3, 1956, 123/52 (Evodius).– Cayré, La Vie Aug. 2, 3, 1955, 84/7 (Cassiciacum heute Cassago de Brianza).– Courtois, Rev. Africaine 1950, 259/82 (A. und das Punische).– García, RC 1934, 53/80 (A. in der Kunst).– Halliburton, SP 5, 329/40 (the inclination to retirement: Cassiciacum, Tagaste).– Hartke, PWK Suppl. 6, 520/9 (Monnica).– Havigan, CHR 1946, 47/58 (Nebridius).– Hendrikx, BiNJ 1938, 1/27 (Individualismus).– Koopmans, VC 1954, 149/54 (erstes Zusammentreffen mit Pelagius).– G. G. Lapeyre, MiA 2, 91/148; L'anc. église de Carthage, 1932 (A. und Karthago).– Laurent, Cahiers de Byrsa 2, 1952, 87/93 (A. in der Kunst).– Legewie, MiA 2, 5/21 (Krankheiten).– M. A. McNamara, Friendship in St. A., FrSch 1958.– E. Marec, Monuments chrétiens d'Hippone, ville épiscopale de S. A., 1958.– Marrou, REAug 1960, 109/54 (La basilique chrétienne d'Hippone).– Perler, REAug 1955, 299/343 (Kirchen in Hippo); RechAug 1, 1958, 5/42 (Les voyages de s. A.).– Phelan, ThSt 1959, 422/31 (recent excavations of the christian monuments of Hippo).– Pugliese [P. Ubaldi, Mi 1937] 263/99 (A. giudice).– Semple, JEH 1, 1950, 135/50 (secular career in education).– K. Smits, Misc. Augustiniana, Rotterdam 1930, 197/211 (A. in der Kunst).– Zarb, Ang 1933, 161/85 (Bischofsordination: Juni/Juli 395).

Die Quellen, die über das Leben und die geistige Entwicklung A.s berichten, fließen für antike Verhältnisse ungewöhnlich reich. Neben vielen verstreuten Hinweisen in allen Schriften A.s besitzen wir drei über Leben und Werk ausführlich berichtende Schriften.

Die *Confessiones* in 13 Büchern, zwischen 397 und 401 niedergeschrieben, geben einen unvergleichlich tiefen Einblick in die innere Entwicklung (bis zum Tod der Mutter 387) und lassen den schweren Kampf um die Ruhe in Gott miterleben (1/9). Sie sind eine oft überstrenge Selbstanklage, aber zugleich Lobpreis Gottes und Dankgebet für die gnadenvolle Führung. Das 10. Buch bringt eine psychologische Analyse und Beschreibung des inneren Zustandes zur Zeit der Niederschrift. Die Bücher 11/13 enthalten im Anschluß an den biblischen Schöpfungsbericht tiefsinnige Betrachtungen über Gott und Welt, Zeit und Ewigkeit. Hier will er Gott wegen der ihm auf religiös-intellektuellem Gebiet geschenkten Einsichten loben und preisen. Das Werk ist als Ganzes eines der großen Kunstwerke der Weltliteratur, in dem A.s überragende Meisterschaft in der Schilderung seelischer Vorgänge und Zustände offenbar wird. Daß sich A. damals gedrängt fühlte, seine ihn verdemütigenden Selbstanklagen mit so schonungsloser Offenheit vor der Welt auszusprechen, hängt offenbar mit der nicht lange vorher zum Abschluß gelangten Ausbildung seiner Lehre über die göttliche Gnade und Prädestination zusammen, die ihn in seiner innersten Seele erschüttert hat.

Die Kritik hat, allerdings in verschiedenen Nuancierungen, die Unglaubwürdigkeit der Confessiones zu erweisen versucht. Vor allem war man bemüht, einen Widerspruch zwischen diesem Werk und den in der ersten Zeit nach der Bekehrung, besonders den in Cassiciacum verfaßten philosophischen Schriften aufzuzeigen. Meist wurde das Bekanntwerden mit der neuplatonischen Philosophie als allein ausschlaggebend für seine allmähliche Hinwendung zum Christentum, dagegen der Einfluß des Ambrosius, des Priesters Simplicianus, das Gartenerlebnis und der Empfang der Taufe als unerheblich für sein damaliges „Christentum" hingestellt. Demgegenüber beurteilt die Gegenkritik und auch die neueste Forschung die Confessiones durchaus positiv und erkennt ihren Geschichtswert an. Augustins Bekehrung von 386 läßt sich als eine innere, überzeugte Hinwendung zum Christentum erweisen.

M. Skutella, L 1934 (beste Ed.). – J. Bernhart, Mn 1955 (TÜK). – J. Gilb-W. Montgomery, C ²1927 (TK). – P. de Labriolle, ⁸1/⁶2, 1961 (TÜ). – H. Schiel, Fr ⁶1959 (TÜ). – E. Tréhorel-G. Bouisson-A. Solignac, Bibl. Aug. 13 f, 1962 (TÜK). – A. C. Vega, Ma ⁴1962 (TÜK). – C. S. C. Williams, O 1953 (Book VIII, TÜ). – V. J. Bourke, FathCh 21, 1953 (Ü). – M. Capodicasa, R ⁶1961 (ÜK). – A. Hoffmann, BKV² 18, 1914. – A. Masini, Fi 1958 (ÜK). – C. J. Perl, Pa ⁴1955 (Ü). – W. Thimme, Zü 1950 (Ü). ** Blanchard, RechAug 2, 1962, 311/30 (Connaissance mystique). – F. Bolgiani, Publ. Fac. Lett. 6, 2, To 1954 (ältester Codex der Conf.); La conversione di S. A. e l'VIII° libro delle Confessioni, To 1956. – Caramella, NDid 1, 1947, 49/54 (A. als Neuplatoniker). – Cayré, RSR 1951, 445/60 (Mystik und Weisheit); AnTh 1953, 13/32 (Sinn und Einheit); 1953, 232/59 (Christus); 347/69 (Mystik in Conf. und De trin.); REAug 1956, 143/61 (l. XIII). – Chatillon, RML 1945, 287/304 (conf. 7, 9, 15). – P. Courcelle, Recherches sur les Confessiones de S. A., 1950; Les „Confessions" de s. A. dans la tradition littéraire. Antécédents et postérité, 1963; RHR 1951, 216/31 (conf. 8, 11, 29); REL 1951, 295/307 (conf. 8, 2, 3); RevEA 1951, 273 f (Abfassungszeit vor 397/401); RHPh 1952, 171/200 (tolle, lege). – Deman, VS 1957, 258/85; 384/95; 1958, 55/70 (Introduction à la lecture des Conf.). – Flórez, CD 1956, 5/34 (Plan von conf. X). – I. Freyer, Erlebte und systematische Gestaltung in A.s Konf., 1937. – Geffcken, ARW 1934, 1/13 (tolle, lege); dazu Boehmer, BiZ 1935, 58/61. – R. Guardini, Anfang (Conf. 1, 1/5), ³1953. – M. Heim, Der Enthusiasmus in den Konf. des hl. A., 1941. – A. Holl, Die Welt der Zeichen bei A., 1963 (conf. 13). – Isnenghi, Progr. Salzburg, 1950, 23/40 (Tkr.). – G. N. Knauer, Psalmenzitate in A.s Konfessionen, Gö 1955; Her 1957, 216/48 (Einheit der Conf.). – H. Kusch [F. Dornseiff, 1953], 124/200 (Trinitarisches in Conf. 2/4 und 10/13). – J. M. Le Blond, Les conversions de s. A., 1950 (Theologie in den Conf.). – Lebreton, RSR 1938, 457/72 (La vision d'Ostie). – Lipgens, MThZ 1951, 164/77 (Geschichtsphilosophie). – Mandouze, AugMag 1, 67/84 (Ekstase zu Ostia). – Marrou, RHE 1958, 47/57 (neuere Forschung zu tolle, lege). – Mathon, REAug 1955, 107/27 (Zeitpunkt der Bekehrung?). – G. Misch, Geschichte der Autobiographie 1, ³1950, 39/79; 693/701. – Mohrmann, Études sur le latin des Chrétiens, 1, R ²1961, 371/81 (literary work of art); 2, 1961, 277/323 (opera letteraria; documento autobiographico; la lingua e lo stile); RevSR 1959, 360/71 (biblische Prägung der conf.). – M. Pellegrino, Le Confessioni di Sant'A., Studio introduttivo, R 1956; REAug 1959, 439/46 (Per un commento alle Conf.). – Pepin, RHR 140, 1951, 155/202 (conf. 9, 10, 24); AL 23, 3, 1953, 185/274 (caelum caeli: conf. XII). – Préaux, RBPh 1955, 555/76 (tolle, lege). – Ratzinger, REAug 1957, 375/92 (Begriff der Confessio). – Riedinger, MThZ 1951, 431/4 (Conf. 7, 21, 27). – W. Schmid, Maia 1963, 211/8 (Cicero in den Conf.). – A. Sizoo, Toelichting op A.' Belijdenissen, 1948; VC 1958, 104/6 (de vicina domo). – Stem, StC 1936, 17/29 (Einheit). – Süß, Jb. für das Bistum Mainz 1950, 293/304 (Ciceros Hortensius). – Taylor, Stud. in Philol. 1963, 487/98 (Hortensius). – W. Thimme, A.s Selbstbildnis in den Konf., 1929. – M. Verheijen, Eloquentia pedisequa, N 1949 (Stil in den Conf.); Archivo Agust. 45, 1951, 5/9 (Theorie des Rhythmus). – Wijdeveld, VC 1956, 229/35; REAug 1959, 33 f (Tkr.). – Weiteres s. S. 416 f.

Die unvollendet gebliebenen *Retractationes* (2 Bücher) geben über A.s literarische Tätigkeit bis 427 Rechenschaft. Wir erhalten Aufschluß über die Entstehungsverhältnisse der einzelnen Schriften; manches, was irrig oder mißverständlich erscheint, wird verbessert oder erläutert.

P. Knoell, CSEL 36, 1902. – G. Bardy, Les Révisions, 1950 (TÜK). ** Burnaby, AugMag 1, 1954, 85/92. – Eller, CH 1949, 172/83. – Lagrange, MiA 2, 373/95.

Possidius von Calama, ein Schüler und Freund A.s, schrieb fast ohne jedes übertreibende Lob eine *Vita* A.s, die viele Einzelheiten über A. als Mönch und Bischof zu berichten weiß. A.s schriftstellerisches Wirken erscheint im beigefügten *Verzeichnis* der A.-Schriften *(Indiculus)*, das aber weder vollständig noch fehlerfrei ist.

ML 32, 33/66 (Vita); 46, 5/22 (Indic.). – M. Pellegrino, Alba 1955 (Vita, TÜK). – Wilmart, MiA 2, 149/233 (Indicul.; dazu de Bruyne, 2, 317/9: Tkr). – K. Romeis, B 1930 (Ü der Vita). – A. Harnack, AbhB 1930, 1 (Ü der Vita und Abhandl.). – B. Hospital, E 1959 (Vita, Ü). ** Courcelle, RSR 1951, 428/42 (Possidius und Confessiones). – Diesner, SP 6, 350/65 (Vita). – Pellegrino, Aev 1954, 21/44 (literar. Reminiszenzen aus Aug.); SC 1954, 249/66 (Vita); REAug 1956, 195/229 (Tkr. zur Vita). – Zarb, Rb 1935, 412/5 (Indicul., Tkr.).

II. Die Schriften Augustins

Die literarische Fruchtbarkeit A.s und die sich darin offenbarende Energie kann nur mit den umfangreichen Leistungen des Origenes verglichen werden. A. selbst teilt uns in seinem schriftstellerischen Rechenschaftsbericht (retract. 2, 76) mit, daß er bis 427 bereits 93 Schriften mit 232 Büchern verfaßt habe; hierbei waren seine vielen Predigten und die zahlreichen, öfters recht umfänglichen Briefe nicht mitgezählt. Nur 10 der von ihm besprochenen Werke sind verloren. Obwohl er sich der Bedeutung seiner literarisch-theologischen Mission und seiner geistigen Überlegenheit wohl bewußt war, lag ihm nichts ferner, als seine eigene

Person in den Vordergrund zu stellen. Oft genug sprach er es aus, daß er alles der Güte Gottes verdanke (civ. dei 22, 30; ep. 52, 4).

A. befand sich nicht nur im Besitz der zeitgenössischen Bildung, sondern war auch ein vollendeter Meister des geschriebenen und gesprochenen Wortes, der alle rhetorischen Kunstmittel (Antithese, Metapher, Gedanken- und Wortspiel) aufs vollkommenste beherrschte. Viele kaum übersetzbare zierliche Redefiguren, blendende Antithesen und klingende Reime tragen das schillernde Prachtgewand der spätantiken Rhetorik zur Schau. Er ist darum auch ein Meister der Polemik. Daß ihm jedoch die Gesetze der Rhetorik nicht Selbstzweck oder Mittel zu eitlem Haschen nach dem Beifall von ästhetisch gebildeten und empfindenden Lesern waren, beweist deutlich die Anpassungsfähigkeit seines Stils an Stimmung, Gegenstand und Zweck, den er jeweils verfolgte. Im Interesse der von ihm erstrebten größeren Wirkung verzichtet er darum in Predigten und Schriften, die für breitere Volkskreise bestimmt sind, auf rhetorischen Glanz und Aufputz und steigt zur Redeweise des gemeinen Mannes, zum vulgären „Barbarismus" hinab (enarr. in Ps. 36 sermo 3, 6).

Augustinus-Spezialzeitschriften mit Bibliographie: L'année théologique = L'année théologique augustinienne 1940/54 (AnTh) = Revue des études augustiniennes, P 1955 ff (REAug). – Augustiniana, Lou 1951 ff (Aug). – Augustinus, Ma 1956 ff. – Augustinianum, R 1961 ff. – La Ciudad de Dios, Ma (CD).

Bibliographien außerhalb von Spezialzeitschriften: C. Andresen, Zum A.-Gespräch der Gegenwart, mit Bibliographie, 1962. – T. van Bavel - F. van der Zande, Répertoire bibliographique de s. A. 1950–60, Steenbrugge 1963. – Lorenz, ThRu 1959, 1/75 (Augustinliteratur seit 1954). – E. Nebreda, Bibliogr. Aug., R 1928 (unvollständig). – M. Sciacca, Bibliogr. der philosoph. Schriften A.s, Bern 1948.

Jubiläumsschriften und gesammelte Arbeiten: Miscellanea Agostiniana, 1/2, R 1930 f (MiA). – Augustinus Magister, Congrès international augustinien (P 1954), 1/3, 1954 f (AugMag). – S. A., vitae spiritualis magister, 1/2, R 1959. – Augustiniana. Napoli a s. A. ..., Na 1955. – H. Rondet ..., Études augustiniennes, 1953; S. A. parmi nous, 1954. – Recherches augustiniennes 1, 1958; 2, 1962; 3, 1965 (RechAug).

Gesamtausgaben und Übersetzungen: Editio Benedictina, 1/11, P 1679/1700. – ML 32/47. – MLS 2, 347/1586. – CSEL, 1887 ff. – CCL, 1954 ff. – F. Cayré, Bibliothèque Augustinienne, 1947 ff (TÜK). – BKV², 12 Bde, 1911/35. – Biblioteca de Autores Cristianos, Obras de S. A., 1/18, Ma 1946 ff (TÜ). – FathCh, 1947 ff (Ü). – ACW, 1946 ff (Ü). – C. J. Perl, Deutsche A.-Ausgabe, Pa 1940 ff (TÜ; manche Schriften erstmals in deutscher Ü). ** T. D. Lenfant, Concordantiae Augustinianae, 1/2, P 1656/65, Ndr. 1963.

Hsl. Überlieferung, Geschichte der Editionen: J. de Ghellinck, Patristique et Moyen-âge 3, 1948, 339/484 (Gesch. der Editionen); [P. Lehmann, 1950] 63/82 (mittelalterl. Sammlung der Opera omnia). – Green, Sp 1954, 531/4 (mittelalterl. A.-Rezensionen). – Lowe, MiA 2, 235/51 (hsl. Überlieferung). – Wilmart, MiA 2, 257/319.

Sprache, Stil, literarische Bildung: Altaner [F. J. Dölger, 1939] 19/40 (griech. Sprache). – J. Balmus, Ét. sur le style de s. A., 1930 (Conf. und civ. d.; gute Bibliographie). – M. Berzius, A. und Ciceros De re publ., Diss. Fr 1950. – M. M. Beyenka, Consolation in St. A., Wa 1950. – M. I. Bogan, The vocabulary and style of the Soliloquies and Dialogues of St. A., Wa 1935. – M. J. Brennan, A study of the clausulae in the Sermons of St. A., Wa 1947. – di Capua, MiA 2, 607/64 (ritmo prosaico). – M. B. Carroll, The clausulae in the Confessions of St. A., Wa 1940. – N. Comeau, La rhétorique de s. A. d'après les Tract. in Jo., 1930. – Courcelle, Lettres 137/209; RevSR 1953, 40/6 (A. und Persius). – Couturier [Études august., 1953] 161/332 (sacramentum, mysterium). – J. Finaert, S. A. rhéteur, 1939; L'évolution litt. de s. A., 1939. – García Jiménez, CD 168, 1955, 11/32 (Rhetorik und klassische Vorbilder). – Green [W. Popper Volumen, Berkely 1951] 179/90 (use of Punic). – M. J. Holman, Nature-imagery in the works of St. A., Wa 1931. – C. L. Hrdlicka, A study of the late latin vocabulary ... in the Confess. of St. A., Wa 1931. – Jenkins, JTS 1938, 59/66 (class. quotations). – Keenan, TP 1936, 168/90 (medizin. Wissenschaft). – Lecerf, AugMag 1, 31/3 (punische Sprache). – A. Mandouze [Ch. Mohrmann, 1963] 222/32 (sacramentum). – H. I. Marrou, S. A. et la fin de la culture antique, ⁴1958. – Ch. Mohrmann, Études sur le latin des chrétiens 1, R ²1961, 351/70 (A. and the „Eloquentia"); 383/9 (le latin des chrétiens); Études 2, R 1961, 73/9 (Domus dei); 247/75 (A. écrivain). – F. M. Moran, ArchAgust 44, 1950, 413/26 (Vergil in Civ. d.). – Oroz, Hel 1963, 79/166 (A. y la cultura clásica). – Outler, CJ 1959, 213/20 (A. and the transvaluation of the classical tradition). – E. de la Peza, El significado de „cor" en S. A., P 1962. – K. H. Schelkle, Vergil in der Deutung A.s, 1939. – Sizoo, GTT 1935, 385/98 (Bibelstudium und Kunstsprache). – Solignac, RechAug 1, 1958, 113/48 (Doxographies et manuels dans la formation de s. A.). – M. Testard, S. A. et Cicéron, 1/2, 1958. – de Veer, RechAug 2, 1962, 331/57 (revelare, revelatio). – Verbeke, RechAug 1, 1958, 67/89 (A. et le stoicisme); 2, 1962, 59/80 (cogitare).

Quellen: Altaner, ZkTh 1941, 81/90 (A. und Philo); ThR 1948, 73/8 (A.s Bibliothek); RB 1949, 82/90 (A. und Athanasius); AB 1949, 236/48 (A. und ntl. Apokryphen); ThQ 1949, 162/72 (A. und Irenäus); VC 1950, 37/45 (A. und Jul. African.); RB 1950, 17/24 (A. und Basilius); [Kleineidam-Kuß-Puzik, Amt und Sendung, Fr 1950] 378/431 (schriftstellerisches Schaffen); [J. de Ghellinck, 1, 1951] 265/75 (A. und Epiphanius); VC 1951, 116/20 (A. und Didymus der Blinde); BZ 1951, 1/6 (A. und Euseb. von Cäs.); HJB 70, 1951, 15/41 (A. und Origenes); RB 1951, 54/62 (A. und Greg. von Naz. und Greg. von Nyssa); RB 1952, 201/15 (A. und die griech. Patristik; Einführung und Nachlese); ZntW 44, 1952f, 76/84 (A. und Joh. Chrys.); SE 1952, 5/17 (Quellenbenützung, Väterliteratur); MThZ 1953, 34/6 (bibl. Onomastica). – Bardy, Ir 1948, 249/73 (A. et la pensée orient.); AnTh 1953, 145/50 (A. und Tertull.); REAug 1, 1955, 21/39 (Dubletten in A.s Werken). – Courcelle, RevEA 1961, 78/85 (A. und Philo). – A. Padovani, S. A. e la patristica, Como 1944.

Kirchen- und Kulturgeschichte: Bardy, AnTh 1953, 327/46 (A. et les médecins). – Bennefoy, RET 1953, 25/54 (Le docteur chrét. selon s. A.). – F. X. Eggersdorfer, Der hl. A. als Pädagoge, 1907. – J. Fischer, Die Völkerwanderung, 1947, 32/105. – M. M. Getty, The life of the North Africans as revealed in the Sermones of St. A., Wa 1931. – Hendrikx, Aug 1954, 325/52 (Astrologie, Wahrsagerei und Parapsychologie). – J. Hogger, Die Kinderpsychologie A.s, 1937. –

Jourjon [S. A. parmi nous, 1954] 149/78 (L'évêque et le peuple de Dieu).– M. E. Keenan, The life and times of St. A., Wa 1935 (nach den Briefen).– P. de Labriolle, La réaction païenne, 1934, 437/64 (Heidentum).– H. D. Madden, The pagan divinities and their worship as depicted in the works of S. A. exclusive of the City of God, Wa 1930.– Mandouze, AnTh 1953, 151/71; 201/31 (Organisation des christl. Lebens).– G. Metzger, Die afrikan. Kirche, 1934 (nach den Briefen); Kirche und Mission in den Briefen A.s., 1936.– M. Pickman, The mind of lat. christendom, O 1937, 63/135; 210/28 (Geschichte, Naturwissenschaft, Wunder).– Quasten, ThGl 1933, 318/31 (Reform des Martyrerkults durch A.); HThR 1940, 253/66 (the problem of the „refrigerium"); REAug 1956, 101/8 (Taufexorzismus).– W. Roetzer, Des hl. A. Schriften als liturgiegeschichtl. Quelle, Mn 1930.– W. van der Sluis, A. in de praktijk van zyn ondervijs, A 1937.– A. M. Vellico, S. A. e la pedagogia cristiana, R 1934.– L. J. Vreese, A. en de Astrologie, Diss. A 1933.– G. G. Willis, St. A.'s lectionary, 1962 (Rekonstruktion des nordafrikan. Lesesystems).– J. Zellinger, A. und die Volksfrömmigkeit, Mn 1933.– Semanas Misionológicas... Contribución española a una Misionología agustiniana, Burgos 1955.

Fortwirken: N. Abercrombie, St. A. and French classical thought, 1938.– Altaner, HJB 1952, 37/76 (A. in der griech. Kirche bis Photius).– H. X. Arquillière, L'augustinisme politique, ²1955.– E. Bernheim, Mittelalterl. Zeitanschauungen ... 1918.– Blumenkranz, RML 1949, 193/6 (A. und die mittelalterl. Polemik gegen die Juden); 1951, 97/110 (A. und Rhabanus Maurus).– Cayré, DThC, Tables Gén. 314/24 (Augustinisme).– A. Hamel, Der junge Luther und A., 1934.– H.-I. Marrou, S. A. et l'augustinisme, 1955.– A. Masnovo, S. A. e S. Tomaso, ²1950.– A. Mitterer, Die Entwicklungslehre A.s im Vergleich mit dem Weltbild des hl. Thomas von Aquin und dem der Gegenwart, 1956.– H. Paissac, Théologie du Verbe: S. Aug. et s. Thomas, 1951.– Riché, SP 6, 501 f (Einfluß im barbarischen Westen, 6. bis 8. Jh.).– A. Schultze, A. und das Seelteil des german. Erbrechts, 1928; ZSG 1930, 376/85; vgl. 1930, 394/407; ZSR 1930, 654/71.– E. Troeltsch, A., die christl. Antike und das MA, Mn 1915.– de Vooght, RTA 1946, 304/36 (A. bei Joh. Hus).– AugMag 2, 1954, 991/1153 (14 Abhandl. zum Fortwirken A.s).

1. *Confessiones* und *Retractationes* s. S. 417/9

2. Philosophische Schriften. A.s Erstlingsschrift *De pulchro et apto,* die er als Lehrer der Rhetorik 380–81 in Karthago schrieb, ist nicht erhalten (vgl. conf. 4, 13 ff). Von den 4 in der Abgeschiedenheit von Cassiciacum entstandenen philosophischen Schriften geben die 3 ersten später nach literarisch-rhetorischen Kompositionsgesetzen geformte Gespräche wieder, die er mit seinen damals bei ihm weilenden Freunden geführt hat. 3 Bücher *Contra Academicos* bekämpfen den Skeptizismus der Neuakademiker: Die Wahrheit ist erkennbar; die Glückseligkeit besteht nicht in der Erforschung, sondern in der Erkenntnis der Wahrheit. In *De beata vita* werden diese Ausführungen vertieft: Das wahre Glück besteht in der Erkenntnis Gottes. Die 2 Bücher *De ordine* greifen erstmals das Haupt-

problem der Theodizee auf: Woher das Böse? Die *Soliloquia*, ein Gespräch mit seiner eigenen Ratio über Gott und Seele, handeln besonders über die Unsterblichkeit der Seele. Eine Fortsetzung der Soliloquia ist die noch 387 vor der Taufe in Mailand geschriebene, unvollendet gebliebene Abhandlung *De immortalitate animae.*

De quantitate animae, ein 388 in Rom entstandener Dialog, erweist die Immaterialität der Seele. *De magistro*, um 389 in Afrika entstanden, ist eine freie Wiedergabe einer Unterredung mit seinem bald darauf verstorbenen Sohn Adeodatus, wichtig für die Psychologie des Lehrens und Lernens. Die bereits 387 in Mailand in Angriff genommene Enzyklopädie der 7 freien Künste ist niemals zum Abschluß gekommen. Von dem Abschnitt *De grammatica* sind Bruchstücke überliefert; in 6 Büchern *De musica* wird vom Rhythmus gehandelt.

G. Weigel, CSEL 77, 1961 (De mag.). – W. M. Green, Ut 1956 (C. Academ.; De beata vita; De ord.). – R. Jolivet - P. de Labriolle - F.-J. Thonnard, Bibl. Aug. 4/7, 1955 (Philos. Schriften, TÜK). – R. A. Brown, Wa 1944 (De beata v., ÜK). – J. M. Coleran, ACW 9, 1950 (De quant.; De mag., Ü). – W. Endter, König Alfreds Übersetzung der Soliloquien A.s, ²1964. – A. Faggi - M. Casotti, Brescia ³1958 (De mag., TÜ). – G. Finaert - F.-J. Thonnard, De musica l. VI, 1947 (TÜ). – H. Fuchs - H. P. Müller, Zü 1954 (Soliloqu., De immort., TÜK). – P. Keseling, 1940 (De ord., ÜK). – H. P. Müller, A.s Soliloquien, Diss. Basel 1954 (TK). – J. O'Meara, ACW 12, 1950 (C. Acad., Ü). – C. J. Perl, Pa ²1952 (De ord., Ü); Pa 1955 (Soliloqu., Ü); Pa 1959 (De mag., TÜ); Pa ³1962 (De mus., Ü). – J. Postma, A 1946 (De b. vita, TK). – P. Remark, Mn ²1953 (Soliloqu., TÜ). – G. Sandri - M. F. Sciacca, Brescia ²1953 (Soliloqu., Ü). – J. Vecchi, Aug. Praecepta artis mus., Bologna 1951 (krit. T; Exzerpt aus A.). ** Alfonsi, RFC 1958, 249/54 (De beata v. 4). – Allevi, SC 1937, 545/61 (De mag.). – Amerio, Did 1929, 3, 1/196 (De mus.). – Barwick, Phil 1961, 97/110 (De rhetorica abhängig von Hermagoras von Temnos). – Courcelle, REL 1943 f, 155/74 (Soliloqu.). – Diggs, Tr 7, 1949/51, 73/93 (philos. oder theol. Methode der Glaubensbegründung in C. Academ.). – Dyroff, RhM 1939, 7/16 (Soliloqu. 1, 12, 21). – H. Edelstein, Die Musikanschauung A.s, 1929. – J. Gercken, Inhalt und Aufgabe der philosoph. Jugendschriften A.s, Diss. Mr 1939. – W. Hoffmann, Fr 1930 (De mus.). – J. Huré, S. A. musicien, 1924. – G. Lazzati, L'Aristotele perduto, 1938, 43/54. – Lekkerkerker, NAKG 1943, 107/37; 1945, 217/57 (Beata vita). – Lind, ClassWeekly 39, 1945 f, 26/9 (problems of teaching). – H.-I. Marrou, S. A. et la fin de la culture antique, 1938. – F. M. Meijer, De sapientia in de erste Geschriften van S. A., 1940. – J. Meulenbroek, Metrik en Rhythmik in A.s Cass.-Dial., N 1942; Mn 1947, 203/29 (der historische Charakter der Dialoge). – O'Meara, VC 1951, 150/78 (Historicity of the early dial.). – Oroz, Hel 1955, 131/49 (C. Acad.). – Perl, AugMag 3, 439/52 (A. und die Musik). – Pinborg, CM 1962, 148/77 (Sprachdenken der Stoa und A.s Dialektik). – Roberts, JR 1953, 161/81 (earliest writings). – Solignac, Arch. de philos. 1957, 446/65 (Réminiscences plotiniennes et porphyriennes dans le De ord.); 1957, 446/65 (De ord., Tkr.). – Valentini, So 1936, 83/9 (De mag.). – A. Wydeveld, De mag., A 1938.

3. Apologetische Schriften. Das geistesgeschichtlich bedeutendste Werk A.s sind die 22 Bücher *De civitate dei*, die von 413 bis 426 stückweise veröffentlicht wurden. Es enthält die wertvollste altchristliche, historisch angelegte Apologie des Christentums und bietet den ersten großartigen Entwurf einer Geschichtstheologie, deren Grundgedanken, zum Teil mißverstanden, die Kirchenpolitik des Mittelalters weithin bestimmt haben.

Den Anlaß zur Abfassung gab der von heidnischer Seite nach der Eroberung Roms durch Alarich 410 wieder besonders lebhaft erhobene alte Vorwurf, daß das Christentum an allem über das Römische Reich hereingebrochene Unheil schuld sei. In den ersten zehn Büchern wird der Nachweis erbracht, daß der Götterkult weder das irdische Glück verbürgt noch für das ewige Leben notwendig und nützlich ist. Die folgenden Bücher (11/22) erweisen den Kampf zwischen der Civitas Dei und der Civitas terrena, d. h. zwischen Glauben und Unglauben, als das Hauptthema der Weltgeschichte. Zum Gottesstaat gehören alle Guten, zum Teufelsstaat alle Bösen im Diesseits und im Jenseits. Während des irdischen Ablaufs der Geschichte sind die beiden Reiche nicht reinlich geschieden, sie durchdringen einander; insbesondere ist der Gottesstaat nicht mit der Kirche gleichzusetzen, ebensowenig wie die Civitas terrena mit irgendeinem konkreten Staat zusammenfällt. Die endgültige Scheidung der zwei Reiche erfolgt erst in der Endzeit beim Weltgericht.

Seine Auffassungen von den „Zwei Reichen“ hat Augustin bereits früher, z. B. in De cat. rud. und besonders häufig und ausführlich in seinen Predigten, vor allem in Enarr. in Ps., dargelegt. Hier kann man Material zur Erläuterung und Klärung der in seinem Hauptwerk entwickelten Gedanken finden.

Wegen der zahlreichen aus verlorenen Schriften des Terentius Varro *(Antiquitates, De gente populi Romani)* entnommenen Zitate ist dieses Werk auch für den Philologen wichtig.

B. Dombart - A. Kalb, L [5]1938 f = CCL 47 f, 1955.– E. Hoffmann, CSEL 40, 1/2, 1899 f.– G. Bardy - G. Combès, Bibl. Aug. 33/7, 1959/60 (TÜK).– Lambot, RB 1939, 109/21 (Ep. ad Firmum, als Vorwort zu De civ. dei).– C. Costa, 1/2, To [2]1958 (c. d. 1/5, TK).– P. de Labriolle, 1957 (c. d. 1/5, TÜK).– J. Morán, 1/2, Ma 1958 (TÜ).– L. Riber - J. Bastardas, 1/2, Ba 1953/8 (TÜ).– A. Schröder, BKV[2] 1; 16; 28, 1911/6 (Ü).– C. J. Perl, 1/3, Pa 1951/3 (Ü).– W. Thimme, 1/2, Zü 1955 (Ü).– Zema-Walsh-Monahan-Honan, FathCh 8; 14; 24, 1950/4 (Ü). ** A. Adam, ThLZ 1952, 385/90 (manichäischer Ursprung der Lehre von den zwei Reichen).– S. Angus, The source of the first ten books of A.'s De civ. dei, Pr 1906.– Bardy, AnTh 1952, 5/19; 113/29 (Begriff der civitas).– P. Brezzi, Analisi ed interpretazione del „De civ. dei“ di S. A., Tolentino 1960.– v. Campenhausen, Tradition und Leben, 1960, 253/71 (A. und der Fall von Rom).– Cilleruelo, CD 1955, 475/509 (La oculta presencia del maniqueísmo).– Clausen,

AJPh 1947, 293/301 (Sallust in civ. dei 2, 18 und M. Victorinus). – Congar, REAug 1957, 1/14 (Civitas dei et Ecclesia, Forschungsbericht). – Courcelle, RechAug 1, 1958, 149/86 (Propos antichrétiens). – Cranz, Sp 1950, 215/25 (c. d. 15, 2: Idee der christl. Gesellschaft). – Dahlmann, PWK Suppl. 6, 1229/42 (A. und T. Varro). – A. Dicker, Karakter en Cultuur der Romainen in A.s Civ. dei 1/5, N 1931. – A. Ehrhardt, Politische Metaphysik von Solon bis A., 1/2, 1959. – L. J. Elferink, Het oordeel van den kerkvader A. over de Romeinsche Oudheid, 1942. – J. M. del Estal, CD 1956, 647/774 (Bibliogr. 1928–54). – J. N. Figgis, The political aspects of St. A.'s City of god, Gloucester 1963. – R. Frick, Geschichte des Reichsgottesgedankens . . ., 1928. – H. Fuchs, A. und der antike Friedensgedanke, 1926. – É. Gilson, Les métamorphoses de la Cité de Dieu, Lou 1952. – J. C. Guy, Unité et structure logique de la „Cité de Dieu" de s. A., 1961. – Jones, JTS 1965, 142/5 (Mss.-Tradition). – W. Kamlah, Christentum und Geschichtlichkeit, St ²1951; dazu Ratzinger, AugMag 2, 965/79; Vielhauer, EvTheol 1955, 307/33. – Kinder [W. Elert, 1955] 24/42 (zwei Reiche bei A. und Luther). – Lacroix, VC 1951, 121 f (c. d. 11 a. 417). – Lafont, RSR 1965, 177/219 (c. d. 10, 1/7). – Lamotte, Aug 1961, 225/60 (Le mythe de Rome „Ville éternelle"); Aug 1961, 434/69 (But et adversaires); 1962, 5/26 (la fin du monde); dazu van der Lof, Aug 1962, 291/8. – A. Lauras - H. Rondet [Ét. August., 1953] 97/160 (Le thème des deux cités). – H. Lindemann, Die Sondergötter in der Apologetik der Civitas dei A.s, Diss. Mn 1930. – W. v. Loewenich, A. und das christl. Geschichtsdenken, Mn 1947. – F. G. Maier, A. und das antike Rom, 1955. – Mandouze, RechAug 1, 1958, 187/223 (A. et la religion romaine). – Marrou [Mél. de Ghellinck, 1, 1951] 235/49 (Kapitel-Überschriften ursprünglich gesondert hg.); SP 2, 342/50 (Civitas dei, civitas terrena, num tertium quid?). – R. T. Marshall, Studies in the political and socioreligious terminology of the De civ. dei, Wa 1952. – J. J. O'Meara, Porphyry's philosophy from oracles in A., P 1959; dazu Hadot, REAug 1960, 205/44. – Pépin, Augustinus 1957, 331/66 (Varro); 1959, 155/87 (Crítica agust. de la teología de Varrón). – E. Salin, Civitas dei, 1926. – Spörl, HJB 1955, 62/78 (A. als Schöpfer einer Staatslehre?). – E. Stakemeier, Civ. dei. Die Geschichtstheologie des hl. A. als Apologie der Kirche, Pa 1955. – Straub, Historia 1, 1950, 52/81 (Geschichtsapologetik und röm. Reich); HJB 1954, 36/60 (A.s Sorge um die regeneratio imperii). – Vega, CD 1955 f, 13/52 (estruttura literaria). – A. Wachtel, Beiträge zur Geschichtstheologie des Aurel. A., Bonn 1960. – AugMag 2, 1954, 905/89 (8 Abh. zur Civ. dei). – CD 167 f, 1955 f (42 Abh. zu Civ. dei). – Weitere Lit. s. S. 422 (Fortwirken) und S. 447 (Staatslehre).

De haeresibus ist eine Beschreibung von 88 Häresien, die A. um 428 fast nur auf Grund der Verzeichnisse des Pseudo-Epiphanius und Filastrius verfaßt hat.

ML 42, 21/50. – L. G. Müller, Wa 1956 (ÜK). ** Aland, Kgl. Entwürfe, 1960, 149/64 (A. und der Montanismus). – Bardy, MiA 2, 397/416 (Quellen von De haer.). – S. Jannaccone, La dottrina eresiologica di S. A., Ca 1952.

Die Schrift *Adversus Iudaeos*, eine Predigt aus A.s letzten Lebensjahren, will die Gerechtigkeit Gottes in der Verwerfung der Juden erweisen. *De divinatione daemonum* untersucht die Frage nach dem Vorherwissen der Dämonen.

ML 42, 51/64 (Adv. Iud.). – CSEL 41 (divin. daem.). – H. J. Geerlings, De antieke daemonologie en A.' geschrift „De divin. daem.", A 1953 (TÜK). ** B. Blumenkranz, Die Judenpredigt A.s. Ein Beitrag zur Geschichte der jüdisch-christl. Beziehungen in den ersten Jhh., Basel 1946; RechAug 1, 1958, 225/41 (A. et les juifs, A. et le judaïsme). – Nock, VC 1949, 56 (divin. daem. 1, 1).

4. Dogmatische Schriften. Das *Enchiridion ad Laurentium sive de fide, spe et caritate*, um 423 verfaßt und für einen römischen Laien Laurentius bestimmt, bietet eine kurze Darstellung des christlichen Glaubens in der Form einer Symbolerklärung. De spe et caritate wird trotz des Titels am Schluß nur summarisch gehandelt. Eine Erklärung des Symbolums lieferte A. auch in seiner Schrift *De fide et symbolo* und im *Sermo de symbolo ad catechumenos.*

De Trinitate (15 Bücher), Augustins dogmatisches Hauptwerk, an dem er von 399–419 arbeitete und von dem er selbst bemerkt, daß wohl nur wenige Leser seinen Ausführungen zu folgen imstande sein würden (ep. 169, 1), bringt die patristische Spekulation über die Trinität im wesentlichen zum Abschluß. Im 1. Teil bietet er den Schriftbeweis (1/4) und die sich daraus ergebende Formulierung des Dogmas (5/7). Im 2. Teil (8/15) bemüht er sich um die gedankliche Durchdringung des Geheimnisses, besonders durch den Nachweis von mannigfachen in den Geschöpfen, zumal im Menschengeist, vorhandenen Analogien.

Die drei folgenden Schriften behandeln zum Teil auch exegetische Fragen: *De diversis quaestionibus LXXXIII* (388/95); 2 Bücher *De diversis quaestionibus ad Simplicianum* (B. von Mailand; 396); *De octo Dulcitii quaestionibus* (um 425). Eine nach 399 gehaltene Predigt ist die Schrift *De fide rerum quae non videntur; De fide et operibus* (413) zeigt, daß der Glaube ohne Werke zum Heil nicht ausreicht. 2 Bücher *De coniugiis adulterinis* (um 420) handeln von der Unauflöslichkeit der Ehe. *De cura gerenda pro mortuis* (um 424) beantwortet eine Anfrage des Paulinus von Nola.

ML 40; 42. – CSEL 41. – L. Arias, Ma ²1956 (De trin., TÜK). – J. Barbel, Düsseldorf 1960 (Enchir., TÜK). – M. F. McDonald, Wa 1950 (De fide rer., TÜK). – M. Mellet-Th. Camelot-E. Hendrikx-P. Agaësse-J. Moingt, Bibl. Aug. 15 f, 1955 (De trin., TÜK). – Verbraken, RB 1962, 7/27 (sermo 214: De trad. symbol.). – E. Evans, Lo 1953 (Enchir., Ü). – P. Landes, P 1930 (De cura, Ü). – G. J. Lombardo, Wa 1950 (De fide et op., ÜK). – S. McKenna, FathCh 45, 1963 (De trin., Ü). – S. Mitterer, BKV² 49, 1925 (Enchir., Ü). – P. Montanari, 1/2, Fi 1932/34 (De trin., Ü). – A. C. Outler, Lo 1955 (Conf.; Enchir., Ü). – M. Schmaus, BKV² II 13 f, 1935 f (De trin., Ü). – A. Tonna-Barthet, Fi 1951 (Enchir., Ü). ** Bakhuizen van den Brink [O. Cullmann, 1962] 319/30 (De trin. 13, 10, 13/20, 26). – C. Eichenseer, Das Symbolum Apostolicum beim hl. A., St. Ottilien 1960. – Hendrikx, AnTh 1952, 305/16 (De trin., date de composition). – Löhrer, FZPT 1957, 385/419 (Glaube und Heilsgeschichte in

De trin.). – van der Lof, NedTheolTijdschr 1961, 321/38 (Apostolicum im Enchir.). – Meyerhoff, NewSch 1942, 16/45 (Div. quaest. 83 n. 46). – Mizzi, Aug 1962, 245/90 (Ev.-Text in De div. quaest. 83). – Sizoo, GTT 1940, 286/301 (Sermo de symb. ad cat. echt).

5. Antimanichäische Schriften. Gegenüber dem Manichäismus verteidigte A. vor allem folgende Sätze: Nur das Gute ist ursprünglich, das Böse ist keine Substanz. Das AT ist ebenso wie das NT Gottes Werk. Christus ist wahrer Mensch und hatte keinen Scheinleib. Folgende Schriften seien genannt: *De moribus ecclesiae catholicae et de moribus Manichaeorum* (2 Bücher, 387/9); *De libero arbitrio* (3 Bücher, 388/95); *De Genesi contra Manichaeos* (2 Bücher, 388/9); *De vera religione* (um 390); *De utilitate credendi* (um 391); *De duabus animabus* (um 392); *Acta seu disputatio contra Fortunatum Manichaeum* (392); *Contra Adimantum* (394); *Contra epistolam quam vocant fundamenti* (397); *Contra Faustum Manichaeum* (33 Bücher, 397/400); *De actis cum Felice Manichaeo* (2 Bücher, 398); *De natura boni* (399); *Contra Secundinum Manichaeum* (399). Gegen die Priszillianisten, die man für Geistesverwandte der Manichäer hielt, wendet sich die Schrift *Ad Orosium contra Priscillianistas et Origenistas* (415; s. S. 231 f). 2 Bücher *Contra adversarium legis et prophetarum* (421) sind gegen einen ungenannten marcionitischen Häretiker gerichtet.

ML 32; 34; 42. – CSEL 25. – G. M. Green, CSEL 74, 1956 (De libero arb.). – G. Weigel - G. M. Green, CSEL 77, 1961 (De magistro; De vera rel.). – K. D. Daur, CCL 32, 1962 (De vera rel.). – R. Jolivet - M. Jourjon, Bibl. Aug. 17, 1961 (Six traités antimanich., TÜK). – G. Baravalle - C. R. Somasco, R 1960 (De lib. arb.). – D. Bassi, To 1936 (De util., TÜ). – F. M. Bongioanni, Mi 1938 (De vera rel., Ü). – W. Green - W. Thimme, Zü 1962 (Theol. Frühschriften: De libero arb., De vera rel., TÜ). – P. Keseling, Das Ethos der Christen, Mr 1948 (De mor. eccl. cath., Ü). – A. Moon, Wa 1955 (De nat. boni, ÜK). – A. Neno, Fi 1935 (De mor. eccl. cath., Ü). – C. J. Perl, Pa ²1954 (De lib. arb., Ü). – M. Pontifex, ACW 22, 1955 (De lib. arb., Ü). – B. Roland-Gosselin, P 1936 (De mor. eccl. cath.; De ag. christ.; De nat. boni, TÜ). ** Adam, ZKG 1958, 1/25 (Fortwirken des Manichäismus bei A.). – Chatillon, RML 1954, 191/203 (Adimantus, Manichaei discipulus). – K. D. Daur, SE 1961, 313/65 (Prolegomena zur Ed. von De vera rel.). – A. Escher di Stefano, Il Manicheismo in S. A., Padova 1960. – Grondijs, NTT 1954 f, 21/42 (Manichäer in Numidien). – J. P. Maher, St. A.'s defense of the Hexaemeron against the Manicheans, R 1946. – P. Monceaux, CRI 43, 1, 1933 (Le Manichéen Faustus; Rekonstruktion der Schrift des Faustus). – Pellegrino, RFC 1958, 186/8 (De lib. arb., Tkr.). – Roche, Cahiers d'Ét. cathar. 1, 2, 1949, 21/50 (A. et les manichéens). – Stroux [R. Reitzenstein, 1931] 106/18 (Brief des Secund.). – C. Terzi, Il problema del male nella polemica antimanichea di S. A., Udine 1937. – W. Theiler, Porphyrius und A., 1933, 7/43 (De vera rel.).

6. In seinen antidonatistischen Schriften bietet A. eine eingehende theologische Begründung des katholischen Kirchen- und Sakraments-

begriffs. Die Kirche ist eine sichtbare Gemeinschaft von Heiligen und Sündern, die Wirksamkeit der Sakramente ist nicht von der sittlichen Verfassung des Spenders abhängig. Die wichtigsten der erhaltenen Schriften — 8 hierher gehörende Arbeiten sind verloren — sind folgende: *Contra epistolam Parmeniani* (3 Bücher, um 400); *De baptismo contra Donatistas* (7 Bücher, 400/1); *Contra litteras Petiliani* (3 Bücher, 401/5); *De unitate ecclesiae* (405, nicht sicher echt); *Contra Cresconium grammaticum* (4 Bücher, um 406); *Breviculus collationis cum Donatistis*, s. S. 230; *Contra Gaudentium Donatistarum episcopum* (2 Bücher, 421/2); *Psalmus contra partem Donati*, s. S. 435.

ML 43.– CSEL 51/3.– G. Finaert - Y. Congar, Bibl. Aug. 28 f, 1963 f (Traités anti-donat., TÜK). ** J.-P. Brisson, Autonomisme et Christianisme dans l'Afrique romaine, 1958.– Burt, Augustinus 5, 1960, 369/404 (tolerancia en materia religiosa).– R. Crespin, Ministère et sainteté. Pastorale du clergé et solution de la crise donatiste dans la vie et la doctrine de s. A., 1965.– H. C. Frend, The Donatist church, O 1952. – Maisonneuve, MSR 1962, 59/68 (Religionsfreiheit). – Mohlberg, RAC 1947 f, 327/49 (Ms. von C. Petil.). – E. Tengström, Die Protokollierung der Collatio Carthaginiensis, Stockholm 1962. – de Veer, REAug 1964, 55/8 (De unico bapt., Datierung). – Vodopivec, SP 6 519/32 (irenical aspects of A.'s controversy with the Donatists). – G. G. Willis, S. A. and the Donatists controversy, Lo 1950.

7. Gegen den Pelagianismus, welcher die Natur des Menschen, die Erbsünde (Kindertaufe), Rechtfertigung und Gnade betraf, schrieb A. folgende Abhandlungen: *De peccatorum meritis et remissione et de baptismo parvulorum* (3 Bücher, 412); *De spiritu et littera* (412); *De gratia Novi Testamenti* (= ep. 140; 412); *De natura et gratia* (413/5); *De perfectione iustitiae hominis* (415/6); *De gestis Pelagii* (417; s. S. 231); *De gratia Christi et de peccato originali* (2 Bücher, 418); *De nuptiis et concupiscentia* (2 Bücher, 419/21); *De anima et eius origine* (4 Bücher, 420/21); *Contra duas epistolas Pelagianorum* (4 Bücher, 421); *Contra Julianum* (6 Bücher, 422); *Contra secundam Juliani responsionem imperfectum opus* (6 Bücher, 429/30).

Da sich auch in kirchlichen Kreisen gegen einzelne Sätze seiner Gnaden- und Prädestinationslehre Widerspruch erhob, schrieb A., um die Bedenken zu zerstreuen, folgende Schriften: *De gratia et libero arbitrio* und *De correptione et gratia*, beide 426/27 an die Mönche von Hadrumetum. *De praedestinatione sanctorum* und *De dono perseverantiae*, beide an seine Anhänger Prosper und Hilarius gegen die südgallischen Mönche, 428/29.

ML 44 f.– CSEL 42; 60.– J. D. Burger, Neuchâtel 1951 (De spir. et litt., TÜK).– J. Chéné - J. Pintard, Bibl. Aug. 24, 1962 (antipel. Schriften, TÜK).–

S. Kopp - A. Zumkeller, Schriften gegen die Semipelagianer, Wü 1955 (TÜ). – A. Zumkeller, Schriften gegen die Pelagianer, Wü 1964 (TÜ). – M. A. Lesousky, Wa 1956 (De dono persev., ÜK). – M. Schumacher, FathCh 35, 1957 (C. Jul., Ü). ** Chéné, AnTh 1953, 56/109 (Anfänge der semipelag. Kontroverse). – Dalmau, EE 1949, 59/65 (C. Jul. 4, 3). – A. Guzzo, A. contro Pelagio, To ³1958. – de Montcheuil, RSR 1956, 193/218 (A.s Polemik im Opus imperf.). – Morin, RB 1932, 309/13 (Opus imperf.). – K. Rahner, ZkTh 1938, 171/96 (A. und der Semipelagianismus). – Refoulé, REAug 1963, 41/9 (1. Konzil von Karthago gegen Pelagianer). – Ulbrich, REAug 1963, 51/75; 235/58 (Pelagian. Streit, besonders in den Briefen).

8. Antiarianische Schriften: *Contra sermonem Arianorum* richtet sich gegen einen anonymen Traktat (418/9); über eine Disputation (427/28) mit dem Gotenbischof Maximinus unterrichtet das Verhandlungsprotokoll, die *Collatio cum Maximino Arianorum episcopo*. Bald darauf schrieb A. eine Antwort in 2 Büchern: *Contra Maximinum* (s. S. 372).

ML 42.

9. Schriften zur Bibelerklärung

a) A. verstand zwar nicht Hebräisch, konnte aber zur Not griechische Texte übersetzen. Er hat als beste der lateinischen Bibelübersetzungen die von ihm „Itala" genannte Version betrachtet und benützt (De doctr. chr. 2, 15, 22). In späterer Zeit hat A. wohl auch die Vulgata des Hieronymus herangezogen; Zeitpunkt und Umfang der Benützung können jedoch nicht sicher bestimmt werden. Daneben scheint A. auch selbst für seinen Gebrauch den lateinischen Text mehrerer atl. und ntl. Bücher nach der von ihm als inspiriert angesehenen Septuagintaübersetzung revidiert zu haben.

In seinen wissenschaftlichen Schriftkommentaren und polemischen Werken wird er oft dem Wortsinn der Hl. Schrift gerecht, im übrigen bevorzugt er, zumal in seinen Homilien, z. B. zu den Psalmen und zum Jo.-Ev., den allegorisch-mystischen Sinn.

A. Allgeier, Die Psalmen der Vulgata, 1940, 159/238 (A.s Ps.-Text). – de Bruyne, MiA 2, 521/606 (A. reviseur de la Bible); RB 1932, 550/60; 1933, 20/8. – C. J. Costello, St. A.'s doctrine on the inspiration and canonicity of Scripture, Wa 1930; RUO 1932, 125/38 (Kanon); 1934, 81/99 (Inspiration). – Hilmore, HThR 1946, 141/63 (A. und die kritische Methode). – Jouassard, REAug 1956, 93/101 (la position de s. A. relativement aux Septante dans sa discussion avec s. Jérôme). – A. M. La Bonnardière, Biblia Augustiniana, 1960 ff (AT: Livres hist.; Les XII Petits Prophètes; NT: Thess.; Tit.; Phm.). – Lagrange, Rb 1932, 161/86 (gegen de Bruyne). – C. H. Milne, A reconstruction of the old-latin text of the Gospels used by St. A., 1926. – Most, CBQ 1951, 284/95 (Zahlensymbolik nicht pythagoreisch, sondern biblisch). – Ongaro, Bi 1954, 443/74 (Salterio Veronese e revisione agostin.). – Perella, Bi 1945, 277/302 (Wortsinn). – A. Polman, Het Woord Gods bij A., Kampen 1955. – M. Pontet,

L'exégèse de s. A. prédicateur, 1946.– Prete, Sapienza 8, 1955, 552/94 (principi esegetici).– Ries, REAug 1961, 231/43; 1963, 201/15; 1964, 309/29 (La Bible chez A. et chez les Manichéens).– Sasse [F. Dornseiff, L 1953] 262/73 (Inspirationslehre).– Schildenberger [A. Dold, 1952] 84/102 (Itala).– G. Strauss, Schriftgebrauch, Schriftauslegung und Schriftbeweis bei A., 1959.– Willis, SP 6, 543/7 (Bibeltext von Hebr.).– AugMag 2, 623/701 (7 Abh.).

Die 4 Bücher *De doctrina christiana* (1/3, 24 bereits 396/7 geschrieben, abgeschlossen erst 426) geben eine Anleitung zum Bibelstudium. Buch 1/2 handelt von der profanwissenschaftlichen und theologischen Vorbildung, Buch 3 bietet eine Hermeneutik, Buch 4 eine Homiletik. A. hat hier eine Synthese zwischen antiker Bildung und christlicher Theologie entworfen, die für die folgenden Jahrhunderte sehr einflußreich wurde.

G. M. Green, CSEL 80, 1963.– J. Martin, CCL 32, 1962.– D. W. Robertson, NY 1958 (Ü).– T. Sullivan, Wa 1930 (4. Buch, TK). ** Brunner, Kerygma und Dogma 1, 1955, 59/69; 85/103 (Schriftauslegung nach dem Prolog).– Duchrow, VC 1963, 165/72 (Prolog).– J. Geelhoed - J. Francke, A. De doctr. christ., Goes 1952.– Green, RB 1959, 191/7 (Hs.); REAug 1962, 225/31 (Tkr.).– Hill, SP 6, 443/6 (Zweckbestimmung).– Istace, EThL 1956, 289/330 (Buch 1, Disposition und Methode).– H.-I. Marrou, S. A. et la fin de la culture ant., 1938, 331/540.– Martin, Tr 1962, 29/87 (Abfassung, Veröffentlichung und Überlieferung).

b) Erklärungen des AT. Da A. seine im Kampf gegen den Manichäismus geschriebene allegorische Auslegung der Genesis 1/3 bald nicht mehr genügte (s. S. 427), versuchte er 393/4 eine Erklärung nach dem Literalsinn: *De Genesi ad litteram imperfectus liber,* die er aber nach Auslegung des 1. Kapitels wieder abbrach. Eine dritte umfangreiche Erklärung in 12 Büchern, *De Genesi ad litteram* (401/15) behandelt ebenfalls nur die 3 ersten Kapitel.

Den biblischen Heptateuch hat A. in zwei Werken von je 7 Büchern behandelt: *Locutiones in Heptateuchum,* sprachliche Schwierigkeiten des lateinischen Textes; *Quaestiones in Heptateuchum* (419), sachliche Schwierigkeiten. Die sehr umfangreichen, um 416 abgeschlossenen *Enarrationes in Psalmos* bieten zumeist allegorisch gehaltene Homilien.

ML 34; 36 f.– CSEL 28, 1/2.– E. Dekkers - J. Fraipont, CCL 38/40, 1956 (En. in Ps.).– J. Fraipont - D. de Bruyne, CCL 33, 1958 (Quaest. et locut. in Heptat.; De octo quaest.).– de Bruyne, MiA 2, 327/40 (De octo quaest. ex Vet. Test.).– Sch. Hebgin - F. Corrigan, ACW 29 f, 1960 f (En. in Ps. 1/37, Ü).– J. C. Perl, 1/2, Pa 1961/4 (De Gen. ad litt., Ü).– H. Weber, 1 ff, 1964 ff (En. in Ps., TÜ). ** Bardy, Rb 1932, 515/37 (Quaest. in Heptat.).– A. V. Billen, The old latin texts of the Heptateuch, 1927.– de Blic, Gr 1936, 408/12 (in Ps. 31).– de Bruyne, MiA 2, 321/5 (En. in Ps.).– Bulhart, RB 1957, 220/4 (En. in Ps., Tkr.).– Cavallera, MiA 2, 359/72 (Hieron. und A.s Quaest. in Gen.).– Delamare, VS 1949, 378/93 (En. in Ps. 120/34).– Kannengießer, RechAug 2, 1962,

359/81 (En. in Ps. 118).– A.-M. La Bonnardière, Recherches de chronologie augustinienne, 1965 (En. in Ps.).– de Landais, RSR 1948, 226/50 (En. in Ps. 119/33; Tract. in Joh. 1/12).– Michels [O. Casel, 1951] 94/6 (zur Quaest. in Num. 19).– Pepin, RHPh 1954, 373/400 (Gen. ad litt. 12, 10, 21 und Plotin, Ennead. 5, 3, 1/9; 5, 5, 1 f).– Ricciotti, Did 1931, 2/3, 23/52 (Gen.-K).– Rondet, HJB 1958, 403/7 (serm. sur le Ps. 54); BLE 1960, 111/27; 258/86; 1964, 110/36 (Chronol. der En. in Ps.).– Rousseau [J. Lortz, 1958] 2, 47/58 (La typologie de l'Hexaéméron et la théologie du temps).– W. Rüting, Untersuch. über A.s Quaest. und Locut. in Heptat., 1916.– van Steenkiste, Ang 1957, 205/12 (En. in Ps., Quellen); Ang 1960, 94/7 (Quaest. in Heptat., Tkr.).– W. Süß, Studien zur lat. Bibel, 1. A.s Locutiones, Tartu 1932.– H. Taylor, De Gen. ad litt. XII, Diss. St. Louis Univ. 1948; Sp 1950, 87/93 (De Gen. ad litt., Tkr.).– Vaccari, Scritti 1, 1952, 238/55 (Psalterium A.s).– Wytzes, ZntW 39, 1940, 137/51 (Neuplaton. in De Gen. ad litt.).

c) Erklärungen des NT. Die 4 Bücher *De consensu evangelistarum* (um 400) wollen in apologetischer Absicht Unstimmigkeiten zwischen den 4 Evangelien aufhellen. *Quaestiones evangeliorum* behandeln Mt. und Luc. (2 Bücher, um 399 abgeschlossen). Die 17 *Quaestiones in ev. secundum Mt.* sind wohl unecht. Die 2 Bücher *De sermone domini in monte* handeln über Mt. 5/7 (393/4).

Besonders wertvoll sind die 124 *Tractatus in Joannis evangelium* und 10 *Tractatus in epistolam Joannis I.* Nach Zarb wurden die Predigten 1/54 und die Tract. in ep. I. wahrscheinlich 413 gehalten, die übrigen erst 418 niedergeschrieben und vorgelesen. Nach Le Landais sind alle Tract. in Jo. 414–416 in Hippo als wirkliche Predigten gehalten worden.

Um 394/95 verfaßte A. eine *Expositio quarundam propositionum ex Ep. ad Romanos,* ferner eine nur wenige Verse desselben Briefs berücksichtigende *Inchoata expositio* und schließlich eine vollständige, allerdings sehr kurze *Expositio Ep. ad Galatas.* Eine *Expositio* zu Jak. (411) ist verloren.

ML 34 f.– R. Willems, CCL 36, 1954 (Tract. in Joh.).– P. Agaësse, SCh 75, 1961 (Comm. in 1 Joh., TÜK).– Th. Specht, BKV² 8; 11; 19 (Tract. in Joh., Ü).– J. Jepson, ACW 5, 1948 (De serm. Domini in monte, Ü).– D. J. Kavanagh, FathCh 11, 1951 (Sermon on the mount with 17 relat. sermons, Ü).– F. Hofmann, Gott ist die Liebe, Fr ²1950 (Tract in ep. Joh. I, Ü). ** P. Bergauer, Der Jakobusbrief bei A., 1965.– M. Comeau, S. A. exégète du IVᵉ ev., 1930.– Folliet, REAug 1959, 153/5 (Tract. in Joh., Tkr.).– A. Holl, A.s Bergpredigtexegese, 1960.– van den Hout, Aug 1955, 296/308 (Tract. in Joh., Tkr.).– Journet, RTh 1949, 209/21 (A. zu Eph. 5, 27).– La Bonnardière, REAug 1, 1955, 129/48 (zu Mt. 6, 12 und 1 Joh. 1, 8); 1957, 137/62 (Hebr.).– Le Landais [Ét. August., 1953] 8/95 (Tract. in Joh.: Einleitung, Chronologie).– F. N. Lekkerkerker, Rom. 7 und Rom. 9 bei A., A 1942.– Madec, RechAug 2, 1962, 273/309 (Rom. 1, 18/25).– Mizzi, Aug 4, 1954, 450/94 (Mt.-Text in De serm. in monte).– Penna, Bi 1955, 1/19 (De cons. ev. ed i „canoni eusebiani").– Rétif, RSR 1946, 368/71 (A. über Rom. 7).– P. Rollero, La „Expos. Ev. sec. Lucan" di Ambrogio come fonte della esegesi agost., To 1958.– Sanchis, RSR 1961, 406/25 (Parabel vom Samaritaner).– E. J. Siedlecki, A patristic synthesis of John VI, 54–55, Mund 1956.– A. Souter, Comm. 139/204.– H. J. Vogels, A.s Schrift De cons. ev., 1908.– A. J. H. van Weegen, Preek en dictaat bij St. A. Syntactisch-stilistische Studië over de Tractatus in Joannis ev., N 1961.– Willis, SP 6, 543/7 (Hebr., Text).– Wright, JTS 1964, 317/30 (Tract. in Joh. 20/22).– Zarb, Ang 1933, 50/110 (Tract. in Joh., Chronol.).

10. Moral- und pastoraltheologische Schriften. Die Schrift *De agone christiano* behandelt den Kampf mit dem Teufel und der Sünde (396/7). 2 Schriften gelten dem Wesen und der Verwerflichkeit der Lüge: *De mendacio* (395) und *Contra mendacium* (um 420). Über Ehe und Jungfräulichkeit spricht A. in der Predigt *De continentia* (395); die Abhandlung *De bono coniugali* (401) zeigt unter Berücksichtigung ehefeindlicher Ansichten des Hieronymus den Segen der Ehe. Mit der Schrift *De sancta virginitate* (401) wendet sich A. gegen Jovinianus; die Witwenschaft ist das Thema von *De bono viduitatis* (414). In *De opere monachorum* (um 400) verlangt A., daß sich die Mönche durch eigene Handarbeit ihren Lebensunterhalt verdienen. Eine Predigt handelt *De patientia.* Das *Speculum* (um 427) bringt in 51 Abschnitten Auszüge von Sittenvorschriften aus dem AT und NT. Obwohl diese Schrift im Indiculus des Possidius steht, halten sie manche für unecht und vermuten pelagianische Herkunft.

ML 34; 40; CSEL 12; 41.– B. Roland-Gosselin - G. Combès - J. Saint-Martin, Bibl. Aug. 1/3 (TÜK).– A. Kunzelmann - A. Zumkeller, St. A., der Seelsorger. Deutsche Gesamtausgabe seiner moraltheol. Schriften, Wü 1949 ff (Ü).– F. García - L. Cilleruelo - R. Flórez, Obras de s. A. 12, Ma 1954 (TÜ).– S. D. Ruegg, Wa 1951 (De util. ieiun., TÜK).– J. C. Perl, W 1948 (De ag. christ., Ü). ** Capelle, REAug 1956, 423/33 (Speculum echt).– Faul, SP 6, 374/82 (De contin.: a. 426).– H. Holzapfel, Die sittl. Wertung der körperlichen Arbeit..., 1941, 122/36 (De op. mon.).– La Bonnardière, REAug 1959, 121/7 (De contin. nach 412).– de Plinval, REAug 1957, 393/402 (Speculum pelagianisch).– Vaccari, SP 4, 228/33 (Speculum echt).

Um 400 schrieb A. auf Bitten des karthagischen Diakons Deogratias die Anleitung *De catechizandis rudibus.* Es handelt sich dabei um Erwachsene, die sich als Katechumenen melden und eine erste Einführung in das Christentum erhalten, wofür 2 Musterkatechesen geboten werden (16/27).

G. Krüger, [3]1934.– J. P. Christopher, Wa 1926 (TK); ACW 2, 1946 (Ü).– A. Sizoo, A 1947 (Enchirid.; De cat. rud.).– S. Mitterer, BKV[2] 49, 1925 (Ü). ** Capelle, QLP 1952, 55/64 (prédication et catechèse).– Jubany, AST 1942, 9/22 (Redekunst in De doctr. chr. und De cat. rud.).– van der Lof, VC 1962, 198/204 (a. 399, nicht 405).– Touton, PrO 1, 1951, 265/85 (Vergleich mit der katechet. Methode des Cyr. von Jer. und Theod. von Mopsv.).

11. Die Predigten A.s werden zum Teil zu den Abhandlungen, zum Teil zu den exegetischen Arbeiten gezählt. Die Hauptmasse bildet jedoch die besondere Gruppe der *Sermones*. Der Text beruht fast ganz auf Stenogrammen, die Schnellschreiber aufgenommen haben. Possidius verzeichnet in seinem Indiculus nur 279 Sermones; in Wirklichkeit ist die Zahl der echten Predigten fast doppelt so groß.

ML 38 f; MLS 2, 398/840 (echte Serm.); 841/1364 (unechte Serm.).– CPL 284/88 (Verzeichnis der Serm. mit Bibliogr.); 368/72 (ps.-aug. Serm.); 418/25 (afrikan. Serm. des 4./5. Jh.).– G. Morin, S. A.i Sermones post Maurinos reperti, R 1930.– C. Lambot, S. A.i Sermones selecti XVIII, Ut 1950 (krit. T); CCL 41, 1961 (Sermones de V. T. 1/50).– Fransen [A. Gelin, 1961] 375/95 (Fragm. eines Sermo).– M. V. O'Reilly, Wa 1955 (De excidio urbis Romae, TÜK).– Verbraken, RB 1962, 7/21 (Sermo 214); 1963, 17/32 (Sermo 114); 1964, 9/43 (Sermo 52).– G. Humeau, 1/3, 1932/4 (Ü).– Th. C. Lawler, ACW 15, 1952 (Serm. for Christmas and Epiphany, Ü).– Th. Michels, Mysterium des neuen Lebens, Salzburg 1952 (20 Hom. zum Osterfest).– Ch. Mohrmann, St. A. Preken voor het volk, Ut 1948 (Ü; einleitend über Textüberlieferung, Stil und Sprache).– M. S. Muldowny, FathCh 38, 1960 (Sermons on the liturgical seasons, Ü). ** Arbesmann, Aug 4, 1954, 305/24 (Romidee in den Serm.).– J. Brennan, A study of the clausulae in the Sermons of St. A., Wa 1947.– Charles, NRTh 1947, 619/50 (Volkssprache in den Predigten).– P. C. J. Eijkenboom, Het Christus-Medicusmotief in de preken van S. A., Assen 1960.– de Gaiffier, AB 1949, 267/86 (6 Hom. in hon. s. Vincentii).– F. Jacoby, St. A.s Serm. de sanctis. Ein Beitrag zur Geschichte der Predigt, Diss. Mr 1939.– Kunzelmann, MiA 2, 417/520 (Chronologie der Sermones).– Lambot, AB 1949, 249/66 (Märtyrerpredigten); 1955, 208/17 (Sermo 37); [M. Andrieu, Strasbourg 1956] 263/78; RevSR 1956, 230/40 (Les sermons pour les fêtes de Pâques).– Ch. Mohrmann, Die altchristliche Sondersprache in den Sermones des hl. A., 1, N 1932; Ét. sur le latin des chrétiens 1, R 1958, 299/321; 323/49; 391/402.– M. Pontet, L' exégèse de S. A. prédicateur, 1944.– Rouillard, VS 1959, 479/92 (Les sermons de Noël).– W. A. Schumacher, Spiritus and spiritualis. A study in the Sermons of S. A., Mund 1957.– Simonetti, AugMag 1, 141/9 (struttura dei Serm. de sanctis).– Ph. T. Weller, The easter sermons of St. A., Wa 1955.

12. Die von den Maurinern herausgegebene *Briefsammlung* zählt 270 Nummern, darunter 47 an A. und 6 an seine Freunde; in späterer Zeit sind noch 7 Briefe hinzugekommen. Die Briefe, die manchmal den Umfang von Abhandlungen haben, behandeln, abgesehen von rein persönlich gehaltenen Schreiben, Fragen der Philosophie, Theologie und praktischen Seelsorge. Einzelne haben amtlichen Charakter als Synodal- oder bischöfliche Kollektivschreiben. Eine besondere Bedeutung kommt dem Briefwechsel mit Hieronymus zu.

ML 33.– A. Goldbacher, CSEL 34; 44; 57 f, 1895/1923.– CPL 262 (Verzeichnis der in der augustin. Briefsammlung enthaltenen Dokumente und Briefe an A.).– H. Huisman, A.' briefwisseling met Nectarius, A 1956 (TÜK).– J. H. Koopmans, A.' Briefwisseling met Dioscorus, A 1949 (TÜK).– J. Schmid, FP

22, 1930 (Briefwechsel mit Hieron.). – A. Hoffmann, BKV² 29 f, 1917 (Ü). – J. H. Baxter, Lo ²1953 (Selected Letters, Ü). – W. Parsons, FathCh 12; 18; 20; 30; 32, 1951/6 (Ü). ** Auvray, RSR 1939, 594/610 (A. und Hieron. zu Gal. 2, 1 ff). – de Bruyne, RB 1931, 284/95 (Les anciennes collections et la chronologie); ZntW 1932, 233/48 (Briefwechsel mit Hieron.); RB 1932, 303/8 (Adressaten). – Courcelle, RevEA 1951, 253/300 (Lücken im erhaltenen Briefcorpus: mit Paulin von Nola wurden 38 Briefe ausgetauscht). – Diesner, ForschFortschritte 1961, 184 f (Datierung der epp. 228/31). – Hodgson, CQR 1947, 1/11 (ep. 138). – M. E. Keenan, The life and times of St. A. as revealed in his letters, Wa 1935. – J. de Lepper, De rebus gestis Bonifatii, Tilburg 1941, 9/17 (unechte Briefe ML 33, 1093/8). – H. Lietzmann, SbB 1930, 356/88 (hsl. Überlieferung); Kl. Schriften 1, 260/304 (Entstehung der Briefsammlung). – A. P. Muys, De briefwisseling v. Paul v. Nola en Aug., 1941. – Pellegrino [Ch. Mohrmann, 1963] 240/51 (stile delle lettere). – Semple, BJR 1950, 111/30 (Briefwechsel mit Hieron.). – Ulbrich, REAug 1963, 51/75; 235/58 (pelag. Streit 415–418).

13. Die Augustinusregeln. Im Brief 211, 1/4 schlichtet A. einen im Nonnenkloster zu Hippo ausgebrochenen Streit. Daran anschließend (ep. 211, 5/16) steht eine *Nonnenregel (Regula ad virgines* oder *Regula I).* Ferner gibt es unter A.s Namen zwei *Mönchsregeln* (*De ordine monasterii* oder *Regula II; Informatio regularis* oder *Regula III,* auch *Regula ad servos dei* genannt). Die Echtheit dieser drei Regeln ist umstritten, besonders die der Regula I. Diese ist vielleicht eine Umformung der Regula III, die Fructuosus von Braga im 7. Jh. geschaffen haben könnte. Die spätere Augustinerregel entstand durch die Zusammenfügung der Regula II und III.

ML 33, 958/65; CSEL 57, 356/71 (ep. 211). – ML 32, 1449/52 (Reg. II); 1377/84 (Reg. III). – MLS 2, 349/56 (Reg. I). – de Bruyne, RB 1930, 316/42 (Reg. II/III). – van Bavel, Aug 1959, 16/73 (Reg. III). – W. Hümpfner, Jordani de Sax. Vitasfratrum, NY 1943, LXXVI/LXXX; 485/504 (Reg. II/III). – Vega [Misc. Mercati, 1946] 2, 34/56 (Reg. I). – A. Orozco - Th. A. Hand, Dublin 1956 (ÜK). – A. Zumkeller, Die Regel des hl. A., Wü ²1962 (Reg. II/III, ÜK). – P. Schröder, Arch. f. Urk.-Forsch. 1926, 271/306 (Augustinerregel). – CPL 1883 f. ** Agterberg, Aug 1960, 5/35 (sanctimoniales). – van Bavel, VC 1958, 157/65 (für Echtheit der Reg. II); Aug 1959, 12/77 (für Echtheit der Reg. III). – Boularand, BLE 1963, 81/116; 172/94 (expérience et conception de la vie monastique). – Casamassa [S. A., vitae spir. mag., R 1959] 375/89 (Reg. II). – Cilleruelo [S. A., vitae spir. mag., R 1959] 43/75 (monacato agostiniano). – Dominguez del Val, RET 1957, 481/529 (Forschungsbericht 1930 bis 1957). – Flórez, StudMon 1961, 123/36 (Kein Mönchtum in Afrika vor A.). – Hümpfner, AugMag 1, 241/54 (ep. 211 unecht; Reg. I von Fructuosus; Reg. II und III echt). – A. Manrique, La vida monástica en s. A., E 1959; CD 1960, 118/38 (monaquismo africano). – A. Sage, La Règle de s. A. commentée par ses écrits, 1961. – Sanchis, Aug 1958, 5/21 (le plan de la Regula); StudMon 1962, 7/33 (Act. 4, 32/5: pauvreté monastique et charité fraternelle). – Vega, BolRealAcadHist, Ma 1963, 13/94. – Verheijen, RML 1952, 97/122 (Hss. ep. 211); VC 1953, 27/56 (Echtheitsprobleme); RSR 1953, 231/40 (serm. 355/356 et la Reg.);

Aug 1954, 258/68 (Reg. I spanisch, Ende 6. Jh.); Augustinianum 1964, 109/22 (l'état actuel des faits).– Wucherer-Huldenfeld, ZkTh 1960, 182/211 (Mönchtum und kirchl. Dienst).– A. Zumkeller, Das Mönchtum des hl. A., Wü 1950 (mit Ü der Regel, der Vita und ausgewählter Texte); Aug 1961, 425/33 (Überlieferung, Tkr.).

14. Dichtungen. A., dessen Stil sich oft zu dichterischer Höhe erhebt, hat in dem von ihm selbst bezeugten *Psalmus contra partem Donati* (393/4) mit Rücksicht auf das einfache Volk die klassischen Kunstformen absichtlich vermieden (retract. 1, 20). In 20 Strophen zu je 12 Versen will er über die donatistische Gefahr aufklären. Von anderen A. zugeschriebenen Dichtungen sind echt nur die *Versus de S. Nabore.*

ML 43, 23/32.– CSEL 51, 3/15.– MLS 2, 356 (versus).– R. Anastasi, Padova 1957 (Ps. c. part. Donati, TÜK).– Lambot, RB 1935, 312/30; dazu Baxter, SE 1952, 18/26 (Tkr.).– H. Vroom, Le psaume abécédaire de s. A. et la poésie latine rythmique, N 1933. ** Alfonsi, StudRomani 1958, 407/12 (unità cattolica e romana).– Norberg, SIF 1956, 315/8 (Tkr.).– Pighi [Ch. Mohrmann, 1963] 262/9 (De versu Psalmi Augustiniani).– A. Vaccari, Scritti 2, 245/57 (I versi di S. Ag.).

Unechte Schriften: B. Schwank, CCL 90, 1961, 135/223 (Solutiones div. quaest.).– CPL 361/86 (Verzeichnis der unechten Schriften). ** Cavallera, DSp 1, 1130/5 (Liste unechter Ascetica).

Lehre

Allgemeines; zusammenfassende Arbeiten zur Philosophie und Theologie: Allers, AugMag 1, 477/90 (Illumination et vérités éternelles).– G. Amari, Il concetto di storia in s. A., R 1951.– P. Batiffol, Le catholicisme de s. A., [5]1929.– R. W. Battenhouse, A companion to the study of St. A., 1955.– R. Berlinger, A.s dialogische Metaphysik, 1962.– Blumenberg, REAug 1961, 35/70 (theoretische Neugierde).– Boros, APh 1958, 323/85 (Les catégories de la temporalité).– V. J. Bourke, A.' quest of wisdom, Milwaukee 1945.– Ch. Boyer, L'idée de vérité dans la philosophie de s. A., [2]1940.– Bushman, NewSch 3, 1952, 283/304 (A. and the Stoics).– J. F. Callahan, Four views of time in ancient philosophy, C (Mass.) 1948 (Plato, Aristot., Plotin, Aug.); HarvStClass-Philol 1958, 437/54 (Basilius, a source for A.'s theory of time).– F. Cayré, Initiation à la philosophie de s. A., 1947; La philosophie de S. A. 1, 1951.– F. Cayré - F. van Steenberghen, Les directions doctrinales de s. A., P 1948.– F. Cayré, S. A. et la vie théologale, 1959.– J. Chaix-Ruy, Les dimensions de l'être et du temps, Lyon 1953; S. A., Temps et histoire, 1956; Augustinus 1958, 337/49 (Existence et temporalité).– M. T. Clark, A., philosopher of freedom, 1958.– A. Dahl, Odödlighetsproblemet hos A., Lund 1935 (Unsterblichkeit).– Engels, SP 6, 366/73 (doctrine du signe).– É. Gilson, Introduction à l'étude de saint A., [3]1949.– J. Goldbrunner, Das Leib-Seele-Problem bei A., 1934.– González-Quevedo, Ideas innatas e iluminación divina, Comillas 1951.– J. Guitton, Le temps et l'éternité chez Plotin et s. A., [3]1959.– J. Hessen, A.s Metaphysik der Erkenntnis, Lei [2]1960.– Hök, Kerygma und Dogma 1960, 104/30 (A. und die antike Tugendlehre). – W. Hoffmann, A. Das Problem seiner Daseinsauslegung, 1963. – Hohensee, Folia, Suppl. 2, 1954 (concept of authority). – R. Holte, Béatitude et sagesse. S. A. et le problème de la fin de l'homme dans la philosophie ancienne, P 1962 (franz. Ü von Beatitudo och Sapientia..., 1958). – R. Jolivet, S. A. et le Néoplatonisme chrét., 1932; Dieu, soleil des ésprits, 1934; Le problème du mal d'après s. A., 1936. – F. Körner, Das Sein und der Mensch, Fr 1959; Vom Sein und Sollen des Menschen. Die existentialontologischen Grundlagen der Ethik in augustinischer Sicht, P 1963; ThQ 1954, 397/446 (Entwicklung von der Anamnesis- zur Illuminationslehre); HJB 1956, 166/217 (Deus in homine videt). – Korger, RechAug 2, 1962, 33/57 (Erkenntnislehre). – R. Kuypers, Der Zeichen- und Wortbegriff im Denken A.s, A 1934. – O. Lechner, Idee und Zeit in der Metaphysik A.s, 1964. – Lorenz, ZKG 1955 f, 29/60; 213/51 (Wissenschaftslehre). – Markus, Phronesis 2, 1957, 60/83 (A. on signs). – H.-I. Marrou, L'ambivalence du temps de l'hist. chez s. A., Montreal 1950. – H.-I. Marrou - La Bonnardière, S. A. et l'augustinisme, 1955. – Mommsen, JournHistIdeas 12, 1951, 346/74 (christian idea of progress). – J. Morgan, The psychological teaching of St. A., 1932. – G. de Plinval, Pour connaître la pensée de s. A., 1954. – Quiles, Augustinus 3, 1958, 255/68 („iluminación ag."). – Ravicz, The Thomist 1959, 542/54 (Time and eternity). – Schmölz, FZPT 1961, 308/21 (Historia sacra et profana). – R. Schneider, Welt und Kirche bei A., Mn 1949. – Schuetzinger, RechAug 2, 1962, 177/203 (Erkenntnislehre, Forschungsbericht). – M. F. Sciacca, L'intériorité objective, Mi 1953 (Memorialehre); S. A. et le néoplatonisme, Lou 1956. – K. Svoboda, L'esthétique de s. A., 1933. – B. Switalski, Neoplatonism and the ethics of St. A., NY 1946. – Thonnard, RechAug 2, 1962, 125/75 (La notion de lumière en philosophie aug.). – A. C. Vega, Introducción a la filosofía de s. A., E 1928 (englisch: Ph 1931). – Verbeke, Tijdschr. v. Philos. 15, 1953, 195/222; 495/515 (Entwicklung des menschlichen Erkennens). – Zepf, ZRGG 1959, 105/32 (A. und das philosoph. Selbstbewußtsein der Antike).

1. Verhältnis der Philosophie zur Theologie. So groß auch der Einfluß des Neuplatonismus auf sein philosophisch-theologisches Denken gewesen ist, so stand A. doch ebenso wie die älteren Väter grundsätzlich auf dem durch die berühmte Formulierung des Anselm von Canterbury zum Ausdruck gebrachten Standpunkt des „Credo, ut intelligam" der Scholastik, den er in die Worte kleidete: „Intellige, ut credas, crede, ut intelligas" (sermo 43, 7; vgl. noch ep. 120, 3; trin. 1, 1, 1). Er hat den Neuplatonismus christianisiert wie später Thomas von Aquin den Aristotelismus. Dabei muß aber betont werden, daß seine Terminologie nicht die Klarheit und begriffliche Festigkeit des Aquinaten besitzt. Seine Theologie ist nicht von der Art, wie man sie seit der Scholastik kennt. Nur das Einfühlungsvermögen des Historikers vermag sie in ihrer Originalität zu erfassen. In A.s Auffassung von der Bedeutung des Denkens in religiösen Dingen finden wir eine Haltung und Wahrheit, die auch nicht durch die später erzielten Fortschritte streng rationaler Denkweise zerstört oder überflüssig gemacht wird. Geistes- und kulturgeschichtlich gesehen, steht

A. nicht am Ende der antiken Kultur. Er ist für die Folgezeit eher Ausgangs- als Endpunkt.

2. Gottesbeweise. A. hat nirgends im Zusammenhang und systematisch über die Gottesbeweise gehandelt. Er kennt den Beweis aus dem Glückseligkeitsverlangen der Menschen (de beata vita) ebensogut wie den historischen Gottesbeweis (tract. in Jo. 106, 4). Neben dem theologischen Beweis (sermo 141, 2) ist ihm auch der Gedanke geläufig, daß die Betrachtung der Veränderlichkeit der Weltdinge zur Erkenntnis ihres Geschaffenseins führt (conf. 11, 4, 6). Mit besonderer Vorliebe und am ausführlichsten führt er jedoch den Beweis aus dem Vorhandensein der im Menschengeist ruhenden höchsten, objektiv gegebenen, unwandelbaren und allgemeingültigen Wahrheiten der Logik, Mathematik, Ethik und Ästhetik. Die Existenz dieser Wahrheiten ist ohne Annahme einer alle einzelnen Wahrheiten umfassenden wesenhaften Wahrheit, die mit Gott identisch ist, unerklärlich (lib. arb. 2, 7/33).

J. Barion, Plotin und A., Untersuchungen zum Gottesproblem, 1935.– Boyer, Augustinus 1958, 303/7 (Gotteserkenntnis).– F. Cayré, Dieu présent dans la vie de l'esprit, 1951.– Cushman, CH 19, 1950, 271/94 (Glaube und Vernunft).– U. Duchrow, Sprachverständnis und biblisches Hören bei A., T 1965.– S. J. Grabowski, The all-present God, St. Louis 1954.– Huybers, Aug 1954, 263/304 (Selbst- und Gotteserkenntnis).– v. Ivánka, Sch 1938, 521/43 (unmittelbare Gotteserkenntnis).– Kälin, DTh 1936, 331/52 (Gotteserkenntnis).– M. Löhrer, Der Glaubensbegriff des hl. A. in seinen ersten Schriften bis zu den Confessiones, Köln 1955.– Morán, Augustinus 1960, 227/54 (la existencia de Dios); Aug 1960, 185/234 (Memoria dei).– G. Philips, La raison d'être du mal d'après s. A., 1927.– Rascol, DThC 13, 961/82 (la providence).– Reardon, SP 2, 288/94 (the relation of philosophy to faith).– M. F. Sciacca, L'existence de Dieu, 1951 (Ü von: Filosofia e Metafisica, 1949).– Sestili, MiA 2, 765/93 (Gotteserkenntnis).– W. P. Tolley, The idea of God in the philos. of St. A., 1930.– Verbeke, Aug 1954, 495/515 (Gotteserkenntnis).

3. Trinitätslehre. Im Gegensatz zu der besonders bei den griechischen Vätern heimischen Denkweise, die zumeist die Personen ins Auge faßt, geht A. von der göttlichen Wesenheit (essentia) aus. Die innerhalb der einen Wesenheit notwendig existierenden drei Personen unterscheiden sich und subsistieren durch die das innergöttliche Leben begründenden Relationen. Die innergöttlichen Lebensvorgänge erklärt er psychologisch. Die Zeugung des Sohnes wird nach dem Vorgang Tertullians als Denkakt des Vaters aufgefaßt; der Heilige Geist, der vom Vater und vom Sohn ausgeht, ist die Person gewordene Liebe zwischen beiden. Alle Tätigkeit Gottes nach außen geht von seinem Wesen aus und ist darum allen drei Personen gemeinsam (trin. 2, 17, 32). Abbilder und Spuren der Trinität findet A. besonders im menschlichen Geist wegen der ihm

eigenen Kräfte des Erinnerns, Erkennens und Wollens (memoria, intelligentia, voluntas-amor).

E. Benz, Mar. Vict. und die Entwicklung der abendl. Willensmetaphysik, 1932, 364/412.– Boyer, Gr 1946, 173/99; 333/52 (l'image de la trin.).– J. Chevalier, S. A. et la pensée grecque. Les relations trinitaires, FrSch 1940.– A. Dahl, A. und Plotin. Unters. zum Trinitätsproblem und zur Nuslehre, Lund 1945.– Grabowski, CBQ 1948, 13/28 (Spiritus dei in Gen. 1, 2).– Kusch [F. Dornseiff, L 1953] 124/83 (Trinitarisches in Conf. 2/4 und 10/13).– Lebreton, MiA 2, 821/36 (Theophanien).– L. Legrand, La notion philos. de la Trinité chez s. A., 1931.– F. Leotta, La persona dello Spir. S. nella dottrina di s. Ag., Diss. Greg. R 1948.– J. L. Maier, Les missions divines selon s. A., FrSch 1960.– Morán, Augustinus 4, 1959, 353/72 (Las relaciones divinas).– H. Paissac, Théologie du Verbe. S. A. et s. Thomas, 1951.– A. Schindler, Wort und Analogie in A.s Trinitätslehre, T 1965.– M. Schmaus, Die psychologische Trinitätslehre des hl. A., 1927.– F. L. Schmid, De obumbratione ss. Trin. in VT sec. s. A., Mund 1942.– Tremblay, Ét. et Rech. (Ottawa) 8, 1952, 83/109 (La théorie psychologique de la Trin.); RUO 24, 1954, 93*/117* (processions du Verbe et de l'amour humains).

4. Schöpfungslehre. Für A.s Lehre von der Entstehung der Welt ist der biblische Schöpfungsgedanke (creatio ex nihilo) maßgebend. Damit verbindet er die Weltbildungstheorie Platos (im Timaeus) und die ihm durch den Neuplatonismus vermittelte Lehre von den Keimkräften (rationes seminales). Aus dem von Gott aus dem Nichts erschaffenen Urstoff haben sich mit Hilfe der in ihn hineingelegten Keimkräfte die Einzelwesen der empirischen Welt entfaltet (Gn. ad litt. 6, 5, 8; 6, 6, 10). Im Hexaëmeron der Genesis werden von den Engeln geschaute Visionen mitgeteilt (ebd. 4, 26/30).

De Blic, RSR 1940, 172/90 (Dieu créateur); [Mél. Cavallera, 1948] 179/89 (processus creationis).– Burgieski, CTh 1939, 121/90 (De immort. animae).– Capdet, BLE 1936, 3/35 (la formation d'êtres); 1949, 208/28 (les raisons causales).– Christian, HThR 1953, 1/25 (Weltschöpfung).– Cilleruelo, CD 66, 1950, 445/73 (formación del cuerpo).– A. Dahl, Odödlighetsprobl. hos A., Lund 1935.– A. Darmet, Les notions de raison séminale et de puissance obéd. chez s. A. et s. Thomas d'A., 1935.– Delhaye, MSR 1955, 121/38 (les valeurs humaines).– R. Flórez, Las dos dimensiones del hombre agustiniano, Ma 1958.– Fortin, AugMag 3, 371/80 (A. et la doctrine néoplatonicienne de l'âme).– G. Fourure, Les châtiments divins, 1959.– J. A. Geiger, The origin of the soul an Augustinian dilemma, R 1957.– Heijke, BiNJ 1955, 357/76 (Imago-dei-Lehre); Class. Folia, Suppl. 3, 1960 (A.'s comments on Imago dei).– P. Künzle, Das Verhältnis der Seele zu ihren Potenzen, FrSch 1956.– Lohse, ZKG 1959, 278/91 (Engellehre).– McCool, ThSt 1959, 62/81 (The Ambrosian origin of St. A.'s theology of the image of God in man).– A. Mitterer, Die Entwicklungslehre A.s..., 1956.– O'Connell, Tr 1963, 1/35 (The Plotinian fall of the soul in St. A.).– Rondet, RSR 1939, 163/96 (l'anthropol. rel.).– Sage, REAug 1961, 1/15; 105/25 (image de Dieu).– Somers, REAug 1961, 1/15; 105/25 (image de Dieu). – K. Staritz, A.s Schöpfungsglaube, 1931. – Zimara, DTh 1941, 269/94 (Zulassungen Gottes).

5. Die Erbsünde. Erst A. hat den Schuldcharakter der auf alle Menschen übergegangenen Adamssünde klar und scharf herausgearbeitet. Die Erbsünde ist ein peccatum und zugleich auch poena peccati (op. imp. 1, 47). Er beweist die Erbsünde hauptsächlich aus Rom. 5, 12, wo er das in quo (omnes peccaverunt) auf das vorhergehende „per unum hominem“, also auf Adam, bezieht. Durch die erste Sünde ist das Menschengeschlecht eine massa perditionis oder damnata geworden (sermo 26, 12, 13; civ. dei 21, 12). Fortgepflanzt wird die Erbsünde von Geschlecht zu Geschlecht durch die concupiscentia carnalis; denn die Kinder werden mit Betätigung der Konkupiszenz der Eltern gezeugt. Christus aber war frei von Erbsünde, weil er ohne concubitus in die Welt eintrat (nupt. concup. 1, 24, 27; op. imp. 6, 22). Zum Wesen der Erbsünde gehört die concupiscentia carnis, die Sünde und zugleich Strafe für die Sünde ist (contra Jul. 5, 3, 8). Die Konkupiszenz wird jedoch nur modo quodam loquendi peccatum genannt, weil sie durch die Sünde hervorgerufen wurde und dann auch zur Sünde verleitet, wenn sie siegreich ist (nupt. concup. 1, 23, 25; contra duas epp. Pel. 1, 13, 27). Nicht zuletzt gehört zum Wesen der Erbsünde auch der reatus concupiscentiae, der in dem ererbten Mangel der geistigen Lebensverbindung mit Gott besteht (contra Jul. 1, 9, 45). Dieser reatus concupiscentiae wird in der Taufe getilgt. Von der Wirkung der Taufe erklärt Augustinus: „dimitti concupiscentiam carnis in baptismo, non ut non sit, sed ut in peccatum non imputetur“ (nupt. concup. 1, 25, 28).

E. Anrup, A.s lära om arosynden, Lund 1943. – Armas, Augustinus 1, 1956, 169/86 (teología del pecado). – Asensio, Gr 1949, 490/520; 1950, 35/62; 163/91; 362/90 (Sexualsünde im Paradies). – Clémence, NRTh 1948, 727/54 (Erbsünde). – E. Dinkler, Die Anthropologie A.s, 1934; dagegen Ternus, Sch 1935, 82/98. – Floëri, AugMag 2, 755/61 (Zosimus und die Erbsündenlehre A.s). – Gaudel, DThC 12, 371/402. – J. Groß, Geschichte des Erbsündendogmas 1, 1960. – Huftier [Théol. du péché, 1960] 294/331; 364/415 (Le péché selon A.). – Lyonnet [H. de Lubac, 1963] 1, 327/39 (Rom. 5, 12 chez A.). – J. Mausbach, Die Ethik des hl. A., 1/2, ²1929. – N. Merlin, S. A. et les dogmes du péché orig. et de la grâce, 1931. – Orbe, RET 1941, 313/37 (concupiscentia). – A. Pincherle, La formazione della dottrina ag. del peccato orig., Cagliari 1938. – G. A. Riggan, The idea of original sin in the thought of A., Diss. Yale 1949. – Solignac, NRTh 1956, 359/85; 386 f (l'homme pécheur). – Staffner, ZkTh 1957, 385/416 (Wesen der Erbsünde). – Strohm, ThQ 1955, 184/203 (natura vitiata).

6. Christologie. Schon vor den Konzilien von Ephesus (431) und Chalcedon (451) hat A. gelehrt: In Christus sind zwei Naturen (substantiae); er ist Gott und Mensch, aber eine Person, ein Christus (sermo

130, 3; tract. in Jo. 78, 3). In der einen Person — es ist die Person des Logos — sind die beiden substantiae unvermischt und unverwandelt (trin. 1, 7, 14; corr. grat. 11, 30). Auch seiner menschlichen Natur nach war Jesus natürlicher, nicht adoptierter Sohn Gottes (sermo 183, 5; contra Secund. 5).

7. Mariologie. Ganz klar lehrt A. die stete Jungfräulichkeit Marias, auch in partu (sermo 186, 1; 215, 3), und ebenso bezeugt er den Glauben an ihre persönliche Sündenlosigkeit (nat. grat. 36, 42); dagegen ist die vielberufene Stelle im Op. imp. c. Jul. 4, 122 kein Beweis dafür, daß A. bereits die Unbefleckte Empfängnis Marias gelehrt hat.

8. Soteriologie. Die Erlösung versteht A. öfters mit Origenes und anderen Vätern auch in dem Sinn, daß der Satan durch die Sünde Adams einen gewissen Rechtsanspruch auf uns erhalten und Christus diesen durch seinen Tod beseitigt habe. Indem sich der Satan an ihm, dem Unschuldigen, vergriff, überschritt und verwirkte er seine „Rechte"; Christus habe ihm „das Kreuz als Falle (muscipula) gespannt" und ihn darin gefangen (sermo 181, 5; 263, 1). Gegenüber dieser populären Redeweise A.s ist darauf hinzuweisen, daß die „Rechte" des Teufels auf die gefallene Menschheit für ihn eingebaut sind in das „Gesetz der Gerechtigkeit", das Gott sich selbst für sein Verhalten dem Sünder gegenüber gibt. Nirgends erscheint bei A. der Teufel als der Gott ebenbürtige Partner (civ. dei 10, 22).

Arbesmann, Tr 1954, 1/28; AugMag 2, 623/9 (Christus medicus). – T. van Bavel, Recherches sur la christologie de A., FrSch 1954; Aug 1957, 245/81 (L'humanité du Christ comme lac parvulorum). – Bertrand et Ponton, Cah. de Ioséphologie 7, 1959, 151/72; 275/333 (A. über Joseph). – Burghardt, Marian Studies 8, 1957, 58/99 (Tod Mariens). – Cayré, AnTh 1953, 232/59 (Christus in den Confess.). – Clarke, ThSt 1958, 133/64 (cosmic redemption). – Dietz, Aug 1954, 362/411 (Immaculata ab initio?). – Dubarle, RSPhTh 1940, 244/63; EThL 1941, 5/25 (science et connaissance hum.). – Ph. Friedrich, Die Mariologie des hl. A., Köln 1907. – É. Gilson, Philosophie et incarnation selon s. A., 1947. – F. Hofmann [K. Adam, 1952] 213/24 (Maria in der Erlösungsordnung). – Huhn, AugMag 1, 221/39 (Vergleich der Mariologie A.s mit der des Ambrosius). – Jouassard [E. Dennis O'Connor, The dogma of the immaculate conception, Notre Dame 1958] 51/85 (A. kaum für imm. conc.). – J. Mohan, De nominibus Christi doctrinam A.i christologicam et soteriologicam exponentibus, Mund 1936. – J. Morán, RET 1963, 333/66 (Bibliographie zur Mariologie A.s). – A. Müller, Ecclesia-Maria, FrSch ^{2}1955. – F. S. Müller, MiA 2, 885/914 (immaculata conceptio); dagegen Capelle, RTA 1932, 361/70. – J. Rivière, Le dogme de la rédemption chez s. A., ^{3}1933. – A. C. de Romanis, Gesù Cr. nell'insegnamento di s. A., Fi 1940. – Sanchis, RAM 1961, 3/30; 137/47 (Le symbolisme communautaire du temple). – O. Scheel, Die Anschauung A.s über Christi Person und sein Werk . . ., 1901. – Trapé, CD 1943, 45/67 (A. gegen Leporius).

9. Augustins Lehre über die Gnade und Prädestination hat eine bedeutsame Entwicklung durchgemacht. In seiner vorbischöflichen Zeit vertrat er die Auffassung, daß der Glaube ein Werk des Menschen sei, daß jedoch dem Menschen von Gott die Fähigkeit verliehen werde, Gutes zu tun (exp. quorund. prop. ep. Rom. c. 68). Ferner lehrte er, daß die Vorausbestimmung des Menschen zum Himmel oder zur Hölle mit Gottes Vorauswissen der Willensentscheidungen des Menschen und der daraus sich ergebenden guten oder schlechten Werke zusammenfalle (lib. arb. 3, 3, 8).

In der wohl 396 verfaßten Schrift Ad Simplicianum tritt uns erstmals seine neue, wesentlich anders lautende Lehre entgegen, welche die Allmacht und die Allursächlichkeit Gottes und damit auch die Unwiderstehlichkeit der göttlichen Gnade zum alles beherrschenden Prinzip erhebt. Vor allen Verdiensten steht die Gnade. Das menschliche Wollen vermag nichts, wenn nicht Gott hilft, daß wir Gutes vollbringen (Simpl. 1 q. 1, 5. 7. 13. 17). Daß es Gute und Böse, Gläubige und Ungläubige, Selige und Verdammte gibt, wird allein auf das göttliche Wollen zurückgeführt. Damit lehrt A. einen eingeschränkten Heilswillen Gottes. Bei der Begründung seines Standpunkts, der niemals innerhalb der katholischen Kirche restlos Heimatrecht erworben hat, geht er von der Erbsündenlehre aus.

Obwohl das ganze Menschengeschlecht durch die Adamssünde zur massa damnata geworden ist, hat Gott aus reinem Wohlgefallen, und um seine Barmherzigkeit zu offenbaren, eine fest umgrenzte und individuell bestimmte Zahl von Menschen, und zwar so viele, als Engel von Gott abgefallen sind, zur Seligkeit bestimmt. Diese Auserwählten (electi, vasa misericordiae) gelangen, ganz unabhängig von ihren späteren Verdiensten, die nur Gnadengaben Gottes sind, unfehlbar in den Himmel; denn Gottes Wissen ist untrüglich und sein Wille, der die Gnade und schließlich das donum perseverantiae verleiht, unüberwindlich. Alle übrigen Menschen, deren Zahl viel größer ist, verbleiben in der massa perditionis, d. h. gehen mangels der unbedingt notwendigen, ihnen nicht verliehenen Gnade rettungslos ewig verloren (vasa irae). Hiermit geschieht ihnen kein Unrecht, weil niemand einen Rechtsanspruch auf Gottes Barmherzigkeit hat; in ihrem Schicksal will Gott seine Gerechtigkeit offenbar werden lassen. Gott verhält sich gegenüber den Nichterwählten (Reprobierten) nicht aktiv wie zu den electi, sondern passiv. Wohl spricht A. von „praedestinati ad sempiternum interitum" (tract. in Jo. 48, 4. 6), niemals jedoch, im Unterschied von Kalvin, von einer Prädestination ad peccatum. Eine Erklärung dafür verlangen, warum

Gott die einen rette, die andern im Verderben lasse, heißt etwas Unmögliches anstreben (sermo 26, 13); es muß die Überzeugung genügen, daß es bei Gott keine Ungerechtigkeit gibt (contra 2 epp. Pel. 4, 6, 16).

Die Lehre von der Unwiderstehlichkeit der Gnade ist seiner Meinung nach mit der menschlichen Freiheit vereinbar. Die Lösung der Schwierigkeit findet er in dem Gedanken: „In electis praeparatur voluntas a Domino" (praed. sanct. 5, 10). Den seiner Theorie vom partikulären Heilswillen Gottes entgegenstehenden Satz des hl. Paulus (1 Tim. 2, 4): „Gott will, daß alle Menschen selig werden", sucht A. durch eine dreifache, gekünstelte Deutung zu entkräften. Der Apostel spreche von allen Prädestinierten und wolle sagen: es werden alle — aber auch nur jene — selig, die Gott selig machen will (corr. grat. 14, 44); oder: Gott wolle Menschen aller Klassen (reges, privatos, nobiles, ignobiles, doctos, indoctos ...: ench. 103) selig machen; oder: Gott mache uns wollen, daß alle Menschen selig werden (corr. grat. 15, 47). A.s Gnadenlehre, die von einem schauererregenden Gottesbegriff getragen ist, hat von Anfang an innerhalb der Kirche Widerspruch gefunden und später schwere Irrungen hervorgerufen.

H. Barth, Die Freiheit der Entscheidung im Denken A.s, 1935.– K. Barth [E. Brunner, Zü 1950] 49/64 (Freiheit bei Epiktet und A.).– R. Bernard, La prédestination du Christ total selon saint A., 1965.– L. Bovy, Grâce et liberté chez s. A., Monréal 1938.– Boyer, SP 2, 175/86 (the notion of nature).– Braem, Aug 1951, 7/20; 77/90; 153/74; 1952, 201/4; 1953, 5/20; 328/40 (A.' leer over de heiligmakende Genade).– Canals, CD 159, 1947, 488/512 (iustitia).– V. Capánaga, La teol. ag. de la gracia y la hist. de las conversiones, E 1933; SP 6, 315/49 (La doctrina de la gracia en los Salmos).– E. Capone-Braga, La concezione ag. della libertà, Padova 1931.– J. Carney, The doctrine of St. A. on sanctity, Wa 1945.– Cayré, AnTh 2, 1941, 42/63 (Prädestination).– J. Chéné, La théologie de s. A., grâce et prédestination, 1962 (Einführung; ausgewählte Texte mit Ü); RSR 1959, 215/24 (la volonté salvifique de Dieu dans le De spir. et litt.).– G. Combès, La charité d'après s. A., 1934.– Dumont, RevSR 1931, 513/42; 1932, 29/55; 194/219 (le surnaturel).– A. Guzzo, A. contro Pelagio, To ^{3}1958.– J. Henninger, S. A. et doctrina de duplici iustitia, Mödling 1935.– Jacquin, MiA 2, 853/78 (Prädestination).– K. Janssen, Die Entstehung der Gnadenlehre A.s, 1936.– E. Jauncey, The doctrine of grace. Up to the end of the Pelagian controversy, 1925.– H. Jonas, A. und das paulin. Freiheitsproblem, 1930.– Jourjon, VC 1955, 249/51 (Formel „etiam peccata" von A. geprägt).– Lebourlier, AugMag 2, 789/93 (Grâce et liberté).– Leeming, Gr 1930, 58/91 (massa perd.).– N. Lekkerkerker, Studiën over de rechtvaardiging bij A., 1947.– Lenicque, AnTh 1953, 110/44 (liberté des enfants de Dieu).– Léon-Dufour, RSR 1946, 129/63 (Gnade und freier Wille).– Loewenich, ArchReformGesch 44, 1953, 52/63 (Gnadenlehre bei A. und Luther).– Lorenz, ZKG 1964, 21/78 (Gnade und Erkenntnis).– A. Niebergall, A.s Anschauung von der Gnade, Gö 1951 (Mikrofilm).– G. Nygren, Das Prädestinationsproblem in der Theologie A.s, 1956; SP 2, 258/69 (conception of grace).– Ph. Platz, Der

Römerbrief in der Gnadenlehre A.s, 1938.– de Plinval, REAug 1955, 345/78 (Determinismus und Freiheit); 1959, 13/9 (Le „feror“ august.).– R. Polman, De praedestinatie van A., Thom. en Calvijn, 1936.– K. Rahner, ZkTh 1938, 171/96 (A. und der Semipelagianismus).– Rondet [S. A. parmi nous, 1954] 199/242 (la liberté et la grâce).– O. Rottmanner, Geistesfrüchte aus der Klosterzelle, 1908, 11/32.– Sage, REAug 1964, 1/20 (Praeparatur voluntas a domino).– J. Saint-Martin, La pensée de s. A. sur la prédestination . . ., 1930; DThC 12, 2832/96.– J. Schmucker, Die Gnade des Urstandes und die Gnade der Auserwählten . . ., 1940.– Slomkowski, CTh 1937, 32/52 (gratia sanctificans et iustitia originalis).– J. Stoop, Die deificatio hominis in die Sermones en Epistulae van A., Lei 1952.– Thonnard, REAug 1964, 97/123 (La prédestination aug.).– Turrado, REAug 1959, 129/51; 223/60 (La Sma. Trinidad en la vida espiritual).– J. Wang Tschang-Tche, S. A. et les vertus des païens, 1938.– Zimara, FZPT 1954, 353/93; 1959, 271/99; 361/94 (Gottes Vorherwissen; Wollen).– AugMag 2, 737/803 (7 Beiträge zur Gnadenlehre).

10. Lehre von der Kirche (s. S. 427 f). Die Kirche der Donatisten kann nicht die wahre Kirche sein, weil sie nicht katholisch, einig, heilig und apostolisch ist. Wer die Kirche verläßt, verliert sein Heil, denn „salus extra ecclesiam non est“ (bapt. 4, 17, 24). Einen gerechten Grund zur Trennung von der Kirche und Gründung einer Sonderkirche kann es nie geben (contra ep. Parm. 2, 11, 25). Irdische Gesinnung, Leidenschaftlichkeit und mangelnde Liebe sind bei Häretikern die Triebfedern ihres Handelns (sermo 4, 30. 33). Trotzdem unterscheidet A. zwischen einer sichtbaren und einer unsichtbaren Kirche. Es gibt solche, die schuldbar außerhalb der Kirche sind, und solche, die ohne ihre Schuld nicht zur Kirche gehören. Die als Donatisten Geborenen, welche bona fide leben und die Wahrheit suchen, sind nicht als Häretiker anzusehen (ep. 43, 1). Ebenso bleiben auch die zu Unrecht exkommunizierten Katholiken, die nicht zu den Feinden der Kirche übergehen, sondern der katholischen Wahrheit treu bleiben, in der Gnadengemeinschaft der Kirche (vera rel. 6, 11). Anderseits garantiert die äußere Zugehörigkeit zur „Catholica“ nicht ohne weiteres den Zustand der Heiligkeit für den einzelnen. Hier auf Erden wird die sichtbare Kirche immer aus Guten und Bösen gemischt sein; erst im Himmel deckt sich die Heiligkeit der Kirche mit der Heiligkeit aller ihrer Mitglieder (post coll. 8, 11).

Die römische Kirche sieht er als diejenige an, „in qua semper apostolicae cathedrae viguit principatus“ (ep. 43, 3, 7). Dem Glaubensurteil Roms schreibt er höchste Bedeutung zu: „Iam de hac causa (der Pelagianer) duo concilia missa sunt ad sedem apostolicam: inde etiam rescripta venerunt. Causa finita est, utinam aliquando finiatur error“ (sermo 131, 10).

K. Adam [A. Ehrhard, 1922] 1/23 („causa finita“).– M. Agterberg, Ecclesia–Virgo. Ét. sur la virginité de l'église et des fidèles chez s. A., Lou 1960.–

E. Altendorf, Einheit und Heiligkeit der Kirche, 1932, 158/71.– H. U. v. Balthasar, A. Das Antlitz der Kirche, [2]1955; franz. Ü, P 1958 (ausgewählte Texte).– P. Batiffol, Le catholicisme de s. A., 1/2, [5]1929.– E. Benz, A.s Lehre von der Kirche, Mainz 1954.– Beumer, MThZ 1952, 261/75 (Idee einer vorchristl. Kirche).– Butler, DR 1951, 137/51 (teaching of schism).– G. Favara, La necessità della chiesa secondo s. A., Acireale 1949.– S. J. Grabowski, The church. An introduction to the theology of St. A., 1957; Tr 1946, 89/113 (päpstl. Primat); ThSt 1946, 72/125 (doctrine of the myst. body of Christ); 1947, 614/67; 1948, 47/84 (Sünder und myst. Leib Christi); REAug 1957, 29/63 (the charity in the mystical body); Augustinus 1959, 329/52 (La Iglesia y la Predestinación).– F. Hofmann, Der Kirchenbegriff des hl. A., 1933.– La Bonnardière, VS 1952, 404/27 (Marthe et Marie figures de l'église); Ir 1961, 451/99 (Mt. 16, 13/23 dans l'œuvre de s. A.).– E. Lamirande, L'Église céleste selon s. A., 1963; REAug 1962, 1/125 (Un siècle et demi d'études sur l'ecclésiologie de s. A.); 1963, 221/34 (christianus).– Martil, RET 1941, 279/311; 489/543; 813/44; 1942, 35/61; 357/97; 547/603 (la tradición en s. Ag.).– Perler, AugMag 2, 835/58 (Cypr. unit. eccl. 4/5 bei A.).– Pontet [L'Église et les Églises, 1954] 163/80 (notion de schisme).– J. Ratzinger, Volk und Haus Gottes in A.s Lehre von der Kirche, 1954; [H. Rahner, 1961] 152/75 (Kirche in der Frömmigkeit A.s).– C. Romeis, Das Heil der Christen außerhalb der wahren Kirche nach A., 1908.– AugMag 2, 805/914 (10 Beiträge über Christus und die Kirche).

11. Allgemeine Sakramentenlehre. Die Sakramente Christi und der Kirche sind nicht Eigentum des Spenders. Deshalb hat die persönliche Heiligkeit oder Sündhaftigkeit des Spenders keine Bedeutung für die Gültigkeit des Sakraments. Unwürdige oder Häretiker können wohl das Sakrament, aber keine Gnade empfangen. Die im Schisma oder in der Häresie Getauften oder Ordinierten haben das Sakrament gültig empfangen, auch wenn mit dem Empfang keine Gnade verbunden sein sollte; denn beide Sakramente drücken dem Empfänger einen „Charakter" ein, ähnlich dem „character militiae", dem eingebrannten Zeichen der Soldaten (contra ep. Parm. 2, 13, 28 f).

Berrouard, SP 6, 277/93 (réalisme sacramentel).– Camelot, RTh 1957, 429/49 (théologie sacramentaire).– Coutourier [Ét. August., 1953] 161/332 (Sacramentum et mysterium).– Féret, RSPhTh 1940, 218/43 (sacramentum-res).– Gaillard, RTh 1959, 664/703 (les sacraments de la foi).– Häring, Mediaeval Stud. 14, 1952, 79/97 (A.s use of the word character).– P. V. Kornyljak, S. A.i de efficacitate sacram. doctrina contra Donatistas, R 1953.– Prenter, StTh 1, 1948, 5/26 (metaphysics and eschatology in sacram. teaching).– L. Villette, Foi et sacrement 1, 1959, 217/329.

12. Die Taufe (vgl. de baptismo c. Donatistas). Die Kindertaufe nennt A. eine „consuetudo nequaquam spernenda ... nec omnino credenda, nisi apostolica esset traditio" (Gen. ad litt. 10, 23, 39). Der Begierdetaufe schreibt er für den Notfall unter Hinweis auf Luc. 23, 43 sündentilgende Kraft zu (bapt. 4, 22, 29). Das Martyrium außerhalb der

Kirche (bei den Donatisten) hat dagegen keine solche Kraft, da ihm die von Paulus (1 Cor. 13, 3) geforderte Liebe abgehe (bapt. 4, 17, 24; ep. 108, 3, 9).

A. Bannwarth, Le baptême chez s. A., Diss. Str 1950.– Busch, EL 1938, 159/78; 385/483 (De initiatione christiana).– Cayré, AnTh 1952, 131/43 (les enfants morts sans baptême).– Didier, REAug 1956, 109/29 (le baptême des enfants).– Hamer, Ir 1952, 142/64; 263/75 (Le baptême et l'église).

13. Wenn A. von der Eucharistie spricht, entwickelt er öfters spiritualistische Gedankengänge. Christus habe keine Bedenken getragen, zu sagen: Das ist mein Leib, als er seinen Jüngern „signum corporis sui" gab (Adimant. 12, 3); die Eucharistie sei der Leib Christi „secundum quendam modum" (ep. 98, 9); wer in der Kirche, d. h. in der Gemeinschaft der Prädestinierten, lebe, von dem dürfe gesagt werden, daß er den Leib Christi esse und das ewige Leben habe (in Jo. 26, 15; civ. dei 21, 25, 2). Dieser Symbolismus, der an frühere Väter anknüpft, schließt aber nicht den altbezeugten Glauben von der realen Gegenwart Christi in der Eucharistie aus. Den Neugetauften ruft der Prediger zu: „Das Brot, das ihr auf dem Altar seht, ist, sobald es durch Gottes Wort geheiligt ist, der Leib Christi. Der Kelch, genauer gesagt das, was der Kelch enthält, ist, sobald es durch Gottes Wort geheiligt ist, das Blut Christi" (sermo 227, 1). „Christus trug sich in seinen Händen, als er sprach: Das ist mein Leib" (enarr. in Ps. 33, 1, 10; 2, 2; vgl. sermo 22, 7). Beim täglichen sakramentalen Opfer der Kirche ist Christus zugleich Opferpriester und Opfergabe (civ. dei 10, 20). Die Feier der Eucharistie ist für A. nichts anderes als die Wiederholung des Opfertodes Christi: „Caenam suam dedit, passionem suam dedit" (enarr. in Ps. 21, sermo 2, 27). Für die Lehre von der Verwandlung und der steten Gegenwart Christi in den konsekrierten Gestalten finden sich bei A. noch keine klaren Äußerungen.

K. Adam, Die Eucharistielehre des hl. A., 1908; ThQ 1931, 490/536.– P. Bertocchi, Il simbolismo ecclesiol. della eucaristia in s. A., Bergamo 1937.– P. G. Bracci, Victima sancta, R 1931.– Brigué, RSR 1939, 335/428 (la disposizione per la santa communione).– de Broglie, RSR 1960, 135/65 (sacrifice „invisible" et „vrai").– W. van Dijk, S. A. en de hl. Euch., 1930.– A. F. Krueger, Synthesis of sacrifice according to s. A., Mund 1950.– H. Lang, FP 35, 1933 (Textus eucharistici selecti).– G. Lecordier, La doctrine de l'euch. chez s. A., 1930.– Lécuyer, AugMag 2, 905/14 (Le sacrifice).– Lekkerkerker [Th. L. Haitjema, Nijkerk 1953] 119/42 (realis praesentia).– van der Lof, REAug 1964, 295/304 (présence réelle).– J. Pintard, Le sacerdoce selon s. A. Le prêtre dans la cité de Dieu, 1960.– Quinot, REAug 1962, 129/68 (L'influence de l'Ép. aux Hébr. dans la notion du vrai sacrifice).– D. Zähringer, Das kirchl. Priestertum nach dem hl. A., 1931.

14. Die Buße. Die Sündenvergebung ist nur in der Kirche zu erlangen,

weil nur sie den Heiligen Geist besitzt, der das Prinzip aller Sündenvergebung ist. Der Heilige Geist bewirkt die Nachlassung der Sünden auch durch einen unwürdigen Verwalter der Schlüsselgewalt, wofern er nur ein „minister catholicus" ist (sermo 71, 20, 33 u. 23, 37; ench. 65, 17).

Es gibt drei Arten von Buße: 1. die Buße vor der Taufe, 2. die Buße für die leichten Sünden, 3. die Buße für die schweren Sünden (paenitentia maior, luctuosa, lamentabilis). Die beiden ersten Bußarten sind für alle notwendig, die dritte dagegen sollte im normalen Christenleben keinen Platz haben (de symb. 7, 15, 16; ep. 265, 7, 8; sermo 252, 3, 8). Zu den leichteren Sünden (peccata quotidiana) gehören die unvermeidlichen Schwachheitssünden (sermo 9, 11, 18; ench. 78, 21), aber auch die weniger schweren Sünden, selbst wenn sie „tödlich" sind wie die ehebrecherischen Begierden (sermo 98, 5; 82, 3, 5). Die Buße für sie besteht zunächst im Gebet (Vaterunser, insbesondere 5. Bitte), dann im Fasten, Almosen (sermo 17, 5; 131, 7) und in reumütiger Hinnahme der brüderlichen Zurechtweisung (de fide et op. 26, 48).

Gegenstand der paenitentia maior sind die „peccata gravia", welche die Exkommunikation nach sich ziehen (ebd. 26, 48; de symb. 7, 15). Bei der schwierigen Bestimmung, was zu ihnen gehöre, bieten die Lasterkataloge und der Dekalog Fingerzeige (sermo 351, 7; ench. 65, 17). Zurückgewiesen wird die Beschränkung auf die sog. Kapitalsünden (spec. Act. Ap.). Die paenitentia maior, die allein kirchlich-sakramentalen Charakter hat, ist nur ein einziges Mal zulässig. Indessen dürfen die Rückfälligen auf Grund persönlicher Buße auf Gottes Barmherzigkeit rechnen (ep. 153, 3, 7 f). Die Wirkung des in der Rekonziliation erfolgenden kirchlichen Lösens ist die Beseitigung des „reatus" der Sünde (sermo 98, 6) und die Eingießung des Heiligen Geistes, die mit der erneuten Eingliederung in die Kirche verbunden ist (tr. in Jo. 121, 4).

In bezug auf die äußere Form ist zu unterscheiden die öffentliche und die halböffentliche Buße. Bei der öffentlichen Buße, die für öffentliche, mit schwerem Ärgernis verbundene Vergehen verhängt wird, wird die Exkommunikation mit einer entsprechenden correptio öffentlich verkündet, und ebenso findet auch die Rekonziliation öffentlich statt, während bei der halböffentlichen Buße für geheime Sünden diese Akte geheim vor sich gehen (sermo 82, 7, 10; 351, 4, 9). Die halböffentliche Buße ist jedoch nicht mit der kirchlichen Privatbuße im späteren Sinn gleichzusetzen. Sie hat vielmehr alle Wesensmerkmale der „paenitentia gravis" (Exkommunikation, Zugehörigkeit zum Büßerstand und Rekonziliation). Eine private kirchliche Buße kennt A. nicht.

K. Adam, Die kirchliche Sündenvergebung nach dem hl. A., 1917; Die geheime Kirchenbuße bei A., 1921; ThQ 1929, 1/66.– B. Poschmann, ZkTh 1921, 208/28; 405/526 (gegen Adam); Kirchenbuße und correptio secreta bei A., Braunsberg 1923; Die abendländische Kirchenbuße im Ausgang des kirchl. Altertums, 1928; FP 38, 1934 (textus selecti de paenit.).

15. Die Lehre vom Staat. A. schuf unter Ablehnung des antiken Staatsideals, nach dem der Staat der höchste und eigentliche Zweck des Menschen war, die Grundlagen eines christlichen Staatsbegriffs. Der Staat beruht auf einer dem Menschen von Gott mitgegebenen seelischen Anlage, die ihn zum Zusammenschluß mit anderen gleichgearteten Wesen bestimmt, d. h., Gott ist mittelbar der Schöpfer des Staates (civ. dei 19, 5; 5, 1). Irrig ist die Behauptung, daß A. den Staat nur als Folgeerscheinung der Sünde angesehen und ihn mit der „civitas terrena" gleichgesetzt habe. In Abänderung der ciceronianischen Definition des Staates erklärt er: „Populus est coetus multitudinis rationalis, rerum quas diligit concordi communione sociatus" (19, 24). Staatszweck ist die Herstellung und Erhaltung des Friedens in der Ordnung, die nur dann gegeben ist, wenn die iustitia für eine gerechte Verteilung der Güter sorgt. Wo die Gerechtigkeit fehlt, gibt es auch keinen Frieden. Der Staat ohne die pax wird über kurz oder lang zugrunde gehen (19, 13). Ein durch Eroberungskriege sich ausdehnendes Staatswesen, das notwendigerweise die Gerechtigkeit verletzt, bezeichnet er als „latrocinium" (4, 4). Der Staat soll auch dem Endzweck des Menschen dienen und es dem Menschen ermöglichen, sich auf das jenseitige Leben vorzubereiten (19, 17. 27; ep. 155, 3, 12).

Im Verlauf seiner Auseinandersetzung mit dem Donatismus nahm er im Widerspruch zu seiner früheren Anschauung, die jeden Zwang in Glaubenssachen ablehnte (ep. 23, 7; 93, 5, 17), schließlich den gegenteiligen Standpunkt ein. Unter dem Eindruck der guten Wirkungen und Erfolge, welche die staatlichen Zwangsgesetze gegen die Donatisten mit sich gebracht hatten (ep. 185, 7, 29), verteidigte er fortan die Anwendung von Zwangsmitteln gegenüber Häretikern (ep. 93 u. 185). Damit hat Augustinus der vom hl. Thomas von Aquin versuchten theologischen Begründung des mittelalterlichen Inquisitionswesens nicht unwesentlich vorgearbeitet.

E. Barker, Essays on government, O [2]1951, 234/70 (A.s Staats- und Gesellschaftslehre).– A. Brucculeri, Il pensiero sociale di s. A., R [2]1945; span. Ü, Mexico 1952.– E. F. Bruck, Kirchenväter und soziales Erbrecht, 1956.– Chroust, Notre Dame Lawyer 25, 1950, 285/315 (philosoph. theory of law).– G. Combès, La doctrine politique de s. A., 1927.– S. Cotta, La città politica di S. A., Mi 1960.– Cranz, HThR 1954, 255/316 (ideas on society).– H. A. Deane, The political and social ideas of St. A., 1963.– K. Demmer, Ius caritatis. Zur christolog. Grundlegung d. augustin. Naturrechtlehre, 1961.– H.-J. Diesner, Studien zur Gesellschaftslehre und sozialen Haltung A.s, Halle 1954; dazu Lorenz, ThLZ 1956, 45 ff.– F. X. P. Duijstee, S. A. over Kerk en Staat, Tilburg 1930.– del Estal, CD 1959, 5/72 (La dialéctica de los „dos reinos").– V. Giorgianni, Il concetto di diritto e dello Stato in s. A., Padua 1951.– B. Ibeas, Problemas sociales, Ma 1958.– Jans, BiNJ 1961, 133/61; 247/66 (Glaubenszwang).– Joly, RBPh 1955, 263/94 (A. et l'intolérance religieuse).– Kosters, RevDroit-Internat 1933, 31/61; 282/317; 634/76 (le „droit des gens").– Lohse, SP 6, 447/75 (Wandlung in der Beurteilung des Staates).– López Ríocerezo, CD 167, 1956, 311/41 (La humanización del castigo).– Monachino, Semanas Misionológicas, Burgos 1955, 86/100 (politische Gewalt im Dienst der Religion).– R. Regout, La doctrine de la guerre juste de s. A. à nos jours, 1935.– Roberti, RFN 23, Suppl. 1931, 305/66 (diritto Rom. in A.).– T. Serra, El Derecho y el Estado en s. A., Ma 1944.– Straub, HJB 1954, 36/60 (Imperium Romanum als „civitas terrena").– B. Wendorff, Die Staatslehre des Aurel. A. nach De civ. dei, 1926.– AugMag 2, 915/89 (8 Beiträge zur Geschichtstheologie und Staatslehre).

Eschatologie: H. Eger, Die Eschatologie A.s, 1933.– P. Goñi, La resurrección de la carne según S. A., Ma 1961.– J. Hubaux, BullAcadBelgClLett 40, 1954, 658/73 (A. et la crise eschatologique).– Lamotte, Aug 1962, 5/26 (A. et la fin du monde).– J. Leahy, St. A. on eternal life, 1939.– Lewalter, ZKG 1934, 1/51 (Eschatologie und Weltgeschichte).– G. F. D. Locher, Hoop, eeuwigheid en tijd in de prediking van A., Wageningen 1961.

Moraltheologie: Armas, Augustinus 1, 1956, 559/72 (continencia perfecta).– Bonner, SP 6, 303/14 (Libido and Concupiscentia).– Ch. Boyer, S. A., Coll. Moralistes chrét., 1932.– G. Combès, La charité d'après s. A., 1934.– Th. Deman, Le traitement scientifique de la morale chrétienne selon s. A., 1957.– E. Durkin, The theological distinction of sins in the writings of St. A., Mund 1952.– Gallay, RSR 1955, 545/55 (Dilige et fac quod vis).– W. M. Green, Univ. Californ. Publ. in Class. Phil. 13, 13, 1949, 407/32 (initium omnis peccati superbia).– J. F. Harvey, Moral theology in the Conf., Wa 1951.– G. Hultgren, Le commendement d'amour chez s. A., 1939 (d'après les écrits de 386 à 400).– Kuiters, Aug 1959, 5/11 (l'indissolubilité du mariage).– N. Ladomersky, S. A. docteur du mariage chrétien, R 1942.– Lorenz, ZKG 1950 f, 75/132; 1952 f, 34/60; 359 f (fruitio dei).– J. Mausbach, Die Ethik des hl. A., 1/2, ^{2}1929.– Meslin [Mystique et continence, Ét. Carmélitaines 31, 1952] 293/307 (sainteté et mariage).– M. Müller, Die Lehre des hl. A. über die Paradiesesehe . . ., 1954 (von A. bis Thomas).– Oddone, RFN 23, Suppl. 1931, 264/85 (La dottrina sulla menzogna).– Pearce, SP 6, 496/500 (theory of property).– B. A. Pereira, La doctrine du mariage selon s. A., P 1930.– A. Reuter, S. A.i doctrina de bonis matrimonii, R 1942.– J. Rief, Der Ordobegriff des jungen A., Pa 1962.– Rondet, RAM 1954, 193/231 (Richesse et pauvreté).– O. Schaffner, Christliche Demut, Wü 1959.– M. Seybold, Sozialtheologische Aspekte der Sünde bei A., 1964.– J. Stelzenberger, Conscientia bei A., Pa 1959.– Vaca, AugMag 2, 727/36 (sexualidad).– H. Vandenberghe, S. A. et le sens du péché, Bru 1954.

Spiritualität, Mystik: J. Amstutz, Zweifel und Mystik, besonders bei A., Bern 1950.– Baus, TrThZ 1954, 321/39 (Christus im Beten A.s).– Besnard, VS 1959, 237/80 (A. maître de la prière).– Boyer [S. A., vitae spir. magister

1, R 1959] 113/46 (La dottrina dell' incarnazione nella spiritualità); DSp 1, 1101/30.– C. Butler, Western mysticism, Lo [2]1951.– F. Cayré, La divine présence d'après s. A., 1933; La méditation selon l'esprit de s. A., 1935; La contemplation aug., [2]1954; AugMag 2, 609/22 (Notion de la mystique).– Comeau, RSR 1952, 80/9 (l'ascension spirit.).– Connolly, IER 1952, 44/53; 1953, 28/36 (the Platonism of A.'s „ascent" to God).– Delamare, VS 1952, 477/93 (la prière à l'école de s. A.).– E. Hendrikx, A.s Verhältnis zur Mystik, 1936.– Mandouze, AugMag 3, 103/68 (mystique aug., Forschungsbericht bis 1954).– Morán, RevAgEspiritualidad 2, 1961, 460/80; 1962, 394/410 (Bibliografía sobre la espiritualidad de S. A., 1925–45).– Morel [A. parmi nous, 1954] 57/110 (vie de prière).– Olphe-Galliard, DSp 2, 1911/21 (Contemplation aug.).– Sage [S. A., vitae spir. magister, 1, 1959] 195/220 (vie de perfection et conseils évang. dans les controverses pelagiennes).– F. J. Thonnard, Traité de vie spirituelle à l'école de s. A., 1959.– A. Tissot, S. A. maître de vie spirituelle, 1960.– S. Augustinus, vitae spiritualis magister, R 1959.

§ 103. Schüler und Freunde Augustins

1. Paulus Orosius s. S. 231 f.

2. Quodvultdeus, ein Schüler und Freund Augustins, wurde um 437 B. von Karthago; aber bald nach der Eroberung seiner Stadt (439) wurde er durch Geiserich vertrieben und kam nach Kampanien, wo er um 453 starb. Wahrscheinlich ist Qu. identisch mit dem karthagischen Diakon, der in zwei Briefen 427/28 Augustinus zur Abfassung der Schrift *De haeresibus* drängte (Aug. ep. 221 und 223).

Neuere Forscher wollen dem Qu. 12 oder mehr *Predigten* zuschreiben, die als augustinisch überliefert sind; andere jedoch halten einige dieser Predigten für echt augustinisch, die anderen für Erzeugnisse unbekannter Verfasser. Umstritten ist immer noch, ob Qu. der Verfasser des bibeltheologischen Werkes *De promissionibus et praedictionibus dei* ist, das Cassiodorus (inst. 1, 1) zu Unrecht dem Prosper von Aquitanien zuweist.

ML 51, 733/858 (De promiss.).– MLS 3, 261/322.– R. Braun, SCh 101 f, 1964 (Liber promiss., TÜK).– Bogaert, RB 1965, 109/35 (Sermo über Is. 5, 1/9 a). ** D. Franses, Die Werke des hl. Qu., Mn 1920; Katholiek 132, 1922, 93/104.– Kappelmacher, WSt 49, 1931, 89/102 (gegen Franses).– Lippold, PWK 47, 1396/8.– L. G. Mueller, The De haeresibus of St. Aug., Wa 1956, 10/22 (Person und Werk des Qu., Forschungsbericht).– Nock, VC 1949, 48/55 (Liber de promiss. 3, 38: Asclepius).– Schepens, RSR 1919, 230/43; 1923, 76/8 (De promiss. echt).– Wilmart, RB 1930, 5/18 (Ps.-aug. Sermo).– Simonetti, RILSL 83, 1950, 407/24 (gegen Franses).

3. Marius Mercator, wohl Afrikaner von Geburt, verfaßte 418 in Rom zwei verlorengegangene Schriften gegen die Pelagianer, die er Augustin

übersandte. 429 trat er, wahrscheinlich in einem lateinischen Kloster Thraziens lebend, mit einer neuen antipelagianischen Schrift hervor, die für kirchliche Kreise Konstantinopels und den Hof bestimmt war. Alle seine späteren gegen den Pelagianismus und Nestorianismus geschriebenen, durchweg wenig umfangreichen Schriften und Übersetzungen wurden zur Aufklärung der Insassen seines Klosters verfaßt und bald nach 431 abgeschlossen. Als Theologe ist er vollständig abhängig von Augustin und Cyrill von Alexandrien. Weitere Nachrichten über sein Leben liegen nicht vor. Später, wohl erst nach 533, wurde der Band seiner Schriften von einem skythischen Mönch zusammen mit anderen Dokumenten zu einer Sammlung, der sog. *Collectio Palatina,* vereinigt und veröffentlicht (s. S. 248).

a) Gegen den Pelagianismus gerichtet sind 2 Denkschriften: das *Commonitorium super nomine Caelestii* (429, griechisch; 431, lateinisch) und das *Commonitorium gegen Pelagius, Cälestius und Julian;* dazu übersetzte er 4 antipelagianische *Predigten* des Nestorius und einen *Brief* desselben an Cälestius.

b) Antinestorianisch sind: *Refutatio symboli Theodori Mopsvesteni* und *Comparatio dogmatum Pauli Samosateni et Nestorii;* in Übersetzung bringt er 5 *Predigten* des Nestorius über die Theotokos, einen *Briefwechsel* zwischen Cyrill und Nestorius und *Exzerpte Cyrills* aus Nestoriusschriften.

ML 48.– SchAC 1, 5, 5/70. ** Eltester, PWK 14, 1831/5.– Lepka, RHE 1931, 572/9 (2. Commonitor.).– S. Prete, Mario Mercatore polemista antipelagiano, To 1958.

4. Prosper Tiro von Aquitanien († nach 455), ein Laientheologe, der als Freund Augustins anfänglich voll Eifer dessen genuine Gnaden- und Prädestinationslehre gegen die Angriffe der Semipelagianer (Kassian, Vinzenz von Lerin) verteidigte.

Um 428 berichteten Prosper und sein Freund Hilarius dem hl. Augustin von dem Widerspruch, der sich in den Klöstern Südgalliens, wo er selbst (in Marseille) als Mönch lebte, gegen dessen Gnadenlehre regte. Daraufhin schrieb Augustin die beiden Schriften *De praedestinatione sanctorum* und *De dono perseverantiae.* Nach dem Tod Augustins reiste Prosper zusammen mit seinem Freund nach Rom, um bei Cölestin I. die Verurteilung der Gegner Augustins zu erreichen. Er erwirkte jedoch nur ein Schreiben, in dem Augustin wohl allgemein in Schutz genommen, aber keine theologische Entscheidung ausgesprochen wurde. Seit 432 rückte Prosper allmählich immer stärker vom strengen Augustinismus ab. Unter Leo I. trat er (440) als theologischer Mitarbeiter in die Dienste der päpstlichen Kanzlei ein und entwarf nach dem Zeugnis des Gennadius (Kap. 84) die dem Kampf gegen den Monophysitismus geltenden päpstlichen Schreiben *(Ep. 28 ad Flavianum)*.

a) Aus der Zeit vor seinem Eintritt ins Kloster stammt sein *Poema ad uxorem*, eine Aufforderung an seine Gattin, sich ganz Gott zu weihen. Dem an Augustinus gerichteten *Brief* (Aug. ep. 225) ließ er eine Reihe von Schriften in Poesie und Prosa folgen, die sich fast sämtlich gegen den Pelagianismus wenden und von Schriften Augustins abhängig sind. In seinem *Carmen de ingratis* (d. h. von den Undankbaren oder Gnadenlosen) formt er in 1002 Hexametern die bereits früher in einem *Brief* an einen gewissen Rufinus ausgesprochenen Gedanken. Vier Streitschriften (431–434): *Liber contra collatorem* (d. i. Kassian), *Pro Augustino responsiones* (drei Einzelschriften: an zwei Priester in Genua, „gegen die Einwürfe der gallischen Verleumder“ und gegen Vinzenz von Lerin).

b) Der späteren Zeit gehören an: Die sog. *Capitula Caelestini* (zwischen 435 u. 442, eine ihm jetzt zugeeignete Testimoniensammlung); *Expositio psalmorum* (Ps. 100/150), eine Kompilation aus Augustins großem Psalmenkommentar. Auch die anonyme Schrift *De vocatione omnium gentium* (um 450) kann ihm mit großer Wahrscheinlichkeit zugesprochen werden. *Der Liber sententiarum ex operibus s. Augustini delibatarum* (um 450) ist ein nicht systematisch geordneter Überblick über die augustinische Theologie. Auf Grund dieser Schrift formte er seinen *Liber* (106) *epigrammatum ex sententiis s. Augustini*. Über die Chronik s. o. S. 232; über eine unechte Schrift s. o. Nr. 2. Auch das ihm vielfach zugesprochene Gedicht *De divina providentia* (ML 51, 617/38) in 876 Hexametern ist unecht. Deutlich scheinen pelagianisierende Anschauungen durch.

Zur Prädestinationslehre Prospers: Nur bis etwa 432 blieb er dem strengen Augustinismus treu. Unter dem Eindruck der von den Semipelagianern erhobenen Einwendungen gab er die augustinische Lehre vom beschränkten Heilswillen Gottes und der Prädestination ad poenam ante praevisa demerita auf, um schließlich in *De vocatione omnium gentium* zum energischen Verfechter des universellen Heilswillens Gottes zu werden. Durch eine allgemeine, allen Menschen angebotene Gnade sind alle zum Heil berufen; ans Ziel gelangen jedoch nur diejenigen, denen eine besondere, niemand geschuldete Gnade zuteil wird. Außerdem betont er, da er die „defensores liberi arbitrii“ gewinnen will, neben der Willensfreiheit für den Anfang und für die Beharrlichkeit im Guten auch das göttliche Vorherwissen bei der ewigen Festsetzung des „numerus electorum“. Gnade und Natur wirken harmonisch zusammen.

ML 51. – Ch. T. Huegelmeyer, Carmen de ingratis S. Prosperi A., Wa 1962

(ÜK). – P. de Letter, ACW 14, 1952 (De vocat., Ü); 32, 1963 (Defense of St. Augustine, Ü). ** Bardy, DThC 13, 846/50. – Cappuyns, RB 1927, 198/226 (vocat.); 1929, 156/70; RTA 1934, 121/42 (Capitula). – Chéné, RSR 1948, 566/88 (der Semipelagianismus nach den Briefen des P. an Aug.). – K. Federer, Liturgie und Glaube. Legem credendi lex statuat supplicandi, FrSch 1950. – Franses, StC 1927, 145/55 (P. und Joh. Cass.). – Gaidioz, RevSR 1949, 270/301 (P. und der Tom. ad Flavian.). – Gantoy, RB 1958, 114/8 (prima sedes Roma Petri). – Helm, PWK 23, 880/97. – Lorenz, ZKG 1962, 217/52 (Augustinismus des P.). – Morin, RB 1934, 36/40 (Ps.-K). – L. Pelland, S. Pr. A. doctrina de praedestinatione et vol. dei salvif., Montreal 1936. – de Plinval, Rech. Augustin. 1, 1958, 339/55 (P. interprète de s. Augustin). – F. Sciuto, MiscStLC 1959, 19/24 (Hss.). – Silva-Tarouca, Gr 1931, 159 f (Verf. von Papstbriefen). – L. Valentin, S. Pr. d'Aquitaine, Toulouse 1900. – F. Wörter, Beiträge zur Dogmengesch. des Semipelag., 1898; Zur Dogmengesch. des Semipelag., 1899. – J. J. Young, Studies on the style of the De vocat. omn. gent. ascribed to P. of A., Wa 1952.

§ 104. Gallische Schriftsteller

1. Johannes Cassianus, sehr wahrscheinlich aus der römischen Provinz Scythia minor (Dobrudscha) gebürtig (um 360), erhielt seine Ausbildung in einem Kloster zu Bethlehem und lebte dann 10 Jahre lang bei den Mönchen in Ägypten. Er wurde von Johannes Chrysostomus in Konstantinopel zum Diakon ordiniert und war dann dessen Anwalt in Rom bei Papst Innozenz I. (404). Wohl in Rom zum Priester geweiht, gründete er in Marseille um 415 je ein Männer- und Frauenkloster. Durch seine Schriften, die in einem guten Latein verfaßt sind, wirkte er viel für die Ausbreitung des klösterlichen Mönchtums im Westen. In Marseille und anderwärts wird er als Heiliger verehrt († 430/35).

a) Die 12 Bücher *De institutis coenobiorum et de octo principalium vitiorum remediis* (419–26) handeln über die Einrichtungen und Regeln der Klöster in Ägypten und Palästina, z. B. über die Mönchskleidung, die Gebetsübungen und Psalmengesänge, die Aufnahmebedingungen für Neueintretende (Buch 1/4); Buch 5/12 handeln über die 8 Laster und die Mittel, mit denen der Mönch dagegen kämpfen muß.

b) Die 24 *Collationes patrum* sind wohl zum großen Teil fingierte Unterredungen mit den angesehensten Anachoreten Ägyptens, nach 420 in 3 Teilen herausgegeben; öfters wird auf De institutis verwiesen. Diese Collationes waren wegen ihres erbaulichen Inhalts sehr geschätzt; Benedikt, Kassiodor, Gregor I. und andere empfahlen ihre Lesung.

c) Auf Bitten des römischen Diakons und späteren Papstes Leo I. schrieb C. 429/30 7 Bücher *De incarnatione Domini contra Nestorium.*

Lehre

1. Natur und Gnade. C. hat vor allem in der coll. 13 eine theologische Richtung vertreten, die später als Semipelagianismus bezeichnet wurde; sie hat in den Klöstern Südgalliens bis zur Verurteilung durch die 2. Synode von Orange (529) eifrige Anhänger gehabt, welche die eigene asketische Anstrengung durch einen extremen Augustinismus für gefährdet hielten.

Gnade und Freiheit müssen zum Heil zusammenwirken. Die Gnade begleitet den guten Willen und führt ihn zum Erfolg; dagegen sind die Hinneigung zum Glauben (initium fidei) und der gute Wille selbst in der Regel Sache des Menschen (coll. 13, 8 f). Die Leugnung des allgemeinen Heilswillens Gottes ist ein ingens sacrilegium; die Prädestination zur Seligkeit ist nicht eine absolute, sondern beruht, da der Beginn des Glaubens vom Menschen abhängt, auf dem Vorherwissen Gottes (praevisis meritis; coll. 13, 7. 17. 18).

2. Die mönchische Vollkommenheit besteht in den Tugenden des inneren Menschen, nicht im Verlassen der Welt und im Klosteraufenthalt. Die Vollkommenheit liegt in der vollkommenen Liebe (coll. 11, 7 ff), die ein Geschenk Gottes ist und den Menschen Gott ähnlich macht. Vollkommene Liebe und Herzenslauterkeit sind die Voraussetzungen der Kontemplation, die die himmlische Seligkeit vorwegnimmt (coll. 1, 8 ff). Die 8 Hauptlaster (Unmäßigkeit, Unkeuschheit, Habsucht, Zorn, Traurigkeit, Überdruß, Ruhmsucht, Hochmut) gelten ihm als die schlimmsten Feinde, gegen die der Mönch zu kämpfen hat. Mit Evagrius Pontikus und Augustinus steht C. am Beginn jener Zeit, in der die Theologen die Sündenlehre nach Schwere und Art bis in die feinste Kasuistik auszubilden begannen. In seiner Vollkommenheitslehre ist C. auch vom Schrifttum der Messalianer (Liber graduum) und von Gregor von Nyssa beeinflußt.

ML 49/50.– M. Petschenig, CSEL 13; 17, 1886/8.– J. C. Guy, SCh 109, 1965 (Inst. coenob., TÜK).– E. Pichery, SCh 42; 54; 64, 1955/9 (Conférences, TÜK).– A. Abt-K. Kohlhund, BKV 1/2, 1879. ** Blommfield, HThR 1941, 124/8 (7 Hauptsünden).– Cabrol, DAL 2, 2348/57.– Capelle, RTA 1939, 110/18 (C. und Benedikt).– Cappuyns, DHG 11, 1319/48.– O. Chadwick, J. Cass. A study in primitive monasticism, C 1950.– Chéné, RSR 1948, 566/88 (initium fidei); AnTh 1953, 56/109 (Origines de la controverse sémipél.).– Corbett et Masai, Sc 1951, 60/74 (L'édition Plantin de Cass.).– Courcelle [C. Brunel, P 1955] 316/9 (Fragm. von De incarn.).– Dölger, AC 4, 122/9 (Heimat).– Froger, ALW 2, 1952, 96/102 (Inst. 3, 4; 6).– Godet, DThC 2, 1823/9.– Golinski, CTh 1936, 491/502 (Notlüge).– Griffe, BLE 1954, 240/4 (Cass., prêtre d'Antioche?).– J. C. Guy, Jean Cassien. Vie et doctrine spirituelle, 1961.– A. Kemmer, Charisma maximum, Lou 1938; vgl. ThR 1939, 320/2; OCP 1955, 451/66 (C. benützt Gregor v. Nyssa, nicht Ps.-Makarius).– Kraus,

ZAM 1938, 165/83 (Hl. Geist).– J. Laugier, J. Cass. et sa doctrine sur la grâce, 1908.– Madoz, Principe de Viana 7, 1947, 1/12 (De incarn. 7, 6).– Marrou, RML 1945, 5/26 (Cass. à Marseille); OCP 1947, 588/96 (Heimat: Dobrudscha).– S. Marsili, G. Cass. ed Evagr. Pont. Dottrina sulla carità e contemplazione, R 1936; RAM 1934, 241/5 (griech. Epitome von inst. 10/12).– Masai, AL 1945/6, 23/37 (Stundengebet).– Ménager, VS 1936, Suppl., 73/106 (gegen Olphe-Galliard).– Mozel, BiNJ 1960, 31/51 (De incarn.).– Munz, JEH 1960, 1/22 (abhängig von Origenes).– Olphe-Galliard, DSp 2, 214/76; RAM 1935, 289/98 (Quellen der coll. 11).– Pichery, MSR 1957, 5/20 (Les idées morales).– Schwartz, ZntW 38, 1939, 1/11 (Lebensdaten).– Vögtle, RACh 1, 74/9 (Achtlasterlehre).– de Vogüe [Théol. de la vie monastique, 1961] 213/40 (monachisme et église).– H. O. Weber, Die Stellung des J. Cass. zur außerpachomian. Mönchstradition, Mr 1961.

2. Vincentius von Lerin († vor 450), Priestermönch im Kloster Lerinum auf einer Insel bei Nizza, schrieb als Gegner der augustinischen Gnaden- und Prädestinationslehre 434 unter dem Pseudonym Peregrinus zwei *Commonitoria* (Denkschriften) über das Traditionsprinzip. Erhalten ist nur das erste *Commonitorium* mit einem von V. selbst hergestellten Auszug aus beiden. In versteckter Form sollte Augustins Gnadenlehre — der Name des Gegners wird nicht genannt — als Neuerung zurückgewiesen werden. Die *Obiectiones*, eine andere, etwas früher geschriebene und von Prosper bekämpfte Schrift (s. S. 451), sind nicht erhalten.

Gegen den Nestorianismus stellte V. die *Excerpta* zusammen, eine Sammlung von trinitarischen und vor allem christologischen Zitaten aus Augustinus, den V. trotz seiner Ablehnung der Gnadenlehre sehr schätzt. Vielleicht sind diese Excerpta die Quelle verschiedener im *Symbolum Quicunque* benützter Formulierungen.

Lehre

1. Die Heilige Schrift ist für sich selbst keine ausreichende Quelle und Norm des Glaubens, da sie wegen ihres tiefen Sinnes ganz verschieden ausgelegt wird (paene quot homines sunt, tot illinc sententiae erui posse videntur). Die Schriftauslegung muß daher „im kirchlichen und katholischen Sinn“ erfolgen (comm. 2).

2. Seit dem 16. Jh. findet V. besondere Beachtung wegen seines Versuches, Wahrheit und Irrtum im Glauben durch ein allgemeingültiges Kriterium zu unterscheiden: „Magnopere curandum est, ut id teneamus, quod ubique, quod semper, quod ab omnibus creditum est, hoc est etenim vere proprieque catholicum“ (2, 5). V. will damit den seit 431 immer mehr betonten Traditionsbeweis begründen. Bei seiner Polemik gegen die augustinische Gnadenlehre versteht V. dieses Prinzip in dem Sinne, daß nur das zu glauben sei, was überall oder immer oder von allen ausdrück-

lich geglaubt worden ist; daher sind Neuerungen abzulehnen. Das schließt jedoch nicht aus, daß das bereits Geglaubte nicht immer besser verstanden werden dürfte: „Crescat igitur oportet et multum vehementerque proficiat tam singulorum quam omnium, tam unius hominis quam totius ecclesiae, aetatum ac saeculorum gradibus intellegentia, scientia, sapientia“ (23, 4).

ML 50.– MLS 3, 23/45 (Excerpta).– A. Jülicher, ²1925.– R. S. Moxon, C 1915.– J. Madoz, Excerpta Vinc. Lir., Ma 1940.– G. Rauschen, BKV² 20, 1914 (Ü).– J. Madoz, Ma 1935; ²1944 (ÜK). ** D'Alès, RSR 1936, 334/56 (antiaugust.).– Bardy, DThC 15, 3045/55.– F. Brunetière et P. de Labriolle, St. V. de L., P 1906.– Fichtner, AER 1963, 145/61 (scripture and tradition).– Griffe, BLE 1961, 81/104 (Comm. nicht gegen Augustin).– H. Koch, V. von L. und Gennadius, 1907.– Kok, IKZ 1962, 75/85.– H. Kremser, Die Bedeutung des V. von Ler. für die römisch-kath. Wertung der Tradition, Diss.-Ma. H 1959.– Luiselli, Atene e Roma 1959, 216/22 (pseudonomia di V.).– J. Madoz, El concepto de la tradición en V. de L., R 1933; RSR 1951, 461/71 (cultura humanística); RET 1953, 475/83 (Excerpta im 8. Jh.).– O'Connor, Doctor Communis 16, 1963, 123/57 (Commonit. gegen Augustin?).– Schuster, PWK II 16, 2192/7.– Sciuto, MiscStLAC 1954, 127/38 (Tert. bei Vinz.).

3. Eucherius, B. von Lyon († 450/55), hinterließ zwei exegetische Schriften: *Formulae spiritalis intelligentiae* mit Proben allegorischer Exegese und die *Instructiones ad Salonium* in 2 Büchern; im 2. Buch erklärt er hebräische und griechische Wörter nach Hieronymus. Ferner schrieb er zwei kleine aszetische Abhandlungen *De laude heremi* und *De contemptu mundi* und die legendäre *Passio Agaunensium martyrum* (Thebaische Legion).

ML 50.– C. Wotke, CSEL 31, 1894.– L. Dupraz, Les passions de S. Maurice d'Agaune, FrSch 1961. ** Alfonsi, Studi Romani 1960, 52/5 (Passio Acaun.).– Bardy, Rb 1933, 14/20.– Bellen, Historia 1961, 239/47 (Thebäerproblem); Bellet, EstBibl 1950, 209/23 (Claudius von Turin hat die ps.-eucher. Kommentare zu Gen. und Reg. verfaßt).– D. van Berchem, Le martyre de la légion thébaine, Basel 1956.– Büttner, Z. f. Schweizer KG 1961, 265/74 (Theb. Legion).– Cristiani, DSp 4, 1653/60.– Curti [Convivium dominicum, Ca 1959] 297/327 (Passio Acaun.).– Etaix, DHG 15, 1315/7.– Honselmann, ThGl 1961, 300/4 (Fragm.).– de Riedmatten, Annal. valaisannes 1962, 331/48 (la légion Thébaine).

4. Hilarius, B. von Arles, war früher Mönch des vom hl. Honoratus († 428/29) gegründeten Klosters Lerinum und dessen Nachfolger als Metropolit von Arles († 449). Er verfaßte einen *Sermo de vita S. Honorati.* Die *Vita S. Hilarii Arelatensis* schrieb Reverentius oder wohl richtiger Honoratus, B. von Marseille.

ML 50, 1219/46 (v. Hilarii); 1249/72 (v. Honorati).– S. Cavallin, Vitae s. Honorati et Hilarii, Lund 1952; dazu VC 1954, 116 f; RHE 1956, 806 f. **

Axelson, VC 1956, 157/9 (v. Honor. et Hilar.).– de Franses, Paus Leo de Gr. en S. Hil. v. Arles, 's Hertogenbosch 1948.– B. Kolon, Die Vita s. Hil. Arel., Pa 1925.

5. Der Priester Evagrius schrieb um 430 die *Altercatio Simonis Iudaei et Theophili Christiani,* eine der letzten altchristlichen Streitschriften gegen die Juden.

ML 20.– E. Bratke, CSEL 45, 1904.– A. Harnack, TU 1, 3, 1883. ** Aubert, DHG 16, 102.– B. Blumenkranz, Les auteurs chrétiens latins du moyen âge sur les Juifs, 1963, 27/31.– Tjäder, Sc 1958, 6/49 (Mss.).

6. Salvianus von Marseille, * um 400, trat nach kurzer Ehe in das Kloster Lerinum ein (425), wurde bald Priester und siedelte vor 439 nach Marseille über, wo er kurz nach 480 starb.

Seine 440 verfaßte Hauptschrift, 8 Bücher *De gubernatione Dei,* ist ein kulturgeschichtliches Quellenwerk ersten Ranges, das uns das furchtbare Elend der Völkerwanderung anschaulich vor Augen führt. Salvian will einem Einwand begegnen, der angesichts des Jammers der Gegenwart nahelag, daß sich nämlich Gott um die irdischen Dinge nicht kümmere und sich nur so die Drangsale der römischen (d. h. katholischen) Bevölkerung erklären ließen. Gott habe seine strafende Gerechtigkeit nicht auf das zukünftige Gericht aufgespart, sondern übe sie schon in der Gegenwart. Er zeichnet deshalb, nachdem er in den zwei ersten Büchern die Vorsehung aus der Vernunft, Geschichte und Bibel erwiesen hat, ein abschreckendes Bild von den sittlichen Zuständen unter den romanischen Katholiken in Gallien, Spanien und Afrika, namentlich von der häuslichen und öffentlichen Unsittlichkeit im Theater und Zirkus, von der Hartherzigkeit gegen Notleidende und der Ungerechtigkeit im sozialen Leben. Die Barbaren seien eher zu entschuldigen, weil sie als Heiden (Sachsen, Franken, Hunnen) das göttliche Gesetz nicht kennen oder als Irrgläubige (Goten und Vandalen) nur in verderbter Gestalt; trotzdem seien sie ehrbarer und teilnehmender gegen die Armen und zeichneten sich aus durch mehr Gottesfurcht und Gottvertrauen. So sei der politische Zerfall des Römerreichs ein wohlverdientes Gottesgericht, ein schlagender Beweis für die göttliche Weltregierung. In konfessioneller und nationaler Unbefangenheit ahnt der Verfasser die weltgeschichtliche Bedeutung der Germanenwelt.

Außer 9 *Briefen* besitzen wir von ihm noch eine unter dem Decknamen Timotheus nach 435 erschienene Schrift *Ad ecclesiam libri IV.* Hier stellt Salvian die radikale Forderung auf, daß alle Besitzenden, vor allem die Kleriker, ihr Vermögen spätestens beim Tod der Kirche und damit den Armen vermachen sollten; er wollte durch Einführung einer Art Pflichtkommunismus dem ungeheuren sozialen Elend seiner Zeit entgegenwirken.

Die Darstellung, zumal in De gub. dei, ermangelt nicht eines gewissen Schwungs der Begeisterung, auch wenn sie breit ist und durch Wiederholungen ermüdend wirkt. Stil und Sprache verraten rhetorische Bildung des Verfassers. Trotz vielfach klassischer Korrektheit seines Lateins kündigt sich bei ihm bereits eine gewisse Auflockerung der Sprache und der Übergang zur Vulgärsprache an.

ML 53.– MLS 3, 203/13.– F. Pauly, CSEL 8, 1883.– C. Halm, MGAuctAnt 1, 1, 1877.– A. Mayer, BKV² II 11, 1935.– E. M. Sandfod, NY 1930 (Ü).– F. O'Sullivan, NY 1947 (Ü). ** Bardy, DThC 14, 1056/8.– Barman, RUO 1963, 79/97 (S. re-evaluated).– Bordone [P. Ubaldi, Mi 1937] 315/44 (la società Romana).– E. Bruck, Kirchenväter und soziales Erbrecht, 1956, 105/17 („iusta patrimonii portio").– P. Courcelle, Hist. litt. des grandes invasions germaniques, ³1964, 146/56.– Haefer, AThR 1934, 8/15 (Ep. 9).– O. Jansen, L'expressivité chez S. de M., 1: Les adverbes, N 1937.– M. Lanelli, La caduta d'un impero nel capolavoro di S., Na 1948.– Lebeau, NRTh 1963, 160/75 (hérésie et providence).– Morin, RB 1931, 194/206 (Ms. von Ad eccl.).– M. Pellegrino, S. d. M., R 1940; SC 1940, 302/18 (Ilario di Poit. e S.); VC 1952, 99/108 (Mss.).– E. M. Pickman, The mind of lat. Christendom, O 1937, 353/76 (Gerechtigkeit und Tugend).– K. Richter, Opusc. philol. 4, 1929, 39/60 (Einteil. von Gub. Dei).– Rochus, RBPh 1932, 107/21 (concinnitas bei S.); BullAcadBelgClLett 30, 1934 (La Latinité de S.).– A. Schäfer, Römer und Germanen bei S., 1930.– Sternberg, ThSK 1909, 29/78; 163/205 (Christent. des 5. Jh.).– G. Vecchi, Studi salvianei 1, Bologna 1951 (Mss.); VC 1950, 190/2 (gub. dei 3, 8, 37).

§ 105. Italische Schriftsteller

1. Aponius schrieb eine *Explanatio in Canticum canticorum*, eine umfangreiche allegorische Auslegung des Hohenliedes. Gewöhnlich nimmt man an, daß A. zwischen 405 und 415 in Italien schrieb, wahrscheinlich in Rom, dessen kirchliche Vorrangstellung er wiederholt hervorhebt.

MLS 1, 799/1031. ** Bellet, EstBibl 12, 1953, 28/38 (hsl. erhaltener Auszug in homilet. Form).– Harnack [Festschr. Delbrück, 1908] 37/46; SbB 1927, 433 ff (Primatslehre).– Mommsen [M. A. Friend, Pr 1955] 96/111 (A. and Orosius on the significance of the Epiphany).– Welsersheimb, ZkTh 1948, 44/6 (Kirchenbild).– J. Witte, Der Kommentar des A. zum Hohenlied, Diss. Erlangen 1903.

2. Chromatius, zwischen 387 und 407 B. von Aquileia, hinterließ Erklärungen zum Mt.-Ev. *(Tractatus in Mt.)*, von denen durch neuere Funde jetzt 25 bekannt sind. Aus der Predigttätigkeit des Ch. stammen der

Sermo de octo beatitudinibus und die *Expositio orationis dominicae;* dazu kommen 31 neu gefundene *Homilien.*

ML 20, 323/68.– A. Hoste, CCL 9, 1957.– Étaix, RB 1960, 469/503 (8 neue Tract. in Mt.).– Lemarié, RB 1962, 201/77 (Hom. 1/17); 1963, 181/243 (Hom. 18/29); 1965, 136/45 (Hom. 30 f). ** Bulhart, SE 1963, 46/9 (Tkr.).– Lemarié, RB 1962, 132/5 (un corpus d'homélies); 1964, 147/55 (neue Textzeugen).– Vollmann, RB 1963, 101/7 (zu den neuen Homilien).

3. Petrus Chrysologus (geboren in Imola um 380) wurde vor 431 B. von Ravenna († 450). Die Biographie des Agnellus aus dem 9. Jh. ist teilweise unzuverlässig. Von P. sind ungefähr 180 echte *Predigten* überliefert, vor allem in der Sammlung des B. Felix von Ravenna *(Collectio Feliciana* um 715); daneben gibt es etwa 15 weitere echte Texte. Die Predigten erklären biblische Textabschnitte, das Gebet des Herrn und das Symbolum; ferner gibt es Festpredigten und Gelegenheitsreden. Ihr Inhalt ist moralisch-praktisch, der Stil sehr rhetorisch und oft überladen.

Erhalten ist auch ein *Brief* an Eutyches, der sich 449 an P. um Hilfe gewandt hatte; P. verweist ihn an Leo I., ohne dessen Zustimmung er wegen des Friedens und Glaubens seine Anliegen nicht hören könne.

ML 52 (Coll. Feliciana; davon unecht Nr. 53; 107; 119; 129; 135; 138; 149; 159).– MLS 3, 153/83.– A. Olivar, Los sermones de San Pedro Crisólogo, Montserrat 1962 (Echtheitsprobleme; Texte außerhalb der Coll. Feliciana); SE 1961, 294/312 (Expositio symboli de Cividale).– SchAC 2, 3, 1, 6 f; 2, 1, 2, 45 f (ep. ad Eutych. = Leo, ep. 25).– G. Böhmer, BKV² 43, 1923.– A. Pasini, Siena 1953 (Ü). ** D. L. Baldisserri, S. Pier C., Imola 1920.– G. Böhmer, P. Chr. als Prediger, 1919.– Dekkers, CPL 227/37 (Textverzeichnis).– H. Koch, PWK 19, 1361/72.– R. H. McGlynn, The incarnation in the sermons of St. P. Chr., Diss. Mund 1956.– Olivar, SE 1954, 327/42 (Textverzeichnis); La Ciencia tomista 1959, 605/28 (Eucharistielehre).– F. J. Peters, P. Ch. als Homilet, 1919.

4. Maximus, B. von Turin, starb nach dem glaubwürdigen Zeugnis des Gennadius (vir. ill. 40) zwischen 408 und 423; er ist also zu unterscheiden von einem späteren Maximus, der als B. von Turin 451 und 465 an Synoden teilgenommen hat. Nach Gennadius hat M. zahlreiche Abhandlungen und Predigten hinterlassen; erhalten sind aber nur Predigten. Es handelt sich um ungefähr 100 echte *Predigten* über Schriftabschnitte, für liturgische Feste, für Heiligenfeste und einzelne Gelegenheiten. M. benützt Ambrosius; er ist ein erfolgreicher Prediger, der sich gegen die Überreste des Heidentums wendet und in den Nöten der Zeit Trost spendet.

ML 57 (irreführend).– MLS 3, 351/79 (Verzeichnis der Predigten).– A. Mutzenbecher, CCL 23, 1962 (111 Sermones, davon 8 sicher unecht, 5 zweifelhaft). ** P. Bongiovanni, S. Mass., vesc. di Torino e il pensiero teol., To 1952.–

Callewaert, RB 1920, 132/44 (le carême à Turin). – Dekkers, CPL 220/26 b. – O. Heggelbacher, Das Gesetz im Dienste des Evangeliums, Bamberg 1960. – Maenchen-Helfen, VC 1964, 114 f (sermo 18 vom Jahre 408). – Mutzenbecher, SE 1954, 343/72 (Überl. der Sermones); SP 5, 109/16 (Weihnachten und Epiphanie); SE 1961, 197/293 (Bestimmung der echten Sermones). – Pellegrino, SP 1, 134/41 (Fälschung von 24 Homilien); AtTor 90, 1955 f, 3/113 (Fälschung von Texten).

5. Arnobius der Jüngere, ein wahrscheinlich aus Afrika vor den Vandalen geflüchteter Mönch, lebte seit etwa 432 in Rom; er war ein Gegner der augustinischen Gnadenlehre († nach 455).

a) *Conflictus cum Serapione* berichtet über ein Streitgespräch des A. mit einem monophysitisch gesinnten Gegner, das um 455 in Rom gehalten wurde. b) *Expositiunculae in evangelium* sind Scholien zu Texten aus Mt., Luc., Joh.; c) *Liber ad Gregoriam* ist eine aszetische Trostschrift für eine unglücklich verheiratete römische Aristokratin; d) *Commentarii in Psalmos,* eine allegorische Auslegung der Psalmen.

b) Der anonym überlieferte *Praedestinatus* in 3 Büchern ist zwischen 432/440 geschrieben und sachlich und sprachlich mit dem Psalmenkommentar verwandt, so daß ihn Morin dem A. zugeschrieben hat, während nach H. v. Schubert Julianus von Aeclanum der Verfasser ist. Das 1. Buch gibt unter Benützung von Augustins De haeresibus eine Übersicht über 90 Häresien bis auf die letzte und größte, die der Prädestinatianer; im 2. Buch folgt eine zu Unrecht unter Augustins Namen verbreitete Darstellung seiner Gnaden- und Prädestinationslehre, die dann im 3. Buch kämpft wird.

A. scheint auch hagiographische Legenden geschrieben zu haben.

ML 53. – MLS 3, 213/56 (Ad Gregoriam). – G. Morin, Anecdota Maredsol. 3, 3, 1903, 129/51 (Expos.); Études, textes, découvertes 1, 1913, 383/439 (Ad Gregor.). ** Amann, DThC 12, 2775/80 (Praedest.). – Bardy, RB 1928, 256/61 (Praedest.). – G. Bouwman, Des Julian von Ae. Kommentar zu den Propheten, R 1958, 17/9 (Praedest. von Jul.). – Diepen, RTh 1959, 535/64 (Christologie). – Dölger, AC 3, 225/30 (Ps. 44, 6). – H. K. Kayser, Die Schriften des sog. A. Jun., 1912. – de Labriolle, DHG 4, 547/9. – W. Levison, ST 38, 1924, 159/247; ZSK 1926, 501/11 (Acta Silvestri). – Morin, RevSR 1936, 177/84 (A. Afrikaner, Hagiograph). – H. von Schubert, Der sog. Praedestinatus, 1903.

Dritter Teil

Der Ausgang der patristischen Literatur

§ 106. Allgemeines

Seit der Mitte des 5. Jh. vollziehen sich bemerkenswerte geistesgeschichtliche und zugleich politisch-kulturelle Wandlungen, die allmählich auch in der christlichen Literatur zu Veränderungen führen. Da die zentralen Probleme der christlichen Glaubenslehren (Trinität, Christologie, Gnadenlehre) durch die großen Synoden eine vielfach abschließende, autoritative Klärung gefunden hatten, schien vielen auch die theologisch-wissenschaftliche Arbeit beendet zu sein. Das exegetisch-historische und dogmatisch-spekulative Streben erlahmt und tritt stark hinter kultischen und aszetischen Bedürfnissen zurück.

In der ersten Hälfte des 6. Jh. stellten Leontius von Byzanz und Johannes Philoponus im Osten, Boëthius im Westen die aristotelische Philosophie, besonders die Logik, in den Dienst des theologischen Denkens. Damit wurde eine der Grundlagen vorbereitet, auf der die mittelalterliche Scholastik entstehen konnte. Bei dem Mangel an Ursprünglichkeit und Schaffenskraft trat die geistige Abhängigkeit von der Autorität der Kirchenväter des 4. und 5. Jh. immer stärker hervor, bis schließlich der Traditionalismus, der nur um die Weitergabe der Väterlehre besorgt war und auf neue und eigene Leistungen verzichtete, zum Grundsatz erhoben erschien.

Viele Schriftsteller begnügten sich damit, die Ergebnisse der Geistesarbeit vergangener Zeiten zu sammeln und zu bequemerem Gebrauch zu ordnen. So entstanden im griechischen Osten die Katenen (Kettenkommentare), welche die großen exegetischen Originalwerke der Vergangenheit exzerpierten, und im Osten und Westen schuf man die Florilegien (Testimoniensammlungen), die Aussprüche über dogmatische und moraltheologische Fragen darboten. So wurden die Schätze des philosophischen und theologischen Wissens — ähnliches gilt für viele Gebiete der profanen Kultur — für die Zukunft gerettet. Eine außerordentliche Bedeutung für die enzyklopädische Wissensvermittlung an das Frühmittelalter kommt Isidor von Sevilla zu, dem letzten Kirchenvater des Westens.

Der allgemeine Rückgang der literarischen Produktivität erklärt sich zum Teil auch aus den Zeitverhältnissen; denn im Abendland erlag damals die Kultur des lateinischen Imperium Romanum dem Ansturm der Germanen. Mit der immer mehr schwindenden Kenntnis des Griechischen im Westen und des Lateinischen im Osten ging die lebendige Verbindung zwischen den beiden Reichshälften verloren. Weite Landstriche der griechischen Kulturwelt litten sehr unter dem Ansturm des Islams.

Im Westen erwiesen sich die germanischen Stämme für die Einflüsse der lateinisch-kirchlichen Kultur nicht unempfänglich, und so konnte sich in Gallien, Italien und im 6./7. Jh. besonders in Spanien das geistige Leben in bescheidenem Umfang weiter behaupten. Im Osten hat die christliche Rhetorenschule von Gaza eine Blütezeit erlebt, und die griechische Kirche hat in Pseudo-Dionysius, Maximus Confessor und Johannes von Damaskus bedeutende theologische Schriftsteller hervorgebracht.

I. Lateinische Schriftsteller

§ 107. Die Päpste von Hilarus bis Pelagius II.

L. Broel-Plater, De primatu Rom. Pont. (496–590), R 1930.– F. di Capua, Il ritmo prosaico nelle lettere dei papi... 3, 2: Da Ilaro a Ormisda (461–523), R 1946.– E. Caspar, Gesch. des Papsttums 2, 1933.– R. Haacke, Chalkedon 2, 95/177 (kaiserliche Politik und Chalkedon).– F. Hofmann, Chalkedon 2, 13/94 (Päpste von 451–519 und das Dogma von Chalkedon).– E. Pontieri, Le invasioni barbariche e l'Italia del V e VI sec., Na 1960.– H. Rahner, Die gefälschten Papstbriefe aus dem Nachlaß von J. Vignier, 1935.– Weitere Literatur s. S. 353.

1. Die 11 *Briefe* des Papstes Hilarus (461–468) befassen sich überwiegend mit Fragen der Kirchendisziplin in Gallien und Spanien.

ML 58, 11/32.– A. Thiel, Epist. Rom. Pont. 1, Braunsberg 1868, 126/74.– Fuhrmann, Tr 1958, 371/7 (Brieffragment).

2. Simplicius (468–483). Seine 20 *Briefe* sind durch die monophysitischen Wirren des Ostens veranlaßt. In ep. 3, 5 betont S. die dauernde Gültigkeit päpstlicher Glaubensentscheidungen.

ML 58, 35/62.– Thiel 175/214.– O. Guenther, CSEL 35, 1895 (14 Briefe).– E. Schwartz, Publizist. Sammlungen zum Akac. Schisma, 1934. ** Schwartz, AbhMn 32, 6, 1927, 118; 130 f (7 wahrscheinlich unechte Anathematismen).

3. Felix II. (III.) (483–492): 18 *Briefe,* die sich gleichfalls fast ausschließlich mit den östlichen Angelegenheiten beschäftigen.

ML 58, 893/973.– Thiel 222/77.– E. Schwartz, Publizist. Sammlungen, 1934 (14 Briefe).

4. Gelasius I. (492–496) ist nach Leo I. auch als Schriftsteller der bedeutendste Papst des 5. Jh. Er stammt wahrscheinlich aus Afrika und hatte bereits unter seinem Vorgänger als Verfasser amtlicher Schreiben die päpstliche Politik maßgebend beeinflußt.

Mit aller Kraft führte er den Kampf gegen das akacianische Schisma unter scharfer Betonung des primatus iurisdictionis, der dem römischen Bischof zukomme; Beschlüsse bischöflicher Synoden erlangen nur durch Bestätigung des Papstes Rechtskraft. Über das Verhältnis von Kirche und Staat lehrte er, daß beide Gewalten göttlichen Ursprungs und auf ihren Gebieten selbständig und gleichberechtigt seien.

a) Erhalten sind noch etwa 60 *Briefe* (Dekretalen) und zahlreiche Brieffragmente. Ferner besitzen wir von G. 6 theologische *Traktate,* von denen sich 4 gegen den Monophysitismus und einer gegen den Pelagianismus wenden. Die *Gesta de nomine Acacii* bieten einen Überblick über die Geschichte des Streits zwischen Rom und Byzanz. Wichtig ist die Testimoniensammlung *De duabus naturis in Christo.*

ML 59.– MLS 3, 739/87 (Briefe; De duab. nat.).– Thiel 285/613.– S. Löwenfeld, Epp. Pont. ineditae, 1885.– E. Schwartz, Publizist. Sammlungen, 1934 (8 Briefe und Tract. 2/4). ** V. Bagan, The syntax of the letters of Pope G., Wa 1945.– E. Caspar, Gesch. des Papsttums 2, 749/52 (Bibliogr.).– Cavallera, BLE 1937, 67/78 (der christl. Fürst in den Papstbriefen des 5. Jh.).– P. Charanis, Church and State in the later Rom. Empire (491–518), Madison 1939.– Dölger, AC 6, 133/46 (ep. 14, 19).– Dvornik, BZ 1951, 111/6 (G. und Kaiser Anastas. I.).– Enßlin, HJB 1955, 661/8 (auctoritas und potestas).– Ertl, Archiv f. Urkundenf. 1937, 56/112 (G. Diktator von Papstbriefen unter Felix III., nicht unter Simplicius).– U. Gmelin, Auctoritas, St 1937, 135/49.– Grzelak, CTh 1932, 261/95 (Erbsünde, Gnade).– F. Hofmann, Chalkedon 2, 52/66.– Jonkers, Tijdschr. Rechtsgesch. 20, 1952, 335/49 (G. and civil law).– L. Knabe, Die gelas. Zweigewaltentheorie bis zum Ende des Investiturstreits, 1936.– H. Koch, G. im kirchenpolit. Dienste seiner Vorgänger, 1935.– Soranzo, RSCI 1, 1947, 3/21 (Vorläufer der sog. gelasian. Theorie).– Ziegler, CHR 1942, 412/37 (Staat und Kirche).

b) G. hat zahlreiche liturgische Texte verfaßt. Die *Deprecatio Gelasii* ist eine Kyrie-Litanei, welche an den Beginn des Gottesdienstes gerückt wurde und so die ältere Form des allgemeinen Gebetes am Schluß des

Lese- und Gebetsgottesdienstes (orationes sollemnes) ersetzte. Weitere liturgische Texte des G. finden sich mehr im sog. *Sacramentarium Leonianum (Veronense)* als im sog. *Sacramentarium Gelasianum.* Beide Bezeichnungen stammen erst aus der Neuzeit. Das *Sacramentarium Gelasianum* ist eine Kompilation aus vorwiegend römischen Texten, deren älteste Handschrift (Cod. Vat. Reg. 316) um 750 in der Nähe von Paris geschrieben wurde.

L. C. Mohlberg, R 1960 (Sacram. Gelas.). – G. Pomarès, SCh 65, 1959 (Lettre contre les Lupercales et dix-huit messes du Sacr. Léonien, TÜK). – Capelle, RB 1934, 135/44 (Deprecatio G.). ** Brinktrine [C. Mohlberg 2, 1948] 61/9 (Brief an Elpidius von Volterra). – Cabrol, DAL 747/77. – Callewaert, RHE 1942, 20/45 (l'histoire du Kyrie). – Capelle, RHE 1939, 22/34 (G. et la messe rom.); RB 1945 f, 12/41 (messes du pape S. Gélase); RB 1951, 3/14 (Gelas. und Sacram. Leonianum); JTS 1952, 129/44 (l'œuvre liturg. de G.). – A. Chavasse, Le sacramentaire Gélasien, 1958. – Coebergh, SE 1952, 46/102 (G. Verfasser von Texten des Sacram. Leonianum); ALW 7, 1, 1961, 45/88 (Sacr. Gel. une compilation de clercs romanisants du VIIe s.). – Crehan, VC 1958, 45/8 (Canon dominicus papae G.). – Dekkers, SE 1958, 363/98 (G. Verfasser von Texten des Leonianum). – V. L. Kennedy, The saints of the Canon of the mass, R 1938.

c) Das *Decretum Gelasianum de libris recipiendis et non recipiendis* ist unecht; es handelt sich um eine zu Anfang des 6. Jh. wahrscheinlich in Südgallien entstandene Privatarbeit eines Klerikers, in der sich jedoch die römischen Anschauungen und Verhältnisse widerspiegeln. Der damasianische Grundstock (Teil 1/3; s. S. 354) bringt 1. Entscheidungen eines römischen Konzils (381) über den Heiligen Geist und die Namen Christi, 2. ein Verzeichnis der Bücher der Heiligen Schrift, 3. eine Erklärung über den römischen Primat und die Patriarchalsitze. Teil 4 handelt über allgemeine Konzilien und Kirchenväter. Teil 5 bringt ein Verzeichnis apokrypher und anderer theologisch verdächtiger Schriften.

E. von Dobschütz, TU 38, 4, 1912. – Schneemelcher, NtlA 1, 21/4 (Apokryphenverzeichnis, Ü). ** Bardy, DBS 3, 579/90. – Schwartz, ZntW 1930, 161/8.

5. Anastasius II. (496–498): 4 *Briefe.* In einem Brief an Kaiser Anastasius erklärt er die Gültigkeit von Ordinationen bei Häretikern, in einem Brief an gallische Bischöfe verurteilt er den Generatianismus und erklärt sich für den Kreatianismus.

MLS 3, 787/97. – Thiel 615/37.

6. Symmachus (498–514): 9 *Briefe* und Synodalschreiben sind veranlaßt durch das laurentianische und akacianische Schisma und die Jurisdiktionsstreitigkeiten zwischen Arles und Vienne.

Thiel 639/738. – E. Caspar, KlT 162, 1931 (Theoderich und das Papsttum). ** Alessandrini, ArchRomStorPatria 67, 1944, 153/207 (Theoderich und S.). – Picotti [G. Volpe 2, Fi 1958] 741/876 (sinodi romani nello scisma laurenziano). – von Pölnitz, RHE 1936, 81/8 (synodes apocryphes). – Poma, SC 1935, 559/81 (l'ingiudicabilità del Rom. Pontef.). – Townsend, JR 1935, 165/74 (S.-Fälschungen); CQR 1938, 201/15. – G. Westenburger, Der S.-Prozeß von 501, Diss. T 1940.

7. Hormisdas (514–523): ungefähr 90 *Briefe* und Aktenstücke befassen sich zumeist mit dem 519 beigelegten akacianischen Schisma. Besonders wichtig ist die vom Kaiser und allen Bischöfen des Ostens und Westens unterzeichnete Glaubensformel *(Fides Hormisdae papae).*

ML 63. – O. Guenther, CSEL 35, 1895. – Thiel 741/990. ** W. Haacke, Die Glaubensformel des Papstes H. im Acacian. Schisma, R 1939. – S. Martin, RET 1941, 767/812 (Glaubensformel).

8. Johannes I. (523–526) ist wahrscheinlich identisch mit jenem Johannes Diaconus, welcher die für die Geschichte der Taufliturgie wichtige *Epistola ad Senarium* geschrieben und dem auch der unter den theologischen Schriften des Boëthius überlieferte Traktat *De fide catholica* gehören soll.

ML 59, 399/408. – A. Wilmart, ST 59, 1933, 158/79 (ep. ad Senar.). ** Dondeyne, RHE 1932, 751/9; vgl. RB 1933, 108/18. – Enßlin, BZ 1951, 127/34 (J. als Gesandter in Konstantinopel). – Goubert, OCP 1958, 339/52 (voyage à Byzance). – Löwe, HJB 1953, 83/100 (Theoderich und J.).

9. Felix III. (IV.) (526–530): 4 *Briefe* und ein *Erlaß*, durch den der Papst den Diakon Bonifatius zu seinem Nachfolger ernannte.

ML 65, 11/6. – SchAC 4, 2, 96/8.

10. Von Bonifatius II. (530–532), einem romanisierten Goten von Geburt, ist nur ein an Cäsarius von Arles gerichtetes *Schreiben* erhalten, durch das er die den Semipelagianismus verurteilenden Beschlüsse der 2. Synode von Orange (529) bestätigt.

ML 65, 31/4. – G. Morin, S. Caesarii opp. 2, 1942, 67/70. – C. Silva-Tarouca, Coll. Thessal., R 1937 (Synode von 531). ** Schwartz [R. Reitzenstein, 1931] 137/59 (Coll. Thess.).

11. Johannes II. (533–535): 5 *Briefe.*

ML 66, 11/26.

12. Agapet I. (535–536): 7 *Briefe.*

ML 66, 35/80. ** Enßlin, HJB 1958, 459/66 (A. und Justinian I.). – Marrou, MAH 1931, 124/69 (Bibliothek des Papstes).

13. Vigilius (537–555) schrieb 26 *Briefe* und *Aktenstücke,* die mit dem Dreikapitelstreit zusammenhängen.

ML 69, 15/328.– E. Schwartz, SbMn 1940, 2 (Vigiliusbriefe. Zur Kirchenpolitik Justinians). ** Amann, DThC 15, 2994/3005.– Capelle, RB 1938, 306/8 (ep. ad Profutur.).– Chavasse, EL 1950, 161/213 (V. als Verfasser von Texten des Leonianum).

Rusticus, römischer Diakon, seit 547 mit seinem Onkel, Papst Vigilius, in Konstantinopel, stand im Dreikapitelstreit zuerst auf der Seite des Vigilius, trat dann aber gegen dessen *Judicatum* auf, so daß ihn Vigilius 550 exkommunizierte und absetzte. Gemeinsam mit dem afrikanischen Abte Felix wandte er sich in einer verlorenen *Streitschrift* auch gegen die vom Konzil (553) ausgesprochene Verurteilung der Drei Kapitel; beide wurden nach der Thebais verbannt. R. fand 565 im Akoimetenkloster in Konstantinopel Zuflucht und revidierte dort die lateinischen Übersetzungen der *Synodaltexte* von Ephesus und Chalkedon und fügte ihnen in seinem *Synodicon* wertvolles Material hinzu. Gegen die Monophysiten schrieb R. einen verstümmelt überlieferten Dialog *Contra acephalos disputatio;* der in dieser Schrift erwähnte *Sermo de definitionibus* ist verloren. R. benützt die von Boëthius im Westen eingeführte Beweismethode, die nicht nur die biblischen und patristischen Quellen heranzieht, sondern vor allem die ratio theologica zur Geltung bringt.

ML 67, 1167/1254 (Disput.).– SchAC 1, 3/4; 2, 3, 1/3 (Konzilsakten). ** Bardy, DThC 14, 371 f.– Grillmeier, Chalkedon 2, 767 f; 816/22.– Wojtacha, ZkTh 1960, 212/7 (Begriff der Subsistenz).

14. Pelagius I. (555–561) wirkte als römischer Diakon und päpstlicher Apokrisiar in Konstantinopel gegen die Verurteilung der Drei Kapitel und damit gegen die schließlich auch von Papst Vigilius eingenommene Haltung.

Seinen Standpunkt begründete er in der 554 verfaßten, verstümmelt überlieferten Schrift *In defensione Trium Capitulorum,* für die er besonders Facundus von Hermiane (s. S. 491) benützt hat. In vielen seiner etwa 100 *Briefe* suchte er, nachdem er als Papst den Beschlüssen des Konzils von Konstantinopel (553) zugestimmt hatte, allerdings mit geringem Erfolge, die in Afrika, Oberitalien und Gallien gegen die Verurteilung der Drei Kapitel hervorgetretene heftige Opposition zu überwinden. Über die *Verba seniorum* s. S. 239.

Zwei Briefe sind an B. Agnellus von Ravenna gerichtet. Von Agnellus ist eine den Arianismus bekämpfende Abhandlung *De ratione fidei ad Arminium* erhalten.

ML 69, 393/422.– R. Devreesse, ST 57, 1932 (In defens. trium capit.).– P. M. Gassó - C. M. Batlle, Pelagii I. epp. quae supersunt, Montserrat 1956.– ML 68, 381/6; J. Huhn [Sankt Bonifatius, Fulda 1954] 102/38 (Agnell., De rat. fidei, TK). ** L. Abramowski, VC 1956, 160/93 (Zitate in der Schrift In defens.).– Devreesse, DThC 12, 660/9.– Nagl, PWK Suppl. 7, 836/47.– E. Sloots, De diaken P. en de verdediging der Drie Kap., N 1936.

15. Johannes III. (561–574) hat als römischer Subdiakon wahrscheinlich den 2. Teil der *Verba seniorum* lateinisch bearbeitet (s. S. 239) und vielleicht auch ein *Expositum in Heptateuchum* kompiliert.

J. Pitra, Spicileg. Solesm. 1, 1852, 278/301 (Expos.). ** Lambot, RB 1937, 236 Anm. 4.

16. Pelagius II. (579–590): 7 *Briefe.*

ML 72, 703/90. ** Amann, DThC 12, 669/75.

Von Johannes I, Silverius (536–537), Johannes III. und Benedikt I. (575–579) sind echte Briefe nicht überliefert.

§ 108. Papst Gregor I., der Große (590-604)

Gregorius, um 540 in Rom geboren, entstammte dem senatorischen Adel und wurde 572/73 römischer Stadtpräfekt. Nach dem Tode seines Vaters Gordian stiftete er auf dem ererbten Grundbesitz in Sizilien sechs Klöster und verwandelte den elterlichen Palast am Clivus Scauri in ein Andreaskloster, wo er selbst seit 575 lebte. G. wurde Regionardiakon und wirkte 579–585 als Apokrisiar in Konstantinopel. Nach seiner Rückkehr nach Rom war er weiterhin Ratgeber von Pelagius II.; als dieser 590 an der Pest gestorben war, wurde G. trotz seines ehrlichen Widerstrebens zu seinem Nachfolger gewählt (ordiniert 3. Sept. 590; gestorben 12. März 604).

Inmitten des Verfalls, den die Invasionen und Kriege des 5. und 6. Jh. über Italien gebracht hatten, mühte sich G. um Besserung der wirtschaftlichen und sozialen Verhältnisse, indem er den gewaltigen Grundbesitz der römischen Kirche (Patrimonium Petri) reorganisierte, die Kolonen vor Ausbeutung schützte und die Erträgnisse zur Linderung der Not verwandte. G. erreichte ein friedliches Einvernehmen mit den Langobarden, die 592/93 Rom bedrohten; er pflegte freundschaftliche Beziehungen zum Frankenreich und zum westgotischen Reich in Spanien, das sich seit Rekkared (586) vom Arianismus abwandte. In Italien konnte G. das seit dem Dreikapitelstreit in der mailändischen Kirchenprovinz bestehende Schisma beenden. Augustinus, der Prior des Andreasklosters, wurde mit 40 Mönchen zur Christianisierung der Angelsachsen entsandt.

Der Gegensatz zwischen Rom und Konstantinopel verschärfte sich. G. erhob wie sein Vorgänger Einspruch dagegen, daß der Patriarch Johannes

Jejunator von Konstantinopel den seit längerer Zeit üblichen Titel ἰοκουμενικός führte. Aber auch für sich lehnte er den entsprechenden Titel „universalis papa“ ab und nannte sich „servus servorum dei“.

Über Leben und Wirken Gregors unterrichten uns drei vielfach legendäre Viten, die ein ungenannter englischer Mönch um 713, Paulus Diaconus und Johannes Diaconus (872/82) verfaßt haben. Wichtiger sind die eigenen Werke des G., ferner zeitgenössische Nachrichten bei Gregor von Tours, im Liber pontificalis und bei Isidor von Sevilla.

ML 75/79.– ML 75, 59/242 (Vita von Joh. Diac.).– F. A. Gasquet, Lo 1904 (anonyme Vita).– H. Grisar, ZkTh 1887, 158/73 (Vita von Paulus Diac.). ** P. Batiffol, ²1928.– Bertolini, RSCI 1952, 1/46 (G., Spoleto und Benevent).– W. J. Boast, The relations of Pope G. the Gr. with the Churches of the Rom. Empire of the East, Birmingham 1930.– K. Brazzel, The Clausulae in the works of St. G. the Gr., Wa 1939.– S. Brechter, SM 1939, 209/24 (War G. Abt?); Die Quellen zur Angelsachsenmission G.s d. Gr., 1941.– E. Caspar, Gesch. des Papsttums 2, 306/514.– Ch. Chazottes, Grégoire le Grand, 1958.– F. H. Dudden, 1/2, Lo 1905.– G. Ferroni, S. G. M. e la difesa di Roma, 1939.– E. H. Fischer, ZSK 1950, 15/144 (G. und Byzanz).– H. Goll, Die vita G.i des Joh. Diaconus, FrSch 1940.– H. Grisar, R ²1928.– Haggerty-Krappe, Le Moyen-Age 1936, 161/77 (G.-Legende).– Halkin, OCP 1955, 109/14 (G. dans l'hagiographie byz.).– Hallinger, StAns 42, 1957, 231/319 (G.s Mönchtum gehört der vorbenedikt. Tradition an).– Leclercq, DAL 6, 1753/76; 8, 2861/7.– de Lubac, RSR 1960, 185/226 (G. et la grammaire).– E. M. Marian, S. G. I., papa della carità, Diss. Anton., R 1951.– Schuster, SC 1945, 137 f („servus Dei“).– A. Snow, Lo ²1924.– E. Spearing, The patrimony of the Roman Church in the time of G. the Gr., 1918.– Spörl [R. Guardini, 1935] 198/211 (G. und die Antike).– W. Stuhlfath, G.s I. Leben bis zur Wahl zum Papst, 1913.– A. Valori, To 1955.

1. *Briefe.* Im ganzen sind 854 Briefe erhalten, die zum größten Teil (848) in 3 aus dem lateranensischen Urregister ausgezogenen Sammlungen überliefert wurden. Dazu kommen noch einige Briefe des Papstes Pelagius II., die wahrscheinlich Gregor als Diakon verfaßt hat. Sie vermitteln einen überwältigenden Eindruck von der amtlichen Tätigkeit des Papstes und lassen, mag auch ein guter Teil rein geschäftlichen Charakter tragen, in ihrer Mehrzahl die persönliche Art Gregors erkennen; ihnen kommt deshalb nicht nur geschichtliche, sondern auch literarische Bedeutung zu.

P. Ewald-L. M. Hartmann, Reg. epist. 1/2, 1891/9 (MG Epp. 1/2).– Th. Kranzfelder, BKV, 1874 (Briefe, Ü). ** S. Brechter, Die Quellen zur Angelsachsenmission G.s d. Gr., Mr 1941.– G. Damizia, Benedictina 2, 195/239 (Registrum Epp. e il Corp. Iur. Civ.); Lineamenti di diritto can. nel Registrum Epp., R 1949.– M. Deanesly-P. Grosjean, JEH 1959, 1/49 (ep. 11, 56a an Augustin).– Deanesly, JEH 1961, 231/4 (ep. 11, 56a).– M. B. Dunn, The style of the letters of St. G., Wa 1931.– A. Eidenschink, The election of bishops in the Lett. of G., Wa 1945.– Farmer, StudMonast 1, 1959, 419/22 (ep. 11, 56 a echt).– Fischer, ZkTh 1938, 37/75 (niederer Klerus).– Marcus, JEH 1963, 16/30 (chronology of the Gregorian mission to England).– Meyvaert, RHE 1959, 879/94 (ep. 11, 56 a).– D. Norberg, In Registrum G.i M. stud. critica, 1/2, Up 1937/9; Er 1945, 304/16.– J. F. O'Donnel, The vocabulary of the Letters of St. G., Wa 1934.– W. M. Peitz, Das Register G.s I., 1917.– Wellesz, Annal. Musicol. 2, 1954, 7/26 (ep. 9, 26: Alleluia).

2. Schriften

Die Schriften des G. sind in der Hauptsache seelsorglich-praktischen Fragen gewidmet.

a) Der *Liber regulae pastoralis* (4 Bücher) ist eine anläßlich seines Regierungsantritts verfaßte Programmschrift und Gewissenserforschung, in der Gregor das Ideal eines Seelenhirten zeichnet. Die Schrift behandelt 4 Hauptfragen: 1. Gesinnung und Beweggründe desjenigen, der das Amt der Seelenleitung, der „Kunst aller Künste" (1, 1), antreten will, 2. die für den Seelsorger notwendigen Tugenden, 3. die Lehraufgabe und seelsorglich-pädagogische Betreuung der ihm Anvertrauten, 4. die Notwendigkeit der täglichen Selbstbesinnung und Gewissensprüfung.

Noch zu Lebzeiten Gregors ließ Kaiser Mauritius eine griechische Übersetzung durch den Patriarchen Anastasius II. von Antiochien (599–609) anfertigen, die jedoch nicht erhalten ist. König Alfred der Große übertrug die Schrift ins Angelsächsische. Im MA bedeutete die Schrift für den Weltklerus das, was die Regula Benedicti für die Orden war.

J. Funk, BKV² II 4, 1933 (Ü).– H. Davies, ACW 11, 1950 (Ü). ** D. M. Wertz, The influence of the Reg. Past. to year 900, Diss. Cornell-Univ., Ithaca 1936.

b) *Moralia in Job*, ein ungewöhnlich breiter Jobkommentar in 35 Büchern, während des Aufenthalts in Konstantinopel auf Bitten des dort gleichfalls weilenden Bischofs Leander von Sevilla begonnen und um 595 vollendet. Gregor liefert eine historische, allegorische und moralische Exegese. Da die moraltheologischen Erörterungen und praktischen Anwendungen und Ermahnungen, die von seiner tiefen Menschenkenntnis und abgeklärten Lebensweisheit beredtes Zeugnis ablegen, bei weitem überwiegen, kann man das Werk fast als ein Handbuch der Moraltheologie und Aszetik ansprechen.

Als Beispiel für die zur Anwendung gebrachte Methode der Auslegung sei erwähnt: Job ist ein Typus des Erlösers, sein Weib ein Typus des fleischlichen Lebens, die Freunde sind Sinnbilder der Ketzer; die 7 Söhne

Jobs werden moralisch als die 7 Haupttugenden und allegorisch als die 12 Apostel erklärt, denn 7 sei 3 + 4, 12 aber 3 × 4.

Ferner dürfen eine *Auslegung des Hohenliedes* (1, 1/8) und ein *Kommentar zum 1. Buch der Könige* als echt gelten.

P. Verbraken, CCL 144, 1963 (Expos. in cant.; in I Reg.). – R. Gillet - De Gaudemaris, SCh 32, 1952 (Morales sur Job 1/2, TÜK). ** Ashworth, Tr 1960, 364/73 (Sacr. Hadrianum und K zu 1 Reg.). – Capelle, RB 1929, 204/17 (Hom. in Cant.). – R. M. Hauber, The late latin vocabulary of the Moralia of St. G. the Gr., Wa 1938. – P. Salmon, StAns 27/8, 1952, 187/94 (le Text de Job utilisé par s. G. dans les Moralia). – Verbraken, RB 1956, 39/62; 159/217 (K zu 1 Reg.); RB 1963, 277/88 (tradition manuscrite du Comm. in cant.). – R. Wasselynck, L'influence des Moralia ... sur la théologie morale entre le VIIe et le XIIe s., Lille 1956.

c) Homiliensammlungen: 40 meist kurze *Homilien über Evangelien-Perikopen* und 22 längere Predigten aus dem Jahr 593, die eine fortlaufende *Erklärung von Ezechiel 1/3 und 40* bieten. Die Evangelienhomilien wurden wahrscheinlich im Lauf eines Kirchenjahrs (590 und 591) vorgetragen und 592 hg.; die ersten 20 diktierte der Papst und ließ sie in seiner Gegenwart durch einen kirchlichen Notar vortragen, die übrigen 20 hielt er selbst.

F. L. Battles, A transl. and crit. study of the I. book of the Hom. on Ez., Diss. Hartford Seminary 1950. ** V. S. Martić, De genere dicendi s. G.i in 40 hom. in evang., Diss. FrSch 1934. – H. Schwank, G. d. Gr. als Prediger, 1934. – Wilmart, RB 1935, 3/7 (in Ez. 2, 8). – A. W. Ziegler, MThZ 1, 1950, 35/44 (Hom. 35 in Evv.).

d) Die 4 Bücher *Dialogi de vita et miraculis patrum Italicorum* (593/94) bieten in der Einkleidung der antiken Kunstform des Dialogs Berichte über Wundertaten, Prophezeiungen und Visionen, die einen tiefgehenden Einfluß auf die Geisteshaltung des mittelalterlichen Menschen ausgeübt und besonders seine Wundersucht gefördert haben.

G. will zeigen, daß nicht nur der Orient, sondern auch Italien Aszeten gehabt habe, die durch Wundertaten ausgezeichnet gewesen seien, wie ihm durch glaubwürdige Gewährsleute bekanntgeworden sei. Abgesehen von Paulinus von Nola und Benedikt von Nursia, dem das ganze 2. Buch gewidmet ist, sind die genannten Heiligen sonst kaum bekannt. Das 4. Buch bringt Berichte über Totenerscheinungen, die als Beweise für die Unsterblichkeit der Seele gelten sollen; 4, 55 bietet die Grundlage der sog. „Gregorianischen Messen".

U. Moricca, Dial. lib. IV, R 1924. – J. Funk, BKV[2] II 3, 1933 (Ü). – E. Logi, 1/2, Siena 1933 f (Ü). – O. J. Zimmermann, FathCh 39, 1959 (Ü). ** Auer

[Misc. G. Galbiati, Mi 1952] 3, 117/22 (Ms.-Fragm. Dial. 2, 8).– Bolton, Aev 1959, 206/13 (the supra-historical sense).– Dold, ZBW 1938, 235/9 (Ms.).– Hallinger, StAns 42, 1957, 231/320 (G. und der hl. Benedikt).– A. J. Kinnirey, The Late Latin Vocab. of the Dial., Wa 1935.– Lambot, RLM 1934, 137/65 (2. Buch).– Proja, RivStorBened 1954, 94/109 (S. Gallo).– J. Seitz, Die Verwendungsweise der Abstrakta, 1938.– von d. Steinen, HZ 143, 1931, 229/56 (G. als Hagiogr.).– Wansbrough, RB 1965, 145/51 (Scholastica, Benedikt).

e) Liturgische Texte. Sicher hat G. auch liturgische Texte verfaßt. Aber es ist sehr umstritten, ob er auch ein Sakramentar redigiert hat und ob dieses im wesentlichen durch das überlieferte *Sacramentarium Gregorianum* erhalten ist. Wahrscheinlich stammt dieses erst von Gregor II. (715–31) und wurde von Hadrian I. 785/86 an Karl den Großen gesandt, der es in seiner Aachener Hofbibliothek zum Abschreiben aufbewahren ließ (Aachener Urexemplar).

G. hat sich um den liturgischen Gesang in Rom bemüht und wahrscheinlich auch Gesangstexte redigiert *(Antiphonarium missae);* dies darf aber nicht so gedeutet werden, als ob G. auch Melodien komponiert und den sogenannten Cantus Gregorianus geschaffen habe.

H. Lietzmann, Das Sacramentarium Gregorianum nach dem Aachener Urexemplar, 1921.– K. Mohlberg - A. Baumstark, Die älteste erreichbare Gestalt des Liber sacramentorum anni circuli der röm. Kirche, 1927.– B. Botte, Le canon de la messe rom., Lou 1935.– L. Eizenhöfer, Canon missae Romanae, R 1954. ** Ashworth, BJR 1954, 305/24 (Lombard invasion and G. Sacr.); SP 2, 3/16 (Did G. compose a sacramentary?); EL 1958, 319/22 (In quest of the primitive Gregorianum); Tr 1959, 107/61 (The liturgical prayers of G.); Tr 1960, 364/73 (parallels to the Hadrianum from the commentary on I Kings).– Beran, EL 1941, 81/7 (Andreas im Embolismus).– Cabrol, DAL 6, 1776/96.– Callewaert, RHE 1937, 306/26 (Alleluia); EL 1938, 189/91; 1939, 191/203 (messes quadragés.); RHE 1942, 35/40 (Kyrie).– Capelle, RB 1937, 13/28.– Chavasse, RB 1952, 3/94 (types du lectionaire et de l'antiphonaire); EL 1953, 108/11 (Datierung des Sacram. Greg.).– Coebergh, SE 1961, 372/404 (La messe de S. G. dans le sacram. d'Hadr.).– Eidenschink, The Jurist 3, 23/58; 4, 1945, 181/215 (dedication of sacred places).– B. Fischer [A. Dold, 1952] 144/59 (Lesungen der Ostervigil).– Froger, EL 1948, 6/48 (Alleluia).– K. Gamber, Wege zum Urgregorianum, 1956; EL 1957, 268/79 (Neufassung der Sonntagsmessen durch G.); EL 1959, 139f (G. hat Sakramentar verfaßt, gegen Ashworth).– Griffe, BLE 1954, 164/6 (Pater noster in der Messe).– Hucke, RQ 48, 1953, 147/94 (christl. Kultgesang bis zum Greg. Gesang); Die Musikforschung 8, 1955, 259/65 (Überlieferung von einer musikalischen Tätigkeit G.s).– Klauser, HJB 1933, 169/89 (röm.-fränkische Austauschbeziehungen in der Liturgie).– Leclercq, DAL 1, 2443/61; 3, 286/311.– van Dijk, EL 1963, 335/56 (G. founder of the urban schola cantorum).– Verbeke, EL 1938, 67/76 (la messe de s. Agathe).

Lehre

Gregors Bedeutung für die Dogmengeschichte ist gering. Originale, weiterwirkende Gedanken über die großen Fragen des Glaubens sind bei ihm nicht zu finden; er folgte ganz der Tradition, besonders des hl. Augustinus, dessen schroffe Lehre über den göttlichen Heilswillen und die Prädestination er im Sinne der nachaugustinischen Entwicklung (Prosper, Synode von Orange 529) milderte.

1. Die Christologie bereicherte er durch seine gegen die Agnoëten gerichteten Ausführungen über das Wissen Christi (ep. 10, 35. 39).

2. Von Augustin übernahm er die auf Eccli. 18, 1 gestützte Meinung, daß Gott die Engel gleichzeitig mit der Körperwelt erschuf, und vom Areopagiten die Lehre, daß die Engel in 9 Chöre zerfallen und nur die unteren Chöre zum Dienst der Menschen bestimmt seien; aus diesem Grund zählte er die Erzengel zu den unteren Chören (hom. ev. 34, 7f). Diese Auffassung wurde für die Engellehre des Abendlands bedeutsam.

3. Taufe und Weihen der Häretiker sind gültig (ep. 11, 67). Südgallische Bischöfe tadelte er, daß sie die Juden zur Taufe zwingen wollten (ep. 1, 47).

4. Die Buße in Lehre und Praxis ist bei G. nicht wesentlich anders als bei Augustinus und Leo I. Die kirchlich geleitete Buße erscheint regelmäßig in der Form der Krankenbuße kurz vor dem Sterben. Immer wieder empfiehlt G. wahre Buße in Gesinnung und Tat; aber von einer kirchlichen Privatbuße ist nirgends die Rede.

5. Nach dem Vorgang von Innozenz I. (ep. 6, 12) und Leo I. (ep. 159, 1/4) lehrt Gregor die Unauflöslichkeit der Ehe (ep. 11, 45).

6. Dem Apostel Petrus cura totius ecclesiae et principatus committitur (ep. 5, 20). Der römische Bischof ist „caput fidei" (ep. 13, 37); der römische Stuhl universali ecclesiae iura sua transmittit (ep. 3, 57). Die 4 ersten allgemeinen Konzilien verehrt Gregor wie die 4 Evangelien (ep. 1, 25).

7. Den Glauben an das Fegfeuer (purgatorius ignis) beweist er mit Mt. 12, 32 (dial. 4, 39. 57).

8. Nicht nur die Heiligen, sondern auch ihre Reliquien und Bilder dürfen verehrt werden (ep. 4, 30; 11, 13).

M. Balsavich, The witness of St. G. the Gr. to the place of Christ in prayer, R 1959.– L. Bauer, De Christo vivificatore s. G.i doctrina, Mund 1938.– P. Benkart, Die Missionsidee G.s des Gr., Diss. L 1946.– A. Boros, Doctrina de haereticis ad mentem s. G.i, R 1935.– C. Butler, Western Mysticism, Lo 1951.– G. G. Carluccio, The 7 Steps to Spiritual Perfection acc. to St. G. the Gr., Ottawa 1949.– H. Erharter, Schwerpunkte im Glaubensbewußtsein G.s

d. Gr., Diss.-Ma. I 1959.– M. Frickel, Deus totus ubique simul, Fr 1956.– J. Geiselmann, Die Abendmahlslehre an der Wende der christl. Spätantike, 1933, 209/17 (Ep. IX 12; Epiklese).– Gillet [Théol. de la vie monastique, 1961] 323/51 (spiritualité et place du moine dans l'église).– N. Hill, Die Eschatologie G.s d. Gr., Diss. Fr 1942.– L. Kurz, G.s d. Gr. Lehre v. d. Engeln, 1938.– Laistner, History 20, 1935, 49/54 (Stellg. z. heid. Lit.).– Lieblang, Grundfr. der Myst. Theol. nach G.s Moralia und Ez.-Hom., 1934.– Manselli, RStR 1, 1954, 72/88 (l'escatologia).– J. P. McClain, The doctrine of heaven in the writings of St. G. the Gr., Wa 1956.– Ménager, VS 1939, 59, 145/69; 60, 39/56 (contemplatio).– B. Poschmann, Die abendländ. Kirchenbuße, 1928, 248/78.– Porcel, Scripta et documenta 12, 1960, 1/95 (G. y el monacato).– J. Rivière, Le dogme de la rédemption après s. Augustin, 1930.– R. Rudmann, Mönchtum und kirchl. Dienst in den Schriften G.s d. Gr., 1956.– Rush, Tr 1945, 369/80 (Tod und Teufel); ThSt 1962, 569/89 (spiritual martyrdom).– M. Walther, Pondus, dispensatio, dispositio, Diss. Bern, Luzern 1941.– L. Weber, Hauptfragen der Moraltheologie G.s d. Gr., FrSch 1947; Anima 1950, 267/75; 351/62 (G. als Seelsorger).– F. Westhoff, Die Lehre G.s d. Gr. über die Gaben des Hl. Geistes, 1940.

Der *Liber pontificalis* ist eine Sammlung von aneinandergereihten schematischen Papstbiographien, die regelmäßig über Name, Herkunft und Amtsdauer, über disziplinäre und liturgische Anordnungen, über Kirchenbauten, Ordinationen und auch über besondere Ereignisse berichten. Bis zum 4. Jh. sind die Angaben dürftig, dann werden sie ausführlicher und seit dem Ende des 5. Jh. bieten sie wertvolles Material. In einem vorangesetzten Briefwechsel bittet Papst Damasus den Hieronymus um die Abfassung einer mit Petrus beginnenden Papstgeschichte. In Wirklichkeit ist der L. pont. in Schichten entstanden; die 1. Redaktion stammt von einem römischen Kleriker unter Papst Bonifatius II. (530–32), der den *Catalogus Liberianus* (s. S. 230) zur Grundlage nahm und die Biographien bis Papst Felix III. (526–30) kompilierte *(Catalogus Felicianus).* Eine 2. Redaktion wird im *Catalogus Cononianus* (Papst Konon 686–87) erkennbar; in weiteren Fortsetzungen und Redaktionen reicht der L. pont. schließlich bis 1431.

L. Duchesne-C. Vogel, 1/2, 1886/92; 3, 1957.– Th. Mommsen, MG Gesta pont. Rom. 1, 1, 1898 (bis 715). ** E. Caspar, Gesch. des Papsttums 2, 314/20.– Griffe, BLE 1956, 65/70 (Lib. pont. au temps du S. G.).– Jungmann, ZkTh 1932, 599/604 (Dezemberordinationen).– Leclercq, DAL 9, 354/460.– Lungkofler, ZkTh 1942, 1/19 (Vorstufen zu den höheren Weihen).

Der *Liber diurnus Romanorum pontificum* erscheint in der überlieferten Gestalt (3 Hss.) als Formularbuch der päpstlichen Kanzlei. Es ist aber umstritten, ob der Lib. d. das vom Ende des 6. Jh. bis zur Mitte des 11. Jh. tatsächlich gebrauchte offizielle Formularbuch war (Peitz) oder ob der Lib. d. nur als Übungsbuch für den Unterricht des Kanzleipersonals diente (Santifaller). In jedem Falle ist das Werk eine wichtige kirchen- und rechtsgeschichtliche Quelle, in der manche Bestandteile noch aus der Zeit vor Gregor I. stammen.

Th. Sickel, W 1889.– L. Gramatica - G. Galbiati, Il Codice Ambrosiano del L. D., R 1921 (80 Tafeln).– H. Foerster, Bern 1958. ** Di Capua [P. Ubaldi, Mi 1937] 345/61 (analisi ritmica delle formole).– Huyben [A. de Meyer 1, 1946] 255/65 (Hs.).– W. M. Peitz, Lib. Diurnus, SbW 185, 1918; Das vorephesin. Symbol der Papstkanzlei, R 1939 (dagegen Mohlberg-Altaner, ThR 1939, 297/306; Santifaller, HZ 161, 1940, 533/8); Peitz, Liber diurnus, R 1940 (gegen Mohlberg).– Rodao, Misc. Comillas 2, 1943, 337/65 (Symbola).– Santifaller, MittÖstInstGF 1936, 225/66 (L. D. in den Privilegien der Päpste); Anzeiger Ph.-hist. Kl. Ak. Wiss. W 17, 1946, 172/212 (Vatikan. Hs.).– Steinacker [Misc. Ehrle 4, 1924] 105/76.

§ 109. Gallische Schriftsteller

1. Faustus von Riez (Reji), Brite von Geburt, wurde um 433 Abt von Lerinum und um 458 B. von Riez in der Provence. Er war ein eifriger Prediger und bekämpfte den Arianismus und Mazedonianismus. Neben Johannes Cassianus war F. der bekannteste Vertreter des Semipelagianismus und Gegner des südgallischen Presbyters Lucidus, der behauptete, nach dem Sündenfall sei die Willensfreiheit aufgehoben, Gott prädestiniere absolut zum ewigen Leben oder Tod und Christus sei nicht für alle gestorben. F. bemühte sich, Lucidus zum Widerruf zu bewegen, den dieser 473/74 vor gallischen Synoden geleistet hat (Faust. ep. 1 f). Vom arianischen Westgotenkönig Eurich vertrieben, lebte F. 477–485 in der Verbannung und starb 490/500. In Südfrankreich wird er als Heiliger verehrt.

F. schrieb gegen die Mazedonianer 2 Bücher *De Spiritu sancto*, gegen die extrem augustinischen Lehren des Lucidus im Auftrag der Synoden von 473/74 *De gratia dei* in 2 Büchern. Ferner sind erhalten 10 *Briefe*, 5 davon an B. Ruricius von Limoges († nach 507), von dem wir 82 *Briefe* besitzen. Die *Predigten* des F. wurden von einem Kompilator bearbeitet und herausgegeben und erscheinen in den Handschriften zu einem großen Teil unter dem Namen des Eusebius von Emesa (s. S. 224). Daher ist die Sammlung und Sichtung dieser Predigten eine schwierige, noch nicht vollendete Arbeit.

F. lehrt wie Johannes Cassianus, daß der auf das Heil gerichtete Wille der Gnade vorausgehe (Grat. 2, 10). Die Gnade, durch die „der Vater zieht“ (Jo. 6, 44), versteht er nur im Sinn einer äußeren Gnade (Offenbarung, Predigt, Hl. Schrift; Grat. 1, 16). Besonders entschieden verteidigt er den allgemeinen Heilswillen Gottes und bekämpft die Prädestinationslehre des hl. Augustinus, die Gottes Gerechtigkeit und Barmherzigkeit in Frage stelle (2, 4) und wegen der Leugnung der Willensfreiheit keine wahre Sittlichkeit aufkommen lasse (1, 3. 9). Nach ihm gründet die Vorherbestimmung zur Seligkeit oder zur Verdammnis einzig auf dem göttlichen Vorherwissen (2, 2/3).

ML 58.– MLS 3, 492/709.– A. Engelbrecht, CSEL 21, 1891.– J. Huhn, ThQ 1950, 176/83 (De rat. fidei).– CPL 966/75 a (Verzeichnis der Predigten). ** Bardy, RHEF 1938, 23/46 (controverses théol.); DThC 14, 205 f (Ruricius).– A. G. Elg, In Faustum R. studia, Up 1937; In ep. Fausti tertiam adnotationes, Lund 1945; Er 45, 1947, 78/80.– Griffe, BEL 1960, 27/38 (Ps.-Euseb. Predigten).– H. Hagendahl, La correspondance de Ruricius, Göteborg 1952.– A. Koch, Der hl. F., 1895.– Leeming, SP 2, 122/40 (F. and the Ps.-Eusebius).– Morin, ZntW 1935, 92/115 (75 Hom. des Ps.-Eusebius).– Souter, JTS 1940, 47/57 (Ps.-Eusebius).– Viard, DSp 5, 113/8.– G. Weigel, Faustus of R., Ph 1938; Ann. Facultad teol., Santiago 1940, 35/53 (concepto de la fe).

2. Claudianus Mamertus, Presbyter in Vienne († um 474), wandte sich mit der Schrift *De statu animae* gegen Faustus, der wie Tertullian und Gregor von Nyssa traduzianische Ansichten vertrat und den Seelen eine gewisse Körperlichkeit zuschrieb, wie dies auch Justin, Tertullian und Johannes Cassianus getan hatten. M. argumentiert vor allem mit augustinischer und neuplatonischer Seelenlehre.

ML 53.– A. Engelbrecht, CSEL 11, 1885. ** F. Bömer, Der lat. Neuplaton. und Neupythagoreismus und C. M., 1936; vgl. Gn 1937, 522/8; PhWo 1938, 1033/41.– Courcelle, Lettres 223/35.– E. L. Fortin, Christianisme et culture philosophique au cinquième siècle. La querelle de l'âme humaine en occident, 1959.– E. Hårleman, De C. M.i Gall. latinitatis scriptore quaestiones, Up 1938.– Schmid, RACh 3, 169/79.

3. Gennadius, Presbyter in Marseille († 495/505), ist vor allem bekannt als altchristlicher Literaturhistoriker (s. S. 8). Er schrieb ferner 8 Bücher *Adversus omnes haereses*, von denen nur wenig erhalten ist; dazu gehören wohl der semipelagianisch gefärbte *Liber ecclesiasticorum dogmatum* und ein weiterer Text über die Prädestinatianer. G. ist wahrscheinlich auch der Verfasser der liturgie- und rechtsgeschichtlich wichtigen *Statuta ecclesiae antiqua*.

ML 58.– MLS 3, 722/5.– Turner, JTS 7, 1906, 78/99; 8, 1907, 103/14 (Liber eccl. dogm.).– ML 58, 979/1054 (Liber eccl. dogm. überarbeitet); 81, 644/7 (Fragm.).– Ch. Munier, Les Statuta ecclesiae antiqua, 1960. ** Bardy, Chalkedon, 2, 771/89 (christolog. Kontroversen bei Gennadius, Arnobius, Avitus, Vigilius v. Thapsus).– Madoz, RF 1941, 237/9 (Echtheit des Lib. eccl. dogm.).– Feder, Sch 1927, 481/514 (Semipelag.).

4. Der aus Mauretanien stammende Julianus Pomerius († nach 498) wirkte als Presbyter in Südgallien und war Lehrer des Cäsarius von Arles. Er schrieb, von Augustinus beeinflußt, *De vita contemplativa* (Buch 1/2 an Bischöfe, Buch 3 an alle Christen gerichtet).

ML 59, 415/520. M. J. Suelzer, ACW 4, 1947 (Ü). ** Fritz, DThC 12, 2537/43.– Plumpe, VC 1947, 227/39 (Terminologisches).– A. C. Prendergast, The latinity of the De vita c., Wa 1938.

5. Alcimus Ecdicius Avitus, ungefähr 494–518 B. von Vienne, wirkte im Reich der arianischen Burgunder nachhaltig für das katholische kirchliche Leben und bemühte sich um enge Beziehungen der burgundischen Kirche zu Rom. Unter dem Einfluß des A. trat der Thronerbe Sigismund zum katholischen Glauben über.

a) Unter den 86 historisch wertvollen *Briefen* finden sich einige in Briefform gekleidete theologische Abhandlungen; die an König Gundobad gerichteten ep. 2 und 3 wenden sich gegen die Häresie des Eutyches und ep. 4 gegen den Semipelagianismus des Faustus von Riez.

b) Von seinen etwa 34 *Homilien* sind nur 3 vollständig erhalten; 2 davon sind Predigten, die er bei den von B. Mamertus von Vienne um 470 eingeführten Bittgängen vor Christi Himmelfahrt (Rogationes) gehalten hat.

c) *De spiritalis historiae gestis* ist ein biblisches Epos in 2552 Hexametern und behandelt in den Büchern 1/3 erstmals das später beliebte Thema des verlorenen Paradieses, in den Büchern 4/5 Sintflut und Durchzug durch das Rote Meer als Vorbilder der Taufe. Das Trostgedicht *De consolatoria castitatis laude* in 666 Hexametern ist für die Nonne Fuscina, die Schwester des A., bestimmt.

ML 59.– MLS 798/830.– R. Peiper, MGAuctAnt 6, 2, 1883.– U. Chevalier, Lyon 1890.– A. Schippers, De mundi initio, A 1945 (Buch 1 de spir. hist. gest.). ** M. Burckhardt, Die Briefsammlung des B. A., 1938.– P. N. Frantz, Diss. Greifswald 1908.– H. E. Giesecke, Die Ostgermanen und der Arianismus, 1939, 143/67 (Kampf gegen den Arianismus).– H. Goelzer, Le Latin de S. A., 1909.– G. Krüger, Die Bibeldichtung zu Ausgang des Altertums, 1919.– Kuijper, VC 1955, 50/60 (carm. 1, 110).– Morin, RB 1935, 207/10 (ep. 12).– Vernet, DThC 1, 2639/44.– Vinay, Convivium 1937, 431/56 (la poesia di A.).

6. Cäsarius war Mönch des Klosters Lerinum und erhielt bei Julian Pomerius rhetorischen Unterricht. Von 502–42 war er B. von Arles, dem politischen und kirchlichen Mittelpunkt des südlichen Gallien; C. war der bedeutendste gallische Bischof seiner Zeit, die erfüllt war von politischen und geistigen Umwälzungen und Gärungen.

Mehrere der von ihm geleiteten Synoden arbeiteten an der Reform der kirchlichen Disziplin. Besondere Bedeutung kommt der den Semipelagianismus verurteilenden 2. Synode von Orange (529) zu, die unter Preisgabe der Lehre vom partikularen Heilswillen Gottes und der Unwiderstehlichkeit der Gnade für einen gemäßigten Augustinismus eintrat und alsbald von Papst Bonifatius II. bestätigt wurde. Cäsarius war ein eifriger Seelsorger und vielleicht nächst Augustinus der größte Volksprediger der altlateinischen Kirche, der auch für kleinere Gemeinden die regelmäßige Predigt gefordert hat.

Über sein Leben unterrichtet eine *Vita*, die Cyprian von Toulon und andere Freunde und Schüler 542/49 gemeinsam verfaßt haben.

a) Im schriftstellerischen Nachlaß des C. nehmen die von G. Morin kritisch gesichteten 238 *Sermones* den ersten Platz ein. Die Sammlung enthält Homilien über Schriftabschnitte, Predigten auf kirchliche Feste, aber auch zahlreiche geschichtlich interessante Reden, in denen die Auseinandersetzung zwischen Christentum und noch kräftig fortlebendem Heidentum in Gesellschaft und Aberglauben zum Vorschein kommt.

b) Die *Statuta sanctarum virginum* und 3 *Briefe* sind für Nonnen bestimmt, eine *Regula monachorum* für Mönche. Das *Opusculum de gratia* wendet sich gegen den Semipelagianismus. Im Traktat *De mysterio s. Trinitatis* zeigt sich C. stark abhängig von Augustinus und Faustus von Riez, daneben aber auch von Hilarius von Poitiers, Ambrosius und Fulgentius. Wahrscheinlich ist auch das *Breviarium adversus haereticos* echt. C. schrieb ferner einen *Apokalypsekommentar* (ps.-augustinisch überliefert). Echt ist auch das *Testamentum S. Caesarii.*

ML 67 (ungenügend).– MLS 2, 841/61 (Verzeichnis der Predigten).– MGSS rer. Mer. 3, 1896, 433/501 (Vita).– G. Morin, S. Caes. opp. omnia, 1/2, 1937/42 (dazu D'Alès, RSR 1938, 315/84); CCL 103 f, 1953 (Sermones); FP 34, 1934 (Reg. sanct. virg.).– Munier, CCL 148 A, 53/76 (Can. von Orange).– Vichi, Accad. e Bibl. d'Italia 1953, 7/14 (neuer Sermo).– M. C. McCarthy, The rule of nuns of St. C. of A., Wa 1960 (Ü).– M. M. Mueller, FathCh 31; 47, 1956/64 (Ü der Serm. 1/186). ** D'Alès, RSR 1938, 290/9 (C. und Hermas).– C. F. Arnold, L 1894.– Bardy, DSp 2, 420/9; RHEF 1943, 201/36 (Predigt); RHEF 1947, 241/56 (politische Stellung).– G. J. Beck, The pastoral care of souls in South-East France during the 6th cent., R 1950 (von C. bis Greg. von Tours).– Bénoît, Bull. monumental 1938, 137/43 (la tombe).– K. Berg, Die Werke des hl. C. von A. als liturgiegeschichtl. Quelle, Diss. R 1946.– Blumenkranz, VC 1948, 102/5 (C. und Augustinus).– Bonini, Aev 1962, 240/57 (lo stile nei sermoni).– E. F. Bruck, Über Römisches Recht im Rahmen der Kulturgesch., B 1954, 146/63 (C. und die Lex Rom. Visigothorum); Kirchenväter und soziales Erbrecht, 1956, 163/7.– Cappuyns, RTA 1934, 121/42 (Can. von Orange 1/8 gehen vielleicht auf Joh. Maxentius zurück).– S. Cavallin, Studien zur Vita Caesarii, Lund 1934; Eine neue Hs. der V. C.i, Lund 1936; Er 1948, 133/57 (Vita Caesarii).– Delsalle, Aug 1961, 5/26 (règles monastiques).– M. Dorenkemper, The trinitarian doctrine and sources of St. C. of A., FrSch 1953.– B. Fischer, VC 1951, 84/7 (Quellen).– Fritz, DThC 11, 1087/1103 (Canones von Orange).– Göller, AKK 1929, 3/126 (Buße).– Jay, RTA 1957, 5/14 (purgatoire).– Lejay, DThC 2, 2168/85.– P. A. Malnory, S. Césaire, évêque d'Arles, 1894.– Millmann, ZMW 1933, 12/27 (Miss.-Pred.).– de Plinval, DHG 12, 186/96.– Poschmann, ZkTh 1930, 239/47 (Buße).– P. Riché, Césaire d'Arles, 1958.– Rivière, BLE 1943, 3/20 (rédemption).– Terraneo, SC 1963, 272*/294* (saggio bibliografico).– Vaccari, AL 1943, 135/48 (volgarismi).– Vogel, SP 5, 416/23 (paenitentia in extremis).– Voog, NRTh 1962, 1062/80 (Sünde).

7. Gregor von Tours (538–594) entstammte einer Senatorenfamilie zu Clermont-Ferrand, wurde 573 Bischof von Tours, der Stadt des heiligen Martin, die damals der religiöse Mittelpunkt Galliens war, und gehört zu den kirchlich und politisch einflußreichsten Männern des Merowingerreiches.

Die Schriften, die sämtlich erst in seiner bischöflichen Zeit entstanden sind, besitzen trotz der mangelhaften grammatischen und rhetorischen Bildung ihres Verfassers einen ganz einzigartigen Wert als Quellen des religiösen Lebens und der politischen sowie kirchlichen Geschichte des 6. Jh. Gregors Sprache veranschaulicht deutlich den Umwandlungsprozeß, den das Lateinische zum Romanischen hin gemacht hat.

a) Gregors Hauptwerk sind die *Historiarum libri X (Hist. Francorum)*, 591 vollendet. Die Bücher 1/4 berichten über die Zeit bis 575. Vom 5. Buch ab gibt G. eine Darstellung der Geschichte seiner Zeit auf Grund eigener Aufzeichnungen. Das ganze Werk ist von einer religiös-moralisierenden Tendenz beherrscht, und kritiklos aufgenommene Wunder- und Tugendberichte stehen im Vordergrund.

b) Die *Miraculorum libri VIII* sind ein großes hagiographisches Sammelwerk, in dem die Leichtgläubigkeit und Wundersucht des G. besonders deutlich hervortritt.

In gloria martyrum (1. Buch) erzählt Wunder des Herrn, der Apostel und besonders gallischer Märtyrer; *De virtutibus s. Iuliani* (2. Buch) bringt Berichte über Wunder, die am Grab des 304 bei Clermont-Ferrand gestorbenen Märtyrers geschehen sind; 4 Bücher *De virtutibus s. Martini* über Wunder am Grab des hl. Martin von Tours; das 7. Buch *De vita patrum* enthält 23 Viten von gallischen Heiligen, meist aus der Gegend von Clermont-Ferrand und Tours; das 8. Buch *In gloria confessorum* erzählt Wunder gallischer Heiliger, die nicht Märtyrer waren. Außerdem lieferte Gregor noch die älteste lateinische Bearbeitung der Legende der sog. heiligen Siebenschläfer *(Passio septem dormientium)*. Von zweifelhafter Echtheit sind die Wunderbücher *De miraculis beati Andreae apostoli* und *De miraculis beati Thomae*.

c) *De cursu stellarum ratio,* ein liturgisches Hilfsbuch, das anleiten will, wie man nach dem Stand der Sterne die Zeit der nächtlichen Offizien bestimmen kann. Von einem *Psalmenkommentar* sind nur geringe Bruchstücke erhalten.

ML 71.– B. Krusch - M. Bonnet - W. Levison - R. Holtzmann, MGSS rer. Mer. 1, 1, ²1937/51 (h. Franc.); 1, 2, 1885; 7, 2, 1920, 757/69 (VII dorm.).– R. Buchner, G. von T., Zehn Bücher Geschichten, 1/2, 1956 (TÜ).– S. Hellmann, 1/3, ⁴1911/3 (h. Franc., Ü).– O. M. Dalton, 1/2, 1927 (h. Franc., Ü). ** Blomgren, Er 1936, 25/40 (Tkr.).– M. Bonnet, Le Latin de Grég. de T., 1890.– Chadwick, JTS 1949, 37/49 (h. Franc. 10, 1).– Fournier, CRI 1947, 496/501 (h. Franc. 1, 32).– Graviers, RHEF 1946, 103/6 (Datum des Jahresanfangs).– Herrmann, Lat 1948, 197/209 (h. Franc. 4, 9).– G. Kurth, Études francques 1, 1919, 1/29 (klass. Stud.); 2, 117/206 (l'autorité de Grég.); 207/73 (Quellen Greg.s).– Lambrechts, Lat 1954, 207/17 (Pass. Juliani).– Leclercq, DAL 6, 1711/53.– Levillain, BiblÉcChartes 107, 1947/48, 62/8 (h. Franc. 2, 27).– J. W. Loebell, ²1869.– R. A. Meunier, Greg. de T. et l'hist. morale du centre-ouest de la France, 1946.– Silvestre, Lat 1950, 437 (Greg. und Boëthius).– Stroheker, Klio 1942, 293/305 (Senatoren).– G. Vinay, Greg. di T., 1940.– Wallace-Hadrill, Transact. of the Royal Hist. Soc. 1951, 5 ser. 1, 25/45 (Greg. and the modern research).– Waszink, Mn 11, 1943, 77 (h. Franc. 4, 16).

§ 110. Italische Schriftsteller

1. Magnus Felix Ennodius, * 473/74 in vornehmem Hause wahrscheinlich zu Arles, nach dem frühen Tod seiner Eltern zu Pavia von einer Tante erzogen, wurde nach Auflösung eines Eheverlöbnisses etwa 493 Diakon in Pavia, um dann um 496 nach Mailand überzusiedeln, wo er mit seinen schriftstellerischen Arbeiten hervortrat und auch als Rhetor tätig war. Als Bischof von Pavia (seit 513) ging er zweimal, 515 und 517, an der Spitze einer päpstlichen Gesandtschaft nach Konstantinopel, um, allerdings vergeblich, eine Aussöhnung zwischen Rom und der griechischen Kirche (Akacianisches Schisma) anzubahnen († 521).

In den literarischen Arbeiten des Ennodius, die eine ausgebreitete Kenntnis der klassischen Literatur verraten, tritt uns eine seltsame Mischung von heidnischen und christlichen Elementen entgegen. Seine Schriften in Poesie und Prosa liefern den anschaulichen Beweis dafür, wie stark auch damals noch die antik-heidnische Tradition der Rhetorenschulen auf christliche Kreise eingewirkt hat. Seine meist inhaltsarmen, dafür um so phrasenreicheren, schwülstigen Werke sind deutlich als Produkte einer Verfallszeit erkennbar.

a) 297 *Briefe,* dem Umfang nach fast die Hälfte seines literarischen Nachlasses, sind persönlich gehaltene, vielfach an hochgestellte Persönlichkeiten gerichtete Privatschreiben ohne Bedeutung für die Zeit- und Kulturgeschichte.

b) Zur Gruppe der 10 *Opuscula miscella* werden seit der Edition von J. Sirmond (1611) gerechnet: die panegyrische *Vita* seines 2. Vorgängers, des Bischofs *Epiphanius* († 496), und die *Vita* des Lerinenser Mönchs *Antonius.* In einem *Libellus adversus eos, qui contra synodum scribere praesumpserunt,* verteidigt er die römische Synode von 502, die für Papst Symmachus eintrat, gegen eine Flugschrift der Gegenpartei. Das Eingreifen Theoderichs d. Gr. zugunsten des Papstes Symmachus (506/07) gab Anlaß zur Abfassung des historisch nicht unwichtigen *Panegyricus* auf Theoderich. In der *Paraenesis didascalica,* einer Anleitung zum Erwerb höherer Bildung, wird die Rhetorik als wichtigste Wissenschaft gepriesen. Das sog. *Eucharisticum de vita sua* (nach 511) ist eine den *Confessiones* Augustins nachgebildete Selbstbiographie. 2 *Benedictiones cerei,* Segnungen der Osterkerze.

c) 28 *Dictiones* sind Reden über sehr verschiedene Fragen und Gegenstände: darunter 6 geistlichen Inhalts, 7 Schulreden, 5 entnehmen ihren Stoff der heidnischen Mythologie.

d) *Carmina* in 2 Büchern: das 1. Buch bringt 21 längere Gedichte, darunter 12 Hymnen, das 2. Buch 151 Epigramme. Ennodius ist rhetorisch gewandt, jedoch läßt er die echte dichterische Inspiration vermissen. Neben christlichen Stoffen werden auch ganz profane behandelt; darunter finden sich sogar Obszönitäten.

ML 63.– W. Hartel, CSEL 6, 1882.– F. Vogel, MGAuctAnt 7, 1885.– G. M. Cook, The Life of St. Epiphan. by E., Wa 1942 (ÜK). ** Anastasi, MiscStLCA 1947, 145/62 (dati biografici su Aratore).– E. Cesareo, Il carme natal. nella poesia lat., Palermo 1928.– Courcelle, RevEA 1947, 169/77 (Vita Epiphanii).– Couvreur, Philol. Studien 5, 1933 f, 122/33; 215/26 (Paraen. didascal. Opusc. 6).– A. Dubois, La latinité d'Enn., 1903.– Fontaine, RACh 5, 398/421.– Fougnies, RBPh 26, 1948, 1044/53; Verhandel. AcadKlassLett 13, 12, Bru 1951 (Klauselstudien).– F. Magani, Ennodio, 1/3, Pavia 1886.– P. Plattner, Progr. Brixen 1910.– Poma, SC 1936, 3/23 (errata sentenza circa la santità pontif.).– Townsend-Wyatt [E. K. Rand, 1938] 277/91 (E. and Pope Symmachus).

2. Eugippius, Schüler des hl. Severin († 482), schrieb um 511 die *Vita s. Severini,* die als Quelle für die Zeit der Völkerwanderung und der Christianisierung von Noricum wichtig ist. Er stellte die umfangreichen *Excerpta ex operibus s. Augustini* zusammen, die im MA viel benützt wurden. E. starb nach 533 als Abt eines Klosters in Castellum Lucullanum bei Neapel.

ML 62.– P. Knoell, CSEL 9, 1/2, 1885 f.– Th. Mommsen, MGSS rer. Germ. 26, 1898 (Vita Sev.).– M. Schuster, V. Severini, W 1946 (TÜ).– K. Kramert-

E. K. Winter, St. Severin, 1/2, Klosterneuburg 1958 (TÜ; Stud. zum Severinsproblem). – R. Noll, Das Leben des heiligen Severin, 1963 (TÜK). ** Baldermann, WSt 1961, 142/55; 1964, 162/73 (V. Sev. als literar. Genos und histor. Quelle). – Bulst, Welt als Gesch. 10, 1950, 18/27 (E. und die Severinslegende). – Cappuyns, DHG 15, 1376/8. – Courcelle [C. Brunel, P 1955] 313/6 (Fragm. der Excerpta). – Pellegrino, RSCI 1958, 1/26 (V. Sev.). – de Plinval, DSp 4, 1684 f.

3. Dionysius Exiguus entstammte der latinisierten Provinz Scythia minor (Dobrudscha) und lebte von etwa 500–545 als Mönch in Rom. Mit Cassiodor (inst. 23) befreundet und bedeutend als Vermittler griechischer Bildung darf er zu den Mitbegründern der mittelalterlichen Kultur gerechnet werden. D. wirkte als Übersetzer, als Sammler kirchenrechtlicher Quellen und bemühte sich um den Computus, die Berechnung des Ostertermins.

a) D. übersetzte u. a. eine *Vita Pachomii*, die *Historia inventionis capitis s. Ioannis Baptistae*, die Schrift Gregors von Nyssa *De hominis opificio*. Zur Unterstützung seiner Landsleute, der sog. scythischen (gotischen) Mönche, welche 519/20 in Rom weilten, um die Gutheißung der theopaschitischen Formel zu erwirken, übersetzte er ferner die Briefe 17, 45 und 46 des Cyrill von Alexandrien und den *Tomus ad Armenos* des Proklus von Konstantinopel. Es ist jedoch nicht zu erweisen, daß er auch das gleichfalls im Dienst des Theopaschitismus stehende dogmatische Väterflorileg, die 99 *Exempla patrum*, zusammengestellt hat.

b) Mit den Schriften *De cyclo magno paschae*, *Argumenta paschalia* und der *Ep. de ratione paschae* erreichte D., daß die ältere römische Osterberechnung zugunsten der alexandrinischen aufgegeben wurde; 525 setzte D. die Ostertabelle des Cyrill von Alexandrien (s. S. 286) für weitere 95 Jahre fort. Dabei zählte er erstmals die Jahre von Christi Geburt an, die er allerdings mindestens 4 Jahre zu spät (754 ab urbe condita) ansetzte.

c) *Kirchenrechtliche Sammlungen* (s. S. 251).

ML 67. – SchAC 1, 5, 2, 233/44 (Cyrilli ep. 17); 1, 4, 2, 196/205 (Tom. ad Armen.); 4, 2, XVII f (Verzeichnis aller von D. übersetzten Schriften); 4, 2, 74/96 (Ex. patrum). – B. Krusch, Stud. zur christl.-mittelalterl. Chronologie 2, 1932, 63/87 (Computus-Schriften). ** Frankl, CTh 1934, 2/23 (Ex. patr. von D. verfaßt); dagegen Altaner, HJB 1953, 568 ff. – Rambaud-Buhot, DictDroitCan 4, 1131/52. – Rops, Sp 1934, 408/21 (Ostertafel). – V. Schurr, Die Trinitätslehre des Boëthius, 1935, 168/97 (Übersetzungen).

4. Johannes Maxentius, der Führer der in Konstantinopel und Rom (519/20) für die theopaschitische Formel „Unus ex Trinitate carne passus est" eintretenden scythischen (gotischen) Mönche, ist der Verfasser eines *Libellus fidei*, eines Dialogs *Contra Nestorianos* und mehrerer anderer

kurzer *Libelli,* darunter der scharf gegen Papst Hormisdas sich wendenden *Ad epistolam Hormisdae responsio.* Auch die Kanones 1/8 der Synode von Orange 529 gehen vielleicht auf Formulierungen zurück, die seinen Schriften entnommen sind.

MG 86, 1, 75/158.– SchAC 4, 2, 3/62.– MLS 2, 1584/6 (Joh. Tomitan., De duab. haer.).– Cappuyns, RTA 1934, 121/42 (capitula d'Orange). ** Altaner, HJB 1953, 572/5; ThQ 1947, 147/65 (Biographisches).– Amann, DThC 15, 505/12 (Théopaschite, controverse).– Bark, HThR 1943, 93/107 (Joh. Max. identisch mit Joh. von Tomi).– R. Devreesse, Essai sur Théodore de M., 1948, 176/93.– Grillmeier, Chalkedon 2, 797/805.– V. Schurr, Die Trinitätslehre des Boëthius, 1935, 127/97.– Schwartz, SchAC 4, 2, V/XII (skyth. Mönche); 1, 5, VIIIsq (Joh. Max.).

5. Benedictus wurde als Sohn einer begüterten Familie in Nursia (heute Norcia bei Perugia) um 480 geboren. Über sein Leben und Wirken berichtet relativ spät Gregor I. im 2. Buch seiner Dialoge. B. kam zum Studium nach Rom, entfloh jedoch bald dem sittenlosen Kreis seiner Studiengenossen nach Enfide im Sabinergebirge und lebte dann als Eremit in strenger Askese in einer Höhle des Aniotales bei Subiaco. B. gründete in der Umgebung mehrere kleine Klöster. Als B. von hier durch Intrigen vertrieben wurde, errichtete er schließlich um 529 das Kloster von Monte Cassino und schrieb seine Regel, die bis zum Ende des 1. Jahrtausends im Westen alleinige Gültigkeit erlangte.

Die *Regula Benedicti* (RB) zeichnet sich durch große Mäßigung und Anpassungsfähigkeit aus (prol. 46: nihil asperum, nihil grave). B. steht in der Tradition des östlichen Asketenwesens (Pachomius, Basilius, Makarius), noch stärker unter dem Einfluß des südgallischen Mönchtums mit seinem Zentrum Lerinum; besonders wichtig waren für B. die Schriften des Johannes Cassianus, der selbst wieder stark vom Osten abhängig ist. B. kennt auch Leo I., Hieronymus, Augustinus und Caesarius von Arles.

Es ist B. gelungen, diese Überlieferungen vorbenediktinischen Mönchtums zu einem ausgeglichenen Ganzen zu vereinen, das abendländischen Verhältnissen gerecht wurde und deshalb so großen Erfolg hatte. In 73 Kapiteln wird das äußere und innere Leben der klösterlichen Gemeinschaft geordnet: 1/3 Verfassung, 4/7 Tugendstreben, 8/20 Gebet und Gottesdienst, 21/30 Strafordnung, 31/57 Hausverwaltung, 58/66 Aufnahme neuer Mitglieder: Der Mönch verspricht stabilitas, conversatio morum suorum (sittenreinen Wandel) und oboedientia (58, 17). Kap. 67/73 sind ein Nachtrag.

Der kürzere, stärker vulgärlateinische Text ist ursprünglich; der längere, sprachlich geglättete Text ist interpoliert und das Ergebnis einer längeren Textentwicklung.

R. Hanslik, CSEL 75, 1960; dazu RHE 1961, 909/15; RB 1961, 381/99; StudMonast 1962, 221/32.– B. Linderbauer, S. B. Reg. Mon. hg. und philologisch erklärt, Metten 1922; FP 17, 1928.– C. Butler, Fr [3]1935.– G. Penco, Fi 1958 (TÜK).– Ph. Schmitz, Maredsous [3]1962 (TÜ; Ch. Mohrmann, Ét. sur la langue de S. B.).– B. Steidle, Beuron 1963 (TÜ). ** A. M. Albareda, Bibliografía de la Regla Bened., Montserrat 1933.– Angrain, CollOrdCistRef 1960, 3/19 (sources bibliques du prologue).– Bauerreiß, SM 1940, 3/20 (Bibliogr.); SM 1947, 12/9 (Todestag B.s).– Erzabtei Beuron [Zeugnis des Geistes, 1947].– A. Blazovich, Soziologie des Mönchtums und der Benediktinerregel, 1954.– Borias, RB 1964, 54/97 (Einfluß Cyprians).– S. Brechter [Benedictus, der Vater des Abendlandes, 1947]; SM 1937, 157/229; RB 1938, 89/135 (Textgesch.); SM 1938, 109/50 (1. Zerstörung von Monte Cassino).– F. Cabrol, P 1933.– Casel [I. Herwegen, 1938] 21/50 (militia spirit. in d. antik. Philos.); 96/123 (B. als Pneumatiker).– [Casinensia, 1/2], Monte Cassino 1929.– J. Chapman, St. B. and the sixth century, Lo 1929.– Delforge, RB 1959, 351/4 (Songe de Scipion et vision de B.).– Deseille, CollOrdCistRef 1959, 289/301 (épilogue du ch. VII).– B. Egli, Der 14. Psalm im Prolog der Regel des hl. B., 1962.– Emonds, SM 1938, 89/103 (Todesjahr); RACh 2, 130/36.– Franceschini, Aev 1956, 213/38 (La questione della reg. di B.).– S. du Fresnel, P 1926.– Hallinger, StAns 42, 1957, 231/319 (Gregor I. und B.).– Hantsch, MittInstÖsterrGF 1960, 1/15 (Vorgesch. der petitio).– Hausherr, OCP 1947, 195/218 (opus Dei).– I. Herwegen, [4]1951; Väterspruch und Mönchsregel, 1937; Sinn und Geist der B.-Regel, 1944.– G. Holzherr, Regula Ferioli. Ein Beitrag zur Entstehungsgesch. und zur Sinndeutung der Benediktinerregel, 1961.– H. Hoppenbrouwers, Graecitas et Latinitas chr. prim. suppl. 1, 2, 1964 (conversatio).– [Horae monasticae 1, Thielt 1948].– A. Lentini, Il ritmo prosaico nella Reg. di San B., Monte Cassino 1942.– Lottin, RTA 1961, 154/60 (conversatio morum).– J. McCann, L 1937.– Manning, AL 1960, 129/41 (c. 73 von B.?); RTA 1961, 331/3 (RB 4, 13/17 von Augustin abhängig?); RB 1962, 135/8 (militare, militia, miles); RHE 1965, 66/8 (l'influence de S. Cyprien).– [Mél. Bénédictines, S.-Wandrille 1947].– Meyvaert, RB 1959, 3/21 (Autograph-Ms.); Sc 1963, 83/110 (Textgesch.).– R. Molitor [Vir dei Benedictus, 1947].– A. Mundó, Études sur les anciennes règles monast. lat., Oslo 1964; RB 1950, 65/92 (Bible et lecture du carême).– S. Pawlowsky, Die biblischen Grundlagen der RB, W 1965.– Penco, Benedictina 8, 1954, 25/42 (Kap. 73); StAns 44, 1959, 85/106 (Reg. Mag. e la storia testuale della RB).– M.-D. Philippe, Analyse théologique de la Règle de s. B., 1961.– de Puniet, DSp 1, 1388/1409.– RB, Bull. d'histoire Bénédictine (Bibliographie in Fortsetzungen).– de Sainte-Marie [Mél. Ch. Mohrmann, 1963] 112/20 (vocabulaire de la charité).– Ph. Schmitz, DHG 8, 224/41; DSp 1, 1371/88.– I. Schuster, Storia di S. B., [3]1953; SC 1942, 97/108 (B. fu sacerdote?).– B. Steidle, Commentationes in Reg. S. B.i, StAns 42, 1957; Regula Magistri – Regula S. Benedicti, Studia monastica, StAns 44, 1959.– [Studia Benedictina], StAns 18 f, 1947.– Vagaggini, StAns 18 f, 17/83 (B. nella questione semipelagiana).– A. de Vogüé, La communauté et l'abbé dans la Règle de s. Benoît, 1961; RB 1961, 233/64 (rituel monastique RB–RM).

6. Die *Regula Magistri* (RM) bietet in den Antworten des „Magister" auf die Fragen der Schüler eine inhalts- und umfangreiche Darstellung des Klosterlebens. Die weitschweifigen, kleinlichen, bizarren und harten

Bestimmungen dieser Regel haben ihre Verbreitung verhindert. Der Verfasser ist unbekannt; als Zeit und Ort kommen das 6. Jh. und die (südöstliche) Umgebung Roms in Betracht. Eine genauere Datierung ist mit dem Problem verbunden, welche Abhängigkeit zwischen der RM und der RB besteht. Die Priorität der RB war unbestritten, und die RM galt als eine spätere Bearbeitung der RB, bis 1937 A. Genestout die RM als Quelle der RB erklärte. Als dritte Möglichkeit wird erwogen, daß die RM und die RB von einer gemeinsamen Quelle, etwa einer verlorenen Regel aus Lerinum, abhängig sein könnten. Wenn man die Priorität der RM annimmt, muß man sie in das erste Viertel des 6. Jh. datieren; eine sichere Entscheidung ist jedoch noch immer nicht erreicht.

ML 88, 943/1052.– H. Vanderhoven - F. Masai - P. B. Corbett, Ét. diplomatique, Bru 1953.– A. de Vogüé, SCh 105/7, 1964 f (TÜK; Concordance et Index orthographique). ** Alamo, RHE 1938, 739/55 (RB abhängig von RM).– M. J. Cappuyns, Lexique de la Regula Magistri, 1964.– P. B. Corbett, The Latin of the RM, Lou 1958.– Genestout, RAM 1940, 51/112 (RB abhängig von RM).– Gindele, RB 1960, 504/25 (alleluia).– Hanslik, CSEL 75, XLI/VI; LXXIV (RM–RB).– Janeras, StudMon 2, 1960, 359/64 (notulae liturgicae).– D. Knowles, Great Historical Enterprises. Problems of monastic history, Edinburgh 1963, 138/95 (RM–RB).– Leclercq, RAM 1957, 101/5 (RM–RB).– Manning, RevMabillon 1962, 61/73 (Taufkatechese im Prolog); RAM 1962, 3/31 (RM–RB); AL 1963, 17/34 (hapax legomena).– Mundó, StudMon 1962, 177/91 (provolutio in RM und RB).– Penco, StAns 38, 283/306 (Origine e sviluppi della questione della RM); S. B.i Regula, Fi 1958 (Bibliographie und Forschungsbericht zu RM–RB).– B. Steidle, Regula Magistri — Regula S. Benedicti, StAns 44, 1959.– de Vogüé, RB 1960, 410/3 (Lacunes et erreurs dans la section liturgique); RB 1961, 119/24 (antifana e la longeur de l'office); RB 1964, 242/51 (travail et alimentation chez B. et le Maître).

7. Anicius Manlius Severinus Boëthius, um 480 aus römischem Uradel der gens Anicia zu Rom geboren, erhielt eine vorzügliche Ausbildung und wurde in Alexandrien auch in die griechische Philosophie und Literatur eingeführt. Sehr früh trat er in die Dienste des ostgotischen Staates und wurde schon 510 Konsul, und bereits 522 wurde seinen beiden noch im Knabenalter stehenden Söhnen dieselbe Ehre zuteil. Bald darauf kam er jedoch infolge der politischen Spannung mit Ostrom in den unbegründeten Verdacht, hochverräterische Verbindungen mit Konstantinopel begünstigt zu haben. 524 wurde er auf Befehl des mißtrauisch und hart gewordenen greisen Königs Theoderich d. Gr. in Pavia hingerichtet.

Durch seine Schriften hat B. den stärksten Einfluß auf die Entwicklung der mittelalterlichen Wissenschaft ausgeübt. Wohl sein Hauptverdienst ist es, daß er durch Übersetzung der logischen Schriften des Aristoteles und verschiedener dazugehörender griechischer Kommentare und durch eigene logische Schriften den nachfolgenden Jhh. die Kenntnis der aristotelischen Logik vermittelte. Wegweisend und bahnbrechend wirkte er auch durch seine theologischen Schriften, indem er die aristotelische Philosophie für die wissenschaftliche Durchdringung der kirchlichen Dogmen benützte. Er ist auch der Verfasser von grundlegenden Schriften für die mittelalterliche Musiktheorie und Rechenkunst.

ML 63 f. ** Anastasi, MiscStLCA 1, 1947, 21/39 (Prozeß). – H. M. Barett, B. Some aspects of his times and work, C 1940. – Cappuyns, DHG 9, 348/80. – Carton, RPhilos 1930, 573/659 (Christianisme et Augustinisme). – Coster [Mél. H. Grégoire, 1953], 4, 45/81 (Charakter des B.). – Courcelle, Lettres 257/312 (griech. Bildung); MAH 1935, 185/223 (B. und die alex. Schule). – Mathwich, Eunomia 4, 83, 1960, 23/37 (De B.i morte). – H. R. Patch, The Tradition of B., Lo 1935. – E. Rapisarda, La crisi spirituale di B., 1947. – Schoonemann, StC 1950, 286/306 (B. kein Märtyrer). – Schuster, SC 1943, 369/72 (Ort der Hinrichtung). – Vernet, DSp 1, 1739/45. – Wotke, RACh 2, 482/8.

a) Philosophische Schriften

α) Die als Vorschule zur Philosophie angesehenen 4 Fächer des Quadrivium hat Boëthius in engem Anschluß an griechische Handbücher bearbeitet; vollständig erhalten ist nur die *Institutio arithmetica* (2 Bücher) und 5 Bücher *De institutione musica.*

β) Übersetzungen und Erklärungen philosophischer Schriften. Sein großartiger Plan, sämtliche Werke des Aristoteles und alle Dialoge Platos zu übersetzen und zu erklären, ist infolge seines frühen Todes nur zum kleinsten Teil zur Ausführung gekommen. Es liegen vor: eine Übersetzung der *Kategorien des Aristoteles* mit Kommentar (4 Bücher), eine Übersetzung von *De interpretatione* (mit 2 Kommentaren für Anfänger und Fortgeschrittene), eine Übersetzung der *Isagoge* des Neuplatonikers Porphyrius mit 2 Kommentaren, von denen der erste die von Marius Victorinus gefertigte Übersetzung der Isagoge zugrunde legt; unvollständig erhalten ist sein *Kommentar zur Topik Ciceros.*

γ) In mehreren selbständigen Schriften hat Boëthius Probleme der Logik behandelt. Es liegen vor: *Introductio ad syllogismos categoricos, De syllogismo hypothetico, De divisione* und *De differentiis topicis.*

δ) *De consolatione philosophiae* (5 Bücher), das Hauptwerk des Boëthius, vor seiner Hinrichtung in der Einsamkeit seines Gefängnisses geschrieben.

In einem kunstvoll aufgebauten Dialog mit der ihm als hehre Frau erscheinenden Philosophie entwickelt der Verfasser in gewählter Sprache die Trostgedanken, welche die Philosophie dem so hart Geprüften bietet. Tiefempfundene, formvollendete Gedichte (im ganzen 39) sind in die ernsten, nicht nur vom Verstand, sondern auch vom Gemüt und von der Phantasie eingegebenen philosophischen Darlegungen eingestreut. Wenn in dem ganzen Werk nichts eigentlich Christliches vorkommt und Christus weder genannt noch auf den christlichen Jenseitsglauben Bezug genommen wird, so ist dies daraus zu erklären, daß Boëthius im wesentlichen unter dem Einfluß des zeitgenössischen heidnischen Neuplatonismus stand, besonders des seit 485 in Alexandrien lehrenden Philosophen Ammonius. Ein wirklicher Gegensatz und Widerspruch zum christlichen Standpunkt tritt in seinem Werk nirgends hervor, weil Ammonius in seiner theologia naturalis bereits christlich orientiert war. Die Ansicht, daß Boëthius, der letzte der antiken Philosophen, nur Namenschrist gewesen sei, konnte sich nur deshalb so lange halten, weil die Echtheit der Opuscula theologica früher umstritten war, und auch deshalb, weil Boëthius es versäumt hat, eine Synthese zwischen seiner christlichen Überzeugung und den von ihm vertretenen philosophischen Voraussetzungen seines Gottesglaubens herzustellen oder wenigstens zu versuchen. Zudem liebte es jene Zeit, für nicht ausgesprochen theologische Werke die Gedanken der alten Philosophie zu entlehnen.

Im 1. Buch fordert die vor B. erscheinende Philosophie ihn auf, ihr sein Leid zu klagen, da sie die Last mit ihm teilen wolle; er erzählt ihr darauf den Grund seiner Gefangenschaft. Das 2. Buch zeigt, daß Unbeständigkeit zum Wesen des Glückes gehöre und das wahre Glück nur im Innern des Menschen beschlossen sei; das 3., daß die höchste Glückseligkeit nur in Gott, dem Endziel aller Dinge, zu finden sei. Das 4. Buch handelt von der göttlichen Vorsehung und bietet eine Theodizee: es gebe keinen Zufall; das Glück des Bösen sei nur scheinbar, und die Heimsuchungen bringen dem Guten Läuterung. Das 5. beantwortet die Frage nach dem Verhältnis der menschlichen Freiheit zum Vorherwissen Gottes: das göttliche Erkennen, das über die Schranken der Zeit erhaben ist, schaue alles Vergangene, Gegenwärtige und Zukünftige als gegenwärtig und hebe die Willensfreiheit des Menschen nicht auf.

Dieses Trostbuch war im MA außerordentlich weit verbreitet und hat zahlreiche Erklärer, Nachahmer und Übersetzer gefunden; u. a. besorgten König Alfred von England († 901) eine Übertragung ins Angelsächsische und Notker Labeo († 1022) eine deutsche.

R. Peiper, L 1871 (Consol.; op. theol.). – C. Meiser, 1/2, L 1877/80 (Aristot.). – S. Brandt, CSEL 48, 1906 (Porphyr.). – G. Weinberger, CSEL 67, 1934 (Consol.). – L. Bieler, CCL 94, 1957 (Consol.). – K. Büchner, Hei ²1962 (Consol.). – E. Rapisarda, Ca 1961 (Consol., TÜ). ** W. Bach, Die althochdeutschen B.-Glossen und Notkers Übers. der Consol., 1934. – Bark, AmHistRev 1944, 410/26 (B. und Theoderich). – Boano, RFC 1949, 198/216 (Elegien des Maximianus und B.). – Büchner, HJB 62/9, 1949, 31/42 (3. Buch d. Consol.). – Dienelt, Glotta 1941, 98/128; 1942, 129/38 (Sprachliches z. Consol.). – Gegenschatz,

MusHelvet 1958, 110/29 (Freiheit der Entscheidung). – J. Isaac, Le Peri Hermeneias en Occident de B. à s. Thomas, P 1953. – Minio-Paluello, SP 2, 358/65 (Aristoteles-Übers. und Kommentare). – Merone, GiornItFilol 1, 1948, 337/52 (z. Biographie d. Maximianus). – Nedoncelle, RevSR 1955, 201/38 (Personbegriff). – K. Reichenberger, Unters. z. literar. Stellung der Consol., Köln 1954. – L. M. de Rijk, Vivarium 2, 1964, 1/49; 125/62 (Chronology of works on logic). – W. Schmid, SP 2, 368/75 (B. and the claims of philosophy). – K. H. Schmidt, König Alfreds B.-Bearbeitung, Diss. Gö 1934. – I. Schröbler, Notker III. von St. Gallen als Übersetzer und Kommentator von B.' De consol., T 1953. – Shiel, Mediaeval and Renaissance Stud. 1958, 217/44 (commentaries on Aristotle). – Silk, HThR 1939, 19/39 (Consol. phil. abhängig von August. Dial. und Soliloquien). – Solmsen, AJPh 1944, 69/74 (B. und die Gesch. des Organon). – Sulowski, So 1961, 67/94 (Consol., sources).

b) Theologische Abhandlungen. Der 1. und 2. *Traktat* behandelt die Trinitätslehre, der 3. das Verhältnis von Sein und Gutsein in den Substanzen. Der 4. Traktat *De fide catholica* bietet einen Abriß der Glaubenslehre, der auch Johannes I. zugeschrieben wird (s. S. 464). Im *Liber contra Eutychen et Nestorium* bekämpft B. den Nestorianismus und Monophysitismus.

H. F. Stewart - E. K. Rand, Lo 1918; [5]1953 (Opuscula theol., TÜ). – E. Rapisarda, Ca [2]1960 (Opusc. theol. TÜ). ** Anastasi, MiscStLCA 3, 1951, 93/109 (Echtheit der Opusc. theol.). – Bark, HThR 1946, 55/69 (De fide cath.). – K. Bruder, Die philos. Elemente der Opusc. sacra des B., 1928. – L. Cooper, A concordance to B., C (Mass.) 1928 (5 theol. tract.; consol.). – Grillmeier, Chalkedon 2, 792/6 (Christologie). – V. Schurr, Die Trinitätslehre des B. im Lichte der skyth. Kontroversen, 1935; vgl. Sp 1936, 153/6.

8. Flavius Magnus Aurelius Cassiodorus (* um 485) entstammte einer altberühmten, im Staatsdienst bewährten Familie in Kalabrien. Schon 507 wurde er Quästor und damit Geheimsekretär Theoderichs d. Gr., 514 Konsul und 533 praefectus praetorio. Als leitender Staatsmann erstrebte er eine Versöhnung von Römer- und Germanentum. Bald nach 540 zog er sich in das von ihm auf den väterlichen Besitzungen in der Nähe von Squillace in Kalabrien gegründete Kloster Vivarium zurück, um ganz der Wissenschaft und Erziehung seiner Klosterbrüder zu leben. Ob C. in seinem Kloster selbst Mönch wurde, ist umstritten († um 580).

Im Unterschied zu dem Idealisten und Theoretiker Boëthius war C. ganz Praktiker. Alle seine Schriften sind durch Anregungen von außen veranlaßt und wollen bestimmten Bedürfnissen seiner Zeit und Umgebung dienen. Wesentlich neue Gedanken hat er nicht entwickelt; er ist Sammler und Enzyklopädist, der das zusammengebrachte Material zur praktischen Verwendung bereitstellen will. In der Zeit seiner staatsmännischen Laufbahn beschäftigen ihn fast ausschließlich historisch-politische Fragen, und während seiner Klosterzeit richtete er sein Augenmerk darauf, seine Mitbrüder in die theologischen und weltlichen Wissenschaften einzuführen. Dadurch, daß er seinen Mönchen die geistige Arbeit (Studium und Abschreiben von Büchern) zur Pflicht machte (inst. 1, 30), hat er die schon von der Regula s. Benedicti auferlegte Verpflichtung zu geistiger Tätigkeit der Mönche in besonderer Weise gefördert. Darum haben wir es ihm auch zu danken, daß die Klöster in den folgenden Jhh. inmitten der allgemeinen Barbarei das Feuer der Wissenschaften hüteten und die Schätze der antiken Kultur vor dem Untergang retteten.

a) Profane Schriften. Außer 2 schon früher genannten historischen Werken (*Weltchronik, Gotengeschichte;* s. S. 229) gehören dieser Zeit noch an: *Variae* (sc. epistolae), eine historisch sehr wertvolle und für den Kanzleistil des MA vorbildliche Sammlung von 468 Aktenstücken (in 12 Büchern), die C. im Namen der Könige, denen er diente, verfaßt hat. Durch allerlei gelehrte Erläuterungen und die Einflechtung juristischer, politischer und moralischer Begründungen der erlassenen Verfügungen wußte er den dürren Stoff zu beleben und sein umfassendes Wissen in helles Licht zu stellen. Als 13. Buch der Variae zählt die Schrift *De anima* (12 Kap.), die aus Augustinus schöpft und den Übergang zu seiner geistlichen Schriftstellerei bildet.

Von seinen panegyrischen *Reden* auf Angehörige des königlichen Hauses und von seiner familiengeschichtlichen Abhandlung *Ordo generis Cassiodororum* sind nur Fragmente erhalten.

b) Theologische Schriften. Neben der bereits erwähnten *Kirchengeschichte* (s. S. 229) ist als wichtigstes Werk zu nennen: *Institutiones divinarum et humanarum lectionum.* Da sein großer Plan, mit Hilfe des Papstes Agapetus (535–536) eine theologische Hochschule in Rom ins Leben zu rufen, wegen des Gotenkriegs nicht verwirklicht werden konnte, suchte C. sein Kulturprogramm lateinischer Bildungsüberlieferung besonders durch Abfassung dieser für seine Mönche bestimmten Schrift zu fördern. Das 1. Buch führt in das theologische Studium, besonders in die Heilige Schrift ein, und zwar vor allem dadurch, daß die literarischen Hilfsmittel und einzelnen Autoren genannt werden, die für ein tieferes Studium in Betracht kommen. Das 2. Buch ist ein dürftiger Abriß, der in das Studium der „7 freien Künste" einführen will.

Die allegorische *Expositio psalmorum* ist von Augustinus abhängig. Einzelne wichtige Stellen, überwiegend aus den Paulusbriefen, erklären die *Complexiones in Epistulas et Acta apostolorum et Apocalypsin.* C. bzw. einer seiner Schüler hat den *Pauluskommentar* des Pelagius orthodox bearbeitet (s. S. 375). Als Greis von 92 Jahren schrieb C. für seine Mönche eine Anweisung *De orthographia.*

ML 69 f; 68, 415/686 (Paulinen-K). – Th. Mommsen, MGAuctAnt 11 f, 1894 (Chron.; Variae). – R. A. B. Mynors, O 1937 (Institut.); dazu Rand, Sp 1938, 433/47. – M. Adriaen, CCL 97 f, 1958 (Expos. Psalm.); dazu Bulhart, RB 1960, 639/41. – J. W. Halporn, Tr 1960, 39/109 (De anima). – L. W. Jones, NY 1946 (Institut., Ü). ** Bardy, AnTh 1945, 383/425 (C. et la fin du monde ancien). – J. J. van den Besselaar, C. senator en zijn Variae, N 1945; C. Leven en werken, Antwerpen 1950. – Cappuyns, DHG 11, 1349/1408. – Courcelle, CRI 1937, 212/5 (Bibliothek); MAH 1938, 259/307 (le site du monastère); RevEA 1942, 65/86 (Entstehungsgesch. der Institut.); Lettres 313/48 (griech. Bildung); RevEA 1954, 424/8 (Corpus vivarien des „Chroniques"). – G. Ennis, The Vocabulary of the Inst. of C., Wa 1939. – B. Fischer, BiZ 1962, 56/79 (Cod. Amiatinus und C). – Å. J. Fridh, Ét. critiques et syntaxiques sur les Variae de C., Göteborg 1950; Terminologie et formules dans les Variae de C., 1956. – Gross, ZKG 1958, 299/308 (C. und die augustin. Erbsündenlehre). – A. Th. Heerklotz, Die Variae des C. als kulturgesch. Quelle, 1926. – Helm, RACh 3, 915/25. – Leclercq, DAL 2, 2357/65. – Löwe, RomanForsch 60, 1948, 420/46. – A. Momigliano, ProcBritAcad 41, 1956, 207/45 (C. and Italian culture of his time). – Morin, RB 1931, 145/52 (heures canon.). – G. I. Paschali, Unters. z. C.s Institut., Diss. Marburg 1947. – G. A. Punzi, L'Italia del sec. VI. nelle Variae di C., Aquila 1927. – Schuster, SC 1942, 409/14 (Bibliothek). – Schwartz, AbhMn 1939, 2 (Var.). – B. H. Skahill, The Syntax of the Var. of C., Wa 1934. – M. J. Suelzer, The Clausulae in C., Wa 1944. – Teutsch, Libri e Riviste 9, 1959, 215/39 (Bibliothek). – Thiele, SM 1932, 278/419 (Gründung von Vivarium, Einfluß im MA). – Vaccari, Bi 1959, 309/21 (C. e il pasûq nella Bibbia ebraica). – G. Vetter, Die Ostgoten und Theoderich, 1938, 64/79; 116/8 (Einfluß des C.). – van de Vyver, Sp 1931, 244/92 (œuvre); RB 1941, 59/89 (Institut.) – O. Zimmermann, The vocabulary of the Variae of C., Wa 1944.

§ 111. Afrikanische Schriftsteller

Die verhältnismäßig rege schriftstellerische Tätigkeit der Afrikaner gilt vor allem der Abwehr des durch die intoleranten Vandalen verbreiteten Arianismus, und später, seit der Mitte des 6. Jh., sind die „Drei Kapitel" fast ausschließlich das heiß umkämpfte Thema des theologischen Schrifttums.

1. Bischof Maximus, der in Afrika, nicht in Gallien lebte, verwendet sich in einem *Brief an Theophilus* von Alexandrien für nach Ägypten fliehende Klosterfrauen.

MLS 1, 1092/5. – Morin, Rev. Charlemagne 2, 1912, 89/104 (T; M. in Gallien). ** Courcelle, RBPh 1953, 24/9 (M. in Afrika).

2. Bischof Victor von Vita verdanken wir eine 488/89 veröffentlichte *Historia persecutionis Africanae provinciae,* die über die furchtbaren Leiden der Katholiken unter den Vandalenkönigen Geiserich (428–477)

und Hunerich (477–484) berichtet. Eine *Passio VII monachorum* wurde etwas später von anderer Hand angehängt.

C. Halm, MGAuctAnt 3, 1, 1879.– M. Petschenig, CSEL 7, 1881. ** Ch. Courtois, Victor de Vita et son œuvre, Étude critique, Alger 1954.– Diesner, Phil 1962, 101/20 (Sklaven und Verbannte, Märtyrer und Confessoren).– G. G. Lapeyre, L'anc. égl. de Carthage, 2, 1932.– Marrou, RevEA 1943, 225/32 (V. und Diadochus von Phot.).

3. Vigilius von Thapsus gehörte zu den katholischen Bischöfen, die 484 auf Befehl Hunerichs zu einem Religionsgespräch in Karthago erschienen. Sonst ist über sein Leben nichts Sicheres bekannt. Erhalten sind ein *Dialogus contra Arianos, Sabellianos et Photinianos* und 5 Bücher *Gegen Eutyches.* 2 weitere antiarianische Schriften sind verloren. Andere V. zugeschriebene Werke sind unecht, z. B. die 12 Bücher *De trinitate* (s. S. 274; 366).

ML 62.– B. Schwank, CCL 90, 1961 (Ps.-Vigil. Contra Varimadum).– M. Simonetti, Ps.-Athanas. de trin. X—XII, Bologna 1956. ** D. Baldino, La dottrina trinitaria di V. di T., Na 1949.– Bardy, DThC 15, 3005/8.– G. Ficker, Stud. zu V. v. Th., L 1897.– J. Humensky, Christologia V.i Th., R 1935.– Schwank, SE 1961, 112/96 (C. Varimadum).– Simonetti, RILSL 83, 1950, 1/3 (V. abhängig von Ps.-Athanas. De trin.).

4. Fulgentius von Ruspe (* 467, † 1. 1. 533) ist wohl der bedeutendste Theologe seiner Zeit, ein kraftvoller Bekämpfer des Arianismus und Verteidiger der augustinischen Gnadenlehre gegen die Angriffe der gallischen Semipelagianer.

Aus vornehmer Familie entsprossen, erhielt er eine gute wissenschaftliche Ausbildung auch in der griechischen Sprache und Literatur. Zunächst wirkte er als Prokurator (Steuereinnehmer) in seiner Vaterstadt Telepte, wurde dann Mönch und etwa 507 zum Bischof von Ruspe gewählt. Bald darauf (508) wanderte er mit über 60 katholischen Bischöfen nach Sardinien in die Verbannung, wo er bis 515 und dann wieder von etwa 517 bis 523 leben mußte. Es ist immer noch umstritten, ob F. mit dem Mythographen F. identisch ist.

Über das Leben des F. unterrichtet uns sein Schüler Ferrandus, ein karthagischer Diakon, der bald nach dem Tode des F. dessen *Vita* schrieb. Ferrandus gab eine Darstellung des Kirchenrechts in seiner *Breviatio canonum.* Seine 7 *Briefe* sind dogmatisch und historisch wichtig.

ML 65, 117/50 (Vita Fulg.); 67, 887/962 (Briefe); 949/62; 88, 817/30 (Brev. can.).– G. Lapeyre, 1929 (Vita Fulg., TÜ). ** Jourjon, DSp 5, 181/3.– Krüger [Harnack-Ehrung, 1921] 219/23 (Vita).– W. Pewesin, Imperium, Ecclesia univ., Roma, St 1937, 18/42 (Briefe).

a) Antiarianische Schriften des Fulgentius: *Contra Arianos* beantwortet 10 Fragen des Königs Trasamund; die 3 Bücher *Ad Trasamundum regem* führen die Auseinandersetzung weiter. Ähnlicher Art sind die Schriften *Contra sermonem Fastidiosi Ariani, De trinitate ad Felicem, De incarnatione ad Scarilam.* Von dem Werk *Contra Fabianum* sind umfangreiche Fragmente erhalten. Gegen die Arianer wendet sich auch ein *Psalmus abecedarius.* Die Schrift gegen den arianischen Bischof Pinta ist verloren.

Nicht direkt polemisch sind das im MA viel gebrauchte Kompendium der Glaubenslehren *De fide ad Petrum* und die Schrift *De remissione peccatorum ad Euthymium.*

b) Der Bekämpfung des Semipelagianismus hat F. 3 Schriften gewidmet: *Ad Monimum* (3 Bücher), *De veritate praedestinationis et gratiae Dei* (3 Bücher) und die verlorenen 7 Bücher *Contra Faustum Reiensem.*

c) Unter den 18 in den Ausgaben gedruckten *Briefen* sind 5 an F. gerichtet. Ep. 1/7 behandeln vor allem moraltheologische Fragen (Jungfräulichkeit, Ehe, Buße). Ep. 15 und 17 sind Kollektivschreiben der in Sardinien verbannt lebenden Bischöfe von der Hand des F.; ep. 17 gibt den skythischen Mönchen über Fragen der Gnadenlehre Antwort und stimmt der theopaschitischen Formel zu.

Von den überlieferten *Predigten* können ungefähr 8 als echt gelten.

F. steht in seiner Gnadenlehre ganz auf dem Standpunkt Augustins. Er lehrt den partikulären Heilswillen Gottes und die unbedingte Prädestination zur Seligkeit oder zur Verdammnis, hält die ungetauften Kinder für ausgeschlossen von der Seligkeit und erklärt die Fortpflanzung der Erbsünde aus der Konkupiszenz der Eltern (verit. praed. 3, 14/23). Ausdrücklich leugnete er die unbefleckte Empfängnis Marias (ep. 17, 6, 13).

ML 65.– J. Fraipont, CCL 90, 1961, 235/59 (De trin. seu Adv. Pintam); CCL 91 (in Vorber.).– Lambot, RB 1936, 221/34 (Ps. abecedarius).– L. Kozelka, BKV² II, 9, 1934 (Ü). ** D'Alès, RSR 1932, 304/16 (Commonit. de spir. s. identisch mit Adv. Pintam).– Altaner, HJB 1953, 578/81 (ep. 16).– Beumer, Gr 1942, 326/47 (De fide ad P.).– Dold, BM 1932, 467/71 (Epiphanie-Sermo).– O. Friebel, F. der Mythograph und Bischof, 1911.– Gavigan, Tr 1947, 313/22 (Taufe).– Grillmeier, Chalkedon 2, 807/14 (Christologie des Ferrandus und Facundus); Sch 1959, 526/65 (De fide und die Summae sententiarum); SP 6, 390/408 (patrist. Vorbilder frühscholast. Systematik).– Langlois, JbAC 1964, 94/105 (Mythograph und Bischof identisch).– G. Lapeyre, S. Fulgence de R., 1929; L'anc. égl. de Carthage, 1/2, 1932.– B. Nisters, Die Christologie des F. von R., 1930.– F. di Sciascio, F. di R., un grande discepolo di Agostino, R 1941.

5. Der gelehrte Bischof Facundus von Hermiane bekämpfte im Dreikapitelstreit mit seinem um 550 verfaßten umfangreichen Werk *Pro de-*

fensione trium capitulorum die Kirchenpolitik Justinians I. und verharrte auf seinem Standpunkt, auch nachdem das Konzil von Konstantinopel (553) und Papst Vigilius die Verurteilung der Drei Kapitel gutgeheißen hatten. In demselben Sinn schrieb er zwei kleine Schriften *Contra Moncianum* (550/52) und die *Epistola fidei catholicae* (568/69).

ML 67, 527/878. ** L. Abramowski, SP 1, 61/9 (Quellen). – W. Pewesin, Imperium, Eccl. univers., Roma, St 1937.

6. Verecundus, B. von Junca in der Provinz Byzacena, wurde 551 als Gegner der justinianischen Dreikapitelpolitik nach Konstantinopel zitiert, flüchtete aber von dort nach Chalkedon, wo er 552 starb. Er schrieb 9 Bücher *Commentarii super cantica ecclesiastica* (z. B. Ex. 15, Deut. 32), *Excerptiones de gestis Chalcedonensis concilii* und *De satisfactione*, ein tiefempfundenes Bußlied in 212 etwas holperigen Hexametern.

J. B. Pitra, Spicil. Solesmense 4, 1858, 1/191. – E. Kullendorff, Textkrit. Beiträge zu V. J., Lund 1943 (De satisf., T). ** Bardy, DThC 15, 2672/4. – Brou, SE 1954, 73/95 (collectes du Psautier et V.). – Hudson-Williams, VC 1952, 47/51 (De satisf., Tkr.). – Schuster, PWK II 15, 1010/2.

7. Der karthagische Diakon Liberatus verfaßte auf Grund guter Quellen zur Verteidigung der Drei Kapitel das wertvolle *Breviarium causae Nestorianorum et Eutychianorum* (560/66), eine kurze Geschichte der Häresien bis 553.

ML 68. – SchAC 2, 5, 98/141. ** Bardy, RSR 1931, 201/4. – Hildebrand, HJB 1922, 223/32.

8. Primasius, B. von Hadrumetum († bald nach 552), welcher der Verurteilung der Drei Kapitel zustimmte, schrieb einen *Apokalypsekommentar*, der wegen der vielen Entlehnungen aus dem verschollenen Werk des Tyconius (s. S. 373) wichtig ist. Eine Geschichte der Häresien *(De haeresibus)* ist verloren; über den unechten *Kommentar* zu den Paulusbriefen s. S. 375.

ML 68 (vgl. dazu CPL 783). ** Amann, DThC 13, 245/7. – Devreesse, MAH 1940, 143/66 (Byzanz in Afrika). – H. J. Vogels, Untersuch. zur Geschichte der latein. Apokalypse-Übers., 1920.

9. Junillus (Junilius) Africanus bearbeitete auf Anregung des eben genannten Primasius um 542 als Quaestor sacri palatii in Konstantinopel ein griechisch geschriebenes Werk des Persers Paulus von Nisibis unter dem Titel *Instituta regularia divinae legis*. Es handelt sich um eine Einführung in das Bibelstudium, die getreu den Ansichten des Theodor von Mopsvestia folgt.

ML 68. – H. Kihn, Theod. von Mopsv. und Jun. als Exegeten, 1880. ** E. Stein, BullAcadBelgClLett 5, 23, 1937, 165/90 (Junillus schrieb in Konstantinopel um 542).

§ 112. Spanische Schriftsteller

Länger als in den anderen Gebieten des weströmischen Reiches — noch während des ganzen 7. Jh. — sind theologische Schriftsteller in Spanien tätig geblieben, auch wenn sie sich vielfach mit der Weitergabe des Überlieferten und mit Sammelarbeiten begnügt haben.

J. F. Alonso, La cura pastoral en la España romanovisigoda, R 1955.– E. Cuevas-U. Domínguez del Val, Patrología española, Ma [4]1956.– Domínguez del Val, RET 1955, 399/444 (span. Patristik 1951–54).– J. Pérez de Urbel [R.-M. Pidal, Historia de España 3, Ma 1940] 379/413 (Las letras en la época visigoda).

1. Justus, B. von Urgel, der 546 an der Synode von Valencia teilnahm, hinterließ eine allegorische Erklärung des Hohenliedes *(Explicatio mystica in Cant.)*, die von zwei Widmungsbriefen an B. Sergius von Tarragona und den Diakon Justus begleitet ist.

ML 67, 961/94.– Z. García Villada, Hist. ecl. de España 2, 2, 1933, 265 f (Prolog und epp. dedicatoriae). ** de Gaiffier, AB 1949, 278/80 (Sermo de S. Vincentio).

2. Apringius, B. von Beja (Portugal), schrieb bald nach 551 einen *Apokalypsekommentar*, der nur durch eine einzige Hs. lückenhaft überliefert ist (Apoc. 1, 1/5, 7; 18, 6/22, 21). Die Lücke zwischen den erhaltenen Kommentarstücken ist in der Hs. durch Auszüge aus dem von Hieronymus bearbeiteten Kommentar Viktorins (s. S. 400) ausgefüllt. A. C. Vega möchte diese Exzerpte auf A. selbst zurückführen.

M. Férotin, Apr. de B., P 1900.– A. C. Vega, A.i Pacensis ep.i Tractatus in Apoc., E 1941 (Excerpta); vgl. Bull. RTA 5, 1946, 15 f. ** Madoz, RET 1948, 203/30.

3. Martin von Bracara (Braga), etwa um 515 in Pannonien geboren, wurde in Palästina Mönch und kam 550 nach Galicien im nordwestlichen Spanien, wo er zunächst als Abt, dann als Bischof von Dumio und schließlich als Metropolit der suevischen Königsstadt Bracara (vor 572) mit großem Erfolg an der Bekehrung der arianischen Sueven arbeitete. Sein Schrifttum läßt erkennen, daß er nicht nur ein gebildeter Theologe und sprachkundiger Übersetzer, sondern vor allem ein mitten im Leben stehender praktischer Seelsorger und guter Hirt seiner Herde war († 579). Die von ihm eifrig gelesenen und ausgeschöpften Autoren waren neben Seneca vor allem Augustinus, Kassian und Cäsarius von Arles.

a) Moraltheologische und aszetische Schriften: *Formula vitae honestae*, eine auf Senecas verlorener Schrift De officiis beruhende Abhandlung über die 4 Kardinaltugenden, die König Miro (570/83) gewidmet ist; *De ira*, ein Auszug aus Senecas gleichnamigem Werk; 3 gleichfalls für König

Miro bestimmte Traktate: *Pro repellenda iactantia, De superbia, Exhortatio humilitatis,* die ursprünglich ein Ganzes gebildet haben.

Die für Bischof Polemius von Astorga verfaßte Predigt *De correctione rusticorum* ist wegen ihrer Schilderungen des in bäuerlichen Kreisen verbreiteten Aberglaubens kirchengeschichtlich sehr interessant.

b) Kirchenrechtliches und Liturgisches. Die *Capitula Martini* sind eine von M. besorgte Sammlung östlicher, afrikanischer und spanischer Synodalkanones. Wichtig für die Geschichte der spanischen Taufliturgie ist die *Epistola de trina mersione.* 3 *Versinschriften* sind für die Basilika, ein Refektorium und das Grab des M. bestimmt. Die Schrift über die Osterberechnung *(De pascha)* ist nicht sicher echt.

c) M. übersetzte eine griechische Apophthegmata-Sammlung *(Sententiae patrum Aegyptiorum)* und ließ eine ähnliche Sammlung durch den Mönch Paschasius von Dumio übersetzen (s. S. 239).

C. W. Barlow, Martini ep. Brac. opp. omnia, New Haven 1950 (krit. Gesamtausgabe). ** Amann, DThC 10, 203/7.– Barlow, Folia 6, 1952, 5/15 (Leben und Werk).– Bickel, RhM 1905, 505/51 (Formula).– Coelho, Bracara Augusta 2, 1951, 414/45 (Jubiläumsartikel).– P. David, Études hist. sur la Galice et le Portugal, Lisboa 1947; dazu Brou, EL 1949, 66/70.– P. David, Un traité priscillianiste de comput pascal, Coimbra 1951 (De pascha nicht von M.; vgl. CPL 2302).– Fontán, Emerita 18, 1950, 377/85 (De ira, Tkr.); Bol. Univ. de Granada 1951, 73/86 (La tradición de las obras morales).– P. Francoer, The relationship in thought and language between L. Aen. Seneca and M. of Braga, Diss. Univ. of Michigan 1944.– García Gallo, AnHistDerechoEspañol 1956, 369/86 (El testamento).– Kurfess, Athenaeum (Pavia) 1954, 250/8; 404/9; 1955, 55/63; Aev 1955, 181/6.– Lambert, Rev. Mabillon 1935, 1/27 (M. und das Officium S. Martini Turon.).– Liefvoghe, MSR 1954, 133/46 (idées morales).– S. McKenna, Paganism and pagan survivals in Spain ..., Wa 1938.– Madoz, EE 1951, 219/42 (Gesamtwürdigung).– de Pina, Bracara Augusta 9 f, 1958 f, 58/66 (mitología suécia).

4. Licinianus, B. des damals byzantinischen Cartagena, von dessen umfangreichem Briefwechsel (Isid. vir. ill. 42) nur 3 etwa 590–600 verfaßte *Briefe* erhalten sind, dankt im 1. Schreiben Papst Gregor d. Gr. für die Übersendung seiner Regula pastoralis. Der 2. Brief ist eine zusammen mit dem B. Severus von Málaga verfaßte längere Abhandlung, in der gegen einen nicht genannten Bischof die Geistigkeit und Unkörperlichkeit der Engel und der Menschenseele verteidigt wird. Der Adressat ist der Diakon Epiphanius des bekämpften Bischofs. Im 3. Brief wird der B. Vinzenz der Insel Ibiza in schärfster Form getadelt, weil er einen angeblich in Rom vom Himmel gefallenen Brief Christi für echt hält.

ML 72, 689/700.– J. Madoz, L. de Cart. y sus cartas, Ma 1948 (TK); dazu Vega, CD 155, 156/67. ** Brunel, AB 1950, 383/96 (ep. 3).– Madoz, RET

1948, 203/30 (ep. 2). – J. A. Platero Ramos, L. de Cart. y su doctrina espiritualista, Oña 1946. – Vallejo, Emerita 15, 1947, 149/54 (ep. 2, Tkr.).

5. Eutropius, Abt des Klosters Servitanum (wohl bei Cartagena), wurde nach 589 (3. Synode von Toledo) B. von Valencia; er stand mit Licinianus im Briefwechsel (Isid. vir. ill. 45). Erhalten sind nur noch 2 an B. Petrus von Arcavica gerichtete Abhandlungen: E. fordert strengste Klosterzucht in der Schrift *De districtione monachorum; De octo vitiis* ist in der Hauptsache ein Auszug aus Joh. Cass. coll. 5.

ML 80, 9/20. – M. C. Díaz y Díaz, Anecdota Wisigothica 1, Salamanca 1958, 20/35; 123/5. ** Domínguez del Val, RET 1954, 369/92 (E. y sus fontes). – Vives, DHG 16, 84/6.

6. Leander von Sevilla, geb. vor 549 in dem damals byzantinischen Cartagena, entstammte einer angesehenen romanischen Familie und war seit etwa 580 (in Konstantinopel) mit Gregor dem Gr. befreundet, der ihm seine Moralia in Job widmete. L. war von 579–600/01 B. von Sevilla; er konnte 589 auf der unter seinem Vorsitz tagenden Synode von Toledo den Westgotenkönig Reccared in die Kirche aufnehmen. Die dabei gehaltene Rede ist erhalten *(De triumpho ecclesiae ob conversionem Gothorum).*

L. schrieb für seine Schwester Florentina eine Regel für Klosterfrauen *(De institutione virginum),* die in mehreren Fassungen überliefert ist. Zwei antiarianische Schriften und die Briefe des L. sind verloren.

ML 72, 873/98. – Madoz, AB 1949, 407/24 (Regel). – A. C. Vega, Escorial 1948 (Regel; Sermo in natali S. Vincentii, vielleicht von Braulio). – BM 1927, 372/6 (Rede, Ü). ** Amann, DThC 9, 96/8. – Madoz [Misc. Mercati, 1946] 1, 265/95 (Quellen der Regel); AB 1949, 407/24 (Ms. inst. virg.). – Porter, Laudate 10, 1932, 7/14 (Regel).

7. Isidorus von Sevilla (geb. um 560, gest. 4. April 636) wird gewöhnlich als der letzte abendländische Kirchenvater bezeichnet. Er folgte 600/01 seinem älteren Bruder Leander als Erzbischof von Sevilla. 633 leitete er die 4. Nationalsynode zu Toledo.

I. war ein arbeitsfreudiger Schriftsteller, der durch seine Werke den größten Einfluß auf die kulturelle Entwicklung der folgenden Jahrhunderte ausgeübt hat. Er gehört neben Boëthius und Cassiodorus zu den großen Lehrmeistern des Mittelalters. Seine gelehrten Schriften, die meist nur mosaikartig zusammengefügte Exzerpte aus anderen Werken sind, haben nicht nur seiner Zeit gedient, sondern auch viele Schätze antiken Wissens für die Zukunft gerettet. Ihre geringe Originalität hat ihnen in Verbindung mit dem klaren, leicht faßlichen Ausdruck und dem enzyklopädischen Charakter die weiteste Verbreitung verschafft, die sich noch heute aus der großen Zahl von Mss. ersehen läßt.

a) Didaktische Schriften. Das einflußreichste Werk sind die *Etymologiae* oder *Origines* in 20 Büchern, eine Realenzyklopädie des gesamten weltlichen und geistlichen Wissens seiner Zeit. Der Titel des Werkes erklärt sich daraus, daß I. seine Begriffs- und Sacherklärung gewöhnlich mit einer Herkunftsableitung der Wörter beginnt. Da er die Gepflogenheiten der antiken Etymologie befolgt, die sich oft nur auf den Wortklang stützt, trägt er oft die absonderlichsten Deutungen vor; so wird apis als sine pedibus erklärt, amicus von hamus (Haken), sagitta a sagaci ictu, pharetra a ferendo iacula abgeleitet.

Das umfangreiche, für König Sisebut geschriebene Werk hat erst nach dem Tode Isidors durch seinen Freund Braulio von Saragossa und andere Bearbeiter seine endgültige Fassung erhalten. Isidors Quellen waren hauptsächlich die Werke der Kirchenväter, Scholien zu antiken Autoren und Handbücher der verschiedenen Wissenschaftsgebiete. Die Zitate aus älteren klassischen Autoren schöpfte I. fast durchweg aus zweiter und dritter Hand.

Die Überschriften der einzelnen Bücher charakterisieren in etwa den Inhalt des Werkes: 1. De grammatica, 2. De rhetorica et dialectica, 3. De quatuor disciplinis mathematicis (Arithmetik, Geometrie, Musik, Astronomie), 4. De medicina, 5. De legibus et temporibus (am Schluß ein Auszug aus der Weltchronik), 6. De libris et officiis ecclesiasticis, 7. De Deo, angelis et fidelium ordinibus, 8. De ecclesia et sectis diversis, 9. De linguis, gentibus, regnis, militia, civibus, affinitatibus, 10. Vocum certarum alphabetum (bietet nur Etymologien), 11. De homine et portentis, 12. De animalibus, 13. De mundo et partibus, 14. De terra et partibus, 15. De aedificiis et agris, 16. De lapidibus et metallis (auch über Gewichte und Maße), 17. De rebus rusticis, 18. De bello et ludis, 19. De navibus, aedificiis et vestibus, 20. De penu (Lebensmittel) et instrumentis domesticis et rusticis.

De differentiis verborum ist ein Synonymen-Verzeichnis, *De natura rerum* und *De ordine creaturarum* bieten eine Naturkunde.

b) Exegetische Schriften. Die *Allegoriae*, der *Liber numerorum* und die *Quaestiones in Vetus Testamentum* geben allegorische und typologische Erklärungen. *De ortu et obitu patrum* sammelt biographische Notizen über 86 biblische Personen. Der Schriftkanon und eine kurze Einleitung in die biblischen Bücher sind Gegenstand der Schrift *In libros Veteris et Novi Testamenti procemia.*

c) Dogmatische Werke. Am wichtigsten sind die *Sententiarum libri III*, ein Lehrbuch der Glaubens- und Sittenlehre in Thesenform; I. schöpft hier hauptsächlich aus den Moralia Gregors des Großen. Die Schrift *De fide catholica contra Iudaeos* behandelt die Erfüllung der atl. Weissagungen in Jesus Christus. *De trinitate* und *De haeresibus* haben den üblichen Inhalt. *De differentiis rerum* (als 2. Buch der Schrift *De differentiis verborum* angefügt) behandelt vorwiegend theologische Begriffe. In der Trostschrift *Synonyma* für die sünden- und leidbedrückte Seele ist in seltsamer Mischung Grammatisches und Erbauliches vereint.

d) Die 2 Bücher *De ecclesiasticis officiis* unterrichten über die Liturgie der spanischen Meßfeier und der Feste, die kirchlichen Ämter und die Aszeten. I. ist auch der Verfasser einer *Regula monachorum*. Kulturhistorisch interessant sind die 27 *Versus (Tituli)*, die Inschriften auf den Wänden und Bibliotheksschränken der Wohnung Isidors in Sevilla. Die verhältnismäßig wenigen echten *Briefe* sind historisch wichtig.

Über die historischen Schriften s. S. 8; 233; der Anteil Isidors an der *Collectio Isidoriana* (s. S. 252) ist ungeklärt.

e) Von Schriften, die zweifelhaft oder unecht sind, seien genannt die *Institutionum disciplinae*, die *Commonitiuncula ad sororem*, der *Liber de variis quaestionibus adversus Iudaeos* (Verfasser Felix von Urgel oder Anonymus des 8. Jh.) und die *Quaestiones de Veteri et Novo Testamento*.

F. Arevalo, 1/7, R 1797/1803.– ML 81/84.– Anspach, RhM 1912, 557/63 (Institut. disciplinae); Taionis et Isidori nova fragm. et opera, Ma 1930; E 1935 (Commonitiuncula ad sororem).– A. E. Anspach - A. C. Vega, E 1940 (Liber de var. quaest. adversus Iudaeos et ceteros infideles).– de Bruyne, RB 1933, 119/41 (De divin. scripturis).– L. Castán, RET 1960, 319/60 (opúsculo apologético: Isaiae testimonia de Christo).– J. Fontaine, I. de S., Traité de la nature, 1960 (TÜK).– García Villada, Hist. ecl. de España, 2, 2, 1933, 282/9 (De trin.).– W. M. Lindsay, 1/2, O 1911 (Etymol.).– A. C. Vega, ²1940 (De haeresibus). ** de Aldama [Misc. Isidor., R 1936] 57/89 (Chronol. der Schriften).– Altaner [Misc. Isidor., 1936] 1/32 (Stand der I.-Forschung 1910–1935).– L. Araujo Costa, S. I., arzobispo de S., Ma 1942.– Ayuso Marazuela [Isidoriana, 1961] 143/92 (texto bíblico).– Bareille, DThC 8, 98/111.– Ch. H. Beeson, I.-Studien, 1913 (157/66: Edition der Tituli).– Beltran, AnalUnivMurcia 1947 f, 605/8 (Geburtsort).– Bejarano, Emerita 1958, 65/76 (De haer.).– Bischoff [Isidoriana, León 1961] 317/44 (europäische Verbreitung der Werke).– Brou [Isidoriana, 1961] 193/210 (problèmes liturgiques).– Brugnoli, Vetera Christ. 1, 1964, 65/82 (De diff. rerum).– Campos, Hel 1961, 61/101 (Regula mon.).– Châtillon [Mél. A. Robert, 1957] 537/47 (Quaest. in Vet. Test.).– Courcelle, Lat 1962, 520/41 (Réflexions d'I. sur la vie du jeune Augustin).– Delhaye, RTA 1959, 17/49 (Les idées morales).– M. C. Díaz y Díaz [Isidoriana, 1961]; SE 1953, 147/66 (Lib. de ord. creaturarum unecht, irischen Ursprungs); HJB 1958, 467/72 (span. Jakobuslegende bei I.); StudMon 1963, 27/57 (tradición de la Regula).– Duran, Atenas 11, 1938, 41/51 (De nat. rer.).– J. Fontaine, I. de S. et la culture classique dans l'Espagne wisigotique, 1/2, 1959; VC 1960, 65/101 (Théorie et pratique du style).– A. von Fragstein, I. von S. und die sog. Germanicusscholien, 1931.– García de la Fuente, CD 173, 1960, 536/59 (producción exegética).– García Gallo [Isidoriana, 1961] 133/41 (I. jurista).– J. R. Geiselmann, Die Abendmahlslehre an der Wende der christl. Spätantike zum Frühmittelalter, Mn 1933.– Havet, EThL 1939, 22/93 (sacrements et l'Esprit S.).– Hillgarth [Isidoriana, 1961] 11/74 (The position of isidorian studies: a critical review of the literature since 1935).– Lawson, RB 1938, 26/36 (Quellen von De eccl. off.); [Isidoriana, 1961] 299/304 (De eccl. off.).– Leonardi, BullIstStorItMedEvo 1956, 203/31 (liber numer.).– McNally, ThSt 1959, 432/42 (Verzeichnis der echten und unechten Schriften); Tr 1963, 37/50 (Quaest. de Vet. et N. Test.).– Madoz, RHE 1938, 5/20 (I. Verf. d. Symbols v. Toledo 633).– Madoz, RET 1942, 229/55 (röm. Primat); EE 1947, 217/23 (Versus); EE 1949, 147/68; 1950, 435/58 (Liber de var. quaest. von Felix von Urgel); RET 1952, 189/204 (I. und Konzil v. Chalcedon); S. I. de S. Semblanza de su personalidad literaria, León 1961.– G. Mancini, Osservazioni critiche sull'opera di I., Pisa 1955.– P. J. Mullins, The spiritual life according to S. I., Wa 1940.– A. Mundó, 4ª Settimana di Studi ... Spoleto 1957, 73/117 (monachesimo nella penisola iberica fino al s. VII).– [Miscell. Isidoriana, R 1936].– Ortega, Hel 1961, 261/99 (versus Isidori).– Pascal, Tr 1957, 425/31 (Instit. disciplinae).– J. Pérez de Urbel, I. de S., su vida, su obra y su tiempo, Ma ²1945 (Ü, Köln 1962); [Isidoriana, 1961] 107/14 (Los himnos isidorianos).– Porzig, Her 1937, 129/70 (Rezensionen der Etym.).– I. Quiles, S. I. Biografía, escritos, doctrinas, Buenos Aires 1945.– Ramos, RevEcles 10, 1936, 587/601 (crítica sobre las antiguas biografías).– Romero, QuadHistEsp 8, 1947, 6/71 (politische Anschauungen).– Schenk-Schmekel-Philipp, PWK 9, 2069/80.– A. Schmekel, I. von S. Sein System und seine Quellen, 1914.– Schmidt [A. Hofmeister, Halle 1955] 223/32 (Titel Origines oder Etymologiae?).– Segovia, EE 1961, 73/126 (bibliografía Isidoriana).– P. Séjourné, Le dernier Père de l'Église: S. I. de S., son rôle dans l'hist. du droit can., 1929; [Misc. Isidor., 1936] 221/51 (I. et la liturgie wisigothique).– Silvestre, Le moyen-âge 55, 1949, 247/51 (Etym. 11, 2, 33).– J. Sofer, Lateinisches und Romanisches aus den Etymol. des I. von S., 1930.– Stach, Antike 1943, 63/76 (König Sisebut).– Tapia Basulto, Ciencia Tom. 1939, 364/88 (canon escrituríst.).– Vaccari [Mél. Cavallera, 1948] 147/62 (Commonitiuncula aus 2. Hälfte 7. Jh.).– Vega, CD 161, 1949, 217/68 (Liber de var. quaest. von I.; gegen Madoz); CD 1958, 241/70 (Liber de haer. echt); [Isidoriana, 1961] 75/98 (Cuestiones críticas de las biografías).– Weßner, Her 1917, 201/92 (I. und Sueton).

8. Braulio, Schüler und Freund Isidors, war 631–51 B. von Saragossa. Er hinterließ 44 historisch wertvolle *Briefe* und eine *Vita Aemiliani.*

J. Madoz, Epistolario de S. Br. de Z., 1941 (TK).– Cazzaniga, Boll. del Comitato per la preparazione ... 3, 1955, 7/43 (Vita S. Aemiliani). ** Alamo, RHE 1942, 417/22 (Briefe unecht).– Gomez, DHG 15, 407/12 (S. Émilien, 474–574).– C. H. Lynch, St. Braulio, Wa 1938; span. Ü v. Galindo, Ma 1950.– Madoz, EE 1943, 433/85 (Briefe echt).– Pérez de Urbel, DHG 10, 441/53.

§ 113. Dichter

1. Paulinus von Périgueux schrieb in 3622 Hexametern ein Epos *De vita s. Martini* (um 470) in Anlehnung an die Martinusschriften des Sulpicius Severus (s. S. 231). Denselben Heiligen feiern zwei weitere kleine *Gedichte.*

ML 61, 1009/76. – M. Petschenig, CSEL 16, 1888. ** Chase, HarvStudClassPhilol 1932, 51/76. – Helm, PWK 18, 2, 2355/9.

2. Sidonius Apollinaris, 432 einer vornehmen Lyoner Familie entsprossen, Schwiegersohn des römischen Kaisers Avitus, dichtete nach dem Vorbild Vergils und des Claudius Claudianus 24 *Carmina*, darunter drei Lobgedichte auf römische Kaiser, alles sorgfältig gefeilte, dem Zeitgeschmack entsprechende Kunstwerke ohne jeden christlichen Gedanken, aber voll mythologischer Bilder.

Nachdem er 469, nur widerstrebend, Bischof von Arverna (Clermont-Ferrand) geworden, wandte er sich der Epistolographie zu. Er hinterließ, in die Fußstapfen eines Plinius d. J. u. Symmachus tretend, 9 Bücher mit 147 wortreichen, aber gedankenarmen, jedoch kulturgeschichtlich wertvollen *Briefen*, in die nicht selten Gedichte, Epitaphien und Kircheninschriften eingestreut sind († 480/90).

MLS 3, 449/90. – C. Luetjohann, MGAuctAnt 8, 1887. – P. Mohr, L 1895. – W. B. Anderson, Poems and Letters I–II, Lo 1936 (TÜ). – A. Loyen, P 1960 (Poèmes, TÜ). – O. M. Dalton, 1/2, O 1915 (Ü). ** Bardy, DThC 14, 2, 2033/5. – N. K. Chadwick, Poetry and Letters in early christian Gaul, Lo 1955. – J. Champomier, Esquisse pour un portrait de S. A., 1938. – A. Coville, Rech. sur l'hist. de Lyon du Ve s. au IXe, 1928, 33/75 (Ordination 471/2). – Faral [Misc. Mercati, 1946] 1, 567/80 (technique litt.). – Früchtel, RACh 1, 522/4. – Klotz, PWK II 2, 2230/8. – A. Loyen, Rech. hist. sur les panégyr. de S. A., 1942; S. A. et l'esprit précieux en Gaule . . ., 1943. – K. A. Mossberg, Stud. Sidon. crit. et semasiol., Up 1934. – H. Rutherford, S. A., Clermont-Ferrand 1938. – E. C. Stevens, S. A. and his age, O 1933.

3. Dracontius, Blossius Aemilius, Advokat in Karthago, einer der bekanntesten, echt lyrisch empfindenden Dichter der Spätzeit. Von König Guntamund (484–486) wurde er wegen eines wahrscheinlich dem byzantinischen Kaiser gewidmeten Gedichts in den Kerker geworfen. Während seiner Leidenszeit dichtete er *Satisfactio* (158 Distichen), ein Schuldbekenntnis vor Gott und dem König und die Bitte um Verzeihung, und 3 Bücher *De laudibus Dei* (2327 Hexameter), sein reifstes Werk, ein Lobpreis auf Gott, den Schöpfer und Erhalter der Welt; das 3. Buch ruft zur Gegenliebe und Gottvertrauen auf.

In den 10 Gedichten der Sammlung *Romulea* (Carmina Romana) werden heidnische Stoffe behandelt. Die ihm ebenfalls gehörende *Orestis tragoedia* ist anonym überliefert.

MLS 3, 1033 ff. – F. Vollmer, MGAuctAnt 14, 1905; L 1914. – F. Corsaro, Ca 1962 (Laudes dei, TÜ). – S. Gennaro, Ca 1959 (Satisfact., TÜK). – E. Rapisarda, Ca 1951 (Tragoed., TÜK). ** Alfonsi, Aev 1960, 100/3. – Arena, MiscStLCA 3, 1951, 110/23 (Reposiano e D.). – Bardy, DSp 3, 1706/11. – Chatillon, RML 1952, 177/211. – Collins, SE 1952, 185/8 (Satisf., Tkr.). – Corsaro, MiscStLCA 1961, 5/32 (problemi storicoletterari).– Duvernet, DHG 14, 774/81.– Hudson-Williams, CQ 1947, 95/108.– D. Kuijper, Varia Dracontiana, Den Haag 1958 (mit vollständ. Bibliographie).– Langlois, RACh 4, 250/69.– D. Romano, Studi draconziani, Palermo 1959.– Shackleton-Bailey, VC 1955, 178/83 (Romul., Tkr.).– Vollmer, PWK 5, 1635/44.

4. Ein wahrscheinlich in Afrika lebender Anonymus schrieb um 500 ein unter Cyprians Namen überliefertes *Carmen ad Flavium Felicem de resurrectione mortuorum et de iudicio Domini* (406 Hexameter).

G. Hartel, CSEL 3, 3, 1871, 308/25.– J. H. Waszink, FP, Suppl. 1, 1937. ** A. Eizenhöfer, Die Prosodie des Carm. ad Flav., Diss. Hei 1942.– Miltner-Zurunic, WSt 1930, 82/97.

5. Die umstrittene Persönlichkeit eines Rusticus Helpidius dürfen wir mit Cavallin am wahrscheinlichsten mit dem in der 2. Hälfte des 5. Jh. lebenden Rusticus Helpidius Domnulus, der zum Freundeskreis des Dichters Sidonius Apollinaris gehörte, gleichsetzen. Er ist wohl 501/502 als B. von Lyon gestorben. Unter seinem Namen sind ein nicht gewöhnliches dichterisches Können verratendes *Carmen de Christi Jesu beneficiis* (149 Hexameter) u. 24 dreizeilige *Epigramme (Tristicha)* über atl. und ntl. Stoffe, die zur Erläuterung von Bildwerken dienen sollen, erhalten.

ML 62, 543/8.– W. Brandes, Progr. Braunschweig 1890 (Carmen).– D. H. Groen, Groningen 1942 (Carmen, TÜK).– F. Corsaro, Elpidio Rustico, Ca 1955 (T, Studien; H. identisch mit dem Diakon und Arzt am Hofe Theoderichs des Gr.). ** Alfonsi, RFC 1956, 173/8 (H. abhängig von Claudian., De salvatore); VC 1956, 33/42 (H. beeinflußt von Boëth. consol.).– Cavallin, SE 1955, 49/66 (Prosopographisches).– Waszink, VC 1956, 243/6 (für die These von Cavallin).

6. Arator, ein Schützling des Ennodius, widmete als römischer Subdiakon Papst Vigilius (544) ein Epos *De actibus apostolorum* (2336 Hexameter), das voll der gesuchtesten Ausdeutungen der Acta ist. Der Verfasser durfte sein Werk in der römischen Kirche S. Petri ad vincula selbst vorlesen. Außerdem verfaßte er 3 in Distichen geschriebene, an Gönner gerichtete *Episteln* (1 an Papst Vigilius).

ML 68, 63/252.– P. McKinley, CSEL 72, 1951 (De act.); dazu Waszink, VC 1954, 87/92; Bieler, Sc 1955, 165/7. ** Anastasi, MiscStLCA 1, 1947, 145/52 (dati biografici).– A. Ansorge, De A. vet. poetarum lat. imitatore, 1914.– Hudson-Williams, VC 1953, 89/97 (Text and interpret. of A.).– McKinley, HarvStClassPhil 54, 1943, 93/115.– Thraede, JbAC 1961, 187/96 (Nachtragsart. RACh).

7. Venantius Fortunatus, * um 530 bei Treviso in Venetien, † bald nach 600, machte seine Studien in Ravenna. 567 kam er auf einer Wallfahrt zum Grab des hl. Martin, dem er für seine Heilung von einem

Augenleiden danken wollte, nach Tours und ließ sich bald darauf für immer in Poitiers nieder. Hier wurde er mit zwei Klosterfrauen, der hl. Radegunde und deren Pflegetochter Agnes, bekannt. Er wurde Priester und Seelsorger der Klostergemeinde; gegen Ende des 6. Jh. wurde er zum Bischof von Poitiers gewählt. Als bekannter Dichter und durch sein liebenswürdiges Wesen kam er mit den geistig bedeutenden Männern Galliens in Verbindung, vor allem mit B. Gregor von Tours.

Fortunatus ist ein überaus formgewandter, an der Antike (Vergil) geschulter, hochbegabter Dichter, der in seinen mehr als 300 Gedichten große Vielseitigkeit seines Könnens an den Tag legt. Wenn seine Dichtungen der Form nach noch zur Antike gehören, so darf er seinem Empfinden und kulturellen Fühlen nach bereits als mittelalterlicher Mensch angesehen werden. Die meisten Erzeugnisse seiner Muse sind Gelegenheitsgedichte in elegischen Distichen. Orte und Gegenden, die er kennenlernte, die ihm wohlgesinnten geistlichen und weltlichen Großen, seine Gastgeber, die Mahlzeiten, die er genossen, und alles, was ihm begegnete, gaben ihm Anlaß zum Dichten. Neben vielem Anempfundenen offenbaren seine Verse eine echt lyrische Begabung: ekstatisches Träumen und Genießen, lebhafte Naturschilderungen. In seinen Gedichten finden wir die erste künstlerische Durchseelung der Naturbetrachtung mit religiös-christlichen Empfindungen; vgl. z. B. den Osterhymnus (3, 9), wo das Erwachen der Natur im Frühling als Auferstehungsfreude gedeutet wird.

a) Die *Carmina miscellanea* in 11 Büchern enthalten Hymnen, Elegien, Lobgedichte, Epigramme, Epitaphien und allerlei Gelegenheitsgedichte. Hervorgehoben seien seine Hymnen zur Verherrlichung des heiligen Kreuzes, die aus Anlaß der Schenkung einer Kreuzpartikel durch den byzantinischen Kaiser Justinus II. an Radegunde entstanden sind; dazu gehören die berühmten, im römischen Brevier gebrauchten Passionslieder *Pange lingua* und *Vexilla regis. De navigio suo* (10, 9) ist eine anmutige Beschreibung (82 Verse) einer Moselfahrt von Metz bis Andernach, ein Gegenstück zur *Mosella* des Ausonius. Inmitten der Gedichtsammlung finden sich auch einige Briefe und 2 kleinere Abhandlungen in Prosa: eine *Expositio orationis dominicae* (10, 1) und eine *Expositio symboli* (11, 1), die von Rufin abhängig ist.

b) Außerhalb der Liedersammlung sind überliefert: ein gleichfalls ins Brevier eingegangenes Marienlied *Quem terra, pontus, aethera* und ein längeres Gedicht *In laudem s. Mariae. De excidio Thoringiae* (172 Verse) ist ein ergreifendes Klagelied auf den Untergang des thüringischen Königshauses und zugleich ein Denkmal seiner Freundschaft mit Radegunde. Das in 4 Bücher eingeteilte epische Gedicht *De vita s. Martini*

(2244 Hexameter) schließt sich eng an die Schriften des Sulpicius Severus u. Paulinus von Périgueux an. Außerdem schrieb Venantius noch 7 Heiligenleben in Prosa, darunter je eine *Vita s. Hilarii* (Poitiers), *s. Germani* (Paris) und *s. Radegundis.*

ML 88.– F. Leo-B. Krusch, MGAuctAnt 4, 1881/5.– W. Levison-B. Krusch, MGSS rer. Merov. 7, 1919 f, 205/24; 337/428. ** Agrain, REL 1948, 99/101 (Tkr.).– Amatucci [P. Ubaldi, 1937] 360/71 (Echtheitskriterien).– S. Blomgren, Studia Fortunatiana 1, Up 1933 (Tkr.); 2, 1934 (In laudem S. Mariae echt); Er 1944, 81/8; 1946, 100/34; 1950, 57/65; 150/6 (Tkr.).– Costanza [Convivium dominicum, Ca 1959] 87/97 (La quarta petizione).– F. Dagianti, Studio sintattico della opera poetica di V. F., Veroli 1921.– G. M. Dreves, Hymnolog. Studien zu V. F. und Rab. Maurus, 1908.– Gaiffier, AB 1952, 262/84 (kultische Verehrung).– L. Koebner, L 1915.– Leclercq, DAL 5, 1882/97.– A. F. Memoli, Il ritmo prosaico in V. F., Salerno 1952.– W. Meyer, GAb 1901, 5.– W. Schmid [H. Dahlmann-R. Merkelbach, Stud. zur Textgesch., Köln 1959] 253/63 (carm. 8, 3, 189/258).– D. Tardi, Fortunat. Étude sur le dernier représentant de la poésie lat. dans la Gaule mérovingienne, 1927 (mit Bibliographie).

II. Griechische Schriftsteller

§ 114. Pseudo-Dionysius Areopagita

Unter dem Namen des Dionysius Areopagita sind vier größere Abhandlungen überliefert, die sämtlich einem Schüler Timotheus gewidmet sind, ferner 11 kurze Briefe.

1. *De divinis nominibus* handelt über die in der Bibel vorkommenden Gottesnamen und erläutert an ihnen das Wesen und die Eigenschaften Gottes.

2. *De mystica theologia,* über die mystische Vereinigung der Seele mit Gott, die in einem Zustand völliger Passivität vor sich geht; die Seele wird Gottes unmittelbar inne in ekstatischer Schau.

3. *De caelesti hierarchia,* über das Reich der himmlischen Geister, ihre Natur, Eigenschaften und Gliederung in 3 Triaden zu je 3 Chören.

4. *De ecclesiastica hierarchia* handelt von der Kirche als dem Abbild der Geisterwelt, in der gleichfalls 3 Triaden vorhanden sind: 3 heilige Sakramente: Taufe, Eucharistie, Firmung; 3 priesterliche Stände: Bischöfe, Priester, Diakone; 3 diesen untergebene Stände: Mönche, Gemeindeglieder, Unvollkommene (Katechumenen, Energumenen, Büßer). Als Anhang folgt in Kap. 7 eine Schilderung des Beerdigungsritus.

5. Als Adressaten der 11 *Briefe* erscheinen u. a. neben einem Mönch Cajus (4mal) je einmal der Apostel Johannes (10), die Bischöfe Titus (9)

und Polykarp (7). Inhaltlich wollen die Briefe Ergänzungen zu den Hauptschriften und seelsorglich-praktische Anweisungen geben.

Der Verfasser will als der vom hl. Paulus bekehrte Areopagite Dionysius (Act. 17, 34) gelten (ep. 7, 3; div. nom. 2, 11).

Er adressiert deshalb seine Schriften an Apostel und Apostelschüler, erzählt, er habe in Heliopolis die beim Tod Christi eingetretene Sonnenfinsternis beobachtet (ep. 7, 2), und behauptet, er sei mit Petrus und Jakobus beim Begräbnis der hl. Jungfrau Maria zugegen gewesen (div. nom. 3, 2). In Wirklichkeit sind die Schriften erst gegen Ende des 5. Jh. entstanden. Die Gedankenwelt des Verfassers ist wesentlich vom Neuplatonismus, dessen Grundgedanken er mit den christlichen Lehren verschmelzen möchte, beeinflußt. Seine Sprache ist ganz eigenartig und dunkel, und er gefällt sich in neuen Wortbildungen und gekünstelten Satzgefügen.

Die ersten Spuren dieser Schriften sind bei dem monophysitisch gesinnten Patriarchen Severus von Antiochien (512–518) nachzuweisen. Als sich die Monophysiten auf dem Religionsgespräch von Konstantinopel 532 auf sie beriefen, wurden sie von dem Führer der katholischen Bischöfe, Hypatius von Ephesus, als unecht zurückgewiesen; doch schon Leontius von Byzanz, Papst Gregor d. Gr. und Sophronius von Jerusalem nahmen sie als echt an. Nachdem Maximus Confessor († 662) durch seine orthodoxe Auslegung häretisch klingender Stellen alle Bedenken beseitigt hatte, verstummte bald jeglicher Widerspruch. Durch Abt Hilduin von St-Denis († um 844) wurde die Legende von der Identität des Paulusschülers und Verfassers der Areopagitica mit dem Märtyrer Dionysius von Paris (3. Jh.) in Umlauf gesetzt. Aus der um 850 von Scotus Eriugena besorgten lateinischen Übersetzung schöpfte das MA seine Kenntnis des Pseudo-Dionysius, dessen Ideen das philosophische und theologische Denken der großen Meister der Scholastik aufs stärkste beeinflußt haben.

Die ersten Zweifel an der Echtheit der Schriften äußerte der Humanist Laurentius Valla († 1457), dem bald Erasmus und die Reformatoren folgten. Im 19. Jh. wurde die Echtheit immer allgemeiner verneint, bis 1895 J. Stiglmayr und H. Koch in unabhängig voneinander geführten Untersuchungen, die später durch weitere Arbeiten vertieft wurden, zu demselben Ergebnis gelangten: die areopagitischen Schriften können erst gegen Ende des 5. Jh. entstanden sein, weil ihr Verfasser nicht nur aus Plotin († 270) geschöpft, sondern auch den Neuplatoniker Proklus († 485) z. T. wörtlich ausgeschrieben hat. Als seine wahrscheinliche Heimat kann Syrien bezeichnet werden, da er in seinen liturgischen Bemerkungen einen syrischen Ritus erklärt.

Die Suche nach dem Verfasser hat noch zu keinem allgemein angenommenen Ergebnis geführt. Vorgeschlagen wurden Severus von Antiochien (Stiglmayr), Petrus der Iberer (Honigmann), ein Theologe im Umkreis des Johannes von Scythopolis (von Balthasar), Petrus der Walker, Patriarch von Antiochien, gest. 488 (Riedinger).

MG 3 f.– P. Hendrix, Lei 1959 (cael. hier.).– R. Roques-G. Heil-M. de Gandillac, SCh 58, 1958 (cael. hier., TÜK).– Ph. Chevallier, Dionysiaca, 1/2, 1937/50 (lat. Übersetzungen); dazu RHE 1950, 234/40.– J. Stiglmayr, BKV²; II 2, 1911/33.– M. de Gandillac, P 1943 (Ü aller Schriften).– E. Turolla, Padova 1956 (ÜK); dagegen Corsini, AtTor 93, 1958 f, 128/227. ** A. van d. Daele, Indices Ps.-Dionysiani, Lou 1941.

Corsini, AtTor 93, 1958 f, 128/227 (La questione areopag.; cronologia dello Ps.-D.; scharf gegen Turolla); Il trattato De divinis nominibus dello Ps.-D. e i commenti neoplatonici al Parmenide, To 1962.– Elorduy, So 1960, 397/403 (Ammonio Sacca e il D.).– Engberding, OC 38, 1954, 68/95; PhJB 1956, 218/27 (Verfasserproblem).– Grumel, REB 1955, 21/49 (Verfasserproblem).– Hanssens, EL 1924, 283/92 (D. erklärt einen syrischen Ritus).– Hausherr, OCP 1936, 484/90 (Zweifel im MA); OCP 1953, 247/60 (D. lebt in dem Milieu, in dem ihn Honigmann sucht; aber nicht Petrus der Iberer).– Hornus, RHPh 1955, 404/48; 1961, 22/81 (Forschungsbericht bis 1960).– Honigmann, MémAcadBelgClLett 47, 3, 1952 (Pierre l'Ibérien et les écrits du Ps.-D. l'Aréop.).– von Ivánka, Sch 1940, 386/99 (Aufbau von De div. nom.); WSt 1957, 168/78 (D. und Julian).– H. Koch, Ps.-D. A. in seinen Beziehungen zum Neuplatonismus und Mysterienwesen, 1900; ThQ 1895, 353/420; Phil 1895, 438/54.– Lebon, RHE 1930, 880/915; 1932, 296/313 (D. nicht Severus von Ant.).– Loenertz, AB 1951, 217/37 (Pariser D.-Legende).– Riedinger, BZ 1959, 276/96 (D., Ps.-Kaisarios und die Akoimeten); Salzburger Jb. f. Philos. 5 f, 1961 f, 135/57 (Petrus von Ant.); ZKG 1964, 146/52 (Petrus von Ant.).– Roques, RHE 1961, 449/64 (sources); DSp 3, 244/429 (auch über Fortwirken bis in die Neuzeit); RACh 3, 1075/1121.– R. Roques-M. Cappuyns-R. Aubert, DHG 14, 265/310 (286/90: Einfluß auf Orient; 290/6: Einfluß auf Westen und MA; 296/310: Einfluß seit Neuzeit).– Roschini, Mar 1959, 16/80 (D. e la morte di Maria).– Scazzoso, Aev 1958, 222/39 (tradizione manoscritta della Theologia myst.); Aev 1958, 434/46 (valore del superlativo); Aev 1960, 139/47 (stimmt Riedinger zu).– Schepens, EL 1949, 357/75 (Liturgie).– Schiavone, Giorn. di Metafisica 1962, 260/72 (ep. 6).– Sherwood, SE 1952, 174/84 (syr. Ü).– Siegmund, Überlief. 182/9.– Stephanou, EO 1932, 446/69 (Bibliogr. seit 1914).– Stiglmayr, HJB 1895, 253/73; 721/48; Sch 1928, 1/27; 161/89; 1932, 52/67 (D. ist Severus von Ant.).– G. della Volpe, La dottrina del A. e i suoi presuppositi neoplatonici, R 1941.

Lehre

1. Gott und die Welt. Das Wesen Gottes, der die Ursache aller Dinge ist, kann weder durch affirmative noch durch negative Prädikate bestimmt werden. Gott ist das Eine (ἕν), aus dem alles hervorgeht (πρόδρομος), um später wieder zu ihm zurückzukehren (ἐπιστροφή). Das Universum

erscheint dem Areopagiten als ein organisches Ganzes; es ist eine himmelragende Leiter, deren oberste Sprosse, der Engelchor mit den drei höchsten Klassen, noch in das innerste, Gott umgebende Dunkel hineinragt, während die untersten Stufen in das Reich der vernunftlosen und leblosen Dinge hinabreichen. Die Fülle des göttlichen Lichts strömt durch alle Zwischenstufen in stetig fortschreitender Abnahme.

2. Christologie. Dionysius spricht von einer einzigen gottmenschlichen Wirksamkeit (μία θεανδρικὴ ἐνέργεια) in Christus (ep. 4). Diese Formel, auf die sich die Anhänger des Severus von Antiochien und die Monotheleten beriefen, ist später (649 und 680/81) von der Kirche verworfen worden. Div. nom. 2, 9 ist von einer monophysitisch klingenden „Gottbildung" (θεοπλαστία) Jesu die Rede.

3. Lehre von den Engeln. Während bei den älteren Vätern, namentlich im Abendland, die Meinung vorherrschte, daß die Engel eine ätherische Leiblichkeit hätten, betrachtet sie der Areopagite als reine stofflose Geister, und die späteren Väter, wie Papst Gregor d. Gr. und Johannes von Damaskus, sind seiner Ansicht gefolgt. Neun Chöre der Engel nennen schon, allerdings noch nicht in 3 Triaden gegliedert, Cyrill von Jerusalem (cat. 23, 6) und die Apostol. Konstitutionen (8, 12, 8). Die früheren Väter waren noch ungewiß, ob die in der Bibel vorkommenden Bezeichnungen der Engel Unterschiede unter den Engeln ausdrücken oder nicht. Der Areopagite lehrte, daß die oberste Triade der Engel nur Gott diene und in keiner Beziehung zu den Menschen stehe; trotzdem hielt die Mehrzahl der Theologen daran fest, daß alle Chöre der Engel zum Dienst der Menschen geschickt werden können.

4. Buße. Ep. 8, an einen Mönch Demophilus adressiert, bezeugt den alten Widerstreit zwischen pneumatischem Mönchtum und hierarchischem Priestertum. Der Mönch hatte die Verwaltung des Bußsakramentes für sich in Anspruch genommen. Darob wird er scharf getadelt; die Absolutionsgewalt komme nach der von Gott gesetzten Ordnung nur den Priestern zu. Er glaubt jedoch (8, 2) wie Origenes und viele spätere Theologen bis auf Abaelard im 12. Jh., daß der sündhafte Priester nicht „Licht spenden", d. h. die Gnade Gottes vermitteln könne.

5. Das Sakrament der Firmung (μύρον) steht nach Dionysius auf gleicher Stufe wie die Eucharistie (eccl. hier. 4, 1). Es dient dazu, den Getauften den Heiligen Geist zu verleihen (4, 3; 11). Aus den Mitteilungen des Areopagiten ergibt sich auch, daß die Weihe des heiligen Öls, der Altäre und der Priester dem Bischof vorbehalten ist (5, 5).

Boularand, BLE 1957, 193/217; 1958, 129/69 (L'eucharistie d'après D.).– E. Elorduy, Ammonio Sakkas. I. La doctrina de la creación y del mal en

Proclo y el Ps.-Areopagita, Oña 1959.– H. Fuchs, Augustin und der antike Friedensgedanke, 1926, 126/38 (Div. nom. 11).– Grondijs, BullAssBudé 18, 1959, 438/77 (terminologie); NedThTijdschr 1959 f, 420/9 (terminologie métalogique).– J. Groß, ZRGG 1952, 32/42 (Ur- und Erbsünde).– Hornus, RHPh 1947, 37/63 (D. et la mystique chrét.).– Oppenheim [K. Mohlberg, 1948] 1, 259/82 (Mönchsweihe und Taufritus).– R. Roques, L'univers. dion. Structure hiérarch. du monde selon le Ps.-D., 1954; Ir 1958, 427/49 (Le sens du baptême); [Théol. de la vie monastique, 1961] 283/314 (l'état monastique); DSp 2, 1885/1911 (contemplation, extase, ténèbre).– Scazzoso, Aev 1963, 406/29 (terminologia misterica).– M. Schiavone, Neoplatonismo e Cristianesimo nello Pseudo-D., Mi 1963.– A. Vanneste, Le mystère de dieu, Bruges 1959 (doctrine mystique).– W. Völker, Kontemplation und Ekstase bei Ps.-D. A., Wiesbaden 1958.

§ 115. Monophysitische Theologen des 6. Jahrhunderts

1. Severus, 512–518 Patriarch von Antiochien, wurde wegen seines Monophysitismus durch Kaiser Justinus I. seines Amtes entsetzt und lebte fortan in Alexandrien († 538). Seit etwa 522 bekämpfte er den gleichfalls seit 518 in Alexandrien lebenden Bischof Julian von Halikarnaß wegen seiner Lehre von der Unverweslichkeit (ἀφθαρσία) des Leibes Christi. Besonders aus seinem großen Werk *Gegen den gottlosen Grammatiker* ist zu entnehmen, daß er der Lehre des Konzils von Chalkedon im Unterschied zu Eutyches und Julian viel näher stand, als es seine heftige Polemik gegen das Konzil und den Tomus Leos d. Gr. vermuten läßt. Mit dem Konzil bekennt er, daß Christus einer sei, vollkommen in der Gottheit und vollkommen in der Menschheit, und daß die Verschiedenheit der Naturen durch die Vereinigung nicht aufgehoben sei. Severus bekämpft ausschließlich die Formulierung des Konzils, daß Christus ein und derselbe sei „in 2 Naturen"; das sei Nestorianismus; denn „in 2 Naturen" bezeichne in der Christologie dasselbe wie „in 2 Personen". Demgegenüber bekennt er, daß „aus 2 Naturen, der Gottheit und der Menschheit, sich ein Emmanuel und eine fleischgewordene Natur des Gott-Logos zeige". Mit J. Lebon darf man behaupten, daß Severus von Antiochien und die ihm nahestehenden Theologen nichts anderes lehren wollten, als was Cyrill von Alexandrien mit seiner Mia-Physis-Formel und in seinen 12 Anathematismen vor Abfassung des Unionssymbols von 433 unvollkommen zum Ausdruck gebracht hat.

Der sehr umfangreiche schriftstellerische Nachlaß des Severus ist uns fast nur in syrischer Übersetzung erhalten und bis jetzt nur zum Teil gedruckt.

a) Dogmatisch-polemische Schriften. In 2 *Abhandlungen* wendet sich S. um 508 gegen den neuchalkedonischen Nephalius. Mit der Schrift *Philalethes* (508–511) bekämpft S. ein anonymes kyrillisch-chalkedonisches Florilegium. Das Hauptwerk ist der *Liber contra impium Grammaticum* mit etwa 1250 Väterzitaten, in dem Johannes von Cäsarea (s. S. 508) bekämpft wird. In *Briefen* und *Kampfschriften* spiegelt sich auch der Streit mit dem Grammatiker Sergius und mit dem B. Julian von Halikarnaß (s. S. 507).

b) Zwischen 512 und 518 hielt S. 125 Homilien *(Homiliae cathedrales)*, die für die antiochenische Liturgiegeschichte wichtig sind; sie sind fast alle nur in syrischer Übersetzung erhalten.

c) Die umfangreiche *Korrespondenz* des S. (etwa 4000 Briefe in 23 Büchern) ist bisher in syrischer Übersetzung nur zum Teil veröffentlicht worden.

d) Liturgische Schriften. Der *Oktoëchos*, das in der griechischen Kirche noch heute gebräuchliche Kirchengesangbuch, enthält zahlreiche *Hymnen* des Severus; ihm gehört das älteste, dem Morgen- und Abendland gemeinsame Mariengebet *Sub tuum praesidium.* Auch eine *Anaphora* trägt seinen Namen.

M. Brière - R. Duval - M. A. Kugener - E. Triffaux - I. Guidi, PO 4, 1; 8, 2; 12, 1; 16, 5; 20, 2; 22, 2; 23, 1; 25, 1. 4; 26, 3; 29, 1, 1906/1960 (Hom. 52/125, TÜ).– E. W. Brooks, PO 6,1; 7, 5, 1910 f (Hymnen; TÜ); PO 12, 2; 14, 1, 1915/19 (118 Briefe, TÜ); The sixth book of the select Letters of S., 1/2, Lo 1902/4 (123 Briefe).– R. Hespel, CSCO 133 f, 1952 (Philalèthes, TÜ); 244 f, 1964 (La polémique antijulianiste, TÜ).– M.-A. Kugener, PO 2, 1. 3, 1902/4 (Vitae, TÜ).– J. Lebon, CSCO 93 f; 101 f; 111 f, 1929/38 (C. impium grammaticum, TÜ).– J. Lebon, CSCO 119 f, 1949 (Orat. ad Nephalium; Severi ac Sergii Grammatici epp. mutuae, TÜ).– A. Mai, SS vet. nova coll. 9, 725/41; Spicil. Rom. 10, 202/5 (griech. Fragm. der Homil.).– H. W. Codrington, S.i Anaphora, R 1939; dazu JTS 1938, 141/50.– Devreesse, ST 201, 186/201 (Extraits).– Draguet, Mu 1927, 75/92 (Brief gegen Julian); 1931, 255/317 (2 Traktate gegen Julian, von Schülern des Severus verfaßt).– Garitte, Mu 1952, 185/98 (ep. ad Soterichum, kopt. Fragm.).– Kugener, OC 2, 1902, 265/82 (hom. 1).– Lantschoot, Mu 1946, 469/77 (Lettre à Théognoste, kopt. T, Ü).– F. Nau, ROC 7, 1929 f, 3/30 (hom. 89 und 94 z. T griech.). ** Bardy, DThC 14, 1988/2000; [Mémorial L. Petit, 1948] 15/31 (textes patrist.).– Brière, PO 29, 1, 7/72 (Leben und Schriften).– Engberding, OC 37, 132/4 (Chronologie seiner Vita).– Graf, Gesch. 1, 418/20.– Graffin, OrSyr 1960, 47/54 (La catéchèse).– R. Hespel, Le florilège cyrillien réfuté par S. d'Ant., Lou 1955.– Jugie, Theol. dogmat. christ. orient. 5, 1935, 420/37.– J. Lebon, Le monophysitisme Sévérien, Lou 1909; Mu 1946, 515/28 (Brief an Dioskur v. Ant.); Chalkedon 1, 425/580 (Christologie).– J. Maspéro, Hist. des patriarches d'Alexandrie (518–616), 1923.– Mouterde, Chalkedon 1, 581/602 (Konzil von Chalkedon nach monophys. Historikern).– O'Leary, Aeg 32, 1952 (1953), 425/36 (S. in Ägypten).– Opitz, Überlief. 168/79 (Athanas.).–

V. C. Samuel, The council of Chalcedon and the christology of S. of A., Diss. Yale Univ. 1957.– E. Schwartz, Publizist. Sammlungen z. acacian. Schisma, 1934, 238/48 (Vita bis 512).– de Vries, OCP 1957, 354/80 (Eschatologie).– K. Weber, Oktoëchos-Forsch., L 1937.

2. Julianus, B. von Halikarnaß, der Gegner des Severus, das Haupt der Julianisten (Aphthartodoketen oder Phantasiasten), verfaßte im Verlauf des Streites mit Severus 4 *Schriften*, von denen nur zahlreiche Bruchstücke vorliegen; ferner sind einige *Briefe* erhalten.

Über einen dem J. fälschlich zugeschriebenen *Jobkommentar* s. S. 270.

R. Draguet, J. d'H. et sa controverse avec Sévère d'A., Lou 1924 (154 Fragm.); Mu 1941, 59/89 (antijulian. Schrift aus 2. Hälfte 6. Jh.).– R. Hespel, CSCO 244 f, 1964 (La polémique antijulianiste, TÜ).– A. Šanda, Severi antijulianistica, 1931 (3 Briefe). ** Akinian-Casey, HThR 1931, 143 ff; BZ 1932, 183 f (Glaubenssymbol).– Draguet, DThC 8, 1931/40; RHE 1937, 92/5 (gegen Jugie); Mu 1941, 91/106 (Geschichte der späteren Julianisten).– H. Grondijs, L'iconographie byz. du crucifié mort sur la croix, 1941 (Christologie Julians).– M. Jugie, EO 1925, 129/62; 256/85 (gegen die mildere Beurteilung der Lehre J.s durch Draguet).

3. Der in Alexandrien lebende Johannes Philoponus, der wahrscheinlich schon von Jugend auf Christ war, verfaßte außer grammatischen Schriften und Kommentaren zu aristotelischen Werken auch theologische Schriften. Er bemühte sich, die Kirchenlehre mit dem Aristotelismus auszusöhnen († bald nach 565).

Von den theologischen Schriften sind erhalten: *De aeternitate mundi* gegen die Lehre des Neuplatonikers Proklus; *De opificio mundi* ist ein Kommentar zum biblischen Schöpfungsbericht; *De paschate* behandelt den Osterfesttermin. Sein dogmatisches Hauptwerk *Der Schiedsrichter* (Διαιτητής), das vollständig nur in syrischer Übersetzung vorliegt, vertritt den Tritheismus, der nur eine begriffliche Einheit, keine Einheit der Natur der drei Personen kennt. In der Christologie folgt J. dem Severus von Antiochien.

H. Rabe, L 1899 (De aetern. m.).– G. Reinhardt, L 1897 (De opif. m.).– C. Walter, L 1899 (De paschate).– A. Šanda, Opuscula monophysitica J. Ph., Beyrouth 1930 (syr. T, lat. Ü).– G. Furlani, PO 14, 4, 1920 (6 antitritheist. Schriften, syr. T, Ü). ** Bardy, DThC 8, 831/9.– M. de Corte, Liège 1934.– Devreesse, Rb 1936, 364/73 (Vätertexte in De op. m.).– E. Évrard, BullAcadBelgClLett 5, 39, 1953 (les convictions relig. de J. et la date de son comment. aux Metéoroliques).– P. Henry, États du texte de Plotin, 1938, 271/7 (aet. mundi).– Hermann, ZntW 1930, 209/64 (Monophys.).– Jugie, EO 1934, 187/9 (gegen den päpstl. Primat).– W. Kroll, PWK 9, 1764/95.– Martin, SP 5, 519/25 (la controverse trithéite).– Saffrey, REG 1954, 396/410 (der Christ Joh. und die alexandr. Schule).

4. Als Tritheist trat auch Stephanus Gobarus hervor, der wohl unter Justin II. (565–578) in Ägypten oder Syrien schrieb. Nach Photius (Bibl. cod. 232) behandelte er in 52 Kap. und einem Anhang die verschiedensten theologischen Fragen nach der Methode des „Sic et non“, so wie dies später Abaelard getan hat.

Bardy, REB 1947, 5/30 (Florileg.); dazu REB 7, 1949 f, 51 f.– Harnack, HThR 1923, 205/34.

§ 116. Antimonophysitische Theologen des 6. Jahrhunderts

1. Der Grammatiker Johannes von Cäsarea verfaßte zwischen 514 und 518 eine *Apologie* der Synode von Chalkedon. Gegen diese wandte sich Severus von Antiochien mit seiner umfangreichen Schrift Contra impium Grammaticum, in die er 44 zum Teil längere Texte dieser Apologie wörtlich aufgenommen hat. Aus diesen Texten läßt sich die Christologie des J. klar erkennen. J. darf als der erste bedeutendere Vertreter der sogenannten neuchalkedonischen Christologie bezeichnet werden. Das Ziel dieser Darlegung war, die noch immer fortbestehenden Spannungen zwischen der Terminologie Cyrills und jener der Antiochener, die zwar durch das Konzil von 451 autoritativ überwunden war, spekulativ weiter zu klären und insbesondere Elemente der cyrillischen Theologie mehr zur Geltung zu bringen. So verteidigt er die Formel „Unus ex Trinitate“ und sogar die Anathematismen Cyrills. Zugleich will er aber auch zeigen, daß die auch von Cyrill unterzeichnete Unionsformel von 433 und ebenso der Tomus Leos d. Gr. und die Lehre des Chalcedonense in richtiger Zusammenschau die ganze Wahrheit garantieren. Als erster benützt er die von den Kappadoziern in ihrer Trinitätslehre angewandte Terminologie, die deutlich οὐσία und ὑπόστασις voneinander unterscheidet, in seiner Christologie und betont, daß die Menschheit Christi keinen Augenblick allein und unabhängig von der Gottheit existiert habe. Ein guter Fortschritt war auch die von ihm geprägte Formel „von den zwei Naturen, die durch die hypostatische Union in einer Hypostase“ geeint sind.

J. Lebon, C. imp. Grammaticum, CSCO 112, 16* f (Index s. v. Grammaticus: Fragmente).– Moeller, RHE 1951, 683/88 (3 griech. Fragm. bei Eulog. von Al.). ** R. Draguet, Julien d'H., Lou 1924, 62/73 (Gegner des Severus v. A. im Philalethes ist nicht Joh. von Caes.).– Moeller, RHE 40, 1944 f, 122/7; Chalkedon 1, 672/4.– Richard, MSR 1946, 156/61 (le néochalcédonisme); Chalkedon 1, 736.

2. Johannes von Scythopolis gehört als Zeitgenosse des Johannes von Cäsarea zu der immer einflußreicher werdenden Gruppe der neuchalke-

donischen Theologen. Von seinem ziemlich umfangreichen Schrifttum besitzen wir nur Fragmente. Bereits vor 512 veröffentlichte er seine Schrift gegen die Aposchiten (d. h. gegen Eutyches, Dioskur und seine Anhänger). Um dieselbe Zeit schrieb er so wie Johannes von Cäsarea eine ausführliche Apologie des Konzils von Chalkedon, mit der sich Severus von Antiochien in seiner Schrift Contra impium Grammaticum auch auseinandersetzen wollte; doch gelang es ihm nicht, ein Exemplar dieser Schrift in seine Hand zu bekommen. Johannes zeichnete sich auch als scharfsinniger Kritiker der von Anhängern des Apollinaris von Laodicea in Umlauf gesetzten Fälschungen aus. Nach 532 schrieb J. als erster einen *Kommentar* zu den Schriften des Ps.-Dionysius, der zu einem großen Teil in den *Scholien* zu den Areopagitica erhalten ist, die Maximus Confessor zugeschrieben werden.

Mansi 10, 1107; 11, 737/40 (Zitate aus dem 8. Buch gegen Severus). – F. Diekamp, Doctrina patrum, 1907, 85 f (Zitate). – MG 4, 15/432; 527/76 (Scholien zu Ps.-Dionys.). ** U. von Balthasar, Kosmische Lit., [2]1961, 644/72 (Problem der Dionysius-Scholien: in der Hauptsache von Joh. von Scythopolis). – Moeller, Chalkedon 1, 644; 674/6.

3. Leontius von Byzanz lebte in seiner Jugend in Gemeinschaft mit Nestorianern und wurde nur durch eine gütige Fügung zur Orthodoxie zurückgeführt, wie er selbst berichtet (C. Nestor. et Eutych. 3, prooem.). Sonst ist über Person und Leben des L., der in der ersten Hälfte des 6. Jh. wirkte, nichts Näheres bekannt. Er ist nicht identisch mit L. von Jerusalem oder dem skythischen Mönch L., der aus der theopaschitischen Kontroverse bekannt ist. Nach Richard ist L. mit dem aus der Sabas-Vita des Cyrill von Scythopolis bekannten Origenisten Leontius Eremita gleichzusetzen. Die von Loofs (1887) versuchten Identifizierungen sind nicht aufrechtzuerhalten.

L. war ein gewandter, die aristotelische Logik und die neuplatonische Psychologie benützender Polemiker, der vor allem den Monophysitismus der Severianer und Julianisten bekämpfte.

a) Das Hauptwerk des L. sind die *Libri III adversus Nestorianos et Eutychianos,* ein rühmliches Zeugnis für seinen Scharfsinn und seine patristische Gelehrsamkeit, kurz vor seinem Tod (543/44) verfaßt, um vorsichtig gegen das antiorigenistische Edikt Justinians (543) Einspruch zu erheben.

Buch 1 zeigt, daß Nestorius und Eutyches trotz ihrer einander entgegengesetzten Lehren von denselben falschen Voraussetzungen ausgehen. Buch 2 gibt eine Disputation zwischen einem Orthodoxen und einem Aphthartodoketen wieder. Buch 3 ist gegen die nestorianische Häresie, besonders die von ihm dem Theodor von Mopsvestia zugeschriebenen Irrtümer, gerichtet. Diese 3 Bücher wurden jeweils aus verschiedenen Anlässen verfaßt.

b) Zwei kleinere Schriften richten sich gegen Severus von Antiochien: *Solutio argumentorum Severi (Epilysis)* und *Triginta capita adv. Severum.*

Das wahrscheinlich unechte Schriftchen *Adversus fraudes Apollinistarum* entlarvt mehrere in häretischen Kreisen fabrizierte Väterzitate als Fälschungen, eine ebenso rühmliche wie seltene quellenkritische Leistung jener Zeit. Die ebenfalls unter dem Namen des L. herausgegebene Schrift *De sectis* wurde erst zwischen 581 und 607 verfaßt; sie kann auch Theodor von Raithu nicht mit Sicherheit zugesprochen werden (s. S. 512).

Zwei weitere Schriften, *Adv. Nestorianos* und *C. Monophysitas,* die nach Loofs in späteren Bearbeitungen vorliegen sollen, gehören nicht L. von Byzanz, sondern einem bis jetzt wenig beachteten Autor, Leontius von Jerusalem, der wahrscheinlich am Religionsgespräch mit den Severianern (wohl 532) und an der Synode von Konstantinopel (536) teilgenommen hat. Er schrieb seine Werke vor 533. Dieser L. war Neuchalkedonier, d. h., er behandelte die Christologie in Anlehnung an die Terminologie des Kyrill von Alexandrien und der Monophysiten.

Christologie. L. ist in der Christologie strenger Anhänger des Chalcedonense. Die Monophysiten behaupteten, eine Natur könne nur als eigene Hypostase bestehen, und es müßten daher in Christus, wenn in ihm zwei Naturen wären, auch zwei Hypostasen oder Personen sein. Dagegen zeigte L., daß die menschliche Natur Christi nicht selbst Hypostase ist, weil zum Begriff der Hypostase nicht bloß die Individualität, sondern auch die Subsistenz, d. h. die selbständige Existenz, gehöre. Es könne aber eine Natur ihre Subsistenz in einer andern Hypostase haben, ohne zum Akzidens herabzusinken; sie sei dann ἐνυπόστατος, aber nicht ἀνυπόστατος. So sei der menschliche Leib der Seele enhypostasiert, und ebenso sei es nun auch mit der menschlichen Natur Christi, sie sei ἐν τῷ λόγῳ ὑποστᾶσα. Das Wort ἐνυπόστατον hatte schon vor Leontius seine Geschichte in der christlichen Theologie. Der Begriff (nicht das Wort) der Enhypostasie ist der neuplatonischen Philosophie entnommen. Leontius war der erste, der mit dem Ausdruck ἐνυπόστατον das Geheimnis der ἕνωσις καθ' ὑπόστασιν auf eine kurze und treffende Formel brachte.

MG 86, 1/2.– MG 86, 1193/1268 (De sectis); 1399/1901 (L. von Jerus.); 1947/76 (Adv. fraudes Apollinist.). ** Altaner, ThQ 1947, 147/65 (L. von Byz. und L. der skyth. Mönch; gegen Loofs).– Devreesse, RevSR 1930, 545/76 (Florilège de L.).– Ehrhard, TU 51, 1938, 148; 149 Anm. 1 (L. von Jerus.).– V. Ermoni, P 1895.– Grumel, DThC 9, 400/26; EO 1926, 393/406; [Mél. P. Mandonnet, 2, 1930] 15/22 (Christologie); EO 1937, 385/97 (sotériol.).– Hammerschmidt, OstkSt 1955, 147/57 (philos.-theol. Grundbegriffe bei L. v. Byz., Joh. Dam. und Theod. Abu Qurra).– J. P. Junglas, 1908.– F. Loofs, TU 3, 1/2, 1887.– Ch. Martin, Byz 12, 1937, 361 (MG 59, 715/20 von L.).– Moeller, EThL 1951, 467/82 (textes monophysites de Léonce de Jér.); Chalkedon 1, 686 f; 700 f.– Rees, HThR 1931, 111/9 (Christologie); JTS 1939, 346/60 (De sectis); JTS 1940, 263/80 (Life of L. of Byz.).– Richard, RSPhTh 1938, 27/52 (L. et Pamphile); MSR 1944, 35/88 (L. de Jérus. et L. de Byz.); REB 1947, 31/66 (L. von Byz., Origenist); RHE 1939, 695/723 (De sectis).– W. Rügamer, 1894.– Theodoru, Θ 1955, 212/22; 421/35; 584/92; 1956, 32/44 (Christologie).

4. Hypatius, B. von Ephesus, war während der ereignisreichen Jahre 531–36 Vertrauensmann des Kaisers Justinian. Bei dem Streitgespräch mit den Severianern in Konstantinopel (wohl 532) trat er als Wortführer der orthodoxen Bischöfe auf; 533 reiste er in kaiserlichem Auftrag zu Papst Johannes II. nach Rom und erreichte die Anerkennung der theopaschitischen Formel durch den Papst (Coll. Avell. ep. 84). Auf der Synode von Konstantinopel (536) war er Sprecher der anwesenden Bischöfe. H. starb nach 537/38 und vor 552.

Von seinen mindestens 2 Bücher umfassenden Συμμικτὰ ζητήματα, in denen er auf Fragen des Bischofs Julian von Atramytion antwortet, sind nur geringe Fragmente erhalten. 8 bzw. 94 von Diekamp gesammelte Katenenfragmente gestatten die Annahme, daß H. einen *Kommentar zu den Psalmen* und *zu den 12 Kleinen Propheten* geschrieben hat. Fraglich ist die Abfassung eines Kommentars zum Lukasevangelium. Eine 1904 bei Ausgrabungen in Ephesus gefundene *Inschrift* von 35 Zeilen bringt einen Erlaß des H. über die christliche Begräbnispflicht.

F. Diekamp, Anal. patrist., 1938, 109/53 (Biographisches und Fragmente).– SchAC 4, 2, 169/84 (Coll. cum Severian.); 3, 178/80 (Synode von 536).– CSEL 35, 320/8 (ep. 84).– Bakhuizen van den Brink, ZntW 1927, 213/9 (Inschrift, TÜK). ** Alexander, HThR 1952, 177/84 (Bilderverehrung).– Baynes, HThR 1951, 93/106 (Bilderverehrung).– Moeller, Chalkedon 1, 166 f (Christologie).– Richard, MSR 1946, 156/61.

5. Theodor von Raithu, Priestermönch in einem Kloster bei Raithu an der Südwestküste der Sinaihalbinsel, schrieb eine *Praeparatio* (Προπαρασκευή, oft ungenau als *De incarnatione* zitiert). Im ersten Teil charakterisiert Th. verschiedene Häresien von Manes bis Severus von Antiochien; im zweiten Teil bringt er philosophische Begriffsbestimmungen, die für die Christologie wichtig sind. Wahrscheinlich ist Th. identisch mit dem B. Theodor von Pharan; von dieser Identifizierung hängt auch die Datierung der Praeparatio ab (2. Viertel des 6. Jh. oder 580–620).

Th. interpretierte das Chalcedonense kyrillisch; er begründete die monenergistische und monotheletische Christologie.

Über die unter dem Namen des Leontius von Byzanz überlieferte Schrift *De sectis* s. S. 510.

MG 91, 1483/1504 (1. Teil der Praep.).– F. Diekamp, Anal. patrist., 1938, 173/222 (Praep., vollständiger T). ** Amann, DThC 15, 1279/82 (Theod. von Pharan).– W. Elert, Der Ausgang der altkirchl. Christologie, B 1957 (Th. von Pharan); ThLZ 1951, 671/6 (Th. von Pharan = Th. von Raithu); dagegen Moeller.– Grumel, EO 1928, 259/65 (Theodor von Pharan).– Moeller, Chalkedon 1, 685 f; 695 Anm. 167.– Richard, DThC 15, 282/4 (Theod. von Raithu).

6. Pamphilus. A. Mai veröffentlichte unter der falschen Bezeichnung *Panoplia dogmatica* als Werk eines Anonymus die Schrift Κεφαλαίων διαφόρων ἤτοι ἐπαπορήσεων λύσις περὶ τῆς εἰς Χριστὸν εὐσεβείας. Hier werden christologische Fragen untersucht und die Anschauungen des Severus von Antiochien und des monophysitischen Tritheismus bekämpft. Der Verfasser ist ein sonst unbekannter Pamphilus, der mit Pamphilus, dem Freund des Kosmas Indikopleustes, nicht identisch ist. Der Verfasser ist unter anderem von Leontius von Byzanz (c. Nestor.; solut. arg. Sever.; XXX cap. adv. Sever.) abhängig, ferner von der Schrift des Kaisers Justinian, Confessio rectae fidei. Er schrieb wohl bald nach 560, sicher vor 630.

A. Mai, Nova Patrum bibl. 2, 1844, 597/653. ** J. P. Junglas, Leontius von Byzanz, 1908, 57/65.– Richard, RSPhTh 1938, 27/52 (Léonce et P.).

7. Anastasius I., 559–599 Patriarch von Antiochien, kämpfte gegen den Aphthartodoketismus des Kaisers Justinian und wurde deshalb 570 verbannt; erst 593 durfte er auf Bitten Gregors d. Gr. zurückkehren. Seine zahlreichen dogmatisch-polemischen Schriften, zu denen eine Schrift *Gegen den Schiedsrichter* des Johannes Philoponus gehörte, sind zum größten Teil verloren. Fünf dogmatische *Abhandlungen* über Wesen und Unermeßlichkeit Gottes, Menschwerdung, Leidensfähigkeit und Auferstehung Christi sind bis jetzt nur in der lateinischen Übersetzung des F. Turrianus zugänglich. Die von Pitra herausgegebene *Rede* bei der Rückkehr aus der Verbannung ist echt. Drei gedruckte *Sermones* sind nicht sicher echt, der an 4. Stelle stehende Text ist keine Predigt, sondern eine kirchenrechtliche Abhandlung (nach 787, 7. allgemeines Konzil).

MG 89, 1293/1408 (1361/98: Sermones; 1309/62: Ü des Turr.).– J. B. Pitra, Jur. eccl. graec. hist. et mon. 2, 1868, 251/7. ** Janin, DHG 2, 1460.– Jugie, EO 1936, 257 ff (Spir. S.).– Vailhé, DThC 1, 1166.

8. Eulogius, 580–607 Patriarch von Alexandrien, mit Gregor d. Gr. befreundet, kämpfte in zahlreichen Schriften, von denen nur geringe Bruchstücke erhalten sind, gegen Novatianer und vor allem gegen Mono-

physiten. Die Exzerpte aus einer Schrift *De trinitate* und die vollständig erhaltene *Palmsonntagshomilie* sind unecht; letztere ist Eigentum des Sophronius von Jerusalem.

MG 86, 2, 2937/64; 2913/37 (unechte Palmsonntagshomilie).– MG 103, 532/6; 677; 940/56; 1024/88 (Auszüge bei Photius).– Bardenhewer, ThQ 1896, 353/401 (De trin.). ** Darrouzès, DHG 15, 1388 f.– Moeller, RHE 1951, 683/8 (Fragm. des Joh. von Cäs. bei E.).

§ 117. Kaiser Justinian I. (527-565)

Justinian, rastlos tätig als Staatsmann, Gesetzgeber und Bauherr, ging mit rücksichtslosen Maßnahmen der Gesetzgebung gegen Häretiker, Juden und Heiden vor. Da er sich auch für den obersten Herrn der Kirche hielt, griff er immer wieder in das innere Leben der Kirche ein, auch soweit es die kirchliche Lehre betraf. Mit terroristischer Politisierung der Theologie versuchte J. die geistigen Anreger der Vergangenheit und Gegenwart zu verketzern, hatte aber auch den Ehrgeiz, selbst als theologischer Schriftsteller zu glänzen. Man darf jedoch vermuten, daß die unter seinem Namen erschienenen theologischen Abhandlungen, Briefe und Erlasse zum Teil von dem beim Hof einflußreichen B. Theodor Askidas verfaßt wurden.

a) Gegen den Monophysitismus richten sich das *Edikt gegen die Severianer* an den B. Menas von Konstantinopel (536) und ein *Traktat gegen die Monophysiten* an ägyptische Mönche, die den Monophysitismus aufgegeben hatten (542/43).

b) Gegen den Origenismus wendet sich J. mit einem *Edikt* von 543 und einem *Schreiben an die Heilige Synode* (553).

c) Besonders heftig bekämpfte J. den Nestorianismus im Streit um die „Drei Kapitel" (1. Person und Schriften des Theodor von Mopsvestia, 2. Schriften des Theodoret von Cyrus gegen Kyrill und das Ephesinum, 3. Brief des Ibas von Edessa). Verloren ist die *Darlegung des wahren Glaubens* (543/44); erhalten sind das *Bekenntnis des wahren Glaubens* (551/53), ein *Schreiben an die Heilige Synode* (*Typos*, 553) und eine *Abhandlung*, die sehr heftig gegen eine verlorene Verteidigungsschrift der Drei Kapitel polemisiert (550 oder 553).

d) Ein *Edikt* zugunsten der Aphthartodoketen (kurz vor 565) ist verloren. Dagegen besitzen wir 13 *Briefe* an verschiedene Päpste. Als Dichter schrieb J. das Troparium Ὁ μονογενὴς υἱὸς καὶ λόγος τοῦ θεοῦ (um 535). Aus der gesetzgeberischen Tätigkeit auf kirchlichem Gebiet stammen Bestimmungen der *Novellae* (s. S. 254).

MG 86, 1; ML 69, 177/328.– ML 63; 66; 69 (Briefe, unter den Papstbriefen).– ML 72, 921/1110 (Gesetze).– E. Schwartz, AbhMn 1939, 18 (C. Monophys.; Ep. gegen die Drei Kap.; Conf. rectae fid.). ** Amann, DThC 15, 1868/1924 (Drei Kapitel).– Anastos, DOP 1951, 125/60 (Theod. von M. mit Recht verurteilt).– H.-G. Beck, Kirche und theol. Lit. im byz. Reich, Mn 1959.– Browe, AnnalGreg 8, 1935, 109/46 (Judengesetzgebung).– J. B. Bury, Hist. of the later Roman Empire, 2^2, Lo 1923.– M. A. Cassetti, Giustiniano e la sua legislazione in materia ecclesiastica, R 1958.– de Clerq, DictDroitCan 4, 644/80 (Législation relig.; Collections canon.).– R. Devreesse, Essai sur Théodore de M., 1948, 194/258.– Downey, AThR 1958, 3/12 (J.'s view of christianity and the greek classics).– Ensslin, HistZeitschr 1958, 459/66 (Papst Agapet I und J.).– Fritz, DThC 11, 1565/87 (Origénisme).– Grumel, EO 1923, 398/418 (Hymnus).– Jugie, DThC 8, 2277/90; EO 1932, 399/402 (J. Aphthartodoket).– G. A. Kinsella, The phases of the eccl. policy of J. I., Diss. Wa 1948.– Leclercq, DAL 8, 507/603.– W. Pewesin, Imperium, Eccles. univ., Roma, St 1937, 139/41; 150/8 (19 Fragm.).– Popescu, Studii teologice 4, 1933, 17/66 (antiorigenist. Erlasse).– E. Schwartz, Kyrillos von Skythopolis, 1939, 386/408; SbMn 1940, 2, 32/81 (Kirchenpolitik).– E. Stein - J.-R. Palanque, Hist. du Bas-Empire II: De la disparition de l'Empire d'Occident à la mort de J., 1949.– S. ferner S. 254 (Cod. Justin.).

Agapetus, Diakon an der Hagia Sophia in Konstantinopel, der Justinians Lehrer gewesen sein soll, schrieb wohl um die Zeit des Regierungsantritts Justinians ein *Mahnbüchlein* (Ἔκθεσις) über die Pflichten eines christlichen Fürsten in Form von 72 Sprüchen. In der Folgezeit ist dieser Fürstenspiegel als Schulbuch verwendet worden.

MG 86, 1, 1163/86. ** K. Emminger, Studien zu den griechischen Fürstenspiegeln, 1913.

Timotheus, Presbyter an der Hagia Sophia zu Konstantinopel, bietet in einer um 600 verfaßten Schrift *(De receptione haereticorum)* eine lehrreiche Aufzählung und Charakterisierung der Schismen und Häresien des 6. Jahrhunderts.

MG 86, 1, 11/68.

§ 118. Biblisch-exegetische Literatur

Der Abstieg der patristischen Literatur und das allmähliche Erlahmen der Produktivität in der Spätzeit wird durch nichts so anschaulich gekennzeichnet wie durch die Entwicklung der exegetischen Literatur. Jetzt werden nicht mehr selbständige Kommentare zu biblischen Büchern geschrieben, sondern schon vorhandene Väterkommentare zu Katenen (Kettenkommentaren, catena = σειρά) verarbeitet, d. h., zu den einzelnen biblischen Textstellen werden jeweils die Darlegungen älterer Exegeten ohne eigene Stellungnahme aneinandergereiht. Der Wert dieser Katenen besteht für uns darin, daß sie viele Stücke der häufig verlorenen Originalkommentare gerettet haben. Dem lateinischen Westen blieb die Form der Katenenkommentare in patristischer Zeit fremd.

R. Devreesse, DBS 1, 1084/1233; Les anciens commentateurs grecs de l'Octateuque et des Rois, ST 201, 1959.– M. Faulhaber, Die Prophetenkatenen nach röm. Hss., 1899; Hohelied-, Proverbien- und Prediger-K., 1902.– H. Lietzmann, Catenen, 1897.– H. Lietzmann - G. Karo, Cat. graec. catalogus, GN 1902, 1/66; 299/350.– J. Reuß, Matthäus-, Markus- und Joh.-Katenen, Mr 1941; Matthaeus-Kommentare aus der griech. Kirche, 1957.– J. Sickenberger, Die Lukas-K. des Niketas von Herakleia, 1902; ZntW 39, 1940, 151/61.– K. Staab, Die Paulus-K. nach den hsl. Quellen untersucht, R 1926; Paulus-Kommentare aus der griech. Kirche, 1933.

1. In der 2. Hälfte des 5. Jh. verfaßte der sonst unbekannte Exeget Symmachus, der fast ausschließlich die allegorische und moralische Deutung pflegte, in aszetischem Interesse eine *Erklärung der Proverbien,* von der 357 Fragmente in der Katene des Cod. Vat. gr. 1802 erhalten sind. Außerdem ist er sehr wahrscheinlich der Verfasser eines *Kommentars zum Hohenlied,* von dem uns in syrischer Übersetzung die Erklärung von 6, 9 bis 18, 14 erhalten ist.

C. van den Eynde, La version syr. du comment. de Grég. de Nysse sur le cant. des cant., Lou 1939, 77/89; 104/16 (syr. T, Ü). ** M. Faulhaber, Hohelied-, Prov.- und Prediger-Catenen, 1902, 90/4; dazu Sickenberger, ThR 1904, 134; 216.– O. Hoppmann, Die Catene des Vat. gr. 1802, 1912.– G. Mercati, ST 95, 91/3.

2. In Katenen zu verschiedenen Büchern des AT und NT treten Scholien unter dem Namen eines sonst unbekannten Victor auf. Vor allem nennen 17 Hss. einen Presbyter Victor von Antiochien als den Verfasser eines vollständig erhaltenen *Markuskommentars.* In Wirklichkeit handelt es sich nicht um einen Kommentar, sondern um eine nach 500 entstandene Katene, deren Hauptquelle neben Origenes (In Mt.), Cyrill von Alexandrien (In Lc.) und Titus von Bostra (In Lc.) die Mt.-Homilien des Chrysostomus sind. Mit dem Namen Victor ist uns wahrscheinlich der Name des Kompilators überliefert.

Ch. F. Mathaei, Moskau 1775 (beste Ed.).– I. A. Cramer, Catenae in Ev. Matth. et Marci, O 1840, 259/447. ** Bardy, DThC 15, 2872/4.– Devreesse, DBS 1, 1175/81.– Klostermann, TU 47, 2, 1932, 2/6.– Reuß, Kat. 118/41.– H. Smith, JTS 19, 1917 f, 350/70.

Während die Rhetorenschulen des griechischen Ostens in dieser Zeit dem Untergang entgegengingen, erlebte die Schule von Gaza im 5. und 6. Jh. eine kurze Blütezeit. Alle hier wirkenden „Sophisten“ bekannten sich bereits zum Christentum, und die hervorragendsten von ihnen, Prokopius und Äneas, traten auch mit theologischen Schriften hervor.

3. Prokopius von Gaza († um 538), wahrscheinlich der Bruder des Zacharias Rhetor (s. S. 228), verfaßte als erster größere Kettenkommentare. Eine *Katene zum Oktateuch* in doppelter Fassung ist in direkter Überlieferung nur in der kürzeren Bearbeitung erhalten, die vollständig nur in lateinischer Übersetzung gedruckt ist. Außerdem liegen *Katenen* zu Reg. 1/4, Chron. 1/2, Is. und Cant. gedruckt vor. Die *Prov.-Katene* ist unecht.

Die 163 *Briefe* des P. sind für seine Biographie ebenso wichtig wie die *Trauerrede* seines Schülers Choricius, jedoch ohne theologisches Interesse. Von seinen Reden ist nur ein *Panegyrikus* auf Kaiser Anastasius († 518) erhalten.

MG 87, 1/2. – MG 87, 1, 1221/1544 (unechte Prov.-Kat.). – C. Kempen, 1918 (Panegyrikus). – P. Friedländer, ST 89, 1939 (Ekphrasis). – R. Förster - E. Richtsteig, L 1929, 109/28 (Choricius). – A. Garzya - R.-J. Loenertz, P. G. epistolae et declamationes, Ettal 1963. ** Aly, PWK 23, 259/73. – Devreesse, DBS 1, 1087/9. – Honigmann, ST 173, 201/4 (Prokop, Bruder des Zacharias Rhetor). – E. Lindl, Die Oktateuchkatene des P. v. G., 1902. – K. Seitz, Die Schule von Gaza, 1892.

4. Der etwas ältere Zeitgenosse Prokops, der Rhetor Äneas von Gaza († bald nach 518), lebt fort als der Verfasser eines gegen den Neuplatonismus gerichteten, im MA viel beachteten Dialogs *Theophrastus oder von der Unsterblichkeit der Seele und der Auferstehung des Leibes.* Außerdem besitzen wir noch 25 kurze rhetorisch gehaltene *Briefe.*

MG 85, 871/1004. – R. Hercher, Epistolographi graeci, P 1873, 24/32. – M. E. Colonna, Na 1958 (Teofrasto, TÜK). – L. Massa Positano, Na 1950 (Epistole, TÜK). ** Grumel, DHG 15, 458 f. – Loenertz, HJB 1958, 438/43 (lettres). – Massa Positano, GiornItalFilol 5, 1952, 205/7 (Hss.). – Valdenberg, Byz 4, 1927 f, 262/8.

5. Olympiodor, seit etwa 510 Diakon in Alexandrien, schrieb *Kommentare* zum Prediger, zu Job und Jerem.-Baruch, die nur teilweise gedruckt sind. Ein Kommentar zu Esr. und eine Schrift gegen Severus von Antiochien sind verschollen.

MG 89, 13/780. ** Devreesse, DBS 1, 1137; 1141; 1164.

6. Der Presbyter Ammonius von Alexandrien hat einen *Jo.-Kommentar* geschrieben, der fast ganz wiederhergestellt werden kann, ferner einen *Kommentar zur Apostelgeschichte*, jedoch keinen Mt.-Kommentar. Der Verfasser könnte jener A. sein, der 457 gegen Timotheus Aelurus Stellung nahm (Bardenhewer 4, 83/6), oder jener A., der nach Anastasius

Sinaita als Gegner der Monophysiten in der 1. Hälfte des 6. Jh. literarisch tätig war.

MG 85, 1361/1610; 1823/6 (Fragm., z. T. unecht; 1381/92: alle Fragm. zu Mt. unecht); 1392/1524 (Scholien zu Jo., viele unecht). ** Devreesse, DBS 1, 1174; 1204.– M. Faulhaber, Propheten-Catenen, 1899, 185/7.– J. Reuß, Mt.-, Mk.- und Joh.-Katenen, 1941 (Index); Bi 1941, 13/20 (Mt.- und Joh.-K); Bi 1963, 159/70 (Presbyter Ammonius v. Al. und sein Kommentar zum Joh.-Ev.).

7. Kosmas Indikopleustes („Indienfahrer"), ein wahrscheinlich nestorianischer Kaufmann, der bis Ostafrika und Ceylon gereist ist (vielleicht nicht bis in das heutige Indien) und später Mönch wurde, bietet in seiner Χριστιανικὴ τοπογραφία (12 Bücher, um 550) eine Darstellung des biblischen Weltsystems und bekämpft das ptolemäische System (Welt als rechteckige Scheibe gegenüber der ptolemäischen Kugelgestalt). K. ist von der antiochenischen Schule beeinflußt (Theodor von Mopsvestia, Schule von Nisibis). Er bringt wertvolle geographische, naturkundliche und kulturhistorische Mitteilungen; im Buch 5 behandelt er Fragen der biblischen Einleitung.

MG 88, 51/476.– E. O. Winstedt, C 1909. ** Anastos, DOP 1946, 73/80 (in Alexandrien geschrieben).– Leclercq, DAL 8, 820/49.– Peterson, EL 1932, 66/74 (alexandrin. Liturgie).– B. Schleissheimer, K. Ind., Diss. Mn 1959.– Wecker, PWK 11, 1487/90; Suppl. 7, 1 f.– W. Wolska, La topographie chrétienne de Cosmas Indicopleustès. Théologie et science au VIe siècle, 1962.

8. Ökumenius, Philosoph und Rhetor, der nicht identisch ist mit dem im 10. Jh. lebenden gleichnamigen Bischof von Trikka in Thessalien, Parteigänger des Severus von Antiochien, verfaßte in der 1. Hälfte des 6. Jh. einen *Kommentar zur Apc.* in 12 Büchern. Andere unter seinem Namen hg. Kommentare zur Apg., zu den paulinischen und katholischen Briefen sind unecht, sie enthalten nur Zitate aus seinen Scholien zu den Paulushomilien des hl. Chrysostomus.

H. C. Hoskier, Ann Arbor 1928.– K. Staab, Pauluskomm. 423/69 (Glossen).– MG 118/9 (unechte Kommentare). ** Bees, BNJ 12, 1935 f, 300/19.– Devreesse, DBS 1, 1211/4.– J. Schmid, BiZ 1931, 228/56; BNJ 14, 1937 f, 322/30 (Ö. der Exeget und Ö. der Bischof); Bi 1959, 935/42 (Apoc.-T).– Spitaler - J. Schmid, OC 1934, 208/18.

9. Erzbischof Andreas von Cäsarea in Kappadozien schrieb etwa zwischen 563 und 614 einen *Apokalypsekommentar,* in dem er eine pneumatische Exegese bietet und sich dabei beständig mit Ökumenius auseinandersetzt. Seine Hauptbedeutung liegt auf textkritischem Gebiet; denn es wird uns darin die Kenntnis einer der zwei jüngeren Rezensionen des griechischen Apc.-Textes vermittelt. Der Apc.-Kommentar des Arethas von Cäsarea (um 895) ist zum großen Teil eine freie Bearbeitung dieser

Schrift. Von einem zweiten Werk Θεραπευτική sind nur Fragmente erhalten.

MG 106, 207/486; 1387/1412. – J. Schmid, Studien zur Gesch. des griech. Apoc.-Textes 1, 1955 (krit. T des Apoc.-K). – Imnaišvili, Travaux de la Chaire d'anc. géorg. 7, Tiflis 1961, 1/205 (altgeorg. Ü des Apoc.-K). ** Diekamp, HJB 1897, 1/36; SbB 1901, 1054/6; Anal. Patristica, 1938, 161/72 (Fragm. von Θεραπευτική).

10. B. Gregor von Agrigent in Sizilien schrieb einen *Kommentar zum Prediger* in 10 Büchern, der auch dem Literalsinn gerecht zu werden versucht. Es ist umstritten, ob G. am Ende des 6. Jh. oder in der 2. Hälfte des 7. Jh. lebte. Der Mönch Leontius aus dem römischen Sabaskloster schrieb eine *Vita Gregors.*

MG 98, 741/1182; 98, 549/716 (Vita Greg.). ** Christophilopulos, EEBS 19, 1949, 158/61 (G. in der 2. Hälfte des 7. Jh.). – Gennaro, MiscStLCA 3, 1951, 162/84 (griech. Autoren im Komment.); StBNeoell 7, 1953, 145 f. – Mannelli, MiscStLCA 3, 1951, 185/94 (Problem der Willensfreiheit). – Stramondo, StBNeoell 1953, 207 (elementi storici e fantastici nella biografia).

11. Ein sonst unbekannter Petrus von Laodicea ist wahrscheinlich der Kompilator einer *Mt.-Katene* des 7. Jh. Jedoch ist P. nicht der Verfasser von Evangelien-Kommentaren, wie dies Heinrici erweisen wollte. Es handelt sich beim Luc.- und Jo.-Kommentar in Wirklichkeit um Katenen; der Mc.-Kommentar ist identisch mit dem sog. Mc.-Kommentar des Victor von Antiochien.

C. F. G. Heinrici, L 1908 (Mt.-K). ** Devreesse, DBS 1, 1165/7. – Fritz, DThC 12, 1939 f. – Früchtel, ZntW 36, 1938, 81/5 (Clem.-Al.-Zit. im Mt.-K). – Klostermann, TU 47, 2, 1931, 13 f. – Manson, ZntW 1936, 307. – M. Rauer, Der dem P. v. L. zugeschriebene Lukas-Kommentar, Mr 1920. – Reuß, Kat. 72/8; 182 f.

12. Timotheus von Jerusalem ist nach Person und Werk schwer zu identifizieren; der Versuch von Jugie und Faller, den Presbyter T. von Jerusalem der Zeit um 400 zuzuweisen, ist mißlungen. 5 *Predigten,* die biblische Stoffe behandeln, gehören einem nicht sicher festzustellenden Autor, der zwischen dem 6. und 8. Jh. lebte. Die erste Predigt (über die Darstellung Jesu) ist unter dem Namen des T. von Jerusalem überliefert; die zweite Predigt (über die Verklärung des Herrn) soll von einem T. von Antiochien stammen. Die drei übrigen Texte sind als Ps.-Athanasiana überliefert.

MG 86, 1, 237/52; 256/65 (Hom. 1/2). – MG 28, 905/14; 943/58; 1001/24 (3 ps.-athanas. Hom.). ** Altaner, ThR 1948, 130 f. – Capelle, EL 1949, 5/26. – O. Faller, De priorum saec. silentio circa assumptionem B. M. V., R 1946, 27/34. – M. Jugie, La mort et l'assomption de la s. vierge, R 1944, 70/6.

§ 119. Aszetische Schriftsteller

1. Von Barsanuphius († um 540) und Johannes († um 530), Mönchen eines Klosters bei Gaza, sind, in einer Sammlung vereinigt, 396 bzw. 446 aszetisch-seelsorgliche *Briefe* erhalten; 93 sind an den Aszetiker Dorotheus gerichtet.

Nicodemus Hagiorita, Venedig 1816.– MG 86, 1, 891/902; 88, 1811/22 (unvollständig). ** Hausherr, DSp 1, 1255/62.– Régnault [Théol. de la vie monastique, 1961] 315/22 (la vie mon. selon Barsan. et Dorothée).– Vailhé, EO 1904, 268/76; 1905, 14/25; 154/60.

2. Dorotheus, Abt eines Klosters bei Gaza († 560/80), Schüler der hll. Barsanuphius und Johannes, hinterließ hochgeschätzte *Lehrvorträge* (Διδασκαλίαι); davon sind 17 erhalten, ferner 16 *Briefe* und eine kleine *Sentenzensammlung*.

MG 88, 1611/1844 (ungenügend).– L. Régnault - J. de Préville, SCh 92, 1963 (TÜK). ** Hausherr, OCP 1940, 220/2 (MG, doctr. 24 unecht).– Th. Sinko, De trad. orationum Greg. Naz., Kraków 1923, 14/9 (Greg. Naz. in den Doctrinae).– Stiernon, DHG 14, 686 f.– Szymusiak et Leroy, DSp 3, 1651/64.

3. Antiochus, Mönch des Sabasklosters bei Jerusalem, schrieb einen *Bericht über die Einnahme von Jerusalem* durch die Perser (614), der vollständig nur georgisch, griechisch in Fragmenten erhalten ist. Der umfangreiche Πανδέκτης τῆς ἁγίας γραφῆς ist eine Sammlung von moralischen Sentenzen, die der Bibel und Väterwerken entnommen sind.

MG 89, 1421/49 (Pand.); 86, 2, 3235/68; 89, 1849/56 (Fragm.).– Conybeare, EnglHistRev 1910, 502/17 (Ü des hist. Berichts). ** Bardy, DSp 1, 701 f.– Graf, Das Heilige Land 67, 1923, 19/29.– Kirchmeyer, OCP 1962, 418/21 (Pand. 127 f).– Peeters, AB 1912, 304 f; 1920, 127/47; Mél. Univ. Beyrouth 9, 1, 1923, 3/42 (hist. Bericht nicht von A.).

4. Johannes Klimakus (* vor 579, † um 649), Mönch auf dem Sinai, erhielt seinen Beinamen von seinem Werk Κλῖμαξ τοῦ παραδείσου *(Himmelsleiter)*. In 30 Kap. oder Stufen werden volkstümlich gehaltene Ausführungen über die für den Mönch gefährlichen Laster (1/23) und die ihn auszeichnenden Tugenden (24/30) geboten, die weiteste Verbreitung fanden und in die verschiedensten Sprachen übersetzt wurden. Als Anhang ist der Schrift ein an den Abt Johannes von Raithu gerichtetes *Wort an den Hirten* (d. h. Klostervorsteher) beigegeben.

MG 88, 631/1210; 88, 569/608 (Vita).– Nau, OC 1902, 58/87 (Vita).– P. Trevisan, 1/2, To 1941 (TÜ).– L. Moore, Lo 1959 (Ü). ** Altaner, ZKG 1934, 484 f (lat. Ü).– A. Bontschev, Die Ästhetik und Mystik des Joh. Klim., Diss. Marburg 1948.– Gribomont, StudMon 1960, 345/58 (La scala paradisi).– Hausherr [Théol. de la vie monast., 1961] 385/410.– G. Hofmann, OCP 1941,

461/79 (Joh. Clim. bei Photius). – J. R. Martin, The illustration of the Heavenly Ladder of J. Clim., Pr 1954; dazu Downey, Sp 1955, 484/93. – Petit, DThC 8, 690/3. – Saudreau, VS 1924, 353/70 (Doctr. spirit.).

5. Thalassius, Abt eines Klosters in der Libyschen Wüste (um 650) und Freund des Maximus Confessor, hinterließ eine *Spruchsammlung* (in 4 Centurien) über Tugendleben und Vollkommenheitsstreben.

MG 91, 1427/70. ** Disdier, ÉtByz 2, 1944, 79/118 (Analyse der 4 Centurien).

6. Von B. Johannes von Karpathus (Insel zwischen Kreta und Rhodus) liegen gedruckt vor zwei *Sammlungen* von 97 und 82 Nummern, die für Mönche bestimmte Lehr- und Mahnworte enthalten (um 680).

MG 85, 791/826; 1837/60. ** Disdier, EO 1932, 17/43; 284/303 (gegen Petit); 39, 1941 f, 290/311 (l'homme, l'œuvre, la doctr. spir.). – Petit, DThC 8, 753 f.

§ 120. Antihäretische Schriftsteller des 7. Jahrhunderts

1. Sophronius, aus Damaskus stammend, war wahrscheinlich zuerst Lehrer der Rhetorik, dann Mönch des Theodosiusklosters bei Jerusalem. Mit seinem älteren Freunde Johannes Moschus (s. S. 241) machte er Reisen nach Ägypten und Rom. 633 verteidigte er gegenüber Cyrus, dem monotheletischen Patriarchen von Alexandrien, und bald darauf gegenüber dem konstantinopolitanischen Patriarchen Sergius die Lehre von Chalkedon. Als er 634 Patriarch von Jerusalem geworden war, erließ er sofort ein Synodalschreiben gegen den Monotheletismus, in dem er die Lehre von den zwei Energien in Christus eingehend auseinandersetzte. Bereits 638, ein Jahr nach der Eroberung Jerusalems durch den Kalifen Omar (637), ist S. gestorben.

Außer dem *Synodalschreiben* verfaßte Sophronius noch ein 2., verlorengegangenes Werk gegen den Monotheletismus, ein *Florilegium* mit 600 Väterzeugnissen für die Lehre von den zwei Energien. Er ist ferner der Verfasser der schon erwähnten (s. S. 242) *hagiographischen Schriften* und hinterließ etwa 11 *Predigten* (s. S. 513) und 23 auf Kirchenfeste gedichtete anakreontische *Oden*. Der unvollständig erhaltene *Commentarius liturgicus* ist unecht (12. Jh.).

MG 87, 3, 3147/4014. – M. Gigante, Sophronii Anacreontica, R 1957. – Hippolytos, NS 1922, 178/86 (Epitome des Synodalschreibens). ** Bardy, DThC 14, 2, 2379/83. – G. Cosma, De oeconomia incarnationis sec. S. Sophron., R 1940; vgl. OCP 1940, 535 f. – Eustratiades, NS 26, 1934. – Grumel, EO 1929, 19/32 (gegen den Monergismus).– Mpone [A. S. Alibizatu, At 1958] 269/92 (S. als Theologe, Enkomiast und Hymnograph).– Nissen, BZ 39, 1939, 89/115 (Tkr.; or. in s. crucem unecht); 349/81 (Medizin und Magie).– Opitz, ZntW 1934, 24 (syr. Brief an Arkadius von Zypern).– Phokylides, EPh 1918, 319/36 (Weihnachtspredigt).– Solowij, Anal. Ord. S. Basil. 1, 1950, 372/84 (Comment. liturg.).– Wellesz, JournRomStud 37, 1947, 145/51 (12 trop. for Christmas).– Zuretti, Did 1926, 1, 19/68.

2. Maximus Confessor, geboren um 580 als Sohn einer vornehmen Familie Konstantinopels, war um 610 erster Sekretär des Kaisers Heraklius, trat jedoch bereits 613/14 in ein Kloster in Chrysopolis (Skutari) ein. Seit 626 auf der Flucht vor den Persern, weilte er 632 in Begleitung des Sophronius in Alexandrien und hielt sich dann wahrscheinlich in Nordafrika (Karthago) auf. Sein theologischer Kampf galt zunächst dem Monophysitismus und erst von 642 ab auch dem Monotheletismus, mit dessen Vertretern (Sergius, Pyrrhus I.) er längere Zeit gute Beziehungen unterhalten hatte. 645 disputierte er in Karthago siegreich mit dem Expatriarchen Pyrrhus von Konstantinopel, veranlaßte die Verwerfung des Monotheletismus durch mehrere afrikanische Synoden und erreichte schließlich die Verurteilung der Häresie (Ekthesis, Typus) auf der Lateransynode in Rom (649).

Wohl schon 653 wurde Maximus als Gefangener nach Konstantinopel gebracht. Der Prozeß endete mit seiner Verbannung nach Thrazien (655). 662 mußte er abermals in Konstantinopel vor einer Synode erscheinen. Jetzt wurden er und seine Leidensgenossen, sein Schüler Anastasius und der römische Apokrisiar Anastasius, nach Lazien im Kolcherlande verwiesen, nachdem man den standhaften Bekennern die Zunge ausgeschnitten und die rechte Hand abgehauen hatte. Am 13. August 662 erlag M. in der Verbannung seinen Leiden.

MG 91, 287/354 (Protokoll der Disputation von 645).– MG 90, 67/172 (Prozeßberichte und eine anonyme Vita).– Devreesse, AB 1955, 5/16 (griech. Bericht des Apokrisiars Anastasius über den Tod des M.).

M. ist im 7. Jh. der bedeutendste griechische Theologe, der aber auch noch in lebendiger Verbindung mit der westlichen Kirche steht. Er ist der theologische Überwinder des Monotheletismus. Seine zahlreichen Schriften erweisen ihn als scharfsinnigen Dogmatiker und tiefen Christusmystiker, der, auf der Bibel aufbauend, eine Synthese patristischer Überlieferungen versucht (Origenes, Evagrius, Gregor von Nazianz, Ps.-Dionysius). Eine weitreichende Bedeutung gewann seine orthodoxe Auslegung der ps.-dionysischen Schriften. Als Philosoph ist M. Eklektiker, der vor allem von Aristoteles und vom Neuplatonismus beeinflußt ist.

Die ungefähr 90 Schriften des M. sind formlos und oft schwer verständlich geschrieben.

a) In seinen exegetischen Schriften, die hauptsächlich Erklärungen zu schwierigen Stellen bringen, zeigt sich M. als Anhänger der allegorischen und moralischen Auslegung: *Quaestiones ad Thalassium; Quaestiones et dubia; Erklärung des Ps. 59; Erklärung des Herrengebetes.*

b) Die *Ambigua* wollen Stellen aus Gregor von Nazianz und Ps.-Dionysius durch Erklärungen vor Mißdeutungen schützen.

c) 11 dogmatisch-polemische *Abhandlungen* und *Briefe* bekämpfen den Monophysitismus und weitere 23 den Monotheletismus; 3 handeln über anthropologische Fragen.

d) Von den aszetisch-mystischen Schriften sind am wichtigsten der Dialog *Liber asceticus,* ferner die *400 Capita de caritate* und die *200 Capita gnostica.* Dazu kommen die durch Epifanovic bekanntgewordenen *100 Capita gnostica.*

Als unecht sind erwiesen worden *500 Diversa capita theologica et oeconomica,* die um 1100 aus echten Werken kompiliert wurden, ferner die *243 Capita alia.*

e) Liturgisches bieten die *Mystagogia,* eine symbolische Auslegung der Liturgie, und der *Computus ecclesiasticus,* der die Berechnung der kirchlichen Festzeiten und andere chronologische Fragen behandelt. *3 Hymnen* sind unecht.

MG 90 f.– MG 19, 1217/80 (Computus).– S. L. Epifanovic, Kiew 1917 (neue Texte); vgl. BNJ 8, 1931, 374/6.– A. Ceresa-Gastaldo, Capitoli sulla carità, 1963 (TÜK).– R. Cantarella, Fi 1931 (La mistagogia ed altri scritti, TÜ).– H. U. von Balthasar, Kosmische Liturgie, ²1961 (Mystagog.; 400 capita de car., Ü).– J. Pégon, SCh 9, 1945 (Cent. car., Ü).– P. Sherwood, ACW 21, 1955 (The Ascetic life; The four cent. on charity; Ü).– Dalmais, VS 1948, 294/303 (ep. 2, Ü). ** H. U. von Balthasar, Kosmische Liturgie. Das Weltbild Maximus' des Bekenners, ²1961; dazu Sherwood, Tr 1964, 428/37.– Bardy, Rb 1933, 332/9 (Quaest.).– H.-G. Beck, Kirche und theol. Lit., 1959, 356/8; 436/42.– Dalmais, VS 1948, 296/303 (docteur de la charité); RAM 1953, 123/59 (Le commentaire du Pater); SP 5, 277/83 (Place de la Mystagogie); [Théol. de la vie monast., 1961] 411/21 (la crise de l'origénisme monastique).– Devreesse, AB 1928, 5/49; 1935, 49/80 (Vita); RevSR 1937, 25/35 (la fin inéd. de l'ép. 8).– Disdier, EO 1931, 160/78 (500 Diversa cap. unecht); EO 1932, 17/43 (Capita alia vom Mönch Elias Ekdikos, 11./12. Jh.).– Grumel, DThC 10, 448/59.– Hausherr, OCP 1936, 351/62 (abhängig von Evagrius).– Mercati [Mél. Bidez, 1933 f] 619/25 (3 unechte Hymnen).– Messerschmidt, RQ 1931, 68 f (Comm. in Apoc.).– J. Pierres, Diss. R 1940 (Joh. Damasc. abhängig von M.; Florileg. synodi Lateran. 649 von M. verfaßt).– J. Sajdak, Hist. crit. Scholiastarum et Comment. Gregorii Naz., 1, 1914, 32/7; BZ 30, 1929 f, 270 (Schol. in Greg. Naz.).– P. Sherwood, The earlier Ambigua of St. M. the Conf. and his refutation of Origenism, R 1955; An annotated date-list of the works of M. the Conf., R 1952 (nur 4 von 91 Schriften sind nicht genau datierbar); Berichte zum XI. Intern. Byzant.-Kongreß 3, 1, Mn 1958 (Maximus and Origenism); dazu Korreferate von Hausherr und von Ivánka; OCP 1958, 202/7 (Quaest. in Thal.: exposition and use of Scripture).– Th. Sinko, De trad. orat. Gregorii Naz., 2, 1923, 8 f; 19/31.– Starr, BNJ 16, 1940, 192/6 (ep. 8: Zwangstaufe der Juden).– Viller, RAM 1930, 154/84; 239/68 (abhängig von Evagrius).– Völker [E. Klostermann, TU 77, 1961] 331/50 (Einfluß des Ps.-Dionys.).

Lehre

1. Christologie. Der Logos steht im Mittelpunkt der Weltgeschichte. Die Zeit vor Christus ist die Zeit der Vorbereitung auf die Menschwerdung Gottes (σάρκωσις); die Zeit nach Christus ist die Zeit der Vergöttlichung des Menschen (θέωσις), die durch die Menschwerdung des Logos eingeleitet wird.

Als neues Lebensprinzip der Menschen muß Christus notwendig wahrer Gott und vollkommener Mensch sein. Aus der Zweiheit der unversehrten Naturen folgt aber die Zweiheit der Willen und Wirkungsweisen (ἐνέργειαι). Nur das Wollen oder Willensvermögen gehört jedoch zur Natur, dagegen ist das Wählen oder das Sowollen Sache der Person. Maximus nennt dieses Sowollen oder die Willensrichtung den gnomischen Willen (γνώμη). Die menschliche Natur Christi hat nur einen physischen Willen, nicht den gnomischen Willen; denn die Willensrichtung bestimmt allein der Logos, der mit seinem göttlichen Willen auch den menschlichen leitet und so bei ihm jeden Irrtum und jede Sünde ausschließt.

2. Eschatologie. M. ringt mit dem schweren Problem der ἀποκατάστασις ἁπάντων und verrät deutlich seine Sympathie für die früher von Origenes und Gregor von Nyssa vorgetragene Anschauung. Er will jedoch nicht, daß man diese Ansicht offen und ungescheut vertrete. Anfänger und Unvollkommene sollen nicht allein durch freundliche Blicke in den Abgrund der Barmherzigkeit Gottes geführt, sie müssen auch von der Furcht gelenkt werden (cap. 200 [2, 99]; MG 90, 1172 D). Diese Lehre ist für jene vorbehalten, die ein mystisch-tiefes Verständnis besitzen; „wir wollen sie durch Schweigen ehren“ (quaest. Thal. prol.; MG 90, 260 A). Ein Nachklang des antik-origenistischen Weltbildes ist festzustellen, wenn M. (MG 90, 1108 A/B) Kreuzigung und Auferstehung auch als allgemein kosmische Vorgänge auffaßt.

Candal, OCP 1961, 131/49 (La gracia increada del Liber Ambig.).– Dalmais, VS 21, 1952, 216/26 (l'œuvre spirit.); RSPhTh 1952, 244/9 („Logoi“ des créatures); Ir 1953, 17/39 (doctrine ascétique); Sciences eccl. 1962, 445/59 (La fonction unificatrice du Verbe Incarné).– Disdier, EO 1930, 296/313 (spiritualité).– Gauthier, RTA 1954, 51/100 (psychologie de l'acte humain).– I. Hausherr,

Philautie. De la tendresse pour soi à la charité selon s. M. le C., R 1952.– Heintjes, StC 1935, 175/200; BiNJ 1942, 260/307; 1943, 64/123 (Aszese und Mystik).– von Ivánka, JbÖsterrByzGes 1958, 23/49 (philos. Ertrag der Auseinandersetzung mit dem Origenismus).– Lampen, StC 1926, 373/83 (Eucharistie).– J. Loosen, Logos und Pneuma im begnadeten Menschen bei M. C., 1941.– Parente, REB 1953, 241/59 (Theotokos-Terminus).– Saudreau, VS 1919, 255/64.– G. Schönfeld, Die Psychologie des M. C., 1918.– Stephanou, EO 1932, 298/414 (Seelenlehre).– H. Straubinger, Die Christologie des hl. M. C., 1906.– Unger, FrSt 9, 1949, 50/62 (Christus, Zentrum und Sinn der Schöpfung).– W. Völker, M. C. als Meister des geistl. Lebens, Wiesbaden 1965.

3. Anastasius der Mönch († 662) und Anastasius der Apokrisiar († 666) waren die beiden Leidensgenossen des Maximus. Der Mönch A. ist der Verfasser eines lateinisch erhaltenen *Briefes* über die zwei Willen in Christus. Der Apokrisiar A. schrieb die oben erwähnten *Prozeßberichte* und einen *Brief* mit Väterzeugnissen gegen den Monotheletismus. Nach J. Stiglmayr ist er auch der Kompilator eines dogmatischen Florilegiums, der *Doctrina patrum*, das sich hauptsächlich gegen die monophysitische und monotheletische Irrlehre richtet und als Fundgrube von Zitaten aus verlorengegangenen Schriften wichtig ist. Diekamp ist geneigt, den im folgenden genannten Anastasius Sinaita als Verfasser anzunehmen.

MG 90, 131/6 (lat. Brief über die zwei Willen); 90, 173/94 (Brief gegen den Monothel.).– F. Diekamp, Doctrina patrum, 1907. ** Stiglmayr, BZ 1909, 14/40 (Doctr. patr.).

4. Abt Anastasius Sinaita († kurz nach 700) war ein eifriger Verteidiger der kirchlichen Lehre gegen Nestorianer, Monophysiten, Monotheleten und Juden. Seine Werke sind noch wenig untersucht und unvollständig gedruckt.

Der Wegweiser (Viae dux) will zur Bekämpfung der Häretiker anleiten; eine allegorische *Erklärung des Hexaëmerons* in 12 Büchern; die 154 *Fragen und Antworten*, welche meist exegetische Themen behandeln, weisen spätere Zusätze auf. Ferner sind erhalten eine kurze *Geschichte der Häresien und Synoden* und mehrere *Predigten*. S. ferner S. 533.

MG 89.– J. B. Pitra, Iuris eccl. Graecorum hist. et mon. 2, 1868, 238/94 (Gesch. der Häresien).– Nau, OC 1903, 56/90.– F. Diekamp, Anal. patrist., 1938, 223/9 (Florileg aus der Doctr. patrum).– Guillou, MAH 1955, 237/58 (Hom. de transfiguratione); dazu AB 1956, 245 (6 weitere Hss.). ** Bardy, DSp 1, 546 f; Rb 1933, 339/43 (Quaest.).– Caranicolàs, Θ 1955, 259/62 (2 Hss. mit uned. Texten).– H. Dörries, Symeon von Mesopotamien, 1941, 465/70 (Quaest.).– Gianelli, EEBS 1955, 159/67 (Cod. Vat. 1702 bringt u. a. eine recensio brevior des Viae dux).– Hulshoff, Sc 1952, 33/8 (A. und Hippolyt-Fragm.).– Jülicher, ZntW 1925, 20/8 (Viae dux zwischen 690 und 700).– Mercati, OM 2, 1937, 437 f; 440/4 (Opusc. circa la bestemmia e la dignità sacerdot.).– H. Merki, Ὁμοίωσις θεῷ, 1952, 174 f (Fragm. MG 44, 1327/44).– Richard, REB 1958, 29/42 (A., l'Hodegos et le monothélisme).– Spacil, La teologia di s. A. S., R 1923.

§ 121. Antihäretische Schriftsteller des 8. Jahrhunderts

1. Germanus von Konstantinopel († 733) bekannte sich (712) als Bischof von Cyzikus unter kaiserlichem Druck zum Monotheletismus, bereits 715 ließ er jedoch diese Irrlehre als Patriarch von Konstantinopel auf einer Synode verurteilen. Wegen seiner bilderfreundlichen Haltung wurde G. 730 abgesetzt.

Von seinen 4 dogmatischen *Briefen* sind 3 für die Geschichte des beginnenden Bilderstreites wichtig, der 4. (Ep. ad Armenos) ist eine Verteidigung der Lehre von Chalkedon. *De vitae termino*, eine Abhandlung über Sinn und Ziel des Menschenlebens, rechtfertigt die göttliche Vorsehung. Eine geschichtliche Darstellung bietet die Schrift *De haeresibus et synodis* (um 727). Von 9 *Homilien* sind 7 marianisch, 3 handeln De dormitione B. M. V. Zahlreiche *Kirchenlieder* werden ihm zugeschrieben. Unter dem irreführenden Titel *Hist. ecclesiastica et mystica contemplatio* ist eine liturgiegeschichtlich wichtige Schrift erhalten, die eine genauere Untersuchung verdienen würde; sie ist allerdings unecht.

MG 98, 39/454.– Fecioru, Biserica Ortod. Rom. 64, 1946, 386/97 (Hom. in annuntiat.). ** N. Borgia, Il commentario liturgico di s. G. e la versione lat. di Anastasio Bibl., Grottaferrata 1912.– Carli, Mar 3, 1941, 47/63 (assunz. B. M. V.).– Cayré, DThC 6, 1300/9.– Chevalier, Gr 1937, 372/7 (Marienpred.).– Dyobuniotes, Θ 1950, 258/68 (Epitome der Erklärung der Liturgie).– Eustratiades, NS 1937 f (Lieder).– Fecioru, Biserica Ortod. Rom. 64, 1946, 60/92; 180/93 (G. als Prediger).– Grumel, REB 1958, 183/205 (Hom. sur la délivrance de Constantinople).– Jerphanion, Bess 1919, 146/54 (zur unechten Hist. eccl.).– J. List, Studien zur Homiletik G'. I. von K. und seiner Zeit, At 1939.– Melchior, Mar 15, 1953, 195/230 (assumpt. B. M. V.).– Papescu-Tierbinti, Biserica Ortod. Rom. 1948, 113/53 (Hist. eccl.).– E. Perniola, La mariologia di s. G., R 1954.– Wenger, REB 1958, 43/58 (unechte Hom. in ass. B. M. V.).– Th. Xydes, At 1955 (G. als Hymnograph).

Zur Geschichte des Bilderstreites: Bréhier, EO 1939, 17/22.– Caspar, ZKG 1933, 29/89 (Gregor II. und der Bilderstreit).– Florovsky, CH 19, 1950, 77/96 (Origenes, Eusebius and the iconocl. controv.).– Kitzinger, DOP 1955, 83/150 (cult of images before iconoclasm).– Ladner, DOP 1953, 3/34 (Bilderverehrung bis Joh. Dam.).– E. J. Martin, A history of the iconoclastic controversy, Lo 1930.– Nersessian, Byz 17, 1944 f, 58/87 (Bilderfrage im 7. Jh.).– G. Ostrogorsky, Stud. zur Gesch. des byz. Bilderstreites, Br 1929.– Siehe auch S. 531 f (Joh. Dam.).

2. Kosmas Vestitor (zwischen 750 und 850) ist nur als Prediger bekannt. Eine *Vita* und 5 *Lobreden* gelten Johannes Chrysostomus, 4 wei-

tere *Lobreden* anderen Heiligen. Nur lateinisch überliefert sind 4 *Reden* auf den Heimgang Mariens, die teilweise wörtlich von Germanus von Konstantinopel abhängig sind.

MG 65, 827/34; 106, 1005/12. – Dyobuniotes, EEBS 2, 1925, 50/83; 16, 148/55 (Joh. Chrysostom.). – A. Wenger, L'assumption de la s. Vierge dans la trad. byzantine, 1955, 140/72; 315/33 (4 lat. Predigten). ** Wenger, REB 1953, 284/300 (lat. Pred.).

3. Johannes von Damaskus ist um 650 als Sohn einer vornehmen arabisch-christlichen Familie in Damaskus geboren, wo sein Vater Finanzminister des Kalifen war. Zunächst war J. Mitarbeiter seines Vaters; da aber der Kurs der Regierung zunehmend christenfeindlich wurde, gab J. sein Staatsamt auf und wurde zusammen mit seinem Adoptivbruder Kosmas, der 743 B. von Majuma bei Gaza wurde, noch vor 700 Mönch im Sabaskloster bei Jerusalem. Der Bischof von Jerusalem bestellte J. zum Presbyter; als Gelehrter, Dichter und Prediger leistete J. der Kirche große Dienste. Er starb hochbetagt vor 754.

Die Nachrichten über das Leben des J. sind spärlich und unsicher, da die erst dem 10./11. Jh. angehörenden Viten (griechisch und arabisch) viel Legendäres enthalten.

Die bilderfeindliche Synode von 754 sprach über J. und Germanus das Anathem aus, das 7. allgemeine Konzil von Nizäa 787 spendete den beiden Verteidigern der Bilderverehrung großes Lob.

J. ist der letzte universal eingestellte Theologe der alten griechischen Kirche. Dabei steht er entschieden auf dem Boden der Tradition; er hat sein programmatisches Wort, er wolle nichts Eigenes sagen, wahr gemacht. Deshalb ist er nicht zu den schöpferischen und bahnbrechenden Persönlichkeiten zu zählen. Trotzdem war er ein Theologe von erstaunlicher Vielseitigkeit, der imstande war, weit auseinanderliegende Bausteine mit konstruktiver Kraft zu einem geschlossenen System zusammenzufügen. Als Schriftsteller der Spätzeit beherrscht er gleichwohl in bemerkenswerter Weise die Sprache und literarische Form. Ihn beschäftigten nicht nur dogmatische und moraltheologisch-aszetische, sondern auch exegetische und historische Fragen, und außerdem hinterließ er augezeichnete Homilien und dichtete liturgische Lieder von bleibendem Wert.

a) Der Ruhm des J. beruht auf seinem Hauptwerk mit dem Titel *Quelle der Erkenntnis* (Πηγὴ γνώσεως). Laut Widmungsschreiben an den Bruder Kosmas besteht es aus 3 Teilen: 1. *Die Dialektik*, eine philosophische Einleitung in die Dogmatik, erläutert vor allem die philosophischen Begriffe in Anlehnung an den Neuplatoniker Porphyrius und die Kirchenväter. 2. Eine *Geschichte der Häresien*, die für Kapitel 1/80 auf der Anakephalaiosis des Epiphanius beruht; für das Weitere benützt J. Theodoret und andere uns bekannte Quellen. Nur über die drei letzten Häresien (Kap. 101/3: Islam, Bilderfeinde, Mystik der Aposchiten) ist der Bericht original, aber vermutlich von fremder Hand hinzugefügt. 3. *De fide orthodoxa* bietet in 100 Kapiteln eine selbständige Zusammenfassung der Lehren der griechischen Väter über die christlichen Hauptdogmen. Jeder dieser 3 Teile ist in einer kürzeren originalen und einer längeren, von einem Redaktor stammenden Fassung überliefert.

Der 3. Teil des Werkes wurde jedoch nicht, wie irrigerweise immer wieder behauptet wird, bis in die Neuzeit als das klassische Handbuch der Dogmatik in der griechischen und slawisch-orthodoxen Kirche verwendet. Sein Einfluß auf bedeutende mittelalterliche Theologen des Westens war allerdings groß, auch wenn J. selten ausdrücklich zitiert wird.

Im Abendland wurde der 3. Teil in Angleichung an den Aufriß der Sentenzen des Petrus Lombardus in 4 Bücher eingeteilt: 1. von Gott, 2. von der Schöpfung und Vorsehung, 3. von Christus, 4. Fortsetzung der Christologie, von der Taufe und Eucharistie, Heiligen- und Bilderverehrung, vom Kanon der Heiligen Schrift, vom Bösen und von den Letzten Dingen. In der Lehre von Gott schließt sich Johannes vor allem an Pseudo-Dionysius an, für die trinitarische Theologie bevorzugt er Gregor von Nazianz, für die Christologie Leontius von Byzanz, Maximus Confessor und Anastasius Sinaita, für die Schöpfungslehre Nemesius von Emesa.

Der in MG 94 gebotene Text beruht auf der Ausgabe von M. Lequien (1712), die eine Kontamination früherer Ausgaben und zufällig verwerteter Hss. darstellt.

b) Kleinere dogmatische Schriften sind die *Institutio elementaris,* ähnlich der Dialektik; der *Libellus de recta doctrina,* wahrscheinlich für einen ehemals monotheletischen Bischof zusammengestellt; ein Katechismus *De sancta trinitate;* mehrere *Professiones fidei.*

c) Zur Gruppe der meist kurzen Streitschriften gehören die 3 zwischen 726 und 730 abgefaßten *Orationes pro sacris imaginibus;* sie können als dreimalige, durch die sich ändernde kirchenpolitische Lage veranlaßte Bearbeitung desselben Themas angesehen werden. Damit schuf J. die Grundlage für alle späteren Eröterungen über die Bilder- und Reliquienverehrung.

2 *Abhandlungen* bekämpfen den Nestorianismus, 3 den Monophysitismus *(C. Acephalos; C. Jacobitas; De hymno trishagio)*, 1 Abhandlung richtet sich gegen den Monotheletismus *(De duabus voluntatibus).* 1 oder 2 Schriften bekämpfen die Manichäer, 1 oder 2 den Islam.

d) Der *Kommentar zu den Paulusbriefen* ist eine Kompilation aus Johannes Chrysostomus, Theodoret und Kyrill von Alexandrien.

e) Die Echtheit des moraltheologisch-aszetischen Hauptwerks, der 3 Bücher *Sacra parallela,* einer sehr umfangreichen Sammlung von Sentenzen und erbaulichen Texten über das christliche Leben aus der Hl. Schrift und den Kirchenvätern, wird neuerdings als nicht gesichert beurteilt. Etwa 5000–6000 Vätertestimonien werden hier zitiert, von denen bis heute kaum ein Viertel identifiziert ist. Erhalten sind, wenn auch in stark gekürzter Form, die 2 ersten Bücher (1. Gott und sein Wirken, 2. der Mensch und sein Leben) und außerdem zwei kürzende Bearbeitungen des Werkes, die jedoch die ursprüngliche, kunstvolle Anlage des Ganzen aufgegeben haben. Zu derselben Schriftengruppe gehören noch 3 kurze aszetische Abhandlungen: *De octo spiritibus nequitiae,* d. h. über die 8 Hauptsünden; *De virtutibus et vitiis; De sacris jejuniis,* über die Dauer der Osterfasten in den verschiedenen Kirchen.

f) Von 13 bei MG 96, 545/816 gedruckt vorliegenden *Homilien,* zu denen noch manche andere nur hsl. überlieferte Texte hinzukommen, können vorläufig folgende als echt gelten: *Hom. 1 in nativ. B.M.V.* (MG 96, 661/80); *In ficum arefactum* (MG 96, 575/88); *In sabb. sanctum* (MG 96, 601/44); *In transfig. Dni* (MG 96, 545/76); ferner 3 Predigten Εἰς τὴν κοίμησιν, d. h. über die Aufnahme Mariens in den Himmel (MG 96, 699/762). Die 2. dieser Predigten enthält einen längst als Interpolation erkannten Bericht aus der sog. *Hist. Euthymiaca* (Kap. 18). Dazu kommen noch 3 weitere echte Predigten (2 davon sind noch nicht ediert): *Hom. in Dominica Palmarum, in Nativ. Dni* u. *in Hypapanten Dni.*

g) Johannes ist auch als Verfasser hagiographischer Schriften und liturgischer Enkomien hervorgetreten. Als sicher echte Werke sind jetzt anerkannt ein *Encomium in s. Anastasiam* (uned.), eine *Passio s. Artemii,* ein *Encomium in s. Barbaram,* eine *Passio s. Catharinae* (verloren) und ein *Encomium in s. Joannem Chrysostomum.*

h) Johannes lebt in der griechischen Kirche auch durch seine teils metrischen, teils rhythmischen schwungvollen und warm empfundenen *Kirchenlieder* fort, die meist Feste des Herrn verherrlichen. Besonders berühmt sind seine Kanones, Gesänge, die aus 9 ihrem metrischen Bau und ihrer Melodie nach verschiedenen Liedern bestehen. Auch der *Oktoëchos,* der als Ganzes späteren Ursprungs ist, enthält nicht wenige von ihm gedichtete Lieder. Die Frage der Echtheitsprüfung der Johannes zugeschriebenen Kirchenlieder ist jedoch noch lange nicht abgeschlossen. Die Ansichten über die wirkliche Zahl seiner echten Dichtungen schwanken zwischen knapp einem Dutzend und mehr als dem Hundertfachen davon.

i) Die *Vita Barlaam et Joasaph,* ein in bilderreicher Sprache geschriebener Roman, der unter Benützung und geschickter Umgestaltung indischer, Buddha verherrlichender Legenden ein im MA weitverbreitetes christliches Volks- und Erbauungsbuch geworden ist. Der Held der Legende ist ein indischer Königssohn Joasaph, der trotz aller Gegenmaßnahmen seines Vaters durch einen Eremiten Barlaam zum Christentum bekehrt wird und schließlich den König und sein ganzes Reich für den Glauben gewinnt; er stirbt als Einsiedler.

Die zuletzt geltende Ansicht, daß ein griechischer Mönch gegen Ende des 10. Jh., der seinem Werk u. a. die Apologie des Aristides einverleibte, der Verfasser der Legende war, muß aufgegeben werden. Danach hätte dieser Mönch als Vorlage für seine von ihm weiterentwickelte Darstellung eine durch Euthymius von Iviron aus dem Georgischen ins Griechische übersetzte Erzählung benützt. F. Dölger hat in Auseinandersetzung mit H. Zotenberg (1886) und P. Peeters (1931) dargetan, daß die Gleichheit des theologischen und polemischen Standpunkts, ferner die Übereinstimmung in den theologischen Formulierungen und in charakteristischen Elementen der Komposition und des Stils die Verfasserschaft des Johannes v. Damaskus erkennen lassen.

k) Unechte Schriften. *Über die im Glauben Entschlafenen* zeigt, wie man den Verstorbenen durch Gebet, Messe und Almosen zu Hilfe kommen kann (MG 95, 247/78). Die *Epistola de confessione,* die auch den Mönchen, die nicht Priester sind, die Absolutionsgewalt zuspricht, ist das Werk des Symeon des „Neuen Theologen" († 1022).

M. le Quien, 1/2, P 1712.– MG 94/6.– Diekamp, ThQ 1901, 555/95 (De fide c. Nestorian.).– Dyobuniotes, EPh 1914, 53/69; 119/49 (hom. de creat. mundi).– K. Holl, TU 20, 2, 1899 (Fragm. vornicän. Kirchenväter aus den Sacra Parallela).– C. Höeg - H. J. Tillyard - E. Wellesz, The hymns of the Octoëchus, I/II, Kopenhagen 1940/9.– P. Voulet, SCh 80, 1961 (Hom. sur la Nativité et la Dormition, TÜK).– E. M. Buytaert, St. John of D., De fide orth. Versions of Burgundio and Cerbanus, 1955.– D. Stiefenhofer, BKV² 44, 1923 (Fid. orth., Ü).– H. F. Chase, FathCh 37, 1959 (The Fount of knowledge, Ü).– Das Byzant. Institut von Scheyern-Ettal bereitet eine krit. Edition sämtlicher Schriften vor. ** Abel [L'élaboration de l'Islam, P 1961] 61/85 (J. und Islam); Stud. Islamica 1963, 5/25 (chap. CI du Livre des Hérésies, MG 94, 764/9, unecht; älteste christl. Nachricht über Islam).– Baumstark, OC 36, 1941, 205/23 (Pfingstkanon in syr. Ü).– H.-G. Beck, Kirche und theol. Lit., 1959, 476/86.– H. Biedermann, Symeon der Neue Theologe, Wü 1950 (unechte Schriften).– Blake, AB 1950, 27/43 (Todesjahr); vgl. Garitte, AB 1959, 332/69.– Buytaert, FrSt 1953, 37/70 (Damascenus latinus).– Chevalier, Gr 1937, 361/88 (Marienpred.).– Classen, BZ 1959, 297/303 (J. D. latinus).– Dölger, Byz 1950,

303/14 (Forschungsbericht).– Eustratiades, NS 1931/33; Θ 1938, 60/3 (Hymnen).– Garitte, Mu 1954, 71/92 (georg. Vita des Stephan Sabbaita; 749 nicht Todesjahr des J.).– J. de Ghellinck, Le mouvement théol., ²1948, 374/415 (Verbreitung im Abendland).– Graf, Gesch. 1, 377/9; 546f.– I. Hausherr et G. Horn, OCh 12, 1928 (Symeon der Neue Theol.); EO 1928, 163/7; 1933, 231 (unechte Schriften).– Hoeck, OCP 1951, 5/60 (Forschungsbericht; echte und zweifelhafte bzw. unechte Schriften).– G. Hofmann, OCP 1950, 177/90 (Fortleben im Osten und Westen 1054–1500).– K. Holl, TU 16, 1, 1897 (Sacra Parallela).– Hussey, JTS 1946, 200/3 (6 Hymnen in MG 96 gehören dem Joh. Mauropus).– Jugie, DThC 8, 693/751; EO 1924, 137/61; 1929, 35/41 (Vitae).– Khoury, PrO 1957, 44/63 (J. et l'Islam).– B. Kotter, Die Überlieferung der Pege gnoseos des hl. Joh. von Dam., Ettal 1959.– A. Laily, L'influence liturg. et musicale de J. de D., Harissa 1950.– Leclercq, DAL 7, 2186/90.– Merrill, The Muslim World 51, 1951, 88/97 (D. ohne genauere Kenntnis des Koran).– Minges, ThQ 1914, 225/47 (De orth. f. in der Scholastik).– J. Nasrallah, S. J. de D., Harissa 1950; vgl. ThR 1952, 153.– Peradze, OC 1931, 240/2 (georg. Ü).– Pfister-U. Riedinger, BZ 1955, 86/8 (MG 95, 368: unechte ep. ad Theoph.).– Phokylides, EPh 1922, 357/440.– M. Richard, Actes XIIe Congr. int. d'ét. byz. 1961, Beograd 1964, 1, 485/9 (Sacra Parallela).– G. Richter, Die Dialektik des J. von D., Ettal 1964.– B. Studer, Die theol. Arbeitsweise des J. von D., Ettal 1956.– Vansteenkiste, Ang 1958, 91/8 (Le versioni latine del De fid. orth.).– Th. Xydes, Die jambischen Kanones des J. von D., At 1948; Über die J. von D. zugeschriebenen Idiomela der Totenliturgie, At 1950.

Barlaam und Joasaph: MG 96, 860/1240.– L. Burchard, Mn 1924.– H. Mattingly, Lo 1953 (TÜ).– J. Sonet, Le roman de B. et J., 1, Lou 1949 (la trad. manuscrite lat. et franç.); 2, Namur 1950 (La version anonyme franç., texte crit.).– D. M. Lang, The Wisdom of Balahvar, Lo 1957. ** Bacht, RACh 1, 1193/1200.– Bardy, DHG 6, 813/5.– Bolton, Tr 1958, 359/66 (Parable, allegory and romance).– Devos, AB 1957, 83/104 (zur These von Nucubidze).– F. Dölger, Der griech. Barlaam-Roman, ein Werk des J. von D., 1953; BZ 1955, 215; 1956, 181.– Downey, Sp 1956, 165/70.– Garitte, Mu 1958, 57/64 (Georges l'Hagiorite sur l'origine du B. grec).– Halkin, AB 1953, 475/80.– D. M. Lang, BullSchoolOrAfricanStud 17, 1955, 306/25; 1957, 387/407 (a new oriental christian version).– Laurdas, EEBS 1954, 383f.– Masing and Råtsep, CommViator 4, 1961, 29/36 (B. und die Thomas-Literatur).– D. Nersessian, L'illustration du roman de B. et J., 1937.– Nucubidze, VizVrem 17, 1960, 250/7 (krit. Bemerkungen zur Entstehung des griech. B.-Romans).– H. Peri (Pflaum), Der Religionsdisput der Baarlam-Legende, ein Motiv abendländischer Dichtung, Salamanca 1959.– Peeters, AB 1931, 276/312 (georg. Mönch Euthymius [978] Verfasser der griech. Vorlage).– Stefanescu, Byz 7, 1932, 347/69 (Malereien).– Tarchnišvili, OC 38, 1954, 113/24 (Euthymius von Iviron); Mu 1958, 65/86 (Les deux récensions du B. géorgien); OCP 1958, 83/92 (Le roman de Balahvar et sa traduct. anglaise).

Lehre

1) Heilige Schrift und Tradition. Die deutero-kanonischen Schriften des AT rechnet Johannes nicht zum Kanon; zum NT rechnet er auch die Apostolischen Kanones (fid. orth. 4, 17). Neben der Heiligen Schrift läßt

er die ungeschriebene Überlieferung gelten; so seien durch Überlieferung geheiligt das dreimalige Untertauchen bei der Taufe, das Beten mit dem Antlitz nach Osten und die Verehrung des hl. Kreuzes und der Bilder. Ebenso hält er die einstimmige Väterlehre für verbindlich (imag. 1, 23; 2, 16; 1, 1; 2, 4).

2) In der Christologie macht er mit Leontius einen Unterschied zwischen ἐνυπόστατον und ἀνυπόστατον (Akzidens) und lehrt, daß die menschliche Natur Christi im Logos subsistiere (fid. orth. 3, 9). Wegen der hypostatischen Union besaß die Seele Christi von Anfang an alle Weisheit; ein wirkliches Fortschreiten fand also in ihrer Erkenntnis nicht statt, und darum ist Lc. 2, 52 nur von dem Offenbarwerden der in Christus wohnenden Weisheit zu verstehen (ebd. 3, 22).

3) Der Heilige Geist geht vom Vater aus und „ruht im Sohn". Der Damaszener hat nichts dagegen, daß man ihn Geist des Sohnes wie des Vaters nennt, nicht weil er aus dem Sohn, sondern weil er durch ihn vom Vater ausgeht (fid. orth. 1, 8. 12).

4) Die Engel sind unkörperlich und waren vor ihrer Prüfung schwer beweglich zum Bösen; jetzt sind sie unbeweglich, jedoch nicht von Natur, sondern durch Gnade. Sie zerfallen in 9 Chöre oder 3 Triaden, beschützen die Erdteile, stehen Völkern und Orten vor und kümmern sich hilfreich um unsere Angelegenheiten (fid. orth. 2, 3).

5) Marien- und Heiligenverehrung. Gott, dem Schöpfer, kommt allein Latrie und Proskynesis zu. Maria als Theotokos, an deren leibliche Aufnahme in den Himmel Johannes glaubt, wird durch Proskynesis verehrt, ebenso die Heiligen als auserwählte Freunde Gottes (imag. 3, 41).

6) Bilderverehrung. Johannes beschränkt das atl. Bilderverbot auf die Darstellung des unsichtbaren Gottes an sich, für den die damalige griechische Kunst nur Symbole, keine Gestaltenbilder kannte, und auf die Anbetung (Latrie) der Bilder; Christus jedoch dürfe bildlich dargestellt werden. Die den Bildern dargebrachte Verehrung ist keine absolute, sondern bezieht sich auf die dargestellte Person (imag. 1, 21). Die Bilder sind nützlich, weil sie die Tatsachen der Erlösung und die Tugenden der Heiligen vergegenwärtigen und so für die des Lesens Unkundigen die Bücher ersetzen (1, 17).

7) Eschatologie. Ähnlich wie Ambrosius (Lc. 7, 205) hält er das Höllenfeuer nicht für ein materielles Feuer (οὐχ ὑλικόν, fid. orth. 4, 27). Auch Hieronymus bezeugt, daß dies die Ansicht vieler war (Eph. 3, 5, 6).

Anagnostopulos, SP 2, 167/74 (μυστήριον). – J. Bilz, Die Trinitätslehre des hl. J. von D., 1909. – Bonfiglioli, SC 1939, 423/50; 554/73 (peccato originale). – C. Chevalier, La mariologie de s. J. D., 1936; vgl. Grumel, EO 1937, 318/46. –

Ferroni, Mar 17, 1955, 1/36 (Maria cooperatrice e mediatrice). – M. Francesconi, La dottrina del D. sulla predestinazione, R 1945. – J. Gräf, Die Psychologie des J. D., 1923. – Grondijs, Actes du VIe Congr. intern. Ét. Byz. (P 1948) 2, 1951, 145/70 (Bilderverehrung bei J., Nikephorus und Theod. von Stud.). – Groß, ZRGG 1953, 118/53 (keine Erbsünde, nur Folgen der Ursünde). – Jugie, DThC 8, 708/48. – Lottin, RTh 1931, 631/61 (la psychologie de l'acte humain). – J. Meany, The image of God in man according to the doctrine of J. D., Manila 1954. – H. Menges, Die Bilderlehre des hl. J. von D., Mr 1938. – V. A. Mitchel, The mariology of St. J. D., Kirkwood 1930. – K. Rozemond, La christologie de S. Jean D., Ettal 1959. – Sweeney, NewSch 1961, 76/106 (J. and divine infinity). – Weiteres zum Bilderstreit s. S. 525.

4. In der hsl. Überlieferung begegnet uns ein B. Johannes von Euböa, auch als Johannes μόναχος καὶ πρεσβύτερος Εὐοίας bezeichnet, ein jüngerer Zeitgenosse des Johannes von Damaskus. Statt Euböa darf man als wirklichen Bischofssitz Euroia bei Damaskus oder in Epirus vermuten. Bis jetzt dürfen ihm 3 *Homilien* und 2 noch unedierte *Panegyriken* auf die hl. Paraskeue und hl. Anastasia zugesprochen werden. Eine zweifelhaft echte *Weihnachtspredigt* gehört wahrscheinlich dem Johannes von Damaskus. Johannes von Euböa erweist sich als volkstümlicher, lebensvoller Prediger, der öfters scharf gegen die Juden polemisiert.

MG 96, 1459/1508; AB 1950, 19/26 (3 Hom.). – Eustratiades, Νέος Ποιμήν 3, 1921, 23/42 (Weihnachtspredigt). ** F. Dölger, AB 1950, 5/26.

§ 122. Dichter

W. Christ - M. Paranikas, Anthologia graeca carminum christ., L 1871. – J. B. Pitra, Analecta sacra 1, P 1876. – P. Maas, KlT 52 f, ²1931. – E. Wellesz - H. J. W. Tillyard - C. Höeg, Monumenta Musicae Byzantinae, 1935 ff. – R. Cantarella, Poeti bizantini, 1/2, Mi 1948 (ÜK). – Dalmais, OrSyr 1957, 243/60 (L'apport des Églises syriennes à l'hymnographie chrét.). – Fletcher, BZ 1958, 53/65 (Three early byz. hymns). – H. Follieri, Initia hymnorum eccl. Graecae, ST 211, 1960. – Th. Nissen, SbMn 1940, 3 (Die byz. Anakreonteen). – Smothers [Mél. De Ghellinck 1, 1951] 321/44 (Datierung von 4 unbekannten Hymnen). – E. Wellesz, A history of byzantine music and hymnography, O ²1961. – E. Werner, The sacred bridge, Lo 1959.

1. Romanus der Sänger (ὁ μελῳδός) ist gegen Ende des 6. Jh. in Emesa (Syrien) geboren und wahrscheinlich jüdischer Herkunft. Er war Diakon in Berytus und kam zwischen 491 und 518 als Diakon nach Konstantinopel, wo er um 560 starb. R. ist der bedeutendste Kontakiendichter des 6. Jh., der sehr viele Hymnen gedichtet haben soll; von den ihm hsl. zugeschriebenen 85 Texten sind ungefähr 60 echt. Diese *Kontakia* sind Predigten in Liedform, wahrscheinlich unter syrischem Einfluß entwickelt;

sie befolgen nur noch den Wortakzent, nicht mehr die Quantität der Silben. Zum Inhalt haben sie Leben und Wirken Christi, atl. und ntl. Gestalten, auch ntl. Parabeln, ferner Heilige und einige andere Themen.

P. Maas-C. A. Trypanis, Lo 1963 (59 echte Lieder).– N. B. Tomadakis, 1/4, mit Suppl. zu 4, Athen 1952/61; dagegen Joannou, BZ 1955, 142/54; 1955, 453 (Tom. gegen Joannou).– J. Grosdidier de Matons, SCh 99, 1964; 110, 1965; 114, 1965 (TÜK).– G. Cammelli, R. il M., Fi 1930 (8 Hymnen, TÜ).– E. Mioni, R. il M. Saggio critico e 10 inni ined., Padova 1937.– G. H. Bultmann, 1960 (ausgewählte Festgesänge, Ü). ** Amann, DThC 13, 2895/8.– H.-G. Beck, Kirche und theol. Lit., 1959, 425/8.– Bickersteth, Actes VIe Congr. int. Ét. Byz. (P 1948) 1, 1950, 375/81 (Quellen des Kontakion auf die Hypapante).– Chevalier, RSR 1938, 48/71 (Mariologie).– Eustratiades, EEBS 1939, 182/215; 1955, 211/83.– Mioni, Atti R. Ist. Veneto 96, 1936 f, 2, 23/87 (Hymnus auf Erzengel Michael).– Peters, OCP 1942, 468/76 (R. abhängig vom griech. Diatessaron).– Schork, SP 6, 211/20 (typology); Tr 1960, 353/63 (the medical motif).

Der *Hymnos akathistos,* so genannt, weil man ihn nichtsitzend singt, ist eines der berühmtesten liturgischen Lieder der griechischen Kirche, ein Loblied auf Maria in 24 Strophen (alphabetisch). Verfasser und Entstehungszeit sind noch nicht sicher festgestellt; vorgeschlagen werden Georg der Pisidier, die beiden Patriarchen von Konstantinopel, Sergius (715–30) und Germanus, vor allem aber Romanus.

MG 92, 1335/48.– E. Wellesz, Kopenhagen 1957 (T, Melodie).– G. G. Meersseman, FrSch 1958 (TÜ).– C. del Grande, L'Inno acatisto, Fi 1948 (TÜ).– G. G. Meersseman, Der Hymnos akathistos im Abendland, 1/2, FrSch 1958/60. ** Wellesz, DOP 9 f, 1956, 141/74 (Aufbau und Melodie; Verf. wahrscheinlich Romanus).

2. Anastasius ist der Dichter eines schönen *Begräbnisliedes;* es bleibt unsicher, ob er mit Anastasius Sinaita zu identifizieren ist.

Pitra, Anal. sacra 1, 242/9. ** Petrides, ROC 1901, 444/52.

3. Georg der Pisidier, zur Zeit des Kaisers Heraklius (610–641) Diakon in Konstantinopel, behandelt in seinen künstlerisch hochstehenden Gedichten (meist jambische Trimeter) überwiegend profane Stoffe (Perserkriege des Heraklius, sein Sieg über Choroes II., Wiedergewinnung des heiligen Kreuzes, Awarensturm auf Konstantinopel 626). Theologisch gerichtet sind u. a.: sein *Hexaëmeron* (1894 Verse über die Erschaffung der Welt), *De vanitate vitae* (262 Verse), *Contra Severum* (726 Verse), gegen den Monophysitismus, und *Epigramme.*

MG 92, 1197/1754.– A. Pertusi, Poemi. I. Panegirici epici, Ettal 1959 (TÜK); AB 1958, 5/63 (L'Encomio di S. Anastasio).– Gigante, BollBadiaGrottaferrata 7, 1953, 44/6 (Hexaëm. 380/97).– Nissen, Her 1940, 298/325

(Hist. Expos. und Paneg.).– Pertusi, Aev 1956, 395/427 (verlorene Dichtungen des G.); JbÖsterrByzGes 1957, 11/24 (Per una ed crit. dell'Expositio Persica).– Stephanou, DThC 12, 2130/4.

4. Andreas von Kreta, * um 660 in Damaskus, 678 Mönch in Jerusalem, 685 Diakon in Konstantinopel, wurde um 692 Erzbischof von Gortyna auf Kreta, ein Verteidiger der Bilderverehrung († 740). Er hinterließ ungefähr 50 *Predigten,* von denen etwa 30 gedruckt sind; diese erweisen ihn als hervorragenden Redner. Als Dichter von *Kanones* wurde er der Begründer einer neuen Gattung von Kirchenliedern; berühmt ist sein *Großer Kanon,* ein Bußgesang von 250 Strophen, der bis heute seine Stellung in der östlichen Liturgie behauptet. Ferner schuf A. viele *Idiomela,* kurze Lieder mit eigener Melodie.

MG 97, 805/1444.– Laurdas, Kretika Chronika 3, 1949, 85/117 (Enkomion auf Märtyrer von Kreta).– Mercennier [Tome commémoratif ... de la Bibl. Patriarcale d'Alexandrie, Alex. 1953] 170/8 (Kanones). ** Chevalier, Gr 1937, 368/72 (Marienpredigt).– P. K. Chrestos, Diss. Th 1952 (Gr. Kanon); vgl. BZ 1953, 447.– Chrysostomos, Ekklesia, At 1960, 103/7 (Großer Kanon).– Émereau, EO 1922, 267/71.– Eustratiades, NS 1934, 673/88; 1935, 3/10 und Fortsetz. (Dichtungen).– Hennig, Medieval Stud. 1963, 280/93 (Gr. Kanon).– Nissen, Phil 1937, 177/98 (Hom. De vita hum.); 382/5 (Tkr.).– Petit, DAL 1, 2034/41.– Sanz, JbÖsterrByzGes 4, 1955, 1/11 (Fragm. eines neuen Kanons).– Th. Xydes, At 1949 (Gr. Kanon); vgl. BZ 1951, 418.

5. Kosmas der Sänger verfaßte gleich seinem Adoptivbruder Johannes von Damaskus nach dem Vorbild des Andreas von Kreta *Idiomela* und mindestens 14 *Kanones,* welche die spätere Zeit trotz großer Künsteleien im Versbau sehr hochschätzte. Die Scheidung zwischen echtem und unechtem Gut ist schwierig, weil auch der Lehrer beider, Kosmas der Ältere, geistlicher Liederdichter gewesen sein soll. Kosmas dem Sänger wird auch ein *Kommentar* zu den Gedichten Gregors von Nazianz zugeschrieben.

MG 98, 459/524; 38, 339/680 (K zu Greg. Naz.).– W. Christ-M. Paranikas, Anthol. 1, 161/204. ** Eustratiades, NS 1933, 83/99 und Forts.– Lauriotes, Θ 1931, 340/9 und Forts. (Inedita).– Th. Sinko, De trad. orat. Greg. Naz. 2, 1923, 31/6 (Comm. in Greg. Naz.).– Tillyard, BZ 1928, 25/37 (Kanon auf Kreuzerhöhung).

Seite 6:

Bolgiani, [Problemi di storia della Chiesa. La Chiesa antica, secc. II–IV, Mi 1970] 283/333 (Patrologia e storia della Chiesa antica).– Brox, [A. Rohracher, Salzburg 1969] 42/67 (Berufung auf „Väter" des Glaubens).– Seckler, [Theologie im Wandel, Mn 1967] 41/67 (Fortschrittsgedanke in der Theologie).

Seite 7:

G. Bartelink, Wat wisten de heidenen van het oudchristelijk taalgebruik?, N 1975; VC 1965, 193/209 (Meidung heidnischer oder christlicher Termini).– Beatrice, StPat 1970, 390/404 (Le innovazioni semiologiche nel greco e nel latino dei Cristiani).

Seite 8f:

Fontaine, Anales Toledan. 3, 1960, 59/96 (Ildefonso).– Codoñer, XXVII Semana Española de Teología, Ma 1970, 337/48 (Ildefonso).

Seite 9 (Photius):

R. Henry, Photius, Bibliothèque, 1/7, 1959/74 (Codd. 1/256; TÜ).– T. Hägg, Photios als Vermittler antiker Literatur, Up 1975.

Seite 10:

J. Irmscher – K. Treu (Hg.), Das Korpus der griechischen christlichen Schriftsteller, TU 120, 1977.

Seite 10f (§ 3.):

P. Vielhauer, Geschichte der urchristlichen Literatur. Einleitung in das Neue Testament, die Apokryphen und die Apostolischen Väter, B 1975.– J. Barbel, Geschichte der frühchristlichen griechischen und lateinischen Literatur, 1/2, Aschaffenburg 1969.– J.-M. Szymusiak et M. Starowieyski, Dictionnaire de l'ancienne littérature chrétienne [en polon.], Poznan 1971.– J. Fontaine, La letteratura latina cristiana. Profilio storica, Bologna 1973.– M. Simonetti, La letteratura cristiana antica greca e latina, Fi-Mi 1969.– J. M. Szymusiak, Patrologia, Lublin 1971.

Seite 11:

K. Sarkissian, Introduction à la littérature arménienne chrétienne, P 1964.

Seite 12f:

A. Adam, Lehrbuch der Dogmengeschichte, 1, G ^{2}1970.– J. Ratzinger, Das Problem der Dogmengeschichte in der Sicht der katholischen Theologie, Köln 1966.– J. Pelikan, The christian tradition. A history of the development of doctrine, 1, Lo 1971.– M. Wiles, The making of christian doctrine. A study in the principles of early doctrinal development, Lo 1967; dazu JTS 1968, 399/420.– J. Barbel, Einführung in die Dogmengeschichte, Aschaffenburg 1975.

Seite 13f (ANTIKE UND CHRISTENTUM: KULTURGESCHICHTE):
H. Chadwick, Early Christian Thought and the Classical Tradition, O 1966.– O. Gigon, Die antike Kultur und das Christentum, G ^{2}1970.– G. Glockmann, Homer in der frühchristlichen Literatur bis Justinus, TU 105, 1968.– Guarducci, [L'Oriente cristiano nella storia della civiltà, 1966] 467/97 (simbolismo alfabetico).– Th. J. Haarhoff, Schools of Gaul. A study of pagan and Christian education in the last century of the Western Empire, Johannesburg ^{2}1966.– H. Jürgens, Pompa diaboli. Die lateinischen Kirchenväter und das antike Theater, T 1972.– Memoli, Aev 1969, 114/43 (eloquentia classica).– P. Riche, Education et culture dans l'Occident barbare, P ^{3}1973.– M. Simon, La civilisation de l'antiquité et le christianisme, P 1972.– W. Speyer, Bücherfunde in der Glaubenswerbung der Antike, Gö 1970.– W. Weismann, Kirche und Schauspiele. Die Schauspiele im Urteil der lateinischen Kirchenväter unter besonderer Berücksichtigung von Augustin, Wü 1972.

Seite 14f (ANTIKE UND CHRISTENTUM: PHILOSOPHIEGESCHICHTE):
P.-Th. Camelot, DSp 7, 145/64 (Hellénisme).– P. Courcelle, Connais-toi-même de Socrate à saint Bernard, 1/2, P 1974f.– A. Dihle, Greek and christian concepts of justice, Berkely 1975.– Dörrie, ThRu 1971, 285/302 (spätantiker Platonismus).– J. Hirschberger, Seele und Leib in der Spätantike, Wiesbaden 1969.– A.-M. Malingrey, [M. Pellegrino, To 1975] 159/178 (Le personnage de Socrate chez quelques auteurs chrétiens du IVe siècle).– E. P. Meijering, God being history. Studies in patristic philosophy, A 1975; ThRu 1971, 303/20 (Zehn Jahre Forschung zum Thema Platonismus und Kirchenväter).– Des Places, SP 9, 1966, 30/40 (Le juste crucifié).– Poortman, [E. Benz, Lei 1967] 189/99 (Psychologie).– M. Spanneut, Le stoïcisme des Pères de l'Église, P ^{2}1969.– D. S. Wallace-Hadrill, The Greek patristic view of nature, Manchester 1968.– van Winden, [J. Quasten, 1970] 1, 205/13 (Le christianisme et la philosophie).– A. Warkotsch, Die antike Philosophie im Urteil der Kirchenväter, Pa 1972 (Ü).– H. A. Wolfson, The philosophy of the church fathers, 1. Faith, trinity, incarnation, ^{3}1970.

Seite 15f (ANTIKE UND CHRISTENTUM: RELIGIONSGESCHICHTE):
Aune, [A. P. Wikgren, Lei 1972] 194/214 (early christian ‚anti-sacramentalism').– Bartelink, [Ch. Mohrmann, Ut 1973] 25/60 (Phylacterium).– R. van den Broek, The myth of the Phoenix, Lei 1972.– Campos, Hel 1970, 115/47; 249/302 (Libro de la vida).– H. J. Carpenter, Popular christianity and the early theologians, 1966.– Colpe, [J. H. Waszink, A 1973] 29/43 (Die Mithrasmysterien und die Kirchenväter).– E. R. Dodds, Pagan and Christian in an Age of Anxiety, 1965.– Hacker, ZMR 1970, 253/78 (The religions of the gentiles viewed by Fathers of the

Church).– J. Lindblom, Gesichte und Offenbarungen. Vorstellungen von göttlichen Weisungen und übernatürlichen Erscheinungen im ältesten Christentum, Lund 1968.– M. Meslin, La fête des kalendes de janvier dans l'Empire romain. Étude d'un rituel de Nouvel An, Bru 1970.– des Places, SP 11, 27/41 (Oracles chaldaïques). – A. Quacquarelli, L'ogdoade patristica e i suoi riflessi nella liturgia e nei monumenti, Bari 1973.– Schoedel, CH 1973, 309/19 (Christian „Atheism" and the peace of the Roman Empire).– Sfameni Gasparro, RSLR 1971, 215/51 (L'ermetismo nelle testimonianze dei Padri).– P. Stockmeier, Glaube und Religion in der frühen Kirche, Fr 1973; [H. Tüchle, Pa 1975] 75/84 (Pontifex-Titel im spätantiken Christentum).– Ter Vrugt-Lentz, VC 1971, 17/28 (Leberschau).– Witt, SP 1966, 135/45 (Isis).

Seite 16 (ANTIKE UND CHRISTENTUM: STAAT, RECHT, GESELLSCHAFT, GESCHICHTE):
Von Campenhausen, Saeculum 1970, 189/212 (Heilsgeschichte; christliches Geschichtsbild im 1. und 2. Jh.). – A. Colombo, La problematica della guerra nel pensiero politico cristiano. Dal I al V secolo, Mi 1970.– Deniel, RSR 1968, 43/85 (pouvoir civil et sa relation à l'Église).– A. A. T. Ehrhardt, Politische Metaphysik von Solon bis Augustin, 1/3, T 1959/69.– H. Gülzow, Christentum und Sklaverei in den ersten drei Jahrhunderten, Bonn 1969.– M. Hengel, Eigentum und Reichtum in der frühen Kirche. Aspekte einer frühchristlichen Sozialgeschichte, St 1973. – G. Jossa, La teologia della storia nel pensiero cristiano del secondo secolo, Na 1965.– F. Paschoud, Roma aeterna, R 1967.– L. G. Patterson, God and history in early christian thought, NY 1967.– Selb, ZSR 1967, 162/217 (Episcopalis audientia).– W. Suerbaum, Vom antiken zum frühmittelalterlichen Staatsbegriff. Über Verwendung und Bedeutung von res publica, regnum, imperium und status von Cicero bis Jordanis, Mr ^{3}1977.

Seite 16f (ARCHÄOLOGIE, KUNST):
Aebischer, RivCultClassMed 1965, 6/12 (L'antécédence d'„ecclesia" sur „basilica" au sens de „bâtiment servant au culte chrétien").– Barnard, Byz 1973, 13/29 (The emperor cult and the origins of the iconoclastic controversy).– Buchheit, RQ 1974, 133/42 (Tertullian und die Anfänge der christlichen Kunst).– E. Dinkler, Signum crucis, Tü 1967.– Jongkeers, NAKG 1967f, 20/38 (Beginn der bildenden Kunst in der Kirche, gegen Klauser).– Karpp, ZKG 1966, 62/80 (Kanonische und apokryphe Überlieferung im Triumphbogen-Zyklus von S. Maria Maggiore zu Rom).– Klauser, ZKG 1965, 1/11 (Entstehung der christlichen Kunst).– Klauser, JbAC 1958, 20/51; 1959, 115/45; 1960, 112/33; 1961, 128/45; 1962, 113/24; 1963, 71/100; 1964, 67/76; 1965f, 126/70; 1967, 82/120 (Studien zur Entstehungsgeschichte der christlichen Kunst, 1/9).– G. Lange, Bild und Wort. Die katechetische Funktion des Bildes in der griechischen Theologie des 6.–9. Jh., Wü 1969.– A. Quacquarelli, [M. Pellegrino, To 1975] 1125/37 (Note sugli ideali patristici delle piante di edifici di culto); Il leone e il drago nella simbolica dell'età patristica, Bari 1975.

Seite 17f (ASZESE, MÖNCHTUM, FRÖMMIGKEIT, MYSTIK):
Adam, [E. Benz, Lei 1967] 259/65 (Monachos-Gedanke).– H. Bacht, Das Vermächtnis des Ursprungs, Wü 1972.– Baker, DR 1968, 342/53 (Syriac and the origins of monasticism); DR 1970, 293/409 (Early Syriac asceticism).– G. Bardy – (A. Hamman, Hg.), La vie spirituelle d'après les Pères des trois premiers siècles, 1/2, P ²1968.– L. Bouyer, La spiritualité du Nouveau Testament et des Pères, P ²1966.– D. J. Chitty, The desert a city. An introduction to the study of Egyptian and Palestinian monasticism under the Christian empire, O 1966.– García M. Colombás, El monacato primitivo, 1/2, Ma 1974f.– Diaz y Diaz, ClassFolia 1969, 209/27 (Eremitical life in Visigothic Spain).– K. S. Frank, Grundzüge der Geschichte des christlichen Mönchtums, Darmstadt 1975; Askese und Mönchtum in der Alten Kirche, Darmstadt 1975; Frühes Mönchtum im Abendland, 1/2, Zü 1975 (ausgewählte Texte); ZKG 1971, 145/166 (Vita apostolica).– Ch. Gnilka, Aetas Spiritalis: Die Überwindung der natürlichen Altersstufen als Ideal früh-christlichen Lebens, Bonn 1971.– Grégoire, [G. Ermini, 2, Spoleto 1970] 415/30 („Religiosus").– Guillaumont, VC 1969, 30/7 (Le nom des „Agapètes"); RSR 1972, 199/218 (monachos). – R. Hanslik, Klosterregeln im Mönchtum des Ostens und Westens von Pachomius zu Benedikt von Nursia, W 1972.– Historia de Espiritualidad cristiana, 1/4, Barcelona 1969. – D. Knowles, Christian monasticism, Lo 1969. – B. Lohse, Askese und Mönchtum in der Antike und in der alten Kirche, Mn 1969. – Lorenz, ZKG 1966, 1/61 (Die Anfänge des abendländischen Mönchtums im 4. Jahrhundert).– Morard, FZPT 1973, 329/425 (Monachos, moine. Histoire du terme grec jusqu'au IV s.).– P. Nagel, Die Motivierung der Askese in der alten Kirche und der Ursprung des Mönchtums, TU 95, 1966.– Penco, StudMon 1966, 133/43 (Monasterium – carcer).– F. S. Pericoli Ridolfini, Alle origini del monachesimo. Le convergenze esseniche, R 1966.– Raasch, StudMon 1966, 7/33; 183/213; 1908, 7/55; 1969, 269/314; 1970, 7/41 (The monastic concept of purity of heart and its sources).– C. Tibiletti, AtTor 1972, 489/537 (Motivazioni dell'ascetismo).– G. Turbessi, Le regole monastiche antiche, R 1975.– A. Vööbus, Syriac and arabic documents, regarding legislation relative to syrian ascetism, Stockholm 1960.– De Vogüé, CollectCist 1971, 209/41 (Sub regula vel abbate. Étude sur la signification théologique des règles monastiques anciennes).– T. N. Zissis, The Fathers arguments on celibacy and their sources, Th 1973.

Seite 18/20 (BEGRIFFS- UND BEDEUTUNGSGESCHICHTE):
J. Amstutz, Ἁπλότης. Eine begriffsgeschichtliche Studie zum jüdisch-christlichen Griechisch, Bonn 1968.– G. J. M. Bartelink, Quelques observations sur παρρησία dans la littérature paléo-chrétienne, N 1970.– Becker, Gr 1976, 307/350; 658/701 (Bedeutungsgeschichte des lateinischen Wortes Dogma).– P. van Beneden, Aux origines d'une terminologie sacramentelle. Ordo, ordinare, ordinatio dans la littérature chrétienne avant 313, Lou 1974.– Botte, [E. Dekkers, Turnhout 1975] 1, 3/9 (OIKONOMIA. Quelques emplois spécifiquement chrétiens).– F. Dingjan, Discretio, Assen 1967.– L. J. Engels, Fiducia. Influence de l'emploi juridique sur

l'usage commun et paléo-chrétien, N 1970.– Kelly, Istina 1969, 33/45 (Catholique et apostolique).– K. H. Kritzer, Selbstbezeichnungen der Christen in der frühchristlichen, nicht biblischen Literatur des ersten und zweiten Jahrhunderts, Diss. Salzburg 1970.– Loi, Salesianum 1965, 606/628 (Populus Dei-Plebs Dei).– Lührmann, [K. G. Kuhn, Gö 1971] 185/99 (Epiphaneia).– Lumpe, AnnHistConc 1970, 1/21 (concilium und synodus).– Miquel, RB 1969, 424/36 (Praesumere-praesumptio).– Morard, FZPT 1973, 332/411 (Monachos, moine. Histoire du terme grec jusqu'au IV^{e}s.). – A. P. Orbán, les dénominations du monde chez les premiers auteurs chrétiens, N 1970.– G. Ring, Auctoritas bei Tertullian, Cyprian und Ambrosius, Wü 1975.– Saxer, RAC 1968, 209/18 (Victor).– R. Staats, VC 1972, 29/52 (Ogdoas als ein Symbol für die Auferstehung).– Storch, Byzantion 1972, 105/18 (Tropaeum – Kreuz).

Seite 20 (BIBEL: KANON, INSPIRATION, STELLUNG ZUR BIBEL):
P. R. Ackroyd – C. F. Evans – G. W. H. Lampe, The Cambridge History of the Bible, 1/3, C 1963/70.– Bacht, TheolPhil 1966, 557/66 (Bibel im ältesten Mönchtum).– A. Benoit – P. Prigent, La Bible et les Pères. Colloque de Strasbourg 1969, P 1970.– H. v. Campenhausen, Die Entstehung der christlichen Bibel, T 1968.– I. Frank, Der Sinn der Kanonbildung, Fr 1971.– Grant, SP 7, 1966, 462/72 (The Book of Wisdom at Alexandria).– Hahn, EvTheol 1970, 449/68 (Schrift und Tradition).– Leloir, RAM 1971, 183/99 (La lecture de l'Écriture selon les anciens Pères).– H. Merkel, Die Widersprüche zwischen den Evangelien, T 1971.– K.-H. Ohlig, Die theologische Begründung des neutestamentlichen Kanons in der alten Kirche, Düsseldorf 1971.– Sundberg, CBQ 1968, 143/55 (The „Old Testament": A christian canon); Studia Evangelica 4, 1968, 452/61 (Towards a revised history of the New Testament Canon). – F. Wenninger, Die Pastoralbriefe in der Kanongeschichte zur Zeit der Patristik, Diss.-W 1966. – J. Pépin, Mythe et allégorie, P [2]1977.

Seite 21 (BIBEL: TEXT, ÜBERSETZUNGEN):
Biblia patristica. Index des citations et allusions bibliques dans la littérature patristique, 1 ff, P 1975 ff.– K. Aland (Hg.), Die alten Übersetzungen des Neuen Testaments, die Kirchenväterzitate und Lektionare, B 1972.– Fee, Bi 1971, 357/94 (The text of John in Origen and Cyrill of Al.).

Seite 21/24 (BIBEL: KOMMENTARE, KATENEN, AUSLEGUNGSGESCHICHTE):
W. Affeldt, Die weltliche Gewalt in der Paulus-Exegese. Röm XIII, 1–7 in den Römerbriefkommentaren der lateinischen Kirche bis zum Ende des XIII. Jh., Gö 1969.– F. Altermath, Du Corps Psychique au Corps Spirituel. Interprétation de 1 Cor 15, 35–49 par les auteurs chrétiens des quatre premiers siècles, T 1976.– Angénieux, EThL 1970, 40/70 (différents types de structure du „Pater").– Aubineau, [J. Quasten, Mr 1970] 1, 100/127 (Exégèse patristique de Jean XIX, 23/24).– Bammel, NTS 1971/72, 95/128 (The Baptist in early Christian tradition).– D. A. Bertrand, Le baptême de Jésus. Histoire de l'exégèse aux deux premiers siè-

cles, T 1973.– P. C. Bori, Chiesa primitiva. L'immagine della comunità delle origini – Atti II, 42–47; IV, 32–37 – nella storia della Chiesa antica, Brescia 1974.– F. Bovon, De vocatione gentium. Histoire de l'interprétation d'Act. X, 1–XI, 18 dans les 6 premiers siècles, T 1967.– Burchard, [J. Jeremias, 1970] 39/62 (Das doppelte Liebesgebot).– Campos, Hel 1970, 115/47; 249/302 (El „Libro de la Vida").– J. Carmignac, Recherches sur le „Notre Père", P 1969.– Cremer, TrThZ 1967, 129/54 (Lk 5, 33/9); [J. Quasten 1970] 1, 162/181 (Mk. 2, 18 par.).– Dassmann, RQ 1966, 121/44 (Ecclesia vel anima in der Hoheliedererklärung bei Hippolyt, Origenes und Ambrosius).– Le Déaut, RHPh 1971, 31/50 (tradition juive et l'exégèse chrétienne).– Dürig, LJ 1968, 72/86 (Deutung der Brotbitte des Vaterunser bei den lateinischen Vätern bis Hieron.).– de Durand, RSPhTh 1969, 638/57 („Sa génération, qui la racontera? Is. 53, 8b).– Y.-M. Duval, Le Livre de Jonas dans la litterature chrétienne grecque et latine. Sources et influences du Commentaire sur Jonas de saint Jérôme, 1/2, P 1973.– J. Ernst, Pleroma und Pleroma Christi, Rb 1970.– J. Galot, Etre né de Dieu. Jean, 1, 13, R 1969.– J. Gamberoni, Die Auslegung des Buches Tobias in der griechisch-lateinischen Kirche der Antike und der Christenheit des Westens bis 1600, Mn 1969.– R. A. Greer, The captain of our salvation. A study in the patristic exegesis of Hebrews, T 1973. – Grelot, NRTh 1971, 897/922; 1009/26 (La traduction et l'interprétation de Ph. II, 6–7).– G. Habra, La Transfiguration selon les Pères grecs, P 1974.– Harl, SP 7, 1966, 486/95 (Genèse 3,7 chez les Pères Grecs).– D. M. Hay, Glory at the right hand. Psalm 110 in early christianity, Nashville 1973.– Hengel, ZntW 1969, 182/98 (Mk 7, 3).– A. Hockel, Christus der Erstgeborene. Zur Geschichte der Exegese von Kol. 1, 15, Düsseldorf 1965.– Hruby, RevSR 1973, 341/72 (Exégèse rabbinique et exégèse patristique).– Jaubert, RSR 1966, 407/10 (chronologie de la passion: une discussion patristique).– De Jonge, NTT 1966/67, 257/76 (motief van het gescheurde voorhangsel van de tempel).– Klemm, NTS 1969/70, 60/75 (Mt 8, 22 par.).– H. Ch. Knuth, Zur Auslegungsgeschichte von Psalm 6, T 1971.– M. Künzi, Das Naherwartungslogion Mt 10, 23. Geschichte seiner Auslegung, T 1970.– A. Laurentin, Doxa. 1. Problèmes de christologie. Étude des commentaires de Jean 17, 5 depuis des origines jusqu'à S. Thomas d'A. 2. Documents, P 1972.– P. Lebeau, Le Vin nouveau du Royaume. Étude exégétique et patristique sur la parole eschatologique de Jésus à la Cène, Bru 1967.– Leonardi, StPat 1968, 229/62 (Le tentazioni di Gesù).– A. G. Levin, The Tree of Life: Genesis 2, 9 and 3, 22–24 in Jewish, Gnostic and Early Christian Texts, Diss.-C (Harvard) 1966.– J. P. Lewis, A study of the interpretation of Noah and the flood in Jewish and Christian literature, Lei 1968.– Loi, Salesianum 1971, 187/204 (La tipologia dell'agnello pasquale e l'attesa escatologica).– P. Meloni, Il profumo dell'immortalità. L'interpretazione patristica di Cantico 1, 3, R 1975.– H. Merkel, Die Widersprüche zwischen den Evangelien. Ihre polemische und apologetische Behandlung in der Alten Kirche bis zu Augustin, T 1971.– W. Monselewski, Der barmherzige Samariter. Eine auslegungsgeschichtliche Untersuchung zu Lukas X, 25–37, T 1967.– C. Noce, L'Esodo 3, 14 nell'interpretazione dei Padri latini, R 1971.– Orbe, Gr 1970, 305/65; 509/36 (Dt. 30, 15.19).– Otranto, VetChrist 1969, 33/45 (Mt. 7, 15–16a e gli ψευδοπροφῆται).– T. E. Pollard, Johannine Christology and the Early Church, C 1970.– Pietrella, Aev 1975, 36/76 (Caro et sanguis regnum dei possidere non possunt).– Quacquarelli, Rivista biblica 1967, 471/95 (La Genesi nella letteratura dei Padri anteniceni).– G. Q. Reijners, The terminology of the Holy Cross in early Christian literature as based upon Old Testament typology, N 1965.– Reuß, [R. Schnackenburg, Fr 1974] 476/96 (Evangelien-Erklärungen vom 4. bis 9. Jh. in der griechischen Kirche).– J. Rey Marcos, Jesús de Nazaret y su glorificación. Estudio de la exégesis patrística de la fórmula „Sentado a la diestra de Dios" hasta el Concilio de Nicea, Ma 1974.– G. Richter, Die Fußwaschung im Johannes-Evangelium. Geschichte ihrer Deutung, Rb 1967.– K. H. Schelkle, Wort und Schrift. Beiträge zur Auslegung und Auslegungsgeschichte des Neuen Testaments, Düsseldorf 1966.– E. Schendel, Herrschaft und Unterwerfung Christi. 1 Kor 15, 24–28 in Exegese und Theologie der Väter bis zum Ausgang des 4. Jahrhunderts, T 1971.– P. Schwanz, Imago Dei als christologisch-anthropologisches Problem in der Geschichte der Alten Kirche von Paulus bis Clemens von Alexandrien, Halle 1970.– Simon, BJRL 52, 1970, 437/60 (The Apostolic Decree and its Setting in the Ancient Church).– Simonetti, [J. Quasten 1970] 1, 151/61 (Giovanni XIV, 28 nella controversia ariana).– A. Smitmans, Das Weinwunder von Kana. Die Auslegung von Jo 2, 1–11 bei den Vätern und heute, T 1966.– Storch, [J. Jeremias, 1970] 247/58 (Mk 14, 4f).– E. Testa, Il peccato di Adamo nella Patristica (Gen. 3), Jérusalem 1970.– Thunberg, SP 7, 1966, 560/70 (the Three Angels in Gen. 18).– R. Trevijano, En lucha contra las potestades. Exégesis primitiva de Ef. 6, 11–17 hasta Orígenes, Vitoria 1968.– P. Trummer, Anastasis. Beitrag zur Auslegung und Auslegungsgeschichte von I Kor 15 in der griechischen Kirche bis Theodoret, Wien 1970.– Vokes, SP 10, 1970, 253/60 (Lord's Prayer).– M. F. Wiles, The divine apostle. The interpretation of St Paul's Epistles in the early Church, Lo 1967.– Wilken, SP 11, 268/77 (baptism of Jesus).– van Winden, [J. H. Waszink, A 1973] 371/82 (The Early Christian Exegesis of ‚Heaven and Earth' in Genesis 1, 1).– Ch. Wolff, Jeremia im Frühjudentum und Urchristentum, B 1976.– In principio. Interprétations des premiers versets de la Genèse, P 1973.

Seite 24 (BUSSE, KRANKENSALBUNG):

Bernhard, RevDroitCan 1965, 265/81; 318/33; 1966, 41/70 (Excommunication et pénitence sacrement).– Bussini, RevSR 1967, 29/38 (réconciliation des pénitents).– E. Dassmann, Sündenvergebung durch Taufe, Buße und Märtyrerfürbitte in den Zeugnissen frühchristl. Frömmigkeit und Kunst, Mr 1973.– Ntedika, [Message et mission, Lou 1968] 109/27 (La pénitence des mourants et l'eschatologie des Pères latins).– H. Karpp, Die Buße. Quellen zur Entstehung des altkirchlichen Bußwesens, Zü 1969 (TÜ).– K. Rahner, Schriften zur Theologie 11: Frühe Bußgeschichte, 1973.– Ramos-Regidor, Concilium 1971, 37/43 (Réconciliation dans l'église primitive).– C. Vogel, Le pécheur et la pénitence dans l'Église ancienne, P 1966 (Textes choisis).

Seite 24f (CHRISTOLOGIE, ERLÖSUNG):
A. Bsteh, Zur Frage nach der Universalität der Erlösung, W 1966.– Cantalamessa, RivStorLettRel 1967, 1/27 (Cristo „Padre“).– Dumeige, RAC 1972, 115/41 (Le Christ médecin).– Van Eijk, JTS 1971, 517/29 („Only that can rise which has previously fallen.“ The history of a formula).– Fierro, RET 1968, 3/21 (controversias sobre la ressurección).– A. Grillmeier, Mit ihm und in ihm. Christologische Forschungen und Perspektiven, Fr 1975; [Theologische Berichte 1, Zü 1972] 69/169 (Die altkirchliche Christologie und die moderne Hermeneutik); Christ in christian tradition, Lo ²1975.– Haendler, ThLZ 1970, 481/90 (Christus im Traum).– de Halleux, RThLouvain 7, 1976, 3/23; 155/70 (La définition christologique à Chalcédoine).– J.-P. Jossua, Le salut, incarnation ou mystère pascal, chez les Pères de l'Église, de S. Irénée à S. Léon le Grand, P 1968.– H. Karpp, Textbuch zur altkirchlichen Christologie, Neukirchen 1972.– Kuhn, ZThK 1975, 1/46 (Jesus als Gekreuzigter in der frühchristlichen Verkündigung bis zur Mitte des 2. Jahrhunderts).– R. N. Longenecker, The Christology of early Jewish Christianity, Lo 1970.– M. Lot-Borodine, La déification de l'homme selon la doctrine des Pères grecs, P 1970.– J. McIntyre, The shape of Christology, Lo 1966.– W. Metzger, Der Organongedanke in der Christologie der griechischen Kirchenväter, Münsterschwarzach 1968.– Moioli, SC 1970, 175/214 („cristologia“ patristica).– F. Normann, Christos Didaskalos, Mr 1967.– H. Offermanns, Der christologische und trinitarische Personbegriff der frühen Kirche, Bern 1976.– J. Plagnieux, Heil und Heiland. Dogmengeschichtliche Texte und Studien, P 1969.– T. E. Pollard, Johannine Christology and the early Church, Lo 1970.– J. H. Rohling, Il Sangue di Cristo nella letteratura latina cristiana prima dell'anno 1000, R 1969.– H. Rondet, Le péché originel dans la tradition patristique et théologique, P 1967.– P. Schwanz, Imago Dei als christologisch-anthropologisches Problem in der Geschichte der Alten Kirche von Paulus bis Clemens von Alexandrien, Halle 1970.– Sieper, Kyrios 1969, 1/30; 65/82 (Mysterium des Kreuzes in der alten Typologie).– Simonetti, RivStorLettRel 1969, 529/53 (cristologia gnostica).– R. Terzoli, Il tema della beatitudine nei Padri siri. Presente e futuro della salvezza, Brescia 1972.– B. Welte (Hg.), Zur Frühgeschichte der Christologie. Ihre biblischen Anfänge und die Lehrformel von Nikaia, Fr 1970.– Winslow, CH 1971, 389/96 (Christology and exegesis in the Cappadocians).– Young, JEH 1971, 103/14 (Alexandrian christology).– Young, JTS 1969, 150/63 (Christological ideas in the Greek commentaries on the Epistle to the Hebrews).

Seite 25f (EHE):
Adami, Diritto eccl. 1965, 206/41 (consenso matrimoniale).– H. Crouzel, L'Église primitive face au divorce, P 1971; BLE 1974, 189/204 (Le remariage après séparation pour adultère selon les Pères latins).– R. Goeden, Zur Stellung von Mann und Frau. Ehe und Sexualität im Hinblick auf Bibel und Alte Kirche, Diss. - Gö 1969.– Nautin, RSR 1974, 7/54 (Divorce et remariage dans la tradition de l'Église latine).– Orbe, Gr 1964, 449/500 (El pecado original y el matrimonio).– Pelland, Science e ésprit 24, 1972, 285/312; 1973, 99/119 (dossier patristique relativ au divorce).–

Rordorf, JEH 1969, 193/210 (Marriage in the NT and in the early Church).– Stockmeier, ThQ 1971, 39/51 (Scheidung und Wiederverheiratung).– C. Tibiletti, Verginità e matrimonio in antichi scrittori cristiani, Na 1969.

Seite 26 (ESCHATOLOGIE):
Baert, FZPT 1965, 439/97 (vision de Dieu).– Bissels, TrThZ 1969, 296/304 (Unsterblichkeitslehre).– J. Ntedika, L'évocation de l'au-delà dans la prière pour les morts, Lou 1971.– A. P. O'Hagan, Material re-creation in the Apostolic Fathers, TU 100, B 1968.– S. Prete, Escatologia e parenesi negli scrittori cristiani latini, Bologna 1966.– Simonetti, [E. Dekkers, Turnhout 1975] 1, 37/58 (Il Millenarismo in Oriente da Origene a Metodio).– Visser, Numen 1967, 4/22 (ancient Christian eschatology).

Seite 26f (ETHIK, MORALTHEOLOGIE):
Bakhuizen van den Brink, [J. Quasten, Mr 1970] 1, 59/68 (Sakrament und Ethik).– G. Bourgeault, Décalogue et morale chrétienne, P 1971.– H. Chadwick, Betrachtungen über das Gewissen in der griechischen, jüdischen und christlichen Tradition, Opladen 1974.– Davies, [M. Black, Edinburgh 1969] 30/49 (relevance of the moral teaching of the early church).– Maloney, VC 1973, 241/65 (The teaching of the fathers on usury).– Mühlenberg, Kirche und Dogma 1969, 226/38 (Das Verständnis des Bösen in neuplatonischer und frühchristlicher Sicht).– E. F. Osborn, Ethical patterns in early christian thought, C 1976.– Rordorf, RSR 1972, 109/128 (éthique judéo-chrétienne: Les deux voies).– Spanneut, [J. Quasten, Mr 1970] 1, 36/9 (non-violence).

Seite 27f (EUCHARISTIE):
Arias, EstAug 1968, 319/40 (Eucaristía, signo de la unidad de la Iglesia).– Blum, Oecumenica 1966, 9/58 (Eucharistie, Amt und Opfer).– L. Bouyer, Eucharistie. Théologie et spiritualité de la prière eucharistique, P 1966.– Brakmann, Mu 1971, 197/211 (Zur Geschichte der eucharistischen Nüchternheit in Ägypten).– J. S. A. Cunningham, Blessing and Sacrifice in Relation to the Eucharist in the New Testament and the Early Church, 1971.– K. Gamber, Sacrificium laudis. Zur Geschichte des frühchristlichen Eucharistiegebets, Rb 1973.– Gero, BZ 1975, 4/22 (The eucharistic doctrine of the byzantine iconoclasts and its sources).– Jungmann, ZkTh 1970, 342/50 (Oblatio und Sacrificium).– Kilmartin, TS 1974, 268/87 (Sacrificium laudis. Content and function of early eucharistic prayers).– Lebeau, SP 10, 1970, 366/73 (La signification ecclésiologique de la coupe eucharistique).– H. Moll, Die Lehre von der Eucharistie als Opfer, Bonn 1975.– Saxer, RAC 1971, 65/89 (Figura corporis et sanguinis Domini).– J. F. N. de Watteville, Le sacrifice dans les textes eucharistiques des premiers siècles, Neuchâtel 1966.– L'eucharistie des prémiers chretiens, P 1976 (Sammelband mit 9 Beiträgen).

Seite 28 (GOTT, TRINITÄT):
Bailleux, MSR 1970, 3/25 (personnalisme trinitaire des Pères grecs).– P. Evdoki-

mov, La Connaissance de Dieu selon la tradition orientale, Lyon 1967.– Grant, StudEv 5, 1968, 57/68 (doctrine of God in early Christian thought).– W.-D. Hauschild, Die Pneumatomachen, Diss. H 1967.– J. Hochstaffl, Negative Theologie. Ein Versuch zur Vermittlung des patristischen Begriffs, Mn 1976.– W. Maas, Unveränderlichkeit Gottes, Pa 1974.– J. P. Martín, El Espíritu Santo en los orígenes del cristianesimo, Zü 1971.– H. Offermanns, Der christologische und trinitarische Personbegriff der frühen Kirche. Ein Beitrag zum Verständnis der Dogmenentwicklung und Dogmengeschichte, Bern 1976.– L. G. Patterson, God and history in early christian thought, Lo 1967.– Stead, VC 1975, 1/14 (The concept of divine substance).– Van Parys, Ir 1970, 362/79 (Prov. 8,22 chez les Pères cappadociens).– W. C. van Unnik, Mededel. der K. Nederlandse Ak. van Wetenshappen, N. R. 36,2, 1973 (De aphthonie van God in de oudchrist. lit.).– Young, JEH 1973, 113/26 (The greek fathers on God and evil).– La Trinidad en la tradición prenicena. Cristo revelador del Padre y emisor del Espíritu en las primeras generaciones cristianas, Salamanca 1973.

Seite 28f (HEILIGENVEREHRUNG, RELIQUIEN, WALLFAHRT):
T. Baumeister, Martyr invictus, 1972.– G. M. Bertrand, Saint Joseph dans les écrits des Pères, de saint Justin à saint Pierre Chrysologue, Montréal 1966. – A. Brekelmans, Martyrerkranz, R 1965.– B. Gaiffier, Études critiques d'hagiographie et d'iconologie, 1967. – García Rodríguez, El culto de los Santos en la España romana y visigoda, Ma 1966.– Giamberardini, Studia orientalia christiana 1966, 3/291 (S. Giuseppe nella tradizione copta).– Grumel, ByzForsch 1966, 139/49 (La reposition de la Vraie Croix à Jérusalem par Héraclius).– J. S. Lasso de la Vega, Eroe greco e santo cristiano, Brescia 1968.– B. Leoni, La Croce e il suo segno, Verona 1968.– Maccarrone, Studi Romani 1967, 397/420 (S. Pietro in rapporto a Cristo).– A. M. Orselli, L'idea e il culto del Santo patrono cittadino nella letteratura cristiana latina, Bologna 1965.– Schilling, RAC 1966, 287/95 (double culte de S. Pierre au Vatican et à St. Sébastien?).– Speigl, ZkTh 1970, 287/312 (Wunder im vorkonstantinischen Christentum).– Susman, ArchSocRomStorPatria 1964, 1/194 (Il culto di S. Pietro 461–672).– V. Veronese, Pietro a Roma, R 1967.– St. Joseph durant les quinze premiers siècles de l'église, Montréal 1971.

Seite 29 (JUDENTUM UND CHRISTENTUM):
S. Arai, Aspects du Judéo-Christianisme, P 1965.– Bammel, NTS 1966/67, 317/35 (Christian origins in Jewish tradition).– Drijvers, VC 1970, 4/33 (Edessa und das jüdische Christentum).– Frend, JTS 1970, 92/6 (Jews and Christians in third-century North Africa).– I. Grego, La reazione ai Giudeo-Christiani nel IV secolo negli scritti patristici e nei canoni conciliari, Jerusalem 1973.– K. Hruby, Juden und Judentum bei den Kirchenvätern, Zü 1971.– D. Judant, Judaisme et christianisme, P 1969.– A. Klijn – G. Reinink, Patristic evidence for Jewish-Christian sects, Lei 1973.– Lamirande, VC 1967, 1/11 (Étude bibliographique sur les Pères de l'Église et l'Aggadah).– K. H. Rengstorf – S. von Kortzfleisch, Kirche und Synagoge, St 1968.– P. Richardson, Israel in the Apostolic Church, Lo 1970.–

M. Simon – A. Benoit, Le judaïsme et le christianisme antique, d'Antiochus Épiphane à Constantin, P 1968.– Werner, [B. Stäblin, Kassel 1967] 274/86 (Textgeschichte der Improperia).– Young, NTS 1972/3, 325/38 (relationship between Jews and Christians in the early centuries).

Seite 29/31 (KIRCHE, KIRCHENRECHT, ÄMTER, ORDINATIONEN):
J. Arias, Pena canónica en la Iglesia primitiva, Pamplona 1975.– O. Barlea, Die Weihe der Bischöfe, Presbyter und Diakone in vornicänischer Zeit, Mn 1969.– P. van Beneden, Aux origines d'une terminologie sacramentelle. Ordo, ordinare, ordinatio dans la littérature chrétienne avant 313, Lou 1974.– M. Boelens, Die Klerikerehe in der Gesetzgebung der Kirche unter besonderer Berücksichtigung der Strafe, Pa 1968.– Bori, RHE 1970, 56/68 (L'unité de l'Église).– Brox, Kairos 1970, 113/40 (Altkirchliche Formen des Anspruchs auf apostolische Kirchenverfassung).– Buisson, ZSK 1966, 1/175 (Entstehung des Kirchenrechts).– Burke, Journ EcumStud 1970, 499/518 (monarchical episcopate). – Congar, [J. Quasten, Mr 1970] 1, 3/11 (Souci du salut des païens et conscience missionnaire). – Crouzel, [Sacerdoce et célibat, Gembloux-Lou 1971] 333/71 (Le célibat et la continence ecclésiastique dans l'Église primitive).– Dassmann, Bibel und Leben 1970, 198/214 (Bedeutung des Alten Testaments für das Verständnis des kirchlichen Amtes).– Elze, ZThK 1974, 389/409 (Häresie und Einheit der Kirche im 2. Jahrhundert).– R. F. Evans, One and Holy. The Church in Latin patristic thought, Lo 1972.– A. Faivre, Naissance d'une hiérarchie. Les premiers étappes du cursus clérical, P 1977.– Ferguson, ThZ 1974, 273/84 (Selection and installation to office in Roman, Greek, Jewish and Christian antiquity).– Frazee, CH 1972, 149/67 (The origins of clerical celebacy in the western church).– R. Gryson, Les origines du célibat ecclesiastique du premier au septième siècle, Gembloux 1970; Le ministère des femmes dans l'église ancienne, Gembloux 1972; [E. Dekkers, Turnhout 1975] 2, 123/8 (Aux origines du célibat ecclésiastique: la continence cultuelle des clercs majeurs dans l'ancienne Église de Occident); RHE 1973, 353/404 (Les élections ecclésiastiques au IIIe siècle).– K. Hein, Eucharist and excommunication, Bern 1973.– E. Jerg, Vir venerabilis. Untersuchungen zur Titulatur der Bischöfe in den außerkirchlichen Texten der Spätantike als Beitrag zur Deutung ihrer öffentlichen Stellung, W 1970.– Kretschmar, FZPT 1975, 35/69 (Die Ordination im frühen Christentum).– Lécuyer, BLE 1969, 81/99 (succession des évèques d'Alexandrie).– A. Lemaire, Les ministères aux origines de l'Église, P 1971.– Lods, EtTheolRel 1966, 197/207 (sainteté de l'Église); 1967, 81/9 (unité de l'Église).– M. Maccarrone, Apostolicità, episcopato e primato di Pietro, R 1976.– J. Martin, Die Genese des Amtspriestertums in der frühen Kirche, Fr 1972.– K. F. Morrison, Tradition and Authority in the Western Church, 300–1140, Pr 1969.– L. Mortari, Consecrazione episcopale e collegialità. La testimonianza della chiesa antica, Fi 1969.– Pampaloni, StPat 1970, 5/59 (Continenza e celibato del clero).– K. Richter, Die Ordination des Bischofs von Rom, Mr 1976.– Rimoldi, SC 1967, 495/521 (L'episcopato e il martirio romano di S. Pietro nelle fonti letterarie dei primi tre secoli).– Roncaglia, PrO 1970, 20/30 (ecclésiologie au IIIe s. à Alexandrie).– Rousseau, JTS 1971,

380/419 (The spiritual authority of the monk-bishop).– W. Simonis, Ecclesia visibilis et invisibilis, Frankfurt 1970.– Stalder, IKZ 1972, 231/44; 1973, 100/28 (Apostolische Sukzession und Eucharistie bei Clemens Romanus, Irenäus und Ignatius von Antiochien).– Stockmeier, TheolPraktQuartalschr 1973, 318/28 (Primat und Kollegialität im Licht der alten Kirche); ThQ 1969, 133/46 (Gemeinde und Bischofsamt).– Testa, Rivista biblica 1970, 241/51 (clero pellegrino). – A. Vilela, La condition collégiale des prêtres au IIIe siècle, P 1971.– Vogel, RevSR 1973, 56/122 (retour du presbytre au rang des laïcs); La Maison-Dieu 1970, 57/72 (L'imposition des mains dans les rites d'ordination).– Winterer, ZSK 1966, 370/83 (Priesterehe in Spanien).– Zmire, RechAug 7, 1971, 3/72 (collégialité épiscopale dans l'église d'Afrique).– R. Zollitsch, Amt und Funktion des Priesters. Eine Untersuchung zum Ursprung und zur Gestalt des Presbyterats in den ersten zwei Jahrhunderten, Fr 1974.

Seite 31 (LITERARISCHE GENERA):

Alfonsi, Augustinianum 1974, 451/8 (Il generi letterari. Dall'antichità classica alla letteratura cristiana).– Andresen, ZntW 1965, 233/59 (Formular frühchristl. Gemeindebriefe).– A. A. R. Bastiaensen, Le cérémonial épistolaire des chrétiens latins. Origine et premiers développements, N 1964.– Chadwick, RACh 7, 1131/60 (Florilegium).– M. Hoffmann, Der Dialog bei den christlichen Schriftstellern der ersten vier Jahrhunderte, TU 96, 1966.– Naldini, Augustinianum 1974, 497/511 (Generi letterari e componente biblica nei frammenti patristici adespoti).– Plezia, SP 10, 146/150 (L'histoire dialoguée dans la littérature patristique grecque).– Rochais, DSp 5, 435/60 (Florilèges spirituels).– K. Thraede, Grundzüge griechisch-römischer Brieftopik, Mn 1970.– B. R. Voss, Der Dialog in der frühchristlichen Literatur, Mn 1970.

Seite 31f (LITURGIEGESCHICHTE):

R. Cantalamessa, I più antichi testi pasquali della chiesa, R 1972 (ÜK); Aev 1970, 219/41 (Ratio paschae).– Ashworth, SP 8, 149/55 (The relationship between liturgical formularies and patristic texts).– R. Bainton, [The Collected Papers in Church History 1, 1966] 22/38 (Origins of Epiphany).– F. J. Basurco, El canto cristiano en la tradición primitiva, Ma 1966.– A. Blaise – A. Dumas, Le vocabulaire Latin des principaux thèmes liturgiques, Turnhout 1966.– Bouyer, SP 8, 156/70 (The different forms of eucharistic prayer and their genealogy).– J. Gunstone, The feast of Pentecost, Lo 1967.– A. Hänggi – I. Pahl, Prex eucharistica, FrSch 1968 (textus selecti).– Hamman, SP 10, 351/4 (Quelle est l'origine de l'agape?).– Herbut, Apollinaris 1966, 158/200; 303/32; 382/432 (De Ieiunio et abstinentia in Ecclesia Byzantina).– W. Huber, Passa und Ostern, B 1969.– G. Kretschmar, Die Geschichte des Taufgottesdienstes in der alten Kirche, Kassel 1966; RSR 1972, 287/323 (Christliches Passa im 2. Jh. und die Ausbildung der christl. Theologie).– H. Leeb, Die Gesänge im Gemeindegottesdienst von Jerusalem, W 1970.– Loi, EL 1971, 48/69 (Data pasquale e la cronologia giovannea della Passione).– C. S. Mosna, Storia della domenica dalle origini fino agli inizi del V secolo, R 1969.– J. Mossay, Les fêtes de Noël et d'Épiphanie d'après les sources littéraires cappadociennes du IV^{e}s., Lou 1965.– D. W. Nagel, Geschichte des christlichen Gottesdienstes, B ^{2}1970.– Nikolasch, EL 1968, 393/429 (Ursprung des Epiphaniefestes).– Ortiz de Urbina, OCP 1970, 444/53 (Pasqua).– Pavan, VetChrist 1975, 391/415 (La dossologia dei primi due secoli).– F. van de Paverd, Zur Geschichte der Meßliturgie in Antiocheia und Konstantinopel gegen Ende des 4. Jh.s, R 1971.– Peri, VetChrist 1976, 319/48 (La data della Pasqua).– A. Quacquarelli, L'ogdoade patristica e suoi riflessi nella liturgia e nei monumenti, Bari 1973.– G. Q. Reijners, The terminology of the holy cross in early christian literature, 1965.– Richardson, JTS 1973, 74/84 (The quartodeciman riddle).– H. M. Riley, Christian initiation. A comparative study of the in-interpretation of the baptismal liturgy in the mystagogical writings of Cyril of Jerusalem, John Chrysostom, Theodore of Mopsuestia and Ambrose of Milan, Wa 1974.– W. Rordorf, Sabbat und Sonntag in der alten Kirche, Zü 1972 (TÜK).– A. Strobel, Ursprung und Geschichte des frühchristlichen Osterkalenders, TU 121, 1977.– Thraede, JAC 11/12, 1968/69, 124/80 (Ursprünge und Formen des „heiligen Kusses" im frühen Christentum).– Vogel, OrSyr 1964, 3/37 (L'Orientation vers l'Est pendant la célébration eucharistique); Eucharisties d'Or. et d'Oc. 1, 1970, 83/116 (Le repas sacré au poisson chez les chrétiens).– E. E. Whitacker, The baptismal liturgy, Lo 1968.

Seite 32f (MARIA):
J. A. de Aldama, Maria en la patristica de los siglos I y II, Ma 1970.– S. Alvarez Campos, Corpus marianum patristicum, 1/3, Burgos 1970/4 (TÜ).– R. Caro, La homiletica mariana griega en el siglo V, 1/3, Dayton 1971/3.– L. Cignelli, Maria nuova Eva nella patristica greca, Assisi 1966.– J. F. Craghan, Mary. The virginal wife and the married virgin. The problematic of Mary's vow of virginity, R 1967.– W. Delius–H. U. Rosenbaum, Texte zur Geschichte der Marienverehrung und Marienverkündigung in der Alten Kirche, KlT 178, ^{2}1973 (T).– H. Frévin, Le mariage de S. Joseph et de la Ste Vierge, Montréal 1967.– G. Giamberardini, Il culto Mariano in Egitto, 1ff, Jerusalem 1975; Marianum 1969, 324/62 (Il Sub tuum praesidium e il titolo „Theotokos" nella tradizione egiziana); Ephem Mariol 1973, 205/30 (Nomi e titoli mariani nella filologia e nell'esegesi degli egiziani).– Klauser, JbAC 1972, 120/35 (Rom und der Kult der Gottesmutter Maria).– Laurentin, RSPhTh 1968, 539/51 (Katalog patrist. Texte über Maria).– Rivera, [De primordiis cultus mariani, R 1970] 5, 129/43 (cultus marialis in Hispania usque ad a. 667).– Salgado, Mar 1972, 1/41 (Le culte marial dans le bassin de la Méditerranée des origines au début du IVe s.).– Spedalieri, Divinitas 1967, 193/242 (maternità spirituale di Maria).– H. R. Struve, Los tipos de María en los Padres pre-efesinos, Bogotá 1966.

Seite 33f (PAPYROLOGISCHES, UNLITERARISCHES):
K. Aland, Repertorium der griechischen christlichen Papyri, 1, B 1976.– Bauer, JbÖsterrByzantGes 1969, 1/6 (Altchristliche Fragmente aus der Wiener Papyrussammlung).– J. van Haelst, Catalogue des papyrus littéraires juifs et chrétiens,

P 1976.– Koenen et Doutreleau, RSR 1967, 547/64 (Nouvel inventaire des papyrus de Toura).– Koenen und Müller-Wiener, ZPapyrolEpigr 2, 1968, 41/63 (Zu den Papyri aus dem Arseniokloster bei Tura).– Kraft and Tripolitis, BJR 1968/69, 137/63 (uncatalogued papyri of theological and other interest).– O. Montevecchi, La papirologia, Fi 1973 (295/334: Systematisch-chronologisches Gesamtverzeichnis christlicher Papyri ohne Briefe und Dokumente).– M. Naldini, Il Christianesimo in Egitto. Lettere private nei papiri dei secoli II–IV, Fi 1968; dazu JournJurPapyrol 18, 1974, 203/21.– J. O'Callaghan, El papiro en los Padres greco-latinos, Ba 1967.– T. Orlandi, Koptische Papyri theologischen Inhalts, Wien 1974.– Solà, Studia Papyrologica 7, 1968, 65 (Sobre el catálogo de papiros cristianos).– Traversa, StudMatStorRel 1967, 554/81 (papiri cristiani inediti della collezione genovese).– K. Treu, [E. de Strycker, 1973] 629/36 (Christliche Empfehlungs-Schemabriefe auf Papyrus); Kairos 1974, 97/114 (Papyri und Patristik); Archiv für Papyrusforsch. 1969, 169/206; 1970, 145/52; 1971, 207/14; 1974, 367/95 (Christliche Papyri).

Seite 34f (PRIMAT):
Congar, Ang 1970, 403/27 (collégialité de l'épiscopat et la primauté de l'évèque de Rome).– F. Dvornik, Byzanz und der römische Primat, St 1966.– P. Joannou, Die Ostkirche und die Cathedra Petri im 4. Jh., St 1972.– M. Maccarrone, San Pietro in rapporto a Cristo nelle più antiche testimonianze, R 1968.– L. Magi, La Sede Romana nella corrispondenza degli imperatori e patriarchi bizantini (VI–VII sec.), Lou 1972.– Martimort, BLE 1972, 73/101 (Travaux et recherches sur la mort de S. Pierre et sur sa sépulture 1946–1971).– McCue, Concilium 1971, 31/8 (primauté romaine aux trois premiers siècles).– McGrade, Studies in medieval and Renaissance history 1970, 1/45 (Two fifth-century conceptions of papal primacy).– C. Mirbt – K. Aland, Quellen zur Geschichte des Papsttums und des römischen Katholizismus, 1, ^{6}1967.– Monachino, ArchHistPont 1969, 43/78 (Communio e primato nella controversia ariana).– D. W. O'Connor, Peter in Rome. The literary, liturgical and archeological evidence, NY 1969.– Rimoldi, SC 1967, 495/521 (L'episcopato ed il martirio romano di S. Pietro).

Seite 35 (RECHTFERTIGUNG, GNADE, PRÄDESTINATION):
W.-D. Hauschild, Gottes Geist und der Mensch. Studien zur frühchristl. Pneumatologie, Mn 1972.– H. Rondet, Le péché originel dans la tradition patristique et théologique, P 1967.

Seite 35f (SCHÖPFUNG, GEISTER, MENSCHEN):
Altmann, JR 1968, 235/59 (Homo imago Dei).– K. E. Børresen, Subordination et équivalence. Nature et rôle de la femme d'après Augustin et Thomas d'Aquin, P 1968.– Meeks, History of religions 1974, 165/208 (The image of the androgyne. Some uses of a symbol in earliest Christianity).– R. Minnerath, Les chrétiens et le monde, P 1973.– Mühlenberg, Kerygma und Dogma 1969, 226/38 (Verständnis des Bösen).– R. A. Norris, God and World in Early Christian Theology,

Lo 1965/66.– A. P. Orbán, Les dénominations du monde chez les premiers auteurs chrétiens, N 1970.– Orbe, EE 1967, 297/330 (creación del hombre); Gr 1967, 522/76 (definición del hombre).– L. G. Patterson, God and history in early Christian thought, NY 1967.– Schwanz, Kairos 1974, 268/94 (Gottebenbildlichkeit).– D. S. Wallace-Hadrill, Greek patristic view of nature, Manchester 1968.– Wolfson, HThR 1966, 351/67 (eternity of the world).

Seite 36 (SEELSORGE, KATECHESE, PREDIGT):
J. Daniélou – R. du Charlat, La catéchèse aux premiers siècles, P 1968.– McCarthy, ClassFolia 1970, 177/86 (sacraments of cleansing in the legislation of the Visigothic Church).– Olivar, Liturgica 1966, 143/84 (duración de la predicación); [J. Quasten, Mr 1970] 2, 736/67 (Preparación e improvisación en la predicación patristica).– P. Rentinck, La cura pastorale in Antiochia nel IV secolo, R 1970.– R. C. Worley, Preaching and teaching in the earliest Church, Ph 1967.

Seite 36 (STILISTIK):
J. Fontaine, Aspects et problèmes de la prose d'art latine au IIIe s., To 1969.– Quacquarelli, VetChrist 1967, 5/22 (L'epifora); 1968, 5/22 (La catacresi nei Padri latini).

Seite 37 (TAUFE UND FIRMUNG):
T. C. Akeley, Christian initiation in Spain ca. 300–1100, Lo 1967.– K. Aland, Die Stellung der Kinder in den frühen christlichen Gemeinden und ihre Taufe, Mn 1967; Taufe und Kindertaufe, G 1971.– G. R. Beasley – Murray, Die christl. Taufe, Kassel 1968.– Camelot, La Maison-Dieu 1966, 23/42 (baptème des petits enfants).– J.-Ch. Didier, Faut-il baptiser les enfants? La réponse de la tradition, P 1967.– J. Faber, Vestigium ecclesiae. De doop als spoor der kerk, Goes 1969.– P. A. Gramaglia, Il battesimo dei bambini nei primi quattro secoli, Brescia 1973.– Grossi, Augustinianum 1969, 30/61 (battesimo e la polemica pelagiana negli anni 411/413).– H. Kraft, Texte zur Geschichte der Taufe, besonders der Kindertaufe in der alten Kirche, B ²1969.– Loi, [A. Paglaro, R 1969] 3, 67/84 (terminologia battesimale latina).– L. L. Mitchell, Baptismal anointing, Lo 1966.– Murray, NTS 1974/75, 59/80 (The exhortation to candidates for ascetical vows at baptism in the ancient Syriac Church).– Neunheuser, [J. Quasten, 1970] 2, 709/23 (älteste Taufliturgie).– H. M. Riley, Christian initiation. A comparative study of the baptismal liturgy in the mystagogical writings of Cyril of Jerusalem, John Chrysostom, Theodore of M. and Ambrose of M., Wa 1974.– Van Vossel, OrSyr 1965, 237/60 (terme et la notion de „Sceau" dans le rituel baptismal des Syriens orientaux).– E. Yarnold, HeythropJ 1972, 247/67 (Baptism and the pagan mysteries in the IVth century); The awe-inspiring rites of initiation. Baptismal homilies of the IVth century, Lo 1972.

Seite 37f (ÜBERLIEFERUNGSGESCHICHTE, TEXTKRITIK):
K. Aland, Das Problem der Anonymität und Pseudonymität in der christl. Literatur der ersten beiden Jahrhunderte, B 1967.– Balz, ZThK 66, 1969, 403/36 (Anonymität

und Pseudepigraphie im Urchristentum).– N. Brox, Falsche Verfasserangaben. Zur Erklärung der frühchristlichen Pseudepigraphie, St 1975; Kairos 1973, 10/23 (altchristl. Pseudepigraphie, Problemstand).– Ceresa-Gastaldo, VetChrist 1973, 47/50 (A proposito dell'edizione di antiche versioni latine di testi patristici greci).– P. Courcelle, Late latin writers and their greek sources, Ca/Mass. 1969.– Diaz y Diaz, SE 1974/5, 61/74 (Al margen de los Manuscritos Patrísticos Latinos).– J. Gribomont, SE 1974/5, 23/49 (Les succès littéraires des Pères grecs et les problèmes d'histoire des textes).– Hagendahl, JbAC 1971, 24/38 (Die Bedeutung der Stenographie für die spätlateinische christliche Literatur).– H. Marti, Übersetzer der Augustin-Zeit. Interpretation von Selbstzeugnissen, Mn 1974.– L. D. Reynolds – N. G. Wilson, Scribes and scholars. A guide to the transmission of Greek and Latin literature, Lo 1968.– M. Richard, SE 1974/5, 51/60 (La transmission des textes des Pères grecs).– Rist, [A. P. Wikgren, Lei 1972] 75/91 (pseudepigraphy and the early christians).– W. Speyer, RACh 7, 236/77 (Literarische Fälschung); JbAC 1965f, 88/125 (Religiöse Pseudepigraphie und literar. Fälschung im Altertum); Die literarische Fälschung im heidnischen und christlichen Altertum, Mn 1971.– Winkelmann, ThLZ 1967, 229/40 (Spätantike lateinische Übersetzungen christlicher griechischer Literatur).

Seite 39 (Migne):
A. Hamman, Patrologiae latinae supplementum, 1/5, P 1958/74.– SE 1974f, 7/110 (Aufsätze über Migne, 1800–1875; Textüberlieferung).– A. Hamman, J.-P. Migne, P 1975.

Seite 39 (2.b):
Das Corpus Christianorum begann 1977 auch mit einer Series graeca.

Seite 41 (6.b):
Theologische Realenzyklopädie, 1ff, B 1977ff.

Seite 41f (6.c.):
Analog zur Clavis patrum latinorum erscheint nun auch eine Clavis patrum graecorum: M. Geerard, Clavis patrum graecorum, 2, Turnhout 1974; dazu ThR 1976, 28f; OCP 1977, 182/97.

Seite 41f (6.c):
K. Bihlmeyer, Die ap. Väter 1, 1924; [3]1970 mit Nachtrag von W. Schneemelcher.– J. A. Fischer, 1, Darmstadt [7]1976 (TÜK).– R. M. Grant et al., The Apostolic Fathers, 1/6, 1964/8 (ÜK).– D. Ruiz Bueno, Ma 1965 (TÜK). ** L. W. Barnard, Studies in the Apostolic Fathers and their background, O 1967.– Ferguson, Ricerche Bibliche e Religiose 4, 1969, 357/372 (Il ministero nei Padri Apostolici).– Fischer, HJB 1974, 157/90; 1975, 88/119 (Begriff und Begrenzung der Apostolischen Väter).– J. Liébaert, Les enseignements moraux des Pères apostoliques, Gembloux 1970.– A. P. O'Hagan, Material Re-creation in the Apostolic Fathers, TU 100,

1968.– T. H. C. van Eijk, La résurrection des morts chez les pères apostoliques, P 1974.– Ph. Vielhauer, Geschichte der urchristlichen Literatur, B 1975.

Seite 46f:

A. Jaubert, SCh 167, 1971 (TÜK). ** Bartsch, ThZ 1965, 401/9 (Röm. 9,5 und 1 Clem. 32,4).– K. Beyschlag, Clemens Romanus u. der Frühkatholizismus, T 1966; VC 1972, 18/23 (1 Clem. 2,2: εἰρήνη βαθεία).– G. Brunner, Die theologische Mitte des ersten Klemensbriefes, Frankfurt 1972.– H. B. Bumpus, The christological awareness of Clement of Rome and its sources, C (Mass.) 1972.– Deussen, ThGl 1972, 125/35 (Bischofswahl).– Hall, SP 8, 30/43 (Repentance); CD 1968, 682/92 (1 Cl. as a document of transition).– Helfritz, VC 1968, 1/7 (1 Clem. 20,1).– Howe, TP 97, 1966, 261/73 (The Dome of Cl.).– Jourjon, [J. Daniélou, P 1972] 107/110 (vocabulaire sacerdotal).– Maggioni, StPat 1966, 3/27 (Chiesa).– Mees, VetChrist 8, 1971, 257/72 (13,2); Aug 1972, 233/56 (46,8).– R. Meneghelli, Fede cristiana e potere politico in Clemente Romano, Bologna 1970.– P. Mikat, Die Bedeutung der Begriffe Stasis und Aponoia für das Verständnis des I. Clemensbriefes, Köln 1969.– Nielsen, CH 1962, 131/50 (moralism).– Noll, SP 13, 250/254 (The Search for a Christian Ministerial Priesthood in I Clement).– Rohde, NovTest 1968, 217/33 (Häresie und Schisma).– Riggi, Salesianum 1971, 31/70; 205/61 (liturgia della pace).– Stockmeier, SP 7, 1966, 401/8 (Paideia).– W. C. van Unnik, Studies over de zogenaamde eerste brief van Clemens. I: Het litteraire genre, Amsterdam 1970; VC 1970, 261/79; 1972, 24/8 (Tiefer Friede: 1 Clem. 2,2).– Werner, [H. A. Austryn Jubilee II, Jerusalem 1965] 793/818 (Post biblical hebraismus).– Wickert, ZKG 1968, 145/58 (Paulus, 1 Clem., Stephan von Rom).– Wong, VC 1977, 81/7 (Natural and Divine Order).

Seite 47 (2.):

K. P. Donfried, The setting of second Clement in early Christianity, Lei 1974.– Stanton, CM 1967 [1969] 314/20 (2 Clement VII and the origin of the document).– van Unnik, VC 1973, 29/34 (2 Clem. 15,5).

Seite 49f:

Th. Camelot, SCh 10, ⁴1969 (epp.; ep. Pol.; Mart.Pol.; TÜK).– M. Estradé, Ba 1966 (ÜK). ** D. E. Aune, The cultic setting of realized eschatology in early christianity, Lei 1972.– Barnard, VC 1963, 193/206 (background).– Basile, Melto 4, 1968, 107/91 (Un ancien témoin arabe des lettres); Melto 5, 1969, 269/87 (Une autre version arabe de la lettre aux Romains).– Berthouzoz, FZPT 1971, 397/418 (Le Père, le Fils et le Saint-Esprit).– K. Bommes, Weizen Gottes. Untersuchungen zur Theologie des Martyriums bei Ignatius von Antiochien, Bonn 1977.– Bosio, Salesianum 1966, 519/51 (dottrina spirituale).– Bower, VC 1974, 1/14 (ἐπιτυγχάνω).– Brox, VC 1976, 181/8 (Ps. Ign.: Pseudepigraphie).– Camelot, DSp 7, 1250/1266.– Davies, VC 1976, 175/80 (Predicament).– Gibbard, SP 8, 214/8 (eucharist).– A. Gila – G. Grinza, La Vergine nelle lettere di S. I., To 1968.– Lackner, VC 1968, 287/94 (Translation der I.-Reliquien nach Antiochien).– Laracy, AER 1973, 387/92

(Cross and Church in the spirituality of I.).– v. Lilienfeld, SP 7, 233/47 (syrische Kurzrezension).– Martin, Salesianum 1971, 379/454 (pneumatologia).– McCue, ThSt 1967, 828/34 (Bishops, presbyters and priests).– Meinhold, [J. Quasten 1, 1970] 182/91 (geschichtstheologische Konzeption); [H. M. Biedermann, Wü 1971] 1/13 (Kirche); [C. Balic, 1971] 465/76 (Christologie und Jungfrauengeburt).– Niebergall, [E. Benz, Lei 1967] 107/24 (Ad Polyc. 5,2: Eheschließung).– Perler, FZPT 1971, 383/96 (Frage der Echtheit; neue arab. Ü).– Pizzolato, RivStorLettRel 1967, 371/85 (visione della Chiesa); Aev 1970, 205/18 (Silenzio del vescovo e parola degli eretici).– H. Rathke, I. und die Paulusbriefe, B 1967.– Robillard, ZRGG 1977, 479/87 (Christologie).– Rohde, NovTest 1968, 217/33 (Häresie und Schisma).– Serra Zanetti, [G. Lercaro, 1, R 1966] 341/89 (Bibliografia eucaristica Ignaziana recente); [M. Pellegrino, To 1975] 963/79 (Una nota ignaziana: ΑΝΤΙΨΥΧΟΝ).– Smit Sibinga, NovTest 1965f, 263/83 (I. and Matthew).– Snyder, VC 1968, 8/13 (Eph. 20,2c).– Stead, DR 1971, 269/73 (I. unifier of Christians).– Swartley, VC 1973, 81/103 (imitatio Christi).– O. Tarvainen, Glaube und Liebe bei I. v. A., St 1967.– Terzoli, RSLR 1976, 78/93 (Ignazio e Pseudoignazio).– Thurian, Verbum Caro 1967, 26/38 (L'organisation du ministère).– Vilela, BLE 1973, 161/86 (presbyterium).– R. Weijenborg, Les lettres d'I. d'A. Étude de critique littéraire et de théologie, Lei 1969; Ant 1969, 339/47 (Is Evagrius Pont. the author of the longer recension of the Ignatian letters?).– Woodhall, Communio 1972, 5/21 (eucharistic theology).– H. Paulsen, Studien zur Theologie des I. von Ant., Gö 1978.

Seite 52:

L. W. Barnard, Studies in the Apostolic Fathers, O 1966, 31/39 (ep. ad Phil.); [J. Quasten, 1970] 1, 192/204 (In defence of Ps.-Pionius' account).– Barnes, JTS 1967, 433/7; 1968, 509/14 (Datierung).– D. Berwig, Mark Aurel und die Christen, Diss. Mn 1970, 35/42 (Todesjahr 168).– Bovon – Thurneysen, ThZ 1973, 241/56 (Ethik und Eschatologie im Philipperbrief).– Frend, [Oikumene, Napoli 1964] 499/506 (Chronology of the martyrdom).– Guillaumin, [M. Pellegrino, To 1975] 462/9 (Mart. Pol.: allusions scripturaires).– Schwartz, RHPhR 1972, 331/5 (Mart. Pol.).– Steinmetz, Her 1972, 63/75 (P. über die Gerechtigkeit).

Seite 53:

Deeks, ExT 1976f, 296/300; 324/9 (P. revisited).– Giordano, Orph 1969, 25/72 (Commentari di P.).– Gryson, EThL 1965, 530/47.– Kürzinger, BiZ 1977, 245/64 (P. zur literarischen Form des Markusevangeliums).– Niederwimmer, ZntW 1967, 172/88 (Mc.-Ev. bei P.).– Nielsen, TS 1974, 529/35 (Papias, polemicist against whom?).– de Solages, BLE 1970, 3/14 (Le témoignage de P.).– Walls, VC 1967, 137/40 (P. and oral tradition).

Seite 54f:

R. A. Kraft – P. Prigent, SCh 172, 1971 (TÜK).– F. Scorza Barcellona, To 1975 (TÜK).– R. A. Kraft, Barnabas and the Didache, NY 1965 (ÜK). ** Abi-Saber, Melto 4, 1968, 193/215 (Le baptême dans l'Épître de Barnabé [en arabe].– De Liafre

Böhl, [W. H. Gispen, Kampen 1970] 95/111 (Christentum, Judentum und AT).– Jaubert, RSR 1972, 193/98 (Barn. 7,9).– Kraft, VC 1967, 150/63 (An unnoticed papyrus fragment of Barnabas).– Robillard, Rb 1971, 183/209 (trois époques, trois théologies, trois rédacteurs).– Shea, AndrewsUnivSemStudies, Berrien Springs (Michigan) 4, 1966, 149/75 (The sabbat).– K. Wengst, Tradition und Theologie des Barnabasbriefes, B 1971.

Seite 57f:
M. Whittaker, GCS ²1967.– R. Joly, SCh 53, ²1968 (TÜK).– K. Treu, VC 1970, 34/9 (neuer Papyrus, Mand. 4f).– G. F. Snyder, The Apost. Fathers 6, 1968 (ÜK). ** Alfonsi, VC 1967, 81/6 (La vite e l'olmo).– Bauckham, JTS 1974, 27/40 (The Great Tribulation).– Bausone, SP 11, 101/6 (ecclesiologia).– Cirillo, RHR 1973, 25/48 (christologie pneumatique de la Par. 5,6,5).– Coleborne, SP 10, 1970, 65/70 (muliple authorship).– Ford, RevQumran 1969, 531/51 (possible liturgical background).– Frei, IKZ 1974, 118/39; 189/202; 1975, 120/38; 176/204.– Giet, SP 8, 1966, 10/23 (trois auteurs); SP 8, 24/29 (Auprès de la tour, la place in ferieure, les premiers murs); RDC 1967, 15/30 (Pénitence ou repentance); RHE 1968, 429/437 (ecclésiologie: zu Pernveden).– A. Hilhorst, Sémitismes et latinismes dans le Pasteur d'Hermas, N 1976.– Michaels, ZntW 1968, 245/50 (The „level ground").– Moxnes, StTh 1974, 49/56 (God and His Angel).– J. Paramelle – P. Adnès, DSp 7, 316/34.– L. Pernveden, The concept of the Church in The Shepherd of H., Lund 1966.– J. Reiling, Hermas and the christian prophecy. A study of the 11th mandate, Lei 1973.– Schwartz, Rb 1965, 240/7 (Survivances littéraires paiennes).– Sgherri, VC 1977, 88/93 (Tkr. zu 51,5).

Seite 58f:
G. Ruhbach, Altkirchliche Apologeten, Gü 1966 (T.) ** Agouridis, Kleronomia 1969, 39/64 (Christologie der A.).– Alfonsi, Studi romani 1970, 22/9 (Rapporti tra umanesimo e cristianesimo nell'apologetica cristiana del II secolo).– Frend, ScottishJTheol 1973, 129/50 (The Old Testament in the age of the greek apologists A. D. 130–180).– R. Joly, Christianisme et philosophie, Bru 1973.– Klein, ZThK 1967, 40/82 (Synkretismus als theol. Problem).– H. B. Timothy, The early christian apologists and greek philosophy, Assen 1972.– Wilken, CH 1970, 437/58 (Toward a social interpretation of early Christian apologetics).– N. Zeegers-vander Vorst, Les citations des poètes grecs chez les apologistes chrétiens du 2e siecle, Lou 1972.

Seite 59 (2.):
Guillén Preckler, Hel 1975, 249/57 (Testimonio de Luciano sobre los cristianos).– J. Schwartz, Biographie de L. de S., Bru 1965; RHPh 1969, 135/40 (L. de S. et certains écrits juifs).– Waszink, RACh 8, 520/4 (Fronto).

Seite 59f (3.):
L. Rougier, Celse, Contre le chrétiens, Ut 1965 (Ü). ** de Andrés Hernansanz, MiscCom 1976, 145/95 (Alethes logos).– H. Dörrie, GN 1967, 2: Die platonische

Theologie des Kelsos in ihrer Auseinandersetzung mit der christl. Theologie.– Rosenbaum, VC 1972, 102/111 (Datierung unsicher, vielleicht um 160).– Schwartz, RHPR 1973, 399/405 (Celsus redivivus).– Ullmann, [Theol. Versuche II, B 1970] 153/72 (Gnostische und politische Häresie bei C.); SP 14, 180/8 (Die Bedeutung der Gotteserkenntnis für die Gesamtkonzeption von Celsus' Logos alethes).– Vermander, REAug 1972, 26/42 (La parution de l'ouvrage de C. et la datation de quelques apologies).– van Winden, [J. Quasten, 1970] 1,205/13 (C. und Orig.).

Seite 60 (Porphyrius):

D. Hagedorn – R. Merkelbach, VC 1966, 86/90 (neues Porphyrius-Fragment). ** Anastos, [H. Caplan, Ithaca 1966] 421/50 (P. attack on the Bible).– Barnes, JTS 1973, 424/42 (Date and the attribution of fragments of P.).– Binder, ZPapyrEpigr 1968, 81/95 (P. gegen christliche allegorische Auslegung des AT).– Cameron, CQ 1967, 382/4 (The date of Κατὰ Χρ.).– Casey, JTS 1976, 15/33 (P. and the origin of the Book of Daniel).– Demarolle, VC 1972, 117/29 (Le vocabulaire chrétien de P.); Greek, Roman and Byz. Stud. 1971, 49/57 (La chrétienté à la fin du IIIe s. et P.).– Frasinetti, RILSL 86, 1953, 194/210 (P. esegeta del Profeta Daniele).– Grant, [J. H. Waszink, A 1973] 181/7 (P. among the early christians).

Seite 62 (2.):

Bruns, ThSt 1973, 287/94 (The Altercatio Jasonis et Papisci. Philo and Anastasius the Sinaite).

Seite 63 (5.):

O. Perler, SCh 123, 1966 (Sur la Pâque; 16 Fragmente des M. und des Apollinaris von Hierapolis, TÜK).– Richard, Mu 1972, 309/36 (Témoins grecs des fragments XIII et XV).– van Esbroeck, AB 1972, 63/99 (Nouveaux fragments, TÜ). ** Lohse, [J. Jeremias, Gö 1970] 179/88 (M. u. der Brief des Ptolemäus an Flora).– Pseftogas, Kleronomia 1969, 247/74 (Περὶ πίστεως).– Schneemelcher, BLE 1974, 81/98 (Histoire du salut et Empire romain. M. et l'État).

Seite 66:

L. W. Barnard, Justin Martyr. His life and thought, Lo 1967; ScottJournTheol 1969, 152/64 (J. in recent study).– Brox, ZntW 1967, 121/8 (Literar. Verhältnis zwischen J. und Iren.).– Freudenberger, [W. von Loewenich, Witten 1968] 24/31 (Acta J. als historisches Dokument).– R. Joly, Christianisme et philosophie. Études sur Justin et les apologistes grecs du deuxième siècle, Bru 1973.– Kannengiesser et Solignac, DSp 8, 1640/7.– E. F. Osborn, J. Martyr, T 1973.– Skarsaune, StTh 30, 1976, 53/73 (The Conversion of J.).– Smith, SP 7, 1966, 287/90 (J. u. Didache).

Seite 67 (1.):

Blinzler, [B. Rigaux, Gembloux 1970] 45/55 (apol. 1, 15, 4).– Chadwick, BJR 1965, 275/95 (defence of christianity).– Hamilton, EThL 1972, 554/60 (apol. 66: eucharist).– Hamman, SP 13, 364/374 (Valeur et signification des renseignements liturgiques de Justin).– Holfelder, ZntW 1977, 48/66 (Εὐσέβεια καὶ φιλοσοφία).– Keresztes, Latomus 1965, 858/69 (The „so-called" second apol.).– Ratcliff, JEH 1971, 97/102 (eucharistic institution narrative).– W. Schmid, [M. Pellegrino, To 1975] 253/81 (Ein Inversionsphänomen und seine Bedeutung im Text der Apologie).

Seite 67f (2.):
J. C. M. van Winden, Lei 1971 (Dial. 1/9, TÜK). ** Baker, JBL 1968, 277/87 (agraphon).– Bokser, JQR 1973f, 97/122; 204/11 (J. and the Jews).– Brothers, SP 9, 1966, 127/38 (Παῖς θεοῦ).– Gill, HThR 1966, 98/100 (A liturgical fragment in Dial. 29,1).– Higgins, NovTest 1967, 298/305 (Jewish messianic belief).– N. Hyldahl, Philosophie und Christentum. Eine Interpretation der Einleitung zum Dialog Justins, Kopenhagen 1966.– Nilson, ThSt 1977, 538/46 (To whom is Dial. addressed?).– Otranto, VetChrist 1974, 65/92 (Lo sviluppo della similitudine nella struttura del Dial.); VetChrist 1976, 87/112 (Metodo delle citazioni bibliche ed esegesi nei capitoli 63–65 del Dial.); Augustinianum 1975, 29/48 (tipologia di Giosuè nel Dial.).– Quacquarelli, VetChrist 7, 1970, 5/19 (Dial. 116,3: L'epiteto sacerdote ai cristiani).– Skarsaune, STh 1976, 53/73 (The conversion of J.).– Th. Stylianopoulos, Justin Martyr and the Mosaic law, Montana 1975.– van Winden, VC 1977, 181/90 (philosophie grecque dans Dial. I 4–5).

Seite 68 (3.c):
Marcovich, JTS 1973, 500/2 (Or. ad Graecos, Tkr.).

Seite 70f:
Baert, FZPT 1965, 439/97 (la vision de Dieu).– Bammel, SP 8, 1966, 53/61 (Täufertraditionen).– Barnard, DR 1971, 132/41 (The Logos theology).– A. J. Bellinzoni, The sayings of Jesus in the writings of J. M., Lei 1967.– Davids, NAKG 1975/76, 210/34 (monotheism and heresy).– Gomez Nogueira, Hel 1967, 55/87 (inspiratión biblico-profectica).– Howton, SP 9, 1966, 231/9 (theology of the incarnation).– Oeyen, SP 11, 215/21 (göttliche Kräfte).– W. A. Shotwell, The Biblical Exegesis of J. M., Lo 1965.– C. I. K. Story, The nature of truth in the Gospel of Truth and in the writings of Justin Martyr, Lei 1970.– A. O. Wieland, Die Eschatologie J.'s des Philosophen und Martyrers, Diss. I 1969.

Seite 72:
Barnard, JEH 1968, 1/10 (The heresy of T.).– Bolgiani, [J. Quasten, Mr 1970] 1, 226/35 (Orat. 30,1).– Clarke, HThR 1967, 123/6 (date of the Orat.).– Merkelbach, VC 1967, 219f (Orat. 40).– Whittaker, SP 7, 348/51 (Some textual points).

Seite 73f:
I. Ortiz de Urbina, Vetus evangelium Syrorum et exinde excerptum Diatessaron Tatiani, Ma 1967).– Molitor, OC 1969, 1/88; 1970, 1/75; 1971, 1/61 (Lat. Ü der syr. Fragmente; Verhältnis des D. zur altsyr. und altgeorgischen Überlieferung).–

D. Plooij–C. A. Phillips–A. H. A. Bakker–A. J. Barnouw, The Liège Diatessaron 1/8, A 1929/70.– Corpus sacrae scripturae neerlandicae medii aevi. 1. Harmoniae Evangeliorum, 1ff, Lei 1970ff. (Diatess. Leodiense, Haaarense, Cantabrigiense, Theodiscum). ** A. Baumstark (J. Rathofer, Hg.), Die Vorlage des althochdeutschen Tatian, Köln 1964.– Charlesworth, Heythrop J. 1974, 5/17 (dependence upon apocryphal traditions).– Lee, VC 1967, 87 (D. and Diapente).– Ortiz de Urbina, EE 1969, 519/26 (Una nueva reconstrucción del D.).– van Puyvelde, DB Suppl. 6, 855/70.– G. Quispel, VC 1971, 131/9 (D. Haarense); Tatian and the gospel of Thomas. Studies in the history of the western Diatessaron, Lei 1975; JBL 1969, 321/330 (The Latin T. or the Gospel of Thomas in Limburg); Het Evangelie van Thomas en de Nederlanden, A 1971; NTT 1966f, 409/19 (Tatianus latinus); StudMatStorRel 1967, 463/72 (D. and the historical Jesus).– Schmidt, Colloquia Germanica 1, 1972, 1/16 (althochdeutscher Tatian, Forschungslage).– van den Broek, NTS 1974, 109/32 (A latin D. in the ‚Vita Beate Virginis Marie et Salvatoris rhythmica').

Seite 75:

S. di Meglio, Siena 1974 (ÜK). ** L. W. Barnard, Athenagoras. A study in second century Christian apologetic, P 1972; [J. Daniélou, P 1972] 3/16 (The Philosophical and Biblical Background of A.); StTh 1976, 1/42 (De resurrectione, background and theology).– Barnes, JTS 1975, 111/4 (The Embassy of A.).– Bellini, SC 1973, 511/7 (Sulla risurrezione dei morti).– Crouzel, BLE 1975, 213/7 (Suppl. 33).– Gallicet, RFC 1976, 420/35 (Atenagora o Ps.-Atenagora?).– Malherbe, JTS 1969, 538/42 (Holy Spirit); JEH 1969, 1/5 (christian ethics); VC 1969, 1/20 (structure of Legat.); ThZ 1970, 46/52 (A. on the location of God); [J. Quasten, 1970] 1, 214/25 (A. on the pagan poets and philosophers).– Nautin, VC 1975, 271/5 (Legatio 16, 3).– Powell, CQR 1967, 282/9 (A. and the philosophers).– N. Zeegers – Vander Vorst, VC 1971, 161/70 (Legat. 5).

Seite 76:

R. M. Grant, O 1970 (TÜ).– P. Gramaglia, R 1965 (ÜK). ** Bentivegna, SP 13, 107/130 (A Christianity without Christ).– Bolgiani, [M. Pellegrino, To 1975] 295/333 (Ad Autol. 3, 19).– Keary, RÉG 1971, 94/100 (Note on 'Αθηνᾶ φιλόκολπος).– Nautin, VC 1973, 165/71 (Ad Autol. 2, 13).– Simonetti, [J. Daniélou, P 1972] 197/207 (La sacra scrittura).– Vermander, REAug 1971, 203/25 (Th. contre Celse: Ad Autol. 3).– Zeegers – Vander Vorst, SP 10, 168/74 (citations poétiques); VC 1976, 258/67 (La création de l'homme: Gn. 1, 26).

Seite 78 (1.):

H. I. Marrou, SCh 33 bis, 1965 (TÜK). ** Alfonsi, VetChr 1967, 65/72.– L. W. Barnard, ZntW 1965, 130/7 (two units from one author); Studies in the Apostolic Fathers, 1966, 165/73 (11/12; homily; date: 130).– R. Brändle, Die Ethik der Schrift an D., Zü 1975.– Chrestou, Kleronomia 1975, 273/84 (Textkritik).– Eltester, ZntW 1970, 278/93 (Das Mysterium des Christentums).– Lienhard,

VC 1970, 280/9 (Christology).– Mara, StudMatStorRel 1964, 267/80.– Messana, Augustinianum 1974, 489/95 (Il topos dell'ironia platonica in „Ad Diognetum" 1–4).– Nielsen, AThR 1970, 77/91 (date and relationship to Marcion).– Pellegrino, [Th. Klauser, Mr 1964] 273/81 (Ad D. 10,1–2).– Pétrement, RHPh 1966, 34/62 (Valentin est-il l'auteur?).– Riggi, Salesianum 1972, 419/88 (avvento di Cristo).– Schwartz, RHPh 1968, 46/53.– Thierry, VC 1966, 146/9 (The Logos as teacher: Diogn. 11,1).

Seite 79:
Bogaert, RB 1972, 26/46 (La préface de Rufin aux S. de S.).– Wisse, [Zum Hellenismus in den Schriften von Nag Hammadi, Wiesbaden 1975] 55/86 (S. und das Problem der gnostischen Ethik).

Seite 82:
S. Giet, L'énigme de la Didachè, P 1970 (Griech. T; lat. T. der Doctrina; Untersuchungen).– R. A. Kraft, The Didache and Barnabas, NY 1965 (ÜK). ** L. Barnard, Studies in the Apostolic Fathers and their background, O 1966.– Betz, ALW 1969, 10/39 (Eucharistie).– L. Clerici, Einsammlung der Zerstreuten, Mr 1966 (Did. 9,4; 10,5).– Decroos, BiNJ 1967, 376/98 (eucharistische Liturgie Did. 9/10).– Deussen, ThGl 1972, 125/35 (Bischofswahl).– Emerton, JTS 1967, 427/31 (Maranatha and Ephphata).– Layton, HThR 1968, 343/83 (sources, date and transmission of D. 1,3 b/2,1).– Mees, VetChrist 8, 1971, 55/76 (D. 1,3b/2,1).– Pillinger, WSt 1975, 152/60 (Taufe).– Rordorf, RSR 1972, 109/28 (Les deux voies); [B. Botte, Louvain 1972] 499/509 (Le baptême); [Eucharisties d'Orient et d'Occident, P 1970] 1,65/82 (prières eucharistiques).– Schille, [P. Wätzel – G. Schille, Theol. Versuche, B 1966] 84/103 (gemeinderechtliche Beobachtungen zu D. 11/13).– Suggs, [A. P. Wikgren, Lei 1972] 60/74 (christian two ways tradition).– Terzoli, SC 1972, 437/57 (D. e S. Scrittura).– Trevijano, Burgense 17, 1976, 365/94 (Did. 16).– A. Vööbus, Liturgical traditions in the Didache, Stockholm 1968; VC 1969, 81/7 (literary relation between D. 9,4 and the Fourth Gospel).– Vokes, ChurchQuart 3, 1970, 57/62 (D. still debated).– Walker, SP 8, 1966, 44/50 (An argument from the Chinese for the Antiochene origin of the D.).

Seite 83f:
B. Botte, La tradition apostolique de Saint Hippolyte. Essai de reconstitution, Mr [4]1972; SCh 11, [2]1968.– G. Dix – H. Chadwick, The treatise on the Apostol. Tradition of St. Hippolytus of Rome, Lo [2]1968.– R. Tateo, Tradizione apostolica, To 1972 (ÜK). ** Botte, Maison-Dieu 1966, 52/61 (trad. ap. et canon romain).– J.-M. Hanssens, La liturgie d'Hippolyte. Documents et études, R 1970; RSR 1966, 241/64 (symbole baptismal).– Holland, ZntW 1970, 126/44 (et sanctam ecclesiam).– Lécuyer, NRTh 1967, 601/6 (La prière d'ordination de l'évêque).– Lengeling, QLP 1969, 141/4 (extendit manus suas cum pateretur).– J. Magne, Tradition apostolique sur les charismes et Diataxeis des saints Apôtres. Identification des documents et analyse du rituel des ordinations, P 1975.– Richter, ALW 1975/76,

7/51 (Ritus der Bischofsordination).– Rordorf, QL 1974, 137/50 (L'ordination de l'évêque).– Segelberg, SP 13, 397/408 (Ordination Prayers).– J. E. Stam, Episcopacy in the Apostolic Tradition of H., Diss. Basel 1969.

Seite 85:
Bernhard, Melto 3, 1967, 237/67 (Les institutions pénitentielles).– Bojarski, Studia theol. Varsaviensia 1971, 225/62 (diacre).– Gamber, SP 10, 1970, 337/44 (frühchristliche Hauskirche).– Mosiek, ÖsterrArchKR 1965, 183/208 (altkirchliches Prozeßrecht).– Vööbus, RSR 1976, 459/62 (nouvelles sources de la Did. syriaque).

Seite 87:
Gordon, Speculum 1965, 634/40 (The articles of the creed and the apostles).– Hanssens, RSR 1966, 241/64 (symbole baptismal de l'Ordonnance ecclésiastique latine).– Holland, CH 1965, 251/81 (The earliest text of the old Roman symbol); ZntW 1970, 126/44 (Credis in spiritum sanctum et sanctam ecclesiam et resurrectionem carnis?).– J. N. D. Kelly, Early christian creeds, [3]1972; Altchristl. Glaubensbekenntnisse, Gö 1973).– H. de Lubac, La foi chrétienne. Essai sur la structure du Symbole des apôtres, P [2]1970; Communio 1, 1972, 18/32 (sanctorum communio).– Mitros, Thought 1968, 589/610 (Apostles' creed).– Mühlsteiger, ZkTh 1970, 113/32 (sanctorum communio).– Ortiz de Urbina, OCP 1963, 446/8 („An eine heilige Kirche". Seit wann?).– Simon, BJR 1969/70, 437/60 (setting in the ancient Church).– Smulders, SP 13, 409/421 (The ‚Sitz im Leben' of the Old Roman Creed. New Conclusions from Neglected Data); BijPhilTheol 1970, 234/60 (Some riddles in the Apostles Creed).

Seite 88:
K. P. Donfried, The setting of second Clement in early Christianity, Lei 1974.– Pavan, VetChrist 1977, 51/67 (Battesimo e incorruttibilità).– Stanton, CM 1967 [1969] 314/20 (2 Clement VII and the origin of the document).– van Unnik, VC 1973, 29/34 (2 Clem. 15, 5).

Seite 89 (2.):
O. Perler, SCh 123, 1966 (Sur la Pâque, TÜK; 16 Fragm. des M. und des Apollinaris von Hierapolis).– L. Torraca, Na 1973 (TÜ).– I. Ibáñez-Ibáñez–F. Mendoza Ruiz, Pamplona 1975 (TÜK).– Birdsall, Mu 1967, 121/38 (Georg. Ü mit eng. Ü von 1/45).– van Esbroeck, Mu 1971, 373/94 (Georg. Ü mit lat. Ü von 46/105); AB 1972, 63/99 (Nouveaux fragments dans une homélie géorgienne; georg. Ü mit lat. Ü).– Hall, [J. Quasten, 1970] 1, 236/48 (Peri Pascha 1/2, TK).– R. Cantalamessa, I più antichi testi pasquali della Chiesa, R 1972 (ÜK).– R. C. White, Lexington 1976 (ÜK). ** Cantalamessa, RSLR 1970, 245/67; 334/49 (Questioni melitoniane); [J. Daniélou, P 1972] 263/71 (Les homélies pascales de M. de Sardes et du Pseudo-Hippolyte et les Extraits de Théodote).– Christos, Kleronomia 1969, 65/78.– Drumbl, ALW 1973, 68/100 (Lateinische Improperia).– Hall, JTS 1966, 95/8 (Paschal Homily and the Acts of John); JTS 1968, 476/508 (The Melito papyri);

JTS 1971, 29/46 (M. in the light of the Passover Haggadah); SP 13, 154/168 (Christology).– Halton, JTS 1969, 535/8 (Valentinian echoes in Peri pascha?); [J. Quasten, 1970] 1, 249/55 (Stylistic device).– Harvey, JTS 1966, 401/4 (M. and Jerusalem).– Hawthorne, [A. P. Wikgren, Lei 1972] 241/51 (christian baptism).– Hydahl, StTh 1965, 55/67 (Zum Titel).– McDonald, SP 12, 104/12 (the form of the hom.).– Mendoza Ruiz, Scripta Theol. 1969, 475/82 (Estado actual de la investigación); 1970, 287/302 (El pecado original).– Noakes, SP 13, 244/9 (M. and the Jews).– Orbe, Gr 1967, 792/95 (Imago spiritus: Peri Pascha 56).– Perler, [J. Quasten, 1970] 1, 256/65 (Typologie der Leiden des Herrn); [M. Pellegrino, To 1975] 334/49 („Peri Pascha‘ 56 et la traduction géorgienne).– V. S. Pseftogas, M. of Sardes, The two writings de Pascha, Th 1971.– Racle, SP 9, 1966, 263/9 (Perspectives christologiques).– Smit Sibinga, VC 1970, 81/104 (The artist and his text).– Tsakonas, O 1967, 609/20 (usage of the Scriptures).– van Unnik, [G. C. Berkouwer, Kampen 1965] 297/311 (verlossing).– Vignolo, SC 1971, 3/26 (Storia della salvezza).– Werner, Hebrew Union College Annual 1966, 191/210 (M. the first poet of deicide); [B. Stäblein, Kassel 1967] 274/86 (Textgeschichte der Improperia).– Wilken, ThSt 1976, 53/69 (Melito, the Jewish community at Sardis, and the sacrifice of Isaac).

Seite 90:

R. Knopf – G. Krüger – G. Ruhbach, Ausgewählte Märtyrerakten, T ^{4}1965 (T).– H. Musurillo, The Acts of the Christian Martyrs, O 1972 (TÜK); dazu JTS 1973, 239/43; JBQ 1972, 439f.– D. Ruiz Bueno, Actas de los mártires, Ma ^{2}1968 (TÜK).– C. Allegro, Atti dei martiri, 1/2, R 1974. ** Barnes, JTS 1968, 509/31 (Pre-Decian Acta martyrum).– A. J. Brekelmans, Martyrerkranz. Eine symbolgeschichtliche Untersuchung im frühchristlichen Schrifttum, R 1965.– G. Crescenti, Obiettori di coscienza e martiri militari nei primi cinque secoli del cristianesimo, Palermo 1966.– W. H. C. Frend, Martyrdom and persecution in the early church. A study of a conflict from the Maccabees to Donatus, O 1965.– De Gaiffier, AB 1969, 63/78 (La lecture des Passions des martyrs à Rome).– Hamman, [J. Daniélou, P 1972] 99/105 (La confession de la foi).– G. Lanata, Gli atti dei martiri come documenti processuali, Mi 1973.– Meslin, [J. Daniélou, P 1972] 139/153 (Vases sacrés et boissons d'éternité dans les visions des martyrs africains).– S. Pezella, Gli Atti dei Martiri. Introduzione a una storia dell'antica agiografia, R 1965.– Rordorf, Ir 1972, 315/31 (origines du culte des martyrs).– Visser, NAKG 1967, 5/19 (Soldatenmartyria).– van Damme, FZPT 1976, 286/303 (Märtyrertitel).

Seite 91 (5.):

Audin, Cahiers d'histoire 1966, 343/367 (Les martyrs de 177).– Demougeot, REAnc 1966, 323/31 (martyrs lyonnais de 177).– Keresztes, Historia 1967, 75/86 (The massacre at Lugdunum).– Lanaro, StPat 1967, 56/76 (Presenze scritturistiche); 204/35; 325/59 (Temi del martirio).– Wuilleumier, [J. Carcopino, P 1966] 987/90 (Le martyre chrétien de 177).

Seite 92 (7.):
Freudenberger, ZntW 1969, 111/30 (Apollonius).– Gabba, [J. Carcopino, P 1966] 397/402.– Paulsen, ZntW 1975, 117/26 (Acta Apollonii 14–22).– Schwartz, RHPh 1970, 257/61.– Tibiletti, AtTor 1964f, 295/337 (Gli Atti di Apollonio e Tertulliano); Aev 1967, 511/5.

Seite 92 (8.):
E. Corsini, [M. Pellegrino, To 1975] 481/541 (Proposte per una lettura della ‚Passio Perpetuae').– A. Fridh, Le problème de la passion des saintes Perpétue et Felicité, Stockholm 1968.– Lomanto, [M. Pellegrino, To 1975], 566/86 (Rapporti fra la ‚Passio Perpetuae' e ‚Passiones' africane).– Mazzucco, [M. Pellegrino, To 1975] 542/65 (Il significato cristiano della ‚libertas' proclamata dai martiri della ‚Passio Perpetuae').– R. Petraglio, Lingua latina e mentalità biblica nella Passio s. Perpetuae, Brescia 1976.– Poirier, SP 10, 306/9 (Felicité l'esclave de Perpétue?).

Seite 92 (10.):
Cyrilla, SP 10, 1970, 281/4 (Pionius).– Kehnschärper, SP 12, 96/103 (Apokalyptische Redewendungen).

S. 92 (12.):
P. Siniscalco, Massimiliano, To 1974 (T, Studi). ** Siniscalco, [M. Pellegrino, To 1975] 595/613 (Bibbia e letteratura cristiana d'Africa nella ‚Passio S. Maximiliani').

Seite 92 (13.):
Dolbeau, AB 1972, 329/35 (A propos du texte).– Gaiffier, AST 43, 1970, 93/6 (Un nouveau témoin de la Passion de S. Marcel le Centurion).– Lanata, Byz 1972, 509/22.– Masai, Byz 1965, 277/90 (Pour une édition critique).

Seite 93 (16.):
Emmet and Pickering, Prudentia 7, 1975, 95/103.– Roberts, JTS 1967, 437f.– Turner, JTS 1966, 404f.

Seite 93f (19.):
Castelli, [M. Pellegrino, To 1975] 587/94 (Osservazioni sulla lingua della ‚Passio S. Crispinae').– Devos, [Problemi attuali di scienza e di cultura, Quaderno 76, R 1966] 213/25 (Les martyrs persans à travers leurs actes syriaques).– Halkin, AB 1972, 27/35 (S. Émilien, martyr sous Julien).– M. G. Mara, Contributo allo studio della ‚Passio Anthimi', 1964.– Nâsturel, Rev. des Études Sud. Est européennes 7, 1969, 175/85 (Sabas le Goth).– G. Wiessner, Zur Märtyrerüberlieferung aus der Christenverfolgung Schapurs II, Gö 1967.

Seite 94f (1.):
Beumer, ThPh 1973, 534/50 (Rätsel des Fragm. M.).– Burkhardt, ThZ 1974, 207/11

(Motive und Maßstäbe der Kanonbildung nach dem Canon Muratori).– H. v. Campenhausen, Die Entstehung der christlichen Bibel, T 1968, 282/302.– Schäfer, RB 1970, 7/16 (Marius Victorinus und die antimarcionitischen Prologe zu den Paulusbriefen).– Sundberg, HThR 1973, 1/41 (Canon Muratori: A Fourth-Century List).

Seite 95 (2.a):
J. Regul, Die antimarcionitischen Evangelienprologe, Fr 1969 (mit Text der antimarcionit. und monarchian. Prologe; Paulus-Prol. nicht marcionitisch).

Seite 95 (2.b):
Schäfer, RB 1970, 7/16 (Paulus-Prol. marcionitisch); [J. Quasten, 1970] 1, 135/50 (Marcion und die ältesten Prologe zu den Paulusbriefen; mit Text).

Seite 96:
Tripolitis, VC 1970, 189/96 (φῶς ἱλαρόν, TÜK).– Th. Wolbergs, Griechische religiöse Gedichte der ersten nachchristlichen Jarhunderte. 1. Psalmen u. Hymnen der Gnosis u. des frühen Christentums, Meisenheim 1971 (TK). ** Dévai, Acta Antiqua 1965, 455/61 (Φῶς ἱλαρόν).– Holleman, VC 1972, 1/17 (The Oxyrh. Pap. 1786 and the relationship between ancient greek and early christian music).– Kehl, JbAC 1972, 92/119 (gnostische und frühchristliche Psalmen und Hymnen).– Mitsakis, JahrbÖstByz 1971, 31/49 (The hymnography of the Greek Church in the early Christian centuries).

Seite 97 (2.):
J. H. Charlesworth, O 1973 (TÜK). ** Chadwick, [J. Quasten, Mr 1970] 1, 266/70 (character and theology).– J. H. Charlesworth, John and Qumran, Lo 1972; CBQ 1969, 357/69 (O. not gnostic); Rb 1970, 522/49 (O. S. et les manuscrits de la Mer Morte).– Charlesworth and Culpepper, CBQ 1973, 298/322 (The O. and the Gospel of John).– Driver, JTS 1974, 434/7 (Od. 7, 3; 31, 11).– Emerton, JTS 1967, 372/406 (Text and language).– Gamber, OstkSt 1966, 182/95 (O. S. als frühchristliche Gesänge beim heiligen Mahl).– Klijn, [M. Simon, Aspects du Judéo-Christianisme, P 1965] 167/79 (The influence of Jewish theology).– Terzoli, VetChrist 1974, 125/40 (Repertorio dei nomi divini nelle Odi di Salomone).

Seite 98 (3.a):
Emmi, Ang 1969, 232/302 (testimonianza mariana).– Guarducci, Ancient society 1971, 174/203; 4 pl (A. e Roma); 1973, 271/9 (Vergine casta).– McNeil, VC 1977, 23/34 (Avircius and the Song of Songs).

Seite 99f:
W. Foerster, Die Gnosis, 1/2, Zü 1969/71 (Zeugnisse der Kirchenväter; koptische und mandäische Quellen; ÜK).– R. Haardt, Die Gnosis. Wesen und Zeugnisse, Salzburg 1967 (Ü).– M. Simonetti, Testi gnostici cristiani, Bari 1970 (ÜK). ** S. Arai, Early Christianity and Gnosticism, Tokio 1971.– Bergmeier, [Tradition

und Glaube, Gö 1971] 200/20 (Quellen vorchristlicher Gnosis?).– U. Bianchi (Hg.), Le origini dello gnosticismo, Lei 1967.– Bianchi, Kairos 1969, 6/13 (Gnostizismus und Anthropologie).– Böhlig, [G. Widengren, Lei 1972] 389/400 (Typen des Gnostizismus).– F. H. Borsch, The Christian and Gnostic Son of Man, Lo 1970.– Brox, ZntW 1966, 105/14 (Γνωστικοί als häresiologischer Terminus); JbAC 1967, 181/6 (Gnostische Argumente bei Julianus Apostata).– Camelot et Cornelis, DSp 6, 508/41 (Gnose et gnosticisme).– Colpe, [J. Klein, Gö 1967] 85/104 (Himmelsreise der Seele).– Drijvers, NTT 1967/68, 321/51 (origins of gnosticism).– Ch. Elsas, Neuplatonische und gnostische Weltablehnung in der Schule Plotins, B 1975.– W. Eltester, Christentum und Gnosis, B 1969.– Giurovich, SC 1970, Suppl. 1, 39/54 (Bibliografia sullo gnosticismo).– G. van Groningen, First century gnosticism. Its origins and motivs, Lei 1967.– Haenchen, [Gott und Mensch, 1966] 265/98 (Gab es eine vorchristliche Gnosis?).– Kippenberg, Numen 1970, 211/31 (soziologische Verortung des antiken Gnostizismus).– H. Langerbeck, Aufsätze zur Gnosis, hg. von H. Dörries, Gö 1967.– MacRae, NovTest 1970, 86/101 (jewish background of the gnostic Sophia myth).– Ménard, RevSR 1969, 24/38 (origines de la Gnose); RevSR 1973, 300/23 (Littérature apocalyptique et littérature gnostique).– Nibley, VC 1966, 1/24 (Evangelium Quadraginta Dierum).– A. Orbe, Cristologia gnóstica, 1/2, Ma 1976; EE 1966, 351/94 (El sueño de Adán); EE 1968, 345/79 (El pecado de los Arcontes); Gr 1975, 5/43 (La Pasión según los gnósticos).– Pagels, JBQ 1974, 276/88 (the mystery of resurrection).– Peel, NovTest 1970, 141/65 (gnostic eschatology and the NT).– Pokorný, Numen 1969, 51/62 (Gnosis als Weltreligion und als Häresie).– K. Prümm, Gnosis an der Wurzel des Christentums?, Salzburg 1972.– G. Quispel, Gnostic Studies, 1/2, Lei 1974f; [J. Quasten, 1970] 1, 271/276 (origins of the gnostic demiurge).– Reicke, [M. Black, Edinburgh 1969] 245/55 (Da'at and gnosis in intertestamental literature).– K. Rudolph (Hg.), Gnosis und Gnostizismus, Darmstadt 1975.– Rudolph, ThRU 1969, 121/75; 181/231; 358/361; 1971, 1/61; 89/124; 1972, 289/360; 1973, 1/25 (Gnosis u. Gnostizismus, Forschungsbericht); [Probleme der kopt. Literatur, Halle-Wittenberg 1968] 85/107 (Der gnostische Dialog als literarisches Genus); Kairos 1967, 105/22 (Randerscheinungen des Judentums und die Entstehung des Gnostizismus).– Simonetti, RSLR 1969, 529/53 (cristologia gnostica); VC 1972, 331/59; 1973, 103/26 (interpretazione gnostica del Antico Testamento).– Speyer, RAC 9, 1145/1268 (Genealogie).– K. W. Tröger (Hg.), Gnosis und Neues Testament, Gütersloh 1973.– G. Ventura, Cosmogonie gnostiche. Saggio storico-critico sulle principali teogonie gnostiche cristiana, R 1975.– R. McL. Wilson, Gnosis and the New Testament, O 1968; RSR 1972, 259/72 (Jewish christianity and gnosticism).– Wintermute, [W. F. Stinesprung, Durham 1972] 241/70 (gnostic exegesis of the Old Testament).– E. Yamauchi, Gnostic ethics and mandaean origins, Ca 1970; Pre-Christian Gnosticism. A survey of the proposed evidences, Grand Rapids 1973.

Seite 100 (1.):

K. Beyschlag, Simon Magus und die christliche Gnosis, T 1974.– J. Frickel, Die

Apophasis megale in Hippolyts Refutatio VI, 9–18: Eine Paraphrase zur Apophasis Simons, R 1968.– G. Lüdemann, Untersuchungen zur simonianischen Gnosis, Gö 1975.– J. M. A. Salles – Debadie, Recherches sur Simon le Mage. I. L'Apophasis megale, P 1969.

Seite 100 (2.):
Hauschild, ZntW 1977, 67/92 (Christologie und Humanismus bei Basilides).– Mühlenberg, Kerygma und Dogma 1972, 161/75 (Wirklichkeitserfahrung und Theologie).– Orbe, Gr 1976, 81/106; 251/84 (Los „apéndices" de Basilídes).– Whittaker, HThR 1969, 367/71 (ineffability of God).

Seite 101 (5.):
Guarducci, MittDArchInstRömAbt 80, 1973, 169/89 (Valentiniani a Roma).– Kehl, Kairos 1967, 123/33 (Die valentinianische Theogonie und das Pancaratra).– A. Orbe, Estudios Valentinianos, 1/5, R 1955/66; Gr 1972, 201/34 (Encarnación); Gr 1974, 339/65 (Clem. Al. strom. 4, 13, 89, 1/91, 3).– Pagels, HThR 1972, 153/69 (A valentinian interpretation of baptism and eucharist); VC 1972, 241/58 (The valentinian claim to esoteric exegesis of Romans as basis for anthropological theory).– Simonetti, RSLR 1966, 1/47 (Ψυχή e ψυχικός nella gnosi valentiniana).– Stead, JTS 1969, 75/104 (The Valentinian myth of Sophia).

Seite 101 (6.):
G. Quispel, Lettre à Flora, SCh 24², 1966 (TÜK). ** Blanc, Augustinianum 1975, 81/124 (Le Commentaire de Héracléon sur Jean 4 et 8).– Fallon, VC 1976, 45/51 (The law in Philo and Ptolemy: a note on the letter to Flora).– Mühlenberg, ZntW 1975, 170/93 (Wieviel Erlösungen kennt der Gnostiker Herakleon?).– Orbe, Gr 1968, 726/61 (La trinidad maléfica: Exc. ex Th. 80,3).– E. H. Pagels, The Johannine Gospel in gnostic exegesis. Heracleon's commentary on John, Nashville 1973; HThR 1974, 35/53 (Conflicting Versions of Valentinian Eschatology: Irenaeus' Treatise vs. the Excerpts from Theodotus).– Simonetti, VetChrist 1966, 111/41; 1967, 23/64 (Eracleone e Origene).

Seite 102 (7.):
H. J. W. Drijvers, The Book of the Laws of countries, Assen 1965 (TÜ). ** Davids, Zeitschr. d. Deutsch. morgenl. Ges. 1970f, 32/42 (Kosmogonie; Tkr.).– H. J. W. Drijvers, Bardaisan of Edessa, Assen 1966; dazu Ehlers, ZKG 1970, 334/51.– Drijvers, VC 1970, 4/33 (Edessa und das jüdische Christentum); Ex oriente lux 21, 1969f, 190/210 (B. and the Hermetica).– T. Jansma, Natuur, lot en vrijheid. Bardesanes, de filosoof der Arameeërs en zijn images, Wageningen 1969.

Seite 103:
The Facsimile Edition of the Nag Hammadi Codices, 1/13, Lei 1972/7.– Gesamtausgabe der NHC in 5 Bänden vorbereitet von J. M. Robinson (Hg.), The coptic gnostic library (vgl. NovTest 1970, 81/5).– Janssens, Mu 1974, 351/413

(Codex XIII de Nag Hammadi: La prot. trimorphe; La parole de la prot.; L'heimarmene; TÜK).– W. C. Till – H.-M. Schenke, Die gnostischen Schriften des koptischen Papyrus Berolinensis 8502, TU 60, ²1972 (TÜ).– M. Krause – V. Girgis, [F. Altheim – R. Stiehl, Christentum am Roten Meer 2, ᴮ1973] 2/229 (Paraphrase des Sêem; 2. Logos des Seth; Petrusapokal.; Drei Stelen des Seth aus NHC 7; TÜ).– A. Böhlig – F. Wisse, Nag Hammadi Codices III, 2 and IV, 2, Lei 1975 (TÜK).– M. Krause – P. Labib, Gnostische und hermetische Schriften aus Codex II und Codex VI, Glückstadt 1972. ** A. Böhlig, Mysterion und Wahrheit. Gesammelte Beiträge zur spätantiken Religionsgeschichte, Lei 1968.– A. Böhlig – F. Wisse, Zum Hellenismus in den Schriften von Nag Hammadi, Wiesbaden 1975.– Colpe, JbAC 1972, 5/18; 1973, 106/26; 1974, 109/25; 1975, 144/65; 1976, 120/38 (Heidnische, jüdische und christliche Überlieferung in den Schriften aus Nag Hammadi I–V).– Dubois, EtTheolRel 1974, 377/90 (Les textes de Nag Hammadi en 1974. Un bilan).– Farina, Salesianum 32, 1970, 425/54 (Lo gnosticismo dopo Nag-Hammadi. Fonti, origine, dottrina).– A. K. Helmbold, The Nag Hammadi Gnostic texts and the Bible, Grand Rapids 1967.– Janssens, Muséon 1974, 341/413 (Le codex XIII de Nag Hammadi).– Krause, [G. Widengren, Lei 1972] 1, 449/56 (Aussagen über das AT).– M. Krause (Hg.), Essays on the Nag Hammadi texts in honour of A. Böhlig, Lei 1972.– M. Krause (Hg.) Essays on the Nag Hammadi Texts in honour of P. Labib, Lei 1975.– G. W. McRae – W. C. Robinson, Essays on the coptic gnostic library, Lei 1970.– J.-É Ménard, Les textes de Nag Hammadi, Lei 1975 (Colloque Strasbourg 1974).– P. Nagel (Hg.), Von Nag Hammadi bis Zypern, B 1972.– Nagel, [F. Altheim – R. Stiehl, Die Araber in der Alten Welt 5, 2, Berlin 1969] 393/469 (grammatische Untersuchungen zu NHC II).– P. Nagel (Hg.), Studia coptica, B 1974.– J. M. Robinson, The Nag Hammadi Codices. A general introduction, Claremont 1974; [A. Böhlig, Lei 1972] 74/87 (Umfang des Fundes von Nag Hammadi).– Schenke, Berliner Byzantinistische Arbeiten 45, 1974, 165/73 (Das sethianische System nach Nag-Hammadi-Handschriften); Mitteilungen aus der Ägyptischen Sammlung VIII, 1974, 315/25 (Pap. Berol. 8502); TU 120, 1977, 209/18 (Revelanz der Kirchenväter für die Erschließung der Nag-Hammadi-Texte).– D. M. Scholer, Nag Hammadi Bibliography 1948–1969, Lei 1971; NovTest 1971, 322/36; 1972, 312/31; 1973, 327/45; 1974, 316/36; 1975, 305/36 (Bibliographia gnostica, Supplem. I/V).– Wisse, VC 1971, 205/23 (The Nag Hammadi library and the heresiologists).– Young, VC 1970, 127/37 (The milieu of Nag Hammadi).

Seite 103f (2.):

J.-É. Ménard, L'Évangile de Vérité, Lei 1972 (ÜK).– J. Zandee, Het Evangelie der Waarheid, A 1964 (1965) (ÜK). ** Böhlig, Mu 1966, 317/33 (Ursprache).– Christensen, Gordon Review 1966, 23/31 (John's Christology and Ev. ver.).– Dubois, Revue de Théologie et de Philosophie 1974, 198/216 (Le contexte judaïque du ‚nom'); VC 1975, 138/140 (Remarques sur le texte).– Jansen, NorskTeolTidsskr 1965, 152/76 (Gedankensystem).– Nagel, OLZ 1966, 5/14 (sprachliche Herkunft).– Orlandi, RSLR 1971, 491/501 (Rassegna di studi sull'Ev. ver.).– Shibata,

Annual of the Japanese Biblical Institute 1, 1975, 127/34 (Non-docetic Character of Evangelium Veritatis).– Standaert, NTS 1975f, 243/75 (critique et lecture); VC 1976, 138/50 (Titre).– C. I. K. Story, The nature of truth in the Gospel of Truth and in the writings of Justin Martyr, Lei 1971.

Seite 104 (3.):
M. L. Peel, The Epistle to Rheginos. A Valentinian letter on the resurrection, Lo 1969 (ÜK); Gnosis und Auferstehung, Neukirchen 1973 (TÜK).– B. Frid, De resurrectione, Lund 1967 (Ü). ⁎⁎ Dehandschutter, OLP 1973, 101/11 (problèmes critiques).– Gaffron, [H. Schlier, Fr 1970] 218/27 (gnostische Apologie des Auferstehungsglaubens).– Haardt, Kairos 1969, 1/5; 1970, 241/69 (Bemerkungen zu ausgewählten Motiven).– Martin, Numen 1973, 20/37 (antiphilosophical polemic and gnostic soteriology); VC 1973, 277/80 (diatribe style).

Seite 104 (4.):
R. Kasser et al., Tractatus tripartitus. Pars I. De Supernis. Pars II. De creatione hominis. Pars III. De generibus tribus. Oratio Pauli Apostoli, Bern 1973/75 (TÜK). ⁎⁎ Orbe, Gr 1975, 558/66 (Tract. tripart. 1. De supernis).– Dehandschutter, BiNJ 1974, 417/20; 1976, 320/24 (Tractatus Tripartitus).– Kasser, Mu 1969, 101/21 (Les subdivisions du Tractatus tripartitus).

Seite 105 (5.):
J.-É Ménard, P 1967 (TÜK).– S. Giversen, Kopenhagen 1966 (ÜK).– B. Frid, Lund 1966 (Ü).– Janssens, Mu 1968, 79/133 (ÜK).– Kasser, RevTheolPhil 1970, 12/35; 82/106 (Ü). ⁎⁎ Erbetta, Euntes docete 1970, 317/70.– H.-G. Gaffron, Studien zum koptischen Philippusevangelium, unter besonderer Berücksichtigung der Sakramente, Diss. Bonn 1969.– Grant, VC 1961, 129/40 (mystery of marriage).– Haardt, [G. Widengren, Lei 1972] 1, 440/8 (Ev. Phil. 132, 10).– Kasser, RThPh 1970, 12/35; 82/106; Mu 1968, 407/14 (Propositions pour quelques reconstitutions nouvelles).– Koschorke, ZntW 1973, 307/22 (Die „Namen“ im Ev. Ph.).– Ménard, RevSR 1968, 261/6 (milieu syriaque); [Christentum u. Gnosis, 1969] 46/58 (Ph. und Gnostizismus).– Niederwimmer, [G. Stählin, Wuppertal 1970] 361/74 (Freiheit des Gnostikers).– Segelberg, BullSocArchCopte 18, 1965f, 205/23 (Antiochene background); 1967f, 207/10 (Antiochene origin).– Sevrin, Mu 1974, 143/93 (Les noces spirituelles).– Van Eijk, VC 1971, 94/120 (The Gospel of Ph. and Clem. of Alexandria).

Seite 105 (6.):
R. A. Bullard, The Hypostasis of the Archons, B 1970 (kopt. T, ÜK).– P. Nagel, Das Wesen der Archonten, Halle 1970 (Kopt. T, Ü, griech. Rückübersetzung).– Layton, HThR 1974, 351/425 (The Hypostasis of the Archons, kopt. Text, ÜK). ⁎⁎ Abramowski, ZntW 1976, 280/285 (Notizen zur ‚Hypostase der Archonten' ed. Bullard).– Kasser, [A. Böhlig, Lei 1972] 22/35 (Tkr.); RThPh 1972, 168/202.– M. Tardieu, Trois mythes gnostiques, P 1974.

Seite 106 (7.):
A. Böhlig, [Mysterion u. Wahrheit, Lei 1968] 119/26 (religionsgeschichtl. Probleme); 127/34 (gnostische Probleme); 135/48 (Urzeit und Endzeit).– Orbe, Gr 1965, 96/103 (Los primeros 40 días de Adàn).– Tardieu, RHR 1973, 117/42 (Pour un phénix gnostique).– van Unnik, [J. Quasten, Mr 1970] 1, 277/88 (The „wise fires").

Seite 106 (8.):
Krause, [W. Foerster, Die Gnosis 2, 1971] 32/45 (Ü). ** D. Trakatellis, The transcendent God of Eugnostos, At 1977.

Seite 106 (9.):
Kasser, RevTheolPhil 1967, 316/33 (Ü). ** Böhlig, [Mysterion und Wahrheit, Lei 1968] 149/61 (Zeugnis jüdisch-iranischer Gnosis).– Morard, RSR 1977, 214/33 (polémique anti-baptismale).– Perkins, CBQ 1977, 382/95 (The genre and function of a gnostic apocalypse).

Seite 106 (Liste aller Texte in den Nag Hammadi-Codices [NHC] mit Inhaltsangabe und Bibliographie):

NHC I,1: *Brief des Jakobus* mit *Apokryphon des Jakobus* (s. S. 130).

NHC I,2: *Evangelium der Wahrheit* (s. S. 103f).

NHC I,3: *Über die Auferstehung* (s. S. 104).

NHC I,4: *Über die drei Naturen*, auch als *Dreiteiliger Traktat* bezeichnet (s. S. 104).

NHC I,5: *Gebet des Apostels Paulus* (s. S. 104).

NHC II,1; III,1; IV,1: *Apocryphon des Johannes* (s. S. 130).

NHC II,2: *Thomas-Evangelium* (s. S. 128/30).

NHC II,3: *Philippus-Evangelium* (s. S. 105).

NHC II,4: *Die Hypostase (Natur) der Archonten* (s. S. 105).

NHC II,5: *Vom Ursprung der Welt* (s. S. 105f).

NHC II,6: *Die Exegese über die Seele* erzählt den Mythus vom Fall und der Errettung eines weiblichen Wesens.
Bethge, ThLZ 1976, 93/104 (Die Exegese über die Seele, Ü). ** MacRae, [G. Widengren, Lei 1972] 1,471/9.– Robinson, NovTest 1970, 102/17.

NHC II,7: *Das Buch des Athleten Thomas* (s. S. 131).

NHC III,1 s. II,1

NHC III,2; IV,2: *Das heilige Buch des großen unsichtbaren Geistes* oder *Das Evangelium der Ägypter* beschreibt das Rettungswerk des großen Seth in einer aus drei Epochen bestehenden Weltzeit.

Nachtrag zu S. 106

A. Böhlig – F. Wisse – P. Labib, The Gospel of the Egyptians, Lei 1975 (TÜK).– A. Böhlig, Das Ägypterevangelium von Nag Hammadi, Wiesbaden 1974 (ÜK).– Schenke, NTS 1969f, 196/208 (Ü des Cod. III,2 nach dem Text von Doresse). ** Böhlig, Mu 1967, 5/26; 365/77 (Die himmlische Welt); [Christentum u. Gnosis, B 1969] 1/18 (Christentum und Gnosis im Ägypterevangelium).– Wilson, SP 14, 243/50 (The Gospel of the Egyptians).

NHC III,3; V,1: *Der Brief des Eugnostos* (s. S. 106).

NHC III,4: *Die Sophia Jesu Christi* (s. S. 131).

NHC III,5: *Der Dialog des Erlösers* (s. S. 132).

NHC IV,1: s. II,1.

NHC IV,2: s. III,2.

NHC V,1: s. III,3.

NHC V,2: *Die Apokalypse des Paulus* (s. S. 143).

NHC V,3: *Die erste Apokalypse des Jakobus* (s. S. 143).

NHC V,4: *Die zweite Apokalypse des Jakobus* (s. S. 144).

NHC V,5: *Die Apokalypse des Adam* (s. S. 106).

NHC VI,1: *Die Taten des Petrus und der zwölf Apostel:* Die Apostel fahren zur Mission über das Meer und kommen in eine Inselstadt; dort trifft Petrus den Perlenbesitzer und Arzt Lithargoël-Jesus, der über das wahre Heilsgut belehrt.

Schenke, ThLZ 1973, 13/19 (Die Taten des Petrus und der zwölf Apostel, Ü). ** Krause, [A. Böhlig, Lei 1972] 36/58 (Petrusakten im Cod. VI).

NHC VI,2: *Nebront oder vollkommener Verstand* ist ein Monolog der Allgöttin, die alle Gegensätze umfaßt; in langen Selbstaussagen schildert sie ihr Wesen und ihre Behandlung durch die Menschen.

Bethge, ThLZ 1973, 97/104 (Nebront oder vollkommener Verstand, ÜK).– Unger, OC 1975, 78/107 (Ü; sprachliche und formale Struktur). ** Tardieu, Mu 1974, 523/30 (Le titre du deuxième écrit du codex VI).

NHC VI,3: *Authentikos Logos* ist eine Predigt über die Not und die Hoffnung der in die Welt gefallenen Seele.

Funk, ThLZ 1973, 251/9 (Authentikos Logos, Ü). ** MacRae, [G. Widengren, Lei 1972] 471/9.

NHC VI,4: Der Gedanke unserer großen Kraft (Noema) ist eine apokalyptische Schrift, die vor allem die Endereignisse darstellt.

Fischer, ThLZ 1973, 169/76 (Der Gedanke unserer großen Kraft, Noêma, Ü). **

NHC VI,5: *Über Ungerechtigkeit*, eine fehlerreiche Übersetzung von Platon, Politeia 588B/589B.

Schenke, OLZ 1974, 236/41 (NHC VI,5 = Plato, Politeia 588B - 589B).

NHC VI,6: *Über die Achtheit und Neunheit* ist ein gnostisch-hermetischer Dialog.

Tröger, ThLZ 1973, 495/503 (Über die Achtheit und Neunheit; Gebet, Ü). ** Mahé, RevSR 1974, 54/65 (sens et composition).

NHC VI,7: *Das Gebet der Danksagung* entspricht dem schon bekannten Gebet im Papyrus Mimaut, lateinisch erhalten im 41. Kapitel des Asclepius.

K. W. Tröger, ThLZ 1973, 495/503 (Ü). ** Mahé, ZPapyrolEpigr 1974, 40/60.

NHC VI,8: *Die Apokalypse des Asklepios* entspricht den Kapiteln 21–29 des lateinischen Asclepius.

Krause, Zeitschr. d. Deutsch. morgenl. Ges., Suppl. 1, 1969, 48/57 (Ägyptisches Gedankengut).– Doresse, NovTest 1956, 54/69 (Hermès et la gnose).– Mahé, RevSR 1974, 136/55 (Remarques d'un latiniste sur l'Asclepius copte de Nag Hammadi).

NHC VII,1: *Die Paraphrase des Sem* entwickelt eine gnostische Allegorie der ersten Verse der Genesis.

Krause, [F. Altheim – R. Stiehl, Christentum am Roten Meer, 2, B 1973] 2/105 (TÜ). ** Sevrin, Mu 1975, 69/96 (Paraphrase de Sem). Wisse, NovTest 1970, 130/40 (Redeemer figure).

NHC VII,2: *Der zweite Logos des großen Seth* bietet eine Rede des gnostischen Christus, in der vor allem eine doketische Christologie bemerkenswert ist.

Bethge, ThLZ 1975, 97/110 (Zweiter Logos der großen Seth, ÜK).– Krause, [Christentum am Roten Meer, 2, B 1973] 106/51 (Der zweite Logos des großen Seth, TÜ). **

NHC VII,3: *Die Apokalypse des Petrus* ist ein Selbstzeugnis des Petrus über seine vom Herrn empfangene Offenbarung, in der Personen und Richtungen der frühesten Kirchengeschichte vorausschauende Beurteilungen erfahren.

A. Werner, ThLZ 1974, 575/84 (Die Apokalypse des Petrus, Ü).– M. Krause–V. Girgis, [Christentum am Roten Meer, 2, B 1973] 152/79 Petrusapokalypse (TÜ). **

NHC VII,4: *Die Lehren des Silvanus* stellen eine paränetische Ansprache dar mit Weisheitslehren, gnostischer Anthropologie und Christologie.

Funk, ThLZ 1975, 7/23 (Die Lehren des Silvanus, ÜK). ** Peel and Zandee, NovTest 1972, 294/311.– Schoedel, [A. Böhlig, Lei 1972] 88/108.– Zandee, [A.

Böhlig, Lei 1972] 144/55; OrLovanPer 6/7, 1975/6, 615/30 (La morale des Enseignements de S.).

NHC VII,5: *Die drei Stelen des Seth* sind ein dreiteiliger Hymnus auf Adamas, Barbelo und den Präexistenten.

Wekel, ThLZ 1975, 571/80 (Die drei Stelen des Seth, Ü).– M. Tardieu, RSPhTh 1973, 545/75 (ÜK).– M. Krause – V. Girgis, [Christentum am Roten Meer, 2, 1973] 180/99 (Die drei Stelen des Seth, TÜ).**

NHC VIII,1: *Zostrianos* will ein Mann der Vorzeit sein, der eine Himmelsreise beschreibt, die ihn mit sethianischem Gnostizismus ohne christliche Elemente bekannt macht.

Sieber, NovTest 1973, 233/40.

NHC VIII,2: *Der Brief des Petrus an Philippus* bietet ein gnostisches Lehrgespräch der Apostel mit Christus auf dem Ölberg.

Koschorke, ZThK 1977, 323/43 (Ep. Petri eine gnostische Pfingstpredigt).

NHC IX,1: *Melchisedech* ist eine schlecht überlieferte Schrift aus der vollständig christianisierten sethianischen Gnosis.

NHC IX,2: Diese titellose Schrift, vorgeschlagener Titel *Ode über Norea* oder *Der Gedanke der Norea*, ist wohl sethianisch.

NHC IX,3: *Das Zeugnis der Wahrheit* ist eine gnostische Homilie, in der jedoch bekannte Gnostiker als Häretiker bekämpft werden.

Pearson, [G. Widengren, Lei 1972] 1, 457/70 (jewish haggadic traditions).

NHC X: stark zerstört, enthält 2 oder 3 Traktate, von denen der erste über den *Besitzer der drei Mächte* handelt, der zweite vermutlich *Über die Welt und die Seelen*, der dritte *Über die Laute (Über Konsonanten und Vokale)*.

NHC XI,1: *Die Interpretation der Gnosis*, nur fragmentarisch erhalten, bietet die übliche gnostische Kosmologie und Anthropologie.

NHC XI,2: *Jesus der Demiurge*.

NHC XI,3: *Der Allogenes*.

NHC XI,4: *Hypsiphrone*.

NHC XII,1: *Die Sprüche des Sextus* (vgl. S. 78f).

NHC XII, 2/3: Fragmente.

NHC XIII,1: *Die dreigestaltige Protennoia* ist eine sethianische Schrift mit drei Offenbarungsreden der Allgöttin Protennoia über ihre dreifache Parusie in der Welt. Nur ganz wenig ist eindeutig christlich; bemerkenswert ist die dritte Offenbarungsrede mit auffälligen Parallelen zum Prolog des Johannesevangeliums.

Schenke, ThLZ 1974, 731/46 (Die dreigestaltige Protennoia, ÜK). **
NHC XIII,2: s. II,5.

Seite 107 (Marcion):
B. Aland, ZThK 1973, 420/47 (Versuch einer neuen Interpretation).– Bianchi, VC 1967, 141/9 (M. théologien biblique ou docteur gnostique?).– Von Campenhausen, RHPh 1966, 213/26 (M. et les origines du canon néotestamentaire).– Fiey, Mu 1970, 183/8 (Les marcionites dans les textes historiques de l'Église de Perse).– Gager, VC 1972, 53/9 (M. and philosophy).– J. Regul, Die antimarcionitischen Evangelienprologe, Fr 1969.– Schäfer [J. Quasten, Mr 1970] 1, 135/50 (M. und die ältesten Prologe zu den Paulusbriefen).– Woltmann, [H. M. Biedermann, Wü 1971] 15/42 (geschichtl. Hintergrund der Lehre vom fremden Gott).

Seite 108 (1.):
Barnes, JTS 1970, 403/8 (chronology of Montanism).– Ash, ThSt 1976, 227/52 (The decline of ecstatic prophecy).– Ford, JEH 1966, 145/58 (Montanism a Jewish-Christian heresy?).– Vokes, SP 9, 1966, 306/15 (Montanism and the ministry).

Seite 108 (2.):
Brox, ZKG 1972, 291/324 (Tendenzen und Parteilichkeiten im Osterfeststreit des zweiten Jahrhunderts).– W. Huber, Passa und Ostern, B 1969.– Richardson, JTS 1973, 74/84 (A new solution to the Quartodeciman riddle).

Seite 110 (Hegesippus):
Abramowski, ZKG 1976, 321/7 (διαδοχὴ und ὀρθὸς λόγος).– Kemler, VC 1971, 182/96 (Bischofsliste).– Ph. Vielhauer, Geschichte der urchristlichen Literatur, B 1975, 765/74.

Seite 110f (Irenäus):
Clerici, Aev 1969, 1/30 (Incontro tra storia biblica e storia profana).– L. Doutreleau – L. Regnault, DSp 7, 1923/69.– Guillaumin, SP 7, 65/70 (A la recherche des manuscrits d'I.).

Seite 112 (1.):
A. Rousseau – L. Doutreleau – B. Hemmerdinger – Ch. Mercier, SCh 210f; 100; 152f, 1965/74 (Adv. haer. III/V); zu SCh 100 vgl. Hemmerdinger, JTS 1966, 308/26; Fredouille, REL 1967, 164/7). ** Bévenot, JTS 1966, 98/107 (Clement of Rome in I.'s successionlist).– N. Brox, Offenbarung, Gnosis und gnostischer Mythos bei I., Mn 1966; MThZ 1965, 89/106 (Juden und Heiden); ZntW 1967, 121/8 (literar. Verhältnis zwischen Justin und I.).– Clarke, HThR 1966, 95/7 (haer. 4, 30, 1).– Hall, SP 14, 145/7 (Praxeas and Irenaeus).– G. Jossa, Regno di Dio e Chiesa, Na 1970.– S. Lundström, Observations critiques sur le quatrième livre

de St. I., Lund 1969.– Orbe, EE 1969, 297/344 (Ioh. 2, 13–3, 21: la primera pascua del Salvador); Gr 1970, 5/86 (Adv. haer. 4, 6); RSR 1972, 219/40 (Ecclesia, sal terrae: Adv. haer. 4,31,3); EE 1973, 190/230 (Cristología de los Ofitas) Gr 1973, 5/59 (Supergrediens angelos: Adv. haer. 5, 36, 3).– E. Perretto, La lettera ai Romani cc. I–VIII nell'Adv. haer. d'Ireneo, Bari 1971.– Perkins, VC 1976, 193/200 (I. and the Gnostics).– Siniscalco, StudMatStorRel 1967, 536/53 (Lc. 15, 11/32).– Sobosan, ScottJTheol 1974, 129/46 (The role of the presbyter).– Unger, Laurentianum 1972, 294/315 (Adv. haer. 3, 24, 1).– van Unnik, VC 1977, 196/228 (Adv. haer. 1, 10, 3).– Wilken, VC 1967, 25/33 (Adv. haer. 1, 9, 4: Homeric cento).– Wright, JTS 1967, 144/54 (Clement and the Roman succession in I.).

Seite 112 (2.):
J. P. Asmussen, Kopenhagen 1970 (ÜK). ** Rousseau, Mu 1971, 5/42 (la préexistence du Fils de Dieu dans Demonstr. 43).

Seite 112 (3.):
C. Renoux, BLE 1976, 119/22 (Crucifié dans la création entière: nouveaux fragments arméniens d'Irénée de Lyon). ** Andresen, ZntW 1965, 256/8 („Friedensbrief": Eus. h.e. 5,24, 12/17).– Brox, VC 1970, 40/4 (Fragm. XLV Harvey 2,510 unecht); ZKG 1972, 291/324 (Tendenzen und Parteilichkeiten im Osterfeststreit).– von Campenhausen, VC 1974, 114/38 (Ostertermin oder Osterfasten?: Eus.h.e. 5,24, 12/17).– Richard, ZntW 1965, 260/82 (La lettre au pape Victor); [F. Dölger, Hei 1966] 431/40 (traité au Diacre Démétrius).

Seite 113 (1.):
Clerici, Aev 1969, 1/30 (Incontro tra storia biblica e storia profana).– Farkasfalvy, RB 1968, 319/32 (Theology of Scripture).– Nautin, RHR 1972, 113/30 (canonicité des épîtres pauliniennes).– A. Orbe, Parábolas evangélicas en S. I., 1/2, Ma 1972; Script. Victoriense 1970, 5/33; 202/19 (Luc. 4, 18s: discurso de Nazaret); EE 1971, 35/62; 183/206 (Mt 20, 1–16).

Seite 115 (2.):
Abramowski, JTS 1977, 101/4 (Iren. haer. 3,3,2f).– Bentivegna, Asprenas 1972, 290/305 (Il Prologo di S. Giovanni come ‚canon veritatis').– Brox, AnnHistConc 1975, 42/78 (Adv. haer. 3,3,2); Kairos 1976, 82/99 (Frühdatierung des römischen Primats).– Grossi, Augustinianum 1972, 437/63 (regula veritatis).– Lanne, Ir 1976, 275/322 (Adv. haer. 3,3,2).– Marrou, StudMatStorRel 1967, 343/9 (I. sur l'Église de Rome).– Pincherle, RivStorLettRel 1974, 305/18 (Adv. haer. 3,3,1/2).– Unger, Laurentianum 1975, 431/45 (I. on the Roman primacy).– van de Paverd, OCP 1972, 454/66 (Regula fidei).– van Unnik, VC 1976, 201/13 (I. and Atticus Platonicus; I. on Clem. Rom.).

Seite 116:
Alberti, Divinitas 1967, 95/116 (Problemi di origine).– Altermath, SP 13, 63/8

(The Purpose of the Incarnation).– G. Bentivegna, Economia di salvezza e creazione nel pensiero di S. I., R 1973.– Clerici, RivStorLettRel 1974, X, 3/41 (La storia della salvezza).– Composta, Apollinaris 1972, 599/612 (diritto naturale).– Évieux, RSR 1967, 5/54 (théologie de l'accoutumance).– L. Gallinari, Filologia e pedagogia in I. di Lione, R 1973.– J. I. González Faus, Carne de Dios. Significado salvador de la Encarnación en la teología de San Ireneo, Ba 1969.– Hick, JTS 1970, 419/22 (Freedom and the Irenaean theodicy).– H. J. Jaschke, Der Heilige Geist im Bekenntnis der Kirche, Mr 1976.– G. Joppich, Salus carnis, Münsterschwarzach ²1967.– G. Jossa, Regno di Dio e Chiesa. Ricerche sulla concezione escatologica ed ecclesiologica dell'Adversus haereses di Ireneo di Lione, Na 1970.– Lanne, Ir 1974, 163/87 (La ‚xeniteia' d'Abraham); Ir 1975, 447/467; 1976, 34/53 (Le nom de Jésus-Christ et son invocation chez I.).– H. Lassiat, Promotion de l'homme en Jésus-Christ d'après I. témoin de la tradition des Apôtres, P 1974.– Lebeau, [J. Daniélou, P 1972] 121/7 (Koinonia. La signification du salut selon s. Irén.).– Meijering, NAKG 1972f, 147/59 (physische Erlösung); [J. H. Waszink, A 1973] 221/32 (concept of free will).– J. T. Nielsen, Adam and Christ in the theology of I. of Lyons, Assen 1968.– A. Orbe, Antropologia di San Ireneo, Ma 1969; Greg 1966, 441/71; 710/47 (conocimiento natural de Dios); Greg 1971, 95/150; 215/71 (Gen. 3,15).– O'Rourke Boyle, RTA 1969, 5/16 (millennial hope).– Plagnieux, RevSR 1970, 179/89; 373/83 (la doctrine mariale).– Unger, Laurentianum 1973, 356/408 (The divine and eternal sonship of the Word).– M. Verbeek, De mens, Gods beeld en gelijkenis, in het werk van I., Diss. Lou 1969.– Vives, EE 1968, 561/89 (Pecado original y progreso evolutivo del hombre).

Seite 117 (5.):
De Jong, ALW 1965f, 28/47 (Epiklese und Mischungsritus in der Eucharistielehre des I.).– Nielsen, NTT 1968f, 266/70 (I. en de kinderdoop).– Rodopoulos, [J. Quasten, 1970] 2, 844/6 (consecration of the eucharistic gifts).

Seite 118f:
E. Hennecke – W. Schneemelcher, Ntl. Apokryphen, 1, ³1968; 2, ³1971 (Ü).– M. Erbetta, Gli apocrifi del Nuovo Testamento, 1/3, To 1966/9 (ÜK). ** Bagatti, Mar 1971, 281/92 (La verginità di Maria negli apocrifi del II–III. secolo).– J. B. Bauer, Die neutestamentlichen Apokryphen, Düsseldorf 1968.– G. Delling, Bibliographie zur jüdisch-hellenistischen und intertestamentarischen Literatur 1900–1965, TU 106, 1969.– A.-M. Denis, Introduction aux pseudépigraphes grecs d'Ancien Testament, Lei 1970; NTS 1969f, 348/53 (L'étude des pseudépigraphes. Etat actuel des instruments de travail).– Speyer, JbAC 1965f, 88/125 (Religiöse Pseudepigraphie und literarische Fälschung im Altertum).– Ph. Vielhauer, Geschichte der urchristlichen Literatur, B 1975.

Seite 119 (1.):
M. de Jonge, Studies on the testaments of the twelve patriarchs. Text and interpretation, Lei 1975.– J. Becker, Die Testamente der zwölf Patriarchen, G 1974

(TÜK).– M. E. Stone, The Testament of Levi, Jerusalem 1969 (armen. T, ÜK).– Kuhn, JTS 1967, 325/36 (Ü der sahid. Version des Test. Isaac). ** J. Becker, Untersuchungen zur Entstehungsgeschichte der Testamente der zwölf Patriarchen, Lei 1970.– Ch. Burchard – J. Jervell – J. Thomas, Studien zu den Testamenten der Zwölf Patriarchen, B 1969.– Segalla, DThP 1967, 108/16 (problema della volontà libera).– H. D. Slingerland, The T. of the Twelve Patriarchs. A critical history of research, Missoula 1977.

Seite 119 (2.):
E. Hammershaimb, Das Martyrium Jesajas, Gütersloh 1973 (Ü). ** Erbetta, Euntes docete 1966, 427/36 (testimonianza del martirio di Pietro?).– Helmbold, NTS 1972, 222/7 (gnostic elements).

Seite 121 (3.):
V. Nikiprowetzky, La troisième Sibylle, P 1970.

Seite 121 (5.):
Bagatti, RSR 1972, 151/60 (I giudeo-cristiani e l'anello di Salomone).

Seite 122 (1.):
M. Mees, Außerkanonische Parallelstellen zu den Herrenworten und ihre Bedeutung, Bari 1975; Augustinianum 1974, 459/88 (Formen, Strukturen und Gattungen außerkanonischer Herrenworte).

Seite 123 (2.):
Boismard, Rb 1966, 321/52 (E. des Ebionites et problème synoptique).– Brock, NTS 1971 f, 220/2 (A new testimonium to the Gospel according to the Hebrews).

Seite 124 (4.):
M. G. Mara, SCh 201, 1973 (TÜK). ** J. Denker, Die theologiegeschichtliche Stellung des Petrusevangeliums, Bern 1975.– Walter, NTS 1972f, 426/9 (Literarkritik und traditionsgeschichtliche Bedeutung).

Seite 125 (5.):
Staats, [W. Eltester, Christentum u. Gnosis, B 1969] 98/115 (Die törichten Jungfrauen von Mt 25).– Rudolph, [Probleme der koptischen Literatur, Halle 1968 85/107 (Der gnostische Dialog als literar. Genus).

Seite 126 (6.a):
H. R. Smid, Protevangelium Jacobi, Assen 1965 (TK).– Canal-Sánchez, EphMariol 1968, 431/73 (Antiguas versiones latinas).– Birdsall, Mu 1970, 49/72 (A second Georgian recension, georg. mit lat. Ü). ** Emmi, SP 7, 1966, 184/93 (3,11 – 5,5).– Garitte, Mu 1973, 377/96 (versio arabica antiquior).– N. Radovich, Un frammento slavo del Protovangelo di Giacomo, Na 1969.– E. de Strycker, De griekse hand-

schriften van het Protevangelie van Jacobus, Bru 1968.– AB 1965, 365/402 (ancienne version latine); [Miscellanea in honorem Josephi Vergote, 1975/76] 163/84 (Une métaphrase inédite du ‚Protévangile de Jacques').

Seite 126 (6.b):
A. de Santos Otero, Das kirchenslavische Evangelium des Thomas, B 1967 (ÜK). ** Gero, NovTest 1971, 46/80 (textual and literary problems).

Seite 127 (6.d):
Mazal, NovTest 1967, 61/78 (Überlieferung des „Evangelium Pseudo-Matthaei").

Seite 127f (7.):
A. Vaillant, L'évangile de Nicodème, Genf–P 1968 (slav. u. lat. T).– M. Vandoni – T. Orlandi, Vangelo di Nicodemo, 1/2, Milano-Varese 1966 (Kopt. T, ÜK).– H. C. Kim, The Gospel of Nicodemus, Toronto 1973 (lat. T). ** Brock, JTS 1971, 157/9 (A fragment in Christian Palestinian Aramaic).– Cazzaniga, RILSL 1968, 535/48 (testo del „prologo" del Vangelo di N.).

Seite 129f:
J. Leipoldt, TU 101, 1967 (TÜ).– J.-E. Ménard, Lei 1975 (ÜK); dazu Bi 1977, 143/5.– Ph. de Suarez, Montélimar ²1975 (TÜK).– A. Guillaumont et al., The Gospel according to Thomas, Lei ²1976 (TÜ). ** Albanese, RTA 1976, 64/88 (Inwardness).– Baker, JTS 1965, 449/54 (Th. and the Diatessaron); NTS 1965/66, 49/55 (Th. and the Syriac „Liber graduum").– Bammel, VC 1969, 88/90 (Rest and rule).– Beardslee, [A. P. Wikgren, Lei 1972] 92/103 (Proverbs).– Bellet, StudPapyr 1969, 119/24 (Log. 50).– Dehandschutter, EThL 1971, 199/219 (Log. 109); [L'évangile du Luc, Gembloux 1973] 287/97 (Th. témoin d'un tradition prélucanienne?); OrLovaniensiaPer 6f, 1975f, 125/31 (Le lieu d'origine).– Ehlers, NovTest 1970, 284/317 (Th. nicht aus Edessa).– Frend, JTS 1967, 13/26 (rehabilitation possible?).– Haenchen, [NT und christliche Existenz, T 1973] 207/27 (Anthropologie).– Kim, Northeast Asia Journal of Theology 2, 1969, 19/30 (Th. and the historical Jesus).– Klijn, NovTest 1972, 70/7 (Christianity in Edessa and the Gospel of Th.).– Lincoln, NovTest 1977, 65/76 (Th.-Gospel and Th.-Community).– Marcovich, JTS 1969, 53/74 (Textual criticism).– Ménard, SP 14, 209/28 (Les problèmes).– Miller, NovTest 1967, 52/60 (Log. 18).– Mueller, VC 1973, 266/76 (Kingdom of heaven or kingdom of god?).– G. Quispel, Makarius, das Thomasevangelium und das Lied von der Perle, Lei 1967; [Aspects du judéo-christianisme, P 1965] 35/51 (Th. et les origines de l'ascèse chrétienne); NTS 1965/66, 371/82 (Th. and the „Gospel of the Hebrews"); JBL 1969, 321/30 (The Latin Tatian or Th. in Limburg).– Roberts, JTS 1970, 91/2 (Log. 30A).– Schoedel, Concordia theol. monthly 43, 1972, 548/60 (Parables).– Sevrin, RevThéolLouvain 1977, 265/92 (Paroles de Jésus et révélation gnostique).– Snodgrass, NTStud 1974, 142/4 (The parable of the wicked husbandmen).– R. Summers, The secret sayings of the living Jesus, Waco (Texas) 1968.

Seite 130 (2.):
Arai, NTS 1968/9, 302/18 (Christologie des A.).– Erbetta, Euntes docete 1969, 1/13; 100/50; 611/57.– Helmbold, JournNearEastStudies 1966, 259/72,– Janssens, Mu 1970, 157/65; 1971, 43/64; 403/32.– Kasser, RevTheolPhil 1964, 140/50; 1965, 129/55; 1966, 163/81; 1967, 1/30.– Kragerud, NTT 1965, 15/18 (Formanalyse).– N. R. Petersen, The literary problematic of the A. of J., Diss. Harvard Univ. 1967.

Seite 130 (3.):
M. Malinine et al., Epistula Jacobi Apocrypha, Lei 1968 (TÜK).– Schenke, OLZ 1971, 117/30 (ÜK). ** Janssens, Mu 1975, 97/101 (Traité de la Passion).

Seite 131 (5.):
J. D. Turner, The book of Thomas the Contender, Missoula 1975 (TÜK). ** Turner, [A. Böhlig, Lei 1972] 109/19.

Seite 132 (8.):
E. Amélineau, Pistis Sophia, P 1975 (Ü).– F. Bardeaux, P 1977 (Pistis Sophia, Ü). ** A. Kragerud, Die Hymnen der Pistis Sophia, Oslo 1967.– Widergren, [C. J. Bleeker, Lei 1969] 269/81 (Die Hymnen der P. S. und die gnostische Schriftauslegung).

Seite 134 (1.a):
Mara, StudMatStorRel 1967, 314/42.– Nautin, JTS 1974, 98/105 (Les Citations de la ‚Prédications de Pierre' dans Clément d'Alexandrie, Strom. VI, 39–41; Interpretation der drei Fragmente; Vorschläge für Textverbesserung; Kerygma ist nicht judenchristlich).– Paulsen, ZKG 1977, 1/37 (Kerygma P. und die urchristliche Apologetik).

Seite 135:
B. Rehm – F. Paschke, Die Pseudoklementinen, 1. Homilien, GCS, ^{2}1969; 2. Rekognitionen in Rufins Übersetzung, GCS, 1965. ** Braun [Qumran und das NT, T 1966] 2, 211/29 (Die Ebioniten und Ps.-Clem.).– Faivre, RevSR 1976, 97/111 (fonctions ecclésiales).– Klijn, NovTest 1968, 305/12 (Ps.-Clem. and the Apostolic Decree).– L. L. Kline, The sayings of Jesus in the Pseudo-Clementine homilies, Missoula 1975.– Kline, ZntW 1975, 223/41 (Harmonized Sayings of Jesus in the Pseudo-Clementine Homilies and Justin Martyr).– F. Pasche, Die beiden griechischen Klementinen-Epitomen und ihre Anhänge, B 1966.– Rius-Camps, Revista Catalana de Teologia 1, 1976, 79/158 (Las Pseudoclementinas. Bases filológicas para una nueva interpretación.– Riedinger, BZ 1969, 243/59 (Die Parallelen des Pseudo-Kaisarios zu den pseudoklementinischen Rekognitionen).– Schoeps, RSR 1972, 129/41 (Ursprung des Bösen und das Problem der Theodizee).

Seite 137 (2.):
Rohde, StudEv 5, 1968, 303/10 (Pastoralbriefe und Acta P.).

Seite 137 (3.):
Massart, Or 1969, 187/213 (Acta Andreae et Pauli, kopt. T, Ü, Bibliographie; Ü von Jacques wiederholt RSR 1970, 289/96).– Bauer, JbÖsterrByzantGes 1967, 35/8 (Ein Papyrusfragment der Acta Andreae et Matthiae). ★★

Seite 138 (4.):
F. Corsaro, Ca 1968 (TÜK).– van Esbroeck, AB 1975, 5/19 (Les formes géorgiennes des Acta Ioh., georg. T, lat. Ü). ★★ Brioso, Emerita 1972, 31/46 (‚Tanzhymnus' de Acta Ioannis 94–6).– Junod et Kaestli, RevThPhil 1976, 125/45 (théologie).– Miller, SP 13, 375/81 (Liturgical Materials).

Seite 139 (5.):
K. Zelzer, Die alten lateinischen Thomasakten, TU 122, 1978. – Zelzer, WSt 1971, 161/79; 1972, 185/212 (lateinische Fassungen der Acta Th.) – Conzelmann, ZntW 1976, 111/22 (3. Praxis).– J. N. Farguhar et G. Garitte, The Apostle Thomas in India according to the Acts of Thomas, Kerala 1972 (vgl. Mu 1972, 564).– Köbert, Or 1969, 447/56 (Perlenlied).– Ménard, RevSR 1968, 289/325 (Le „Chant de la Perle").– J. B. Segal, Edessa, the blessed city, O 1970.

Seite 139 (6.):
Peppermüller, VC 1971, 289/301 (griech. Papyrusfragmente der Doctrina Addai).

Seite 140 (8.):
V. Arras, CSCO 342f, 1973 (De transitu Mariae apocrypha aethiopice, TÜ).– van Esbroeck, AB 1974, 125/63 (Transitus ps.-basilien, georg. T, lat. Ü). ★★ Montagna, Marianum 1965, 177/95 (Transitus S. Mariae dello Ps.-Melito).

Seite 143 (3.):
Th. Silverstein, Visiones et revelaciones S. Pauli. Una nuova tradizione di testi latini nel medio evo, R 1974. ★★ Olivar, SE 1967/68 550/4 (‚Liber Infernalis' o ‚Visio Pauli').

Seite 143 (4.):
Kasser, RevTheolPhil 1969, 259/63 (Ü). ★★ Kasser, Mu 1965, 299/306 (Apocal. de Paul, Jacques et Adam).

Seite 143 (5.):
Kasser, RevTheolPhil 1968, 163/86 (Les deux Apocalypses de Jacques).– Schoedel, NovTest 1970, 118/29 (Scripture and the seventy-two heavens).

Seite 144 (6.):
W.-P. Funk, Die zweite Apokalypse des Jakobus aus Nag-Hammadi-Codex V, B 1976 (TÜK). ** Brown, NovTest 1975, 225/37.– Schenke, [Probleme der kopt. Literatur, Halle-Wittenberg 1968] 109/14 (exeget. Probleme).

Seite 145f:
Daniélou, RÉL 1970, 357/75 (La littérature latine avant Tertullien).

Seite 146:
J. Fontaine, Aspects et problèmes de la prose d'art latine au IIIe siècle. La genèse des styles latins chrétiens, To 1968.– Obán, VC 1976, 214/38 (erste Zeugnisse des Christenlateins).– Quispel, [J. H. Waszink, A 1973] 275/9 (African Christianity before Tertullian).

Seite 147f:
E. Paratore, Bari 1971 (TÜK).– J. Beaujeu, P ²1974 (TÜK).– G. W. Clarke, ACW 39, 1974 (ÜK). ** Abel, RhM 1969, 248/83 (Textproblem).– L. Bärwinkel, Der Octavius des M. F. und der Dialogus de oratoribus des Tacitus, L 1970.– C. Becker, Der „Octavius" des M. F. Heidnische Philosophie und frühchristliche Apologetik, SbMn 1967, 2.– Duval, REAug 1973, 56/8 (La lecture de l'O. à la fin du IVe s.).– W. Fausch, Die Einleitungskapitel zum Octavius des M. F., Diss.-Zü 1966.– Frassinetti, Athenaeum 1968, 327/44 (Finzione e realtà nell'Octavius).– Geisau, PWK Suppl. 81, 1968, 952/1002; 1365/78.– Herrmann, Lat 1966, 949f (13,4; 22,6).– Kytzler, Tr 1966, 419/35 (Notae Minucianae).– Mühl, RhM 1968, 69/78 (Problem der Christologie).– O'Conner, ClassFolia 1976, 165/73 (The conflict of rhetoric).– Paratore, [M. Pellegrino, To 1975] 361/94 (Il c. 17 dell'Apologeticum e il c. 18 dell'Octavius).– S. Pezzella, Cristianesimo e paganesimo romano. Tertulliano e M. F., Bari 1972.– I. Vecchiotti, La filosofia politica di M. F., Urbino 1973.– Vermander, REAug 1971, 13/25 (Celse, source et adversaire de M. F.); REAug 1974, 225/33 (M. F., le règne de Caracalla et le pontificat du pape Calixte).– Wiesen, Her 1971, 70/91 (Virgil, Min. Fel. and the Bible).

Seite 149/151:
T. D. Barnes, Tertullian. A historical and literary study, O 1971; dazu Petitmengin, REAug 1973, 177/85.– Barnes, SP 14, 3/20 (Tertullian the Antiquarian).– Boularand, BLE 1973, 279/89 (T. et la conversion de la culture antique).– R. Braun, Deus christianorum, P ²1977; [J. Daniélou, P 1972] 21/8 (l'exégèse de I Cor. 7).– Bray, VC 1977, 94/116 (The Legal Concept of ratio).– Buchheit, RQS 1974, 133/42 (T. und die Anfänge der christlichen Kunst).– G. Claesson, Index Tertullianeus, 1/3, P 1974/5.– Fanin, Laurentianum 1974, 402/33 (Le parabole evangeliche in T.).– Fontaine, StudMatStorRel 1967, 197/216 (diabolus interpolator).– J.-C. Fredouille, T. et la conversion de la culture antique, P 1972.– J. E. L. van der Geest, Le Christ et l'Ancien Testament chez T., N 1972.– Gero, CH 1970, 285/98 (Miles gloriosus. The Christian and military service according to T.).– Groh, CH 1971,

7/14 (polemic against social co-optation); SP 14, 1976, 41/7 (Upper-Class Christians in Tertullian's Africa).– Haendler, [W. Elliger, Witten 1968] 50/60 (lateinische Bibelzitate in Frühschriften aus dem Jahre 197).– R. Klein, T. und das Römische Reich, Hei 1968.– Maistre, RSPhTh 1967, 617/43 (Traditio).– Martini, Studia et documenta historiae et juris 1975, 79/124 (T. giurista e Tertulliano padre delle Chiesa).– Memoli, Aev 1966, 1/34 (parisosis).– T. P. O'Malley, Tertullian and the Bible. Language, imagery, exegesis, N 1967.– Powell, VC 1975, 33/54 (Tertullianists and Cataphrygians).– Quacquarelli, VetChrist 1973, 5/45 (L'antimonarchianesimo di T. e il suo presunto montanismo).– Th. G. Ring, Auctoritas bei Tertullian, Cyprian und Ambrosius, Wü 1975.– Roca Meliá, Hel 1970, 177/247; 373/419 (Los campos semánticos de mundus en T.); Hel 1972, 417/49 (El campo semántico de saeculum y saecularis).– Rordorf, VC 1969, 105/141 (Beurteilung des Soldatenstandes).– F. Sciuto, La gradatio in T., Ca 1966.– R. D. Sider, Ancient rhetoric and the art of T., Lo 1971. JTS 1973, 405/23 (On Symmetrical Composition in Tertullian).– M. Spanneut, T. et les premiers moralistes africains, Gembloux 1969.– L. Stäger, Das Leben im römischen Afrika im Spiegel der Schriften T.s, Zü 1973.– J. Steinmann, Tertullien, P 1967.– A. Stötzel, Christlicher Glaube und römische Religiosität bei T., Diss. Mn 1972.

Seite 151 (1.):
A. Schneider, R 1968 (Ad nat. I, TÜK). ** Brox, VC 1973, 46/9 (Tert. ad nat. 1, 8, 9f).

Seite 152 (2.):
P. Frassinetti, Apologeticum, To 1965 (T).– E. Brühl, 1/2, Mr 1966 (T).– E. Paratore – E. Buonaiuti, Bari 1972 (TÜK). ** Azzali, VetChrist 7, 1970, 247/52 (apol. 50, 12).– Bauman, JournRelHist 1966f, 175/83 (T. and the crime of sacrilegium).– Bühler, Phil 1965, 121/33 (Gemeinsamer Archetypus der beiden Überlieferungsstränge?).– Castillo, Emerita 1967, 315/34 (Estructura y composición).– Evans, SP 14, 21/36 (Problem of Church and Empire).– P. Frassinetti, T. e l'Apologetico, Genua 1974.– Keresztes, Lat 1966, 124/33 (Historical and literary study).– Paratore, [M. Pellegrino, To 1975] 361/94 (Il c. 17 dell' Apologeticum e il c. 18 dell' Octavius).– Swift, Lat 1968, 864/77 (Forensic rhetoric in T.'s apol.).– Vermander, REAug 1970, 205/25 (répliques à Celse dans l'Apol.).

Seite 152 (3.):
Brox, ZkTh 1969, 70/5 (Anima naturaliter non christiana).

Seite 153 (5.):
Frend, SP 10, 1970, 291/6 (T. and the Jews).

Seite 154 (6.):
Bastiaensen, VC 1977, 35/46 (Praescript. haer. 20, 1ff).– D. Michaelides, Foi, Écritures et Tradition. Les „Praescriptiones" chez T., P 1969.– Sergène, [Jean Macque-

ron, Aix-en-Provence, 1970] 605/12 (De praesc. haer. XXXVII, 4 et la longi temporis praescriptio).

Seite 155 (7.):
E. Evans, 1/2, O 1972 (TÜ).– C. Moreschini, Mi 1971 (T). ** Evans, JTS 1973, 24/39 (Adv. Marc. 4, 19, 10: Sentius Saturninus).– Fredouille, REAug 1967, 1/13 (Adv. Marc. 1, 29: Deux états de la rédaction).– Mahé, RevSR 1971, 358/71 (T. et l'Epistula Marcionis).– Meijering, VC 1976, 81/108 (Polemik gegen Marcion).

Seite 155 (9.):
A. Marastoni, Padova 1971 (TÜK). ** Fredouille, VC 1966, 45/79 (Tkr.).

Seite 155 (10.):
Barnes, JTS 1969, 105/32.

Seite 155 (11.):
J. P. Mahé, SCh 216f, 1975 (TÜK). ** Mahé, SP 14, 1976, 48/61 (Eléments de doctrine hérétiques).

Seite 155 (12.):
Duval, REAug 1971, 227/78 (T. contre Origène sur la résurrection de la chair dans le contra Iohannem Hierosolymitanum).– Sider, VC 1969, 177/96 (structure and design).– P. Siniscalco, Ricerche sul De resurrectione di T., R 1968.

Seite 156 (14.):
B. Luiselli, To ²1968 (TK).– F. Refoulé – M. Drouzy, P 1976 (TÜK). ** Botte, [J. Daniélou, P 1972] 17/20 (bapt. 7, 1; 8, 2).– Diego, EE 1969, 91/104 (significado eclesial del De bapt.).– Gistelinck, EThL 1967, 532/55 (Doopbad en geestesgave bij Tertullianus en Cyprianus).– E. Karlic, El acontecimiento salvífico del bautismo según T., Vitoria 1967.– Rézette, Ant 1974, 14/46 (La condition du chrétien).– C. Vona, Consonanze ed echi del De baptismo di T. nella letteratura dell'evo patristico, R 1967.

Seite 156 (16.):
Tibiletti, Augustinianum 1975, 309/23 (Stoicismo nell' Ad mart.).

Seite 157 (17.):
Horbury, JTS 1972, 455/9 (spect. 30, 5/6).

Seite 157f (21.):
M. Turcan, SCh 173, 1971 (TÜK). ** Crouzel, BLE 1973, 3/13 (mariage chrétien).– Rambaux, REAug 1976, 3/28; 201/17 (La composition et l'exégèse dans les deux lettres Ad uxorem, le De exhortatione castitatis et le De monogamia).

Seite 158 (23.):
Otranto, VetChrist 8,1971, 27/47 (exh.cast. 7,3: laici sacerdotes).– Rambaux, REAug 1976, 1/28; 201/17; 1977, 18/55 (T. sur le remariage).

Seite 158 (25.):
Ch. Stücklin, Bern 1974 (TÜK).– E. Schulz-Flügel, Gö 1977 (TÜK). **

Seite 158 (26.):
J.Fontaine, P1966(TK).** Bayet, RAC1967, 21/32 (En relisant le „De corona").– Freudenberger, Historia 1970, 579/92 (Anlaß zu De cor.).– Gero, CH 1970, 285/98 (The christian and military service according to T.).– H. Quellet, Concordance verbale du De corona de Tertullien. Concordance, index, listes de fréquence, bibliographie, Hildesheim 1975.– Rordorf, VC 1969, 105/41 (Beurteilung des Soldatenstandes).

Seite 159 (30.):
Fascher, ThLZ 1974, 9/12 (De pud. 13/16).– Vokes, SP 14, 1976, 62/76 (Penitential Discipline in Montanism).

Seite 159 (31.):
S. Costanza, Na 1968 (TÜK). **

Seite 160 (32.):
Dando, CM 1965, 258/75 (Alcimus Avitus, the author of the De res.).– Mahé, REAug 1970, 3/24 (Le traité perdu Adv. Apelleiacos et la chronologie de la triade anti-gnostique).– Pérez del Valle, Hel 1970, 79/113 (De fato).

Seite 160/163 (Lehre):
Bévenot, [E. Dekkers, Turnhout 1975] 1, 125/37 (Christian ‚priesthood').– Børresen, NorskTeolTidsskr 1969, 102/15 (ideenhistor. Voraussetzungen für T.'s Anthropologie).– Braun, Bull.Ass.G. Budé 1971, 231/52 (T. et la philosophie païenne).– Brück, VC 1975, 276/90 („Genugtuung").– Campos, Salmanticensis 1968, 317/49 (lenguaje filosófico de T. en el dogma trinitario).– Cantalamessa, SP 9, 139/50 (T. et la formule christologique de Chalcedoine).– González, CH 1974, 17/25 (Reason and Authority).– D. Michaélidès, Sacramentum chez T., P 1970.– Mohrmann, [J. H. Waszink, A 1973] 233/42 (Quelques observations sur ‚sacramentum').– J. Moingt, Théologie trinitaire de T., 1/4, P 1966/9.– RevSR 1970, 337/62 (Dieu unique chez T.).– Scaglioni, Aev 1972, 183/215 (1 Cor. 1,18–2,5).– Stanula, StudTheolVarsaviensia 9, 1971, 105/45 (Les éléments montanistes dans l'ecclésiologie).– I. Vecchiotti, La filosofia di T., Urbino 1970.– Verstegen, BiNJ 1974, 393/410 (L'Église).

Seite 165:
Brox, VC 1966, 150/8 (Kelsos und H.).– Guarducci, RendPontAccRomArch

1974f, 163/90 et 22 fig. (La statua di ‚sant'Ippolito' in Vaticano).– Hanssens, Arch.hist.Pont. 3, 1965, 7/29 (H. Novatianiste?).– Reutterer, ZkTh 1973, 286/310 (Legendenstudien um den hl. H.).– Richard, DSp 7, 531/71; SP 12, 51/70 (Les difficultés d'une édition des œuvres d'H.).– Ricerche su Ippolito, R 1977.

Seite 166 (1.):
Bogaert, Ancient Society 4, 1973, 239/70 (Changeurs et banquiers chez les Pères de l'église).– van den Broek, VC 1973, 35/45 (The shape of Edem according to Justin the Gnostic).– Burchard, Journal for the Study of Judaism 1977, 1/41 (Die Essener bei Hippolyt).– J. Frickel, Die „Apophasis Megale" in Hippolyt's Refutatio (VI, 9–18), R 1968; Mu 1972, 425/50 (Paradiesflüsse); [G. Widengren, Lei 1972] 1, 413/23 (Gen. 1,26).– H. Gülzow, ZntW 1967, 102/21 (Kallist; Soziologie der römischen Gemeinde); Christentum u. Sklaverei, Bonn 1969, 146/172 (Kallistus).– K. Koschorke, Hippolyts Ketzerbekämpfung und Polemik gegen die Gnostiker, Wiesbaden 1975.– Marcovich, 1968, 83/92 (Textkr.); JTS 1973, 195f (refut. 10,33,9); SP 7, 255/64 (H. and Heraclitus).– Ramnoux, Rev. philos. de la France 1967,31/41 (Refut. 7, 383/99).– J. M. A. Salles Dabadie, Recherches sur Simon le Mage I. L'Apophasis Mégalè, P 1969; dazu Frickel, WSt 1972, 162/84.– Santer, JTS 1973, 194/5 (refut. 10,33,9).– Simonetti, VetChrist 1970, 115/24 (interpolazioni della Predica dei Naasseni).

Seite 166 (2.):
Richard, REB 1966, 257/77 (Comput de cent douze ans).

Seite 167 (3.):
G. Garitte, CSCO 263f, 1965 (Traités sur David et Goliath, sur le Cantique des cantiques et sur l'Antéchrist; georg. T, lat. Ü).– Richard, Mu 1965, 257/90; 1966, 61/94; 1967, 327/64 (Fragments du commentaire sur les Proverbes). ** Dassmann, RQ 1966, 121/44 (Hoheliederklärung).– Müller, Z. f. Slawistik 1965, 64/105 (russisch-kirchenslavische Handschrift De antichr.).– Nautin, RHR 1971, 137/79 (L'homélie d'H. sur le psautier et les œuvres de Josipe).– Pricoco, Orph 1965, 133/55 (struttura letteraria del De Christo et Antichristo).– Prigent, TZ 1972, 391/412 (H. commentateur de l'Apocalypse).– P. Prigent – R. Stehly, TZ 1973, 313/33 (Les fragments du De Apocalypse).– Richard, [J. Coppin, Lille 1966] 13/21 (H. a-t-il commenté l'histoire de Samson?); [J. Quasten, Mr 1970] 1, 69/78 (Pour une nouvelle édition du comm. sur Daniel); RevHistTextes 1972, 1/10 (Danielkommentar); RevHistTextes 1973, 15/8 (Le chapitre sur l'Église du commentaire sur Daniel).– Rondeau, RHR 1967, 1/51 (polémiques concernant le Psautier).

Seite 168 (5.):
Garitte, Mu 1965, 119/72 (Le traité géorgien „Sur la foi" attribue à H.). ** Aubineau, RivStorLettRel 1971, 70/81 (Citations du Ps.Chrys. In pascha s. VII).– R. Cantalamessa, L'Omelia „In s. Pascha" dello Ps.-Ippolito di Roma, Mi 1967.– Garitte, RHE 1968, 835/43 (De fide géorgien abhängig von Agathang.).

Seite 169:
L. Bertsch, Die Botschaft von Christus und unserer Erlösung bei H. von Rom, Trier 1967.– Reijners, [Ch. Mohrmann, Ut 1973] 13/24 (Cross symbolism).

Seite 171f:
G. F. Diercks, CCL 4, 1972.– V. Loi, La Trinità, To 1975 (TÜK).– R. J. DeSimone, FathCh 67, 1974. ** Daniélou, [J. H. Waszink, A 1973] 71/80 (N. et le De mundo d'Apulée).– Diercks, VC 1971, 121/30 (De bono pud.; Ad Novatianum); SE 1969f, 27/31 (De trin.).– Loi, RCCM 1971f, 136/77 (La latinità cristiana nel De Trinitate); Augustinianum 1974, 201/21 (Vetus latina).– Petitmengin, REAug 1975, 256/72 (zur Edition von Diercks).– R. J. DeSimone, The treatise of N. the Roman presbyter on the Trinity, R 1970.– H. J. Vogt, Coetus sanctorum. Der Kirchenbegriff des N. und die Geschichte seiner Sonderkirche, Bonn 1968.

Seite 173:
Lomiento, VetChrist 1968, 23/60 (La Bibbia nella compositio della Vita).

Seite 173f:
M. Bévenot – C. Moreschini – M. Simonetti – R. Weber, CCL 3/3A, 1972/6.– M. Bévenot, O 1971 (De un.; De laps.; TÜ).– C. Faila, R 1967 (Ad Don.; De un.; De or., ÜK).– G. Sirolli, 1/2, Siena 1969 (trattati e lettere, Ü). ** Alföldy, Historia 1973, 479/501 (Krise des röm. Reiches).– Clarke, Lat 1965, 633/8 (secular profession).– M. A. Fahey, C. and the Bible, T 1971.– Granfield, ThSt 1976, 41/52 (Episcopal elections in Cyprian. Clerical and lay participation).– Petitmengin, REL 1968, 330/78 (Cod. Veronensis); RevHistText 2, 1972, 197/230 (5 Mss.).– Ruysschaert, RHE 1966, 455/84 (commémoration de C. et de Corneille in Callisti).– Ch. Saumage, Saint Cyprien, évêque de Carthage, ‚pape' d'Afrique, P 1975.– V. Saxer, Vie liturgiue et quotidienne à Carthage vers le milieu du IIIe siècle. Le témoignage de saint Cyprien et de ses contemporains d'Afrique, R 1969.– Schweitzer, ALW 1970, 69/84 (Liturgie in Nordafrika zur Zeit C.'s).– Speigl, RQS 69, 1974, 30/45 (iudicium dei bei der Bischofseinsetzung).– Simonetti, Studi medievali 1971, 865/97 (traduzione manoscr.).– G. S. M. Walker, The churchmanship of St. C., Lo 1968.

Seite 175f:
M. Bévenot, De lapsis et De eccl. cath. unitate, Lo 1971 (TÜ; dazu ep. 55; 79). ** Bévenot, EThL 1966, 176/95 (Épiscopat et primauté chez C.).– Campeau, Sciences ecclésiastiques 1967, 81/110; 255/75 (Le texte de la primauté dans le „De catholicae Ecclesiae unitate").

Seite 176 (5./7.):
L. Alfonsi, [M. Pellegrino, To 1975] 53/58 (De dom. or.).– Fraenkel, SP 10, 71/6 (Solus dominus misereri potest. Saint Cyprian, De lapsis, ch. XVII, et le problème de son interprétation).

Seite 177:
Balboni, [G. Lercaro, R 1966] 1, 441/51 (ep. 38).– R. B. Donma, FathCh 51, 1965 (ep. 1–81, Ü) ** Clarke, Lat 1971, 1141/5 (The Spanish bishops of ep. 67); HThR 1973, 147/52 (Ep. 64 and the kissing of feet in baptism); Lat 1972, 1053/7; 1975, 437/48 (prosopographical notes).– L. Duquenne, Chronologie des lettres de S. Cyprien. Le dossier de la persécution de Dèce, Bru 1972.– H. Gülzow, Cyprian und Novatian. Der Briefwechsel zwischen den Gemeinden in Rom und Karthago zur Zeit der Verfolgung des Kaisers Decius, T 1975.– Haendler, ThLZ 1972, 561/8 (Gal. 2, 11 ff).– Myszor, Studia theol. Varsaviensia 9, 1971, 147/90 (problème de l'hérésie).– Saxer, REAug 1977, 56/62 (date de ep. I).

Seite 178:
D. van Damme, Ps.-Cyprian, Adversus Iudaeos. Gegen die Judenchristen. Die älteste lateinische Predigt, FrSch 1969; dagegen van der Lof, ZKG 1972, 106/9; Weijenborg, Ant 1972, 617/40. ** Bruns, VC 1972, 112/6 (De montibus Sina et Sion: biblical citations).– Daniélou, VC 1971, 171/81 (De cent. et le judéo-christianisme latin avant Tert.; Umarbeitung einer judenchristlichen Predigt des 2. Jh.).– Gennaro, CCL 85, VII/XXII (Liber ad Renatum monachum benützt De sing.).– Petitmengin, REAug 1974, 15/35 (Ps. Cypr. CPL 63).

Seite 180:
Bévenot, EThL 1966, 176/95 (Épiscopat et primauté).– Collarini, Laurentianum 1973, 81/119; 251/78 (unità della chiesa).– Fietta, SP 12, 1975, 376/416 (salus extra ecclesiam non est).– Haendler, EvMissZ 1966, 184/93 (Ketzertaufstreit als ökumenisches Problem).– Halliburton, SP 11, 192/8 (doctrine of the church).– P. Hinchliff, Cyprian of Carthage and the unity of Christian Church, Lo 1974.– Kirchner, ZKG 1970, 290/307 (Ketzertaufstreit).– Martinez Bouzas, RET 1975, 3/20 (primado y autonomía de las iglesias locales).– Matellanes, Communio 1, 1968, 19/64; 347/401 (comunión eclesial); Communio 1973, 285/335 (La presencia de Cristo en la Iglesia).– J. Ratzinger, Das neue Volk Gottes, Düsseldorf 1970, 341/52 (salus extra ecclesiam).– Renaud, RTAM 1971, 5/68 (L'église comme assemblée liturgique).– U. Wickert, Sacramentum Unitatis. Ein Beitrag zum Verständnis der Kirche bei C., B 1971.

Seite 181:
Ford, SP 11, 158/65 (trinitarian images).– E. Gallicet, [M. Pellegrino, To 1975] 43/52 (Cipriano e la Bibbia).– Gaudette, Laval théol. philos. 1971, 163/90; 251/80 (Baptême et vie chrétienne).– Spanneut, [J. Coppin, Lille 1966 = MSR, Suppl.] 7/11 (patience et temps).– Studer, Augustinianum 1976, 427/56 (Soteriologie).

Seite 182:
A. Salvatore, 1/2, Na 1965f (Instr. I, TK). ** Callebat, Pallas 13, 1966, 85/94 (Tradition et novation dans la poésie de C.).– Daniélou, [M. Pellegrino, To 1975] 59/69 (Les ‚Testimonia' de Commodien).– Heck, VC 1976, 72/76 (Iuppiter-Iovis bei

Commodian).– Opelt, VC 1970, 290/9 (Schimpfwörter).– A. Salvatore, Commodianea. Rilievi critici ed esegetici sul Carmen Apologeticum di Commodiano, Na 1970; Interpretazioni Commodianee, Na 1974; VetChrist 5, 1968, 111/30 (Lex secunda e interpretazione biblica); VetChrist 1973, 343/50 (Ps. 110); [M. Pellegrino, To 1975] 395/415 (Annotazioni sul ‚Carmen apologeticum').– F. Schmidt, [M. Philonenko et alii, Pseudépigraphes 1, P 1967] 11/25 (Une source essénienne chez C.).– Visser, NAKG 1965f, 131/6 (Een of twee antichristen).

Seite 184f:
J. van der Putten, Arnobii adv. nationes 3, 1–19, Lei 1970 (TK). ** L. Berkowitz, Index Arnobianus, Hildesheim 1967.– P. Krafft, Beiträge zur Wirkungsgeschichte des älteren Arnobius, Wiesbaden 1966; dazu Petitmengin, REL 1967, 168/72.– Le Bonniec, BullAssGBudé 1974, 201/22 (cultes païens).– McDonald, SP 9, 75/81 (doctrine of God).– Opelt, WSt 1975, 161/73 (Schimpfwörter).– van der Putten, VC 1971, 40/50 (Tkr.); VC 1971, 52/55 (existence des dieux).

Seite 185:
M. F. McDonald, FathCh 54, 1965 (The minor works, Ü). ** Barnes, JRomStud 1973, 29/46 (L. and Constantine).– Doignon, REL 1973, 208/19 (Lactance intermédiaire entre Ambroise de Milan et la Consolation de Cicéron?).– Dominguez del Val, Hel 1972, 289/323 (El senequismo de L.).– Fàbrega, JbAC 1974, 126/46 (chiliastische Lehre).– Gigon, [J. H. Waszink, A 1973] 145/80 (Posidoniana–Ciceroniana–Lactantiana).– Lacandia, VetChrist 4, 1967, 73/83 (Forme sentenziose).– Lamirande, DSp 9, 48/59.– Lausberg, SP 13, 29/34 (Christliche Nächstenliebe und heidnische Ethik bei Laktanz).– V. Loi, Lattanzio nella storia del linguaggio e del pensiero teologico pre-niceno, Zü 1970; Salesianum 1965, 65/132 (I valori etici e politici della Romanità); 1966, 583/624 (etica); RSLR 4, 1968, 237/87 (Cristologia e soteriologia nella dottrina di Lattanzio).– Speigel, RQ 1970, 15/28 (Kirchenbegriff).– Swift, TP 1965, 439/48 (Arnobius and L.); AJPh 1968, 144/56 (L. and the golden age).– Vogt, Saeculum 1968, 344/61 (Toleranz und Intoleranz im constantinischen Zeitalter).– J. Wojtczak, De Lactantio Ciceronis aemulo et sectatore, Warszawa 1969.

Seite 187 (1./4.):
H. Kraft – A. Wlosok, De ira Dei, Darmstadt ²1971 (TÜK).– P. Monat, SCh 204f, 1973 (Inst. V, TÜK).– M. Perrin, SCh 213f, 1974 (De opif. dei, TÜK).– U. Boella, Fi 1973 (Div. inst.; De op. dei; De ira dei, TÜ). ** F. Gloning, De vera sapientia et religione. Kommentar und Untersuchungen zum 4. Buch der Div. inst., Diss. Salzburg 1967.– Goulon, REAug 1973, 39/55 (Un jeu de mots Div. inst. 3, 8, 10).– E. Heck, Die dualistischen Zusätze und die Kaiseranreden bei L., Untersuchungen zur Textgeschichte der „Divinae institutiones" und der Schrift „De opificio Dei", Hei 1972; VC 1969, 273/92 (Text von De opif. Dei); SP 13, 185/188 (Die dualistischen Zusätze und die Kaiseranreden bei Lactanz).– Kissel, VC 1973, 123/8 (De opif. 19, 10).– Loi, [Ch. Mohrmann, Ut 1973] 61/79 (Div. inst. IV composto in

Gallia?).– Nautin, REAug 1975, 273/88 (Les additions du ms. de Bologne au De op. dei).– H. W. A. van Rooijen-Dijkman, De vita beata. Het zevende boek van de Divinae institutiones van Lactantius. Analyse en bronnenonderzoek, Assen 1967.– Stevenson, SP 7, 291/8 (Epitome).

Seite 187 (5.):
F. Corsaro, De mortibus persecutorum, Ca 1970 (TÜK). ** Amarelli, Studia et documenta hist. et iuris 36, 1970, 207/64 (De mort. nei suoi rapporti con l'ideologia coeva).– F. Corsaro, Lactantiana. Sul de mortibus persecutorum, Ca 1970.– de Decker, RBPh 48, 1970, 914 f (Echtheit).– Palanque, [Mél. J. Carcopino, P 1966] 711/6 (date du De mort.).– Opelt, JbAC 1973, 98/105 (Formen der Polemik).– Ruggini, RivStorLettRel 1968, 433/47 (De morte persecutorum e polemica antibarbarica nella storiografia pagana e cristiana).– Walsh, [J. Quasten, Mr 1970] 2, 521/6 (image of the church in De mort.).

Seite 188 (6.):
E. Messmer, L. und die Dichtung, Diss. Mn 1974.– Stock, ClassMediaev 1965, 246/57 (Cosmology and rhetoric in the Phoenix).– R. van den Broek, The myth of the phoenix according to classical and early Christian traditions, Lei 1972.– M. Walla-Schuster, Der Vogel Phoenix in der antiken Literatur und der Dichtung des Laktanz, Wien 1969.

Seite 190:
Abramowski, ZKG 1968, 358/62 (Peripatetisches bei späten Antiochenern).– Knauber, MThZ 1968, 182/203 (Schule des Origenes zu Cäsarea).– C. Schäublin, Untersuchungen zur Methode und Herkunft der antiochenischen Exegese, Bonn 1974.

Seite 191:
J. Ferguson, Clement of Al., NY 1974; Religious studies 1976, 59/80 (The achievement of C.).– Knauber, [J. Quasten, 1970] 1, 289/308 (patrologische Schätzung des C.).– S. R. C. Lilla, C. of Al.: A study of Christian Platonism and Gnosticism, O 1971.– M. Mees, Die Zitate aus dem Neuen Testament bei C. v. Al., 1/2, Bari 1971.– B. Mondin, Filone e Clemente, To 1968.– Normann, [J. Höfer, Fr 1967] 254/61 (Didaskaleion als Bezeichnung für die Kirche).– Oreja, Hel 1950, 402/52 (C. und die Schule von Al.).– Szymusiak, Studia theologica Varsaviensia 1971, 289/302 (C. et les valeurs classiques).– van Eijk, VC 1971, 94/120 (The Gospel of Philip and C. of A.).– Wagner, JournRelHist 1970/71, 209/31 (Attitudes and interpretations of C.); CH 1968, 251/60 (literary problem in major writings).– J. Wytzes, Clemens Alexandrinus en zijn Griekse vroomheid, Kampen 1966.– G. Zaphiris, Le Texte de l'Évangile selon S. Matthieu d'après les citations de C. d'Al. comparées aux citations des pères et des théologiens grecs du IIe au XVe siècle, Gembloux 1970.

Seite 192f:
H. I. Marrou – M. Harl – C. Mondésert – Ch. Matray, SCh 70; 108; 158; 1960/70 (Paed., TÜK).– M. G. Bianco, To 1971 (Protrept.; Paed., Ü). ** Alfonsi, [J. H. Waszink, A 1973] 1/3 (Uno spunto Posidoniano).– Altendorf, ZntW 1967, 129/38 (Siegelbildvorschläge).– Bergotis, Θ 1967, 633/45 (Pastorale Gedanken im Paed. I).– Bonis, Θ 1970, 47/63 (humanistisches Ideal nach Protrept.).– Knauber, MThZ 1972, 311/34 (Paidagogos als katechumenales Handbuch).– Maser, WZHalle 1973, 65/70 (Die Siegelbildvorschläge des C. und das spätantike rabbinische Judentum).– Mees, Augustinianum 1972, 425/35 (Text- und Bibelvarianten in Paidagogos).– H. Steneker Πειθοῦς δημιουργία. Observations sur la fonction du style dans le Protreptique de C. d'Al., N 1967.– Vermander, REAug 1977, 3/17 (répliques à Celsus dans le Protr. de Clem. d'Al.).

Seite 193f (3.):
Bolgiani, StudMatStorRel 1967, 86/136 (polemica contro gli gnostici libertini del strom. 3).– A. Méhat, Étude sur les Stromates de C. d'Al., P 1966; [La Bible et les Pères, P 1971] 229/42 (Les citations de l'Ancien Testament); [J. Daniélou, P 1972] 355/65 (C. et les sens de l'écriture).– Nautin, VC 1976, 268/302 (La fin des Stromates et les Hypotyposes).– Tardieu, VC 1974, 241/7 (strom. 2,7,3f).– Wojtczak, Studia theologica Varsaviensia 1971, 263/88 (C. et la philosophie d'après les ‚Stromata').

Seite 194f:
A. Pieri, R 1965 (Quis dives s.; Esortazione alla pazienza; ÜK).– M. Smith, C. of Al. and a secret Gospel of Mark, Ca/Mass. 1973 (TÜK); dazu Hanson, JTS 1974, 513/21; Brown, CBQ 1974, 466/85, ferner CBQ 1976, 196/9; 200/3. ** C. Curti, Osservazioni sul Quis dives salvetur di C. Al., To 1968.– Orbe, Gr 1968, 726/61 (exc. ex Theod. 80,3).

Seite 196f:
M. Berciano, Kairos. Tiempo humano e histórico – salvífico de C. de A., Ma 1974 (Excerptum).– J. Bernard, Die apologetische Methode bei K. von Al. Apologetik als Entfaltung der Theologie, L 1968.– Bradley, Augustinianum 1974, 41/66 (transformation of the stoic ethic).– A. Brontesi, La soteria in C.Al., R 1972.– J. P. Broudéhoux, Mariage et famille chez C. d'Al., P 1970.– Danieli, StPat 1970, 234/80 (Cristologia di Paolo).– Daniélou, Augustinianum 1972, 5/18 (La tradition).– Dupuy, [Le service théologique dans l'Église, P 1974] 151/61 (prophétie et théologie).– W. E. G. Floyd, C. of Al.'s treatment of the problem of evil, Lo 1971.– Fortin, SP 9, 1966, 41/56 (C. and the esoteric tradition).– Horn, Her 1969, 489/96 (allegorische Exegese).– R. Mortley, Connaissance religieuse et herméneutique chez Clément d'Alexandrie, Lei 1973; VC 1976, 109/20 (The mirror and 1 Cor 13,12 in the epistemology of C.).– Normann, [J. Höfer, Fr 1967] 254/61 (Didaskaleion. Eine Bezeichnung für die Kirche).– Oyen, IKZ 1965, 102/20; 1966, 27/47 (Engelpneumatologie).– Paulsen, Concordia Theological Monthly 43, 1972, 3/20 (Ethical

Individualism).– Pépin, [J. Daniélou, P 1972] 375/83 (La vrai dialectique selon C.).– O. Prunet, La morale de C. d'Al. et le NT, P 1966.– Richardson, SP 9, 1966, 87/97 (Chrysippus and C.).– Riedinger, VC 1975, 15/32 (antimarkionitische Polemik).– Ritter, ZKG 1975, 1/25 (Eigentum, Armenfrömmigkeit, stoische Ethik).– Ruiz Jurado, RHSpir 1972, 5/23 (Le concept de „monde").– K. Schmöle, Läuterung nach dem Tode und pneumatische Auferstehung bei K. von Al., Mr 1974; TrThZ 1973, 304/12 (Gnosis und Metanoia. Die anthropologische Sicht der Buße).– E. Schrofner, „Gnostisches" Christentum bei Clemens von Alexandrien. Untersuchung zum Glaubensverständnis in der Alexandrinischen Kirche des ausgehenden zweiten Jahrhunderts, Innsbruck 1969.– Tissot, RivStorLettRel 1975, 167/97 (Hénogamie et remariage).– W. H. Wagner, The paideia motif in the theology of C. of Al., Diss. Madison 1968.

Seite 199f:

M. Harl, SCh 189f, 1972 (La Chaîne pal. sur le Ps. 118: darin zahlreiche O.-Fragmente).– É. Junod, SCh 226, 1976 (Philocalie 21–27, TÜK). ** H. Bietenhard, Caesarea, O. und die Juden, St 1974.– H. Crouzel et al. (Hg.), Origeniana. Premier colloque international des études originiennes 1973, Bari 1975.– H. Crouzel, Bibliographie critique d'O., 1971 (bis 1969); BLE 1970, 15/27 (L'école d'O. à Césarée).– R. Farina, Bibliografia origeniana 1960/1970, To 1971 (auch Salesianum 1970, 619/702).– Ferguson, CH 1974, 26/33 (O. and the election of bishops).– Grant, [M. Pellegrino, To 1975] 635/49 (Eusebius and his Lives of O.).– Hanson, VC 1966, 81f (O.'s self-mutilation).– Junod, RHPh 1972, 149/56 (la composition de la „Philocalie").– Kettler, [J. Daniélou, P 1972] 327/34 (O. Schüler des Ammonios Sakkas?).– Knauber, MThZ 1968, 182/203 (Schule des O. zu Cäsarea).– N. de Lange, Origen and the Jews, C 1976.– McNamee, ClassFolia 1973, 28/53 (O. in the papyri).– P. Nautin, Origène, P 1977.– Philippou, GrOrthTheolRev 1970, 140/52 (O. and the early Jewish-Christian debate).– Roncaglia, RILSL 1968, 473/92 (O. e il giudeo-cristianesimo).– Simonetti, VetChr 4, 1967, 23/64 (Eracleone e O.).– Studer, SP 9, 1966, 270/87 (zur Frage des weltlichen Origenismus); VetChrist 5, 1968, 137/55 (traductions d'O. par Jérôme et Rufin).– W. Theiler, Forschungen zum Neuplatonismus, B 1966, 1/45 (Ammonios der Lehrer des O.).

Seite 201:

Barthélémy, [J. Daniélou, P 1972] 247/61 (O. et le texte de l'A. T.).– Dorival, RevHistText 1974, 45/74 (L'apport des chaînes exégétiques grecques à une réédition des Hexaples d'Origène. A propos du Psaume 118).– Emerton, JTS 1956, 79/87; 1971, 15/28 (the purpose of the second column of the Hexapla).– G. Mercati, Psalterii Hexapli reliquiae. 1. Osservazioni, commento critico al testo dei frammenti esaplari, R 1965.– Sgherri, Augustinianum 1974, 223/57 (O. e la lingua ebraica); Bi 1977, 1/28 (valutazione orgeniana dei LXX).

Seite 202f:

L. Früchtel – U. Treu, GSC Orig. 12,3,2, ²1968 (Mt.-Erklärung; Gesamtregister).–

H. de Lubac – L. Doutreleau, Homélies sur la Genèse, SCh 7, ²1976 (TÜK).– O. Rousseau, Hom. sur le Cantique, SCh 37, ²1966 (TÜK).– P. Nautin – P. Husson, SCh 232, 1976 (Hom. sur Jérémie I–XI, TÜK).– C. Blanc, Commentaire sur S. Jean I–V; IV et X; XIII, SCh 120; 157; 222, 1966/75 (TÜK).– R. Girod, Commentaire sur l'évangile selon Matthieu, 1: Livres X et XI, SCh 162, 1970 (TÜK).– M. Simonetti, Commento al Cantico dei cantici, R 1976 (ÜK).– S. Aliquo – C. Failla, Commento al Vangelo di Luca, R 1969 (ÜK).– E. Corsini, Commento al Vangelo di Giovanni di O., To 1968 (ÜK). ** Aletti, RSR 1973, 27/47 (Comm. sur Jean II, 13/21).– G. Beck, Das Werk Christi bei O. Zur Deutung paulinischer Theologie im Turapayrus des Römerbrief-Kommentars, Diss. Bonn 1966.– Benz, [E. Damman, St 1969] 225/42 (Cant. 1,5).– J. Chênevert, L'Église dans le Commentaire d'O. sur le Cantique des cantiques, P 1969.– Crouzel, BLE 1969, 241/63 (O. et le sens littéral dans ses Homélies sur l'Hexateuque); [J. Daniélou, P 1972] 273/83 (1 Cor. 3,11/15 et la purification eschatologique).– Doutreleau, RevHistText 5, 1975, 13/44 (Le fragment grec de l'hom. II d'O. sur la Genèse).– Fransen RB 1968, 108/17 (Un nouveau témoin latin de l'homélie d'O. sur le livre des Rois).– Früchtel, ZRGG 1974, 310/7 (Freiheitsproblematik im Johanneskommentar); SP 14, 122/44 ('Ἀρχή und das erste Buch des Johanneskommentars).– Hammond, JTS 1973, 380/404 (Textual points in the commentary on Matthew).– Harl, [A. Pincherle, 1967] 260/8 (La mort salutaire du Pharaon selon Origène); [J. Daniélou, P 1972] 305/16 (O. et l'interprétation de l'épître aux Romains. Étude du chapitre IX de la Philocalie).– Holdcroft, JTS 1973, 503/4 (parable of the pounds).– Kettler, Kairos 1973, 36/49 (historische Kritik an den Evangelien).– Kilpatrick, ThZ 1970, 284f (Hom. I in Lucam nach Codex 565).– de Lange, SP 14, 1976, 117/21 (Origen and the Rabbis on the Hebrew Bible).– S. Leanza, L'esegesi di O. al Libro dell'Ecclesiaste, Reggio/Calabria 1975.– Lebeau, [J. Quasten, 1970] 1, 336/45 (Rom. 8,19/22).– Linton, SP 14, 1976, 148/59 (Interpretation of the Baptist's call to repentance).– G. Lomiento, L'esegesi origeniana del Vangelo di Luca, Bari 1966; VetChrist 1973, 243/62 (traduzione geronimiana delle omelie su Geremia).– Macaulay, ScJTheol 1966, 176/87 (The nature of Christ in O. 's commentary on John).– Nautin, RÉG 1972, 155/77 (Notes critiques sur l'In Joh. I–II).– Peri, Aev 1974, 1/57 (Geremia secondo O.).– Richard, [J. Daniélou, P 1972] 385/94 (Les fragments d'Origène sur Prov. XXX, 15–31).– Rowe, SP 11, 222/8 (subordinationism in the Comm. in Joh.).– Schultze, OCP 1974, 286/313 (O. über Bekenntnis und Fall des Petrus.).– Simonetti, VetChrist 1966, 111/41; 1967, 23/64 (Eracleone e O.).– R. M. Trevijano Etcheverría, En lucha contra las potestades. Exégesis primitiva de Ef. 6, 11–17 hasta O., Vitoria 1968.– N. R. M. de Lange, O. and the Jews, C 1977.

Seite 203f (3.):
M. Borret, SCh 132, 136; 147; 150; 227, 1967/76 (TÜK).– H. Chadwick, C ²1965 (Ü).– D. Ruiz Bueno, Ma 1967 (ÜK). ** Bammel, JTS 1968, 211/3 (c. Cels. 1,41 and the Jewish tradition).– Crouzel, BLE 1976, 81/98 (Conviction intérieure et aspects extérieurs de la religion chez Celse et Origène).– Dörrie,

GN 1967, 2 (Die platonische Theologie des Celsus: c. Cels. 7,42ff).– van Winden, VC 1966, 201/13 (Notes).

Seite 204 (4.):
H. Görgemanns – H. Karpp, Darmstadt 1976 (TÜK).– M. Harl – G. Dorival – A. le Boulluec, P 1976 (ÜK).– M. Simonetti, To 1968 (ÜK). ** Origeniana, 1975, 9/121 (Problèmes du Peri archon).– Baud, RSR 1967, 161/208 (Les „règles" de la théologie d'O.).– Crouzel, BLE 1975, 161/86, 241/60 (Qu'a voulu faire O. en composant le Traité des principes?); Gr 1976, 109/25 (Les personnes de la Trinité sont-elles de puissance inégale selon Peri Archon I, 3, 5–8?).– F. H. Kettler, Der ursprüngliche Sinn der Dogmatik des O., B 1966.– Kübel, VC 1971, 31/9 (Aufbau von De princ.).– Saake, Her 1973, 91/114 (De princ. 13).– Studer, [J. Daniélou, P 1972] 403/14 (dogmat. Terminologie in der lat. Übersetzung von De principiis).

Seite 205:
H. Crouzel, SCh 148, 1969 (La lettre d'O. à Grégoire, TÜK).– E. Fruechtel, Origenes. Das Gespräch mit Herakleides. Die Aufforderung zum Martyrium, St 1974 (ÜK).– G. Del Ton, R 1974 (De orat. ÜK).– W. Gessel, Die Theologie des Gebetes nach De oratione von O., Pa 1975.– Grant, [J. Daniélou, P 1972] 285/92 (The Stromateis of Origen).– Rordorf, [J. Daniélou, P 1972] 395/402 (La „diaconie" des martyrs selon O.).– Nautin, [J. Daniélou, P 1972] 373/4 (Une citation méconnue des stromates d'Origène: Jerôme, C. Ioh. Hieros. 25).– G. Lomiento, Il Dialogo di O. con Eraclide ed i vescovi suoi colleghi sul Padre, il Figlio e l'anima, Bari 1971.– Merkelbach, Ztschr. f. Papyrologie u. Epigraphik 1968, 192/6 (Debatte des O. mit Her., Tkr.).

Seite 206:
H. de Lubac, Geist aus der Geschichte. Das Schriftverständnis des O., Einsiedeln 1968.– Kettler, Kairos 1973, 36/49 (histor. Kritik an den Evangelien).– de Lange, Journ. of Jewish stud. 22, 1971, 31/52 (O. and Jewish Bible exegesis).– Peri, Augustinianum 1975, 5/27 (Criteri di critica semantica dell'esegesi Origeniana).– Papanikolaou, Θ 1974, 347/59 (The allegorical exegetical method).

Seite 208f:
J. A. Alcain, Cautiverio y redención del hombre en Orígenes, Bilbao 1973.– Blanc, SP 14, 1976, 79/109 (angélologie); SP 11, 1972, 113/24 (Le baptême); Boada, EE 1971, 475/510 (El pneuma en O.).– Chênevert, SciencesEccl 1966, 253/82 (L'église et les parfaits).– H. Crouzel, La mariologia di O., Mi 1968; [J. Quasten, 1970] 1, 309/19 (Le trait et la blessure d'amour chez O.); Gr 1972, 679/716 (Les critiques adressées par Méthode et ses contemporains à la doctrine or. du corps ressuscité); [M. Pellegrino, To 1975] 980/92 (Les prophéties de la resurrection).– H. Emond, La notion de loi naturelle chez O., Lou 1970.– J. Dupuis, L'esprit de l'homme. Étude sur l'anthropologie religieuse d'O., Bruges 1967.– M. Eichinger, Die Verklärung Christi bei O. Die Bedeutung des Menschen Jesus in seiner Chri-

stologie, W 1969.– S. Fernández Ardanaz, Aug 1972, 67/98 (dinamismo trinitario).– Früchtel, [M. Pellegrino, To 1975] 993/1002 (Todesgedanke).– Garijo Guembe, ScriptVict 1966, 65/86; 121/71; 297/324; 1970, 65/93; 283/320 (pneumatologia origeniana).– Hanson, [J. Daniélou, P 1972] (homoousios to the Son?).– Holz, NZSystTheol 12, 1970, 63/84 (Über den Begriff des Willens und der Freiheit bei O.).– Horn, REG 1969, 76/88 (ignis aeternus).– Jackson, CH 1966, 13/23 (Sources of O.'s doctrine of freedom).– Kettler, [R. Stupperich, Witten 1969] 272/97 (Ewigkeit der geistigen Schöpfung).– P. Kübel, Schuld und Schicksal bei O., Gnostikern und Platonikern, St 1973.– Laporte, [J. Quasten, 1970] 1, 320/35 (La chute chez Philon et O.).– Lécuyer, VetChrist 7, 1970, 253/64 (Sacerdoce des fidèles et sacerdoce ministériel chez O.).– Lomiento, VetChrist 1972, 25/54 (Cristo didaskalos dei pochi e la comunicazione ai molti).– Losada, MiscComillas 1967, 65/73 (Una paradoja eclesiológica conservada por O.); MiscComillas 1968, 5/19 (El sacrificio de Cristo en los cielos según O.); MiscComillas 1969, 33/112 (La Iglesia kosmos en O.).– G. Müller, 'Αποκατάστασις πάντων. A bibliography, Basel 1969.– Ménard, [J. Daniélou, P 1972] 367/72 (Transfiguration et polymorphie chez O.).– Macleod, JTS 1971, 362/79 (Allegory and mysticism in O. and Gregory of Nyssa).– Martínez, MiscComillas 1967, 41/64 (Representaciones de la luz sensible en O.).– Nautin, REAug 1976, 78/81 (substantia et natura = οὐσία).– Quispel, VC 1974, 29/42 (O. and the Valentinian Gnosis).– J. Rius-Camps, El dinamismo trinitario en la divinización de los seres racionales según O., R 1970; VetChrist 1973, 291/304 (suerta final de la naturaleza corpórea); OCP 1968, 5/37; 1970, 201/47; 1974, 344/63 (Comunicabilidad de la naturaleza de Dios según O.).– Rowe, Stud. ev. 5, 1968, 311/6 (Christ as the paschal lamb).– Ruiz Jurado, BLE 1974, 3/24 (concept de monde).– Simonetti, VetChrist 1971, 273/307 (teologia trinitaria); RSLR 1972, 3/41 (La morte di Gesù).– Trevijano Etcheverría, ScriptVict 1969, 313/37 (Epidemia, parusia); ScriptVict 1971, 5/34; 121/54 (La didaskalia de O.: carácteres de su doctrina).– Weiss, TrThZ 1971, 156/69 (Unsterblichkeit der Seele als eschatologisches Heilsgut).– H. J. Vogt, Das Kirchenverständnis des O., Köln 1974.

Seite 210 (1.):

J. R. Vieillefond, Sextus Jul. Africanus, Les Cestes (Kestoi), Fi 1970 (TÜK). **

Seite 210 (2.):

Elorduy, EE 1969, 383/432 (A. en las Catenas).

Seite 211:

W. A. Bienert, D. von Al., Das erhaltene Werk, St 1972 (ÜK). ** Bienert, Kleronomia 1973, 308/14 (Neue Fragmente des Dionysius und des Petrus von Alexandrien aus Cod. Vatop. 236).– Boularand, BLE 1966, 161/9 (D. et Arius).– van Roey, DHG 14, 248/53.

Seite 212 (4.):
H. Crouzel, SCh 148, 1969 (Remerciement à Origène; Lettre d'Origène à G., TÜK). ** Abramowski, ZKG 1976, 145/66 (Das Bekenntnis des Gregor Thaumaturgus bei Gregor von Nyssa und das Problem seiner Echtheit).– H. Crouzel, DSp 6, 1014/20.– Marotta, VetChrist 1971, 241/56 (neologismi nell'orazione ad Origene); VetChrist 1973, 59/77 (riflessi biblici nell'orazione ad Origene); VetChrist 1976, 81/6 (Or. panegir. 16, 187: 18, 203 Koetschau).– Modrzejewski, Rev. hist. de Droit fr. et étr. 1971, 313/24 (G. et le droit romain).

Seite 213 (7.):
Barns and Chadwick, JTS 1973, 443/55 (A letter ascribed to P., kopt. T, Ü). **

Seite 214:
Burke, Kleronomia 1975, 8/21 (Eusebius on Paul of Samosata. A new image).

Seite 216 (3.):
Crouzel, Gr 1972, 679/716 (Les critiques à la doctrine origénienne de corps ressuscité).– Montserrat, ScriptVict 1969, 5/33 (Influencias platónicas en el Banquete); 163/212 (títulos cristológicos).– Orbe, Gr 1969, 93/139 (exegesis de Rom. VII, 9a). Patterson, SP 9, 1966, 240/50 (creation of the Word in M.'s Symposium); SP 14, 1976, 160/6 (De libero arbitrio and Methodius' Attack on Origen).– J. Pépin, [M. Pellegrino, To 1975] 126/144 (Platonisme et stoïcisme dans le ‚De Autexusio').

Seite 217f:
Bartelink, REG 1971, 101/18 („Maison de prière").– R. Farina, L'Impero e l'imperatore cristiano in E. La prima teologia politica del cristianesimo, Zü 1966.– Holland, ZKG 1970, 163/81 (Synode von Antiochien, 324/325).– Luibhéid, IThQ 1972, 299/305 (E. and the Nicene creed).– Meinhold, ThRu 35, 1970, 176/80 (Geschichte der kirchlichen Historiographie).– Muñoz Palacios, EE 1968, 381/414 (Logos).– Ricken, Theol. und Phil. 1967, 341/58 (Die Logoslehre des E. und der Mittelplatonismus).– H. D. Saffrey, [M. Pellegrino, To 1975] 145/153 (Un lecteur antique des œuvres de Numénius: E. de C.).– Sansterre, Byz 1972, 131/95; 532/94 (E. et la naissance de la théorie ‚césaropapiste').– Stead, JTS 1973, 85/100 (E. and the council of Nicaea).– A. Weber, APXH. Ein Beitrag zur Christologie des E. von C., Mn 1965.– G. Wießner, Bios und Ethos. Studien zum exemplarischen Geschichtsdenken bei E. von C., Habil. Schrift, Gö 1968.

Seite 219:
G. del Ton, Storia ecclesiastica e i Martiri di Palestina, R 1965 (TÜK).– H. Kraft – Ph. Haeuser – H. A. Gärtner, Mn 1967 (h.e., Ü). ** Grant, SP 12, 413/21 (did E. write history?).– Somerville, VC 1966, 91/7 (ordering principle for h.e. VIII).– Wallace – Hadrill, JEH 1974, 353/62 (E. and the Testimonium Flavianum).

Seite 220 (2.):
F. Winkelmann, GCS Eus. 1,1, 1975 (Vita Constantini).– H. A. Drake, Berkely 1976 (Tricennial orations, ÜK). ** Cataudella, Athenaeum 1970, 46/83; 229/50 (La persecuzione di Licinio e l'autenticità della v. Const.).– Drake, Historia 1975, 345/56 (When was the De laudibus Constantini delivered?).– Farina, Salesianum 1967, 409/13 (Ἐπίσκοπος τῶν ἐκτός: v. Const. IV,24).– Grillone, VetChrist 1971, 49/54 (Il labaro ed il sogno miracoloso nella V.C.).– Lassus, RHR 1967, 135/44 (L'empereur Constantin, E. et les lieux saints).– Storch, CH 1971, 145/55 (The „Eusebian Constantine").

Seite 221 (2.c):
Hanson, JTS 1973, 505/11 (Oratio ad sanctos geschrieben nach 362).

Seite 221f (3.):
E. des Places – J. Sirinelli – G. Schroeder, SCh 206; 215; 228; 1974/76 (Prép. évang. I; II–III; VII, TÜK). ** Bruns, VC 1977, 117/25 (The „Agreement of Moses and Jesus" in the Dem. ev.).– Denis, Journal for the study of Judaism 1977, 42/9 (Praep. ev. 9,17f).– Dörrie, [J. Daniélou, P 1972] 75/87 (praep. ev. 11,14).– O'Meara, RechAug 6, 1969, 103/39 (Porphyry's Philosophy from oracles in praep. ev. and Augustine's Dialogues of Cassiciacum).– des Places, REG 1967, 385/94 (tradition patristique de Platon dans praep. ev.).

Seite 222f (4.):
J. Ziegler, GCS Eus. 9, 1975 (Jesajakommentar); des Places, Bi 1977, 177/20. ** Barnes, JTS 1975, 412/5 (Composition of the Onomasticon).– C. Curti, Due articoli eusebiani (Commentarii in Psalmos), Noto 1971; Augustinianum 1973, 483/506 (Padre e Figlio nei Commentarii in Psalmos).– McArthur, CBQ 1965, 250/6 (The Eusebian sections and canons).– Rondeau, RSR 1968, 385/434 (L'influence littéraire d'Eusèbe sur Athanase: L'interprétation des Psaumes).– C. Sant, The Old Testament interpretation of Eusebius of Caesarea, Valetta 1967.– van Cangh, Rb 1971, 384/90 (Is.-Komm).– Wallace-Hadrill, HThR 1974, 55/63 (Commentary on Luke. Its origin and early history).– Wolf, BiblArchaeologist 1964, 66/96 (Onomasticon).

Seite 223 (5./6.):
E. Klostermann – G. C. Hansen, GCS Eus. 4, ²1972 (C. Marcell.; eccl. theol.; Fragm. Marcell.). ** von Campenhausen, ZntW 1976, 123/39 (Brief an Gemeinde, Bekenntnis des E.).

Seite 224 (1.):
Leroux, SP 8, 1966, 82/5.

Seite 224 (2.):
Berten, RSPhTh 1968, 38/75 (théologie semi-arienne).– H. J. Lehmann, Per pisca-

tores. Studies in the Armenian version of a collection of homilies by Eusebius of Emesa and Severian of Gabala, Århus 1975.– Smulders, [Hilaire et son temps, P 1969] 175/212 (E. comme source du De Trinitate d'Hilaire de Poitiers).

Seite 225 (3.):
Astruc, Sc 1966, 288/93 (Mss.).– A. Siclari, L'antropologia di N. di Emesa, Padova 1974.– G. Verbeke, Filosofie en christendom in het mensbeeld van N. van E., Bru 1971.– Wyller, SO 1969, 126/45 (Anthropologie des N.).

Seite 225 (§ 59. Einleitung):
P. Meinhold, Geschichte der kirchlichen Historiographie, 1/2, Fr 1967.

Seite 225f (1.):
F. Winkelmann, Untersuchungen zur Kirchengeschichte des G. von Kaisareia, B 1966.– Winkelmann, SP 7, 106/14 (Rekonstruktionsprobleme); Byzantinoslavica 1966, 104/30 (Quellen der h. e. des G. v. Cyzicus; Rekonstruktion der h. e. des G. v. Caes.); Byzantinoslavica 1973, 193/8 (Zu einer Edition der Fragmente der Kirchengeschichte des Gelasios von Kaisareia).

Seite 226 (4.):
J. Bidez – F. Winkelmann, GCS, ²1972. **

Seite 227 (7.):
P. Canivet – A. Leroy – Molinghen, SCh 234, 1977 (Hist. rel. 1/13, TÜK). **
Adnès et Canivet, RHR 1967, 53/82; 149/79 (Guérisons miraculeuses et exorcismes dans l'Hist. Phil.).– P. Canivet, Le monachisme syrien selon Th. de Cyr., P 1977; SP 7, 143/58 (Le Περὶ ἀγάπης postface de l'Hist. Phil.); Byz 1969, 209/50 (Catégories sociales et titulature laïque et ecclésiastique dans l'Hist. Phil.); SP 13, 444/460 (Contributions archéologiques à l'histoire des moines de Syrie).– Gilliard, BZ 1970, 283/4 (h. e. 4, 9, 5).– Leroy – Molinghen, Byz 1967, 126/35 (h. rel.); [E. de Strycker, A 1973] 732/5 (h. rel., Tkr.).

Seite 228 (9.):
Winkelmann, Byzantinoslavica 1966, 104/30 (Quellen).

Seite 229 (13.):
G. C. Hansen, GCS, B 1971 (Kirchengeschichte). **

Seite 229 (15.):
A.-J. Festugière, Byz 1975, 187/488 (Ü). ** De Halleux, DHG 16, 1495/8.

Seite 229 (16.):
Hanslik, Phil 1971, 107/13 (Epiphanius oder Cassiodor?).– F. Weissengruber, Epiphanius Scholasticus als Übersetzer, SbW 283, W 1972.

Seite 230 (2.):
Campeau, SciencEccl 1966, 187/206 (catalogue libérien).– Coppo, RSCI 1968, 74/86 (Natale Petri de cathedra e „depositio" funeraria).– Ruysschaert, RendPont-AccadRomArch 1965f, 173/84 (Les deux fêtes de Pierre dans la Depositio martyrum).

Seite 230 (4.):
ML 11, 1231/1420 (Gesta); 43, 613/50 (Breviculus).– CSEL 53, 39/92 (Brev.).– S. Lancel, Actes de la conférence de Carthage en 411, SCh 194f; 224, 1972/5 (TÜK); Gesta conlationis Carthaginiensis anno 411. Accedit S. Augustini Breviculus, CCL 149A, 1974; dazu REAug 1976, 347/53. ** Alexander, JTS 1973, 512/9 (Unkraut im Weizen).– Lamirande, RUO 1974, 417/25.– E. Tengström, Die Protokollierung der Collatio Carthaginiensis, Stockholm 1962.

Seite 231 (8.):
J. Fontaine, SCh 133/5, 1967/69 (Vie de S. Martin, TÜK). ** Fontaine, RivStorLettRel 1966, 187/206 (Storia e leggenda nella Vita M.); [J. Marique, Worcester/Mass. 1975] 355/92 („sallustianisme" de S. S.).– Griffe, BLE 1969, 184/98 (vita M.).– van der Lof, Hel 1970, 441/50 (V. Martini).– Loyen, BLE 1972, 147/54 (Les miracles de saint M. et les débuts de l'hagiographie en Occident).– Pericoli Ridolfini, StudMatStorRel 1967, 420/33 (vita M. e la vita Antonii).

Seite 232 (9.):
E. Corsini, Introduzione alle Storie di Orosio, To 1968.– Hamman, Bracara Augusta 1967, 346/55 (O. et le pélagianisme).– B. Lacroix, Orose et ses idées, P 1965.– S. Karrer, Der gallische Krieg bei Orosius, Zü 1969.– Lippold, Phil 1969, 92/105 (O. christlicher Apologet und römischer Bürger).– Marrou, [La storiografia altomedievale 1, Spoleto 1970] 59/87 (Augustin, O. et l'augustinisme historique).

Seite 232f (11.):
A. Tranoy, SCh 218f, 1974 (TÜK). ** Molé, Siculorum Gymnasium 1974, 279/351 (Uno storico del V secolo).

Seite 233 (14.):
Vega, BolRealAcadHist 1969, 13/74 (herencia de J. de Biclaro).

Seite 233 (15.):
G. Donini – G. B. Ford, Lei ^{2}1970 (Hist. of the Goths, Vandals and Suevi, Ü). ** Bassett, HTh 1976, 278/92 (The use of history in the Chronicon).– Hillgarth, [La storiografia altomedievale, Spoleto 1970] 1, 261/311; 345/52 (Historiography in Visigothic Spain).– Reydellet, MAH 1970, 363/400 (intentions idéol. et politiques dans la Chronique).– C. Rodríguez Alonso, Las historias de los Godos, Vándalos y Suevos de Isidoro de Sevilla, León 1975.

Seite 234 (4.):
Assfalg, OC 50, 1966, 19/36 (Textüberlieferung sehr verdächtig).– Fiey, OrSyr 1967, 265/302 (Auteur et date).

Seite 237f:
A. J. Festugière, Collections grecques de miracles, P 1971 (ÜK).– F. Halkin, Légendes grecques de ‚martyres romaines' 1973 (TK).– F. Martine, Vie des Pères du Jura, SCh 142, 1968 (TÜK).– Ch. Mohrmann (Hg.), Vite dei santi, 1/4, Verona 1974f (TÜK). ** Th. Baumeister, Martyr invictus. Der Martyrer als Sinnbild der Erlösung in der Legende und im Kult der frühen koptischen Kirche, Mr 1972. – Bibliotheca sanctorum, 1/13, R 1961/70.– H. Delehaye, Mélanges d'hagiographie grecque et latine, 1966.– B. de Gaiffier, Études critiques d'hagiographie et d'iconologie, 1967.– F. Halkin, Auctarium bibliothecae hagiographicae graecae, 1969.– Lackner, JbÖsterrByzGes 1970, 185/202 (Westliche Heilige des 5. und 6. Jahrhunderts im Synaxarium Ecclesiae Constantinopolitanae).– Loenertz, RHE 1975, 426/39 (Actus Sylvestri).– Nesbitt, OCP 1969, 443/89 (A geographical and chronological guide to Greek Saint Lives).

Seite 238f (1.):
A.-J. Festugière, Historia monachorum in Aegypto, 1971 (TÜK).– Devos, AB 1969, 417/40 (Fragments coptes de l'Hist. mon.).– S. Frank, Mönche im frühchristlichen Ägypten, Düsseldorf 1967 (TÜK).– R. T. Meyer, Lo 1965 (h. Laus. ÜK).– L. E. Sansegundo Valls, Ma 1970 (h. Laus., ÜK). ** Devos, AB 1969, 189/212 (Poemenia d'après Pallade, la tradition copte et Jean Rufus); Folia 1970, 3/27 (h. Laus. 35: Poemenia); AB 1974, 97/108 (Les nombres dans l'Hist. mon.).– Hunt, JTS 1973, 456/80 (Palladius of Helenopolis: A Party and its Supporters in the Church of the Late Fourth Century).– Meyer, [J. Quasten, 1970] 2, 580/584 (Lectio divina in P.); SP 10, 1970, 379/90 (P. and early Christian spirituality); SP 13, 487/490 (Palladius and the Study of Scripture).– De Vogüé, StudMon 1971, 291/4 (contact du ch. 33 de l'Histoire Lausiaque avec les écrits d'Horsièse).

Seite 239 (1.c):
J. C. Guy, Les Apophthègmes des Pères du Désert. Série alphabétique, 1968 (Ü).– J. Geraldes Freire, A versão latina por Pascasio de Dume dos A. P., 1/2, Coimbra 1971; Commonitiones Sanctorum Patrum, Coimbra 1974 (TK).– Batlle, [B. Bischoff, St 1971] 32/42 (Vorläufige kritische Ausgabe bei Rosweyde fehlender Vätersprüche).– L. Regnault – J. Dion – G. Oury, Les Sentences des Pères du désert (récension de Pélage et de Jean), Solesmes ²1970 (Ü). ** Barlow, ClassFol 1972, 289/314; 1973, 3/27; 151/72 (Paschasius of Dumium).– C. M. Batlle, Die Adhortationes Sanctorum Patrum (Verba seniorum) im lateinischen Mittelalter, Mr 1972.– van Esbroeck, AB 1975, 381/9 (Les apophth. dans les versions orientales).– Geraldes Freire, Bracara Augusta 1967, 298/308 (Ap. Patr. no mosteri de Dume); [Ch. Mohrmann, Ut 1973] 164/71 (traductions latines).– Kaiser, WZ Halle 1, 1968, 125/44 (Literarische Traditionen).– Leloir, REA 1968, 199/230 (la silhouette spiri-

tuelle du moine d'après la coll. arménienne); [B. Botte, Lou 1972] 311/26 (La prière d'après les colléctions arméniennes).– Philippart, AB 1974, 353/65 (Vitae Patrum. Trois travaux récents sur d'anciennes traductions latines).– Regnault, Ir 1974, 467/93 (La prière continuelle „monologistos" dans la littérature apophtegmatique).– Sauget, OCP 1965, 177/82 (Une nouvelle collection éthiopienne); AB 1967, 65/74 (l'apophthegme ‚Nau 33'); OCP 1971, 223/35 (collection alphabético-anonyme); OCP 1973, 445/53 (La version sahidique et son modèle grec); Mu 1973, 5/35 (Un nouveau témoin de collection d'Apopht.).

Seite 240 (1.d):
L. Schläpfer – W. Nigg, Düsseldorf 1966 (ÜK). ** van Ommeslaeghe, AB 1977, 389/414 (Le procès de s. Jean Chr.).

Seite 240 (1.e):
W. Berghoff, Palladius, De Gentibus Indiae et Bragmanibus, Meisenheim 1967. ** Berg, Byzantion 1974, 5/16 (The letter of Palladius on India).

Seite 240 (3.):
G. J. M. Bartelink, SCh 177, 1971 (TÜK). ** Bartelink, VC 1972, 288/90 (Vita H. 5,1); VC 1968, 128/36 (Text parallels between the Vita Hypatii of Callinicus and the Pseudo-Macariana).

Seite 241 (6.):
Devos, AB 1968, 337/50 (Quand P. vint-il à Jérusalem?).

Seite 241 (7.):
Stiernon, DSp 8, 484/6.

Seite 241f (8.):
Chadwick, JTS 1974, 41/74 (John Moschus and his friend Sophronius the Sophist).– Mioni, DSp 8, 632/40.– Pattenden, JTS 1975, 38/54 (The text of the Pratum Spirituale).– Rougé, Cahiers d'histoire 1968, 231/6 (Miracles maritimes).– Rozemond, VC 1977, 60/7 (J. en exil).– Stiernon, DSp 8, 267/9 (Joh. Eleemosyn.).

Seite 242 (9.):
Meersseman, [L. Reypens, Antwerpen 1964] 205/28 (Vita Mariae Aegypt.).– N. Fernández Marcos, Los Thaumata de Sofronio. Contribución al estudio de la incubatio cristiana, Ma 1975.– C. Cozzolino, Origine del culto ai santi martiri Ciro e Giovanni, Jerusalem 1975.

Seite 242 (10.):
A. J. Festugière et L. Rydén, Vie de Syméon le Fou et vie de Jean de Chypre, P 1974 (TK). ** L. Ryden, Bemerkungen zum Leben des heiligen Narren Symeon von L. von N., Up 1970.– Stiernon, DSp 9, 666/70.

Seite 243 (12.a):
Devos, AB 1967, 195/240 (Ü der syr. Vita bei Bedjan); dazu AB 1972, 360/2.– Halkin, AB 1967, 5/15 (Vie grecque). ★★

Seite 243 (12.c):
I. Peña, P. Castellana et R. Fernández, Les stylites syriens, 1/3, Mi 1975.

Seite 243 (12.d):
P. van den Ven, La vie ancienne de Saint Syméon stylite le Jeune (521/592), 1/2, Bru 1962/70 (TÜK). ★★ Nasrallah, AB 1972, 387/9 (Une vie arabe de S.).– Volbach, [J. Kollwitz, 1966] 293/9 (Ikonographie).

Seite 244 (12.f):
E. Cerulli, CSCO 298f, 1969 (vies éthiopiennes, TÜ).– Ch. Storey, La vie de Saint Alexis, Genève 1968 (Texte de ms. de Hildesheim). ★★ Robertson, Stud. in philology 1970, 419/38.– Stebbins, RBPh 1973, 497/507 (Les origines de la légende de S. Alexis).

Seite 245 (1.):
Gelsomino, VetChrist 1966, 161/208 (L'Itinerarium Burdigalense e la Puglia).

Seite 245 (2.):
G. E. Gingras, ACW 38, 1970 (Ü).– J. D. Wilkinson, E.'s travels. Newly translated with supporting documents and notes, Lo 1971.– M. da G. Novak – A. Beckhäuser, Petropolis 1971 (ÜK). ★★ Bagatti, Bibbia e or. 1968, 73/5 (Data di E.).– Campos, Hel 1967, 273/89.– Devos, AB 1967, 165/194 (La date: 381–384); 381/400 (E. à Edesse); 1968, 87/108 (E. à Bethléem); 1969, 208/12; [E. de Strycker, 1973] 646/54 (3,6).– Gingras, [J. Quasten, 1970] 2, 596/603 (46,4).– Gorce, DHG 15, 1/5.– Meijer, VC 1974, 50/3 (28,4).– Milani, Aev 1969, 200/34 (grecismi); Aev 1969, 381/452 (L'aspetto classico della lingua di E.).– Mohrmann, [E. Dekkers, Turnhout 1975] 1, 163/80 (Egérie et le monachisme).– Pétré, DSp 4,2, 1448/53.– Sanders, [E. Dekkers, Turnhout 1975] 1, 181/99 (Egérie, saint Jérôme et la Bible. En marge de l'Itin. Eg. 18,2,39,5 et 2,2).– Smelik, VC 1974, 290/4 (19,2).– Swanson, Glotta 1966, 177/254 (A formal analysis of E.'s vocabulary).– G. F. M. Vermeer, Observations sur le vocabulaire du pélerinage chez Egerie et chez Antonin de Plaisance, N 1965.

Seite 245f (5.):
C. Milani, Itinerarium Antonini Placentini, Mi 1977 (TÜK). ★★ Mian, VetChr 1972, 267/301 (L'Anon. Piacentino al Sinai).

Seite 246:
E. Schwartz, Acta conciliorum oecumenicorum 1/4, B 1914/1974.– J. Alberigo et al., Conciliorum oecumenicorum documenta, Bologna ³1973. ★★ Chadwick, JTS 1972, 132/5 (The origin of the title Oecumenical council).– Fischer, AnnHist-

Concil 1974, 241/73 (Die antimontanistischen Synoden des 2./3. Jh.).– Grillmeier, ThPh 1970, 321/52 (Konzil und Rezeption).– Lanne, ThZ 1971, 201/22 (L'origine des synodes).– Lumpe, AnnHistConc 1970, 1/21 (Geschichte der Wörter Concilium und Synodus); 1974, 40/53 (Geschichte des Wortes σύνοδος).– Sieben, TheolPhil 1970, 353/89; 1971, 40/70; 364/86; 496/528; 1972, 358/401; 1973, 28/64; 1974, 37/71; 489/509; 1975, 347/80; 481/503; 1976, 52/92 (Zur Entwicklung der Konzilsidee I/XI).

Seite 247 (1.):
Aubineau, RHE 1966, 5/43 (Les 318 serviteurs d'Abraham et le nombre des pères au concile de Nicée).– Cataudella, AtTor 103, 1968/69, 397/421 (Intorno al VI canone del concilio di Nicea).– Chadwick, RHE 1966, 808/11 (Les 318 Pères de Nicée).– Coquin, CRI 1967, 178/92 (Une réforme liturgique du concile de Nicée?).– de Durand, RSPhTh 1966, 612/27 (Un document sur le concile de Nicée?).– Hauschild, VC 1970, 105/26 (Sabinus von Heraklea).– Orlandi, VetChrist 1974, 269/312 (Elemente der Hist. acephala).– Ricken, ThPh 44, 1969, 321/41 (Nikaia als Krisis des altchristlichen Platonismus).

Seite 248f (2.):
Häring, Anal. Cisterciensia 1968, 3/38 (Hs. der latein. Akten des Konzils von Ephesus).– Liébaert, DHG 15, 561/74 (Concile d'Éphèse).– de Vries, OCP 1975, 357/98 (Das Konzil von Ephesus 449, eine Räubersynode?).

Seite 249f (3.):
A. Grillmeier, Mit ihm und in ihm, Fr 1975, 386/419 (Auriga mundi, Reichskirchenbild der Briefe des Cod. Encycl. [458]).– Kresten, AnnHistConc 1974, 54/77 (neue Hs. der 9. Actio des Konzils von Chalkedon).– K. Sarkissian, The council of Chalcedon and the Armenian church, 1965.

Seite 250 (4.):
J. Straub, Concilium univ. Const. sub Iustiniano habitum. Concilii actiones VIII (SchAC IV, 1, 1971).– E. Schwartz, Concilium univ. Const. sub Iustiniano habitum (SchAC IV, 2, 1914). ** E. Chrysos, Die Bischofslisten des 5. ökumenischen Konzils (553), Bonn 1966.– Schieffer, ZSK 1973, 1/34 (Das V. Ökumenische Konzil in kanonistischer Überlieferung).– Ortiz de Urbina, OCP 1967, 184/209 (Quali sententia Tria Capitula a sede romana damnata sunt?).

Seite 251 (5.):
Selb, [W. M. Plöchl, W 1967] 371/83 (Die Kanonessammlungen der orientalischen Kirchen und das griechische Corpus canonum der Reichskirche).

Seite 251 (7.):
Chrysos, AnnHistConc 1975, 109/17 (Der sog. 28. Kanon von Chalkedon in der Collectio Prisca).

Seite 252 (9.):
G. Martínez Díez, La Colección canónica Hispana I, Ma 1966. ** Munier, SE 1966, 230/41 (Isidore auteur de l'Hispana chronologique?).– Rodríguez, Burgense 1974, 341/58 (Las listas episcopales de Nicea en la Colección canónica Hispana).

Seite 252 (10.)
Ch. Munier, CCL 149, 1974 (Concilia Africae, a. 345–525); RDC 1968, 16/29 (Cinq can. inédits du concile d'Hippone du 8 oct. 393).– C. Munier – J. Gaudemet, SCh 241, 1977 (Conciles Gaulois du IVe siècle, TÜK).– H. Mordek, Kirchenrecht und Reform im Frankenreich, B 1975. ** Grigg, CH 1976, 428/33 (Canon 36 of Elvira).– Meigne, RHE 1975, 361/87 (Concile ou collection d'Elvire?).– Munier, RevSR 1966, 113/26 (Un canon inédit du XXe concile de Carthage); RevSR 1972, 193/211 (La tradition du IIe Concile de Carthage 390); SE 1972f, 43/55 (Breviarium Hipponense, tradition manuscrite).

Seite 253 (11.):
Abramowski, ZKG 1975, 356/66 (Die Synode von Antiochien 324/25 und ihr Symbol).– Berry, JournEcumStud 1968, 535/54 (Filioque and the Church).– Boularand, BLE 1969, 161/83 (L'article premier du symbole de Nicée).– G. L. Dossetti, Il simbolo di Nicea e di Costantinopoli, R 1967 (TK).– Duval, RB 1972, 7/25 (Une traduction latine inédite du Symbole de Nicée).– Holland, ChH 1969, 248/61 (Creeds of Nicea and Constantinople reexamined).– Ricken, TheolPhil 1969, 321/41 (Homousios von Nikaia als Krisis des altchristlichen Platonismus).– A. M. Ritter, Das Konzil von Konstantinopel und sein Symbol, Gö 1965.– Santer, JTS 1971, 162/7 (Symbol von 381).– Schultze, OCP 1969, 334/46 (Das Nicaeno-constantinopolitanum und das Filioque).– Wiles, JTS 1965, 454/61 (homousios hemin).

Seite 254 (Symb. Athan.):
Häring, Mediaeval Stud. 1972, 208/52 (Commentaries on the Ps.-Athanasian Creed).– Lagorio, JTS 1974, 127/9 (The Text of the Quicumque Vult in Codex Ottob. Lat. 663).

Seite 254 (12.):
P. Joannou, La législation impériale et la christianisation de l'Empire romain (311–476), R 1972.

Seite 256 (2.):
Bates, SP 13, 343/355 (The Composition of the Anaphora of Apostolic Constitutions VIII).– Botte, SP 12, 83/6 (Le traité des charismes).– D. Hagedorn, Der Hiobkommentar des Arianers Julian, B 1973, XXXVII/LVII (Julian wahrscheinlich Kompilator der Const. ap.).– Jonkers, NAKG 1974, 15/20 (De bepalingen van de ‚Constitutiones Apostolorum' over de verhouding tussen Kerk en Staat en de

verwezenlijking ervan in de praktijk blijkens de concilies).– Metzger, RevSR 1971, 52/77 (Les deux prières eucharistiques).– Wagner, [B. Botte, Lou1972] 525/37 (arianische Herkunft).

Seite 257 (3.):
R.-G. Coquin, Les Canons d'Hippolyte, PO 31,2, P 1966 arab. T, Ü). **

Seite 257 (4.):
Coquin, Parole de l'Orient 1974, 165/88 (Problèmes de tradition textuelle).

Seite 257 (5.):
Botte, OC 1964, 50/6 (L'eucologe est-il authentique?).– Gamber, OstkSt 1967, 33/42 (Anaphora).– P. E. Rodopoulos, The Sacramentary of S., Th 1967.

Seite 257 (6.):
Coquin, Mu 1969, 307/56 (L'anaphore alexandrine de Saint Marc). **

Seite 258 (7.):
Gamber, Mu 1969, 61/83 (TK; dagegen Van Haelst, EThL 1969, 455).– Van Haelst, EThL 1969, 444/55 (Une nouvelle reconstitution du papyrus liturgique de Dêr-Balizeh). **

Seite 261 (Edessa, Nisibis):
A. Vööbus, The statutes of the school of Nisibis, Stockholm 1962 (TÜK). **
A. Vööbus, History of the School of Nisibis, Lou 1965.– Drijvers, VC 1970, 4/33 (Edessa und das jüdische Christentum).

Seite 262 (1.):
Garitte, Mu 1976, 123/31 (ep. 2 des Ammonas in georg. Ü).

Seite 263 (2.):
H. Quecke, Die Briefe Pachoms, Rb 1975 (Griech. Text der Hs. W 145 Chester Beatty; kopt. Fragmente und Zitate); [E. de Strycker, A 1973] 655/63 (Briefe Pachoms in koptischer Sprache. Neue deutsche Ü).– H. van Cranenburgh, La vie latine de saint Pachôme, traduite du grec par Denys le Petit, Bru 1969 (lat. und griech. Text).– P. Deseille, L'esprit du monachisme pachômien, Bellefontaine 1968 (Ü der Pachomiana latina). ** Batlle, StudMon 1970, 181/94 (La vida religiosa communitària à l'Egipte del segle IV).– Chitty, SP 10, 1970, 54/64 (Pachomian sources once more).– Cranenburgh, RB 1972, 280/308 (récits anciens de la vocation de s. P.).– M. M. van Molle, Suppl. de la vie spirituelle no. 84, 1968, 108/27; no. 86, 1968, 394/424; no. 88, 1969, 101/21; no. 93, 1970, 196/225 (P.-Regeln).– F. Ruppert, Das pachomianische Mönchtum und die Anfänge klösterlichen Gehorsams, Münsterschwarzach 1971.– Tamburrino, Melto 4, 1968, 33/44 (Les saints de l'AT dans la Ire catéchèse).– A. Veilleux, La liturgie dans le cénobitisme pachômien au

IVe siècle, R 1968.– Veilleux, RAM 1966, 287/305 (problème des Vies de P.).– de Vogüé, RHE 1972, 26/67 (Les pièces latines du dossier pachômien); RHE 1974, 425/53 (Études récentes sur s. P.); StMon 1975, 7/12 (terminologie de la pénitence dans la Règle de P.).

Seite 263f (3.):
H. Bacht, Das Vermächtnis des Ursprungs, Wü 1972 (lat. T, Ü des Liber H.).– Steidle, Erbe und Auftrag 1967, 22/38 (Obernspiegel, Ü). ** B. Richermoz, DSp 7, 763/5.– Steidle, Erbe und Auftrag 1968, 91/103 (Abt Theodor von Tabennesi).

Seite 264f (4.):
H. Berthold, Makarios-Symeon, Reden und Briefe, 1/2, GCS, 1973 (Typus I).– W. Strothmann, Makarios. Das arabische Sondergut, Wiesbaden 1975 (Ü).– Dörries, Wort und Stunde, Gö 1965, 1, 302/33 (Eine altkirchliche Weihnachtspredigt, ÜK). ** Baker, VC 1966, 227/34 (Ps.-M. and Greg. of Nyssa); JTS 1969, 133/49 (Syriac and the scriptural quotations).– Berthold, TU 120, 1977, 43/63 (Macarius als Quelle für Sozialgeschichte).– E. A. Davids, Das Bild vom Neuen Menschen. Ein Beitrag zum Verständnis des Corpus Macarianum, Salzburg 1968; BZ 1968, 10/8 (Zur Textüberlieferung des Corpus Macar.); ZDMorgenlGes Suppl. 1,2, Wiesbaden 1969, 375/9 (Von der Anonymität zur Pseudonymität. Der Liber graduum und das Corpus Macarianum).– K. Deppe, Der wahre Christ. Eine Untersuchung zum Frömmigkeitsverständnis Symeons des Neuen Theologen und zugleich ein Beitrag zum Verständnis des Messalianismus und Hesychasmus, Diss. Gö 1971.– K. Deppe – W. Strothmann, Die 50 geistlichen Homilien des M., Kollationen der griechischen, arabischen und syr. Parallelversionen zu den Hom. des Ps.-M., 1/2, Gö 197 .– Desprez, Parole de l'Orient 1972, 75/103; 197/240 (Les citations de Romains I-VIII dans les Homélies).– Dörries, Saeculum 1970, 213/27 (Die Messalianer im Zeugnis ihrer Bestreiter).– Draguet, Mu 1970, 483/96 (Parallèles macariens syriaques des Logoi I et III de l'Ascéticon isaïen syriaque).– Gribomont, [J. Daniélou, P 1972] 611/25 (Le dossier des origines du Messalianisme).– Meyendorff, [J. Quasten, Mr 1970] 2, 585/90 (Macarian problem).– Miquel, Ir 1966, 497/513 (Les caractères de l'expérience spirituelle).– G. Quispel, M., das Thomasevangelium und das Lied von der Perle, Lei 1967.– R. Staats, Gregor von Nyssa und die Messalianer, B 1968.– Strothmann, OC 1970, 96/105 (M. und die M.-Schriften in der syrischen Literatur).– A. Vööbus, On the historical importance of the legacy of Pseudo-Macarius. New observations about its Syriac provenance, Stockholm 1972.

Seite 266 (6.):
Dempf, PhJB 1970, 297/319 (E. als Methaphysiker u. Mystiker).– Guillaumont, RHR 1972, 29/56 (Un philosophe au désert).– Lackner, [H. Gerstinger, Graz 1967] 17/29 (profane Bildung des E.).– Weijenborg, Ant 1969, 339/47 (E. the author of the longer recension of the Ignatian Letters?); Augustinianum 1973, 551/65 (Greg. Naz. or. 29/31 von Evagrius).

Seite 267 (6.b.):
A. et C. Guillaumont, Traité pratique ou Le moine, 1/2, SCh 170f, 1971 (TÜK). ⁎⁎

Seite 268 (7.):
Evieux, RSR 1976, 321/40 (État des recherches).– Foti, Helikon 8, 1968, 399/409 (Tkr.).– C. M. Fouskas, St I. of P. and the New Testament, At 1967; Saint Isidore of Pelusium, his life and his works, At 1970.– Riedinger, BZ 1964, 16/25 (Clem. Al. bei I.); vgl. VC 1975, 15/32.– A. M. Ritter, DSp 7, 2097/2103.

Seite 268f (8.):
Shisha – Halevi, Or 1975, 149/85 (The new Shenoute-texts from the British Library). ⁎⁎ Weiss, BulArchCopte 1969f, 177/209 (Christologie des Sch.).

Seite 269 (1.):
van Esbroeck, AB 1972, 63/99 (Georg. Fragm. der Hom. de anima). ⁎⁎ E. Bellini, Alessandro e Ario. Un esempio di conflitto tra fede e ideologia. Documenti della prima controversia ariana, Mi 1974.

Seite 270 (2. Arius):
Barnard, VC 1970, 172/88 (The antecedents of Arius); ThZ 1972, 110/7 (A.'philosophy).– E. Boularand, L'hérésie d'Arius et la „foi" de Nicée, 1/2, P 1972f.– Duval, RB 1972, 7/25 (Damnatio A.; dazu Silvestre RHE 1973, 102/4).– Gregg and Groh, AThR 1977, 260/78 (soteriology in early Arianism).– Kannengiesser, [J. Quasten, 1970] 1, 346/51 (Où et quand A. composa-t-il la Thalie?).– van der Lof, NTT 1969f, 421/9 (Traditio im arianischen Streit).– Marrou, CRI 1973, 533/42 (L'arianisme comme phénomène alexandrin).– Meijering, VC 1974, 161/8 (time and eternity).– M. Meslin, Les Ariens d'Occident, 335–430, P 1967.– Pincherle, StudMatStorRel 1968, 169/82 (arianesimo e la Chiesa africana nel IV sec.).– M. Simonetti, Studi sull'arianesimo, R 1965; Studi medievali 8, 1967, 663/744 (Arianesimo latino); RivStorLettRel 1970, 77/81 (Postilla sull'arianesimo latino); RivStorLettRel 1971, 317/30 (Le origini dell'arianesimo); Augustinianum 1972, 37/50 (La tradizione nella controversia ariana).

Seite 270 (Arianische Anonymi):
J. Liébaert, SCh 146, 1969 (Deux homélies anoméennes pour l'octave de Pâques, TÜK).– D. Hagedorn, Der Hiobkommentar des Arianers Julian, B 1973 (T).– Leroy, [J. Daniélou, P 1972] 343/53 (Une homélie nouvelle, origeno-arienne, issue de milieux anti-marcellins, T). ⁎⁎ M. Meslin, Les ariens d'occident 335–430, P 1967, 202/26 (Job-K von Maximin).– M. Simonetti, La crisi ariana nel IV secolo, R 1975.

Seite 270 (3.):
Luibheid, IThQ 1976, 3/23 (The arianism of E.).– Spanneut, DHG 15, 1466/71.

Seite 271 (4.):
H. Auf der Maur, Die Osterhomilien des A. Sophistes als Quelle für die Geschichte der Osterfeier, Trier 1967.– Duplacy, Mu 1973, 275/82 (Hom. 2).

Seite 272f:
R. W. Thomson, Athanasiana syriaca, 1/3, CSCO 257f; 272f; 324f, 1965/72 (TÜ). ** Brock, Mu 1973, 437/42 (Athanasiana Syriaca: Notes on two manuscripts).– K. Girardet, Kaisergericht und Bischofsgericht, Bonn 1975 (Prozeß des A. 328–346).– C. Kannengiesser (Hg.), Politique et théologie chez A. d'A., P 1974 (Actes du colloque de Chantilly).– Kannengiesser, RSR 1973, 217/32 (zu Thomson); TrThZ 1973, 141/53 (Beziehungen zu Trier und Rolle in der Geschichte der christlichen Theologie).– Karakoles Π. K. Χρήστου, 1967] 111/9 (Synode von Nicaea).– G. I. Mantzarides, Τόμος ἑόρτιος, Th 1974; vgl. OCP 1975, 245/8.– Meinhold, Kyrios 1974, 97/114 (gesamtchristliche Bedeutung des A.).– Sieben, Theol. u. Phil. 1970, 353/89 (Konzilsidee des A.). Simonetti, StudMatStorRel 1967, 512/35 (lotta contro gli Ariani).– Stead, VC 1976, 121/37 (rhetorical method).

Seite 273 (1.):
R. W. Thomson, O 1971 (C. gentes; De incarn., TÜ); dazu Kannengiesser, RSR 1973, 217/32.– Ch. Kannengiesser, SCh 199, 1973 (De incarn. verbi, TÜK).– L. Leone, Contra gentiles, Na 1965 (TÜK.– Th. Camelot, SCh 18^2, 1977 (Or. c. gentes, TÜK). ** Kannengiesser, RSR 1970, 383/428 (C. gentes et De incarn. a. 335–337); [La Bible et les Pères, P 1971] 135/60 (Les citations bibliques).– van Winden, VC 1975, 291/5 (On the date of apologetical treatises).

Seite 273 (2.):
Aagaard, STh 1967, 164/81 (C. Arian, 3,33: 393 C).– Orlandi, Augustinianum 1975, 49/79 (Sull'Apologia secunda).

Seite 274 (4.):
Egan, Mu 1967, 139/51 (A treatise attributed to A., armen. T, Ü). ** Ch. Bizer, Studien zu ps.athanas. Dialogen, Bonn 1970.– L. Dattrino, Il De Trinitate pseudoatanasiano, R 1976.– Heron, JTS 1973, 101/22 (Dial. 1/2 de sancta trinitate, MG 28, 1115/1201).– Simonetti, VetChrist 1974, 333/43 (Sermo maior de fide).

Seite 275 (8./15.):
G. A. Egan, The Armenian version of the letters of A. to bishop Serapion concerning the Holy Spirit, Salt Lake City 1968. ** Ebied and Wickham, JTS 1972, 144/54 (Ep. ad Epictet.).– Heron, Kyrios 1974, 3/24 (Serapionbriefe).– Karpp, VC 1974, 141/3 (De decr. Nic. syn. 27,1).– Orlandi, Augustinianum 1975, 49/79 (Apol. c. Arianos).– Saake, VC 1972, 188/99 (Ep. 1 ad Serap.).– Tetz, ZntW 1975, 194/222 (Tom. ad Antiochenos).– Thomson, Mu 1965, 47/69 (Ep. ad Epictet.).

Seite 275 (16.):
Rondeau, VC 1968, 176/97 (L'Épître à Marcellinus); RSR 1968, 385/434 (Ps.-Kommentar).– Sieben, Theol. Philos. 1973, 157/73 (Brief an Mercellinus über den Psalter).– Vian, VetChrist 1976, 117/28 (I codici vaticani del ‚Commento ai Salmi').

Seite 276 (17.):
Crini, Mu 1973, 521/4 (Ep. ad virgines).– Duval, Mu 1975, 405/33 (La problématique de la Lettre aux vierges).– Leone, RendAccArcheolLett, Na 1967, 41/59 (Redazioni moltiplici del „De virg.").

Seite 276 (18.):
G. Bartelink – Ch. Mohrmann, Vita di Antonio, Mi 1974 (TÜK). ** Barnard, VC 1974, 169/75 (Datierung: 357/58).– Bartelink, RB 1971, 92/5 (Tkr. der älteren V. Ant.); 1972, 98/105 (Übersetzung des Evagr.); Mnemosyne 1973, 265/72 (version évagrienne).– Brennan, VC 1976, 52/54 (Datierung um 358).– Browne, GRBS 1971, 59/64 (Sahidic version).– Hoppenbrouwers, [Ch. Mohrmann, Ut 1973] 80/95 (la première version latine de la Vita Ant.).– Priessnig, BZ 1971, 1/5 (Die biographische Form der Plotinvita des Porphyrios und das Antoniosleben des A.).– Voss, VC 1967, 93/102 (Vergil und Sallust in der Vita Antonii).

Seite 277 (20.):
W. Wolska – Conus, SCh 197, 1973, 241/53 (Fragm. apud Cosmam Indicopl.). ** Barnard, SP 13, 337/42 (liturgical elements).– P. Merendino, Paschale sacramentum, Mr 1965 (Osterbriefe und Osterkatechese).

Seite 279:
Backes, TrThZ 1973, 129/40 (trinitarisches Glaubensverständnis).– Baldanza, Ephemerides iuris canonici 1966, 203/11 (Quinam pertinent ad veram Christi Ecclesiam).– Campbell, ScottJTheol 1974, 408/40 (Holy Spirit).– Coman, Kleronomia 1973, 330/46 (Erlösungslehre).– Kannengiesser, SP 11, 199/202 (Logos et Nus); ThSt 1973, 103/13 (A. and the foundation of traditional christology); RSR 1975, 407/42 (Le mystère pascal du Christ); Humanisme et foi chrétienne, 1976, 503/26 (Théologie et patristique. Le sens actuel de leur rapport vérifié chez Athanase d'Alexandrie).– A. Laminski, Der Heilige Geist als Geist Christi und Geist der Gläubigen, L 1969.– E. P. Meijering, Orthodoxy and Platonism in A., Lei ^{2}1974; VC 1974, 161/8 (ΗΝ ΠΟΤΕ ΟΤΕ ΟΥΚ ΗΝ Ο ΥΙΟΣ).– J. Roldanus, Le Christ et l'homme dans la théologie d'A. d'Al., Lei 1968.– Saake, NZSystTheol 1973, 348/64 (Pneumatologie).– B. Salleron, Matière et corps du Christ chez Saint A. d'A., R 1967.– Staniloae, Kyrios 1974, 25/41 (Erlösungslehre des A.).– Strohm, Kyrios 1974, 43/59 (Trinitätslehre des A. und ihr Mißverstehen im Abendland).– Zaphiris, Kleronomia 1974, 61/96 (Connaissance naturelle de Dieu).

Seite 281 (2.):
A. Kehl, Der Psalmenkommentar von Tura, Quaternio IX, Köln-Opladen 1964

(Ps. 29,1/30, 13a; TÜK).– L. Doutreleau – A. Gesché – M. Gronewald, Psalmen-Kommentar, 1/5, Bonn 1968/70 (Ps. 20/26,10; 29/44,4; TÜ).– E. Mühlenberg, Psalmenkommentare aus der Katenenüberlieferung, 1/2, B 1975/77 (Didymus zu Ps. 1/150).– G. Binder – L. Liesenborghs, Kommentar zum Ecclesiastes, Lage 1, Köln 1965 (nicht im Buchhandel; TÜ).– J. Kramer et al., Kommentar zum Ecclesiastes, Teil II, III, IV, VI, Bonn 1969/77 (TÜK).– A. Henrichs – U. Hagedorn – L. Koenen, Kommentar zu Hiob, 1/3, Bonn 1968 (TÜK).– J. Reuss, Joh.-Kommentare aus der griech. Kirche, TU 89, 1966, 177/86.– J. Hönscheid, Didymus der Blinde, De Trinitate, Buch I, Meisenheim 1975 (TÜ).– P. Nautin – L. Doutreleau, SCh 223, 1976 (Sur la Genèse, I, TÜK). ** W. A. Bienert, „Allegoria" u. „Anagoge" bei D., B 1972.– G. Binder – L. Koenen – L. Liesenborghs, ZPapyrolEpigr 1, 1967, 33/44 (Epikurfragment bei D.).– Doutreleau, SE 18, 1967f, 372/84 (Incohérence textuelle du De Spiritu Sancto de Didyme dans le Parisinus Lat. 2364); [J. Quasten, 1970] 1,352/89 (tradition manuscrite de De spir. s.); REG 1970, 90/3 (Deux pages de l'In Zachariam).– A. I. C. Heron, Studies in the Trinitarian writings of Didymus the Blind. His authorship of the Adversus Eunomium IV–V and the De Trinitate, Diss. T 1972.– Merkelbach, VC 1966, 214/26 (Konjekturen und Erläuterungen zum Psalmenkommentar).– Pruche, SP 10, 1970, 151/5 (De. l'auteur des livres contre Eunome IV et V attribués à S. Basile de Césarée?).– S. C. Reynolds, Man, incarnation and trinity in the commentary on Zechariah of D., Diss. Harvard Univ. 1966 (vgl. HThR 1966, 453f).– Rondeau, REG 81, 1968, 385/400 (A propos d'une édition de Didyme l'Aveugle).– Simonetti, VetChrist 1974, 333/43 (Sermo maior von Didymus).– J. H. Tigcheler, D. l'Aveugle et l'exégèse allégorique, Diss. N 1977.

Seite 281 (3.):
Nautin, RHE 1974, 365/94 (Briefwechsel mit Johannes von Jerusalem).– Der Nersessian, [J. Quasten, Mr 1970] 1,390/9 (Armenian homilies).– Orlandi, RivStudOr 1969, 23/6 (frammento copto).– Richard, GN 1975, 2 (Nouveau fragments).

Seite 282f (4.):
A. dell'Era, Inni, R 1968 (TÜK).– A. Casini, Mi 1970 (Tutte le opere di S.). ** Cavalcanti, RivStorLettRel 1969, 122/34 (annotazioni); 1970, 82/95 (hymn. 1).– Cramer, RQ 1977, 43/56 (Zweigewaltenlehre).– A. dell'Era, Appunti sulla tradizione manoscritta degli Inni di S., R 1969.– Garzya, Atti dell'Accademia Pontaniana 1973, N.S., XXII, 251/94 (Inventario dei manoscritti delle epistole di Sinesio).– Smolak, Jahrbuch der Österreich. Byzantinistik 1971, 7/30 (Zur Himmelfahrt Christi).– W. Theiler, Forschungen zum Neuplatonismus, B 1966, 252/301 (Die chaldäischen Orakel und die Hymnen des S.).– Vogt, [G. Tellenbach, Fr 1968] 15/25 (S. gegen Andronikos); [J. Quasten, Mr 1970] 1,400/8 (S. und Seefahrt).

Seite 283 (5.):
Golega, BZ 1966, 9/36 (Zum Text der Johannesmetabole).

Seite 285 (1.):

J. Reuß, TU 89, 1966, 188/95 (21 Fragmente des Joh.-K). ** Parvis, JTS 1975, 415/9 (The Commentary on Hebrews and the Contra Theodorum).– Sauget, [Symposium syriacum 1972, R 1974] 439/56 (Nouvelles homélies du Commentaire sur S. Luc).– A. Vööbus, Discoveries of great import on the commentary on Luke by C. of A., Stockholm 1973.– R. L. Wilken, Judaism and the Early Christian Mind; a study of Cyril of Alexandria's exegesis and theology, Lo 1971.

Seite 286:

G. M. de Durand, SCh 231, 1976; 237, 1977 (Dial. sur la Trinité I–V, TÜK).– R. Y. Ebied – L. R. Wickham, A collection of unpublished Syriac Letters of C. of A., CSCO 359, 1975; Mu 83, 1970, 433/82 (The letter of C. to Tiberius the deacon); JTS 1971, 420/34 (Unknown letter in Syriac, TÜ).– B. M. Weischer, Querellos. 1. Der Prosphonetikos „Über den rechten Glauben" des K. an Theodosius II, Glückstadt 1973; OC 1967, 130/85; 1968, 92/137 (Quod unus sit Chr., äthiop. TÜK).– C. Scanzillo, Sorrento 1975 (Adv. nolentes confiteri ..., TÜK). ** Langgärtner, [H. M. Biedermann, Wü 1971] 95/100 (Descensus ad inferos in den Osterfestbriefen).– Liébaert, MSR 1970, 27/48 (lettre pascale 17 et la lettre aux moines).– Orlandi, RivStudOr 1967, 329/42 (Encomio di Atanasio).– Richard, SP 7, 1966, 274/7 (Deux lettres perdues).– Scanzillo, Asprenas 1966, 275/94 (argomentazione teologica nei trattati alla corte imperiale).

Seite 288:

Caraza, Studii teol. 1968, 528/42 (doctrine eucharistique).– Dratsellas, Θ 1967, 579/608; 1968, 192/230; 394/424; 621/43 (soteriological teaching); Θ 1970, 441/55; 545/56; 1971, 519/47 (Man in his original state and in the state of sin).– Meijering, NTT 1974, 16/29 (C. on the Platonists and the Trinity).– Norris, SP 13, 255/268 (Christological Models).– Rosini, StudPat 1965, 32/64 (Il primigenito).– Samuel, GrOrthThR 1964 f, 37/53 (One incarnate nature).– Theodoros, Θ 1973, 561/82; 1974, 80/101; 275/308; 478/510 (Hervorgang des Hl. Geistes).– Wilken, CH 1966, 139/56 (Adam-Christ Typology).

Seite 289 (1.):

Barnard, RTAM 1971, 69/79 (Pope Julius, Marcellus of A. and the council of Sardica).– Pollard, [J. Daniélou, P 1972] 187/96.– Simonetti, RivStorLettRel 1973, 313/29 (De sancta eccl. echt; unecht Sermo maior und De incarn. verbi).– Tetz, ZKG 1964, 217/70; 1968, 3/42; 1972, 145/94 (Theologie des M.); ZntW 1973, 75/121 (Markellianer und Athanasius).

Seite 289 (2.):

Leroy, OCP 1972, 195/208 (De virg.).

Seite 291:

A. Angeli, Basilio di Cesarea, Mi 1968.– J. Bernardi, La prédication des Pères cappadociens, P 1968.– C. G. Bonis, Basilius der Große von Cäsarea. Leben, Werke, Schriften und Lehre, At 1975 (griech.).– Cadiou, REG 1966, 89/98 (relations scolaires entre B. et Libanios).– Corneanu, VCaro 23, 1969, 43/67 (Les efforts de saint Basile pour l'unité de l'Église).– Giacchero, [Tetraonyma, Genua 1966] 157/74 (influsso di Plutarco).– Gribomont, DHG 16, 26/33 (Eustath. Sebast.); Seminarium 1975, 336/54 (Rome et l'Orient. Invitations et reproches de S. Basile).– Guillén – Preckler, Communio 6, 1973, 5/32 (Basilius e l'Occidente).– Kopecek, CH 1973, 453/66 (The social class of the Cappadocian Fathers); 293/303 (The Cappadocian Fathers and civic patriotism).– Lazzati, [A. Pincherle, 1967] 284/92 (Basilio di Cesarea insegnò Retorica?).– G. May, [B. Moeller, Bleibendes im Wandel der Kirchengeschichte, Tü 1973] 47/70 (B. und der römische Staat).– Orlandi, Rivista degli studi orientali 1975, 49/58 (B. nella letteratura copta).– Scazzoso, Augustinianum 1972, 391/405 (L'umanesimo di B.).– Taylor, DR 1973, 186/203; 262/74 (B. and pope St Damasus I.).

Seite 292 (1.):
B. Pruche, SCh 17², 1968 (De spir. s., TÜK).– M. Blum, B. v. Caes., Über den Heiligen Geist, Fr 1967 (Ü). ** Cavalcanti, Augustinianum 1974, 527/39 (Il problema del linguaggio teologico nell'Adv. Eunomium); [M. Pellegrino, To 1975] 1003/21 (‚Excerpta' e temi sullo Spirito Santo in Ps.-Basilio, ‚Adv. Eunomium', IV–V).– Coman, SP 9, 1966, 172/209 (démonstration dans De spir. s.).– Girardi, VetChrist 1976, 269/88 (De spir. 9).– W. M. Hayes, The greek manuscript tradition of (Ps.) Basil's Adv. Eunomium, books IV–V, Lei 1972; [A. Ch. Pegis, Toronto 1974] 330/77 (Greek recentiores, (Ps.) Basil, Adv. Eunom. IV–V).– Weijenborg, EphMariol 1975, 381/95 (De spir. s.; ep. 260).

Seite 292 (2.):
U. Neri, Basilio di Cesarea, Il battesimo, Brescia 1976 (TÜK).– L. Lèbe, Les règles morales et portrait du chrétien, Maredsous 1969 (Ü); Les règles monastiques, Maredsous 1969 (Ü). ** Bamberger, OCP 1968, 233/51 (ascetical theology).– Davids, SP 14, 302/6 (Ps.-Basil, De baptismo, I).– Gribomont, DHG 16, 26/33; DSp 4, 1708/12 (Eustathius von Sebaste).– Savramis, Kyrios 1966, 129/49 (ora et labora).

Seite 293 (3.):
S. Giet, SCh 26², 1968 (Hom. sur l'Hexaéméron, TÜK).– A. Smets – M. van Esbroeck, SCh 160, 1970 (Hom. 10 et 11 de l'Hexaéméron, TÜK).– H. Hörner, Auctorum incertorum (vulgo Basil. vel Greg. Nyss.) sermones de creatione hominis; sermo de paradiso, Lei 1972 (Greg. Nyss. op. supplem.).– S. Costanza, Ps. Bas. Hom. in aquas et in s. baptisma, Messina 1967 (TÜK).– A. R. Raccone, Omelie sui salmi, R 1965 (ÜK). ** Amand de Mendieta, Sp 7, 1966, 35/45 (ed. crit. des hom.); SP 14, 253/74 (La plus ancienne tradition manuscrite des homélies sur l'Hexaéméron); [E. de Strycker, 1973] 695/716 (Les deux homélies sur la création de l'homme que les manuscrits attribuent a Basile de Césarée ou a Grégoire de

Nysse).– Aubineau, Symbolae Osloenses 1976, 155/8 (Trente-deux homélies de Basile de Césarée retrouvées dans le codex athonite Stravonikita 7).– J. Bernardi, La prédication des Pères Cappadociens. Le prédicateur et son auditoire, P 1968.– Rouillard, RM 1967, 1/16; 45/55 (Recherches sur la tradition manuscrite des Homélies diverses).– Tamburrino, RivCultClassMed 1966, 229/39 (Hom. in Ps. 44).

Seite 294 (4.):
F. Boulenger, S. Basile, Aux jeunes gens, P 1965 (TÜK).– N. G. Wilson, S. Basil on the value of Greek Literature, Lo 1975 (TÜK). ** Naldini, VetChrist 1976, 297/318 (Paideia origeniana).– L. Schucan, Das Nachleben von Basilius Magnus Ad adolescentes. Ein Beitrag zur Geschichte des christlichen Humanismus, Genf 1973.

Seite 294f (5.):
Y. Courtonne, S. Basile, Lettres, 1/3, P 1957/66 (TÜ).– W.-D. Hauschild, Briefe, 2. Teil, St 1973 (ÜK). ** Amand de Mendieta, RSR 1968, 241/64 (authenticité des lettres 42/45); SP 10, 1970, 44/53 (authenticité de lettre 45).– Y. Courtonne, Un témoin du IVe s. oriental. S. Basile et son temps d'après sa correspondance, P 1973.– Knorr, ZntW 58, 1967, 279/86 (Der 43. Brief des B. und die Nilus-Briefe); ZKG 1969, 375/81 (4 unechte Briefe).– P. Mair, Die Trostbriefe Basilius' des Großen im Rahmen der antiken Konsolationsliteratur, Diss. Innsbruck 1967.– Mitchell, Her 1968, 299/318 (Consolatory letters in B. and Greg. Naz.).– von Schönborn, RSPhTh 1976, 446/50 (La „lettre 38 de Saint Basile“ et le problème christologique de l'iconoclasme).– van de Paverd, OCP 1972, 5/63; 209/42 (Quellen der kanon. Briefe).

Seite 295 (6.):
Engberding, OC 1967, 29/50 (Das anaphorische Fürbittgebet der älteren armenischen B.-Liturgie).– Mitchell, AThR 1976, 194ff (The Alexandrian anaphora of B.: Ancient source of „A Common Eucharistic Prayer“).

Seite 297f:
E. Amand de Mendieta, The „unwritten“ and „secret“ apostolic tradition in the theological thought of St. Basil of Caesarea, Edinburgh 1965.– Bamberger, OCP 1968, 233/51 (The psychic dynamisms in the ascetical theology of St. Basil).– Bobriskoy, [Eucharisties d'Orient et d'Occident, P 1970] 2, 197/240 (Liturgie et ecclésiologie trinitaire des s. B.).– de Boer, NedThTijdschr 1969f, 333/72 (Paradosis, dogma en kerygma naar B.).– Forlin Patrucco, Aev 1973, 225/34 (Povertà e ricchezza: la condanna dei mutui).– Hanson, VC 1968, 241/55 (B.'s doctrine of tradition in relation to the Holy Spirit).– Mouratidis, Θ 1968, 33/50 (Seelenheilkunde).– M. Orphanos, Creation and salvation according to St. B. of. C., At 1975.– O. Papadopoulos-Tsananas, Ἡ ἀνθρωπολογία τοῦ Μεγάλου B., Th 1970.– Petit, CollCist 1973, 81/107; 218/38 (Émerveillement, prière et Esprit Saint).– P. Scaz-

zoso, Introduzione alla ecclesiologia di S. Basilio, Mi 1975; Aev 1973, 210/24 (B. e la Sacra Scrittura).

Seite 299f:
Camelot, [Mél. J. Coppin, Lille 1966] 23/30 (Amour des lettres et désir de Dieu chez G.).– Coman, SP 14, 290/301 (Hellénisme et christianisme).– Delfgaauw, Eranos-Jb 36, 1967, 113/65 (Gregor von Nazianz: Antikes und christliches Denken).– P. Gallay et J. Rousse, DSp 6, 932/71.– R. R. Ruether, Gregory of Nazianzus. Rhetor and philosopher, Lo 1969.– Szymusiak, [J. Daniélou, P 1972] 545/8 (Les sites de Nazianze et Karbala).– F. Trisoglio, S. Gregorio di Nazianzo in un quarantennio di studi (1925–65), To 1974.– Tsames, [K. Chrestou, Th 1967] 165/190 (Leben).

Seite 300 (1.):
J. Bernardi, La prédication des Pères Cappadociens, P 1968; SP 14, 282/9 (G. critique de Julien).– Dörrie, [J. Quasten, 1970] 1, 409/23 (hom. 39).– G. Galavaris, The illustrations of the liturgical homilies of G. N., Pr 1969.– Meijering, NTT 1973, 224/34 (The doctrine of the will and of the Trinity in the orations).– Memoli, Orph 1968, 33/71 („Eloquentia" classica e „sapientia" cristiana nell'Oratio funebris in laudem Basilii Magni); Aev 1969, 459/84 (Fedeltà di interpretazione e libertà espressiva nella traduzione Rufiniana dell'Oratio XVII di G.).– Meredith, SP 14, 315/9 (Traditional Apologetic in the Contra Eunomium of Gregory of Nyssa).– C. Moreschini, [M. Pellegrino, To 1975] 416/30 (L'opera e la personalità dell'imperatore Giuliano nelle due ‚Invectivae' di Gregorio Nazianzeno).– Mossay, SP 10, 1970, 402/6 (prédication „liturgique" de G.); [B. Botte, Lou 1972] 379/99 (or. 5, 16).– Orlandi, Mu 1970, 351/66 (traduzione copta dell'Encomio di Atanasio).– Szymusiak, VC 1966, 183/9 (chronologie des discours).– Trisoglio, AtTor 1964f, 129/204 (orat. 14); Aev 1965, 25/44 (interpolazioni nella or. 45).– Weijenborg, Ant 1973, 476/507 (or. theol. 3/5 von Maximus).– Wickham/Williams, SP 14, 365/70 (Some Notes on the Text of Gregory Nazianzen's First Theological Oration).

Seite 301 (2.):
P. Gallay, Lettres, 1/2, P 1964/1967 (TÜK); GCS Greg.Naz., 1969 (Briefe, T).– P. Gallay – M. Jourjon, Lettres théologiques, SCh 208, 1974 (TÜK). ** Mitchell, Her 1968, 299/318 (Consolatory letters).– Mossay, Mu 1966, 95/102 (ep. 28).– Rudberg [J. Quasten, 1970] 1, 424/6 (ep. 154).

Seite 301 (3.):
J. T. Cummings, De vita sua, Princeton 1966.– C. Jungck, De vita sua, Hei 1974 (TÜK).– A. Knecht, Gegen die Putzsucht der Frauen, Hei 1973 (TÜK).– C. Peri, Gregorio di Nazianzo, Epitaffi. Traduzione e commento, Mi 1975.– A. Tuilier, SCh 149, 1969 (La Passion du Christ, TÜK). ** de Aldama, [J. Daniélou, P 1972] 417/23 (Christus patiens nicht von G.).– Cummings, SP 7, 1966, 52/9 (Towards a Critical Edition of the Carmen de vita sua).– Grosdidier de Matons, Travaux

et Mémoires 5, 1973, 363/72 (édition récente du ‚Cristos paschôn'). – Sykes, JTS 1970, 32/42 (poemata arcana). – Trisoglio, [M. Pellegrino, To 1975] 712/40 (La poesia della Trinità nell'opera letteraria). – Werhahn, SP 7, 1966, 337/47 (Dubia und Spuria unter den Gedichten).

Seite 301f (Ps.-Caesarius):
R. Riedinger, Ps.-Kaisarios. Überlieferungsgeschichte und Verfasserfrage, Mn 1969; JbÖsterrByzGes 1970, 153/84 (Neue Quellen zu den Erotapokriseis des Pseudo-Kaisarios).

Seite 303 (Greg. Naz.):
H. Althaus, Die Heilslehre des heiligen G. v. Naz., Mr 1972. – E. Bellini, La Chiesa nel mistero della salvezza in San G. Naz., Varese 1970; G. di N., Teologia e Chiesa. Esperienza di fede e riflessione teologica, Mi 1971; SC 1971, 210/22 (La beneficenza dovere della chiesa); 269/96 (La figura del pastore d'anime); 452/66 (La posizione dei monaci e dei vergini nella Chiesa). – Harkianakis, Kleronomia 1, 1969, 83/102 (Trinitätslehre). – J. Mossay, La mort et l'au-delà dans S. G. de Naz., Lou 1966. – Muraille, EThL 1968, 155/78 (L'Église, peuple de l'Oikoumène). – F. Rudasso, La figura di Cristo in S. G. N., R 1968. – Th. Spidlik, G. de N., Introduction à l'étude de sa doctrine spirituelle, R 1971. – Szymusiak, SP 9, 1966, 288/305 (G. et le péché). – Winslow, AThR 1965, 348/59 (Love for the poor); SP 14, 371/4 (Orthodox Baptism – A Problem for G.).

Seite 303f:
Bergadá, Stromata 1969, 79/130 (Contribución bibliográfica). – J. Bernardi, La prédication des Pères cappadociens. Le prédicateur et son auditoire, P 1969. – Canévet, DSp 6, 971/1011. – Courcelle, REG 1967, 402/12 (G., lecteur de Porphyre). – Daniélou, SP 7, 1966, 159/69 (chronologie des œuvres de G.). – Grego, Salesianum 1976, 109/25 (G. pellegrino in Terra Santa. Lo scontro con i giudeo-cristiani). – M. Harl (Hg.), Écriture et culture philosophique dans la pensée de Grégoire de Nysse, Lei 1971. – May, JbÖsterrByzGes 15, 1966, 105/32 (Kirchenpolitik); [J. Daniélou, P 1972] 309/15 (Verhältnis zu Basilius dem Großen). – E. Moutsoulas, Γ. ὁ Νύσσης, Athen 1970 (Leben, Schriften, Lehre, Bibliographie). – Papadopoulos, EEBS 1972f 545/59 (Bibliographie). – Staats, ZKG 1973, 149/73 (Gregor von Nyssa und das Bischofsamt). – von Stritzky, VC 1974, 176/85 (Verbindung zwischen Gregor v. Nyssa und Augustin).

Seite 304f (1.):
J. Barbel, St 1971 (Or. cat. magna, ÜK). ** Celada, Ciencia Tomista 1974, 565/665 (La catequesis sacramental y bautismal). – Daniélou, RSR 1966, 61/66 (Adv. Arium et Sabellium et l'origénisme Cappadocien). – Harl, RSR 1967, 217/26 (C. Eunom.). – Marotta, VetChrist 1967, 85/105 (L'ironia e altri schemi nel C. fatum). – Mateo-Seco, Scripta theologica 1, 1969, 453/73 (teología de la muerte en la Oratio catech. magna).

Seite 305 (2.):
J. Daniélou, SCh 1, ³1968 (Vie de Moïse, TÜK).– C. Brigatti, La vita di Mosè, Alba 1967 (ÜK).– M. Canévet – J. Daniélou, Grég. de Nysse, La colombe et la ténèbre, P 1967 (extraits des Hom. sur le Cantique des cantiques, ÜK). ** Alexandre, [J. Daniélou, P 1972] 425/441 (Luc. 16, 19–31).– Bebis, GreekOrthTheolRev 1967, 369/93 (De vita Moysis, a philosophical and theol. analysis).– Bergadá, Stromata 1968, 243/63 (concepción de la libertad en el De hom. opif.).– Canévet, [J. Daniélou, P 1972] 443/54 (hom. 11 in Cant.).– Corsini, [J. Daniélou, P 1972] 455/62 (L'harmonie du monde et l'homme microcosme).– Daniélou, [A. Pincherle, 1967] 185/96 (typologie biblique).– Ferguson, SP 14, 307/14 (Progress in Perfection: Vita Moysis).– R. Heine, Perfection in the virtuous life. A study in the relationship between edification and polemical theology in Gregory of Nyssa's De Vita Moysis, C 1975.– Peri, VetChrist 1974, 313/32 (La Vita di Mosè un viaggio verso l'aretè cristiana).– Rondeau, [J. Daniélou, P 1972] 517/31 (Exégèse du Psautier et anabase spirituelle).– Townsley, Salesianum 1974, 641/6 (Parmenides and G. of Nyssa. An antecedent of the ‚dialectic' of ‚participation in being' in de vita Moysis).

Seite 306 (3.):
M. Aubineau, SCh 119, 1966 (Traité de la Virginité, TÜK).– P. Maraval, SCh 178, 1971 (Vita Macrinae, TÜK).– V. W. Callahan, FathCh 58, Wa 1967 (Ascetical works, Ü).– W. Blum, Drei asketische Schriften (Über das Wesen des christlichen Bekenntnisses, Über die Vollkommenheit; Über die Jungfräulichkeit), St 1977 (ÜK).– F. van der Meer – G. Bartelink, Ut 1971 (Vita Macrinae, TÜK). ** Canévet, REG 1969, 404/23 (De inst. christ. de G.?).– Gribomont, RAM 1967, 249/66 (De virg.).– Marotta, VetChrist 1968, 73/88 (La base biblica della V. Macrinae); 1970, 265/84 (Similitudini ed ecphraseis nella V. Macrinae).– R. Staats, G. v. N. und die Messalianer, B 1968.

Seite 306 (4.):
G. N. opera 9, Lei 1967 (Serm. pars 1).– O. Lendle, Encomium in S. Stephanum protomartyrem, Lei 1968 (TÜK).– H. Hörner, G. N. opera, Suppl., Lei 1972 (Serm. de creat. hom. et de parad. auctoris anonymi).– F. Mann, Die Weihnachtspredigt Gregors von Nyssa. Überlieferungsgeschichte u. Text, Diss. Mr 1976. ** Alexandre, SP 10, 1970, 35/43 (De mort.).– Daniélou, VC 1966, 159/82 (Sur les enfants morts prématurément); [J. Quasten, 1970] 2, 663/6 (G. et l'origine de la fête de l'Ascension).– Mann, VC 1977, 126/47 (De infant. praemature abreptis).– May, VC 1969, 38/57 (In suam ordinationem, Datierung).– Ritter, ZKG 1968, 308/28 (In suam ordinationem).– Spira, SP 9, 1966, 106/14 (Rhetorik und Theologie in den Grabreden).– Staats, VC 1967, 165/79; 1969, 58f (In suam ordinationem).– Wilken, [M. Harl, Écriture et culture philosophique, Lei 1971] 127/43 (Easter homilies).

Seite 306 (5.):

Canart, [E. de Strycker, Antwerpen 1973] (ep. 2).– Daniélou, Euntes docete 1967, 85/97 (L'évêque d'après une lettre de G.).– Hübner, [J. Daniélou, P 1972] 463/90 (Basil. ep. 38 von G. Nyss.).

Seite 307f:

Alexander, VC 1976, 55/62 (Gregory of Nyssa and the Simile of the Banquet of life).– D. L. Balás, ΜΕΤΟΥΣΙΑ ΘΕΟΥ. Man's Participation in God's perfection according to Saint G. of N., R 1966; [Arts libéraux et philosophie au moyen âge, P 1969] 1079/85 (Participation in the specific nature).– Blum, VC 1974, 43/9 (Höhlengleichnisse).– S. de Boer, De anthropologie van G. van N., Assen 1968.– Bouchet, RSPhTh 1968, 613/44 (vision de l'économie du salut); RTh 1968, 533/82 (vocabulaire de l'union et du rapport des natures).– Brightman, GrOrthThRev 1973, 97/114 (apophatic theology and divine infinity).– Callahan, Tr 1968, 17/41 (The serpent and Η ΡΑΧΙΑ).– Canévet, RSR 1968, 87/95 (Nature du mal et économie du salut).– Chrestou, Kleronomia 1972, 41/62 (ἀνθρώπινον πλήρωμα).– J. Daniélou, L'être et le temps chez G. de N., Lei 1970 (gesammelte Aufsätze); SP 11, 130/45 (Θεωρία).– H. Dörrie (Hg.), Gregor von Nyssa und die Philosophie, Lei 1976.– A. E. Dunstone, The atonement in G. of N., Lo 1964.– Ferguson, GrOrthThRev 1973, 59/78 (God's infinity and man's mutability).– M. Harl (Hg.), Écriture et culture philosophique dans la pensée de G. de N., Lei 1971.– Harl, [J. Quasten, 1970] 2,730/35 (2 Cor. 3, 18b).– R. M. Hübner, Die Einheit des Leibes Christi bei Gregor von Nyssa. Untersuchungen zum Ursprung der ‚physischen' Erlösungslehre, Lei 1974.– Ibáñez e Mendoza, RET 1973, 339/62; 423/48 (Naturaleza de la eusebeia).– W. Jaeger, G. von Nyssa's Lehre vom heiligen Geist, Lei 1966.– Joly, Byz 1966, 127/43 (deux thèmes mystiques).– Kannengiesser, RSR 1967, 55/65 (L'infinité divine chez Grégoire de Nysse).– E. G. Konstantinou, Die Tugendlehre G.'s im Verhältnis zu den antik-philosophischen und jüdisch-christlichen Tradition, Wü 1966.– Marrou, [J. Daniélou, P 1972] 501/8 (Une théologie de la musique chez G. de N.?).– H. D. Moutsoulas, Ἡ σάρκωσις τοῦ Λόγου καὶ ἡ θέωσις τοῦ ἀνθρώπου κατὰ τὴν διδασκαλίαν Γρηγορίου τοῦ Νύσσης, At 1965; Θ 1969, 257/70 (Christologie).– E. Mühlenberg, Die Unendlichkeit Gottes bei Gregor von Nyssa, 1966; ZntW 1977, 93/122 (Synergism).– K. B. Skouteris, Ἡ ἐκκλησιολογία τοῦ ἁγίου Γρηγορίου Νύσσης, At 1969; Θ 1969, 416/29 (Einheit der menschlichen Natur).– T. di Stefano, Dialettica d'immagine e libertà secondo Gregorio di Nissa, Perugia 1975.– M. B. von Stritzky, Zum Problem der Erkenntnis bei Gregor von Nyssa, Mr 1973.– Vives Solé, EE 1970, 203/35 (pecado original).– Wolfson, HThR 1970, 53/60 (The identification of ex nihilo with emanation).– P. Zemp, Die Grundlagen heilsgeschichtlichen Denkens bei G. v. N., Mn 1970.

Seite 309 (Amphilochius):

E. Oberg, Iambi ad Seleucum, B 1969 (T); JbAC 1973, 67/97 (TÜK). ** Bonis, Θ 1974, 19/29; 205/20; 417/32; 593/607; 1975, 7/22; 257/72; 465/481; 681/8 (Über falsche Askese).– Datema, JbÖsterrByzGes 1974, 29/32 (Amphiloque d'Iconium et Pseudo-Chrysostome).– Gstrein, JbÖsterrByzGes 15, 1966, 133/45 (A. der vierte „Große Kappadokier").

Seite 309 (Asterius):
C. Datema, A. of Amasea, Homilies I–XIV, Lei 1970 (TK); dazu Halkin, AB 1971, 216. ** Speyer, JbAC 1971, 39/47 (Euphemia-Rede).

Seite 310 (1.):
Spanneut, SP 7, 1966, 549/59 (E. exégète).

Seite 310 (2.):
Wickham, JTS 1968, 532/69 (Syntagmation, TÜK). ** Ch. Bizer, Studien zu ps. athanasianischen Dialogen, Bonn 1970, 80/126 (Syntagm.).– Brennecke, JbAC 1975, 202/5 (Stellenkonkordanz zu RACh 6, 936/47).– E. Cavalcanti, Studi eunomiani, R 1976.– Wickham, JTS 1969, 231/40 (date of apol.: a. 381).

Seite 311(Acta Archelai):
Hansen, SP 7, 1966, 473/85 (Evangelienzitate).

Seite 311 (Manichaeica):
A. Adam, Texte zum Manichäismus, KlT 175, ²1969.– A. Henrichs – L. Koenen, Der Kölner Mani-Codex, Ed. der Seiten 1–72, 1975 (= ZPapyrolEpigr 19, 1). ** J. P. Asmussen, Studies in Manicheism, 1965.– Brown, JRomStud 1969, 92/103 (diffusion of Manichaeism in the Roman Empire).– Grant, [G. Widengren, Lei 1972] 1, 430/9 (Manichées and Christians in the third and early fourth centuries).– A. Henrichs – L. Koenen, ZPapyrolEpigr 1970, 97/216 (Ein griechischer Mani-Codex, Vorbericht zur Edition).– Henrichs, HarvStudClPhil 1973, 23/59 (Mani and the Babylonian baptists).– Klijn and Reinink, VC 1974, 277/89 (Elchasai and Mani).– O. Klima, Manis Zeit und Leben, Prag 1962.– van der Lof, SP 8, 1966, 118/29 (Der numidische Manichäismus im IV. Jh.).– L. J. R. Ort, Mani, Lei 1967; [C. J. Bleeker, Lei 1969] 126/39 (Jesus and Mani. A comparison).– H.-Ch. Puech, Le Manichéisme, son fondateur, sa doctrine, P ²1967.– Ries, [M. Pellegrino, To 1975] 1085/96 (La révélation dans la gnose de Mani).– Quispel, RSR 1972, 143/50 (Mani et la tradition évangélique des judéo-chrétiens).– G. Widengren (Hg.), Der Manichäismus, Darmstadt 1977 (Wege der Forschung 168).

Seite 311 (2.):
Nagel, Studia Byzantina 2, B 1973, 285/350 (Neues griechisches Material). ** Nagel, Studia Byzantina 1, 1969, 211/9 (Paradieserzählung).– Reuss, Bi 1976, 538/41 (Lukas-Homilien).

Seite 312f:
A. Piédagnel – P. Paris, SCh 126, 1966 (Cat. myst., TÜK).– Inglisian, HA 1964, 289/300; 449/58; 1965, 1/16 (Brief an Kaiser Konstantius, armen. T).– E. Bihain, Byz 1973, 264/96 (L'épître de Cyrille de Jérusalem à Constance sur la vision de la croix [BHG 3413], Tradition manuscrite et édition critique).– van Esbroeck, Mu 1973, 283/304 (Une homélie sur l'église attribuée à Jean de Jérusalem, armen. T, lat. Ü).– L. P. McCauley – A. A. Stephenson, 1/2, FathCh 61; 64, Wa 1969f (Ü). ** Berten, RSPhTh 1968, 38/75 (C., Eusèbe d'Emèse et la théologie semi-arienne).– Camelot, [J. Quasten, 1970] 2, 724/9 (théologie baptismale).– K. Deddens, Annus liturgicus? Een onderzoek naar de betekenis van Cyrillus van Jeruzalem voor de ontwikkeling van het kerkelijk jaar, Goes 1972.– Fernández, EphMariol 1975, 143/71 (Maria en las Catequesis de S. Cirilo).– Jenkinson, EThL 1964, 48/71 (the image and the likeness of God in man).– Leroy, SP 10, 1970, 131/6 (Pseudo-Chrysostomica: J. de Jér.).– Nicolae, Studii teol. 1967, 629/39 (la résurrection des morts).– Orlandi, VetChrist 1972, 93/100 (C. nella letteratura copta).– Piédagnel, RSR 1967, 565 (Catéchèses mystagogiques); SP 10, 1970, 141/5 (Mss. des catéch. myst.).– Renoux, Mu 1965, 355/9 (Les catéchèses mystagogiques dans l'organisation liturgique hiérosolymitaine du IVe et du Ve siècle); Mu 1972, 147/53 (version arménienne des cat. myst.?).– H. M. Riley, Christian initiation, Wa 1974.– Stephenson, SP 11, 234/41 (trinitarian theology).– Stiernon, DSp 8, 565/74 (Joh. von Jerusalem).– Tura, StPat 1970, 556/74 (Battesimo e storia della salvezza).– Voicu, Euntes docete 1971, 66/111 („Giovanni di Gerusalemme" e Ps.-Crisostomo).

Seite 315:
J. Reuss, Joh.-Kommentare, TU 89, 1966, 3/64.– E. Mühlenberg, Psalmenkommentare aus der Katenenüberlieferung 1, 1975 (Apoll. zu Ps. 1/150). ** Cadiou, BullBudé 1966, 450/7 (A. Plotinien).– Koumantos, BullBiblStud 1973, 148/54 (Meteora Manuscript No. 402: An Apollinarius' Commentary on the Psalms?).– E. Mühlenberg, Apollinaris von Laodicea, Gö 1969 (dazu: Kannengiesser, RSR 1971, 27/36; Hübner, Kleronomia 1972, 131/61).– Reuss, OstkSt 1977, 28/34 (A. Verfasser eines Lukaskommentars?).

Seite 317 (1./6.):
C. Riggi, E. contro Mani, R 1967 (Panar. 66, TÜK).– Moutsoulas, Θ 1973, 157/210 (De mensuris, T). ** Benko, VC 1967, 103/19 (Phibionites).– Dummer, Koptolog. Studien in der DDR, Sonderheft, 1965, 191/219 (Angaben über die gnost. Literatur, Pan. haer. 26); Klio 1965, 344/50 (Ancor. 102,7 und die Sapientia Salomonis); Phil 1975, 84/91 (E. und Homer); Klio 1973, 289/99 (Ein naturwissenschaftliches Handbuch als Quelle für E.).– L. A. Eldrige, The Gospel text of E. of S., Salt Lake City 1969.– D. Fernández, De mariologia sancti E., R 1968.– Hemmerdinger, SP 10, 118/20 (E. iconoclaste).– Lackner, VC 1973, 56/8 (Zusatz zu Panarion 64).– Moutsoulas, SP 7, 362/71 (Begriff ‚Häresie').– Palachovsky, SP 7, 265/273 (Une interpolation dans l'Ancoratus).– Riggi, Salesianum 1974, 231/60 (E. e il biblico

dialogo coi non cristiani); SP 8, 86/107 (La figura di E. nel IV secolo); Salesianum 1967, 3/27 (Il termine hairesis).– Rondeau, RSR 1967, 209/16 (prophétie non canonique citée par E.).

Seite 317f (7.):
D. Kaimakis, Der Physiologus nach der ersten Redaktion, Meisenheim 1974 (T).– D. Offermanns, Der Ph. nach den Handschriften G und M, Meisenheim 1966. ** Phountoulis, [K. Chrestou, Thessaloniki 1967] 215/44 (E.-Anaphora).– Riedinger, BZ 1973, 273/307 (Der Physiologos und Klemens von Alexandreia); Byzantina 1975, 9/31 (Der Umkreis des Physiologos).– Treu, ZntW 1966, 101/4 (Ph. schon dem Origenes bekannt).

Seite 318f:
Abramowski, RHE 1965, 64f (La prétendue condamnation de D. en 499).– Greer, JTS 1966, 327/41 (Antiochene christology).– Rondeau, RHR 1969, 5/33; 1970, 153/88 (Le Commentaire des psaumes de D. et l'exégèse antique du Psaume 109/110).

Seite 320:
Dewart, SP 12, 199/207 (notion of person).– G. Koch, Die Heilsverwirklichung bei Th. von M., Mn 1965.– Lera, MiscCommilas 1973, 79/124 (Nuevas perspectivas en la cristología de T.).– J. McW. Dewart, The theology of grace of Th. of M., Wa 1971.– Oñatibia, [J. Quasten, Mr 1970] 1, 427/40 (penitencia eclesiástica); [Teología del sacerdocio, Burgos 1970] 2, 93/115 (ministerio sagrado).

Seite 320f (1.):
Simonetti, VetChrist 1977, 69/102 (esegesi veterotestamentaria).

Seite 321 (2.):
Macomber, Mu 1968, 441/7 (Newly discovered fragments of the Gospel commentaries).– Schäferdiek, SP 10, 1970, 242/6 (M. als Exeget des Joh.).

Seite 321f (4.):
Janeras, [G. Khouri-Sarkis, Lou 1969] 121/33 (En quels jours furent prononcées les hom. cat.?).– De Lourmel, EtFranciscaines 1968, 65/80 (Th. catéchète).

Seite 324:
MLS 4, 649/850 (Joh. Chrys. latinus). ** J. A. de Aldama, Repertorium pseudochrysostomicum, P 1965.– M. Aubineau, Codices chrysostomici graeci I, P 1968; dazu RHE 1968, 5/26; Kleronomia 1974, 97/104; AB 1974, 79/96; [E. Dekkers, Turnhout 1975] 1, 59/67; VC 1975, 55/64; VetChrist 1975, 317/23; OCP 1976, 76/91 (Chrys.-Texte in Athos-Handschriften).– R. E. Carter, Codices chrysostomici graeci II/III, P 1968/70.– Carter, SP 10, 1970, 14/21 (The future of Chrysostom studies).– L.J. Charvay, St. J. Ch. moraliste, Lyon 1969.– Ferrari, BolRealA-

cadHist 1966, 25/105 (Las dos ciudades cristianas de S. J. Ch.: Antioquía y Constantinopla).– Ch. Kannengiesser (Hg.) J. Ch. et Augustin. Actes du colloque de Chantilly, P 1975.– Leroux, [J. Daniélou, P 1972] 335/41 (querelle origéniste).– O. Pasquato, Gli spettacoli in S. Giovanni Crisostomo. Paganesimo e cristianesimo ad Antiochia e Costantinopoli nel IV secolo, R 1976.– P. Rentinck, La cura pastorale in Antiochia nel secolo IV, R 1970.– Studies on St. J. Ch., Th 1973 (Symposion).– Wenger, DSp 8, 331/55.– Clavis Patrum Graecorum 4305/4450 (Schriften, die in MG 47/64 gedruckt sind); 4455/95 (Schriften, die in MG fehlen); 4500/4762 (Dubia et Spuria); 4840/5079 (Inedita); 5130/97 (Versiones antiquae).

Seite 325 (1.):
J. Pelikan, Hom. on the Sermon of the mount, Philadelphia 1967 (Ü).– R. Minuti – F. Monti, Commento al Vangelo di S. Matteo, 1/3, R 1967 (Ü).– A. del Zanna, 1/3, Roma 1969/70 (Commento al Vangelo di Giovanni, Ü). ** Coman, StudEv 5, TU 103, 1968, 248/71 (justification et charité dans les hom. à l'ép. aux Rom.).– Gignac, Tr 1970, 308/15 (The text of Acts in Ch.'s homilies).– D. Hagedorn, Der Hiobkommentar des Arianers Julian, B 1973, XVII/XX (Unedierter Hiob-K des J. Chr.).– Harkins, SP 7, 210/20 (text tradition of Comm. on John).– Hill, VC 1968, 19/37 (teaching on inspiration in six homilies on Isaiah).– Musurillo, [J. Quasten, Mr 1970] 1, 452/60 (Hom. on Mt. and the version of Annianus).– Opelt, ZKG 1970, 64/9 (Entstehungszeit der Hom. zum Hebräerbrief).– Sorlin, SP 7, 543/8 (Un commentaire inédit sur Job).– Straub, [J. Quasten, 1970] 1, 461/73 (hom. 26 in 2 Cor.).– Young, JTS 1969, 150/63 (Christological ideas in the comm. on Hebr.).

Seite 326 (2.):
J. Daniélou – A. M. Malingrey – R. Flacelière, SCh 28^2, 1970 (Sur l'incompréhensibilité de Dieu, hom. 1/5, TÜK).– A. Wenger, SCh 50^2, 1970 (Huit cat. bapt. inédites, TÜK); REB 1971, 117/35 (Hom. inédite sur l'Epiphanie).– B. Bilales, I. Χρ. λόγοι δύο εἰς Εὐτρόπιον, Ath 1966 (TÜK).– Bickersteth, OCP 1966, 53/77 (Hypapante homily, TÜ).– Aubineau, [M. Pellegrino, To 1975] 614/32 (Hom. „Sur tous les martyrs"). ** Bouhot, REAug 1971, 27/41 (Ad neophytos, version inédite).– Th. M. Finn, The liturgy of baptism in the baptismal instructions of J. Ch., Wa 1967.– Graffin et Malingrey, [J. Daniélou, P 1972] 603/9 (La tradition syriaque des Hom. sur l'incompréhensibilité).– Harkins, SP 10, 112/7 (Sermo ad neophytos).– Ritter, [B. Moeller, Bleibendes im Wandel der Kirchengeschichte, T 1973] 71/91 (Acht Reden wider die Juden).

Seite 327 (3.):
J. Dumortier, SCh 117, 1966 (A Thédore, TÜK).– A.-M. Malingrey, SCh 188, 1972 (Sur la vaine gloire et l'éducation des enfants, TÜK).– Malingrey, SE 1965, 320/54 (Une ancienne version latine du texte „Quod nemo laeditur").– H. Musurillo – B. Grillet, SCh 125, 1967 (La virginité, TÜK).– B. Grillet – G. H. Ettlinger, SCh 138, 1968 (A une jeune veuve; Sur le mariage unique, TÜK).– M. Schatkin, Critical edition

of and introduction to St. J. Ch.'s De s. Babyla, contra Iulianum et Gentiles, Ann Arbor 1968 (T).– B. Borghini, Invito a penitenza, R 1965 (ÜK). ** P. G. Alves de Sousa, El sacerdocio ministerial en los libros De sacerdotio de S. Juan Crisóstomo, Pamplona 1975.– Amand de Mendieta, Byz 1966, 353/81 (Quod nemo laeditur: amplification d'un thème socratique et stoicien).– Astruc, RHS 1974, 81/6 (De Virgin., Tkr.).– H. Dörries, [B. Moeller, Bleibendes im Wandel der Kirchengeschichte, Tü 1973] 1/46 (De sacerd. und Greg. Naz. De fuga).– Leduc, PrO 1969, 3/32 (Thème de la vaine gloire).– Malingrey, Tr 1976, 347/52 (Pour une édition critique du De sacerdotio).– Schatkin, [J. Quasten, 1970] 1, 474/89 (authenticity of De sancto Babyla c. Jul. et Gentiles).

Seite 328 (4.):
A. M. Malingrey, SCh 13², 1968 (Lettres à Olympias; Vie anonyme d'Olympias, TÜK).– P. G. Nikolopoulos, Αἱ εἰς τὸν Ἰωάννην τὸν Χ. ἐσφαλμένως ἀποδιδόμεναι ἐπιστολαί, At 1973. **

Seite 328 (5.):
M. Aubineau, SCh 187, 1972 (Hom. In resurrectionem Domini, TÜK).– Bickersteth, OCP 1966, 53/73 (Hypapante homily, TÜ).– Krüger, OC 1967, 78/96 (syr. Homilie); dazu Sauget, OCP 1968, 133/40. ** Aubineau, Anal. Vlatadon 1973, 112/9 (Les homélies pascales de saint Jean Chrysostome); RStorLettRel 1971, VII, 70/81 (Citations du Ps.-Ch. In Pascha sermo VII).– Bouhot, REAug 1970, 139/46 (La collection homilétique pseudochrysostomienne découverte par Dom Morin).– Dumortier, MSR 1973, 185/91 (Une homélie chrys. suspecte).– Jacob, [B. Botte, Eucharisties d'Orient et d'Occident, P 1970] 2, 109/38 (La tradition manuscrite de la liturgie D. S. J. Ch.).– Lackner, AB 1968, 5/9 (angebliches Eukomion auf Greg. Nyss.).– Mateos, PrO 1965, 333/51; 1966, 3/18; 133/61; 1968, 305/25; 1970, 97/122 (évolution historique de la liturgie de J. Ch.).– Sieben, DSp 8, 355/69 (Ps.-Joh. Ch.).– Taft, PrO 1972, 241/87; 1974, 3/33; 105/38 (Évolution historique de la liturgie de J. Ch.).– G. Wagner, Der Ursprung der Chrysostomusliturgie, Mr 1973.

Seite 330f:
P. van der Aalst, Christus Basileus bij J. Ch., N 1966.– Boularand, BLE 1971, 3/36 (sacerdoce, mystère de crainte et d'amour chez J. Ch.).– A. Danassis, Pädagogisch-psychologische Ideen bei J. Ch., Bonn 1971.– G. M. Ellero, Esegesi e teologia dell'incarnazione secondo Giovanni Crisostomo, Vicenza 1967.– Harkins, [J. Quasten, Mr 1970] 1, 441/51 (Ch. the apologist. On the divinity of Christ).– W. Jaeger, Die Sklaverei bei J. Ch., Diss. Kiel 1974.– R. Kaczynski, Das Wort Gottes in Liturgie und Alltag der Gemeinden des J. Ch., Fr 1974.– Lécuyer, Greg 1968, 113/33 (Saint Pierre dans l'enseignement de S. J. Ch. à Constantinople); [B. Botte, Lou 1972] 295/310 (l'ordre du diaconat).– Leduc, PrO 1969, 109/34 (eschatologie); PrO 1976, 34/58 (Péché et conversion chez saint Jean Chrysostome).– Leroux, [La Bible et les Pères, P 1971] 67/78 (Relativité et transcendance du texte biblique

d'après J. Ch.).– Murphy, SP 11, 52/7 (moral doctrine).– Th. Nikolaou, Der Neid bei J. Ch., Bonn 1969.– Nocent, VetChrist 1970, 305/24 (sacerdozio dei fedeli).– E. Nowak, Le chrétien devant la souffrance, P 1973.– A. M. Ritter, Charisma im Verständnis des J. Ch. und seiner Zeit, Gö 1972.– Scaglioni, Etica sessuale e matrimonio nel cristianesimo delle origini, 1976, 273/422 (Ideale conjugale e familiare in S. Giovanni Crisostomo).– Sladden, SP 11, 229/33 (confirmation).– Spedalieri, Ephem Mariol. 1965, 385/411 (Maria).– P. Stockmeier, Theologie und Kult des Kreuzes bei J. Ch., Trier 1966.– Thonnard, REB 1967, 189/218 (J. Ch. et Augustin dans la controverse pélagienne).– Tsouros, Asprenas 1974, 5/46 (La dottrina sul matrimonio).– Zese, Kleronomia 1, 1969, 285/310 (Ehelehre).– S. Zincone, Ricchezza e povertà nelle omelie di Giovanni Crisostomo, L'Aquila 1973.– Zitnik, OCP 1975, 76/118 (Θεὸς φιλάνθρωπος).

Seite 332 (3.):
Wenger, REB 1967, 219/33 (Une homélie inédite sur le lavement des pieds).– Clavis Patr. Graec. 4185/4295.– A. M. Gila, Studi sui testi mariani di S. di Gabala, R 1965.– Lehmann, SP 10, 121/30 (attribution of certain pseudo-Chrysostomica to S.).

Seite 333 (4.):
F. Corsaro, La questione dell'Apocritica di M. di M., Catania 1968 (TK). ** R. Waelkens, L'économie, thème apologétique et principe herméneutique dans l'Apocriticos de Macarios Magnès, Lou 1974.

Seite 333f (2.):
M. Aubineau, SCh 187, 1972 (Hom. pasc. 1/2, TÜK); Les homélies festales d'Hésychius de Jérusalem, Bru 1978.– Devos, AB 1968, 151/72 (Panégyrique de s. Étienne).– van Esbroeck, Mu 1974, 1/21 (Hom. sur la résurrection des morts, georg. T, lat. Ü).– Garitte, Mu 1971, 353/72 (Hom. géorgienne d'Hésychius de Jérusalem sur l'Hypapante; georg. T, lat. Ü). ** R. Devreesse, Les anciens commentateurs grecs des Psaumes, R 1970, 243/301.– Kirchmeyer, DSp 7, 399/408.– R. S. Pittman, The Marian homilies of Hesychius of Jerusalem, Ann Arbor 1974.

Seite 334 (3.):
Browning, REB 1966, 107/14 (commentaire sur le Cantique des cantiques).– Christides, Byz 1973, 39/50 (Once again the Narrations of N.).– Gribomont, StudMon 1969, 231/67 (tradition manuscrite: I. La correspondance).– Khalifé-Hachem, Recherches orient. 1969, 17/59 (Deux textes du Ps.-Nil identifiés).– Knorr, ZntW 1967, 279/86 (Basil. ep. 43 und die N.-Briefe).– H. Ringhausen, Zur Verfasserschaft und Chronologie der dem N. A. zugeschriebenen Werke, Diss. Frankfurt a. M. 1967.

Seite 334 (4.):
O. Hesse, Markos Eremites und Symeon von Mesopotamien, Gö 1973; OC 1967,

72/7 (De Melchised.).– Ware, SP 10, 441/52 (sacrament of baptism and the ascetic life).

Seite 335 (5.):
E. des Places, SCh 5³, 1966 (Œuvres spirituelles, TÜk). ** H. Dörries, [Wort und Stunde, Gö 1965] 1, 352/422 (D. und Symeon).– Des Places, [J. Quasten, 1970] 2, 591/5 (D. et le messalianisme).

Seite 335 (6.):
M. Aubineau, SCh 187, 1972, 167/277 (In s. Pascha). ** Caro, Marianum 1967, 60/86 (Hom. 41 unecht).– Dagron, AB 1974, 5/11 (L'auteur des Actes et des Miracles de s. Thècle).– A.-J. Festugière, Sainte Thècle, P 1971.– van Parys, Ir 1971, 493/514 (doctrine christologique).

Seite 336 (7.):
Kirchmeyer, DSp 6, 204f.

Seite 336 (8.):
J. Lebon – A. van Roey, Le moine saint Marcien. Étude crit. des sources. Edition des ses écrits, Lou 1968 (TÜ).– Kirchmeyer, Mu 1962, 357/65 (De humilitate, griech. und lat. T). **

Seite 337f (1.):
L. Abramowski – A. E. Goodman, A Nestorian collection of Christological texts, 1/2, 1971 (TÜK). ** L. Abramowski, ZKG 1966, 122/5 (Ps.-N. und Philoxenus von Mabbug).– Bebis, SP 11, 107/12 (‚The Apology' of Nestorius: a new evaluation).– Grillmeier, Theol. u. Phil. 1966, 401/10 (Stand der N.-Forschung).– Roey, SP 7, 1966, 308/13 (two new documents of the Nestorian controversy).– L. I. Scipioni, Nestorio e il concilio di Efeso. Storia, dogma, critica, Mi 1974.– Turner, SP 13, 306/321 (Nestorius Reconsidered).– Weijenborg, Ant 1976, 293/301 (Nestorio secondo una recente interpretazione).– Ziegenaus, MThZ 1972, 335/53 (Genesis des Nestorianismus).

Seite 338 (2.):
Tetz, [W. Eilliger, Witten 1968] 206/13 (Klarheit der Heiligen Schrift).

Seite 338f (3.):
F. J. Leroy, L'homilétique de P. de C. Tradition manuscrite, inédits, études connexes, R 1967.– Sauget, Mu 1969, 5/33 (homélie sur l'Ascension de Notre-Seigneur en version syriaque). **Aubineau, REG 1972, 572/96 (Bilan d'une enquête sur les homélies).– Caro, Mar 1967, 377/492 (P. orador mariano).– Charles, RSPhTh 1969, 458/82 (La raison et le divin).– Lumpe, AHC 1971, 1/20 (Epistola Uniformis).

Seite 340:
Ashby, Theology 1969, 482/91 (Th. on marriage).– Canivet, [J. Daniélou, P 1972] 29/46 (L'apôtre Pierre).– G. Koch, Strukturen und Geschichte des Heils in der Theologie des Theodoret von Kyros, Frankfurt 1974.– Mandac, EThL 1971, 64/96 (L'union christologique).– P. Naaman, Théodoret de Cyr et le monastère de saint Maroun. Les origines des Maronites, Sin el-Fil 1971.

Seite 340 (1.):
G. H. Ettlinger, Eranistes, O 1975. ** J. L. Stewardson, The christology of Th. of Cyrus according to his Eranistes, Diss. Evanston 1972.

Seite 341 (3.):
J. Lépissier, Les commentaires des Psaumes, 1/2, P 1968/9 (slavische Ü der Ps. 1/20). ** G. W. Ashby, Theodoret of Cyrrhus as exegete of the Old Testament, Grahamstown 1972.

Seite 343 (Afrahat):
Garitte, Mu 1964, 301/66 (georg. Ü der dem. 6 mit lat. Ü). ** Fiey, Mu 1968, 449/54 (demonstr. 14).– Jansma, Parole de l'Orient 5, 1974, 21/48 (Aphraates'Demonstration VII §§ 18 and 20. Some observations on the Discourse on penance).– R. Murray, Symbols of Church and Kingdom. A study in early Syriac tradition, Lo 1975.– J. Neusner, A. and Judaism: the Christian-Jewish argument in IV century Iran, Lei 1971.– A. Vogel, Zur Lehre von der Erlösung in den Homilien A.s, Hof 1966.– Symposium syriacum 1972, R 1974.

Seite 344:
PLS 4, 605/48 (E. latinus).– E. Beck, Ephräm der Syrer, Lobgesang aus der Wüste, Fr 1967 (Ü in Auswahl). ** Jansma, NAKG 1970/71, 1/15 (invloed van Theodorus van Mopsueste en van Efraim de Syriër).– Leloir, Parole d'Or. 1973, 55/72 (L'actualité du message d'Ephrem).– Outtier, Parole d'Or. 4, 1973, 11/33 (Biographies).– Roncaglia und Khalil, Parole d'Or. 4, 1973, 343/70; 371/91 (Bibliographie).

Seite 344 (1.):
L. Leloir, SCh 121, 1966 (Commentaire de l'Évangile concordant ou Diatessaron. Traduit du syriaque et de l'arménien, Ü).– G. A. Egan, An exposition of the Gospel, CSCO 291f, 1968 (armen. T, Ü).– Garitte, Mu 1967, 75/119 (Le sermon sur Jonas en géorgien); REA 1969, 23/43 (La version arménienne du sermon sur Jonas).– K. Deppe, Kohelet in der syrischen Dichtung: 3 Gedichte über das Kohelet-Buch von Afrem, Jakob von Sarug und Johannes von Mossul, Wiesbaden 1975 (TÜ).– D. Hemmerdinger-Iliadou, Mu 1967, 47/74 (Sermon sur Jonas. Texte grec inédit).– AB 1967, 429/39 (Sermon grec inédit sur le bon larron). ** Egan, [J. Quasten, 1970] 1, 128/34 (authenticity of E. 's ‚An exposition of the Gospel').– Hemmerdinger-Iliadou, Byzantina 1973, 313/93 (Les citations évangéliques de l'Éphrem grec).–

S. Hidal, Interpretatio syriaca. Die Kommentare des heiligen Ephräi des Syrers zu Gen. und Ex., 1974.– Jansma, OCP 1971, 295/316 (Charakter des Kommentars zur Genesis); Parole d'Or. 4, 1973, 247/56 (E. on Gen. 49, 10).– Ortiz Valdivieso, Studia papyrologica 1966, 7/17 (Un nuevo fragmento siriaco del Comentario al Diatésaron).

Seite 345 (2.):
R. Lavenant – F. Graffin, SCh 137, 1968 (Hymnes sur le Paradis, ÜK).– E. Beck, CSCO 270f, 1966 (Sermo de domino nostro, TÜ); OC 1976, 24/68 (Rede gegen eine philosophische Schrift des Bardaisan, ÜK). ★★ Séd, Mu 1968, 455/501 (Hymnes sur le Paradis et les traditions juives).

Seite 345 (3.):
E. Beck, CSCO 322f, 1972 (Hymnen auf Abraham Kidunaya und Julianos Saba, TÜ). ★★ Brock, EasternChRev 7, 1976, 137/44 (Christ as light in Mary and in the Jordan: Hymni de eccl. 36).

Seite 345 (4.):
E. Beck, CSCO 305f; 311f; 320f; 334f, 1970/73 (Sermones I–IV, TÜ); CSCO 364, 1975 (Nachträge).– C. Renoux, PO 37, 2/3 = Nr. 172f, 1975 (Memre sur Nicomédie, armen. T, ÜK).– Brock, Mu 1976, 261/305 (Ephrem's Letter to Publius, TÜK).– Garitte, Mu 1969, 123/63 (Homélie sur la mort et le diable. Version géorgienne et version arabe). ★★ Graffin, OrSyr 1967, 129/49 (Hymnes sur la perle).– Gribomont, [P. Dib, Kaslik/Liban 1967] 147/82 (hymnes sur la Pâque); Parole d'Or. 4, 1973, 147/89 (Le triomphe de Pâques); 191/246 (La tradition liturgique des hymnes pascales).– Renoux, Parole d'Or. 4, 1973, 257/63 (Les Memre sur Nicomédie).– Slim, OrSyr 1967, 505/14 (Hymne I sur la Résurrection).

Seite 346:
W. Cramer, Die Engelvorstellungen bei E. dem Syrer, R 1965.– Graffin, Parole d'Or. 4, 1973, 93/121 (L'eucharistie).– de Halleux, Parole d'Or. 4, 1973, 35/54 (E. théologien).– Nabil El-Khouri, Die Interpretation der Welt bei E. dem Syrer, Mainz 1976.– Ortiz de Urbina, Parole d'or. 4, 1973, 137/46 (L'évêque et son rôle); [Symposium syriacum 1972, R 1974] 65/103 (La Vergine nella teologia di S. E.); G. Saber, La théologie baptismale de s. E., Kaslik 1974; Parole d'Or. 4, 1973, 73/91 (La typologie sacramentaire et baptismale).

Seite 347 (1.):
Graffin, OrSyr 1965, 307/30 (Deux poèmes).– C. Vona, I carmi di Cirillona, R 1963 (ÜK). ★★

Seite 347 (3.):
G. G. Blum, Rabbula von Edessa. Der Christ, der Bischof, der Theologe, Lou 1969.

Seite 348 (5.):
Kazan, OC 1961, 30/53; 1962, 87/98; 1963, 89/97; 1965, 57/78 (Homily against the Jews, TÜK). ** Graffin, DSp 7, 2010f (Isaac d'Amid et I. d'Antioche).– Guy, DSp 7, 2005/7 (Isaac, moines d'Égypte: Identifikationsprobleme).

Seite 348f (6.):
Ph. Gignoux, Homélies de N. sur la création, PO 34, 3/4, 1968 (TÜK). ** Brouwers, Mél. Univ. Beyrouth 1965, 179/207 (Premier poème sur le baptême).– Gignoux, OrSyr 1966, 321/52; 461/88; 1967, 23/54 (doctrines eschatologiques).– Jansma, OrSyr 1966, 147/68; 265/90; 393/429 (hom. 34); Mu 1970, 209/35 (zur Edition PO 34, 3/4); Mu 1970, 237/9 (Erwiderung von Gignoux); NAKG 1970/71, 1/15 (invloed van Theodorus van Mopsueste en van Efraïm de Syriër); Parole de l'Orient, 1970, 49/68 (N. 's homilies on creation and Ephraem's hymns on faith).– Macomber, OCP 1973, 275/306 (The manuscripts of the metrical homilies).– Sed, OrSyr 1965, 511/24 (hom. 34).

Seite 349 (7.):
M. Albert, Hom. contre les Juifs, PO 38, 1 = Nr. 174, 1976 (TÜ); OrSyr 1967, 491/503 (Lettre sur la foi, Ü); [G. Khouri- Sarkis, Lou 1969] 115/20 (Lettre au prêtre Jean, Ü); Parole de l'Or 1972, 65/74 (Une lettre spirituelle).– Khalifé-Hachem, Parole de l'Or. 1970, 281/99 (Hom. métrique sur l'amour, Ü).– W. Strothmann, Der Prophet Hosea, Wiesbaden 1973 (TÜ). ** Graffin, DSp 8, 56/60; [G. Khouri-sarkis, Lou 1969] 355/70 (Le thème de la perle).– M. D. Guinan, The eschatology of J. of S., Diss. Wa 1972.– Jansma, OrSyr 1965, 75/88; 193/236; 331/370; 475/510 (Encore le Credo de J.); Mu 1965, 5/46 (Christologie).– Krüger, [H. M. Biedermann, Wü 1971] 245/52 (Konfessionszugehörigkeit Jakobs); OstkSt 1974, 188/96 (Zur Problematik des Māmrā über den Glauben).– A. Vööbus, Handschriftliche Überlieferung der Mēmrā-Dichtung des Jacob von Serug, 1/2, CSCO 344f, Subs. 39f, 1973.

Seite 349f (8.):
Harb, [P. Dib, Kaslik 1967] 183/222 (Lettre au Phylarque Abu Ya'fūr). ** Abramowski, ZKG 1966, 122/5 (Ps.-Nestorius und Ph.).– Harb, [G. Khouri-Sarkis, Lou 1969] 135/55 (la spiritualité „savante" d'Évagre le Pontique); Melto 1969, 5/15 (conception pneumatologique); Parole de l'Orient 1970, 27/48 (évolution de la morale dans l'Église syrienne).– Jansma, Mu 1974, 79/86 (letter to Abraham and Orestes).– Krüger, OC 1964, 150/62 (Philoxeniana inedita).

Seite 350 (9.):
Astruc, RAM 1966, 181/91 (recueil de textes ascétiques d'Isaac de N.).– Khalifé-Hachem, DSp 7, 2041/2054; [G. Khouri-Sarkis, Lou 1969] 157/73 (La prière pure et la prière spirituelle).– Popobits, Θ 1967, 206/23; 386/407 (Gnosiologia).– Vööbus, OstkSt 1972, 309/12 (neue Schrift von Isḥāq von Ninive).

Seite 350f:
Renoux, DSp 7, 2007/10 (Isaac le Grand = Sahak).

Seite 351:
Thomson, SP 12, 457/70 (The Fathers in early Armenian literature).

Seite 351 (1.):
R. W. Thomson, The teaching of St Gregory. An early Armenian catechism, C/Mass. 1970 (ÜK). **

Seite 351 (2.):
Downsett, Mu 1976, 97/122 (newly discovered fragment of Lazar of P. History, TÜK). **

Seite 352 (3.):
G. Lafontaine, La version grecque ancienne du livre arménien d'A., Lou 1973.– A. N. Ter – Ghevondyan, La nouvelle recension arabe d'A., Erevan 1968 (arab. T und Untersuchungen).– van Esbroeck, REA 1971, 139/221 (Un nouveau témoin).– Garitte, AB 1965, 257/90 (La vie grecque inédite de saint Grégoire d'Arménie). ** van Esbroeck, AB 1971, 387/417 (Gregor. Illum.).

Seite 352 (4.):
Ananian, DHG 16, 293f.– Dowsett, REA 1969, 45/65 (refutation of the Chaldaean astrologers).– Inglisian, RACh 7, 1966, 118/28.– Minassian, Mu 1973, 341/63 (De Deo 356/8).

Seite 352 (5.):
Rayez, DSp 8, 621f.

Seite 353 (1.):
Gessel, [H. Tüchle, Mn 1975] 63/74 (Julius und die zeitgenössischen Synoden).

Seite 355 (3.):
Denis-Boulet, RAC 1967, 111/24 (L'inscription damasienne Ad Catacumbas).– Green, JTS 1971, 531/8 (The supporters of the antipope Ursinus).– Griffe, BLE 1970, 81/91 (inscription „Ad catacumbas").– Lippold, Historia 1965, 105/28 (Ursinus und D.).– Ruysschaert, RendPontAccadRomArch 1969/70, 201/18 (Textes et contextes d'une inscription damasienne).– Shepherd Jr., [J. Quasten, 1970] 2, 847/63 (The liturgical reform of D.).– Taylor, DR 1973, 186/203; 262/74 (Basilius und D.).

Seite 355 (4.):
Rocca, Mar 1971, 293/306 (La verginità di Maria nella lettera ad Anisio).

Seite 356 (6.):
R. Cabié, La lettre du pape Innocent Ier à Décentius de Gubbio, Lou 1973 (TÜK). ** Vogel, RAC 1973, 375/84 (Zur Gültigkeit der Ordination durch Häretiker).

Seite 358 (11.a./b):
A. Chavasse, CCL 138/138A, 1973 (Tractatus); dazu Duval, REAug 1975, 448/52.– R. Dolle – J. Leclercq, SCh 22^2; 49^2; 74; 200, 1964/73 (Sermons, TÜK).– A. Valeriani, S. L. Magno. Il mistero pasquale (Sermoni), R 1965 (ÜK).– T. Mariucci, Omilie, lettere di S. L. Magno, To 1969.– M. Garrido, S. L. Magno. Homilias sobre el año liturgico, Ma 1969. ** Cz. Bartnik, Théologie de l'histoire d'après Léon le Grand [en polon.], Lublin 1972; RHE 1968, 745/84 (la crise de l'Empire romain.– A. A. R. Bastiaensen, L'Église à la conquête de sa liberté, N 1970.– Bertolini, ArchSocRomStorPatria 1966, 1/23 (L. I papa).– Chavasse, [B. Botte, Lou 1972] 71/4 (sources liturgiques?); [G. Lercaro] 1, 1966, 551/7 (Les féries de Carême); RevSR 1970, 77/84 (serm. 3).– Hudon, DSp 9, 597/611.– Lauras, SP 11, 203/9 (L. et le manichéisme romain).– Sieben, Theol. und Phil. 1972, 358/401 (Konzil und Lehrprimat).– Studer, [M. Pellegrino, To 1975] 915/30 (Die Einflüsse der Exegese Augustins auf die Predigten Leos).

Seite 358f (c.):
J. A. Garcia Gimeno, Las oraciones sobre las ofrendas en el Sacramentario Leoniano, Ma 1965 (TK). ** Agrelo, Ant 1974, 239/82 (formularios de Pentecostés); 1975, 5/123 (simbología de la luz); 1976, 170/200 (lectura correcta de Ve 1246).– Alberich, RET 1965, 277/317 (El misterio salvífico de la encarnación en el primer formulario navideño del sacramentario leoniano).– M. Augé i Benet, La oración super populum en el Sacramentario Veronense, R 1968.– Coless, SP 13, 356/359 (Theological Levels of the Sacramentarium Veronense).– R. Falsini, I postcommuni del Sacramentario Leoniano. Classificazione, terminologia, dottrina, R 1964.– D. M. Hope, The Leonine Sacramentary, O 1971.– Lang, SE 1967/68, 5/119 (Anklänge an Orationen der Ostervigil in Sermonen Leos d. Gr.).– G. M. Luken, Original sin in the Roman liturgy, Lei 1973.– Permigotto-Lego, EL 1973, 75/120 („solenità" nel Sacram. Veron.).– Saxer, [Saecularia Petri et Pauli, R 1969] 199/240 (la messe du 29 juin).

Seite 360:
Riga, Église et Théol. 5, 1974, 5/32 (Penance).– Studer, RevEtAug 1972, 87/115 (consubstantialis patri, c. matri).– Tuilier, NDid 1965, 53/67 (primat de Rome et la collégialité de l'épiscopat)

Seite 361 (Firm. Mat.):
A. Pastorino, Fi 1969 (De err., TÜK). ** Bartalucci, SIF 1967, 165/85 (lessico cristiano).– Daoust, DHG 17, 247/9.– Forbes, VC 1967, 34/8 (Critical notes).– Hadot, DSp 5, 384/8.– Opelt, Hel 1968, 31/41 (De error. 6,9); Glotta 1974, 114/26 (Schimpfwörter).– Ziegler, RACh 7, 946/59.

Seite 361 (Consult. Zacchai et A.):
Colombás, StudMonast 1972, 7/15 (Sobre el autor de las Cons.).

Seite 362:
H. de Poitiers, Cinq conférences données à Poitiers, P 1968.– Hilaire et son Temps, Actes du Colloque de Poitiers, (29 septembre 1968), P 1969.– C. F. A. Borchardt, Hilary of Poitiers' role in the Arian struggle, The Hague 1966.– Daniélou, NRTh 1968, 531/41 (H. évêque et docteur).– J. Doignon, H. de Poitiers avant l'exil. Recherches sur la naissance, l'enseignement et l'épreuve d'une foi épiscopale en Gaule au milieu du IVe siècle, P 1971.– Fontaine, RivStorLettRel 1970, 18/39 (umanesimo cristiano nella Gallia romana).– Kannengiesser, DSp 7, 466/99; RSR 1968, 435/55 (L'héritage d'Hilaire).– Moreschini, SC 1975, 339/75 (linguaggio teologico).– Opelt, VC 1973, 203/17 (H. als Polemiker).– Peñamaría, EE 1967, 251/8 (conversión).– Simonetti, RivCultClassMed 1965, 1034/47 (Ilario e Novaziano).

Seite 364f:
J.-P. Brisson, SCh 19, ²1967 (De myst., TÜK).– G. Tezzo, To 1971 (De Trin., TÜK.) ** Armstrong, SP 10, 203/07 (The Genesis Theophanies).– Doignon, SP 7, 170/7 (Hypothèse sur le contenu du C. Dioscorum); REAug 1969, 185/93 (Le prologue du De Trin. et l'histoire ecclésiastique aux XVIIe et XVIIIe s.).– Duval, RB 1972, 7/25 (nouveau fragment historique?).– N. J. Gastaldi, Hilario de Poitiers, exegeta del Salterio. Un estudio de su exégesis en los comentarios sobre los Salmos, P 1969.– É. Goffinet, L'utilisation d'Origène dans le commentaire des Psaumes de S. H. de Poitiers, Lou 1965.– A. Martinez Sierra, La prueba escrituristica de los arrianos según S. H. de Poitiers, Santander 1965.– Rondeau, RSR 1969, 438/50 (L'arrière-plan scripturaire d'Hilaire, Hymne II, 13–14).– Simonetti, Studi Urbinati 1965, 274/300 (struttura e la cronologia del De trin.).– Ton, Latinitas 16, 1968, 86/95 (H. primus ex latinis christianis scriptoribus hymnographicus).– W. Wille, Studien zum Matthäuskommentar des Hilarius von Poitiers. Diss. Hamburg 1969.

Seite 365f:
Blasich, DThP 1966, 72/90 (risurrezione dei corpi).– Charlier, RThL 1965, 451/77 (L'église corps du Christ).– Doignon, VC 1975, 296/308 (L'argumentatio d'H. dans l'exemplum de la tentation de Jésus).– R. L. Foley, The ecclesiology of H. of Poitiers, Diss. Harvard Univ. 1968.– Jacobs, SP 13, 198/203 (The western roots of the christology of H.: A Heritage of textual interpretation).– Kaiser, ScottJTheol 1976, 237/47 (The development of Johannine motifs in Hilary's doctrine of the Trinity).– McDermott, VC 1973, 172/202 (infinite nature of God).– Murphy, SP 8, 1966, 436/41 (moral theology).– Peñamaría, REAug 1974, 234/50 (H. precursor de Pelagio o Agustin?); MiscComillas 1971, 5/102; 1973, 105/131 (salvación por la fe).

Seite 366 (1.):
Langgärtner, MThZ 1964, 111/26 (O. als Ratgeber Konstantins).– Walker, SP 9, 1966, 316/20 (O. and the Nicene Faith).

Seite 366 (2.):
Mazorra, EE 1967, 241/50 (La carta de Eusebio de V. a Gregorio de Elvira y los Cronicones).– L. Dattrino, De Trin. pseudoatanasiano, R 1976 (nicht von Eus.).

Seite 367 (3.):
Castelli, AtTor 1971, 123/247 (Studio sulla lingua e lo stile).– Diercks, [E. Dekkers, Turnhout 1975] 1, 139/50 (Les formes verbales périphrastiques dans les œuvres de Lucifer de Cagliari).– Opelt VC 1972, 200/26 (Formen der Polemik).

Seite 367 (4.):
M. Simonetti, CCL 69, 1967. ⋆⋆

Seite 367 (5.):
De Clercq, DHG 16, 1966, 785/90.

Seite 368f (6.):
P. Henry – P. Hadot, CSEL 83, 1971 (Opera theol. I).– A. Locher, Commentarii in epistulas Paulinas ad Galatas, ad Philippenses, ad Ephesios, L 1972.– P. Hadot – U. Brenke, Christlicher Platonismus. Die theol. Schriften des M. V., Zü 1967 (ÜK). ⋆⋆ Clark, SP 11, 1972, 13/9 (The Neoplatonism of M. V.); AugStud 5, 1974, 149/66 (psychology).– P. Hadot, Porphyre et Victorinus, 1/2, P 1968; M. V., Recherches sur sa vie et ses œuvres, P 1971.– Kannengiesser, REAug 1970, 159/78 (Zu P. Hadot, 1968).– Schäfer, RB 1970, 7/16 (M. V. und die marcionitischen Prologe zu den Paulusbriefen).– Wischmeyer, ZntW 1972, 108/20 (Paulusbriefkommentare).– A. Ziegenaus, Die trinitarische Ausprägung der göttlichen Seinsfülle nach M. V., Mn 1972.

Seite 369 (7.):
B. Löfstedt, CCL 22, 1971. ⋆⋆ Duval, VC 1966, 98/115 (sources grecques de l'exégèse de Jonas).– Hübner, VC 1975, 120/37 (Horoskop: Zeno 1, 38 L.).– L. Palanca, The prose rhythm and Gorgianic figures in the sermons of St. Zeno of Verona, Diss. Wa 1970.– de Paoli, RivLiturg 54, 1967, 407/17 (L'iniziazione cristiana nei Sermoni di Z.).– Vokes, SP 8, 130/4 (Z., Apuleius and Africa).

Seite 369 (8.):
Marrou, [A. Piganiol, P 1966] 3, 1645/51 (Amétrites).– Rimoldi, DHG 16, 1473f.

Seite 369 (9.):
Bettelli Bergamaschi, SC 1972, 371/98 (tipologia della chiesa).– S. L. Boehrer, G.

of Brascia. Sermons and letters, Diss. Wa 1965.– G. M. Bruni, Teologia della storia secondo G., Vicenza 1967.– Viard, DSp 6, 139/43.

Seite 370 (10.):
Anglada, Emerita 1965, 321/46 (fuente del catálogo heresiológico); Emerita 1967, 137/9 (tradición manuscrita).– Martínez Sierra, MiscComillas 1967, 75/94 (Teología penitencial); 1968, 279/84 (P. teólogo del pecado original).

Seite 370 (11.):
V. Bulhart, CCL 69, 1967.– M. Simonetti, To 1975 (La fede, TÜK). ** Collantes Lozano, DSp 6, 923/7.– Domínguez del Val, Hel 1973, 281/357 (Herencia literaria de G.).– Mazorra, EE 1966, 219/232 (Correcciones inéditas de Adolf Jülicher a la edición príncipe de los Tractatus Origenis); EE 1967, 387/97 (patrimonio literario).– Simonetti, [M. Pellegrino, To 1975] 1022/40 (La doppia redazione del ‚De fide').

Seite 371 (13.):
Mundó, StudMon 1965, 247/303 (De fide).

Seite 371f (14.):
Eno, Thomist 1973, 668/85 (The work of O. as a turning point in the African ecclesiology).– W. H. C. Frend, The Donatist church. O ²1971.

Seite 372 (1.):
A. Montes Moreira, P. de L. et la controverse arienne, Lou 1969; Itinerarium 11, 1965, 19/53 (De Lazaro); Didaskalia 1975, 303/54 (Le retour de Potamius de Lisbonne à l'orthodoxie nicéenne).

Seite 372 (2.):
Klein, [F. Müller, St 1967] 84/107 (W. als Bischof und Missionar).– Pollak, Zeitschr. f. deutsche Philol. 1972, 49/58 (Überlieferung der gotischen Bibel).– Simonetti, Romanobarbarica 1, R 1976, 297/323 (L'arianesimo di Ulfila).– Stutz, [K. Aland, Die alten Übersetzungen des NT, B 1972] 375/402 (Das NT in gotischer Sprache).– E. A. Thompson, The Visigoths in the time of Ulfila, O 1966.

Seite 372 (3.):
Hanssens, SC 1974, 475/514 (Massimino il Visigoto).

Seite 373 (4.):
Étaix, RB 1974, 271/300 (Fragments inédits). ** Bouhot, VC 1970, 197/209 (histoire du texte).– Crehan, [J. Quasten, 1970] 1, 490/8 (sinful marriage).– Lemarié, RB 1975, 358/62 (tradition textuelle).– Meslin, Les Ariens d'Occident, P 1967, 150/82 (nach 417 geschrieben, Verfasser arianischer Bischof Maximinus).– Nautin, RHE 1972, 381/408; 745/66 (Arianer Timotheus in Kontantinopel Verfasser des

Op. imperf.).– Sieben, DSp 8, 362/9 (Ps.-Chrys.).– Simonetti, Studi Medievali 8, 1967, 663/744 (Arianesimo latino); [G. Ermini, Spoleto 1970] 1, 117/200 (Note); VetChrist 1971, 87/97 (Per una retta valutazione).– Stuiber, VC 1973, 146/7 (griechischer Textzeuge).

Seite 373 (5.):
Bonner, SP 10, 9/13 (Towards a text of T.).– Cazier, REAug 1973, 241/61 (Le Livre des règles de Tyconius. Sa transmission du De doctrina christiana aux Sentences d'Isidore de Séville); 1976, 262/96 (Cassien auteur présumé de l'épitomé des Règles de Tyconius).– Van der Lof, ZntW 1966, 260/83 (Warum wurde T. nicht katholisch?).– H. D. Rauh, Das Bild des Antichrist im Mittelalter. Von Tyconius zum Deutschen Symbolismus, Mr 1973.

Seite 374 (6.):
H. Chadwick, Priscillian of Avila. The occult and the charismatic in the early church, O 1976.– R. López Caneda, P. Su pensamiento y su problema histórico, Santiago de Compostela 1966.– Orbe, Gr 1968, 510/62 (Doctrina trinitaria del anónimo piscilianista De trin. fid. cath. Exegesis de Jo. I, 1–4a).– Orella, HispSacra 1968, 21/56 (penitencia).– Stockmeier, [A. Thomas, Trier 1967] 415/28 (Hinrichtung des P.).

Seite 375 (7.c.):
K. C. Krabbe, Ep. ad Demetriadem de vera humilitate, Wa 1965 (TÜK). **

Seite 376 (7.):
Barnard, RTA 1968, 193/6 (P. and early Syriac Christianity).– Bonner, SP 9, 1966, 350/8 (zu Bohlin).– Brown, JTS 1968, 93/114 (P. and his supporters); JTS 1970, 56/72 (The patrons of P.).– Canone, VetChr 1972, 219/31 (De vita christiana).– Esser, SP 7, 1966, 443/61 (Paulusverständnis).– R. F. Evans, P., Inquiries and reappraisals, Lo 1968; Four Letters of P., Lo 1968.– H. J. Frede, Ein neuer Paulustext und Kommentar, 1/2, Fr 1973f; SE 1965, 165/83 (Paulustext).– G. Greshake, Gnade als konkrete Freiheit. Eine Untersuchung zur Gnadenlehre des P., Mainz 1972; dazu Studer, FZPhTh 1974, 459/67; Zumkeller, AugStud 5, 1974, 209/26.– Liebeschuetz, Historia 1965, 227/41 (social aims?); Lat 1967, 436/47 (Pelagian evidence on the last period of Roman Britain?).– Lucas, JTS 1971, 73/85 (P. and St. Augustine).– Marrou, CRI 1968, 459/72 (attaches orientales du pélagianisme).– Martinetto, REAug 1971, 83/117 (Les premières réactions antiaugustiniennes de P.).– de Plinval, REAug 1966, 247/53 (authenticité d'un prologue de P.: Primum quaeritur); REAug 1973, 158/62 (redécouvrir Pelage?).– Speigel, AnnHistConc 1969, 1/14 (Der Pelagianismus auf dem Konzil von Ephesus).– Trapé, Augustinianum 3, 1963, 482/516 (Verso la riabilitazione de pelagianismo?).– O. Wermelinger, Rom und Pelagius. Die theologische Position der römischen Bischöfe im pelagianischen Streit in den Jahren 411–432, St 1975.

Seite 376 (8.):
Bonner, Augustinian Studies 1, 1970, 31/47 (R. and African Pelagianism).– Rondet, Aug. 1972, 531/9 (R. et le Liber de fide).– TeSelle, AugStud 3, 1972, 61/95 (Rufinus, Caelestius, Pelagius).

Seite 376 (9.):
Malingrey, SE 1965, 320/54 (Quod nemo laeditur, T.).– Skalitzky, Aev 1971, 208/33 (lat. Ü von Hom. 17). ** Malingrey, SP 7, 248/54 (Quod nemo laeditur, von A. übersetzt).– Musurillo, [J. Quasten, 1970] 1, 452/60 (John Chrys. Homilies on Matthew and the version of A.).– Primmer, [W. Kraus, Wien 1972] 278/89 (ep. ad Orontium).

Seite 377 (10.):
De Plinval, DHG 16, 676f.

Seite 377 (11.):
Cipriani, Augustinianum 1975, 125/67 (Ad Florum, aspetti letterari).

Seite 379:
F. Canfora, Simmaco e Ambrogio, Bari 1970.– E. Cattaneo, La religione a Milano nell'età di sant'Ambrogio, Mi 1974.– P. Courcelle, Recherches sur saint A., P 1973.– Dihle, [J. H. Waszink, A 1973] 81/97 (Zum Streit um den Altar der Victoria).– Y.-M. Duval, A. de Milan. XVIe centenaire de son élection épiscopale. Dix études rassemblées, P 1974.– B. Fischer, [J. Quasten, 1970] 2, 527/31 (Ordination des A.).– G. Gottlieb, A. von Mailand und Kaiser Gratian, 1973.– Jones, History today 1970, 255/62 (The altar of Victory).– R. Klein, Der Streit um den Victoriaaltar, Darmstadt 1972 (Sym. rel. 3; Ambr. ep. 17; 18; 57, TÜK); Symmachus, Darmstadt 1971.– Larson, SP 10, 1970, 297/301 (Theodosius and the Thessalonian massacre revisited).– G. Lazzati (Hg.), Ambrosius Episcopus, 1/2, Mi 1976.– V. Monachino, S. Ambrogio e la cura pastorale a Milano nel secolo IV, Mi 1973.– Pincherle, Augustinianum 1974, 385/407 (Ambrogio ed Agostino).– Riggi, Salesianum 1975, 3/37 (Personalità di S. Ambrogio nel ricordo agostiniano).– Sheridan, ACl 1966, 186/206 (The altar of Victory).

Seite 379f (Vita A.):
E. Dassmann – I. Opelt, Düsseldorf 1967 (ÜK). ** Alfonsi, RILSL 1969, 784/98 (struttura della Vita Ambrosii).– G. Castelli, La lingua di Paolino di Milano, To 1967.– McClure, SE 1972f, 57/70 (The Greek translation of the Vita A.); [M. Pellegrino, To 1975] 656/65 (St. Gall 569 and the text of the ‚Vita Ambrosii' of Paulinus).– Opelt, VC 1968, 38/44 (Bienenwunder in der Ambrosiusbiographie).

Seite 380:
Beukers, BiNJ 1968, 410/9 (Sakrale Termini).– Courcelle, RHR 1972, 147/55 (A.

„professeur de philosophie"); REL 1972, 223/31 (A. face aux comiques latins); REG 1974, 144/54 (A. dévot de la monade); [M. Pellegrino, To 1975] 179/188 (A. devant le précepte delphique).– Del Ton, DThP 1970, 215/21 (Il senso della natura in S. A.).– Piccolo, SC 1970, Suppl. 187 */207 * (Saggio di bibliografia Ambrosiana. Ambiente, fonti, esegesi e spiritualità [1930–1970]).

Seite 381 (1.):
G. Tissot, SCh [2]45; 52, 1958/71 (in Luc., TÜK).– P. Hadot – M. Cordier, SCh 239, 1977 (Apol. David, TÜK).– M. Giacchero, Genova 1965 (De Tobia, TÜK).– M. P. McHugh, FathCh 65, 1972 (Seven exegetical works, Ü).– M. G. Mara, L'Aquila 1975 (De Nabuthae, TÜK).– R. Minuti – R. Marsiglio, 1/2, R 1965f (commento al Luc., Ü).– W. Th. Wiesner, Wa 1970 (De bono mort., TÜK). ** Argal, Scriptorium Victoriense 1971, 295/325; 1972, 63/83 (De Iacob); 1973, 32/70 (Isaac y Rebeca, figuras de la iglesia).– H. J. Auf der Maur, Das Psalmenverständnis des Ambrosius, Lei 1977.– Duval, REAug 1970, 25/34 (une page de S. Cyprien chez Hexaem. 6, 8, 47 et De hab. virg. 15/7).– Hadot, RSPhTh 1976, 205/225 (Une source de l'Apologia David: Les commentaires de Didyme et d'Origène sur le Ps. 50).– V. Hahn, Das wahre Gesetz. Eine Untersuchung der Auffassung des A. von Mailand vom Verhältnis der beiden Testamente, Mr 1968.– H. Leeb, Die Psalmodie bei Ambroius, 1967.– M. Marzola, Bibbia ambrosiana neotestamentaria. Ricostruzione teologico-critica, 1/2, To 1965/71 (dazu Fischer, Bi 1973, 120/2).– Nazzaro, Augustinianum 1974, 559/90 (Esordio e chiusa delle omelie esameronali di Ambrogio).– Pépin, [J. H. Waszink, A 1973] 259/73 (Echos de théories gnostiques de la matière au début de l'Exameron).– Piccolo, SC 1970, 32/74 (De Isaac).– Pincherle, [M. Pellegrino, To 1975] 1097/1114 (Note sulla tradizione indiretta della „Expositio Evangelii secundum Lucam").– L. F. Pizzolato, La ‚Explanatio psalmorum XII'. Studio letterario sulla esegesi di Sant'Ambrogio, Mi 1965.– H. Savon, Saint Ambroise devant l'exégèse de Philon le Juif, 1/2, P 1977.– Scazzoso, DThP 1968, 297/307 (De bono mort.).

Seite 382 (2.):
M. L. Danieli, R 1974 (La verginità, ÜK). ** Boularand, BLE 1972, 103/23 (L'amitié: De off. 3, 21f).– R. Gryson, Le prêtre selon s.A., Lou 1968.– Hiltbrunner, Gymnasium 1964, 174/89 (ciceronisches Vorbild von De off.).– Riggi, Salesianum 1967, 623/68 (Ps. 38 nel De off.).– Testard, REL 1973, 219/61 (Observations sur le thème de la conscientia dans le De officiis ministrorum).

Seite 382f (3.):
R. Gryson, SCh 179, 1971 (De paen., TÜK).– O. Faller – E. Bellini, Mi 1974 (Il mistero dell'incarnazione del Signore, TÜK). ** R. Marchioro, La prassi penitenziale nel IV secolo a Milano secondo S. Ambrogio, R 1975.

Seite 383 (4.):
Argal Echarri, Semana Española de Teología, 1970, 141/59 (El lavatorio de los pies

y el pecado original en san Ambrosio).– Beumer, ZkTh 1973, 311/24 (Zeugnisse für die römische Eucharistiefeier).– C. Calcaterra, La catechesi pasquale di Ambrogio di Milano, Mi 1973.– K. Gamber, Die Autorschaft von De sacramentis; zugleich ein Beitrag zur Liturgiegeschichte der römischen Provinz Dacia mediterranea, R 1967; Byz. Forsch. 1967, 184/203 (Explan. symb. von A.?).– Mohrmann, [Ambrosius episcopus, Mi 1976] 103/23 (De sacram.; De myst.).– J. Schmitz, Gottesdienst im altchristlichen Mailand, Bonn 1975; ZkTh 1969, 58/69 (gegen Gamber, 1967); 587/9 (Diskussion Gamber-Schmitz).– Segalla, StPat 1967, 3/55; 161/203 (La conversione eucaristica).– Yarnold, SP 10, 1970, 453/63 (The ceremonies of initiation); JThSt 1973, 202/7 (sacram. 1,1).

Seite 384 (5.):
O. Faller, CSEL 82, 1968 (Ep. 1/35).– M. M. Beyenka, FathCh 26, [2]1967 (Letters, Ü). ** Aubineau, AB 1972, 1/14 (Jean Damascène et l'Epistula de Inventione Gervasii et Protasii attribuée à A.).– Charles, Orph 1966, 27/49 (The character of St. A. as revealed in his letters).– Klein, Athenaeum 1970, 335/71 (Die Kaiserbriefe des Ambrosius. Zur Problematik ihrer Veröffentlichung).– Lo Menzo Rapisarda, Orph 1972, 3/47 (La personalità di A. nella Epistola LVII).– S. Ruiz, Investigationes historicae in Sancti Ambrosii de obitu Valentiniani et de obitu Theodosii imperatorum orationes funebres, Mn 1969.– Zelzer, Die Briefbücher des hl. Ambrosius und die Briefe extra collectionem: Anzeiger ÖAW 1975, 1, 7/23.

Seite 385f (7.):
Auf der Maur, TrThZ 1966, 65/88 (Vorform des Exsultet in der griech. Patristik); LJ 1971, 38/52 (Exsultet).

Seite 388f:
C. B. Ballabio, La malattia di S. Ambrogio e in S. A., Mi 1973.– L. Beato, Teologia della malattia in S. A., To 1968.– Borella, [B. Botte, Lou 1972] 49/69 (natale e l'epifania a Milano).– N. J. Belval, The Holy Spirit in St. A., R 1971.– Caprioli, [Misc. C. Figni, 1966] 49/57 (Battesimo e confirmazione).– Chaffin, SP 13, 9/18 (Christ as Emperor, Interpretations of the Fourth Eclogue in the Circle of St. A.).– E. Dassmann, Die Frömmigkeit des Kirchenvaters A. von Mailand, Mr 1965.– Ducci, EphMar 1973, 363/404 (Sviluppo storico e dottrinale del tema Maria-Chiesa e suo rapporto col pensiero teologico mariano di S. Ambrogio).– R. Gryson, Le prêtre selon saint A., Lou 1968.– R. Johanny, L'Eucharistie, centre de l'histoire du salut chez S. A. de Milan, P 1968.– B. Maes, La loi naturelle selon Ambroise de Milan, R 1967.– McHugh, ClassFol 1972, 94/106 (Satan and St. A.).– G. Madec, Saint A. et la philosophie, P 1974.– I. I. Marcelić, Ecclesia sponsa apud S. A., R 1967.– Müller, Sudhoffs Archiv 51, 1967, 193/216 (Arzt, Kranker und Krankheit).– Pellegrino, [E. Dekkers, Turnhout 1975] 1, 151/61 (La Preghiera al Signore Gesù).– Peroni, SC 1974, 429/50 (Amicizia e mistero cristiano).– J. Romer, Die Theologie der Sünde und der Buße beim hl. A., St. Gallen 1968.– Segalla, StPat 1967, 3/55; 161/203 (La conversione eucaristica).– Studer, VetChrist 7, 1970, 325/40 (Il sacer-

dozio dei fedeli: Rassegna bibliografica 1960–1970).– Swift, TP 1970, 533/43 (violence and war).– F. Szabó, Le Christ créateur chez S. A., R 1968.– Tettamanzi, SC 1974, 451/474 (Valori cristiani del matrimonio).– G. Toscani, Teologia della chiesa in sant'A., Mi 1974.

Seite 390 (1.):
H. J. Vogels, CSEL 81, 1/3, 1966/9 (Comm. in ep. Paulin). ** Cantalamessa, Aev 1970, 219/41 (Ratio Paschae. La controversia sul significato della Pasqua nell'Ambrosiaster, in Girolamo e in Agostino).– da Ripabottini, Laurentianum 1964, 429/47 (privilegio paolino).– Stuiber, JbAC 1970, 119/23.– Zelzer, WSt 1970 196/213 (Sprache des A.).

Seite 391 (2.):
K. Gamber, Instructio ad competentes, Rb 1964; weitere Sermonen ad competentes, 1/2, Rb 1965 f.– K. Gamber – S. Rehle, Rb 1969 (De lapsu Susannae, T; Wortkonkordanz zu den Schriften des N.). ** De Almeida Matos, Hispania sacra 1967, 3/31 (autor del Te Deum).– Gamber, RQ 62, 1967, 222/31 (Person und Werk).

Seite 391 (Laurentius):
Perotti, Novarien 1, 1967, 21/74 (L. terzo vescovo di Novara; Bischofssitz nicht Novae, sondern Novara in Oberitalien, 1. Hälfte des 5. Jh.).– Solignac, DSp 9, 402/4.

Seite 393f:
M. Simonetti – H. M. Rochais – P. Antin, SCh 140, 1968 (De bened. patriarch.; TÜK).– V. Buchheit, Tyrannii Rufini librorum Adamantii adversus haereticos interpretatio, Mn 1966 (TK).– F. Merlo – J. Gribomont, Il Salterio di Rufino, R 1972 (TK). ** Courcelle, REAug 1969, 100/30 (Jugements sur les empereurs du IVe s. et la défaite suprême du paganisme).– Martinez Pastor, Hel 1974, 181/94 (Latinidad del vocabulario).– Memoli, Aev 1969, 459/84 (Fedeltà di interpretazione e libertà espressiva nella traduzione Rufiniana dell'Oratio XVII di G. N.).– Sanders, Antiquité class. 1968, 644/51 (Dial. d'Adamantius).– Studer, VetChrist 1968, 137/55 (traductions d'Origène par Jérôme et Rufin).– Thélamon, SP 10, 310/4 (L'empereur idéal).– Winkelmann, [J. Quasten, Mr 1970] 2, 532/47 (Übersetzungstheorie und -methode).– Hammond, JTS 1977, 372/429 (last ten years of R.).

Seite 396f:
CCL 72/78, 1958/69.– B. Lambert, Bibliotheca Hieronymiana manuscripta. La tradition manuscrite des œuvres de S. Jérôme, 1/4, Den Haag 1969/72; dazu Sc 1976, 85/113 (Ergänzungen). ** P. Antin, Recueil sur saint Jérôme, Bru 1968; REAug 1970, 35/46 (J. antique et chrétien); Latomus 1971, 708/9 (Mots ‚vulgaires'); REAug 1971, 43/54 (La vieillesse); RHS 1972, 25/30 (directeur mystique).– Bodin, REAug 1969, 133/47 (Jérôme et les laïcs).– Brugnoli, VetChr 1965, 139/49 (Donato e Girolamo).– Crouzel, BLE 1972, 125/46 (J. et ses amis toulousains).– Fiske, TP 1965,

119/38 (H. Ciceronianus).– Gordini, [G. Lercaro, R 1967] 2, 841/72 (Usi liturgici e penitenziali degli ascetici romani del IV s.).– Gribomont, DSp 8, 901/18.– Gutiérrez, Communio 1971, 49/78 (El monaquismo romano y S. J.).– Hagendahl, VC 1974, 216/27 (J. and the Latin classics).– Hamblenne, Lat 1969, 1081/1119 (H. vor 330 geboren?).– Jannaccone, Giorn. Ital. Filol. 1966, 32/48 (Struttura sociale e spirituale del gruppo geronimiano).– Jay, REL 1973, 262/80 (date de naissance: 345–347); REAug 1974, 36/41 (auditeur d'Apollinaire).– J. N. D. Kelly, Jerome. His life, writings and controversies, Lo 1975.– Nautin, REAug 1972, 209/18; 1973, 69/86; 213/39; 1974, 251/84 (chronologie hiéronymienne).– Opelt, Her 1972, 76/81 (Lukrez).– M. Testard, Saint Jérome, l'apôtre savant et pauvre du patriciat romain, P 1969.– Trillitzsch, Mittellat. Jb 1965, 42/54 (H. und Seneca).– Turcan, Bull. de l'Ass. G. Budé 1968, 259/72 (S. Jérôme et les femmes).– Wazbinski, Meander 22, 1967, 45/56 (J. et la chute de Rome).

Seite 398 (1.):
Biblia Sacra iuxta Latinam Vulgatam versionem ad codicum fidem, cura et studio monachorum abbatiae pontificiae S. Hieronymi in Urbe, 1/14, R 1926/72.– R. Weber et al., Biblia sacra iuxta Vulgatam versionem, St 1969. ** K. Aland (Hg.), Die alten Übersetzungen des Neuen Testaments, B 1972.– Barr, BJR 1966f, 281/302 (appreciation of Hebrew); JournSemStud 1967, 1/36 (sound of Hebrew).– Bursteln, REAug 1975, 3/12 (La compétence de Jérôme en hébreu. Explication de certaines erreurs).– Cecchetti, Lateranum 1967, 79/118 (Prologus galeatus. Alle origini della Volgata).– B. Kerdar – Kopfstein, The Vulgata as a translation, Jerusalem 1968.– G. Q. A. Meershoek, Le latin biblique d'après S. Jérôme, N 1966.– Ronconi, RivCultClassMed 1965, 962/71 (revisore del testo latino dei Vangeli).– Semple, BJR 1965, 227/43 (J. as a biblical translator).– Vattioni, VC 1967, 131/49 (Girolamo e l'Ecclesiastico); VetChrist 3, 1966, 143/60 (Volgata dei Proverbi).– Winkelmann, [J. Quasten, Mr 1970] 2, 532/47 (Übersetzungstheorie und -methode).

Seite 399 (2.):
Wilkingson, Rb 1974, 245/57 (L'apport de J. à la topographie).

Seite 400 (3.):
CCL 76/76 A, 1969f (Comm. in proph. min.).– CCL 77, 1969 (Comm. in Mt.).– E. Bonnard, SCh 242, 1977 (Comm. in Mt., TÜK).– S. Cola, Commento a Daniele, R 1966.– M. L. Ewald, The homilies of St. Jerome, 1/2, FathCh 48; 57, 1964/66. ** Bouhot, REAug 1970, 227/31 (Hom. in Joh.).– Duval, [J. Daniélou, P 1972] 551/70 (In Ionam).– Jay, REAug 1968, 3/16 (Le vocabulaire exégétique dans le Comm. sur Zacharie); 1976, 82/9 (allegoriae nubilum) Klijn, RSR 1972, 241/55 quotations from a Nazoraean interpretation of Isaiah).– Larriba, Scripta theol. 1975, 7/50 (Comentario al Libro de Daniel).– Schatkin, VC 1970, 49/58 (The influence of Origen upon commentary on Galatians).– Vattioni, VetChr 4, 1967, 131/49 (G. e l'„Ecclesiastico").

Seite 401 (4.):
J. N. Hritzu, FathCh 53, 1965 (Dogmatic and polemical works). ** Brennan, Manuscripta 1969, 161/6 (medieval Mss. of Adv. Jovin.).– Duval, REAug 1968, 145/80 (le baptême des hérétiques); RHE 1970, 353/74 (Sur les insinuations de Jérôme contre Jean de Jérusalem: de l'arianisme à l'origénisme); REAug 1971, 227/78 (C. Joh. 23–36).– Jannaccone, GiornItalFilol 1964, 14/28 (cliché antiorigenista nel C. Joh. Hierosol.).– La Bonnardière, REAug 1974, 42/54 (Jérôme „informateur" d'Augustin au sujet d'Origène).– J. Opelt, Hieronymus' Streitschriften, Hei 1973.– Rayez, DSp 8, 1469f.

Seite 401f (6.):
Bartelink, RB 1976, 296/306 (ep. 57).– L. Laurita, Insegnamenti ascetici nelle lettere di S. G., Nocera Superiore 1967.– Lawler, [J. Quasten, 1970] 2, 548/52 (ep. 15).– van der Lof, NovTest 1977, 150/60 (L'apôtre Paul dans les lettres de s. J.).– M. Marocchi, Motivi umani e cristiani nell'epistolario di S. Girolamo, Mi 1967.– Pavan, VetChr 1972, 77/92 (praef. ep. 65).– Recchia, VetChrist 3, 1966, 45/68 (ep. 24: verginità e martirio).– Thierry, VC 1967, 120/7 (ep. 22).

Seite 404 (Hieronymus, Lehre):
Y. Bodin, Saint Jérôme et l'Église, P 1966.– H. Dittburner, A theology of temporal realities. Explanation of St Jerome, R 1966.– W. Hagemann, Wort als Begegnung mit Christus. Die christozentrische Schriftauslegung des Kirchenvaters H., Trier 1970.– Hernández Martin, CD 1969, 373/84 (deuterocanónicos del AT).

Seite 404f (Christliche Dichtung):
R. Roca – Puig, Himne a la Verge Maria. Psalmus responsorius. Papir Llati del segle IV, Ba 1965. ** R. Herzog, Die Bibelepik der lateinischen Spätantike, Mn 1975.– Speyer, JbAC 1967, 211/6 (zu Roca Puig).

Seite 405 (1.):
P. van der Weijden, Laudes Domini, A 1967 (TÜK). **

Seite 405 (2.):
Diaz y Diaz, DSp 8, 1651f.– Jiménez Delgado, Hel 1968, 277/332 (J. en el códice Matritense 10.029).– Opelt, VC 1975, 191/207 (Die Szenerie bei Juvencus).– van der Nat, [J. H. Waszink, A 1973] 249/57 (Praefatio der Evangelienparaphrase des Iuvencus).

Seite 405 (3.):
C. Cariddi, Il centone di Proba, Na 1971.

Seite 406f (5.):
A. Pastorino, To 1971 (TÜ).– Martin, Bull.Ass.G. Budé 1971, 369/82 (La prière d'Ausone, TÜK). ** Étienne, [J. Carcopino, P 1966] 319/32 (A. et l'Espagne).–

Langlois, RPh 1969, 39/58 (Les poèmes chrétiens et le christianisme d'A.).– Nardo, Atti dell'Istituto Veneto di Sc. Lett. ed Arti, Venedig 1967, 321/82 (Tkr.).– Riggi, Salesianum 1968, 642/95 (Il cristianesimo di A.); 1974, 443/62 (L'eclettico dialogo tra pagani e cristiani nella famiglia di A.).

Seite 408f (6.):

M. P. Cunningham, CCL 126, 1966 (Carmina).– E. Bossi, Bologna 1970 (Cathem.; TÜK).– C. Eagan, FathCh 43, 1962; 52, 1965 (Ü). ** Argenio, RivStudClass 1965, 141/59 (Peristeph. in onore della martire Eulalia); 1967, 14/39 (Il Dittocheo e l'Epilogo di Prudentius); 1968, 257/83 (Due corone); 1970, 58/79 (Due corone: S. Quirino e S. Cassiano); Studi Romani 1973, 25/37 (Roma veduta da P.).– M. M. van Assendelft, Sol ecce surgit igneus. A comm. on the morning and evening hymns of Prudentius, Groningen 1976.– Buchheit, [F. Dölger, Hei 1966] 121/44 (Romideologie im Laurentius-Hymnus).– Cacitti, Aev 1972, 402/35 (teologia politica di P.).– Charlet, REAug 1975, 55/62 (Prudence lecteur de Paulin de Nole. A propos du 23ᵉ quatrain du „Dittochaeon").– Cunningham, TP 1968, 119/41 (interpolation in the textual tradition); 1971, 59/69 (Notes on the text).– Diaz y Diaz, [E. Dekkers, Turnhout 1975] 2, 61/70 (P. en la Hispania visigótica).– Fontaine, [K. Büchner, 1, Wiesbaden 1970] 96/115 (thème du paradis); [M. Pellegrino, To 1975] 755/77 (Le mélange des genres dans la poésie de Prudence).– Gnilka, RhM 1966, 84/94 (Notizen).– Grasso, Orpheus 1972, 79/170 (P. e la Bibbia).– R. Herzog, Die allegorische Dichtkunst des P., Mn 1966.– C. M. Mönnich, Verlossende techniek. P., Cathemerinon 5, 1/28, (MedKonNederlandse AkLetterkunde 34, 5, 1971).– Opelt, Phil 1967, 242/57 (Christenverfolger).– Opelt, [K. Büchner, Wiesbaden 1970] 2, 206/13 (P. und Horaz).– Pianezzola, [Miscellanea critica 2, Leipzig 1966] 269/86 (doppia redazione in Cath. X 9–16).– Rank, Folia 1966, 18/31 (Apoth.).– Ruysschaert, RAC 1966, 267/86 (P. poète des deux basiliques romaines).– K. Smolak, Exegetischer Kommentar zu Prudentius, Apotheosis (Hymnus, Praefatio, Apotheosis 1–216), Wien 1968; WSt 1970, 214/41 (Apotheosis 438–443).– Solmsen, VC 1965, 237/57 (The powers of darkness in C. Symm.).– Steidle, VC 1971, 241/81 (C. Symm.).– K. Thraede, Studien zu Sprache und Stil des P., Gö 1965; [J. H. Waszink, A 1973] 317/27 (Rom und der Märtyrer, Peristephanon 2, 1–20).– Van der Lof, SP 10, 1970, 247/52 (Evangelist Johannes bei P.).– Witke, TP 1968, 509/25 (tradition of Latin poetry).– Zappacosta, Latinitas 1967, 202/18; 277/92 (C. Symmach. 1).

Seite 410 (7.):

J. A. Bouma, Het epithalamium van P. van N. Carm. XXV, Assen 1968 (TÜK).– A. Mencucci, I carmi, Siena 1970.– P. G. Walsh, ACW 35f, 1967 (Letters, Ü); ACW 40, 1975 (The poems, Ü). ** Argenio, RivStudCl 1969, 330/8 (Il miracolo dei buoi nel XX natalizio).– Costanza, Augustinianum 1974, 637950 (I generi letterari nell'opera poetica di P.); [M. Pellegrino, To 1975] 741/54 (Il paesaggio nell'opera poetica di P.).– Doignon, RevHistSpir 1972, 129/44 (carm. 20, 388/444).– Engemann, JbAC 1974, 21/46 (Apsis-Tituli).– W. Erdt, Christentum und heidnisch-antike Bildung bei P. von N., Meisenheim 1976.– Flury, VC 1973, 129/45 (carm. 6).– Fontaine, [J. H. Waszink, A 1973] 123/43 (Les symbolismes de la cithare).– Frend, JournRomStud 1969, 1/11 (P. and the last century of the Western Empire).– R. P. H. Green, The poetry of Paulinus of Nola. A study of his latinity, Bru 1971; VC 1973, 50/2 (Some types of imagery); Latomus 1973, 79/85 (P. and the diction of christian latin poetry).– Junod-Ammerbauer, REAug 1975, 13/54 (Le poète chrétien selon P. L'adaptation des thèmes classiques dans les „Natalicia").– J. T. Lienhard, Paulinus of Nola and early Western Monasticism, Bonn 1977.– Lipinsky, VetChrist 1976, 65/80 (Le decorazioni per la basilica di S. Felice).– Opelt, VC 1970, 59/65 (Volcanalia in der Spätantike).– S. Prete, P. da Nola e l'umanesimo cristiano. Saggio sopra il suo epistolario, Bologna 1964; Augustinianum 1974, 625/35 (parafrasi biblica della laus Iohannis [carm. 6]).– Salvatore, VetChrist 1970, 81/114 (Due omelie su Sansone di Cesario di Arles e l'ep. 23 di P. da N.).– Walsh, [J. Quasten, 1970] 2, 565/71 (P. and the conflict of ideologies in the IVth century).

Seite 410 (8.):
A. Cameron, Claudian. Poetry and propaganda at the court of Honorius, Lo 1970.– Chastagnol, Historia 1970, 444/63 (C. et l'Histoire Auguste). Clarke, [V. Capágna, Ma 1968] 2, 125/33 (C. and the Augustinian circle of Milan).

Seite 411 (11.):
Opelt, JbAC 1976, 109/19 (Szenerie bei S.).– C. Tibiletti, [M. Pellegrino, To 1975] 778/85 (Note al testo del ‚Paschale Carmen' di Sedulio).

Seite 412 (12.):
H. H. Homey, Studien zur Alethia des C. M. Victorius, Diss. Bonn 1972.

Seite 412 (13.):
C. Moussy, SCh 209, 1974 (Poème d'action de grâces et Prière, TÜK).– P. Tordeur, Concordance de P. de Pella, Bru 1973. ** Griffe, BLE 1958, 170/5; 1975, 121/5 (P. le „Pénitent").

Seite 416 (Gesamtdarstellungen):
P. Brown, Augustine of Hippo. A Biography, Lo 1967 (deutsche Ü von J. Bernard, Frankfurt 1973).– A. Mandouze, Saint A. L'aventure de la raison et de la grâce, P 1968.

Seite 416 (Geistige Entwicklung):
Andresen, Augustinus 13, 1968, 77/98 (philosophischer Bildungshorizont vor und in Cassiciacum).– Clarke, Augustinus 13, 1968, 125/33 (Claudian and the Augustinian circle of Milan).– Geerlings, ZkTh 1971, 45/60 (Nachwirken des Manichäismus in der Theologie Augustins).– J. Pepin, „Ex Platonicorum persona". Études sur les lectures philosophiques de S. A., A 1975; Saint Augustin et la dialectique, P 1976.– Pincherle, Augustinianum 1974, 385/407 (Ambrogio ed Agostino).–

Rousseau, Aug 1977, 151/65 (Augustine and Ambrose).– Schindler, ThZ 19734, 95/116 (Querverbindungen zwischen Augustins theologischer und kirchenpolitischer Entwicklung 390–400).

Seite 417:
Casati, Augustinianum 1968, 40/57 (A. e S. Paolino di Nola); 1967, 502/13 (ambiente e le persone di Cassiciaco).– Ferrari, REAug 1973, 263/76 (Astronomy and Augustine's break with the Manichees); AugStud 5, 1974, 1/14 (boyhood beatings); Aug 1977, 139/50 (Halley's Comet of 374 AD; A.s conversion to Manicheism).– Hartke, PWK Suppl. 6, 520/9 (Monnica).– O'Ferral, RechAug 10, 1975, 23/43 (Monica).– O. Perler et J.-L. Maier, Les voyages de S. Augustin, P 1969.– Wischmeyer, RQ 1975, 32/41 (Epitaph der Monnica).

Seite 418f:
C. Carena, R ^{3}1975 (Conf. TÜK). ** A. H. Armstrong, St. A. and christian Platonism, Villanova 1967.– Blumenberg, SP 6, 294/302 (Curiositas und veritas. Zur Ideengeschichte von Confessiones X 35).– Buchheit, VC 1968, 257/71 (A. unter dem Feigenbaum).– P. Courcelle, Recherches sur les confessions de saint A., P ^{2}1968.– Crouse, SP 14; 389/92 (Recurrens in te unum: The Pattern of St. Augustine's Confessions).– Di Giovanni, REAug 1974, 285/312 (Creazione ed essere nelle Conf.).– Dönt, WSt 82, 1969, 181/97 (Aufbau und Glaubwürdigkeit der Konfessionen und die Cassiciacumgespräche).– Duchrow, ZThK 1965, 338/67 (Aufbau der Conf. und De trin.).– E. Feldmann, Der Einfluß des Hortensius und des Manichäismus auf das Denken des jungen Augustinus vor 373, 1/2, Diss. Mr 1975.– Ferrari, REAug 1970, 233/42 (The pear-theft in Augustine's Confessions).– Mayer, Aug 1974, 21/74 (Funktionen der Verweisungen in den Conf. X–XIII).– Meo, Laurentianum 1976, 388/407 (Memoria e linguaggio nel Conf. X).– O'Brien, Thought 49, 1974, 436/46 (original sin in Conf.).– J. J. O'Meara, The Young Augustine. The Growth of St. Augustine's Mind up to his Conversion, Staten Island ^{2}1965.– M. Pellegrino, Le Confessioni di S. A., R ^{2}1972.– Pfligersdorffer, [K. Vretska, Hei 1970] 124/47 (Bauprinzip der Confessiones).– L. F. Pizzolato, Le fondazioni dello stile delle Confessioni di Sant'A., Mi 1972.– Schindler, ThZ 1973, 95/116 (Querverbindungen zwischen Augustins theologischer und kirchenpolitischer Entwicklung 390–400).– Schmidt-Dengler, REAug 1968, 69/89 (Die aula memoriae in den Konfessionen).– Verheijen, Augustiniana 1970, 35/53; 329/35; 1971, 405/16; 1972, 35/52; 1973, 334/68; 1974, 217/33; 1975, 5/23; 205/9 (Contributions à une édition critique améliorée des Conf.).

Seite 419 (Retract.):
van der Lof, Aug 1966, 5/10 (composition des Retract.)

Seite 419 (Possidius):
Glorie, [E. Dekkers, Turnhout 1975] 1, 289/309 (Das ‚zweite Aenigma' in Augustins Opusculorum Indiculus. Kap. X^4 1–4: Tractatus Psalmorum).

Seite 420 (A.-Spezialzeitschriften):
Revista Agustiniana de Espiritualidad, Calahorra 1960ff.

Seite 420 (Bibliographien):
C. Andresen, Bibliographia Augustiniana, Darmstadt 1973.– Augustine Bibliographie (Fichiers bibliographiques des Études Augustiniennes) 1/4, Boston 1972.– Lorenz, ThRu 1973, 292/333; 1974, 95/138; 253/86; 331/64; 1975, 1/41; 97/149; 227/61 (Zwölf Jahre A.-Forschung, 1959–1970).

Seite 420 (Sammelwerke):
Augustinian Studies, Villanova 1970ff (AugStud).– Recherches augustiniennes 1/11, 1958/76.– C. Andresen, Zum Augustin-Gespräch der Gegenwart I., Darmstadt [2]1976.– Ch. Kannengiesser (Hg.), Jean Chrysostome et Augustin, P 1975.

Seite 420 (Gesamtausgaben und Übersetzungen):
Nuova biblioteca Agostiniana, Opere di Sant'Agostino, R 1965ff (TÜK).– St. Augustinus der Seelsorger. Deutsche Gesamtausgabe seiner moraltheologischen Schriften, 1/11, Wü 1949/75.– St. Augustinus der Lehrer der Gnade. Deutsche Gesamtausgabe seiner antipelagianischen Schriften, Wü 1955ff (TÜK).– Die Bibliothek der Alten Welt, Zü 1950ff, Reihe Antike und Christentum, enthält zahlreiche A.-Schriften in Übersetzungen und z.T. auch mit lateinischem Text. **

Seite 420 (Hsl. Überlieferung):
Römer, RhM 1970, 228/46 (Hsl. Überlieferung der Werke Augustins).– M. Oberleitner – R. Römer – J. Divjak, Die hsl. Überlieferung der Werke des hl. A., 1ff, W 1969ff.– W. Hensellek – P. Schilling, Vorarbeiten zu einem A.-Lexikon, Wien 1973ff.– Catalogus verborum quae in operibus s. Augustini inveniuntur, 1ff, Eindhoven 1976ff.

Seite 421f:
B. Altaner, Kleine patristische Schriften, TU 83, 1967, 181/331 (Quellen Augustins).– H. X. Arquillière, L'augustinisme politique. Essai sur la formation des théories politiques du moyen âge, P [2]1972.– Booth, Aug 1977, 70/132 (notitia sui related to Aristotle and early Neo-Platonists).– J. F. Callaghan, A. and the Greek Philosophers, Villanova 1967.– M. Dulaey, Le rêve dans la vie et la pensée de s. A., P 1973.– H. Hagendahl, A. and the Latin classics, 1/2, Stockholm 1967; dazu Testard, REAug 1968, 47/67.– M. A. MacNamara, La amicizia in S. Agostino, Mi 1970.– Oroz Reta, Augustinus 10, 1965, 295/325 (Séneca y A.).– M. Spanneut, [M. Pellegrino, To 1975] 896/914 (Le stoïcisme et A.).– von Stritzky, VC 1974, 176/85 (A. und Greg. Nyss.).– Theiler, Augustinus 13, 1968, 423/32 (Augustinus und Origenes).– Vattioni, Augustinianum 8, 1968, 434/67 (A. e la civiltà punica).

Seite 423:
W. M. Green – K. D. Daur, CCL 29, 1970 (Contra Academ.; De beata vita; De or-

dine; De magistro; De libero arb.).– G. Marzi, De musica, Fi 1969 (TÜK).– A. Marzullo, Soliloqui, Varese 1972 (TÜK).– E. Schadel, De magistro, Bamberg 1975 (ÜK). ** Collart, REAug 1971, 279/92 (A. grammairien dans De magistro).– Doignon, REAug 1977, 63/82 (De beata vita, Tkr.).– Gunermann, RechAug 9, 1973, 183/226 (Literarische und philosophische Tradition in De ordine).– E. Koenig, Augustinus philosophus. Christlicher Glaube und philosophisches Denken in den Frühschriften Augustins, Mn 1970.– Madec, REAug 1975, 63/71 (Analyse du „De magistro"); REAug 1974, 82/7 (De libero arb., Tkr.).– Oroz Reta, Augustinus 13, 1968, 327/44 (Los diálogos de Casiciaco).– Perler, Augustinus 13, 1968, 345/52 (Recherches sur les Dialogues et le site de Cassiciacum).– Raeithel, ZRGG 1968, 139/53 (Das Gebet in den Soliloquien).– Verhees, RechAug 10, 1975, 45/75 (Trinitätsverständnis in den Schriften aus Cassiciacum).– J. Pepin, Ex Platonicorum persona, Las Palmas 1977.

Seite 424f (De c.d.):
Carlson, Aug 1971, 417/47 (natural order and historical explanation).– U. Duchrow, Christenheit und Weltverantwortung. Traditionsgeschichte und systematische Struktur der Zweireichelehre, St 1970.– Ferrari, Aug 1969, 336/46 (Some Surprising Ommissions from „City of God").– V. Hand, Augustin und das klassische römische Selbstverständnis. Eine Untersuchung über die Begriffe Gloria, Virtus, Justitia und Res publica in „De civitate Dei", Hamburg 1970.– Lafont, RSR 1965, 177/219 (Commentaire au de Civ. Dei I. X, ch. I à VII).– J. Laufs, Der Friedensgedanke bei A. Untersuchungen zum XIX. Buch des Werkes De civ. dei, Wiesbaden 1973.– Lohse, VC 1967, 221/40 (Zur Eschatologie des älteren Augustin, De civ. Dei 20,9).– Loi, Augustinianum 1977, 307/31 (polemica antiromana).– Madec, [A. Zumkeller, Wü 1975] 112/36 (tempora christiana).– Orlandi, RILSL 101, 1967, 81/100 (Imperium e res publica nel De civitate Dei).– Rivera de Ventosa, CD 1973, 333/54 (El factor ético en la visión agustiniana de la historia de Roma).– Rordorf, VC 1974, 190/202 (A. et la tradition antifataliste).– K. H. Schwarte, Die Vorgeschichte der augustinischen Weltalterlehre, Bonn 1966.– Wilks, Augustinus 1967, 489/510 (Roman empire and christian state).

Seite 426 (3.):
B. Blumenkranz, Die Judenpredigt Augustins, P 1973 (ÜK). ** Alvarez, SP 9, 340/49 (A. and Antisemitism).– van der Lof, REAug 1967, 25/30 (Les interlocuteurs dans le De divin. daem.).

Seite 426f (4.):
A. Mutzenbecher, CCL 44, 1970 (De divers. quaest. ad Simplicianum); CCL 44A, 1975 (De div. quaest. 83; De octo Dulcitii quaest.).– W. J. Mountain – F. Glorie, CCL 50/50 A, 1968 (De Trin.).– CCL 46, 1969 (De fide rer. invis.; Enchiridion; De cat. rud.; Sermo ad cat. de symbolo; Sermo de discipl.; Sermo de utilitate ieiunii; Sermo de excidio urbis Romae; De haer.).– A. Trapè – M. F. Sciacca – G. Beschin, R 1973 (De Trin., TÜK). ** Bailleux, RechAug 7, 1971, 219/43 (La christologie

dans le De trin.).– S. Biolo, La coscienza nel De Trin. di s. A., R 1969.– Glorie, SE 1965, 198/255 (De trin.: Fontes, chronologia).– Hill, AugStud 3, 1972, 1/14 (De trin., Tkr.); REAug 1973, 277/86 (De Trin.: doctrinal significance).– Ladaria Ferrer, MiscCom 1972, 245/91 (Persona y relación en el De trin.).– Mutzenbecher, SE 19, 1969/70, 365/78 (Datierung von De octo Dulcitii quaestionibus).– Rondet, BLE 1971, 81/105; 241/57 (La théologie de s. A. prédicateur).– O. Du Roy, L'intelligence de la foi en la Trinité selon saint Augustin, P 1966.

Seite 427 (5.):
F. Decret, Aspects du Manichéisme dans l'Afrique Romaine. Les controverses de Fortunatus, Faustus et Felix avec saint Augustin, P 1970.– La Bonnardière, DHG 16, 729/31 (Faustus von Mileve).– van Fleteren, Augustinianum 1976, 475/97 (De vera religione. A new approach).– Madec, REAug 1974, 82/7 (De libero arb., Tkr.).– Mayer, Augustinianum 1972, 31/78 (Probleme der Tradition in den antimanichäischen Schriften); 1974, 277/313 (Die antimanichäischen Schriften Augustins).

Seite 428 (6.):
E. Lamirande, La situation ecclesiologique des Donatistes d'après s. Augustin, Ottawa 1972.– Mayer, [A. Zumkeller, Wü 1975] 22/42 (Sacramentum in De bapt. c. Don.).– H. Petersen, Hellighed og autoritet i oldkirken, Kopenhagen 1968.– H. B. Weijland, A. end de kerkelijke tucht, Kampen 1965.

Seite 428f (7.):
M. Zelzer, CSEL 85, 1, 1974 (Contra Iulian. I/II). ** G. Bonner, A. and modern research on Pelagianism, Villanova 1972.– Lucas, JTS 1971, 73/85 (Pelagius and A.).– Martinetto, REAug 1971, 83/117 (Les premières réactions antiaugustiniennes de Pélage).– Thonnard, REB 25, 1967, 189/218 (Joh. Chrys. et A. dans la controverse pélagienne).– de Veer, REAug 1973, 121/57 (De natura et origine animae).

Seite 429 (8.):
Simonetti, REAug 1967, 55/84 (A. e gli Ariani).

Seite 429f (9.):
A.-M. La Bonnardière, Biblia Augustiniana, P 1960/75 (Deut.; Livres hist.; Le douze Pétits Proph.; Le Livre de la Sagesse; Jérém.; Proverbes.; Thess.; Tit.; Philem.).– Pizzolato, RivStorLettRel 4, 1968, 338/57 (esegesi agostiniana: A. emendator); 503/48 (A. explanator).– Ries, REAug 1961, 231/43; 1963, 201/15; 1964, 309/29 (La bible chez A. et chez les Manichéens).– Warnach, [G. Lercaro, R 1967] 2, 95/117 (Mysterium des Wortes).

Seite 430 (De doctr. christ.):
Allard SP 14, 377/88 (L'articulation du sens et du signe).– Casati, Augustinianum 6, 1966, 18/44.– Cordovani, Augustinianum 1966, 489/527; 1967, 419/47; 1968,

280/311.– Darrell, REAug 1969, 9/49 (theory of signs).– C. G. Howie, Educational theory and practice in St. A., Lo 1969.– Kevane, RechAug 4, 1966, 97/133; AugStud 1, 1970, 154/80 (Paideia and Anti-Paideia: The Prooemium De Doctrina Christiana); SP 14, 1976, 446/60 (Translatio imperii: Augustine's De doctrina christiana and the Classical Paideia).– Mayer, REAug 1974, 100/12 (Prolog und Datierung von De doctr. chr.).– Opelt, JbAC 1974, 64/73 (Nachwirkung von De doctr. chr.).– Schäublin, WSt 1974, 173/181 (Tkr.).– Sieben, REAug 1975, 72/90 (Die „res" der Bibel. Eine Analyse von „De doctrina christiana I–III").– Verheijen, Aug 1974, 10/20 (De doctr. chr, 2, 19/42).– Young, HThR 1969, 289/99 (literary aesthetics, studied chiefly in De doctrina christiana).

Seite 430f (Erklärungen des AT):

O. Brabant, Le Christ, centre et source de la vie morale chez s. A. Étude sur la pastorale des En. in Ps., Gembloux 1971.– Duval, REAug 1966, 9/40 (A. et le commentaire sur Jonas de s. Jérôme).– La Bonnardière, RechAug 7, 1971, 73/104 (En. in Ps. à l'occasion des fêtes des martyrs); RechAug 11, 1976, 52/90 (Enn. in Ps. prêchées à Carthage en décembre 409).– G. Pelland, Cinq études d'A. sur le début de la Genèse, Tournai 1972).– Plagnieux, RDC 1976, 396/411 (Aspects ecclésiologiques de l'Enarratio in Ps. 130).– Poque, RB 1968, 117/27 (L'exégèse augustinienne de Proverbes 23, 1–2); BLE 1976, 241/64 (L'énigme des Enarrationes in Ps. 110–117).– Rondet, BLE 1961, 111/27; 258/86; 1964, 110/36; 1967, 180/202; 1970, 174/200; 1974, 161/88; 1976, 99/118 (chronology des En. in Ps.).

Seite 431f (Erklärungen des NT):

J. Divjak, CSEL 84, 1971 (Expos. qu. propos. ex ep. ad Rom; Ep. ad Gal. expos.; Ep. ad Rom. inchoata expos.).– A. Mutzenbecher, CCL 35, 1967 (De sermone Domini in monte). ** J. L. Azcona, La doctrina agustiniana de la humilidad en los Tract. in Ioannem, Ma 1972.– Berrouard, RechAug 7, 1971, 105/68 (La date des Tract. I–LIV in Ioh. Ev.).– Cremer, RechAug 8, 1972, 301/73 (Der Beitrag Augustins zur Auslegung des Fastenstreitgesprächs).– Dassmann, TrThZ 1969, 257/82 (Vorträge über das Johannesev.).– de Veer, RechAug 8, 1972, 149/85 (Rom. 14, 23^{b}).– D. Dideberg, S. Augustin et la Ire Épître de S. Jean, P 1975.– Divjak, SP 14, 402/9 (Textüberlieferung der Expositio in epistolam ad Galatas).– Dürig, LitJb 1972, 49/61 (4. Vaterunser-Bitte).– R. P. Hardy, Actualité de la révélation divine. Une étude des „Tractatus in Johannis Evangelium" de Saint A., P 1974.– Marin, VetChrist 1973, 263/89; 1974, 31/63; 1975, 61/100 (Mt 25, 1/13 nell esegesi di S. A.).– H. Merkel, Widersprüche zwischen den Evangelien, Tü 1971, 218/61.– Poque, RechAug 7, 1971, 169/87 (Tract. in Ioh. ev. XI Anno 407).– Wright, RechAug 8, 1972, 55/143 (The mss. of Tract. in Ioh.).

Seite 432 (10.):

Faul, SP 6, 374/82 (The Date of the De Continentia).

Seite 432 (De cat. rud.):
Etchegaray Cruz, Hel 1971, 5/176 (TÜ). ** J. B. Allard, La nature du De catechizandis rudibus de S. Augustin, R 1976.– Belche, Aug 1977, 26/69 (Bekehrung zum Christentum nach De cat. rud.).– Cordovani, Augustinianum 6, 1966, 489/527; 7, 1967, 419/47 (Le due città nel De catechizandis rudibus); 8, 1968, 280/311 (Lo stile nel De catechizandis rudibus).– C. G. Howie, Educational theory and practice in St. Augustine, Lo 1969.– L. R. Patané, Il pensiero pedagogico di S. Agostino, Bologna 1967.– Siniscalco, Augustinianum 1974, 605/23 (narratio del De catechizandis rudibus).

Seite 433 (11.):
S. Poque, SCh 116, 1966 (Sermons pour la Pâque). ** A. Becker, De l'instinct du bonheur à l'extase de la béatitude. Théologie et pédagogie du bonheur dans la prédication de s. A., P 1967.– P. Borgomeo, L'église de ce temps dans la prédication de saint Augustin, P 1972.– Cannone, VetChrist 1975, 325/46 (Il Sermo de excidio urbis Romae).– Lambot, RB 1967, 217/45 (La tradition manuscrite des Sermons pour la Noël et l'Epiphanie); 1969, 46/52 (Verzeichnis der Sermons Lambot de s.Augustin); RB 1969, 53/214 (gesammelte Aufsätze zu Sermones Augustins).– Poque, RechAug 7, 1971, 169/87 (Trois semaines de prédication 407); RechAug 10, 1975, 187/215 (anabase plotinienne dans la prédication de s. A.).– F. Schnitzler, Zur Theologie der Verkündigung in den Predigten des Heiligen A., Fr 1968.– P. P. Verbraken, Études critiques sur les sermons authentiques de s. A., Steenbrugge 1976; RB 1966, 41/58 (Le sermon CXII sur les invités au festin); RB 1967, 27/46 (La collection de sermons De verbis domini et apostoli); RB 1974, 245/70 (Les fragments conservés de sermons perdus); [M. Pellegrino, To 1975] 796/805 (Le Sermon LXXII de Saint Augustin sur l'arbre et son fruit).– P. Vismara Chiappa, Il tema della povertà nella predicazione di S. Agostino, Mi 1975.– A. E. Zwinggi, Der Wortgottesdienst bei A., Diss.FrSch 1969; vgl. REAug 1971, 364/6; Aug 1970, 5/34 (Die Perikopenordnungen der Osterwoche in Hippo und die Chronologie der Predigten des hl. A.); ALW 12, 1970, 85/129 (Die fortlaufende Schriftlesung im Gottesdienst bei A.); LJ 1970, 92/113; 129/40; 250/3 (Der Wortgottesdienst bei A.).

Seite 433f (Briefe):
L. Carrozzi, 1/3, R 1969/74 (TÜK).– M. Moreau, Le dossier Marcellinus dans la correspondance de s. A., P 1973 (ÜK). ** Paronetto, Augustinianum 1974, 363/7 (datazione ep. 220; 229/31).– S. Prete, La città di Dio nelle lettere di A., Bologna 1968.– Rondeau, VC 1968, 176/97 (ep. à Marcellinus sur les Psaumes).– Roth, [Ch. Mohrmann, Ut 1973] 96/107 (ep. 55).– B. Studer, Zur Theophanie-Exegese Augustins, R 1971 (ep. 147).– Wankenne, RB 1974, 167/76 (Dioscorus, correspondant de S. Augustin, ep. 117f).

Seite 434f (Augustinusregeln):
A. Sage, La Règle de s. Augustin, P ²1971 (TÜK).– L. Verheijen, La Règle de s. Augustin, 1/2, P 1967. ** Arbesmann, AugStud 1, 1970, 237/61 (The question of

the Reg. Aug.).– L. Cilleruelo, El monacato de San Agustín, Valladolid ²1970; RevAgustEspir 1969, 49/86 (Conclusiones sobre la Reg. Aug.).– Manrique, CD 181, 1968, 707/46 (Nuevas aportaciones al problema de la Reg. A.).– Orban, Kairos 1976, 100/18 (A. und das Mönchtum).– J. Pleger, Die Vita communis bei A., I 1970.– Rubio, CD 183, 1970, 189/235 (La norma fundamental de la vida monástica según S. Agustín y otras reflexiones en torno a la Regula Augustini).– A. Sage, La vie religieuse selon s. A., P 1972.– Vega, RevAgustEspir 11, 1970, 131/51 (La autenticidad y destinatarios de la „Regula Augustini" ante la crítica de hoy).– Verheijen, Aug 1971, 5/23; 357/404; 1972, 5/34; 469/510; 1973, 306/33; 1974, 5/9; 1975, 199/204; 1977, 5/25 (Éléments d'un commentaire de la Reg.); [A. Zumkeller, Wü 1975] 76/91 (La „date ancienne" et la „date récente" du Praeceptum); [M. Pellegrino, To 1975] 806/17 (En. in Ps. 132, conception du monachisme).– A. Zumkeller, Das Mönchtum des hl. A., Wü ²1968.

Seite 435f (Lehre):

K.-H. Lütcke, „Autoritas" bei A., St 1968.– C. P. Mayer, Die Zeichen in der geistigen Entwicklung und in der Theologie Augustins, 1ff, Wü 1969ff.– Mourant, AugStud 4, 1973, 103/27 (A. on miracles).– J. Pépin, Saint Augustin et la dialectique, Villanova 1976.– A. Schöpf, Wahrheit und Wissen. Die Begründung der Erkenntnis bei A., Mn 1965.– E. TeSelle, A. the Theologian, NY 1970.– K. A. Wohlfahrt, Der metaphysische Ansatz bei Augustinus, Meisenheim 1969.

Seite 437 (1./2.):

Alesanco, Augustinus 13, 1968, 9/36 (teoría agustiniana de la iluminación).– Andresen, [H. Laag, Gü 1973] 22/38 (Verhältnis von Wahrheit und Autorität bei A.).– Blásquez, Augustinus 14, 1969, 43/93; 305/50 (idea de substancia).– Duchrow, ZThK 1966, 267/88 (Zeitbegriff).– H.-J. Kaiser, Augustinus, Zeit und „Memoria", Bonn 1969.– E. König, Augustinus philosophus, Mn 1970.– Madec, REAug 1971, 119/42 (l'intelligence de la foi).– A. Maxsein, Philosophia cordis. Das Wesen der Persönlichkeit bei A., Salzburg 1966.– R. H. Nash, The light of the mind. St. A.'s theory of knowledge, Lexington 1969.– Spanneut, [M. Pellegrino, To 1975] 896/914 (Le stoïcisme et A.).– Wohlfahrt, TrThZ 1972, 26/39 (kritische Begründung der Gotteserkenntnis).– zum Brunn, RechAug 9, 1969, 3/102 (Le dilemme de l'être et du néant).

Seite 438 (3.):

Bourassa, Gr 1966, 254/85 (De Trin.); 1967, 657/705 (Communion du Père et du Fils).– O. du Roy, L'intelligence de la foi en la Trinité selon s. A., P 1966.– Hadot, SP 6, 409/42 (L'image de la Trinité dans l'âme chez Victorinus et chez saint Augustin).– Mayr, REAug 1972, 51/86 (Trinität und Familie).– J. Tscholl, Gott und das Schöne beim Hl. Augustinus, Heverlee-Leuven 1967.– Verges, EE 1974, 305/24 (Pneumatologia).– J. J. Verhees, God in beweging. Een onderzoek naar de pneumatologie van A., Wageningen 1968; RechAug 10, 1975, 45/75 (Trinitätsverständnis in den Schriften aus Cassiciacum).

Seite 438f (4.):
Fay, Ant 1974, 173/97 (Imago dei. Metaphysics of man).– R. J. O'Connell, St. A.s early theory of man, A.D. 386–391, C/Mass. 1968; AugStud 4, 1973, 1/32 (Fall of the Soul).– Pépin, [Entretiens sur l'homme et le diable, P 1965] 51/74 (Influences païennes sur l'angélogie et la démonologie).– Wolfskeel, VC 1976, 63/71 (conception of man as the image of God).

Seite 439 (5.):
G.-H. Allard, Homo lapsus chez A., Montréal-P 1968.– Bonner, SP 6, 303/14 (Libido and Concupiscentia).– V. Grossi, La liturgia battesimale in S. Agostino. Studi sulla catechesi del peccato originale negli anni 393/412, R 1970; Augustinianum 1970, 325/59; 458/92 (Il peccato originale prima della polemica pelagiana).– Sage, REAug 1969, 75/112 (Le péché originel dans la pensée de saint Augustin, de 412 à 430).

Seite 440 (6./8.):
Bailleux, MSR 1966, 149/73 (soteriologie dans le De Trin.); RechAug 7, 1971, 219/43 (La christologie dans le De Trin.).– Barré, REAug 1967, 285/317 (Le culte marial en Afrique après A.).– R. Bernard, La prédestination du Christ total selon saint A., P 1965.– W. H. Marrevee, The ascension of Christ in the works of St. Augustine, Ottawa 1967.– Verhees, REAug 1976, 234/53 (Heiliger Geist und Inkarnation).

Seite 442f (9.):
Bonnefoy, RechAug 1968, 41/66 (doctrine de la grâce).– Capánaga, SP 6, 315/49 (La doctrina de la gracia en los Salmos).– M. Huftier, Libre arbitre, liberté et péché chez S. A., Lou 1968.– Ch. Parma, Pronoia und Providentia. Der Vorsehungsbegriff Plotins und Augustins, Lei 1971.– Pegueroles, EE 1971, 207/31 (La libertad y la gracia).– Pellegrino, Augustinianum 7, 1967, 221/57 (salvezza nelle Conf.).– Pincherle, RevStorLettRel 1975, 1/23 (dottrina della grazia).– Rist, JTS 1969, 420/47 (A. on free will and predestination).– H. Rondet, Essais sur la théologie de la grâce, P 1964.– Sage, RechAug 3, 1965, 107/31 (volonté salvifique universelle de Dieu).– TeSelle, RechAug 5, 1968, 95/137 (Nature and grace in expositions of Gen. 1, 1–5).– Thonnard, Augustinus 12, 1967, 387/402 (Justice de Dieu et justice humaine); REAug 1970, 243/70 (La notion de liberté en philosophie augustinienne).– Vanneste, RechAug 10, 1975, 143/69 (Nature et grâce).– Zumkeller, Augustinianum 1970, 421/57 (Zahl der Auserwählten).

Seite 443f (10.):
Capánaga, [Mysterium ecclesiae in conscientia sanctorum, R 1967] 88/133 (Iglesia en la espiritualidad de s. A.).– Faul, SP 9, 1966, 404/15 (Sinners in the holy church).– S. Folgado Florez, Augustinianum 1970, 285/324 (Principios de eclesiología agostiniana); 1974, 91/146 (eclesiologia).– Grasso, Gr 1968, 97/112 (Pietro e Paolo nella predicazione di A.).– Grégoire, REAug 1974, 143/54 (Le droit consuétudinaire de

l'Église).– E. Lamirande, Études sur l'ecclésiologie de saint Augustin, Ottawa 1969; REAug 1962, 1/125; 1971, 177/82 (études sur l'ecclésiologie).– Louit, RechAug 10, 1975, 217/68 (Le reniement et l'amour de Pierre).– R. Palermo Ramos, Ecclesia Mater en S. Agustín. Teología de la imagen en los escritos antidonatistas, Ma 1970.– M. Pellegrino, Verus sacerdos. Il sacerdozio nell'esperienza e nel pensiero di s. A., Fossano 1965 (französische Ü von J. Th. d'Hoste, P 1968).– J. Pintard, [M. Pellegrino, To 1975] 884/95 (Sur la succession apostolique selon A.).– Reveillaud, RechAug 5, 1968, 67/94 (Le Christ-Homme, tête de l'église).– Rondet, [S. Docks, L'Esprit saint et l'Église, P 1969] 153/78 (L'Esprit saint et l'Église dans s. A.).– Sauser, CD 181, 1968, 747/75 (Zum Bild der unselbständigen Kirche in der Theologie des hl. A.).– Sieben, TheolPhil 1971, 496/528 (Konzilien in Leben und Lehre Augustins).– W. Simonis, Ecclesia visibilis et invisibilis, Frankfurt 1970; TheolPhilos 43, 1968, 481/501 (Heilsnotwendigkeit der Kirche und Erbsünde).– Turrado, Augustinus 12, 1967, 403/22 (caracter sacerdotal).– S. Vergés, La iglesia esposa de Cristo, Barcelona 1969.– Chiesa e salvezza. Atti della Settimana Agostiniana Pavese, Pavia 1975.

Seite 444 (11.):
Berrouard, SP 6, 277/93 (réalisme sacramentel d'après Ep. 98, 9–10).– Berrouard, [M. Pellegrino, To 1975] 830/44 (Sacramentum augustinien: Tract. in Ioh. 26, 11–12).– Mayer, Aug 1972, 53/79 (Philosophische Voraussetzungen und Implikationen in Augustins Lehre von den sacramenta).– Morán, EstudAgust 4, 1969, 321/64 (concepción de sacramento).

Seite 445 (12.):
V. Grossi, La liturgia battesimale in S. Agostino, R 1970.– De Latte, QLP 1975, 177/224 (rituel baptismal des adultes); 1976, 41/55 (rituel baptismal des enfants).

Seite 445 (13.):
Bergeron, REAug 1973, 101/20 (La doctrine eucharistique de l'En. in Ps. XXXIII).– Boyer, Augustinus 12, 1967, 125/38 (L'eucharistie selon s. A.).– Casati, Augustinianum 1969, 484/514 (liturgia della messa al tempo di S. A.).– Dekkers, [M. Pellegrino, To 1975] 845/55 (La codification des prières liturgiques. Le rôle de A.).– W. Gessel, Eucharistische Gemeinschaft bei A., Wü 1966. Sage, REAug 1969, 209/40 (L'eucharistie dans la pensée de s. A.).

Seite 447 (14.):
La Bonnardière, REAug 1967, 31/53; 249/83; 1968, 181/204 (Pénitence et réconciliation des pénitents).– van der Lof, Augustinus 12, 1967, 449/72 (correptio secreta).

Seite 447f (15.):
P. Brown, Religion and society in the age of St. A., Lo 1972.– F. Campo del Pozo, Filosofía del derecho según s. A., Valladolid 1966.– Fortin, AugStud 1, 1970, 133/53

(political implications of A.s theory of conscience).– Houlou, RevHistFrEtr 1974, 5/29 (Le droit pénal chez A.).– G. L. Keyes, Christian faith and the interpretation of history, Lincoln 1966.– E. Lamirande, Church, State and Toleration. An intriguing change of mind in Augustine, Villanova 1975.– Lohse, SP 6, 447/75 (Augustins Wandlung in seiner Beurteilung des Staates).– R. A. Markus, Saeculum: History and society in the theology of St. A., C 1970.– MacQueen, RechAug 9, 1973, 227/93 (Disorder of pride in society, and its remedies).

Seite 448 (Eschatologie):
Börresen, StTh 1969, 141/55 (A. interprète du dogme de la résurrection).– Lohse, VC 1967, 221/40 (Eschatologie des älteren A.).– H. I. Marrou, The resurrection and Saint A.'s theology of human values, Villanova 1966.– J. A. Mourant, A. on immortality, Villanova 1969.– J, Ntedika, L'évolution de la doctrine du purgatoire chez s. A., P 1966.

Seite 448 (Moraltheologie):
Alflatt, REAug 1974, 113/34 (involuntary sin).– Bels, RevHistRel 1975, 145/80 (La mort volontaire).– Berrouard, RechAug 5, 1968, 139/155 (indissolubilité du mariage); SP 11, 291/306 (indissolubilité du mariage).– J. Brechtken, Augustinus Doctor Caritatis. Sein Liebesbegriff im Widerspruch von Eigennutz und selbstloser Güte im Rahmen der antiken Glückseligkeit, Meisenheim 1975.– Halliburton, DR 85, 1967, 249/61 (The concept of „Fuga Saeculi").– J. J. Hugo, St. A. on nature, sex and marriage, Lo 1969.– A. M. la Bonnardière, [M. Pellegrino, To 1975] 868/83 (Le dol et le jeu d'après A.).– MacQueen, RechAug 8, 1972, 187/229 (concept of property ownership).– Mayer, Augustinianum 1977, 237/47 (Auffassung über die Sklaverei).– Schaden, Der Gehorsamsbegriff bei Augustinus in seiner antimanichäischen und antidonatistischen Periode, Wien 1969.– Swift, HThR 1973, 369/83 (A. on war and killing).– Thonnard, REAug 1969, 113/31 (morale conjugale).– G. Virt, Der Gehorsam im Spätwerk des heiligen Augustinus, Wien 1970.– W. Weismann, Kirche und Schauspiele, Wü 1972 (123/95: Augustinus).

Seite 448f (Spiritualität):
A. Becker, L'appel des béatitudes, P 1977.– García Montaño, Augustinus 2, 1966, 239/56 (La eficacia de la oración impetratoria); 339/55 (La ineficacia de la oración); Augustinus 18, 1973, 279/302 (Doctrina agustiniana de la oración).– Hendrikx, [A. Zumkeller, Wü 1975] 107/11 (Verhältnis zur Mystik, ein Rückblick).– Markus, SP 9, 431/50 (Alienatio).– Pfligersdorfer, WSt 1971, 195/224 (uti – frui).– Turrado, RevAgustEspir 7, 1966, 203/27; 1967, 41/63; 1968, 173/99 (inhabitación de la Trinidad).

Seite 449 (2.):
R. Braun, CCL 60, 1976. ** Courcelle, REAug 1965, 165/70 (Qu. redivivus).– Duval, Lat 1967, 762/77 (lecteur probable de h. e. Rufin: l'auteur du Liber promissionum et praedictorum Dei).– Pellegrino, RSLR 1966, 240/5 (De promiss.).

Seite 451f (4.):
P. Callens – M. Gastaldo, CCL 68A, 1972 (Expos. Psalm.; Liber sentent.).– M. P. McHugh, The Carmen de providentia, Wa 1964 (TÜK). ** Bartnik, RHE 1973, 731/58 (L'universalisme de l'histoire du salut dans De voc.).– J. E. Chrisholm, The Ps.-Augustinian Hypomnesticon against the Pelagians and Celestians, 1967.– Lassandro, VetChrist 1971, 211/22 (epigrammi).– McHugh, Manuscripta 1968, 3/9 (text of the C. de prov. Dei); Manuscripta 1970, 179/85 (text of the Carmen de Ingratis).– de Letter, SP 14, 393/401 (Gratia generalis in the De vocatione omnium gentium and in St. Augustine).

Seite 453f (1.):
A. van de Kar, Bilthoven 1968 (Gesprekken I–X).– O. Lari, 1/3, R 1966 (Conferenze spirituali, ÜK). ** Betti, SE 1972f, 81/107 (Coll. in un manoscritto della Verna).– Cazier, REAug 1976, 262/97 (Cassien auteur présumé de l'épitomé de Règles de Tyconius).– O. Chadwick, John Cassian. A study in primitive monasticism, Lo ²1968.– P. Christophe, Cassien et Césaire, prédicateurs de la morale monastique, P 1970.– V. Codina, El aspecto cristológico en la espiritualidad de Juan Casiano, R 1966.– Courcelle, REL 1968, 379/409 (culture lérinienne).– Guy, SP 8, 1966, 363/72 (Cass. historien du monachisme égyptien?).– Leroy, RAM 1966, 157/80 (préfaces des écrits monastiques); 1967, 121/58 (cénobitisme chez Cass.).– Marrou, Provence historique 1966, 297/308 (Cass. fondateur de S. Victor de Marseille).– Rousseau, JEH 1975, 113/126 (contemplation and the coenobitic life).– C. Sieben, Die klösterlichen Einrichtungen bei Cassian und Benedikt, Wien 1967.

Seite 455 (2.):
Mountain, SE 1967f, 385/405 (The Excerpta Vincentii Lirinensis Part I: A revised edition).– C. Femmina, Il Commonitorio, Alba 1968 (ÜK). ** Lods, RHistPhilRel 55, 1975, 365/85 (Le progrès dans le temps de l'Église).

Seite 455 (3.):
S. Pricoco, De laude eremi, Ca 1965 (T). ** Opelt, Her 1963, 476/83 (Quellenstudien); VC 1968, 198/208 (lit. Eigenart von De laude eremi).– Håkanson, VC 1977, 55/9 (Tkr.).– S. Pricoco, Per una nuova edizione del De contemptu mundi di E., To 1967.

Seite 455f (4.):
M.-D. Valentin, SCh 235, 1977 (Vita Honorati, TÜK). ** Pricoco, Siculorum Gymn. 1974, 54/88 (L'ideale ascetico nel Sermo de vita Honorati).

Seite 457 (6.):
G. Lagarrigue, SCh 176, 1971; 220, 1975 (TÜK). ** Badot, RB 1974, 352/66 (La notice de Gennade relative à Salvien).– Blum, MThZ 1970, 327/41 (Das Wesen Gottes und das Wesen des Menschen).– Cinke, Byzantinoslavica 1972, 1/5 (Zerstörungen der Stadt Trier).– Cleland, SP 10, 1970, 270/4 (S. and the Vandals).–

H. Fischer, Die Schrift des S. von Marseille „An die Kirche", Bern 1976.– Hamman, Augustinianum 1976, 381/93 (idées sociales et politiques).– Opelt, VC 1974, 54/61 (antikes Bildungsgut).– van der Lof, SP 13, 322/329 (Gotteskonzeption und das Individuum).

Seite 458 (2.):
R. Étaix – J. Lemarié, CCL 9 A, 1974 (ungefähr 42 Sermones, 59 Tract. in Mt.).– J. Lemarié – H. Tardif, SCh 154, 1969; 164, 1971 (serm. 1/41, TÜK).– Lemarié, RB 1972, 105/9 (Un fragment de sermon sur la passion de s. Pierre peutêtre attribuable à Ch.). ** Brusin, Archivio Veneto 1970, 5/16 (sermoni).– Étaix et Lemarié, SE 1966, 302/54 (tradition manuscrite des Tractatus in Mt).– Lemarié, Aquileia nostra 1967, 151/76 (Indagini su san C.); RivStorLettRel 1969, 3/12 (testimonianza del martirio nei sermoni); Aquileia nostra 1969, 81/116 (L'iconographie de S. Ch.); SE 1972f, 35/42 (Serm. 18 et 33); [E. Dekkers, Turnhout 1975] 1, 201/9 (Fragment d'un nouveau sermon inédit de Chromace d'Aquilée); Antichità altoadriatiche 9, 1976, 421/35 (La diffusion des œuvres de Ch.); REAug 1977, 124/54 (Un nouveau témoin des Tract. in Mt.).– Palazzi, EL 1976, 29/42 (Aspetti liturgici nelle omelie).– Tavano, Studi Goriziani 1964, 3/18 (all'omelia XV).– Trettel, REAug 1974, 55/81 (terminologia esegetica); SC 1974, 3/23 („figura" e „veritas").

Seite 458 (3.):
A. Olivar, CCL 24, 1975.– S. Benz, Der Rotulus von Ravenna, Mr 1967. ** Benz, ALW 1971, 213/20 (gegen Olivar, 1969).– Ladino, Laurentianum 1968, 395/438 (iniciación cristiana).– Olivar, ALW 1969, 40/58 (Rotulus von Ravenna nicht von P.; gegen Benz).– E. Paganotto, L'apporto dei Sermoni di S. Pier Cr. alla storia della cura pastorale a Ravenna nel secolo V, R 1969.– F. Sottocornola, L'anno liturgico nei sermoni di P. C., Cesena 1973.

Seite 458f (4.):
Biffi, Ambrosius 1964, 131/9; 324/333; 517/44; 1965, 129/58; 1966, 23/47.– M. Casher Conroy, Imagery in the sermons of Maximus, bishop of Turin, Wa 1965.– Chaffin, [M. Pellegrino, To 1975] 1041/53 (Civic Values in Maximus of Turin and his Contemporaries).– Langgärtner, [B. Fischer, Zü 1972] 71/81 (Taufe).– Rosetto, Archivo ambrosiano 18, 1970, 158/203 (testimonianza liturgica di Massimo I, vescovo di Torino).– Sáenz, 25, 1969, 351/411(La celebración de los misterios); Strom Patrist Mediaev 1971, 61/103 (El mistero de la navidad en los serm.).– Visentin, [G. Lercaro, R 1967] 2, 27/51 (Christus ipse est sacramentum).

Seite 459 (5.):
M. Abel, Le Praedestinatus, un témoin de l'antiaugustinisme du Ve siècle, Thèse Lou 1968; RTA 1968, 5/25 (Le Praedestinatus et le pélagianisme).– Leanza, VetChrist 1971, 223/39 (L'esegesi al libro dei Salmi).

Seite 462 (3.):
MLS 3, 719/22. ** Nautin, DHG 16, 889/95.

Seite 462 (4.a):
Hoeflich, JTS 1975, 114/9 (Gelasius I and Roman Law).– Janini, SP 8, 1966, 248/58 (G. y el sermón De neglecta solemnitate).– Nelson, JTS 1967, 154/62 (doctrine of responsibility).– Otranto, VetChrist 1977, 123/38 (Due epistole sulla comunità cristiana di Lucera).

Seite 463 (4.b):
Molin, EL 1976, 113/48 (Les mss. de la Deprecatio Gelasii).– Holleman, Pope Gelasius I and the Lupercalia, A 1975.

Seite 463 (4.c):
Arnaldi, RivCultClassMed 1965, 26/8.– De Gaiffier, AB 1964, 354 (Un nouveau manuscrit).

Seite 464 (6.):
MLS 3, 1247/55 (Ps.-Symmachus, Gesta de Xysti purgatione). ** Pietri, MAH 1966, 123/39 (Sénat, le peuple chrétien et les partis du cirque à Rome).

Seite 464 (9.):
Marot, DHG 16, 895f.

Seite 465 (13.):
Bragança, Bracara Augusta 1967, 65/91 (carta ao arcebispo Profuturo de Braga).– Straub, Kleronomia 2, 1970, 347/75 (Verurteilung der Drei Kapitel durch V.).– E. Zettl, Die Bestätigung des V. Konzils durch Papst Vigilius. Untersuchungen über die Echtheit der Briefe Scandala und Aetius, Bonn 1974.

Seite 465 (Rusticus):
MLS 4, 545/97. **

Seite 465f (14.):
MLS 4, 1277/1369. ** Mainka, Claretianum 4, 1964, 82/145 (P. und die Einheit der Kirche).

Seite 467:
MLS 4, 1525/79. ** Courcelle, REAug 1967, 266/79 (Habitare secum selon Perse et selon G.); [A. Pincherle, R 1967] 186/90 (G. à l'école de Juvénal).– C. Dagens, Saint Grégoire le Grand. Culture et expérience chrétienne, P 1977; Istina 1975, 457/75 (L'église universelle et le monde oriental chez G.).– R. Gillet, DSp 6, 872/910.– O. Giordano, L'invasione longobarda e G. Magno, Bari 1970.– Monachino et Cannata, Bibl. Sanctorum 7, 1966, 222/87.– Recchia, VetChrist 1969,

177/99 (Rassegna Gregoriana).– Serenthà, SC 1974, 283/301 (Introduzione bibliografica allo studio di S. Gregorio Magno).

Seite 467f (1.):
G. Corti, Le lettere di G. 1/50, Mi 1972 (TÜK). ** Gauthier, Ang 1977, 417/28 (L'utilisation du droit romain dans la lettre à Jean le Défenseur).– Markus, [Stud. in Church Hist. 6, 1970] 29/38 (papal missionary strategy).– McCulloh, 1976, 145/84 (The cult of relics in the Letters and Dialogues).– Meyvaert, RB 1970, 162/6 (Registrum of G. and Bede).

Seite 468 (2.a):
Cremascoli, VetChrist 6, 1969, 47/70 (La Bibbia nella Regola pastorale).

Seite 469 (2.b):
R. Gillet – A. de Gaudemaris, SCh 32, [2]1975 (Mor. in Job I–II, TÜK).– A. Bocognano, SCh 212, 1974; 221, 1975 (Mor. in Job XI–XVI; TÜK). ** Aubin, RSR 1974, 117/66 (Intériorité et extériorité dans les Moralia in Job).– Catry, REAug 1972, 124/44 (Épreuves du juste).– Gastaldelli, Salesianum 1965, 563/605 (Meccanismo psicologico del peccato nei Moralia); 1966, 65/94 (Prospettive sul peccato in G.); 1967, 269/99 (Teologia e retorica).– Catry, REAug 1972, 124/44 (Le commentaire littéral du Livre de Job).– Meyvaert, JTS 1968, 215/25 (Tkr. zu CCL 144, 1963).– V. Recchia, L'esegesi di Gregorio Magno al Cantico dei Cantici, To 1967.

Seite 469 (2.c):
M. Adriaen, CCL 142, 1971 (Hom. in Hiezech.).– V. Recchia, Le omelie di Gregorio Magno su Ezechiele (1–5), Bari 1974. ** Crampton, DR 1968, 162/6; SP 10, 1970, 333/6 (hom. 19 and Septuagesima sunday).– Luiselli, [Q. Cataudella, 1972] 3, 631/55 (critica testuale delle Hom. in Ev.).

Seite 469f (2.d):
Borghini, Benedictina 1972, 587/93 (Congetture topografiche sul libro II dei Dialoghi).– Cusack, DR 1974, 145/59 (Scholastica).– Dagens, RivStorLettRel 1969, 384/91 (La conversion de S. Benoit selon G.); REAug 1969, 149/62 (La conversion de G.).– de Vogüé, RevHistSpir 1972, 257/73 (La recontre de Benoît et Scholastique).– Doucet, CollectCist 37, 1975, 63/71 (La tentation de S. Benoît).– G. Dufner, Die Dialoge G. d. Gr. im Wandel der Zeiten und Sprachen, Padua 1968.– Gaiffier, AB 1965, 53/74 (Les héros des Dial. inscrits au nombre des saints).– McC. Gatch, SP 10, 1970, 77/83 (dial. 4).– Mähler, RB 1973, 398/429 (Vie de S. Benoît).– Recchia, RB 1972, 140/155 (La visione di S. Benedetto).– Steidle, [Erbe und Auftrag, Beuron 1971] 187/92; 298/315; 409/14 (Dial. 2, 35).– Tateo, VetChrist 1965, 101/27 (La struttura).– Vogüé, RHE 1966, 44/76 (La Règle du Maître et les dialogues).

Seite 470 (2.e):
J. Deshusses, Le sacramentaire Grégorien. Ses principales formes d'après les plus anciennes manuscrits, I, FrSch 1971.– Kl. Gamber, Sacramentarium Gregorianum, 1/2, Rb 1966f. ** Coebergh, SP 8, 1966, 176/85 (Libelli sacramentorum de G. et le Sacramentaire publié sous son nom).– Deshusses, RB 1970, 213/37 (Le sacramentaire grégorien pré-hadrianique).– Pluta, ALW 1967, 125/41 („Entstellung" im Sacram. G. des Aachener Archetypus).

Seite 471f (Lehre Gregors):
Boglioni, Cahiers d'Études médiévales 1, Montreal 1974, 11/102 (Miracle et merveilleux religieux).– Catry, StudMon 1973, 253/75 (Amour du monde et amour de Dieu); REAug 1975, 269/303 (Désir et amour de Dieu).– Y. Congar, L'ecclésiologie du haut moyen âge, de saint G. le Grand à la désunion entre Byzance et Rome, P 1968.– Dagens, RSR 1970, 273/88 (La fin des temps et l'Église selon G.).– Fontaine, RevHistSpir 1976, 141/54 (expérience spirituelle chez G.).– Frank, TrThZ 1969, 283/95 (actio und contemplatio).– D. Hofmann, Die geistige Auslegung der Schrift bei G. d. Gr., Münsterschwarzach 1968.– McEniery, JournEcumStud 1974, 263/80 (Pope Gregory the Great and infallibility).– Penco, Benedictina 1970, 161/201 (dottrina dei sensi spirituali in G.); 1971, 32/45 (teologia dell'immagine).– Serenthà, SC 1967, 529/68 (figura di S. Pietro rievocata).

Seite 472 (Liber pont.):
H. Geertman, More veterum. Il Liber pontificalis e gli edifici ecclesiastici di Roma, Groningen 1975.– Vogel, [Mgr Duchesne et son temps, R 1975] 99/127 (Le L. pont. dans l'édition de L. Duchesne).

Seite 474 (1.):
MLS 3, 545/709 (Collectio Eusebii Gall.).– S. Gennaro, Dinamii Vita sancti Maximi episcopi Reiensis. Fausti Reiensis Sermo de S. Maximo episcopo et abbate, Ca 1966; dazu AB 1972, 203/6.– J. Leroy – F. Glorie, CCL 101/101 A/101 B, 1970f (Eus. Gall.). ** L. A. van Buchem, L'homélie pseudo-eusébienne de Pentecôte. L'origine de la confirmatio en Gaule méridionale et l'interprétation de ce rite par F., N 1967.– Griffe, BLE 1973, 187/192 (Faustus).– Guillaumin, DSp 4, 1695/8 (Eus. Gall.).– Leroy et Glorie, SE 1969f, 33/70 (Eus. d'Alexandrie source d'Eus. de Gaule).– Viard, DHG 16, 731/4.

Seite 474 (3.):
Munier, DSp 6, 205/8.

Seite 475 (4.):
Solignac, DSp 8, 1594/1600; BLE 1974, 41/60 (Les fragments du De natura animae).

Seite 475 (5.):
MLS 3, 798/830. ** Capponi, Meander 22, 1967, 318/24 (aspetto demonologico).– Capponi, Lat 1967, 151/64 (Limiti didascalici).– Chatillon, RML 1964 [1971], 261/75 (arianisme).– Dando, CM 1965, 258/75 (A. as the author of the De resurrectione mortuorum, De Pascha [De Cruce], De Sodoma and De Iona, formerly attributed to Tertullian and Cyprian).– Roncoroni, VetChrist 1972, 303/29 (L'epica biblica).

Seite 476f (6.):
MLS 4, 241/545.– M.-J. Delage, SCh 175, 1971 (serm. 1/20, TÜK).– Etaix, REAug 1965, 9/13; RB 1965, 201/11 (neue Predigten).– Höfer, RB 1964, 44/53 (Zwei unbekannte Sermones). ** A.-M. Abel, La pauvreté dans la pensée et la pastorale de saint C., Diplôme P 1966.– P. Christophe, Cassien et C., prédicateurs de la morale monastique, Gembloux 1969.– Courreau, BLE 1970, 92/112 (C. et les Juifs).– Daly, Tr 1970, 1/28 (C. a precursor of medieval christendom).– De Vogüé, RAM 1971, 369/406 (La Règle de C. pour les moines: un résumé de sa Règle pour les moniales).– Étaix, [E. Dekkers, Turnhout 1975] 1, 211/27 (Trois notes sur saint Césaire d'Arles).– G. Konda, Le discernement et la malice des pratiques superstitieuses d'après les sermons de S. C. d'Arles, R 1970.– Langgärtner, ThGl 1967, 210/25 (Apokalypse-Kommentar).– Podvin, [J. Coppin, Lille 1966] 39/44 (Brev. adv. haereticos).– Rapisarda, Orph 1970, 115/59 (Lo stile umile nei Sermoni).– Salvatore, RivCultClassMed 1967, 177/225 (similitudini e pedagogia pastorale nei sermones); VetChrist 1970, 83/113 (Due omelie su Sansone di Cesario d'Arles e l'ep. 23 di Paolino da Nola).– L. de Seilhac, L'utilisation par S. Césaire d'Arles de la Règle de S. Augustin. Étude de terminologie et de doctrine monastiques, R 1975.– Szarmach, Tr 1970, 315/23 (C. and the Vercelli Homilies).– de Vogüé, RAM 1971, 369/406 (La Règle pour les moines).

Seite 478 (7.):
R. Buchner, Hist. libri X, 1/2, B 1967 (TÜ).– R. Latouche, Histoire des Francs, 1/2, P 1963/5 (Ü). ** Beumann, [M. Braubach, Mr 1964] 69/98 (Sermo rusticus).– Butzmann, Sc 1966, 31/40 (Wolfenbütteler Fragmente der Historien).– Cameron, JTS 1975, 421/6 (The Byzantine sources of G.).– H. L. Gaushof, Een historicus uit de VIe eeuw, G. van Tours, 1966.– Murjanoff, Sc 1966, 55/7 (Leningrader Bruchstück hist. II).– Oldoni, Studi medievali 3, 13, 1972, 563/700 (Libri historiarum).– Pietri, DSp 6, 1020/5.– Schlick, SP 7, 278/86 (Composition et chronologie des De virt. s. Martini).– F. Thürlemann, Der historische Diskurs bei Gregor von Tours. Topoi und Wirklichkeit, Bern 1974.– van der Lof, Numen 1974, 228/37 (G. et la magie blanche).– M. Vieillard-Troiekouroff, Les monuments religieux de la Gaule d'après les œuvres de Grégoire de Tours, P 1976.– Walter, Arch. für Kulturgesch. 1966, 291/310 (Hagiographisches in der Frankengeschichte).

Seite 479 (1.):
F. Gastaldelli, Ennodio di Pavia, R 1973.– Lumpe, [F. Dölger, A 1966] 1,200/10 (Ennodiana); AnnHistConc 1969, 15/36 (konziliengeschichtliche Bedeutung).– Navarra, Augustinianum 1972, 465/78 (Dictiones); 1974, 315/42 (contributo storico).

Seite 479f (2.):
L. Bieler – L. Krestan, FathCh 55, 1965 (The life of St. Severin).– F. Villegas – A. de Vogüé, CSEL 87, 1976 (Eugippii Regula). ** de Gaiffier, AB 1977, 13/23 (Forschungsbericht).– Gamber, RQ 1970, 145/57 (Vita Sev. als liturgiegeschichtliche Quelle).– F. Lotter, Severinus von Noricum, Legende und historische Wirklichkeit, St 1976.– Martin, [Miscellanea critica, L 1965] 2,228/44 (Die Augustinusüberlieferung bei E.).– Prinz, Deutsch. Arch. f. Erf. d. MA, 1969, 531/6 (V. Sev.).– Ruprechtsberger, [Römisches Österreich, 4, 1976] 227/99 (Stil und Sprache des Eugippius).– Siniscalco, REAug 1964, 331/42 (Il numero primitivo degli Excerpta).– de Vogüe, RAM 1971, 233/65 (La règle d'Eugippe retrouvée?); Benedictina 1975, 31/41 (Quelques observations nouvelles sur la Règle d'Eugippe).– van Uytfanghe, SE 1972f, 147/59 (Éléments évangéliques dans la V. Dev.); Lat 1974, 324/52 (La Bible dans la Vie de S. Séverin).

Seite 480 (3.):
F. Glorie, CCL 85, 27/129, 1972 (Praefationes in translat.; Exempla sanctorum patrium).– H. van Cranenburgh, La Vie latine de S. Pachôme traduite du grec par Denys le Petit, Bru 1969 (T). ** Lozito, VetChrist 1972, 233/44 (De Paschate).– Mähler, Subs. hagiogr. 46, 1969, 28/48 (Leben und Schriften des D.).

Seite 482 (5.):
R. Hanslik, CSEL 75, ²1977.– A. de Vogüé – I. Neufville, SCh 181/86, 1971f (TÜK).– G. M. Colombás – L. M. Sansegundo – O. M. Cunill, San Benito. Su vida y su regla, Ma ²1968 (ÜK).– R. Hanslik et al., La Regola di B., con S. Gregorio M., Secondo libro dei Dialoghi, Mi 1975 (TÜK).– B. Steidle, Beuron ²1975 (TÜ). ** Angerer, StudMon 1970, 43/56 (Abtsbild der RB und RM).– Bauer, WSt 1974, 182/7 (B. abhängig von Origenes).– Blecker, Sp 1972, 1/28 (Roman law and „consilium“ in the RM and the RB).– Borias, RevHistSpir 1973, 117/28 (zu SCh 181/6); RB 1975, 38/55 (couches rédactionelles).– Courcelle, REAug 1967, 97/117 (La vision cosmique de s. B.).– Engelbert, RB 1969, 399/413 (zur Faksimileausgabe der ältesten Handschrift der RB).– Hagemeyer, ThR 1976, 89/94 (RB in der neueren Forschung).– Hanslik, [E. Dekkers, Turnhout 1975] 1,229/35 (Tkr.).– B. Jaspert – E. Manning (Hg.), Regulae Benedicti studia, 1 ff, Hildesheim 1972ff).– E. Kasch, Das liturgische Vokabular der frühen lateinischen Mönchsregeln, Hildesheim 1974.– Turbessi, SC 1973, 479/510 (Recenti indagini intorno alla regola di S. Benedetto e ai suoi rapporti con la precedente e coeva legislazione monastica).– A. de Vogüe, La Règle de S. Benoît, VII. Commentaire doctrinal et spirituel, P 1977.– G. M. Widhalm, Die rhetorischen Elemente in der Regula Benedicti, Hildesheim 1974.

Seite 483 (6.):
A. Ohlmeyer, Die Regel des Magister, Münsterschwarzach 1974 (Ü). ** Froger, RHE 1966, 484/512 (zu SCh 105/7).– B. Jaspert, Die Regula Benedicti – Regula Magistri – Kontroverse, Hildesheim 1975; StudMon 1971, 129/71 (Bibliographie 1938–1970 zu RM-RB).– Lentini, Aev 1967, 53/66 (lingua e stile).– Lienhard, AmBenedRev 26, 1975, 1/15 (Election of the abbot).– Manning, RTA 1966, 338/41 (R. M. à Subiaco).– Massai – Manning, Sc 1969, 393/433 (ch. Ier du Maître et la fin du prologue de la RB).– Penco, Benedictina 1971, 227/33 (nuovo ms. italiano della RM).– de Vogüé, RHE 1966, 44/76 (RM et les dialogues de S. Grégoire); RB 1967, 155/6 (R.M. en Italie du Sud); RAM 1968, 121/59; 261/92 (Scholies sur la RM); RevHistSpir 1974, 113/34 (obéissance).

Seite 484:
L. Orbetello, Severino Boezio, 1/2, Genova 1974.– Satorowicz, DThP 1969, 430/40 (De B.i in Graeciam itinere).– de Vogel, Vivarium 1971, 49/66; 1972, 1/40 (Boethiana).

Seite 485f (7.a):
E. Gegenschatz – O. Gigon, Trost der Philosophie, Zü ²1969 (TÜK).– R. del Re, R 1968 (Consol., TÜK).– L. Orbetello, De hypotheticis syllogismis, Brescia 1969 (TÜK). ** Bravo, Hel 1966, 3/48 (La presunta versión boeciana de la metafísica de Aristóteles).– Chamberlain, Sp 1970, 80/97 (Philosophy of music in Consol.).– P. Courcelle, La Consolation de philosophie dans la tradition littéraire. Antécédents et postérité de Boèce, P 1967.– de Vogel, [J. H. Waszink, A 1973] 357/70 (Philosophy and Christian Faith).– Gegenschatz, WSt 1966, 517/30 (Vorauswissen Gottes).– Gruber, RhM 1969, 166/86 (Die Erscheinung der Philosophie in der Consol.).– Hadot, EtClass 1970, 143/56 (Forma essendi).– H. Scheible, Die Gedichte in der Consolatio philosophiae des B., Hei 1972.– V. Schmidt-Kohl, Die neuplaton. Seelenlehre in der Consolatio phil. des B., Meisenheim 1965.– G. Schrimpf, Die Axiomenschrift des B. (De hebdomadibus) als philosophisches Lehrbuch des Mittelalters, Lei 1966.– Traenkle, VC 1968, 272/86 (Tkr. zu Consol.); VC 1977, 148/56 (Ist die Philosophiae consolatio zum vorgesehenen Abschluß gelangt?).

Seite486(.b):
P. Henry – P. Hadot, CSEL 83, 1971 (Opera theol.).– A. Locher, Opera theologica, L 1976.

Seite 488 (8.):
Å. J. Fridh – J. W. Halporn, CCL 96, 1973 (Variae; De an.).– L. Helbling, Einsiedeln 1965 (De anima, Ü). ** Ceresa-Gastaldo, VetChrist 1968, 61/71 (Contenuto e metodo dell'Expositio psalmorum).– Crocco, Sapienza 1972, 133/68 (De anima).– Å. Fridh, Contributions à la critique et à l'interprétation des Variae de Cassiodore, Stockholm 1968.– U. Hahner, Cassiodors Psalmenkommentar. Sprachliche

Untersuchungen, Mn 1973.– G. Ludwig, Cassiodor. Über die Entstehung der abendländischen Schule, Frankfurt 1967; dazu Gn 1968, 511f.– R. Schlieben, Christliche Theologie und Philologie in der Spätantike, B 1974 (zum Ps.-K).– Weissengruber, WSt 1967, 202/50 (Cassiodors Stellung innerhalb der monast. Profanbildung des Abendlandes).

Seite 489 (3.):
MLS 3, 1259/61 (Sermo de duplici in Christo natura). ★★

Seite 489 (4.):
MLS 4, 22/39. ★★

Seite 490 (4.):
J. Fraipont, CCL 91/91A, 1968.– U. Pizzani, Expositio sermonum antiquorum, R 1969.– L. G. Whitbread, F. the mythographer, Ohio 1971 (ÜK). ★★ Cal Pardo, MiscComillas 1969, 113/92 (Mariologia).– Cal Pardo, RET 1970, 265/306 (Encarnación); Compostelanum 15, 1970, 355/85 (Cristo y el demonio en la obra de la Redención. A la luz de los escritos de San Fulgencio de Ruspe); EE 1972, 459/85 (muerte de Cristo).– H.-J. Diesner, F. als Theologe und Kirchenpolitiker, St 1966; SP 10, 1970, 285/90 (F. und einige Probleme der vandalenzeitlichen Patristik in Nordafrika).– Jourjon, DSp 5, 1612/1615.– Langlois, RACh 8, 632/661.

Seite 491 (5.):
J. M. Clément – R. Vander Plaetse, CCL 90A, 1974. ★★ Chrysos, Kleronomia 1, 1969, 311/24 (Datierung und Tendenz der Werke).– Eno, REAug 1976, 95/113 (Doctrinal authority in the African ecclesiology: Ferrandus and Facundus).– Monachino [F. Maass, W 1973] 55/80 (Uno Speculum principum in F.).

Seite 491 (6.):
R. Demeulenaere, CCL 93, 1976.– MLS 4, 39/234. ★★

Seite 491 (8.):
PLS 4, 1207/21.

Seite 492:
Repertorio de historia de las ciencias eclesiásticas en España, 1/2, Salamanca 1967/71.– Aherne, Tr 1966, 435/44 (Late Visigothic bishops).– Fontaine, Antike und Abendland 1966, 64/87 (westgotische lateinische Literatur); [Atti della XIV settimana di studio, XIV Spoleto 1967] 87/147 (Conversion et culture chez les Visigothes d'Espagne); REAug 1976, 402/35 (Chronique d'histoire et de littérature hispaniques).– Verd, EE 1972, 227/51 (predicación patrística española).

Seite 492 (2.):
MLS 4, 1221/48. ★★

Seite 493 (3.):
C. W. Barlow, FathCh 62, 1969 (Martin of Braga, Paschasius of Dumium, Leander of Sevilla). ** Martinez Diez, Bracara Augusta 1967, 224/43 (Capitula Martini).

Seite 493f (4.):
Ladaria, DSp 9, 839f.

Seite 494 (6.):
MLS 4, 1421/49 (Regula).– J. Pinell, Liber orationum psalmographus, Ma 1972.– J. Campos-Ruiz, Santos Padres Españoles 2, Ma 1971 (TÜ). ** Aldazabal, RET 1972, 3/45 (Doctrina eclesiológica del libro salmógrafo).– Ladaria, DSp 9, 444/6.– Viguera, RET 1968, 297/318 (concepto de fe en las oraciones sálmicas).

Seite 496f (7.):
MLS 4, 1801/1866.– G. B. Ford, A [2]1970 (Letters, TÜ).– J. Campos Ruiz – I. Roca Mella, Reglas monásticas de la España visigoda, Ma 1971 (Leander, Isidor, Fructuosus; Isid. sententiae; TÜK). ** Bischöff, Mittelalterliche Studien 1, St 1966, 174/94 (europäische Verbreitung der Werke).– Borst, Deutsch. Arch. f. Erf. d. MA 1966, 1/62 (Das Bild der Geschichte in der Enzyklopädie).– Diaz y Diaz, StudMon 1965, 369/82; ClassFolia 1967, 143/57 (manuscrito de la Regula); [B. Bischoff, St 1971] 70/80 (manuscritos hispánicos de las Etimologías).– H. J. Diesner, I. von S. und seine Zeit, St 1973.– J. M. Fernández Catón, Las Etimologías en la tradición manuscrita medieval estudiada por el Prof. Dr. Anspach, León 1966.– Fontaine, CD 1968, 617/55 (observations sur les Institutionum disciplinae pseudo-Isidoriennes); Cahiers d'histoire mondiale 1966, 519/38 (mutation de l'encyclopédisme antique); DSp 7, 2104/2116; StudMed 1965, 165/95 (I. auteur „ascétique": Les énigmes de Synonyma).– Frank, RQ 1972, 29/48 (De eccl. off. II, 16 und dessen Quellen).– Hubert, REL 1971, 290/313 (Orig. I, XVIII–XIX).– Lozano Sebastian, RET 1974, 161/213 (disciplina penitencial); StudLegion 1974, 31/99 (fuentes de las Sent. II, 7/26).– Reydellet, MAH 1966, 383/437 (La diffusion des Origines).– Robles, Estud. Filosóficos 1965, 529/42 (Séneca e I.); Arch. Leones. 1970, 13/185 (Liber sentent.).– Susin Alcubierre, Salmanticensis 1967, 371/94 (las fuentes de la Regula).

Seite 497 (8.):
L. Riesco Terrero, Sevilla 1975 (Epistolario, TÜ).– C. W. Barlow, FathCh 63, 1969 (B. of Saragossa; Fructuosus of Braga). ** Linage Conde, SP 10, 1970, 374/8 (Ideal monástico de S. Millán según su biógrafo B.).– Löfstedt, AB 1977, 132 (Vita s. Aemiliani).

Seite 498 (2.):
A. Loyen, P 1970 (Lettres, 1/2, TÜ). ** Cadiou, BullBudé 25, 1966, 450/57 (A. Plotinien).– Chianéa, Revue historique de droit français et étranger 1969, 353/89 (Les idées politiques de S. A.).– Consolino, AnnScuolNormSupPisa 1974, 423/60

(Codice retorico e manierismo stilistico nella poetica).– Courcelle, [K. Büchner, Wiesbaden 1970] 1,46/59 (S. philosophe).– Loyen, REL 46, 1968, 83/90 (Études sur Sidoine Apollinaire).– Pricoco, MSLC 1964, 79/91 (S. e il carme natalizio cristiano); NDid 1965, 71/150 (Studi su S. A.).– Semple, BJR 1967f, 136/58 (S., a Gallo-Roman seigneur).

Seite 498 (3.):
MLS 3, 1033/1109.– S. Gennaro, Ca 1965 (Satisfact. TÜK). ** Blomgren, Er 1966, 46/66 (adnotationes criticae).– Langlois, Lat 1964, 807/17 (zur Edition von Corsaro).

Seite 499 (6.):
Chatillon, RML 1964 (1971), 185/225 (A., déclamateur antijuif).

Seite 501 (7.):
MLS 4, 2095/2114. ** Blomgren, Er 1971, 104/50 (In carmina adnotationes novae).– Clerici, RILSL 1970, 219/51 (lingua di V. F.).– Folgado Flórez, CD 1971, 419/431 (Devoción y culto a la Virgen).– Szövérffy, Tr 1966, 1/41 (Holy cross hymns).

Seite 503:
G. Heil – R. Roques – M. de Gandillac, SCh 58², 1970 (La hier. céleste, TÜK). ** Brons, GN 1975, 5 (Sekundäre Textpartien).– Canart, Byz 1971, 18/27 (ep. 11).– Hornus, Parole de l'Orient 1, 1970, 69/93 (Corpus Dionysien en syriaque).– Lilla, Annali d. Scuola normale sup. di Pisa 1965, 296/386 (tradizione manoscritta del De div. nom.).– S. Lilla, Il testo tachigrafico del ‚De divinis nominibus' (Vat. gr. 1809), ST 263, 1970.– Riggi, Salesianum 1967, 300/25 (De div. nom. 4, 8/9; 9, 9).– Saffrey, SP 9, 1966, 98/105 (D. et Proclus).– P. Scazzoso, Ricerche sulla struttura del linguaggio dello Ps.-D., Mi 1967.– Sheldon-Williams, SP 8, 1966, 108/17 (Holy Hierotheus); SP 11, 65/71 (Proclus and the Ps.-D.).– Wiesner, GN 1972, 3 (Handschriftenüberlieferung der syr. Fassung des Ps.-D.).

Seite 504f:
Bebis, GrOrthTheolRev 1974, 159/175 (The ecclesiastical hierarchy, a liturgical interpretation).– A. Becca, Il problema del male nello Ps.-D., Bologna 1967.– B. Brons, Gott und die Seienden. Untersuchungen zum Verhältnis von neuplatonischer Metaphysik und christlicher Tradition bei Dionysius Areopagita, Gö 1976; FZPhTh 1977, 165/86 (Pronoia und das Verhältnis von Metaphysik und Geschichte).– A. Brontesi, L'incontro misterioso con Dio. Saggio sulla teologia affermativa e negativa nello Pseudo-Dionigi. Note di una lettura, Brescia 1970.– H. Goltz, Hiera Mesiteia. Zur Theorie der hierarchischen Sozietät im Corpus areopagiticum, Erlangen 1974.– R. F. Hathaway, Hierarchy and the definition of order in the Letters of Ps.-D., Den Haag 1969.– Koutras, EEBS 1966f, 243/58 (eikon).– Lilla, Augustinianum 1973, 609/23 (terminologia trinitaria).– V. Muñiz Rodriguez,

Significado de los nombres de Dios en el Corpus Dionysiacum, Salamanca 1975; Hel 1975, 389/403 (Noción de próodos).– Riggi, Salesianum 1967, 300/25 (Il creazionismo e il suo simbolo).– Rist, VC 1966, 235/43 (Eros and Agape).– D. Rutledge, Cosmic Theology. The Ecclesiastical Ḥierarchy of Ps.-D., Lo-NY 1965.– Scazzoso, Aev 1967, 23/52 (liturgia-Chiesa); 1968, 1/28 (Sacra Scrittura e S. Paolo); SC 1965, 122/44 (Valore della liturgia); Aev 1975, 1/35; 1976, 195/234 (teologia antinomica).– Sheldon – Williams, DR 1964, 293/302; 1965, 20/31 (The ecclesiastical hierarchy).– Spearritt, DR 1970, 378/92 (soul's participation in God).– Vanneste, SP 8, 462/7 (La doctrine des trois voies).– Weischedel, [J. Klein, Gö 1967] 105/13 (D. als philosophischer Theologe).

Seite 506f (1.):
R. Hespel, CSCO 295f, 1968 (La polémique antijulianiste II A: Le Contra additiones Juliani, TÜ); CSCO 301f, 1969 (La polémique antijulianiste II B: L'Adv. apologiam Juliani, TÜ); CSCO 318f, 1971 (L'apologie du Philalèthe, TÜ).– M. Brière et al., Homiliae cathedrales 18/125, PO, 1906/1975.– Garitte, Mu 1966, 335/86 (Hom., kopt. T, lat. Ü). ** Brock, SP 12, 17/24 (Some new letters).– R. C. Chesnut, Three monophysite christologies. Severus of Antioch, Philoxenus of Mabbug and Jacob of Sarug, O 1976.– Tabet, Melto 1968, 5/12 (la vigile cathedrale).– Vööbus, BZ 1975, 1/3 (Zwei neue Biographien des S.).

Seite 507 (3.):
W. Böhm, Johannes Philoponos, Pa 1967 (ausgewählte Schriften, ÜK). ** Schleissheimer, [F. Dölger, 1967] 318/44 (Problem Glauben und Wissenschaft).

Seite 508 (1.):
M. Richard – M. Aubineau, Ioh. Caes. opera quae supersunt, Corpus Christian. ser. graeca, 1977. ** Gouillard, REB 1966, 171/81 (Fragments inédits d'un antirrhétique de J.).

Seite 509 (2.):
Beierwaltes, SP 11, 3/7 (J. und Plotin); Colless, Parole de l'Orient 1972, 45/63 (The biographies of John Saba).

Seite 510f (3.):
M. Aubineau, SCh 187, 1972 (Hom. pasch. 1/2). ** Aubineau, JTS 1974, 442/7 (Un Ps.-Athanase, In Lazarum, restitué à Léonce de Constantinople).– A. Basdekis, Die Christologie des Leontius von Jerusalem, Diss. Mr 1974.– Daley, JTS 1976, 333/69 (The Origenism of L.).– D. B. Evans, L. of B. An Origenist christology, Wa 1970; BZ 1974, 159/66.– De Halleux, RHE 1971, 977/85 (gegen Evans und Meyendorff).– Lynch, ThSt 1975, 455/71 (L. of Byz. A Cyrillian christology).– J. Meyendorff, Le Christ dans la théologie byzantine, P 1969.– S. Otto, Person und Subsistenz. Die philosophische Anthropologie des L. v. B., Mn 1968.– Rees, JTS 1968, 229/42 (literary activity).– Speigl, AnnHistConc 1970, 207/30 (De sec-

tis).– Stiernon, DSp 9, 651/60.– Watt, SP 7, 321/36 (Authenticity of the writings).– Sachot, Rev SR 1977, 234/45 (hom. de L.).

Seite 511 (4.):
Gero, [M. Smith, Lei 1975] 208/16 (cult of images).

Seite 512 (7.):
G. Weiss, Studia Anastasiana I, Mn 1965; dazu BZ 1967, 339/42.

Seite 514 (Justinian):
E. Schwartz – M. Amelotti et al., Drei dogmatische Schriften Justinians, Mi [2]1973.– Van Esbroeck, AB 1968, 351/71; 1969, 442/4 (Lettre sur l'Annonciation et la Noël, a. 560). ** Anastos, [G. Ostrogorsky, Belgrad 1964] 2, 1/11 (edicts on the theopaschite formula).– E. K. Chrysos, He ekklesiastikē politikē tou Ioustinanou kata ten erin peri ta tria kephalaia kai ten E' oikoumeniken synodon, Th 1969.– Dempf, SbMn 1969, 1 (Philosophiegeschichtliche Bemerkungen zu Religionsedikten Justinians).– Schieffer, Kleronomia 1971, 285/302; 1972, 267/84 (lateinische Überlieferung des Edictum de recta fide).

Seite 514 (Agapetus):
Hadot, RACh 8, 555/632 (Fürstenspiegel).– Henry, GreekRomByzSt 1967, 281/308 (Ekthesis).

Seite 515 (Katenen):
R. Devreesse, Les anciens commentateurs grecs des Psaumes, R 1970.– M. Harl – G. Dorival, La chaîne palestinienne sur le psaume 118, 1/2, SCh 189f, P 1972 (TÜK).– J. Reuss, Johannes-Kommentare aus der griechischen Kirche, TU 89, 1966.

Seite 516 (4.):
M. Wacht, Aeneas von Gaza als Apologet. Seine Kosmologie im Verhältnis zum Platonismus, Bonn 1969.

Seite 516 (5.):
D. Hagedorn, Der Hiobkommentar des Arianers Julian, B 1973, XX/XXIII (Job-K).

Seite 517 (6.):
J. Reuss, Joh.-Kommentare, TU 89, 1966, 196/358 (649 Fragm.). **

Seite 517 (7.):
W. Wolska – Conus, SCh 141; 159; 197, 1968/73 (Topographie chrétienne, TÜK). **

Seite 518 (10.):
Amore, Bibliotheca Sanctorum 7, R 1966, 169/73.– A. Rayez, DSp 6, 919f.

Seite 519 (1.):
D. J. Chitty, PO 31, 3, 1966 (Questions and answers, TÜ).– L. Regnault et al., Abbaye Saint-Pierre de Solesmes 1972 (Correspondence, Ü). ** Chitty, SP 7, 46/51 (Edition).– Neyt, Mu 1971, 65/92 (Citations „isaiennes“).– Regnault, DSp 8, 536/8 (Joh. von Gaza).

Seite 519 (2.):
Canivet, REG 1965, 336/46 (D. est-il un disciple d'Évagre?).– Neyt, Byz 1974, 341/61 (Un type d'autorité charismatique).– Spidlik, SP 11, 72/8 (Le concept de l'obéissance et de la conscience).

Seite 519f (4.):
Couilleau, DSp 8, 369/89.– W. Völker, Scala paradisi. Eine Studie zu J. Cl. und zugleich eine Vorstudie zu Symeon dem Neuen Theologen, Wiesbaden 1968.

Seite 520 (6.):
Stiernon, DSp 8, 589/92.

Seite 520f (1.):
N. Fernández Marcos, Los Thaumata de Sofronio, Contribución al estudio de la Incubatio cristiana, Ma 1975. ** Petrescu, Mitropolia Olteniei 16, 1964, 351/72 (Comentariul liturgie).– Ch. von Schönborn, Sophrone de Jérusalem. Vie monastique et confession dogmatique, P 1972.

Seite 521 (2.):
Lackner, AB 1967, 285/316 (Quellen und Datierung der Maximosvita BHG³ 1234).

Seite 522f (2.):
Bornert, SP 10, 323/7 (Explication de la liturgie et interprétation de l'Écriture).– Canart, Byz 1964, 415/45 (La deuxième lettre à Thomas).– J. M. Garrigues, Maxime le Confesseur, P 1976.– Geanakoplos, CH 1969, 150/63 (influence of M. on the theology of East and West).– Kirchmeyer, SP 8, 1966, 406/13 (Un commentaire de M. sur le Cantique?).– Riedinger, BNJ 1966, 260/75 (Quaestiones et Dubia im Cod. Vat. Gr. 1703).

Seite 523f (2.):
V. Croce, Tradizione e ricerca. Il metodo teologico di S. Massimo Confessore, Mi 1974.– Dalmais, SP 8, 1966, 356/62 (L'héritage évagrien dans la synthèse de M.); [J. Daniélou, P 1972] 55/62 (Mystère liturgique et divinisation dans la Mystagogie).– J.-M. Garrigues, Maxime le Confesseur. La charité, avenir divin de l'homme, P 1976; RThom 1974, 181/204 (La personne composée du Christ); Istina

1974, 272/96 (L'énergie divine et la grâce); Istina 1976, 6/24 (primauté romaine).– Miguel, SP 7, 355/61 (Πεῖρα).– Negri, SC 1973, 331/61 (elementi critologici ed antropologici).– A. Riou, Le monde et l'église selon M. le Confesseur, P 1973.– Squire, SP 8, 456/61 (Soul as virgin and mother).– L. Thunberg, Microcosm and mediator. The theological anthropology of M. the Confessor, Lund 1965.

Seite 524f (4.):
Belting, [J. Kollwitz, 1966] 30/9 (Kreuzbild).– Chrysos, Kleronomia 1, 1969, 121/44 (Forschungsbericht).– Richard, BullInstRechHistTextes 15, 1969, 39/56 (Les véritables Questions et réponses); AB 1975, 147/56 (Quéstions et réponses).– S. N. Sakkos, Περὶ, 'Αναστασίων Σιναϊτῶν, Th 1964; dazu AB 1968, 417f.

Seite 525 (Bilderstreit):
H.-J. Geischer, Der byzantin. Bilderstreit, Gütersloh 1968 (T).– H. Hennephof, Textus byzantini ad iconomachiam pertinentes, Lei 1969.– S. Gero, Byzantine iconoclasm during the reign of Leo III. With particular attention to the Oriental sources, Lou 1973. ** Armstrong, SP 9, 1966, 117/26 (development of the theology of images).– L. W. Barnard, The Graeco-Roman background of the iconoclastic controversy, Lei 1974.– Gero, BZ 1975, 4/22 (The eucharistic doctrine of the Byzantine iconoclasts and its sources).– Ch. von Schönborn, L'icône du Christ, FrSch 1976.

Seite 525f (1.):
Blum, VC 1974, 295/303 (Theodizee).– Darrouzes, DSp 6, 309/11.– L. Lanza, Patriarch Germanos I. von Konstantinopel, Wü 1975 (mit Text der Vita Germani).

Seite 529f (3.):
Die Schriften des J. v. D. Hg. vom Byzant. Institut der Abtei Scheyern. 1. B. Kotter, Institutio elementaris. Capita philosophica (Dialectica). 2. Expositio fidei. 3. Contra imaginum calumniatores orationes tres, B 1969/75.– J. Kovalevsky, P 1966 (La foi orth.; Défense des icônes, ÜK). ** de Aldama, EE 1969, 261/7 (edición critica de las obras de S. J. D.).– Jammers, [F. Dölger, Hei 1966] 266/86 (Der Kanon des J. D. für den Ostersonntag).– Kallis, OstkSt 1967, 200/13 (Handapparat zum Johannes-Damaskenos-Studium).– King, SP 8, 76/81 (De haer. 101 and Islam).– Nikolaou, OstkSt 1976, 138/65 (Ikonenverehrung nach Joh. von D.).– D. J. Sahas, John of Damascus on Islam. The Heresey of the Ishmaelites, Lei 1972.– B. Studer, DSp 8, 452/66.– Tanghe, SP 9, 588/93 (Vocabulaire).– O. Wahl, Die Prophetenzitate der Sacra Parallela in ihrem Verhältnis zur Septuaginta-Textüberlieferung, Mn 1965; Der Sirach-Text der Sacra Parallela, Wü 1974.– E. Weiher, Die Dialektik des J. v. D. in kirchenslavischer Übersetzung, 1969.

Seite 530 (Barlaam und Joasaph):
G. R. Woodward – H. Mattingly – D. M. Lang, Lo 1967 (TÜ).– D. M. Lang, The Balavariani (Barlaam and Josaphat), Lo 1966 (Ü aus dem Altgeorgischen). ** Fon-

kič, AB 1973, 13/9 (Ms. grec daté de 1021).– D. Ginestet, Le Roman de Barlaam et Joasaph. État présent de la question, P 1966.– Hemmerdinger, BZ 1971, 35/6 (S. Jean Damascène, Barlaam et Joasaph. L'intermédiaire arabe).– van Lantschoot, Mu 1966, 133/54 (Deux paraboles syriaques).– Mazal, JahrbÖsterrByzGes 1965, 83/124 (Literaturbericht, 1945–1960).

Seite 531f (3.):
Grégoire, RHE 1969, 713/55 (relation éternelle de l'Esprit au Fils).– Schultze, [H. M. Biedermann, Wü 1971] 101/30 (Das Beten Jesu).– Tsirpanlis, Θ 1967, 533/48; 1968, 68/106 (anthropology).

Seite 533 (1.):
P. Maas – C. A. Trypanis, Lo 1963 (Cantica genuina); B 1970 (Cantica dubia).– J. Grosdidier de Matons, SCh 99; 110; 114; 128, 1964/67 (TÜK).– M. Carpenter, Kontakia of R., 1, Columbia 1970 (ÜK); dazu BZ 1973, 99/101. ** Chrestos, Kleronomia 1974, 273/349 (Entstehung des Kontakion).– Dalmais, SP 11, 22/6 (Imagerie syrienne et symbolisme hellénique).– J. Grosdidier de Matons, Romanos le Mélode et les origines de la poésie religieuse à Byzance, P 1977.– K. Mitsakis, The language of R. the Melodist, Mn 1967.– Moskhos, Byz 1974, 310/28 (On the sacrifice of Abraham).– Topping, Tr 1968, 409/20 (Kontakion 4).– Trypanis, Byz 1966, 560/623 (the metres); BZ 1972, 334/8 (Three new early byzantine hymns: aus Cod. Sinaiticus 864, s. IX–X; Zeit: ca. 500).– Van Sichem, EEBS 1968, 27/36 (L'hymne sur Noé).– Zuntz, Byzantion 1964, 469/534 (Probleme des R.-Textes).

Seite 533 (Hymnos akathistos):
Christophilopoulos, EEBS 1966/67, 47/67 (Chronologie).– Sofronios, EEBS 1966/67, 117/27 (authorship).

Seite 533f (3.):
Bianchi, Aev 1966, 35/52 (cultura astronomica).– Darrouzes, DSp 6, 242f.

Seite 534 (4.):
Donnini, Augustinianum 1975, 201/11 (Hom. in silentium s. Zachariae, T). ** Garcia, Studium (Madrid) 1970, 3/52 (Mariologie).– Maisano, RivStorLettRel 6, 1970, 519/72 (Un inno inedito per la domenica delle Palme).

REGISTER

Stichwörter für griechische und lateinische Namen werden ausschließlich in lateinischer Form aufgeführt.

38,–